CURSO DE
Direito
Internacional
Público

SIDNEY GUERRA

CURSO DE
Direito
Internacional
Público

17ª edição
2025

- O autor deste livro e a editora empenharam seus melhores esforços para assegurar que as informações e os procedimentos apresentados no texto estejam em acordo com os padrões aceitos à época da publicação, *e todos os dados foram atualizados pelo autor até a data da entrega dos originais à editora.* Entretanto, tendo em conta a evolução das ciências, as atualizações legislativas, as mudanças regulamentares governamentais e o constante fluxo de novas informações sobre os temas que constam do livro, recomendamos enfaticamente que os leitores consultem sempre outras fontes fidedignas, de modo a se certificarem de que as informações contidas no texto estão corretas e de que não houve alterações nas recomendações ou na legislação regulamentadora.

- Data do fechamento do livro: 01/10/2024

- O autor e a editora se empenharam para citar adequadamente e dar o devido crédito a todos os detentores de direitos autorais de qualquer material utilizado neste livro, dispondo-se a possíveis acertos posteriores caso, inadvertida e involuntariamente, a identificação de algum deles tenha sido omitida.

- Direitos exclusivos para a língua portuguesa
  Copyright ©2025 by
  Saraiva Jur, um selo da SRV Editora Ltda.
  Uma editora integrante do GEN | Grupo Editorial Nacional
  Travessa do Ouvidor, 11
  Rio de Janeiro – RJ – 20040-040

- Atendimento ao cliente: https://www.editoradodireito.com.br/contato

- Reservados todos os direitos. É proibida a duplicação ou reprodução deste volume, no todo ou em parte, em quaisquer formas ou por quaisquer meios (eletrônico, mecânico, gravação, fotocópia, distribuição pela Internet ou outros), sem permissão, por escrito, da **SRV Editora Ltda.**

- Capa: Herbert Junior
  Diagramação: Mônica Landi

- **DADOS INTERNACIONAIS DE CATALOGAÇÃO NA PUBLICAÇÃO (CIP)**
  ODILIO HILARIO MOREIRA JUNIOR – CRB-8/9949

G934c Guerra, Sidney
  Curso de direito internacional público / Sidney Guerra. – 17. ed. – São Paulo : Saraiva Jur, 2025.

  952 p.
  ISBN: 978-85-5362-835-3 (impresso)

  1. Direito. 2. Direito internacional. I. Título.

	CDD 341
2024-2674	CDU 341

Índices para catálogo sistemático:
1. Direito internacional   341
2. Direito internacional   341

"O Senhor é meu pastor: nada me faltará."

SALMO 23

Para Caio Cesar e Bárbara Dina,
meus amados filhos.

Sobre o autor

SIDNEY GUERRA é Pós-Doutor pelo Centro de Estudos Sociais (CES) da Universidade de Coimbra, Pós-Doutor em Direito pela Universidade Presbiteriana Mackenzie – SP e Pós-Doutor em Cultura pelo Programa Avançado de Cultura Contemporânea da Universidade Federal do Rio de Janeiro (PACC/UFRJ). *Visiting researcher* e professor na Stetson University Flórida – EUA. É Doutor e Mestre em Direito (UGF), além de possuir vários cursos de especialização e extensão no Brasil e no exterior, tais como: Academia de Direito Internacional (Haia – Holanda); Comitê Jurídico Interamericano (Organização dos Estados Americanos); Universidade de Coimbra; Escola Superior de Guerra; Comitê Internacional da Cruz Vermelha; Universidade de Salamanca; Universidade de Havana etc. Realizou Doutorado em Relações Internacionais na Universidade Católica de Córdoba (UCC) e atualmente cursa Doutorado em Meio Ambiente na Universidade do Estado do Rio de Janeiro (UERJ). É Professor Titular da Faculdade Nacional de Direito da Universidade Federal do Rio de Janeiro (FND/UFRJ), tendo sido aprovado em primeiro lugar em concurso público e indicado para ocupar a vaga por todos os cinco membros que faziam a composição da banca. Aprovado e classificado em primeiro lugar, no ano de 2019, para o Concurso de Professor do Programa de Pós-Graduação em Direito (Doutorado e Mestrado em Direitos Humanos) da Universidade Federal da Paraíba. Professor Permanente do Programa de Pós-Graduação em Direito (Doutorado e Mestrado) da UFRJ e do Programa de Pós-Graduação em Direito (Mestrado) da Universidade Cândido Mendes. Professor convidado em várias universidades no exterior. Coordenou projetos de cooperação acadêmica (PROCAD/CAPES) e desenvolveu vários projetos de pesquisa com fomento: CNPq, CAPES, MJ/PNUD, FUNADESP, Fundação Dom Cintra e FAPERJ, com destaque para o edital "Cientista do Estado do Rio de Janeiro". Integrou e integra diversas bancas de concursos públicos no Brasil.

Advogado no Rio de Janeiro, e também formado em Administração de Empresas, tem pautado sua atuação profissional no campo do Direito Público. É ainda consultor jurídico e parecerista. Exerceu funções de assessoria e consultoria na Administração Pública Direta, tendo sido Diretor Jurídico e Procurador junto à Secretaria Municipal de Meio Ambiente no Município de Magé – RJ e Secretário Municipal de Administração de Duque de Caxias – RJ (2013-2016), ocasião em que colaborou decisivamente para colocar o Município no primeiro lugar do Ranking Nacional de Transparência Pública para combate à corrupção, conferido pelo Ministério Público Federal, sendo na oportunidade escolhido o melhor Secretário do país.

Ministrou conferências, palestras e cursos em quase todo o Brasil, bem como em vários países, a exemplo de Alemanha, Argentina, Áustria, Bolívia, Chile, Colômbia, Costa Rica, Croácia, Cuba, Equador, Eslovênia, Espanha, Estados Unidos da América, França, Inglaterra, Itália, México, Paraguai, Peru, Porto Rico (Estado livre associado), Portugal, República Dominicana, Sérvia, Suíça, Romênia e Uruguai.

É membro da Interamerican Bar Association, da Sociedade Brasileira de Direito Internacional (atualmente ocupa a Vice-Presidência), da Academia Duque-caxiense de Letras e Artes, da Academia Brasileira de Direito Internacional, do Conselho Nacional de Pós-Graduação e Pesquisa em Direito, da International Studies Association, da Academia Carioca de Direito, dentre outras. Foi Vice-Presidente da Comissão de Educação da Ordem dos Advogados do Brasil – Seção Rio de Janeiro. Editor da *Inter – Revista de Direito Internacional e Direitos Humanos* da UFRJ. Coordenador do Grupo de Pesquisa em Direito Internacional da UFRJ, do Laboratório de Pesquisas Avançadas em Direito Internacional e Ambiental (LEPADIA) e do Observatório de Direitos Humanos e Direitos Fundamentais (UCAM). Integra o Conselho Editorial de diversas editoras e revistas jurídicas. É ainda autor de livros, além de ter diversos artigos publicados em revistas especializadas, livros em coautoria, periódicos e anais. Detentor de várias comendas e honrarias, destacando-se: Medalha Tiradentes, Medalha Duque de Caxias e Medalha Paulo Freire. Para outras informações sobre o autor, recomenda-se o acesso a seu currículo na plataforma Lattes no seguinte endereço: <http://lattes.cnpq.br/6208018085527826>.

Prefácio

O Direito Internacional Público no Brasil teve um pequeno desenvolvimento, até a década de 80. Vivemos cerca de trinta anos com apenas uma obra desenvolvida e séria. Os três volumes do Embaixador Hildebrando Accioly, que adotava uma doutrina conservadora com um imenso domínio técnico da disciplina. Ele não percebia, por exemplo, a reivindicação de um mar territorial que excedesse as três milhas de largura.

Por outro lado, ele não via que a década da descolonização iria alterar a composição da sociedade internacional e que os novos Estados teriam uma visão do DIP diferente da já existente. Eram os denominados "novos estados". Felizmente, H. Accioly nessa obra não mostra o seu racismo antijudaico da primeira metade da década de 1940.

Lembro-me de um saudoso embaixador, também eminente internacionalista, contando-me que o Ministro Horácio Lafer em uma reunião com os chefes de serviço do Itamaraty declarou: a guerra da Argélia não é importante, porque a França vai dominá-la, o importante é exportar café.

As nossas elites nem sempre têm visão do futuro, a não ser para os seus próprios interesses.

O livro do querido e eminente Professor Sidney Guerra é uma obra escrita de modo claro e acessível aos alunos.

O citado professor já tem organizado e publicado outras obras do DIP sempre com grande sucesso. Ele é uma estrela nascendo com a sua própria luz entre os autores do DIP.

Prof. Dr. Celso Albuquerque Mello

Nota à 17ª edição

Recebi, com enorme satisfação, a notícia/solicitação do editorial, apenas após 6 meses desde a publicação da 16ª edição do *Curso de Direito Internacional Público*, sobre a necessidade de preparar a atualização da obra para nova edição, pois já estava esgotada. A exemplo das anteriores, procurei manter o formato original com as correspondentes atualizações.

Porém, como de costume, trouxe algumas novidades que me pareceram adequadas. Nesse sentido, acrescentei o estudo sobre a possibilidade de promover a litigância climática na Corte Internacional de Justiça; a compreensão estabelecida na ordem jurídica brasileira sobre os tratados internacionais sobre o meio ambiente, após a Arguição de Descumprimento de Preceito Fundamental (ADPF) n. 708; alterações sobre o estudo de nacionalidade, a partir da Emenda Constitucional n. 131, de 3 de outubro de 2023 etc.

Mais uma vez, agradeço aos meus familiares, aos meus leitores fiéis e, sobretudo, ao Pai e à Mãe do céu, por tudo...

Rio de Janeiro, inverno de 2024.

Sidney Guerra
Professor Titular da UFRJ.

Sumário

Sobre o autor.. IX

Prefácio XI

Nota à 17ª edição XIII

PARTE I
PARTE GERAL DO DIREITO INTERNACIONAL

CAPÍTULO I
A SOCIEDADE INTERNACIONAL

1. Considerações Gerais 3
2. Antecedentes e Conceito de Sociedade Internacional................... 8
3. Características 12
   3.1. Universal 12
   3.2. Aberta.. 13
   3.3. Descentralizada... 14
   3.4. Paritária 14
4. Os Atores na Ordem Jurídica Internacional............................ 15
   4.1. O Estado... 17
   4.2. As organizações internacionais...................................... 17
   4.3. A pessoa humana... 18
   4.4. As empresas transnacionais.. 18
   4.5. A Santa Sé.. 20
   4.6. Os beligerantes e insurgentes....................................... 23
      4.6.1. Grupos armados não estatais.................................... 24
   4.7. A Cruz Vermelha 26
   4.8. A Ordem de Malta 28
   4.9. As organizações não governamentais 28

XV

CAPÍTULO II
NOÇÕES PRELIMINARES

1. Gênese da Norma Jurídica 35
2. O Direito Internacional Público – Conceito 39
3. A Norma Internacional 43
4. Fundamento do Direito Internacional 46
5. Relações entre o Direito Interno e o Direito Internacional 49
   5.1. Dualismo 51
   5.2. Monismo 53
      5.2.1. Monismo com primazia do Direito Interno 53
      5.2.2. Monismo com primazia do Direito Internacional 54

CAPÍTULO III
FONTES DO DIREITO INTERNACIONAL PÚBLICO

1. Considerações Gerais 57
2. A Previsão das Fontes do DIP 58
3. Tratados 59
   3.1. Considerações gerais 59
   3.2. Conceito e características 60
      a) Acordo internacional entre Estados 60
      b) Celebrado por escrito 60
      c) Regido pelo Direito Internacional 61
      d) Qualquer que seja sua denominação 61
      e) Conste de um instrumento único ou em dois ou mais instrumentos conexos 62
   3.3. Condições de validade para os tratados internacionais 63
      a) Capacidade das partes 63
      b) Habilitação dos agentes signatários 64
      c) Objeto lícito e possível 65
      d) Consentimento mútuo 66
   3.4. Classificação 67
      3.4.1. Classificação subjetiva 67
      3.4.2. Classificação material 68
      3.4.3. Classificação formal 68
   3.5. Fundamento e efeitos 69
   3.6. Forma 69
      3.6.1. Fases da elaboração dos tratados 70

a) Negociação	70
b) Redação do texto	71
c) Assinatura do texto	73
d) Ratificação	75
e) Promulgação	77
f) Publicação	77
g) Registro	77
3.7. Aplicação dos tratados com normas contraditórias	78
3.8. Fim dos tratados	79
3.9. A denúncia dos tratados internacionais na ordem jurídica brasileira: o caso da Convenção n. 158 da OIT na ótica do STF	82
4. O Costume Internacional	84
5. Princípios Gerais do Direito	91
5.1. Noções gerais	91
5.2. Os princípios no Direito Internacional Público	93
6. Doutrina, Jurisprudência e Equidade (Elementos Auxiliares)	96
7. Ato Unilateral	99
8. As Resoluções das Organizações Internacionais	102

PARTE II
O ESTADO COMO SUJEITO DE DIREITO INTERNACIONAL

CAPÍTULO IV
O ESTADO NA ORDEM JURÍDICA INTERNACIONAL

1. Conceito	109
2. Elementos Constitutivos do Estado	111
3. Classificação dos Estados	116
3.1. Estados simples	116
3.2. Estados compostos	117
3.2.1. Estados compostos por coordenação	117
a) Federação de Estados	117
b) Confederação de Estados	119
c) União de Estados	120
3.2.2. Estados compostos por subordinação	120
a) Estado vassalo	120
b) Protetorado	121
c) Estados exíguos	121
d) Estados clientes	122

XVII

e) Estados satélites	122
f) A *Commonwealth*	122
4. Nascimento do Estado	123
5. Reconhecimento de Estado e Governo	124
6. Sucessão e Extinção de Estados	129
a) Bens do Estado	135
b) Legislação e tratados	136
c) Nacionalidade	138
7. Direitos dos Estados	138
7.1. Direito à igualdade	140
7.2. Direito ao respeito mútuo	141
7.3. Direito à conservação e proteção	142
7.4. Direito ao comércio internacional	143
8. Deveres dos Estados	144
8.1. A não indiferença	147
8.2. A não intervenção	150
8.2.1. As doutrinas Monroe e Drago	153
9. Restrições aos Direitos dos Estados	154
9.1. Imunidade de jurisdição	154
9.2. Servidão	155
9.3. Arrendamento do território	156
9.4. Neutralidade permanente	157
9.5. Neutralidade de território	158
10. Responsabilidade dos Estados	158
10.1. Noções gerais	158
10.2. Responsabilidade subjetiva e objetiva	161
10.3. Atos do Executivo, Legislativo e Judiciário	163
a) Atos do Executivo	163
b) Atos do Legislativo	164
c) Atos do Judiciário	165

CAPÍTULO V
AGENTES DIPLOMÁTICOS E AGENTES CONSULARES

1. Noções Gerais	167
2. Os Agentes Diplomáticos	171
a) A inviolabilidade diplomática	174
b) Imunidade de jurisdição	175
c) Isenção de impostos	176
3. Os Agentes Consulares	177

CAPÍTULO VI
ESPAÇOS SOB A SOBERANIA DOS ESTADOS E ESPAÇOS INTERNACIONAIS COMUNS

1. Considerações Gerais 183
2. Domínio Terrestre 184
3. Domínio Fluvial e Lacustre 186
4. Domínio Aéreo 189
   4.1. A regulamentação do espaço aéreo no Direito Internacional 190
5. Domínio Marítimo 194
   5.1. Breve notícia histórica 194
   5.2. A importância do domínio marítimo e sua regulação no sistema internacional 198
   5.3. Mar territorial 201
   5.4. Zona contígua 205
   5.5. Zona econômica exclusiva 206
   5.6. Plataforma continental 208
   5.7. Fundo marinho 210
   5.8. Alto-mar 212
   5.9. Sistema de controvérsias no Direito do Mar 217
       5.9.1. O Tribunal Internacional sobre o Direito do Mar 218
6. Regiões Polares 222
   6.1. A Antártica 222
   6.2. O Ártico 226
7. O Desafio Brasileiro: a Amazônia Azul 228

PARTE III
AS ORGANIZAÇÕES INTERNACIONAIS

CAPÍTULO VII
TEORIA GERAL DAS ORGANIZAÇÕES INTERNACIONAIS

1. Antecedentes 235
2. Conceito e Características 249
   2.1. Associação voluntária de sujeitos do Direito Internacional 251
   2.2. Ato institutivo internacional 252
   2.3. Personalidade internacional 254
   2.4. Ordenamento jurídico e órgãos próprios 255
3. Os Atos Praticados pelas Organizações Internacionais 256

XIX

3.1. A possibilidade de celebrar tratados 257

3.2. Imunidades e privilégios 258

3.3. O direito de legação 261

3.4. Possibilidade de demandar reclamações internacionais 261

4. Classificação 263

4.1. Quanto às finalidades 264

4.2. Quanto à extensão 265

4.3. Quanto à duração 266

4.4. Quanto à admissão 266

5. Direitos e Financiamento 267

6. Sucessão das Organizações Internacionais 270

CAPÍTULO VIII
A ORGANIZAÇÃO DAS NAÇÕES UNIDAS

1. Antecedentes: a Liga das Nações 273

2. A Criação da Organização das Nações Unidas e seus Objetivos 284

3. Os Membros 291

4. Os Órgãos da ONU 293

4.1. Assembleia Geral 293

4.2. Conselho de Segurança 296

4.3. Secretaria-Geral 299

4.4. Corte Internacional de Justiça 302

4.5. Conselho Econômico e Social 306

CAPÍTULO IX
ORGANISMOS ESPECIALIZADOS DA ONU

1. Considerações Gerais 309

2. A Organização Internacional do Trabalho 311

3. A Organização das Nações Unidas para a Alimentação e a Agricultura 315

4. Organização das Nações Unidas para a Educação, Ciência e Cultura 317

5. A Organização Mundial da Saúde 319

6. O Banco Mundial e o Fundo Monetário Internacional 321

6.1. O Banco Mundial 321

6.1.1. O Banco Internacional para Reconstrução e Desenvolvimento 322

6.2. O Fundo Monetário Internacional 323

7. Organização da Aviação Civil Internacional 325

8. A União Postal Universal e a União Internacional de Telecomunicações 325

XX

8.1. A União Postal Universal (UPU) 326

8.2. A União Internacional de Telecomunicações 327

9. Organização Meteorológica Mundial 330

10. Agência Internacional de Energia Atômica 331

11. Organização Mundial do Turismo 335

12. Organização Marítima Internacional 338

13. Organização Mundial do Comércio 343

14. Organização Internacional para Catástrofes 349

14.1. Os órgãos executivos 351

14.2. Os órgãos legislativos 354

14.3. Os órgãos administrativos 355

CAPÍTULO X
A ORGANIZAÇÃO DOS ESTADOS AMERICANOS

1. Considerações Gerais 357

2. Princípios da OEA 364

3. Membros 366

4. Direitos e Deveres 367

5. A Estrutura Orgânica da OEA 368

5.1. Assembleia Geral 368

5.2. Reunião de consulta dos Ministros das Relações Exteriores 369

5.3. Conselhos (Conselho Permanente e Conselho Interamericano de Desenvolvimento Integral) 370

5.3.1. Conselho Permanente 371

5.3.2. Conselho Interamericano de Desenvolvimento Integral 371

5.4. Comissão Jurídica Interamericana 372

5.5. Comissão Interamericana de Direitos Humanos 372

5.6. Secretaria-Geral 372

5.7. Conferências especializadas 373

5.8. Organismos especializados 373

5.8.1. Organização Pan-Americana da Saúde 374

5.8.2. Instituto Interamericano da Criança 374

5.8.3. Comissão Interamericana de Mulheres 374

5.8.4. Instituto Pan-Americano de Geografia e História 374

5.8.5. Instituto Indigenista Interamericano 374

5.8.6. Instituto Interamericano de Cooperação para a Agricultura 375

6. O Sistema de Proteção dos Direitos Humanos 375

XXI

CAPÍTULO XI
INTEGRAÇÃO REGIONAL E MERCOSUL

1. As Fases de Integração Regional 381
2. Breve Notícia Histórica do Processo de Integração Regional na América Latina .. 388
3. O Mercosul 392
4. A Cooperação Judiciária do Mercosul... 399

PARTE IV
O INDIVÍDUO NO DIREITO INTERNACIONAL

CAPÍTULO XII
NACIONALIDADE

1. Noções Gerais 403
2. Critérios Atributivos da Nacionalidade... 410
   a) *Jus soli* (direito do solo).. 410
   b) *Jus sanguinis* (direito do sangue).. 410
   c) Sistema misto... 411
3. Formas de Aquisição da Nacionalidade 412
4. Perda da Nacionalidade.. 416
5. Polipátrida e Apátrida.. 419
6. Efeitos da Naturalização 422

CAPÍTULO XIII
A SITUAÇÃO JURÍDICA DOS MIGRANTES NO BRASIL

1. Considerações Gerais 425
2. Nacionalidade, Estrangeiro e o Migrante 428
   a) Imigrante: pessoa nacional de outro país ou apátrida que trabalha ou reside e se estabelece temporária ou definitivamente no Brasil 429
   b) Emigrante: brasileiro que se estabelece temporária ou definitivamente no exterior... 429
   c) Residente fronteiriço: pessoa nacional de país limítrofe ou apátrida que conserva a sua residência habitual em município fronteiriço de país vizinho 431
   d) Visitante: pessoa nacional de outro país ou apátrida que vem ao Brasil para estadas de curta duração, sem pretensão de se estabelecer temporária ou definitivamente no território nacional 433
   e) Apátrida: pessoa que não seja considerada como nacional por nenhum Estado, segundo a sua legislação, nos termos da Convenção sobre o Estatuto dos Apátridas, de 1954, promulgada pelo Decreto n. 4.246, de 22 de maio de 2002, ou assim reconhecida pelo Estado brasileiro 433

3. A Lei de Migração no Brasil 434
4. A Admissão e a Retirada Compulsória do Migrante 440
5. A Extradição 449

CAPÍTULO XIV
O DIREITO DE ASILO

1. Noções Gerais 457
2. Natureza Jurídica do Asilo 458
3. O Asilo Territorial 461
4. O Asilo Político 462
5. O Direito de Asilo na Lei n. 13.445/2017 e no Decreto n. 9.199/2017 467

CAPÍTULO XV
O REFÚGIO À LUZ DOS DIREITOS HUMANOS

1. Introdução 471
2. Breves Antecedentes 473
3. O Conceito de Refugiado à Luz do Direito Internacional 475
    3.1. "Clandestinos" ou refugiados? 478
4. A Situação Atual no Mundo, em Conformidade com Relatório Produzido pelo ACNUR 480
    4.1. Crianças são a metade 482
        a) Europa (crescimento de 51%) 483
        b) Oriente Médio e Norte da África (crescimento de 19%) 483
        c) África Subsaariana (crescimento de 17%, excluindo a Nigéria) 483
        d) Ásia (crescimento de 31%) 483
        e) Américas (crescimento de 12%) 484
5. Considerações Finais 484

CAPÍTULO XVI
MODOS DE SOLUÇÃO DE CONTROVÉRSIAS NO DIP

1. Considerações Gerais 487
2. Meios Diplomáticos 489
    2.1. Negociação 489
    2.2. Congressos e conferências 490
    2.3. Bons ofícios 491
    2.4. Mediação 492
    2.5. Conciliação 493

XXIII

3. Meios Jurídicos 494

4. Meios Políticos 499

5. Meios Coercitivos 500

    5.1. Retorsão 501

    5.2. Represálias 501

    5.3. Embargo 502

    5.4. Boicote 502

    5.5. Rompimento das relações diplomáticas 502

CAPÍTULO XVII
A GUERRA NO DIREITO INTERNACIONAL

1. Considerações Gerais 503

2. Conceito de Guerra Justa x Guerra Santa 506

3. Conceito de Guerra Defensiva x Guerra Ofensiva 510

4. A Guerra no Século XX: Algumas Impressões 511

5. Conceito de *Jus Contra Bellum* 515

6. O Uso da Força e a Legítima Defesa 517

7. O Sistema de Segurança Coletiva 520

CAPÍTULO XVIII
O DIREITO INTERNACIONAL HUMANITÁRIO

1. Considerações Gerais 523

2. Antecedentes Históricos 524

3. Autonomia do Direito Internacional Humanitário 526

4. Guerra ou Conflito Armado? 529

5. A Intervenção Humanitária 531

6. Direito de Haia 536

7. Direito de Genebra 538

8. Direito de Nova Iorque 539

9. As Normas de Direito Internacional Humanitário e sua Aplicação, Controle e Sanções 540

10. A Proteção da Pessoa Humana em Cenários de Conflitos Armados 544

CAPÍTULO XIX
O TERRORISMO NO SISTEMA INTERNACIONAL

1. Considerações Gerais 547

2. O Terrorismo como Conceito e o Terrorista como Categoria de Pessoas 549

2.1. Precedentes históricos do fenômeno terror 550

2.2. O terrorismo e os seus símbolos e significados.. 552

3. O Terrorismo sob a Égide do Direito Internacional 555

4. O Terrorismo como Possível Cenário de Catástrofe... 556

5. À Guisa de Conclusão 557

PARTE VI
TEMAS ATUAIS DO DIREITO INTERNACIONAL

CAPÍTULO XX
GLOBALIZAÇÃO

1. Breve Notícia Histórica.. 561

2. Conceito 566

3. Efeitos Provenientes da Globalização.. 571

4. Forças Poderosas que Impulsionam a Globalização 576

5. O Impacto da Globalização sobre os Direitos Sociais...................................... 579

CAPÍTULO XXI
A PROTEÇÃO INTERNACIONAL DA PESSOA HUMANA

1. Antecedentes Históricos 583

2. A Pessoa Humana como Sujeito de Direito Internacional 593

3. Os Direitos Humanos no Plano Universal.. 601

4. Os direitos Humanos e o Tribunal Penal Internacional.................................... 616

4.1. A definição dos crimes contra a humanidade e do genocídio pelo Direito Internacional 627

5. Direitos Humanos e Cosmopolitismo 631

6. A Onda Geracional dos Direitos Humanos 634

CAPÍTULO XXII
OS DIREITOS HUMANOS NO PLANO REGIONAL

1. Considerações Gerais 643

2. A Proteção Universal, os Sistemas Regionais e a Humanização do Direito Internacional 645

3. O Sistema Europeu 657

4. O Sistema Americano... 669

5. O Sistema Africano.. 690

XXV

CAPÍTULO XXIII
A PROTEÇÃO INTERNACIONAL DO MEIO AMBIENTE

1. Considerações Gerais 699
2. Conceito de Meio Ambiente 700
3. A Ideia de Justiça Ambiental... 704
4. Breves Antecedentes na Formação do Direito Internacional Ambiental.............. 708
5. Alguns Temas Contemplados pelo Direito Internacional Ambiental 712
   5.1. Atmosfera e clima 714
   5.2. Rios transfronteiriços, lagos e bacias 715
   5.3. Os mares e oceanos... 716
   5.4. A fauna e a flora 718
6. Alguns Marcos Importantes para o Direito Internacional Ambiental.................. 719
   6.1. A Conferência de Estocolmo, de 1972 719
   6.2. A Conferência do Rio de Janeiro, de 1992 724
   6.3. A Conferência de Joanesburgo, de 2002 731
   6.4. A Conferência do Rio de Janeiro, de 2012 734
7. O Meio Ambiente no Sistema Interamericano de Proteção dos Direitos Humanos.. 736
   7.1. Litigância climática no Sistema Interamericano de Direitos Humanos......... 740
8. Litigância Climática na Corte Internacional de Justiça?................................ 748
9. Comércio Internacional e Meio Ambiente 752
10. O "Refugiado" Ambiental 759
11. O Tribunal Internacional do Meio Ambiente: uma Necessidade 768
12. Jurisprudência Internacional Ambiental e Marítima..................................... 771
13. Meio Ambiente e Conflitos Armados 777

CAPÍTULO XXIV
CENÁRIOS DE CATÁSTROFES NA SOCIEDADE GLOBAL DE RISCO E SUA TUTELA JURÍDICA: FUNDAMENTOS PARA O DIREITO INTERNACIONAL DAS CATÁSTROFE

1. Considerações Gerais 781
2. O Direito das Catástrofes... 782
3. Possíveis Cenários de Catástrofes na Arena Internacional 791
   3.1. Meio ambiente 791
   3.2. Crises econômicas... 802
   3.3. A pandemia do coronavírus 803
   3.4. As mudanças climáticas 810
      a) O elemento ambiental... 814
      b) O elemento ético 818

XXVI

c) O elemento econômico 819

3.5. Conflitos armados... 821

    3.5.1. Estados nacionais em cenários de catástrofes por conflitos armados: breve notícia 824

4. À Guisa de Conclusão Inacabada... 831

CAPÍTULO XXV

OS TRATADOS DE DIREITOS HUMANOS NA ORDEM JURÍDICA BRASILEIRA

1. Considerações Gerais 835

2. As Correntes Doutrinárias sobre os Tratados Internacionais de Direitos Humanos... 837

    2.1. Natureza supraconstitucional... 837

    2.2. Natureza constitucional 842

    2.3. Natureza de lei ordinária.. 847

    2.4. Natureza supralegal 854

3. A Valorização dos Direitos Humanos no Brasil.. 857

4. Direitos Formais e Materialmente Fundamentais e a Abertura Material dos Direitos Fundamentais na Ordem Constitucional Brasileira 860

5. Dimensões Procedimentais Relativas à Internalização no Ordenamento Jurídico Brasileiro dos Tratados Internacionais sobre Direitos Humanos......................... 870

6. Os Tratados Internacionais sobre Meio Ambiente no Brasil a partir da Arguição de Descumprimento de Preceito Fundamental (ADPF) n. 708 875

    6.1. O meio ambiente como direito fundamental 875

    6.2. A natureza jurídica dos tratados de meio ambiente no Brasil, a partir da ADPF n. 708.. 881

7. Considerações Finais.. 883

Referências... 895

XXVII

Parte I

Parte Geral do Direito Internacional

Capítulo I
A Sociedade Internacional

1. CONSIDERAÇÕES GERAIS

O indivíduo sempre procurou estar em grupo para viver e sobreviver, o que denota a sociabilidade como característica precípua da espécie humana; por isso é considerado um animal social e político desde a formulação clássica de Aristóteles:

"Claramente se compreende a razão de ser o homem um animal sociável em grau mais elevado que as abelhas e todos os outros animais que vivem reunidos. A natureza, dizemos, nada faz em vão. O homem só, entre todos os animais, tem o dom da palavra; a voz é o sinal da dor e do prazer, e é por isso que ela foi também concedida aos outros animais. Estes chegam a experimentar sensações de dor e de prazer, e a se fazer compreender uns aos outros. A palavra, porém, tem por fim fazer compreender o que é útil ou prejudicial, e, em consequência, o que é justo ou injusto. O que distingue o homem de um modo específico é que ele sabe discernir o bem e o mal, o justo do injusto, e assim todos os sentimentos da mesma ordem cuja comunicação constitui precisamente a família do Estado"[1].

A pessoa humana por um instinto natural procurou sempre viver em sociedade pela necessidade de conviver com outros seres de sua espécie[2]. A vontade de construir coisas, de relacionar-se com pessoas, de almejar novas conquistas e ideais, de constituir relações de compra e venda, de troca e tantas outras que são provenientes da vida em sociedade.

De fato, uma pessoa ao nascer sente a necessidade de se localizar em sociedade, e o processo de socialização vai desde o nascimento até a morte. Este processo

---

[1] ARISTÓTELES. *A política*. Rio de Janeiro: Edições de Ouro, 1978, p. 18-19.

[2] Em igual sentido, NADER, Paulo. *Introdução ao estudo do direito*. 16. ed. Rio de Janeiro: Forense, 1998, p. 25: "A própria constituição física do ser humano revela que ele foi programado para conviver e se completar com outro ser de sua espécie. A prole, decorrência natural da união, passa a atuar como fator de organização e estabilidade do núcleo familiar. O pequeno grupo, formado não apenas pelo interesse material, mas pelos sentimentos de afeto, tende a propagar-se em cadeia, com a formação de outros pequenos núcleos, até se chegar à constituição de um grande grupo social".

caracteriza-se por "ensinar" o indivíduo a participar da sociedade, caracterizando um grande processo de aprendizagem.

Tal fato ocorre porque a pessoa precisa ser "preparada" para exercer os vários papéis que se apresentam em sociedade, sendo que esta preparação inicial ocorre junto à família, que indica os caminhos para que ocorra a socialização do indivíduo em outros grupos sociais.

Neste processo de socialização, Berger[3] registra que a pessoa passa a ser identificada com precisão no mapa social e enfatiza que a sociedade é externa a nós. "Ela nos cerca, circunda a nossa vida por todos os lados. Estamos na sociedade, localizados em setores específicos do sistema social. (...) A sociedade nos precedeu e sobreviverá a nós. A sociedade constitui as paredes de nosso tempo"[4].

O universo e as perspectivas de inserção em sociedade tomam amplitude significativa na medida em que as pessoas procuram se adequar a uma nova ordem jurídica mundial cujos desdobramentos são incomensuráveis.

Aristóteles[5] afirmou que toda cidade é uma espécie de associação e que toda associação se forma tendo por alvo algum bem que se propõe a alguma espécie de lucro[6].

Se àquela época Aristóteles já apregoava o objetivo do lucro, evidencia-se hodiernamente, num mundo globalizado, onde o capital assume lócus preponderante, a necessidade de se adequar a este novo paradigma é fundamental.

Com efeito, para identificar a existência da sociedade internacional são necessários alguns conceitos preliminares para esclarecer *a priori* o que é Sociedade para *a posteriori* alcançar a ideia da sua existência com contornos internacionais.

Partindo deste ponto, nota-se que a sociologia irá desenvolver-se no domínio social, isto é, estará voltada para as relações contempladas em determinado ambiente sociável[7]. Compete à sociologia discutir conceitos fundamentais sendo, portanto, a ciência da interação social. Entretanto, um fenômeno curioso é o aparecimento de novas disciplinas no campo social, alargando o estudo da sociologia para a política, economia, administração etc.[8].

---

[3] BERGER, Peter. *Perspectiva sociológica*. 10. ed. Petrópolis: Vozes, 1991, p. 79.

[4] BERGER, Peter. *Perspectiva sociológica*. 10. ed. Petrópolis: Vozes, 1991, p. 105.

[5] ARISTÓTELES. *A política*. Rio de Janeiro: Edições de Ouro, 1978, p. 15.

[6] Nesse sentido, GILISSEN, John. *Introdução histórica do direito*. 2. ed. Lisboa: Fundação Calouste Gulbenkian, 1995, p. 46, assinalou: "as cidades surgem de necessidades económicas em resultado do desenvolvimento da economia de troca, do facto de os comerciantes transportarem os géneros, abundantes numa região, para regiões onde eles são raros".

[7] Nesse sentido, CASTRO, Celso Antônio Pinheiro de. *Sociologia do direito*. 5. ed. São Paulo: Atlas, 1998, p. 83: "podemos sintetizar o objeto da Sociologia como o fenômeno interativo: relações sociais estruturadas, estruturais e anestruturadas, que produzem fenômenos inexistentes sem essas relações".

[8] Neste propósito, MACEDO, Sylvio. *Curso de sociologia econômica*. Rio de Janeiro: Dois Pontos, 1987, p. 69: "um fenômeno surpreendente é o florescimento, atualmente, de grande número de novas disciplinas no campo social,

Na verdade, a sociologia pode tomar múltiplos aspectos e em razão dos vários acontecimentos que modificaram a ordem jurídica internacional, decorrentes principalmente da globalização, pode-se afirmar que passamos a viver numa aldeia global, que modificou sensivelmente as relações sociais.

Sobre a ideia de sociedade, Celso Albuquerque Mello apresenta vários conceitos e ao invocar o magistério de Chinoy, advertiu que não há até agora uma definição de sociedade que seja única e aceita de modo geral. Existem três usos mais comuns do termo:

a) em um sentido mais lato, refere-se à totalidade das relações sociais entre as criaturas humanas; b) cada agregado de seres humanos de ambos os sexos e de todas as idades, unidos num grupo que se autoperpetua e possui suas próprias instituições e culturas distintas em maior ou menor grau, pode ser uma sociedade; c) as instituições e a cultura de um grupo de pessoas de ambos os sexos e todas as idades, grupo esse, inclusive, mais ou menos distinto e que se autoperpetua[9].

A noção de sociedade com seus vários conceitos e ideias apresenta-se com múltiplas facetas e imprecisões, pela confusão que se estabelece entre sociedade e comunidade. Neste sentido, podem ser formulados alguns aspectos que correspondem a diferença fundamental entre os termos:

"La distinción fundamental entre comunidad y sociedad se traduce en los siguientes términos: 1. La comunidad es una unidad natural y espontánea, mientras que la sociedad es una unidad en cierta manera artificial. En la comunidad, la vida del individuo coincide con la vida conjunta y no se puede pensar en una vivencia plena del individuo, al margen de la convivencia grupal. En la sociedad, aunque hay exigencias pragmáticas, no se da la exigencia lógica de vivir conjunto y, en ese sentido, el vivir individual precede lógicamente al convivir. 2. La comunidad es una manera de 'ser' para el individuo en ella incorporado, mientras que la sociedad es una manera de 'estar'. Mientras se pertenece a la comunidad, como parte del ser, se participa (reflexiva y conscientemente) en la sociedad. En este sentido, siempre es posible separar una de las partes del todo social. 3. La comunidad es integración, mientras que la sociedad es suma de las partes. Así, la forma constitutiva de la primera es una ley jerárquica de distribución mientras que la segunda es una convención conmutativa. 4. En la comunidad priman los valores convergentes, mientras que en la sociedad priman valores divergentes. Si bien en la sociedad los valores pueden converger por *necesitas*, mientras que en la comunidad se instrumentan por la *virtus*. De ahí que en la comunidad prime lo ético (valores comunes), mientras en la sociedad prima lo jurídico (legislación)"[10].

---

sugerindo as sociologias especiais, no alargamento de perspectivas sobre as diversas zonas da realidade social. Ao lado de uma sociologia geral, despontam as sociologias da arte, religião, linguagem, educacional, econômica, política, jurídica, e a sociologia aplicada à administração, à medicina, ao esporte, ao trabalho".

[9] MELLO, Celso Albuquerque. *Direito internacional da integração*. Rio de Janeiro: Renovar, 1996, p. 4.

[10] BARBÉ, Esther. *Relaciones internacionales*. 2. ed. Madrid: Tecnos, 2006, p. 115.

Na mesma esteira, ao sistematizar e apresentar a diferenciação de comunidade e sociedade Lakatos, ao se valer dos ensinamentos de Ferdinand Tonnies, que levou em consideração a intensidade do vínculo psicológico nos grupos sociais, acentuou:

"As comunidades ou são compostas pelos indivíduos unidos por laços naturais ou são espontâneos ou ainda são compostas por objetivos comuns que transcendem os interesses particulares de cada pessoa. Simpatia e afinidade e sentimento de pertencer ao grupo caracterizam os indivíduos, assegurando a sua união e a cooperação de cada um. Por sua vez, as sociedades são grupos baseados na vontade livre das pessoas que os integram ou que formam uma associação deliberada para a consecução de determinados fins. Os contratos estabelecem-se na base dos interesses individuais. O querer orgânico traz em si as condições da comunidade: a vontade refletida produz a sociedade"[11].

Para Jiménez Aréchaga, os conceitos de sociedade e comunidade são apenas questões nominativas, pois as relações devem se situar em centros de poder independentes[12]. Em verdade, dada sua variedade, os fenômenos de caráter político, jurídico e estrutural que acompanham as relações entre os centros de poder independentes nem sempre são fáceis de sistematizar, o que faz com que os termos utilizados para explicá-los possam parecer confusos. Assim sendo, o autor referido procura estabelecer uma distinção entre comunidade e sociedade internacional:

"La idea de comunidad internacional supone la existencia de una asociación de Estados reunidos con el propósito de lograr en conjunto ciertos fines que se consideran prioritarios. El alto valor que se atribuye a esos objetivos determina que los Estados que integran esa Comunidad los antepongan a sus intereses particulares y estén dispuestos para alcanzarlos a consentir cierto grado de renuncia a su soberanía, admitiendo la creación de instituciones supranacionales. (...) la idea de sociedad internacional supone en cambio, una asociación de Estados que normalmente compiten en sus relaciones mutuas porque sus propósitos son divergentes o, al menos, no coincidentes y que se reúnen sólo para evitar las consecuencias más dañosas de tal competencia. Para ello se someten voluntariamente a algunas reglas de juego que están dispuestos a cumplir de buena fe; pero

---

[11] LAKATOS, Eva Maria. *Sociologia geral*. 5. ed. São Paulo: Atlas, 1986, p. 322. Do mesmo modo, esta ideia é complementada pelo estudo refinado de MELLO, Celso Albuquerque, *Direito internacional da integração*, cit., p. 5: "o sociólogo alemão leva em consideração a intensidade do vínculo psicológico nos grupos sociais e os classificou em comunidade e sociedade. A comunidade apresentaria as seguintes características: formação natural, vontade orgânica e os indivíduos participariam de maneira mais profunda na vida em comum. A sociedade já possuiria caracteres diferentes: formação voluntária, vontade refletida e os indivíduos participariam de maneira menos profunda na vida em comum".

[12] ARÉCHAGA, Eduardo Jiménez. *Derecho internacional público* – tomo V. Montevideo: Fundación Cultura Universitaria, 1994, p. 13: "Como toda relación entre distintas voluntades autónomas, las que se establecen entre Centros de Poder independientes, deben de situarse dentro de algún tipo de orden estructural que permita y facilite su harmónico desarrollo".

aunque estructuren un sistema jurídico y establezcan objetivos comunes, no anteponen estos a sus intereses particulares, ni desean renunciar siquiera parcialmente a su soberanía y evitan, por lo tanto, la creación de órganos supranacionales que escapen a su control directo"[13].

Com efeito, a despeito do emprego indiscriminado das expressões indicadas, inclusive por internacionalistas, evidencia-se que apesar de serem parecidas, apresentam significados diferentes, tanto no aspecto sociológico (que se encarrega de fazer um estudo mais amiúde) como no jurídico.

Assim, em uma determinada ordem, os homens se agrupam estabelecendo dois tipos de relação: a comunalização e a socialização.

A comunalização designa a atividade social unificadora que se fundamenta no sentimento subjetivo dos participantes de pertencerem a um mesmo conjunto. A socialização designa atividade que unifica os seres na base de um compromisso ou de uma coordenação de interesses segundo o esquema da racionalização por valor ou por finalidade. A primeira repousa em um sentimento de ordem tradicional ou afetivo, que pode ser de caráter religioso, doméstico, erótico, étnico. Entretanto, a existência de traços ou de qualidades comuns não se transforma em uma comunalização senão na condição de os indivíduos nela descobrirem um sentido subjetivo capaz de orientar mutuamente seu comportamento em função do sentimento comum. A socialização repousa em um comprometimento comum, querido por motivos racionais (troca e mercado, associação para defender interesses, associação ideológica etc.)[14].

Com efeito, a partir da ideia acima esposada, é possível afirmar que no âmbito internacional a sociedade[15] engloba todos os sujeitos e atores que se apresentam no globo, enquanto a comunidade é aquela determinada por um grupo mais fechado com interesses definidos em comum.

De toda sorte, pessoas e grupos sociais se relacionam estreitamente na busca de seus objetivos. A sociedade apresenta um grupo de pessoas em estado de interação, isto é, um processo de mútua influência, de relações interindividuais e intergrupais, que se formam sob a força de variados interesses[16].

---

[13] ARÉCHAGA, Eduardo Jiménez. *Derecho internacional público* – tomo V. Montevideo: Fundación Cultura Universitaria, 1994, p. 16.

[14] FREUND, Julien. *Sociologia de Max Weber*. Rio de Janeiro: Forense Universitária, 1987, p. 95.

[15] Por seu turno, BOURDIEU, Pierre apud FARIA, José Eduardo. *Direito e globalização econômica*: implicações e perspectivas. São Paulo: Malheiros, 1998, p. 34, estabeleceu o seguinte conceito para sociedade: "uma série de campos inter-relacionados, mas semiautônomos, cada um dos quais com uma estrutura própria. Os campos sociais são constituídos por protagonistas com diferentes posições, que lutam pelos privilégios que o campo oferece, os quais podem ser econômicos, de prestígio e poder".

[16] NADER, Paulo. *Introdução ao estudo do direito*. 16. ed. Rio de Janeiro: Forense, 1998, p. 27.

2. ANTECEDENTES E CONCEITO DE SOCIEDADE INTERNACIONAL

A sociedade internacional já existia na mais remota Antiguidade, quando os povos mantinham relações entre si, podendo-se afirmar que o direito internacional é tão antigo quanto a civilização em geral, posto que seja consequência necessária e inevitável de toda a civilização[17].

Corroborando este entendimento, Rezek lembra que o primeiro registro seguro da celebração de um tratado é o que se refere à paz entre Hatusil III, rei dos hititas, e Ramsés II, faraó egípcio da XIX dinastia: "Esse tratado pondo fim à guerra nas terras Sírias, num momento situado entre 1280 e 1272 a.C., dispôs sobre a paz perpétua entre os dois reinos, aliança contra inimigos comuns, comércio, migrações e extradição. Releva observar o bom augúrio que esse antiquíssimo pacto, devera, quem sabe, ter projetado sobre a trilha do direito internacional convencional: as disposições do tratado egipto-hitita parecem haver-se cumprido à risca, marcando seguidas décadas de paz e efetiva cooperação entre os dois povos e assinalando-se, na história do Egito, a partir desse ponto da XIX dinastia, certo refinamento de costumes, com projeção no próprio uso do idioma, à conta da influência hitita. As duas grandes civilizações entrariam, mais tarde, em processo de decadência, sem que haja notícia de uma quebra sensível de compromisso"[18].

De fato, embora existam vários documentos internacionais que identificam a origem do Direito Internacional em tempos remotos, a doutrina costuma não chegar a um consenso sobre qual seria o momento exato de seu nascimento. Nesse sentido, Bedin em interessante estudo assevera que "as pesquisas envolvendo a história do direito internacional são bastante divergentes em relação ao marco inicial de sua trajetória. Alguns situam este marco como estando localizado na Mesopotâmia; outros na Grécia Clássica; um terceiro grupo destaca que a origem do direito internacional está vinculada ao direito romano; por fim, há, ainda, um quarto grupo de pensadores que situa esta origem nos tratados da Paz de Vestfália. O presente texto acompanha o entendimento do quarto grupo. Não deixa de considerar, contudo, que há vários fatos históricos anteriores muito relevantes para o tema. Por isso, o estudo tem início com o resgate dos antecedentes históricos do direito internacional. A seguir, analisa a importância histórica da Paz de Vestfália e as principais referências que conformam a sociedade internacional"[19].

Não tendo aqui a pretensão de abordar a história do Direito Internacional, mas apenas sinalizar alguns marcos teóricos importantes que demonstram claramente a sua existência (Direito Internacional[20]) há muitos anos, pode-se atribuir à Paz de Vestfália a

---

[17] SEITENFUS, Ricardo; VENTURA, Deisy. *Introdução ao direito internacional público*. Porto Alegre: Livraria do Advogado, 1999, p. 21.

[18] REZEK, José Francisco. *Direito internacional público*: curso elementar. São Paulo: Saraiva, 1996, p. 11.

[19] BEDIN, Gilmar Antônio. Direito internacional e sua trajetória histórica. In: GUERRA, Sidney. *Tratado de direito internacional*. Rio de Janeiro: Freitas Bastos, 2008, p. 8.

[20] ARÉCHAGA, Eduardo Jiménez. *Derecho internacional público* – tomo I. Montevideo: Fundación de Cultura Uni-

referência e a construção dos pilares básicos do Direito Internacional que concebemos hodiernamente. Mais uma vez o magistério de Bedin:

"Foi com a Paz de Vestfália que se consolidou o Estado moderno como potência soberana e politicamente independente, afirmando-se como o núcleo duro da sociedade internacional do mundo moderno, ou seja, de um mundo em que o Estado moderno configura-se como sujeito fundamental, senão único, de um novo e duro jogo político: o jogo de relações internacionais centrado na luta pelo poder. Assim, a criação do Estado moderno 'está vinculada estreitamente com o surgimento do sistema internacional' e este está vinculado com os princípios da Paz de Vestfália.

A Paz de Vestfália é, portanto, o marco inicial da formação da sociedade internacional do mundo moderno e neste fato reside toda a sua importância histórica. Portanto, mais do que a guerra à que põe fim e ao panorama político que estabelece naquele momento, a Paz de Vestfália se destacou por revelar uma nova consciência internacional, em que os Estados aceitaram a coexistência de várias sociedades políticas e aceitaram a possibilidade de que estas sociedades tivessem o direito de ser entidades independentes, o direito de assegurar sua existência e, ademais, de ser tratadas em igualdade de condições. Em outras palavras, se reconhece em Vestfália a coexistência de várias unidades políticas sobre a base dos princípios da soberania e da igualdade.

Com isto, um dos objetivos fundamentais das relações internacionais passa a ser a busca do equilíbrio de poder entre os diversos Estados modernos e a necessária compatibilização do exercício das respectivas soberanias de cada um de seus membros. Isso porque as relações internacionais passam a ser determinadas pela 'ausência de uma instância superior que detenha o monopólio da violência legítima' e pelo reconhecimento da guerra como um recurso legítimo na preservação dos interesses de cada país"[21].

---

versitaria, 1996, apresenta a origem e evolução do Direito Internacional desde a Antiguidade até o século XVIII e, logo após, o Direito Internacional Clássico até chegar ao Direito Internacional Contemporâneo, p. 28-65. O aludido autor destaca que o acordo mais antigo de que se tem notícia "y existe documentación es el celebrado en el 3200 a. C. entre las ciudades caldeas de Lagash y Umma por el cual ambas fijan sus fronteras después de una guerra y según la interpretación de algunos autores también convienen en someter sus diferencias a la decisión del Señor de la ciudad de Kish".

[21] BEDIN, Gilmar Antonio, op. cit., p. 7-9: "A Paz de Vestfália é, portanto, um divisor de águas entre a sociedade internacional típica da Idade Média – centrada no poder da Igreja – e a sociedade internacional da Idade Moderna – centrada no conceito de Estado centralizado e soberano. Devido a esta importância histórica, é fundamental se deter um pouco mais sobre esse acontecimento político, que consolidou o Estado moderno como principal sujeito da sociedade internacional e deu origem ao direito internacional como é conhecido na atualidade.

A Paz de Vestfália, como fato histórico, constituiu-se no momento derradeiro da chamada Guerra dos Trinta Anos. Guerra esta que teve início em 1618 e concluiu-se com a assinatura dos tratados que constituem a Paz de Vestfália, em 1648. Contudo, apesar da importância desse momento histórico culminante, não se pode esquecer que as negociações de paz haviam começado cinco anos antes, e com boa vontade podia remontar-se até sete anos antes, em 1641.

Independente da data de início, o importante é observar que foi um longo período de negociações e de conversações diplomáticas entre os diversos Estados participantes dos conflitos. Estas negociações cristalizaram-se em duas

De fato, a soberania dos Estados, sua igualdade e independência estabelecidas reciprocamente no plano internacional, eis a nova característica da ordem europeia na Idade Moderna. A partir dos tratados assinados aos 24 de outubro de 1648, que selaram a Paz de Vestfália (Tratado de Múnster e Tratados de Osnabruck), houve o início de uma nova era com o fim da Guerra dos Trinta Anos. Findo o período das guerras religiosas, aqueles tratados foram o ponto de partida do Direito Internacional Moderno[22].

Dos Tratados de Vestfália, podem ser sintetizados alguns pontos importantes: igualdade soberana e independência recíproca dos Estados; independência dos Estados em relação à Santa Sé; identidade dos Estados monárquicos e republicanos dentro da sociedade internacional culminando com os primeiros passos para uma regulamentação internacional positivada.

De toda sorte, vale trazer à colação a ideia concebida por Barbé no que tange à sociedade internacional:

"Para los historiadores de la sociedad internacional, la Asamblea General es el resultado de un proceso evolutivo: la transformación de la sociedad europea de estados en un proceso evolutivo: la transformación de la sociedad europea de estados en una sociedad universal. En ese sentido, Bull y Watson apuntan que la manera de saber hasta qué punto la sociedad internacional, surgida de la paz de Westfalia (1648), se iba universalizando, estaba en relación directa con la participación de estados no-europeos en las conferencias multilaterales de la 'familia de naciones' cuyo prototipo es el Congreso de

---

grandes conferências, uma realizada em *Münster* (de que participaram as potências protestantes) e a outra em *Osnabrück* (de que participaram as potências católicas). Estas conferências foram posteriormente unificadas. Participaram das conferências de paz representantes de, praticamente, todos os países integrantes do sistema europeu de Estados daquele período.

O envolvimento de praticamente todos os Estados europeus nas conferências demonstra a magnitude desse acontecimento histórico. Além disso, está em jogo a afirmação do poder político centralizado e, em especial, a liberdade religiosa (católicos e protestantes). A organização das Conferências de Paz teve a marca dessa correlação de força. Por isso, as Conferências foram realizadas em duas cidades diferentes e com dois grupos de beligerantes negociando em separado. Os protestantes reuniram-se em *Münster* e os católicos em *Osnabrück*. Essa divisão dificultou imensamente as conversações, tendo sido imposta pelos vencedores, em especial pela Suécia. Essa, como era protestante, não aceitava reunir-se sob a presidência de um enviado papal, pois julgava que o representante do papa não teria isenção suficiente para encaminhar os trabalhos da conferência, respeitando os interesses religiosos dos Estados protestantes. Por isso, exigiu que os Estados protestantes se reunissem em separado, auto-organizando os trabalhos e as atividades desenvolvidas.

Apesar dessas dificuldades, as conferências foram produtivas e, em 1648, a paz foi celebrada. Com os Tratados de Paz, foram estabelecidos três princípios fundamentais: a) princípio da liberdade religiosa; b) princípio da soberania dos Estados (supremacia do poder político sobre o poder espiritual); c) princípio da igualdade entre os Estados. Estes princípios formam, quando vistos em conjunto, o núcleo fundamental da sociedade internacional moderna e dão origem ao 'direito internacional público, a institucionalização da diplomacia e as conferências de cúpula, o intento de reduzir as guerras, a aceitação do princípio da integridade territorial, o conceito de equilíbrio de poderes (já era impossível impor a supremacia de uma só potência), etc.' (Krippendorff, p. 80). Daí, portanto, a sua importância histórica e sua relevância à formação da sociedade internacional moderna e ao estabelecimento de seus pilares mais sólidos e de sua estrutura".

[22] LITRENTO, Oliveiros. *Curso de direito internacional público*. 3. ed. Rio de Janeiro: Forense, 1997, p. 24.

Viena (1815). Así, la ampliación de dicha representación supondría el avance hacia la universalización. Tal proceso de ampliación comienza con la participación del Imperio Otomano en la Conferencia de Paz de París (1856). Las Conferencias de la Haya (1899, 1907) serían, por el número de países no europeos presentes y su impacto (en especial el de los países latinoamericanos, en la de 1907), el preludio de la actual Asamblea General por su composición y por la correlación de fuerzas existente en la misma"[23].

Evidencia-se, pois, que a sociedade internacional surge no momento em que a coletividade independente com a organização política se relaciona, isto é, no momento em que as relações entre as coletividades passam a existir de modo mais ou menos contínuo. A sociedade internacional[24] é uma estrutura que se apresenta a partir do relacionamento dos sujeitos internacionais podendo ser conceituada como um conjunto que engloba:

"El sistema interestatal, la economía mundial (o el mercado mundial o el sistema económico mundial), los fenómenos transnacionales y supranacionales, aplicándose el adjetivo internacional al conjunto de todas esas relaciones entre Estados y entre personas privadas que permiten soñar con la unidad de la especie humana. (...) Designa, sin describirla, una totalidad que incluiría a la vez el sistema interestatal, el sistema económico, los movimientos transnacionales y las diversas formas de intercambio (de comercio, en el sentido amplio del siglo XVIII) de sociedades civiles con sociedades civiles, las instituciones supranacionales"[25].

Além da existência dos sujeitos de direito internacional, há também aqueles denominados atores internacionais, a serem explicitados adiante. A inserção destes na arena jurídica internacional deu-se em razão de grandes mudanças produzidas a partir do término da Segunda Grande Guerra mundial.

---

[23] BARBÉ, Esther. *Relaciones internacionales*. 2. ed. Madrid: Tecnos, 2006, p. 112-113.

[24] OLSSON, Giovanni. *Poder político e sociedade internacional contemporânea*. Ijuí: Unijuí, 2007, p. 169 e 179, trata do conceito e da denominação para a sociedade internacional contemporânea: "Do ponto de vista literal, uma 'sociedade internacional' significa uma 'sociedade entre nações'; entretanto, não é disso exatamente que se trata. Na ótica de sua realidade, porém, uma sociedade internacional envolve muito mais do que 'nações'. Em verdade, questiona-se até mesmo se, de fato, é possível falar no mundo contemporâneo de relações entre 'nações', diante da perda de sua centralidade conceitual. A existência de Estados no ambiente internacional, todavia, é um fato inegável, sejam eles ainda associados a alguma 'nação' ou não. Nesse sentido, pode-se pensar em uma sociedade internacional que, então, seria de 'Estados'. Mesmo assim, a terminologia empregada enseja muita controvérsia, especialmente porque não há apenas Estados no cenário internacional. Embora as organizações intergovernamentais possam ser entendidas como entes secundários aos Estados, identifica-se uma crescente presença de outros atores, como organizações não governamentais e empresas transnacionais, por exemplo. Poder-se-ia falar, então, em uma 'sociedade mundial' ou 'sociedade global', mas há intensos debates também sobre esta terminologia. (...) A sociedade internacional deve ser entendida como uma 'sociedade', nos limites de que a 'norma' de seu funcionamento está baseada em uma 'regra do jogo' no sentido exposto. Além disso, ela deve ser vista propriamente como 'internacional', a despeito de todo o debate travado para a sua qualificação, por razões históricas, como um conceito estabelecido na doutrina".

[25] BARBÉ, *Esther. Relaciones internacionales*. 2. ed. Madrid: Tecnos, 2006, p. 123.

Não por acaso, é que hodiernamente pode ser apresentado rol alargado de diversos protagonistas que se relacionam no sistema internacional, diferentemente do que acontecia no passado em que figuravam apenas os Estados. Assim, passaram a integrar a sociedade internacional novos sujeitos e atores internacionais, tais como: Organizações Internacionais; pessoa humana; empresas transnacionais; Santa Sé; Beligerantes e Insurgentes; Organizações não governamentais; Comitê Internacional da Cruz Vermelha etc.

3. CARACTERÍSTICAS

A sociedade internacional sofreu grandes mudanças com o passar dos tempos, e para compreender essas alterações o estudo das características ganha relevo. Assim, pode-se afirmar que a sociedade internacional é universal, aberta, paritária e descentralizada.

3.1. Universal

As relações internacionais no passado eram muito diferentes das que são produzidas nos dias atuais, sendo que uma das razões principais decorre do fato de que somente os Estados faziam parte do cenário internacional. Os novos atores internacionais passaram a ser reconhecidos pelo direito internacional no pós-Segunda Guerra.

De fato, a universalização do Direito Internacional ocorreu após a Segunda Grande Guerra Mundial, em especial pela ocorrência da descolonização[26], haja vista que somente a metrópole tinha acesso à sociedade internacional. As relações internacionais eram bastante limitadas tendo em vista o número restrito de Estados soberanos existentes no plano global.

Existia uma classificação para a sociedade internacional, que não mais se aplica nos dias atuais, que apresentava os Estados em três grupos: os civilizados, os semicivilizados e os não civilizados. Celso Mello, sobre este ponto, assim se manifestou: "No início do século XX, a sociedade internacional comportava a existência de apenas 43 Estados, sendo 21 americanos, 21 europeus e apenas 1 asiático (o Japão), em razão da classificação (que não mais existe) dos Estados em civilizados; semicivilizados e não civilizados. A classificação de Von Liszt concebia os Estados civilizados, como sendo os Estados cristãos e se beneficiavam do Direito Internacional. Os semicivilizados (China, Pérsia e Marrocos) não integravam a sociedade internacional, mas algumas normas convencionais seriam aplicadas a eles enquanto que os não civilizados não se beneficiavam do Direito Internacional. Esse entendimento se modifica a partir da Segunda Guerra Mundial que estabelece um rol extenso e distinto de atores internacionais"[27].

---

[26] O Brasil, por exemplo, enquanto colônia de Portugal, não figurava nas relações internacionais, visto que uma colônia não poderia celebrar tratados internacionais por não possuir personalidade jurídica internacional.

[27] MELLO, Celso Albuquerque. *Direito internacional da integração*. Rio de Janeiro: Renovar, 1996, p. 18.

Com efeito, na classificação existente até o fenômeno que ficou conhecido como descolonização, pode-se observar que as relações de poder existentes até então estavam situadas basicamente no eixo Europa x América, sendo praticamente "ignorados" os demais continentes do planeta. Com a emancipação política, formação e reconhecimento de novos Estados (não mais adstritos à Europa e América) é que a sociedade internacional assume contornos universalistas.

Para se ter a dimensão que toca à matéria, registre-se que no âmbito da Organização das Nações Unidas, criada em 1945, figuravam à época 51 Estados e hoje conta com 193. Neste caso, evidencia-se o aumento significativo no número de Estados, podendo também ocorrer a extinção em algumas circunstâncias[28], bem como o aumento exponencial de atores internacionais.

Não há dúvidas de que a sociedade internacional deixa de ser estática e se transformar numa sociedade dinâmica; deixa de ter um número restrito de atores para se apresentar como uma sociedade universal.

Por conseguinte, o Direito Internacional, que deve adequar-se às mudanças que são produzidas nesta "aldeia global", procura estabelecer uma normatização das várias situações que se manifestam na sociedade internacional, transformando-se em verdadeiro "Direito Constitucional da Humanidade".

3.2. Aberta

Pode-se afirmar que a sociedade internacional é aberta pelo fato de que não há um número determinado de atores que façam parte das relações internacionais.

Existem várias razões para que um novo ator surja no cenário internacional, sendo certo que para cada um deles existem particularidades específicas. Assim sendo, os motivos pelos quais um novo Estado se apresenta no campo internacional não são os mesmos que os aplicados para organizações internacionais, indivíduos, empresas transnacionais, organizações não governamentais etc.

Impende esclarecer, desde logo, o uso das expressões sujeitos de direito e atores internacionais. A prática internacional tem utilizado de forma indiscriminada as expressões acima indicadas, todavia a percepção que se apresenta é a de que todo sujeito é ator internacional, mas nem todo ator é sujeito de direito internacional. Os atores internacionais, embora importantes protagonistas para o Direito Internacional hodierno, não podem praticar todos os atos da vida internacional (empresas transnacionais, por exemplo), como ocorre em relação aos sujeitos (Estados soberanos, por exemplo), tais como celebrar tratados internacionais; seus agentes não possuem imunidade etc.

Evidencia-se ainda que um novo sujeito e/ou ator que surge na arena internacional participará das diversas relações existentes na sociedade internacional. É o caso, por

---

[28] A matéria será abordada no capítulo IV, nos tópicos que versam sobre origem, extinção e sucessão de Estados.

exemplo, da formação de novos Estados ao preencherem os requisitos necessários para serem declarados e reconhecidos como sujeitos internacionais. Também as organizações internacionais, que são criadas pelos Estados com finalidades próprias, passam a ter personalidade jurídica internacional; ou ainda, quando são criadas organizações não governamentais e passam a ostentar o *status* de ator internacional.

3.3. Descentralizada

A sociedade internacional não possui uma organização institucional, a exemplo do que ocorre nos Estados e, portanto, não estão contemplados os Poderes Legislativo, Executivo e Judiciário. Assim, ela não se apresenta como um "superestado" e guarda aspectos próprios que difere da estrutura de poderes de um Estado-nação.

Essa particularidade da sociedade internacional permite que muitos autores, acentua Bedin, "a caracterizem como uma estrutura anárquica, em que, não havendo monopólio da violência legítima, cada ator garante a própria segurança com suas forças, sozinho ou em combinação com os aliados. (...) Isto fica mais claro se considerarmos que a sociedade internacional não se encontra subordinada a nenhum sistema legal ou a qualquer imperativo ético absoluto e nem existe nela qualquer instituição central ou conjunto de instituições, que desempenhe funções governamentais. Neste sentido, fica claro, se for comparada com a sociedade interna de cada Estado, que não existe uma agência internacional com o monopólio da violência legítima e nem executivo internacional com força militar a sua disposição"[29].

Mesmo sendo descentralizada, possui um sistema próprio de funcionamento, distinto, por óbvio, do existente na ordem estatal. Com efeito, embora não existam poderes constituídos no sistema internacional, a exemplo de um Poder Legislativo, há formas para a criação de normas jurídicas internacionais, conforme será analisado mais adiante. Do mesmo modo, evidencia-se que não há monopólio da sanção por um poder central, sendo por isso mesmo considerada uma sociedade descentralizada onde predomina a autotutela.

Impende assinalar que mesmo não sendo institucionalizada, possui meios de impor certas normas para os membros da sociedade internacional, como por exemplo, no caso conhecido da "Guerra do Golfo", em que a Organização das Nações Unidas obrigou ao Iraque a retirada de suas tropas do Kuwait e a aplicação de várias sanções em razão deste episódio.

3.4. Paritária

É paritária porque consagra a igualdade jurídica. Embora a igualdade seja considerada incipiente, ela vem sendo aplicada em várias situações no âmbito da sociedade internacional, como por exemplo, na assinatura dos tratados internacionais celebrados entre Estados soberanos, bem como na realização de Congressos e Conferências

---

[29] BEDIN, Gilmar. *A sociedade internacional clássica*: aspectos históricos e teóricos. Ijuí: Unijuí, 2011, p. 39

Internacionais onde a disposição dos Estados se dá em ordem alfabética (critério usado, por exemplo, na Ata final do Congresso de Viena, em 1815).

Do mesmo modo, o art. 1º, alínea 2, e o art. 2º, alínea 1, da Carta da Organização das Nações Unidas agasalha esta previsão (igualdade), surgindo daí a regra de não discriminação e o princípio da reciprocidade.

Ademais, por ser adotado o primado da igualdade jurídica entre os Estados, é que estes poderão realizar os vários atos da vida internacional, a exemplo do direito de legação, do direito de convenção, de demandar em tribunais internacionais, de votar nos órgãos plenários, sendo o voto contabilizado de maneira igualitária, independentemente se o Estado é rico ou pobre, grande ou pequeno etc.

4. OS ATORES NA ORDEM JURÍDICA INTERNACIONAL

Quando da apresentação da segunda característica da sociedade internacional (aberta) foram expendidas considerações acerca do uso das expressões sujeito de direito internacional e atores internacionais. Neste tópico, embora os termos não tenham o mesmo significado, serão apresentadas considerações gerais sobre os principais protagonistas que se apresentam na arena internacional.

Hodiernamente há uma multiplicidade de atores internacionais. Entretanto, nem sempre foi assim, posto que o Estado era o único sujeito da sociedade internacional, subsistindo esta ideia até o século XX.

Várias teorias explicam a existência dos sujeitos de direito internacional, destacando-se a corrente estatal, a corrente individualista e a corrente heteropersonalista[30].

Os adeptos da corrente estatal afirmam que somente os Estados são sujeitos do Direito Internacional e por isso somente eles são capazes de possuir direitos e contrair obrigações no campo internacional. Para a corrente individualista, o único sujeito do Direito Internacional é a pessoa humana, privativo destinatário de suas normas, pelo que as relações interindividuais seriam exclusivamente relações interindividuais, restringindo o Estado a simples ficção. Finalmente a corrente heteropersonalista afirma que além do Estado e do indivíduo, outras entidades podem ser sujeitos de direitos e deveres na ordem jurídica internacional.

Ao apresentar essas correntes, é possível, por meio delas, identificar o modo de ver dos teóricos da disciplina a respeito dos sujeitos do direito internacional. Por sua vez, não se contradiz que determinados organismos internacionais, além do próprio indivíduo, possam ser, ao lado do Estado, sujeitos de deveres e direitos no campo internacional.

Rezek[31] entende que são sujeitos internacionais os Estados e as organizações internacionais e assinala que a competência para celebrar tratados é deferida tão somente a

---

[30] ARAÚJO, Luís Ivani Amorim. *Curso de direito internacional público*. 9. ed. Rio de Janeiro: Forense, 1997, p. 2-4.

[31] REZEK, José Francisco. *Direito internacional público*: curso elementar. São Paulo: Saraiva, 1996, p. 18: "As partes, em todo tratado, são necessariamente pessoas jurídicas de direito internacional público; tanto significa

eles (Estados e organizações internacionais). Tal posição está fulcrada nas Convenções de Viena sobre Direito dos Tratados, de 1969 e sobre Direitos dos Tratados entre Estados e Organizações Internacionais ou entre Organizações Internacionais, de 1986.

Embora Rezek tenha razão no que tange à celebração dos tratados internacionais, não pode prosperar a ideia de que os sujeitos internacionais estejam limitados apenas aos Estados e às organizações internacionais, como pretende o mestre[32].

Aréchaga lembra que os Estados foram tradicionalmente os únicos sujeitos de direito internacional, por não ser reconhecida personalidade jurídica internacional a outro ente, mas afirma que:

"No cabe duda alguna en cuanto a que, además de los Estados, existen otras entidades a las que el Derecho Internacional les atribuye directamente derechos y obligaciones y que por lo tanto deben ser consideradas como sujetos de dicho orden jurídico. La multiplicación y diversificación de estos nuevos sujetos es uno de los fenómenos más notables del Derecho Internacional Contemporáneo (...) Además de los Estados, las organizaciones internacionales y los individuos pueden llegar a ser sujetos de Derecho Internacional. La lista debe completarse con ciertas entidades territoriales no soberanas, las comunidades beligerantes y los movimientos de liberación"[33].

Celso Mello alerta, em sua obra clássica de Direito Internacional Público, sobre a dificuldade da classificação dos sujeitos de direito internacional e que não pode prescindir de critérios generalíssimos, entendendo que a melhor classificação seria a proposta por Rousseau, nessa passagem: "a) coletividades estatais; b) coletividades interestatais; c) coletividades não estatais; d) o indivíduo. Esta tem a vantagem de ser a mais didática. Todavia, tem o inconveniente de classificar todos os sujeitos de direito, tomando por modelo a figura do Estado, que é a principal pessoa internacional"[34].

A despeito da dificuldade, pode-se afirmar que os atores internacionais são os destinatários das normas jurídicas internacionais e contempla-se rol extenso e diverso daquele que concebia tão somente os Estados e as Organizações Internacionais, mediante inclusão,

---

dizer os Estados soberanos – aos quais se equipara, como será visto mais tarde a Santa Sé – e as organizações internacionais".

[32] Vale lembrar, a propósito, DALLARI, Pedro. *Constituição e relações exteriores*. São Paulo: Saraiva, 1994, p. 5: "Evidente no plano das relações internacionais, a pluralidade de tipos de pessoas ou sujeitos de direito foi sendo reconhecida até mesmo no campo mais específico do direito internacional público. (...) o Estado é o principal sujeito de direito internacional. Foi ele considerado pela doutrina dominante, durante os tempos modernos, como sendo o único sujeito, mas esse entendimento não mais prevalece". Validando esta opinião, LITRENTO, Oliveiros. *Curso de direito internacional público*. 3. ed. Rio de Janeiro: Forense, 1997, p. 115: "Sendo a sociedade internacional constituída por Estados, coletividades interestatais, coletividades não estatais e indivíduos, são todos eles sujeitos de Direito Internacional, ou seja, entidades dotadas de personalidade jurídica internacional própria, aos quais nossa disciplina atribui diretamente direitos e obrigações".

[33] ARÉCHAGA, Eduardo Jiménez. *Derecho internacional público* – tomo II. Montevideo: Fundación de Cultura Universitaria, 1994, p. 18.

[34] MELLO, Celso de Albuquerque. *Curso de direito internacional público*. 11. ed. Rio de Janeiro: Renovar, 1997, p. 324.

a título de ilustração, das empresas transnacionais, da pessoa humana, dos beligerantes, da Santa Sé, da Cruz Vermelha, além de outros existentes no cenário internacional.

4.1. O Estado

É o mais importante ator e também considerado sujeito originário ou primário da sociedade internacional. Os Estados assim são denominados pelo fato de serem destinatários das normas internacionais, de serem criadores das mesmas e também pelo fato de incorrerem em responsabilidade internacional, caso venham a descumpri-las, bem como podrão apesentar reclamações perante os Tribunais Internacionais. Os Estados são os titulares plenos de direitos e deveres na órbita jurídica internacional.

Impende assinalar que para o Direito Internacional Público é irrelevante saber o número de habitantes ou avanço cultural e tecnológico de um determinado Estado, entretanto, para a política estes fatores são da maior importância. Do mesmo modo, aspectos relativos à extensão do território, riqueza, localização estratégica etc. não são relevantes para o Direito Internacional Público, mas são para a política internacional.

Quanto ao governo, o Direito Internacional defere maior importância para esse elemento constitutivo, na medida em que é necessário que seja identificado aquele que irá responder, assumir e cumprir com as obrigações internacionais avençadas pelo Estado[35].

4.2. As organizações internacionais

As organizações internacionais se apresentam como entes formados por um acordo concluído entre Estados e são dotadas de personalidade jurídica própria, como por exemplo, a Organização das Nações Unidas, a Organização dos Estados Americanos, o Mercosul, etc.

As organizações internacionais adquirem grande força no século XX e se proliferaram em razão do progresso da tecnologia que transformou significativamente as relações internacionais. Mello[36] afirma que "as organizações internacionais passaram a proliferar devido ao fato do progresso da tecnologia fazendo com que o mundo ficasse menor ao se desenvolverem os meios de transportes mais rápidos e seguros. As relações internacionais ficaram mais intensas. Os estados passaram a ter problemas que não podem resolver sozinhos. As organizações internacionais têm um aspecto 'dialético', no sentido de que diminuíram o poder e o monopólio dos estados nas relações internacionais e ao mesmo tempo são utilizadas pelos estados para reforçarem o seu próprio poder. Elas atuam nas mais diferentes áreas e a sua criação não está limitada aos governos (estima-se aproximadamente a existência de 150 a 369 organizações internacionais intergovernamentais)".

---

[35] A matéria será apresentada no Capítulo IV da presente obra.

[36] O estudo das Organizações Internacionais será abordado na Parte III deste livro.

De fato, os Estados ao constatarem que existiam certos problemas que não poderiam ser resolvidos por eles de maneira individualizada no sistema internacional, sem a colaboração de outros países, passaram a se "associar" uns aos outros, fomentando a criação e o alargamento do papel dos Organismos Internacionais e, por consequência, no processo de transformação do planeta em uma "aldeia global"[37].

4.3. A pessoa humana

O direito internacional clássico não reconhecia a condição do indivíduo como sujeito de direito, sendo admitidos como sujeitos de direito internacional apenas os Estados. A sociedade internacional era eminentemente interestatal. A pessoa humana, à época da compreensão westfaliana, era, de certo modo, relegada a um plano inferior[38].

A pessoa humana passa a ser admitida na arena internacional, com a qualidade que está presente nos dias atuais, a partir das mudanças produzidas no sistema internacional após a criação da Organização das Nações Unidas, em 1945. Somado a isso, não se pode olvidar da vasta produção normativa jurídica internacional concebida, a começar pela Declaração de Direitos de 1948, que altera a compreensão da matéria, ao conferir, inclusive, a subjetividade internacional do indivíduo.

A internacionalização da matéria, ou seja, a proteção conferida aos direitos humanos no sistema internacional, surge como uma necessidade em decorrência de violações que foram e que ainda são praticadas contra o indivíduo, por parte de pessoas isoladamente, e, especialmente, pelo próprio Estado[39].

4.4. As empresas transnacionais

Comumente, ao serem apontadas as empresas transnacionais como atores importantes na arena global, apresenta-se como dúvida inicial, qual seria a melhor expressão a ser utilizada para se referir às empresas: multinacionais ou transnacionais?

Para se chegar a esta compreensão, é importante identificar o momento em que as empresas passaram a ter o seu reconhecimento como relevante ator internacional, no pós-guerra, e na perspectiva diferenciada de uma sociedade internacional aberta. Portanto, é possível identificar, naquele dado momento, que se apresentavam como grandes

---

[37] Segundo MELLO, Celso Albuquerque. *Direito internacional da integração*. Rio de Janeiro: Renovar, 1996, p. 13.

[38] CARREAU, Dominique. *Droit international*. 9. ed. Paris: Pedone, 2007, p. 47: "La solution traditionnelle du droit international classique fut d'ignorer l'individu et d'imposer l'omniprésence de l'écran étatique, oubliant ainsi les premiers enseignements du droit des gens. L'individu était simplement considéré comme un objet du droit international. La situation change a quelque peu après la première guerre mondiale où certaines catégories d'indindus se virent directement reconnaître des droits qu'ils eurent la possibilité de faire valoir contre les Etats nationaux devant des tribunaux internationaux: ainsi les minorités protégées par les traités de paix de 1919 avaient à leur disposition des Tribunaux Arbitraux Mixtes susceptibles d'assurer la garantie juridictionnelle de leurs droits".

[39] Remete-se à leitura detalhada do capítulo XVIII da presente obra.

potências mundiais os EUA e a extinta URSS. O primeiro, com viés capitalista, necessitava expandir seus mercados e as empresas apresentavam relevante papel para os interesses norte-americanos. Todavia, os norte-americanos enfrentavam, em vários países, posturas refratárias à expansão desejada. Assim, na tentativa de minimizar manifestações nacionalistas em alguns Estados, por ocasião da proliferação de empresas norte-americanas no início da década de 1950, do século XX, é que foi largamente empregada a expressão multinacionais, para se criar uma falsa impressão de que as empresas teriam "várias nacionalidades".

No âmbito das Nações Unidas, especialmente pelo Conselho Econômico e Social, as empresas transnacionais foram definidas em 1974, como "empresas que são proprietárias de instalações de produção ou de serviços ou que as controlam fora do território do Estado onde elas têm a respectiva sede. Essas sociedades não têm de ser sociedades anônimas nem sociedades privadas, podem revestir a forma também de cooperativas ou de empresas do Estado".

Importa distinguir os tipos de empresas transnacionais que podem figurar no sistema internacional: as empresas públicas internacionais e as empresas privadas de atividade transnacional.

As empresas públicas transnacionais são as empresas constituídas por força de um tratado internacional celebrado por vários Estados para realizar objetivos econômicos que são comuns e de interesses dos Estados que as constituíram, ao passo que as empresas privadas de atividade transnacional, correspondem a unidades econômicas de produção e comercialização cujo âmbito de atividade não está adstrito a uma determinada fronteira nacional.

Alejandro Carrión, ao alargar o tema, apresenta algumas características pertinentes às empresas públicas transnacionais e às empresas privadas de atividade transnacional e enfatiza em relação às primeiras:

"... su personalidad jurídica será la que confiera el tratado, pudiendo establecerse en el mismo los privilegios e inmunidades de que gozarán en los Estados miembros e incluso los mecanismos jurisdiccionales para la aplicación del tratado, incluso en las relaciones entre la empresa y los Estados miembros (caso Air-Afrique). Reténgase, con todo, que su personalidad por terceros Estados, lo que permite, incluso, su capacidad de concluir acuerdos"[40].

No tocante às segundas, assevera que: "su disciplina y control centralizados, junto con la posibilidad de disponer de ingentes cantidades de recursos, las hacen auténticos actores de la vida internacional. Su estatuto jurídico, sin embargo, es prácticamente inexistente a nivel internacional"[41].

---

[40] CARRIÓN, Alejandro J. Rodrigues. *Lecciones del derecho internacional público*. 6. ed. Madrid: Tecnos, 2006, p. 138.
[41] CARRIÓN, Alejandro J. Rodrigues. *Lecciones del derecho internacional público*. 6. ed. Madrid: Tecnos, 2006, p. 138.

As empresas transnacionais têm relevância para o estudo do Direito Internacional Público em razão, especialmente, do seu poderio econômico, pois podem influenciar vários comportamentos a serem adotados pelos Estados nos sistemas interno e internacional.

O Instituto de Direito Internacional, ao conferir também papel de destaque para as empresas transnacionais, tratou de defini-las como sendo aquelas formadas por um centro de decisão localizado num Estado; e centros de atividade, dotados ou não de personalidade jurídica própria, situados num ou em vários outros Estados, deverão ser considerados como sociedades transnacionais.

Sem embargo, as empresas transnacionais que operam em vários Estados soberanos possuem grande relevância para as relações internacionais e para o direito que regulamenta. Nesse sentido ganha eco as palavras de Carrillo Salcedo:

"... la relevancia de las empresas multinacionales o transnacionales en las relaciones internacionales contemporáneas es innegable, lo que explica que el derecho internacional se ocupe progresivamente de estas entidades no estatales cuya importancia en la vida internacional, al menos desde el punto de vista económico, es mucho mayor que la de numerosos Estados. Concluyen contratos con Estados con vistas a la explotación de determinados recursos naturales y en ocasiones han celebrado 'acuerdos' internacionales con Estados para la regulación de determinados intercambios económicos (por ejemplo, acuerdos petroleros entre el cartel de sociedades petroleras y los Estados exportadores de petróleo en los comienzos de la década de los setenta"[42].

De fato, o direito internacional não pode ignorar atores que tenham tamanha influência e significado, sendo certo que o estudo das empresas transnacionais possui relação estreita com a globalização econômica[43].

4.5. A Santa Sé

Nos estudos do direito internacional a Santa Sé tem despertado o interesse, a curiosidade e, por vezes, dúvidas para muitos[44]. A começar pelo fato de se cogitar a

---

[42] SALCEDO, Juan Antonio Carrillo. *Curso de derecho internacional*. Madrid: Tecnos, 1991, p. 36.

[43] A matéria está contemplada no Capítulo XVII.

[44] "A Santa Sé e o Estado da Cidade do Vaticano são dois conceitos que, ao longo da história e até hoje em dia se misturam, se confundem e, às vezes, se fundem, sendo tomados um pelo outro no entendimento geral, sobretudo pela mídia e até mesmo pelos próprios fiéis católicos. A situação fica pior quando a esses dois conceitos se acrescenta um terceiro, ou seja, o de Igreja Católica. Aí, então, não se sabe quem é quem. O mais comum é a associação entre os dois últimos conceitos, ou seja, o "Vaticano", como é familiarmente chamado o Estado da Cidade do Vaticano, e a Igreja Católica, onde aquele primeiro aparece como o centro de poder ou de direção (o Papa) dessa última. Mas, poucos sabem onde se encaixa nessa relação triangular a Santa Sé." SOUZA, Saulo Caetano. A Santa Sé e o Estado da Cidade do Vaticano: distinção e complementaridade. *Revista da Faculdade de Direito da Universidade de São Paulo*. v. 100, jan./dez. 2005, p. 287-314. Disponível em: https://www.revistas.usp.br/rfdusp/article/view/67675/70283. Acesso em: 19 jun. 2023.

possibilidade de a Igreja Católica ser considerada um sujeito de direito internacional. Frise-se, desde logo, que essa possibilidade não existe. A personalidade jurídica internacional é da Santa Sé e não da Igreja Católica[45] (as expressões não podem ser apresentadas como sinônimas).

A personalidade jurídica da Santa Sé é reconhecida no plano internacional, tendo a mesma participado na mediação de diversos tratados internacionais[46].

Os Papas exerciam, além das atribuições espirituais, funções que são produzidas por chefes de Estado, o que tornava evidente o reconhecimento da condição de sujeito de direito internacional[47]. Entretanto, no ano de 1870, Roma foi anexada ao Estado Italiano, extinguindo-se, de fato, a soberania papal.

A Itália, todavia, reconhece a natureza internacional da Santa Sé e confirma a liberdade de suas relações diplomáticas, bem como não apresenta obstáculos à sua ação espiritual[48]. Esses princípios foram incorporados à denominada "Lei das Garantias", de 13

---

[45] "Existe, portanto, uma relação ou articulação triangular entre a Igreja Católica, a Santa Sé e o Estado da Cidade do Vaticano. Aqueles dois primeiros conceitos nasceram simultaneamente, enquanto pessoas morais, por vontade direta de Deus, isto é, através de Jesus Cristo. O Senhor Jesus, por sua vez, colocou Pedro e, por conseguinte, seus sucessores, os Papas, como Cabeça ou Suprema Autoridade da Igreja Católica. A Função Petrina ou Suprema Autoridade da Igreja Católica chamar-se-á Santa Sé, que representará esta última tanto no plano nacional quanto no internacional. A Santa Sé, por sua vez, enquanto pessoa soberana espiritual, mora ou tem o seu domicílio em um território denominado Estado da Cidade do Vaticano, que lhe assegura estabilidade e independência política, absoluta e visível em relação aos demais Estados: ou, em outras palavras, no Estado da Cidade do Vaticano reside o papa, que é a Suprema Autoridade da Igreja Católica e do Estado da Cidade do Vaticano. A Santa Sé está por Suprema Autoridade da Igreja Católica. O Estado da Cidade do Vaticano é apenas um território. Portanto, nunca o "Vaticano" pode ser sinônimo de Governo Central da Igreja Católica, vez que não é pessoa, mas, sim, um ente estatal ou, simplesmente, um território." SOUZA, Saulo Caetano. A Santa Sé e o Estado da Cidade do Vaticano: distinção e complementaridade. Disponível em: https://www.revistas.usp.br/rfdusp/article/view/67675/70283. Acesso em: 19 jun. 2023.

[46] *Vide*, a propósito, o estudo de Carlos Federico Domínguez Avila: "Em dezembro de 1978, uma disputa interestatal militarizada quase provocou uma guerra entre o Chile e a Argentina. A motivação dessa divergência era, fundamentalmente, a posse de algumas ilhotas e sua correspondente projeção marítima no extremo sul do continente americano – isto é, as fronteiras marítimas, bem como o assim chamado princípio da divisão bioceânica Atlântico-Pacífico entre ambos os países. O momento mais dramático do conflito aconteceu entre 12 e 22 de dezembro. E somente a providencial intervenção de uma terceira parte, neste caso do papa João Paulo II, evitou uma tragédia de grandes proporções no Cone Sul." AVILA, Carlos Federico Domínguez. A crise do Beagle revisitada, 1978: um estudo com fontes (diplomáticas) brasileiras. Disponível em: https://periodicos.uem.br/ojs/index.php/Dialogos/article/view/57763/751375155102. Acesso em: 19 jun. 2023.

[47] ACCIOLY, Hildebrando. *Tratado de direito internacional público* – v. 2. São Paulo: Quartier Latin, 2009, p. 121, esclarece: "Antes de 1870, o Papa englobava em sua pessoa o poder espiritual, de chefe da Igreja Católica, e o poder temporal de chefe dos Estados pontifícios. Havia então, no caso, dois sujeitos de direito internacional: o Estado pontifício e a Santa Sé, dos quais o mais importante já era a Santa Sé. Como soberano temporal, sua autoridade era compatível à de qualquer outro chefe de Estado: exercia-se plenamente, dentro dos limites de seus Estados. Por isto mesmo, nunca se discutiu ou se pôs em dúvida sua personalidade internacional".

[48] ACCIOLY, Hildebrando. *Tratado de direito internacional público* – v. 2. São Paulo: Quartier Latin, 2009, p. 123: "Após a tomada de Roma, os homens de Estado italianos compreenderam a necessidade de dar satisfações aos

de maio de 1871, assentada em duas premissas básicas: a soberania e a independência da Santa Sé no domínio espiritual e a negação de seu poder temporal.

Em relação ao aspecto voltado à soberania, verificou-se a faculdade na manutenção de relações diplomáticas com outros Estados, bem como o tratamento diplomático aos enviados da Santa Sé. Por outro lado, os templos e palácios da Santa Sé deveriam pertencer à Itália como também atribuições aos súditos da Santa Sé que tenham nacionalidade italiana estariam adstritos a todos os deveres resultantes dessa cidadania[49].

Os fatos acima narrados nunca foram aceitos pela Santa Sé, que protestou sobre eles com a Encíclica *Ubi nos*, datada de 15 de maio de 1871, onde o Papa ratificava seus poderes soberanos e publicizava sua condição de prisioneiro.

Após esse conturbado período, que ficou conhecido como "Questão Romana", as relações existentes entre a Itália e a Santa Sé ficaram muito prejudicadas até que, por força do Tratado de Latrão, datado de 11 de fevereiro de 1929, reconheceu-se formalmente a questão jurídica internacional da Santa Sé, conforme preceitua o artigo 12 do referido tratado: "a Itália reconhece à Santa Sé o direito de representação diplomática, ativo e passivo, segundo as regras gerais do direito internacional".

Além disso, o Tratado de Latrão reconhece de forma "definitiva e irrevogavelmente resolvida, e, por conseguinte eliminada, a Questão Romana, e reconhece o Reino da Itália sob a dinastia da Casa de Saboia, com Roma como capital do Estado italiano".

A Santa Sé é constituída pelo Papa reunido com a Cúria Romana (Colégio de Cardeais, Secretário Administrativo e Tribunais Eclesiásticos, que é a reunião da congregação que auxilia o Papa). O Papa é ao mesmo tempo chefe do Estado e chefe da Igreja Católica.

A sua base territorial é mínima e não tem população com nacionalidade originária (pelo nascimento) e sim decorrente de *jus domicilli* e do *jus laboris*, como os Cardeais residentes na cidade do Vaticano ou em Roma e os que residem de um modo permanente na cidade do Vaticano.

Por fim, deve-se registrar que a Santa Sé se distingue do Vaticano (do Estado da Cidade do Vaticano)[50]. Este é um instrumento para a independência da Santa Sé, que,

---

milhões de católicos do mundo inteiro e de tranquilizar as diversas potências influenciadas pelo Catolicismo, naturalmente inquietas com a nova situação criada pelo Papado. Compreenderam ao mesmo tempo a conveniência de regularizar as relações do Estado italiano com a Santa Sé e de assegurar a esta ou, antes do exercício espiritual, a mais ampla liberdade de ação que fosse possível".

[49] PEREIRA, André Gonçalves; QUADROS, Fausto. *Manual de direito internacional público*. 3. ed. Lisboa: Almedina, 2002, p. 371.

[50] Mais uma vez destaca-se o estudo "A Santa Sé e o Estado da Cidade do Vaticano: distinção e complementaridade" de SOUZA, Saulo Caetano, que além de ser doutor em direito internacional é também sacerdote da igreja católica. "No sentido estrito e especial, o termo Santa Sé Apostólica designa somente o Romano Pontífice, quer dizer, o Ofício ou a Função do papa; ou, em outras palavras, designa o Papado, o Primado Romano e a sua pessoa. Para os propósitos deste artigo, convém ressaltar mais o último sentido do termo Santa Sé, ou seja, o seu significado estrito e especial, vale dizer, a pessoa e a função do papa, que aparece aqui enquanto o titular em exercício da Santa Sé enquanto Órgão Supremo de direção da Igreja Católica. A Santa Sé é pessoa moral,

por sua vez, tem natureza e identidade próprias *sui generis*, enquanto representação do governo central da Igreja.

O sujeito de direito internacional é, portanto, a Santa Sé, sendo esta responsável pela celebração de vários tratados internacionais, que são denominados concordatas.

Evidencia-se, pois, que os Estados-nação mantêm relações internacionais com a Santa Sé e não com o Vaticano, que é um território sobre o qual a Santa Sé tem o exercício de sua soberania.

4.6. Os beligerantes e insurgentes

A doutrina internacional adiciona outros entes capazes de fruir direitos e de assumir obrigações no plano internacional, como os beligerantes, os insurgentes, a Cruz Vermelha e a Soberana Ordem Cruz de Malta.

Os beligerantes são os revoltosos em uma guerra civil de grande intensidade que dominam parte do território estatal e apresentam um comandante responsável pelas operações militares[51].

---

porque não recebe sua personalidade e sua existência jurídica de algum ordenamento temporal ou territorial, mas, sim, diretamente de seu fundador, Jesus Cristo. Por isso, a Santa Sé é chamada, também, de pessoa "pré--jurídica", porque nasceu antes do próprio ordenamento jurídico, que, por sua vez, daria fundamento a pessoa jurídica. Nesse sentido, a Santa Sé é pessoa de natureza espiritual religiosa e humanitária, isto é, emana de um Direito inerente a sua própria natureza, ou seja, que não procede dos meios institucionais característicos do regime democrático. Em outras palavras, procede do Direito Divino. A Santa Sé, portanto, é pessoa espiritual, dotada de Personalidade Jurídica de Direito Internacional Público, cujo seu titular é o papa. O Estado da Cidade do Vaticano, por sua vez, é fruto do Tratado de Latrão de 1929, entre a Santa Sé e a Itália, e, por isso, é Pessoa de Direito Positivo Internacional. Os agentes diplomáticos que representam o Sumo Pontífice, no exterior, representam somente a Santa Sé, a não ser que, por delegação especial, lhe seja dado também representar o Estado do Vaticano. O Núncio Apostólico, que possui status de embaixador, representa a Santa Sé, e não o Estado da Cidade do Vaticano perante os Estados com os quais mantém relações diplomáticas e perante as Igrejas presentes no território de cada nação. A sua função está regulamentada no Código de Direito Canônico. Após o Tratado de Latrão, os documentos internacionais eram subscritos tanto em nome da Santa Sé como em nome do Estado da Cidade do Vaticano. Essa práxis só mudou a partir de 1957, quando a Santa Sé, unicamente, assumiu a dupla representação. A diferença, portanto, de sujeito internacional entre a Santa Sé e o Estado da Cidade do Vaticano deverá ser deduzida da finalidade da representação concreta assumida em cada caso. Apesar da dupla natureza de representação internacional, esta não é igual nem em importância, nem em atividade: a primordial é a correspondente à Santa Sé enquanto órgão supremo da Igreja católica Universal. Somente a Santa Sé mantém representantes perante os Organismos Internacionais. O Estado da Cidade do Vaticano, na mente do Tratado de Latrão, foi criado com um fim mediato ao da Santa Sé, com "fins especiais", vale dizer, viabilizar, do ponto de vista político-territorial, a missão espiritual da Igreja Católica. É a Santa Sé quem celebra acordos (concordatas, mediações) com os Estados signatários. A Cidade do Vaticano é um organismo estatal que apresenta as mesmas características próprias de um Estado, ou seja, com os seus elementos materiais, território, população, autonomia de governo próprio, exército, fins a serem perseguidos." Disponível em https:// www.revistas.usp.br/rfdusp/article/view/67675/70283. Acesso em: 19 jun. 2023.

[51] Sobre os movimentos de libertação e beligerantes, MACHADO, Jónatas E. M., *Direito internacional. Do paradigma clássico ao pós-11 de setembro.* 3. ed. Coimbra: Coimbra Ed., 2006, p. 278, afirma: "Tem sido reconhecido o estatuto de sujeito de direito internacional, com relevo, por exemplo, do ponto de vista da sua subordinação ao *jus in bellum*, da sua capacidade para celebrar convenções internacionais, da sua subordinação automática a algumas

Como advertem Accioly e Silva[52], o reconhecimento como beligerante ocorre quando parte da população se subleva para criar novo Estado ou então para modificar a forma de governo existente e quando os demais Estados resolvem tratar ambas as partes como beligerantes num conflito aplicando as regras de direito internacional a respeito.

No caso de uma revolução, quando o objetivo é apenas o de modificar de modo violento a forma de governo existente, não se trata obviamente de um ato que precede o reconhecimento, mas as regras aplicadas em ambos os casos são idênticas. O reconhecimento da beligerância produz os seguintes efeitos: a) aplica-se às leis da guerra nos combates, e os prisioneiros têm tratamento de prisioneiros de guerra; b) o governo de direito não é responsável pelos atos praticados pelos beligerantes; c) os navios dos revoltosos não são considerados piratas; os Estados estrangeiros ficam sujeitos aos direitos e deveres de neutralidade. Como exemplo, podem ser citados os Sandinistas da Nicarágua, que foram reconhecidos pelo Pacto Andino de 1979.

No caso dos insurgentes, ocorre quando uma manifestação assume proporções de guerra civil sem, contudo, reconhecer o caráter jurídico desta, não caracterizando assim um estado de beligerância, mas também não se enquadrando em puro ato de vandalismo ou banditismo.

Surgiu em 1885 quando a Corte do Distrito de Nova Iorque se manifestou sobre o navio colombiano *Ambrose light*", que havia se revoltado contra o governo de direito e fora aprisionado por um navio de guerra norte-americano. Os efeitos são praticamente os mesmos dos beligerantes.

4.6.1. Grupos armados não estatais

Muito embora os grupos armados não estatais, normalmente nominados como "armed non-state actor", se apresentem como uma realidade, não há, ainda, no direito internacional a definição para os mesmos em tratados e convenções internacionais, tampouco por normas de natureza consuetudinária, estando a matéria sujeita a livre interpretação.

Por essa razão, o estudo apresentado por Ádria Fabrício[53], que contempla as organizações criminosas, grupos terroristas, *freedom fighters*, grupos armados opositores, resistência armada, milícias, insurgentes ou rebeldes, todos inseridos nos grupos

---

convenções internacionais, e da sua admissão em OIs, incluindo as próprias Nações Unidas. Isso tem sucedido, nomeadamente, em situações de guerra civil, de rebelião armada, de mandato internacional, de luta anticolonialista pela independência, de luta contra um estado ocupante ou de luta pela autodeterminação de um povo. (...) Na prática é possível duas situações serem muito semelhantes mas objeto de um tratamento jurídico diferenciado. Muito dependente das relações de força, das circunstâncias políticas e dos equipamentos, apontado pela generalidade da doutrina, é o da Organização de Libertação da Palestina (OLP)".

[52] SILVA, G. E. Nascimento; ACCIOLY, Hildebrando. *Manual de direito internacional público*. 13. ed. São Paulo: Saraiva, 1998, p. 85.

[53] FABRÍCIO, Ádria Saviano. *Como nascem as guerras: o engajamento de grupos armados não estatais com o direito internacional humanitário*. Rio de Janeiro: Grande Editora, 2023, p. 85

armados não estatais (ANSA - *armed non-state actor*). A autora lança luzes para as múltiplas atividades realizadas por grupos armados em diversas regiões do globo e apresenta alguns impactos e desdobramentos jurídicos que precisam ser enfrentados, especialmente pelo direito internacional dos conflitos armados, para estas pessoas que agem de maneira coletiva. Enfatiza[54] que os termos milícias e movimentos de resistência organizada ("*organized resistance movements*") são mencionados nas Convenções de Genebra de 1949, no art. 4º da Terceira Convenção de Genebra relativa ao Tratamento de Prisioneiros de Guerra, sendo que o primeiro é descrito como "military or paramilitary unit or group, which is not composed of professional soldiers but of regular citizens who are trained for their military duty in cases of emergency to support regular troops"[55] e o segundo (movimentos de resistência), apesar de não formarem parte das forças armadas estatais, pertencem a esta parte do conflito em razão da relação de fato com as forças armadas estatais e, consequentemente, com o Estado.

Há diversos grupos armados não estatais que produzem atrocidades e violações aos direitos humanos em várias partes do globo e, a partir da compreensão alargada da matéria, podem ser também apresentados grupos que tem atuado no plano interno dos Estados nacionais, a exemplo do que acontece no Brasil, em particular no estado do Rio de Janeiro, como por exemplo, traficantes, milícias e mais recentemente os denominados narco-milicianos, que utilizam armas e equipamentos de guerra para empreender suas ações criminosas e que, por muitas vezes, acabam também por ter repercussões no sistema internacional.

Não por acaso é que o Comitê Internacional da Cruz Vermelha se debruça sobre a matéria e define grupos armados organizados como "organized armed groups constitute the armed forces of a non-State party to the conflict and consist only of individuals whose continuous function it is to take a direct part in hostilities ('continuous combat function')".

Ádria[56], ao se debruçar sobre o tema, afirma que os grupos armados não estatais apresentam-se como "atores que se opõem ao Estado ou em relação a este agem

---

[54] FABRÍCIO, Ádria Saviano. *Como nascem as guerras*: o engajamento de grupos armados não estatais com o direito internacional humanitário. Rio de Janeiro: Grande Editora, 2023, p. 86.

[55] "unidade ou grupo militar ou paramilitar, que não seja composto por soldados profissionais, mas por cidadãos comuns, treinados para o serviço militar em casos de emergência para apoiar as tropas regulares" (em tradução livre). GEBHARD, J. Militias. *Max Planck Encyclopedia of Public International Law*, 2010. Disponível em: https://opil.ouplaw.com/view/10.1093/law:epil/9780199231690/law-9780199231690-e338. Acesso em: 06 fev. 2023, p. 1

[56] FABRÍCIO, Ádria Saviano. *Como nascem as guerras*: o engajamento de grupos armados não estatais com o direito internacional humanitário. Rio de Janeiro: Grande Editora, 2023, p. 87-88: Considerando as várias modalidades de ANSA, aquela que mais apropriadamente se enquadra no conceito de NSAG definido pelo DIH como parte de um conflito armado não internacional, é o que se denomina insurgentes: 'Insurgents' are probably the type of ANSAs most alluded to and understood as being Parties to armed conflicts. Insurgents (also often referred to as armed opposition groups; national liberation movements; rebels; or guerrilla fighters) typically aim at destroying the power and legitimacy of a ruling government of a State. For the secession of a region or for the end of

desconectados – considerados não estatais (sujeitos) –; que desafiam o monopólio da força por parte do Estado – e, portanto, fazem uso da violência por vias consideradas ilegítimas (meios); com o objetivo de desafiar ou reformar as estruturas políticas, econômicas e/ou sociais de poder que se apresentam (fins); motivados pela reparação devido a injustiças passadas, defender ou controlar recursos, território ou instituições para o benefício de grupo étnico ou social em particular (motivações)".

4.7. A Cruz Vermelha

A Cruz Vermelha surge a partir dos escritos de Henri Dunant – "Lembranças de Solferino", que relatou as atrocidades praticadas na Batalha de Solferino. Nessa batalha, de unificação da Itália, enfrentaram-se as tropas austríacas e franco-sardenhas, com aproximadamente trezentos mil soldados e quarenta mil baixas. Traço marcante neste episódio relaciona-se ao fato de que os feridos não recebiam nenhuma assistência, e os mortos ficavam nos campos de batalha.

Após chocar a Europa, em 1862, com a publicação dos relatos de sofrimento no campo de batalha, resolve juntar-se a outras pessoas (Gustave Moynier, Guillaume-Henri Dufour, Théodore Maunoir e Louis Appia) para fundar o Comitê Internacional de Socorro aos Militares Feridos[57]. A prestação de socorro aos feridos ocorria independentemente do lado em que os combatentes estavam lutando.

A proposta inicial era de conceber uma instituição que pudesse evitar a repetição de atos sangrentos como os acontecidos na referida batalha[58].

---

an occupational or colonial regime. In that sense, they pursue a political — mostly social-revolutionary or ethno--nationalistic — agenda, and view themselves as 'future armies' of a liberated population."

[57] FERNANDES, Jean Marcel. *A promoção da paz pelo direito internacional humanitário*. Porto Alegre: Sérgio Fabris, 2006, p. 29.

[58] Vale destacar o magistério bem abalizado de VALLADARES, Gabriel Pablo. A contribuição do Comitê Internacional da Cruz Vermelha aos últimos avanços convencionais do Direito Internacional Humanitário. In: PRONER, Carol; GUERRA, Sidney. *Direito internacional humanitário e a proteção internacional do indivíduo*. Porto Alegre: Sérgio Fabris Editor, 2008: "Em 24 de junho de 1859, o cidadão suíço Jean Henri Dunant se encontrava na Lombardia, norte da Itália, onde o Exército francês lutava contra o austríaco nas proximidades de Solferino. Dunant viajara para esta cidade a fim de conversar com o Imperador Napoleão III da França, esperando obter seu apoio para alguns projetos de caráter pessoal. A batalha cruel deixou milhares de feridos, os quais, em virtude da insuficiência dos destacamentos de socorro de seus próprios exércitos, não recebiam a atenção médica adequada. Comovido com o triste espetáculo de corpos mutilados e de vozes febris que imploravam ajuda, Dunant começou imediatamente a socorrer os feridos e enfermos, com a colaboração dos habitantes do povoado de Castiglione, oferecendo socorro sem se importar quais eram suas insígnias militares, a cor de seus uniformes e evitando qualquer tipo de discriminação de caráter desfavorável. De volta a sua Genebra natal, registrou no livro 'Lembranças de Solferino' as impressões sobre os acontecimentos vividos, apresentando várias propostas, a saber: a criação de sociedades nacionais de socorro para assistir os feridos dos conflitos armados, dando apoio aos serviços médicos ou sanitários de seus exércitos; que as pessoas que ficaram fora de combate por ferimentos, assim como o pessoal e as equipes médicas de assistência, sejam consideradas sob certa 'neutralização' e gozem da proteção de um emblema ou símbolo distintivo; os Estados deveriam adotar o texto de um tratado que garantiria a proteção dos feridos e do pessoal médico e de socorro que lhes prestasse assistência".

No ano de 1863, o Comitê se reuniu em Genebra para discutir o auxílio aos feridos de guerra, sendo adotadas dez resoluções que formam a base do movimento humanitário[59]. A partir de 1876 adota-se uma nova nomenclatura: Comitê Internacional da Cruz Vermelha – CICV.

O Comitê Internacional da Cruz Vermelha[60] se apresenta como uma organização imparcial, neutra e independente, que tem como missão precípua proteger a vida das pessoas, bem como levar assistência a todos aqueles que são vítimas de guerra e de violência no âmbito interno dos Estados, tendo como base as Convenções de Genebra de 1949, seus Protocolos Adicionais, seus Estatutos – assim como os do Movimento Internacional da Cruz Vermelha e do Crescente Vermelho – e as resoluções das Conferências Internacionais da Cruz Vermelha e do Crescente Vermelho. O CICV toma iniciativa em resposta a emergências e, ao mesmo tempo, promove o respeito ao Direito Internacional Humanitário e sua implementação na legislação nacional de um país.

Impende assinalar que o Comitê Internacional da Cruz Vermelha é o grande responsável pela difusão das normas de direito internacional humanitário, bem como pela sua concretude nos casos de conflitos armados; a expressão conflito armado passou a ser utilizada em razão da grande dificuldade existente para a caracterização de uma guerra.

A Cruz Vermelha realiza diversas missões, cuja atuação está assentada nos seguintes princípios: da humanidade, da imparcialidade, da neutralidade, da independência, da unidade, da benevolência e da universalidade, a serem tratados em capítulo próprio.

O Comitê é uma instituição de socorro voluntária e desinteressada que, ao propor a universalidade, apresenta-se como uma instituição universal, no seio da qual todas as sociedades têm direitos iguais e o dever de se ajudar mutuamente.

Trata-se de uma organização equitativa e possui neutralidade em relação aos Estados beligerantes. Sua grande missão é a busca pela proteção das vítimas dos conflitos e cabe ao CICV a propagação das normas do Direito Internacional Humanitário[61] e sua aplicação efetiva nos conflitos[62].

---

[59] FERNANDES, Jean Marcel. *A promoção da paz pelo direito internacional humanitário*. Porto Alegre: Sérgio Fabris, 2006, p. 30.

[60] "Foi por iniciativa do CICV que os Estados adotaram a Convenção de Genebra de 1864. Desde então a organização, com o apoio de todo o Movimento da Cruz Vermelha e do Crescente Vermelho, vem constantemente exortando os governos a adaptarem o Direito Internacional Humanitário (DIH) a circunstâncias variáveis, em especial aos modernos avanços nos meios e métodos de guerra, com a finalidade de poder oferecer proteção e assistência mais efetivas às vítimas de conflitos. Hoje em dia, todos os Estados são vinculados pelas quatro Convenções de Genebra, de 1949, as quais, em tempos de conflito armado, protegem os membros das forças armadas, prisioneiros de guerra e civis feridos, doentes e náufragos.". Disponível em: https://www.icrc.org/pt/doc/who-we-are/mandate/overview-icrc-mandate-mission.htm. Acesso em: 22 jun. 2023.

[61] A matéria ganha estudo autônomo no Capítulo XVIII na presente obra.

[62] "Mais de 3/4 de todos os Estados são atualmente parte dos dois Protocolos Adicionais às Convenções, datados de 1977. O Protocolo I protege as vítimas de conflitos armados internacionais; o Protocolo II, as vítimas de conflitos armados não internacionais. Em particular, esses tratados codificaram as regras de proteção da população

A Convenção sobre Proteção de Prisioneiros de Guerra, realizada em Genebra em 12 de agosto de 1949, atribuiu a esse organismo estatuto jurídico internacional, confiando-lhe, em certas circunstâncias, a execução de tarefas que estariam, em princípio, a cargo dos Estados.

Os locais e as pessoas protegidas com as suas insígnias não podem sofrer qualquer violência, tendo como sinais distintivos a cruz vermelha com o fundo branco, como também o crescente vermelho[63].

Por fim, impende assinalar que em dezembro de 2005, por força do Protocolo III, foi constituído um novo símbolo – o Cristal Vermelho – em razão da não aceitação por parte de alguns países dos símbolos já existentes, a exemplo de Israel, que adotava a Estrela de Davi Vermelha.

4.8. A Ordem de Malta

A Ordem de Malta surgiu no ano de 1070, na cidade de Jerusalém, em um hospital para peregrinos cristãos. Tem por objetivo principal a realização de atividades filantrópicas, assistenciais e ações humanitárias internacionais e mantém relações diplomáticas com mais de setenta países.

No ano de 1953 a referida Ordem passa a ser concebida como entidade religiosa subordinada à Santa Sé, com capacidade jurídica internacional limitada, não sendo, portanto, considerada por parte significativa da doutrina como sujeito de direito internacional.

4.9. As organizações não governamentais

Preliminarmente, impende assinalar que as organizações internacionais não governamentais não podem ser confundidas com as organizações internacionais, também denominadas intergovernamentais. Estas são sujeitos de direito internacional e ocupam papel de destaque nesta obra, ao passo que aquelas apresentam-se como atores internacionais[64].

Embora as citadas organizações tenham em comum o nome, suas atuações, composição e papéis no cenário internacional são completamente distintos. As organizações internacionais não governamentais[65] são, em regra, associações de particulares sem fins

---

civil contra os efeitos de hostilidades. O Protocolo Adicional III de 2005 permite o uso de um emblema adicional – o Cristal Vermelho – pelas sociedades nacionais que participam do Movimento." Disponível em: https://www.icrc.org/pt/doc/who-we-are/mandate/overview-icrc-mandate-mission.htm. Acesso em: 22 jun. 2023.

[63] As Convenções de Genebra preveem também o Leão e Sol Vermelhos (símbolo persa), todavia não são mais usados haja vista que o Irã, após a Revolução Islâmica, também passou a utilizar o Crescente Vermelho.

[64] Para maior compreensão da matéria, GUERRA, Sidney. *Direito das organizações internacionais*. 2. ed. Curitiba: Instituto Memória, 2020.

[65] CASANOVAS, Oriol e RODRIGO, Ángel. *Compendio de derecho internacional público*. 6. ed. Madrid: Tecnos, 2017, p. 249 também enfatizaram que "las agrupaciones de individuos de diversos países o las personas jurídicas

lucrativos que desenvolvem atividades transnacionais regidas por normas do direito interno do Estado em que está estabelecida sua sede.

Elas se apresentam como entidades que participam e se manifestam na sociedade internacional como forças de pressão e, apesar de possuírem personalidade jurídica de direito interno, o direito internacional lhes defere certo *status* jurídico, ao participarem de conferências internacionais (a exemplo das que versam sobre meio ambiente), e gozam de estatuto jurídico de observadores de algumas organizações internacionais, como por exemplo, o Comitê Econômico e Social da Comunidade Europeia.

Na mesma linha de raciocínio Carrión assevera que as organizações não governamentais podem ter *status* jurídico internacional graças à atribuição de certas competências em alguns tratados internacionais, e prossegue:

"Incluso una institución tan alejada de veleidades como el Estatuto de la CIJ, establece, en su artículo 34.2, la posibilidad de participación de organizaciones públicas internacionales en el procedimiento, que la propia Corte interpretó, en el dictamen relativo al estatuto internacional del Sudoeste Africano (1950) como referida a las organizaciones internacionales no gubernamentales. Sin embargo, en su opinión individual en el asunto relativo a la legalidad de la amenaza o el uso de las armas nucleares (1996), el juez Guillaume parecía quejarse de las presiones experimentadas por la Corte e introducía dudas sobre las peticiones de dictamen solicitadas por la Asamblea General de las Naciones Unidas y de la Organización Mundial de la Salud"[66].

A expressão ora empregada – organização não governamental – teve origem no sistema internacional, no âmbito da Organização das Nações Unidas, sendo que:

"El contexto en el que se produce la génesis del concepto explica tanto la vaguedad de la expresión como su propia naturaleza negativa – no gubernamental – que aspira únicamente a poner de manifiesto que la composición de estas entidades ha de ser no estatal, sin intentar avanzar ningún criterio positivo de definición de la categoría"[67].

Nesta esteira, evidencia-se que a Carta da ONU, em seu artigo 71, estabelece:

"O Conselho Econômico e Social poderá entrar nos entendimentos convenientes para a consulta com organizações não governamentais, encarregadas de questões que estiverem dentro da sua própria competência. Tais entendimentos poderão ser feitos com organizações internacionais e, quando for o caso, com organizações nacionais, depois de efetuadas consultas com o Membro das Nações Unidas no caso".

---

privadas de distinta nacionalidad dan lugar a asocianes sin ánimo de lucro que persiguen fines que tratan de impulsar a nível internacional".

[66] CASANOVAS, Oriol; RODRIGO, Ángel. *Compendio de derecho internacional público.* 6. ed. Madrid: Tecnos, 2017, p. 137.

[67] GARCIA, Carlos Teijo. *Organizaciones internacionales no gubernamentales y derecho internacional.* Madrid: Dilex, 2005, p. 27

Esse dispositivo corresponde a um *status* de natureza consultiva que poderá ser atribuído às organizações não governamentais por parte das Nações Unidas[68]. Não por acaso é que diversas resoluções do Conselho Econômico e Social aportaram elementos materiais que permitiram cristalizar o conceito para as ONGs e dotá-las de relativa operatividade.

Todavia, conforme acentua Garcia, "lo cierto es que la vacuidad inicial del ámbito de las Naciones Unidas a una multitud de realidades organizativas, ya no internacionales sino también nacionales o incluso de ámbito local"[69].

As organizações não governamentais passaram a ocupar espaço, não apenas no sistema internacional como atores importantes, mas também no plano doméstico dos Estados nacionais. No sistema internacional, como já acentuado, deu-se sob a égide das Nações Unidas e passou a ter relevância a partir de alguns eventos históricos que podem ser apresentados em três grandes momentos:

"El primero de ellos es del nacimiento de la expresión en el contexto onusiano, y su creciente empleo en el ámbito de otras organizaciones internacionales (tanto organismos especializados del sistema de Naciones Unidas como organizaciones regionales ajenas al mismo) durante la década de los cincuenta. Las organizaciones intergubernamentales que mantienen relaciones con entidades de carácter privado renuncian durante ese período a referirse a ellas empleando otros términos alternativos (asociaciones internacionales, entidades privadas...) y optan por asumir la nomenclatura onusiana.

Un segundo momento sería, en los años sesenta y setenta, el de la difusión del término ONG en las sociedades de los países occidentales desarrollados y su progresiva aplicación a las entidades sin ánimo de lucro de carácter nacional que llevan a cabo actividades de alcance transnacional (con fines humanitarios, de lucha contra la desigualdad social, de defensa del medioambiente...) que habían sido denominadas hasta el momento básicamente asociaciones asistenciales, filantrópicas o caricativas. En este tránsito hacia el empleo del concepto de ONG a nivel nacional en los Estados desarrollados se produce una interpolación del sentido de la expresión ONG que resulta fundamental tener en cuenta en la actualidad. A nivel multilateral, prácticamente cualquier asociación que agrupe intereses colectivos en un plano internacional es considerada como OING, con independencia de si reúne a dentistas, activistas de derechos humanos o productores de hidrocarburos. Sin embargo, en nuestras sociedades nacionales difícilmente aceptaríamos que una asociación

---

[68] The integrated Civil Society Organizations (iCSO) System, developed by the Department of Economic and Social Affairs (DESA), facilitates interactions between civil society organizations and DESA. The system provides online registration of general profiles for civil society organizations, including address, contacts, activities and meeting participation, facilitates the application procedure for consultative status with the Economic and Social Council (ECOSOC), and assists accredited NGOs in submitting quadrennial reports and in designating representatives to the United Nations. Disponível em: <https://esango.un.org/civilsociety/login.do>. Acesso em: 14 ago. 2019. Organizations by region: Africa – 6849; Asia – 1409; Europe – 2122; North America – 1977; Oceania – 227; Latin America and Caribbean – 682; Not specified – 589.

[69] GARCIA, Carlos Teijo. *Organizaciones internacionales no gubernamentales y derecho internacional.* Madrid: Dilex, 2005, p. 28

de cirujanos o de fabricantes de muebles fuese considerada como ONG, puesto que hemos asumido la idea que las ONG son un tipo particular de asociaciones que se caracterizan por perseguir fines de carácter público y solidario.

Una tercera y última etapa, en los años ochenta y noventa, viene a complicar todavía más este panorama semántico al caracterizase por la popularización masiva del término ONG en los Estados desarrollados y la paralela universalización del mismo para hacer referencia a prácticamente todo tipo de organizaciones de la sociedad civil existentes tanto em los países desarrollados y la paralela universalización del mismo para hacer referencia a prácticamente todo tipo de organizaciones de la sociedad civil existentes tanto en los países desarrollados y en los países en desarrollo"[70].

Quanto ao conceito para as organizações não governamentais, não há na doutrina um consenso para tal. Entretanto, alguns pontos merecem destaque para que se tenha a real noção das atividades que são realizadas por elas.

A Convenção Europeia sobre o reconhecimento da personalidade jurídica das organizações internacionais não governamentais[71], de 24 de abril de 1986, estabelece em seu artigo 1 que:

"A presente Convenção é aplicável às associações, fundações e outras instituições privadas (a seguir designadas por ONG) que preencham as seguintes condições:

a) Tenham um fim não lucrativo de utilidade internacional;

b) Tenham sido criadas por um ato relevante do direito interno de uma Parte;

c) Exerçam uma atividade efetiva em, pelo menos, dois Estados; e

d) Tenham a sua sede estatutária no território de uma Parte e a sua sede real no território dessa ou de qualquer outra Parte".

Evidencia-se, desde a previsão acima, que uma organização não governamental caracteriza-se a partir de sua natureza privada, não lucrativa, de caráter internacional, que possua perfis característicos e que estejam em dois ou mais Estados.

Carlos Garcia define as organizações internacionais não governamentais como:

"Una estructura privada, creada conforme al derecho interno de un Estado, que reúne a personas privadas o públicas, físicas o jurídicas, que son nacionales de dos o más Estados con el objetivo de perseguir sin ánimo de lucro la consecución de un interés

---

[70] GARCIA, Carlos Teijo. *Organizaciones internacionales no gubernamentales y derecho internacional*. Madrid: Dilex, 2005, p. 28-29

[71] Os Estados membros do Conselho da Europa, signatários da presente Convenção: Considerando que o objetivo do Conselho da Europa é o de alcançar uma união mais estreita entre os seus membros, a fim de, nomeadamente, salvaguardar e promover os ideais e princípios que constituem o seu património comum; Reconhecendo que as organizações internacionais não governamentais exercem uma atividade útil à comunidade internacional, nomeadamente nos domínios científico, cultural, caritativo, filantrópico, educacional e de saúde, que contribuem para a realização dos objetivos e dos princípios consignados na Carta das Nações Unidas e no Estatuto do Conselho da Europa; Desejosos de estabelecerem nas suas relações mútuas as regras que estabeleçam as condições para o reconhecimento da personalidade jurídica destas organizações, com vista a facilitar o seu funcionamento ao nível europeu; acordaram no seguinte:

lícito de carácter colectivo (de alcance particular o general) en al menos otro Estado distinto de acquel en el que ha sido constituida"[72].

De fato, o crescimento e desenvolvimento dessas organizações no âmbito das relações internacionais têm-se acentuado bastante nos últimos anos. Nesta esteira, evidencia-se o estudo desenvolvido pela União de Associações Internacionais, sediada em Bruxelas/Bélgica, que apresenta dados significativos sobre estes importantes atores internacionais:

"The Yearbook of International Organizations is the definitive directory of more than 75,000 governmental and non-governmental nonprofit organizations worldwide, including both active and dormant entities. [...] The fact that the organizations themselves are the principal sources speaks to the credibility of the information in the profiles"[73].

Estes atores possuem especificidades e características próprias que os diferem das organizações internacionais. Assim, a partir da ideia acima apresentada, poderão ser extraídas algumas características que estão presentes quando são contemplados os estudos das organizações não governamentais. São elas:

a) não tenham um fim lucrativo;

b) sejam de interesse internacional;

c) exerçam suas atividades de maneira efetiva em pelo menos dois Estados soberanos;

d) tenham uma sede estatutária em um Estado soberano e escritório(s) em outro(s) Estado(s).

Com efeito, se no passado as Organizações Não Governamentais (ONGs) eram vistas com grande desconfiança no plano internacional, verifica-se hodiernamente que muitas têm desempenhado importante papel na defesa de interesses e valores que são considerados caros na sociedade global.

Elas atuam nos mais diversos campos temáticos, envolvendo questões nobres, como por exemplo em matéria de direitos humanos[74] e de meio ambiente, ou em circunstâncias

---

[72] GARCÍA, Carlos Tejo. *Organizaciones internacionales no gubernamentales y derecho internacional*. Madrid: Dilex, 2015, p. 36-44: "La polisemia que rodea la utilización del concepto de OING dificulta la existencia de una definición universalmente aceptada, pero en la mayor parte de las propuestas de definición aparecen de modo recurrente ciertos elementos que deben ser tenidos en cuenta a la hora de articular esta noción. Entrecruzando la información extraída de la normativa internacional existente, de las definiciones doctrinales y la práctica expresada estimamos que los elementos conceptuales analizados a continuación constituyen el soporte básico sobre el que debiera poder articularse una definición analíticamente consistente de OING: origen jurídico de carácter privado; composición de naturaleza privada; independencia gubernamental; composición de carácter multinacional; actividad de alcance transnacional; estructura organizativa permanente; finalidad no lucrativa; persecución de fines de interés general; objetivos lícitos; organización democrática.

[73] The *Yearbook of International Organizations* includes detailed information on over 38,000 active and approximately 32,000 dormant international organizations from 300 countries and territories – including intergovernmental (IGOs) and international non-governmental organizations (INGOs). Approximately 1,200 new organizations are added each year. The Yearbook is a trusted tool for studies and research in all subjects of civil society activities, including Political Science, Law, International Studies, International Relations, Sociology, Demography and Peace Studies. Information on all 70,000+ organizations in the Yearbook is edited by an editorial staff and presented in a standardized format to facilitate comparison of different organizations. Disponível em: <https://uia.org/yearbook>. Acesso em: 14 ago. 2019.

[74] Disponível em: <https://www.unidosporlosderechoshumanos.es/voices-for-human-rights/human-rights-organizations/commissions.html>. Acesso em: 14 ago. 2019. A título de ilustração, cita-se: **Amnistía Internacional –** es un

que atendam práticas esportivas, como no caso do futebol. Nesta quadra, apresentam-se como exemplos de organizações não governamentais o *Greenpeace* e *World Wild Fund* (meio ambiente); a Anistia Internacional e *Transparency International* (direitos humanos); e a *Federation International de Football* (desportiva) etc.

Como afirma Salcedo:

"A pesar de sus límites, las ONG tienen innegable relevancia en el Derecho Internacional contemporáneo en sectores tan esenciales para la construcción de la paz como la promoción del desarrollo, la protección de la naturaleza y del medio ambiente, y la protección de los derechos humanos, campo en el que la acción de Amnistía Internacional, por ejemplo, es indiscutible. En ocasiones, es la acción de determinadas ONG la que está en la base de algunos Convenios internacionales, como es el caso del Convenio europeo contra la tortura adoptado en el seno Del Consejo de Europa pero iniciado y promovido por una ONG, el Comité Suizo contra la tortura; en mismo sentido, la conferencia diplomática para la reafirmación y el desarrollo del Derecho Internacional Humanitario, trabaja sobre proyectos que habían sido preparados por el Comité Internacional de la Cruz Roja"[75].

É inquestionável a importância[76] das ONGs no plano global pelas múltiplas ativi-

---

movimiento mundial de personas que realizan campañas para el reconocimiento internacional de los derechos humanos para todos. Con más de 2,2 millones de miembros y suscriptores en más de 150 países, ellos dirigen investigaciones y generan acciones para prevenir y terminar los graves abusos de los derechos humanos y exigir justicia para aquellos cuyos derechos han sido violados. **El Fondo para la Defensa de los Niños (CDF por sus siglas en inglés)** – es una organización en defensa de los niños, que trabaja para asegurar la igualdad de condiciones para todos los niños. CDF aboga por políticas y programas que saquen a los niños de la pobreza, los protejan del abuso y el abandono, y garanticen su derecho a un cuidado médico y educación por igual. **Centro de Acción de los Derechos Humanos** – es una organización sin ánimo de lucro establecida en Washington, D.C., dirigida por Jack Healy, un activista y pionero de los derechos humanos reconocido mundialmente. El centro trabaja en asuntos relacionados con la Declaración Universal de los Derechos Humanos y usa las artes y tecnologías para innovar, crear y desarrollar nuevas estrategias para parar los abusos de los derechos humanos. Ellos también apoyan grupos de derechos humanos que están en crecimiento en todas partes del mundo. **Vigilante de los Derechos Humanos** – está dedicado a proteger los derechos humanos de la gente alrededor del mundo. Ellos investigan y exponen violaciones de los derechos humanos, hacen rendir cuentas a quienes la inflingen, y desafían a los gobiernos y a aquellos que tienen el poder, para terminar con prácticas abusivas y respetar la ley internacional de derechos humanos. **Derechos Humanos Sin Fronteras: (HRWF, de Human Rights Without Frontiers)** – se centra en dirigir, investigar y analizar situaciones en el ámbito de los derechos humanos, al igual que promover la democracia y el cumplimiento de la ley a nivel nacional e internacional. **Asociación Nacional para la Progresión de la Gente de Color (NAACP, de National Association for the Advancement of Colored People)** – asegurar la igualdad de derechos económicos, sociales, educativos y políticos y eliminar el odio racial y la discriminación racial.

[75] SALCEDO, Juan Antonio Carrillo. *Curso de derecho internacional*. Madrid: Tecnos, 1991, p. 35.

[76] GARCIA, Carlos Teijo. *Organizaciones internacionales no gubernamentales y derecho internacional*. Madrid: Dilex, 2005, p. 73: "Las OING son el actor de la sociedad civil internacional que despliega una actividad más relevante en los procesos políticos internacionales. Alrededor de los ejes básicos en torno a los que las OING construyen redes con vocación de ejercer influencia política – es decir –, en los ámbitos sobre todo de la defensa de los derechos humanos y del medio ambiente – ha tenido lugar, desde el final de la segunda Guerra Mundial y con mayor intensidad desde los años setenta, un proceso de desarrollo progresivo del Derecho Internacional Público en el que se han encontrado activamente involucradas estas entidades. En la relación establecida entre las OING y los procesos de crea-

dades que por elas são desenvolvidas[77]. A atuação está voltada para a formulação de políticas[78], bem como no encaminhamento de decisões a serem tomadas no âmbito da sociedade internacional, sendo-lhes conferida a possibilidade de participação em fóruns e reuniões internacionais com a "denominação genérica de membros públicos, como se vê nesta passagem:

"El reconocimiento del derecho de la sociedad civil a participar en los procesos de OING de un estatuto de observador que les confiere tanto la posibilidad de cooperar con los Estados para promover el avance de la negociación (realizando tareas de asesoramiento y apoyo durante los trabajos preparatorios) como la posibilidad de introducir sus posicionamientos en el debate. La explicitación jurídica del papel desempeñado por la OING en los procesos de elaboración de normas internacionales continúa siendo en la década de los noventa del siglo pasado, puesto que la brindan formalmente las reglas de procedimiento de las diferentes conferencias internacionales no se compadece con la incidencia política real de estas organizaciones en los foros diplomáticos"[79].

De fato, hodiernamente é inquestionável a importância das ONGs no plano global pelas múltiplas atividades que por elas são desenvolvidas[80]. É bem verdade que, embora existam aos milhares, espalhadas em todas as partes do mundo, algumas recebem o *status* de ator internacional pelas ações produzidas nas mais diversas áreas: cultural, científico-ambiental, direitos humanos, religioso, sindical, humanitário, entre outras. Assim, torna-se inquestionável a atuação das ONGs nas relações internacionais na atualidade.

---

ción y ampliación de las normas jurídico internacionales, sin embargo, ha existido siempre una enorme disparidad entre el rol formal (de jure) asignado a las ONG y el rol real (de facto) que realmente juegan las ONG."

[77] Nesta mesma direção, SANTOS JUNIOR, Raimundo Batista. *A globalização ou o mito do fim do Estado*. Ijuí: Unijuí, 2007, p. 156 e 157: "A propósito, não é apenas por ter uma agenda voltada para questões sociopolíticas que as ONGs estariam avançando no cenário internacional, posto que, nas últimas décadas, também se tornaram importantes forças econômicas. (...) A originalidade das ONGs foi transformar antigos serviços de filantropia ou caridade em exercício político, assumindo para si a delegação de agir junto aos Estados ou contra agentes do mercado ou mesmo públicos para inverter certas situações de risco ao meio ambiente ou a setores marginalizados da sociedade".

[78] GARCIA, Carlos Teijo. *Organizaciones internacionales no gubernamentales y derecho internacional*. Madrid: Dilex, 2005, p. 78 também se posiciona da mesma forma: "Las OING ejercen una influencia notable sobre procesos legislativos internacionales, sobre todo en los ámbitos relacionados con la protección de los derechos humanos y el medio ambiente, que se desarrollan bien en un marco meramente multilateral o bien incardinados en el funcionamiento de una organización internacional. Las OINS presionan a los representantes oficiales de los Estados para condicionar los resultados de la negociación internacional, accediendo al proceso negociador a través de acreditaciones formales que les facultan para actuar como observadores o bien mediante el recurso a prácticas completamente informales".

[79] GARCIA, Carlos Teijo. *Organizaciones internacionales no gubernamentales y derecho internacional*. Madrid: Dilex, 2005, p. 79.

[80] Nesta mesma direção, SANTOS JUNIOR, Raimundo Batista. *A globalização ou o mito do fim do Estado*. Ijuí: Unijuí, 2007, p. 156 e 157: "A propósito, não é apenas por ter uma agenda voltada para questões sociopolíticas que as ONGs estariam avançando no cenário internacional, posto que, nas últimas décadas, também se tornaram importantes forças econômicas. (...) A originalidade das ONGs foi transformar antigos serviços de filantropia ou caridade em exercício político, assumindo para si a delegação de agir junto aos Estados ou contra agentes do mercado ou mesmo públicos para inverter certas situações de risco ao meio ambiente ou a setores marginalizados da sociedade".

Capítulo II
Noções Preliminares

1. GÊNESE DA NORMA JURÍDICA

"O homem é ao mesmo tempo indivíduo e ente social. Embora seja um ser independente, não deixa de fazer parte, por outro lado, de um todo, que é a comunidade humana. Para que as criaturas atinjam seus objetivos, a condição fundamental é a de se associarem. Sozinho o homem é incapaz de vencer os obstáculos que o separam de seus objetivos ou fins. A ideia de homem é uma ideia de comunidade. (...) O fundamento das normas está na exigência da natureza humana de viver em sociedade, dispondo sobre o comportamento de seus membros. (...) A sociedade sempre foi regida e se há de reger por certo número de normas, sem o que não poderia subsistir. Assim, a norma jurídica é o instrumento elaborado pelos homens para lograr aquele fim consistente na produção da conduta desejada"[1].

Pela leitura do texto acima indicado, é possível constatar a ideia já apregoada há séculos pelos antigos romanos *ubi societas, ibi ius*. Destarte, como já evidenciado no capítulo I da presente obra, por ser eminentemente social e viver em sociedade, a ação de uma pessoa pode interferir na vida de outras. É comum, pois, que dessas interferências surjam conflitos que precisam ser harmonizados. Daí a necessidade da construção de um sistema que possa compatibilizar interesses divergentes, para que haja a manutenção do equilíbrio, da paz social. Canaris[2] assevera que "a existência do Direito assenta numa série de fenómenos que se concretizam com regularidade. Sem essa regularidade, o Direito não teria qualquer consistência ideal ou real: inteligível, imperceptível e ineficaz, ele deveria ser afastado das categorias existentes. Em termos esquemáticos, pode considerar-se que, mediante bitolas eleitas em cada cultura jurídica, o Direito tende para tratar o igual de modo igual e o diferente de modo diferente, de acordo com a medida da diferença. De outro modo, os diversos problemas concretos seriam resolvidos por acaso, surgindo como expressão do

---

[1] DINIZ, Maria Helena. *Compêndio de introdução à ciência do direito*. 9. ed. São Paulo: Saraiva, 1997, p. 327-328.

[2] CANARIS, Claus-Wilhelm. *Pensamento sistemático e conceito de sistema na ciência do direito*. 2. ed. Lisboa: Fundação Calouste Gulbenkian, 1996, p. LXIII.

puro arbítrio. Noutros termos: por primitiva que seja a sociedade onde a questão se ponha, só pode falar-se em Direito quando os confrontos de interesses mereçam saídas previsíveis, diferenciadas em função do que se entenda relevante. Os fenômenos jurídicos implicam relações estáveis entre si; essas relações facultam um conjunto de estruturas que permitam a consistência ontológica do conjunto. Seja qual for o labor teórico que sobre ela incida, o Direito, ainda que relativizado segundo coordenadas históricas e geográficas, pressupõe como que uma concatenação imanente".

Como seria a convivência num mundo heterogêneo e competitivo se não existissem normas? Voltaríamos à época da pedra lascada? Nota-se que mesmo com a existência de normas, os conflitos se manifestam e o Direito nasce da necessidade de estabelecer um conjunto de regras que deem certa ordem à vida em sociedade.

Ao arguir o termo *norma*, Kelsen indicou a seguinte significação: "A palavra 'norma' procede do latim: norma, e na língua alemã tomou o caráter de uma palavra de origem estrangeira – se bem que não em caráter exclusivo, todavia primacial. Com o termo se designa um mandamento, uma prescrição, uma ordem. Mandamento não é, todavia, a única função de uma norma. Também conferir poderes, permitir, derrogar são funções de uma norma"[3].

Extrai-se que norma corresponde ao gênero de várias espécies, como a moral, social, religiosa, ética, jurídica etc. Entretanto, a condução e paz social só é possível, eficazmente, por meio da adoção de normas jurídicas, tendo em vista serem elas as instituidoras ou derrogatórias dos direitos, dos mecanismos de proteção e do pleno exercício destes e das sanções pelo descumprimento de seus comandos[4].

Kelsen[5], ao estabelecer os contornos da norma como esquema de interpretação, sustenta que o fato externo constitui um ato jurídico que, processado no tempo e no espaço, será um evento perceptível. Esse evento, pura e simplesmente identificado como um elemento do sistema da natureza, não constitui objeto jurídico. O que transforma esse fato num ato jurídico, enfatiza Kelsen[6], não é a sua facticidade, não é o seu ser natural, isto é, o seu ser tal como determinado pela lei da causalidade e encerrado no sistema da natureza, mas o sentido objetivo que está ligado a esse ato, à significação que ele possui.

O sentido jurídico específico, a sua particular significação jurídica, recebe-a o fato em questão por intermédio de uma norma que a ele se refere com o seu conteúdo, que lhe empresta a significação jurídica, por forma que o ato pode ser interpretado segundo esta norma. Miguel Reale sintetizou da seguinte forma: "Alguns autores, sob a influência de Kelsen, começam por dizer que a norma jurídica é sempre redutível a um juízo ou

---

[3] KELSEN, Hans. *Teoria geral das normas*. Porto Alegre: Sérgio Antônio Fabris Editor, 1986, p. 1.

[4] *Vide* GUERRA, Sidney et al. *Direito constitucional aplicado à função legislativa*. Rio de Janeiro: América Jurídica, 2002.

[5] KELSEN, Hans. *Teoria pura do direito*. 6. ed. São Paulo: Martins Fontes, 1998, p. 4.

[6] KELSEN, Hans. *Teoria pura do direito*. 6. ed. São Paulo: Martins Fontes, 1998, p. 4.

proposição hipotética, na qual se prevê um fato (F) ao qual se liga uma consequência (C), de conformidade com o seguinte esquema: Se F é, deve ser C. Segundo essa concepção, toda essa regra de direito contém a previsão genérica de um fato, com a indicação de que toda vez que um comportamento corresponder a esse enunciado, deverá advir como consequência, que por sinal, na teoria de Kelsen, corresponde sempre a uma sanção, compreendida como uma pena". E complementa seu raciocínio: "Essa estrutura lógica corresponde apenas a certas categorias de normas jurídicas, como, por exemplo, às destinadas a reger os comportamentos sociais, mas não se estendem a todas as espécies de normas, como às de organização, às dirigidas aos órgãos do Estado ou às que fixam atribuições, na ordem pública ou privada"[7].

Em verdade o que caracteriza uma norma jurídica de qualquer espécie, é o fato de ser uma estrutura proposicional enunciativa de uma forma de organização ou de conduta que deve ser seguida de maneira objetiva e obrigatória.

A norma jurídica corresponde a um ato de vontade, admitido formal e materialmente pelo ordenamento jurídico, que se torna ordenado, prescrito e ainda representa uma conduta específica ou uma estrutura organizacional do governo, em que o Estado, além de se sujeitar a ela, a aplicará imperativamente em caso de não ser cumprida (havendo sanção ou não).

Abordar norma jurídica válida significa reconhecer a existência do Direito decorrente. Direito é uma figura deôntica e, portanto, é um termo da linguagem normativa, ou seja, de uma linguagem na qual se fala de normas e sobre normas. A existência de um direito, seja em sentido forte ou fraco, implica sempre a existência de um sistema normativo[8].

Visando ainda facilitar o entendimento do conceito de norma jurídica, é importante notar que esta versa sobre a junção de dois termos: "norma" e "jurídica", onde o segundo vocábulo corresponde diretamente à formação do "Direito".

Apresenta-se essa distinção porque a melhor definição para a norma jurídica é exatamente ser norma de direito, ou seja, é a própria formulação do Direito.

O conceito mais simples de norma jurídica e, talvez por isso mesmo, o de maior virtualidade, embora envolva uma tautologia, é aquele que resulta do posicionamento da expressão sintética "jurídica" ao lado da correspondente expressão analítica "de Direito": norma jurídica é norma de Direito, isto é, norma de fazer Direito. A norma jurídica é regra de fim. Dimensionam-se, aí, os aspectos formal e material do Direito. A norma, que é fórmula ou forma do Direito, deve, ademais, ter Direito. O Direito de que se trata, logo se vê, é aquele que se põe através da norma. O Direito posto na norma é Direito-previsão, ou previsão de Direito. Acontecendo o fato normativo, realiza-se a previsão, surgindo daí o Direito[9].

---

[7] REALE, Miguel. *Lições preliminares de direito*. 23. ed. São Paulo: Saraiva, 1996, p. 93.

[8] BOBBIO, Norberto. *A era dos direitos*. Rio de Janeiro: Campus, 1992, p. 79.

[9] VASCONCELOS, Arnaldo. *Teoria geral do direito*: teoria da norma jurídica. 4. ed. revista. São Paulo: Malheiros Editores, 1996, p. 26.

Cabe reforçar que a norma jurídica (*praeceptum juris*) é, por essência, a vontade manifesta da sociedade livre em acolher determinada ideia, que o Estado passa a impor a todos, tornando-a Direito.

As vias formadoras do Direito corresponderão às espécies de normas jurídicas, e o que os Estados individualmente considerarão como espécie de norma jurídica estará ligado diretamente à adoção, por cada um deles, de uma das variantes de concepção de Direito, conforme a origem histórica de tais concepções (origem romano-germânica, inglesa, socialista etc.). Assim o magistério de Ráo:

"Nos sistemas de direito escrito, normas jurídicas positivas são apenas as leis, a analogia, os costumes e os princípios gerais de direito; no sistema anglo-americano as decisões judiciais possuem a força de precedentes obrigatórios e, neste sentido, mas só neste sentido, as decisões fundadas na *equity* têm a eficácia de normas jurídicas"[10].

Cabe ainda assinalar o posicionamento de Tercio Sampaio Ferraz Júnior: "não há uma, mas inúmeras noções de norma jurídica. (...) O conteúdo da norma é um pensamento, uma proposição (proposição jurídica), mas uma proposição de natureza prática, isto é, uma orientação para a ação humana; a norma é, portanto, uma regra, conforme a qual nos devemos guiar"[11].

Por fim, pode-se salientar que a norma jurídica é a proposição normativa inserida em uma ordem jurídica garantida pelo poder de coerção do Estado, cujo objetivo teórico é a promoção de justiça. A norma jurídica revela, assim, o dever-ser, que é a conduta humana devida e que tem por fim satisfazer o interesse tutelado.

Partindo-se das ideias acima indicadas é que autores chegam a questionar a existência do direito internacional, como no caso de Hebert Hart[12], quando afirma que o Direito Internacional apresenta-se de forma contraditória porque, embora seja compatível com os usos dos últimos 150 anos a utilização da expressão "direito", a ausência de um poder legislativo internacional, de tribunais com jurisdição obrigatória e de sanções centralmente organizadas tem inspirado desconfianças para os teorizadores do direito.

A ausência destas Instituições, prossegue ele, significa que as regras aplicáveis aos Estados se assemelham "àquela forma simples de estrutura social, composta apenas de regras primárias de obrigação, a qual, quando a descobrimos nas sociedades de indivíduos, nos acostumamos a contrastar com um sistema jurídico desenvolvido. Por essas razões, o autor[13] indicado chega a questionar: é o direito internacional realmente direito?

---

[10] RÁO, Vicente. *O direito e a vida dos direitos*. 5. ed. anotada e atualizada por Ovídio Rocha Barros Sandoval. São Paulo: Revista dos Tribunais, 1999, p. 92.

[11] FERRAZ JÚNIOR, Tercio Sampaio. *A ciência do direito*. 2. ed. São Paulo: Atlas, 1980, p. 50.

[12] HART, Hebert L. A. *O conceito de direito*. 2. ed. Lisboa: Fundação Calouste Gulbenkian, 1994, p. 230.

[13] HART, Hebert L. A. *O conceito de direito*. 2. ed. Lisboa: Fundação Calouste Gulbenkian, 1994, p. 230.

Não restam dúvidas de que o direito internacional é, de fato, direito. Todavia, se o sistema internacional for comparado com o sistema interno dos Estados, serão detectados diversos pontos distintos no funcionamento de ambos.

Como já apresentado em capítulo precedente, a sociedade internacional é descentralizada e, portanto, não possui um legislativo, executivo e judiciário, a exemplo dos estados nacionais. No tocante às sanções a serem aplicadas pelo Direito Internacional vale trazer à colação as lições de Pereira e Quadros:

"A menor eficácia das sanções no Direito Internacional é também uma consequência da menor organização da Comunidade Internacional, que constitui uma característica essencial do ordenamento jurídico internacional e decorre da já referida menor elaboração interna do Direito Internacional. E, por mais que este venha a prosseguir no seu constante e visível curso evolutivo, é duvidoso que algum dia ele atinja, à escala universal, um grau de organização tão perfeito que se possa afirmar que possui legislador, juiz e polícia como encontramos no direito interno dos Estados. Desde logo, é a própria natureza das coisas que no-lo diz: todos os dias a polícia prende cidadãos em qualquer Estado; mas não se está a ver a polícia da Comunidade internacional prender um Estado ou todos os seus cidadãos.

Por isso, parece mais rigoroso e realista reconhecer que, não obstante a menor estruturação jurídica da Comunidade Internacional, a norma de direito internacional não deixa, efetivamente, de estar dotada de coercibilidade, o que basta para se afirmar que ela consiste numa norma jurídica e que, portanto, o Direito Internacional é efetivamente Direito"[14].

De fato, no atual estágio da Sociedade e das relações internacionais é inconcebível que ainda existam autores que questionem a existência e validade do Direito Internacional. Por óbvio, e pelas razões já apresentadas, não se pode comparar a realidade internacional com a que se observa no âmbito interno dos Estados nacionais. Assim, passemos ao conceito do Direito Internacional Público.

2. O DIREITO INTERNACIONAL PÚBLICO – CONCEITO

Feitas estas considerações gerais acerca da norma, deve-se chamar a atenção, mais uma vez, para o fato de que não existe no Direito Internacional, um Poder Legislativo, a exemplo do que acontece no direito interno, que seja capaz de produzir uma lei e, portanto, o "processo de elaboração" da norma jurídica internacional difere dos mecanismos levados a efeito no plano doméstico.

De toda sorte, muito embora a sociedade internacional apresente-se como descentralizada, imperioso destacar que o Direito Internacional caracteriza-se pelo conjunto de

---

[14] *Vide* PEREIRA, André Gonçalves; QUADROS, Fausto. *Manual de direito internacional público*. 3. ed. Lisboa: Almedina, 2002, p. 55-56.

normas que regulam as diversas relações existentes entre os múltiplos atores que compõem a sociedade internacional.

A doutrina tem apresentado três categorias distintas para definir o direito internacional: "a) definición por sus destinatarios, conforme a la cual el Derecho Internacional Público sería el conjunto de normas que regulan las relaciones entre Estados; b) definición por la sustancia, que tendría en cuenta el carácter internacional de las relaciones reguladas; c) definición por la técnica de creación de las reglas, que tomaría en consideración el procedimiento de positivación"[15].

No que tange ao critério dos sujeitos do direito internacional, evidencia-se que o primeiro é o de maior tradição e que comumente é o utilizado. Autores como Anzilotti, Von Liszt, dentre outros, apresentavam o direito internacional como o conjunto de normas jurídicas reguladoras das relações entre os Estados soberanos.

Frise-se, que tal fato (o não reconhecimento de outros sujeitos e atores internacionais pelo Direito Internacional) ocorria pela própria dinâmica da sociedade internacional que à época apresentava-se como estática e interestatal (concepção westfaliana).

Ao serem admitidos novos sujeitos e atores internacionais, a abordagem anteriormente apresentada fica comprometida, por tratar apenas de Estados soberanos. Sobre esse critério, Pereira e Quadros apresentam severa crítica, como se vê:

"Para começar, em rigor, ela não merece sequer o nome de definição porque não escapa à objeção do círculo vicioso: saber quais são os sujeitos do Direito Internacional é determinar quais são as entidades para as quais resulta da norma de Direito Internacional a titularidade de direitos e obrigações. O próprio conceito do sujeito de direito internacional supõe, assim, que tenha sido previamente fixada a noção da norma de direito internacional, pelo que não pode ser utilizado para a definição desta. Mas não é só o argumento lógico que prejudica a definição: ela é também demasiadamente extensa, pois as relações entre os sujeitos de direito internacional podem ser reguladas também pelo direito interno"[16].

No tocante à regulação internacional das relações constituídas, seria necessário separar as matérias de competência doméstica dos Estados daquelas a serem produzidas pela própria sociedade internacional. Le Fur foi o grande propagador dessa ideia que não emplacou nos estudos do Direito Internacional pela própria dificuldade ou até impossibilidade de separar nitidamente as competências estritamente nacionais das que são produzidas no âmbito das relações internacionais.

Quanto ao critério de produção da norma internacional, coloca-se como ponto de partida a oposição ao critério anteriormente apresentado, isto é, não há questões que sejam de natureza interna ou internacional apenas e "não é o fato de disciplinar

---

[15] RIDRUEJO, José A. Pastor. *Curso de derecho internacional público y organizaciones internacionales.* 10. ed. Madrid: Tecnos, 2006, p. 31.

[16] PEREIRA, André Gonçalves; QUADROS, Fausto. *Manual de direito internacional público.* 3. ed. Lisboa: Almedina, 2002, p. 27.

uma questão internacional que atribui à norma jurídica caráter internacional, mas, sim, quando uma questão em causa se torna internacional, quando uma norma internacional a ela se refere"[17].

Deixando de lado os enfrentamentos doutrinários sob o melhor critério a ser identificado para compreensão do direito internacional público, serão apresentados alguns conceitos de autores nacionais e alienígenas sobre esse ramo do Direito.

Para Luís Araújo[18], o Direito Internacional Público pode ser definido como um conjunto de regras jurídicas (consuetudinárias e convencionais) que determinam os direitos e deveres, na órbita internacional, dos Estados, dos indivíduos e das instituições que obtiveram personalidade por acordo entre Estados. Do exposto deflui que as normas determinantes dos direitos e deveres, no âmbito internacional, dos sujeitos do Direito das Gentes são de obrigatória observância e procedem a assento tácito (costume) e expresso (tratados) dos Estados.

Jiménez de Aréchaga o define como "un conjunto de normas jurídicas y principios que las jerarquizan y coordinan coherentemente; que regulan las relaciones externas de los sujetos del Derecho Internacional, especialmente los Estados y las Organizaciones Internacionales que estos crean; cuando actúan en el marco de una sociedad o comunidad internacional y que también alcanza a otros seres y entes cuando su situación puede gravitar en las relaciones de aquellos; con el propósito de concretar un ideal de justicia compartido por todos sus sujetos dentro de un marco de seguridad y certeza que efectivamente permita realizarlo"[19].

Para Alejandro Carrión, o direito internacional se apresenta como um conjunto de normas jurídicas que regula a sociedade internacional e as relações de seus membros na consecução de seus interesses sociais coletivos e individuais e apresenta algumas características peculiares do Direito Internacional do século XXI:

"a) es un ordenamiento de geometría variable, esto es, que, frente a la existencia de un conjunto de obligaciones mínimas uniformes para todos los Estados, permite que cada uno de ellos se vincule con mayor intensidad con todos los demás miembros de la sociedad, o con grupos reducidos de la misma, para la mejor satisfacción de sus intereses y necesidades;

b) es un ordenamiento en búsqueda de su plenitud o inacabado: frente a las concepciones que presentan al derecho internacional como un todo cerrado y relativamente homogéneo, el cambio permanente en los objetivos y, sobre todo, la progresiva

---

[17] PEREIRA, André Gonçalves; QUADROS, Fausto. *Manual de direito internacional público*. 3. ed. Lisboa: Almedina, 2002, p. 30.

[18] ARAÚJO, Luís Ivani Amorim. *Curso de direito internacional público*. 9. ed. Rio de Janeiro: Forense, 1997, p. 5.

[19] ARÉCHAGA, Eduardo Jiménez de. *Derecho internacional público* – tomo I. 2. ed. Montevideo: Fundación de Cultura Universitaria, 1996, p. 69.

atribución de funciones, conlleva unas ciertas notas de provisionalidad y elaboración paulatina;

c) es un ordenamiento jurídico esencialmente dispositivo: la persistencia de la soberanía estatal como fundamento básico del Derecho internacional hace que la naturaleza esencial de sus normas sea de naturaleza esencialmente dispositiva, esto es, con un escasamente imperativo, a la vez que aún funcione con carácter predominantemente la afirmación de que todo lo que no está expresamente prohibido ha de estimarse básicamente lícito;

d) es un ordenamiento esencialmente no coercitivo, anclado venturosamente en la idea del derecho como proyecto de regulación social consensuado, y no en el derecho como secreción autoritaria de la sociedad, con todas las fortalezas y debilidades que las concepciones democráticas imponen a la idea del derecho: el Derecho internacional es el resultado de la voluntad de los sujetos que lo modelan, los Estados. Y los Estados son, o debieran ser, la expresión de la voluntad de los seres humanos y los pueblos que los constituyen"[20].

Hildebrando Accioly apresenta o direito internacional público sob dois aspectos: o teórico e o prático. Afirma que o aspecto teórico corresponde ao Direito Internacional racional ou objetivo que serve de norma inspiradora para o Direito Internacional positivado, compreendendo aí os princípios de justiça que devem nortear as relações entre os povos. No que tange ao aspecto prático, este será resultante de acordos entre Estados ou de fatos jurídicos consagrados por uma prática constante[21].

Curiosamente há autores que em razão das grandes mudanças que foram produzidas no cenário internacional e também com a inserção de novos atores internacionais, preferem utilizar a expressão "direito transnacional". Esse é o caso de Dominique Carreau que ao seguir algumas ideias propagadas por Philipe Jessup, destacou:

"A l'époque actuelle, cette expression 'droit international public' s'avère entièrement indadéquate dans la mesure ou elle ne permet pas de rendre compte de la diversité des acteurs de la société internationale contemporaine. Le droit international se doit de gouverner les relations entre tous les acterurs de cette société 'transnationale'. Pour notre part, nous adopterons la conception du professeur Jessup qui caractérise le droit international contemporain comme étant le 'droit transnational'. Il définit ce 'droit transational' comme trout le droit qui réglemente les actions ou les événements qui transcendent les frontiers nationales"[22].

Numa ideia muito apertada, há autores[23] que entendem que o direito internacional é o direito aplicável à sociedade internacional. Esta abordagem singela constata uma evidência que distingue a sociedade internacional da sociedade interna.

---

[20] CARRIÓN, Alejandro J. Rodriguez. *Lecciones de derecho internacional público*. 6. ed. Madrid: Tecnos, 2006, p. 65.

[21] ACCIOLY, Hildebrando. *Tratado de direito internacional público* – v. I. São Paulo: Quartier Latin, 2009, p. 28.

[22] CARREAU, Dominique. *Droi international*. 9. ed. Paris: Pedone, 2007, p. 50.

[23] DINH, Nguyen Quoc; DAILLIER, Patrick; PELLET, Allain. *Direito internacional público*. 2. ed. Lisboa: Fundação Calouste Gulbenkian, 2003, p. 37.

De fato, o direito internacional pode ser concebido como um conjunto de normas (regras e princípios) que regem os sujeitos e demais atores internacionais no âmbito da sociedade internacional e que têm por escopo a busca da manutenção da paz, da justiça internacional, bem como promover o desenvolvimento dos povos.

3. A NORMA INTERNACIONAL

Como afirma a boa doutrina[24], para a existência do Direito Internacional Público devem ser observados alguns fatores ou pressupostos, sem os quais não seria justificável seu funcionamento. Assim é que são apontados a pluralidade de Estados soberanos, o comércio internacional e os princípios jurídicos coincidentes.

Como visto no Capítulo I, a sociedade internacional reconhecia apenas os Estados soberanos como sujeitos de direito, mas tal fato se modificou com o passar dos anos. Com a heterogeneidade da sociedade internacional, onde se apresentam Estados soberanos em todos os cantos do planeta, é natural que ocorram conflitos diversos e que estes sejam harmonizados por um direito constituído no plano internacional, e não de um direito interno de um dos Estados envolvidos na contenda.

Também é o caso do comércio internacional. A necessidade de fomentar relações de comércio entre os povos data da Antiguidade e não seria razoável que houvesse a prevalência de um direito interno de um Estado em detrimento de outro para regular as relações de comércio internacional. É indubitável que o comércio internacional se apresenta como um dos fatores que justificam a necessidade de se constituir uma ordem jurídica no plano internacional e, portanto, a existência do Direito Internacional Público.

Por fim, os princípios jurídicos coincidentes que correspondem aos anseios dos Estados que compõem a sociedade internacional na "construção" de uma normativa internacional. Se não houvesse convicções comuns entre os Estados não seria adequado mencionar o surgimento do Direito Internacional. Todavia, como acentua Mello[25], nesse ponto o Direito Internacional apresenta algumas contradições: soberania do Estado e a necessidade de cooperação; o Direito Internacional procura assegurar a paz e a segurança, mas existem as exigências revolucionárias nacionais; a soberania e igualdade dos Estados e por outro lado enorme poder dos supergrandes.

De fato, ao se constituir uma ordem jurídica internacional evidenciam-se vários aspectos que se assemelham a um sistema jurídico de um Estado-nação: é uma ordem normativa; é dotado de sanção; e tem a mesma noção de ato ilícito.

Observa-se também que as normas internacionais possuem características próprias, tais como: são poucas em número; são abstratas; são atributivas, por estabelecerem uma competência sem assinalarem a materialidade da ação a executar.

---

[24] MELLO, Celso de Albuquerque. *Curso de direito internacional público*. Rio de Janeiro: Renovar, 1997, p. 64.

[25] MELLO, Celso de Albuquerque. *Curso de direito internacional público*. Rio de Janeiro: Renovar, 1997, p. 64-65.

Com efeito, a partir das análises acima estabelecidas pode-se afirmar que as normas internacionais se encontram em profunda transformação e para que o Direito Internacional Público seja melhor compreendido deve-se levar em consideração também o seu aspecto político. Entretanto, não se pode olvidar que a política fornece a medida do possível em dado momento e em determinadas circunstâncias, isto é, faculta regras para a ação num contexto temporal e espacial. A política se encontra em mutação constante e procura se adequar às exigências da sociedade internacional. O Direito, por outro lado, oferece estabilidade, certeza e segurança, formula regras que disciplinam a vida do grupo social; regras que respondem às opções feitas pela política[26].

Levando-se em consideração que o direito deve propiciar estabilidade, certeza e, sobretudo, segurança jurídica, o foco principal de análise da normativa internacional recairá no estudo da norma jurídica internacional, que está intimamente ligado ao estudo das fontes do Direito Internacional.

Não se pode olvidar, entretanto, que a doutrina[27] tem apresentado o estudo da norma internacional sob três formas: a cortesia internacional; a moral internacional; e a norma jurídica internacional, muito embora alguns[28] divirjam deste ponto.

A cortesia internacional são aqueles usos seguidos na sociedade internacional por conveniência, como, por exemplo: o cerimonial marítimo. Como destaca Mello[29], o Direito Internacional Público se distingue da cortesia internacional no sentido de que a violação de uma norma de *comitas gentium* não acarreta a responsabilidade do autor desta violação.

A sua violação não configura um ato ilícito, sendo apenas um ato inamistoso, com as suas sanções (opinião pública). A cortesia internacional pode ser transformada em costume e vice-versa, como no caso do cerimonial marítimo[30].

---

[26] PEREIRA, André Gonçalves; QUADROS, Fausto. *Manual de direito internacional público*. 3. ed. Lisboa: Almedina, 2002, p. 40.

[27] Nessa direção recomenda-se a leitura do Cap. I da obra de MELLO, Celso A. *Curso de direito internacional público*. Rio de Janeiro: Renovar, 1997.

[28] ARAÚJO, Luís Ivani Amorim. *Curso de direito internacional público*. 9. ed. Rio de Janeiro: Forense, 1997, p. 9: "Não é possível enlear o Direito das Gentes com a cortesia internacional (*comitas gentium*), complexo de usos observados pelos Estados por serem convinháveis e por motivo de comodidade e que não o sujeitam a nenhum ressarcimento vez que lhe falece sanção jurídica se inadimplirem (cerimonial marítimo, não concessão de extradição na carência de um tratado) ou com a Moral Internacional – preceitos que os Estados empregam em suas relações recíprocas (lealdade, auxílio) – vez que ignora a coação".

[29] MELLO, Celso de Albuquerque. *Curso de direito internacional público*. Rio de Janeiro: Renovar, 1997, p. 80.

[30] Os professores CASANOVAS, Oriol; RODRIGO, Angél. *Compendio de derecho internacional público*. 6. ed. Madrid: Tecnos, 2017, p. 51, também encamparam a ideia aqui esposada, como se vê: "Las relaciones entre el Derecho internacional público y cortesía internacional son menos problemáticas. Al igual que sucede en las relaciones entre los individuos, las relaciones entre los Estado se ajustan a usos y prácticas seguidos por todos sin que exista obligación jurídica en su cumplimiento. Obedecen razones de conveniencia y utilidad mutua y la razón de su universal seguimiento frecuentemente reside en la reciprocidad que se espera obtener de las conductas que se practican. El saludo marítimo de los buques en alta mar y algunos privilegios en las relaciones diplomáticas son claros ejemplos de conductas que se ejercen en las relaciones internacionales sin que exista obligación jurídica que las respalde".

No caso da moral internacional, evidencia-se que não se pode conceber a existência do Direito Internacional sem que ela exista. Casanovas e Rodrigo[31] apresentam a mesma compreensão sobre este ponto:

"Partiendo de la distinción entre Derecho internacional público y moral internacional como órdenes normativos diferenciados hay múltiples conexiones entre los principios que inspiran uno y otro orden. Desde una perspectiva humanista y laica se ha proclamado que los principios en los que se resume el derecho según Ulpiano constituyen la base de la moral internacional. Del principio que postula 'vivir honradamente' se pueden deducir obligaciones de lealtad, moderación y ayuda mutua. Del principio de 'no causar daño a otro' se deriva la obligación de respeto mutuo y del derecho de cada Estado a la independencia e integralidad territorial".

A noção da moral internacional relaciona-se àqueles princípios morais aplicados pelos sujeitos do Direito Internacional Público nas suas relações recíprocas, apontando-se como principais a lealdade, a moderação, o auxílio mútuo, o respeito, o espírito de justiça e a solidariedade.

Os doutrinadores que advogam em sentido contrário alertam que a moral internacional não é considerada obrigatória, todavia no Direito Internacional manifesta-se com bastante incidência a reciprocidade. A título exemplificativo, se o Brasil não auxiliar um determinado país em algum acidente natural, por exemplo, um terremoto, furacão etc., provavelmente no futuro esse país não ajudará o Brasil numa situação qualquer.

Por fim, o estudo da norma jurídica internacional é o ponto mais interessante para o Direito Internacional, cabendo advertir, desde logo, que a visão crítica do Direito Internacional Público só pode ser exercida se formos além do positivismo jurídico e partirmos de certos valores como o de justiça social que deriva de solidariedade.

A norma jurídica internacional surge com as fontes do Direito Internacional, expressas no artigo 38 do Estatuto da Corte Internacional de Justiça[32]:

"Artigo 38

1. A Corte, cuja função é decidir de acordo com o Direito Internacional as controvérsias que lhe forem submetidas, aplicará:

a) as convenções internacionais, quer gerais, quer especiais, que estabeleçam regras expressamente reconhecidas pelos Estados litigantes;

b) o costume, como prova de uma prática geral aceita como sendo o direito;

c) os princípios gerais do direito reconhecidos pelas nações civilizadas;

d) sob ressalva das disposições do artigo 59 as decisões judiciárias e a doutrina dos publicistas mais qualificados das diferentes nações, como meio auxiliar para a determinação das regras de direito.

---

[31] CASANOVAS, Oriol; RODRIGO, Angél. *Compendio de derecho internacional público*. 6. ed. Madrid: Tecnos, 2017, p. 51.

[32] Nesse sentido, GUERRA, Sidney. *Tratados e convenções internacionais*. Rio de Janeiro: Freitas Bastos, 2006.

2. A presente disposição não prejudicará a faculdade da Corte de decidir uma questão *ex aequo et bono*, se as partes com isto concordarem".

Para melhor entender os estudos do Direito Internacional Público é importante explicitar o seu aspecto político, pois este poderá justificar a existência das normas jurídicas, bem como a relatividade existente na sua aplicação.

No Direito Internacional Público o único critério para identificar se é ou não uma norma jurídica é pela análise de sua fonte formal. Em verdade a norma internacional é elaborada por uma série de atos unilaterais, seja para dar origem a um tratado ou a um costume e são os Estados mais fortes que fixam os precedentes.

Para que haja melhor compreensão da legitimidade da norma jurídica internacional é que se apresenta o estudo do fundamento do Direito Internacional, ou seja, o local de onde provém sua obrigatoriedade.

4. FUNDAMENTO DO DIREITO INTERNACIONAL

A identificação do fundamento do Direito Internacional é importante para que possa ser explicitada a força obrigatória deste. No campo do Direito Internacional a matéria se apresenta de forma complexa por tratar-se de circunstâncias que acabam por determinar aos Estados, que são soberanos, o cumprimento de uma ordem.

A doutrina, por vezes, para apresentar as várias teorias existentes sobre a matéria, consagra um rol enorme de questionamentos que somente podem ser respondidos partindo do estudo dos fundamentos do Direito Internacional. Esse é o caso do estudo formulado por Aréchaga, que lança as seguintes indagações:

"Cuál es la esencia que proporciona a la comunidad de Estados los elementos de unidad material y moral necesarios para que los principios y reglas a aplicar lleguen a tener autoridad legal? Por qué hay normas que obligan los Estados? Por qué las acatan y siguen los Estados y funciona el sistema? Qué razón existe para que todo ello no sea una mera fantasía? Por qué poseen valor y los sujetos quieren esas reglas? Por qué no otras? Por qué no estas hoy, mañana aquellas y en los días siguientes diferentes soluciones? De qué magia disponen para dar certeza, seguridad y acercarse al ideal de justicia? Qué razones las justifican?"[33].

As grandes correntes sobre os fundamentos do Direito Internacional se cristalizam em sistemas, de acordo com o elemento que serve de base última à sua força obrigatória[34].

---

[33] ARÉCHAGA, Eduardo Jiménez. *Derecho internacional público*. Montevideo: Fundación Cultura Universitaria, 1994. t. I, p. 101.

[34] Para BOSON, Gérson de Britto Mello, *Direito internacional público*. 3. ed. Belo Horizonte: Del Rey, 2000, p. 78, são quatro os sistemas que contemplam os fundamentos do Direito Internacional: "Assim, poderemos agrupar as doutrinas em quatro sistemas gerais, que englobam as várias linhas dissidentes, todavia unificadas na sua essência referencial originária: sistemas jusnaturalistas, sistemas voluntaristas, sistemas normativistas, sistemas ecléticos".

Embora existam vários sistemas para justificar o fundamento do direito internacional, serão demonstradas as teorias voluntarista, sociológica e jusnaturalista que, em nosso sentir, têm maior relevância para os estudos do Direito Internacional.

A teoria que contempla o voluntarismo é constituída pelo estudo que justifica o fundamento do Direito Internacional na vontade dos Estados. O voluntarismo está em consonância com o positivismo jurídico, que leva em consideração a ideia da soberania absoluta do Estado.

Esta referência, segundo alguns autores[35], coloca o voluntarismo perante um dilema: à falta de autoridade superior na ordem internacional, privada do suporte institucional sobre o qual se apoia para fundamentar o caráter obrigatório do direito interno, questiona-se como pode explicar que um Estado soberano possa se vincular unicamente pela sua própria vontade?

Diante desse impasse é que os voluntaristas tentam justificar a aplicação da teoria levando-se em consideração alguns aspectos: a autolimitação do Estado, a vontade comum e a existência de uma norma superior.

A teoria da autolimitação do Estado, defendida por Jellinek, propõe que o Estado, em razão de não estar subordinado a qualquer outra autoridade, no campo das relações internacionais, mas apenas à sua vontade, é que pode dar origem e fundamentar a existência do Direito Internacional. Entretanto, a faculdade de autodeterminação que o Estado toma de sua soberania deve também levar em conta a faculdade de autolimitação. Significa dizer que o Estado soberano para constituir diversas relações com outros Estados igualmente soberanos aceita a autolimitação e acaba por criar o Direito Internacional.

Quanto à teoria da vontade comum, defendida por Triepel, estava assentada no desejo coletivo dos Estados onde encontraria fundamento de forma expressa nos tratados e de forma tácita nos costumes. Ratificando a ideia apresentada é que se colhe a seguinte manifestação:

"Mas é evidente que essa vontade, que deve ser obrigatória para uma pluralidade de Estados, não pode pertencer a um único Estado. Nem a lei de um Estado por si só, nem as leis concordantes de vários Estados são qualificadas para impor aos membros iguais da comunidade internacional regras de conduta obrigatórias. Mas, se a vontade de um Estado particular não pode criar um direito internacional, só podemos imaginar uma coisa: é que uma vontade comum nascida da união dessas vontades particulares está apta a cumprir essa tarefa. Só uma vontade comum de vários ou de numerosos Estados pode ser fonte de direito internacional"[36].

---

[35] DINH, Nguyen Quoc; DAILLIER, Patrick; PELLET, Alain. *Direito internacional público*. 2. ed. Lisboa: Fundação Calouste Gulbenkian, 2003, p. 101.

[36] DINH, Nguyen Quoc; DAILLIER, Patrick; PELLET, Alain. *Direito internacional público*. 2. ed. Lisboa: Fundação Calouste Gulbenkian, 2003, p. 102.

Essa teoria, todavia, está sujeita a severas críticas. A começar pelo fato de não alcançar novos Estados que se integram à sociedade internacional em razão de a produção normativa ser constituída por força de normas costumeiras anteriores ao ingresso deles e também pelo fato de se constituir em obstáculo a demonstração dessa vontade coletiva dos Estados.

No que toca à existência de uma norma superior, defendida por Anzilotti, está ancorada no princípio do *pacta sunt servanda,* que se apresenta como um valor jurídico absoluto, indemonstrável e que serve de critério formal para diferenciar as normas internacionais das demais.

Com efeito, a teoria voluntarista tem recebido severas críticas da doutrina, não conseguindo explicar o fundamento do Direito Internacional. Pereira e Quadros acentuam basicamente dois aspectos que corroboram a ideia:

"(...) dizer que o Direito Internacional se baseia numa vontade sem encontrar a norma superior que faz com que essa vontade de fato obrigue o Estado equivale a não conseguir dar força obrigatória ao Direito Internacional. A segunda razão traduz-se em que o voluntarismo, ao basear a força obrigatória do Direito Internacional na vontade dos Estados, partiu sempre do pressuposto de que essa vontade se exprimiria na soberania absoluta e indivisível dos Estados, tida, dessa forma, como verdadeiro fundamento do Direito Internacional. Mais uma vez os voluntaristas estavam a ser fiéis, duma forma ou outra, à recusa hegeliana de heterolimitação do Estado. Mas porventura o traço mais marcante de profunda transformação que o Direito Internacional vem paulatinamente sofrendo consiste no abandono pela ordem jurídica internacional do princípio da soberania absoluta e indivisível dos Estados como seu fundamento"[37].

A teoria sociológica, desenvolvida por Duguit e Scelle, preconiza que o direito provém do meio social e que a norma social decorre da solidariedade que brota no âmago do referido grupo. Da mesma maneira, as normas internacionais seriam produto de uma solidariedade internacional. Celso Mello sobre a teoria apresentada enfatiza que:

"O direito se dirigiria sempre aos indivíduos. Uma norma econômica ou moral se transforma sempre aos indivíduos. Uma norma econômica ou moral se transforma em norma jurídica quando preenche dois requisitos: os indivíduos integrantes de uma sociedade sentem a sua relevância e acham que ela deve possuir sanção; os indivíduos consideram que será justa a criação desta sanção. Esta teoria é contraditória no sentido de que, ao pretender ser eminentemente positivista, acabou sendo jusnaturalista. Existem necessidades morais inerentes à pessoa humana que não implicam necessariamente a ideia de solidariedade. Ele não se refere à justiça objetivamente, mas a um 'sentimento de justiça', enfim a um elemento pessoal que conduz a uma relatividade. As necessidades humanas são muito mais amplas do que as duas formas de solidariedade. (...) O Direito

---

[37] PEREIRA, André Gonçalves; QUADROS, Fausto. *Manual de direito internacional público.* 3. ed. Lisboa: Almedina, 2002, p. 66.

Internacional tiraria sua obrigatoriedade da necessidade dos grupos sociais que dele precisam para a sua sobrevivência. O Direito fundamenta-se sempre na 'necessidade social' e na 'utilidade social' porque não se trata apenas de viver, mas de progredir"[38].

No tocante à teoria jusnaturalista evidencia-se que a admissibilidade de existência de um direito superior ao direito positivo se apresenta desde a Antiguidade, onde são observados escritos sobre a matéria tanto na Grécia como também em Roma.

Não se pode olvidar que o jusnaturalismo teve como marco importante os estudos produzidos por Santo Tomás de Aquino, mas no campo do Direito Internacional o primeiro autor que defendeu a ideia foi o pai do Direito Internacional – Hugo Grotius.

Grotius admitia a existência de um direito natural e de um direito positivo, todavia foi Pufendorf quem identificou a aplicação da lei natural tanto aos indivíduos como também aos Estados (chamando nessa medida de Direito Internacional). O jusnaturalismo tem a vantagem de fornecer ao Direito Internacional um fundamento na própria ideia de direito, onde a ideia de justiça existente do direito natural dá a este um aspecto dinâmico, que vai influenciar o direito positivo[39].

Das teorias existentes para "justificar" o fundamento do direito internacional, a teoria jusnaturalista é a que tem sido mais aceita pela doutrina[40], devendo ser destacadas as palavras de Delbez sobre a matéria:

"O direito tem por missão fazer reinar a ordem e a justiça, inspirando-se em um certo ideal de justiça ele visa a assegurar e manter a ordem social. O direito tira, portanto o seu valor obrigatório do fato de que ele é indispensável à ordem social e que ele é presumido estar conforme a justiça. Se os Estados devem obedecer às regras costumeiras e convencionais, é (...) que elas visam exprimir e a realizar o 'bem comum' da sociedade internacional. O fundamento assim dado (...) tem um tríplice caráter. Ele é objetivo, porque o bem-comum da ordem internacional existe em si e não depende das vontades subjetivas dos Estados. Ele é racional, porque é a razão que o concebe. Ele é transcendente, porque visando a assegurar o bem geral da sociedade interestatal, ele é superior aos Estados que perseguem o seu bem particular"[41].

5. RELAÇÕES ENTRE O DIREITO INTERNO E O DIREITO INTERNACIONAL

Os estudos relativos ao Direito Internacional e ao Direito Interno são significativos pelo fato de a eficácia do primeiro depender bastante da observância do segundo, ou seja, que o direito interno dos Estados esteja em conformidade com o direito internacional.

---

[38] MELLO, Celso A. *Curso de direito internacional público*. Rio de Janeiro: Renovar, 1997, p. 132.

[39] MELLO, Celso A. *Curso de direito internacional público*. Rio de Janeiro: Renovar, 1997, p. 135.

[40] A título de ilustração podem ser citados Celso Mello, Eduardo Jiménez de Aréchaga, Fausto Quadros e André Gonçalves Pereira nas obras já assinaladas.

[41] MELLO, Celso A. *Curso de direito internacional público*. Rio de Janeiro: Renovar, 1997, p. 136.

A validade formal do Direito Internacional é tema estrito ao Direito Internacional, considerado como um sistema de normas jurídicas, em face do Direito Interno dos Estados e visto também, como um conjunto sistemático de normas da mesma natureza ou de outro aspecto, é tema vinculado à determinação das relações específicas entre direito internacional e direito interno[42].

Além disso, houve um grande acréscimo nos dias atuais de funções a serem desenvolvidas pelo direito internacional.

O direito internacional contemporâneo já não tem apenas a função clássica de regular as relações entre os Estados soberanos, mas, sim, procura atuar no desenvolvimento da sociedade internacional, que contempla vários novos atores, a própria inserção do indivíduo no campo internacional onde há um grande envolvimento da ordem jurídica internacional e a interna[43].

Em alguns casos, como por exemplo, o mar territorial, os direitos dos estrangeiros, a neutralidade dos Estados, a nacionalidade são assuntos regulamentados pelo Direito Interno e pelo direito internacional.

Quando as duas ordens jurídicas estão de acordo, não há margens para discussões e divergências, entretanto, existem casos em que regulam a matéria de modo diferente. Daí o surgimento do problema[44]: havendo um conflito entre a ordem interna e a

---

[42] BOSON, Gérson de Britto Mello. *Direito internacional público*. 3. ed. Belo Horizonte: Del Rey, 2000, p. 134.

[43] RIDRUEJO, José A. Pastor. *Curso de derecho internacional público y organizaciones internacionales*. 10. ed. Madrid: Tecnos, 2006, p. 166: "El derecho internacional contemporáneo ya no tiene únicamente la función clásica de regular las relaciones entre Estados y distribuir las competencias entre ellos, sino que, tiende además al desarrollo de los pueblos e individuos, lo cual exige una cooperación en muchas materias que antes asumían exclusivamente los Estados y se regulaban por los derechos internos. Ya dijimos en este orden de ideas que la interdependencia inherente a la civilización comporta un aumento progresivo del contenido del derecho internacional a costa del de los derechos internos".

[44] SILVA, Roberto Luiz, *Direito internacional público*. 2. ed. Belo Horizonte: Del Rey, 2002, p. 125, adverte que "a questão das relações entre o Direito Internacional e o Direito Interno envolve, primeiramente, a questão relativa à existência ou não da conexão entre ambos, podendo ainda gerar muitos problemas de ordem prática, especialmente se, havendo um conflito entre eles, decidir qual dos dois prevalecerá. Assim sendo, surgiram duas correntes: a escola do dualismo que sustenta que os sistemas são totalmente distintos e incapazes de qualquer penetração mútua, e a dos monistas, que considera ambos os direitos unidos dentro do marco de um ordenamento jurídico global".
Na mesma direção BOSON, Gérson de Britto Mello. *Direito internacional público*. 3. ed. Belo Horizonte: Del Rey, 2000, p. 134: "O problema tem, portanto, dois sentidos: o teórico, que consiste em tomar o bloco normativo internacional e confrontá-lo com o bloco normativo interno, para o efeito de deduzir-se a unidade ou dualidade de tais sistemas jurídicos, com a existência ou não da hierarquia, em tese, entre os dois conjuntos, e o prático, resultante da solução de conflitos atuais, especificados, entre regras particularizadas de Direito internacional e disposições singulares de Direito Internacional e disposições singulares de Direito Interno. Esse último entendimento confirmará ou não a tese monista, ou dualista, porque qualquer solução prática trazida a um conflito dessa espécie fundamentar-se-á na supremacia do Direito Internacional ou do Direito Interno, quando não repousar sobre o fundamento de que a ordem jurídica internacional e a ordem jurídica interna são meros fatos, uma diante da outra".

internacional, qual das duas deverá prevalecer? Para responder à pergunta, necessário identificar as teorias que consagram o Dualismo e o Monismo.

Essas duas teorias pressupõem que existe um campo comum no qual as ordens interna e internacional[45] podem atuar simultaneamente em relação ao mesmo objeto, sendo o problema que então se coloca o de saber qual ordem jurídica prevalece[46].

5.1. Dualismo

A denominação foi dada por Alfred Verdross, em 1914, e aceita por Triepel, em 1923, que afirmava que o Direito Internacional e o Direito Interno de cada Estado eram sistemas rigorosamente independentes e distintos, de tal modo que a validade jurídica de uma norma interna não se condicionava a sua sintonia com a ordem internacional.

A norma interna, segundo os dualistas, vale independentemente da norma internacional, podendo, quando muito, levar à responsabilização do Estado. Todavia, para que isso ocorra, a norma internacional precisa ser incorporada ao ordenamento interno do Estado por força de uma lei, por exemplo[47]. Nesse sentido, o magistério de Aréchaga:

---

[45] "Os doutrinadores, tanto os de direito internacional público quanto os de direito internacional privado, relacionam a questão do conflito entre fontes internas e internacionais às clássicas doutrinas do monismo e do dualismo, cada qual propondo uma solução diferente." Pois bem. A questão é que, como efeito da salutar antropofagia operada nos sistemas ditos "puros" pelos autores pátrios e, sobretudo, pela produção jurisprudencial do Supremo Tribunal Federal, não é mais possível afirmar que as soluções para os conflitos entre fontes internas e internacionais sejam decorrências naturais e obrigatórias da adoção de uma ou outra concepção. Ao que nos parece, em verdade, a mitigação das teorias monista e dualista resultou numa diversidade de critérios distintivos dos dois sistemas. Tal constatação, por um lado, inviabiliza a própria classificação do sistema brasileiro como exclusivamente monista ou dualista, de vez que, pela diversidade de critérios, estar-se-ia a comparar bananas com maçãs. Exatamente por isso será possível classificar o sistema brasileiro, dentro de cada critério e sem qualquer contradição, como monista moderado ou dualista moderado. BINENBOJM, Gustavo. Monismo e dualismo no Brasil: uma dicotomia afinal irrelevante. *Revista da EMERJ*, v. 3, n. 9, 2000. Disponível em: https://www.emerj.tjrj.jus.br/revistaemerj_online/edicoes/revista09/Revista09_180.pdf. Acesso em: 22 jun. 2023.

[46] RAMINA, Larissa. *Direito internacional convencional*. Ijuí: Unijuí, 2006, p. 21, apresenta uma ressalva importante sobre a matéria: "Não podemos esquecer que as formulações doutrinárias acerca do monismo e do dualismo floresceram em um mundo em que o Estado territorial se pretendia autossuficiente, o que acarretou a rígida compartimentalização entre o ordenamento jurídico interno e o internacional. Ocorre que este mundo simplesmente não mais existe. O que se pode constatar hoje, no contexto do processo de globalização, é uma crescente interação entre os ordenamentos jurídicos interno e internacional. Assim, a querela teórica entre o dualismo e o monismo ter perdido importância, pois passou a receber solução expressa pelo Direito Internacional convencional e pelas Constituições nacionais. Na ausência de previsão constitucional expressa, a opção pelo monismo ou pelo dualismo estava ligada à posição que se houvesse assumido quanto ao fundamento do Direito Internacional. Enquanto os dualistas ou monistas com primado do Direito Interno se alinhavam aos voluntaristas, os monistas kelsenianos assumiam posição antivoluntarista (normativistas, sociologistas, jusnaturalistas)".

[47] ACCIOLY, Hildebrando. *Tratado de direito internacional público*. 2. ed. Rio de Janeiro: IBGE, 1956, p. 81: "É certo que as Constituições de muitos Estados exigem que as normas internacionais expressas, por exemplo, em tratados, devem ser transformadas em direito nacional, para sua execução na ordem interna. A esse respeito, há, porém, que observar, desde logo, o seguinte: a) o não cumprimento de tal exigência não exime o Estado de obri-

"Para que una norma de derecho internacional sea reconocida o recibida por el derecho interno, ésta debería ser transformada al sistema de normas del derecho interno. La norma internacional debe, pues, si pretende obligar para el derecho nacional, ser convertida en norma interna. Ello implica transformarla al sistema de fuentes de ese derecho – por ejemplo, mediante el dictado de una ley –, adaptarla a los destinatarios y sujetos de las normas internas, adecuar a ello el contenido de la norma. Esta transformación no solo supone un mero cambio formal; implica un cambio sustancial. No es la norma internacional la que obligaría directamente en el orden interno, sino una nueva norma interna, con todas sus características, y que regogería, adaptándolo, el contenido de la norma de derecho internacional de acuerdo con quienes serán sus nuevos destinatarios. Este procedimiento, conocido como doctrina de la transformación, sería aplicable tanto para normas que tengan su fuente en la costumbre como para normas convencionales"[48].

Como visto, para que uma norma internacional pudesse ser aceita e ter o consequente valor no plano doméstico de um determinado Estado, seria necessária sua modificação para norma de direito interno.

A teoria dualista identificava as duas ordens jurídicas (internacional e interna) de maneira tangente, isto é, elas poderiam se tocar, mas em hipótese alguma seriam secantes. Apresenta como teorema a ideia de que as duas ordens jurídicas eram independentes e que nada teriam em comum. Essa independência teria como base três fatores: a) relações sociais: o homem era sujeito do Direito Interno e do Estado do Direito Internacional; b) as fontes do Direito Interno eram decorrentes da vontade do Estado, enquanto a do Direito Internacional tratava-se da vontade coletiva dos Estados manifestados pelos costumes e nos tratados; c) a estrutura do Direito Interno era de subordinação, isto é, as leis ordinárias subordinadas à Constituição, e a do Direito Internacional era de coordenação, logo, a convenção para ser usada internamente teria que se transformar em lei interna.

Sobre esta teoria, Boson acentua seus principais temas: a) as fontes do Direito Internacional e do Direito Interno são diversas. As normas internacionais procedem da vontade comum dos Estados e só mediante essa vontade comum podem ser ab-rogadas ou modificadas. Já as normas jurídicas internas emanam da vontade de um só Estado e por esta podem ser ab-rogadas ou modificadas, não estabelecendo nenhuma obrigação

---

gação internacional; b) a superveniência de lei nacional contrária à obrigação internacional não destrói esta e pode acarretar a responsabilidade internacional do Estado. Nesse sentido, desenvolveram-se alguns sistemas, a começar pelo da incorporação, cuja origem se vai buscar na Inglaterra, onde se tornou famoso o aforismo 'International Law is part of the Law of the land'. Em virtude deste, as regras do direito internacional fazem parte do direito estatal. Na própria Grã-Bretanha, por exemplo, considera-se que um ato do Parlamento que regule matéria de caráter internacional não é mais do que a declaração de uma norma internacional preexistente, e os juízes e tribunais encaram o direito das gentes como parte da legislação nacional".

[48] ARÉCHAGA, Eduardo Jiménez. *Derecho internacional público*. Montevideo: Fundación Cultura Universitaria, 1994. t. I, p. 336.

entre Estados; b) as normas de Direito Internacional só têm eficácia na ordem internacional de quem emanam, enquanto que, por sua vez, as normas de Direito Interno só têm eficácia na ordem jurídica nacional; c) uma ordem jurídica se defronta com a outra como um puro fato; d) um sistema jurídico pode referir-se a outro – fenômeno denominado "recepção de normas", em virtude do qual a ordem jurídica interna faz suas certas normas de Direito Internacional[49].

Hoje a doutrina dualista encontra-se em decadência, muito embora defendida por grande parte da doutrina italiana, visto que "tem todos os inconvenientes do voluntarismo, nomeadamente o de só se referir aos tratados e não ao costume, sendo, no entanto, o costume internacional normalmente aplicado pelos tribunais internos; o simples fato de uma norma interna, contrária a um tratado, vigorar não justifica o dualismo, já que ele pode suceder na ordem interna com os regulamentos ilegais e as leis inconstitucionais; a diversidade de sujeitos não é também verdadeira, pois que, hoje em dia, o indivíduo é sujeito de direito internacional, e este age na ordem interna através das organizações internacionais"[50].

Os dualistas enfatizam a diversidade das fontes de produção das normas jurídicas, lembrando sempre os limites de validade de todo o direito nacional, e observando que a norma do direito internacional não opera no interior de qualquer Estado senão quando este, havendo-a aceito, promove-lhe a introdução no plano doméstico.

5.2. Monismo

O monismo apresenta o Direito Interno e o Direito Internacional como dois ramos do Direito num mesmo sistema jurídico. Nesse caso, o direito internacional não carece de qualquer "transformação", haja vista que os Estados mantêm compromissos que se justificam juridicamente por pertencerem a um sistema único.

O monismo parte do pressuposto de que existe uma unidade no conjunto de normas jurídicas, isto é, um conjunto no qual estariam inseridas distintas ordens jurídicas, podendo ser aplicadas as alternativas: o Direito Internacional subordinado ao Direito Interno (monismo com primazia do Direito Interno) e o Direito Interno subordinado ao Direito Internacional (monismo com primazia do Direito Internacional).

5.2.1. Monismo com primazia do Direito Interno

Segundo esta teoria, existe um único direito, sendo que a norma jurídica interna encontra-se no topo deste direito. Esta teoria tem o seu apogeu no século XIX, principalmente em virtude do Hegelianismo, que defendia que o Estado era a encarnação do espírito universal, a criação máxima e, portanto, o Estado não poderia ter nenhuma entidade superior a ele.

---

[49] BOSON, Gérson de Britto Mello. *Direito internacional público*. 3. ed. Belo Horizonte: Del Rey, 2000, p. 136.
[50] LITRENTO, Oliveiros. *Curso de direito internacional público*. 3. ed. Rio de Janeiro: Forense, 1997, p. 100.

A teoria vingou por muito tempo, pois toda noção de soberania sempre pressupõe uma noção de limites porque, se não houver limites, a própria sociedade internacional desmantelaria.

Como manter uma sociedade internacional se o Estado livremente pudesse alterar a norma jurídica internacional? Haveria não só uma destruição da sociedade internacional como também do Direito Internacional criado por esta sociedade.

Assim sendo, esta teoria estabelece que o Estado possui uma soberania absoluta, não podendo sujeitar-se a uma norma jurídica que não partiu de sua vontade, e existiria para o Estado um direito estatal aplicado na esfera internacional. Logo, a doutrina nega a existência do Direito Internacional como um ramo autônomo e independente que ele é.

Esta teoria foi completamente abandonada, pois não se adapta em nenhum sentido com a realidade dos dias de hoje, principalmente se lembrarmos que vivemos em um mundo globalizado, ou seja, em que as fronteiras estatais estão sendo ultrapassadas pelos movimentos econômicos e os próprios Estados não conseguem mais controlar e nem têm meios para fazer tal controle. É, portanto, uma teoria ultrapassada.

Como exemplo, pode-se citar o Nazismo, que considerava o direito alemão superior a todos os outros, devendo predominar sobre os demais.

5.2.2. Monismo com primazia do Direito Internacional

Surgiu em Viena com Kelsen e Verdross. Kelsen elaborou a pirâmide de normas onde uma norma tinha a sua origem e retirava a sua obrigatoriedade de outra que lhe era imediatamente superior. No vértice da pirâmide ficava a norma fundamental, que para Kelsen[51] era a norma internacional e por isso não podia conflitar com o Direito Interno, que era considerado inferior (monismo radical).

Mais tarde, com a influência de Verdross, passa a admitir o conflito entre as duas ordens jurídicas, devendo prevalecer o Direito Internacional, que é superior (monismo moderado).

---

[51] BARBOZA, Julio, *Derecho internacional público*. 2. ed. Buenos Aires: Zavalia, 2008, p. 57, apresenta os argumentos de Kelsen em relação ao posicionamento de Triepel e Anzilotti: "El comportamiento de un Estado se reduce al comportamiento de los individuos que representan al Estado. La pretendida diferencia respecto al contenido del DIP y del derecho nacional 'no puede ser una diferencia entre la clase de sujetos cuya conducta regulan'. En cuanto a la diferencia de contenido, o sea al argumento relativo a que el derecho interno se ocuparía de los asuntos internos y el internacional de las relaciones externas, es imposible distinguir los llamados asuntos internos de los asuntos exteriores. Según una bien conocida jurisprudencia de la CIJ, todo asunto de los conocidos como 'internos' puede ser objeto de un tratado internacional y salir así del dominio reservado del Estado. Kelsen cita el ejemplo de la relación entre patronos y obreros, que es aparentemente un asunto interno y regulado por leys también internas. En cuanto un Estado firme un tratado sobre la regulación de esas relaciones, se convierte en un asunto internacional. Analiza el profesor viénes el fundamento de los derechos internos y encuentra, remontándose en su conocida pirámide jurídica, que la norma que les da fundamento es la que impone la obligación de obedecer al legislador originario, al que impuso la primera Constitución".

Como acentua Mello[52], o conflito entre o Direito Interno e o Direito Internacional não quebra a unidade do sistema jurídico, como um conflito entre a lei e a Constituição não quebra a unidade do direito estatal. O importante é a predominância do direito internacional, que ocorre na prática internacional como nas hipóteses: uma lei contrária ao direito internacional dá ao Estado prejudicado o direito de iniciar um processo de responsabilidade internacional; uma norma internacional contrária à lei interna não dá ao Estado direito análogo ao da hipótese anterior. Vale dizer que ao ocorrer um conflito de uma norma internacional com uma norma interna, a primeira deve prevalecer em detrimento da segunda, isto é, pelo fato de o Direito Internacional ser superior é que o Direito Interno àquela norma deverá ser aplicado.

Com efeito, a jurisprudência internacional e parcela significativa da doutrina[53] têm sido unânimes em consagrar a primazia do Direito Internacional, como se depara nesta passagem: "Em parecer de 1930, a CPJI declarou que é princípio geralmente reconhecido, do direito internacional, que, nas relações entre potências contratantes de um tratado, as disposições de uma lei interna não podem prevalecer sobre o tratado".

Do mesmo modo, a Convenção de Viena sobre o Direito dos Tratados consagra em seu artigo 27 que "uma parte não pode invocar as disposições de seu direito interno para justificar o inadimplemento de um tratado".

Sem embargo, quando o critério nacional consagra a supremacia da norma internacional sobre a ordem interna, não importando se um mandamento constitucional ou lei ordinária, clara está a sua compatibilidade com o Direito Internacional Público, visto que, conforme a Convenção de Viena, as disposições internas de um Estado não podem ser usadas por ele como justificativa para o inadimplemento de uma obrigação fundada em tratado. Quando o critério consagra a supremacia do Direito Interno, este é incompatível com a principiologia do Direito Internacional Público.

No Brasil, o Supremo Tribunal Federal julgou em 1977 o caso da Lei Uniforme de Genebra sobre as letras de câmbio e notas promissórias, que colidia, em seu conteúdo, com o Decreto n. 427/69 (recurso extraordinário 80004); inexistindo critério expresso na Constituição, prevaleceu a última vontade do legislador, exarada através da lei interna (princípio *lex posteriori derogat priori*).

---

[52] MELLO, Celso de Albuquerque. *Curso de direito internacional público*. Rio de Janeiro, 1997, p. 106.

[53] SILVA, Nascimento; ACCIOLY, Hildebrando. ACCIOLY, Hildebrando. *Manual de direito internacional*. 13. ed. São Paulo: Saraiva, 1998, p. 62, e *Curso de direito internacional público*. Rio de Janeiro, 1997, p. 109. Ainda sobre este ponto, as palavras de BARBOZA, Julio. *Derecho internacional público*. 2. ed. Buenos Aires: Zavalia, 2008, p. 60: "Hay por cierto un creciente campo de aplicación del derecho internacional en el orden interno y cada vez más los particulares pueden invocar derechos que les otorgan tratados internacionales de sus países, particularmente en los casos de integración regional, como viene pasando desde hace un tiempo en Europa con su adelantado proceso de integración y está sucediendo actualmente en los países miembros del Mercosur".

Valendo-se do quadro didático apresentado por Binenbojm[54] que procura sintetizar os critérios utilizados na classificação dos sistemas, é possível identificar a situação relativa à matéria na ordem jurídica brasileira:

Classificações	Radical ou extremado	Moderado
Dualismo - Critério: dualidade de sistemas - o interno e o internacional - que não se comunicam. Daí a necessidade de mecanismos de internalização dos tratados, para que tenham vigência no território nacional.	Necessidade da edição de lei para a incorporação do tratado à ordem jurídica nacional.	A incorporação prescinde de lei, embora seja necessária a observância do *iter* procedimental previsto no direito interno. No Brasil: aprovação congressual e promulgação presidencial.
Monismo – Critério: o direito interno e o internacional integram o mesmo e único sistema. Daí a admissibilidade da existência de conflitos entre tratados e a ordem jurídica nacional.	Prevalência do tratado sobre a ordem jurídica interna.	Equiparação hierárquica do tratado à lei ordinária. Consequências: (i) subordinação do tratado à Constituição; (ii) quanto à lei ordinária, aplicação dos critérios temporal e da especialidade para a solução de antinomias.

Por fim, ao concordar com a opinião do citado autor, evidencia-se que as resoluções de conflitos que envolvam normas jurídicas internas e internacionais no Estado brasileiro independem da concepção adotada quanto às escolas monista e dualista, sendo uma mera "*discussion d'école*".

---

[54] BINENBOJM, Gustavo. Monismo e dualismo no Brasil: uma dicotomia afinal irrelevante. *Revista da EMERJ*, v. 3, n. 9, 2000. Disponível em: <https://www.emerj.tjrj.jus.br/revistaemerj_online/edicoes/revista09/Revista09_180.pdf>. "O emprego de critérios distintos pode conduzir um mesmo sistema a classificações diversas. De fato, sob a ótica da necessidade de mecanismos de internalização dos tratados internacionais na ordem jurídica nacional, o sistema brasileiro classifica-se, conforme recentemente proclamado pelo STF, como dualista moderado. Não se chega a exigir a edição de uma lei interna, reproduzindo total ou parcialmente o texto do tratado, o que configuraria uma postura dualista extremada; nada obstante, o decreto legislativo – que veicula a aprovação do Congresso Nacional –, acoplado ao decreto presidencial de promulgação, constituiriam fonte normativa interna e autônoma em relação ao tratado. Já sob o prisma da admissibilidade de conflitos entre o direito interno e o internacional, bem como dos critérios para sua solução, é possível afirmar, com a chancela da doutrina pátria, que o sistema jurídico brasileiro é monista moderado. Neste caso, o decreto legislativo e o decreto presidencial de promulgação representariam uma mera "ordem de execução" – com ou sem ressalvas – do próprio tratado, que vigeria no Brasil, efetivamente, como fonte normativa internacional. A veracidade da tese se comprova pelo fato de que a opção por uma ou outra classificação em nada altera os critérios jurídicos para o equacionamento das relações entre o ordenamento jurídico interno e os tratados internacionais. Tudo a corroborar que, no Brasil, ao menos do ponto de vista prático, a dicotomia monismo *versus* dualismo se revela afinal irrelevante".

Capítulo III
Fontes do Direito Internacional Público

1. CONSIDERAÇÕES GERAIS

O estudo das fontes do Direito Internacional tem suscitado várias discussões e divergências na doutrina internacionalista pela confusão existente entre as fontes e os fundamentos[1] que norteiam a matéria. Neste sentido, Mello afirma:

"O problema do fundamento do direito internacional tem sido abandonado por diversos doutrinadores por considerarem que esta questão não faz parte do direito propriamente dito, ou ainda, é sem querer valor prático. A pesquisa do fundamento é considerada por inúmeros positivistas como estando fora das cogitações do jurista. Damos razão a Quadri quando afirma que sustentar a opinião de que o fundamento é assunto metajurídico é estar confundindo 'o direito como um dos seus momentos: a norma'. Em verdade não podemos sustentar que o direito está esgotado com o estudo do direito positivo, ou seja, da norma jurídica. Esta atitude seria limitar o campo de atividade do jurista"[2].

As fontes constituem os modos pelos quais o direito se manifesta, isto é, a maneira pela qual surge a norma jurídica internacional, ao passo que os fundamentos relacionam-se à sua validade e à sua eficácia.

Sem embargo, fontes do direito são aqueles fatos ou atos dos quais o ordenamento jurídico faz depender a produção de normas jurídicas. O conhecimento de um ordenamento jurídico (e também de um setor particular desse ordenamento) começa sempre pela enumeração de suas fontes. O que nos interessa notar numa teoria geral do ordenamento jurídico não é tanto quantas e quais sejam as fontes do Direito de um ordenamento jurídico moderno, mas o fato de que, no mesmo momento em que se reconhece existirem atos ou fatos dos quais se faz depender a produção de normas jurídicas (as fontes do Direito), reconhece-se que o ordenamento jurídico, além de

---

[1] O estudo dos fundamentos foi apresentado no Capítulo II da presente obra.

[2] MELLO, Celso Albuquerque. *Curso de direito internacional público*. Rio de Janeiro: Renovar, 1997, p. 127.

regular o comportamento das pessoas, regula também o modo pelo qual se devem produzir as regras[3].

Existem duas grandes concepções acerca das fontes do Direito Internacional: a positivista e a objetivista.

A positivista sustenta que a verdadeira fonte do Direito é a vontade do Estado que se manifesta de modo expresso no tratado e tácito no costume. Como assevera Mello[4], esta corrente é insuficiente para explicar o costume internacional, porque este se torna obrigatório para todos os Estados-Membros, mesmo para aqueles que não manifestam vontade no sentido de sua aceitação. Se o Direito Internacional dependesse exclusivamente da vontade estatal ele teria uma grande instabilidade e ficaria sujeito à soberania estatal.

No caso da objetivista, atualmente é mais adotada, tendo em vista que devido ao seu aspecto sociológico, é a que melhor se adapta às novas realidades da sociedade internacional. Baseia-se na distinção entre fontes formais e fontes materiais do Direito.

Em apertada síntese pode-se conceituar fonte como o local de onde o Direito retira a sua obrigatoriedade. Dividem-se em materiais (são os acontecimentos históricos, políticos e sociais que o direito deve regulamentar) e formais (são as maneiras pelas quais se apresentam os preceitos jurídicos sob a forma de regras aceitas e sancionadas pelos poderes públicos). Ex.: o costume e os tratados.

2. A PREVISÃO DAS FONTES DO DIP

Como assinalado anteriormente, o artigo 38 do Estatuto da Corte Internacional de Justiça apresenta as fontes do Direito Internacional:

"1. A Corte, cuja função é decidir de acordo com o Direito internacional as controvérsias que lhe forem submetidas, aplicará:

a) as Convenções internacionais, quer gerais, quer especiais, que estabeleçam regras expressamente reconhecidas pelos Estados litigantes;

b) o costume internacional, como prova de uma prática geral aceita como sendo o direito;

c) os princípios gerais de direito, reconhecidos pelas nações civilizadas;

d) sob ressalva da disposição do artigo 59, as decisões judiciárias e a doutrina dos juristas mais qualificados das diferentes nações, como meio auxiliar para a determinação das regras de direito.

2. A presente disposição não prejudicará a faculdade da Corte de decidir uma questão *ex aequo et bono*, se as partes com isto concordarem".

---

[3] BOBBIO, Norberto. *Teoria do ordenamento jurídico*. 10. ed. Brasília: UnB, 1997, p. 45.

[4] MELLO, Celso de Albuquerque. *Curso de direito internacional público*. 11. ed. Rio de Janeiro: Renovar, 1997, p. 185.

Partindo-se das fontes apresentadas no artigo 38 do Estatuto da Corte Internacional de Justiça, podem ser formulados alguns questionamentos, na esteira do magistério de Max Sorensen, para futura discussão desta temática:

"1) Si el orden en que están enumeradas tiene significado alguno, si crea una jerarquía de fuentes o se hizo solo por conveniencia. Pero es imposible contestar esta pregunta sin reconocer con algún detalle cuál es la naturaleza de las diferentes fuentes enumeradas. 2) Hay que preguntarse si la definición de fuentes que enuncia el artículo 38 es de carácter definitivo. En relación con esto, existe un acuerdo algo general al efecto de que la terminología del artículo es puramente descriptiva y no tiene por objeto restringir en forma alguna la operación de las fuentes que se describen. 3) Por último, es atinado preguntarse si la relación dada por el artículo 38 es exhaustiva o si aún hay otras fuentes de derecho internacional mencionadas con el. Constituye un problema algo diferente establecer si algunos de esos elementos, como por ejemplo las sentencias judiciales, no son realmente fuentes en el pleno sentido de la palabra. Lo que nos lleva a dudar acerca del carácter exhaustivo del artículo 38 es, principalmente, la función creadora de los actos unilaterales en la práctica internacional contemporánea"[5].

De fato, apesar de o artigo 38 do Estatuto da Corte Internacional de Justiça ter estabelecido as fontes do Direito Internacional, importante frisar que a doutrina e a prática internacional têm apresentado outras que não estão contempladas no referido dispositivo, a exemplo dos atos unilaterais e das resoluções das Organizações Internacionais, que serão abordadas oportunamente.

3. TRATADOS

3.1. Considerações gerais

Diferentemente do que acontecia no passado, em que os costumes internacionais eram considerados as principais fontes do direito internacional público, os tratados passaram a ocupar este espaço. Ao ser concebida uma norma escrita no plano internacional (tratado), evidencia-se maior segurança jurídica no âmbito das relações internacionais, diferentemente do que ocorria com o costume. Neste sentido, evidencia-se que a sociedade internacional que se apresentava de forma estática passa a ter uma estrutura mais dinâmica.

Celso Mello[6] acentua que a utilização do procedimento de conclusão de tratados para a criação de normas jurídicas internacionais aumentou de modo intenso com o passar dos anos, sendo importante registrar os seguintes dados: "desde 1500 a.C. até 1860 haviam sido concluídos cerca de 8.000 tratados de paz enquanto só desde 1947 até 1984 foram coletados entre 30.000 e 40.000 tratados e, se prolongarmos essa pesquisa até 1992, esse montante deverá ter subido para perto dos 50.000 tratados".

---

[5] SORENSEN, Max. *Manual de derecho internacional público*. México: Fondo de Cultura Económica, 1992, p. 152.
[6] MELLO, Celso de Albuquerque. *Curso de direito internacional público*. Rio de Janeiro: Renovar, 1997, p. 43.

A matéria está regulada na Convenção de Viena, Direito de Tratados[7] sobre o que é resultado de um grande esforço para que ocorra a denominada "codificação do direito internacional", isto é, um direito que no passado estava assentado no costume internacional e passa a ter seu regramento definido por tratados internacionais.

3.2. Conceito e características

Tratado é um termo genérico que pode servir para designar um acordo entre dois ou mais Estados para regular um assunto, determinar seus direitos e obrigações, assim como as regras de conduta que devem seguir, mas em nenhum caso é aplicável a um acordo entre um Estado e uma pessoa privada[8].

A Convenção de Viena sobre Direito dos Tratados, de 1969, estabelece no artigo 2, *a*, que "tratado" significa um acordo internacional concluído por escrito entre Estados e regido pelo Direito Internacional, quer conste de um instrumento único, quer de dois ou mais instrumentos conexos, qualquer que seja sua denominação específica.

Do conceito acima indicado podem ser sublinhados alguns aspectos importantes (características), a saber: a) acordo internacional entre Estados; b) celebrado por escrito; c) regido pelo direito internacional; d) qualquer que seja sua denominação; e) conste de um instrumento único ou em dois ou mais instrumentos conexos.

a) Acordo internacional entre Estados

Para que um tratado internacional seja celebrado, a primeira condição que deve ser observada para a produção do ato é a manifestação de vontade de dois ou mais sujeitos de Direito Internacional, neste caso, Estados e organizações internacionais.

Isso porque a Convenção de Viena de 1986 alargou a possibilidade para que as organizações internacionais, a exemplo dos Estados, participem no processo de elaboração de um tratado internacional.

Ora, se o texto da Convenção de Viena sobre direito de tratados faz menção a um "acordo internacional", é óbvio que as partes envolvidas precisam negociar previamente os termos do tratado que se pretende alcançar.

Não se trata, portanto, de um ato unilateral em que basta a manifestação da vontade de apenas uma das partes para que haja produção de efeitos jurídicos na órbita jurídica internacional.

b) Celebrado por escrito

A sociedade internacional sofreu mudanças significativas ao longo dos anos, mas foi no curso do século XX que as transformações foram mais acentuadas. Nesse sentido,

---

[7] Sobre o "Direito dos tratados" é imprescindível a leitura da obra coordenada por SALIBA, Aziz Tuffi, *Direito dos Tratados*: comentários à Convenção de Direito de Tratados de 1969, Belo Horizonte: Arraes, 2011, que de maneira pioneira reuniu grandes especialistas da matéria para comentar detalhadamente a referida Convenção Internacional.

[8] BASDEVANT, Jules. *Dictionanaire de la terminologie du droit international*. Paris: Sirey, 1960, p. 660.

o costume internacional que era considerado a principal fonte do Direito Internacional acaba por ceder espaço para as normas convencionais, ensejando uma verdadeira codificação do Direito Internacional.

Com essa "codificação" as normas internacionais que tradicionalmente eram apresentadas de acordo com o costume internacional passam a ser contempladas de acordo com os múltiplos tratados celebrados.

Frise-se que a Convenção de Viena é explícita no que se refere ao acordo concluído por escrito. Assim sendo, embora seja admitida em certos casos excepcionais a possibilidade de se chegar a um tratado verbal, verifica-se que na prática atual isso não tem acontecido.

c) Regido pelo Direito Internacional

Os tratados internacionais celebrados devem ser regidos por normas de Direito Internacional. Numa primeira leitura, essa ideia pode parecer óbvia, todavia, deve ser acentuado que mesmo estando envolvidos, por exemplo, dois Estados soberanos na celebração de um acordo, este será regido necessariamente por normas internacionais.

Significa dizer que numa negociação em que estão envolvidos dois sujeitos de direito internacional (como no caso descrito acima de dois Estados soberanos), o direito a ser observado pode ser o direito interno de um determinado país.

A título exemplificativo apresenta-se a doação de uma área do Estado A em favor do Estado B para construir um prédio. Essa negociação deverá estar em consonância com o Direito Interno do Estado que realizará a doação da área indicada.

d) Qualquer que seja sua denominação

Isso porque existem expressões que podem ser utilizadas para tratado internacional. Nesse sentido, verifica-se que os tratados internacionais são apresentados com vários nomes trazendo, por vezes, grande confusão para os iniciantes dos estudos em Direito Internacional.

Sobre essa questão, vale registrar os termos empregados em língua portuguesa para designar tratados: tratado, convenção, ata, carta, constituição, protocolo, estatuto, concordata, declaração, pacto, compromisso, regulamento, troca de notas, acordo etc. Nesse propósito, as palavras de Rezek[9]:

"O uso constante a que se entregou o legislador brasileiro da fórmula tratado e convenções induz o leitor desavisado à ideia de que os dois termos se prestam a designar coisas diversas. Muitas são as dúvidas que repontam, a todo momento, na trilha da pesquisa terminológica. (...) O que a realidade mostra é o uso livre, indiscriminado, e muitas vezes ilógico, dos termos variantes daquele que a comunidade universitária, em toda parte – não houvesse boas razões históricas para isso –, vem utilizando como termo-padrão. Quantos são esses nomes alternativos? (...) A análise da experiência convencional

---

[9] REZEK, Francisco. *Direito internacional público*: curso elementar. São Paulo: Saraiva, 1996, p. 15.

brasileira ilustra, quase à exaustão, as variantes terminológicas de tratado concebíveis em português: acordo, ajuste, arranjo, ata, ato, carta, código, compromisso, constituição, contrato, convenção, convênio, declaração, estatuto, memorando, pacto, protocolo e regulamento".

De toda sorte, a título ilustrativo, são apresentadas abaixo algumas das várias denominações para tratado internacional e sua conceituação correspondente:

Tratado – é utilizado para os acordos solenes (acordo de paz).

Convenção – é o tratado que cria normas gerais (convenção sobre o mar territorial).

Declaração – é usada para os acordos que criam princípios jurídicos ou afirmam uma atitude política comum (declaração de Paris de 1856).

Ato – quando estabelece regras de direito (Ato geral de Berlim de 1856).

Pacto – é um tratado solene (Pacto de Renúncia à Guerra de 1928).

Estatuto – empregado para os tratados coletivos geralmente estabelecendo normas para os tribunais internacionais (Estatuto da CIJ).

Protocolo – pode ser protocolo-conferência (que é a ata de uma conferência) e protocolo-acordo (cria normas jurídicas).

Acordo – normalmente usado para tratados de cunho econômico, financeiro, cultural e comercial.

Concordata – assinada pela Santa Sé sobre assuntos religiosos.

Compromisso – utilizado para os acordos sobre litígios que vão ser submetidos à arbitragem.

Troca de notas – são os acordos de matérias administrativas.

Carta – é o tratado em que se estabelecem direitos e deveres (Carta da ONU).

Convênio – para tratados que versam sobre matéria cultural ou transporte.

Gentlemen's agreements – estão regulados por normas morais. São bastante comuns nos países anglo-saxões. A sua finalidade é fixar um programa de ação política[10].

Com efeito, a despeito dos vários nomes que poderão ser empregados, o que importa é a essência, ou seja, se há a produção da norma internacional proveniente do tratado celebrado.

e) Conste de um instrumento único ou em dois ou mais instrumentos conexos

Um tratado internacional pode consubstanciar-se em apenas um ou em dois ou mais instrumentos, ou seja, ao ser produzido um tratado poderão ser apresentados outros documentos sem que se comprometa a sua unidade.

Deve-se enfatizar, entretanto, que no ano de 1986[11] foi alargada a previsão contemplada inicialmente no ano de 1969, deferindo-se a possibilidade para as organizações

---

[10] MELLO, Celso Albuquerque. *Curso de direito internacional público*. Rio de Janeiro: Renovar, 1997, p. 191-192.

[11] Convenção de Viena sobre Direito dos Tratados entre Estados e Organizações Internacionais ou entre Organizações Internacionais, concluída em Viena, em 21 de março de 1986. "(...)Tendo também presentes as disposições

internacionais celebrarem tratados internacionais com outras Organizações Internacionais e com Estados.

Assim sendo, pode-se afirmar que tratado é todo acordo formal concluído entre Estados e Organizações Internacionais destinado a produzir efeitos jurídicos.

3.3. Condições de validade para os tratados internacionais

Algumas condições devem ser levadas em consideração para que um tratado internacional produza efeitos jurídicos, tais como: a capacidade das partes; a habilitação dos agentes signatários; o consentimento mútuo e o objeto lícito e possível.

a) Capacidade das partes

A regra geral, como já foi apresentado, é que poderão concluir tratados os Estados, incluídas aí a Santa Sé e as Organizações Internacionais. Todavia, em situações excepcionais, também é reconhecida a outros atores a possibilidade de celebrar tratados internacionais.

Assim sendo, expandindo a ideia central, essa capacidade de concluir tratados é reconhecida aos Estados soberanos, às Organizações Internacionais, aos beligerantes, à Santa Sé e a outros atores internacionais que tenham expressamente garantido esse direito, como por exemplo, Estados-Membros de uma federação que tenham assegurado este direito em suas respectivas Constituições (Suíça e Alemanha).

No caso brasileiro, os Estados-Membros, o Distrito Federal e os Municípios poderão celebrar tratados de financiamento desde que tenham o consentimento do Senado Federal, conforme estabelece o art. 52, V, da CF: "Compete privativamente ao Senado Federal: (...) V – autorizar operações externas de natureza financeira, de interesse da União, dos Estados, do Distrito Federal, dos Territórios e dos Municípios".

Deste modo, o governo federal brasileiro não será responsável se um Estado-Membro concluir um acordo sem que seja ouvido o Poder Executivo Federal e nem seja aprovado pelo Senado.

---

da Convenção de Viena sobre o Direito dos Tratados de 1969 e reconhecendo a relação que existe entre o direito dos tratados entre os Estados e o direito dos tratados entre os Estados e organizações internacionais ou entre organizações internacionais; Considerando a importância dos tratados entre Estados e organizações internacionais ou entre organizações internacionais como meios eficazes de desenvolver as relações internacionais e de assegurar as condições para a cooperação pacífica entre as nações, sejam quais forem os seus regimes constitucionais ou sociais; Tendo presentes as características particulares dos tratados em que sejam partes as organizações internacionais como sujeitos de direito internacional distintos dos Estados; Tendo em conta que as organizações internacionais possuem a capacidade para celebrar tratados que é necessária para o exercício das suas funções e da realização dos seus propósitos; Reconhecendo que a prática das organizações internacionais no que respeita à celebração de tratados com Estados ou entre elas deverá ser conforme com os seus instrumentos constitutivos; Afirmando que nada do disposto na presente Convenção se interpretará de modo que afete as relações entre uma organização e os seus membros, que se regem pelas regras dessa organização; (...)"

Todavia, nunca é demais registrar que, como regra geral, e em consonância com as previsões estampadas nas Convenções de Viena sobre o Direito dos Tratados, de 1969 e 1986, a capacidade para celebrar tratados se apresenta para os Estados e para as organizações internacionais.

b) Habilitação dos agentes signatários

A habilitação dos agentes signatários de um tratado internacional é feita pelos "plenos poderes" que dão aos negociadores o "poder de negociar e concluir" o tratado, conforme estabelece o artigo 2, *c*, da Convenção de Viena sobre o Direito dos Tratados:

"Trata-se de um documento expedido pela autoridade competente de um Estado, designando uma ou várias pessoas para representar o Estado na negociação, adoção ou autenticação do texto de um tratado, para manifestar o consentimento do Estado em obrigar-se por um tratado ou para praticar qualquer ato relativo a um tratado".

No caso das organizações internacionais, por falta de previsão explícita, se reconhece tal poder aos órgãos plenários.

Os plenos poderes surgiram da intensificação das relações internacionais em consequência da impossibilidade de os chefes de Estado assinarem todos os tratados internacionais, e as pessoas que se investem dessa prerrogativa denominam-se plenipotenciários. Neste sentido, Rezek[12] acentua:

"Um terceiro dignitário possui ainda essa qualidade representativa ampla: trata-se do ministro de Estado responsável pelas relações exteriores, em qualquer sistema de governo. (...) A representatividade do chefe de Estado e do chefe do Governo pode reputar-se originária, o que não sucede no caso do ministro, que a tem derivada. (...) O ministro das relações exteriores se reputa um plenipotenciário no quadro internacional – desde o momento em que investido pelo chefe de Estado, ou pelo chefe do governo, naquela função especializada. Ele guardará o benefício dessa presunção de qualidade, independentemente de qualquer prova documental avulsa, enquanto exercer o cargo. Também prescinde da apresentação de carta de plenos poderes o chefe de missão diplomática – isto é, o embaixador ou o encarregado de negócios –, mas apenas para a negociação de tratados bilaterais entre o Estado acreditante e o Estado acreditado. (...) Ressalvada, assim, a plenipotência que, de modo amplo ou limitado – respectivamente –, recai sobre os ministros das relações exteriores e o chefe de missão diplomática, é certo que os demais plenipotenciários demonstram semelhante qualidade por meio de apresentação da carta de plenos poderes. (...) O elemento credenciado pela carta de plenos poderes há de ser, normalmente, um diplomata ou servidor público de outra área. A necessidade da credencial específica, de todo modo, é tão certa nesse caso quanto no de um particular recrutado pelo governo para o encargo negocial. Mesmo os ministros de Estado dela não prescindem – à exceção única do titular das relações exteriores".

---

[12] REZEK, Francisco. *Direito internacional público:* curso elementar. São Paulo: Saraiva, 1996, p. 37.

Estão dispensados da carta de plenos poderes os chefes de Estado e de Governo; os Ministros das Relações Exteriores; Chefe de Missão Diplomática, junto ao Estado em que se encontram acreditados, e o tratado é entre o Estado acreditante e o acreditado.

c) Objeto lícito e possível

De acordo com o artigo 53 da Convenção de Viena sobre o Direito dos Tratados, "é nulo o tratado que, no momento de sua conclusão, conflita com uma norma imperativa de direito internacional geral. Para os fins da presente Convenção, uma norma imperativa de direito internacional geral é uma norma aceita e reconhecida pela comunidade internacional dos Estados no seu conjunto, como norma da qual nenhuma derrogação é permitida e que só pode ser modificada por nova norma de Direito Internacional geral da mesma natureza".

A norma imperativa, conforme acentua Friedrich[13], expressa uma ordem categórica que ultrapassa a noção de norma obrigatória porque aquela é superior a esta. *Jus cogens* engloba a ideia de universalidade e extensão, sendo por isso incluído entre as regras gerais do direito internacional, em oposição às regras particulares, adotadas em âmbito bilateral ou regional.

Assim, havendo violação de normas imperativas (*jus cogens*)[14], o tratado não poderá produzir efeitos, como por exemplo, a celebração de tratados que violam direitos humanos[15]. Mais uma vez ao utilizar o magistério de Friedrich, a conclusão a que se pode chegar, no momento, a partir do estudo das diferentes particularidades do *jus cogens*, é que ele tem encontrado cada vez menos oposição por parte dos doutrinadores e contestação por parte dos Estados. Enquanto sua aceitação aumenta a cada dia e passa a fazer parte da consciência e do discurso internacional, seu conteúdo vai sendo estabelecido paulatinamente, conforme os valores da comunidade internacional vão se consolidando e sendo reconhecidos como superiores. (...) O grande mérito do *jus cogens* é o fato de constituir-se numa expressão jurídica moderna da comunidade internacional. Esta

---

[13] FRIEDRICH, Tatyana Scheila. *As normas imperativas de direito internacional público* jus cogens. Belo Horizonte: Fórum, 2004, p. 32.

[14] A doutrina, por vezes, tem estabelecido diversos entendimentos sobre o *jus cogens*, conforme acentua FRIEDRICH, Tatyana Scheila. *As normas imperativas de direito internacional público* jus cogens. Belo Horizonte: Fórum, 2004, p. 103: "No campo dos direitos da pessoa humana, há autores que entendem que todos eles se enquadram dentro da categoria de *jus cogens*. Outros, como PEREIRA, André Gonçalves; QUADROS, Fausto. *Manual de direito internacional público*. 3. ed. Lisboa: Almedina, 2002, p. 202, constatam que apenas alguns direitos previstos em determinados textos internacionais já se consagraram, por isso propugnam a contínua inclusão de novos direitos dentro das normas imperativas, tendo em vista o caráter progressivo destas últimas. Há que se perceber, ainda, a existência de uma terceira categoria de doutrinadores, que pretendem afastar essa concepção extensiva, alegando que somente determinadas regras dos direitos humanos devem ser consideradas imperativas".

[15] FRIEDRICH, Tatyana Scheila. *As normas imperativas de direito internacional público* jus cogens. Belo Horizonte: Fórum, 2004, p. 182.

parece ter, finalmente, percebido que o mínimo axiológico, presente em regras e políticas conjugadas, é elemento vital para sua própria sobrevivência.

d) Consentimento mútuo

É impreterível o consentimento dos pactuantes, dado que o tratado nada mais é que um acordo de vontades. A anuência deve ser isenta de vícios, pois o erro, o dolo, a corrupção e a coação deterioram o assentimento do Estado.

A orientação de admitir o erro como vício do consentimento foi adotada pela Convenção de Viena. Todavia é necessário delimitar o assunto: só anula o tratado o erro que tenha atingido a base essencial do consentimento para se submeter ao tratado; se o erro é de redação, ele não atinge a validade do tratado e deverá ser feita a sua correção; o erro de fato é que constitui vício de consentimento; o Estado que tenha contribuído para o erro não pode invocá-lo[16].

Assim, a Convenção sobre o Direito dos Tratados estabelece que o Estado somente pode alegar um erro se este referir-se a acontecimento ou ocorrência que ele estimou existir no momento em que o convênio foi concluído. A matéria está contemplada no artigo 48, como se vê:

"1. Um Estado pode invocar erro no tratado como tendo invalidado o seu consentimento em obrigar-se pelo tratado se o erro se referir a um fato ou situação que esse Estado supunha existir no momento em que o tratado foi concluído e que constituía uma base essencial de seu consentimento em obrigar-se pelo tratado.

2. O parágrafo 1 não se aplica se o referido Estado contribui para tal erro pela sua conduta ou se as circunstâncias foram tais que o Estado devia ter-se apercebido da possibilidade de erro.

3. Um erro relativo à redação do texto de um tratado não prejudicará sua validade; neste caso, aplicar-se-á o artigo 79".

O dolo é o ardil e a má-fé está relacionada a toda espécie de manobras ou de artifícios dirigidos a induzir uma parte na conclusão de um tratado de maneira errônea. Se um Estado foi levado a concluir um tratado pela conduta fraudulenta de outro Estado negociador, o Estado pode invocar a fraude como tendo invalidado o seu consentimento em obrigar-se pelo tratado.

A coação pode se manifestar contra a pessoa do representante do Estado ou contra o próprio Estado, com ameaça do emprego da força, estando o primeiro caso contemplado no artigo 51, e o segundo caso, no artigo 52, como se depreende da leitura da Convenção:

"Artigo 51 – Coação de Representante de um Estado

Não produzirá qualquer efeito jurídico a manifestação do consentimento de um Estado em obrigar-se por um tratado que tenha sido obtida pela coação de seu representante, por meio de atos ou ameaças dirigidas contra ele.

---

[16] MELLO, Celso de Albuquerque. *Curso de direito internacional público*. Rio de Janeiro: Renovar, 1997, p. 197.

Artigo 52 – Coação de um Estado pela Ameaça ou Emprego da Força

É nulo um tratado cuja conclusão foi obtida pela ameaça ou o emprego da força em violação dos princípios de Direito Internacional incorporados na Carta das Nações Unidas".

No caso da corrupção, o Estado cujo representante for corrupto pode invocar isto para invalidar o seu consentimento dado ao tratado, e esse entendimento é expresso no artigo 50 da Convenção de Viena:

"Se a manifestação do consentimento de um Estado em obrigar-se por um tratado foi obtida por meio da corrupção de seu representante, pela ação direta ou indireta de outro Estado negociador, o Estado pode alegar tal corrupção como tendo invalidado o seu consentimento em obrigar-se pelo tratado".

3.4. Classificação

Os tratados internacionais têm sido apresentados de várias formas nos estudos do Direito Internacional, seguindo uma classificação extremamente variada. Embora existam diversas classificações para eles (os tratados), nesse estudo foram priorizadas as que mais comumente são apresentadas em doutrina[17].

3.4.1. Classificação subjetiva

a) Critério do número das partes: tratados bilaterais ou multilaterais, dependendo do número de sujeitos celebrantes, dois ou mais do que dois, sendo ainda neste caso de diferenciar entre os tratados multilaterais gerais (para uma apreciável quantidade de outorgantes) e os tratados multilaterais restritos (para um número reduzido de partes).

Os tratados bilaterais, como o nome indica, são aqueles produzidos por apenas dois sujeitos de direito internacional, ao passo que os multilaterais contarão com a presença de três ou mais partes envolvidas.

Os tratados bilaterais, como regra geral, são produzidos quando há interesses recíprocos em matérias diversas para apenas dois Estados, enquanto os multilaterais pressupõem o interesse de vários sujeitos de direito internacional.

b) Critério da qualidade das partes: tratados entre Estados ou entre Organizações Internacionais.

c) Critério da abertura a sujeitos terceiros: tratados abertos, tratados semifechados ou tratados fechados, em função de ser possível a sujeitos que não assinaram e ratificaram a ulterior pertença ao seu conteúdo, de tal possibilidade ser condicionada ou de tal possibilidade ser, simplesmente, proibida.

---

[17] Esta classificação foi encampada pela doutrina, como em GOUVEIA, Jorge Bacelar. *Manual de direito internacional público*. Rio de Janeiro: Renovar, 2005, p. 170-173.

Nesse sentido, alguns tratados internacionais admitem que novos Estados venham a se incorporar em momento futuro e outros não abrem para essa possibilidade. É possível mencionar que existem tratados internacionais abertos e fechados, respectivamente. A título de ilustração, registre-se a Carta de São Francisco, tratado que criou a Organização das Nações Unidas, em 1945, com 51 Estados e que nos dias atuais contabiliza 193 Estados.

Impende assinalar que existem ainda alguns tratados internacionais abertos, mas com algumas limitações (abertos restritos) em razão de possibilitar a adesão de apenas alguns Estados por estarem vinculados. Como exemplo registra-se uma determinada região, como no caso da Carta da Organização dos Estados Americanos, que está restrita aos países que estão geograficamente inseridos nas Américas.

3.4.2. Classificação material

a) Critério de abrangência das matérias: tratados gerais ou tratados especiais, conforme estabeleçam uma regulação aplicável a uma generalidade de matérias ou, pelo contrário, destinam-se a versar especificamente um aspecto material.

b) Critério do tipo de efeitos: tratados-leis (porque editam uma regra de direito objetivamente válida) ou tratados-contratos (as partes realizam uma operação jurídica, p. ex. comércio, alianças etc.), de acordo com o sentido normativo ou concreto, individual e não duradouro, dos efeitos que sejam estabelecidos no respectivo articulado.

Essa classificação está relacionada ao conteúdo e leva em consideração o fato de que alguns tratados internacionais são efetivamente normas de natureza obrigatória, enquanto outros partem da ideia de que o pactuado envolve apenas a realização de alguns interesses de países e/ou particulares.

Nessa direção, apresentam-se os tratados-leis onde são produzidas normas gerais, abstratas e obrigatórias para dirimir questões que se apresentam na atualidade, bem como para situações futuras.

Por outro lado, os tratados-contratos levarão em conta o aspecto contratual, onde evidencia-se claramente a manifestação de normas específicas para o atendimento de situações que são postas apenas no caso em questão.

c) Critério de natureza institucional ou material: em razão da diferença que existe entre um tratado que institua uma nova entidade e um tratado que se limite a estabelecer um conjunto de normas e procedimentos.

d) Critério da aplicabilidade circunstancial: tratados imediatamente aplicáveis ou tratados mediatamente aplicáveis, conforme possam ou não ter logo aplicação;

e) Critério da duração: tratados perpétuos ou tratados temporários.

3.4.3. Classificação formal

a) Critério do grau de complexidade procedimental: tratados solenes ou em forma simplificada (*gentlemen's agreement*).

b) Critério da formalização escrita ou verbal: tratados escritos ou orais (*gentlemen's agreement*).

3.5. Fundamento e efeitos

O fundamento dos tratados, isto é, o local de onde provém sua obrigatoriedade, está na norma *Pacta Sunt Servanda*, que é um dos princípios da sociedade internacional.

O artigo 26 da Convenção de Viena sobre o Direito dos Tratados estabelece que "todo tratado em vigor obriga as partes e deve ser cumprido por elas de boa-fé".

Quanto aos efeitos dos tratados, estes, em princípio, limitam-se às partes contratantes, visto que a Convenção de Viena sobre o Direito dos Tratados, de 1969, estabelece que a priori um tratado só se impõe a um terceiro Estado se o terceiro Estado aceitar a obrigação e só pode ser revogado com o consentimento do terceiro Estado e dos contratantes.

Existem tratados, entretanto, que produzem efeitos em relação aos terceiros Estados, como por exemplo: tratados dispositivos – que versam sobre questões territoriais como no caso do Tratado de Petrópolis de 1903, em que a Bolívia cedeu o Acre para o Brasil, e tratados constitutivos ou semilegislativos, que são os concluídos por um grupo de Estados em nome do interesse da sociedade internacional e que produzem efeitos em relação aos terceiros, como por exemplo o Tratado de Viena celebrado em 20 de março de 1815, onde oito potências declararam a Suíça como país neutro.

3.6. Forma

Os tratados são constituídos geralmente por duas partes: o preâmbulo e a parte dispositiva, mas poderão apresentar uma terceira parte, que são os anexos.

O preâmbulo contém geralmente um enunciado das finalidades do tratado e a enumeração das partes contratantes. A parte dispositiva é redigida sob a forma de artigos, sendo que nela estão fixados os direitos e deveres das partes contratantes (esse ponto, para melhor compreensão será alargado no tópico seguinte).

A regra geral é que o tratado deve ser escrito e o idioma pode ser livremente escolhido. Quando possuem idiomas diferentes é possível adotar o seguinte método para redigir o tratado: redigem-se em tantas línguas quantas as dos contratantes; escolhe-se um terceiro idioma; conciliam-se os dois anteriores.

A prática tem demonstrado que os tratados internacionais serão redigidos no idioma dos Estados que pactuam sobre determinada matéria. Assim, a título ilustrativo, os idiomas que foram utilizados quando se instituiu o Mercosul, por força do Tratado de Assunção, constituído por Argentina, Brasil, Paraguai e Uruguai, foram o espanhol e o português.

No caso de tratados "patrocinados" por Organizações Internacionais, têm-se adotado as línguas oficiais da referida organização. No âmbito das Nações Unidas, a título ilustrativo, são utilizados os idiomas oficiais da referida Organização: inglês, francês, russo, chinês, árabe e espanhol (idiomas de trabalho).

3.6.1. Fases da elaboração dos tratados

As fases ou etapas de elaboração dos tratados internacionais podem ser apresentadas em negociação, redação do texto, assinatura, ratificação, promulgação, publicação e registro.

a) Negociação

É a fase em que os Estados discutem seus interesses e estabelecem o conteúdo do tratado. Para Talavera, a negociação é "el conjunto de operaciones técnico-diplomáticas, de diversa naturaleza y amplitud, a través de las cuales los órganos competentes de dos o más Estados se reúnen en un lugar y en una época preestablecida a tal fin; estudian conjuntamente las posibilidades efectivas de llegar a un entendimiento en una determinada materia; buscan acercar sus posiciones sobre puntos concretos, objeto de la negociación misma y elaborar un proyecto de acuerdo destinado a pasar a una fase ulterior. La negociación constituye la esencia misma del método diplomático"[18].

O artigo 7 da Convenção de Viena sobre o Direito dos Tratados, de 1969, apresenta quais são as pessoas que estão investidas de plenos poderes e que poderão participar da fase de negociação de um tratado internacional:

"1. Uma pessoa é considerada representante de um Estado para a adoção ou autenticação do texto de um tratado ou para expressar o consentimento do Estado em obrigar-se por um tratado se:

a) apresentar plenos poderes apropriados; ou

b) a prática dos Estados interessados ou outras circunstâncias indicarem que a intenção do Estado era considerar essa pessoa seu representante para esses fins e dispensar os plenos poderes.

2. Em virtude de suas funções e independentemente da apresentação de plenos poderes, são considerados representantes do seu Estado:

a) os Chefes de Estado, os Chefes de Governo e os Ministros das Relações Exteriores, para a realização de todos os atos relativos à conclusão de um tratado;

b) os Chefes de missão diplomática, para a adoção do texto de um tratado entre o Estado acreditante e o Estado junto ao qual estão acreditados;

c) os representantes acreditados pelos Estados perante uma conferência ou organização internacional ou um de seus órgãos, para a adoção do texto de um tratado em tal conferência, organização ou órgão".

A negociação pode ser feita diretamente de governo a governo ou através dos plenipotenciários, culminando com a redação do texto de um tratado internacional, que normalmente é redigido em forma de artigos.

---

[18] TALAVERA, Fabián Novak; MOYANO, Luis Garcia. *Derecho internacional público* – tomo I. Peru: Fondo Editorial de la PUC, 2003, p. 160.

No direito interno é que se verificam quais são os órgãos competentes para negociar o tratado e em regra, dentro da ordem constitucional do Estado, é de competência do Poder Executivo. No caso brasileiro, conforme estabelece o art. 84, VIII, da Constituição da República, a competência é do Presidente da República.

b) Redação do texto

Após a observância da etapa da negociação, ocasião em que os plenipotenciários possuem a oportunidade de se exteriorizar a pauta elaborada pelo Estado que representa, chega-se o momento para promover a redação do texto do possível futuro tratado internacional.

Trata-se, em verdade, de um "projeto" onde as partes envolvidas redigirão o texto que foi devidamente negociado, por vezes de forma longa e exaustiva, para posterior assinatura e desdobramentos que se apresentam de maneira diversa em cada Estado-nação.

O texto produzido, que no futuro espera se transformar em um tratado internacional com os vários efeitos decorrentes desse ato, normalmente é constituído por duas etapas, e em situações excepcionais três: um preâmbulo, uma parte dispositiva e os anexos.

O preâmbulo de um tratado internacional apresenta-se, muitas das vezes, no formato de "considerandos"[19]. Nesse momento, os Estados envolvidos na negociação e consequente elaboração do "projeto de tratado" demonstram as razões pelas quais resolveram criar uma norma internacional para atender a determinada matéria.

---

[19] *Vide* a propósito o preâmbulo do TRATADO DE ASSUNÇÃO. TRATADO PARA A CONSTITUIÇÃO DE UM MERCADO COMUM ENTRE A REPÚBLICA ARGENTINA, A REPÚBLICA FEDERATIVA DO BRASIL, A REPÚBLICA DO PARAGUAI E A REPÚBLICA ORIENTAL DO URUGUAI, datado de 26/03/1991. "A República Argentina, a República Federativa do Brasil, a República do Paraguai e a República Oriental do Uruguai, doravante denominados 'Estados Partes'; CONSIDERANDO que a ampliação das atuais dimensões de seus mercados nacionais, através da integração, constitui condição fundamental para acelerar seus processos de desenvolvimento econômico com justiça social; ENTENDENDO que esse objetivo deve ser alcançado mediante o aproveitamento mais eficaz dos recursos disponíveis, a preservação do meio ambiente, o melhoramento das interconexões físicas, a coordenação de políticas macroeconômicas da complementação dos diferentes setores da economia, com base nos princípios de gradualidade, flexibilidade e equilíbrio; TENDO em conta a evolução dos acontecimentos internacionais, em especial a consolidação de grandes espaços econômicos, e a importância de lograr uma adequada inserção internacional para seus países; EXPRESSANDO que este processo de integração constitui uma resposta adequada a tais acontecimentos; CONSCIENTES de que o presente Tratado deve ser considerado como um novo avanço no esforço tendente ao desenvolvimento progressivo da integração da América Latina, conforme o objetivo do Tratado de Montevidéu de 1980; CONVENCIDOS da necessidade de promover o desenvolvimento científico e tecnológico dos Estados Partes e de modernizar suas economias para ampliar a oferta e a qualidade dos bens de serviço disponíveis, a fim de melhorar as condições de vida de seus habitantes; REAFIRMANDO sua vontade política de deixar estabelecidas as bases para uma união cada vez mais estreita entre seus povos, com a finalidade de alcançar os objetivos supramencionados; ACORDAM:".

Nesse sentido, são observados aspectos de natureza geral, como a identificação dos Estados que estão pactuando sobre a matéria, a exposição de motivos, bem como os objetivos a serem alcançados pelos Estados signatários. Para efeito de demonstração de um preâmbulo, registre-se a ideia que vem estampada na Carta das Nações Unidas:

"NÓS, OS POVOS DAS NAÇÕES UNIDAS, RESOLVIDOS

a preservar as gerações vindouras do flagelo da guerra, que por duas vezes, no espaço da nossa vida, trouxe sofrimentos indizíveis à humanidade, e a reafirmar a fé nos direitos fundamentais do homem, na dignidade e no valor do ser humano, na igualdade de direito dos homens e das mulheres, assim como das nações grandes e pequenas, e a estabelecer condições sob as quais a justiça e o respeito às obrigações decorrentes de tratados e de outras fontes do direito internacional possam ser mantidos, e a promover o progresso social e melhores condições de vida dentro de uma liberdade ampla.

E PARA TAIS FINS,

praticar a tolerância e viver em paz, uns com os outros, como bons vizinhos, e unir as nossas forças para manter a paz e a segurança internacionais, e a garantir, pela aceitação de princípios e a instituição dos métodos, que a força armada não será usada a não ser no interesse comum, a empregar um mecanismo internacional para promover o progresso econômico e social de todos os povos.

RESOLVEMOS CONJUGAR NOSSOS ESFORÇOS PARA A CONSECUÇÃO DESSES OBJETIVOS.

Em vista disso, nossos respectivos Governos, por intermédio de representantes reunidos na cidade de São Francisco, depois de exibirem seus plenos poderes, que foram achados em boa e devida forma, concordaram com a presente Carta das Nações Unidas e estabelecem, por meio dela, uma organização internacional que será conhecida pelo nome de Nações Unidas".

A segunda parte a ser observada no texto produzido é a denominada dispositiva. Nela os Estados que subscreveram o texto apresentam os direitos e deveres, propriamente ditos, pelos quais devem pautar suas condutas.

As disposições de um tratado internacional serão apresentadas por meio de artigos ou de princípios, dependendo da natureza da norma internacional produzida.

No caso da já mencionada Carta da ONU, a parte dispositiva foi redigida por força de artigos, enquanto na Declaração de Estocolmo, que versa sobre a Conferência das Nações Unidas sobre Meio Ambiente Humano, a parte dispositiva se apresenta em forma de princípios.

Por fim, a terceira parte que poderá compor um tratado internacional é a dos anexos. Estes, naturalmente, apresentam-se apenas naqueles casos em que se justifica sua inserção. Por exemplo, ao tratar de questões de natureza fronteiriça envolvendo dois Estados, onde precisam ficar bem demonstrados antigos e novos marcos fronteiriços que foram objeto da negociação do tratado internacional. A despeito da indicação na parte dispositiva, é certo que a visualização alcançada por intermédio de mapas, desenhos, gráficos, tabelas e outros artifícios será apreciada para melhor elucidação da questão.

c) Assinatura do texto

Após a redação do texto, denominado aqui "projeto" do tratado internacional, os plenipotenciários precisam retornar para seus respectivos países com o documento que foi por eles elaborados.

Como ter a certeza de que ao apresentar em seus países de origem, para observância de todo processo legislativo, o projeto não será modificado, o que traria sérias consequências para as partes envolvidas na questão?

Em outras palavras, seria possível que um Estado modificasse unilateralmente o texto do projeto de um tratado, e, ao submeter *a posteriori* para análise da outra parte pactuante, esta observasse que não correspondia ao que fora previamente pactuado?

A situação acima descrita não pode prosperar exatamente por ser o tratado um acordo que pressupõe a vontade das partes envolvidas na negociata internacional. Para tanto, o "projeto" de um tratado precisa ser devidamente autenticado pelas partes envolvidas. A matéria vem estampada no artigo 10 da Convenção de Viena:

"O texto de um tratado é considerado autêntico e definitivo: a) mediante o processo previsto no texto ou acordado pelos Estados que participam da sua elaboração; ou b) na ausência de tal processo, pela assinatura, assinatura *ad referendum* ou rubrica, pelos representantes desses Estados, do texto do tratado ou da Ata Final da Conferência que incorporar o referido texto".

Com efeito, a assinatura do texto apresenta-se como ato importante na fase de elaboração de um tratado internacional por garantir às partes envolvidas a autenticidade e a definitividade do texto que foi produzido, não sendo admitida ulterior modificação, salvo se as partes acordarem novamente sobre o caso. Nessa direção, o magistério de Talavera: "Habiendo adoptado el texto del tratado es necesario autenticarlo para darle certeza, establecer definitivamente el contenido del tratado que los Estados negociadores desean subscrivir. En muchos casos la auntenticación no es un procedimiento distinto, el acto final de firma del tratado sirve como autenticación y como expresión de sentirse vinculado por el tratado. No obstante, en ciertos casos la autenticación se hace por separado, cuando el texto del tratado no firmado es incorporado en el acta final de una conferencia, o cuando el tratado es adoptado en el seno de una organización internacional y es autenticado por la firma del presidente de la organización"[20].

Impende assinalar que a assinatura não vai implicar obrigação para o Estado, pois tem que ser confirmada através de ratificação. Se as pessoas que forem assinar este tratado não estiverem com plenos poderes, irão apenas apor a sua rubrica.

Além da assinatura imediata pode haver assinatura diferida, que é aquela colocada posteriormente à sua data por um Estado que participou ou não das negociações, ou seja, consiste em dar aos Estados um prazo maior para a assinatura do tratado a fim de que

---

[20] TALAVERA, Fabián Novak; MOYANO, Luis Garcia. *Derecho internacional público* – tomo I. Peru: Fondo Editorial de la PUC, 2003, p. 168.

os Estados que não participaram das negociações figurem como partes originárias. A diferença entre assinatura e adesão é que naquela ocorre a ratificação[21].

Como visto, embora a assinatura não implique obrigações para o Estado, ela se apresenta como etapa importante, pois autentica o texto do tratado; atesta que os negociadores estão de acordo com o tratado; o prazo para troca ou depósito de instrumentos de ratificação e a adesão são aplicados a partir da assinatura; pode ter valor político; pode significar que o Estado reconhece uma norma costumeira.

No caso de reservas, o Estado deixa de aceitar uma ou várias disposições do tratado. A parte que assim proceder fica desobrigada pelo cumprimento dessas cláusulas. Por reservas[22], entende-se uma declaração unilateral, qualquer que seja sua redação e denominação, feita por um Estado ao assinar, ratificar, aceitar ou aprovar um tratado, ou a ele aderir, com o objetivo de excluir ou modificar os efeitos jurídicos de certas disposições do tratado em sua aplicação a esse Estado.

As reservas[23] para serem válidas devem preencher uma condição de forma, isto é, apresentadas por escrito pelo poder competente dentro do Estado para o trato dos

---

[21] MELLO, Celso Albuquerque. *Curso de direito internacional público*. Rio de Janeiro: Renovar, 1997, p. 206.

[22] A matéria encontra-se vista na Convenção de Viena de Direito de Tratados, de 1969: "Artigo 19 - Formulação de Reservas: Um Estado pode, ao assinar, ratificar, aceitar ou aprovar um tratado, ou a ele aderir, formular uma reserva, a não ser que: a) a reserva seja proibida pelo tratado; b) o tratado disponha que só possam ser formuladas determinadas reservas, entre as quais não figure a reserva em questão; ou c) nos casos não previstos nas alíneas a e b, a reserva seja incompatível com o objeto e a finalidade do tratado. Artigo 20 - Aceitação de Reservas e Objeções às Reservas: 1. Uma reserva expressamente autorizada por um tratado não requer qualquer aceitação posterior pelos outros Estados contratantes, a não ser que o tratado assim disponha. 2. Quando se infere do número limitado dos Estados negociadores, assim como do objeto e da finalidade do tratado, que a aplicação do tratado na íntegra entre todas as partes é condição essencial para o consentimento de cada uma delas em obrigar-se pelo tratado, uma reserva requer a aceitação de todas as partes. 3. Quando o tratado é um ato constitutivo de uma organização internacional, a reserva exige a aceitação do órgão competente da organização, a não ser que o tratado disponha diversamente. 4. Nos casos não previstos nos parágrafos precedentes e a menos que o tratado disponha de outra forma: a) a aceitação de uma reserva por outro Estado contratante torna o Estado autor da reserva parte no tratado em relação àquele outro Estado, se o tratado está em vigor ou quando entrar em vigor para esses Estados; b) a objeção feita a uma reserva por outro Estado contratante não impede que o tratado entre em vigor entre o Estado que formulou a objeção e o Estado autor da reserva, a não ser que uma intenção contrária tenha sido expressamente manifestada pelo Estado que formulou a objeção; c) um ato que manifestar o consentimento de um Estado em obrigar-se por um tratado e que contiver uma reserva produzirá efeito logo que pelo menos outro Estado contratante aceitar a reserva. 5. Para os fins dos parágrafos 2 e 4, e a não ser que o tratado disponha diversamente, uma reserva é tida como aceita por um Estado se este não formulou objeção à reserva quer no decurso do prazo de doze meses que se seguir à data em que recebeu a notificação, quer na data em que manifestou o seu consentimento em obrigar-se pelo tratado, se esta for posterior."

[23] O art. 21 dispõe sobre os efeitos jurídicos das reservas e das objeções às reservas: "1. Uma reserva estabelecida em relação a outra parte, de conformidade com os artigos 19, 20 e 23: a) modifica para o autor da reserva, em suas relações com a outra parte, as disposições do tratado sobre as quais incide a reserva, na medida prevista por esta; e b) modifica essas disposições, na mesma medida, quanto a essa outra parte, em suas relações com o Estado autor da reserva. 2. A reserva não modifica as disposições do tratado quanto às demais partes no tratado em suas relações *inter se*. 3. Quando um Estado que formulou objeção a uma reserva não se opôs à entrada em vigor do tratado entre ele próprio e o Estado autor da reserva, as disposições a que se refere a reserva não se aplicam entre os dois Estados, na medida prevista pela reserva."

assuntos internacionais e uma condição de fundo que é a aceitação da reserva pelos outros contratantes.

d) Ratificação

A ratificação é considerada a fase mais importante do processo de conclusão dos tratados, pois confirma a assinatura e dá validade a ele. A Convenção de Viena sobre o Direito dos Tratados estabelece em seu artigo 14 o seguinte:

"1. O consentimento de um Estado em obrigar-se por um tratado manifesta-se pela ratificação: a) quando o tratado disponha que esse consentimento se manifeste pela ratificação; b) quando, por outra forma, se estabeleça que os Estados negociadores acordaram em que a ratificação seja exigida; c) quando o representante do Estado tenha assinado o tratado sujeito a ratificação; ou d) quando a intenção do Estado de assinar o tratado sob reserva de ratificação decorra dos plenos poderes de seu representante ou tenha sido manifestada durante a negociação.

2. O consentimento de um Estado em obrigar-se por um tratado manifesta-se pela aceitação ou aprovação em condições análogas às aplicáveis à ratificação".

Frise-se, por oportuno, que a ratificação torna o tratado obrigatório internacionalmente e é o direito interno de cada Estado que determina a maneira como deve ser feita[24].

No Brasil, por exemplo, é realizada pelo Poder Executivo com o *ad referendum* do Congresso Nacional, conforme estabelece o art. 84, VIII, combinado com o art. 49, I, da Constituição Federal.

Se o tratado for bilateral haverá troca de ratificações no Estado onde as negociações foram feitas e se o tratado for multilateral haverá o depósito de ratificações onde foram feitas as negociações.

Assim, ratificação é o ato pelo qual a autoridade nacional competente informa às autoridades correspondentes dos Estados cujos plenipotenciários concluíram, com os seus, um projeto de tratado, a aprovação que dá a este projeto e o que faz doravante um tratado obrigatório para o estado que esta autoridade encarna nas relações internacionais.

O poder competente para efetuar a ratificação é fixado livremente pelo Direito Constitucional de cada Estado, podendo ser de competência exclusiva do Executivo, entre o Executivo e Legislativo, e consagrando a primazia do Legislativo, como segue:

a) competência exclusiva do Executivo – adotado em monarquias absolutas (Itália fascista);

---

[24] Sobre o posicionamento do Brasil perante a Convenção de Viena de Direito de Tratados, de 1969, manifestei-me em estudo coordenado por SALIBA, Aziz Tuffi (Org.). *Direito dos tratados*: comentários à Convenção de Direito de Tratados de 1969. Belo Horizonte: Arraes, 2011, p. 99: "O Estado brasileiro depositou o instrumento de ratificação da referida Convenção junto ao Secretário-Geral das Nações Unidas em 25 de setembro de 2009 e a promulgou, por meio do Decreto n. 7030, no dia 14 de dezembro de 2009. Ou seja, o Brasil demorou quarenta anos para tomar os procedimentos necessários para a observância de importante norma internacional".

b) divisão de competência entre Executivo e Legislativo – o que obriga a intervenção do Congresso apenas em alguns tratados (França); o que obriga a intervenção do Congresso em todos os tratados (Brasil);

c) sistema consagrando a primazia do Legislativo (Suíça).

De fato, é o Direito Interno que prevê as competências (Executivo e/ou Legislativo) para a entrada em vigência de um tratado internacional, mas não se pode olvidar do disposto no artigo 24 da Convenção de Viena, que estabelece:

"1. Um tratado entra em vigor na forma e na data previstas no tratado ou acordadas pelos Estados negociadores.

2. Na ausência de tal disposição ou acordo, um tratado entra em vigor tão logo o consentimento em obrigar-se pelo tratado seja manifestado por todos os Estados negociadores.

3. Quando o consentimento de um Estado em obrigar-se por um tratado for manifestado após sua entrada em vigor, o tratado entrará em vigor em relação a esse Estado nessa data, a não ser que o tratado disponha de outra forma.

4. Aplicam-se desde o momento da adoção do texto de um tratado as disposições relativas à autenticação de seu texto, à manifestação do consentimento dos Estados em obrigarem-se pelo tratado, à maneira ou à data de sua entrada em vigor, às reservas, às funções de depositário e aos outros assuntos que surjam necessariamente antes da entrada em vigor do tratado".

É indubitável que a ratificação é etapa fundamental a ser observada para que o Estado se comprometa no cumprimento de obrigações assumidas na órbita jurídica internacional. Há quem afirme[25] que essas razões são as seguintes:

a) as matérias que são objeto do tratado, pela sua importância, devem ser apreciadas pelo chefe de Estado;

b) a fim de se evitar problemas posteriores sobre a questão do excesso de poderes ou a violação das instruções dadas aos negociadores, quando da assinatura do tratado;

c) o desenvolvimento dos Estados democráticos e, em consequência, a participação do Parlamento na formação da vontade do Estado nos assuntos internacionais;

d) a possibilidade que o procedimento oferece ao chefe de Estado de obter preventivamente o concurso dos órgãos (Congresso) necessários, pelo Direito Interno, para a formação da vontade que ele deverá em seguida declarar internacionalmente ou ainda para adaptar o ordenamento interno ao tratado que será estipulado;

e) dar aos órgãos internos a oportunidade de decidirem com calma e ponderação sobre um texto já redigido na forma de projeto;

f) a necessidade dos órgãos internos encarregados de formarem e declararem a vontade do Estado de conhecerem e avaliarem as reações suscitadas pelo projeto do tratado na opinião pública nacional.

---

[25] MELLO, Celso A. *Curso de direito internacional público*, cit., p. 229.

Outro aspecto que deve ser assinalado é quando os Estados não possuem um prazo determinado para ratificarem um tratado internacional. Assim, pode ser um procedimento rápido, mas também pode ser extremamente demorado, e ainda não vir a acontecer. Trata-se de um ato discricionário, em que devem ser observadas a oportunidade e a conveniência. Francisco Rezek[26] lembra que o princípio reinante é o da discricionariedade da ratificação, ou seja, não comete qualquer ato ilícito internacional o Estado que se abstém de ratificar um acordo firmado em foro bilateral ou coletivo. Embora lícita, a recusa da ratificação por vezes é politicamente inoportuna ou inamistosa.

e) Promulgação

É o ato jurídico, de natureza interna, pelo qual o governo de um Estado afirma ou atesta a existência de um tratado por ele celebrado e o preenchimento das formalidades exigidas para sua conclusão, e, além disto, ordena sua execução dentro dos limites aos quais se estende a competência estatal.

A promulgação ocorre normalmente após a troca ou depósito dos instrumentos de ratificação e estabelece a vigência do tratado no âmbito interno do Estado.

No caso brasileiro, o presidente da República dá ciência a todos de que o tratado foi aceito pelo Congresso Nacional por meio de decreto presidencial.

Assim, os efeitos da promulgação consistem em tornar o tratado executório no plano interno e constatar a regularidade do processo legislativo.

f) Publicação

É a condição necessária para que o tratado seja aplicado na ordem interna do Estado. Publicam-se no *Diário Oficial da União* o texto do tratado e o decreto presidencial.

g) Registro

O registro é um requisito estabelecido na Carta da Organização das Nações Unidas e tem por escopo fazer com que o Estado que celebrou o tratado internacional possa invocar para si, junto à organização, os benefícios do acordo celebrado.

O registro deve ser requerido ao secretário-geral da ONU, que fornece, a cada Estado, um certificado redigido em inglês e francês. Nesse sentido, vale registrar a previsão do artigo 80 (I) da Convenção de Viena, de 1969, e do artigo 102 da Carta da ONU:

"Art. 80 – Registro e Publicação de Tratados

---

[26] REZEK, José Francisco. *Direito internacional público*: curso elementar. 6. ed. São Paulo: Saraiva, 1996, p. 55-56: "O Brasil não ratificou a Convenção sanitária que firmara com a Argentina e o Uruguai em 1873, nem o Tratado argentino-brasileiro de 1890 sobre a fronteira das Missões, nem tampouco o Tratado da amizade e comércio celebrado com a Pérsia em 1903. No segundo caso, o Congresso desaprovou o tratado, por larga maioria. No primeiro, porém, em razão da época, não cabia consulta ao parlamento, havendo ocorrido desistência governamental após melhor análise do texto. No terceiro, enfim, o Congresso chegou a aprovar o tratado por decreto legislativo, e a recusa de levar a termo o comprometimento deveu-se tão só às reflexões finais do Executivo".

1. Após sua entrada em vigor, os tratados serão remetidos ao Secretariado das Nações Unidas para fins de registro ou de classificação e catalogação, conforme o caso, bem como para sua publicação".

"Art. 102.

1. Todo tratado e todo acordo internacional, concluídos por qualquer Membro das Nações Unidas depois da entrada em vigor da presente Carta, deverão, dentro do mais breve prazo possível, ser registrados e publicados pelo Secretariado.

2. Nenhuma parte em qualquer tratado ou acordo internacional que não tenha sido registrado de conformidade com as disposições do parágrafo 1º deste Artigo poderá invocar tal tratado ou acordo perante qualquer órgão das Nações Unidas."

O tratado, mesmo sem registro, é válido e obrigatório, entretanto inoponível, isto é, não pode ser invocado perante os órgãos da ONU. O registro dos tratados internacionais serve assim para evitar a diplomacia secreta.

3.7. Aplicação dos tratados com normas contraditórias

Têm sido apresentados alguns critérios para a aplicação de tratados com normas contraditórias, a saber:

1) a regra geral é que o mais recente prevalece sobre o anterior quando as partes contratantes são as mesmas nos dois tratados;

2) quando os dois tratados não têm como contratantes os mesmos Estados:

a) entre um Estado-Parte em ambos os tratados e um Estado-Parte somente no tratado mais recente se aplica o mais recente;

b) entre um Estado-Parte em ambos os tratados e um Estado-Parte somente no tratado anterior se aplica o tratado anterior;

c) entre os Estados-Partes nos dois tratados só se aplica o anterior no que nele não for incompatível com o novo tratado.

Do mesmo modo, o tratado deve ser interpretado, de acordo com a Convenção de Viena sobre os Direitos dos Tratados, levando-se em consideração os seguintes aspectos:

a) o tratado deve ser interpretado de boa-fé;

b) devem ser levados em consideração o preâmbulo e os anexos;

c) devem ser levados em consideração ainda: qualquer acordo entre as partes relativo à interpretação; a prática na aplicação dos tratados que estabelece o acordo das partes a respeito da interpretação; qualquer norma relevante do DIP aplicável nas relações entre as partes;

d) se a aplicação das normas não conduz a sentido claro ou conduz a um resultado absurdo, pode-se recorrer a outros meios de interpretação;

e) em um tratado autenticado em duas ou mais línguas diferentes, estes textos têm a mesma autenticidade.

A doutrina também tem manifestado outros aspectos relativos à interpretação dos tratados internacionais:

a) o tratado deve ser interpretado no sentido de produzir efeito útil, isto é, realizar o objetivo por ele visado (princípio da efetividade);

b) as palavras devem ser compreendidas com o sentido que tinham ao tempo da celebração do tratado;

c) o tratado deve presumir-se como um todo cujas partes se completam umas às outras;

d) nos casos de tratados que restringem a soberania estatal ou ônus, é necessária a interpretação restritiva, quando houver dúvida, isto é, deve predominar a interpretação que impuser menos ônus e restringir menos a liberdade;

e) na interpretação não se pode afastar de um texto claro[27].

3.8. Fim dos tratados

O tratado internacional pode chegar ao fim por várias maneiras e destacam-se as seguintes: execução integral; guerra; caducidade; denúncia unilateral; termo e impossibilidade de execução e outras. Neste sentido, a Convenção de Viena sobre o Direito dos Tratados, de 1969, contempla de maneira expressa na Seção 3 as seguintes situações, *in verbis*:

Artigo 54 – Extinção ou retirada de um tratado em virtude de suas disposições ou por consentimento das partes: A extinção de um tratado ou a retirada de uma das partes pode ter lugar: a) de conformidade com as disposições do tratado; ou b) a qualquer momento, pelo consentimento de todas as partes, após consulta com os outros Estados contratantes.

Artigo 55 – Redução das partes num tratado multilateral aquém do número necessário para sua entrada em vigor. A não ser que o tratado disponha diversamente, um tratado multilateral não se extingue pelo simples fato de que o número de partes ficou aquém do número necessário para sua entrada em vigor.

Artigo 56 – Denúncia ou retirada de um tratado que não contém disposições sobre extinção, denúncia ou retirada. 1. Um tratado que não contém disposição relativa à sua extinção, e que não prevê denúncia ou retirada, não é suscetível de denúncia ou retirada, a não ser que: a) se estabeleça terem as partes tencionado admitir a possibilidade da denúncia ou retirada; ou b) um direito de denúncia ou retirada possa ser deduzido da natureza do tratado. 2. Uma parte deverá notificar, com pelo menos doze meses de antecedência, a sua intenção de denunciar ou de se retirar de um tratado, nos termos do parágrafo 1.

Artigo 57 – Suspensão da execução de um tratado em virtude de suas disposições ou pelo consentimento das partes. A execução de um tratado em relação a todas as partes ou a uma parte determinada pode ser suspensa: a) de conformidade com as

---

[27] GOUVEIA, Jorge Bacelar. *Manual de direito internacional público*. Rio de Janeiro: Renovar, 2005, p. 207 e s.

disposições do tratado; ou b) a qualquer momento, pelo consentimento de todas as partes, após consulta com os outros Estados contratantes.

Artigo 58 – Suspensão da execução de tratado multilateral por acordo apenas entre algumas das partes. 1. Duas ou mais partes num tratado multilateral podem concluir um acordo para suspender temporariamente, e somente entre si, a execução das disposições de um tratado se: a) a possibilidade de tal suspensão estar prevista pelo tratado; ou b) essa suspensão não for proibida pelo tratado e: i) não prejudicar o gozo, pelas outras partes, dos seus direitos decorrentes do tratado nem o cumprimento de suas obrigações; ii) não for incompatível com o objeto e a finalidade do tratado. 2. Salvo se, num caso previsto no parágrafo 1 (a), o tratado dispuser diversamente, as partes em questão notificarão às outras partes sua intenção de concluir o acordo e as disposições do tratado cuja execução pretendem suspender.

Artigo 59 – Extinção ou suspensão da execução de um tratado em virtude da conclusão de um tratado posterior. 1. Considerar-se-á extinto um tratado se todas as suas partes concluírem um tratado posterior sobre o mesmo assunto e: a) resultar do tratado posterior, ou ficar estabelecido, por outra forma, que a intenção das partes foi regular o assunto por este tratado; ou b) as disposições do tratado posterior forem de tal modo incompatíveis com as do anterior, que os dois tratados não possam ser aplicados ao mesmo tempo. 2. Considera-se apenas suspensa a execução do tratado anterior se se depreender do tratado posterior, ou ficar estabelecido de outra forma, que essa era a intenção das partes.

Artigo 60 – Extinção ou suspensão da execução de um tratado em consequência de sua violação. 1. Uma violação substancial de um tratado bilateral por uma das partes autoriza a outra parte a invocar a violação como causa de extinção ou suspensão da execução de tratado, no todo ou em parte. 2. Uma violação substancial de um tratado multilateral por uma das partes autoriza: a) as outras partes, por consentimento unânime, a suspenderem a execução do tratado, no todo ou em parte, ou a extinguirem o tratado, quer: i) nas relações entre elas e o Estado faltoso; ii) entre todas as partes; b) uma parte especialmente prejudicada pela violação a invocá-la como causa para suspender a execução do tratado, no todo ou em parte, nas relações entre ela e o Estado faltoso; c) qualquer parte que não seja o Estado faltoso a invocar a violação como causa para suspender a execução do tratado, no todo ou em parte, no que lhe diga respeito, se o tratado for de tal natureza que uma violação substancial de suas disposições por parte modifique radicalmente a situação de cada uma das partes quanto ao cumprimento posterior de suas obrigações decorrentes do tratado. 3. Uma violação substancial de um tratado, para os fins deste artigo, consiste: a) numa rejeição do tratado não sancionada pela presente Convenção; ou b) na violação de uma disposição essencial para a consecução do objeto ou da finalidade do tratado. 4. Os parágrafos anteriores não prejudicam qualquer disposição do tratado aplicável em caso de violação. 5. Os parágrafos 1 a 3 não se aplicam às disposições sobre a proteção da pessoa humana contidas em tratados de caráter humanitário, especialmente às disposições que proíbem qualquer forma de represália contra pessoas protegidas por tais tratados.

Artigo 61 – Impossibilidade superveniente de cumprimento. 1. Uma parte pode invocar a impossibilidade de cumprir um tratado como causa para extinguir o tratado ou dele retirar-se, se esta possibilidade resultar da destruição ou do desaparecimento definitivo de um objeto indispensável ao cumprimento do tratado. Se a impossibilidade for temporária, pode ser invocada somente como causa para suspender a execução do tratado. 2. A impossibilidade de cumprimento não pode ser invocada por uma das partes como causa para extinguir um tratado, dele retirar-se, ou suspender a execução do mesmo, se a impossibilidade resultar de uma violação, por essa parte, quer de uma obrigação decorrente do tratado, quer de qualquer outra obrigação internacional em relação a qualquer outra parte no tratado.

Artigo 64 – Superveniência de uma nova norma imperativa de Direito Internacional Geral (*jus cogens*). Se sobrevier uma nova norma imperativa de Direito Internacional geral, qualquer tratado existente que estiver em conflito com essa norma torna-se nulo e extingue-se.

Com efeito, em relação a execução integral deve-se observar que o tratado internacional termina quando o estabelecido foi executado pelas partes contratantes. Nesse caso, a título de exemplo, pode-se apontar o fato de um determinado Estado A se comprometer em realizar uma atividade em favor do Estado B, e, ao concluir o que havia sido avençado, o tratado dá-se por terminado.

Fato curioso, de acordo com o artigo 63 da Convenção de Viena sobre o Direito dos Tratados, é que o rompimento de relações diplomáticas ou consulares entre partes em um tratado não afetará as relações jurídicas estabelecidas entre elas pelo tratado, salvo na medida em que a existência de relações diplomáticas ou consulares for indispensável à aplicação do tratado. Todavia, em caso de guerra ocorre a extinção dos tratados bilaterais entre os beligerantes.

No caso de um tratado internacional deixar de ser aplicado por longo espaço de tempo, acaba por ocorrer a caducidade. Esse tratado se apresenta de forma obsoleta e em alguns casos inútil, deixando de ser completamente aplicado. Por vezes, forma-se uma nova norma por força de costume e/ou de convenção internacional.

Um tratado internacional também pode ser celebrado para viger por um determinado prazo. Ao seu término ele deixará de produzir os efeitos jurídicos entre os pactuantes, daí o nome termo.

No caso da denúncia unilateral, acontece quando o tratado tem uma cláusula que permite que uma das partes dele se retire antes do prazo. A denúncia se exprime por escrito numa notificação, carta ou instrumento, e sua transmissão configura o ato internacional significativo da vontade de romper com o compromisso. Afirma ainda que a prática internacional mostra a denúncia como um ato retratável e que não se concebe em favor da outra parte – que, afinal, poderia também denunciar o pacto se o quisesse – um direito de objeção ao gesto com que o Estado retirante, no curso do prazo de acomodação volta atrás e exprime a vontade de permanecer comprometido.

Por vezes, há grandes dificuldades para o cumprimento do tratado, sejam de natureza física ou até mesmo no plano jurídico. Quando isso acontece, estamos diante de uma impossibilidade na execução do tratado que será física quando uma das partes desaparece (a extinção de um Estado, por exemplo) ou jurídica quando existe outro tratado que deve ter primazia na execução.

Também o artigo 62 da Convenção de Viena sobre o Direito dos Tratados sinaliza que mudanças fundamentais de circunstâncias, que poderão ocorrer em relação às existentes no momento da conclusão de um tratado, e não previstas pelas partes, não podem ser invocadas como causa para extinguir um tratado ou dele retirar-se, salvo se: a) a existência dessas circunstâncias tiver constituído uma condição essencial do consentimento das partes em obrigarem-se pelo tratado; e b) essa mudança tiver por efeito a modificação radical do alcance das obrigações ainda pendentes de cumprimento em virtude do tratado.

Uma mudança fundamental de circunstâncias não pode ser invocada pela parte como causa para extinguir um tratado ou dele retirar-se: a) se o tratado estabelecer limites; ou b) se a mudança fundamental resultar de violação, pela parte que a invoca, seja de uma obrigação decorrente do tratado, seja de qualquer outra obrigação internacional em relação a qualquer outra parte no tratado.

Se, nos termos dos parágrafos anteriores, uma parte pode invocar uma mudança fundamental de circunstâncias como causa para extinguir um tratado ou dele retirar-se, pode também invocá-la como causa para suspender a execução do tratado.

3.9. A denúncia dos tratados internacionais na ordem jurídica brasileira: o caso da Convenção n. 158 da OIT na ótica do STF

O Supremo Tribunal Federal finalizou julgamento e validou o Decreto n. 2.100/96, do Ex-Presidente da República Fernando Henrique Cardoso, pelo qual excluiu a República Federativa do Brasil da Convenção n. 158 da Organização Internacional do Trabalho.

A partir do entendimento fixado pela Suprema Corte, o empregador poderá dispensar um colaborador da empresa sem que seja apresentada uma justificativa. Muito embora os Ministros tenham validado o decreto presidencial expedido por Fernando Henrique Cardoso, que promoveu a retirada no Estado brasileiro da Convenção n. 158 da OIT, os mesmos estabeleceram que a denúncia de tratados internacionais aprovados pelo Congresso Nacional, pelo presidente da República, exige também a aprovação do parlamento.

A matéria, que sofreu várias interrupções em decorrência de diversos pedidos de vistas pelos Ministros do Supremo Tribunal Federal, foi concluída no mês de maio de 2023, no plenário virtual, onde se pode observar a ementa[28].

---

[28] Ação Direta de Inconstitucionalidade. Origem: UF-União Federal. Relator: Min. Maurício Corrêa. Decisão: Após o voto-vista do Ministro Gilmar Mendes, que aderia à linha proposta pelo Ministro Teori Zavascki, entendendo

Apesar de manter o decreto, a maioria dos ministros decidiu que a denúncia, pelo presidente da República, de tratados internacionais aprovados pelo Congresso, exige a sua aprovação para a produção de efeitos no ordenamento jurídico interno. No entanto, essa decisão só possui efeitos prospectivos a partir da publicação da ata de julgamento desta ação, preservada a eficácia das denúncias em período anterior a tal data.

Sobre esse emblemático caso brasileiro, importante recordar que o então presidente Fernando Henrique Cardoso, em 20 de dezembro de 1996, tornou público que a Convenção n. 158 da OIT deixaria de ser cumprida no Brasil em razão de ter sido denunciada por nota do governo brasileiro à Organização Internacional do Trabalho, sendo que a mesma (denúncia) havia sido registrada em 20 de novembro de 1996.

Como assentado em tópico precedente, ao apresentar denúncia ao tratado internacional, o país denunciante informa e torna público que a partir de uma determinada data aquele tratado deixará de vigorar internamente, ou seja, que não mais produzirá efeitos jurídicos.

Em relação a esse emblemático caso, a matéria chegou ao Supremo Tribunal Federal, a partir do ato emanado pelo Chefe do Executivo, que culminou no pedido formulado pela Confederação Nacional dos Trabalhadores na Agricultura (Contag), em fevereiro de 1997, para efeito de ser declarada a inconstitucionalidade do referido decreto. A Contag alegou que a Convenção n. 158 da OIT foi aprovada e promulgada pelo Congresso e que o governo não poderia processar e deliberar a respeito da denúncia sem que fosse efetivamente discutida. Ademais, teria argumentado que o ato presidencial teria contrariado frontalmente a Constituição, pois o Poder competente para aprovar tratados normativos é o Congresso, e igualmente competente para aprovar ou referendar a denúncia.

A discussão, que ao final se estendeu por mais de duas décadas na Suprema Corte brasileira, teve a defesa de três encaminhamentos distintos: improcedente; parcialmente procedente; e procedente. Quanto ao primeiro encaminhamento (improcedente), os ministros Nelson Jobim e Teori Zavascki votaram pela improcedência da ação. Jobim entendeu que "no sistema constitucional brasileiro, a denúncia de tratado internacional é feita unilateralmente pelo presidente da República, que é o órgão que representa o país na ação"

---

ser imprescindível a anuência do Congresso Nacional para a operacionalização de denúncia de Tratados Internacionais pelo Presidente da República, reconhecendo, no caso concreto, a improcedência do pedido, aderindo, ainda, à tese proposta pelo Ministro Dias Toffoli, devendo esse entendimento ter efeitos prospectivos a partir da publicação da ata de julgamento desta ação, preservando-se a eficácia das denúncias realizadas até esse marco temporal; do voto do Ministro André Mendonça, que acompanhava o voto do Ministro Dias Toffoli; e do voto do Ministro Nunes Marques, que acompanhava a divergência do Ministro Teori Zavascki, na linha do quanto ponderado pelos Ministros Dias Toffoli e Gilmar Mendes, ou seja, de que a denúncia, pelo Presidente da República, de tratados internacionais aprovados pelo Congresso Nacional exige a sua aprovação para a produção de efeitos no ordenamento jurídico interno, possuindo efeitos prospectivos a partir da publicação da ata de julgamento desta ação, preservada a eficácia das denúncias em período anterior a tal data, o julgamento foi suspenso para conclusão em sessão presencial. Não votaram, no mérito, os Ministros Luiz Fux, Roberto Barroso, Cármen Lúcia, Edson Fachin e Alexandre de Moraes, por sucederem, respectivamente, os Ministros Maurício Corrêa (Relator), Ayres Britto, Nelson Jobim, Joaquim Barbosa e Teori Zavascki. Plenário, Sessão Virtual de 19.5.2023 a 26.5.2023.

e Teori considerou imprescindível a anuência do Congresso, mas reconheceu a existência de um "senso comum institucional" que justificaria o voto pela improcedência no caso concreto. Em seu voto, incluiu a condição de que futuros tratados, que forem denunciados, sejam submetidos à análise do Congresso, e que seja discutida possível modulação. O Ministro Dias Toffoli afirmou que a denúncia pelo presidente da República de tratados internacionais aprovados pelo Congresso não prescinde de aprovação do Congresso para que produza seus efeitos no ordenamento jurídico. Em seu voto, formulou apelo ao legislador para que elabore disciplina acerca da denúncia de tratados internacionais, a qual preveja a chancela do Congresso como condição para produção dos efeitos. Gilmar Mendes, André Mendonça e Nunes Marques aderiram à proposta de "voto conciliador" de Teori, e à tese de Toffoli. Quanto ao entendimento de parcialmente procedente, o Ministro Maurício Corrêa, relator da matéria, e o Ministro Carlos Ayres Britto, votaram no sentido de que a ação é procedente em parte. Sustentaram que, assim como o Congresso Nacional ratifica os tratados internacionais, deve ser ele o responsável a questioná-lo. Portanto, a revogação definitiva da eficácia do decreto depende de referendo do Congresso. Nesta esteira, o decreto presidencial em questão deve ter interpretação conforme o art. 49, I, da Constituição, de forma a condicionar a denúncia da Convenção n. 158 da OIT ao referendo do Congresso. Ao final, o entendimento como procedente ficou a cargo do Ministro Joaquim Barbosa e da Ministra Rosa Weber. Na avaliação de Joaquim Barbosa, da mesma forma que um acordo internacional, para vigorar no Brasil, precisa ser assinado pelo presidente da República e submetido à ratificação do Congresso Nacional, a extinção desse tratado deve passar pelo mesmo processo. Caso contrário, há violação do texto constitucional, uma vez que o processo legislativo não foi respeitado. Sucessora de Ellen, a ministra Rosa Weber apresentou voto pela inconstitucionalidade formal do decreto. Seu voto partiu da premissa de que, nos termos da Constituição, leis ordinárias não podem ser revogadas pelo presidente da República, e o decreto que formaliza a adesão do Brasil a um tratado internacional, aprovado e ratificado pelo Congresso, equivale a lei ordinária. O Ministro Ricardo Lewandowski, antes de se aposentar, adiantou o voto e acompanhou integralmente a ministra Rosa Weber[29].

4. O COSTUME INTERNACIONAL

O costume internacional foi a principal fonte do Direito Internacional Público até meados do século XX; entretanto, encontra-se em regressão tendo em vista a sua lentidão e incerteza. O direito costumeiro[30] pressupõe uma sociedade estática, enquanto uma

---

[29] *Vide,* a propósito, STF valida saída da Convenção de OIT e mantém demissão sem justa causa. Disponível em: https://www.migalhas.com.br/quentes/387303/stf-valida-saida-da-convencao-de-oit-e-mantem-demissao-sem--justa-causa. Acesso em: 19 jun. 2023.

[30] Sobre o costume internacional, SORENSEN, Max. *Manual de derecho internacional público*. México: Fondo de Cultura Económica, 1992, p. 159, lecionou: "Hasta hace relativamente poco tiempo, todas las reglas del derecho internacional general eran consuetudinarias. La mayor parte de éstas aún existen, aunque modificadas de tal manera que se adaptan, bajo la forma característica de la costumbre, a los cambios ocurridos en las relaciones inter-

sociedade dinâmica carece de um direito "legislado". Nesta esteira, digna de nota a manifestação de Silva e Accioly:

"A supremacia do costume na formação do DIP cessou depois da Segunda Guerra Mundial em virtude do surgimento de novos problemas e do aumento no número de membros da comunidade internacional desejosos de deixar a sua marca no ordenamento mundial através de tratados negociados nos organismos intergovernamentais. O aparecimento de novas situações, criadas na maioria dos casos pelos avanços da tecnologia, exigiu soluções imediatas que não podiam depender de um costume de formação lenta. Em outras palavras, o costume passou a ser um critério insatisfatório e lento para acompanhar a evolução do DIP moderno"[31].

Não se pode olvidar, todavia, que muitas normas convencionais existentes hoje no Direito Internacional tiveram suas origens no próprio direito costumeiro, como por exemplo, relações envolvendo comércio internacional, direito do mar, guerra e conflitos armados, além de outras.

Tal mudança decorre da universalidade da sociedade internacional onde passam a figurar vários atores internacionais que clamam por maior segurança jurídica nas relações internacionais, suscitando a proliferação de tratados de várias espécies, ensejando assim a "codificação" do Direito Internacional[32].

Importante registrar que não há nenhuma hierarquia entre as normas costumeiras e as normas convencionais, ambas possuindo o mesmo valor. Em interessante estudo sobre a matéria Lupi apresenta o seguinte questionamento: "Entre tratados e costumes

---

nacionales. El creciente aumento de los tratados multilaterales, y la constante ampliación del número de Estados contratantes dan la impresión de que la costumbre ha perdido importancia en nuestros días".

[31] SILVA, G. E. Nascimento; ACCIOLY, Hildebrando. *Manual de direito internacional.* 13. ed. São Paulo: Saraiva, 1998, p. 39.

[32] REZEK, José Francisco. *Direito internacional público*: curso elementar, p. 130: "Os percalços e contramarchas do processo de codificação do direito internacional evidenciam, melhor que tudo, a fragilidade operacional e muitas regras puramente costumeiras, das quais a imprecisão parece ser atributo frequente. Imprecisão cujas consequências têm sua gravidade multiplicada quando não mais se trata de deduzir a regra na quietude do labor doutrinário, mas de equacionar a confrontação entre dois ou mais Estados que, em clima de litígio, enunciam-na cada qual a seu modo". Em sentido contrário, BARBOZA, Julio. *Derecho internacional público.* 2. ed. Buenos Aires: Zavalia, 2008, p. 91-92: "Cuando se produjo el auge del movimiento de codificación del derecho internacional, pareció que la costumbre iba a ser relegada a un papel secundario como fuente de DI. Sin embargo, el mismo proceso de codificación y desarrollo progresivo del DI y las resoluciones normativas de la Asamblea General sobre varias materias jusinternacionacionales, que han servido de base para el desarrollo de nuevas costumbres, le dio renovado impulso. Resulta paradojal que un movimiento consistente en codificar el derecho consuetudinario, o sea en traducir a *jus scriptum* la costumbre internacional, haya redundado en un florecimiento notable de la costumbre. Pero así sucedió por la conjunción de dos factores de extraordinario efecto, el primero la edificación de la costumbre sobre textos de tratados multilaterales, recogidos por la práctica de la comunidad internacional, el segundo, la intervención de las Naciones Unidas en el proceso codificatorio. Constituyen un ejemplo notable de lo anterior las costumbres marítimas formadas en corto tiempo sobre algunos consensos alcanzados en la Tercera Conferencia de las Naciones Unidas sobre derecho del mar".

não há hierarquia, mas por que figuram primeiro os tratados, que são normas de abrangência parcial?" Para logo a seguir enfrentar a questão:

"Esta preferência já esteve estampada na XII Convenção da Haia de 1907, destinada à criação de um Tribunal de Presas. Seu texto continha no artigo 7 um rol de fontes utilizáveis pelos juízes, porém, ao contrário do artigo 38, previu uma clara hierarquia entre tratados e costume, com prevalência das normas convencionais sobre as consuetudinárias, e destas duas sobre os princípios gerais e a equidade. Esse dispositivo respaldava, assim, a ideia de que os tratados, por conterem o consentimento expresso dos estados em causa, eram mais claros do que o costume, fundado na teoria então dominante, no consentimento tácito, motivo pelo qual deveriam preceder-lhe. O artigo 38, numerado 35 na Proposta do Comitê de Juristas nomeado para assessorar o Conselho na elaboração do Estatuto da Corte Permanente de Justiça Internacional, em conformidade com o artigo 14 do Pacto, teve excluída a expressão à ordem do recurso às fontes. A Proposta do Comitê as dispunha 'em ordem sucessiva', mas o Conselho aprovou o Estatuto sem essa menção. Destarte, pode-se afirmar que o fato de os Tratados figurarem antes do Costume na lista do artigo deve indicar apenas a maior facilidade de uma Corte decidir um litígio concreto com base em normas específicas aplicáveis ao caso e às partes, mas comumente relacionadas à fonte convencional. Aplica-se o mesmo raciocínio de convivência, mas sem dele derivar uma hierarquização jurídica das fontes a obrigar o julgador a sempre privilegiar uma delas"[33].

Sem embargo, tanto o tratado derroga o costume quanto o costume derroga o tratado; contudo, hodiernamente, as normas convencionais imprimem maior segurança nas relações internacionais por serem escritas e mais rápidas na sua vigência. Têm sido apresentadas praticamente duas hipóteses para derrogação de um costume internacional: a inobservância contínua desta e o aparecimento de uma norma principal oposta ao costume.

Há, todavia, de se ressaltar que, para o costume cair em desuso, não basta apenas que os Estados deixem de realizar atos que são prescritos por ele, e sim que deixem de fazê-lo por razões de natureza jurídica, isto é, que o costume já não mais responda no plano normativo-jurídico às convicções por ele prescritas. Quanto ao segundo ponto, não existem dificuldades maiores, haja vista que poderá surgir, por exemplo, um tratado que seja completamente contrário ao costume internacional.

O costume pode ser definido como o conjunto de atos e normas não escritas admitidas por dilatado tempo e observadas pelos Estados, em suas relações mútuas, como se direito fossem[34].

Para Truyol, o costume é a forma primária de manifestar a vontade de uma comunidade e se apresenta como "un conjunto de reglas observadas de hecho. Dichas reglas se revelan por repetición de ciertos actos, acompanãdos del sentimiento de su

---

[33] LUPI, André Lipp Pinto Basto. *Os métodos no direito internacional.* São Paulo: Lex Editora, 2007, p. 57.

[34] ARAÚJO, Luís Ivani Amorim. *Curso de direito internacional público.* 9. ed. Rio de Janeiro: Forense, 1997, p. 26.

obligatoriedad. La repetición constante, el uso, es el elemento material y externo de la costumbre jurídica, pero no basta por si solo para constituirla. Para la convicción de que el comportamiento en cuestión es obligatorio y que, por conseguiente, no depende del arbítrio de cada miembro de la comunidad en particular"[35].

O artigo 38 do Estatuto da Corte Internacional de Justiça enunciou que "é uma prática geral aceita como sendo direito", ou seja, é um conjunto de normas consagradas pelo longo uso e observadas nas relações internacionais como obrigatórias. Neste sentido, Henckaerts e Beck sustentam que a existência de uma norma de direito internacional consuetudinário requer a presença de dois elementos: a prática dos Estados (uso) e a crença de que essa prática se exige, se proíbe ou se permite, segundo a índole da norma como direito (*opinio juris sive necessitatis*)[36].

Vale dizer, portanto, que o costume como uma norma internacional geral tem incidência em todos os Estados, independentemente de determinado costume ser formado numa dada região, o que denota a relevância do costume diferenciando dos tratados, cuja regra geral é que a produção de efeitos jurídicos somente se manifeste para os seus signatários[37].

A doutrina[38] tem apresentado dois elementos para que o costume tenha valor: o elemento material ou objetivo, que é a maneira de proceder geral, constante e uniforme, e o elemento psicológico ou subjetivo, que é a certeza de sua obrigatoriedade[39].

---

[35] TRUYOL Y SERRA, Antonio. *Fundamentos de derecho internacional público*. Madrid: Tecnos, 1997, p. 96.

[36] HENCKAERTS, Jean Marie; BECK, Louise Doswald. *El derecho humanitario consuetudinario*. Ginebra: CICV, 2007, p. XXXVI: "Como la Corte Internacional de Justicia afirmó en el asunto relativo a la plataforma continental es naturalmente axiomático que la materia del derecho internacional consuetudinario hay que buscarla ante todo en la práctica efectiva y en la opinio juris de los Estados".

[37] Na mesma direção, em estudo específico sobre a matéria, MORO, Lucia Millán. *La opinio iuris en el Derecho internacional contemporáneo*. Madrid: Editorial Centro de Estudios Ramon Areces, 1990, p. 49: "a la vista de la jurisprudencia y de la mayoría de la doctrina, sería que las normas jurídicas internacionales consuetudinarias son de alcance general, y presumiblemente universal pero esto no impede que un Estado que se ha opuesto a la norma jurídica consuetudinária desde el nacimiento de ésta no quede obligado por ella. Al Estado no se puede obligar em contra de su voluntad (salvo el caso de que tratara de uma norma de *ius cogens*), pero um solo Estado no puede impedir la formación de una norma consuetudinária de alcance general. Así se evita el temor de Weil de que no son posibles derogaciones a la norma consuetudinária de alcance general, pero es posible, al mismo tiempo, la creación de una nueva norma consuetudinaria, aún con la oposición de algún Estado, siempre que no se trate de um 'Estado clave', para la formación de la norma concreta de que se trate".

[38] SORENSEN, Max. *Manual de derecho internacional público*. México: Fondo de Cultura Económica, 1992, p. 160-164, acentua que "la esencia de la regla consuetudinaria se encuentra en el hecho de que surge de la conducta de aquellos a quienes obliga. (...) Debe quedar aclarado que una práctica general llega a ser adoptada como resultado de la multiplicación de los precedentes. Pero un requisito adicional consiste en que debe proceder de la comunidad de Estados en su totalidad. (...) El análisis clásico de la costumbre permite distinguir dos elementos diferentes en la formación de esta fuente del derecho: un elemento material – o histórico, esto es, la práctica o la multiplicación de precedentes que ya hemos examinado; y un elemento psicológico – la opinio juris, que es la convicción, por parte de los creadores de los precedentes, de que al establecermos ellos están aplicando una regla jurídica".

[39] LUPI, André Lipp Pinto Basto, op. cit., p. 84, ao aclarar o tema, expõe o *Caso Lotus*, que apresenta os dois aspectos relativos ao costume ('prática geral' e 'aceitação como sendo direito') já no início das atividades da Corte Per-

No que tange ao primeiro – o elemento material ou objetivo –, devem ser observados dois aspectos fundamentais: o tempo e a generalidade no espaço.

O tempo faz com que uma determinada prática reiterada se transforme em costume. Não se pode falar na observância de um costume internacional em razão de atos que tenham sido realizados em curto espaço de tempo, tampouco o fato de que atos aleatórios e díspares (sem que sejam uniformes) venham a se constituir igualmente como normas costumeiras.

Quanto à generalidade no espaço, evidencia-se que o costume, para ser considerado como tal, não necessita que em seu processo de elaboração estejam presentes todos os Estados da sociedade internacional.

Até porque, como já verificado em capítulo precedente, houve mudanças significativas em relação ao número e à composição de Estados na sociedade internacional. O que deve ser observado é a unanimidade dos Estados que estão em condições, naquele dado momento, de cumprir uma determinada norma como sendo de natureza costumeira.

Para corroborar o entendimento esposado, digno de registro o estudo de Moro que enfatiza que devem ser reunidos alguns requisitos para que se cristalize o costume internacional. São eles:

"a) una aceptación general o universal; b) una práctica uniforme; c) una duración considerable. En relación al primero requisito, el de la aceptación general, basta una mayoría representativa de Estados y que no es necesaria unanimidad. Pero, dentro de esa aceptación general varía, según las circunstancias, la práctica necesaria para la elaboración de una norma consuetudinaria. Y el número de Estados necesario para la formación de ésta depende de la cantidad de prácticas que exista contraria a la norma: una práctica seguida por un pequeño número de Estados puede crear una norma consuetudinaria si no hay práctica contraria a la misma, lo que significa que tampoco existe *opinio iuris*, en sentido contrario. (…) La práctica incluye no sólo las actuaciones de los Estados que toman la iniciativa, sino también las reacciones de los Estados interesados. También no tiene por qué consistir en actuaciones positivas de los Estados, pueden ser también omisiones y abstenciones, siempre que vayan acompañadas de *opinio juris* como señaló la Corte Permanente de Justicia Internacional en 1927 en el asunto Lotus. (…) Por último, el elemento temporal cumple varias funciones a lo largo de la formación de la

---

manente, em 1927: "Foi no caso *Lotus*, um acidente em alto mar entre duas embarcações, uma turca, de nome *Bozkourt*, outra francesa, o *Lotus*, causador da morte de oito tripulantes turcos. A Turquia julgou e condenou a prisão e multa o oficial francês. A França exigia da Turquia se abstivesse de proceder a qualquer ato jurisdicional contra ele, sustentando que a jurisdição sobre atos ocorridos em alto mar é sempre do Estado de bandeira do navio (lei do pavilhão). À França caberia então provar a existência de um princípio ou norma consuetudinária que impedisse a Turquia de exercer a jurisdição sobre o capitão francês. Analisando os precedentes judiciais colacionados, a Corte decide que eles não são suficientes, porque não há demonstração de que a abstenção do exercício da jurisdição pelos países referidos pela França tenha ocorrido com a 'consciência de um dever de se abster'. Desde essa decisão, afirma-se que a Corte proclamou firmemente a doutrina dos dois elementos do costume".

norma consuetudinaria: es necesario para distinguir la práctica consistente de la inconsistente; se requiere para permitir que los 'Estados especialmente interesados' se den cuenta de la práctica que se inicia y puedan reaccionar en consecuencia; y, en relación con el elemento espiritual, permite comprobar si los Estados inician esa conducta motivados por una voluntad normativa, que luego cristalizará en la *opinio iuris*"[40].

Quanto ao elemento psicológico ou subjetivo, é necessário que haja uma convicção de que seja o costume considerado efetivamente direito. Talavera e Moyano afirmam que o elemento psicológico do costume não implica a prática geral e constante de um uso com a convicção de estar cumprindo com uma norma jurídica já existente, mas com a convicção de que a referida prática é juridicamente correta:

"De cualquier forma, sostener que los Estados, aún aquellos que dan inicio a una práctica cualquiera, están convencidos de obrar en virtud de una obligación jurídica, es recurrir a la ficción – y de hecho negar la posibilidad de crear tales reglas. Pues el inicio puede ser dado por actos voluntarios y unilaterales, que reposan sobre la firme esperanza de ver esos actos aceptados o ilimitados (...) No es sino en un estadio ulterior que, bajo el efecto de acciones aisladas o concertadas, de reacciones y de interacciones en el campo en cuestión, es decir por el concurso de esta reciprocidad tan fundamental en las relaciones jurídicas internacionales, que se produce la reacción en cadena que finaliza en un consenso internacional. Vista la complejidad de este proceso de formación y la multiplicidad de móviles posibles en sus diferentes etapas, sería excesivo exigir la prueba que todo Estado que aplica una regla dada lo hace porque tiene conciencia de una obligación de hacerlo"[41].

Guido Soares[42], dando sua contribuição sobre o tema, também assinala que, conforme a tradição, a unanimidade da doutrina internacionalista e inúmeros precedentes de tribunais internacionais, para que um comportamento comissivo ou omissivo seja considerado como um costume jurídico internacional torna-se necessária a presença de dois elementos: um elemento material, a *consuetudo*, ou seja, uma prática reiterada de comportamentos, que, no início de sua formação, pode ser um simples uso ou prática[43];

---

[40] MORO, Lucia Millán. *La opinio iuris en el derecho internacional contemporáneo*. Madrid: Editorial Centro de Estudios Ramon Areces, 1990, p. 90-93.

[41] TALAVERA, Fabián Novak; MOYANO, Luis García Corrochano. *Derecho internacional público*. Peru: Fondo Editorial de la PUC, 2003. t. I, p. 94.

[42] SOARES, Guido Fernando Silva. *Curso de direito internacional público*. São Paulo: Atlas, 2002, p. 82.

[43] JHENCKAERTS, Jean Marie e BECK, Louise Doswald Beck. *Customary International Humanitarian Law*. Cambridge: ICRC, 2006, p. XXXVIII, informam que a Comissão de Direito Internacional "ha considerado que las actuaciones verbales de los Estados contribuyen a la creación de derecho internacional consuetudinario. Así, lo hizo, por ejemplo, en el contexto del proyecto de artículos sobre la responsabilidad del Estado, al considerar el concepto de 'estado de necesidad' como consuetudinario." No mesmo sentido, afirmam que a Associação de Direito Internacional considera que "las actuaciones verbales de los Estados, y no sólo las materiales, cuentam como práctica de los Estados y señala que la práctica de los tribunales internacionales está llena de causas en las que las actuaciones verbales son tratadas como ejemplos de práctica".

e um elemento psicológico, a *opinio juris vel necessitatis*, ou seja, a certeza de que tais comportamentos são obrigatórios, em virtude de representarem valores essenciais e exigíveis de todos os agentes da comunidade dos Estados[44]. Este último elemento, na verdade, é que confere ao costume internacional caráter de normas jurídicas, distinguindo-se as normas consuetudinárias dos meros usos e práticas baseados na cortesia ou em outros valores morais, que não contêm os caracteres dos níveis de exigibilidade, em razão de sua coercibilidade, como os das normas jurídicas, por não representarem valores essenciais ao relacionamento dos sujeitos de direito.

A obrigatoriedade para o cumprimento das normas costumeiras encontra fundamento na doutrina internacionalista, partindo-se das ideias que foram concebidas por Verdross em algumas teorias: a teoria do consentimento, a teoria da submissão, a teoria da origem unilateral e a teoria objetiva.

A teoria do consentimento estabelece que o costume surge mediante um pacto tácito, ou seja, "el uso inicial de la respectiva norma se considera como un ofrecimiento, y se ve en los correspondientes usos de los demás Estados una aceptación de tal oferta"[45].

A teoria da submissão apregoa que as normas costumeiras surgem com o passar do tempo e se consagram pela própria convicção de que são efetivamente obrigatórias numa perspectiva jurídica.

A teoria da origem unilateral defende que o costume para ser consagrado num primeiro momento deve ser concebido por apenas um Estado e posteriormente que vai confirmar-se como norma costumeira pela concordância de outros Estados, tanto de maneira expressa como também de maneira tácita.

Por fim, a teoria objetiva, que é a melhor a ser observada e majoritária nos dias atuais, estabelece que o costume é a expressão de uma norma objetiva, que se encontra acima da própria vontade individual de um Estado.

O costume se apresenta, portanto, como uma convicção jurídica que existe independentemente da vontade do Estado, ou seja, trata-se de uma vontade de natureza coletiva.

Pelo exposto, é indubitável que o costume internacional, embora não seja mais considerado a principal fonte do direito internacional, constitui-se como fonte importante para a matéria, podendo ser assinaladas algumas características[46] que lhe são peculiares:

---

[44] Sobre a *opinio juris*, JHENCKAERTS, Jean Marie e BECK, Louise Doswald Beck. *Customary International Humanitarian Law*. Cambridge: ICRC, 2006, p XLV, afirmam que ela está relacionada "con la necesidad de que la práctica resulte de la convicción jurídica de que responde a una norma de derecho. La forma concreta en que la práctica y esta convicción jurídica han de expresarse puede tal vez diferir según que la norma concernida contenga una prohibición, una obligación o sólo el derecho a comportarse de cierta manera".

[45] VERDROSS, Alfred. *Derecho internacional público*. Madrid: Aguilar, 1982, p. 124.

[46] Sobre o processo de elaboração de uma norma internacional proveniente do costume internacional, MORO, Lucia Millán, op. cit., p. 80, apresenta interessante aporte: "El proceso de elaboración de una norma consuetudinaria es diferente en los distintos ámbitos del Derecho. El factor tiempo, es devir la duración de la costumbre, es relativo; lo mismo ocurre con el factor número, es decir la práctica de los Estados. No sólo hay que evaluar cada

a) prática comum, resultante da repetição uniforme de certos atos na vida internacional;

b) prática obrigatória, considerada norma que deve ser respeitada pelos membros da sociedade internacional;

c) prática evolutiva, pois se adapta às novas circunstâncias sociais.

5. PRINCÍPIOS GERAIS DO DIREITO

5.1. Noções gerais

Os princípios transmitem a ideia de condão do núcleo do próprio ordenamento jurídico. Consistem em disposições fundamentais que se irradiam sobre as normas jurídicas (independentemente de sua espécie), compondo-lhes o espírito e servindo de critério para uma exata compreensão. A irradiação do seu núcleo ocorre por força da abstração e alcança todas as demais normas jurídicas, moldando-as conforme as suas diretrizes de comando.

Para Josef Esser, os princípios, ao contrário das regras, não contêm diretamente ordens, mas apenas fundamentos (critérios para justificação de uma ordem). Ademais, segundo o critério de *fundamento de validade*, adotado por Wolff-Bachof e Forsthoff, os princípios seriam diferentes das regras por serem dedutíveis da ideia de Direito ou do princípio da justiça. Eles funcionariam como fundamentos jurídicos para as decisões[47].

Nessa linha, Karl Larenz define os princípios como sendo "normas jurídicas que não possuem uma situação fática determinada. Os princípios enquanto 'ideias jurídicas materiais' são manifestações especiais da ideia de Direito, tal como esta se apresenta no seu grau de evolução histórica. Outros podem ser deduzidos da regulação legal, da sua cadeia de sentido, por via de uma 'analogia geral' ou do retorno à *ratio legis*; alguns foram 'descobertos' e declarados pela primeira vez pela doutrina ou pela jurisprudência, o mais das vezes atendendo a casos determinados, não solucionáveis de outro modo, e que logo se impuseram na 'consciência jurídica geral', graças à força de convicção a eles inerente. Decisiva permanece a sua referência de sentido à ideia de Direito"[48].

---

factor que contribuye a la elaboración de una norma consuetudinaria teniendo en cuenta todas las circunstancias, sino que la formación en su conjunto debe ser considerada como un proceso orgánico y dinámico. No se deben contemplar las condiciones requeridas para la existencia de una norma consuetudinária desde un punto de vista formalista olvidando la necesidad social, es decir la importancia de los fines y objetivos de la norma consuetudinária considerada".

[47] ÁVILA, Humberto Bergmann. A distinção entre princípios e regras e a redefinição do dever de proporcionalidade. *Revista de Direito Administrativo*, Rio de Janeiro, v. 215, p. 151-179, jan./mar. 1999.

[48] LARENZ, Karl. *Metodologia na ciência do direito*. Tradução de José Lamego. 3. ed. Lisboa: Fundação Calouste Gulbenkian, 1989, p. 577.

A teoria principiológica teve fundamental contribuição com os estudos elaborados por Ronald Dworkin, em 1967, contra o positivismo. Após criticar as teorias positivistas de Austin e Hart, aduz: "quando os juristas raciocinam ou debatem a respeito de direitos e obrigações jurídicos, particularmente naqueles casos difíceis nos quais nossos problemas com esses conceitos parecem mais agudos, eles recorrem a padrões que não funcionam como regras, mas operam diferentemente, como princípios, políticas e outros tipos de padrões".

O positivismo, na sua visão, formula os seguintes preceitos: o direito de uma comunidade é um conjunto de regras especiais utilizado direta ou indiretamente pela comunidade com o propósito de determinar qual comportamento será punido ou coagido pelo poder público; o conjunto dessas regras jurídicas é coextensivo com o "direito", de modo que, se o caso de alguma pessoa não estiver claramente coberto por uma regra dessas, então esse caso não pode ser decidido mediante a "aplicação do direito"; e dizer que alguém tem uma "obrigação jurídica" é dizer que seu caso se enquadra em uma regra jurídica válida que exige que ele faça ou se abstenha de fazer alguma coisa. Na ausência de uma regra jurídica válida não existe obrigação jurídica[49].

E conclui: "o positivismo é um modelo de e para um sistema de regras e que sua noção central de um único teste fundamental para o direito nos força a ignorar os papéis importantes desempenhados pelos padrões que não são regras"[50].

Para esse autor[51], as regras são adotadas pelo método *all or nothing*, ou seja, dados os fatos que uma regra estipula, então ou a regra é válida, e neste caso a resposta que ela fornece deve ser aceita, ou não é válida, e neste caso em nada contribui para a decisão. Assim, se uma regra se confronta com outra, uma delas deve ser considerada inválida[52].

De outra parte, Dworkin destaca a questão dos pesos entre princípios (*dimension of weight*), de modo que na hipótese de colisão prevalece o de maior peso sem excluir o outro totalmente.

Alexy complementou o pensamento de Dworkin ao sustentar que o princípio, como espécie de norma jurídica, não determina as consequências normativas de forma direta, ao contrário das regras. Daí definir os princípios como "mandamentos de otimização", aplicáveis em vários graus normativos e fáticos[53].

---

[49] DWORKIN, Ronald. *Levando os direitos a sério*. São Paulo: Martins Fontes, 2002, p. 27-28. Sobre o tema, ver, ainda, Paulo Bonavides, em seu *Curso de direito constitucional*, 12. ed. São Paulo: Malheiros, 2002, p. 235 e s.

[50] DWORKIN, Ronald. *Levando os direitos a sério*. São Paulo: Martins Fontes, 2002, p. 28.

[51] DWORKIN, Ronald. *Levando os direitos a sério*. São Paulo: Martins Fontes, 2002, p. 39.

[52] DWORKIN, Ronald. *Levando os direitos a sério*. São Paulo: Martins Fontes, 2002, p. 43.

[53] ALEXY, Robert. *Teoría de los derechos fundamentales*. Madrid: Centro de Estudios Constitucionales, 1993, p. 86: "(...) los principios son mandatos de optimización, que están caracterizados por el hecho de que pueden ser cumplidos en diferente grado y que la medida debida de su cumplimiento no sólo depende de las posibilidades reales sino también de las jurídicas. El ámbito de las posibilidades jurídicas es determinado por los principios y reglas opuestos". Ver, ainda, o artigo Colisão de direitos fundamentais e realização de direitos fundamentais no Estado

Por suas palavras, "princípios são proposições normativas de um tão alto nível de generalidade que podem via de regra não ser aplicados sem o acréscimo de outras premissas normativas e, habitualmente, são sujeitos às limitações por conta de outros princípios"[54].

De fato, princípio é mandamento nuclear de um sistema, verdadeiro alicerce dele, disposição fundamental que se irradia sobre diferentes normas compondo-lhes o espírito e servindo de critério para sua exata compreensão e inteligência, exatamente por definir a lógica e a racionalidade do sistema normativo, no que confere a tônica e lhe dá sentido harmônico. Portanto, violar um princípio é muito mais grave do que transgredir uma norma. A desatenção ao princípio implica ofensa não apenas a um específico mandamento obrigatório, mas a todo o sistema de comandos[55].

Com efeito, a ordem jurídica internacional também apresenta em sua estrutura normativa os princípios como sendo fontes valiosas para concretude do direito internacional.

5.2. Os princípios no Direito Internacional Público

O parágrafo 1º do artigo 38 do Estatuto da Corte Internacional de Justiça apresenta os princípios gerais do direito como fontes autônomas e primárias do direito internacional, a exemplo dos tratados e costumes internacionais.

Os princípios são normas essenciais em todo ordenamento jurídico por se tratarem de preceitos fundamentais ao direito positivo, e, no caso do direito internacional, tal ideia não será diferente[56].

Dentre os vários princípios gerais que têm aplicabilidade no direito internacional[57] pode ser destacado o princípio do *pacta sunt servanda*, o princípio da boa-fé, o princípio da responsabilidade internacional nascida dos atos ilícitos e restituição do que foi adquirido por enriquecimento ilícito, o princípio da identidade ou continuidade do Estado, o princípio do esgotamento das vias internas de recurso antes do ingresso perante uma jurisdição internacional e a dignidade da pessoa humana como um princípio aplicado no plano do Direito Internacional dos Direitos Humanos e o *novel* princípio da não indiferença[58].

---

de Direito Democrático. *Revista de Direito Administrativo*, Rio de Janeiro, v. 217:I-VI, p. 67-79, jul./set. 1999, que sintetiza sua palestra no Brasil no ano de 1998.

[54] ALEXY, Robert. *Teoria da argumentação jurídica*. São Paulo: Landy, 2001, p. 248.

[55] MELLO, Celso Antônio Bandeira de. *Elementos de direito administrativo*. São Paulo: Revista dos Tribunais, 1986. p. 230.

[56] Na mesma linha o magistério de ARAÚJO, Luís Ivani Amorim. *Curso de direito internacional público*. 9. ed. Rio de Janeiro: Forense, 1997, p. 27: Os princípios são regras que se impõem a todos os Estados, qualquer que seja o seu grau de civilização e por eles obedecidos por serem eles ilações lógicas do direito à sua existência.

[57] SORENSEN, Max. *Manual de derecho internacional público*. México: Fondo de Cultura Económica, 1992, p. 173, acentua que "los principios fundamentales de derecho internacional ha gañado terreno desde la Segunda Guerra Mundial y ha invadido la esfera del derecho convencional".

[58] GUERRA, Sidney. *Direitos humanos na ordem jurídica internacional e reflexos na ordem constitucional brasileira*. 2. ed. São Paulo: Atlas, 2014.

Como lembra Jiménez de Aréchaga, "esta fuente constituye la recepción de una especie de nuevo 'jus gentium', similar al que en Derecho Romano había surgido a base de los edictos de los pretores peregrinos, que reconocían ciertos principios básicos de justicia aplicables a todos los individuos, cualquiera fuese su nacionalidad. De este modo, mediante la obra paralela, separada y independiente de los Estados, en su esfera interna, van surgiendo principios fundamentales de derecho, que reflejan las reglas básicas de justicia aceptadas por las comunidades jurídicas y tales principios, cuando son comunes a los principales sistemas jurídicos, son también reglas positivas de Derecho Internacional"[59].

Jorge Bacelar Gouveia assevera que os princípios correspondem a orientações ordenadoras gerais que indicam ao intérprete e ao aplicador do Direito Internacional uma determinada direção, que se concretiza através de outras normas, que especificamente fazem deles uma aplicação normativa, ainda que possam ter aplicação autônoma[60].

A finalidade da inclusão dos princípios gerais do direito no artigo 38 do Estatuto da Corte Internacional de Justiça é a de preencher as lacunas do direito internacional evitando a não apreciação das demandas apresentadas à Corte nos casos em que não houver previsão da matéria em tratados ou costumes internacionais[61].

Talavera e Moyano sustentam que: "el principal objeto de invocar los principios generales es dar al juez, por una parte, una guía para que pueda escoger un nuevo principio y, por otra, evitar que siga ciegamente la doctrina de los juristas, sin que antes considere detenidamente los méritos y se cerciore de que un determinado principio de derecho es claramente aplicable al caso sujeto a consideración"[62].

Os autores prosseguem e apresentam com exemplos princípios gerais aplicados especificamente no âmbito do Direito Internacional que têm sido citados em várias manifestações da jurisprudência internacional:

"a) asunto de las reclamaciones contra el gobierno del General tinoco (sentencia arbitral, 1923), donde se consagró el **principio de la continuidad de la personalidad jurídica del estado**;

b) asunto de la Eastern Extensión, Australassia and China Telegraph Co. Ltd. (sentencia arbitral, 1923), donde se señaló el **principio de legitima defensa**;

---

[59] ARÉCHAGA, Eduardo Jiménez. *Derecho internacional público*. Montevideo: Fundación Cultura Universitaria, 1994. t. I, p. 176.

[60] GOUVEIA, Jorge Bacelar. *Manual de direito internacional público*. Rio de Janeiro: Renovar, 2005, p. 116.

[61] No mesmo sentido, ARÉCHAGA, Eduardo Jiménez. *Derecho internacional público*. Montevideo: Fundación Cultura Universitaria, 1994. t. I, p. 175: "Cuando los autores del Estatuto de la Corte Internacional de Justicia debieron enumerar las fuentes de las que habrían de extraer los miembros de la Corte los preceptos jurídicos en que basar sus decisiones, tuvieron en cuenta no sólo los tratados y la costumbre, sino también el hecho de que los órganos arbitrales internacionales habían hecho aplicación de esos principios básicos que pueden servir para colmar vacíos o lagunas del ordenamiento internacional, supliendo la escasez o insuficiencia de sus normas".

[62] TALAVERA, Fabián Novak; MOYANO, Luis García Corrochano. *Derecho internacional público*. Peru: Fondo Editorial de la PUC, 2003. t. I, p. 363.

c) asunto de la reclamación británica en la zona española de Marruecxos (sentencia arbitral, 1924), donde se mencionó el **principio de agotamiento de los recursos internos**;

d) asunto Lotus (CPJI, 1924), donde se mencionó el **principio de la delimitación de las competencias jurisdiccionales**;

e) asunto de la fábrica de Chorzow (CPJI, 1928), se afirmó el **principio de que nadie puede alegar hecho propio**:

f) asunto de las comunidades greco-búlgaras (CPJI, 1930), donde se señaló el **principio de la primacía del tratado internacional sobre la ley interna**;

g) asunto de la foresta Rhodope (sentencia arbitral, 1933) entre Bulgaria y Grecia, donde se señalo el **principio de que la indemnización debe apreciarse a la fecha de la realización efectiva del daño**;

h) asunto del canal de Corfú (CIJ, 1949), donde se mencionó el **principio de humanidad, el de la libertad de las comunicaciones marítimas y el de no utilización del territorio para actos contrarios a los derechos de otros Estados**;

i) asunto Ambatielos (CIJ, 1953), donde se señaló[63].

Alargando a discussão, Gouveia, em interessante abordagem, procurou traçar quatro funções que são habitualmente atribuídas aos princípios gerais do direito internacional:

"a) uma função legitimadora: os princípios, sobretudo os de coloração ética, permitem questionar a legitimidade material das normas ou de outros princípios que com eles estejam desconformes, podendo provocar a respectiva invalidade material;

b) uma função interpretativa: os princípios permitem determinar preferências, entre as várias soluções hermenêuticas, de outro modo todas igualmente possíveis;

c) uma função integradora: os princípios possibilitam integrar lacunas de regulamentação, assim se colmatando a ausência de critérios de decisão, derivada da falta de normas especificamente aplicáveis; e

d) uma função complementadora: os princípios têm a virtualidade de regulativamente alargar a extensão da aplicação do Direito Internacional"[64].

Com efeito, o direito internacional que se apresenta num mundo em constante transformação, principalmente em decorrência da globalização, não pode desprezar as mudanças que se processam em ambiente tão versátil.

Michel Virally assevera que a sociedade internacional contemporânea se apresenta hoje de forma muito heterogênea, seja em relação às suas orientações ideológicas e de nível de desenvolvimento econômico, seja no aspecto relativo ao poder político e militar, estando "sometida a una evolución acelerada, provocando transformaciones brutales y rápidas en su estructura y su equilibrio interno, y a un movimiento de las ideas de una amplitud sin precedente"[65].

---

[63] TALAVERA, Fabián Novak; MOYANO, Luis García Corrochano. *Derecho internacional público*. Peru: Fondo Editorial de la PUC, 2003. t. I, p. 348-349.

[64] GOUVEIA, Jorge Bacelar. *Manual de direito internacional público*. Rio de Janeiro: Renovar, 2005, p. 123.

[65] VIRALLY, Michel. *El devenir del derecho internacional*. México: Fondo de Cultura Económica, 1997, p. 230.

Partindo dessas mudanças aceleradas, decorrentes inclusive da globalização, é que o autor menciona: "(...) Es desde esta perspectiva, pensamos, como conviene replantear el problema de los 'principios' del derecho internacional y el fenómeno de las declaraciones de principios"[66].

E complementa o asserto: "Los principios pueden constituir una fuente de inspiración para aquellos que participan en la formación del derecho. Por consiguiente, volviendo a una terminología clásica, forman un 'origen material' del derecho"[67].

Nesse sentido, o estudo dos princípios ganha relevo por serem proposições normativas de alto nível de generalidade, e a utilização de tais princípios assegura o progresso e a evolução do Direito Internacional.

6. DOUTRINA, JURISPRUDÊNCIA E EQUIDADE (ELEMENTOS AUXILIARES)

Preliminarmente convém acentuar que a doutrina e a jurisprudência[68], embora situadas no artigo 38 do Estatuto da Corte Internacional de Justiça, não são formas de expressão do direito, mas instrumentos úteis ao seu entendimento e aplicação e, portanto, chamadas de fontes acessórias ou auxiliares[69].

A doutrina internacional, conforme preceitua o artigo 38 do Estatuto da Corte Internacional de Justiça, traduz-se na opinião dos juristas mais qualificados das mais diferentes nações, tendo no direito internacional papel proeminente[70] na constatação, delimitação e interpretação da norma jurídica. Nesta esteira, atentem para a manifestação de Novak:

"En el orden internacional, la doctrina tiene una cierta tendencia a levantar la cabeza, al querer suplir la carencia de juez y también, lo que es más grave todavía, la ausencia de legislador. Cuando su actividad se aboca a sistematizar modestamente la confusión de los textos y la práctica para determinar la regla más probable, o la más usualmente propuesta por los Estados más allá de las inevitables diferencias que los separan, ella es de una importancia considerable. Otras veces la doctrina, movida por

---

[66] VIRALLY, Michel. *El devenir del derecho internacional*. México: Fondo de Cultura Económica, 1997, p. 230.

[67] VIRALLY, Michel. *El devenir del derecho internacional*. México: Fondo de Cultura Económica, 1997, p. 234.

[68] BRANT, Leonardo Nemer Caldeira. *Teoria geral do direito internacional público*. Belo Horizonte: CEDIN, 2020, p. 174: enfatiza que a doutrina e a jurisprudência, como meios auxiliares para a determinação das regras de direito, "gozam de grande força de convencimento e são instrumentos de reconhecimento do direito que antecipam a sua elaboração por via formal. Estas fontes de natureza procedimental devem dar assistência à produção normativa, que seria finalmente elaborada por outro modo de produção. Formula-se, assim, uma importante distinção entre as fontes principais, dotadas da capacidade de criar o direito com força vinculante e obrigatória, e as fontes auxiliares, dotadas de um papel subsidiário e destinadas a dar assistência à produção normativa, que será realizada por outra fonte principal".

[69] SILVA, G. E. Nascimento; ACCIOLY, Hildebrando. *Manual de direito internacional*. 13. ed. São Paulo: Saraiva, 1998, p. 43.

[70] TALAVERA, Fabián Novak; MOYANO, Luis García Corrochano. *Derecho internacional público*. Peru: Fondo Editorial de la PUC, 2003. t. I, p. 440.

sentimientos que pueden ser loables, pero de los que los especialistas de derecho interno generalmente desconfían, aprovecha a veces inconscientemente de la técnica incierta del derecho internacional para ir más allá de esta elucidación de derecho positivo; entonces ella pone como regla jurídica principios que pueden ser políticamente deseables, sin duda seguidos por ciertos estados en sus relaciones recíprocas, pero sin vínculos suficientes con la práctica internacional real".

É bem verdade que no passado a doutrina deu uma grande contribuição ao desenvolvimento do direito internacional público, mas sua importância tem diminuído e raramente é invocada pela Corte.

Quanto à jurisprudência, entendem-se as decisões uniformes e reiteradas dos tribunais; todavia, em se tratando da sociedade internacional, comporta a seguinte pergunta: quais tribunais?

Rezek salienta que a jurisprudência internacional é o conjunto das decisões arbitrais que tem proferido, há séculos, no deslinde de controvérsias entre Estados; e ainda o conjunto das decisões judiciárias proferidas, com igual propósito, nos últimos anos[71].

Partindo da ideia acima indicada, evidencia-se que a jurisprudência internacional se apresenta a partir de dois grupos: as decisões arbitrais e as decisões judiciais.

No que se refere às primeiras, correspondem às decisões que são proferidas por tribunais não permanentes, isto é, por tribunais constituídos para o fato e que têm a natureza arbitral.

Os tribunais arbitrais são constituídos "sem maiores formalidades", se comparados aos tribunais permanentes, por árbitros escolhidos livremente pelas partes envolvidas na contenda internacional. Brownlie[72] afirma que a natureza das decisões produzidas pelos tribunais arbitrais variou consideravelmente, mas produziram-se várias decisões arbitrais elaboradas por eminentes juristas que por certo contribuíram para o progresso do direito internacional.

Quanto às decisões judiciais propriamente ditas, estas estão revestidas de maior solenidade e são produzidas no âmbito de cortes permanentes. Vale ressaltar, a propósito, que a Corte Internacional de Justiça só dá valor à jurisprudência quando é dotada de constância e generalidade e nunca recorre às decisões proferidas no âmbito do Direito Interno.

Outro aspecto importante relaciona-se às decisões da Corte Internacional de Justiça e dos tribunais arbitrais que somente envolvem obrigações para as partes na controvérsia e em relação ao caso em discussão.

---

[71] Neste ponto REZEK, José Francisco. *Direito internacional público*: curso elementar. São Paulo: Saraiva, 1996, p. 148, explica a ideia enfatizando que a "primeira sentença da Corte de Justiça Centro-Americana data de 19 de dezembro de 1908; foi proferida num litígio que opôs, de um lado, Honduras e Nicarágua, e, de outro, El Salvador e Guatemala. No plano universal, a Corte da Haia só começaria a funcionar em 1921, sob o nome de Corte Permanente de Justiça Internacional.

[72] BROWNLIE, Ian. *Princípios de direito internacional público*. Lisboa: Fundação Calouste Gulbenkian, 1997, p. 31.

Relembre-se, por oportuno, que a jurisprudência que se aplica no âmbito do direito internacional não se apresenta da mesma forma que os tratados, costumes e princípios gerais do direito, ou seja, não se trata de uma fonte autônoma, mas sim de elemento auxiliar.

De toda sorte, a jurisprudência internacional é importante por se tratar de elemento de interpretação, bem como meio de prova. A doutrina[73], aliás, tem se manifestado com frequência dessa maneira, como se vê:

"Como elemento de interpretación, los tribunales internacionales muchas veces realizan referencias a decisiones anteriores donde se ha buscado determinar el verdadero sentido y alcance de una norma jurídica internacional. Como medio de prueba, la jurisprudencia tiene la misión capital de comprobar la existencia de las normas de derecho internacional. (...) La función interpretativa y probatoria de la jurisprudencia internacional ha tenido la gran virtud de aplicar reglas jurídicas deduciéndolas de los principios generales del derecho y de las prácticas estatales convencionales una certeza de las que carecían, permitiendo de este modo lograr verdaderos y significativos avances en el desarrollo del derecho internacional"[74].

Por fim, o artigo 38 enuncia ainda a possibilidade de a Corte decidir uma questão *ex aequo et bono*, se houver concordância das partes. Neste caso, estamos diante da equidade que defere a possibilidade ao juiz de decidir a controvérsia sem que se submeta aos mandamentos do direito positivo vigente.

O termo *equidade* é utilizado, à luz do Estatuto da Corte Internacional de Justiça, no sentido de considerações de justiça, razoabilidade e interesse público, frequentemente necessários para aplicação consciente das regras de direito já estabelecidas. Casanovas e Rodrigo apresentam a seguinte ideia sobre a matéria:

"Se trata de un mecanismo autónomo de decisión judicial que autoriza el tribunal a dictar una decisión en la que puede apartarse del Derecho positivo y fundarla en lo que considere equitativo y bueno. En ese sentido, la equidad aparece como un criterio de solución de litigios distinto del Derecho. La decisión en estos casos se basa en el sentimiento de justicia aplicado a un litigio concreto teniendo en cuenta sus elementos y sin

---

[73] Também GOUVEIA, Jorge Bacelar. *Manual de direito internacional público*. Rio de Janeiro: Renovar, 2005, p. 124-125: "No seu sentido geral, o valor da jurisprudência na construção do Direito Internacional é limitado, não vigorando a regra do precedente, a qual significaria, se tivesse sido adotada, que as decisões futuras deveriam tomar-se em obediência a uma primeira decisão obtida, no âmbito de uma idêntica questão jurídica. É seguro que a *precedent rule* vale nos sistemas jurídicos internos integrados na família do Direito anglo-saxônico, que é a *common law*, num contexto muito peculiar quanto ao modo como aí se concebe o direito. Não é menos seguro que a construção do Direito Internacional, nesta sua vertente dos órgãos jurisprudenciais, se tem feito sem a aplicação de qualquer regra do precedente, isto acontecendo nos diversos tribunais que sucessivamente têm sido criados. Disso não decorre a total despiciência da jurisprudência para a formação do Direito Internacional, mas no mesmo plano em que se situa a importância da doutrina: apenas permitindo revelar as tendências e as orientações jurisprudenciais quanto a certos problemas jurídico-internacionais".

[74] DIEZ DE VELASCO, Manuel. *Instituciones de derecho internacional público*. Madrid: Tecnos, 1996, p. 96.

aplicar las normas de Derecho internacional. A esta vía de solución se ha recurrido en ocasiones en los tribunales arbitrales, pero no se ha utilizado nunca en el Tribunal Permanente de Justicia Internacional o en la Corte Internacional de Justicia. La decisión basada en la equidad es posible porque se cuenta con la autorización previa de las partes. Su carácter obligatorio deriva del acuerdo internacional que autoriza al tribunal a proceder de esta forma"[75].

No caso *Desvio de água do rio Meuse,* foi aplicado o princípio segundo o qual igualdade é equidade, sendo enunciado, na oportunidade, que um Estado que solicita a interpretação de um tratado deve, ele próprio, ter cumprido na íntegra as obrigações desse tratado. Observou-se ainda que, de acordo com a previsão do artigo 38 do Estatuto da Corte, ou mesmo independentemente da previsão estampada nesse artigo, o Tribunal goza de alguma liberdade para considerar os princípios de equidade como parte do Direito Internacional que lhe compete aplicar[76].

Assim, não se trata de instrumento útil à correta aplicação da norma jurídica internacional existente, mas de método de raciocínio jurídico, fazendo valer o juiz, de determinada situação de fato, a aplicação de uma situação semelhante.

Têm sido apresentadas três possíveis funções da equidade em direito internacional[77]: função supletiva (*praeter legem*), função corretiva (*infra legem*) e funcção derrogatória (*contra legem*).

A primeira (*praeter legem*) é utilizada para suprir a falta de uma norma jurídica no caso em que o direito aplicável seja insuficiente ou existam lacunas jurídicas relativas ao assunto que é objeto do litígio.

A segunda (*infra legem*) tem por escopo atenuar o direito positivo vigente quando sua aplicação poderia trazer resultados demasiado rigorosos para as partes, ou seja, a rigidez da norma consagrada poderia trazer grandes inconvenientes, e, portanto, a observância da equidade pode trazer benefícios para os envolvidos na questão.

Por fim, a *contra legem* preconiza que a equidade não pode ser aplicada quando está em desconformidade com o direito vigente, salvo se houver acordo expresso entre as partes envolvidas.

7. ATO UNILATERAL

Os atos unilaterais e as resoluções das Organizações Internacionais, embora não estejam expressos no artigo 38 do Estatuto da Corte Internacional de Justiça, são

---

[75] CASANOVAS, Oriol; RODRIGO, Ángel. *Compendio de Derecho internacional público.* 6. ed. Madrid: Tecnos, 2017, p. 74.

[76] BROWNLIE, Ian. *Princípios de direito internacional público.* Lisboa: Fundação Calouste Gulbenkian, 1997, p. 37.

[77] Sobre esta matéria ROUSSEAU, Charles, *Derecho internacional público.* Barcelona: Ariel, 1957, p. 66 e 67, complementa: "a) La equidad, como medio de atemperar la aplicación del derecho; b) La equidad, como medio de completar la aplicación del derecho; c) La equidad, como medio de suplir la aplicación del derecho".

considerados por parte significativa da doutrina[78] como novas fontes do direito internacional[79].

O ato unilateral é aquele em que a manifestação de vontade de um sujeito de direito é suficiente para produzir efeitos jurídicos e geralmente surgem naqueles espaços não regulamentados pelo direito.

De fato, as declarações feitas por atos unilaterais relativas a situações legais ou fáticas podem ter o efeito de criar obrigações legais. Neste sentido Barral[80] enfatiza que as:

"Declarações deste tipo podem ser muito específicas. Quando é a intenção do Estado fazer com que a declaração seja obrigatória conforme seus termos, essa intenção confere à declaração o caráter de promessa legal, o Estado sendo, desde então, legalmente requisitado a seguir uma conduta compatível com a declaração. Uma promessa deste tipo, se dada a publicidade, e com a intenção de ser obrigatória, mesmo embora não tenha sido feita dentro do contexto de negociações internacionais, é obrigatória".

E demonstra seu entendimento a partir de um exemplo prático por intermédio de Laudo Arbitral *Ad Hoc* do Mercosul, constituído para entender da controvérsia presenteada pela República Oriental do Uruguai à República Federativa do Brasil sobre a proibição de importação de pneumáticos remoldados procedentes do Uruguai:

"O Uruguai iniciou o procedimento arbitral em conformidade com o capítulo IV do Protocolo de Brasília, contra o Brasil, por proibição de importação de pneumáticos remodelados de origem uruguaia ao mercado brasileiro. Mediante a Nota n. 1.798, de 27 de agosto de 2001, o Governo do Uruguai notificou ao SAM sua decisão de iniciar tal procedimento, solicitando por sua vez que notificasse sua decisão ao Brasil e ao Grupo Mercado Comum e iniciasse as tramitações necessárias para o seguimento normal dos

---

[78] RAMÍREZ, Manuel Becerra. *La recepción del derecho internacional em el derecho interno.* 2. ed. México, DF: UNAM, 2012, p. 8: "La doctrina de derecho internacional está dividida en este tema, ya que muchos especialistas ven con escepticismo la existencia de una norma internacional derivada de un acto unilateral; más bien, consideran que acto jurídico internacional tiene una explicación de ser en loas fuentes tradicionales; por ejemplo, la costumbre internacional y los tratados internacionales. En realidad, el tema de los actos unilaterales ha sido objeto de análisis en la doctrina y en jurisprudencia internacionales. En forma más menos frecuente. Sin embargo, en forma más contundente, en 1997 se puso en la agenda de la Comisión de Derecho Internacional de la ONU con objeto de establecer un concepto, precisar el funcionamiento de esta clase de actos y establecer us consecuencias jurídicas."

[79] MELLO, Celso Albuquerque. *Curso de direito internacional público.* Rio de Janeiro: Renovar, 1997, p. 280 e 289: "O ato unilateral tem sido considerado pelos modernos doutrinadores do DI como uma de suas fontes. Os doutrinadores têm assinalado o aparecimento de uma nova fonte formal, que não se encontra na enumeração do artigo 38 do estatuto da CIJ: a lei internacional, isto é, as decisões das organizações internacionais". Em sentido contrário, ARAÚJO, Luís Ivani Amorim. *Curso de direito internacional público.* 9. ed. Rio de Janeiro: Forense, 1997, p. 30-31: "O artigo 38 do Estatuto da Corte internacional de Justiça não faz alusão à possibilidade do Estado, por ato de seu talante, criar normas não sujeitas à anuência de terceiros que confirmam direitos e deveres no campo internacional. (...) Alguns juristas incluem as resoluções das organizações internacionais como fontes de nossa disciplina. Não os acompanho nesse modo de pensar, vez que as resoluções da Assembleia Geral não são *per se* obrigatórias para os Estados-membros, não gerando deveres jurídicos".

[80] BARRAL, Welber. *Direito internacional*: normas e práticas. Florianópolis: Fundação Boiteux, 2006, p. 55.

procedimentos arbitrais em conformidade com o artigo 7 parágrafo 2 do Protocolo de Brasília (...). O Brasil sustenta com respeito às normas, ditames, relatório e outros atos precedentes de órgãos administrativos, que estes constituem opiniões e pareceres provenientes de diferentes setores da administração pública que não têm competência específica para a regulamentação da política sobre o comércio exterior do país. (...) O Tribunal entende que o Brasil não pode tirar significação nem transcendência a esse fato que sempre existiu durante vários anos, com o argumento de que os importadores deixaram de declarar a informação que teria tornado aplicável a proibição já estabelecida"[81].

Partindo da ideia acima indicada, podem ser assinalados os elementos constitutivos dos atos unilaterais: a) manifestação de vontade; b) que seja realizado por um ou vários sujeitos de direito internacional; c) que a manifestação de vontade produza efeitos jurídicos; d) que sua eficácia ou validade não dependa de outros atos jurídicos (a celebração de um tratado, por exemplo); e) que o ato produzido esteja em conformidade com o direito internacional.

No plano internacional, podem regulamentar matéria a respeito da qual tenham um interesse especial e que este interesse também exista para a sociedade internacional, como no caso da lei canadense de 1970 para prevenir a poluição nas águas do Ártico até a distância de 100 milhas da costa.

Alguns autores[82] têm considerado que os atos unilaterais muito se aproximam dos contratos e tratados, uma vez que, quando uma pessoa cria obrigações a seu cargo, ela cria também um credor destas obrigações.

Os atos jurídicos unilaterais também poderão ensejar a formação de um Costume internacional na medida em que correspondem a uma das etapas de formação de uma norma de natureza consuetudinária. Nesta esteira, Moro[83] assevera que "los Estados que adoptan estos actos quedan obligados por los mismos, y puede, por tanto, aplicárseles esta costumbre 'in fieri'. Sus propios actos unilaterales les son oponibles por los otros sujetos de Derecho internacional, aunque para que la norma consuetudinaria cristalice necesitan la respuesta del resto de los Estados de la sociedad internacional, bien en sentido de seguir su comportamiento, o de tolerarlo. Si la respuesta no tuviera un alcance general, podría generarse una costumbre regional o local".

---

[81] BARRAL, Welber. *Direito internacional*: normas e práticas. Florianópolis: Fundação Boiteux, 2006, p. 55/56.

[82] Idem, ibidem; MELLO, Celso Albuquerque. *Curso de direito internacional público*. Rio de Janeiro: Renovar, 1997, p. 280.

[83] MORO, Lucia Millán, op. cit., p. 104: "Estos actos unilaterales constituyen, o pueden constituir, claramente parte del elemento material de la norma consuetudinaria en gestación. Si la práctica se generaliza, y termina de configurarse el elemento material, ha contribuido de manera importante a su formación. Pero el acto unilateral también contiene el germen de lo que luego será el elemento espiritual, pues la voluntad del Estado configura una pauta de comportamiento, aunque sólo se obligue a sí mismo. La *opinio iuris*, en este primer momento, aún no existe, pero el modelo de comportamiento que puede llegar a ser obligatorio para todos también comienza a definirse. Desde luego también este incipiente elemento espiritual puede variar, y cuando, finalmente, también se configure, la *opinio iuris* puede ser diferente del modelo esbozado en los primeros actos, pero en ellos también está ese germen".

Os atos unilaterais se classificam em tácitos (silêncio) e expressos (protesto, notificação, renúncia etc.)

O silêncio é assimilado à aceitação, ou seja, a ausência de protesto expressa a concordância implícita criada por um sujeito de direito.

O protesto é o modo pelo qual um Estado procura evitar que se forme uma norma costumeira ou um estado de coisas que lhe seja prejudicial. A finalidade do protesto é não receber como legítima uma dada pretensão, uma conduta, um estado de coisas.

A notificação é ato pelo qual o Estado leva ao conhecimento de outro, ou de outros Estados, um fato que pode produzir efeito jurídico. Essa comunicação oficial (no caso a notificação) é produzida no intuito de informar sobre ações que são produzidas por um determinado Estado que poderão trazer consequências para terceiro(s), como, por exemplo, em matéria de política externa, países vizinhos, meio ambiente, relações internacionais etc.

A promessa traduz-se no compromisso assumido por um Estado de ter no futuro certa atitude. Nesse caso, o Estado se manifesta de forma espontânea e gratuita assumindo que no futuro fará ou deixará de fazer algo.

A renúncia ocorre quando um sujeito de direito abandona voluntariamente seu direito, faculdade ou pretensão sobre algo. Esse ato unilateral pode se consubstanciar por ações que envolvem território, imunidades diplomáticas, reclamação junto a um tribunal internacional etc.

Finalmente, o reconhecimento, o mais importante dos atos unilaterais, é o ato por meio do qual um sujeito de direito internacional aceita uma determinada situação de fato e de direito e, eventualmente, declara considerá-la legítima.

8. AS RESOLUÇÕES DAS ORGANIZAÇÕES INTERNACIONAIS

As organizações internacionais, como será demonstrado com mais vagar na presente obra em capítulo próprio, são sujeitos de direito internacional e praticam vários atos da vida internacional.

As manifestações desse sujeito internacional ocorrem por meio de resoluções, que são produzidas para externar vários atos das organizações internacionais, tais como: uma recomendação, um convite, uma moção elogiosa, como também atribuir direitos e deveres para outros sujeitos de direito internacional.

Frise-se, por oportuno, que as resoluções produzidas por uma organização internacional podem estar voltadas apenas para seu "público interno", isto é, para os funcionários da mesma e/ou para o seu funcionamento interno, bem como para os Estados que a ela são associados e, dependendo da natureza da organização internacional, no plano global.

As resoluções internas reconhecem a capacidade de autogestão das Organizações Internacionais, sendo consideradas verdadeiro direito interno, no sentido de dar funcionalidade à organização no tocante ao exercício das competências internas, como, por exemplo, os órgãos que fazem parte de sua estrutura, funcionários, funcionamento etc.

De fato, de maneira explícita ou implícita, defendem alguns[84], todas as organizações internacionais recebem os poderes de decisão necessários para atingir os objetivos fixados pela sua carta constitutiva, garantir a continuidade de seu funcionamento e permitir a sua adaptação às alterações de circunstâncias ou de situações internacionais.

O direito de adotar atos obrigatórios é vasto e mais firme quando se trata de assegurar à organização um bom funcionamento interno e a eficácia dos seus processos, do que na hipótese em que se procura uma participação efetiva da organização nas relações internacionais.

Mas são as resoluções produzidas no plano externo que são observadas ações e efeitos importantes no campo do Direito Internacional.

Não que os atos internos sejam considerados menores, até porque sem eles as Organizações não teriam funcionalidade, mas alguns desses atos se apresentam como verdadeiras "leis internacionais".

Essas "leis internacionais" correspondem às resoluções que são normas originadas em uma organização internacional e são obrigatórias para os Estados-Membros, independentemente de qualquer ratificação por sua parte.

Antes, porém, de entrar nessa senda, impende assinalar que a doutrina[85], por vezes, tem encontrado certa dificuldade para apresentar um conceito para as resoluções das organizações internacionais, como nessa passagem:

"Las resoluciones no se prestan a una definición más precisa, porque no tienen un contenido típico. Así se puede decir que cumplen una función instrumental, cuando no directa, en el sentido que son utilizadas para expresar una voluntad dotada de variada eficacia. Sucede así que, en la misma resolución emitida, por ejemplo, por la Asamblea General de las Naciones Unidas, se encuentran reunidas varias declaraciones de voluntad: se puede encontrar, de hecho, una toma de actitud, la aprobación de la actividad de un cierto órgano, o aún una verdadera y propia decisión.

Por esto es difícil establecer la real eficacia jurídica de una resolución dada. Ciertamente un buen número de resoluciones adoptadas por la Asamblea General de las Naciones Unidas u otros entes con vocación política son precisamente y sobre todo,

---

[84] DINH, Nguyen Quoc; DAILLIER, Patrick; PELLET, Alain. *Direito internacional público*. 2. ed. Lisboa: Fundação Calouste Gulbenkian, 2003, p. 379.

[85] RAMÍREZ, Manuel Becerra. *La recepción del derecho internacional em el derecho interno*. 2. Ed. México, DF: UNAM, 2012, p. 5: "En un tiempo, la doctrina de derecho internacional se enfrascó en una discusión bastante amplia sobre la naturaleza jurídica de las resoluciones de los organismos internacionales. La discusión no era solamente teórica, sino que tenía una razón de ser, práctica. Muchas de las resoluciones de la Asamblea General de la ONU fueran promovidas o inspiradas por los países subdesarrollados y la doctrina que fundamentalmente predominó fue considerar que no eran obligatorias en virtud de su origen, la Carta de San Francisco no reconocía a la AG capacidad de dictar resoluciones obligatorias. Sin embargo, en contra de esta postura, muchas resoluciones han tenido una repercusión indudable en el derecho internacional. Tal es el caso de la resolución de la AG 2625, del 24/10/1970 acerca de la Declaración sobre los principios de derecho internacional, o bien la resolución de la AG 33, que da una definición del término agresión en derecho internacional."

productoras de efectos políticos relevantes; pero esto no presupone necesariamente que tales actos sean capaces de producir efectos jurídicos obligatorios"[86].

Partindo-se dessa leitura, evidencia-se que, além das dificuldades colocadas para definição das resoluções das organizações internacionais, em razão da real eficácia jurídica, também se observa o aspecto de que nem todas as resoluções internacionais que são produzidas terão a natureza de obrigatoriedade e, portanto, de ser o que se denomina hodiernamente "lei internacional".

Melhor esclarecimento prestou Julio Barberis, que sublinhou que as resoluções das organizações internacionais produzirão, de forma efetiva, efeitos no âmbito do Direito Internacional, apresentando-as em grupos:

"a) A manifestação de vontade deve ser expressada por uma organização internacional com capacidade suficiente. Assim, uma pessoa determinada é considerada como órgão da Organização e, portanto, seus atos são atribuídos a esta última, na medida em que suas condutas estão previstas no tratado constitutivo como se fossem condutas da organização. Adicionalmente, para que a manifestação seja atribuída para a Organização deve-se seguir o procedimento previsto em seu tratado constitutivo. Por outro lado, a Organização deve gozar de competência para ditar resoluções sobre determinadas matérias.

b) A manifestação de vontade não deve estar condicionada ao consentimento de outro sujeito internacional. Se bem que o tratado constitutivo de uma Organização Internacional serve de fundamento para a validez das resoluções ditadas por esta; a resolução se caracteriza por ser unilateral, mas não requer o consentimento dos Estados-Membros para sua validez.

c) A manifestação de vontade deve estar destinada a impor uma obrigação ou outorgar um direito. **Com efeito, as resoluções que são fontes do direito internacional tendem a criar uma norma que prescreve juridicamente uma conduta humana como sendo permitida, proibida ou obrigatória**. Não têm o caráter prescritivo aquelas que formulam recomendações, fazem votação de alguma matéria, solicitam colaboração ou que venham a empregar algumas expressões semelhantes. A resolução deve impor sempre uma obrigação ou outorgar uma competência ou faculdade ou, ainda, adjudicar um direito. A ideia de imposição não surge de um critério meramente quantitativo, ou seja, de uma elaboração através de votações e maiorias, é usual que na prática das organizações internacionais se adotem acordos e resoluções por consenso, com a anuência e participação de todos os integrantes da mesma.

d) A manifestação de vontade deve estar regida pelo direito internacional. A resolução de uma Organização Internacional deve reger-se não apenas pelo tratado constitutivo da mesma, mas também pelo direito internacional geral" (grifei)[87].

---

[86] TALAVERA, Fabián Novak; MOYANO, Luis García Corrochano. *Derecho internacional público*. Peru: Fondo Editorial de la PUC, 2003. t. I., p. 503.

[87] BARBERIS, Julio. *Fuentes del derecho internacional*. La Plata: Platense, 1973, p. 161 (em tradução livre).

Verifica-se, pois, que as resoluções que produzirão efeitos no campo das relações internacionais se caracterizam pela manifestação de vontade de uma organização internacional que possua capacidade, investida pelos Estados e pelo próprio Direito Internacional, e que venha a criar uma norma de direito internacional.

Nesse caso, trata-se de verdadeira "lei internacional" e se manifesta nos seguintes atos da vida internacional, entre outros: nas convenções internacionais do trabalho; nas convenções em matéria sanitária da OMS (entram em vigor se os Estados não declaram a sua não aceitação em determinado lapso de tempo, isto é, as convenções podem se tornar obrigatórias para os estados independentemente de ratificação); no âmbito da ONU (a Carta da ONU trata da questão referente à manutenção da paz; a resolução é tomada com fundamento no capítulo 7º da Carta da ONU, sendo obrigatória para todos os Estados, mesmo os que não façam parte da ONU).

Aspecto interessante sobre a internalização das resoluções vinculativas do Conselho de Segurança das Nações Unidas foi abordado por Nemer[88], que se utilizou do caso paradigmático que envolveu o congelamento dos bens do banco ABC, em face do bloqueio de bens da família do ex-ditador Muamar Kadafi, determinado pela justiça brasileira, por conta do estabelecido nas Resoluções 1970 e 1973 do Conselho de Segurança, de 2011, implementadas pelo Decreto n. 7.527, de 18 de julho de 2011. Em face das incertezas geradas à época, foi adotada a Lei n. 13.170, de 16 de outubro de 2015, que foi revogada pela Lei n. 13.810, de 8 de março de 2019, que dispõe sobre o cumprimento de sanções impostas por resoluções do Conselho de Segurança das Nações Unidas, incluída a indisponibilidade de ativos de pessoas naturais e jurídicas e de entidades, e a designação nacional de pessoas investigadas ou acusadas de terrorismo, de seu financiamento ou de atos a ele correlacionados; e revoga a Lei n. 13.170, de 16 de outubro de 2015.

A lei estabelece, dentre tantos aspectos relevantes, que as resoluções sancionatórias do Conselho de Segurança das Nações Unidas e as designações de seus comitês de sanções são dotadas de executoriedade imediata na República Federativa do Brasil. Ademais, preconiza, sem prejuízo da obrigação de cumprimento imediato, que o Ministério da Justiça e Segurança Pública comunicará, sem demora, as sanções de indisponibilidade de ativos aos órgãos reguladores ou fiscalizadores, para que comuniquem

---

[88] BRANT, Leonardo Nemer Caldeira. *Teoria geral do direito internacional público*. Belo Horizonte: CEDIN, 2020, p. 282: "Atendendo às resoluções, bem como ao pedido do Departamento de Recuperação de Ativos e Cooperação Jurídica Internacional do Ministério da Justiça, a AGU protocolou ação na Seção Judiciária de São Paulo solicitando o bloqueio de 57,28% do capital social do Banco ABC e de 99% do capital da ABC Brasil Distribuidora de Títulos e Valores Mobiliários. De fato, ambas as instituições são controladas indiretamente pelo Banco Central da Líbia. A decisão da justiça federal de São Paulo determinou o bloqueio das ações de titularidade do Banco Central da Líbia, bem como o repasse de qualquer remuneração a esse, visando impedir o armamento de forças ligadas ao então ditador Kadafi, não implicando, porém, em nenhuma restrição na administração ordinária das duas instituições financeiras. Não obstante, em março de 2012 a AGU publicou em seu *site* a informação de que havia solicitado a liberação dos ativos financeiros do Banco Central da Líbia, uma vez que o Conselho de Segurança havia excluído a instituição da lista de entidades sujeitas a sanções no dia 16 de dezembro de 2011".

imediatamente às pessoas naturais ou jurídicas de que trata o art. 9º da Lei n. 9.613, de 3 março de 1998, restrições à entrada de pessoas no território nacional, ou à saída dele, à Polícia Federal, para que adote providências imediatas de comunicação às empresas de transporte internacional; e restrições à importação ou à exportação de bens à Secretaria Especial da Receita Federal do Ministério da Economia, à Polícia Federal e às Capitanias dos Portos, para que adotem providências imediatas de comunicação às administrações aeroportuárias, às empresas aéreas e às autoridades e operadores portuários.

Parte II

O Estado como Sujeito de Direito Internacional

Capítulo IV
O Estado na Ordem Jurídica Internacional

1. CONCEITO

O conceito de "Estado"[1] vem evoluindo desde a Antiguidade, a partir da *Pólis* grega e da *Civitas* romana. Até o limiar da Idade Média a denominação Estado era desconhecida, sendo empregadas diversas expressões, por exemplo, *rich, imperium* etc.

O termo tem origem no latim *status*, reportando-se ao entendimento de "estar firme", sendo empregado pela primeira vez com sentido jurídico e político, no século XVI, por Maquiavel, em sua obra *O príncipe*[2], quando indicou a organização de comunidades denominadas "cidades-estado".

Segundo Bedin[3], a emergência do Estado moderno foi resultado da convergência histórica de um conjunto significativo de acontecimentos (a crise da sociedade feudal, o florescimento do comércio, o declínio do papado, o Renascimento, a reforma protestante etc.). Por isso esse processo foi bastante lento e se mostrou um longo e difícil caminho para ser concluído.

O significado da palavra Estado surge no cenário internacional, *a priori*, na Itália, reportando-se à formação conceitual de Estado Moderno, e logo se espalha pela Europa Ocidental, inclusive na Inglaterra, onde esta definição substituiu de forma gradativa o conceito de *Commonwealth*.

O conceito de *Estado* varia do ponto de vista de cada doutrina, autor e enfoque que se pretende dar sobre ele, ou seja, sob o aspecto político, sociológico, constitucional, filosófico, no campo internacional, tornando, portanto, extremamente difícil estabelecer os reais contornos para o termo Estado. Segundo Bobbio, o conceito de Estado não é

---

[1] *Vide* DALLARI, Dalmo de Abreu. *Elementos de teoria geral do Estado.* 19. ed. São Paulo: Saraiva, 1995, p. 43-50.

[2] MACHIAVELLI, N. *O príncipe.* Rio de Janeiro: Edições de Ouro, 1975, reflete a reforma política, o livre exame dos fatos históricos, o ataque às tradições medievais, a instituição do êxito como única medida do poder do príncipe, a ruptura do temporal com o espiritual.

[3] BEDIN, Gilmar. *A sociedade internacional clássica*: aspectos históricos e teóricos. Ijuí: Unijuí, 2011, p. 16.

universal, mas serve apenas para indicar e descrever uma forma de ordenamento político-co surgido "na Europa a partir do século XIII até os fins do século XVIII ou inícios do século XIX, na base dos pressupostos e motivos específicos da história europeia e que após esse período se estendeu, libertando-se, de certa maneira, das suas condições originais e concretas de nascimento, a todo mundo civilizado"[4].

Kelsen, ao identificar essa dificuldade, enfatiza que, devido à variedade de objetos que o termo comumente denota, definir Estado torna-se difícil. Às vezes a palavra é usada em sentido amplo para indicar a sociedade como tal ou alguma forma especial desta. Mas também é utilizada com frequência para indicar sentido bem mais restrito, ou seja, para apontar um órgão particular em sociedade, como, por exemplo, o governo, os sujeitos do governo, uma nação ou o território que eles habitam.

A situação insatisfatória da teoria política – que, essencialmente, é uma teoria do Estado – deve-se, em boa parte, ao fato de diferentes autores tratarem de problemas bastante diferentes usando o mesmo termo, e até de um mesmo autor usar inconscientemente a mesma palavra com vários significados[5].

Maluf assinala que o Estado é uma organização destinada a manter, pela aplicação do Direito, as condições universais de ordem social. E o Direito é o conjunto das condições existenciais da sociedade, que ao Estado cumpre assegurar[6].

Dallari[7], por sua vez, explana que o conceito de Estado é o de ordem jurídica soberana, que tem por fim o bem comum de um povo situado em determinado território.

Kelsen apresentou como óbvia a identificação do Estado com a ordem jurídica em razão da própria caracterização feita pelos sociólogos acerca da ideia de que é uma sociedade politicamente organizada:

Já que a sociedade é constituída por organização, é mais correto definir o Estado como "organização política". Uma organização é uma ordem. Mas em que reside o caráter político dessa ordem? No fato de ser uma ordem coercitiva. O Estado é uma organização política por ser uma ordem que regula o uso da força, porque ela monopoliza o uso da força. Porém, esse é um dos caracteres essenciais do Direito. O Estado é uma sociedade politicamente organizada porque é uma comunidade constituída por uma ordem coercitiva, e essa ordem coercitiva é o Direito[8].

Na visão de Celso Bastos[9], o Estado é a ordem política sob a qual vive o homem moderno. Ela caracteriza-se por ser a resultante de um povo vivendo sobre um território

---

[4] BOBBIO, Norberto. *Dicionário de política.* 10. ed. Brasília: Ed. UnB, 1997, p. 425,

[5] KELSEN, Hans. *Teoria geral do direito e do Estado.* São Paulo: Martins Fontes, 1998, p. 261.

[6] MALUF, Sahid. *Teoria geral do Estado.* 8. ed. São Paulo: Sugestões Literárias, 1974, p. 17.

[7] DALLARI, Dalmo de Abreu. *O futuro do Estado.* São Paulo: Saraiva, 2001, p. 49.

[8] KELSEN, Hans. *Teoria geral do direito e do Estado,* cit., p. 273.

[9] BASTOS, Celso Ribeiro. *Curso de teoria do Estado e ciência política.* 3. ed. São Paulo: Saraiva, 1995, p. 10.

delimitado e governado por leis que se fundam em poder que não seja sobrepujado por nenhum outro externamente e supremo internamente.

Hermes Lima[10] sustenta que a origem do poder político reside na necessidade socialmente experimentada de que exista um órgão de comando e ação para defender e liderar a ordem pública, isto é, a ordem indispensável à convivência numa sociedade de seres humanos e de bens produzidos pelo trabalho associado desses seres.

Formulando uma conceituação para Estado, Nader afirmou que é um complexo político, social e jurídico, que envolve a administração de uma sociedade estabelecida em caráter permanente em um território e dotado de poder autônomo[11].

O Estado é um fenômeno histórico, sociológico e político considerado pelo Direito. A sua definição ambiciona essencialmente isolar este fenômeno, bem como a instituição jurídica de outras entidades que desempenham um papel nas relações internacionais: o Estado deve permanecer um sujeito de direito suficientemente poderoso e "raro" para pretender conservar um lugar privilegiado na condução das relações internacionais[12].

De toda sorte, não tendo a pretensão de alargar por demais o assunto, pois vários entendimentos e conceitos podem ser suscitados para Estado[13], apresenta-se uma ideia para nortear o presente estudo, como sendo uma organização política[14] destinada a manter a ordem social, política e jurídica, zelando pelo equilíbrio, pela paz e harmonia, num sentido maior, pelo bem-estar social dos administrados, devendo ser levada em conta a existência dos elementos constitutivos, quais sejam: povo, território, governo, soberania e finalidades.

2. ELEMENTOS CONSTITUTIVOS DO ESTADO

Apesar da controvérsia existente na doutrina[15] acerca dos elementos constitutivos do Estado como sendo imprescindíveis e necessários para a sua caracterização, para

---

[10] LIMA, Hermes. *Introdução à ciência do direito*. 26. ed. Rio de Janeiro: Freitas Bastos, 1980, p. 26.

[11] DINH, Nguyen Quoc et al. *Direito internacional público*. 2. ed. Lisboa: Fundação Calouste Gulbenkian, 2003, p. 417.

[12] NADER, Paulo. *Introdução ao estudo do direito*. 16. ed. Rio de Janeiro: Forense, 1998, p. 153.

[13] BOSON, Gérson de Britto Mello. *Direito internacional público*. 3. ed. Belo Horizonte: Del Rey, 2000, p. 211, acentua que o conceito de Estado em Direito Internacional não tem a amplitude que lhe atribui a Teoria Geral do Estado. Em direito das gentes, a Teoria do Estado restringe-se àquelas entidades político-jurídicas a quem a norma internacional imputa ou reconhece direitos subjetivos.

[14] Sobre o conceito de Estado, FERREIRA FILHO, Manoel Gonçalves. *Curso de direito constitucional*. 24. ed. São Paulo: Saraiva, 1997, p. 45: "Segundo ensina a doutrina tradicional, o Estado é uma associação humana (povo), radicada em base espacial (território), que vive sob o comando de uma autoridade (poder) não sujeita a qualquer outra (soberana)".

[15] Neste sentido, BASTOS, Celso Ribeiro. *Curso de direito constitucional*. 19. ed. São Paulo: Saraiva, 1998, p. 10: "Há aqueles que no fundo consideram que toda vez que se unir um território a um governo e a um povo resulta necessariamente num Estado. Para eles esses seriam não só elementos indispensáveis como bastantes à existência do Estado. Há, no entanto, outra corrente, que, sem negar serem esses elementos necessários, procura enfatizar que

efeito didático serão tomadas apenas as ideias que lhes são concernentes. Ou seja, à medida que os elementos constitutivos dos Estados se unem (povo, território, governo, soberania e finalidades), teremos a formação do Estado. Se faltar um desses elementos não haverá, em princípio, Estado propriamente dito.

O Estado corresponde a uma organização política e administrativa que contém, em regra, território (porção de área demarcada), povo (grupo de pessoas), governo, poder soberano e finalidades de garantia existencial e de desenvolvimento social e do cidadão.

Entretanto, há de se observar que em algumas circunstâncias pode existir o Estado independentemente da ausência de algum dos elementos constitutivos, por exemplo, no caso da França, que, ao ser ocupada pelos alemães, na Segunda Guerra Mundial, não deixou de ser reconhecida e teve a sede temporária de seu governo transferida para a Inglaterra.

As hipóteses criadas pelas relações mundiais autorizam uma maleabilidade ou mesmo ausência de elementos constitutivos do Estado como o entendemos.

A despeito dessas questões *sui generis* que por vezes se apresentam no panorama internacional e variam de acordo com os interesses políticos dos Estados, levam-se em consideração as *situações normais* em que se vislumbram claramente os referidos elementos constitutivos.

A Convenção de Montevidéu sobre Direitos e Deveres dos Estados dispõe: "O Estado como pessoa de Direito Internacional deve preencher os seguintes requisitos: a) ter uma população permanente; b) possuir um território definido; c) possuir um governo; d) ter capacidade para estabelecer relações com outros Estados".

Quanto ao primeiro elemento constitutivo – o povo[16] –, Abad afirma que este constitui a causa material do Estado, como se vê: "el pueblo constituye la causa material del Estado es decir aquello de que está compuesto, o sea el hombre reunido en comunidad. Es además el sujeto del poder del Estado, su poseedor y su titular"[17].

Assim, povo corresponde ao componente humano do Estado e, pelo fato de o Estado surgir em função das pessoas que o compõem, é inimaginável sua existência sem o elemento povo.

---

de um lado o Estado suplanta esses três – ao necessitar, por exemplo, de outros não aí incluídos, podendo ser citados, a título exemplificativo, os fins do próprio Estado – e, de outra parte, não ser também absolutamente inconcebível a existência de Estado com a ausência de um ou alguns desses elementos".

[16] Há aqueles que diferenciam povo de população, como DALLARI, Dalmo de Abreu. *Elementos de teoria geral do Estado*, cit., p. 81: "É unânime a aceitação da necessidade do elemento pessoal para a constituição e a existência do Estado, uma vez que sem ele não é possível haver Estado e é para ele que o Estado se forma. Há, todavia, quem designe como população esse elemento pessoal. Ora, população é mera expressão numérica, demográfica, ou econômica, segundo Marcello Caetano, que abrange o conjunto de pessoas que vivam no território de um Estado ou mesmo que se achem nele temporariamente. Mas o fato de alguém se incluir na população de um Estado nada revela quanto ao vínculo jurídico entre a pessoa e o Estado, não sendo também necessária a constituição de uma vinculação jurídica especial para que alguém se inclua numa população. Assim, pois, essa expressão não tem sentido jurídico e não pode ser usada como sinônima do povo".

[17] ABAD, Rodolfo R. *El Estado en el desarrollo de la comunidad*. Buenos Aires: Club de Lectores, 1968, p. 49.

Frise-se que o elemento quantitativo para o direito internacional, isto é, o número de pessoas que habitam um determinado Estado, é irrelevante, pois o Estado poderá ter mais de um bilhão e quatrocentos milhões de habitantes, como a China, ou aproximadamente quarenta mil habitantes, como Liechtenstein.

A Convenção de Montevidéu acentua que o elemento humano deve ser estável, isto é, assentado de maneira permanente em um determinado território e com isso, evita-se a formação de uma população "nômade".

No que tange ao território, pode-se afirmar que é a base física do Estado, ou seja, o espaço geográfico em que se estabelece uma comunidade. Casella acentua que o território foi durante muito tempo quadro de segurança e é por esse dado, sobretudo, que o seu papel foi capital na constituição dos Estados modernos. O autor e enfatiza que:

"São considerados dados cruciais para as questões territoriais, tais como: a) a questão da estabilidade – assegura ao estado o quadro para o exercício reconhecido de suas atribuições soberanas; b) a questão da notoriedade das situações territoriais – a condição de publicidade exigida para a aquisição por meio de posse a longo prazo; c) a consolidação por meio de títulos históricos – o interesse fundamental justifica a importância que tem no direito internacional a consolidação por meio de títulos históricos, bem como a flexibilidade de sua interpretação e aplicação; d) a efetividade da posse – o direito internacional reconhece à efetividade da posse territorial efeitos que o direito privado está longe de admitir, em matéria de propriedade; e) a necessidade de contrabalançar equilíbrio político e fins humanitários nas questões territoriais – porquanto a rarefação dos espaços livres impõe, em nosso tempo, limites estritos para as ambições territoriais, e mesmo as mutações territoriais se fazem menos frequentes, que passam a ter a qualificação jurídica definida, como expressão de relação de equilíbrio"[18].

O território do Estado é o local em que se assenta a soberania estatal[19], como nas palavras de Abad: "El territorio es el límite de tierra, aire y agua (mares y ríos) donde se asienta la soberanía del Estado, y también donde se ejerce su potestad suprema de jurisdicción, o sea aquella facultad estatal de declarar el derecho y la ley del mismo Estado. El territorio con todas sus características físicas y ambientales, gravita poderosamente en la vida del Estado tipificándole de una manera tal, que sus habitantes o pobladores han de participar de sus consecuencias durante toda su vida de relación"[20].

---

[18] CASELLA, Paulo Borba. *Direito internacional dos espaços*. São Paulo: Atlas, 2009, p. 149.

[19] BARRAL, Welber. *Direito internacional*: normas e práticas. Florianópolis: Fundação Boiteux, 2006, p. 62, lembra que "o título de aquisição de soberania territorial no Direito Internacional atual baseia-se tanto num ato efetivo, como a ocupação ou a conquista, ou, como a cessão, pressupõe que o cedente e o cessionário ou pelo menos um deles tem a faculdade de efetivamente dispor do território cedido. Da mesma forma, a acessão natural pode ser concebida apenas como um acréscimo a uma porção do território onde existe uma soberania efetiva, capaz de estender sua esfera de atividade. Parece portanto natural que um elemento que é essencial para a constituição da soberania não possa estar faltando em sua continuação".

[20] BARRAL, Welber. *Direito internacional*: normas e práticas. Florianópolis: Fundação Boiteux, 2006, p. 62.

Da mesma forma que não se concebe um Estado sem o elemento humano, igual raciocínio deve ser empregado para o território (salvo nos casos excepcionais já demonstrados), posto que o Estado desaparece com a perda daquele.

O fato de o Estado ter um território grande é irrelevante para o Direito Internacional até porque existem microestados no cenário internacional, mas não pode ser desprezado no aspecto político.

Cumpre destacar que a exigência de um território determinado não deve ser entendida em sentido absoluto: "(...) adjetivo determinado não significa que o território deve estar perfeitamente delimitado. No caso da América Latina, por exemplo, os países foram devidamente reconhecidos internacionalmente, muito embora as suas fronteiras ainda não fossem definitivas. O mesmo fenômeno ocorre atualmente na África"[21].

Destaca-se ainda, a título de exemplo, que no ano de 1913 a Albânia foi reconhecida por vários Estados apesar da ausência de fronteiras estabelecidas, e o Estado de Israel foi admitido na Organização das Nações Unidas, embora suas fronteiras estivessem em litígio.

A existência de um governo, com autoridades encarregadas de estabelecer e fazer cumprir as normas existentes no âmbito interno, bem como conduzir as relações internacionais, é a evidência de que existe uma organização política estável e apta a ser reconhecida no plano internacional.

Assim, ao conjugar o governo com a soberania[22], evidencia-se que este é o elemento condutor do Estado, ou seja, que detém e exerce o poder absoluto de autodeterminação e auto-organização emanada do povo. Conforme Bobbio, a ideia de soberania *lato sensu*, sob o condão político jurídico, indica o poder de mando de última instância, numa sociedade política e, consequentemente, a diferença entre esta e as demais associações humanas em cuja organização não se encontra este poder supremo, exclusivo e não derivado[23].

A soberania corresponde, em regra, à independência política e administrativa que tem um Estado em relação aos demais Estados existentes na ordem internacional.

Com as mudanças ocorridas no plano das relações internacionais, a definição de Estado sofre uma "mutação" e exige, portanto, flexibilidade de interpretação no que tange à independência referida na definição de soberania.

Isso ocorre devido às relações externas que impõem observância e adequações dos Estados às exigências internacionais decorrentes das mais diversas áreas (comerciais,

---

[21] SILVA, G. E. Nascimento; BARRAL, Welber. *Direito internacional*: normas e práticas. Florianópolis: Fundação Boiteux, 2006, p. 18.

[22] PAUPÉRIO, Artur Machado. *Teoria democrática da soberania*. Rio de Janeiro: Forense Universitária, 1997, p. 137, assinala que a soberania é vista como sendo a qualidade do poder supremo do Estado de não ser obrigado ou determinado senão pela sua própria vontade, dentro da esfera de sua competência e dos limites superiores do Direito.

[23] BOBBIO, Noberto; MATTEUCCI, Nicola; PASQUINO, Gianfranco. *Dicionário de política*. 5. ed., v. 2. Brasília: Ed. Universidade de Brasília, 2000, p. 1179.

financeiras, direitos humanos violados etc.), sob pena de embargos, restrições e até intervenção militar.

A soberania pode ser estudada numa perspectiva interna e numa perspectiva externa. A primeira se manifesta nos diferentes poderes do Estado: no Legislativo, no Executivo e no Judiciário. É a consagração do direito de autodeterminação, isto é, o direito do Estado de ter o governo e as leis que bem entender sem sofrer interferência estrangeira. Decorre da soberania interna o direito de organização política; de formular as suas próprias leis e aplicá-las; o direito de jurisdição e o de domínio. O aspecto externo corresponde ao direito à independência que se manifesta no direito de convenção; direito à igualdade jurídica; direito de legação; direito ao respeito mútuo[24].

Com efeito, a noção de soberania tem sido o ponto de partida para o desenvolvimento de vários princípios fundamentais do Direito Internacional referentes ao comportamento dos Estados e, em particular, da norma que proclama a igualdade soberana dos Estados, assim como a que proíbe a intervenção em assuntos internos de outros Estados.

Desse modo, afirma Salcedo, "puede decirse que los derechos y deberes básicos de los Estados, que se derivan de tales principios, consisten esencialmente en el ejercicio de la soberanía por los Estados independientes y en el respecto por dichos Estados, a su vez, del ejercicio de la soberanía de los otros Estados, dentro de una comunidad internacional regida por principios jurídicos"[25].

O princípio da soberania do Estado está fortemente ancorado no direito internacional público, a começar pelo artigo 2, parágrafo 1, da Carta das Nações Unidas, que estabelece que a Organização está baseada no princípio da igualdade soberana de todos os seus membros e depois na Resolução 2.625, que dispõe que todos os Estados gozam de igualdade soberana.

Possuem iguais direitos e deveres, em que pesem as diferenças de ordem econômica, social, política ou de qualquer outra natureza. Em particular, a igualdade soberana compreende os seguintes elementos: a) os Estados são iguais juridicamente; b) cada Estado goza dos direitos inerentes à plena soberania; c) cada Estado tem o dever de respeitar a personalidade dos demais Estados; d) a integridade territorial e a independência política do Estado são invioláveis; e) cada Estado tem o direito a eleger e levar adiante livremente seu sistema político, social, econômico e cultural; f) cada Estado tem o dever de cumprir plenamente e de boa-fé suas obrigações internacionais e de viver em paz com os demais Estados.

Por último, evidencia-se que o estudo da finalidade é muito importante, pois, como assevera Dallari[26], seria impossível chegar a uma ideia completa de Estado sem ter consciência de seus fins.

---

[24] MELLO, Celso Albuquerque. A soberania através da história. *Anuário*: direito e globalização. Rio de Janeiro: Renovar, 1999, p. 17.

[25] SALCEDO, Juan Antonio Carrillo. *Curso de derecho internacional*. Madrid: Tecnos, 1991, p. 41.

[26] DALLARI, Dalmo de Abreu. *Elementos de teoria geral do Estado*, cit., p. 87.

A falta de consciência das finalidades é que faz com que, não raro, algumas funções importantes, mas que representam apenas uma parte do que o Estado deve objetivar, sejam tomadas como finalidade única ou primordial, em prejuízo de tudo o mais.

Realizadas essas considerações acerca dos elementos constitutivos do Estado, passemos à sua classificação.

3. CLASSIFICAÇÃO DOS ESTADOS

Os Estados podem ser classificados de um ponto de vista puro, quanto à sua estrutura, em Estados simples (unitários) e Estados compostos (complexos). A classificação ora indicada é interessante para identificar especialmente a disposição do Estado no plano interno, mas com desdobramentos no sistema internacional. Conforme acentua Boson[27], para o direito internacional, "os Estados podem ser classificados, com êxito, segundo o critério da sua estrutura e segundo o critério do seu grau de independência. O primeiro critério tem um fundamento no direito constitucional do Estado a ser classificado, enquanto o segundo se baseia, diretamente, no *jus gentium*, porque diz respeito à capacidade internacional de agir a este conferida ou regulada por norma do direito das gentes".

Vale destacar, desde logo, que independentemente da forma de Estado um grau mínimo de descentralização é aceitável, entendendo-se, aqui, como descentralização administrativa.

3.1. Estados simples

Os Estados simples são aqueles que dispõem de uma estrutura organizacional estabelecida de maneira uniforme; todavia, não é de todo correto afirmar que todos os Estados unitários possuem um poder político único e centralizado, uma vez que poderão ser encontrados Estados caracterizados por um unitarismo descentralizado (Estado regional). Assim sendo, há dois tipos de Estado unitário: *centralizado* e *descentralizado*.

O primeiro caracteriza-se por um alto grau de concentração política, em nível territorial, do Estado como um todo, sendo que tal concentração política é concernente às atividades legislativas e governativas. Isso ocorre pelo fato de não existir em sua organização interna qualquer tipo de repartição.

Por seu turno, *a contrario sensu*, o Estado unitário descentralizado compreende uma descentralização política regional (legislativa e administrativa), abarcando, em uma primeira hipótese, uma parcela considerável de autonomia da atividade política, legislativa e administrativa por parte de todas as regiões periféricas (Estado unitário descentralizado integral) ou, em uma segunda hipótese (Estado unitário descentralizado parcial), somente algumas regiões de seu território gozarão de autonomia política, sendo que as demais, apenas, possuirão descentralização administrativa.

---

[27] BOSON, Gérson de Britto Mello. *Direito internacional público*. 3. ed. Belo Horizonte: Del Rey, 2000, p. 229.

No Estado regional *integral* todo o território se divide em regiões autônomas. No Estado regional *parcial* encontram-se regiões politicamente autônomas e regiões ou circunscrições só com descentralização administrativa, verificando-se, pois, diversidade de condições jurídico-políticas de região para região[28].

Boson[29] acentua que a formação do Estado unitário supõe condições sociais e políticas especiais: população homogênea e disciplina das diversas regiões que aceitam a supremacia de um poder central; a tais condições internas junta-se outra, de ordem externa: a necessidade que tem o Estado de concentrar todos os esforços para subsistir em face dos grupos vizinhos. São exemplos de Estados simples: Portugal, Espanha, Uruguai, Chile, Japão etc.

3.2. Estados compostos

Os Estados compostos apresentam uma estrutura complexa; a centralização do poder não é integral, isto é, o governo central reparte com coletividades locais as diversas competências constitucionais, tais como: legislação, jurisdição e administração.

Entretanto, cumpre ressaltar que as competências internacionais são desenvolvidas pelo poder central: o direito de legação, o direito à guerra e o direito para celebrar tratados[30]. Os Estados compostos podem ser divididos em Estados compostos por coordenação e compostos por subordinação.

3.2.1. *Estados compostos por coordenação*

Os Estados compostos por coordenação são os que têm um órgão central coordenando a União. Hoje, o tipo mais perfeito é a Federação, posto que os Estados abrem mão de sua soberania em favor da União, a qual, por isso, celebra tratados, declara guerra e mantém relações diplomáticas. São Estados compostos por coordenação: o Estado Federal, a Confederação dos Estados e as Uniões de Estados (Real ou Pessoal).

Para efeito deste estudo, a despeito da classificação retromencionada, teremos particular interesse na análise do Estado Federal, por se tratar da classificação na qual se enquadra o Estado brasileiro.

a) Federação de Estados

Etimologicamente a expressão "federação" significa aliança, sendo correto afirmar que o Estado federal decorre de uma aliança ou união de Estados. Todavia, ao recorrer à história, verifica-se que ocorreram várias alianças entre Estados, mas nem todas

---

[28] MIRANDA, Jorge. *Manual de direito constitucional*. 4. ed. revista e atualizada. Tomo III. "Estrutura constitucional do estado". Coimbra: Coimbra Ed., 1998, p. 282.

[29] BOSON, Gérson de Britto Mello. *Direito internacional público*. 3. ed. Belo Horizonte: Del Rey, 2000, p. 230.

[30] Nesse sentido, convém registrar a competência privativa do presidente da República nestas matérias conforme estabelece o art. 84, VII, VIII, XIX e XX, da CF.

resultaram em Federações, o que denota que para a ocorrência desse modelo de Estado devem estar presentes algumas características[31]:

"1ª) uma descentralização político-administrativa constitucionalmente prevista;

2ª) uma Constituição rígida que não permita a alteração da repartição de competências por intermédio de legislação ordinária. Se assim fosse possível, estaríamos num Estado unitário, politicamente descentralizado;

3ª) a existência de um órgão que dite a vontade dos membros da Federação; no caso brasileiro temos o Senado, no qual se reúnem os representantes dos Estados-Membros;

4ª) autonomia financeira, constitucionalmente prevista, para que os entes federados não fiquem na dependência do Poder Central;

5ª) a existência de um órgão constitucional encarregado do controle da constitucionalidade das leis, para que não haja invasão de competências"[32].

Com efeito, o modelo que consagra a existência de um Estado Federal tem origem, segundo Dallari, com a Constituição dos Estados Unidos da América, em 1787, e demonstra como se deu essa mudança da concepção de uma Confederação para uma Federação:

"Em 1776 treze colônias britânicas da América declararam-se independentes, passando a constituir, cada uma delas, um novo Estado. Poucos anos depois celebraram entre si um tratado, conhecido como Artigos da Confederação, aliando-se para uma ação conjunta visando, sobretudo, à preservação da independência. Já em 1643 quatro colônias haviam constituído a Confederação da Nova Inglaterra, para atuarem juntas nas guerras com os indígenas e para resistirem às ameaças da expansão holandesa na América. Em 1754 reuniu-se pela primeira vez um Congresso Intercolonial, tendo Benjamin Franklin apresentado um plano de união das colônias, sem obter aprovação. Mas o Congresso continuou a reunir-se, o que influiu para que em 1776 houvesse a Declaração da Independência, assinada em conjunto pelas Treze Colônias. Finalmente, depois de prolongados debates, foram assinados, em 1º de março de 1781, os Artigos de Confederação, passando o Congresso a denominar-se Os Estados Unidos Reunidos em Congresso. Já não havia colônias e sim Estados, que se uniam numa Confederação. Esta recebeu o nome de Estados Unidos da América, declarando-se que se tratava de uma união permanente"[33].

Prosseguindo em seu magistério, Dallari[34] afirma que os laços estabelecidos pela Confederação eram muito frágeis e que a união resultante dela era pouco eficaz. Havia muitos conflitos de interesses que colocavam em risco a existência do modelo confederado.

---

[31] DALLARI, Dalmo de Abreu. *Elementos de teoria geral do Estado*, p. 15-24, apresenta igualmente as características do Estado federado, a saber: a Constituição como base jurídica; a proibição de secessão; a soberania da União e autonomia dos Estados-Membros; as competências próprias e exclusivas; a autonomia financeira da União e dos Estados; a desconcentração do poder político.

[32] BASTOS, Celso Ribeiro. *Curso de direito constitucional*. 19. ed. São Paulo: Saraiva, 1998, p. 156.

[33] DALLARI, Dalmo de Abreu. *Elementos de teoria geral do Estado*. 19. ed. São Paulo: Saraiva, 1995, p. 216.

[34] DALLARI, Dalmo de Abreu. *Elementos de teoria geral do Estado*. 19. ed. São Paulo: Saraiva, 1995, p. 217.

Assim, procedeu-se à revisão dos Artigos da Confederação, na Cidade de Filadélfia, em 1787, surgindo a ideia da criação do modelo de Estado Federado.

Dessa forma, o Estado Federal[35] é aquele formado pela união de vários Estados preexistentes, que perdem a soberania em favor da União Federal e, assim, aparece perante o Direito Internacional como um Estado simples. No Direito Internacional, a personalidade é da União, sendo ela quem possui o direito de convenção e responsabilidade no plano internacional.

b) Confederação de Estados

Por Confederação de Estados[36] entende-se um agrupamento de Estados com a finalidade precípua de assegurar a sua defesa comum. Ao se formar uma Confederação, deverão os Estados soberanos que dela fazem parte assinarem um "Pacto de Confederação", que defere a possibilidade de se desligarem a qualquer momento da Confederação (direito de separação), bem como declarar a nulidade das disposições adotadas por ela (direito de nulidade).

Por essa razão é que Dinh, Daillier e Pellet afirmam que a Confederação de Estados se apresenta como uma instituição frágil e que "esta fragilidade depende menos das condições jurídicas da criação das confederações, que são estabelecidas em geral por força de tratados, do que da extensão das delegações de competências internacionais a órgãos comuns, delegações que debilitam progressivamente a representatividade e a responsabilidade dos Estados confederados nas relações internacionais"[37].

O órgão central da confederação chama-se "dieta", e as suas deliberações são tomadas por unanimidade ou maioria qualificada. A "dieta" é uma conferência de agentes diplomáticos onde os representantes junto a ela votam conforme as instruções recebidas, e as suas deliberações são ratificadas pelos Estados-Membros.

---

[35] DINH, Nguyen Quoc; DAILLIER, Patrick; PELLET, Alain. *Direito internacional público*. 2. ed. Lisboa: Fundação Calouste Gulbenkian, 2003, p. 436, definem o Estado federal como "um agrupamento de entidades que renunciaram a ter relações imediatas com a sociedade internacional, seja porque elas a tenham renunciado (federalismo por agregação), seja porque elas nasceram de um movimento centrífugo que não foi até ao seu termo, o velho Estado unitário abandonou algumas das suas competências em proveito de seus componentes. Em todos os casos o Estado federal não pode aspirar, qualquer que seja o seu nome, à personalidade jurídica dos Estados segundo o direito internacional. A respeito disso só existe um Estado: o Estado federal".

[36] DINH, Nguyen Quoc; DAILLIER, Patrick; PELLET, Alain. *Direito internacional público*. 2. ed. Lisboa: Fundação Calouste Gulbenkian, 2003, p. 436, advertem que a Confederação de Estados é uma instituição frágil: a maior parte das ilustrações principais tem unicamente um interesse histórico: ou por a confederação ter desmoronado, readquirindo cada Estado-Membro a sua plena autonomia (*Commonwealth*) ou por ter se transformado em Estado federal (Confederação dos Estados Unidos da América do Norte, 1781-1787; Confederação Helvética, 1815-1848; Confederação germânica, 1815-1866 etc.).

[37] DINH, Nguyen Quoc; DAILLIER, Patrick; PELLET, Alain. *Direito internacional público*. 2. ed. Lisboa: Fundação Calouste Gulbenkian, 2003, p. 436.

Os Estados que compõem a Confederação conservam a sua soberania e a sua personalidade internacional.

As confederações praticamente desapareceram nos dias de hoje, uma vez que elas tendem a se transformar em Estado federal. Como exemplos históricos, podem ser apresentados a Confederação Americana e a Confederação Germânica. Por meio do Acordo de Banjul, de 11 de novembro de 1981, tentou-se formar a Confederação da Senegâmbia (Senegal e Gâmbia), que, todavia, fracassou.

c) União de Estados

A União de Estados se manifestava em razão de um incidente sucessório ou quando os Estados faziam a opção pela condução do Estado por determinado monarca. Assim, dois Estados eram conduzidos pelo mesmo soberano, ocorrendo a União de Estados apenas em Estados monárquicos. A União de Estados se apresentava como União Pessoal e União Real.

A União Pessoal era resultante de um acaso nas leis de sucessão onde o monarca de um Estado, em virtude de um fato acidental, tornava-se soberano de outro Estado. Neste caso a soberania dos dois Estados permanecia intacta e em consequência as suas relações internacionais eram distintas, possuindo em comum apenas o chefe de Estado. Como exemplos, apresentam-se Espanha e Alemanha (1519-1556), Inglaterra e Hanôver (1714-1837) e Bélgica e Congo (1885-1908).

No caso da União Real são identificados pontos distintos da anterior face à identidade do chefe de Estado que é desejada e não resulta de um fato acidental ocasionado pelas leis de sucessão. É institucionalizada no sentido de que diversos órgãos (Ministério da Guerra, Fazenda, Exterior) são comuns e em consequência a personalidade internacional é da própria União Real. Como exemplos históricos, apresentam-se Suécia e Noruega (1815-1905) e Áustria e Hungria (1867-1918).

Em verdade, a União de Estados se encontra inteiramente em desuso, em virtude do abandono da concepção patrimonial da soberania, que fazia os monarcas deixarem em sucessão o Estado, como propriedade particular.

3.2.2. *Estados compostos por subordinação*

Os Estados compostos por subordinação são aqueles que têm um vínculo de dependência em relação às partes que os compõem. São exemplos o Estado vassalo, o protetorado internacional, o Estado cliente, o Estado satélite e o Estado exíguo.

a) Estado vassalo

O Estado vassalo é aquele que se encontrava em uma situação intermediária entre a completa subordinação e a independência, tendo sido muito utilizado à época do Império Otomano.

Os assuntos externos do Estado vassalo, como, por exemplo, representação diplomática, defesa militar, estabelecimento de relações internacionais, são realizados por outro Estado e apresentavam como características principais o pagamento de um tributo financeiro; auxílio militar; cumprir os tratados concluídos pelo suserano; o vassalo não atuava na vida internacional. Exemplos: Romênia (1856-1878) e Bulgária (1878-1908) no âmbito do Império Otomano.

b) Protetorado

O protetorado[38] é uma versão mais moderna do Estado vassalo em que um Estado, em virtude de um tratado, entrega a administração de certos direitos a um ou vários Estados mais fortes e poderosos[39].

Por força de um tratado internacional, constituía-se uma relação do protetorado caracterizada pela subordinação de um Estado a outro, com a obrigação de o denominado Estado protetor dar sua proteção ao Estado protegido. Em decorrência dessa proteção, o Estado protetor teria o direito de exigir total ou parcialmente as suas relações internacionais.

Do mesmo modo, os cidadãos do estado protegido teriam a correspondente proteção do estado protetor (não assumindo, por óbvio, a condição de nacional daquele Estado); o Estado protetor poderia manter aparato militar no território do estado protegido, mas, ainda assim, o Estado protegido mantinha sua personalidade jurídica internacional.

Atualmente não existem Estados protegidos, eles estão em via de desaparecimento. Como exemplos, apresentam-se a Tunísia e o Marrocos protegidos pela França, e o caso mais recente foi o Sultanato de Brunei, protegido pela Grã-Bretanha, de 1888 a 1983.

c) Estados exíguos

Os Estados exíguos são aqueles que, em virtude de possuírem um pequeno território e população igualmente diminuta, não têm meios de exercer a sua soberania de modo completo.

Esses Estados mantêm relações de grande dependência em função de um Estado vizinho que acaba por desempenhar atos da vida internacional em favor do primeiro.

O território de um Estado exíguo está encravado no território de outro Estado soberano, por exemplo, Liechtenstein (159 km) em relação à Suíça; San Marino (64 km) em relação à Itália; Mônaco (22 km) em relação à França, que cedem aos

---

[38] SHAW, Malcolm N., *International Law*. 6. ed. Cambridge: Cambridge University Press, 2008, p. 216, apresenta a distinção de protetorado e Estado protegido: "A distinction is sometimes made between a protectorate and a protected state. In the former case, in general, the entity concerned enters into an arrangement with a state under which, while separate legal personality may be involved, separe statehood is not. In the case os a protected state, the entity concerned retains its status as a separate state but enters certain extensive functions possibly internally and externally. However precisely which type of arrangement is made and the nature os the status, rights and duties in question will depend upon the circumstances and, in particular, the terms of the relevant agreement and third-party attitudes".

[39] ACCIOLY, Hildebrando; SILVA, Nascimento. *Manual de direito internacional público*. 13. ed. São Paulo: Saraiva, 1998, p. 74.

estados limítrofes a gestão de certos serviços públicos, proteção militar e representação diplomática.

Frise-se, por oportuno, que os Estados exíguos, embora possam praticar muitos atos da vida internacional (direito de convenção, ser parte em tribunais internacionais), não poderão realizar todos, por exemplo, existe limitação para a declaração formal de guerra.

d) Estados clientes

Essa classificação surgiu no início do século XX com a política norte-americana de Roosevelt, onde os Estados apenas confiavam a outro Estado a defesa de determinados negócios ou interesses, mantendo intacta a sua personalidade internacional e juridicamente sua soberania era plena. Entretanto, os Estados não possuíam de fato completa liberdade para traçar os rumos da política externa.

Tal prática foi muito comum nos países da América Central que entregavam aos Estados Unidos a administração de sua alfândega, do seu exército etc., como no Panamá (1904), na República Dominicana (1907) e no Haiti (1915).

e) Estados satélites

Os Estados satélites apresentavam situação semelhante aos Estados clientes, só que eram politicamente subordinados à extinta União das Repúblicas Socialistas Soviéticas, identificando como exemplos a Polônia, Bulgária, Romênia e Hungria.

f) A *Commonwealth*

Uma classificação atípica dos Estados se apresenta na Comunidade Britânica, também denominada *Commonwealth*. Corresponde a uma associação de Estados soberanos que estão vinculados à Coroa Britânica.

Deve-se destacar que os Estados são plenamente soberanos devendo, entretanto, haver um sistema de cooperação de natureza técnica e científica, principalmente aos mais pobres.

A *Commonwealth*[40] é constituída por várias ex-colônias britânicas, destacando-se a Austrália, o Canadá, a Índia e a Nova Zelândia.

---

[40] "The Commonwealth is one of the world's oldest political association of states. Its roots go back to the British Empire when some countries were ruled directly or indirectly by Britain. Some of these countries became self-governing while retaining Britain's monarch as Head of State. They formed the British Commonwealth of Nations. In 1949 the association we know today – The Commonwealth – came into being. Since then, independent countries from Africa, the Americas, Asia, Europe and the Pacific have joined The Commonwealth. Membership today is based on free and equal voluntary co-operation. The Commonwealth is a voluntary association of 56 independent and equal countries. It is home to 2.5 billion people, and includes both advanced economies and developing countries. 32 of our members are small states, including many island nations. Our member governments have agreed to shared goals like development, democracy and peace. Our values and principles are expressed in the Commonwealth Charter. The Commonwealth's roots go back to the British Empire. But today any country can join the modern Commonwealth. The last two countries to join the Commonwealth were Gabon and Togo in 2022". Disponível em: <https://thecommonwealth.org/about-us>. Acesso em: 3 set. 2022.

4. NASCIMENTO DO ESTADO

Como visto no capítulo I do presente Curso, dentre as características da sociedade internacional, e para efeito deste estudo, deve ser destacado o fato de ser aberta e isso decorre da possibilidade de surgirem e desaparecerem novos atores internacionais.

Em se tratando de Estados, várias têm sido as causas para o nascimento ou origem, no campo das relações internacionais, assinalando, a título de exemplo, as guerras, os problemas étnicos que envolvem a população de determinado Estado, as questões religiosas etc.

Recentemente, no curso do século XX, a humanidade teve a oportunidade de assistir ao surgimento de vários novos Estados na ordem jurídica internacional por razões completamente díspares, a exemplo da Bósnia, Croácia, Eslovênia, República Tcheca, Eslováquia, Timor Leste, Montenegro, além dos vários Estados que surgiram pela fragmentação da União das Repúblicas Socialistas Soviéticas.

Desse modo é fácil perceber que o número de Estados no cenário internacional tem-se modificado ao longo dos anos, sendo certo que essa modificação não é um processo de todo acabado.

Relembre-se, por oportuno, que após a Segunda Guerra Mundial ocorreu o fenômeno da descolonização e o consequente surgimento de vários Estados-nação, acarretando mudanças espetaculares nas relações internacionais.

De fato, hodiernamente o tema tem sido um tanto quanto impreciso pelas várias ações que podem ser deflagradas no cenário internacional que venham a culminar com o aparecimento de um novo Estado, não podendo estar restrito, como normalmente se fazia no passado, apenas à ocorrência de conflitos internacionais.

Como foi identificado, a história recente demonstra claramente a multiplicidade de ações e atos que podem ser produzidos e que apresentam como resultados o aparecimento de novos Estados.

Guido Soares[41], de forma oportuna, destaca que se o nascimento de um novo Estado, em séculos passados, era um fenômeno regulado pelo Direito Internacional geral, em grande parte formado de precedentes de atos unilaterais dos Estados independentes, havendo, igualmente, a prática de formação ou extinção de Estados por meio de dispositivos de tratados multilaterais (o caso paradigmático da Polônia, que mediante sucessivos desmembramentos acabou por desaparecer para, em 1918, ressurgir como Estado independente, por força dos Tratados de Versalhes), na atualidade, o campo encontra-se profundamente marcado pelas normas expedidas pela ONU, portanto, igualmente atos unilaterais, mas ainda recheadas das incertezas relacionadas à regulamentação de fenômenos políticos, fundamentalmente motivados por razões de conveniência unilateral dos Estados (caso Israel, criado a partir do desmembramento da Palestina, autorizado por

---

[41] SOARES, Guido Fernando Silva. *Curso de direito internacional público*. São Paulo: Atlas, 2002, p. 245.

uma Resolução da Assembleia Geral da ONU de 1947). O resultado de tais circunstâncias faz das regras de Direito Internacional relativas ao nascimento de novos Estados, seu reconhecimento e suas transformações, um campo de normas imprecisas, por vezes ilógicas, como bem demonstra a moderna doutrina internacionalista.

Ao lançar luzes nessa área de grandes incertezas, Accioly e Silva[42] sintetizam a matéria ao afirmarem que nos dias atuais a formação do Estado basicamente se dá de três maneiras: separação de parte da população e do território de um Estado, subsistindo a personalidade internacional da mãe pátria; dissolução total de um Estado, não subsistindo a personalidade do antigo Estado; e fusão em torno de um Estado novo.

De toda sorte, para se conceber a existência de um Estado há de se observar necessariamente seus elementos constitutivos, mas, para se inserir no plano internacional como um ator capaz de exercer direitos e contrair obrigações, é necessário que ocorra seu reconhecimento.

5. RECONHECIMENTO DE ESTADO E GOVERNO

A questão tem suscitado várias controvérsias para os doutrinadores, inclusive se os efeitos do reconhecimento são de natureza constitutiva ou declaratória e, sobretudo, o momento em que deve ocorrer o ato de reconhecimento.

A teoria constitutiva preconiza que o Estado somente existe para efeitos internacionais após a ocorrência de seu reconhecimento, momento em que este constitui, portanto, sua personalidade internacional. No caso da teoria declaratória, corresponde a uma questão de fato, mas de significativo valor jurídico. Por isso o entendimento de que a partir do momento que são preenchidos os elementos constitutivos para formação de um Estado, este deve existir para a sociedade internacional, estando pendente apenas a "aceitação" pelos já existentes para realização dos vários atos internacionais.

De fato, surgindo o Estado na sociedade internacional deverá ocorrer o seu reconhecimento. Assim, pode-se afirmar que o reconhecimento é o ato pelo qual os Estados já existentes constatam a existência do novo membro na ordem internacional.

Para que um Estado exista basta que possua elementos essenciais no âmbito do Direito Interno; entretanto, para entrar na sociedade internacional e usufruir de todos os direitos inerentes à sua personalidade internacional, o novo Estado deve ser reconhecido pelos já existentes.

Impende assinalar que, em tese, é suficiente o reconhecimento de apenas um Estado para que o novo ator internacional possa participar da sociedade internacional, devendo *a posteriori* haver o reconhecimento de outros Estados.

A Convenção sobre Direitos e Deveres dos Estados, assinada em Montevidéu, em 26-12-1933, estatuiu no seu artigo 3º que a existência política do Estado é independente

---

[42] ACCIOLY, Hildebrando; SILVA, Nascimento. *Manual de direito internacional público*. 13. ed. São Paulo: Saraiva, 1998, p. 78.

do seu reconhecimento pelos demais Estados. Ainda antes de reconhecido, tem o Estado o direito de defender sua integridade e independência, prover a sua conservação e prosperidade e, por conseguinte, organizar-se como achar conveniente, legislar sobre seus interesses, administrar seus serviços e determinar a jurisdição e competência de seus tribunais.

Digna também de nota é a ideia estampada no artigo 10 da mencionada Convenção, ao estabelecer que o reconhecimento implica que o Estado que o outorgou aceite a personalidade do novo Estado com todos os direitos e deveres que, para um e para o outro, denomina-se direito internacional.

Do mesmo modo, a Carta da Organização dos Estados Americanos preconiza, em seu artigo 13, que a existência política do Estado independe de seu reconhecimento pelos outros Estados. Mesmo antes de ser reconhecido, o Estado tem o direito de defender a sua integridade e independência, de promover a sua conservação e prosperidade, e, por conseguinte, de se organizar como melhor entender, de legislar sobre os seus interesses, de administrar os seus serviços e determinar a jurisdição e a competência de seus tribunais. O exercício desses direitos não tem outros limites senão o do exercício dos direitos de outros Estados, conforme o Direito Internacional.

A matéria é complementada no artigo 14, ao acentuar que o reconhecimento significa que o Estado que o outorga, aceita a personalidade do novo Estado com todos os direitos e deveres que, para um e outro, determina o Direito Internacional.

Sem embargo, o reconhecimento pode ser considerado expresso, quando se verificar em virtude de uma declaração unilateral ou resultar de um tratado firmado entre os interessados, e pode ser tácito quando, por exemplo, um Estado envia agentes diplomáticos para o novo membro da sociedade internacional.

As duas modalidades de reconhecimento (expresso e tácito) podem ser realizadas de maneira individual ou coletiva. Individualmente, quando apenas um Estado se manifesta sobre o pedido de reconhecimento, ao passo que no reconhecimento coletivo deve haver a manifestação de dois ou mais Estados. Normalmente, na incidência do segundo caso, são ações produzidas no âmbito de organizações internacionais, a exemplo do que acontece no seio da Organização das Nações Unidas.

No que se refere aos efeitos do reconhecimento do Estado, embora haja grande divergência doutrinária acerca deste ponto, conforme acentua Boson[43] nesta passagem ao afirmar que "o reconhecimento de Estado continua a ser questão controvertida em vários dos seus aspectos. Os estudiosos ainda não chegaram a acordo sequer quanto aos efeitos jurídicos do ato reconhecedor, se constitutivo da personalidade do novo Estado ou se apenas declarativo desta. É que as raízes do problema mergulham nos temas fundamentais do direito das gentes, justificando-se as divergências e as posições inconciliáveis a partir das concepções últimas do direito internacional, que, se visto através do

---

[43] BOSON, Gérson de Britto Mello. *Direito internacional público*. 3. ed. Belo Horizonte: Del Rey, 2000, p. 233.

voluntarismo tradicional, acarretará, forçosamente, à teoria do reconhecimento, características que não terá quando encarada a questão de acordo com os postulados da doutrina jusnaturalista ou do solidarismo", pode-se afirmar que são de natureza declaratória, discricionária e irrevogável.

Para se reconhecer um Estado, o procedimento que normalmente se observa é o seguinte: um Estado encaminha seu pedido de reconhecimento para outro Estado e este responderá de forma favorável ou não.

O reconhecimento é um ato declaratório e não constitutivo da personalidade internacional, ou seja, denota que os Estados que compõem a sociedade internacional desejam estabelecer relações com estes novos Estados.

O reconhecimento é fornecido após o "pedido" do "interessado" por meio de uma notificação dirigida aos demais Estados. Significa dizer que, através do reconhecimento, o Estado existente aceita outra entidade como um Estado.

Trata-se de um ato jurídico, mas na prática o elemento político é que pesa no ato de reconhecimento. Corroborando este entendimento, Accioly e Silva[44] enfatizam que o reconhecimento tem efeito declarativo, e um organismo que reúne todos os elementos constitutivos de um Estado tem o direito de ser assim considerado e não deixa de possuir a qualidade de Estado pelo fato de não ser reconhecido e que por isso mesmo produz efeitos retroativos, que remontam à data da formação definitiva do Estado.

Quanto à discricionariedade (oportunidade e conveniência), relaciona-se à dimensão de natureza política no campo do Direito Internacional.

Não existe no Direito Internacional a fixação de um momento para que seja realizado o reconhecimento do Estado, o que poderá ter uma forte inclinação no aspecto político. Isso pode ser confirmado por meio de reconhecimentos que aconteceram ao longo dos anos: uns extremamente rápidos e outros muito demorados.

No primeiro caso, a título exemplificativo, tem-se como um ato prematuro o reconhecimento do Panamá pelos Estados Unidos, em 1903, por interesses políticos e estratégia militar, que recebeu severas críticas da doutrina internacional, como se vê:

"Em 1903, os EUA planejaram construir o Canal do Panamá por razões estratégicas, militares e comerciais. O Panamá era uma província do norte da Colômbia. Mas a Colômbia não apoiou o plano dos EUA para criar um canal em território colombiano, território que os EUA iriam ocupar e governar indefinidamente. A forma como o governo americano contornou este problema foi enviar fuzileiros americanos para a Colômbia para cozinhar a 'independência' da província do Panamá. O governo estado-unidense encenou uma 'revolução' de um dia orientada por si e que resultou numa declaração de 'independência' imediatamente reconhecida pelos EUA. Logo a seguir os EUA instalaram um regime sustentado por Washington na nova nação independente do Panamá. Os EUA

---

[44] ACCIOLY, Hildebrando; SILVA, Nascimento. *Manual de direito internacional público.* 13. ed. São Paulo: Saraiva, 1998, p. 81.

126

andavam a planejar a construção do Canal do Panamá desde a guerra hispano-americana de 1898 como um projecto de construção vital para os interesses geopolíticos, militares e comerciais do país. O plano era construir o canal em território colombiano, na província norte do Panamá. Na sequência da guerra hispano-americana, os EUA emergiram como uma potência global colonial e imperialista, juntando-se às outras potências colonialistas europeias ou impérios, a Grã-Bretanha, a França, a Alemanha e a Rússia. Depois desta 'magnífica guerrazinha' os EUA retiraram Cuba, as Filipinas, Guam, e Porto Rico à Espanha. Os EUA anexaram estes territórios espanhóis pela força das armas e transformaram-nos em 'possessões' americanas ou colónias. O pretenso Canal do Panamá era considerado essencial para o aparecimento dos EUA como potência imperialista global. O Canal permitiria à marinha americana passar do Atlântico para o Pacífico sem ter que dar a volta à América do Sul. O Canal era vital numa perspectiva militar e estratégica, e também comercial. Foram propostas duas rotas, um canal através da Nicarágua ou através do Panamá. Os apoiantes da rota do Panamá conseguiram ver aprovado o seu plano. O passo seguinte era obter a autorização da Colômbia para construir o canal através do território colombiano, na província norte do Panamá.

O secretário de Estado americano, John Hay, e o ministro dos Estrangeiros da Colômbia, Tomas Herran, assinaram um tratado autorizando os EUA a construir o canal. A Colômbia receberia 10 milhões de dólares e pagamentos anuais de 250 mil dólares pela utilização do terreno. O Congresso dos EUA ratificou o Tratado em 17 de março de 1903. Mas em 12 de agosto de 1903 o Congresso da Colômbia rejeitou o tratado por unanimidade. A violação da soberania colombiana foi uma questão fundamental para a oposição a este plano.

Os EUA tinham diversas opções. Podiam construir um canal no local alternativo na Nicarágua. Podiam tentar renegociar o acordo com a Colômbia. Podiam ocupar ou apoderar-se do Panamá com base no tratado de 1847 assinado pelos EUA e por Granada (precursor da Colômbia) que dava aos EUA o direito de passagem pelo Panamá. Havia ainda outra opção mais sutil e mistificadora. Foi a opção escolhida. Tratava-se de cozinhar a 'independência' do Panamá e conseguir a separação da província através de força superior. O jornal *Indianapolis Sentinel* chegou mesmo a debater cinicamente a opção da independência, em 1903: 'O plano mais simples para forçar a Colômbia seria incitar uma revolução no Panamá... e apoiar o governo insurreto... É uma hipocrisia, mas mantém as aparências'. Em maio de 1903, a 'independência', ou seja, a separação ou desmembramento do Panamá da Colômbia já estava a ser encarada como uma possibilidade se a Colômbia rejeitasse o acordo do canal com os EUA. Os separatistas eram chefiados por Manuel Amador Guerrero, conhecido por Dr. Amador, um médico que trabalhava na Railroad Company, que foi a Nova Iorque para coordenar a estratégia de independência ou separação com funcionários governamentais e empresariais dos EUA. Exigiu aos EUA 6 milhões de dólares para armar os separatistas. As discussões foram feitas com William Cromwell, que era um dos patronos do projecto da construção do Canal do Panamá. Philippe Bunau-Varilla, um engenheiro francês envolvido no projecto do canal, que iria arranjar 100 mil dólares para os separatistas para financiar a 'independência', foi o intermediário entre o governo dos EUA e os conspiradores panamenhos. Os divisionistas tinham ligações com a Panama Railroad e a New Panama Company que eram propriedade do governo americano. O presidente Theodore Roosevelt considerava o canal do interesse vital para os EUA. Ameaçou os dirigentes colombianos: 'Essas desprezíveis criaturinhas em Bogotá têm que compreender que estão a criar uma situação arriscada e a pôr em perigo o seu próprio futuro'. O embaixador americano na Colômbia, Arthur M. Beuapre ameaçou igualmente o governo de Bogotá: 'O nosso Congresso irá dar passos no próximo inverno que todos os amigos da Colômbia lamentarão tristemente'. Então os EUA escolheram a opção da 'independência'. Entre 12 de agosto e 15 de outubro de 1903, foi coordenado o plano com os separatistas panamenhos. Os EUA dariam luz verde aos separatistas e secessionistas para se apoderarem do território panamenho que os militares americanos iriam ocupar. Os separatistas criados pelos EUA declarariam depois a independência unilateralmente. Os EUA reconheceriam essa independência. A Colômbia não poderia fazer nada para impedir a amputação ou separação do Panamá"[45].

Para evitar tais circunstâncias, tem-se esperado o reconhecimento da Metrópole ou Estado predecessor, para que então os demais Estados façam o reconhecimento.

Finalmente, pode-se afirmar que o ato de reconhecimento do Estado é irrevogável, ou seja, uma vez concedido não pode ser mais retirado. Accioly[46] ressalta ainda que não existem regras precisas e absolutas sobre o momento oportuno para o reconhecimento, porém devem ser levados em consideração os seguintes princípios:

a) se se trata de Estado surgido de um movimento de sublevação, o reconhecimento será prematuro enquanto não cessar a luta entre a coletividade sublevada e a mãe-pátria, a menos que esta, após luta prolongada, mostre-se impotente para dominar a revolta e aquela se apresente perfeitamente organizada como Estado;

b) desde que a mãe-pátria tenha reconhecido o novo Estado, este poderá ser logo reconhecido pelos demais membros da comunidade internacional;

c) se se trata de Estado surgido por outra forma, ele poderá ser reconhecido logo que se apresentem todas as características de um Estado perfeitamente organizado e demonstre, por atos, sua vontade e sua capacidade de observar os preceitos de direito internacional.

No que tange ao governo de um Estado, este pode ser considerado de direito e de fato. O governo é considerado de direito quando o poder é assumido em obediência às normas constitucionais do Estado, ao passo que no governo de fato ocorre a assunção do poder em decorrência de uma revolução ou de um golpe de estado contra o governo legal.

Vale lembrar que os Estados podem escolher livremente o seu sistema político, entretanto quando a modificação ocorre em violação à ordem constitucional vigente,

---

[45] SAVICH, Carl. *Independência cozinhada. O Kosovo e o Panamá*. Disponível em: <http://www.resistir.info/europa>.

[46] ACCIOLY, Hildebrando; SILVA, Nascimento. *Manual de direito internacional público*. 13. ed. São Paulo: Saraiva, 1998, p. 83.

como, por exemplo, no caso de uma guerra civil, os governos resultantes de tais golpes de Estado precisam ser reconhecidos por outros Estados. Tal fato é importante para que se possa identificar quem representará o Estado no âmbito das relações internacionais. Assim, o reconhecimento do novo governo deve ser feito quando este estiver numa situação normalizada e possa oferecer garantia de estabilidade no campo interno e de amplo acatamento às obrigações internacionais anteriormente pactuadas. Este instituto, o reconhecimento de governo, deve ser estudado como parte do conjunto da panóplia de meios de que a diplomacia dispõe, para endereçar as mensagens indiretas de um Estado a outro, sem grandes formalismos jurídicos, como acentua Guido:

"A falta de reconhecimento de um governo pode querer significar certo esfriamento das relações entre dois Estados, nem tanto o rompimento das relações, nem tanto o rebaixamento do nível das representações, mas uma situação passageira, em que se aguarda que o novo governo demonstre ter o controle efetivo da vida interna e internacional do Estado"[47].

6. SUCESSÃO E EXTINÇÃO DE ESTADOS

Da mesma forma que Estados surgem no cenário internacional, eles também podem vir a desaparecer[48], acarretando desdobramentos relacionados à chamada sucessão de Estados.

A matéria (sucessão de Estados) é importante para o Direito Internacional, não apenas pelas várias mudanças que são produzidas no âmbito interno (estatal), como também para a própria sociedade internacional[49].

O instituto relativo à sucessão de Estados aplica-se em várias circunstâncias, tais como: absorção total ou parcial de um território de um Estado em proveito de outro;

---

[47] SOARES, Guido Fernando Silva, *Curso de direito internacional público*. São Paulo: Atlas, 2002, p. 250, acentua:

[48] Sobre a extinção dos Estados, atentem para os comentários de MACHADO, Jónatas E. M. *Direito internacional. Do paradigma clássico ao pós-11 de setembro*. 3. ed. Coimbra: Coimbra Ed., 2006, p. 242: "A doutrina fala da extinção como interrupção da continuidade de um Estado. Em abstrato são várias as causas possíveis de Estados. Pense-se na hipótese, ainda que remota, do abandono, o retorno a um Estado preexistente a que pertencia originariamente, a fusão ou unificação de Estados, a anexação militar, desmembramento e a decisão coletiva de extinção. Nalguns casos, a extinção verifica-se sem a formação de novos Estados. Noutros, ocorre a absorção por um Estado já existente. Também é possível ocorrer o desmembramento de um Estado em partes que serão absorvidas por vários Estados já existentes. Igualmente possível é a extinção ser seguida da formação de novos Estados, quer por via do reagrupamento de Estados para constituição de um novo Estado, quer mediante a divisão de um Estado para constituição de vários novos Estados. Trata-se aqui de questões que extravasam largamente a simples extinção, situando-se no âmbito da sucessão de Estados".

[49] Atentem para as palavras de TALAVERA, Fabián Novak; MOYANO, Luis García Corrochano. *Derecho internacional público*. Peru: Fondo Editorial de la PUC, 2005. t. III, p. 275: "Al margen de las diferencias, todos los tipos de sucesión de Estados poseen una característica común: una nación cesa de regir un territorio y otra su lugar. La nación que toma dicho lugar puede ser una nación por otra en la soberanía del territorio. La sucesión de una nación por otra en la soberanía territorial, que implica la cuestión fundamental de los efectos de ciertos tipos de acontecimientos en la soberanía sobre el territorio".

descolonização; fragmentação do território de um Estado e o consequente surgimento de novos Estados; desmantelamento de impérios; fusões etc.

Pelas situações descritas, pode-se observar que em determinados momentos os Estados deixam de existir e, em outros, os Estados poderão perder apenas parte de seu território.

Assim, no primeiro caso, isto é, quando ocorre a extinção de Estados, diz-se que houve uma sucessão universal, enquanto no segundo caso, em que o Estado perde uma parte de seu território em proveito de outro Estado, ocorre a sucessão parcial. Há quem diga[50] que a extinção dos Estados pode ser total ou parcial. É total quando o território do Estado desaparece, isto é, ele é absorvido por outro, e parcial quando a sua soberania desaparece ou é restringida, como, por exemplo, o caso da Coreia que em 1905 passou a ser protetorado do Japão. Neste sentido, Accioly e Silva apresentam alguns exemplos de extinção de Estados:

"Em primeiro lugar, temos a absorção completa de um Estado por outro. No passado, houve os exemplos de ocupação, com a consequente transformação do Estado em simples colônia, conforme ocorreu com a Abissínia e a Argélia. No caso da Tunísia e do Marrocos, argumentava-se que a personalidade desses Estados perdurou, os quais, ao se tornarem protetorados da França, passaram a ser semissoberanos. Atualmente, a anexação e posterior transformação de um país em colônia é, teórica e juridicamente, impossível, em face dos termos peremptórios da Carta das Nações Unidas. Tem havido casos em que o território de um Estado não é anexado por um só Estado; com o seu desmembramento, o território é repartido entre dois ou mais Estados, conforme ocorreu com a Grã-Colômbia em 1830, que foi dividida em três países (a Colômbia de hoje, a Venezuela e o Equador), e a Polônia, cujo território foi repartido em 1795 entre a Áustria, a Prússia e a Rússia. Com o desmembramento do Império Austro-Húngaro, em decorrência da Primeira Guerra Mundial, surgiram três novos Estados: a Áustria, a Hungria e a Tchecoslováquia, sendo que alguns territórios foram ainda entregues a outros países como a Iugoslávia e a Polônia. Os exemplos recentes da URSS e da Iugoslávia se enquadram neste caso, ou seja, os antigos Estados desapareceram, para dar lugar a alguns novos sujeitos de direito internacional".

Sem embargo, são vários os acontecimentos que podem suscitar a extinção de um Estado, e, por consequência, o desaparecimento de sua personalidade jurídica internacional e o *status* de sujeito de direito internacional. Pode ser assinalada a eclosão de guerras e/ou conflitos armados; a ocorrência de problemas internos decorrentes de questões que envolvam religião, etnias, ideologia política e que acabem produzindo guerras civis; ocupação de natureza militar etc.

---

[50] ACCIOLY, Hildebrando; SILVA, Nascimento. *Manual de direito internacional público*. 13. ed. São Paulo: Saraiva, 1998, p. 91.

Nesse sentido, oportunas as palavras de Hobsbawm que, ao tecer breves comentários sobre o acordo de paz que foi produzido após a Primeira Guerra Mundial, destaca a existência da sucessão de Estados e deixa claro que um dos objetivos a serem alcançados era exatamente a criação de novos Estados étnico-linguísticos:

"O acordo de paz imposto pelas grandes potências vitoriosas sobreviventes (EUA, Grã-Bretanha, França e Itália) e em geral, embora imprecisamente conhecido como Tratado de Versalhes, era dominado por cinco considerações. A mais imediata era o colapso de tantos regimes na Europa e o surgimento na Rússia de um regime bolchevique revolucionário alternativo, dedicado à subversão universal, um ímã para forças revolucionárias de todas as partes. Segundo, havia a necessidade de controlar a Alemanha, que afinal quase tinha derrotado sozinha toda a coalizão aliada. Por motivos óbvios, esse era, e continuou sendo desde então, o maior interesse da França. Terceiro, o mapa da Europa tinha que ser redividido e retraçado, tanto para enfraquecer a Alemanha quanto para preencher os grandes espaços vazios deixados na Europa e no Oriente Médio pela derrota e colapso simultâneos dos impérios russo, habsburgo e otomano. Os muitos pretendentes à sucessão, pelo menos na Europa, eram vários movimentos nacionalistas que os vitoriosos tendiam a estimular, contanto que fossem antibolcheviques como convinha. Na verdade, na Europa o princípio básico de reordenação do mapa era criar Estados-nação étnico-linguísticos, segundo a crença de que as nações tinham o direito de autodeterminação"[51].

Além dos pontos que já foram indicados, não se pode olvidar que os Estados podem "sumir do mapa" em razão do grande desequilíbrio ambiental que ocorre nos dias atuais.

De fato, fenômenos da natureza e também os que são produzidos por ações antrópicas poderão ensejar o desaparecimento de Estados, como por exemplo, as Ilhas Maldivas, Nauru, Tuvalu, Kiribati etc.

O relatório do clima produzido pelas Nações Unidas demonstra os efeitos catastróficos decorrentes da ação antrópica e apresenta dados preocupantes sobre as mudanças climáticas no planeta.

Segundo o relatório de 2019, o cenário mundial vem sendo alterado pelas mudanças climáticas e a população mundial terá dificuldades para se adaptar a ele. O Painel Intergovernamental sobre Mudanças Climáticas (IPCC), ao publicar à época o relatório[52] que analisou e compilou as descobertas científicas sobre o aquecimento global, reafirmou a necessidade de limitar o aquecimento da Terra em até 1,5°C e, entre outros aspectos, a importância da Amazônia nesta tarefa. Neste ano de 2022 foi publicado o Sexto Relatório de Avaliação do Painel Intergovernamental sobre Mudanças Climáticas (IPCC), ocasião em que 278 cientistas de 65 países informaram que o limite de 1,5°C estabelecido pelo Acordo de Paris deve ser alcançado nos próximos três anos.

---

[51] HOBSBAWM, Eric. *Era dos extremos*: o breve século XX. São Paulo: Companhia das Letras, 1995, p. 38-39.

[52] Relatório disponível em: <https://www.ipcc.ch/site/assets/uploads/2019/07/SPM-Portuguese-version.pdf>. Acesso em: 3 abr. 2020.

Na sequência de dois relatórios anteriores focados na ciência física das mudanças climáticas e seus impactos, o novo relatório do Grupo de Trabalho III tem como foco principal a mitigação, isto é, a redução das emissões de GEE e a remoção do dióxido de carbono (CO_2) da atmosfera. Ao analisar mais de 18 mil estudos publicados desde 2014, os principais nomes da ciência climática do mundo identificaram caminhos para manter o aquecimento global em 1,5°C, entre outros limites de temperatura, além de avaliar a viabilidade, eficácia e os benefícios de diferentes estratégias de mitigação. O relatório do IPCC sobre mitigação das mudanças climáticas apresenta seis principais conclusões[53].

a) As emissões globais de GEE continuam aumentando, mas para limitar o aquecimento a 1,5°C, precisam parar de crescer em 2025

Em termos globais, as emissões de GEE aumentaram ao longo da última década, atingindo 59 gigatoneladas de CO_2 equivalente ($GtCO_2e$) em 2019 – cerca de 12% a mais do que em 2010 e 54% a mais que em 1990. Porém, nas trajetórias modeladas no estudo, compatíveis com a meta de 1,5°C do Acordo de Paris (com ou sem excedente), as emissões de GEE precisam parar de crescer em 2025 e depois cair 43% até 2030 (em relação aos níveis de 2019). Embora haja alguns sinais de avanço – a taxa anual de aumento das emissões de GEE caiu de uma média de 2,1% entre 2000 e 2009 para 1,3% entre 2010 e 2019 –, os esforços globais para mitigar as mudanças climáticas continuam longe do necessário. Até o momento, 24 países conseguiram reduzir as emissões por mais de uma década. Mesmo que os países atinjam as metas de seus compromissos climáticos nacionais mais recentes (NDCs), a diferença entre as emissões globais de GEE e o nível necessário para o limite de 1,5°C seria de 19 a 26 $GtCO_2e$ em 2030. Isso é mais do que as emissões de 2018 de Estados Unidos e China somadas. Embora alguns países tenham anunciado NDCs novas ou aprimoradas desde o último prazo do IPCC, as promessas atuais não são ambiciosas o suficiente para preencher essa lacuna.

b) Não há espaço para novas infraestruturas baseadas em combustíveis fósseis

O IPCC mostra que, nas trajetórias que limitam o aquecimento a 1,5°C (com ou sem excedente), apenas 510 Gt líquidas de CO_2 ainda poderiam ser emitidas antes de chegarem ao zero líquido por volta da metade do século (2050-2055). No entanto, as projeções das emissões futuras de CO_2 provenientes da infraestrutura baseada em combustíveis fósseis já existente ou já planejada indicam que as emissões chegarão a 850 Gt – 340 Gt acima do limite. Uma combinação de diferentes estratégias pode ajudar a evitar essas emissões projetadas. Entre elas, desativar infraestruturas existentes, cancelar novos empreendimentos, adaptar as usinas de energia ainda alimentadas por combustíveis fósseis com tecnologias de captura e armazenamento de carbono e fazer a transição para

---

[53] Texto adaptado pelo autor. Disponível em: <https://www.wribrasil.org.br/noticias/6-conclusoes-do-relatorio--do-ipcc-de-2022-sobre-mitigacao-das-mudancas-climaticas>. Acesso em: 2 set. 2022.

combustíveis de baixo carbono. Embora Estados Unidos e Europa estejam começando a desativar as usinas a carvão, alguns bancos internacionais de desenvolvimento ainda estão investindo em novos empreendimentos do gênero. Não mudar de rumo resultará em trilhões de dólares em ativos ociosos.

c) Necessidade de transformações rápidas em todos os setores para evitar os piores impactos climáticos

As emissões de GEE aumentaram em todos os principais sistemas desde a última avaliação. O IPCC mostra que reverter essa tendência exige que os tomadores de decisão nos governos, na sociedade civil e no setor privado priorizem as seguintes ações, muitas das quais compensam o investimento ao longo do tempo ou custam menos de US$ 20 por tonelada de CO_2e: i) expandir o uso de energia limpa – toda a geração de eletricidade deve ser de baixo carbono até 2050, e a geração total deve aumentar para permitir a eletrificação de sistemas de aquecimento, ventilação e ar-condicionado, transporte e maquinário industrial, entre outros. As trajetórias compatíveis com o limite de 1,5°C (com ou sem excedente) dependem de redes alimentadas principalmente por fontes renováveis e de armazenamento, complementadas por uma combinação de energia nuclear, uma pequena parcela de combustíveis fósseis (com captura e armazenamento de carbono) e/ou outras formas de energia limpa. Portadores alternativos de energia, como hidrogênio e amônia, devem substituir os combustíveis fósseis em setores nos quais o processo de eletrificação será mais difícil, como na indústria e no transporte pesado; ii) investir em inovação para descarbonizar a indústria. Melhorar a eficiência energética, reduzir a demanda de materiais por meio de soluções de economia circular, implementar tecnologias de captura e armazenamento de carbono em setores nos quais a redução de emissões é mais difícil (como na indústria do cimento) e fazer a transição para processos industriais de baixa emissão são ações necessárias na produção de materiais como aço, cimento, plástico, celulose, papel e produtos químicos. No entanto, o IPCC afirma que essa transição exige de 5 a 15 anos de "inovação, comercialização e política intensivas" – junto com investimentos imediatos em tecnologias já existentes – para reduzir os custos e chegar ao nível necessário de aceitação e adoção dessas medidas; iii) incentivar construções verdes. Desde a publicação do Quinto Relatório de Avaliação do IPCC, em 2014, o número de construções de zero carbono aumentou em quase todas as zonas climáticas. Aquecimento elétrico, eletrodomésticos e iluminação mais eficientes e o uso circular de materiais têm sido fundamentais. No entanto, são necessários avanços mais rápidos para adaptar construções antigas e garantir que essas tecnologias e abordagens sejam incorporadas em cada vez mais novos empreendimentos; iv) redesenhar as cidades e fazer a transição para o transporte de zero e baixo carbono. Sem uma mudança na trajetória, as emissões de CO_2 do setor de transportes devem aumentar em até 50% até 2050. Torna-se necessária a realização de ações para reverter essa tendência; v) conservar os ecossistemas naturais e melhorar os sistemas alimentares. O IPCC mostra que a proteção, restauração e o manejo sustentável de ecossistemas ricos em carbono, como, por exemplo, redução de GEE na produção de alimentos, contenção do desperdício e mudança para dietas mais sustentáveis, tornam-se medidas de custo relativamente baixo que podem mitigar entre 8 e 14 Gt CO_2e por ano até 2050.

d) Mudanças de comportamento e estilo de vida têm um papel fundamental na mitigação das mudanças climáticas

Em termos planetários, as famílias com renda no topo da pirâmide econômica (em torno de 10%) são responsáveis por entre 36% e 45% do total de emissões de GEE. Enquanto isso, as famílias cuja renda se posiciona nos degraus mais baixos (50%) respondem por 13% a 15% das emissões. Conforme o relatório do IPCC, promover o acesso universal à energia moderna para as populações mais pobres não teria um impacto significativo nas emissões globais. Por outro lado, mudar os padrões de consumo, particularmente entre os mais ricos, poderá reduzir as emissões de GEE de 40% a 70% até 2050 em comparação às políticas climáticas atuais.

e) Manter o aumento da temperatura global dentro do limite de 1,5°C será impossível sem remoção de carbono

O IPCC afirma que as trajetórias que limitam o aquecimento a 1,5°C (com ou sem excedente) dependem da remoção de carbono, sendo certo que essas abordagens podem incluir soluções naturais, como o sequestro e armazenamento de carbono em árvores e no solo, quanto tecnologias que fazem a captura do CO_2 diretamente da atmosfera. A quantidade de carbono que precisará ser removida depende de quão rápido for possível reduzir as emissões de GEE em outros sistemas e da extensão do excedente. Para tanto, a restauração de sumidouros naturais de carbono, como as florestas, apresenta-se como abordagem já disponível e de bom custo-benefício que, se implementada de forma adequada, pode oferecer uma ampla gama de resultados positivos às comunidades próximas.

f) O financiamento climático para a mitigação deve ser de 3 a 6 vezes maior até 2030 para limitar o aquecimento global a 2°C

Segundo estimativas, o financiamento público e privado anual para mitigação e adaptação às mudanças climáticas passou de US$ 392 bilhões em 2014 para US$ 640 bilhões em 2020. Esses ganhos, no entanto, desaceleraram ao longo dos últimos anos. Afirma-se que os investimentos em mitigação precisam aumentar pelo menos cinco vezes no sudeste asiático e nos países em desenvolvimento do Pacífico, sete vezes na África e 12 vezes no Oriente Médio até 2030 para manter o aquecimento global abaixo de 2°C.

Sem embargo, ao ocorrer grandes e significativas transformações em um determinado Estado, que produzam efeitos significativos em sua personalidade no plano jurídico internacional, entende-se a incidência e a observância da sucessão.

Nos termos das Convenções de Viena, de 1978 e 1983, a sucessão de Estados significa a substituição de um Estado (predecessor) por outro Estado (sucessor) na responsabilidade pelas relações internacionais de determinado território. Há vários casos em que se pode identificar sucessão de Estados, destacando-se os seguintes:

a) emancipação – quando um Estado se separa de um outro Estado, a exemplo do Brasil ao se tornar independente em relação a Portugal no ano de 1822;

b) fusão – quando dois ou mais Estados se reúnem e formam um terceiro Estado e em consequência surge uma nova personalidade jurídica internacional, como, por exemplo, o Iêmen do Norte e o Iêmen do Sul, que se juntaram, em 1990, criando a República do Iêmen;

c) anexação total – neste caso um Estado é absorvido por outro e sua qualidade de sujeito internacional desaparece, como, por exemplo, a Etiópia, ao ser anexada pela Itália no governo de Mussolini[54];

d) anexação parcial – quando um Estado perde parte de seu território em proveito de outro, como, por exemplo, o atual estado do Acre, que no passado pertencia à Bolívia.

Após a enumeração das transformações no Estado e, por consequência, a observância do instituto da sucessão, pode-se afirmar que nos casos de fusão e anexação total ocorre a denominada sucessão universal, isto é, a extinção do Estado, enquanto nos casos de emancipação e anexação parcial tem-se a sucessão parcial, que muito embora não produza a extinção do Estado, provoca mudanças significativas na personalidade jurídica internacional deste.

Com efeito, a finalidade do instituto da sucessão é a de proteger as relações jurídicas dos Estados, impedindo que elas desapareçam ao sofrer um dos seus titulares qualquer alteração na personalidade internacional sendo produzidos alguns efeitos[55].

a) Bens do Estado

Os bens do Estado anexado, sejam do domínio público ou de domínio privado, passam para o Estado anexante. A matéria está consagrada na Convenção de Viena de 1983, que define bens de Estado do Estado predecessor como "bens, direitos e interesses que, à data da sucessão de Estados e de conformidade com o direito interno do Estado antecessor, pertenciam a este Estado".

Impende assinalar que o artigo 15 da Convenção reforça o conceito sobre o caráter automático da transmissão de bens públicos do Estado precedente ao Estado sucessor, sem qualquer direito a ressarcimento ou outras formas de compensação, e implica a extinção dos direitos do Estado precedente sobre tais bens, a favor do Estado sucessor.

A Convenção de 1983 distingue os bens do Estado em bens imóveis e móveis, para dizer que, no primeiro caso, aplica-se a regra da situação dos mesmos no território do Estado sucessor, e para os bens móveis, somente aqueles relacionados à atividade do Estado predecessor, e que digam respeito ao território de que a sucessão trata, estejam

---

[54] Mussolini mobilizou mais de 200 mil homens, 6 mil metralhadoras, 700 canhões e 150 carros de combate, autorizando a eles o uso de gás venenoso para sufocar o reino do Négus, culminando com a ocupação de Adis--Abbeba em 5 de maio de 1936.

[55] ARAÚJO, Luís Ivani Amorim. *Curso de direito internacional público*. 9. ed. Rio de Janeiro: Forense, 1997, p. 152.

ou não situados no território do Estado sucessor; ainda no caso de bens móveis, há a regra de que não haverá comprometimento da viabilidade financeira e econômica do Estado sucessor[56].

Quanto às dívidas do Estado, o artigo 33 da Convenção de Viena, de 1983, estabelece que toda obrigação financeira recairá para o Estado predecessor em face de outro Estado ou de uma organização internacional ou qualquer outro sujeito de direito internacional[57].

b) Legislação e tratados

Os habitantes de um Estado absorvido ou pertencente a um território que mudou de soberania passam a obedecer à legislação do Estado anexante ou cessionário, muito embora se respeitem os direitos adquiridos na vigência da antiga legislação.

No que tange aos tratados internacionais, a Convenção de Viena de 1978, sobre a Sucessão de Estados em Matéria de Tratados, de certa maneira, dá sequência à ideia estampada na Convenção de Viena sobre Direito dos Tratados, de 1969, que, em seu artigo 73, prevê que suas disposições não afetam qualquer questão que possa surgir em relação a um tratado em virtude da sucessão de Estados, da responsabilidade internacional de um Estado ou do início das hostilidades entre Estados.

---

[56] "Article 15 – Newly independent State – 1. When the successor State is a newly independent State: (a) immovable State property of the predecessor State situated in the territory to which the succession of States relates shall pass to the successor State; (b) immovable property, having belonged to the territory to which the succession of States relates, situated outside it and having become State property of the predecessor State during the period of dependence, shall pass to the successor State; (c) immovable State property of the predecessor State other than that mentioned in subparagraph (b) and situated outside the territory to which the succession of States relates, to the creation of which the dependent territory has contributed, shall pass to the successor State in proportion to the contribution of the dependent territory; (d) movable State property of the predecessor State connected with the activity of the predecessor State in respect of the territory to which the succession of States relates shall pass to the successor State; (e) movable property, having belonged to the territory to which the succession of States relates and having become State property of the predecessor State during the period of dependence, shall pass to the successor State; (f) movable State property of the predecessor State, other than the property mentioned in subparagraphs (d) and (e), to the creation of which the dependent territory has contributed, shall pass to the successor State in proportion to the contribution of the dependent territory. 2. When a newly independent State is formed from two or more dependent territories, the passing of the State property of the predecessor State or States to the newly independent State shall be determined in accordance with the provisions of paragraph 1. 3. When a dependent territory becomes part of the territory of a State, other than the State which was responsible for its international relations, the passing of the State property of the predecessor State to the successor State shall be determined in accordance with the provisions of paragraph 1. 4. Agreements concluded between the predecessor State and the newly independent State to determine succession to State property of the predecessor State otherwise than by the application of paragraphs 1 to 3 shall not infringe the principle of the permanent sovereignty of every people over its wealth and natural resources."

[57] "Article 33 – State debt – For the purposes of the articles in the present Part, 'State debt' means any financial obligation of a predecessor State arising in conformity with international law towards another State, an international organization or any other subject of international law."

Para os três tipos de sucessão, ou seja, a cisão, a descolonização e a fusão, a Convenção de 1978 mantém a tradição e distingue os efeitos quanto aos "tratados territoriais" (entendidos não só como tratados de delimitação de fronteiras, mas também os que atribuem obrigações definidas em função de um dado território, como a utilização de um rio, um direito de passagem ou a declaração de uma zona desmilitarizada) e "outros tratados", a fim de atribuir aos primeiros o princípio de sua continuidade entre Estado(s) sucessor(es) e Estado(s) precedente(s)[58].

Guido adverte que "é evidente a congruência de tal regra, com aquela do art. 62, § 2º, inciso (a), da Convenção de Viena sobre Direito dos Tratados, em virtude da qual *uma mudança fundamental de circunstâncias não pode ser invocada como causa para a extinção ou retirada do tratado, se o tratado for de limites*". No que se refere a outros tipos de tratados internacionais, como direitos sobre utilização de águas fluviais ou lacustres, de exploração de recursos hidráulicos de uma bacia hidrográfica,

---

[58] "PART II. SUCCESSION IN RESPECT OF PART OF TERRITORY
Article 15 Succession in respect of part of territory
When part of the territory of a State, or when any territory for the international relations of which a State is responsible, not being part of the territory of that State, becomes part of the territory of another State:(*a*) treaties of the predecessor State cease to be in force in respect of the territory to which the succession of States relates from the date of the succession of States; and (*b*) treaties of the successor State are in force in respect of the territory to which the succession of States relates from the date of the succession of States, unless it appears from the treaty or is otherwise established that the application of the treaty to that territory would be incompatible with the object and purpose of the treaty or would radically change the conditions for its operation.
PART III. NEWLY INDEPENDENT STATES
SECTION 1. GENERAL RULE
Article 16 Position in respect of the treaties of the predecessor State
A newly independent State is not bound to maintain in force, or to become a party to, any treaty by reason only of the fact that at the date of the succession of States the treaty was in force in respect of the territory to which the succession of States relates. (…)
PART IV. UNITING AND SEPARATION OF STATES
Article 31Effects of a uniting of States in respect of treaties in force at the date of the succession of States
1. When two or more States unite and so form one successor State, any treaty in force at the date of the succession of States in respect of any of them continues in force in respect of the successor State unless:
(a) the successor State and the other State party or States Parties otherwise agree; or
(b) it appears from the treaty or is otherwise established that the application of the treaty in respect of the successor State would be incompatible with the object and purpose of the treaty or would radically change the conditions for its operation.
2. Any treaty continuing in force in conformity with paragraph 1 shall apply only in respect of the part of the territory of the successor State in respect of which the treaty was in force at the date of the succession of States unless:
(a) in the case of a multilateral treaty not falling within the category mentioned in article 17, paragraph 3, the successor State makes a notification that the treaty shall apply in respect of its entire territory;
(b) in the case of a multilateral treaty falling within the category mentioned in article 17, paragraph 3, the successor State and the other States Parties otherwise agree; or (*c*) in the case of a bilateral treaty, the successor State and the other State party otherwise agree. 3. Paragraph 2 (*a*) does not apply if it appears from the treaty or is otherwise established that the application of the treaty in respect of the entire territory of the successor State would be incompatible with the object and purpose of the treaty or would radically change the conditions for its operation."

de direitos de navegação em águas interiores, ou ainda de neutralidade ou desmilitarização, a Convenção consagra o princípio da primazia da manutenção de situações territoriais adquiridas por terceiros Estados, sobre o princípio da livre disposição dos novos Estados sobre tais direitos, em função da estabilidade das relações internacionais; trata-se da consagração do princípio da sucessão de direitos tradicional nos sistemas internos dos Estados e que tem sido transposto para o Direito Internacional de que *res transit cum suo onere*[59].

c) Nacionalidade

No caso de anexação total de um Estado por outro, os habitantes do Estado que foi extinto irão adquirir a nacionalidade do Estado anexante. Em se tratando de cessão parcial, normalmente concede-se às pessoas nascidas e domiciliadas no território cedido o direito de opção, dentro de certo prazo, e, portanto, a possibilidade de conservar a antiga nacionalidade ou adquirir a do cessionário.

7. DIREITOS DOS ESTADOS

Os Estados, ao ingressarem, nessa qualidade, na sociedade internacional, passam a ser detentores de direitos e deveres na órbita jurídica internacional. Isso porque os Estados se apresentam como sujeitos de direito internacional. Esse entendimento decorre da própria ideia que advém de pessoa ou sujeito de direito que é a de todo ente capaz de contrair direitos e deveres perante uma determinada ordem jurídica.

Os Estados, portanto, ao adquirirem personalidade jurídica internacional, passam a integrar as relações internacionais como sujeitos plenos de direito. Sobre a matéria, Salcedo alerta que sujeitos de direito internacional são "aquellas entidades que son destinatarias de las normas jurídicas internacionales, participan en su proceso de elaboración, y tienen legitimación para reclamar por su incumplimiento o incurren en responsabilidad internacional si son ellas quienen las infrigen"[60].

Frise-se, por oportuno, que podem existir outros entes no plano internacional que se assemelham aos Estados soberanos, mas acabam por não serem devidamente reconhecidos como tal. Deste modo, estarão impedidos de realizar todos os atos da vida internacional.

A título exemplificativo podem ser apresentados os casos de Porto Rico e Taiwan que pelo fato de não serem soberanos, não possuem os direitos e deveres que se aplicam aos Estados enquanto sujeitos de direito internacional. Por essa razão um Estado despido de direitos deixa de ser um sujeito internacional com capacidade plena.

Os direitos e deveres fundamentais dos Estados estão consagrados em documentos internacionais, bem como em normas costumeiras. Ao tratar da matéria devem ser observados tanto os direitos como também os deveres, pois as relações a

---

[59] SOARES, Guido. *Curso de direito internacional público*. São Paulo: Atlas, 2002.

[60] SALCEDO, Juan Antonio Carrillo. *Curso de derecho internacional*. Madrid: Tecnos, 1991, p. 25.

serem constituídas no plano internacional ficariam prejudicadas se somente existissem direitos.

Essa matéria (direitos e deveres dos Estados) tem dado lugar a muita discussão, prendendo-se, muitas vezes, à teoria jusnaturalista dos direitos humanos, constituída da ideologia liberal do século XVIII. Por isso, Boson[61] lembra que os Estados, na ordem internacional, assim como os indivíduos, no plano interno, possuem direitos básicos, antes do ingresso na comunidade do direito das gentes, tese esta combatida pelo positivismo, sob a alegação de que todos os direitos do Estado têm o mesmo valor e são os próprios Estados que declaram e reconhecem nos tratados e costumes.

Sem embargo, as teorias acima apresentadas precisam ser devidamente ponderadas sem que haja entendimento extremo sobre cada uma delas. Verifica-se que para a existência de direitos subjetivos é importante que exista uma ordem jurídica. De outra banda, não se pode olvidar que os direitos dos Estados não podem ser confundidos com os direitos do indivíduo.

Alargando a discussão, novamente com o magistério de Boson[62], que destaca a existência de direitos fundamentais justificados pela própria existência dos Estados por serem direitos mínimos, sem os quais os Estados não poderiam permanecer e desenvolver-se, e dos quais decorrem todos os outros direitos, porque a estes servem de base última de fundamentação.

O fato é que os direitos dos Estados podem ser classificados em direitos fundamentais ou essenciais, que são aqueles direitos decorrentes da própria qualidade do Estado enquanto sujeito internacional, e direitos acidentais ou secundários, que podem ser traduzidos naqueles direitos que são resultantes de um tratado ou costume internacional e correspondem a situações particulares.

A doutrina e a prática internacional[63] têm apresentado vários direitos dos Estados, tais como: o direito de guerra, direito de enviar e receber embaixadores ou outros agentes diplomáticos, direito de assinar e ratificar tratados, direito ao comércio internacional, direito de reclamar em foros internacionais etc.

Em rigor, acentua Litrento[64], somente existe um direito fundamental: o direito de independência, cuja soberania estatal assegura sua existência em igualdade aos demais Estados soberanos, uma vez livres, gozando de respeito mútuo e tendo direito à defesa e conservação (direito de guerra), além do intercâmbio comercial e diplomático apoiado em tratados (direito de comércio internacional, de legação e de tratados).

Vale ressaltar que, no âmbito americano, por força da Carta da Organização dos Estados Americanos, a matéria ganhou grande impulso e significado ao ser

---

[61] BOSON, Gérson de Britto Mello. *Direito internacional público*. 3. ed. Belo Horizonte: Del Rey, 2000, p. 243.

[62] BOSON, Gérson de Britto Mello. *Direito internacional público*. 3. ed. Belo Horizonte: Del Rey, 2000, p. 244.

[63] LITRENTO, Oliveiros. *Curso de direito internacional público*. 3. ed. Rio de Janeiro: Forense, 1997, p. 123.

[64] LITRENTO, Oliveiros. *Curso de direito internacional público*. 3. ed. Rio de Janeiro: Forense, 1997, p. 124.

apresentado no capítulo IV do mencionado documento internacional um rol de direitos e deveres dos Estados[65].

De toda sorte, para efeito desse estudo, serão apresentados com maiores detalhes os direitos[66] que são mais indicados pela própria doutrina: direito à igualdade, direito ao respeito mútuo, direito à conservação e proteção e direito ao comércio internacional.

7.1. Direito à igualdade

O direito à igualdade dos Estados está amparado em normas convencionais e consuetudinárias. Em relação à primeira, vale ressaltar, desde logo, a previsão que está

---

[65] A matéria está assim consagrada: "Artigo 10 – Os Estados são juridicamente iguais, desfrutam de iguais direitos e de igual capacidade para exercê-los, e têm deveres iguais. Os direitos de cada um não dependem do poder de que dispõem para assegurar o seu exercício, mas sim do simples fato da sua existência como personalidade jurídica internacional. Artigo 11 – Todo Estado americano tem o dever de respeitar os direitos dos demais Estados de acordo com o direito internacional. Artigo 12 – Os direitos fundamentais dos Estados não podem ser restringidos de maneira alguma. Artigo 13 – A existência política do Estado é independente do seu reconhecimento pelos outros Estados. Mesmo antes de ser reconhecido, o Estado tem o direito de defender a sua integridade e independência, de promover a sua conservação e prosperidade, e, por conseguinte, de se organizar como melhor entender, de legislar sobre os seus interesses, de administrar os seus serviços e de determinar a jurisdição e a competência dos seus tribunais. O exercício desses direitos não tem outros limites senão o do exercício dos direitos de outros Estados, conforme o direito internacional. Artigo 14 – O reconhecimento significa que o Estado que o outorga aceita a personalidade do novo Estado com todos os direitos e deveres que, para um e outro, determina o direito internacional. Artigo 15 – O direito que tem o Estado de proteger e desenvolver a sua existência não o autoriza a praticar atos injustos contra outro Estado. Artigo 16 – A jurisdição dos Estados nos limites do território nacional exerce-se igualmente sobre todos os habitantes, quer sejam nacionais ou estrangeiros. Artigo 17 – Cada Estado tem o direito de desenvolver, livre e espontaneamente, a sua vida cultural, política e econômica. No seu livre desenvolvimento, o Estado respeitará os direitos da pessoa humana e os princípios da moral universal. Artigo 18 – O respeito e a observância fiel dos tratados constituem norma para o desenvolvimento das relações pacíficas entre os Estados. Os tratados e acordos internacionais devem ser públicos. Artigo 19 – Nenhum Estado ou grupo de Estados tem o direito de intervir, direta ou indiretamente, seja qual for o motivo, nos assuntos internos ou externos de qualquer outro. Este princípio exclui não somente a força armada, mas também qualquer outra forma de interferência ou de tendência atentatória à personalidade do Estado e dos elementos políticos, econômicos e culturais que o constituem. Artigo 20 – Nenhum Estado poderá aplicar ou estimular medidas coercivas de caráter econômico e político, para forçar a vontade soberana de outro Estado e obter deste vantagens de qualquer natureza. Artigo 21 – O território de um Estado é inviolável; não pode ser objeto de ocupação militar, nem de outras medidas de força tomadas por outro Estado, direta ou indiretamente, qualquer que seja o motivo, embora de maneira temporária. Não se reconhecerão as aquisições territoriais ou as vantagens especiais obtidas pela força ou por qualquer outro meio de coação. Artigo 22 – Os Estados americanos se comprometem, em suas relações internacionais, a não recorrer ao uso da força, salvo em caso de legítima defesa, em conformidade com os tratados vigentes, ou em cumprimento dos mesmos tratados. Artigo 23 – As medidas adotadas para a manutenção da paz e da segurança, de acordo com os tratados vigentes, não constituem violação aos princípios enunciados nos artigos 19 e 21".

[66] Vale recordar o conceito de direito subjetivo, apresentando-se como uma faculdade de exigir, outorgada a uma pessoa, o cumprimento de uma obrigação por parte de outra, capaz de satisfazer a um interesse legítimo. Ou ainda: faculdade de exigir de uma pessoa uma prestação, a que está obrigada por lei ou por contrato, capaz de satisfazer a um interesse legítimo de que exige. A todo direito subjetivo corresponde uma pretensão, ou seja, a faculdade de exigir de outrem uma prestação. A toda pretensão corresponde uma ação, isto é, o meio processual apto a obter a tutela do direito ameaçado ou lesado (GUSMÃO, Paulo Dourado de. *Introdução ao estudo do direito*. Rio de Janeiro: Forense, 1998, p. 250).

consagrada na Carta das Nações Unidas e na Convenção Pan-Americana sobre Direitos e Deveres dos Estados.

No tocante à Carta da ONU, esse entendimento é evidenciado logo em seu preâmbulo[67], pelo fato de a organização estar constituída e alicerçada no princípio da igualdade soberana de todos os seus membros.

O artigo 4 da Convenção Pan-Americana enuncia que os Estados são juridicamente iguais, gozam dos mesmos direitos e têm a mesma capacidade no seu exercício. Os direitos de cada um não dependem do poder que tenha para assegurar o seu exercício, mas do simples fato de sua existência como pessoa do direito internacional. A igualdade que se apresenta aqui corresponde à formal, onde todos os Estados estão em situação de igualdade. Em relação a outros aspectos, poderio militar, econômico, densidade demográfica, tamanho do território, desenvolvimento tecnológico e cultural, além de outros, podem ter peso em questões políticas.

Importante registrar, em decorrência da igualdade jurídica, que os Estados terão, em princípio, a possibilidade de participar de foros internacionais com um voto, independentemente se um Estado é rico ou pobre, forte ou fraco; não poderá sofrer reclamações de outro Estado em relação a atos que são praticados em decorrência de sua jurisdição. Silva e Accioly[68] advertem, em relação a essa segunda questão, que os tribunais de um Estado não têm jurisdição sobre outro Estado e não têm competência judiciária em relação a outro (esse princípio não deve ser tomado de forma absoluta).

O fato é que em decorrência do direito à igualdade os Estados poderão realizar vários atos da vida internacional. Verifica-se que os Estados soberanos, em Congressos e Conferências, assentam-se e assinam os documentos pertinentes em ordem alfabética, podendo seus representantes se manifestar em seu próprio idioma; nas deliberações que são tomadas nas Organizações Internacionais, a exemplo da ONU, cada Estado possui apenas um voto, independentemente de sua relevância no âmbito das relações internacionais etc.

Além disso, os Estados poderão celebrar tratados internacionais (direito de convenção), acreditar representação diplomática (direito de legação), demandar em tribunais internacionais, pelo fato de serem sujeitos plenos de direito internacional.

7.2. Direito ao respeito mútuo

Consiste no direito que cada Estado possui no sentido de ser tratado com dignidade moral à sua personalidade internacional e à integridade de seu território.

---

[67] "(...) a preservar as gerações vindouras do flagelo da guerra que, por duas vezes, no espaço da nossa vida, trouxe sofrimentos indizíveis à humanidade, e a reafirmar a fé nos direitos fundamentais do homem, na dignidade e no valor do ser humano, **na igualdade de direito** dos homens e das mulheres, assim **como das nações grandes e pequenas,** e a estabelecer condições sob as quais a justiça e o respeito às obrigações decorrentes de tratados e de outras fontes do direito internacional possam ser mantidos, e a promover o progresso social e melhores condições de vida dentro de uma liberdade ampla. (...) E para tais fins, praticar a tolerância e viver em paz, uns com os outros" (grifei).

[68] SILVA, Nascimento; ACCIOLY, Hildebrando. *Manual de direito internacional*. 13. ed. São Paulo: Saraiva, 1998, p. 105.

Para que haja bom relacionamento entre os diversos sujeitos no plano internacional é necessário que cada Estado trate os demais com o devido respeito, bem como em consonância com as normas internacionais, sejam as de natureza convencional ou consuetudinária.

Os Estados não podem e não devem tratar outros Estados de maneira ofensiva, deselegante, injuriosa, de modo a trazer instabilidade no cenário internacional. Ao contrário, devem ser observados atos de respeito e camaradagem entre eles, inclusive prestando honras aos símbolos nacionais.

Boson[69] acentua que, em consequência do direito ao respeito mútuo, não se pode recusar ao Chefe de Estado, ou a representantes diplomáticos, as honras impostas pela qualidade destes, nem cercear a obrigação às regras do cerimonial público, estabelecidas pelos costumes e tratados, devido às bandeiras nacionais estrangeiras, quando regularmente arvoradas. Do mesmo modo, não pode o Estado violar a integridade territorial e interferir nas relações internacionais ou internas de outro.

7.3. Direito à conservação e proteção

O território se apresenta como um dos elementos constitutivos do Estado tendo importância para os estudos da matéria.

Como visto em tópico precedente, por vezes os Estados podem sofrer algumas interferências externas de outros Estados, trazendo grande prejuízo para sua existência, ocorrendo, inclusive, a sua sucessão universal (sua extinção).

Por essa razão, o Estado deve estar diligente no exercício de suas competências e direitos que são conferidos pelo Direito Internacional, mormente no que tange à sua própria existência, o que denota a adoção de medidas em prol da conservação e da proteção de seu território.

O direito de conservação consiste na observância de todos os atos necessários à defesa do Estado contra os inimigos. Para evitar danos em seu território, o Estado poderá adotar leis penais; a prática de medidas de natureza policial; a expulsão de estrangeiros nocivos à ordem pública; a celebração de alianças etc.

Significa dizer que o Estado pode e deve realizar todos os atos necessários para que não haja comprometimento de sua existência, enquanto sujeito de direito internacional, bem como a adoção de medidas que venham trazer algum prejuízo à sua segurança e das pessoas inseridas em sua base territorial.

Agindo dessa maneira o Estado, além de conservar e proteger seu território, não admitirá a intervenção de terceiros que possam colocar em risco a sua própria personalidade jurídica internacional.

Vale acentuar que a conservação está intimamente relacionada a outros direitos contemplados em documentos internacionais, como por exemplo, a legítima defesa, a inviolabilidade do território e da existência dos Estados.

---

[69] BOSON, Gérson de Britto Mello. *Direito internacional público*. 3. ed. Belo Horizonte: Del Rey, 2000, p. 256.

O direito à legítima defesa se apresenta como uma manifestação de um direito de conservação do Estado. Celso Mello acentua que se apresenta em toda sociedade como uma competência de substituição provisória deixada a seus membros para se protegerem contra um delito cometido por terceiro[70].

De fato, o Estado deve rechaçar a agressão injusta praticada em relação a seu território, valendo-se, pois, dos meios necessários para combater o uso indevido de práticas alheias que tragam algum tipo de prejuízo para sua existência no cenário internacional.

7.4. Direito ao comércio internacional

Um dos fatores que serviram para "alavancar" o direito internacional foi a existência do comércio internacional. Isso porque, como já apresentado, a sociedade internacional era no passado constituída apenas por Estados e estes por necessidades de subsistência praticavam atos de comércio entre si.

É indubitável que os Estados não são autossuficientes no âmbito das relações internacionais, e por essa razão, desde há muito, desempenham atividades de comércio internacional. Entretanto, em decorrência de outros direitos consagrados pelo direito internacional, por exemplo o da igualdade, não se pode admitir que um Estado se valha de sua condição econômica para impor a outro Estado a prática de determinados atos de comércio internacional.

Assim, pode o Estado limitar suas relações de comércio internacional de acordo com as regras da economia social e os interesses do país.

O isolamento e a discriminação propostos são incompatíveis, ensejando que os prejudicados ajam por meio dos organismos internacionais competentes. O Estado não poderá impedir que outros troquem, vendam ou comprem os seus produtos, porque o princípio a ser observado é o da prosperidade de todos. O Estado tem o direito de tomar as medidas de precaução e defesa convenientes para a produção e tranquilidade nacionais[71].

Além dos direitos apresentados, há de ressaltar, a título ilustrativo, a existência de outros direitos: a igualdade jurídica; a existência política independe do reconhecimento; o direito de exercer a jurisdição no seu território; o direito ao desenvolvimento cultural, político e econômico etc.

Frise-se, por oportuno, que, embora a matéria esteja consagrada em normas convencionais e consuetudinárias, ainda não foi possível a realização de uma convenção sobre esse assunto no âmbito das Nações Unidas.

Na verdade, existe um projeto da Comissão de Direito Internacional para resguardar certos direitos, como o direito à independência; o direito de exercer a sua jurisdição no território nacional; o direito à igualdade jurídica; o direito de legítima defesa.

---

[70] MELLO, Celso. *Curso de direito internacional público.* Rio de Janeiro: Renovar, 1997, p. 423.

[71] BOSON, Gérson de Britto Mello. *Direito internacional público.* 3. ed. Belo Horizonte: Del Rey, 2000, p. 259.

8. DEVERES DOS ESTADOS

Da mesma forma que os Estados possuem direitos, também devem observar deveres na orbita jurídica internacional. Nas lições de Dourado de Gusmão, o dever jurídico consiste na situação em que se encontra um sujeito de direito de ter de praticar um ato, ou, ao contrário, de omitir-se, em ambos os casos em vantagem de outro, sob pena de sofrer uma sanção. É, pois, a sujeição jurídica de uma pessoa (devedor) a outra (titular) que obriga aquela a uma prestação em favor desta[72].

Tem-se apresentado nos estudos do Direito Internacional que os deveres a serem observados pelos Estados podem ser de natureza jurídica ou moral.

O dever jurídico corresponde à obrigação do Estado em respeitar os direitos dos demais sujeitos internacionais, em decorrência das várias convenções internacionais existentes sobre a matéria: o respeito aos direitos dos Estados, a observância às normas internacionais, a boa-fé nas relações internacionais, a não utilização da força, salvo nos casos de legítima defesa etc.

No que tange aos deveres morais, estes são correlatos à assistência de um Estado a outro e têm-se apresentado em vários momentos da vida internacional em consonância com o princípio da solidariedade. Muitos exemplos podem ser apresentados: o socorro e a assistência humanitária em decorrência de fenômenos naturais (terremotos, enchentes etc.); acidentes ocorridos no mar (naufrágios); adoção de medidas sanitárias em países necessitados; cooperação judiciária (extradição por dever moral) etc.

De fato, a solidariedade internacional existe e se manifesta de várias maneiras e, conforme acentua Alves, foi ela mais do que a vontade dos Estados, movidos por interesses num jogo complicado de poder, que levou os próprios Estados a construírem, na ONU e em esferas regionais, um arcabouço jurídico para os direitos fundamentais do indivíduo, somente realizáveis na órbita doméstica de cada cidadania. Hoje, a solidariedade se expressa na prática do humanitarismo[73].

Por isso, comungando com Cançado Trindade, temos o privilégio de testemunhar e impulsionar o processo de *humanização* do direito internacional, que passa a ocupar-se mais diretamente da identificação e realização de valores e metas comuns superiores. O reconhecimento da centralidade dos direitos humanos corresponde a um novo *ethos* de nossos tempos, os quais, por sua vez, têm aberto o caminho para a construção de um novo *jus gentium* como um direito universal da humanidade, na mesma linha visionária preconizada, a partir do século XVI, pelos teólogos espanhóis Vitória e Suarez, em conformidade com o mais lúcido pensamento jusinternacionalista[74].

Tem-se desenvolvido no direito internacional uma espécie de moral internacional que se relaciona àqueles princípios morais aplicados pelos sujeitos do Direito

---

[72] GUSMÃO, Paulo Dourado, op. cit. GUSMÃO, Paulo Dourado de. *Introdução ao estudo do direito.* Rio de Janeiro: Forense, 1998, p. 256.

[73] ALVES, José Augusto Lindgren. *Os direitos humanos na pós-modernidade.* São Paulo: Perspectiva, 2005, p. 59.

[74] TRINDADE, Antônio Augusto Cançado. *A humanização do direito internacional.* Belo Horizonte: Del Rey, 2006, p. 406.

Internacional Público nas suas relações recíprocas, destacando nesse mister a solidariedade[75].

A Organização das Nações Unidas[76] apresentou os objetivos de desenvolvimento do milênio onde assumiu os seguintes compromissos: a) erradicar a pobreza extrema e a fome; reduzir para a metade a percentagem de pessoas com rendimentos inferiores a 1 dólar por dia; reduzir pela metade a percentagem de pessoas que passam fome; b) alcançar a universalização do ensino primário e cuidar para que todas as crianças possam terminar o ciclo completo de escolaridade primária; c) promover a igualdade entre homens e mulheres; d) reduzir a mortalidade infantil (limitando em até 2/3 a taxa de mortalidade de crianças com menos de cinco anos); e) melhorar a saúde materna; f) combater o HIV e outras doenças sexualmente transmissíveis; g) garantir a sustentabilidade do meio ambiente; incorporar os princípios do desenvolvimento sustentável nas políticas e programas nacionais; reduzir para metade a percentagem de pessoas sem acesso a água potável; h) fomentar uma associação mundial para o desenvolvimento,

---

[75] Em sentido contrário, MELLO, Celso. *Curso de direito internacional público*. Rio de Janeiro: Renovar, 1997, p. 69: "Existe um dever de cooperação internacional e de solidariedade entre os estados que compõem a sociedade internacional e que nenhum estado defende a sua não existência. A cooperação internacional se institucionalizou e, em certas regiões, evoluiu no sentido de uma integração econômica. Esta, entretanto, passa por um longo e difícil caminho. De qualquer modo, tudo tem sido insuficiente vez que o subdesenvolvimento continua a existir e os países ricos se recusam a maiores sacrifícios em favor dos pobres. A **solidariedade internacional**, na prática, tem sido apenas um discurso que **não se traduz na realidade**" (grifei).

[76] Na oportunidade da realização da Conferência do Milênio, ocasião em que se produziu importante documento internacional – a Declaração do Milênio –, o então Secretário-Geral das Nações Unidas, Kofi Annan, teve a oportunidade de se manifestar: "A Declaração do Milénio das Nações Unidas é um documento histórico para o novo século. Aprovada na Cimeira do Milénio – realizada de 6 a 8 de Setembro de 2000, em Nova Iorque –, reflecte as preocupações de 147 Chefes de Estado e de Governo e de 191 países, que participaram na maior reunião de dirigentes mundiais. Esta Declaração foi elaborada ao longo de meses de conversações, em que foram tomadas em consideração as reuniões regionais e o Fórum do Milénio, que permitiram que as vozes das pessoas fossem ouvidas. Apraz-me verificar que muitos dos compromissos e alvos sugeridos no meu Relatório do Milénio foram incluídos nela. A minha intenção, ao propor a realização da Cimeira, foi utilizar a força simbólica do Milénio para ir ao encontro das necessidades reais das pessoas de todo o mundo. Ao ouvir os dirigentes mundiais e ler a Declaração que aprovaram, fiquei impressionado com a convergência de opiniões sobre os desafios com que nos vemos confrontados e com a premência do seu apelo à acção. Os líderes definiram alvos concretos, como reduzir para metade a percentagem de pessoas que vivem na pobreza extrema, fornecer água potável e educação para todos, inverter a tendência de propagação do VIH/SIDA e alcançar outros objectivos no domínio do desenvolvimento. Pediram o reforço das operações de paz das Nações Unidas, para que as comunidades vulneráveis possam contar connosco nas horas difíceis. E pediram-nos também que combatêssemos a injustiça e a desigualdade, o terror e o crime, e que protegêssemos o nosso património comum, a Terra, em benefício das gerações futuras. Na Declaração, os dirigentes mundiais deram indicações claras sobre como adaptar a Organização ao novo século. Estão preocupados – aliás, justamente – com a eficácia da ONU. Querem ação e, acima de tudo, resultados. Pela minha parte, renovo a minha dedicação e a do meu pessoal ao cumprimento deste mandato. Mas, em última análise, são os próprios dirigentes que são as Nações Unidas. Está ao seu alcance e, portanto compete-lhes a eles, alcançar os objectivos que definiram. A eles e àqueles que os elegeram, os povos do mundo, digo: só vós podeis decidir se a ONU estará à altura do desafio" (ANNAN, Kofi. *Prefácio*. Nações Unidas. Declaração do Milénio. Disponível em: <https://www.unric.org/html /portuguese/uninfo/DecdoMil.pdf>. Acesso em: 25 jul. 2018).

incluindo o compromisso de atingir uma boa gestão dos assuntos públicos e a redução da pobreza em cada Estado e no plano internacional[77].

No momento atual, dignas de registro as ações que foram desenvolvidas e que se pretende avançar nos próximos anos ao ser estabelecido no plano das Nações Unidas uma nova agenda, a Agenda 2030 para o desenvolvimento sustentável[78]. Trata-se de um plano de ação para as pessoas e para o planeta com o intuito de buscar e fortalecer a paz universal. Para tanto, foram estabelecidos 17 Objetivos de Desenvolvimento Sustentável e 169 metas desta nova agenda global. São eles: 1. acabar com a pobreza em todas as suas formas, em todos os lugares; 2. acabar com a fome, alcançar a segurança alimentar e melhoria da nutrição e promover a agricultura sustentável; 3. assegurar uma vida saudável e promover o bem-estar para todos, em todas as idades; 4. assegurar a educação inclusiva e equitativa e de qualidade, e promover oportunidades de aprendizagem ao longo da vida para todos; 5. alcançar a igualdade de gênero e empoderar todas as mulheres; 6. assegurar a disponibilidade e gestão sustentável da água e saneamento para todos; 7. assegurar o acesso confiável, sustentável, moderno e a preço acessível à energia para todos; 8. promover o crescimento econômico sustentado, inclusivo e sustentável, emprego pleno e produtivo e trabalho decente para todos; 9. construir infraestruturas resilientes, promover a industrialização inclusiva e sustentável e fomentar a inovação; 10. reduzir a desigualdade dentro dos países e entre eles; 11. tornar as cidades e os assentamentos humanos inclusivos, seguros, resilientes e sustentáveis; 12. assegurar padrões de produção e de consumo sustentáveis; 13. tomar medidas urgentes para combater a mudança do clima e seus impactos; 14. conservação e uso sustentável dos oceanos, dos mares e dos recursos marinhos para o desenvolvimento sustentável; 15. proteger, recuperar e promover o uso sustentável dos ecossistemas terrestres, gerir de forma sustentável as florestas, combater a desertificação, deter e reverter a degradação da terra e deter a perda de biodiversidade; 16. promover sociedades pacíficas e inclusivas para o desenvolvimento sustentável, proporcionar o acesso à justiça para todos e construir instituições eficazes, responsáveis e inclusivas em todos os níveis; 17. fortalecer os meios de implementação e revitalizar a parceria global para o desenvolvimento sustentável.

Com efeito, a observância do princípio da solidariedade é fundamental para o desenvolvimento da sociedade internacional na medida em que os Estados não são capazes de resolver seus problemas sozinhos.

É possível identificar em vários episódios recentes a solidariedade internacional, como por ocasião dos graves problemas de natureza ambiental que trouxeram sofrimentos indizíveis a um enorme número de pessoas. Assim é que são desenvolvidas e realizadas ações coordenadas por Estados e também por outros atores internacionais.

---

[77] Relatório do Desenvolvimento Humano de 2003.

[78] Disponível em: <https://nacoesunidas.org/pos2015/agenda2030/>. Acesso em: 4 abr. 2020.

Embora a solidariedade seja um importante objetivo da sociedade internacional, inclusive com a manifestação clara dos Estados no início do século, por ocasião da realização da Conferência do Milênio, não se pode olvidar que, passados alguns anos desde o festejado encontro, os indicadores que se apresentam no mundo não são satisfatórios, pois o mesmo encontra-se mais inseguro, mais desigual, com mais ameaças voltadas ao meio ambiente, aumento significativo de famintos[79] etc.

De fato, as manifestações de solidariedade são extremamente importantes para a convivência social no plano internacional e, por certo, do desenvolvimento do direito internacional, entretanto, propugna-se algo maior que possa nortear o comportamento dos Estados em prol de uma sociedade mais igualitária e menos excludente: a não indiferença.

8.1. A não indiferença[80]

Antes de entrar no ponto relativo a não indiferença, cumpre aqui fazer um breve esclarecimento. Na obra intitulada *Direito internacional ambiental*[81] o princípio da não indiferença foi aplicado aos estudos voltados ao ambiente. Tal fato decorre dos diversos problemas que nos dias atuais acometem a humanidade (nessa matéria) e por terem efeitos e desdobramentos transnacionais. Significa dizer que devem ser contempladas ações e medidas saneadoras com a participação efetiva de todos os atores no intuito de minimizar os efeitos nocivos ao ambiente no plano global.

Além da aplicabilidade na área ambiental, evidencia-se que "a não indiferença" deve pautar a atuação dos diversos atores nas mais distintas relações constituídas na órbita

---

[79] "A fome volta a crescer no mundo, afirma novo relatório da ONU: 815 milhões de pessoas sofrem com a fome e milhões de crianças estão ameaçadas de malnutrição; novo relatório da ONU mostra que a fome mundial voltou a crescer por consequência dos conflitos e das mudanças climáticas. Em declínio constante por mais de uma década, a fome no mundo voltou a crescer e afetou 815 milhões de pessoas em 2016, o que representa 11% da população mundial. Os dados são da nova edição do relatório anual da ONU sobre a segurança alimentar e nutricional, publicada nesta sexta-feira (15). Além disso, o estudo aponta que múltiplas formas de malnutrição ameaçam a saúde de milhões de pessoas. Esse aumento – de mais 38 milhões de pessoas do que o ano anterior – se deve, em grande parte, pela proliferação de conflitos violentos e mudanças climáticas, segundo explica o estudo o Estado da Segurança Alimentar e da Nutrição no Mundo 2017. Conforme o estudo, cerca de 155 milhões de crianças menores de cinco anos sofrem com o atraso no crescimento (estatura baixa para a idade), enquanto 52 milhões estão com o peso abaixo do ideal para a estatura. Estima-se, ainda, que 41 milhões de crianças estejam com sobrepeso. A anemia entre as mulheres e a obesidade adulta também são motivos de preocupação. De acordo com o relatório, essas tendências são consequências não só dos conflitos e das mudanças climáticas, mas também das profundas alterações nos hábitos alimentares e das crises econômicas. Essa é a primeira que a ONU realiza uma avaliação global sobre segurança alimentar e nutricional depois da adoção da Agenda 2030 para o Desenvolvimento Sustentável, cujo objetivo é acabar com a fome e com todas as formas de malnutrição até 2030, sendo essa uma das principais prioridades das políticas internacionais. O documento aponta os conflitos – cada vez mais agravados pelas mudanças climáticas – como um dos principais motivos para o ressurgimento da fome e de muitas formas de malnutrição". Disponível em: <http://www.fao.org/brasil/noticias/detail-events/en/c/1037611/>. Acesso em: 26 jul. 2018.

[80] Essa matéria também está disponível em GUERRA, Sidney. *Direitos humanos na ordem jurídica internacional e reflexos na ordem constitucional brasileira*. 2. ed. São Paulo: Atlas, 2014.

[81] GUERRA, Sidney. *Direito internacional ambiental*. Rio de Janeiro: Freitas Bastos, 2006.

internacional e, em especial, mudanças que devem ser observadas pelos Estados no intuito de reduzir os múltiplos problemas existentes em todos os pontos do planeta.

Mais ainda, propugna-se pela defesa de uma nova postura e comportamento diante das mais diversas e adversas situações que se manifestam no campo das relações internacionais, de modo que além de princípio a ser observado pode também ser visto como um dever moral.

Problemas relacionados a dificuldades econômicas, catástrofes ambientais, convulsão social, crime organizado, tráfico de drogas, rompimento com o Estado de Direito, fome, miséria, doenças, conflitos armados são algumas variáveis que podem afetar os Estados soberanos.

A título exemplificativo imagine-se que um determinado Estado X apresenta vários problemas e/ou violações sistemáticas aos direitos humanos e, por consequência, a possibilidade de trazer certo grau de instabilidade à região em que se encontra inserido. Situações que embora adstritas (aparentemente) ao plano doméstico de um Estado podem propiciar mau funcionamento em Estados vizinhos trazendo graves repercussões para a vida internacional. Isso porque, até mesmo por uma questão de sobrevivência, as pessoas que estão sofrendo violências de toda ordem e por instinto elementar da manutenção da vida, poderão ir buscar auxílio e abrigo em outros países vizinhos causando um grande desequilíbrio no país onde buscarão refúgio.

Outro ponto relevante, principalmente da forma com que as relações de poder são constituídas, decorre da globalização econômica que produz prejuízos e despreza a condição humana trazendo grandes sofrimentos para grande parcela da população mundial. Lindgren Alves[82], na mesma linha de raciocínio, focando os efeitos da globalização e os problemas relativos aos direitos humanos, acentua que a perda da substância dos direitos humanos na situação de globalização sem controle[83] é especialmente visível no incremento gigantesco de fenômenos que antes se apresentavam menos ameaçadores, tais como: a) a imigração incessante e ascendente na Europa Ocidental e nos Estados Unidos, de pessoas procedentes de países pobres; b) o ressurgimento incontrolável do tráfico de pessoas e das formas contemporâneas de escravidão decorrente de dívidas; c) a rotinização da pornografia infantil e da pedofilia, associadas ao turismo sexual no terceiro mundo; d) o recrudescimento do racismo, envolvendo o reaparecimento de grupos nazifascistas e a consolidação de partidos ultranacionais; e) a explosão de conflitos

---

[82] ALVES, José Augusto Lindgren. Cidadania, direitos humanos e globalização. Cidadania e justiça. *Revista da Associação dos Magistrados Brasileiros*, Rio de Janeiro, ano 3, n. 7, p. 92-110, 2º sem. 1999, p. 211-212.

[83] BARBOSA, Manuel Pinto, *Globalização, desenvolvimento e equidade*. Lisboa: Publicações Dom Quixote, 2001, p. 378, chama a atenção para a necessidade de se estabelecer mecanismos de controle sobre a globalização para que não se torne uma ideologia impositiva para os países e invoca o direito: "A globalização pode se transformar numa ideologia impositiva de interesses de países ou entidades. O mais forte antídoto contra esta ingerência de interesses particulares é constituído pelas instituições e pelo direito. Sem instituições, sem leis e sem governabilidade, a globalização pode tornar-se refém de grupos especiais de interesses".

fratricidas de micronacionalismos, como o da ex-Iugoslávia; f) o genocídio de coabitantes de uma mesma região, como ocorreu em Ruanda e ameaçou ocorrer em toda a área dos grandes lagos africanos; g) o crescimento exponencial do número de refugiados e pessoas deslocadas; h) a busca individual de proteção ou compensação contra as dificuldades vividas em seitas religiosas ou crendices sobrenaturais; i) a expansão do fundamentalismo religioso; j) o crescente recurso dos desesperados por ações violentas criminais ou suicidas; k) o aparecimento de uma nova rede de terrorismo com ações não reivindicadas e objetivos não explicitados pelos autores intelectuais.

Esses são alguns problemas que acometem a humanidade e ensejam a tomada de providências a serem coordenadas no plano internacional. O desejo de reverter o quadro negativo que se apresenta nessa estrutura globalizada, e que afeta sistematicamente a pessoa humana, demanda o envolvimento de todos os setores. Essa ideia também pode ser observada por outros autores, como se observa nessa passagem:

"Si pudiésemos conseguir actuar sobre una serie de factores para alcanzar un crecimiento con equidad, una buena gobernabilidad a nivel local, regional y mundial, reducir drásticamente la vulnerabilidad a la que están sometidas tantas personas por catástrofes y conflictos, incrementar la cantidad y la calidad de la ayuda oficial al desarrollo, y condonar la deuda externa para poder invertir en desarrollo humano, el panorama podría ser muy distinto. Esto no es una labor exclusiva de ONG, organismos de Naciones Unidas o gobiernos, sino de todos. Es necesario que todos tengamos una voluntad suficiente para ir mucho más allá de lo que a veces nos parece evidente, pero no siempre es suficiente"[84].

Além de uma postura solidária, fundamental para minimizar os problemas que ocorrem no plano das relações internacionais e que deve ser adotada pelos membros da sociedade internacional, há a necessidade de uma ação mais efetiva, ou seja, não indiferente, sob o risco de expandir um problema que acontece, em princípio, de maneira setorizada.

Para que não haja dúvidas acerca da solidariedade e da indiferença (há quem entenda[85] que são expressões sinônimas), vale-se dos possíveis empregos das referidas expressões em língua portuguesa.

A solidariedade pode ser compreendida como qualidade do que é solidário; dependência mútua; auxílio mútuo; ligação recíproca de pessoas ou coisas interdependentes. A indiferença corresponde ao desinteresse; desprendimento; desdém; negligência; apatia; insensibilidade moral etc.[86].

---

[84] COMESAÑA, Antón Costas; CÉSPEDES, Gemma Cairó. *Cooperación y desarrollo: hacya una agenda comprehensiva para el desarrollo.* Madrid: Pirámides, 2003, p. 26.

[85] A aplicação do princípio da não indiferença foi apresentado no IV Congresso Brasileiro de Direito Internacional, ocorrido em 2006, na cidade de Curitiba.

[86] BUENO, Francisco da Silveira. *Dicionário da língua portuguesa.* 7. ed. Rio de Janeiro: FENAME, 1956.

Indubitavelmente "a não indiferença" tem aplicabilidade em vários assuntos que se manifestam na órbita jurídica internacional (conflitos armados, fome, inundações), portanto, a sociedade internacional não pode permanecer desinteressada, negligente, apática, insensível e indiferente aos problemas que acontecem em termos planetários e/ou regionais[87].

De toda sorte, neste projeto ambicioso de "pensar" e "agir" diante dos problemas dos outros, de acordo com a "não indiferença", pretende-se construir um verdadeiro comprometimento da sociedade internacional na busca do diálogo, da cooperação entre os povos, da paz e de um planeta que seja mais solidário e humano. Que não haja desinteresse, desprendimento, desdém, apatia e que não haja indiferença aos problemas alheios[88].

Há de se envidar esforços em prol da criação de uma verdadeira "cultura da não indiferença" com participação mais efetiva dos múltiplos atores na sociedade global para emergir uma nova ordem internacional.

8.2. A não intervenção

Comporta ainda neste estudo a análise da não intervenção, que é um corolário dos direitos fundamentais dos Estados, especialmente do direito à soberania e do direito à igualdade jurídica.

O dever de não intervenção, que teve origem nas normas de Direito Internacional aplicáveis entre os Estados americanos, obteve seu reconhecimento como um princípio de Direito Internacional, observado em todo o planeta, com a Declaração sobre princípios de Direito Internacional referentes às relações de amizade e cooperação entre os Estados.

A Carta da Organização dos Estados Americanos estabelece em seu artigo 18 que nenhum Estado ou grupo de Estados tem o direito de intervir direta ou indiretamente, seja qual for o motivo, nos assuntos internos ou externos de qualquer outro.

Este princípio exclui não somente a força armada, mas também qualquer outra forma de interferência ou de tendência atentatória à personalidade do Estado e dos elementos políticos, econômicos e culturais que o constituem. Além dessas ideias devem ser lembradas ainda as doutrinas Monroe e Drago relativas à matéria, que serão apresentadas logo a seguir.

---

[87] Observem o temor (e possíveis prejuízos) que se instalou na América do Sul por decisões que foram tomadas pelos Governos da Colômbia, Equador e Venezuela, no ano de 2008, pela morte de Raúl Reyes e um grupo de mais 16 guerrilheiros das Forças Armadas Revolucionárias da Colômbia (FARC), que se encontravam num acampamento na zona fronteiriça, mas já em território equatoriano, na madrugada do dia 1º de março de 2008. Logo depois do acontecido, sem aparente autorização do governo equatoriano, consumou-se a reação do governo venezuelano, o qual mantinha já deterioradas as relações diplomáticas com a Colômbia. A Organização dos Estados Americanos logo se mobilizou para tentar sanar os problemas decorrentes de tal fato.

[88] GUERRA, Sidney. *Direitos humanos na ordem jurídica internacional e reflexos para ordem constitucional brasileira*. 2. ed. São Paulo: Atlas, 2014.

Brownlie assinala que "o dever de não ingerência é um princípio fundamental que reúne muitas regras específicas sobre a competência jurídica e a responsabilidade dos Estados, mas adverte que nos termos do Direito Internacional geral as questões da competência dos Estados pertencem ao domínio reservado dos Estados, à sua jurisdição interna. Isto é, evidentemente, uma tautologia e, como questão de princípio geral, o problema da jurisdição interna não é fértil"[89].

Sobre o "domínio reservado dos Estados" tem-se entendido que este corresponde ao domínio das atividades estatais onde a jurisdição do Estado não está vinculada ao Direito Internacional.

No âmbito das Nações Unidas, o artigo 2º, alínea 1, da Carta da ONU estabelece que a Organização está baseada no princípio da igualdade soberana de todos os seus membros, bem como, na alínea 7 do mesmo artigo, que "nenhum dispositivo da presente Carta autorizará as Nações Unidas a intervirem em assuntos que dependam essencialmente da jurisdição interna de qualquer Estado ou obrigará os membros a submeterem tais assuntos a uma solução, nos termos da presente Carta" (este princípio, porém, não prejudicará a aplicação das medidas coercitivas constantes no Capítulo VII).

Sem embargo, o conceito[90] de intervenção não é dos mais fáceis de ser dado no Direito Internacional. A confusão começa pelo fato de se a intervenção consiste apenas em assuntos internos ou se também abrange os problemas de natureza externa. Poucos autores defendem que só constitui intervenção a ingerência interna, sendo, portanto, a maioria que defende a intervenção no plano interno e externo[91].

A intervenção pode ser traduzida na intromissão indevida de um Estado nos negócios internos (forçando a mudança da forma de governo) ou externos (impondo a aceitação de certas normas em relação à sua política exterior) de outro membro da sociedade internacional[92].

A doutrina internacional[93] considera que o ato da intervenção somente se caracteriza quando reúne os seguintes elementos: a) estado de paz; b) ingerência nos assuntos internos ou externos; c) forma compulsória desta ingerência; d) finalidade de o autor da intervenção impor a sua vontade; e) ausência de consentimento de quem sofre a intervenção.

A intervenção ocorre quando um Estado ou grupo de Estados interfere nos assuntos internos ou externos de determinado Estado, para impor a sua vontade ao arrepio das normas internacionais.

---

[89] BROWNLIE, Ian. *Princípios de direito internacional público.* Lisboa: Fundação Calouste Gulbenkian, 1997, p. 313.

[90] ARÉCHAGA, Eduardo Jiménez. *Derecho internacional público* – tomo I, cit., p. 165, afirma que "a intervenção tem sido descrita como uma zona nebulosa de ação, imperfeitamente definida pelo Direito Internacional".

[91] MELLO, Celso Albuquerque. *Curso de direito internacional público.* 11. ed. Rio de Janeiro: Renovar, 1997, p. 455.

[92] ARAÚJO, Luís Ivani Amorim. *Curso de direito internacional público.* 9. ed. Rio de Janeiro: Forense, 1997, p. 155.

[93] MELLO, Celso Albuquerque. *Curso de direito internacional público.* 11. ed. Rio de Janeiro: Renovar, 1997, p. 456.

A intervenção é uma violação ao Direito Internacional, pois todo Estado tem a obrigação de se abster de qualquer ingerência na vida política de outro, razão pela qual é combatida pelas convenções internacionais.

Há de se ressaltar que nenhuma intervenção é válida, exceto aquela realizada sob os auspícios da Organização das Nações Unidas, que é encarada como uma ação de polícia internacional visando à manutenção da paz e da segurança internacionais[94].

A doutrina e a prática internacional consagraram a intervenção com diversos fundamentos, ora para a defesa de seu nacional, ora para a defesa da democracia[95]. Entretanto, nenhuma destas razões justifica uma intervenção nos dias de hoje.

A intervenção pode se revestir de diversas formas, passando pelas mais discretas até as mais evidentes. Silva e Accioly apresentam algumas formas de intervenção: diplomática (oficial ou oficiosa) ou armada; direta (positiva) ou indireta (negativa); individual ou coletiva; clara (aberta) ou oculta (dissimulada); política ou não política (como no caso de medidas econômicas abusivas, tarifas alfandegárias excessivas, interrupção das comunicações etc.) e complementa ao afirmar que uma intervenção pode revestir duas ou mais das modalidades mencionadas. No caso de intervenção em virtude de guerra civil, verifica-se que a proteção de nacionais é frequentemente invocada, bem como a necessidade de proteger as populações locais contra os atos de crueldade ou em defesa dos direitos humanos[96].

Mello[97], valendo-se dos ensinamentos dos internacionalistas franceses, distingue intervenção de ingerência considerando que aquela é feita por meio de força armada e que no século XIX a intervenção humanitária era denominada "intervenção da humanidade"[98]. Conclui que o direito de ingerência é extremamente perigoso para os

---

[94] No mesmo diapasão, MELLO, Celso Albuquerque. *Curso de direito internacional público*. 11. ed. Rio de Janeiro: Renovar, 1997, p. 458: "É de se assinalar que a intervenção coletiva compreendida sob os auspícios da ONU não possui a ilicitude de intervenção. Este tipo de intervenção é feito no interesse da sociedade internacional e não no interesse egoístico de um ou vários Estados".

[95] *Vide* MELLO, Celso Albuquerque. *Curso de direito internacional público*. 11. ed. Rio de Janeiro: Renovar, 1997, p. 459-464.

[96] SILVA, G. E. Nascimento; ACCIOLY, Hildebrando. *Manual de direito internacional*. 13. ed. São Paulo: Saraiva, 1998, p. 113.

[97] MELLO, Celso Albuquerque. *Curso de direito internacional público*. 11. ed. Rio de Janeiro: Renovar, 1997, p. 466.

[98] A propósito do tema, o Protocolo n. II de Genebra, em seu artigo 3, estabelece: "1 – Nenhuma disposição do presente Protocolo será invocada para atentar contra a soberania de um Estado ou a responsabilidade do governo em manter ou restabelecer a ordem pública no Estado ou defender a unidade nacional e a integridade territorial do Estado por todos os meios legítimos. 2 – Nenhuma disposição do presente Protocolo será invocada como justificação de uma intervenção direta ou indireta, seja qual for a razão, no conflito armado ou nos assuntos internos ou externos da Alta Parte Contratante, em cujo território o conflito se desenrola".
Neste sentido, Sylvie Stoyanka Junod (*Comentario del protocolo del 8 de junio de 1977 adicional a los Convenios de ginebra del 12 de agosto de 1949*. Bogotá: CICR, 1998, p. 108) afirma que "el artículo 3 responde al temor de que utilizara el Protocolo II como pretexto para violar la soberanía de los Estados e intervenir en sus asuntos internos

países do terceiro mundo, uma vez que a defesa dos direitos do homem, além de ser uma noção jurídica, é também uma noção eminentemente política.

8.2.1. As doutrinas Monroe e Drago

A Doutrina Monroe ficou conhecida em razão da mensagem produzida pelo então presidente norte-americano James Monroe, que a encaminhou ao Congresso daquele país propondo uma série de princípios que deveriam nortear as ações a serem coordenadas pelos Estados Unidos na política externa, a saber:

a) o continente americano não pode ser sujeito, no futuro, de ocupação por parte de nenhuma potência europeia;

b) é inadmissível a intervenção de potência europeia nos negócios internos ou externos de qualquer país americano;

c) os Estados Unidos não intervirão nos negócios pertinentes a qualquer país europeu.

As medidas propostas por Monroe tinham o claro objetivo de evitar que a Rússia prosseguisse em seus objetivos expansionistas em direção ao Alasca, como também restringir as pretensões espanholas em "reconquistar" suas ex-colônias no continente americano.

Mello, comentando o valor da doutrina Monroe, assevera que ela tem importância meramente política e que os Estados Unidos sempre se opuseram a que ela se transformasse em um princípio jurídico, tendo se manifestado de maneira contrária na Conferência Pan-americana de Santiago do Chile, quando se tentou englobá-la em uma declaração continental (a tentativa não prosperou em razão da oposição americana)[99].

De toda sorte, a doutrina acima indicada, embora tenha perdido importância no direito internacional, teve o mérito de haver criado entre os países americanos a consciência e importância da não intervenção.

No que se refere à doutrina Drago, teve como fundamento as ideias apresentadas pelo então Ministro das Relações Exteriores da Argentina – Luis Maria Drago, em 1902.

Isso porque houve um ataque à Venezuela por navios britânicos, italianos e alemães, nos portos de La Guayra, Puerto Cabello e Maracaibo, com a argumentação de que a Venezuela estava inadimplente em relação aos Estados agressores.

Em razão dos atos de agressão produzidos, os Estados americanos protestaram bastante no plano internacional, mas foi sem dúvida o pronunciamento do Ministro Drago o mais marcante em relação ao episódio.

Drago não contestava a obrigação de a Venezuela pagar as dívidas em relação aos credores, todavia, a cobrança dos valores não poderia ser feita utilizando meios desmensurados para que houvesse o cumprimento da obrigação.

---

o externos, es decir, a que sirviera de justificación a una intervención. Este temor se manifestó en la Conferencia de Expertos Gubernamentales".

[99] MELLO, Celso Albuquerque. *Curso de direito internacional público*. 11. ed. Rio de Janeiro: Renovar, 1997, p. 473.

As ideias de Drago foram apresentadas na Segunda Conferência de Paz de Haia, no ano de 1907, tendo sido aprovadas com o grande apoio dos países americanos, com a incorporação de outras questões apresentadas pelo norte-americano Horace Porter. Com as mudanças propostas e aceitas, a doutrina passou então a ser conhecida como Drago-Porter, onde, ao final, ficou proibido o emprego da força para a cobrança de dívidas financeiras.

9. RESTRIÇÕES AOS DIREITOS DOS ESTADOS

Como assinalado no tópico precedente, sendo o Estado um sujeito de direito internacional, este possui direitos e deveres perante a ordem jurídica internacional. Existe, em verdade, para o Estado, o exercício de um direito primordial que corresponde ao direito de existência e, como visto, dele decorrem todos os demais direitos: legítima defesa, de respeito mútuo, de exercer a sua soberania.

Lembre-se, por oportuno, de que o artigo 11 da Carta da OEA afirma que os direitos fundamentais dos Estados não podem ser restringidos de forma alguma. Entretanto, algumas vezes, por força de normas consuetudinárias e/ou convencionais, o Estado fica impedido de exercer plenamente sua soberania. Quando isso ocorre é que se diz que o Estado está sofrendo restrições ao exercício de seus direitos fundamentais.

Assim sendo, para efeito deste estudo, serão levadas em consideração as seguintes restrições aos Estados: imunidade de jurisdição, arrendamento de território, servidão, neutralidade permanente e neutralidade de território.

9.1. Imunidade de jurisdição

A imunidade de jurisdição se apresenta como um privilégio concedido a certas pessoas, em virtude de cargos e funções que exerçam, de escaparem à jurisdição do Estado em que se encontram. Esse alcance contempla também coisas e lugares. Para Valadão[100], trata-se da "isenção para certas pessoas, da jurisdição civil, penal e administrativa, por força de normas jurídicas internacionais, originalmente costumeiras, praxe, doutrina, jurisprudência, ultimamente convencionais, constantes de tratados e convenções".

Com efeito, o direito internacional admite que algumas pessoas possam continuar, em determinados casos, sujeitas às leis civis e penais de seus Estados, gozando do direito denominado extraterritorialidade, ou seja, por uma ficção jurídica continuam fora do território.

Esse privilégio é concedido aos Chefes de Estado e de Governo; aos Ministros das Relações Exteriores; aos Agentes Diplomáticos; navios e aeronaves públicos; bases militares e aos imóveis da missão diplomática.

---

[100] VALLADÃO, Haroldo. *Direito internacional privado*. Rio de Janeiro: Freitas Bastos, 1978, p. 145.

Esmiuçando a matéria, podem ser apontados os casos de pessoas que estão isentas da jurisdição dos tribunais locais:

a) os Chefes de Estados estrangeiros, inclusive seus familiares e o pessoal do seu séquito;

b) o Agente Diplomático usufrui de imunidade de jurisdição no Estado acreditado (*vide* matéria no Capítulo V);

c) o Agente Consular não pode ser preso preventivamente, salvo em caso de crime grave e por força de decisão judicial;

d) o Secretário-Geral da ONU e os Subsecretários Adjuntos, conforme estabelece a Convenção sobre Privilégios e Imunidades das Nações Unidas;

e) os crimes praticados em aviões e navios estrangeiros (públicos).

O não alcance da soberania estatal nos casos acima indicados decorre da existência de normas existentes no direito internacional e, portanto, não corresponde à prevalência da vontade de Estados mais fortes que se sobrepõem em relação aos mais fracos.

9.2. Servidão

Servidões são limitações à soberania de um Estado resultante de um tratado pelo qual o membro da sociedade internacional que a sofre se compromete a não exceder determinados direitos (servidão negativa) ou a permitir que seu território possa ser utilizado por outros Estados (servidão positiva). Trata-se, sem dúvida, de uma restrição à soberania territorial do Estado.

Diz-se que ela é positiva quando o Estado permite o uso do seu território por parte de outros Estados, como, por exemplo, a passagem inocente de navios estrangeiros pelo mar territorial de um Estado, e o direito de a França pescar em terra nova, consagrado no Tratado de Utrecht, 1713.

E é negativa quando o Estado fica impedido de utilizar o seu território como bem entender, como, por exemplo, a proibição de edificar um porto, um canal, uma ilha etc.; tratado entre Chile e Argentina (23 de julho de 1881) que proibia a fortificação das costas no Estreito de Magalhães[101].

Vale trazer à colação o posicionamento de Lafayette sobre a matéria, ao afirmar que as servidões de Direito Internacional se distinguem substancialmente das servidões do Direito Civil.

No Direito Civil as servidões são um desdobramento do domínio e constituem um direito real sobre o prédio alheio, em vantagem e utilidade de outro prédio contíguo ou vizinho. A servidão consiste para o senhor do prédio *serviende*, já em não praticar no seu prédio certos atos de domínio (*in non faciendo*), como o de levantar o edifício mais alto; já em sofrer que nele o dono do prédio dominante faça coisa que não poderia, se

---

[101] VALLADÃO, Haroldo. *Direito internacional privado*. Rio de Janeiro: Freitas Bastos, 1978, p. 445.

existisse a servidão (*in faciendo*), como abrir caminho (trânsito) ou tirar levada de água (*aquaeductus*). A servidão, porém, nunca pode consistir na obrigação de fazer (*in faciendo*), porque então não seria ônus real, mas uma obrigação pessoal. No Direito Internacional as servidões não são desmembramento do domínio ou direito de propriedade, pública ou particular, nem mesmo pressupõem a existência desse direito, com o qual acidentalmente podem entrar em contato: o que faz o objeto delas é algum direito ou faculdade soberana, com referência ao território. As servidões internacionais consistem na obrigação que uma nação (a serviente) contrai: a) de permitir que, dentro de seu território, outra (a dominante) pratique certos atos de soberania ou b) de abster-se ela mesma de praticar tais atos. No primeiro caso a servidão é afirmativa, no segundo, negativa. As servidões importam, para a nação serviente, em restrições da soberania territorial, e, para a dominante, em aumento dessa soberania. E, como modificações que são da soberania territorial, não se podem estabelecer senão entre nações independentes[102].

Deve-se acentuar ainda que as servidões existentes no direito internacional podem-se extinguir por força de um acordo celebrado entre os Estados ou até mesmo por renúncia, seja expressa ou tácita.

9.3. Arrendamento do território

Entende-se por arrendamento do território a cessão a título oneroso e por prazo determinado da jurisdição do território de um Estado a outro Estado cuja soberania continua a pertencer ao Estado cedente.

Embora a ideia central do arrendamento esteja assentada no fato de que o Estado cedente permanece com a soberania da área que foi arrendada, a prática tem demonstrado que as coisas não funcionam dessa forma, ensejando o seguinte comentário de Celso Mello sobre a questão:

"Todos os autores são unânimes em afirmar que é fictícia a soberania do Estado sobre o território, porque na verdade ele deixará de fazer parte do Estado nacional. O arrendamento no fundo é uma cessão de território a título temporário"[103].

O arrendamento tem-se apresentado ao longo da história de várias formas: diplomático, colonial, econômico e estratégico.

Como arrendamento diplomático apresenta-se o exemplo da Bósnia, pertencente à época ao Império Otomano, que foi arrendada à Áustria-Hungria pelo Tratado de Berlim, em 1878.

No caso do arrendamento colonial, largamente utilizado no continente africano, especialmente no final do século XIX, onde alguns territórios que dependiam do

---

[102] BOSON, Gérson de Britto Mello. *Direito internacional público*. 3. ed. Belo Horizonte: Del Rey, 2000, p. 313.

[103] MELLO, Celso Albuquerque. *Curso de direito internacional público*. 11. ed. Rio de Janeiro: Renovar, 1997, p. 477.

Sultanato de Zanzibar acabaram por ser arrendados à Inglaterra e à Alemanha por 50 anos.

No caso econômico, este foi empregado na China e a sua prática foi intensificada na última década do século XIX, onde Kiao-Tcheu foi arrendado à Alemanha por 99 anos em 1898. O caso mais conhecido talvez seja o que ocorreu em Hong-Kong, que foi arrendado à Inglaterra ainda no século XIX, tendo o arrendamento terminado apenas no ano de 1997, quando finalmente foi devolvido para a China. Esse episódio ocorreu em decorrência da derrota da China na Guerra do Ópio, no período de 1839 a 1842, onde ao final foi celebrado o Tratado de Nanquim, que estabeleceu que Hong-Kong ficasse sob o domínio inglês.

Finalmente, o arrendamento estratégico apresenta-se hodiernamente como a forma mais frequente e importante no campo internacional. Esse tipo de arrendamento se manifesta em razão de interesses dos Estados na instalação, por exemplo, de bases militares em território de terceiros, como, por exemplo, os Estados Unidos da América que possuem bases espalhadas em vários países do mundo.

9.4. Neutralidade permanente

É a situação pela qual um Estado, em consequência de uma convenção especial e a título permanente, abstém-se de participar de quaisquer conflitos, salvo nos casos de legítima defesa, isto é, consiste na proibição ofensiva em relação a outro Estado, devendo a neutralidade ser garantida e respeitada pelos demais.

Nessa mesma direção o magistério de Silva e Accioly ao afirmarem que a neutralidade permanente é a situação reconhecida a um Estado que se compromete, de maneira permanente, a não fazer guerra a nenhum outro, salvo para a defesa própria contra uma agressão sofrida e complementa:

"Constitui uma restrição à soberania do Estado que a possui, pois a guerra ofensiva é proibida e não será lícito celebrar tratados que importem em obrigação de fazer guerra que não seja estritamente defensiva"[104].

Para que possa ser identificado um Estado neutro no campo das relações internacionais, podem ser observados alguns pressupostos: a) que a restrição seja aplicada para Estados soberanos; b) a neutralidade permanente se aplica como regra geral, por força de uma norma convencional; c) tem o condão de ser permanente (jamais será transitória).

Hodiernamente existem exemplos de Estados que são reconhecidos como neutros: a Suíça, desde 1815, pelo Congresso de Viena; o Vaticano, desde 1929, pelo Tratado de Latrão e a Áustria que se declarou neutra espontaneamente a partir de 1955.

---

[104] SILVA, G.E. Nascimento; ACCIOLY, Hildebrando. *Manual de direito internacional*. 13. ed. São Paulo: Saraiva, 1998, p. 123.

9.5. Neutralidade de território

Diferentemente da anterior, a neutralidade do território caracteriza-se pelo fato de ser temporária. Ela consiste na proibição para o Estado de fortificar parte de seu território que está sendo objeto de um litígio até que seja resolvido.

Normalmente esse tipo de neutralidade se aplica em regiões de fronteiras entre Estados que reivindicam parte do território de outro Estado em seu proveito.

A finalidade deste regime, em regra, é a de proibir o Estado de tomar medidas militares em regiões conturbadas que envolvem dois Estados soberanos. Como exemplo, pode-se mencionar o caso do Canal de Beagle (entre o Chile e Argentina), que ficou neutralizado até o ano de 1987.

10. RESPONSABILIDADE DOS ESTADOS

10.1. Noções gerais

As relações sociais decorrentes da vida em sociedade ensejam vários conflitos que precisam ser harmonizados. Se a própria ideia do Estado como sujeito de direito decorre do fato de possuírem direitos e deveres na órbita jurídica internacional, evidencia-se a necessidade de reparar o dano quando venha a infringir as normas que regem as diversas relações na sociedade internacional.

Ao conviver com outros atores internacionais, é comum que haja a violação de direitos e o consequente dever de reparar o dano, haja vista que o Estado adquire responsabilidade pelos atos e fatos praticados que produzem efeitos na órbita do direito e os conflitos em sociedade precisam ser solucionados para o equilíbrio da paz social.

A responsabilidade internacional chega a ser intuitiva, pois na medida em que ações são praticadas violando direitos alheios, compete àquele que causou o dano o dever de repará-lo. Trata-se de obrigação de um Estado em reparar e satisfazer outro Estado em razão da produção de um dano.

Assim, dano[105] é pressuposto da responsabilidade civil, entendendo-se como tal qualquer lesão experimentada pela vítima em seu complexo de bens jurídicos, materiais ou morais. Induz, pois, à responsabilidade a demonstração de que o resultado lesivo (dano) proveio de atuação do lesante (ação ou omissão antijurídica) e como seu efeito ou consequência (nexo causal ou etiológico).

O dano se apresenta como pressuposto da responsabilidade civil, contratual ou extracontratual, visto que não poderá haver ação de indenização sem a existência de um prejuízo. Só haverá responsabilidade civil se houver um dano a reparar. Isto é assim porque a responsabilidade resulta em obrigação de ressarcir, que, logicamente, não poderá concretizar-se onde nada há para reparar[106].

---

[105] BITTAR, Carlos Alberto. *Reparação civil por danos morais.* 3. ed. São Paulo: Revista dos Tribunais, 1998.

[106] DINIZ, Maria Helena. *Curso de direito civil*: responsabilidade civil. 13. ed. São Paulo: Saraiva, 1998, p. 55.

Em sentido amplo, dano vem a ser a lesão de qualquer bem jurídico, e aí se inclui o dano moral. Mas, em sentido estrito, dano é a lesão do patrimônio; e patrimônio é o conjunto das relações jurídicas de uma pessoa, apreciáveis em dinheiro. Aprecia-se o dano tendo em vista a diminuição sofrida no patrimônio. Logo, a matéria do dano prende-se à da indenização, de modo que só interessa o estudo do dano indenizável[107].

Transpondo os conceitos da responsabilidade civil para o campo do Direito Internacional, evidencia-se que as relações entre Estados alicerçam-se nas bases das obrigações recíprocas e dos direitos mútuos.

A convivência pacífica e a observância das normas internacionais devem ser levadas a bom termo por todos aqueles que fazem parte da sociedade internacional, e a existência de um sistema que contempla a responsabilidade para quem venha a produzir um dano a outrem é fundamental para existência e manutenção de todo o sistema internacional.

Por conseguinte, toda vez que o Estado viola seus deveres, motivando um prejuízo a outro Estado ou, em certas condições, a nacional deste, torna-se responsável perante a sociedade internacional.

Se ocorrer o caso de o Estado ir de encontro às obrigações convencionais ou consuetudinárias que lhe são impostas pelo Direito Internacional, deve avocar a responsabilidade dos seus atos ou omissões e sujeitar-se às sanções cabíveis, isto é, compete-lhe corrigir o dano material (reparação) ou ético (satisfação) ocasionado[108].

A responsabilidade internacional é o instituto jurídico em virtude do qual o Estado a que é imputado um ato ilícito segundo o Direito Internacional deve uma reparação ao Estado contra o qual este ato foi cometido[109].

Guido[110] afirma que tomada no sentido próprio de "dever de reparar", a responsabilidade no Direito Internacional[111] é considerada como um sistema que tem por

---

[107] GONÇALVES, Carlos Roberto. *Responsabilidade civil*. 6. ed. São Paulo: Saraiva, 1995, p. 390.

[108] ARAÚJO, Luís Ivani Amorim, op. cit. ARAÚJO, Luís Ivani Amorim. *Curso de direito internacional público*. 9. ed. Rio de Janeiro: Forense, 1997, p. 143.

[109] SOMMER, Christian, *La responsabilidad internacional del Estado en la lucha contra la trata de personas*. Córdoba: Universidad Nacional de Córdoba, 2012, p. 49, lembra que "en la actualidad, no contamos con un instrumento internacional vinculante de carácter general que prescrebia exclusivamente sobre la responsabilidad de los Estados en caso de incumplimiento de una obligación internacional, más allá de las estipulaciones en particular que surgen dentro de cada tratado o por obligaciones consuetudinarias. Para ello, la mayoría de la jurisprudencia y la doctrina han utilizado como marco de referencia legal el Proyecto de la Sexta Comisión de Derecho Internacional de la Asamblea General de Naciones Unidas sobre Responsabilidad Internacional de los Estados por hechos ilícitos, aprobado en 2001".

[110] SOARES, Guido. *Curso de direito internacional público*. São Paulo: Atlas, 2002, p. 184.

[111] De acordo com o Projeto da Comissão de Direito Internacional de 2001, todo ato internacionalmente ilícito de um Estado acarreta sua responsabilidade internacional (art. 1º). Há um ato internacionalmente ilícito do Estado quando a conduta, consistindo em uma ação ou omissão: a) é atribuível ao Estado consoante o Direito Internacional; e b) constitui uma violação de uma obrigação internacional do Estado (art. 2º). A caracterização de um ato de um Estado, como internacionalmente ilícito, é regida pelo Direito Internacional. Tal caracterização não é afetada pela caracterização do mesmo ato como lícito pelo direito interno (art. 3º).

finalidade conferir uma sanção à norma internacional, uma vez que implicaria a constituição de obrigações derivadas da prática de um ilícito.

Silva e Accioly[112] advertem que o princípio fundamental da justiça traduz-se concretamente na obrigação de manter os compromissos assumidos e na obrigação de reparar o mal injustamente causado a outrem, princípio este sobre o qual repousa a noção de responsabilidade. A CPJI teve ensejo de estabelecer o princípio de que a violação de um compromisso acarreta a obrigação de reparar por forma adequada. Assim, pode-se considerar como incontestável a regra segundo a qual o Estado é internacionalmente responsável por todo ato ou omissão que lhe seja imputável e do qual resulte a violação de uma norma jurídica internacional ou de suas obrigações internacionais.

Complementando o asserto, o Estado responsável pela prática de um ato ilícito segundo as normas internacionais deve ao Estado a que tal ato tenha causado dano uma reparação adequada. Além do ato ilícito, a doutrina[113] tem apresentado outros aspectos que poderão suscitar a responsabilidade do Estado no plano internacional pelo exercício de atividades consideradas perigosas.

Quanto às Organizações Internacionais, a ideia acima esposada sobre a prática de atos ilícitos no sistema internacional, que poderão trazer prejuízos para terceiros, ensejará a responsabilidade no plano internacional, como também poderá sofrer a lesão, tendo, portanto, o direito à reparação devida. A opinião consultiva da CIJ relativa ao caso Bernadote, apresentada no capítulo VII da presente obra, serviu de base para a elaboração do *Draft articles on the Responsibility of International Organizations* (2011) pela Comissão de Direito Internacional da ONU em 2011, que é atualmente a principal referência quanto à disciplina jurídica da responsabilidade internacional das Organizações Internacionais. Em seu Artigo 3º, o projeto prevê: "Todo ato internacionalmente ilícito de uma Organização Internacional implica em responsabilidade internacional daquela Organização" (A/66/10, 2011, p. 02)[114].

---

[112] SILVA, G.E. Nascimento; ACCIOLY, Hildebrando. *Manual de direito internacional*. 13. ed. São Paulo: Saraiva, 1998, p. 13.

[113] ELORRIO, Magdalena García; SOMMER, Cristian. El rol del Estado en la responsabilidad internacional por daño transfronterizo ambiental. In: MOREIRA, Alberto. *La responsabilidad internacional del Estado y el medio ambiente*. Medellín: Diké, 2016, p. 79: "Fuera de la responsabilidad el Estado por hecho ilícito nosotros consideramos que la responsabilidad del Estado podría surgir en tres escenarios jurídicos distintos: daños derivados de hechos ultra peligrosas (consecuencias derivadas de caso fortuito y fuerza mayor), daños derivados de actividades peligrosas y/o ultra peligrosas como responsabilidad subsidiaria del operador privado y daños derivados actividades no prohibidas donde el Estado es el principal obligado. Nuestra mención a los hechos lícitos puede sorprender por parecer a simple vista un garrafal error conceptual, sin embargo, estamos convencidos de ello".

[114] GAMA, Marina Faraco Lacerda. Responsabilidade internacional. *Enciclopédia Jurídica da PUC/SP*. Disponível em: https://enciclopediajuridica.pucsp.br/verbete/493/edicao-1/responsabilidade-internacional. Acesso em: 10 jul. 2024: "O texto final do projeto constou como anexo à Resolução A/RES/66/100 31 da Assembleia Geral da ONU de 27 de fevereiro de 2012, que recomendou a atenção dos Governos e das Organizações Internacionais aos seus artigos, apesar de ainda não ter sido aprovada como convenção internacional. Conforme prevê o projeto da Comissão de Direito Internacional da ONU, os danos causados por atos ilícitos de Organizações Internacionais

10.2. Responsabilidade subjetiva e objetiva

A responsabilidade internacional do Estado decorre de uma transgressão à norma jurídica internacional, bem como a incidência de uma conduta de natureza dolosa ou culposa do autor, ensejando, assim, a discussão sobre a responsabilidade subjetiva e a objetiva.

Pela teoria subjetiva, além do descumprimento de uma norma ou obrigação jurídica internacional por parte de um Estado, deve este também ter agido com dolo ou culpa para que seja considerado responsável no plano internacional.

Muitos autores já tiveram a oportunidade de defender a teoria subjetiva, destacando--se Hugo Grotius, Von Liszt, Hildebrando Accioly e outros de renome. Todavia, há segmentos que tecem severas críticas a essa teoria pelo fato de estar impregnada de elementos psicológicos de difícil comprovação; é proveniente do direito privado e não pode ser aplicada sem modificações ao meio interestatal; introduz uma complicação inútil nas relações internacionais enquanto parte de uma relação metafísica errônea do Estado[115].

No que tange à responsabilidade objetiva do Estado, esta é constituída pelo descumprimento de uma obrigação jurídica internacional independentemente da existência de dolo ou culpa, garantindo, portanto, maior segurança jurídica no campo das relações internacionais. Do mesmo modo que a anterior, muitos doutrinadores a encamparam, destacando-se Anzilotti, Rousseau, Aréchaga, além de outros.

Com efeito, entre as teorias que procuram justificar a responsabilidade internacional do Estado apresentam-se a teoria da culpa, onde a responsabilidade do Estado está comprometida pelo fato de este ter culposamente, por ação ou omissão, transgredido uma norma de direito internacional, e a teoria do risco, onde o Estado, ao praticar um ato, obriga-se a indenizar terceiros por eventuais danos causados.

---

poderão ser reparados por meio de restituição (Artigo 35), compensação (Artigo 36) ou satisfação (Artigo 37). 32 mecanismos que podem ser aplicados individualmente ou de forma combinada. Existe discussão de extrema relevância na doutrina acerca da necessidade de diferenciação entre a personalidade jurídica das Organizações Internacionais e a dos Estados que a compõem para que seja possível identificar a responsabilidade daqueles organismos pelos seus próprios atos. Sendo impossível distinguir se o ato ilícito decorreu da vontade própria (*volonté distincte*) da Organização Internacional ou da de seus membros, inviabiliza-se a sua responsabilização. A controvérsia sobre o tema denota a emergência da definição de um regime internacional que permita a responsabilização das Organizações, com a adoção do Draft da Comissão de Direito Internacional da ONU pelos países-membros. No que concerne à revisão da legalidade das decisões emitidas pelas Organizações internacionais, deve-se ter em mente que a Corte Internacional de Justiça (CIJ) só possui jurisdição sobre Estados-membros que ratificaram seu Estatuto, conforme estabelece seu Artigo 34.34. Parte da doutrina inclusive sustenta que uma solução viável para ampliar a possibilidade de responsabilização desses entes interestatais seria emendar o Estatuto da CIJ para estabelecer sua jurisdição também sobre Organizações Internacionais. De todo modo, considerando o disposto no artigo 65 do mesmo Estatuto, que prevê ampla competência da Corte para emitir pareceres consultivos sobre '(...) qualquer questão jurídica' a pedido de órgão autorizado pela Carta das Nações Unidas para tanto, não há óbices jurídicos a que lhe sejam dirigidas consultas acerca da ilegalidade de atos, ações ou decisões de Organizações Internacionais".

[115] ROUSSEAU, Charles. *Derecho internacional público*. Barcelona: Ariel, 1966, p. 356.

Sua essência está na conexão existente entre a diligência do Estado e o fato desfavorável às normas internacionais, mesmo na carência de culpa.

A teoria do risco se aplica de maneira mais satisfatória no âmbito das relações internacionais em virtude de sua maior segurança jurídica; entretanto, a jurisprudência internacional consagra predominantemente a teoria da culpa que defere maior proteção ao Estado.

Sem embargo, a despeito das divergências doutrinárias acerca da matéria, têm-se apresentado as seguintes condições para que se verifique a responsabilidade do Estado no plano internacional: a) violação de uma regra jurídica de caráter internacional; b) que a transgressão da regra ocasione um dano; c) que a ofensa seja imputável ao Estado.

Guido Soares, alargando a discussão, registra que para se configurar um dever de reparação do dano no direito internacional é necessária a ocorrência dos seguintes elementos: a) um comportamento em violação de um dever internacional, sempre imputável a um ou mais Estados, denominado ilícito internacional, consistente numa ação ou omissão; b) a existência de um dano físico ou moral, causado a outros Estados, sua integridade territorial ou a bens a estes pertencentes ou, ainda, a pessoas ou propriedades dos nacionais destes; c) um nexo de causalidade normativa entre dano e o ilícito, o qual institui um dever de reparar o seu autor e cria ao ofendido um direito subjetivo de exigir uma reparação[116].

Celso Mello, em estudo específico desta matéria, acentua que "os elementos da responsabilidade internacional do Estado é que têm apresentado algumas discussões, o que obviamente poderá alterar a definição. O primeiro elemento é o ato ilícito. A ilicitude é a violação de uma norma jurídica internacional. Não interessa saber o que estabelece o direito interno. Este é considerado pela jurisprudência internacional um simples fato sem qualquer aspecto normativo. Assim é de se recordar que o direito interno não é considerado um fundamento válido para a violação de uma norma jurídica internacional. (...) O segundo elemento é a imputabilidade, isto é, o nexo de causalidade entre o ilícito e quem é responsável por ele. É preciso salientar que a responsabilidade não se confunde com a autoria. Para existir a imputabilidade tem-se considerado necessário existir um sujeito de Direito Internacional que tenha capacidade nesse sentido. (...) O terceiro elemento é que tem acarretado maior discussão na matéria: o prejuízo ou dano. Os Relatórios da Comissão do Direito Internacional o têm eliminado como elemento da responsabilidade internacional. A doutrina tem se mostrado muito dividida, bem como a jurisprudência internacional. Assim para Scelle a responsabilidade é uma situação jurídica que surge em virtude de um fato ou ato que cause dano. Cavaré defende igualmente que para haver responsabilidade internacional é necessário que haja um prejuízo e ele considera como a primeira condição deste instituto. Mais recentemente Combacau alega que a responsabilidade internacional consiste na obrigação de reparar o dano, esta obrigação pode ser considerada como subsidiária. Sem prejuízo ou dano não há responsabilidade"[117].

---

[116] SOARES, Guido. *Curso de direito internacional público*. São Paulo: Atlas, 2002, p. 186.

[117] MELLO, Celso Albuquerque. *Responsabilidade internacional do Estado*. Rio de Janeiro: Renovar, 1995, p. 32-34.

De fato, um determinado Estado poderá realizar ato que produza prejuízos para outro e deverá ser responsabilizado por isso. Todavia, o Estado como ente abstrato não pratica atos ou omissões, mas sim seus agentes que no desempenho de suas atribuições poderão praticá-los.

10.3. Atos do Executivo, Legislativo e Judiciário

Antes de apresentar os atos ou omissões praticadas pelo Estado, objeto de estudo neste tópico, vale registrar que a responsabilidade internacional do Estado pode se dar de várias maneiras: direta e indireta; comissiva e omissiva; convencional e delituosa.

A responsabilidade do Estado é direta quando se trata de ato ilícito cometido pelo órgão ou seus funcionários e indireta quando o ato ilícito foi cometido por uma coletividade que ele representa na ordem internacional, como, por exemplo, o Estado protegido em que o responsável na ordem internacional é a potência administrativa ou o protetor.

Pode se constituir de forma comissiva, quando o ato ilícito resulta de uma ação, e omissiva, quando o Estado deixa de praticar um ato obrigatório; apresenta-se como convencional, quando tem a sua origem na violação de um tratado internacional, e delituosa, quando surge da violação de um costume internacional.

Feitas as considerações gerais sobre a responsabilidade internacional do Estado[118], deve-se acentuar que os atos ou omissões praticadas pelo próprio Estado e que originam responsabilidade podem ser provenientes dos poderes Executivo, Legislativo e Judiciário.

a) Atos do Executivo

Se comparado aos demais poderes do Estado, o Executivo é o grande responsável pelas ações pertinentes à responsabilidade internacional do Estado. Isso decorre do

---

[118] A propósito, vale destacar os artigos de números 4 a 8 do Projeto elaborado pela Comissão de Direito Internacional: "Art. 4º Conduta dos órgãos de um Estado. 1. Considerar-se-á ato do Estado, segundo o Direito Internacional, a conduta de qualquer órgão do Estado que exerça função legislativa, executiva, judicial ou outra qualquer que seja sua posição na organização do Estado, e independentemente de se tratar de órgão do governo central ou de unidade territorial do Estado. 2. Incluir-se-á como órgão qualquer pessoa ou entidade que tenha tal *status* de acordo com o direito interno do Estado. Art. 5º Conduta de pessoas ou entidades exercendo atribuições do poder público. Considerar-se-á ato do Estado, segundo o Direito Internacional, a conduta de uma pessoa ou entidade que não seja um órgão do Estado, consoante o artigo 4º, que, de acordo com a legislação daquele Estado, possa exercer atribuições do poder público, sempre que a pessoa ou entidade esteja agindo naquela qualidade na situação particular. Art. 6º Conduta de órgãos colocados à disposição de um Estado por outro Estado. Considerar-se-á ato do Estado, segundo o Direito Internacional, a conduta de um órgão posto à disposição de um Estado por outro, sempre que o órgão estiver exercendo atribuições do poder público do Estado a cuja disposição ele se encontre. Art. 7º Excesso de autoridade ou contravenção de instruções. A conduta de um órgão do Estado, pessoa ou entidade destinada a exercer atribuições do poder público será considerada um ato do Estado, consoante o Direito Internacional, se o órgão, pessoa ou entidade age naquela capacidade, mesmo que ele exceda sua autoridade ou viole instruções. Art. 8º Conduta dirigida ou controlada por um Estado. Considerar-se-á ato do Estado, segundo o Direito Internacional, a conduta de uma pessoa ou grupo de pessoas se esta pessoa ou grupo de pessoas estiver de fato agindo por instrução ou sob a direção ou controle daquele Estado, ao executar a conduta".

número de agentes que fazem parte desse poder, bem como pelo fato de as relações internacionais serem de competência do Executivo.

Os atos do Estado no campo internacional são realizados por pessoas (agentes públicos) que, investidas de competência estatal, praticam atos em seu nome.

Curiosa é a manifestação de Celso Mello que, valendo-se da jurisprudência internacional, faz distinção entre as expressões "agente" e "representante". Diz ele que as palavras têm um sentido próprio, pois "a representação implica, em princípio, uma relação entre dois sujeitos de direito da ordem jurídica, já o agente não é um sujeito de direito igual em nome do qual ele age"[119].

O fato é que vários casos podem ser apresentados em relação aos atos praticados ou não pelo Executivo que redundam na responsabilidade internacional do Estado, podendo ser apontados entre outros: prisão arbitrária de estrangeiros; atos ilegais cometidos por agentes diplomáticos; dívidas públicas; falta de proteção aos estrangeiros etc.

b) Atos do Legislativo

Atos produzidos pelo Poder Legislativo podem acarretar a responsabilidade internacional do Estado tanto de forma comissiva, quando o Legislativo cria uma lei que viola norma jurídica internacional, como também de maneira omissiva, ao não conceber uma norma necessária para o Direito Internacional.

Em razão da teoria da personalidade jurídica do Estado não importa afirmar se o Poder Legislativo tem ou não independência perante o Direito Interno para a produção de tais atos ou não.

Daí o magistério de Mello, que, valendo-se dos ensinamentos de Accioly, afirma que em consequência decorre o princípio, que se pode dizer universalmente aceito, segundo o qual as disposições das leis internas não podem ser invocadas por um Estado para subtrair-se ao cumprimento de suas obrigações internacionais, nem para ficar isento de responsabilidade pela falta de execução das ditas obrigações[120].

E complementa ao lecionar que o âmago da questão nesta matéria é que ela se refere às relações entre o Direito Internacional e o Direito Interno. A jurisprudência internacional tem sido uniforme no sentido de consagrar o primado daquele, bem como, nesse sentido, tem se manifestado a jurisprudência interna na maioria dos Estados. O Direito Internacional Público só existe se ele tiver este primado. Caso contrário haverá uma imensa insegurança nas relações internacionais e existirá uma verdadeira negação do direito internacional público[121].

---

[119] MELLO, Celso Albuquerque. *Responsabilidade internacional do Estado*. Rio de Janeiro: Renovar, 1995, p. 117.

[120] MELLO, Celso Albuquerque. *Responsabilidade internacional do Estado*. Rio de Janeiro: Renovar, 1995, p. 125.

[121] MELLO, Celso Albuquerque. *Responsabilidade internacional do Estado*. Rio de Janeiro: Renovar, 1995, p. 126.

c) Atos do Judiciário

Os atos do Poder Judiciário podem ensejar responsabilidade internacional quando ocorre a denegação de justiça e a aplicação de normas vigentes no plano doméstico que possam constituir obrigação internacional por parte do Estado.

No primeiro caso – denegação de justiça – apresenta-se como toda falha na organização ou no exercício da função jurisdicional que implica falta do Estado a seu dever de proteção judiciária dos estrangeiros.

Isso pode ocorrer pela inexistência de regras processuais que cuidem dos estrangeiros em igualdade dos nacionais ou por práticas discriminatórias adotadas pelo Estado. Como exemplo, pode-se apresentar a impossibilidade de um estrangeiro de demandar nos tribunais do Estado.

No tocante ao segundo caso, pode ocorrer a recusa de um Estado em admitir a eficácia de uma norma internacional no plano doméstico, mediante manifestação do Judiciário.

Além desses pontos, há outros casos em que se enquadra a má administração da justiça: a) retardamento exagerado no julgamento sem que haja uma justificação válida; b) falta de diligência devida na prisão do autor de um delito praticado contra um estrangeiro; c) rapidez insólita no julgamento de um acusado estrangeiro; d) prisão ilegal de um estrangeiro; e) inexecução de uma sentença proferida a favor de um estrangeiro.

Impende assinalar que tais circunstâncias encontram guarida em vários documentos internacionais, podendo ser assinalado o Pacto de Direitos Civis e Políticos de 1966 que estabelece, em seu artigo 14, que toda pessoa tem o direito de ser ouvida publicamente e com as devidas garantias de um tribunal competente, independente e imparcial, estabelecido por lei para responder a qualquer acusação de caráter penal formulada contra ele ou para a determinação de seus direitos ou obrigações de caráter civil.

No âmbito americano, ao qual o Brasil é signatário do Pacto de São José da Costa Rica, o artigo 8 enuncia que toda pessoa tem direito a ser ouvida, com as devidas garantias e dentro de um prazo razoável, por um juiz ou tribunal competente, independente e imparcial, estabelecido anteriormente por lei, na apuração de qualquer acusação penal formulada contra ela ou para que se determinem seus direitos ou obrigações de natureza civil, trabalhista, fiscal ou de qualquer outra natureza.

Para finalizar, registre-se ainda que a obrigação de reparar o dano pode se manifestar das seguintes maneiras: a satisfação, a restituição e a indenização.

Ainda que a satisfação seja a forma adequada de reparação dos prejuízos materiais, a restituição e a indenização operam essencialmente no campo dos danos patrimoniais provenientes do ato ilícito internacional. Salcedo apresenta a decisão da Corte Permanente de Justiça Internacional de 1928 que fundamenta a questão:

"El principio general que está implícito en el concepto del acto ilícito es que, en la medida de lo posible, la reparación debe anular todas las consecuencias del acto ilícito y restablecer la situación que probablemente hubiera existido de no haberse cometido dicho acto. Restitución en especie o, siello no es posible, pago de una suma equivalente al valor que tendría la restitución en especie; otorgamiento, de ser necesario, de una indemnización por los daños sufridos que no hayan sido reparados por la restitución en especie o por el pago en efectivo; tales son los principios que deben servir para determinar el monto de la indemnización debida por un acto contrario al derecho internacional"[122].

O instituto da responsabilidade no plano internacional[123] relaciona-se ao fato de que os sujeitos internacionais (Estados e Organizações Internacionais) que provocam uma lesão ao direito de outros atores estão sujeitos à reparação do dano, constituindo, pois, a consequência da relação jurídica da responsabilidade, qualquer que seja a modalidade de que a referida reparação possa se revestir (resultado, satisfação ou indenização).

---

[122] SALCEDO, Juan Antonio Carrillo. *Curso de derecho internacional*. Madrid: Tecnos, 1991, p. 186.

[123] SOMMER, Christian. *La responsabilidad internacional del Estado en la lucha contra la trata de personas*. Córdoba: Universidad Nacional de Córdoba, 2012, p. 108: "En la medida que el Estado sea responsable por la violación en sus obligaciones de debida diligencia o de adoptar medidas acordes a los parámetros internacionales, para la protección contra actos de sus agentes o particulares, deberá reparar a las víctimas".

Capítulo V
Agentes Diplomáticos e Agentes Consulares

1. NOÇÕES GERAIS

A sociedade internacional está integrada, fundamentalmente, por entidades coletivas, os Estados e as organizações internacionais, que se relacionam entre si por meio de pessoas que atuam como representantes ou agentes[1].

Por intermédio de seus órgãos, os sujeitos internacionais exercitam os direitos correspondentes, celebram tratados e mantêm e desenvolvem suas relações nos mais diversos âmbitos[2].

A Convenção de Viena sobre Relações Diplomáticas, de 1961, é o documento mais importante quanto às relações diplomáticas entre os Estados e concretiza as missões diplomáticas que se destinam a manter as relações amistosas entre o Estado representado

---

[1] SHAW, Malcolm N. *International law.* 6. ed. Cambridge: Cambridge University Press, 2008, p. 750 e 751: "Rules regulating the various aspects of diplomatic relations constitue one of the earliest expressions of international law. Whenever in history there has been a group of independent states co-existing, special customs have developed on how the ambassadors and other special representatives of other states were to be treated. Diplomacy as a method of communication between various parties including negotiations between recognised agents, is an ancient institution and international legal provisions governing its manifestations are the result of centuries of state practice. The special privileges and immunities related to diplomatic personnel of various kinds grew up party as a consequence of sovereign immunity and the independence and equality of states, and partly as an esential requirement of an international system".

[2] SILVA, G. E. Nascimento; CASELLA, Paulo Borba; BITTENCOURT NETO, Olavo. *Direito internacional diplomático.* São Paulo: Saraiva, 2012, p. 22-24, acentuam que "o surgimento da diplomacia se confunde com o tempo histórico, no sentido de ser concomitante aos primeiros registros remanescentes de história escrita, que se manifesta por meio de tratados, celebrados àquele tempo. (...) O mundo atual precisa ter consciência de que somente modelos de ordenação e regulação da convivência, multilateralmente instaurados e aplicados, podem ser parâmetro para funcionamento de sistema internacional adequado para o maior número possível de Estados, e como tal aceitável, para o maior número possível desses mesmos sujeitos de direito internacional. Nesse sentido, a regulação das relações diplomáticas, em 1961, e das consulares, em 1963, se inscreveram como marcos importantes das relações internacionais no mundo pós-moderno".

e o Estado em que se acha sediado, no intuito de defender os interesses de seu próprio Estado, bem como de seus nacionais[3].

Sobre a diplomacia[4], Guido Soares assevera que na atualidade é a atividade dos Estados destinada a realizar a política exterior dos mesmos e que se encontra concentrada nas atribuições dos Poderes Executivos dos Estados, com uma participação referendária dos Poderes Legislativos e em sua acepção corrente significa:

"a) o conjunto de atividades dos Estados, em suas relações exteriores, independentemente de considerações geográficas ou temporais (a diplomacia brasileira) ou observada num momento histórico e relativo a uma área geográfica do mundo (a diplomacia de Bismark nos Bálcãs), sendo aplicada para designar qualquer tipo de atividade, levada a cabo pelos funcionários civis de qualquer Ministério, pelos agentes econômicos com apoio do Estado, pelos desportistas, pelos partidos políticos nacionais com vinculações internacionais; como sinônimo de relações internacionais, o termo engloba, igualmente, as atividades relacionadas à guerra, como as alianças e blocos militares e as próprias operações bélicas;

b) as relações encetadas por órgãos especializados dos Estados, os diplomatas *lato sensu*, nas relações interestatais bilaterais ou multilaterais ou no seio das organizações intergovernamentais, as quais se desdobram em funções internas, coordenadas por Ministérios das Relações Exteriores e por órgãos acreditados nas capitais, as missões diplomáticas, em grandes cidades de outros países, as repartições consulares, e ainda nas sedes das organizações internacionais intergovernamentais, ou ainda em reuniões diplomáticas internacionais esporádicas;

c) as relações de Governo a Governo, ou de um Estado perante organizações intergovernamentais, excluídas as representações consulares em grandes cidades, matéria acometida à competência dos diplomatas *stricto sensu*, entre os quais se incluem os chefes de missão diplomática permanente (denominados Embaixadores, e no caso da Santa Sé, Núncios Apostólicos) e pessoal diplomático delas integrantes, os delegados oficiais enviados em congressos e conferências internacionais e, ainda, a atuação direta dos

---

[3] Mais uma vez SHAW, Malcolm N. *International law*. 6. ed. Cambridge: Cambridge University Press, 2008, p. 752, lembra que "this treaty emphasises the functional necessity of diplomatic privileges and immunities for the efficient conduct of international relations as well as pointing to the character of the diplomatic mission as representing its state".

[4] CUÉLLAR, Javier Pérez. *Manual de derecho diplomático*. México, DF: Fondo de Cultura Económica, 1997, p. 13, esclarece as explicações etimológicas da palavra diplomacia: "el término griego 'diploma' con el sentido de 'doblar' que se aplicaba al documento plegado en forma da tablillas que emitían los Soberanos para presentar sus emisarios; el mismo término con el significado de 'duplicado' o copia de un documento de acreditación, que el emisario guardaba o entregaba al destinatário y cuyo original quedaba en poder del Príncipe; y el de dos hojas juntas con acreditación e instrucciones. Sea cual fuere el significado, observamos que el derecho Diplomático, hasta por su etimología, tiene un carácter formal, por lo que puede afirmarse que su verdadera materia es adjetiva, de aplicación de determinados usos y normas del derecho Internacional. Ese carácter no disminuye en absoluto su importancia y pertinencia".

próprios Chefes de Estado ou Chefes de Governo, inclusive de Ministros de Estado, diante de seus homônimos, em outros países"[5].

Todo Estado tem o direito de estabelecer relações diplomáticas com outros Estados e, por consequência, enviar missões diplomáticas em decorrência do direito de legação ativa (no caso de envio de missão) e passiva (quando se recebe uma missão).

Assim, os agentes diplomáticos são funcionários acreditados pelo governo de um Estado perante o governo de outro, para representar os seus direitos e seus interesses. Entretanto, nada impede que um Estado possa fazer-se representar por um terceiro ou estabelecer relações internacionais simplesmente por escrito. Também nada obsta que um mesmo indivíduo seja acreditado como chefe de missão diplomática em mais de um Estado, ou que a representação seja confiada a cidadão estrangeiro, ou que um mesmo indivíduo represente Estados diversos, ou, ainda, que a representação seja coletiva. Mas para a nomeação de um estrangeiro, como representante de outro país junto ao governo do seu próprio Estado nacional, deve ser pedido o consentimento deste, conforme postula o artigo 7 da Convenção de Havana[6].

Ainda segundo Guido, a diplomacia[7] *lato sensu* pode se apresentar de duas maneiras: aquela que é conduzida por representantes do Estado (a diplomacia tradicional) e a diplomacia conduzida diretamente pelas pessoas do Chefe de Estado ou Chefe de Governo, ou ainda por Ministros de Estado das Relações Exteriores, e poderão ser de três espécies as representações que o Estado venha a assumir:

"a) a missão diplomática junto a Chefes de Estado dos Estados com os quais são mantidas relações diplomáticas, sediadas nas capitais (missões permanentes) ou em negociações particulares, em reuniões temporárias e esporádicas (missões especiais);

b) as repartições consulares (com as duas subespécies, de um lado, os consulados de carreira, que são repartições lotadas principalmente com funcionários enviados

---

[5] SOARES, Guido. *Curso de direito internacional público*. São Paulo: Atlas, 2002, p. 260-261: "O termo diplomacia tem várias acepções, sendo a palavra uma transposição do conceito do instrumento, o diploma (do grego: *diploûn*, dobrado em dois), ou seja, o documento que simbolizava os poderes conferidos a seu portador. Em sua origem, era um documento escrito em pergaminho, elaborado com esmero e encadernado de molde a apresentar certa solenidade, posto que destinado a ter relativa duração e a ser exibido como prova de legitimidade dos poderes transferidos por um governante a um seu representante".

[6] BOSON, Gérson de Britto Mello. *Direito internacional público*. 3. ed. Belo Horizonte: Del Rey, 2000, p. 293.

[7] SILVA, G. E. Nascimento; CASELLA, Paulo Borba; BITTENCOURT NETO, Olavo. *Direito internacional diplomático*. São Paulo: Saraiva, 2012, p. 63: "A palavra diplomacia é empregada em mais de uma acepção, todas elas vinculadas entre si e aceitas como autênticas pelos lexicólogos. Pode ser utilizada como sinônimo de política exterior, isto é, o modo de proceder internacional de determinado Estado, quer num sentido genérico (diplomacia brasileira), quer com vistas a determinada zona geográfica (diplomacia do Prata) ou ainda a determinada época (diplomacia tradicional ou diplomacia moderna). É empregada para significar o próprio serviço exterior, como na frase 'ingressar na diplomacia'. O terceiro sentido, de mais difícil caracterização, é aquele que será utilizado a seguir e engloba as funções exercidas pelo diplomata. Temos, finalmente, o sentido mais popular do vocábulo para significar tato, cuidado ou cortesia ou delicadeza, isto sem falar nas conotações desfavoráveis como duplicidade, astúcia e artimanha".

especialmente pelos Governos estrangeiros, os denominados Consulados Gerais, Consulados, Vice-Consulados e Agências Consulares e, de outro, as repartições chefiadas por um nacional do Estado que os recebe, e que têm algumas funções oficiais, os Consulados Honorários), em grandes cidades e cidades portuárias, com as quais haja necessidade de representação de interesses nacionais, dada a grande presença de indivíduos, empresas ou negócios comerciais brasileiros ou de trânsito de turistas brasileiros;

c) as delegações permanentes perante organizações intergovernamentais (com as denominações de Legação, Delegação ou Missão), nas cidades onde se encontram as sedes das mesmas, ou ainda em missões especiais perante aquelas"[8].

Com efeito, deve ser salientado que, com exceção dos integrantes dos Consulados Honorários, os agentes dos Estados enviados para representá-lo no exterior são, em princípio, nacionais do Estado que irá representar e deverão constituir residência no país que irá recebê-lo enquanto durar a missão confiada.

No que se refere às missões diplomáticas, a matéria está regrada na Convenção de Viena, de 1961, que divide os chefes de missão diplomática em três categorias[9]: a) embaixadores ou núncios acreditados perante chefes de Estado e outros chefes de missão de categoria equivalente; b) enviados, ministros ou internúncios, acreditados perante chefes de Estado; c) encarregados de negócios, acreditados perante Ministros das Relações Exteriores.

De outro lado, em se tratando de relações consulares, a matéria está concebida na Convenção de Relações Consulares de Viena, do ano de 1963.

De maneira simples, adverte-se, desde logo, que o agente diplomático que é enviado por um Estado para representá-lo junto a outro Estado estrangeiro deve desempenhar atividades de natureza política, enquanto o designado para atividades junto a consulado terá de exercer funções de natureza administrativa, tais como: passaporte e registro; proteção ao seu nacional; proteção de navegação marítima; proteção aérea etc.

---

[8] Afirma ainda SOARES, Guido. *Curso de direito internacional público*. São Paulo: Atlas, 2002, p. 261: "Quanto às relações externas do Estado conduzidas por seus representantes, assumem elas as formas da diplomacia bilateral (relações do Estado com outros Estados, individualmente) e da diplomacia multilateral, desdobrada em três subespécies: a) a exercida nas organizações intergovernamentais permanentes (a diplomacia parlamentar); b) em reuniões de vários Estados, esporádicas e solenes (congressos e conferências); e c) reuniões periódicas, ordinárias ou extraordinárias, perante órgãos diplomáticos, políticos ou técnicos, previstos em tratados multilaterais (um exemplo é o das Conferências das Partes nos tratados-quadros ou das comissões mistas previstas em tratados multilaterais)".

[9] Como acentua ARAÚJO, Luís Ivani Amorim. *Curso de direito internacional público*. 9. ed. Rio de Janeiro: Forense, 1997, p. 172: com a instituição das missões permanentes, surgiram várias questões de precedência entre os embaixadores acreditados em um Estado, todos procurando maiores regalias ou prerrogativas. Objetivando evitar tais incidentes, o Congresso de Viena, em março de 1815, adotou um Regulamento sobre a classificação dos Agentes Diplomáticos, dividindo-os em três categorias: embaixador; enviados, ministros ou outros acreditados junto ao soberano; encarregados de negócios (acreditados junto aos Ministros das Relações Exteriores).

Impende assinalar que existe apenas uma missão diplomática no Estado e em alguns casos poderá haver várias missões consulares. No Brasil, por exemplo, existem vários consulados americanos (Rio de Janeiro, São Paulo, Recife etc.), todavia a representação política (embaixada) está situada junto ao governo central.

Particularmente no Brasil criou-se uma grande confusão nessa matéria, posto que não existem carreiras distintas, isto é, tanto na carreira diplomática, como na consular[10]. A pessoa interessada em representar o Brasil nas relações internacionais deve se inscrever para um concurso no Instituto Rio Branco, onde ao final será designado para uma missão internacional. A carreira no Brasil comporta as seguintes fases: 3º secretário, 2º secretário, 1º secretário, conselheiro, ministro de 2ª classe e ministro de 1ª classe.

O cargo de embaixador é o mais alto desta hierarquia. Este cargo é comissionado e qualquer pessoa, desde que preencha certos pré-requisitos, poderá ser nomeada. Naturalmente que os diplomatas podem (e devem) ser nomeados embaixadores. A carreira de um diplomata termina na classe de Ministro de 1ª e quando se chega neste nível é deferido o tratamento de embaixador.

2. OS AGENTES DIPLOMÁTICOS

São as pessoas que os Estados acreditam em outro Estado com a finalidade de defender seus direitos e representar seus interesses.

Como assinalado em tópico precedente, o corpo diplomático no Brasil é constituído por funcionários de carreira e poderá ter uma missão de natureza acidental, como por exemplo, a representação do Estado na coroação de um monarca ou na posse de um presidente, como também poderá ter natureza permanente.

A escolha dos agentes diplomáticos é regulada pelo direito interno de cada Estado. No Brasil, a nomeação dos chefes de missão diplomática, de caráter permanente, junto a governos estrangeiros ou organizações internacionais de que faça parte, está subordinada ao Senado Federal, competindo ao Presidente da República, sem qualquer restrição, a indicação dos demais membros do corpo diplomático, inclusive os chefes de missão de caráter transitório, conforme preceituam os arts. 84, VII, e 52, IV, da CF:

"Art. 84. Compete privativamente ao Presidente da República:

VII – manter relações com Estados estrangeiros e acreditar seus representantes diplomáticos".

"Art. 52. Compete privativamente ao Senado Federal:

IV – aprovar previamente, por voto secreto, após arguição em sessão secreta, a escolha dos chefes de missão diplomática de caráter permanente."

---

[10] O problema é que quando uma pessoa é nomeada para o exterior, por exemplo, a nomeação pode-se dar como embaixador ou cônsul. A dúvida que pode suscitar é a seguinte: no Brasil a pessoa neste caso seria um diplomata? A resposta é afirmativa, mas no exterior ele pode ir como diplomata para a embaixada ou ir para o consulado.

Do mesmo modo, cumpre ressaltar que a carreira diplomática é privativa de brasileiro nato, conforme estabelece o art. 12, § 3º, V, da CF.

A Convenção de Viena, de 1961, que trata da matéria, apresenta um rol de pessoas no artigo 1º que, de alguma forma, estão relacionadas à missão diplomática e conceitua cada uma das atribuições:

"Artigo 1º Para os efeitos da presente Convenção:

a) Chefe de missão é a pessoa encarregada pelo Estado acreditante de agir nessa qualidade;

b) Membros da missão é o Chefe da missão e os membros do pessoal da missão;

c) Membros do pessoal da missão são os membros do pessoal diplomático, do pessoal administrativo e técnico e do pessoal de serviço da missão;

d) Membros do pessoal diplomático são os membros do pessoal da missão que tiverem a qualidade de diplomata;

e) Agente diplomático é tanto o chefe da missão como qualquer membro do pessoal diplomático da missão;

f) Membro do pessoal administrativo e técnico são os membros do pessoal da missão empregados no serviço administrativo e técnico da missão;

g) Membros do pessoal de serviço são os membros do pessoal da missão empregados no serviço doméstico da missão;

h) Criado particular é a pessoa do serviço doméstico de um membro da missão que não seja empregado do Estado acreditante".

Com efeito, ao ser nomeado numa missão de natureza permanente[11], é conveniente que o Estado que pretende acreditar seu plenipotenciário verifique previamente com o Estado que encaminhará seu representante se há algum óbice em relação ao nome indicado; a essa consulta dá-se o nome de *agrément*[12].

---

[11] De acordo com a letra f do artigo 1 da Convenção de 1961, entende-se por locais da missão os edifícios, ou parte dos edifícios e terrenos anexos, seja quem for o seu proprietário, utilizados para as finalidades da missão, inclusive a residência do chefe da missão.

[12] Segundo CUÉLLAR, Javier Pérez. *Manual de derecho diplomático*. México, DF: Fondo de Cultura Económica, 1997, p. 41: "*agrément* es el acuerdo o consentimiento que presta a su designación el Estado ante el que va a ser acreditado. Es una interesante derivación del principio de la independencia por cuanto no sería admisible que un Estado, al aceptar la instalación de la misión, estuviera obligado a aceptar inapelablemente al Jefe de ella que el otro Estado designe. El pedido de beneplácito (agrément), que tiene carácter confidencial, puede efectuarse por intermedio del Jefe de Misión interino en el país donde va a acreditarse al Embajador o Ministro a través del Jefe de Misión de ese país en el Estado acreditante o directamente de Cancillería a Cancillería. En todos esos casos el pedido (escrito o verbal) debe incluir el curriculum vitae de la persona escogida. En la respuesta se usará siempre la misma vía. Los plazos de esa respuesta son muy variables, pero una demora excesiva es considerada descortés y puede llevar al retiro del pedido. Es importante añadir que la demanda y concesión del beneplácito no obligan al gobierno acreditante a la designación y puede, mediante una explicación adecuada, retirarla y pedir beneplácito para otra persona".

Não havendo restrições ao nome indicado, o agente diplomático se dirigirá ao Estado determinado com o passaporte diplomático e as credenciais. Caso o Estado acreditador não aceite o agente diplomático em seu país, não estará ele obrigado a dar ao Estado acreditante as razões da recusa do *agrément*.

Também poderá o Estado acreditador, a qualquer momento, e sem ser obrigado a justificar a sua decisão, notificar ao Estado acreditante que o chefe de missão ou qualquer membro do pessoal diplomático da missão é *persona non grata* ou que outro membro do pessoal da missão não é aceitável. O Estado acreditante, conforme o caso, retirará a pessoa em questão ou dará por terminadas as suas funções na missão. Uma pessoa poderá ser declarada *non grata* ou não aceitável mesmo antes de chegar ao território do Estado acreditador.

Via de regra o agente diplomático é acompanhado de um pessoal oficial, que constitui a missão diplomática. Este pessoal oficial compõe-se de conselheiros de embaixada ou de legação, secretários, adidos (normalmente militares), chanceleres, intérpretes etc. O pessoal não oficial abrange as pessoas sem funções públicas, como familiares, secretário etc.[13].

O agente diplomático inicia suas funções no Estado que o recebe com a apresentação da carta credencial (fechada e selada) que é entregue ao chefe de Estado acreditado a quem é dirigida, muito embora cópia da mesma seja entregue pelo agente diplomático ao Ministro das Relações Exteriores do país que o recebe quando chega ao Estado acreditado. A matéria está regrada no artigo 13 que dispõe que:

"1. Considera-se que o chefe de missão assumiu as suas funções no Estado acreditador a partir do momento em que tenha entregado as suas credenciais ou tenha comunicado a sua chegada e apresentado as cópias figuradas das suas credenciais ao Ministério dos Negócios Estrangeiros, ou ao Ministério em que se tenha convindo, de acordo com a prática observada no Estado acreditador, a qual deverá ser aplicada de maneira uniforme.

2. A ordem de entrega das credenciais ou de sua cópia figurada será determinada pela data e hora da chegada do chefe da missão".

Ao deixar o posto deverá entregar ao chefe de Estado acreditado a carta revocatória, na qual são explicados os motivos de sua saída.

Os agentes diplomáticos desempenham missão de confiança, não suscetível de delimitação precisa, sendo certo que devem manter relações amistosas e pacíficas entre seu Estado e o Estado que o recebe, facilitando assim os entendimentos entre os governos.

Como órgãos de competência externa, são encarregados de negociar com o governo perante o qual representam o seu Estado, dirigindo-lhe comunicações, e tratar de questões afetas a ambos os Estados. Além disso, o agente diplomático é também um

---

[13] LITRENTO, Oliveiros. *Curso de direito internacional público*. 3. ed. Rio de Janeiro: Forense, 1997, p. 292.

observador e, portanto, deve acompanhar a vida política, econômica e social do Estado em que se encontra, para informar ao seu país de origem[14].

No período que representa o Estado o chefe da missão diplomática tem uma série de direitos e deveres. No que tange aos deveres, podem ser apontados o dever de lealdade; o dever de tratar com respeito e consideração o governo e as autoridades locais; o dever de não intervir na política interna do Estado; o dever de não fornecer auxílio a partidos de oposição; o dever de respeitar as leis e regulamentos locais.

Quanto aos direitos, registre-se a previsão estampada no próprio artigo 3º da Convenção de Viena sobre Relações Diplomáticas de 1961: representar o Estado acreditante perante o Estado acreditado; proteger no Estado acreditado os interesses do Estado acreditante e de seus nacionais; negociar com o governo do Estado acreditado; promover relações amistosas e desenvolver as relações econômicas, culturais e científicas entre os dois Estados.

Do mesmo modo que os agentes diplomáticos possuem direitos e deveres, deve-se atentar igualmente para as prerrogativas e imunidades que estes desfrutam. Tais prerrogativas e imunidades estão fulcradas na Convenção sobre Relações Diplomáticas, podendo-se destacar:

a) A inviolabilidade diplomática

O Estado em que o agente encontra-se acreditado deve realizar esforços para que o representante oficial do Estado amigo possa desempenhar suas atribuições com maior segurança possível. Segundo Cuéllar, entende-se por inviolabilidade "el privilégio por el que el Estado receptor protege al agente diplomático de todo atentado de las autoridades o de particulares contra su persona, su dignidad y su libertad". Esse privilégio se estende também para alguns locais da missão[15].

Assim, a inviolabilidade é concebida nos locais onde é desempenhada a missão diplomática, aí incluindo a residência do chefe da missão, os arquivos e os diplomatas. A matéria é clara ao afirmar no artigo 22 que os locais da missão são invioláveis. Os agentes do Estado acreditador não poderão neles penetrar sem o consentimento do chefe de missão[16].

Mais ainda, assevera que o Estado acreditador tem a obrigação especial de adotar todas as medidas apropriadas para proteger os locais contra qualquer intromissão ou dano e evitar perturbações que afetem a tranquilidade da missão ou ofensas a sua

---

[14] BOSON, Gérson de Britto Mello. *Direito internacional público*. 3. ed. Belo Horizonte: Del Rey, 2000, p. 298.

[15] CUÉLLAR, Javier Pérez. *Manual de derecho diplomático*. México, DF: Fondo de Cultura Económica, 1997, p. 86.

[16] SHAW, Malcolm N. *International law*. 6. ed. Cambridge: Cambridge University Press, 2008, p. 754, alarga este ponto ao lembrar que: "In order to facilitate the operations of normal diplomatic activies, article 22 of the Convention specifically declares that the premises of the mission are inviolable and that agents of the receiving state are not to enter them without the consent of the mission. This appears to be an absolute rule and in the Sun Yat Suen incident in 1896, the Court refused to issue a writ of habeas corpus with regard to a Chinese refugee held against his will in the Chinese legation in London".

dignidade. E que os locais da missão, o seu mobiliário, demais bens neles situados, assim como os meios de transporte da missão, não poderão ser objeto de busca, requisição, embargo ou medida de execução.

Registre-se ainda que o Estado acreditador permitirá e protegerá a livre comunicação da missão para todos os fins oficiais podendo empregar todos os meios de comunicação adequados, inclusive correios diplomáticos e mensagens em código ou cifra para comunicar-se com o Governo e demais missões e consulados do Estado acreditante, onde quer que se encontrem.

Garante-se a inviolabilidade da correspondência oficial da missão, entendendo esta como sendo toda a correspondência relativa à missão e suas funções, bem como a impossibilidade de serem abertas ou retidas as malas diplomáticas.

Araújo[17] adverte que, embora a inviolabilidade tenha início quando da apresentação das credenciais, é regra de direito que tão logo o agente diplomático ingresse no território do Estado onde vai servir este deve – desde que se tenha conhecimento de sua identidade – dar-lhe todas as garantias possíveis.

Ao mesmo tempo, a inviolabilidade persiste mesmo após o rompimento das relações diplomáticas ou da declaração de guerra, dando-se um prazo para a retirada do agente. Caso, porém, o agente pratique atos atentatórios ao Estado que o recebeu, este pode pedir ao acreditante a sua retirada e, em caso de urgência, expulsá-lo, entregando-lhe os passaportes.

b) Imunidade de jurisdição

Os agentes diplomáticos e seus familiares estão isentos de jurisdição civil e criminal do Estado acreditado. Tal fato tem sido admitido na prática internacional e foi consagrado pela Convenção de Havana, de 1928, e pela Convenção de Viena sobre Relações Internacionais, de 1961.

A imunidade de jurisdição é importante para que haja independência no trato das questões de natureza política que envolvem os Estados, de modo a garantir maior transparência e liberdade nas negociações. Significa afirmar, como nas palavras de Cuéllar, "que la inmunidad de jurisdicción, que deriva del mencionado principio de inviolabilidad, consiste en sustraer al agente diplomático del efecto de la ley del Estado receptor con el fin de preservar su independencia y no obstaculizar el desempeño de sus funciones"[18].

Entretanto, deve-se enfatizar que a imunidade não é expressão sinônima de descumprimento das normas internas, onde as pessoas que estejam "encobertas" com esta "garantia" possam livremente agir sem a observância da ordem jurídica do Estado.

---

[17] ARAÚJO, Luís Ivani Amorim. *Curso de direito internacional público.* 9. ed. Rio de Janeiro: Forense, 1997, p. 176.

[18] CUÉLLAR, Javier Pérez. *Manual de derecho diplomático.* México, DF: Fondo de Cultura Económica, 1997, p. 96.

Por isso Accioly[19] afirma que a imunidade de jurisdição não exime o agente diplomático da obrigação de respeitar os regulamentos locais referentes à segurança dos cidadãos, à saúde pública etc., contanto que sejam de ordem geral e não restrinjam, de modo algum, o exercício efetivo dos seus deveres. A imunidade de jurisdição criminal é mais acentuada do que a civil, pois esta sofre algumas exceções em relação àquela.

De fato, as imunidades não são absolutas e poderão sofrer algumas restrições, a saber:

a) quando o agente renuncia expressamente à imunidade, submetendo-se à jurisdição local;

b) quando ele próprio recorre à jurisdição local, na qualidade de autor;

c) quando se trata de ações reais relativas a bens imóveis por ele possuídos no território do Estado onde está exercendo suas funções;

d) quando se trata de ações resultantes de compromissos por ele assumidos no exercício de outra profissão, que porventura tenha desempenhado, simultaneamente, com as funções diplomáticas, no país onde se acha acreditado;

e) quando o agente é nacional do Estado junto ao governo que está acreditado.

Por fim, cabe ainda registrar a previsão do artigo 31, que estabelece que o agente diplomático gozará de imunidade civil e administrativa a não ser que se trate de uma ação real sobre imóvel privado situado no território do Estado acreditador, salvo se o agente diplomático o possuir por conta do Estado acreditador para os fins da missão; uma ação sucessória na qual o agente diplomático figura, a título privado e não em nome do Estado, como executor testamentário, administrador, herdeiro ou legatário; uma ação referente a qualquer atividade profissional ou comercial exercida pelo agente diplomático no Estado acreditador fora das suas funções oficiais.

c) Isenção de impostos

No tocante à isenção fiscal, Cuéllar afirma que tais privilégios ocorrem em decorrência da observância da cortesia internacional e da reciprocidade, visto que "son la justificación de los privilegios fiscales y aduaneros de los agentes diplomáticos, ya que no se podría explicarlos con los argumentos de la necesidad de la función o de la independencia del agente"[20]. Entende, ainda, que esses privilégios são considerados "não essenciais" e objeto de reservas em vários países.

Estão os agentes diplomáticos isentos dos impostos diretos cobrados pelo Estado acreditado, conforme preceitua o artigo 34 da Convenção de Viena, como se vê:

"O agente diplomático gozará de isenção de todos os impostos e taxas, pessoais ou reais, nacionais, regionais ou municipais, com as exceções seguintes:

---

[19] SILVA, G. E. Nascimento; ACCIOLY, Hildebrando. *Manual de direito internacional*. 13. ed. São Paulo: Saraiva, 1998, p. 174.

[20] CUÉLLAR, Javier Pérez. *Manual de derecho diplomático*. México, DF: Fondo de Cultura Económica, 1997, p. 106.

a) Os impostos indiretos que estejam normalmente incluídos no preço das merca-dorias ou dos serviços;

b) Os impostos e taxas sobre bens imóveis privados situados no território do Esta-do acreditador, a não ser que o agente diplomático os possua em nome do Estado acre-ditado e para os fins da missão;

c) Os direitos de sucessão percebidos pelo Estado acreditador, salvo o disposto no parágrafo 4 do artigo 39º;

d) Os impostos e taxas sobre rendimentos privados que tenham a sua origem no Estado acreditador e os impostos sobre o capital referentes a investimentos em empresas comerciais situadas no Estado acreditador;

e) Os impostos e taxas que incidam sobre a remuneração relativa a serviços específicos;

f) Os direitos de registo, de hipoteca, custas judiciais e impostos do selo relativos a bens imóveis, salvo o disposto no artigo 23º".

Por fim, deve-se ressaltar que uma missão diplomática pode vir a terminar[21] por algumas razões; dentre elas são destacadas:

a) a morte do agente;

b) a retirada do agente por seu governo;

c) a mudança brusca do regime do Estado;

d) a realização dos objetivos que justificavam a missão;

e) a expiração do prazo da missão que acontece normalmente no encerramento de congressos e conferências.

3. OS AGENTES CONSULARES

Os consulados são repartições públicas estabelecidas pelos Estados em portos ou cidades de outros Estados, com a missão de velar pelos seus interesses comerciais, pres-tar assistência e proteção a seus nacionais, legalizar documentos, exercer a polícia da navegação e fornecer informações de natureza econômica e comercial sobre o país ou o distrito em que se acham instalados.

Guido Soares[22] alerta que as relações consulares foram constituídas em razão da necessidade de maior transparência nas relações diplomáticas bilaterais entre os Estados,

---

[21] CUÉLLAR, Javier Pérez. *Manual de derecho diplomático*. México, DF: Fondo de Cultura Económica, 1997, p. 47-52, chama atenção para a distinção existente entre o término da missão do Chefe da Missão e o término da Missão como uma instituição permanente, já que a retirada do primeiro não ocasiona necessariamente o término da rela-ção diplomática e complementa: "el término normal de la misión de un Embajador o Ministro puede formalizarse mediante el documento llamado Cartas de Retiro, que es una Carta de cancillería en la cual el Jefe de Estado del país acreditante comunica al del país receptor que ha concluido la misión del agente diplomático. Estas Cartas pueden ser entregadas personalmente por el Embajador o Ministro saliente o, lo que es más frecuente, por su sucesor, conjuntamente con sus Cartas Credenciales".

[22] SOARES, Guido Fernando Silva. *Órgãos dos Estados nas relações internacionais*: formas da diplomacia e as imuni-dades. Rio de Janeiro: Forense, 2001, p. 78.

bem como da premência de fornecer maior assistência aos nacionais dos Estados que se encontravam em outros Estados.

A matéria está regulada na Convenção de Viena sobre Relações Consulares, de 1963[23], que, em seu artigo 1º, apresenta conceitos importantes para sua compreensão:

a) por "repartição consular", todo consulado geral, consulado, vice-consulado ou agência consular;

b) por "jurisdição consular", o território atribuído a uma repartição consular para o exercício das funções consulares;

c) por "chefe de repartição consular", a pessoa encarregada de agir nessa qualidade;

d) por "funcionário consular", toda pessoa, inclusive o chefe da repartição consular, encarregada nesta qualidade do exercício de funções consulares;

e) por "empregado consular", toda pessoa empregada nos serviços administrativos ou técnicos de uma repartição consular;

f) por "membro do pessoal de serviço", toda pessoa empregada no serviço doméstico de uma repartição consular;

g) por "membro da repartição consular", os funcionários consulares, empregados consulares, e membros do pessoal de serviço;

h) por "membros do pessoal consular", os funcionários consulares com exceção do chefe da repartição consular, os empregados consulares e os membros do pessoal de serviço;

i) por "membro do pessoal privado", a pessoa empregada exclusivamente no serviço particular de um membro da repartição consular;

j) por "locais consulares", os edifícios, ou parte dos edifícios, e terrenos anexos, que, qualquer que seja seu proprietário, sejam utilizados exclusivamente para as finalidades da repartição consular;

k) por "arquivos consulares", todos os papéis, documentos, correspondência, livros, filmes, fitas magnéticas e registros da repartição consular, bem como as cifras e os códigos, os fichários e os móveis destinados a protegê-los e conservá-los.

---

[23] Sobre a Convenção, SOARES, Guido Fernando Silva. *Órgãos dos Estados nas relações internacionais*: formas da diplomacia e as imunidades. Rio de Janeiro: Forense, 2001, p. 79-80, enfatiza que é um "tratado multilateral complexo, nitidamente abeberou-se na experiência da consolidação das normas escritas esparsas e das normas costumeiras sobre relações diplomáticas, de anos anteriores, conforme sua homônima sobre Relações Diplomáticas, de 1961, igualmente adotada em Viena, tanto assim que num dos parágrafos do seu preâmbulo, faz referência expressa à mesma. (...) A Convenção pode ser estudada em três aspectos, no que se refere a dois tipos possíveis de relações consulares, antecedidos que são, por dispositivos comuns a ambos: a) o estabelecimento, exercício e término das funções consulares; b) as repartições consulares de carreira (correspondentes aos consulados dirigidos por 'consules missi', ou seja, funcionários de carreira, enviados pelos Estados; e c) as repartições consulares dirigidas por cônsules honorários (estes, os 'consules electi', escolhidos pelos Estados, dentre pessoas residentes no local dos consulados e não pertencentes a uma carreira do funcionalismo público do Estado que os indica)".

Nos consulados se encontram os funcionários administrativos que os Estados enviam às cidades e portos dos Estados para a realização de vários objetivos, destacando: a de proteger seus interesses comerciais; assistir os seus nacionais; legalizar todo e qualquer documento que lhes pertença ou que se destine a produzir efeitos no seu país e exercer a polícia de navegação com os portos do seu Estado.

Sem embargo, da mesma forma que ocorre com os chefes das missões diplomáticas, a nomeação do cônsul depende da aceitação do Estado em que será desenvolvida a atividade. Todavia, este ato, diferentemente do *agrément*, denomina-se *exequatur* (autorização do Estado receptor para exercer suas funções)[24].

Por isso que o chefe da repartição consular será munido, pelo Estado que envia, de um documento, sob forma de carta-patente ou instrumento similar, feito para cada nomeação, que ateste sua qualidade e que indique, como regra geral, seu nome completo, sua classe e categoria, a jurisdição consular e a sede da repartição consular.

O Estado que o envia transmitirá a carta-patente ou instrumento similar, por via diplomática ou outra via apropriada, ao Governo do Estado em cujo território o chefe da repartição consular irá exercer suas funções. Se o Estado receptor o aceitar, o Estado que envia poderá substituir a carta-patente ou instrumento similar por uma notificação que contenha as indicações acima referenciadas.

Com efeito, como já apresentado no item 1 do presente Capítulo, os cônsules podem ser de carreira ou honorários, ou seja, funcionários do Estado que os nomeia, pertencentes à sua nacionalidade e que não podem exercer nenhuma outra função, e nacionais ou não do Estado que os escolhe e que não são funcionários e sim mandatários do governo que os nomeia, respectivamente. No mesmo sentido Litrento informa que "há duas espécies de cônsules: cônsules *electi* e *missi*. Os primeiros, antigamente eleitos, hoje nomeados, como os outros, podem ser ou não nacionais do Estado que os nomeia. Entre nós têm a denominação cônsules honorários. Já os cônsules *missi*, de carreira, são funcionários do Estado que os nomeia. Sendo as funções consulares de natureza local, é comum que o Estado tenha diversos cônsules no território do outro. Distrito consular vem a ser, assim, o território sobre o qual se estende a jurisdição do cônsul. Já corpo consular é o conjunto de agentes ou funcionários consulares do país"[25].

O cônsul está subordinado diretamente ao Ministério das Relações Exteriores do Estado que o nomeia, embora receba deste as instruções por intermédio do embaixador que o mesmo acredita no Estado receptor.

Quanto às funções a serem desempenhadas pelos cônsules, o artigo 5º da Convenção de Viena de 1963 assim enumera:

---

[24] O artigo 12 da Convenção de Viena, de 1963, assim dispõe sobre a matéria: "1. O Chefe da repartição consular será admitido no exercício de suas funções por uma autorização do Estado receptor denominada 'exequatur', qualquer que seja a forma dessa autorização. 2. O Estado que negar a concessão de um *exequatur* não estará obrigado a comunicar ao Estado que envia os motivos dessa recusa. 3. Sem prejuízo das disposições dos artigos 13 e 15, o chefe da repartição consular não poderá iniciar suas funções antes de ter recebido o *exequatur*".

[25] LITRENTO, Oliveiros. *Curso de direito internacional público*. 3. ed. Rio de Janeiro: Forense, 1997, p. 296.

"As funções consulares consistem em:

a) proteger, no Estado receptor, os interesses do Estado que envia e de seus nacionais, pessoas físicas ou jurídicas, dentro dos limites permitidos pelo direito internacional;

b) fomentar o desenvolvimento das relações comerciais, econômicas, culturais e científicas entre o Estado que envia e o Estado receptor e promover ainda relações amistosas entre eles, de conformidade com as disposições da presente Convenção;

c) informar-se, por todos os meios lícitos, das condições e da evolução da vida comercial, econômica, cultural e científica do Estado receptor, informar a respeito o governo do Estado que envia e fornecer dados às pessoas interessadas;

d) expedir passaportes e documentos de viagem aos nacionais do Estado que envia, bem como vistos e documentos apropriados às pessoas que desejarem viajar para o referido Estado;

e) prestar ajuda e assistência aos nacionais, pessoas físicas ou jurídicas do Estado que envia;

f) agir na qualidade de notário e oficial de registro civil, exercer funções similares, assim como outras de caráter administrativo, sempre que não contrariem as leis e regulamentos do Estado receptor;

g) resguardar, de acordo com as leis e regulamentos do Estado receptor, os interesses dos nacionais do Estado que envia, pessoas físicas ou jurídicas, nos casos de sucessão por morte verificada no território do Estado receptor;

h) resguardar, nos limites fixados pelas leis e regulamentos do Estado receptor, os interesses dos menores e dos incapazes, nacionais do país que envia, particularmente quando para eles for requerida a instituição de tutela ou curatela;

i) representar os nacionais do país que envia e tomar as medidas convenientes para sua representação perante os tribunais e outras autoridades do Estado receptor, de conformidade com a prática e os procedimentos em vigor neste último, visando conseguir, de acordo com as leis e regulamentos do mesmo, a adoção de medidas provisórias para a salvaguarda dos direitos e interesses destes nacionais, quando, por estarem ausentes ou por qualquer outra causa, não possam os mesmos defendê-los em tempo útil;

j) comunicar decisões judiciais e extrajudiciais e executar comissões rogatórias de conformidade com os acordos internacionais em vigor, ou, em sua falta, de qualquer outra maneira compatível com as leis e regulamentos do Estado receptor;

k) exercer, de conformidade com as leis e regulamentos do Estado que envia, os direitos de controle e de inspeção sobre as embarcações que tenham a nacionalidade do Estado que envia, e sobre as aeronaves nele matriculadas, bem como sobre suas tripulações;

l) prestar assistência às embarcações e aeronaves a que se refere a alínea 'k' do presente artigo e também às tripulações: receber as declarações sobre as viagens dessas embarcações, examinar e visar os documentos de bordo e, sem prejuízo dos poderes das autoridades do Estado receptor, abrir inquéritos sobre os incidentes ocorridos durante a travessia e resolver todo tipo de litígio que possa surgir entre o capitão, os oficiais e os marinheiros, sempre que autorizado pelas leis e regulamentos do Estado que envia;

m) exercer todas as demais funções confiadas à repartição consular pelo Estado que envia, as quais não sejam proibidas pelas leis e regulamentos do Estado receptor, ou às quais este não se oponha, ou ainda as que lhe sejam atribuídas pelos acordos internacionais em vigor entre o Estado que envia e o Estado receptor".

Pela leitura acima, essas funções podem ser agrupadas basicamente em cinco itens:

a) funções de observação – prestar informações ao seu Estado do movimento comercial e econômico do país onde serve; incrementar o intercâmbio comercial, cultural e comercial e científico; informar seu Estado das condições econômicas, culturais e científicas do Estado onde serve;

b) funções de proteção – proteção aos nacionais; opor-se às medidas que possam desservir o comércio e a navegação do Estado;

c) funções administrativas – repatriar os seus nacionais que sejam indigentes; expedir passaporte aos nacionais de seu Estado e visar os passaportes dos estrangeiros; solucionar questões disciplinares entre membros de tripulação de navios mercantes de seu Estado;

d) funções notariais – reconhecer firmas e documentos; receber testamentos; lavrar procurações e substabelecimentos feitos por nacionais;

e) funções de oficial de registro civil – assentamentos, óbitos e casamentos de nacionais de seu Estado; celebração de casamento entre nacionais de seu Estado.

No que tange às prerrogativas para os cônsules, a Convenção também dispôs sobre a matéria, não de forma tão expansiva quanto a de 1961, podendo ser apresentadas as seguintes: inviolabilidade pessoal; inviolabilidade de residência oficial; inviolabilidade do arquivo; imunidade de jurisdição (não poderão, em princípio, ser detidos ou presos preventivamente, salvo em caso de crime grave e em decisão de autoridade judiciária competente); isenção de impostos pessoais diretos e os que incidem sobre os bens pessoais.

Corroborando a assertiva, vale registrar a previsão de alguns dispositivos da já mencionada Convenção. A começar pelo artigo 31, que trata da inviolabilidade dos locais consulares, que estabelece que as autoridades do Estado receptor não poderão penetrar na parte dos locais consulares que a repartição consular utilizar exclusivamente para as necessidades de seu trabalho, a não ser com o consentimento do chefe da repartição consular, da pessoa por ele designada ou do chefe da missão diplomática do Estado que envia.

Todavia, o consentimento do chefe da repartição consular poderá ser presumido em caso de incêndio ou outro sinistro que exija medidas de proteção imediata.

Prevê ainda que o Estado receptor terá a obrigação especial de tomar as medidas apropriadas para proteger os locais consulares contra qualquer invasão ou dano, bem como para impedir que se perturbe a tranquilidade da repartição consular ou se atente contra sua dignidade.

Por fim, afirma que os locais consulares, seus imóveis, os bens da repartição consular e seus meios de transporte não poderão ser objeto de qualquer forma de requisição para fins de defesa nacional ou de utilidade pública.

No que se refere à isenção fiscal dos locais consulares, evidencia-se que esses locais, bem como a residência do chefe da repartição consular de carreira de que for proprietário o Estado que envia ou pessoa que atue em seu nome, estarão isentos de quaisquer impostos e taxas nacionais, regionais e municipais, excetuadas as taxas cobradas em pagamento de serviços específicos prestados.

A isenção fiscal, todavia, não se aplica aos impostos e taxas que, de acordo com as leis e regulamentos do Estado receptor, devam ser pagos pela pessoa que contratou com o Estado que envia ou com a pessoa que atue em seu nome.

Em relação à inviolabilidade dos arquivos e documentos consulares, estes serão sempre invioláveis, onde quer que estejam, conforme prevê o artigo 33. Também a liberdade de comunicação está assegurada pelo Estado receptor que permitirá e protegerá a liberdade de comunicação da repartição consular para todos os fins oficiais, cuja correspondência oficial da repartição consular é considerada inviolável.

Impende ainda assinalar, no tocante à inviolabilidade pessoal dos funcionários consulares, que estes não poderão ser detidos ou presos preventivamente, exceto em caso de crime grave e em decorrência de decisão de autoridade judiciária competente. O artigo 41 apresenta ainda a seguinte ideia:

"Exceto no caso previsto no parágrafo 1º do presente artigo, os funcionários consulares não podem ser presos nem submetidos a qualquer outra forma de limitação de sua liberdade pessoal, senão em decorrência de sentença judiciária definitiva. Quando se instaurar processo penal contra um funcionário consular, este será obrigado a comparecer perante as autoridades competentes. Todavia, as diligências serão conduzidas com as deferências devidas à sua posição oficial e, exceto no caso previsto no parágrafo 1º deste artigo, de maneira a que perturbe o menos possível o exercício das funções consulares. Quando, nas circunstâncias previstas no parágrafo 1º deste artigo, for necessário decretar a prisão preventiva de um funcionário consular, o processo correspondente deverá iniciar-se sem a menor demora".

Importante ainda a previsão do artigo 43, que trata da imunidade de Jurisdição, ao afirmar que os funcionários consulares e os empregados consulares não estão sujeitos à jurisdição das autoridades judiciárias e administrativas do Estado receptor pelos atos realizados no exercício das funções consulares. Todavia, essas disposições não se aplicarão no caso de ação civil que resulte de contrato que o funcionário ou empregado consular não tiver realizado implícita ou explicitamente como agente do Estado que envia; ou que seja proposta por terceiro como consequência de danos causados por acidente de veículo, navio ou aeronave, ocorrido no Estado receptor.

Por fim, há de se registrar que uma função consular pode se extinguir em decorrência de notificação do Estado que envia ao Estado receptor de que suas funções chegaram ao fim; pela retirada do *exequatur*; e pela notificação do Estado receptor ao Estado que envia de que deixou de considerar a pessoa em apreço como membro do pessoal consular.

Capítulo VI
Espaços sob a Soberania dos Estados e Espaços Internacionais Comuns

1. CONSIDERAÇÕES GERAIS

O presente capítulo apresentará temas relativos ao exercício das competências dos Estados no âmbito das relações internacionais. Para tanto, deve-se recordar que o espaço no qual os Estados exercem suas competências regulares corresponde ao território, ou seja, o âmbito territorial pode ser visto como um espaço onde o Estado exerce sua soberania[1] de acordo com o Direito Internacional[2]. Relembre-se, por oportuno, que, ao mencionar o estudo da soberania estatal, esta deve ser vista no plano interno e no plano internacional.

Desse modo, compreende-se o âmbito territorial do Estado, seu domínio terrestre integrado pela superfície das terras marcadas pelas fronteiras de um Estado e as suas ilhas; pelo subsolo; pelo leito e subsolo dos domínios fluvial, lacustre e marítimo; pela plataforma continental; pelo domínio marítimo e pelo domínio aéreo. Além dos "domínios" do Estado (terrestre, fluvial e lacustre, marítimo e aéreo), serão também apresentadas neste capítulo considerações acerca das zonas polares e da plataforma submarina

---

[1] SHAW, Malcolm N. *International law*. 6. ed. Cambridge: Cambridge University Press, 2008, p. 487, recorda que "Internationmal law is based on the concept of the state. The state in its turn lies upon the foundation of sovereignty, which express internally the supremacy of the governmental institutions and externally the supremacy of the state as a legal person. But sovereignty itself, with its retinue of legal rights and duties, is fiunded upon the fact of territory. Without territory a legal person cannot be a state. It is undoubtedly the basic characteristic of a state and the one most widely accepted and understood. There are currently some 200 distinct territorial units, each one subject to a different territorial sovereignty and jurisdiction".

[2] Sobre esta temática destaca-se a obra de CASELLA, Paulo Borba, *Direito internacional dos espaços*. São Paulo: Atlas, 2009, p. XV, que apresenta logo de início sua proposta metodológica: "é enfatizar a compreensão da dimensão territorial, como modo de conceber o Estado, a soberania deste, e a interação entre Estados, no plano internacional, a partir da base física, ou territorial de cada um, que configura a territorialidade como elemento para a concretização do Estado. Mas essa noção não é estática. A territorialidade se constrói e se modifica ao longo do tempo. E pode se projetar extraterritorialmente".

que comumente são chamadas de espaços internacionais comuns, apresentados por Barboza como:

"Áreas más allá de las jurisdicciones de los Estados, que no están por ende sujetas a la soberanía de ninguno de ellos ni son tampoco susceptibles de apropiación nacional por reivindicación de soberanía ni por ninguna otra manera. Dichas áreas están, por lo demás, abiertas y disponibles para ser utilizadas por todos los Estados, a veces bajo determinadas condiciones. En ellas, las jurisdicciones de los Estados se ejercitan a través de la nacionalidad, esto es, por la supremacía personal del Estado: su supremacía territorial sólo se ejerce, naturalmente, dentro del territorio propio"[3].

2. DOMÍNIO TERRESTRE

O estudo do domínio terrestre confunde-se com o próprio estudo do território do Estado. Mesmo o eminente professor Celso Mello, em sua clássica obra de direito internacional público, ao abordar o estudo do domínio terrestre do Estado, acaba por fazer considerações sobre o território, apresentando, inclusive, a ideia de que o território "é onde o Estado exerce a sua soberania, dentro dos limites estabelecidos pelo Direito Internacional, com duas características: é delimitado, no sentido de que existem limites ao poder territorial do Estado; tem estabilidade, isto é, a sua população é sedentária e os seus limites não se alteram com frequência. A noção de território não é geográfica, mas jurídica, tendo em vista que ele é o domínio de validade da ordem jurídica de um determinado Estado soberano"[4].

Como visto acima, ao discutir o território do Estado devem ser abordados os temas que compreendem o domínio terrestre, fluvial e lacustre, aéreo e marítimo, não podendo, todavia, confundir a discussão geral sobre o território com o domínio terrestre.

Assim, entende-se como domínio terrestre[5] o espaço natural que compreende a superfície da terra marcada pelas fronteiras de um Estado (solo), bem como seu subsolo.

O domínio terrestre do Estado pode ser constituído por uma base contínua ou fragmentada; pode-se apresentar como extensão do domínio de um Estado – uma colônia; ou até mesmo ser formada por um conjunto de ilhas.

Evidencia-se que o elemento balizador para a observância do domínio terrestre de um Estado não está assentado na base geográfica, mas sim pela unidade criada em função da ordem jurídica estatal.

---

[3] BARBOZA, Julio. *Derecho internacional público*. 2. ed. Buenos Aires: Zavalia, 2008, p. 501.

[4] MELLO, Celso A. *Curso de direito internacional público*. Rio de Janeiro: Renovar, 1997, p. 945.

[5] Para ACCIOLY, Hildebrando; SILVA, Nascimento. *Manual de direito internacional público*. 13. ed. São Paulo: Saraiva, 1998, p. 158, "o domínio terrestre compreende o solo e o subsolo da parte da superfície do globo circunscrita pelas fronteiras desse Estado, e, também, eventualmente, o solo e o subsolo dos encraves e das ilhas, colônias ou territórios não autônomos a ele pertencentes".

Como bem lembra Meira Mattos, o território propriamente dito (terrestre) do Estado compreende o solo e o subsolo da área geográfica incluída nas fronteiras que lhe são próprias. Não devemos confundir fronteiras com limites. As fronteiras são sempre naturais e compreendem zonas (áreas), enquanto os limites são sempre artificiais e compreendem linhas divisórias. Delimitação significa a descrição da fronteira ou do limite. É de natureza teórica. Pode advir de um tratado, de uma sentença arbitral ou de uma solução diplomática. Demarcação significa a execução, no terreno, do que foi descrito na fase de delimitação. É de natureza prática. Fica sob a responsabilidade de comissões mistas de técnicos, dos países interessados, por meio de atas e mapas. Caracterização significa a colocação de marcos ou postes, balizas ou boias, para assinalar a linha divisória. São, pois, sinais que separam o território de um Estado do território de outro Estado. Podem ser reais (quando efetivamente colocados no local certo) ou de referências (na hipótese contrária, devido a dificuldades tópicas, alagadiços, *v.g.*), sendo sempre consignados em termos ou atos. Na demarcação de fronteiras naturais, temos diversas soluções para diferentes hipóteses que se apresentam. Se se trata de montanhas, adota-se a linha de cumeeiras e a linha de partilha das águas (*divortium aquarum*). Na primeira, o traçado segue a linha das máximas alturas. Na segunda, o divisor das águas, hipótese mais comum, por apresentar maiores facilidades à demarcação. Pode ou não haver coincidência entre os dois critérios. Se a linha divisória corre por um rio que separa os territórios de dois Estados, o limite segue por uma linha que divide o rio em duas partes. Esta é a hipótese mais comum. Em se tratando de rios navegáveis, o limite é a linha do *thalweg* (eixo do canal mais profundo). Se não forem navegáveis, o limite é a linha mediana (linha da meia distância). Pode ocorrer desvio natural do curso do rio, havendo duas doutrinas opostas a respeito. Uma delas ensina que a linha divisória acompanhará a mudança do curso do rio. A outra, que a linha divisória continuará seguindo o leito abandonado[6].

Ressalta ainda que, hoje, não há mais território sem dono (*res nullius*). A região polar antártica (polo sul) foi normatizada pelo Tratado da Antártica, de 1959. A região polar ártica (polo norte), embora ainda não normatizada, obedece a princípios específicos, que serão estudados no momento oportuno. O alto-mar e o espaço exterior são *res communis*, não admitindo, pois, ocupação e qualquer tipo de soberania. E o fundo do mar internacional, além das jurisdições estatais, é considerado patrimônio comum da Humanidade, não admitindo, também, exercício de soberania[7].

Ainda em relação ao domínio terrestre, costuma-se apresentar os modos de aquisição de território, o que foi contemplado no capítulo IV da presente obra. Barboza, em seu estudo, também abordou esta temática enfatizando:

---

[6] MATTOS, Adherbal Meira. O território no direito internacional. In: GUERRA, Sidney. *Tratado de direito internacional*. Rio de Janeiro: Freitas Bastos, 2008, p. 77-78.

[7] MATTOS, Adherbal Meira. O território no direito internacional. In: GUERRA, Sidney. *Tratado de direito internacional*. Rio de Janeiro: Freitas Bastos, 2008, p. 78.

"Hay formas originales y derivadas de aquisición. Son originales cuando el territorio adquirido es res nullius, esto es, un territorio sobre el que ningún Estado ejerce soberanía y son derivadas aquellas en que un territorio bajo la soberanía de un determinado Estado pasa a someterse a la de otro Estado. Hoy en día las formas de adquisición son derivadas. Sin embargo, cuando se trata de resolver disputas de soberanía sobre un territorio, muchas veces es necesario desentrañar la situación jurídica de ese territorio en épocas anteriores y de ahí la utilidad del conocimiento de las formas originales de adquisición"[8].

3. DOMÍNIO FLUVIAL E LACUSTRE

Este ponto da matéria abarca o estudo dos rios, lagos e canais que banham o território de um determinado Estado. Fato importante porque podem ser utilizados de várias formas, destacando-se, desde logo, a navegabilidade com seus múltiplos efeitos e desdobramentos (comércio internacional, deslocamento de pessoas, segurança interna etc.).

Assim, são confrontados a todo instante dois aspectos fundamentais: a soberania do Estado ribeirinho e a liberdade da navegação. Embora de difícil composição, tem-se admitido o reconhecimento do direito soberano do Estado ribeirinho com a observância do direito à passagem inocente de navios em tempo de paz.

O emprego da expressão "rio internacional" faz referência aos rios que tanto no plano geográfico como no econômico acabam por influenciar interesses de dois ou mais Estados soberanos. No dizer de Brownlie, os rios que separam ou atravessam os territórios de dois ou mais Estados estão sujeitos à jurisdição territorial dos Estados ribeirinhos até o *medium filum aquae*, normalmente considerado como sendo o canal mais profundo das águas navegáveis. Grande parte do regime jurídico dos rios, que cria direitos para outros Estados ribeirinhos e não ribeirinhos, e que limita o exercício da jurisdição territorial pelos Estados ribeirinhos individualmente considerados, depende da celebração de tratados[9].

Os rios podem ser classificados em navegáveis e não navegáveis, nacionais e internacionais.

No tocante à primeira classificação, isto é, navegáveis e não navegáveis, o ponto que interessa ao Direito Internacional Público, por óbvio, relaciona-se ao primeiro aspecto (rio navegável), desprezando-se o segundo. Isso porque em razão de boas condições de navegabilidade é que poderão surgir conflitos envolvendo dois ou mais Estados por dificuldades que eventualmente sejam colocadas pelos Estados ribeirinhos para que navios de outros Estados possam navegar em águas que estão sob seu domínio, portanto, sob sua soberania estatal.

---

[8] BARBOZA, Julio. *Derecho internacional público*. 2. ed. Buenos Aires: Zavalia, 2008, p. 201.

[9] BROWNLIE, Ian. *Princípios de direito internacional público*. Lisboa: Fundação Calouste Gulbenkian, 1997, p. 291.

Em relação à segunda classificação, evidencia-se que os rios podem ser nacionais ou internacionais. Os nacionais são os que correm inteiramente no território de um só Estado. Nesse caso, o Estado possui jurisdição plena do rio e não incide qualquer ingerência de outro Estado no território do detentor do rio.

De toda sorte, é possível que o rio nacional seja utilizado por outro Estado estrangeiro, desde que ocorra a concessão por parte de seu "titular". Lembre-se, por oportuno, que a navegabilidade ficará aberta para todos os Estados (passagem inocente), mas a pesca e o aproveitamento agrícola ou industrial são do exclusivo domínio do Estado a que pertence o rio.

Quanto aos rios internacionais, estes podem ser vistos como os que separam ou atravessam o território de mais de um Estado e, portanto, podem ser sucessivos ou contíguos.

Os sucessivos são os que atravessam os territórios de dois ou mais Estados e cada Estado exercerá soberania plena na parte que lhe toca, mas a livre navegação é princípio geralmente aceito na totalidade dos rios, respeitados os direitos dos Estados ribeirinhos, principalmente em tempo de paz. Há duas importantes restrições à liberdade de navegação fluvial: a navegação de cabotagem, efetivada apenas por navios mercantes nacionais e a exclusão da passagem de navios de guerra estrangeiros, salvo quando ocorre consentimento prévio.

A doutrina[10] tem apresentado quatro sistemas relacionados à natureza jurídica dos rios internacionais.

O primeiro sistema afirma que o Estado tem soberania absoluta sobre o trecho onde se encontra seu território, todavia inaceitável uma vez que o Estado que fica mais próximo da nascente do rio acabará por ter todas as vantagens, podendo trazer, inclusive, prejuízos para os demais.

O segundo, denominado princípio da absoluta integridade territorial, estabelece que o Estado ribeirinho pode exigir que o rio continue o seu curso normal e o Estado que estiver acima do curso do rio tem o dever de deixar o rio seguir seu curso natural. Esse sistema traz benefícios para o Estado que se encontrar abaixo do curso do rio, haja vista que somente ele poderá utilizá-lo.

O terceiro sistema propõe a gestão dos rios internacionais por uma organização internacional, tendo sido aplicado em alguns rios, a exemplo do Rio Reno.

Finalmente, o último sistema propugna pela adoção dos dois primeiros sistemas cujo fundamento está assentado nas bases de que deve existir uma obrigação recíproca para que não ocorram lesões ao Estado vizinho.

Tem-se propalado a ideia da existência de um Direito Fluvial Internacional, muito embora as normas interestatais sobre a matéria sejam pouco numerosas e coordenadas.

---

[10] MELLO, Celso A. *Curso de direito internacional público*. Rio de Janeiro: Renovar, 1997, p. 1126.

O Ato Final do Congresso de Viena, de 1815, adotou um Regulamento sobre a Livre Navegação dos Rios e estabeleceu a obrigação para os ribeirinhos de regulamentarem, de comum acordo e em consonância com os direitos soberanos dos Estados, a navegação comercial dos rios.

Posteriormente o Tratado de Versalhes, de 1919, estabeleceu pela primeira vez a expressão "rios internacionais" (art. 331), "reconhecendo a igualdade de tratamento no exercício da navegação entre Estados ribeirinhos e não ribeirinhos, na administração da rede fluvial por um organismo internacional" (Magdalena Londero).

Já no ano de 1921, com a Conferência de Barcelona, aprovou-se uma Convenção, um Estatuto e um Protocolo para a classificação dos rios em nacionais e internacionais, levando-se em consideração o critério econômico em detrimento do critério geográfico. Distinguiram-se vias navegáveis de interesse internacional, de vias navegáveis de interesse nacional. As primeiras compreendiam as partes naturalmente navegáveis – do e para o mar – de um curso d'água, que separe ou atravesse diferentes Estados (hipótese de fracionamento territorial). Aos ribeirinhos, ficaram reservados certos direitos, tais como a navegação de cabotagem, serviço de polícia e aplicação de leis e regulamentos referentes à alfândega, saúde, migração e contrabando.

Em tempo de guerra, subsistiam, na medida do possível, os direitos e deveres das partes contratantes. Finalmente, quanto à administração do curso d'água, deu a Convenção três opções: uma forma nacionalista (administração individual, por Estado), uma forma regionalista (por todos os Estados ribeirinhos) e uma forma internacionalista (por intermédio de um organismo especial). As vias navegáveis de interesse nacional, conforme o Estatuto (art. 25), não foram objeto de liberdade de navegação, embora o Protocolo Adicional admitisse uma igualdade de tratamento, dentro de certas condições que estipulou.

Com efeito, o fato é que hodiernamente os rios que atravessam o território de dois ou mais Estados estão sob a soberania de cada um dos Estados onde esteja o curso da água do rio, isto é, o Estado poderá regular, nos limites de seu território, condições de utilização das águas que estejam sob o seu domínio.

Entretanto, não se pode olvidar que o Estado não poderá produzir nenhuma ação que venha a trazer danos para o Estado vizinho, tais como, a construção de barragens, utilização predatória dos recursos naturais, ação que produza degradação do ambiente etc. A título ilustrativo, *vide* o caso que envolveu dois Estados vizinhos e parceiros do Mercosul (Argentina e Uruguai) no caso da instalação de uma indústria de papéis no Rio da Prata.

No tocante aos canais e lagos de água doce, as regras gerais aplicadas aos rios também a eles são aplicadas.

Quanto aos lagos, são grandes porções de água, cercadas de terra e que pertencem ao Estado onde se encontram. Se o lago estiver fazendo fronteira com outro Estado, naturalmente que recairão direitos e deveres para os Estados envolvidos, ou seja, competências relativas à utilização, gestão, fruição do lago serão comuns para ambos.

Os canais são vias de passagem que unem o território de dois Estados ou mares livres. A grande diferença existente entre o canal e o estreito é que o primeiro é formado artificialmente enquanto o segundo existe de maneira natural.

Os canais são construídos pelos próprios Estados para atenderem finalidades diversas (econômica, militar, estratégica) devendo, por isso mesmo e como regra geral, permanecer sob o domínio do Estado que o concebeu. Ou seja, ao construir um canal, a soberania deste recairá naturalmente ao Estado que o construiu se não houver previsão em sentido contrário em relação a essa matéria.

Os canais são normalmente construídos em zonas tidas como estratégicas e que acabam por representar importância significativa para a navegação, seja em tempo de paz, seja em tempo de guerra. Assim, poderão ser concebidos para unir dois rios, um rio e o mar e até mesmo dois mares (Canal Don ao Volga, na Rússia; Dortmund ao Sem, na Alemanha; Suez, entre o Mediterrâneo e o Vermelho, respectivamente).

4. DOMÍNIO AÉREO

A exemplo do espaço marítimo, que ocupou lugar de destaque no Direito Internacional ao longo dos anos, os estudos pertinentes ao espaço aéreo começam a despertar o interesse da sociedade internacional no início do século XX.

O estudo relativo ao espaço aéreo tem como marco precursor o ano de 1906, em razão de encontro produzido pelo Instituto de Direito Internacional, na cidade de Gand, que identifica várias questões relativas à navegação aérea que começava a trazer grandes repercussões para o cenário internacional.

Os Estados se debruçaram sobre o tema por razões importantes e que estavam intimamente ligadas à sua soberania: o espaço aéreo não apresenta fronteiras que sejam claramente demarcadas; a navegação aérea não está adstrita a um único Estado; todos os Estados possuem espaço aéreo; devem ser estabelecidos padrões comuns para a navegação aérea.

Assim é que se apresentam as duas teorias acerca da natureza jurídica do espaço aéreo: a teoria da liberdade do espaço aéreo e a teoria da soberania.

A primeira, que teve Fauchille como grande defensor, apresenta a ideia de que o Estado possui soberania até a altura de 300 metros (que era a altura da Torre Eiffel e que era o máximo até então conseguido pelo homem). Entretanto, poderia proibir o sobrevoo da altura compreendida entre 300 metros e 1.500 metros para evitar espionagem e acima dos 1.500 metros o Estado teria um direito de conservação, visando interesses econômicos e de segurança. A teoria da liberdade do espaço aéreo acaba por confundir espaço aéreo (por sua própria natureza apropriável) com o ar (por sua própria natureza inapropriável).

Já a segunda, defendida por Westlake, estava assentada na ideia de que a soberania do Estado se estende também ao espaço sobrejacente a ele. Desse modo, houve entendimentos alargados para essa teoria: o que corresponde ao direito de passagem inocente em favor da navegação aérea e o que estabelecia uma limitação em altitude. O direito de passagem inocente constou, expressamente, das Convenções de Paris e de Chicago sobre a matéria.

Embora suas origens remontem ao início do século XX, é importante assinalar que seu crescimento foi impulsionado a partir do fim da Segunda Guerra Mundial em razão da utilização dos aviões nos combates militares e, consequentemente, a necessária regulação no plano internacional.

4.1. A regulamentação do espaço aéreo no Direito Internacional

A Convenção de Paris, do ano de 1919, foi que regulamentou, inicialmente, o espaço aéreo no âmbito do Direito Internacional e apregoava que o Estado possui o exercício de soberania completa e exclusiva sobre o espaço aéreo acima de seu território, bem como o sobrevoo inocente.

Por meio dessa Convenção, foi constituída a Comissão Internacional de Navegação Aérea com o escopo de estudar problemas relativos à navegação aérea. A Convenção de Paris foi alterada pelo Protocolo de Londres, de 1922 e 1923, e pelo Protocolo de Paris, de 1929.

Ao limiar da Segunda Guerra Mundial, o princípio da soberania estatal sobre o espaço aéreo estava bem consolidado, porém, inicia-se outro tipo de cobrança por parte dos Estados, em especial, de natureza comercial e econômica. Foi assim que o presidente norte-americano Franklin Delano Roosevelt convocou uma Conferência Internacional para debater novamente o tema.

Com efeito, a preocupação internacional em se estabelecer um modo ordenado de voar levou a Inglaterra a propor uma reunião entre os países que fossem mais atuantes no transporte aéreo, a qual ocorreu em Chicago, em 1944, e originou a Convenção Internacional de Aviação Civil.

Nessa convenção estão dispostos princípios gerais relacionados à aviação civil internacional e o estabelecimento da Organização da Aviação Civil Internacional, a OACI, também conhecida por sua sigla em inglês: ICAO.

A Convenção, realizada no dia 7 de dezembro de 1944, estabelece em seu artigo 1º que os Estados têm completa e exclusiva soberania sobre o espaço aéreo acima de seu território. Assim, para funcionar no território de um Estado contratante, os serviços aéreos internacionais regulares precisam de permissão especial ou outra autorização do mesmo Estado, de acordo com o artigo 6º da mesma convenção.

Essa Conferência veio ratificar a ideia da que o Estado tem soberania completa e exclusiva sobre o espaço aéreo acima do seu território. Reconheceu ainda que o sobrevoo inocente somente é aplicável a aeronaves civis e criou as cinco liberdades do ar: direito de sobrevoo; direito de escala técnica para reparações; direito de desembarcar no território do Estado contratante mercadorias, passageiros e correios que tenham sido embarcados no Estado de que a aeronave é nacional; direito de embarcar passageiros, mercadorias e correio com destino ao território de qualquer contratante e o direito de desembarcar passageiros e mercadorias originárias do território de qualquer Estado contratante; direito de embarcar no território do Estado contratante mercadorias, passageiros e correio com destino ao Estado de que a aeronave é nacional.

Em relação às duas primeiras liberdades (direito de sobrevoo e direito de escala técnica para reparações), evidencia-se que são consideradas fundamentais e reconhecidas às aeronaves comerciais dos Estados signatários, ao passo que as demais liberdades não são conferidas de plano aos Estados, isto é, podem ser ou não outorgadas às aeronaves civis dos Estados signatários.

Sem embargo, a Conferência de Chicago não obteve êxito em regular o sistema de transporte aéreo por meio de um acordo multilateral, mas, de qualquer maneira, a convenção continuaria a ser aplicada. Assim, os Estados tiveram que celebrar acordos bilaterais para garantir a efetividade da aviação civil, pois com a vigência dos artigos 1º e 6º, a ausência desses acordos impossibilitaria o tráfego aéreo internacional.

Apesar da falha na execução de um acordo multilateral, os países participantes da conferência confeccionaram dois acordos comerciais suplementares: o Acordo de Trânsito de Serviços Aéreos Internacionais (International Air Service Transit Agreement – IASTA) e o Acordo de Transporte Aéreo Internacional (International Air Transport Agreement – IATA).

Nesses instrumentos encontram-se as chamadas "liberdades do ar" que são direitos concedidos às companhias aéreas, quando em território estrangeiro, que afastam a soberania territorial do Estado, em determinadas situações.

O IASTA confere as duas primeiras liberdades a todos signatários desse acordo. Já o IATA concede as cinco liberdades a todos os países signatários da Convenção de 1944. São elas:

a) o direito de sobrevoar o território do Estado contratante sem pousar;

b) o direito de fazer uma escala técnica (reabastecimento ou manutenção, por exemplo) no território do outro Estado contratante, sem embarcar ou desembarcar passageiros ou carga (com propósitos que não sejam de tráfego);

c) o direito de transportar passageiros e carga do território do Estado de nacionalidade da aeronave para o território do outro Estado contratante;

d) o direito de transportar passageiros e carga do território do outro Estado contratante para o território do Estado de nacionalidade da aeronave;

e) o direito de transportar passageiros e carga entre o território do outro Estado contratante e o território de um terceiro Estado, no âmbito de um serviço aéreo destinado a ou proveniente do Estado de nacionalidade da aeronave.

O progresso decorrente da globalização mostra que existem ainda outras liberdades, além das enumeradas nesses acordos. Seriam elas: o direito de transportar passageiros e carga, entre o território de um terceiro Estado (ponto aquém) e o território do outro Estado contratante, com escala no território do Estado de nacionalidade da aeronave; o direito de transportar passageiros e carga entre o território do outro Estado contratante e o território de terceiro Estado, sem qualquer escala no território do Estado de nacionalidade da aeronave; o direito de transportar passageiros e carga entre dois pontos no território do outro Estado contratante, tratando-se, portanto, de direitos de cabotagem.

Além dos pontos acima listados, a Convenção de Chicago apresenta vários outros princípios importantes para a navegação aérea. Importante destacar que a Convenção se aplica apenas a aeronaves civis, conforme estabelece o artigo 3º:

"Aeronaves Civis e do Estado:

a) esta Convenção será aplicável unicamente a aeronaves civis, e não a aeronaves de propriedade do Governo;

b) São consideradas aeronaves de propriedade do governo aquelas usadas para serviços militares, alfandegários ou policiais;

c) nenhuma aeronave governamental pertencente a um Estado contratante poderá voar sobre o território de outro Estado, ou aterrissar no mesmo sem autorização outorgada por acordo especial ou de outro modo e de conformidade com as condições nele estipuladas;

d) os Estados contratantes, quando estabelecerem regulamentos para aeronaves governamentais, se comprometem a tomar em devida consideração a segurança da navegação das aeronaves civis".

Outro ponto de destaque se encontra no artigo 5º que trata da matéria de voos regulares, onde os Estados concordam em que, todas as aeronaves de outros Estados contratantes que não se dediquem a serviços aéreos internacionais regulares, tenham direito nos termos desta Convenção a voar e transitar sem fazer escala sobre seu território, e a fazer escalas para fins não comerciais sem necessidades de obter licença prévia, sujeitos, porém, ao direito do Estado sobre o qual o voo exigir aterrissagem. Os Estados reservam, no entanto, o direito, por razões de segurança da navegação aérea, de exigir que as aeronaves que desejam voar sobre regiões inacessíveis, ou que não contem com as facilidades adequadas para a navegação aérea, sigam rotas determinadas ou obtenham licenças especiais para esses voos.

Tais aeronaves, quando dedicadas ao transporte de passageiros, carga ou correio, remunerada ou fretada, em serviços internacionais, não regulamentarão também o privilégio, sujeito ao disposto no artigo 7º, de tomar ou descarregar passageiros, carga ou correio, tendo o Estado onde se faça o embarque ou desembarque o direito de impor os regulamentos, condições e restrições que considerarem necessários.

A Convenção, de acordo com o que prescreve o artigo 9º, também estabelece que existem algumas zonas proibidas onde os Estados, por razões militares ou de segurança pública, poderão limitar ou proibir de maneira uniforme que as aeronaves de outros Estados voem sobre certas zonas do seu território.

Todavia, não devem fazer distinção entre suas próprias aeronaves fazendo serviços internacionais regulares de transporte aéreo, e as aeronaves dos outros Estados contratantes que se dediquem a serviços idênticos.

Estas zonas proibidas terão uma extensão razoável e será situada de modo a não prejudicar de maneira inútil a navegação aérea. Os limites das zonas proibidas situadas no território de um Estado contratante e toda modificação a eles feita posteriormente deverão ser comunicados com a maior brevidade possível aos demais Estados contratantes e à Organização Internacional da Aviação Civil.

Do mesmo modo, os Estados se reservam também o direito, em circunstâncias excepcionais ou durante um período de emergência, ou ainda no interesse da segurança pública, de limitar ou proibir temporariamente os voos sobre a totalidade ou parte do seu território, contanto que estas restrições se apliquem às aeronaves de todos os demais Estados sem distinção de nacionalidade.

O Estado poderá ainda exigir de toda aeronave que penetre nas zonas acima mencionadas a aterrissagem logo que seja possível em algum aeroporto que designar no seu próprio território.

Para viabilizar um sistema que pudesse atender da melhor maneira os Estados signatários do mencionado documento internacional é que foi instituída uma série de medidas para facilitar a navegação aérea.

Assim, foram listadas, no capítulo IV da Convenção de Chicago, as seguintes medidas: simplificação de formalidades; normas alfandegárias e de imigração; aeronaves em perigo; investigação de acidentes; isenção de embargo, por reclamação de patentes; e auxílio à navegação aérea e sistemas uniformes.

No que tange à simplificação de formalidades, cada um dos Estados concorda em adotar todas as medidas possíveis, mediante regulamentos especiais ou de qualquer outro modo, para facilitar e fomentar a navegação de aeronaves entre os territórios dos Estados signatários e evitar todo atraso desnecessário às aeronaves, tripulações, passageiros e carga, especialmente no que se refere à aplicação das leis de imigração, quarentena, alfândega e despacho.

Quanto às normas alfandegárias e de imigração, entende-se que cada um dos Estados se compromete em adotar regulamentos de alfândega e de imigração que se apliquem à navegação aérea internacional. Em relação aos direitos de alfândega, a matéria vem expressa no artigo 24:

"a) As aeronaves em voo para o território de um Estado contratante, saindo deste ou atravessando seu território, serão admitidas temporariamente com isenção de direitos, ficando, no entanto, sujeitas aos regulamentos alfandegários do Estado. O combustível, óleos lubrificantes, peças sobressalentes, equipamento regular ou provisões normais a bordo das aeronaves de um Estado Contratante quando chegar no território de outro Estado Contratante, e que continuem a bordo por ocasião de saída da aeronave do território deste Estado, estarão isentos de direitos alfandegários, taxas de inspeção ou outros direitos ou impostos semelhantes nacionais ou locais. Esta isenção não será aplicável às quantidades ou artigos descarregados da aeronave senão em conformidade com os direitos de alfândega do Estado, que poderá exigir que permaneçam debaixo de vigilância da alfândega.

b) As peças sobressalentes e equipamentos importados no território de um Estado Contratante, para serem montados ou utilizados na aeronave de um outro Estado

Contratante, servindo a navegação aérea internacional, serão admitidos com isenção de direitos aduaneiros, sujeitos aos regulamentos do Estado interessado, que poderá exigir que permaneçam debaixo da vigilância e controle da Alfândega".

Ainda em relação às medidas para facilitar a navegação aérea, não se pode olvidar das aeronaves que se encontram em perigo, onde os Estados se comprometem a proporcionar todo auxílio possível às aeronaves que se achem em perigo em seu território e a permitir, sujeito ao controle de suas próprias autoridades, que os donos das aeronaves, ou as autoridades do Estado onde estejam registradas, prestem o auxílio que as circunstâncias exigirem.

No caso de ocorrência de aeronaves perdidas, os Estados envidarão esforços para que sejam localizadas, bem como no caso de acidentes o Estado onde o tiver ocorrido procederá a um inquérito sobre as circunstâncias que o provocou.

Os Estados se comprometem ainda a fomentar auxílio à navegação aérea e para alcançar esse objetivo devem estabelecer, em seus respectivos territórios, aeroportos, serviços de radiocomunicação, serviços de meteorologia e outras facilidades para a navegação aérea internacional; adotar e pôr em vigor os sistemas uniformes apropriados de comunicações, processo, código, distintivos, sinais, luzes e outras normas ou regulamentos que se recomendem ou se estabeleçam.

5. DOMÍNIO MARÍTIMO

5.1. Breve notícia histórica

Durante séculos, Roma dominou as terras ao redor do Mediterrâneo, palco do desenvolvimento das antigas civilizações, exercendo sobre os povos conquistados sua jurisdição[11]. Ao designar o Mediterrâneo como *Mare Nostrum*, o Império Romano demonstrava suas pretensões ao domínio marítimo quando, através de fiscalização, não permitia o uso indistinto do mar pelos povos conquistados com fundamento na segurança, primeiro da República e depois do Império. A preponderância romana impedia aos Estados conquistados o livre uso do mar[12]. Octaviano Martins[13] assevera que foi a "primeira normativa relativa ao domínio marítimo no Mediterrâneo, que refletia a vontade do Poder Militar romano".

---

[11] Para maior compreensão, *vide* GUERRA, Sidney; NEVES, Marcelo José; SOUZA, Milton. Proteção internacional do meio ambiente marinho: a contribuição do tribunal internacional sobre o direito do mar. *Cadernos de Dereito Actual*, n. 14, 2020. Disponível em: <http://www.cadernosdedereitoactual.es/ojs/index.php/cadernos/issue/view/14/showToc>.

[12] FIORATI, J. J. *A disciplina jurídica dos espaços marítimos na Convenção das Nações Unidas sobre o direito do mar de 1982 na jurisprudência internacional*. Rio de Janeiro: Renovar, 1999, p. 348.

[13] OCTAVIANO MARTINS, E. M. *Curso de direito marítimo*. 4. ed. Barueri: Manole, 2013. v. I: Teoria geral, p. 23.

De acordo com Fiorati[14], "na era das grandes navegações, com o comércio marítimo propiciando a prosperidade de diversas nações, a busca por uma rota alternativa à que passava por Constantinopla, atualmente Istambul, levaram Portugal e Espanha a navegar pelo Oceano Atlântico, quando descobriram o continente americano. O Tratado de Tordesilhas assinado entre esses países fez com que outras potências se sentissem incomodadas".

O Tratado de Tordesilhas criou um monopólio comercial entre os oceanos ao igualar o mar e a terra firme para efeitos de apropriação. Essa política gerou protestos por parte de Estados como a Holanda, a Inglaterra e a França, que instituíram as chamadas Cartas de Corso, permitindo a alguns navegadores a denominação de corsários, com autorização para conquistar, saquear e destruir navios, terras e portos portugueses e espanhóis.

Quando a Holanda, com sua maior companhia colonizadora, a Companhia das Índias Ocidentais, foi proibida de cruzar o Oceano Índico, tendo sido Hugo Grotius consultado a respeito. Grotius defendeu, em 1609, em *De Mare Liberum*, o princípio da liberdade dos mares, alegando que o mar era uma área internacional e todos os povos teriam o direito de utilizá-lo para o comércio, não devendo ser objeto de apropriação de nenhum Estado. Em sentido oposto, John Selden, em 1635, defendeu que o mar era, na prática, tão passível de apropriação quanto um território terrestre[15].

O dilema *mare liberum* x *mare clausum* foi solucionado somente no final do século XVII, predominando a liberdade dos mares defendida por Grotius. Os Estados passaram então a moderar as suas exigências sobre o domínio marítimo.

De acordo com Manuel Januário da Costa, a querela *mare liberum* x *mare clausum* marca o início do Direito Internacional Público do Mar. Nos séculos subsequentes, apesar do deslocamento das preocupações e das polêmicas para outros domínios, com relevo para o da delimitação das águas territoriais, pode-se afirmar que o assunto que continuou sempre a estar em pauta, de forma direta ou indireta, foi o direito de utilização de espaços marinhos pelos Estados[16].

Esses Estados passaram então a sustentar a tese de que a soberania de seu território se estenderia para o largo a partir de terra, surgindo então a regra do tiro de canhão. De formação costumeira, essa prática de delimitação deu origem às primeiras ideias de mar territorial, preservado pela capacidade de fogo das baterias de costa, cujo alcance à época atingia a distância de três milhas marítimas aproximadamente.

Em 1818, os Estados Unidos tornaram-se o primeiro país a adotar a distância de três milhas contadas a partir da linha da costa como seu mar territorial.

---

[14] FIORATI, J. J. *A disciplina jurídica dos espaços marítimos na Convenção das Nações Unidas sobre o direito do mar de 1982 na jurisprudência internacional.* Rio de Janeiro: Renovar, 1999, p. 348.

[15] OCTAVIANO MARTINS, E. M. *Curso de direito marítimo.* 4. ed. Barueri: Manole, 2013. v. I: Teoria geral.

[16] GOMES, M. J. C. *Direito marítimo:* acontecimentos de mar. 2. ed. Coimbra: Almedina, 2008. v. 4.

A Inglaterra, que era a grande potência marítima da época, decidiu não delimitar seu domínio exclusivo sobre três milhas de mar adjacente, no entanto, exercia, informalmente, fiscalização e vigilância sobre essa região. Com base econômica no comércio marítimo internacional, o mar territorial de três milhas não constituía um entrave à navegação e ao livre comércio do mar[17].

No decorrer do século XIX não houve registro de mudanças significativas sobre a regulação do uso do mar ou delimitação de fronteiras marítimas, e no início do século XX tem início o processo de codificação de normas sobre o uso do mar, com a realização da Conferência de Haia, em 1930, ainda sobre a vigência da Liga das Nações.

Em 1945 os Estados Unidos da América, por meio da Declaração Truman, afirmaram que o controle dos recursos da plataforma continental de seu país pertencia ao seu território. A Proclamação Truman considerava que a demanda em torno de petróleo e minerais, além do avanço tecnológico que permitia a futura exploração de recursos, gerava a necessidade da conservação desses recursos, o que deveria caber à jurisdição do Estado costeiro.

A partir desse instante, o movimento de territorialização dos mares costeiros sofreu grande impulso, e a sociedade internacional passou a pressionar a ONU para que regras sobre o uso do mar fossem criadas.

Em 1958, foi realizada, em Genebra, a Primeira Conferência das Nações Unidas sobre o Direito do Mar (CNUDM I). Dela surgiram alguns conceitos como o de mar territorial, alto-mar, zona contígua, dentre outros, cujas premissas se contrapunham ao pleno desejo de liberdade dos mares de alguns. De acordo com Beirão[18], foram poucos os avanços, mas sinalizaram às nações que era possível ir além na regulação do uso do mar.

A CNUDM I resultou na criação de quatro convenções internacionais, conhecidas como Convenções de Genebra sobre o Direito do Mar: Convenção sobre o Mar Territorial e Zona Contígua; Convenção sobre o Alto mar; Convenção sobre Pesca e Conservação de Recursos Biológicos e Convenção sobre a Plataforma Continental.

A existência de diversas propostas para a delimitação da largura do mar territorial e a inexistência de um consenso sobre essa matéria impossibilitaram a adoção de uma medida comum, o que resultou em dificuldade da aceitação das Convenções de Genebra por todos os membros.

Por outro lado, tantas divergências de propostas demonstraram que o modelo de mar territorial definido pela faixa de três milhas também não era mais um consenso, fato que abriu caminho para que os Estados passassem a adotar, unilateralmente, a

---

[17] FIORATI, J. J. *A disciplina jurídica dos espaços marítimos na Convenção das Nações Unidas sobre o direito do mar de 1982 na jurisprudência internacional.* Rio de Janeiro: Renovar, 1999.

[18] BEIRÃO, A. P. Duelo entre Netuno e Leviatã: a evolução da soberania sobre os mares. *Revista da Escola de Guerra Naval*, Rio de Janeiro, v. 21, n. 2, jul./dez. 2015.

extensão de seu mar territorial. O Brasil, por exemplo, passou a adotar um limite de duzentas milhas marítimas.

Outra Conferência foi realizada em 1960, também em Genebra, sem avanço nas discussões. Não houve aprovação de nenhum acordo, levando ao fracasso a Segunda Conferência das Nações Unidas sobre o Direito do Mar (CNUDM II).

Em 1967, durante discurso na ONU, o Embaixador de Malta, Arvid Pardo, chamou a atenção da Assembleia Geral para uma possível apropriação dos leitos marinhos situados em águas internacionais por parte de Estados tecnologicamente mais avançados[19]. Argumentou o Embaixador que os benefícios advindos da exploração dos recursos marinhos na Área deveriam favorecer a todos os Estados, quer costeiros, geograficamente desfavorecidos ou sem litoral.

As antigas discussões sobre a regulamentação do Direito do Mar e o debate mais recente acerca das regras de exploração dos recursos minerais nos fundos marinhos, sejam eles na plataforma continental ou na área de jurisdição internacional, são fortes indicativos da importância estratégica dessas riquezas.

Pardo afirmou que a quantidade e a importância dos recursos marinhos, bem como a condição de sua explorabilidade e o problema de sua utilização por Estados desenvolvidos e para fins militares mostravam que as Convenções Genebrinas não se adequavam à disciplina dos mares, propiciando então resultados inesperados nas relações internacionais[20].

O Embaixador maltês propôs a criação de uma nova estrutura jurídica para utilização dos recursos marinhos, surgindo daí a ideia de patrimônio comum da humanidade. Fruto dessa proposta, a Resolução n. 2.340 da ONU criou um Comitê encarregado de realizar estudos sobre a exploração econômica dos fundos oceânicos. O trabalho desse Comitê gerou, em 15 de dezembro de 1969, a Resolução n. 2.574 estabelecendo que até o surgimento de uma disciplina jurídica adequada, todos os Estados deveriam se abster de explorar quaisquer recursos na área que não estivessem sobre a jurisdição dos Estados-membros.

Em 17 de dezembro de 1970, foi elaborada a Resolução n. 2.750 da Assembleia Geral, convocando uma nova Conferência Internacional sobre Direito do Mar. A Terceira Conferência das Nações Unidas sobre Direito ao Mar tem seu início em 1973. Após nove anos de intensos debates, em 10 de dezembro de 1982, em Montego Bay, na Jamaica, foi aprovado o texto que teria por finalidade a regulação do uso do mar. Apesar de aprovada em 1982, só entrou em vigor em 16 de novembro de 1994, doze meses após o

---

[19] TRINDADE, A. G.; RIANI, R. S. R.; GRANZIERA, M. L. M.; OCTAVIANO MARTINS, E. M. A inserção de novos atores na construção de regimes internacionais: a Convenção de Montego Bay e a proteção do meio ambiente marinho. In: REI, F. C. F.; GRANZIERA, M. L. M. (Org.). *Anais do IV Congresso Internacional de Direito Ambiental Internacional*. São Paulo: Universitária Leopoldianum, 2016.

[20] FIORATI, J. J. *A disciplina jurídica dos espaços marítimos na Convenção das Nações Unidas sobre o direito do mar de 1982 na jurisprudência internacional*. Rio de Janeiro: Renovar, 1999.

depósito do sexagésimo instrumento de ratificação ou adesão. Atualmente, conta com a ratificação de 168 Estados.

A Convenção criou a visão atual do Direito do Mar, pois instituiu as premissas básicas a serem seguidas pelos Estados para uso do mar, definiu os espaços marítimos, normatizou os conceitos dos costumes internacionais e "codificou" os espaços marítimos e oceânicos, estabelecendo ainda todo um regramento jurídico para a proteção internacional do meio ambiente marinho.

5.2. A importância do domínio marítimo e sua regulação no sistema internacional

O estudo do domínio marítimo[21] tem se desenvolvido ao longo dos anos na medida em que ocorre o desenvolvimento do próprio direito internacional público[22]. Tulio Scovazzi acentua questões que acabam por impulsionar o domínio marítimo:

"Diversos problemas surgen de las nuevas utilizaciones de los espacios marítimos. Junto a las actividades habituales (navegación, pesca, defensa militar, protección aduanera) aparecen, con el progreso de la tecnología, nuevas actividades, como la investigación científica o el aprovechamiento minero (bien de los hodrocarburos de la plataforma continental, bien de los nódulos polimetálicos de los fondos abisales marinos). Se manifestan también nuevas preocupaciones, como la protección del medio ambiente marin frente a las diversas fuentes de la contaminación"[23].

Além desses fatores que impulsionam a matéria, não se pode deixar de dar especial relevo ao comércio internacional que indubitavelmente cresceu sobremaneira em

---

[21] ZANELLA, Tiago V. *Manual de direito do mar*. Belo Horizonte: Editora De Plácido, 2017, p. 33: "Existe alguma confusão em delimitar e definir os conceitos terminológicos de Direito do Mar, Direito Marítimo e Direito da Navegação. Muitas legislações, jurisprudência e até doutrinadores tratam destas matérias como se o mesmo significado tivesse, contudo não podemos proceder desta forma, pois existem distinções entre as terminologias. (...) Podemos definir o Direito Marítimo como o conjunto de regras e normas relacionadas à navegação, ao comércio marítimo e contratos mercantis, além de direitos e obrigações do armador, dos capitães e outros interessados nos serviços de navegação marítima. Já o Direito do Mar pode ser entendido como o direito dos espaços marítimos, os direitos e deveres de todos os Estados e da comunidade internacional, sobre o mar no seu conjunto e sobre atividades nele desenvolvidas".

[22] URBINA, Julio Jorge. *Controversias marítimas, intereses estatales y Derecho internacional*. Madrid: Editorial Dilex, 2016, p. 23: "La ordenación del medio marino ha sido una preocupación constante para los iusinternacionalistas – como lo demuestra la ya clásica discusión entre el *mare liberum* y el *mare clausum* – y ello en buena medida porque la acción de los Estados no sólo se ha proyectado sobre el espacio terrestre sometido a su soberanía, sino que desde los inicios de la sociedad internacional contemporánea éstos han buscado ejercer progresivamente sus competencias sobre distintos espacios marítimos, pues los mares y océanos no sólo son un vasto espacio natural, sino también un espacio económico y político, esto es, una fuente de poder y riqueza. Las desigualdades políticas, económicas, tecnológicas, militares o geográficas que caracterizan a la sociedad internacional contemporánea han tenido un impacto especial sobre las actividades marítimas que desarrollan los Estados y explican la persistencia de una disparidad de intereses, que hacen del Derecho del Mar un sector normativo potencialmente conflictivo, como nos pone de relieve casi a diario la práctica".

[23] SCOVAZZI, Tullio. *Elementos de derecho internacional del mar*. Madrid: Tecnos, 1995, p. 18.

decorrência da navegação marítima e muitas normas aplicadas ao direito do mar decorrem do costume internacional[24].

De fato, hodiernamente as normas que se apresentam de forma preponderante no domínio marítimo são concebidas pelo plano convencional, todavia no passado as regras aplicadas em relação à matéria eram de natureza consuetudinária.

Essa mudança (normas consuetudinárias para convencionais) acontece apenas no curso do século XX, em especial a partir do ano de 1958, quando da realização da Primeira Conferência Internacional das Nações Unidas sobre o Direito do Mar, que tratou do mar territorial, da plataforma continental, do alto-mar, da pesca e da conservação dos recursos vivos no mar.

Dois anos depois, em 1960, realizou-se a Segunda Conferência das Nações Unidas sobre o Direito do Mar com o propósito de abordar temas que ficaram fora da reunião anterior, como, por exemplo, a indicação da extensão do mar territorial.

O ano de 1973 inaugura um novo momento para o estudo do direito internacional público com a convocação da Terceira Conferência das Nações Unidas sobre o Direito do Mar que, ao final, foi produzida com a participação de 164 Estados, cuja votação contou com 130 votos a favor, 4 votos contrários (Estados Unidos da América, Israel, Turquia e Venezuela) e 17 abstenções. A assinatura do referido documento internacional ocorreu em 10 de dezembro de 1982, em Montego Bay, na Jamaica.

A Convenção das Nações Unidas sobre o Direito do Mar é um tratado multilateral celebrado sob os auspícios da ONU que define conceitos provenientes do direito internacional costumeiro, como mar territorial, zona econômica exclusiva, plataforma continental e outros, e ainda estabelece os princípios gerais da exploração dos recursos naturais do mar, como os recursos vivos, os do solo e os do subsolo. Sobre esta norma convencional Urbina enfatiza que representa um grande esforço para codificação e desenvolvimento do direito internacional pelas Nações Unidas:

"Hasta el punto de que se ha llegado a hablar de este texto como 'una constitución para los océanos'. Por vez primera la comunidad internacional, pese a su heterogeneidad

---

[24] Interessante a abordagem de RIDRUEJO, José Antonio Pastor. El Derecho internacional del mar y su evolución incesante. *La cooperación internacional en la ordenación de los mares y océanos*. LOSA, Jorge Puyeo; URBINA, Julio Jorge (coord.). Madrid: Iustel, 2009, p. 27 sobre a evolução do Direito do mar: "En la muy larga fase inicial del Derecho internacional – la que podemos situar entre los comienzos de la Edad Moderna en el siglo XVI y 1945 con la creación de las Naciones Unidas, y que es denominada comúnmente 'derecho internacional clásico' – los usos de los mares y océanos tuvieron que ver esencialmente con las comunicaciones y el comercio, los descubrimientos y los intereses militares y coloniales de los Estados. Eran estos, fundamentalmente, los intereses que había que proteger. Y la regulación jurídica de estos usos fue relativamente sencilla, porque partía de la distinción de sólo dos espacios marítimos: el mar territorial era uno; el alta mar o mar libre era otro. El mar tenía entonces una extensión muy reducida, justamente la del alcance de la artillería costera empleada para defensa del territorio, y en esa zona el Estado ribereño ejercía soberanía, aunque hay que señalar que con el correr del tiempo algunos Estados aumentaron levemente su extensión. El resto de los espacios marinos constituía la alta mar, y en él imperaba el principio de libertad".

y a las fuertes divisiones que se perciben en este ámbito, ha logrado elaborar un instrumento único que establece el régimen jurídico de todos los espacios marítimos y regula las diversas actividades humanas sobre el medio marino. Este carácter global resulta lógico si atendemos al hecho de que los mares y océanos constituyen un espacio geográfico único e indivisible, cuyos problemas están interrelacionados, pero, sobre todo, si tenemos en cuenta que los intereses en juego eran considerables y cruciales y los Estados deseaban verlos reflejados en la Convención de 1982"[25].

Não se pode olvidar que a Convenção sobre o Direito do Mar criou também a figura do Tribunal Internacional do Direito do Mar, que é competente para julgar as controvérsias relativas à interpretação e à aplicação do mencionado documento internacional.

De fato, a Convenção de Montego Bay é um documento denso e muito importante para o estudo do Direito Internacional Público constituído por um preâmbulo, dezessete partes, nove anexos e a ata final da Conferência.

Logo no preâmbulo do referido tratado internacional, os Estados manifestam o compromisso em solucionar os conflitos relacionados ao direito do mar num espírito de compreensão e cooperação mútua em prol da valorização da paz, da justiça e do progresso dos povos:

"Os Estados Partes nesta Convenção animados do desejo de solucionar, num espírito de compreensão e cooperação mútuas, todas as questões relativas ao direito do mar e conscientes do significado histórico desta Convenção como importante contribuição para a manutenção da paz, da justiça e do progresso de todos os povos do mundo; conscientes de que os problemas do espaço oceânico estão estreitamente inter-relacionados e devem ser considerados como um todo; reconhecendo a conveniência de estabelecer por meio desta Convenção, com a devida consideração pela soberania de todos os Estados, uma ordem jurídica para os mares e oceanos que facilite as comunicações internacionais e promova os usos pacíficos dos mares e oceanos, a utilização equitativa e eficiente dos seus recursos, a conservação dos recursos vivos e o estudo, a proteção e a preservação do meio marinho; tendo presente que a consecução destes objetivos contribuirá para o estabelecimento de uma ordem econômica internacional justa e equitativa que tenha em conta os interesses e as necessidades da humanidade, em geral, e, em particular, os interesses e as necessidades especiais dos países em desenvolvimento, quer costeiros, quer sem litoral; desejando desenvolver pela presente Convenção os princípios consagrados na Resolução n. 2749 (XXV), de 17 de dezembro de 1970, na qual a Assembleia Geral das Nações Unidas declarou solenemente, *inter alia*, que os fundos marinhos e oceânicos e o seu subsolo para além dos limites da jurisdição nacional, bem como os respectivos recursos, são patrimônio comum da humanidade e que a exploração e o aproveitamento dos mesmos fundos serão feitos em benefício da humanidade em geral, independentemente da situação geográfica

---

[25] URBINA, Julio Jorge. *Controversias marítimas, intereses estatales y derecho internacional*. Madrid: Editorial Dilex, 2016, p. 39.

dos Estados; convencidos de que a codificação e o desenvolvimento progressivo do direito do mar alcançados na presente Convenção contribuirão para o fortalecimento da paz, da segurança, da cooperação e das relações de amizade entre todas as nações, de conformidade com os princípios de justiça e igualdade de direitos, e promoverão o progresso econômico e social de todos os povos do mundo, de acordo com os propósitos e princípios das Nações Unidas, tais como enunciados na Carta; afirmando que as matérias não reguladas pela presente Convenção continuarão a ser regidas pelas normas e princípios do direito internacional geral; acordam o seguinte".

De fato, a Convenção sobre Direito do Mar procurou destacar assuntos que são de grande interesse dos Estados sendo um documento internacional que codifica diversas situações relativas à matéria em questão.

Disciplinou o mar territorial e a zona contígua; a passagem inofensiva pelo mar territorial; normas aplicáveis a navios mercantis e navios de Estado utilizados para fins comerciais; normas aplicáveis a navios de guerra e a outros navios de Estado utilizados para fins não comerciais; estreitos utilizados para a navegação internacional; Estados arquipélagos; zona econômica exclusiva; plataforma continental e alto-mar. Também criou três órgãos de solução de controvérsias para assegurar o cumprimento dos dispositivos: Autoridade Internacional dos Fundos Marinhos (ISBA), chamada também de Autoridade, Comissão dos Limites da Plataforma Continental (CLPC) e o Tribunal Internacional sobre o Direito do Mar (*International Tribunal for the Law of the Sea* – ITLOS).

5.3. Mar territorial

O mar territorial e a zona contígua formam a parte externa do domínio marítimo estatal. O mar territorial é formado pela zona marítima adjacente às águas interiores sobre o qual se exerce a soberania do Estado. O artigo 2º da Convenção de Montego Bay dispõe sobre a matéria:

"Regime jurídico do mar territorial, seu espaço aéreo sobrejacente, leito e subsolo.

1 – A soberania do Estado costeiro estende-se além do seu território e das suas águas interiores e, no caso de Estado arquipélago, das suas águas arquipelágicas, a uma zona de mar adjacente designada pelo nome de mar territorial.

2 – Esta soberania estende-se ao espaço aéreo sobrejacente ao mar territorial, bem como ao leito e ao subsolo deste mar.

3 – A soberania sobre o mar territorial é exercida de conformidade com a presente Convenção e as demais normas de direito internacional".

Com efeito, o mar territorial[26] compreende uma área que se apresenta entre o alto-mar e o domínio terrestre do Estado (terra firme) e justifica-se para viabilizar a segurança

---

[26] SCOVAZZI, Tullio. *Elementos de derecho internacional del mar*. Madrid: Tecnos, 1995, p. 24, afirma: "El mar territorial se mide a partir de una línea de base (denominada límite interior). Las aguas situadas dentro de la línea de base constituyen las aguas interiores, en las cuales la soberanía del Estado se desarrolla plenamente. La línea de

(direito de existência e conservação do Estado), atividades econômicas, pesca etc. Esse também é o entendimento de Dinh, Daillier e Pellet[27] ao afirmarem que o Estado costeiro exerce aí as competências exclusivas do ponto de vista econômico (pesca, exploração de recursos minerais) e em matéria de polícia (navegação, alfândega, saúde pública, proteção ao ambiente, segurança).

Nesse sentido, o mar territorial se integra ao território do Estado. Todavia, mesmo sendo reconhecido pela doutrina e pela prática internacional como sendo parte integrante de um Estado, o exercício desse direito também não é absoluto e a própria Convenção estabelece alguns limites para ele. A começar pela seção 3 do referido tratado internacional que apresenta regras para a passagem inofensiva pelo mar territorial. Os artigos 17 a 26 regulam a matéria, como se vê:

"Artigo 17 – Direito de passagem inofensiva

Salvo disposição em contrário da presente Convenção, os navios de qualquer Estado, costeiro ou sem litoral, gozarão do direito de passagem inofensiva pelo mar territorial.

Artigo 18 – Significado de passagem

1 – Passagem significa a navegação pelo mar territorial com o fim de:

a) Atravessar esse mar sem penetrar nas águas interiores nem fazer escala num ancoradouro ou instalação portuária situada fora das águas interiores;

b) Dirigir-se para as águas interiores ou delas sair ou fazer escala num desses ancoradouros ou instalações portuárias.

2 – A passagem deverá ser contínua e rápida. No entanto, a passagem compreende o parar e o fundear, mas apenas na medida em que os mesmos constituam incidentes comuns de navegação ou sejam impostos por motivos de força maior ou por dificuldade grave ou tenham por fim prestar auxílio a pessoas, navios ou aeronaves em perigo ou em dificuldade grave.

Artigo 19 – Significado de passagem inofensiva

1 – A passagem é inofensiva desde que não seja prejudicial à paz, à boa ordem ou à segurança do Estado costeiro. A passagem deve efetuar-se de conformidade com a presente Convenção e demais normas de direito internacional.

2 – A passagem de um navio estrangeiro será considerada prejudicial à paz, à boa ordem ou à segurança do Estado costeiro, se esse navio realizar, no mar territorial, alguma das seguintes atividades:

a) Qualquer ameaça ou uso da força contra a soberania, a integridade territorial ou a independência política do Estado costeiro ou qualquer outra ação em violação dos princípios de direito internacional enunciados na Carta das Nações Unidas;

---

base normal es la línea de bajamar, tal y como se indica en las cartas marinas a gran escala reconocidas oficialmente por el Estado ribereño".

[27] DINH, Nguyen Quoc; DAILLIER, Patrick; PELLET, Alain. *Direito internacional público*. 2. ed. Lisboa: Fundação Calouste Gulbenkian, 2003, p. 1183.

b) Qualquer exercício ou manobra com armas de qualquer tipo;

c) Qualquer ato destinado a obter informações em prejuízo da defesa ou da segurança do Estado costeiro;

d) Qualquer ato de propaganda destinado a atentar contra a defesa ou a segurança do Estado costeiro;

e) O lançamento, pouso ou recebimento a bordo de qualquer aeronave;

f) O lançamento, pouso ou recebimento a bordo de qualquer dispositivo militar;

g) O embarque ou desembarque de qualquer produto, moeda ou pessoa com violação das leis e regulamentos aduaneiros, fiscais, de imigração ou sanitários do Estado costeiro;

h) Qualquer ato intencional e grave de poluição contrário à presente Convenção;

i) Qualquer atividade de pesca;

j) A realização de atividades de investigação ou de levantamentos hidrográficos;

k) Qualquer ato destinado a perturbar quaisquer sistemas de comunicação ou quaisquer outros serviços ou instalações do Estado costeiro;

l) Qualquer outra atividade que não esteja diretamente relacionada com a passagem.

Artigo 20 – Submarinos e outros veículos submersíveis

No mar territorial, os submarinos e quaisquer outros veículos submersíveis devem navegar à superfície e arvorar a sua bandeira.

Artigo 21 – Leis e regulamentos do Estado costeiro relativos à passagem inofensiva

1 – O Estado costeiro pode adotar leis e regulamentos, de conformidade com as disposições da presente Convenção e demais normas de direito internacional, relativos à passagem inofensiva pelo mar territorial sobre todas ou alguma das seguintes matérias:

a) Segurança da navegação e regulamentação do tráfego marítimo;

b) Proteção das instalações e dos sistemas de auxílio à navegação e de outros serviços ou instalações;

c) Proteção de cabos e dutos;

d) Conservação dos recursos vivos do mar;

e) Prevenção de infrações às leis e regulamentos sobre pesca do Estado costeiro;

f) Preservação do meio ambiente do Estado costeiro e prevenção, redução e controle da sua poluição;

g) Investigação científica marinha e levantamentos hidrográficos;

h) Prevenção das infrações às leis e regulamentos aduaneiros, fiscais, de imigração ou sanitários do Estado costeiro.

2 – Tais leis e regulamentos não serão aplicados ao projeto, construção, tripulação ou equipamentos de navios estrangeiros, a não ser que se destinem a aplicação de regras ou normas internacionais geralmente aceitas.

3 – O Estado costeiro dará a devida publicidade a todas estas leis e regulamentos.

4 – Os navios estrangeiros que exerçam o direito de passagem inofensiva pelo mar territorial deverão observar todas essas leis e regulamentos, bem como todas as normas internacionais geralmente aceitas relacionadas com a prevenção de abalroamentos no mar.

Artigo 22 – Rotas marítimas e sistemas de separação de tráfego no mar territorial

1 – O Estado costeiro pode, quando for necessário à segurança da navegação, exigir que os navios estrangeiros que exerçam o direito de passagem inofensiva pelo seu mar territorial utilizem as rotas marítimas e os sistemas de separação de tráfego que esse Estado tenha designado ou prescrito para a regulação da passagem de navios.

2 – Em particular, pode ser exigido que os navios-tanques, os navios de propulsão nuclear e outros navios que transportem substâncias ou materiais radioativos ou outros produtos intrinsecamente perigosos ou nocivos utilizem unicamente essas rotas marítimas.

3 – Ao designar as rotas marítimas e ao prescrever sistemas de separação de tráfego, nos termos do presente artigo, o Estado costeiro terá em conta:

a) As recomendações da organização internacional competente;

b) Quaisquer canais que se utilizem habitualmente para a navegação internacional;

c) As características especiais de determinados navios e canais; e

d) A densidade de tráfego.

4 – O Estado costeiro indicará claramente tais rotas marítimas e sistemas de separação de tráfego em cartas marítimas a que dará a devida publicidade.

Artigo 23 – Navios estrangeiros de propulsão nuclear e navios transportando substâncias radioativas ou outras substâncias intrinsecamente perigosas ou nocivas.

Ao exercer o direito de passagem inofensiva pelo mar territorial, os navios estrangeiros de propulsão nuclear e os navios transportando substâncias radioativas ou outras substâncias intrinsecamente perigosas ou nocivas devem ter a bordo os documentos e observar as medidas especiais de precaução estabelecidas para esses navios nos acordos internacionais.

Artigo 24 – Deveres do Estado costeiro

1 – O Estado costeiro não deve pôr dificuldades à passagem inofensiva de navios estrangeiros pelo mar territorial, a não ser de conformidade com a presente Convenção. Em especial, na aplicação da presente Convenção ou de quaisquer leis e regulamentos adotados de conformidade com a presente Convenção, o Estado costeiro não deve:

a) Impor aos navios estrangeiros obrigações que tenham na prática o efeito de negar ou dificultar o direito de passagem inofensiva; ou

b) Fazer discriminação de direito ou de fato contra navios de determinado Estado ou contra navios que transportem cargas provenientes de determinado Estado ou a ele destinadas ou por conta de determinado Estado.

2 – O Estado costeiro dará a devida publicidade a qualquer perigo de que tenha conhecimento e que ameace a navegação no seu mar territorial.

Artigo 25 – Direitos de proteção do Estado costeiro

1 – O Estado costeiro pode tomar, no seu mar territorial, as medidas necessárias para impedir toda a passagem que não seja inofensiva.

2 – No caso de navios que se dirijam a águas interiores ou a escala numa instalação portuária situada fora das águas interiores, o Estado costeiro tem igualmente o direito de adotar as medidas necessárias para impedir qualquer violação das condições a que está sujeita a admissão desse navio nessas águas interiores ou nessa instalação portuária.

3 – O Estado costeiro pode, sem fazer discriminação de direito ou de fato entre navios estrangeiros, suspender temporariamente em determinadas áreas do seu mar territorial o exercício do direito de passagem inofensiva dos navios estrangeiros, se esta medida for indispensável para proteger a sua segurança, entre outras, para lhe permitir proceder a exercícios com armas. Tal suspensão só produzirá efeito depois de ter sido devidamente tornada pública.

Artigo 26 – Taxas que podem ser impostas a navios estrangeiros

1 – Não podem ser impostas taxas a navios estrangeiros só com fundamento na sua passagem pelo mar territorial.

2 – Não podem ser impostas taxas a um navio estrangeiro que passe pelo mar territorial a não ser como remuneração de determinados serviços prestados a esse navio. Estas taxas devem ser impostas sem discriminação".

Como visto, de acordo com a Convenção de 1982, são reconhecidas várias competências para o Estado no mar territorial, mas deve também ser observado o direito de passagem.

Impende assinalar que essa passagem deve ser rápida e contínua, todavia a paragem e a ancoragem constituem direitos para o navio em passagem na condição de incidentes ordinários de navegação, ou por força maior, desastre ou socorro.

Outro ponto importante em relação ao mar territorial corresponde ao limite fixado pela Convenção de Montego Bay, de 1982. O artigo 3º estabeleceu que a largura do mar territorial de um Estado não pode exceder a 12 milhas.

Essa medida tem produzido grande confusão para os estudiosos do Direito Internacional no Brasil, que comumente apontam a extensão do mar territorial brasileiro em 200 milhas, sendo inclusive objeto de várias questões em concursos públicos.

O Brasil adotava no passado, em razão do Decreto-Lei n. 1.098/70 a medida de 200 milhas marítimas para o mar territorial. Como o estado brasileiro é signatário da Convenção sobre o Direito do Mar, acabou por revogar a mencionada espécie normativa e editou a Lei n. 8.617/93 que estabeleceu o mar territorial com 12 milhas marítimas.

5.4. Zona contígua

A ideia de se criar uma zona contígua se formou ao longo dos séculos, principalmente por interesses econômicos.

Há autores[28] que apontam sua origem à Inglaterra do século XVIII que permitia, como exceção à liberdade do alto-mar, que os navios do país exercessem um controle aduaneiro sobre os navios suspeitos que estivessem navegando fora das águas territoriais da Inglaterra. Nesse sentido, as palavras de Scovazzi:

"La zona contigua encuentra un antecedente lejano en las denominadas *Hoverings Acts* de Gran Bretaña que, desde 1736 a 1853, pretendió ejercer un control fiscal y aduanero sobre los buques que se dirigían a sus puertos nacionales, dentro de la distancia de 12 m.m. medidas desde la costa. Pretensiones similares fueron avanzadas por los Estados Unidos durante los años del prohibicionismo, para reprimir el comercio de bebidas alcohólicas a bordo de los busques"[29].

Mas, a primeira vez que se discutiu a zona contígua[30] no plano internacional foi numa Conferência em Haia, em 1930, regulamentada posteriormente na Conferência de Genebra, de 1958, que concluiu por uma Convenção sobre mar territorial e zona contígua. À época ficaram evidentes muitas diferenças entre o mar territorial e a zona contígua, como, por exemplo, o fato de a zona contígua fazer parte do alto-mar, ao passo que o mar territorial faz parte do território do Estado; na zona contígua o Estado tem direitos limitados enquanto no mar territorial a competência do Estado é plena.

O quadro acima indicado foi modificado com a Convenção de 1982 que definiu os contornos da faixa existente entre o mar territorial e o alto-mar, a zona econômica exclusiva, ao estabelecer no artigo 33 suas finalidades e tamanho:

"Artigo 33 – Zona contígua

1 – Numa zona contígua ao seu mar territorial, denominada zona contígua, o Estado costeiro pode tomar as medidas de fiscalização necessárias a:

a) Evitar as infrações às leis e regulamentos aduaneiros, fiscais, de imigração ou sanitários no seu território ou no seu mar territorial;

b) Reprimir as infrações às leis e regulamentos no seu território ou no seu mar territorial.

2 – A zona contígua não pode estender-se além de 24 milhas marítimas, contadas a partir das linhas de base que servem para medir a largura do mar territorial".

5.5. Zona econômica exclusiva

A zona econômica exclusiva foi inserida na Convenção sobre o Direito do Mar, de 1982, para atender aos anseios dos Estados costeiros em razão de lhes conferir

---

[28] DINH, Nguyen Quoc; DAILLIER, Patrick; PELLET, Alain. *Direito internacional público*. 2. ed. Lisboa: Fundação Calouste Gulbenkian, 2003, p. 1197.

[29] SCOVAZZI, Tullio. *Elementos de derecho internacional del mar*. Madrid: Tecnos, 1995, p. 28.

[30] ZANELLA, Tiago V. *Manual de direito do mar*. Belo Horizonte: De Plácido, 2017, p. 213: "Espaço marítimo facultativo destinado à segurança do Estado costeiro e imbuído de determinadas faculdades de fiscalização e repressão de atos que violem alguns de seus direitos internos".

uma série de direitos em matéria econômica sobre espaços marítimos adjacentes ao mar territorial.

Há quem afirme[31] que o conceito de zona econômica exclusiva é extraído de uma política nacional e internacional bastante confusa e que foi imposto, enquanto compromisso, como substituto da ideia de mar territorial alargado a 200 milhas, ideia que era rechaçada pelas grandes potências marítimas.

A zona econômica exclusiva é uma zona situada além do mar territorial e a este adjacente, sujeita ao regime jurídico específico, segundo o qual os direitos e a jurisdição do Estado costeiro e os direitos e liberdades dos demais Estados são regidos pelas disposições pertinentes da Convenção de 1982.

Sobre este ponto, Scovazzi apresenta a seguinte ideia:

"En abstracto, se puede concluir que, en la zona económica exclusiva, todas las actividades concernientes a la utilización de los recursos retornan a las competencias del Estado ribereño, mientras que todas las actividades relativas a las comunicaciones internacionales permanecen comprendidas entre los derechos de los terceros Estados. En concreto, sin embargo, bastante difícil clasificar alguna actividad específica no expresamente mencionada en el CNUDM (denominadas 'actividades residuales')"[32].

Em razão do reconhecimento da zona econômica exclusiva o Estado costeiro poderá realizar vários direitos de soberania, tais como:

a) direitos de soberania para fins de exploração e aproveitamento, conservação e gestão dos recursos naturais, vivos ou não vivos, das águas sobrejacentes ao leito do mar, do leito do mar e seu subsolo e no que se refere a outras atividades com vista à exploração e aproveitamento da zona para fins econômicos, como a produção de energia a partir da água, das correntes e dos ventos;

b) jurisdição no que se refere a colocação e utilização de ilhas artificiais, instalações e estruturas; investigação científica marinha; proteção e preservação do meio marinho;

c) outros direitos e deveres previstos na Convenção.

Também no exercício dos seus direitos e no cumprimento dos deveres na zona econômica exclusiva o Estado costeiro terá em devida conta os direitos e deveres dos outros Estados e agirá de forma compatível com as disposições da Convenção, bem como os direitos referentes ao leito do mar e ao seu subsolo devem ser exercidos de conformidade com a parte VI da Convenção.

Quanto aos direitos de terceiros Estados, a Convenção de 1982 estabelece no artigo 58 importantes pressupostos ao garantir também para os Estados sem litoral direitos de navegação, de sobrevoo e de colocação de cabos, bem como de outros usos do mar internacionalmente lícitos, relacionados com as referidas liberdades, tais como os ligados

---

[31] DINH, Nguyen Quoc; DAILLIER, Patrick; PELLET, Alain. *Direito internacional público*. 2. ed. Lisboa: Fundação Calouste Gulbenkian, 2003, p. 1199.

[32] SCOVAZZI, Tullio. *Elementos de derecho internacional del mar*. Madrid: Tecnos, 1995, p. 29.

à operação de navios, aeronaves, cabos e dutos submarinos e compatíveis com as demais disposições da Convenção.

Outro ponto que merece destaque corresponde à largura da zona econômica exclusiva que não se estenderá além de 200 milhas marítimas das linhas de base a partir das quais se mede a largura do mar territorial.

5.6. Plataforma continental

A expressão "plataforma continental" designa a plataforma que guarnece os continentes sob o mar, inclinando-se em suave declive e detendo-se no local onde a água que a cobre alcança uma profundidade de 200 metros em média. Também é identificada como "entrada continental" ou "base continental"[33].

A plataforma continental[34] pode ter centenas de quilômetros de largura, como no caso das Guianas, e em outros casos não cobrir mais do que um quilômetro ou mesmo não existir, a exemplo da costa ocidental da Córsega, costa dos Alpes, costas andinas.

Todavia, a ausência total de plataforma continental é um fenômeno raro, sendo importante sublinhar que existem também plataformas insulares. Onde o mar não é profundo seu leito constitui uma plataforma continental contínua que une entre si todas as ilhas e as terras continentais de uma mesma região e o termo indica a ideia de uma superfície plana e unida[35].

A Convenção sobre o Direito do Mar de 1982 apresenta em seu artigo 76 o conceito para plataforma continental:

"A plataforma continental de um Estado costeiro compreende o leito e o subsolo das áreas submarinas que se estendem além do seu mar territorial, em toda a extensão do prolongamento natural do seu território terrestre, até ao bordo exterior da margem continental ou até uma distância de 200 milhas marítimas das linhas de base a partir das quais se mede a largura do mar territorial, nos casos em que o bordo exterior da margem continental não atinja essa distância".

Evidencia-se, pois, que a plataforma continental é uma área que se inicia no litoral do Estado, onde termina a terra firme, e segue até a distância da costa onde ocorre uma grande inclinação até chegar no alto-mar.

---

[33] DINH, Nguyen Quoc; DAILLIER, Patrick; PELLET, Alain. *Direito internacional público*. 2. ed. Lisboa: Fundação Calouste Gulbenkian, 2003, p. 1207.

[34] Sobre a plataforma continental, ZANELLA, Tiago V. *Manual de direito do mar*. Belo Horizonte: De Plácido, 2017, p. 289, assinala que: "O espaço terrestre não está diametralmente assentado sobre fundos marítimos de modo abrupto, mas sobre uma plataforma, como regra, de ligeira inclinação. Neste viés, o território de um Estado normalmente se prolonga mar adentro e não desaparece de imediato com os oceanos. Esse prolongamento natural, cuja profundidade varia de 130 a 200 metros em média, se denomina Plataforma Continental. Após este, tem-se início o talude continental que pode ser entendido como uma zona de declive abrupto que leva às grandes profundidades da região abissal".

[35] Nesse sentido, *vide* DINH, Nguyen Quoc; DAILLIER, Patrick; PELLET, Alain. *Direito internacional público*. 2. ed. Lisboa: Fundação Calouste Gulbenkian, 2003, p. 1207.

Nesse espaço, segundo Neves e Otaviano, a soberania do Estado é reconhecida para fins de exploração de recursos naturais, vivos ou não vivos, nela existentes. Os direitos são exclusivos e se o Estado costeiro não explorar os recursos de sua plataforma continental, nenhum outro Estado pode empreender tais atividades sem seu expresso consentimento[36].

A plataforma continental se apresenta para o Estado como um fenômeno geográfico, mas também desperta grande interesse econômico. Isso porque a superfície da plataforma é rica em muitos recursos animais e vegetais. Sobre essa matéria, a contribuição de Brownlie:

"Grande parte do leito do mar consiste em grandes fundos oceânicos (a planície abissal), que se encontram a muitos milhares de metros de profundidade. Em muitas partes do mundo, os grandes fundos oceânicos estão separados da costa das massas terrestres por um terraço ou plataforma, o qual, em termos geológicos, constitui uma parte do próprio continente coberto pelas águas relativamente pouco profundas da margem continental. A largura da plataforma varia mais ou menos entre uma e algumas centenas de milhas, variando a sua profundidade entre 50 e 550 metros. A configuração do leito do mar possui determinadas características comuns. O aumento da profundidade é gradual até a orla ou fratura da plataforma ser atingida, podendo existir então um declive íngreme até os fundos oceânicos. A profundidade média da orla varia entre 130 a 200 metros. A relativamente íngreme inclinação do talude continental dá lugar, com frequência, a uma extensa camada de sedimentos que disfarça a fronteira entre os fundos oceânicos e o suporte da massa continental, a que é chamado de sopé continental. A plataforma continental possui depósitos consideráveis de petróleo e gás em várias áreas e o próprio leito do mar proporciona recursos de pesca sedentária"[37].

Com efeito, a margem continental compreende o prolongamento submerso da massa terrestre do Estado costeiro e é constituída pelo leito e subsolo da plataforma continental, pelo talude e pela elevação continentais. Não compreende nem os grandes fundos oceânicos, com as suas cristas oceânicas, nem o seu subsolo.

A Convenção de Montego Bay também procurou compensar alguns inconvenientes de Estados costeiros que não possuam a plataforma continental (no sentido geográfico do termo) ou limitar, de certo modo, vantagens excessivas que eventualmente venham a ocorrer e indica que o Estado costeiro deve estabelecer o bordo exterior da margem continental, quando essa margem se estender além das 200 milhas marítimas das linhas de base, a partir das quais se mede a largura do mar territorial, por meio de uma linha traçada de conformidade com o n. 7, com referência aos pontos fixos mais exteriores em

---

[36] NEVES, Marcelo; OTAVIANO, Eliane. A elevação do Rio Grande e a Importância estratégica do Brasil no Atlântico Sul, in MARTINS, Eliane O.; OLIVEIRA, Paulo Henrique. *Direito marítimo, portuário e aduaneiro*. Belo Horizonte, Arraes, 2019, p. 331

[37] BROWNLIE, Ian. *Princípios de direito internacional público*. Lisboa: Fundação Calouste Gulbenkian, 1997, p. 230.

cada um dos quais a espessura das rochas sedimentares seja pelo menos 1% da distância mais curta entre esse ponto e o pé do talude continental; ou uma linha traçada de conformidade com o n. 7, com referência a pontos fixos situados a não mais de 60 milhas marítimas do pé do talude continental. Salvo prova em contrário, o pé do talude continental deve ser determinado como o ponto de variação máxima do gradiente na sua base.

A Convenção complementa a ideia ao consagrar que os pontos fixos que constituem a linha dos limites exteriores da plataforma continental no leito do mar devem estar situados a uma distância que não exceda 350 milhas marítimas da linha de base a partir da qual se mede a largura do mar territorial ou uma distância que não exceda 100 milhas marítimas de isóbata de 2.500m, que é uma linha que une profundidades de 2.500m. E ainda, no caso das cristas submarinas, o limite exterior da plataforma continental não deve exceder 350 milhas marítimas das linhas de base a partir das quais se mede a largura do mar territorial, sendo que o presente número não se aplica a elevações submarinas que sejam componentes naturais da margem continental, tais como os seus planaltos, elevações continentais, topes, bancos e esporões.

Em síntese apertada, verifica-se que a plataforma do Estado costeiro compreende o leito e o subsolo das áreas submarinas (continentais ou insulares) além do seu mar territorial até, em princípio, uma distância de 200 milhas marítimas. A Convenção admite, porém, uma extensão maior (até ou além de 350 milhas marítimas).

Impende ainda assinalar que a Convenção estabeleceu vários direitos do Estado costeiro sobre a plataforma continental. São eles: direitos de soberania sobre a plataforma continental para efeitos de exploração e aproveitamento dos seus recursos naturais; direitos relativos aos recursos naturais, sejam eles minerais e outros recursos não vivos do leito do mar e subsolo, bem como os organismos vivos pertencentes a espécies sedentárias, isto é, aquelas que no período de captura estão imóveis no leito do mar ou no seu subsolo ou só podem mover-se em constante contato físico com esse leito ou subsolo. Poderão ainda colocar cabos e dutos submarinos na plataforma continental. Todavia, os direitos do Estado costeiro sobre a plataforma continental não podem afetar o regime jurídico das águas sobrejacentes do espaço aéreo acima dessas águas, bem como não deve afetar a navegação ou outros direitos e liberdades dos demais Estados previstos na Convenção.

5.7. Fundo marinho

A matéria, antes mesmo de ser discutida na Conferência de Montego Bay, de 1982, foi apresentada às Nações Unidas em Assembleia Geral realizada no ano de 1967[38].

---

[38] Sobre essa matéria, IGLESIAS, María Teresa Ponte no artigo intitulado La prospección y *explotación de la zona internacional de los fondos marinos y oceánicos de una manera ambientalmente responsable. Aportes de la primera opinión consultiva de la Sala de Controversias de Fondos Marinos. In: URBINA, Julio Jorge; IGLESIAS, María Teresa Ponte. Protección de intereses colectivos en el derecho del mar y cooperación internacional.* Madrid: Iustel, 2012, p. 63, esclarece com maiores detalhes a assertiva: "El 17 de agosto de 1967, la delegación de Malta ante las Naciones Unidas solicitó la inclusión, en el programa provisional de la XXIII sesión de la Asamblea General, del

Naquela oportunidade foi ressaltada a importância do fundo marinho para a humanidade e os perigos que seriam produzidos se houvesse uma busca desmedida aos recursos existentes naquele espaço.

Assim sendo, foi proposta uma resolução declarando que o fundo do mar e o subsolo deveriam constituir patrimônio comum da humanidade e, ainda, o compromisso de que os Estados deveriam abster de reivindicações sobre o uso e exploração das referidas áreas.

No ano de 1970, pela Resolução n. 2.749, adotada por 108 votos a favor e 14 abstenções (não houve nenhum voto contrário) foi adotada a Declaração de Princípios que Regulam Fundos Marinhos e Oceânicos e seu Subsolo fora dos Limites da Jurisdição Nacional.

Na oportunidade, a Declaração estabeleceu que os fundos marinhos e oceânicos e seu subsolo fora dos limites da jurisdição nacional (que passou também a ser denominado zona), assim como os recursos ali existentes, seriam patrimônio comum da humanidade.

Também afirmou que a zona não estaria sujeita à apropriação, de forma alguma, por Estados, tampouco por pessoas (físicas ou jurídicas), e que não haveria reivindicação nem o exercício de direitos soberanos na referida zona. Entendeu-se que a zona deveria estar aberta apenas para fins pacíficos para todos os Estados e ocorrendo a exploração da mesma deveria carrear benefícios para toda a humanidade, independentemente de localização geográfica dos Estados envolvidos.

Com esse espírito que precedeu a Convenção de 1982, os Estados reconheceram a condição de patrimônio comum da humanidade para os fundos marinhos, também denominados zona pelo referido documento internacional. A matéria foi assim consignada:

"A área e seus recursos são considerados patrimônio comum da humanidade e nenhum Estado pode reivindicar ou exercer soberania ou direitos de soberania sobre qualquer parte da área ou seus recursos; nenhum Estado, pessoa jurídica ou física pode apropriar-se de qualquer parte da área ou dos seus recursos. Também não serão reconhecidos tal reivindicação ou exercício de soberania ou direitos de soberania nem tal apropriação.

Todos os direitos sobre os recursos da área pertencem à humanidade sendo esses recursos inalienáveis. Todavia, os minerais extraídos da área só poderão ser alienados de conformidade com a presente parte e com as normas e regulamentos que norteiam a Convenção. Por consequência, nenhum Estado ou pessoa física ou jurídica poderá reivindicar, adquirir ou exercer direitos relativos aos minerais extraídos da área".

Esse entendimento (patrimônio comum da humanidade) tem produzido algumas controvérsias no plano internacional, assinalando-se, por oportuno, as palavras de Scovazzi:

---

tema titulado 'Declaración y tratados relativos a la utilización exclusiva con fines pacíficos de los fondos marinos y oceánicos más allá de los límites de las jurisdicciones nacionales actuales y a la explotación de sus recursos en interés de la humanidad'. Tres meses después, el embajador de Malta – Sr. Arvid Prado – presentó una propuesta en la que postula un *régimen internacional* en virtud del que los fondos marinos y oceánicos y su subsuelo más allá de la jurisdicción nacional, así como sus recursos son considerados *patrimonio común de la humanidad*".

"El régimen previsto por el CNDUM a propósito de la explotación de los fondos marinos existentes más allá de la jurisdicción nacional há representado en los últimos años el principal punto de desacuerdo en materia de derecho del mar. La imposibilidad de conciliar las posturas demasiado divergentes provocó que el texto del CNDUM fuera adoptado no por consenso, sino por mayoría, esto es, con un procedimiento que denota la existencia de disposiciones escasamente aceptables por parte de un número minoritario, aunque muy significativo de Estados"[39].

A Convenção estabelece que a investigação científica marinha na área deve ser realizada exclusivamente com fins pacíficos e em benefício da humanidade, e que os Estados podem promover investigação científica marinha na área. Para tanto, os Estados devem promover a cooperação internacional no campo da investigação científica marinha na área participando em programas internacionais e incentivando a cooperação no campo da investigação científica marinha pelo pessoal de diferentes países e da Autoridade[40]; assegurando que os programas sejam elaborados, por intermédio da Autoridade ou de outras organizações internacionais, conforme o caso, em benefício dos Estados em desenvolvimento e dos Estados tecnologicamente menos desenvolvidos, com vistas a: a) fortalecer a sua capacidade de investigação; b) formar o seu pessoal e o pessoal da Autoridade nas técnicas a aplicações de investigação; c) favorecer o emprego do seu pessoal qualificado na investigação na área; e d) difundir os resultados de investigação e análises, quando disponíveis, por intermédio da Autoridade ou de outros canais internacionais, quando apropriado.

5.8. Alto-mar

O interesse pelo alto-mar ganha impulso a partir das grandes navegações em razão das pretensões lançadas pelos Estados que realizavam as grandes expedições.

A partir do século XVI, inicia-se a busca do exercício de uma soberania estatal exclusiva sobre o alto-mar, sendo veementemente rechaçado pelos Estados que ainda não realizavam essas atividades.

---

[39] Nesse sentido SCOVAZZI, Tullio. *Elementos de derecho internacional del mar.* Madrid: Tecnos, 1995, p. 69.

[40] IGLESIAS, María Teresa Ponte. La prospección y explotación de la zona internacional de los fondos marinos y oceánicos de una manera ambientalmente responsable. Aportes de la primera opinión consultiva de la Sala de Controversias de Fondos Marinos. In: URBINA, Julio Jorge; IGLESIAS, María Teresa Ponte. *Protección de intereses colectivos en el derecho del mar y cooperación internacional.* Madrid: Iustel, 2012, p. 67, destaca que "una de las piezas claves más importantes del régimen internacional de los fondos marinos es el establecimiento de la *Autoridad* por conducto de la cual, de conformidad con la parte XI de la Convención y el Acuerdo de aplicación, los Estados Parte en la Convención organizan y controlan las actividades en la Zona en particular con miras a administración de sus recursos en nombre y en beneficio de la humanidad. La Autoridad nación en noviembre de 1994, al entrar en vigor la Convención y desde entonces funciona como una Organización internacional autónoma".

Contrapondo-se à ideia da soberania em alto-mar é que se lança, no século XVII, à ideia o princípio inverso que corresponde à liberdade do mar. Interessante destacar a mudança que se deu nesse processo:

"Inicialmente favorável à liberdade dos mares, contra as pretensões hegemônicas da Espanha e Portugal baseadas na bula do Papa Alexandre VI de 1493, a Inglaterra mudou de atitude quando acreditou estar em condições de assegurar o controle exclusivo das pescas no Mar do Norte, e Jaime I chegou a pretender proibir o seu acesso aos estrangeiros por uma proclamação de 6 de maio de 1609.

Para se opor a esta pretensão, o governo holandês publicou o capítulo 12 de um parecer redigido por Grotius a pedido da Companhia das Índias: (Do direito da captura). Nesse capítulo intitulado "O mar livre", Grotius invocava argumentos extraídos da natureza do mar (mobilidade, fluidez, impossibilidade de fixação, caráter inesgotável dos seus recursos) e o Direito natural: "o direito ao comércio livre internacional é um direito fundamental dos Estados e os mares são os meios naturais a serviço deste direito; pode--se neles navegar em todas as direções porque os ventos sopram tanto de um lado como do outro; a liberdade dos mares é assim o complemento necessário da liberdade do comércio, das comunicações e das trocas"[41].

Em razão do grande interesse que desperta a matéria, muitas teorias já foram formuladas para melhor entender a natureza jurídica do alto-mar: a "*res nullius*", a "*res communis*", a que defende a "juridicidade" e a da "utilização razoável".

A pioneira, portanto, mais antiga, é a teoria denominada "*res nullius*" que visava defender o alto-mar das reivindicações de soberania dos Estados. Os Estados poderiam livremente aplicar seus direitos internos no alto-mar em razão de não estar sujeito a nenhuma regulamentação jurídica. A segunda teoria indicava que o alto-mar pertencia à sociedade internacional. A terceira teoria defendia que deveria existir um regramento a ser aplicado no alto-mar e finalmente e última teoria propõe que o uso do alto-mar seja razoável, levando-se em consideração o momento político para o seu uso

Sobre as teorias acima indicadas, Celso Mello teve a oportunidade de fazer as seguintes críticas e observações em relação a cada uma delas:

"A teoria '*res nullius*' é inaceitável, porque o alto-mar não é apropriável pelo primeiro ocupante. Por outro lado, se o alto-mar é uma '*res nullius*', os Estados, principalmente quando beligerantes, terão uma liberdade sem qualquer limitação.

A teoria '*res communis*', no seu sentido moderno de que o alto-mar é um condomínio, também não corresponde à realidade, uma vez que os coproprietários em um condomínio têm o direito de polícia em relação uns com os outros. Ora, no alto-mar, a regra geral é que os Estados só têm jurisdição nos navios seus nacionais. Por outro lado, não

---

[41] DINH, Nguyen Quoc; DAILLIER, Patrick; PELLET, Alain. *Direito internacional público*. 2. ed. Lisboa: Fundação Calouste Gulbenkian, 2003, p. 1219.

seria possível nele a guerra, porque o alto-mar sendo de todos, uns poucos não teriam o direito de prejudicar o seu uso.

A teoria da juridicidade foi abandonada pelo próprio Gidel em um estudo posterior sobre as explosões nucleares em alto-mar, onde ele não mais a menciona. A Convenção de Genebra também não endossou, uma vez que a liberdade dos mares foi aí entendida em um sentido negativo, isto é, ninguém exerce competência propriamente dita sobre o alto-mar.

A teoria da utilização razoável é mais política do que propriamente jurídica. Para os seus defensores, o direito de autodefesa é absoluto e poderia derrogar a liberdade dos mares. Ora se cada Estado fosse alegar a sua autodefesa, a liberdade dos mares desapareceria"[42].

Das teorias acima apresentadas, e também levando em consideração as críticas formuladas, a que mais se aproxima da realidade existente hoje na seara internacional é a segunda.

Isso porque a Convenção de Montego Bay assevera que o alto-mar está aberto a todos os Estados, quer costeiros, quer sem litoral, e apresenta as liberdades a serem exercidas em alto-mar: liberdade de navegação; liberdade de sobrevoo; liberdade de colocar cabos e dutos submarinos; liberdade de construir ilhas artificiais e outras instalações permitidas pelo Direito Internacional; liberdade de pesca; liberdade de investigação científica.

Frise-se que tais liberdades devem ser exercidas por todos os Estados, tendo em devida conta os interesses de outros Estados no seu exercício da liberdade do alto-mar, bem como os direitos relativos às atividades na área previstos na Convenção.

O alto-mar deve ser utilizado com finalidades pacíficas e pode ser conceituado[43] como todas as partes do mar não incluídas na zona econômica exclusiva, no mar territorial ou nas águas interiores de um Estado, nem nas águas arquipelágicas de um Estado arquipélago. A Convenção reconhece um rol de direitos para os Estados, a saber: direito de navegação; direito de pesca e direito de instalar cabos e dutos submarinos.

No que tange ao direito de navegação, evidencia-se que todos os Estados, quer costeiros, quer sem litoral, têm o direito de fazer navegar no alto-mar navios desde que arvorem a sua bandeira.

Significa dizer que cada navio possui a nacionalidade do Estado cuja bandeira esteja autorizado a arvorar devendo o navio navegar sob a bandeira de um só Estado e, salvo nos casos excepcionais previstos expressamente em tratados internacionais ou na

---

[42] MELLO, Celso A. *Curso de direito internacional público*. Rio de Janeiro: Renovar, 1997, p. 1072.

[43] Para BROWNLIE, Ian. *Princípios de direito internacional público*. Lisboa: Fundação Calouste Gulbenkian, 1997, p. 249, a expressão alto-mar "envolve tradicionalmente todas as partes do mar que não estão incluídas no mar territorial ou nas águas interiores de um Estado, e por esse motivo, compreende as zonas contíguas e as águas situadas sobre a plataforma continental e fora do limite do mar territorial".

Convenção, devem submeter-se, no alto-mar, à jurisdição exclusiva desse Estado. Isso porque o navio que navegue sob a bandeira de dois ou mais Estados, utilizando-as segundo as suas conveniências, não pode reivindicar qualquer dessas nacionalidades perante um terceiro Estado e pode ser considerado como um navio sem nacionalidade.

A liberdade de pesca está assegurada para todos os Estados da sociedade internacional, mesmo aqueles que não possuem acesso para o mar, levando-se em consideração as limitações que são apresentadas pelo direito internacional ambiental.

Chama-se atenção para esse fato, porque no passado havia o entendimento de que os recursos naturais eram infinitos e que poderiam ser utilizados sem qualquer limitação. Infelizmente, nos dias atuais, verifica-se que existem vários problemas que precisam ser devidamente normatizados para que não ocorra o colapso para as futuras gerações.

E, por último, os Estados poderão colocar cabos e dutos submarinos em alto-mar. Essa ideia relaciona-se à capacidade dos Estados de fomentarem o crescimento no plano interno utilizando esse espaço que "pertence a todos". A possibilidade de incrementar as comunicações de um Estado e/ou carrear a produção de óleo, por exemplo, por meio de dutos e cabo possibilitam, por certo, o incremento das relações entre os diversos sujeitos de direito internacional.

Diferentemente do que ocorria no passado, o alto-mar hoje possui uma série de regras que precisam ser observadas pelos Estados que se lançam sob sua vastidão, devendo ser observado: o exercício da sua jurisdição e o controle em questões administrativas, técnicas e sociais sobre navios que arvorem a sua bandeira; a manutenção do registro de navios no qual figurem os nomes e as características dos navios que arvorem a sua bandeira; o exercício da sua jurisdição de conformidade com o seu direito interno sobre todo o navio que arvore a sua bandeira e sobre o capitão, os oficiais e a tripulação, em questões administrativas, técnicas e sociais que se relacionem com o navio; a adoção de medidas necessárias para garantir a segurança no mar, no que se refere a: a) construção, equipamento e condições de navegabilidade do navio; b) composição, condições de trabalho e formação das tripulações, tendo em conta os instrumentos internacionais aplicáveis; c) utilização de sinais, manutenção de comunicações e prevenção de abalroamentos.

Essas medidas devem incluir as que sejam necessárias para assegurar que: a) cada navio, antes do seu registro e posteriormente, a intervalos apropriados, seja examinado por um inspetor de navios devidamente qualificado e leve a bordo as cartas, as publicações marítimas e o equipamento e os instrumentos de navegação apropriados à segurança da navegação do navio; b) cada navio esteja confiado a um capitão e a oficiais devidamente qualificados, em particular no que se refere à manobra, à navegação, às comunicações e à condução de máquinas, e a competência e o número dos tripulantes sejam os apropriados para o tipo, tamanho, máquinas e equipamento do navio; c) o capitão, os oficiais e, na medida do necessário, a tripulação conheçam perfeitamente e observem os regulamentos internacionais aplicáveis que se refiram à segurança da vida no mar, à prevenção de abalroamentos, à prevenção, redução e controle da poluição marinha e à manutenção de radiocomunicações.

Não se pode olvidar que todo o Estado deve ordenar a abertura de um inquérito, efetuado por ou perante uma pessoa ou pessoas devidamente qualificadas, em relação a qualquer acidente marítimo ou incidente de navegação no alto-mar, que envolva um navio arvorando a sua bandeira e no qual tenham perdido a vida ou sofrido ferimentos graves nacionais de outro Estado, ou se tenham provocado danos graves a navios ou a instalações de outro Estado ou ao meio marinho. O Estado de bandeira e o outro Estado devem cooperar na realização de qualquer investigação que este último efetue em relação a esse acidente marítimo ou incidente de navegação.

Impende ainda assinalar que os navios de guerra no alto-mar gozam de completa imunidade de jurisdição relativamente a qualquer outro Estado que não seja o da sua bandeira. Entretanto, é terminantemente proibido o transporte de escravos, devendo todo o Estado tomar medidas eficazes para impedir e punir o transporte de escravos em navios autorizados a arvorar a sua bandeira e para impedir que, com esse fim, se use ilegalmente a sua bandeira.

Além disso, todos os Estados devem cooperar em toda a medida do possível na repressão da pirataria no alto-mar ou em qualquer outro lugar que não se encontre sob a jurisdição de algum Estado sendo considerados como tal: todo o ato ilícito de violência ou de detenção ou todo o ato de depredação cometidos, para fins privados, pela tripulação ou pelos passageiros de um navio ou de uma aeronave privados, e dirigidos contra: a) um navio ou uma aeronave em alto-mar ou pessoas ou bens a bordo dos mesmos; b) um navio ou uma aeronave, pessoas ou bens em lugar não submetido à jurisdição de algum Estado; c) todo o ato de participação voluntária na utilização de um navio ou de uma aeronave, quando aquele que o pratica tenha conhecimento de fatos que deem a esse navio ou a essa aeronave o caráter de navio ou aeronave pirata.

Destarte, o tráfico ilícito de estupefacientes e substâncias psicotrópicas também devem ser reprimidos pelos Estados em alto-mar. Portanto, todo o Estado que tenha motivos sérios para acreditar que um navio arvorando a sua bandeira se dedica ao tráfico ilícito de estupefacientes ou substâncias psicotrópicas poderá solicitar a cooperação de outros Estados para pôr fim a tal tráfico.

A Convenção estabelece, além dos direitos, uma série de deveres que devem ser observados pelos Estados em alto-mar, destacando-se nesse mister o dever de prestar assistência:

"Todo o Estado deverá exigir do capitão de um navio que arvore a sua bandeira, desde que o possa fazer sem acarretar perigo grave para o navio, para a tripulação ou para os passageiros, que: a) preste assistência a qualquer pessoa encontrada no mar em perigo de desaparecer; b) se dirija, tão depressa quanto possível, em socorro de pessoas em perigo, desde que esteja informado de que necessitam de assistência e sempre que tenha possibilidade razoável de fazê-lo; c) preste, em caso de abalroamento, assistência ao outro navio, à sua tripulação e aos passageiros e, quando possível, comunique ao outro navio o nome do seu próprio navio, o porto de registro e o porto mais próximo em que fará escala. Todo o Estado costeiro deve promover o estabelecimento, o funcionamento e a manutenção de um adequado e eficaz serviço de busca e salvamento para garantir a segurança marítima e aérea e, quando as circunstâncias o exigirem, cooperar com esse fim com os Estados vizinhos por meio de ajustes regionais de cooperação mútua".

5.9. Sistema de controvérsias no Direito do Mar

A CNUDM III é um instrumento multilateral amplo, totalizando 320 artigos e IX anexos, com diversas previsões e dispositivos, e almeja solucionar os inúmeros conflitos na relação marítima. Dentre as diversas previsões da Convenção, destaca-se o disposto na Parte XV, que contempla os artigos de 279 a 285. Aqui é possível verificar a regulamentação expressa dos mecanismos para solução de controvérsias no direito internacional do mar, formalizando uma espécie de microssistema jurídico e institucional internacional.

A obrigação de solucionar controvérsias é positivada dando preferência à resolução pacífica dos eventuais conflitos. Nesse sentido, a Convenção fomenta posição pacifista dos Estados.

Antes de recorrer ao Tribunal, torna-se impositivo que os Estados-Partes busquem uma solução consensual, sendo que a mesma não deve ser entendida como uma obrigação meramente formal[44]. Todo o escopo da Convenção orienta e incentiva a solução pacífica e, portanto, torna-se trivial que o Estado-Parte busque a solução amigável efetiva e isto implica estar aberto ao diálogo e à transação de alguns pontos controvertidos que possam amenizar o conflito e diminuir o objeto apreciado pelos Tribunais.

Essa disposição preambular, que impõem a tentativa de solucionar eventual conflito pacificamente, apresenta-se como orientação historicamente adotada pelas convenções e tratados da Organização das Nações Unidas (ONU), introduzida pelo artigo 33 da Carta da ONU. Especificamente quanto aos conflitos do direito do mar e à forma de solução jurídica, a CNUDM III foi substancialmente influenciada pelas determinações da Convenção da Paz de Haia de 1889 e 1907, e o mecanismo pacífico é reconhecido e valorizado como um alicerce jurídico e social da comunidade internacional[45].

Impende assinalar que as soluções de controvérsias não devem ser restritas aos Tribunais. A solução pacífica pode e deve ser implementada por mecanismos políticos e diplomáticos. Contudo, não sendo possível a solução dos conflitos pela forma diplomática ou política, cabe ao Estado Parte recorrer aos mecanismos jurídicos.

Nesse ponto, torna-se fundamental expor que a adesão do Estado Parte ao disposto na Convenção é plenamente livre e consensual, afastando a eventual tese de

---

[44] GUERRA, Sidney; NEVES, Marcelo José; SOUZA, Milton. Proteção internacional do meio ambiente marinho: a contribuição do tribunal internacional sobre o direito do mar. *Cadernos de Dereito Actual,* n. 14, 2020. Disponível em: <http://www.cadernosdedereitoactual.es/ojs/index.php/cadernos/issue/view/14/showToc>.

[45] MENEZES, W. *O direito do mar.* Brasília: Fungab, 2015.

diminuição da soberania. Nesses termos, somente há competência do Tribunal Internacional após a concordância dos Estados Partes. A seleção dos mecanismos jurídicos previstos no artigo 287 da CNUDM III é orientada pela fórmula Montreux[46], podendo o Estado Parte se manifestar por escrito selecionando livremente um ou mais mecanismos para sua submissão.

Havendo um descompasso entre os mecanismos selecionados pelos Estados Partes em litígio, será invocada a *default choice*, com a remessa da demanda para uma Corte Arbitral. São quatro meios tradicionais para solução de controvérsias: a) Tribunal Internacional sobre o Direito do Mar (Anexo VI); b) Corte Internacional de Justiça; c) Tribunal Arbitral (Anexo VII); d) Tribunal Arbitral Especial (Anexo VIII).

Por fim, é importante ressaltar a centralidade do artigo 286 da CNUDM III. Tal dispositivo é o fundamento jurídico que reforça e legítima o sistema de solução proposto na Convenção de Montego Bay. "El Artículo 286 se constituye en la piedra angular del sistema de solución de controvérsias de la Convención", introduzindo a competência obrigatória como regra geral"[47].

5.9.1. *O Tribunal Internacional sobre o Direito do Mar*

Antes de adentrar ao ponto central do presente tópico, qual seja, o Tribunal Internacional sobre o Direito do Mar, torna-se fundamental apresentar as justificativas para tal recorte temático, motivando as opções do presente estudo.

Conforme apresentado, a relevância e a abrangência da Convenção de Montego Bay permitiram sua conceituação como uma espécie de "Constituição do Mar". Sua instituição balizou o moderno Direito do Mar e sua aplicação contribui significativamente para a codificação do Direito do Mar. A Convenção consolida costumes internacionais e delimita espaços marítimos prevendo direitos e deveres aos Estados internacionais.

Visando instrumentalizar essas importantes funções, a Convenção traçou diversas recomendações para concretizar um complexo sistema de gestão internacional do mar, instituindo uma espécie de microssistema jurídico internacional marítimo, composto pela Autoridade Internacional dos Fundos Marinhos (*International Seabed Authority –* ISBA), pelo Tribunal Internacional sobre o Direito do Mar e pela Comissão dos Limites da Plataforma Continental (CLPC).

Neste momento, pretende-se explicitar apenas as particularidades do Tribunal Internacional sobre o Direito do Mar, sendo certo que tal escolha justifica-se por sua expressiva importância no desenvolvimento do Direito Internacional do Mar. A compreensão de sua estrutura, competência e funções pode se apresentar como ferramenta

---

[46] Método de solucionar conflitos que defende a possibilidade de cada estado parte eleger livremente dentre os mecanismos existentes. Também é conhecida como fórmula Riphaguen.

[47] HORNA, Á. *Apuntes acerca del Tribunal Internacional del Derecho del Mar: ¿Hamburgo v. La Haya?*". Pontificia Universidad Católica del Perú: Lima, 2007, p. 136.

importante para que sejam superadas algumas dúvidas e principalmente esclarecer a vital importância dessa instituição internacional.

Com efeito, a proteção jurídica dos oceanos reverbera em toda tríade ambiental – ecológica, social e econômica – com reflexo direto nos estados nacionais e na comunidade internacional. Além disso, os oceanos cobrem dois terços da Terra, são responsáveis por grande parte do oxigênio existente e exercem forte influência nas questões climáticas; ademais, são fonte de alimento e energia, e configuram, ainda, a principal via de transporte do mundo. A indiscutível importância dos oceanos é reconhecida e valorizada com a instituição do ITLOS[48].

De fato, a relevância e a atualidade da proposta justificam-se pela inclusão dos oceanos na agenda 2030, por meio do ODS-14. Além disso, os oceanos sofrem especial reflexo das mudanças climáticas. O relatório do Painel Intergovernamental de Mudanças Climáticas (IPCC)[49] é impositivo quanto à relação entre as alterações climáticas e os oceanos, tornando mais quentes, ácidos e menos produtivos, ensejando maior atenção internacional por meio da litigância climática.

Apesar do foco internacional, conforme dados da ONU os oceanos sofrem grande degradação ambiental, recebendo cerca de 8 milhões de toneladas de plásticos a cada ano. Esse indiscutível impacto ambiental introduz definitivamente os oceanos na agenda global, e aumenta a importância do ITLOS como instituição internacional de proteção dos oceanos.

Conforme já acentuado, a Convenção de Montego Bay institucionalizou um microssistema jurídico e institucional para solucionar controvérsias internacionais sobre direito do mar, promovendo uma proteção jurídica dos oceanos.

Nessa toada, criou-se o ITLOS, um órgão jurisdicional independente composto por 21 juízes, com sede em Hamburgo, na Alemanha. Foi criado em 1994, mas estabelecido somente em 1996 com a eleição de seus primeiros juízes. Dentre suas atribuições, evidencia-se sua responsabilidade pela interpretação e aplicação da Convenção de Montego Bay.

No processo de nomeação do ITLOS, cada Estado Parte pode indicar no máximo dois candidatos, que deverão ter como pré-requisitos alta reputação jurídica, integridade reconhecida e domínio total do Direito do Mar. Posteriormente, fica a cargo do Secretário-Geral das Nações Unidas convocar a seleção.

Na eleição dos membros, o Estatuto do Tribunal estabelece que seja assegurada a representação dos principais sistemas jurídicos do mundo e a distribuição geográfica equitativa. Além disso, dois membros do Tribunal não podem ser nacionais do mesmo Estado. Uma pessoa que, para fins de filiação no Tribunal, possa ser considerada

---

[48] NEVES. M. J. *A exploração de recursos minerais na área marítima do Atlântico Sul e a responsabilidade dos Estados patrocinadores*. Dissertação de Mestrado – Universidade Católica de Santos – Unisantos, 2018, p. 30.

[49] O IPCC é o órgão das Nações Unidas para avaliar a ciência das mudanças climáticas.

nacional de mais de um Estado, será considerado nacional daquele em que normalmente exerça direitos civis e políticos.

O ITLOS apresenta-se como um Tribunal Internacional específico para questões relacionadas ao mar e sua importância é reforçada pela relevância econômica e militar dos oceanos, aliada à ampla possibilidade da ocorrência de externalidade ambiental no meio marinho. Há um vasto campo de proteção relacionada ao Direito do Mar, ensejando a necessidade de especializar sua tratativa jurídica, com a criação de uma estrutura interna ao ITLOS.

Nesse sentido, dividiu-se as funções do ITLOS em duas câmaras especificas, quais sejam, a Câmara de Disputas do Fundo do Mar (CDFM) e a Câmara Especial. Conforme o Estatuto do ITLOS[50], a CDFM é composta por 11 membros selecionados a cada 3 anos pela maioria dos membros eleitos do ITLOS. Sua institucionalização é regida pela parte XI, secção 5 da Convenção de Montego Bay e artigo 14 do Estatuto do ITLOS.

Compete à CDFM disputas relacionas à atividade na Área Internacional dos Fundos Marinhos. Para instrumentalizar sua competência, a CDFM pode formalizar uma Câmara *Ad Hoc* composta por três membros para responder algum litígio ou consulta específica, na forma do artigo 188 da Convenção de Montego Bay.

As Câmaras Especiais podem ser formadas de forma ordinária ou extraordinária para solucionar eventuais disputas específicas levadas ao ITLOS, em regra são compostas por três ou mais membros eleitos. São cinco espécies de Câmaras Especiais: Câmara do Procedimento Sumário, Câmara de Disputa Pesqueira, Câmara de Disputa sobre Meio Ambiente Marinho, Câmara de Disputa sobre Delimitação Marítima e uma espécie extraordinária de Câmara Residual[51].

A Câmara do Procedimento Sumário, nos termos do artigo 15 parágrafo 3 e 4 do Estatuto do ITLOS é formulada pelo Tribunal anualmente. A atual formação foi instaurada em setembro de 2018 e encerrada em 30 de setembro de 2019. A Câmara do Procedimento Sumário, com a solicitação das partes, tem competência para determinar a aplicação do procedimento sumário a uma controvérsia específica, também pode prescrever medidas provisórias se o Tribunal estiver em recesso ou sem o quórum exigido.

A Câmara de Disputa Pesqueira, constituída por nove membros, tem sua competência estabelecida no artigo 15 parágrafo 1 do Estatuto do ITLOS, e limita-se a disputas quanto à conservação e à gestão dos recursos vivos no meio ambiente marinho, portanto exerce uma função determinante na manutenção da biodiversidade marítima e na proteção socioambiental dos oceanos.

A Câmara de Disputa sobre Meio Ambiente Marinho tem sua competência direcionada para composição de disputas sobre a proteção e a preservação do meio marinho. Sua criação encontra respaldo no artigo 15 parágrafo 1º do Estatuto do ITLOS. Quanto à

---

[50] Disponível em: <https://www.itlos.org/fileadmin/itlos/documents/basic_texts/statute_en.pdf>. Acesso em: 27 jun. 2020.

[51] Disponível em: <https://www.itlos.org/the-tribunal/chambers/>. Acesso em: 27 jun. 2020.

Câmara de Disputa sobre Delimitação Marítima cabe ressaltar que sua competência é voltada para solucionar eventuais controvérsias sobre a delimitação marítima que Estados Partes concordarem em submeter à Câmara.

Por fim, cabe destacar a criação extraordinária de uma espécie de Câmara Residual, nos termos do artigo 15 parágrafo 2º do Estatuto do ITLOS. Essa câmara foi criada especificamente para resolver uma disputa levada ao conhecimento do Tribunal pelos Estados Partes. Há registro de três controvérsias específicas que o ITLOS precisou instaurar uma Câmara Residual. A primeira disputa submetida a tal câmara foi entre Chile e União Europeia, e versou sobre a conservação e a exploração sustentável do estoque de peixe-espada no sudeste do Oceano Pacífico. Mais adiante, houve uma controvérsia relativa à delimitação das fronteiras marítimas no Oceano Atlântico entre a República de Gana e Costa do Marfim e também houve a manifestação da Câmara Residual no litígio sobre a delimitação da fronteira marítima entre as Ilhas Maurício e Maldivas, no Oceano Índico.

Essa especialidade do ITLOS reitera sua importância na proteção do meio ambiente marinho, protagonizando uma função central na instrumentalidade da tríade da sustentabilidade (social, ecológica e econômica). O ITLOS torna-se uma instituição-chave com ampla competência contenciosa e consultiva. Sua capilaridade permite responder qualquer controvérsia relativa à interpretação e à aplicação da Convenção de Montego Bay ou outros acordos internacionais relativos ao meio marítimo. A competência do ITLOS se estende às medidas provisórias que visem preservar ou impedir grave dano ao meio ambiente marítimo e à libertação de embarcações e tripulações, nos termos do artigo 292 da Convenção de Montego Bay.

Dessa forma, a criação do ITLOS pela Convenção ilustra um fenômeno denominado "descentralização do Direito Internacional"[52] com a criação de um "órgão jurisdicional especializado em matéria de lei do mar, com um detalhado sistema de disputas e prerrogativas"[53].

Por derradeiro, torna-se relevante enfatizar que o ITLOS foi estabelecido mais de cinquenta anos após a Corte Internacional de Justiça (CIJ), instituição internacional com vocação universal. Ambos os Tribunais detêm competência para solucionar controvérsias relativas ao Direito do Mar, contudo a CIJ somente pode exercer sua jurisdição contenciosa ou consultiva em disputas que envolva Estados Partes. Particulares não têm o direito de recorrer à CIJ, enquanto o ITLOS pode solucionar litígios entre Estados, Organizações Internacionais e Pessoas Jurídicas Privadas.

---

[52] HIGGINS, R. Respecting Sovereign States and Running a Tight Courtroom. *International & Comparative Law Quarterly*, Cambridge University Press, v. 50, 2001.

[53] MENEZES, W. Tribunal Internacional do Direito do Mar e sua contribuição jurisprudencial. *In*: BEIRÃO, A. P.; PEREIRA, A. C. A. (Org.). *Reflexões sobre a Convenção do Direito do Mar*. Brasília: FUNAG, 2014, p. 489-571.

6. REGIÕES POLARES

Para que se possa estudar a área que compreende os espaços polares, a doutrina[54] tem apresentado alguns critérios para delimitação dos espaços a serem estudados. Assim, são observados três aspectos preponderantes: o primeiro, denominado limite de crescimento de árvores; o segundo, o do círculo polar a partir do qual na direção do polo respectivo se dá as noites e dias de vinte e quatro horas e que está situada no paralelo de 66 graus e 30 minutos; e, finalmente, um critério aplicado apenas nas regiões polares meridionais, denominada linha de convergência antártica ou limite onde as águas frias se afundam para abaixo das mais quentes que se deslocam ao sul.

A despeito dos critérios acima apresentados e seguindo o magistério de Celso Mello[55], o conceito geográfico é de certo modo irrelevante para o Direito Internacional Público como demonstra o Tratado de 1959. Isso porque não são regiões passíveis de ocupação, a exemplo das demais áreas do planeta e, por consequência, as normas gerais do Direito Internacional não poderão ser aplicadas nas regiões polares.

Prossegue em seu raciocínio[56] destacando que essas regiões não podem ser objeto de uma ocupação efetiva, passando a ser regulamentadas internacionalmente de forma distinta de outras *res nullius* existentes no planeta e que apresentam grande interesse para os Estados, tanto no aspecto econômico (navegação marítima, navegação aérea, pesca de baleia, caça e pesca de modo geral), como também no aspecto estratégico, além de outros relativos a aumento territorial, orgulho estatal etc.

Feitas as considerações gerais sobre as áreas polares, serão examinados de maneira separada o espaço Ártico e o espaço da Antártica.

6.1. A Antártica

A Antártica, também conhecida como Polo Sul, é uma região que conta com uma área de mais de catorze milhões de quilômetros quadrados, sendo quase toda coberta por enormes geleiras. O Continente Antártico constitui quase 10% da área continental do planeta (14.000.000 de quilômetros quadrados), o que equivale ao tamanho da América do Sul.

Esse imenso território é coberto quase integralmente por uma grande camada de gelo (cerca de 98% do Continente) e de neve durante todo o ano. Embora se apresente como um continente gelado, a Antártica despertou o interesse de muitos Estados, ao longo dos anos, que reivindicavam o domínio da região[57].

---

[54] RIDRUEJO, José A. Pastor. *Curso de derecho internacional público y organizaciones internacionales.* 10. ed. Madrid: Tecnos, 2006, p. 451.

[55] MELLO, Celso A. *Curso de direito internacional público.* Rio de Janeiro: Renovar, 1997, p. 997.

[56] MELLO, Celso A. *Curso de direito internacional público.* Rio de Janeiro: Renovar, 1997, p. 998.

[57] CARRIÓN, Alejandro J. Rodriguez. *Lecciones de derecho internacional público.* 6. ed. Madrid: Tecnos, 2006, p. 451, aponta alguns problemas em relação à Antártica e sobre o ponto relativo à soberania adverte: "el problema

O Reino Unido reivindicou, nos anos de 1908 e 1917, os setores triangulares contíguos que partem do Polo Sul, entre os meridianos de 20 graus e 50 graus de longitude Oeste até o paralelo de 50 graus de latitude Sul e outro entre os meridianos de 50 graus e 80 graus de longitude Oeste até o paralelo de 58 graus de latitude Sul.

A Nova Zelândia também, por disposição do Reino Unido, em 1923, postulou um setor triangular que partindo do Polo Sul se estende até 150 graus de longitude Oeste a 160 graus de longitude Leste e alcança o Norte e o paralelo de 60 graus de latitude Sul. A França reivindica a soberania sobre um setor triangular entre o Polo de 136 graus até 142 graus na longitude Leste até o paralelo de 60 graus de longitude Sul.

A Austrália também reivindicou, em 1933, um setor que abarca os meridianos de 45 graus e 136 graus de longitude Leste, os de 142 graus e 160 graus de longitude Oeste, alcançando o paralelo de 60 graus Sul. No caso da Noruega, postulou os 20 graus de longitude Oeste até 45 graus de longitude Leste, alcançando o paralelo Sul.

Também países sul-americanos, a exemplo da Argentina e Chile, postularam direitos soberanos em relação à Antártica. Em relação ao primeiro Estado, a reivindicação ocorreu em um setor triangular limitado lateralmente por 25 graus e 74 graus de longitude Oeste até o Norte pelo paralelo de 60 graus. No que tange ao segundo, pretendeu-se estender a soberania para o Polo do paralelo de 60 graus de latitude Sul, limitado lateralmente pelos meridianos de 53 graus e 90 graus de longitude Oeste.

Como visto, vários Estados reivindicaram a soberania do território gelado, sendo que a Grã-Bretanha e a Noruega chegaram a propor a observância de uma teoria denominada "da descoberta", os Estados Unidos propuseram o controle do litoral antártico e a Argentina apresentou a teoria da continuidade da massa geológica.

A despeito das várias teorias apresentadas ao longo dos anos para tentar se estabelecer um convencimento sobre o domínio da Antártica, existem duas posições políticas que ganharam destaque e que foram defendidas pelos países com interesses na Antártica: a territorialista e a não territorialista.

Os defensores da posição territorialista alegam que o Continente Antártico é passível de apropriação e de ser submetido à soberania e jurisdição nacionais. Reivindicam a anexação de seções do Território Antártico às respectivas soberanias nacionais. Essa posição é defendida pela Argentina, Austrália, Chile, França, Noruega, Nova Zelândia e Reino Unido. Em torno de quatro quintos da Antártica foram divididos em setores pelos

---

antártico reside en las polémicas políticas sobre la posible atribución de soberanía sobre su territorio, al no contarse para dicha atribución con principios jurídicos universalmente aceptados. La Antártida es un territorio donde se dan unas condiciones físicas extraordinariamente peculiares, principalmente el rigor del clima y la falta parcial de territorio terrestre. Esto hace que sea allí difícilmente aplicable el título jurídico que regía de forma unánime esta materia de adquisición de territorio: la ocupación. La imposibilidad de un control efectivo sobre el territorio antártico impulsa a un debate jurídico en el que se alegan muy diversos títulos (teoría del sector, proximidad geográfica, descubrimiento), tras los que laten los intereses de los siete países redactores del tratado: Reino Unido, Nueva Zelanda, Australia, Noruega, Francia, Argentina y Chile".

meridianos que se encontram no Polo Sul. Somente o Setor do Pacífico, o quinto restante, não foi demarcado. Países como o Chile, Argentina e Reino Unido reivindicam porções territoriais que se superpõem.

Os defensores da posição não territorialista não reivindicam nem aceitam qualquer reivindicação territorial, preferindo a liberdade de atuação em qualquer setor da Antártica. Essa posição é defendida pelos demais países do grupo consultivo do Tratado da Antártica, dentre os quais o Brasil, Equador, Peru e Uruguai.

Esse interesse demonstrado por muitos Estados não aconteceu por um mero acaso, mas sim porque existem muitas riquezas minerais naquela localidade o que serviu para movimentar a ação de muitos (Estados) que se apresentaram ávidos pela exploração dos mencionados recursos.

Embora essa movimentação tenha acontecido de forma bastante intensa ao longo dos anos, verifica-se que a região antártica se apresenta hodiernamente como uma verdadeira região internacionalizada.

Tal fato decorre da celebração do Tratado da Antártica onde os Estados acordam em suspender a reivindicação do domínio do referido território e concordam em reconhecê-lo como um continente aberto à exploração científica.

Impende assinalar que no período compreendido entre 1º de julho de 1957 a 31 de dezembro de 1958 aconteceu o denominando "Ano Geofísico Internacional" que correspondeu a um grande programa científico e contou com a participação de alguns países (Argentina, Austrália, África do Sul, Bélgica, Chile, França, Japão, Nova Zelândia, Noruega, ex-URSS, Reino Unido da Grã-Bretanha e Irlanda do Norte e Estados Unidos da América do Norte) que acabou por redundar, já no ano de 1959, no Tratado da Antártica, celebrado em Washington, em 1º de dezembro, como sendo o grande marco sobre a matéria.

Esses Estados reconheceram no preâmbulo do Tratado da Antártica o grande interesse da humanidade na utilização do mencionado território de maneira pacífica, a importância de viabilizar um grande sistema de cooperação internacional para possibilitar a investigação científica, e acordaram logo no artigo 1º que "La Antártida se utilizará exclusivamente para fines pacíficos. Se prohibe, entre otras, toda medida de carácter militar, tal como el establecimiento de bases y fortificaciones militares, la realización de maniobras militares, así como los ensayos de toda clase de armas".

O Tratado da Antártica entrou em vigência em 1961 e estabeleceu como área de aplicação o sul do paralelo 60ºS definindo que essa região seria usada somente para fins pacíficos, com liberdade de pesquisa científica e promoção da cooperação internacional no continente, proibição de qualquer atividade de natureza militar, congelamento de reivindicações territoriais, proibição de explosões nucleares e de deposição de resíduos radioativos e preservação do ecossistema antártico. Atualmente, a situação dos Estados que assinaram o Tratado da Antártica é a seguinte[58]:

---

[58] Disponível em: <www.opanal.org/NWFZ/Antartico/Anartic-e.htm>.

País	Firma	Depósito de la Ratificación	Depósito de la Adhesión
Alemania	----	----	11/19/74
Argentina	12/01/59	06/23/61	----
Australia	12/01/59	06/23/61	----
Áustria	----	----	08/25/87
Bélgica	12/01/59	07/26/60	----
Brasil	----	----	05/16/75
Bulgaria	----	----	09/11/78
Chile	12/01/59	06/23/61	----
China	----	----	06/08/83
Cuba	----	----	08/16/84
Dinamarca	----	----	05/20/65
Ecuador	----	----	09/15/87
España	----	----	03/31/82
Estados Unidos	12/01/59	08/18/60	----
Federación Rusa	12/01/59	11/02/60	----
Finlandia	----	----	05/15/84
Francia	12/01/59	09/16/60	----
Grécia	----	----	01/08/87
Hungría	----	----	01/27/84
Índia	----	----	08/19/83
Itália	----	----	03/18/81
Japón	12/01/59	08/04/60	----
Korea, República de	----	----	11/28/86
Korea, República Democrática	----	----	01/21/87
Nueva Zelanda	12/01/59	11/01/60	----
Noruega	12/01/59	08/24/60	----
Países Bajos	----	----	03/30/67
Papua Nueva Guinea	----	---	03/16/81
Peru	----	----	04/10/81
Polonia	----	----	06/08/61
Rúmania	----	----	09/15/71
Sudáfrica	12/01/59	06/21/60	----
Suécia	----	----	04/24/84
Reino Unido	12/01/59	05/31/60	----
República Checa	----	----	06/14/62
Uruguay	----	----	01/11/80
Total	**12**	**12**	**25**

Como visto, o Brasil aderiu ao referido tratado apenas no ano de 1975, tendo realizado sua primeira expedição ao continente gelado no ano de 1982.

Passados trinta anos da vigência do Tratado da Antártica foi realizado na cidade de Madri, na Espanha, no período de 3 e 4 de outubro de 1991, a XI Reunião Consultiva Especial do Tratado da Antártica, ocasião em que foram aprovados o Protocolo sobre Proteção Ambiental para o Tratado da Antártica, cujo documento consta de vinte e sete artigos, quatro anexos referentes à Determinação do Impacto Ambiental, Conservação da Fauna e Flora Antártica, Deposição e Manejo de Lixo, Prevenção da Poluição Marinha, bem como de quatro recomendações.

6.2. O Ártico

Diferentemente do que acontece na Antártica, o Ártico, no Polo Norte, não apresenta os mesmos "encantos" que são observados no Polo Sul.

Em comum existe o fato de também se apresentar como uma região gelada e, portanto, com condições muito limitadas para a propagação de diversidade de espécies da fauna e da flora, que têm a possibilidade de se desenvolver basicamente nos meses de julho e agosto, de forma tímida (a vegetação existente é a tundra, que corresponde a uma composição vegetativa formada por musgos e liquens e, raras vezes, vegetação herbácea de pequeno porte).

A região do Ártico está localizada no extremo norte do continente americano, europeu e asiático, onde os países que possuem territórios (ou parte deles) são os Estados Unidos (Alasca), Canadá, Noruega, Suécia, Finlândia e Rússia. Por isso que Carrión afirma que "la región ártica no cuenta con unos límites generalmente aceptados. Vários son los critérios geográficos que se han utilizado para determinar esta área geográfica, si bien uno de ellos, el del círculo polar ártico, há sido y es el más utilizado"[59].

No que tange à forma de aquisição de soberania territorial[60], a exemplo do que acontece na Antártica, as formas tradicionais não são aplicadas, o que enseja a utilização de critérios distintos, como, por exemplo, a continuidade ou contiguidade.

Nesse sentido é que surgiu a teoria do setor apresentada pelo Canadá, no ano de 1907. Sobre esta teoria Salvador enfatiza que ela:

"Extiende la soberanía de los Estados ribereños sobre los espacios terrestres situados en su sector, que tiene su vértice en el norte, la base en la costa ártica del Estado, y los lados en los meridianos que limitan su litoral. Ahora bien, la soberanía no se extiende sobre las aguas ni los hielos, sino que lo hace únicamente sobre los espacios terrestres"[61].

Aréchaga sustenta que em razão da precária tese defendida pelo Canadá, no que tange aos modos tradicionais de aquisição de soberania territorial no Ártico, deveria ser observado o Tratado de Paris, de 1763, que havia conferido à Inglaterra a possessão de

---

[59] CARRIÓN, Alejandro J. Rodriguez. *Lecciones de derecho internacional público*. 6. ed. Madrid: Tecnos, 2006, p. 450.

[60] Sobre a soberania estatal no Ártico, SALVADOR, Ana Manero. *El deshielo del Ártico*: retos para el derecho internacional. Madrid: Arazandi, 2011, p. 27, afirma: "La soberanía estatal ha sido una cuestión pacífica en el Ártico. Ya a principios del siglo XX se planteó la extensión de la soberanía por parte de los Estados ribereños del Ártico que, dadas las dificultades geográficas y climatológicas, consideraban que las exigencias tradicionales en relación al ejercicio de la soberanía se debían relajar, cuestión que posteriormente reconoció el Tribunal Permanente de Justicia Internacional en el asunto de Groenlandia oriental al señalar que 'a claim to sovereignty based not upon some particular act or title such as treaty of cession but merely upon continued display of authority, involves two elements each of which must be show to exist: the intention and will to act as soverign, and some actual exercise or display of such authority'".

[61] SALVADOR, Ana Manero. *El deshielo del Ártico*: retos para el derecho internacional. Madrid: Arazandi, 2011, p. 28:

quase toda área, devendo, todavia, neste caso, levar em consideração as especificidades das diferentes regiões:

"Por ello se buscó complementar dichos títulos estableciendo que, todo Estado rebasando el círculo Polar Ártico poseyera una zona litoral en el Oceano Glacial Ártico, tendría el derecho de extender la soberanía a todas las tierras, descubiertas o no, comprendidas en un triángulo esférico que tuviera por base dicho litoral, por vértice el Polo Norte y por lados los meridianos que partiendo del Polo cortaran dicho litoral en sus extremos Este y Oeste. Esto determina la existencia de un sector que delimita los territorios sobre los que se reivindica soberanía, precindiendo de la real existencia de títulos adquiridos por los medios tradicionales, y sin perjuicio del mar que comprenda, congelado o no. En definitiva, en base a la aplicación expresa o tácita de dicha teoría, a criterios de hecho o a tratados entre los Estados respectivos, se fue alcanzando en forma paulatina un estatuto territorial más o menos definido para el área del Ártico"[62].

Como visto acima, a ideia descrita ficou conhecida como "teoria do setor", que embora tenha sido reconhecida pelo Canadá, em 1925, e pela extinta União Soviética, no ano de 1926, os Estados Unidos, a Noruega, a Finlândia e a Dinamarca não aceitaram a teoria indicada. De toda sorte, esta teoria[63] é considerada a mais adequada para a região Ártica e constitui um verdadeiro princípio de delimitação pacífica entre os Estados. Ainda sobre a observância da teoria na região, Aréchaga observa que "la teoría del sector no es una doctrina de adquisición de soberanía. Sin embargo, en el Ártico dicha teoría há tenido utilidad práctica por cuanto su 'statu quo' territorial há sido reconocido por los Estados"[64].

Com efeito, o polo norte, embora não tenha a mesma riqueza que se manifesta no polo sul, o que modifica bastante os interesses dos Estados na utilização, exploração e até reivindicação sobre a soberania da região e, por consequência, os desdobramentos jurídicos em relação à região, com os consequentes tratados e encontros para regramento da matéria, tem-se apresentado como corredor aéreo importante para vários países que o utilizam para encurtar distâncias, especialmente entre a Europa e o Oriente.

---

[62] ARÉCHAGA, Eduardo Jiménez. *Derecho internacional público* – tomo III. 2. ed. Montevideo: Fundación de Cultura Universitaria, 1996, p. 55.

[63] Sobre a teoria do setor, CARRIÓN, Alejandro J. Rodriguez. *Lecciones de derecho internacional público*. 6. ed. Madrid: Tecnos, 2006 p. 451, esclarece: "Dicha teoría, que se elabora por el Parlamento canadiense en 1907, consiste en un reparto sectorial del territorio polar, siendo la base de cada sector los territorios continentales circundantes y el vértice el Polo Norte. Se trata, por tanto, de un método artificial pero sencillo, que encuentra su fundamento último en la continuidad y contigüidad geográficas. Este tipo de fundamentación nunca há sido generalmente aceptada en Derecho Internacional, pero en este caso cuenta con el incondicional apoyo de dos de los principales países árticos, Canadá y, sobre todo, la Federación de Rusia, así como con la falta de posiciones claras por parte del resto de los países próximos a la zona ártica".

[64] ARÉCHAGA, Eduardo Jiménez. *Derecho internacional público* – tomo III. 2. ed. Montevideo: Fundación de Cultura Universitaria, 1996, p. 56.

7. O DESAFIO BRASILEIRO: A AMAZÔNIA AZUL

O termo Amazônia Azul[65] surgiu a partir da ideia difundida pelo Almirante de Esquadra Roberto Guimarães Carvalho, então Comandante da Marinha, que, em 2004, batizou o mar que nos circunda e enfatizou que "toda riqueza acaba por tornar-se objeto de cobiça, impondo ao detentor o ônus da proteção. Tratando-se de recursos naturais, a questão adquire conotações de soberania nacional, envolvendo políticas adequadas, que não se limitam, mas incluem, necessariamente, a defesa daqueles recursos.

Nesse contexto, a Amazônia brasileira, com mais de 4 milhões de km², abrigando parcela considerável da água doce do planeta, reservas minerais de toda ordem e a maior biodiversidade da Terra, tornou-se riqueza conspícua o suficiente para, após a percepção de que se poderiam desenvolver ameaças à soberania nacional, receber a atenção dos formuladores da política nacional.

Assim, a região passou a ser objeto de iniciativas governamentais que visam à consolidação de sua integração ao território nacional, à garantia das fronteiras, à ocupação racional do espaço físico e à exploração sustentada dos importantes recursos naturais ali existentes. Como exemplos dessas iniciativas, citam-se o Projeto Calha Norte e o Sistema de Proteção da Amazônia (SIPAM), que inclui o Sistema de Vigilância da Amazônia (SIVAM). Entretanto, há outra 'Amazônia' cuja existência é ainda ignorada por boa parte dos brasileiros quanto foi a 'outra' por muitos séculos. Trata-se da Amazônia Azul que, maior do que a verde, é inimaginavelmente rica. Seria, por todas as razões, conveniente que dela cuidássemos antes de perceber-lhe as ameaças.

Conforme estabelecido na Convenção das Nações Unidas sobre o Direito do Mar, ratificada por quase cem países, inclusive o Brasil, todos os bens econômicos existentes no seio da massa líquida, sobre o leito do mar e no subsolo marinho, ao longo de uma faixa litorânea de 200 milhas marítimas de largura, na chamada Zona Econômica Exclusiva (ZEE), constituem propriedade exclusiva do país ribeirinho. Em alguns casos, a Plataforma Continental (PC) – prolongamento natural da massa terrestre de um Estado costeiro – ultrapassa essa distância, podendo estender a propriedade econômica do Estado a até 350 milhas marítimas. Essas áreas somadas – ZEE mais a PC – caracterizam a imensa Amazônia Azul, medindo quase 4,5 milhões de km², o que acrescenta ao País uma área equivalente a mais de 50% de sua extensão territorial.

No Brasil, apesar de 80% da população viver a menos de 200 km do litoral, pouco se sabe sobre os direitos que o País tem sobre o mar que lhe circunda e seu significado estratégico e econômico, fato que, de alguma forma, parece estar na raiz da escassez de políticas voltadas para o aproveitamento e proteção dos recursos e benefícios dali advindos. De início, pode-se citar o transporte marítimo. Apesar de ser

---

[65] Vale destacar sobre esta matéria o estudo de GUERRA, Sidney; GUERRA, Caio Grande. Reflexões sobre a Amazônia azul: o "novo território" brasileiro. In: MENEZES, Wagner. *Direito do mar*. Belo Horizonte: Arraes, 2015.

lugar-comum afirmar que mais de 95% do nosso comércio exterior é transportado por via marítima, poucos se dão conta da magnitude que o dado encerra. Ademais, não é só o valor financeiro que conta, pois, em tempos de globalização, nossos próprios produtos empregam insumos importados, de tal sorte que interferências com nosso livre trânsito sobre os mares pode gerar enormes dificuldades. A conclusão lógica é a de que o Brasil é de tal maneira dependente do tráfego marítimo, que se constitui em uma grande vulnerabilidade. Como agravante, o País gasta com fretes marítimos (anual) mais de 7 bilhões de dólares, sendo que menos de 5% desse total são transportados por navios de bandeira brasileira.

O petróleo é outra grande riqueza da nossa Amazônia Azul. No limiar da autossuficiência, o Brasil prospecta, no mar, mais de 80% do seu petróleo, o que em números significa algo na ordem de 2 milhões de barris por dia. Portanto, além do valor econômico, importante registrar que, privado desse petróleo, o País teria dificuldades sérias no que tange a questões que envolvem a crise energética e de insumos.

Com efeito, além do tráfego marítimo e do petróleo, que já seriam suficientes para mensurar o significado da dependência do Brasil em relação ao mar, pode-se mencionar outras potencialidades econômicas, como, por exemplo, a pesca. Em que pese a vastidão da área a explorar, a pesca permanece praticamente artesanal, enfrentando dificuldades que elevam os custos e limitam a produção, quando poderia ser uma valiosa fonte para a geração de empregos, bem como um poderoso aliado para o desenvolvimento de programas sociais. Existem outras potencialidades menos tangíveis, como os nódulos polimetálicos, jazentes sobre o leito do mar e cuja exploração, economicamente inviável no presente, poderá se tornar considerável filão de riquezas no futuro.

Na Amazônia Verde, as fronteiras que o Brasil faz com seus vizinhos são fisicamente demarcáveis e estão sendo efetivamente ocupadas com pelotões de fronteira e obras de infraestrutura. Na Amazônia Azul, entretanto, os limites das nossas águas jurisdicionais são linhas sobre o mar. Elas não existem fisicamente. O que as define é a existência de navios patrulhando-as ou realizando ações de presença. Para tal, a Marinha tem que ter meios e há que se ter em mente que 'Esquadras não se improvisam'.

Assim, para que em futuro próximo possa existir uma estrutura capaz de fazer valer os direitos do Brasil no mar, imperioso que sejam delineadas e implementadas políticas para a exploração racional e sustentada das riquezas da Amazônia Azul, bem como sejam alocados os meios necessários para a vigilância e a proteção dos interesses do Brasil no mar"[66].

De fato, a Convenção das Nações Unidas sobre o Direito do Mar estipulou que todos os bens econômicos existentes no seio da massa líquida, sobre o leito do mar e em seu subsolo marinho, ao longo de uma faixa litorânea de 200 milhas marítimas de largura,

---

[66] Disponível em: <http://www.defesanet.com.br/marinha/amazoniaazul>. Acesso em: 24 fev. 2011.

a chamada Zona Econômica Exclusiva (ZEE), fazem parte da propriedade exclusiva do país ribeirinho. Essa distância, no entanto, pode ser ultrapassada pela Plataforma Continental (PC) – prolongamento natural da massa terrestre de um Estado costeiro estendendo a propriedade econômica desse Estado a até 350 milhas marítimas. No caso brasileiro, essas duas áreas (PC+ZEE) caracterizam a Amazônia Azul.

Ao tratar deste tema, Neves e Otaviano[67] destacam que os 960 mil km² correspondentes à área total reivindicada além das duzentas milhas náuticas se distribuem ao longo da costa brasileira, principalmente nas regiões Norte (região do Cone do Amazonas e Cadeia Norte brasileira), Sudeste (Região da Cadeia Vitória-Trindade e Platô de São Paulo) e Sul (região de Platô de Santa Catarina e Cone do Rio Grande) e equivalem à soma das áreas dos Estados de São Paulo, Paraná, Santa Catarina e Rio Grande do Sul.

Nesses termos, a área oceânica sob jurisdição brasileira totalizará 4,4 milhões de km² o que corresponderá, aproximadamente, à metade da área terrestre do nosso território, e é considerada a nossa Amazônia Azul e que em abril de 2007, a CLPC emitiu um relatório de recomendações, que sugeria ao Brasil um certo recuo, em torno de 20 a 35%, com a apresentação de um estudo com a propositura de outros limites. Por consequência, a Comissão Interministerial para os Recursos do Mar (CIRM), na sua 168ª Sessão Ordinária, decidiu que fosse elaborada uma Proposta de Revisão de Limite Exterior da Plataforma Continental Brasileira além das duzentas milhas, a ser oportunamente encaminhada à CLPC. Na elaboração dessa proposta, a margem continental brasileira foi dividida em três áreas: Região Sul, Região Equatorial e Região Oriental, sendo que a mesma ainda encontra-se em fase de elaboração. Todavia, a partir dos significativos avanços obtidos na Região Sul é que se deu a motivação para se realizar a Proposta Parcial dessa Região, cujo prazo de apresentação ocorreu em outubro de 2014, conforme deliberado na 63ª Sessão Ordinária da Subcomissão para o LEPLAC, realizada em 11 de setembro de 2013. A proposta foi prontificada na data prevista, encaminhada à ONU em abril de 2015 e apresentada àquela Organização em 26 de agosto de 2015.

Assim sendo, pode-se afirmar que o território brasileiro possui atualmente aproximadamente 13 milhões de km², sendo 8,5 milhões de km² de território seco e 4,5 milhões de km² de território molhado e que o aumento do território brasileiro, com a inserção da Amazônia Azul, denota uma grande conquista em face das vertentes que contemplam a matéria: a econômica, a ambiental, a científica e a estratégica.

---

[67] NEVES, Marcelo; OTAVIANO, Eliane. A elevação do Rio Grande e a Importância estratégica do Brasil no Atlântico Sul, in MARTINS, Eliane O.; OLIVEIRA, Paulo Henrique. *Direito marítimo, portuário e aduaneiro*. Belo Horizonte: Arraes, 2019, p. 343.

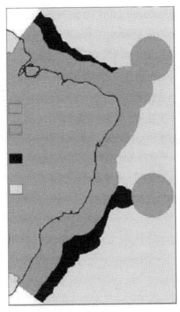

Fonte: Projeto Leplac.

Para se ter ideia do afirmado, no mar encontram-se muitas riquezas, como por exemplo, petróleo, gás, hidrocarbonetos e outras, além do que nesse território desenvolve-se mais de 90% do comércio internacional brasileiro. Não se pode olvidar que na área que compreende a Amazônia Azul existem outras atividades que abarcam as vertentes acima indicadas passando pelo turismo, pesca, exploração de riquezas existentes no solo e subsolo e a prática de esportes.

Em estudo específico sobre o tema, Flamino[68] destaca que a Amazônia Azul pode ser estudada sob quatro enfoques distintos: econômico, ambiental, científico e o da soberania. Quanto ao primeiro, de natureza econômica, destaca a questão do transporte marítimo e dos recursos energéticos que representam 95% e 90%, respectivamente, em termos planetários[69], além do turismo e do lazer. Em relação ao meio

---

[68] FLAMINO, Leandro Gabriel. *Amazônia azul*: conheça a importância dessa riqueza nacional. Disponível em: <https://www.politize.com.br/amazonia-azul-conheca-a-importancia-dessa-riqueza-nacional/>. Acesso em: 4 set. 2022.

[69] Idem: "Tem-se que o transporte marítimo representa 95% do comércio exterior. Os recursos energéticos, cuja área alberga as bacias petrolíferas mais significativas do planeta, é uma das dez maiores reservas de petróleo do mundo. Outro fato é que mais de 90% do petróleo brasileiro é explorado nas plataformas marítimas. O gás natural ali encontrado é suficiente para manter o mercado interno e 87% deste mercado de gás natural é extraído do oceano. Os recursos vivos ainda não são amplamente conhecidos, porém estima-se que possa ultrapassar a biodiversidade da Amazônia Legal. A matriz de energia elétrica através da maremotriz (marés e correntes do mar) e através de energia eólica também são um forte potencial econômico. Dos recursos minerais, como areia e cascalhos, vão para a construção civil; nódulos polimetálicos (óxido de ferro;

ambiente[70], destaca que a área é constituída por seis biomas e três grandes ecossistemas marinhos e, no que tange aos aspectos científicos[71], afirma que a Amazônia Azul constitui uma das últimas e mais importantes fronteiras científicas por desbravar, além de representar um patrimônio de valor inestimável para a herança científica brasileira. Por fim, os aspectos voltados à soberania[72], em que aponta a necessidade de proteger a área em razão da elevada cobiça internacional que existe na área.

Por essas e outras razões é que a Amazônia Azul tem sido alvo de grande cobiça no cenário internacional, a exemplo da Amazônia Verde.

---

alumínio; manganês; cobalto puro; cobre; níquel; vanádio; carbonatos), para a indústria de agroquímicos; o fosfato e sais minerais para produção de fertilizantes; ilmenita para tintas; o neodímio para energia eólica; sal-gema para a indústria de alimentos, bem como a pesca que representa 45% do consumo nacional. Além do titânio, diamante, césio, ouro, fósforo, carvão, hidrato de metano, enxofre, etc.".

[70] Ibidem: "o Brasil possui um verdadeiro tesouro de biodiversidade na Amazônia Azul que é de magnitude desconhecida não só pelo Brasil, mas por toda a comunidade científica internacional. Tem-se a preocupação com a extração racional e sustentável dos recursos, preservando o ecossistema marinho que ali é complexo e frágil, o qual vive ameaçado pelas mudanças climáticas, aumento de dióxido de carbono (CO_2), catástrofes ambientais, plásticos e outras toxinas. A biodiversidade e os recursos minerais marinhos representam uma reserva econômica estratégica para as atuais e futuras gerações de brasileiros.

[71] Ibidem: "No Brasil são gerados programas de pesquisas e ações sobre prismas às possibilidades marítimas, e para uso racional das águas jurisdicionais brasileiras das quais avaliam a potencialidade mineral; assim como avaliam, monitoram e conservam a biodiversidade marinha. Além de notório conhecimento para a indústria cosmética, um bom exemplo de que se pode encontrar respostas através da ciência marinha para a saúde, é da elaboração da AZT (coquetel) no combate à AIDS".

[72] Ibidem: "A história ensina que se um país possui um bem valioso, do qual ocorra cobiça ou demanda de outros atores, ali se encontra uma situação de insegurança para esta nação, da qual deve se cercar de meios dissuasivos de poder. Depois de expor uma breve importância da Amazônia Azul, uma conclusão lógica é a de que somos de tal maneira dependentes das águas, da que se constitui em uma de nossas grandes vulnerabilidades. Dessa maneira, investimentos em desenvolvimento de tecnologias para o monitoramento deste bem valioso devem ser feitos. (In)diretamente, tais investimentos fortalecem a Base Industrial de Defesa (BID) brasileira que, na vertente da soberania marítima, é para negar o uso do mar ao inimigo e projetar poder sobre terra, contribuindo para dissuasão que é a característica mais importante e desejável pois permite que os interesses nacionais marítimos sejam resguardados".

Parte III
As Organizações Internacionais

Capítulo VII
Teoria Geral das Organizações Internacionais

1. ANTECEDENTES

As Organizações Internacionais não surgem com os Estados nacionais, tampouco nos remotos tempos da Sociedade Internacional. Trata-se de uma "construção" contemporânea[1]. Como já apresentado na presente obra, na história do direito internacional há

---

[1] Embora GARCIA, Eugênio. *Conselho de Segurança das Nações Unidas*. Brasília: FUNAG, 2013, p. 15, inicie a abordagem afirmando que as organizações internacionais se apresentem aos primórdios da civilização, o mesmo destaca que as mesmas, na linha de raciocínio apresentado no Curso, deu-se em passado recente, como registrado: "Embora a história da organização internacional seja antiga e remonte aos primórdios da civilização, é de natureza relativamente recente o ímpeto de criar organizações permanentes ou mecanismos incumbidos de prevenir conflitos, banir a guerra e resolver o 'problema da ordem' nas relações entre Estados soberanos. No século XIX, as grandes potências detinham a supremacia sobre o gerenciamento da ordem mundial, os conceitos nos quais se baseava essa ordem e as decisões estratégicas cruciais em questões de guerra e paz. Desde os tempos antigos, argumentava-se, o protagonismo nessa área havia sempre pertencido aos que acumulavam maior poder. Essa sabedoria convencional era raramente desafiada. O Concerto Europeu que emergiu após o Congresso de Viena de 1815 poderia ser descrito como um mecanismo de concertação de potências destinado a conduzir assuntos internacionais (majoritariamente europeus) segundo as visões, os interesses e as necessidades dos atores principais. O direito internacional em construção de certo modo refletia esse entendimento ao legitimar, proteger e conferir liberdade de ação àquelas mesmas potências. Na era do imperialismo, das conquistas coloniais e da diplomacia das canhoneiras, a ameaça e o uso da força contra povos 'semibárbaros' ou 'não civilizados' era uma prática comum, avalizada pelo espírito da época e amparada em normas e discursos justificadores. Nesse mundo dominado pelas assimetrias de poder, sem restrições legais à coerção militar unilateral e sem organizações multilaterais de caráter político, Estados pequenos ou potências médias, quando não assediados, invadidos ou ocupados, eram no mais das vezes relegados a um *status* secundário. As Conferências da Paz da Haia, uma das primeiras experiências de diplomacia multilateral tal qual a conhecemos, incluía países de diferentes regiões. Esses conclaves, no entanto, tinham uma agenda mais estreita e seu foco era jurídico, em busca de uma regulamentação mais elaborada da guerra, admitindo-a ser um dado da realidade que caberia disciplinar. Convocada por iniciativa do czar da Rússia, Nicolau II, a Primeira Conferência da Haia, em 1899, reuniu 26 Estados, mas da América Latina apenas o México esteve representado. Já na Segunda Conferência, em 1907, dos 44 Estados participantes, 18 eram latino-americanos, incluindo o Brasil. Ao contrário dos grandes congressos tradicionais, destinados às negociações conclusivas de guerras envolvendo potências de primeira ordem, as Conferências da Haia tinham por objetivo discutir mecanismos de preservação da paz e de solução pacífica dos conflitos. Havia pouco espaço para suscitar demandas políticas por maior participação em decisões-chave por parte de países fora do círculo de ferro do poder".

fatos que comprovam a celebração de tratados internacionais ainda na Antiguidade, todavia, as Organizações Internacionais ainda não estavam presentes em período remoto. Isso porque as relações de poder estavam concentradas em fortes grupos internos e quase nenhum desenvolvimento de relações externas, não havendo antecedentes de um organismo que pudesse assumir o papel de um "núcleo de poder" diferente da realidade concebida pelos povos antigos.

Na Idade Média, as atividades estavam concentradas basicamente no papel da Igreja que possuía, inclusive, a faculdade de liberar um chefe de Estado do cumprimento de um tratado. Como sustenta Aréchaga, a Europa cristã girava em torno do princípio da unidade, cujo vértice se situava o Papado e o Império. No mundo islâmico essa figura eram os Califas e no Oriente havia uma gravitação em torno do Império Chinês[2].

Com a transição do feudalismo para o capitalismo (Idade Média para Idade Moderna), com suas consequências e implicações para o mundo, bem como o florescimento de várias cidades independentes e o contínuo amadurecimento da formação dos conglomerados nacionais, verifica-se a mutação das relações de poder entre esses novos atores. Entretanto, ainda não havia se manifestado nenhum ente que pudesse assumir o papel de um organismo internacional. Não se pode olvidar que a partir dos descobrimentos marítimos feitos por Portugal e Espanha, nos séculos XV e XVI, os interesses preponderantes no plano internacional que anteriormente estavam centrados na questão militar, passam a se revestir de interesses econômicos, a que aderiram a França, Inglaterra e Holanda.

A partir do capitalismo mercantil na Europa, que culminou com a conquista de colônias em busca de matérias primas e mercados consumidores e na destruição de civilizações pré-colombianas à cata de metais preciosos, acabou-se por promover a balança comercial favorável que enriqueceu as monarquias europeias emergentes. Na Idade Moderna houve enorme crescimento do direito internacional atribuindo-se, principalmente, ao Tratado de Vestefália[3] a referência e a construção dos pilares básicos da matéria que concebemos hodiernamente.

Após os tratados celebrados aos 24 de outubro de 1648 que assinaram a Paz de Vestefália (Tratado de Múnster, cujos signatários foram Estados católicos, e Tratado de Osnabruck, com signatários protestantes envolvidos na luta) houve o início de uma nova era com o fim da Guerra dos Trinta Anos. Findo o período das guerras religiosas aqueles

---

[2] GUERRA, Sidney. *Direito das Organizações Internacionais*. 2. ed. Curitiba: Instituto Memória, 2020, p. 21

[3] LISZT, Franz Von. *Derecho internacional público*. Barcelona: Gráfica Moderna, 1929, p. 25: "La paz de Vestfalia de 1648, resultado de las primeras deliberaciones generales, llevadas a cabo por representantes de casi todos los Estados europeos, pone término al primer período, y es como una iniciación del derecho internacional moderno, que no pretende ciertamente crear un Derecho internacional común, pero que es el primer síntoma importante de su existencia. La igualdad de los Estados cristianos sin diferencia de confesiones ni de formas políticas y, por lo tanto, el reconocimiento de la comunidad de los Estados cristianos, halló su fórmula de expresión en el principio del equilibrio europeo".

tratados foram o ponto de partida do Direito internacional Moderno[4]. Dos Tratados de Vestefália podem ser sintetizados alguns pontos importantes, de onde florescem os primeiros passos para uma regulamentação internacional positivada: a) igualdade soberana e independência recíproca dos Estados; b) independência dos Estados em relação à Santa Sé; c) identidade dos Estados monárquicos e republicanos dentro da sociedade internacional. Já no século XVII, a soberania dos Estados, a igualdade e a independência estabelecidas reciprocamente no plano internacional traduzem a nova característica da ordem europeia na Idade Moderna.

Com efeito, em que pesem as grandes transformações ocorridas nesse período no campo do direito internacional, não existiam ainda organizações internacionais em razão de os Estados manterem uma postura isolacionista em relação aos outros Estados. Todavia, esse quadro começa a ser modificado no curso do século XIX ao iniciarem (Estados) um "processo de abertura" no campo das relações internacionais. Isso porque os Estados começam a perceber a necessidade de desenvolverem ações integradas com outros Estados para que pudessem alcançar melhores resultados em diversas áreas e atividades, a serem produzidas na arena internacional. Neste sentido, as palavras de Manuel Diez de Velasco: Los Estados pronto fueron conscientes de que muchos de sus problemas no podían ser ya resueltos en el marco estrictamente nacional, y que su solución pasaba necesariamente por la cooperación entre ellos. Efectivamente, numerosos aspectos de la vida cotidiana, tales como el tráfico postal, las telecomunicaciones, el ferrocarril, la navegación fluvial o el comercio internacional, al trascender las fronteras, exigían una acción concertada de los Estados, para lo que la técnica tradicional del acuerdo bilateral resultaba insuficiente. A lo que se unía, además, el hecho de que en la vida internacional se estaban afirmando progresivamente una serie de intereses colectivos frente a problemas mundiales como la paz, el desarrollo o el medio ambiente, cuya satisfacción desbordaba las posibilidades de un solo Estado[5].

Diante disso, os Estados se convenceram de que era necessário emergir no sistema internacional uma postura mais participativa fomentando, dessa forma, o sentimento de cooperação e, portanto, a necessária criação das Organizações Internacionais.

Sem embargo, o estudo das Organizações Internacionais pode ser contemplado em fases históricas. A primeira delas, inaugurada pelo Congresso de Viena, apresenta como principal contribuição o fato de ter desenvolvido a diplomacia multilateral, consoante as palavras de Von Liszt:

"El Congreso de Viena dió a Europa una nueva división política, que en lo esencial se há conservado hasta los tratados de París, que pusieron término a la guerra mundial (1919), prescindiendo de las naturales modificaciones debidas a los movimientos de la unidad italiana y alemana. Entre los acuerdos políticos del Congreso de Viena merecen

---

[4] LITRENTO, Oliveiros. *Curso de direito internacional público*. 3. ed. Rio de Janeiro: Forense, 1997, p. 24.

[5] VELASCO, Manuel Diez de. *Las organizaciones internacionales*. 14. ed. Madrid: Tecnos, 2007, p. 38.

destacarse: la creación del reino de los Países Bajos, el reconocimiento de la neutralidad permanente Suiza y la aceptación de la Federación alemana independiente del 8 de junio de 1815. La habilidad de Inglaterra logró impedir la nueva reglamentación del Derecho de guerra marítimo. El Derecho internacional adquirió nuevo impulso: a) reglamentando la jerarquía de los embajadores; b) condenando enérgicamente la trata de negros; c) reconociendo en principio la libertad de navegación por todas las vías internacionales y aplicando este principio fundamental al Rin"[6].

É bem verdade que ainda não existia uma estrutura institucionalizada e permanente, mas a partir desses encontros, que passaram a ser realizados com maior periodicidade, é que foram constituídas as Organizações Internacionais. Sobre este ponto Manuel Velasco adverte que:

"El orígen de las OI se pueden situar en un momento histórico bastante preciso, constituido por un largo período de paz – relativa – y progreso científico y técnico que conoció la Humanidad desde que finalizan las guerras napoleónicas hasta se inicia la Primera Guerra Mundial. Durante este período de tiempo, que va de 1815 a 1914, la Sociedad internacional asiste al desarrollo de dos fenómenos que al confluir van a posibilitar el nacimiento de las OI modernas: el de las Conferencias internacionales y el del establecimiento de estructuras institucionales permanentes. El primero de ellos, el representado por la multiplicación de Conferencias internacionales, trae consigo el desarrollo de una diplomacia parlamentaria y la utilización de un nuevo instrumento jurídico: el tratado multilateral (cuyo primer ejemplo fue precisamente el Acta final del Congreso de Viena de 9 de junio de 1815). Las grandes potencias vencedoras de las guerras napoleónicas comenzaron a reunirse con cierta periodicidad en el seno de Conferencias internacionales, adoptando acciones concertadas destinadas a diseñar primeramente un nuevo orden europeo y más tarde solucionar los problemas referentes a los territorios no europeos surgidos de la expansión colonial. A finales del siglo XIX las Conferencias internacionales empiezan a desbordar el continente europeo, lo que se inicia en las Conferencias de Paz de La Haya de 1899 y sobre todo de 1907, que se van a constituir en un importante punto de referencia en la evolución de las OI, pues marcan una clara tendencia hacia la periodicidad y hacia la universalización, al tiempo que diseñan las primeras instituciones jurisdiccionales. La segunda vía es la representada por las Uniones administrativas internacionales destinadas a canalizar de manera permanente e institucionalizada la acción concertada de sus Estados miembros en sectores técnicos específicos, tales como las comunicaciones, la higiene, la industria, la agricultura etc."[7].

A segunda etapa do estudo das Organizações Internacionais, que tem a Liga das Nações como maior expoente, reflete o aperfeiçoamento progressivo destas, sendo "marcado pelo acentuar de uma tendência universalista, pelo alargamento do âmbito de suas

---

[6] LISZT, Franz von. *Derecho internacional público.* Barcelona: Gráfica Moderna, 1929, p. 28.

[7] VELASCO, Manuel Diez de. *Las organizaciones internacionales.* 14. ed. Madrid: Tecnos, 2007, p. 40.

238

estruturas orgânicas, administrativas e financeiras, pela abertura a novos sistemas de formação da sua vontade, pelo acolhimento de novas soluções de representação dos Estados-Membros nos seus órgãos e ainda pela introdução de formas de coordenação interinstitucional"[8].

A Liga das Nações tratava-se de uma organização intergovernamental de natureza permanente, baseada nos princípios da segurança coletiva e da igualdade entre os Estados e suas atribuições essenciais estavam assentadas em três grandes pilares: a segurança internacional; a cooperação econômica, social e humanitária; e a execução do Tratado de Versalhes que pôs termo à Primeira Guerra Mundial.

Essa Organização Internacional apresentou mudanças significativas no que tange ao aspecto estrutural, ao apresentar um órgão (o Conselho) constituído por um número fechado de Estados-Membros e como característica comum o fato de serem potências; no funcionamento dos órgãos, como, por exemplo, nas deliberações da Assembleia que decidia por maioria de dois terços; e nas relações institucionais, ao atribuir competências diversas para a Liga, inclusive de natureza política.

Mas é na chamada terceira etapa, após o ano de 1945, que se observa a proliferação das Organizações Internacionais, com a criação da Organização das Nações Unidas, bem como devido ao progresso da tecnologia que modificou as relações internacionais.

Não se pode olvidar de fato relevante acerca da transformação das relações internacionais e que concebeu a mudança de paradigma em relação às Organizações Internacionais, por ocasião do assassinato do Conde Folke Bernadote e outras pessoas que se encontravam a serviço das Nações Unidas em Jerusalém, no ano de 1948[9].

A Assembleia Geral indagou à Corte Internacional de Justiça se poderia apresentar uma reclamação internacional contra o Estado responsável no intuito de obter indenização pelos danos causados às vítimas, bem como à Organização[10]. Assim, encaminhou a seguinte consulta à Corte Internacional de Justiça: "en caso de que un agente de las

---

[8] MARTINS, Margarida Salema d' Oliveira, *Direito das organizações internacionais*. 2. ed. Lisboa: Associação Acadêmica da Faculdade de Direito de Lisboa, 1996, p. 44.

[9] Sobre este caso, REZEK, Francisco. *Direito internacional público*: curso elementar. São Paulo: Asriva, 1996, p. 280, destacou: "No parecer consultivo referente ao caso Bernadote, a Corte de Haia revelou que não apenas os Estados podem proteger seus súditos no plano internacional, mas também as organizações internacionais encontram-se habilitadas a semelhante exercício, quando um agente a seu serviço torna-se vítima de ato ilícito. Não há entre o agente e a organização um vínculo de nacionalidade, mas um substitutivo deste para efeito de legitimar o endosso, qual seja o vínculo resultante da função exercida pelo indivíduo no quadro da pessoa jurídica em causa. A essa moderna variante da proteção diplomática dá-se o nome de proteção funcional".

[10] SALCEDO, Juan Carrillo. *Curso de derecho internacional*. Madrid: Tecnos, 1991, p. 29 adverte: "Según el derecho internacional tradicional, la reclamación internacional contra el Estado responsable, por no haber impedido el crimen ni haber actuado contra los culpables, únicamente podría ser presentada por los Estados de los que las víctimas eran nacionales, con lo que la pretensión de la Organización de las Naciones Unidas de estar legitimada para presentar directamente una reclamación internacional suponía una innovación y suscitaba un problema previo: el de si la Organización tenía o no personalidad internacional para formular la reclamación en cuestión".

Naciones Unidas, en el desempeño de sus funciones, sufra un daño en circunstancias tales que impliquen la responsabilidad de un Estado, tienen las Naciones Unidas competencia para presentar una reclamación internacional contra el Gobierno responsable a fin de obtener reparación de los daños sufridos?"[11].

A resposta da Corte Internacional de Justiça foi afirmativa tendo e sustentado que o desenvolvimento do Direito Internacional levou à criação da Organização das Nações Unidas, em 1945, cujos propósitos e princípios estão previstos no tratado institutivo e, para tanto, é indispensável que a organização tenha personalidade internacional, como se vê:

"Em qualquer sistema jurídico, os sujeitos de direito não são necessariamente idênticos na sua natureza ou na extensão dos seus direitos, dependendo a sua natureza das necessidades da comunidade. Através da sua história, o desenvolvimento do Direito Internacional foi influenciado pelas exigências da vida internacional, tendo o aumento progressivo das atividades coletivas dos Estados dado origem a exemplos de atuações, no plano internacional, de certas entidades que não Estados". Este desenvolvimento culminou na criação, em junho de 1945, de uma organização internacional cujos fins e princípios se encontram consagrados na Carta das Nações Unidas. Contudo, para alcançar estes fins, é indispensável a atribuição da personalidade jurídica internacional.

A Carta não se limitou meramente a tornar a Organização por si criada num centro destinado a harmonizar as ações das nações na consecução destes fins comuns. Ela dotou esse centro de órgãos, atribuindo-lhes tarefas especiais. Definiu a posição dos membros em relação à Organização, exigindo que lhe prestassem toda a assistência em qualquer ação que ela empreendesse e que aceitassem e cumprissem as decisões do Conselho de Segurança; autorizando que a Assembleia Geral fizesse recomendação aos membros; conferindo à Organização capacidade jurídica, privilégios e imunidades no território de cada um dos membros e prevendo a celebração de acordos entre a Organização e seus membros. A prática – em especial a conclusão de convenções nas quais a Organização é parte – confirmou este caráter da Organização que, em determinados aspectos, ocupa uma posição distinta da dos seus membros, e que tem o dever de, se necessário, os recordar de certas obrigações. Deve acrescentar-se que a Organização é um organismo político, encarregado de tarefas políticas importantes que abrangem um vasto campo, concretamente, a manutenção da paz e segurança internacionais, o desenvolvimento de relações amigáveis entre as nações e a realização de uma cooperação internacional para a resolução de problemas de natureza econômica, social, cultural ou humanitária e que recorre a meios políticos para lidar com os seus membros. A Convenção sobre os privilégios e imunidades das Nações Unidas, de 1946, cria direitos e deveres entre cada um dos signatários e a Organização. É difícil conceber como é que uma convenção pode atuar a não ser no plano internacional e entre partes possuidoras de personalidade jurídica internacional.

---

[11] SALCEDO, Juan Carrillo. *Curso de derecho internacional.* Madrid: Tecnos, 1991, p. 29.

Na opinião do Tribunal, a Organização destinava-se a exercer funções e gozar de direito que, de fato, exerce e goza, o que só se pode explicar com base na posse de uma personalidade jurídica internacional e de capacidade de atuar no plano internacional. Esta organização constitui o tipo supremo de organização internacional e não poderia cumprir os desígnios dos seus fundadores caso fosse desprovida de personalidade jurídica internacional. Deve-se reconhecer que seus membros, ao confiarem certas funções, com os deveres e responsabilidades que as acompanham, dotaram-na da competência necessária para permitir que essas funções fossem eficazmente desempenhadas.

Em consequência, o Tribunal conclui que a Organização é uma pessoa jurídica internacional. Isto não é o mesmo que afirmar que a Organização é um Estado, algo que certamente não é, ou que a sua personalidade jurídica e os seus direitos e deveres são os mesmos que os de um Estado. Ainda menos é afirmar que a Organização é "um superestado", qualquer que seja o significado desta expressão. Nem sequer implica que todos os direitos e deveres de um Estado devam existir nesse mesmo plano. O que, de fato, significa é que se trata de um sujeito de direito internacional, suscetível de possuir direitos e deveres internacionais e que tem a capacidade de defender os seus direitos através de apresentação de reclamações internacionais.

Complementando o asserto[12], Salcedo salienta que "este párrafo del dictamen de 11 de abril de 1949, en el que se reconoce y afirma la personalidad jurídica internacional de la Organización de las Naciones Unidas como necesariamente implícita en su tratado fundacional, a pesar de que la Carta se refiera explícitamente solo a la capacidad jurídica de la Organización en el territorio de los Estados miembros, ha permitido sostener, como ya tenido ocasión de señalar, que los Estados no son los únicos sujetos del Derecho Internacional ya que junto a ellos, es preciso considerar a otras entidades igualmente sujetos del Derecho Internacional contemporáneo, y en particular las Organizaciones Internacionales intergubernamentales[13].

Sem embargo, as organizações internacionais se apresentam hodiernamente como um importante sujeito de direito internacional[14] e seu estudo tem recebido inegável vigor

---

[12] THIERRY, Hubert. *Droit international public*. Paris: Éditions Montchrestien, 1975, p. 257: "Comme l'État, l'organisation tire un certain nombre de pouvoirs de son existence de fait, indépendamment de son existence de droit em vertu du traité; comme l'État, elle s'impose dans l'ordre international, hors de toute manifestation de volonté de la part de ceux qui subissent son poids. La CIJ a reconnu compétence à l'ONU pour présenter des réclamations internationales contre um gouvernement responsable de dommages qui lui avaient été causés (avis du 11 avril 1949)".

[13] SALCEDO, Juan Carrillo. *Curso de derecho internacional*. Madrid: Tecnos, 1991, p. 29.

[14] Sobre a importância das Organizações Internacionais, CARRIÓN, Alejandro J. Rodriguez. *Lecciones de derecho internacional público*. 6. ed. Madrid: Tecnos, 2006, p. 56, afirma: "La importancia de las Organizaciones Internacionales es verificable en un doble dato: porque empieza a afirmarse sin paliativos su personalidad jurídica internacional y porque constituyen un elemento insoslayable en la comprensión y funcionamiento de la sociedad internacional actual, hasta el punto de que sus competencias y poderes son distintos a los de los Estados miembros, constituyéndose en sujeto cuya voluntad no es meramente la suma de las voluntades individuales de los Estados,

a partir das espetaculares transformações produzidas, especialmente no pós-Segunda Grande Guerra, onde são observados alguns fenômenos importantes, tais como o universalismo (com a criação do sistema onusiano que desenvolve uma espécie de "governança global"), o regionalismo (com o surgimento de vários blocos econômicos ensejando inclusive a formação de vínculos comunitários) e o funcionalismo (com a correspondente cooperação interestatal em domínios funcionais). Como enfatiza Ridruejo, "hoy el sistema internacional es heterogéneo puesto que, junto a los actores tradicionales, que son los Estados, desempeñan un papel importante las organizaciones internacionales, que han adquirido una relativa independencia respecto a los Estados miembros y se encuentran en condiciones de tomar decisiones autónomas y desempeñar funciones específicas"[15].

Os Estados perceberam a existência de certos problemas que não poderiam ser resolvidos sem a colaboração dos demais membros da sociedade internacional e, consequentemente, a necessidade de criar organismos para ajudar neste propósito[16].

De fato, as organizações internacionais[17] têm produzido transformações importantes no campo das relações internacionais, principalmente com o crescimento significativo do número de organizações no curso do século XX[18], suscitando a necessidade de se formular uma verdadeira Teoria Geral das Organizações Internacionais[19].

---

y sin que, por otra parte, y como sugiriera la Corte en el asunto de las actividades militares y paramilitares en y contra Nicaragua (1986), los Estados puedan accionar individualmente las competencias que previamente han atribuido a las Organizaciones Internacionales a través de sus tratados constitutivos".

[15] RIDRUEJO, José A. Pastor. *Curso de derecho internacional público y organizaciones internacionales*. 10. ed. Madrid: Tecnos, 2006, p. 649.

[16] SALCEDO, Juan Carrillo. *Curso de derecho internacional*. Madrid: Tecnos, 1991, p. 61: "Las necesidades de la cooperación se hicieron sentir desde comienzos del siglo XIX en materias económicas, sociales y técnicas, esto es, en ámbitos no políticos, en los que resultaba evidente la existencia de problemas que requerían un tratamiento común y una administración internacional. De este modo, sectores muy extensos de la actividad internacional quedaron enmarcados en pocos años en administraciones internacionales; tal fue el caso, por ejemplo, de las Comisiones Fluviales y las Uniones Administrativas".

[17] Para leitura completa deste estudo, recomenda-se a leitura de GUERRA, Sidney. *Direito das organizações internacionais*. Curitiba: Instituto Memória, 2020.

[18] MACHADO, Jónatas E. M. *Direito internacional. Do paradigma clássico ao pós-11 de setembro*. 3. ed. Coimbra: Coimbra Ed., 2006, p. 245, afirma: "A importância de algumas Organizações Internacionais é tão grande no plano internacional que há muito se fala, em relação a essas, de uma personalidade jurídico-internacional objetiva e primária, cujo alcance vai muito para além do reconhecimento dos Estados. A doutrina sublinha que se assiste atualmente à proliferação de Organizações Internacionais com importantes implicações no direito internacional. Uma contagem recente aponta para existência de cerca de 1000 Organizações Internacionais".

[19] VIRALLY, Michel. *El devenir del derecho internacional*. México: Fondo de Cultura Económica, 1998, p. 310: "La extraordinaria multiplicación, a partir de 1945, de las organizaciones interestatales, la diversificación progresiva de sus actividades y de sus marcos de acción, y la creciente complejidad de sus estructuras, hacen más necesaria y más urgente que nunca la elaboración de una teoría de la organización internacional. Puesto que toda organización internacional es ante todo una institución jurídica, establecida por medio de una acta jurídica y regida por reglas de derecho que someten a su autoridad tanto al funcionamiento de los órganos como al papel de los actores, la ciencia jurídica tiene buenas razones que hará valer para instituirse como artífice".

Alargando a discussão apresentada a título introdutório neste tópico, evidencia-se que as Organizações Internacionais surgiram no século XIX[20], após a sequência do Congresso de Viena (1814-1815)[21] que tratou da reorganização da Europa e da criação dos alicerces para viabilizar um sistema que pudesse garantir um equilíbrio entre as potências. Carrión afirma que Viena é importante por dois motivos principais na tentativa de organização da sociedade europeia:

"Si hasta ese momento la noción de soberanía habiase llevado a sus últimas consecuencias, rigiéndose las relaciones internacionales por la absoluta descentralización, desde ese momento las técnicas tradicionales de lo bilateral en lo diplomático y convencional van a experimentar un proceso progresivo de multilateralización, institucionalización y centralización de las relaciones interestatales. Con el Congreso de Viena el proceso de organización responderá a una doble necesidad: de una parte, la aspiración general a la paz y al progreso de las relaciones pacíficas. De otro lado, a la solución de una serie de necesidades concretas y limitadas, relativas a cuestiones precisas"[22].

Após a realização do referido Congresso, os Estados adotaram comportamento distinto do até então observado no campo das relações internacionais, por tentarem desenvolver um sistema que pudesse contemplar interesses que fossem convergentes. Interesses no campo político, no sentido de manutenção da paz e estabilidade internacional, bem como o desenvolvimento de atividades técnicas que ensejaram a formação de várias organizações internacionais. Inicia-se, de fato, uma tendência associativa na consecução de objetivos comuns para os Estados[23].

Foi assim que no próprio ato final do Congresso de Viena, no artigo 116, criou-se uma Comissão Internacional reguladora do estatuto legal do Rio do Reno, que é apontada como a mais antiga Organização Internacional[24].

---

[20] CARRIÓN, Alejandro J. Rodriguez. *Lecciones de derecho internacional público*. 6. ed. Madrid: Tecnos, 2006, p. 103: "Es a partir de mitad del siglo XIX cuando los Estados empiezan a proveer soluciones colectivas institucionalizadas a problemas comunes. Y en un principio, con las llamadas Comisiones Fluviales o con las primeras Uniones Administrativas, de una forma bastante modesta: era prácticamente un Estado quien habilitaba una sede y un funcionariado para constituirse en el medio colectivo en el que periódicamente se reunieran los delegados de los distintos Estados".

[21] O Congresso de Viena foi uma conferência internacional que contou com a presença de potências europeias com o escopo de redesenhar o mapa político da Europa após a derrota da França de Napoleão.

[22] CARRIÓN, Alejandro J. Rodriguez. *Lecciones de derecho internacional público*. 6. ed. Madrid: Tecnos, 2006, p. 34.

[23] MARTINS, Margarida Salema d' Oliveira. *Direito das organizações internacionais*. 2. ed. Lisboa: Associação Acadêmica da Faculdade de Direito de Lisboa, 1996, p. 35: "De acordo com o pragmatismo que dominou a gênese do fenômeno das Organizações Internacionais, estas foram criadas por adaptação de um instrumento clássico da vida internacional – as Conferências Diplomáticas – resultando da introdução nestas do elemento autonomia. As Organizações Internacionais surgem quando as Conferências Internacionais passam a periódicas, se veem dotadas de um secretariado permanente e de outros órgãos próprios, se servem de agentes internacionais e aparecem com poderes jurídicos que originariamente apenas eram reconhecidos aos Estados".

[24] Nesse sentido *vide* a obra de MARTINS, Margarida Salema d'Oliveira. *Direito das organizações internacionais*. 2. ed. Lisboa: Associação Acadêmica da Faculdade de Direito de Lisboa, 1996, p. 36.

A Comissão Internacional do Rio do Reno[25], sediada em Estrasburgo, constitui-se como um organismo de caráter permanente com a incumbência de disciplinar a navegação nesse rio. Para tanto, foi dotada de poderes para proceder, nas margens e no seu curso, as obras necessárias no intuito de facilitar a navegação, além de disciplinar o comportamento dos navegadores, podendo, inclusive, aplicar sanções pelo descumprimento das normas adotadas.

A organização internacional acima indicada pode ser definida como uma instituição criada com o objetivo de dirigir interesses comuns de diferentes Estados relativos ao Rio Reno (rio internacional), incumbindo-lhe particularmente garantir e reforçar a liberdade de navegação nesta via fluvial[26].

Com a Comissão Internacional do Rio do Reno e as demais organizações internacionais congêneres que são constituídas a partir desse momento (Elba[27] em 1821 e Danúbio[28] em 1856), inaugura-se um novo momento no campo das relações internacionais, fazendo com que essas tendências refletissem na "crescente tomada de consciência de interdependência, em diversos níveis, das posições dos diversos Estados e da insuficiência de instrumentos clássicos da diplomacia, favorecendo um movimento de realização de 'empresas de cooperação internacional' que conduziu à proliferação, desde a segunda metade do século XIX, das Organizações Internacionais"[29].

Como visto, o marco da criação das Organizações Internacionais se apresenta ainda na primeira metade do século XIX, mas é na segunda metade que ocorre sua proliferação[30]. Além disso, as Organizações Internacionais assumiram o caráter global com as chamadas Uniões Administrativas Internacionais[31].

---

[25] LISZT, Franz von. *Derecho internacional público*. Barcelona: Gráfica Moderna, 1929, p. 201: "Se basa en acta de navegación del Rin del 31 de marzo de 1831 sustituida por el convenio de Mannheim del 17 de octubre de 1868, entre Prusia, Baden, Baviera, Hessen, Francia y los Países Bajos. Para tomar parte en las deliberaciones sobre la navegación del Rin, cada uno de los Estados ribereños designó un plenipotenciario".

[26] MARTINS, Margarida Salema d'Oliveira. *Direito das organizações internacionais*. 2. ed. Lisboa: Associação Acadêmica da Faculdade de Direito de Lisboa, 1996, p. 36.

[27] LISZT, Franz von. *Derecho internacional público*. Barcelona: Gráfica Moderna, 1929, p. 202: "han sido creadas por el tratado de Versalles. La comisión del Elba consta de cuatro representantes de los Estados ribereños alemanes, de dos checoeslovacos y de uno de cada una de naciones siguientes: Inglaterra, Francia, Servia, Bélgica; la del Oder, de tres representantes de Prusia y uno de cada uno de los Estados siguientes: Polonia, Checoeslovaquia, Gran Bretaña, Francia, Dinamarca, Suecia; la del Memel (Niemen), de un representante de cada uno de los Estados ribereños y otros tres de los Estados que indique la Sociedad de las Naciones".

[28] LISZT, Franz von. *Derecho internacional público*. Barcelona: Gráfica Moderna, 1929, p. 202: "La comisión europea del Danubio contaba de un representante por cada uno de los siguientes Estados: Prusia, Áustria-Hungría, Francia, Inglaterra, Rumania, Rusia, Cerdeña (después Itália) y Turquia".

[29] MARTINS, Margarida Salema d'Oliveira. *Direito das organizações internacionais*. 2. ed. Lisboa: Associação Acadêmica da Faculdade de Direito de Lisboa, 1996, p. 35.

[30] Atentem para os dados fornecidos por BARBÉ, Esther. *Relaciones internacionales*. 2. ed. Madrid: Tecnos, 2006, p. 171: "El desarrollo funcional de las organizaciones internacionales va acompañado de un crecimiento numérico de las mismas. Así, mientras en 1914, antes de la primera guerra mundial, existían 37 organizaciones, en 1939, al inicio de la segunda, dicha cifra era de 79. Sin embargo, será a partir del final de la segunda guerra mundial cuando do el número de organizaciones comience a crecer de manera exponencial, hasta llegar a las 243 registradas hoy en día por el *Yearbook of International Organizations*".

[31] Expandindo a ideia, atente-se para as palavras de MARTINS, Margarida Salema d'Oliveira. *Direito das organiza-*

As Uniões Administrativas Internacionais surgem à medida que o progresso tecnológico avança e as relações entre os Estados e as pessoas passam a acontecer de forma mais intensa, especialmente no campo das comunicações e dos transportes. Como afirma Von Liszt, "estas uniones para fines especiales tienen un doble carácter. No son, en primer término, un grupo cerrado de Estados, p. ej., de las grandes potencias; en principio, al menos, la entrada es libre para todos aquellos Estados que se encuentren en determinadas circunstancias. Pero, además, estas agrupaciones se distinguen por su carácter permanente, que se manifiesta en la instalación de oficinas administrativas permanentes y en las conferencias regulares y periódicas, de los Estados adheridos. En esta forma datan las uniones del séptimo decenio del siglo XIX. Se les puede augurar un vigoroso desarrollo en lo por venir y aun pudieran ser como la síntesis orgánica de las agrupaciones especiales que existen hoy sin conexión alguna entre sí"[32].

A União Telegráfica Internacional, criada pela Convenção de Berna, de 1865, apresenta-se como a primeira de uma série de organismos dotada de competência especializada e de vocação mundial, que em virtude do progresso ocorrido no domínio das comunicações acabou por converter-se na União Internacional de Telecomunicações.

A União Geral dos Correios, instituída pela Convenção Postal de Berna, de 1874, foi transformada, no ano de 1878, na União Postal Internacional. No ano de 1875 é criado o Bureau Internacional de Pesos e Medidas e nos anos de 1883 e 1886, respectivamente, a União para a Proteção da Propriedade Intelectual e a Propriedade Literária e Artística. Em 1890 é constituída a Repartição Central dos Transportes Internacionais e, no ano de 1896, a União Radiotelegráfica Internacional.

Com efeito, o estudo das Organizações Internacionais corresponde a uma realidade dinâmica, isto é, surgem e se desenvolvem por uma necessidade da própria sociedade internacional (num primeiro momento constituída apenas por Estados) apresentando-se de forma progressiva em três grandes etapas históricas[33]: a) do Congresso de Viena (1814-1815)

ções internacionais. 2. ed. Lisboa: Associação Acadêmica da Faculdade de Direito de Lisboa, 1996, p. 39: "As Uniões Administrativas Internacionais apresentam-se como grandes associações de Estados criadas para a organização e direção de interesses comuns relativos a serviços públicos e com a proteção dos direitos dos particulares. As finalidades especiais que justificaram a criação das diversas Uniões Administrativas Internacionais foram variadíssimas. E, atendendo ao seu objeto, podemos classificar estas Uniões do seguinte modo: a) Uniões internacionais para melhorar as comunicações; b) Uniões internacionais para a proteção de interesses econômicos; c) Uniões internacionais com fins científicos; d) Uniões internacionais para a defesa da saúde pública; e) Uniões internacionais com fins humanitários; f) Uniões internacionais para a proteção de interesses intelectuais".

[32] LISZT, Franz von. Derecho internacional público. Barcelona: Gráfica Moderna, 1929, p. 207.

[33] VELASCO, Manuel Diez de. Las organizaciones internacionales. 14. ed. Madrid: Tecnos, 2007, p. 39: "El origen de las OI se puede situar en un momento histórico bastante preciso, constituido por ese largo periodo de paz – relativa – y de progreso científico y técnico que conoció la Humanidad desde que finalizan las guerras napoleónicas hasta que se inicia la Primera Guerra Mundial. Durante ese período de tiempo, que va de 1815 a 1914, la Sociedad Internacional asiste al desarrollo de dos fenómenos que al confluir van posibilitar el nacimiento de las OIs modernas: en el de las Conferencias internacionales y el del establecimiento de estructuras institucionales permanentes".

até o final da Primeira Guerra Mundial (1918); b) da Primeira Guerra Mundial (1918) até o final da Segunda Guerra Mundial (1945); e c) após a Segunda Guerra Mundial até os dias atuais.

É bem verdade que na primeira etapa do processo de formação das Organizações Internacionais, estas se apresentavam em uma configuração bastante distinta das que existem nos dias atuais (ainda assim importantes), especialmente em relação às estruturas. Entretanto, na segunda etapa percebe-se um enorme avanço na composição das Organizações Internacionais, principalmente em razão dos efeitos produzidos nos Estados e, por consequência, para as pessoas, em decorrência da Primeira Guerra Mundial. Surgiu, verdadeiramente, um sentimento acerca da necessidade de se constituírem no campo das relações internacionais um sistema que pudesse garantir a paz e a segurança internacional, culminando com a criação da Liga das Nações.

Sem dúvida, a experiência do século XIX foi utilizada para estabelecer uma Organização Internacional de órgãos permanentes e procedimentos institucionalizados e preestabelecidos, suscitando assim, já no século XX, a criação da Liga das Nações e, posteriormente, da Organização das Nações Unidas, a ser apresentado no próximo capítulo. Evidencia-se, pois, a relevância das Organizações Internacionais na atualidade e, por consequência, o surgimento do direito que a regula.

As Organizações Internacionais[34] se apresentam como sujeitos de Direito Internacional. É bem verdade que as normas produzidas no âmbito do Direito Internacional regulam os procedimentos dos vários sujeitos e atores internacionais. Todavia, seguindo a tendência de "especialização" dessa disciplina e o entendimento que o Direito Internacional Público se apresenta como "Direito Constitucional da Humanidade" capaz de estar presente em todos os assuntos que se apresentam no plano das relações internacionais, é que se observa a formação do Direito das Organizações Internacionais[35].

Ademais, as organizações internacionais passaram a ocupar um protagonismo importante no campo das relações internacionais, bem como a realizar diversos papéis diferentemente de outrora.

Hildebrando Accioly, em sua clássica obra, alerta que as instituições internacionais apresentam entre si, quase sempre, certas analogias indicadas nos respectivos instrumentos constitutivos e algumas vezes por força dos costumes internacionais. Neste sentido, tem-se estabelecido algumas regras de caráter internacional sobre elas, a saber:

"a) as organizações internacionais governamentais gozam, em geral, de capacidade civil e personalidade internacional;

---

[34] DINH, Nguyen Quoc; DAILLIER, Patrick; PELLET, Alain, op. cit., p. 591: "Certos autores afirmam que é necessário distinguir o direito aplicável às organizações do direito segregado pelas organizações. Só o primeiro dependeria do direito internacional, constituindo o segundo – frequentemente denominado direito interno das organizações – um direito distinto, demasiado diferente das características do direito internacional geral para nele se incorporar".

[35] GUERRA, Sidney. *Direito das organizações internacionais*. 2. ed. Curitiba: Instituto Memória, 2020, p. 37-45.

b) como faculdades que, em consequência de sua capacidade civil, lhes são uniformemente reconhecidas, nas respectivas constituições ou convenções que lhes digam respeito, figuram as seguintes: de contratar; de adquirir e vender bens móveis e imóveis; e de demandar em juízo;

c) os locais por elas ocupados gozam de imunidade de jurisdição;

d) as próprias organizações e seus órgãos, bem como os legados governamentais acreditados junto às mesmas, gozam dos privilégios e imunidades necessários ao exercício das suas funções. Entre tais privilégios e imunidades, figuram quase sempre, explicitamente, a isenção de impostos diretos, bem como de direitos aduaneiros e de proibições ou restrições referentes à importação ou exportação de objetos de uso oficial e publicações. Além disso, os funcionários das ditas organizações gozam da isenção de impostos sobre os vencimentos e emolumentos recebidos daquela a que servem;

e) é geralmente reconhecida às ditas organizações, em virtude das necessidades inerentes a uma instituição de caráter internacional, a faculdade de conservação de fundos em qualquer moeda e da transferência dos mesmos"[36].

A ordem jurídica internacional deixa de se apresentar exclusivamente como um direito de coordenação e passa a incorporar, em larga medida, as atividades que são desenvolvidas pelas organizações internacionais, caracterizando, portanto, um direito de subordinação ou "institucionalizado".

Manuel Diez de Velasco afirma que a presença das organizações internacionais favorece a humanização, socialização, organização e democratização da sociedade internacional e essa incidência tem sido observada em vários aspectos:

"1) las Organizaciones Internacionales han servido de foros donde han germinado nuevos valores, como el del respecto de los derechos humanos, el del derecho al desarrollo y la igualdad económica, el de la descolonización, el de la protección del medio ambiente etc.;

2) las Organizaciones Internacionales han favorecido la incorporación de nuevos actores en la escena internacional, como los individuos, a los que les reconoce ciertos derechos y la posibilidad de hacerlos jurídicamente valer; o las Organizaciones No Gubernamentales a las que al concederles un estatuto consultivo les han permitido participar en ciertos casos en la vida de la Organización;

3) la actividad de las Organizaciones Internacionales al desarrollarse frecuentemente a través de debates públicos, en los que participan no sólo diplomáticos sino también representantes de los más diversos sectores, han acercado la acción internacional – directamente o a través de los medios de comunicación – a los particulares, alejando, en cierto modo, el espectro de la 'diplomacia secreta';

---

[36] ACCIOLY, Hildebrando. *Tratado de direito internacional público*. v. 2. 3. ed. São Paulo: Quartier Latin, 2009, p. 10.

4) la creación de una densa red de relaciones en y en torno a las Organizaciones Internacionales, al favorecer la permanencia y la institucionalización de las negociaciones internacionales y posibilitar la adopción de decisiones por mayoría, ha influido considerablemente en las formas de elaboración de las normas internacionales;

5) el establecimiento de Organizaciones Internacionales ha favorecido el desarrollo de procedimientos de control de la aplicación de las normas internacionales, así como la definición de regímenes de sanciones internacionales organizadas"[37].

Ao atuar em campos tão largos e interagir com diversos protagonistas internacionais, da mesma forma que os Estados, que são detentores de sujeitos e deveres na arena internacional, é que surge mais uma especialidade no âmbito do direito internacional público, o *direito das organizações internacionais*.

Este ramo específico do direito representa o conjunto de normas jurídicas que regem a vida, o comportamento e a prática de atos na vida internacional das organizações internacionais. Ele é formado por normas jurídicas definidoras da estrutura, dos modos de funcionamento e das finalidades de cada organização internacional, bem como serve para disciplinar as relações jurídicas realizadas por esses sujeitos internacionais e, ainda, identificar a condição jurídica e o *status* assumido no âmbito da sociedade internacional.

Há quem afirme[38] que o direito das organizações internacionais é o ramo do direito objetivo que integra as normas jurídicas que, restritamente, vinculam os órgãos e agentes das organizações internacionais, os sujeitos de direito internacional quando e enquanto sejam seus membros, se candidatam a sê-lo ou se submetam a um regime de associação com elas e, ainda, as entidades (públicas ou privadas) que com elas celebrem contratos submetidos a uma disciplina jurídica determinada pelos órgãos das próprias organizações internacionais.

O conjunto normativo que contempla o direito das organizações internacionais é constituído pelos tratados criadores das organizações internacionais, por atos produzidos no âmbito da própria organização internacional, criados por seus membros integrantes e que acabam por vinculá-la juridicamente, e também por tratados internacionais que tenham sido produzidos pela organização e por outros sujeitos internacionais que venham a exprimir princípios gerais, que resultem em um poder normativo próprio das organizações e que produzam e reflitam uma prática comum dos órgãos integrantes da organização internacional[39].

Evidencia-se, pois, que diferente da maneira que tradicionalmente a matéria é abordada nos *Manuais e Cursos de direito internacional*, as organizações internacionais e

---

[37] VELASCO, Manuel Diez de. *Las organizaciones internacionales*. 14. ed. Madrid: Tecnos, 2007, p. 39.

[38] MARTINS, Margarida Salema d' Oliveira. *Direito das organizações internacionais*. 2. ed. Lisboa: Associação Acadêmica da Faculdade de Direito de Lisboa, 1996, p. 9.

[39] MARTINS, Margarida Salema d' Oliveira. *Direito das organizações internacionais*. 2. ed. Lisboa: Associação Acadêmica da Faculdade de Direito de Lisboa, 1996, p. 9.

também as organizações internacionais não governamentais (embora não sejam considderadas sujeitos, mas apenas atores internacionais, conforme será apresentado mais adiante), possuem um conjunto normativo próprio.

Nesta altura, cabe indagar: Qual é a natureza jurídica do *direito das organizações internacionais?* Conforme mencionado acima, as normas que fazem parte do direito em comento estão ancoradas em três pilares principais: a) os tratados criadores das organizzações internacionais; b) atos produzidos no âmbito da própria organização internacional; e c) tratados internacionais que tenham sido produzidos pela organização e por outros sujeitos internacionais.

Assim, ao evidenciar que existem normas criadoras das organizações internacionais por vontade dos Estados, que estabelecem direitos e deveres recíprocos com outros sujeitos internacionais, mas também as que são produzidas internamente para dispor do funcionamento da organização, verifica-se que a natureza jurídica terá dupla atuação, isto é, de direito público internacional e de direito interno.

Será de direito internacional público nos aspectos em que estejam envolvidas ações produzidas por força de tratados internacionais ou até mesmo fruto de um costume internacional que venham a regular as relações jurídicas de uma organização internacional com outro sujeito de direito internacional. Para tanto, devem ser observadas a personalidade jurídica internacional de cada um dos protagonistas envolvidos na ação. Quanto a de direito interno, estará adstrita às ações que venham a ser deflagradas *interna corporis* e que tenham pertinência com a estrutura, funcionamento, atribuições de competências etc.

Feitas essas considerações iniciais sobre as Organizações Internacionais, passemos ao conceito, características, finalidades, criação etc.

2. CONCEITO E CARACTERÍSTICAS

Não existe um conceito para Organizações Internacionais nos tratados internacionais[40], entretanto a doutrina tem-se encarregado de conceituá-las. Na clássica definição de Paul Reuter, Organizações Internacionais se apresentam como uma associação voluntária de sujeitos de direito internacional, constituída mediante atos internacionais e regulamentada nas relações entre as partes por normas de direito internacional e que se concretiza numa entidade de caráter estável, dotada de um ordenamento jurídico interno e de órgãos e instituições através dos quais prossegue fins comuns aos membros da

---

[40] KLABBERS, Jan. *An introduction to international institutional law.* 2. ed. Cambridge: Cambridge University Press, 2009, p. 6: "Perhaps the most difficult question to answer is the one which is, in some ways, a preliminary question: what exactly is an international organization? What is that creature which will be central to this book? The short answer is, quite simply, that we do know. We may, in most cases, be able to recognize an international organization when we see one, but it has so far appeared impossible to actually define such organizations in a comprehensive way. What is only rarely realized is that it is indeed structurally impossible to define in a comprehensive manner, something which is a social creation to begin with. International organizations are not creatures of nature, which lead a relatively intransmutable existence, so that all possible variations can be captured within a single definition".

Organização, mediante a realização de certas funções e o exercício dos poderes necessários que lhes tenham sido conferidos[41].

Na mesma direção Salcedo afirma que "las organizaciones internacionales intergubernamentales son entidades creadas mediante tratados celebrados entre varios Estados, dotadas de órganos propios y de voluntad propia, distinta y separada de la de los Estados miembros, con el fin de gestionar la cooperación permanente entre los Estados en un determinado ámbito de materias"[42].

Martins entende que são entidades sob a égide do Direito Internacional, constituídas por acordo de vontade de diversos sujeitos jurídicos internacionais, para efeito de prosseguirem no âmbito da Comunidade Internacional, autônoma e continuamente, finalidades específicas não lucrativas de interesse público comum, através de órgãos seus com competência própria[43].

Em uma visão alargada, Ridruejo conceitua organizações internacionais levando em conta três aspectos: o técnico-jurídico[44]; o histórico-sociológico e o político. Em relação ao primeiro (técnico-jurídico), refere-se à maneira como uma organização internacional está contemplada e estruturada na sociedade internacional. Para tanto, apresenta seis traços característicos que identificam uma organização internacional: caráter interestatal; base voluntária; órgãos permanentes; vontade autônoma; competência própria; e cooperação entre seus membros no alcance de objetivos comuns. No que concerne ao segundo (histórico-sociológico), afirma que as organizações internacionais parecem responder à satisfação de duas necessidades distintas: uma aspiração geral para a paz e o progresso das relações pacíficas[45] e uma série de necessidades precisas e limitadas relativas a questões

---

[41] MELLO, Celso. *Curso de direito internacional público*. Rio de Janeiro: Renovar, 1997, p. 551.

[42] SALCEDO, Juan Carrillo. *Curso de derecho internacional*. Madrid: Tecnos, 1991, p. 60.

[43] MARTINS, Margarida Salema d' Oliveira. *Direito das organizações internacionais*. 2. ed. Lisboa: Associação Acadêmica da Faculdade de Direito de Lisboa, 1996, p. 50.

[44] CARRIÓN, Alejandro J. Rodriguez. *Lecciones de derecho internacional público*. 6. ed. Madrid: Tecnos, 2006, p. 103, apresenta o conceito de Organizações Internacionais no plano jurídico: "Una colectividad de Estados establecida mediante un tratado celebrado entre Estados que se constituye en la constitución de la Organización, dotada de órganos comunes y con unas competencias atribuidas para el logro de los objetivos y fines de que ha sido dotada".

[45] RIDRUEJO, José A. Pastor. *Curso de derecho internacional público y organizaciones internacionales*. 10. ed. Madrid: Tecnos, 2006, p. 655: "En lo que se refiere a la primera necesidad – aspiración general a la paz y al progreso de las relaciones pacíficas – hay que decir que en las edades moderna y media no faltaron proyectos, interesantes desde luego pero marcadamente utópicos, de constituir asociaciones de Soberanos o Estados, cuya finalidad última era el mantenimiento de la paz. Mas es preciso llegar realmente a principios del siglo XIX para encontrar los primeros gérmenes de la idea de una organización internacional tendente a satisfacer aquella necesidad general. Reunidas en el Congreso de Viena en la segunda mitad de 1814 y primera mitad de 1815 las potencias europeas, se fue abriendo camino en las discusiones la idea de un Concierto europeo, que consistiría en la celebración de conferencias periódicas al más alto nivel con la finalidad de mantener el statu quo en Europa y el equilibrio entre las potencias.

particulares[46]. Por fim, o aspecto político que, segundo ele[47], acabou por motivar aos Estados soberanos modificar substancialmente a estrutura da sociedade internacional.

Há autores[48] que definem Organizações Internacionais como uma associação de sujeitos de direito internacional constituída com caráter de permanência por um adequado ato jurídico internacional, com vistas à realização de objetivos comuns aos seus membros, prosseguidos através de órgãos próprios habilitados a exprimir, na conformidade das regras pertinentes do pacto constitutivo, a vontade própria juridicamente distinta da dos seus membros da especial pessoa jurídica que a OI é.

De maneira mais sucinta, entende-se por Organizações Internacionais aqueles entes formados por um acordo concluído entre Estados e que são dotados de personalidade própria para realizar diversas atividades que são definidas pelos próprios Estados que as conceberam. Na qualidade de sujeito derivado, a organização internacional só existe por força de um tratado multilateral.

O século XX apresentou um traço característico muito forte em relação às Organizações Internacionais que foi o crescimento significativo desses entes. Esse fenômeno de proliferação de Organizações Internacionais no planeta, que pode ser denominado associacionismo internacional, decorre especialmente do avanço e progresso da tecnologia que fez com que o mundo ficasse "menor" ao se desenvolverem os meios de transportes mais rápidos e seguros.

Sem embargo, partindo da análise dos conceitos acima formulados, podem ser assinaladas algumas características das Organizações Internacionais: a) associação voluntária de sujeitos do Direito Internacional; b) o ato institutivo é internacional; c) a personalidade jurídica é internacional; d) possui ordenamento jurídico; e) existência de órgãos próprios.

2.1. Associação voluntária de sujeitos do Direito Internacional

Em relação às características acima apresentadas, vale expandir algumas ideias para melhor compreensão das mesmas. A começar pelo fato da composição das Organizações Internacionais.

Tradicionalmente são apresentados os Estados como únicos sujeitos de direito internacional que são capazes de criar uma Organização Internacional. Isso porque os Estados são considerados sujeitos originários ou primários da sociedade internacional pelo fato de serem destinatários e criadores das normas internacionais, por incorrerem

---

[46] RIDRUEJO, José A. Pastor. *Curso de derecho internacional público y organizaciones internacionales*. 10. ed. Madrid: Tecnos, 2006, p. 656: "Las primeras organizaciones internacionales en sentido propio, aún muy rudimentarias, aparecen en el siglo XIX para satisfacer necesidades de aquella clase, primeramente, en el campo de las comunicaciones y luego en otros en que los intereses comunes de los Estados se fueron satisfaciendo progresivamente por la vía de la cooperación institucionalizada".

[47] RIDRUEJO, José A. Pastor. *Curso de derecho internacional público y organizaciones internacionales*. 10. ed. Madrid: Tecnos, 2006, p. 657-658.

[48] CAMPOS, João Mota de et al. *Organizações internacionais*. 2. ed. Lisboa: Fundação Calouste Gulbenkian, 2006, p. 37.

em responsabilidade internacional caso venham a descumpri-las, bem como por apresentarem reclamações perante os Tribunais Internacionais. Os Estados são os titulares plenos de direitos e deveres na órbita jurídica internacional.

Entretanto, em razão das mudanças ocorridas nas relações internacionais, na segunda metade do século passado, e, em especial, no reconhecimento das Organizações Internacionais como sujeitos de direito internacional, têm-se admitido que as referidas Organizações também façam parte de uma outra Organização Internacional.

Assim é que Silva[49] assevera que já se admite que uma Organização Internacional também seja constituída por outras Organizações Internacionais, como foi o caso da OMC, que, criada pelo Protocolo de Marraqueche, em 15 de abril de 1994, teve como uma das partes signatárias a União Europeia. João Campos[50], por seu turno, também lembra que a Organização das Nações Unidas é membro da União Postal Universal e da União Internacional de Telecomunicações.

Além disso, conforme acentua Velasco, a prática internacional oferece cada vez mais exemplos de Organizações que abrem a participação a sujeitos não estatais: "De este modo nos encontramos con supuestos de Organizaciones que permiten la participación en las mismas a otras Organizaciones Internacionales, incluso como miembros de pleno derecho (por ejemplo, la Comunidad Europea en la FAO, o la ONU, en la UIT), o la de ciertos territorios dependientes que no han accedido a la independencia pero que poseen unos servicios competentes que les permiten hacer frente a las obligaciones derivadas de tal pertenencia"[51].

Observa-se, pois, que para a criação das Organizações Internacionais, além da presença marcante dos sujeitos originários da sociedade internacional – os Estados – hodiernamente tem-se admitido a presença de sujeitos não estatais em sua composição.

2.2. Ato institutivo internacional

Para que uma Organização Internacional seja constituída, o ato a ser produzido pelos sujeitos envolvidos no ato de sua criação deve necessariamente ser internacional e decorre da celebração de tratados e convenções internacionais.

No mesmo sentido Dinh, Daillier e Pellet sustentam que na qualidade de sujeito derivado, a organização internacional só existe através de um tratado multilateral, verdadeira certidão de nascimento cuja iniciativa é exterior à organização. O tratado constitutivo pode ser um tratado inédito, um tratado que revê um tratado anterior que prevê uma mudança de personalidade jurídica de uma organização anterior. No segundo caso, o processo seguido é o processo de revisão previsto pelo tratado preexistente.

---

[49] SILVA, Roberto Luís. *Direito internacional público*. 2. ed. Belo Horizonte: Del Rey, 2002, p. 296.

[50] CAMPOS, João Mota de et al. *Organizações internacionais*. 2. ed. Lisboa: Fundação Calouste Gulbenkian, 2006, p. 37.

[51] VELASCO, Manuel Diez de. *Las organizaciones internacionales*. 14. ed. Madrid: Tecnos, 2007, p. 44.

No primeiro caso, o processo de elaboração é aquele que é em geral aplicável aos tratados multilaterais, no quadro de uma conferência[52].

O tratado internacional responsável pela criação da Organização Internacional poderá assumir vários nomes. Isso porque existem várias expressões que podem ser utilizadas para tratado internacional. Sobre essa questão, vale registrar os termos empregados em língua portuguesa para designar tratados: tratado, convenção, ata, carta, constituição, protocolo, estatuto, concordata, declaração, pacto, compromisso, regulamento, troca de notas, acordo etc.

O ato internacional realizado para instituir uma Organização Internacional pode ser apresentado como um acordo de vontades que, independentemente da forma que está revestido, é estabelecido sob a égide do Direito Internacional por sujeitos internacionais que resolvem dotar essa Organização de personalidade jurídica própria para o desenvolvimento de atividades que são definidas nesse próprio ato instituidor[53].

O tratado fundacional das Organizações Internacionais estabelece, por exemplo, as finalidades da Organização, os poderes que lhe são confiados, fixa direitos e obrigações para os Estados-Membros, apresenta a estrutura dos órgãos etc.

Alargando ainda mais essa ideia, Margarida e Afonso Martins advertem que o ato instituidor das Organizações Internacionais além de ser um ato internacional é também um ato jurídico: o primeiro e mais imediato efeito jurídico que os atos instituidores produzem é o de criarem, em termos jurídico-positivos, novas Organizações Internacionais, fixando de modo estável a sua configuração futura. Por outro lado, concretiza uma devolução de poderes dos seus membros em favor da própria Organização. E, sob outro prisma, atribui a cada um de seus membros direitos e obrigações relativamente à Organização e aos restantes membros. Imediatamente, o ato instituidor vincula os membros a desenvolverem certo tipo de relações de auxílio mútuo dentro da Organização e com ela mesma. Noutro giro, evidencia-se que o ato instituidor representa o ponto de partida da realidade jurídica de uma nova organização internacional, e isto a diversos títulos: "a) porque proclama o aparecimento da nova organização; b) porque contém, de um ponto de vista cronológico-lógico, a primeira e fundamental previsão normativa de como, por imperativo jurídico, deverá vir a configurar-se a organização; c) porque lança as

---

[52] DINH, Nguyen Quoc; DAILLIER, Patrick; PELLET, Alain. *Direito internacional público*. 2. ed. Lisboa: Fundação Calouste Gulbenkian, 2003, p. 594.

[53] Na mesma direção o magistério de MARTINS, Margarida Salema d' Oliveira. *Direito das organizações internacionais*. 2. ed. Lisboa: Associação Acadêmica da Faculdade de Direito de Lisboa, 1996, p. 89: "O ato instituidor de uma Organização Internacional é apresentado como um acordo de vontades que, independentemente da forma que se reveste, é estabelecido sob a égide do Direito Internacional por diversos sujeitos jurídicos internacionais e pelo qual estes decidem fundar uma nova Organização Internacional, fixando os fins e as funções que a ela caberão realizar, prevendo os meios de que ela poderá vir a servir-se, definindo os aspectos fundamentais do seu sistema de organização e funcionamento, identificando os critérios básicos que deverão presidir as relações jurídicas específicas a que der azo e estabelecendo as condições jurídicas elementares a que se sujeita a sua entrada em funcionamento, a sua subsistência e a sua eventual modificação ou extinção".

bases de uma nova ordem jurídica, encontrando-se na gênese desta e dando fundamento a todos os seus desenvolvimentos e evoluções futuras"[54].

De fato, ao se estabelecer o ato instituidor da Organização Internacional, ela passa a desenvolver vários atos da vida internacional como sujeito de direito internacional, ou seja, a produção desse ato não se trata apenas de mera deliberação de Estados, mas sim da criação de um novo e importante protagonista na arena internacional.

Esse ponto é importante porque as Organizações Internacionais não podem ser confundidas com as Organizações Não Governamentais, estas sim, constituídas por ato de natureza interna e que não podem praticar os atos que são inerentes às Organizações Internacionais.

2.3. Personalidade internacional

A característica acima apresentada encontra-se, de certo modo, ligada a esta, que corresponde à personalidade jurídica das Organizações Internacionais[55]. Estas apresentam sua personalidade jurídica como sendo internacional, ao passo que as Organizações Não Governamentais possuem personalidade jurídica de natureza interna.

Para se formar uma Organização Internacional, com a consequente dotação de personalidade jurídica própria, um conjunto de Estados (admitindo-se a participação de Organizações Internacionais nesse processo) deve realizar um ato internacional próprio, por meio de uma Conferência Internacional (por exemplo) e, ao final, celebrar um Tratado Internacional que culminará no aparecimento da Organização constituída de personalidade jurídica própria.

Com efeito, pelo fato de possuírem uma personalidade jurídica internacional, as Organizações Internacionais poderão praticar vários atos da vida internacional como sujeitos de direito internacional. Assim sendo, poderão ser titulares de direitos e deveres na ordem jurídica internacional, bem como constituírem relações jurídicas diversas com outros sujeitos internacionais. Na mesma direção o magistério de Margarida Martins:

"A personalidade jurídica internacional consiste na aptidão que uma entidade tem para ser sujeito de Direito Internacional, correspondendo à qualidade própria de quem pode ser titular de direitos e interesses protegidos pela ordem jurídica internacional; ser responsável pelo cumprimento de deveres estabelecidos por tal ordenamento; e

---

[54] MARTINS, Margarida Salema d'Oliveira. *Direito das organizações internacionais*. 2. ed. Lisboa: Associação Acadêmica da Faculdade de Direito de Lisboa, 1996, p. 90 e 105.

[55] DINH, Nguyen Quoc; DAILLIER, Patrick; PELLET, Alain. *Droit international public*. 7. ed. Paris: LGDJ, 2009, p. 593: "Toute organisation internationale est dote, dès sa naissance, de la personalité juridique internationale. C'est un element de sa définition. Cette personnalité est fréquement reconnue de manière expresse dans les traités constitutifs des organisations, ou dans des instruments collatéraux".

estabelecer relações jurídicas com outras entidades que surjam em concreto com a veste de sujeitos jurídicos internacionais"[56].

Para justificar a personalidade jurídica internacional das Organizações, há duas grandes correntes doutrinárias que procuram fundamentá-las: a teoria objetivista e a teoria subjetivista.

A primeira defende que a personalidade jurídica das Organizações Internacionais está fundamentada em uma norma de direito internacional, ou seja, ela será constituída a partir do momento em que são observados alguns pressupostos consagrados em direito internacional, tais como a presença de órgãos internacionais (que não estejam submetidos à jurisdição de nenhum Estado e que possam assumir obrigações no plano internacional).

A segunda encontra amparo na ideia da manifestação de vontade dos Estados que resolvem criá-las e, portanto, transferem poderes e faculdades para atuarem na ordem jurídica internacional.

Ao que parece, os fundamentos apresentados nas duas teorias justificam a personalidade internacional das Organizações Internacionais, pois ambos serão relevantes para que assumam a qualidade de sujeito de direito internacional.

2.4. Ordenamento jurídico e órgãos próprios

Quanto ao fato de possuírem um ordenamento jurídico interno e a existência de órgãos próprios, significa dizer que existe no âmbito de uma Organização Internacional um estatuto que regula as diversas atividades a serem produzidas internamente, bem como as competências e relações entre os órgãos.

Os órgãos poderão ser individuais ou colegiados onde serão deferidas competências próprias para cada um deles. Também se apresentam como órgãos intergovernamentais, constituídos por representantes de Estados que, em geral, são responsáveis pelas deliberações da Organização, e órgãos integrados, compostos por pessoas designadas pela própria Organização, onde são levadas em consideração habilidades pessoais e profissionais para o exercício de funções com independência e livre de pressões.

Esses órgãos deverão realizar suas atividades de acordo com o estabelecido no ato institutivo da Organização Internacional e em consonância com o estatuto interno, ou seja, na consecução de objetivos e fins pelas quais a referida Organização foi constituída.

Cada Organização Internacional tem uma estrutura própria com a composição dos órgãos que lhes são peculiares, sendo bastante comum a presença de um Conselho, que funciona como uma espécie de órgão executivo, de uma Assembleia, onde estão representados todos os membros da Organização Internacional, e de uma Secretaria,

---

[56] MARTINS, Margarida Salema d' Oliveira. *Direito das organizações internacionais*. 2. ed. Lisboa: Associação Acadêmica da Faculdade de Direito de Lisboa, 1996, p. 138.

que é o órgão encarregado da parte administrativa e de outras que eventualmente venham a ser designadas.

A Organização Internacional ao se manifestar no plano da internacional realiza atos próprios, em razão de ser um sujeito de direito, e não pratica vontades isoladas dos Estados que a compõem.

Além dos atos internacionais praticados por uma determinada Organização Internacional (serão apresentados abaixo), não se pode olvidar que também produzem diversos atos de natureza interna.

Por fim, pode-se afirmar que as Organizações Internacionais se apresentam como sujeitos de direito internacional, criadas por vontade de seus Estados-Membros, por força de um tratado internacional que estabelece suas finalidades, seus poderes e faculdades para alcançar os objetivos previstos no próprio ato institutivo, bem como os direitos e deveres de seus associados e a estrutura orgânica por meio da qual se manifesta junto à sociedade internacional.

3. OS ATOS PRATICADOS PELAS ORGANIZAÇÕES INTERNACIONAIS

As Organizações Internacionais, como também os Estados, podem praticar uma série de atos da vida internacional[57]. A sociedade internacional do passado que era constituída apenas por Estados passa a se ocupar bastante com os estudos desse sujeito de direito internacional[58].

Com efeito, as Organizações Internacionais possuem várias competências no plano das relações internacionais para que possam alcançar os resultados e propósitos que estão concebidos em seu correspondente ato institutivo.

Essa capacidade jurídica para produção de atos internacionais está intimamente ligada à observância de direitos e de deveres de que um determinado ente é titular. A capacidade jurídica[59] internacional é pressuposto lógico para que um sujeito de direito internacional possa atuar na arena internacional.

---

[57] CARREAU, Dominique. *Droi international*. 9. ed. Paris: Pedone, 2007, p. 360: "Il existe ici une différence fondamentale avec les Etats. Toutes les compétences des organisations internationales sont limitées, spécifiques – en un mot affectés".

[58] Relembre-se, por oportuno, que a sociedade internacional era eminentemente interestatal e que o direito internacional não reconhecia os sujeitos e atores internacionais como nos dias atuais.

[59] MARTINS, Margarida Salema d' Oliveira. *Direito das organizações internacionais*. 2. ed. Lisboa: Associação Acadêmica da Faculdade de Direito de Lisboa, 1996, p. 154: "As Organizações Internacionais têm uma capacidade jurídica definida em função das suas atribuições ou dos fins que justificaram a sua criação e com referência aos meios jurídicos considerados necessários para a realização dessas atribuições ou para a prossecução desses fins. (...) A capacidade jurídica internacional das Organizações Internacionais compreende os poderes e deveres que se entende que permitem às Organizações Internacionais desenvolver autonomamente, no âmbito da Sociedade Internacional e de acordo com o Direito Internacional, as atividades tendentes à realização dos fins que concretamente justificaram a sua criação, facultando-lhes o estabelecimento de relações jurídicas internacionais e possibilitando-lhes, afinal, o cumprimento do seu objeto".

Os atos praticados por essas Organizações muito se assemelham aos que são produzidos pelos Estados nacionais, todavia, a diferença consiste no fato de que os Estados desfrutam da plenitude das competências internacionais e as organizações estarão limitadas funcionalmente.

Assim, muitos atos praticados por Estados o são também praticados pelas Organizações Internacionais, tais como: a possibilidade de celebrar tratados, imunidades e privilégios, além da possibilidade de demandar reclamações internacionais.

3.1. A possibilidade de celebrar tratados

É indubitável que um dos assuntos mais importantes no direito internacional relaciona-se aos tratados internacionais. Embora o direito internacional reconheça hoje uma variedade de atores internacionais, a possibilidade de praticar esse ato na vida internacional é "privilégio" de poucos sujeitos de direito internacional.

A Convenção de Viena sobre o direito dos tratados, do ano de 1969, estabeleceu essa possibilidade para os Estados. Ocorre que no ano de 1986 foi celebrada uma nova Convenção Internacional – a Convenção de Viena sobre o Direito dos Tratados entre Estados e Organizações Internacionais ou entre Organizações Internacionais – que alargou a possibilidade para que as Organizações Internacionais, juntamente com os Estados, pudessem celebrar os tratados internacionais.

Assim dispôs o artigo 2º da já citada Convenção Internacional: "Para os fins da presente Convenção, tratado significa um acordo internacional regido pelo Direito Internacional e celebrado por escrito entre um ou mais Estados e uma ou mais Organizações Internacionais ou entre Organizações Internacionais, quer este acordo conste de um único instrumento ou de dois ou mais instrumentos conexos e qualquer que seja a sua denominação específica".

No que tange à celebração dos tratados internacionais das Organizações Internacionais, o procedimento é praticamente o mesmo que o dos Estados, mas existem especificidades próprias[60].

Nesse sentido, impende destacar a previsão contemplada no artigo 6º da Convenção de Viena de Direito de Tratados, de 1986, que estabelece que a capacidade da Organização Internacional para celebrar um tratado se rege pelas regras definidas pela própria Organização. Ou seja, diferentemente dos Estados, a possibilidade de as Organizações Internacionais praticarem este ato da vida internacional – a celebração de um tratado – não pode ser derivada das ações produzidas por costumes internacionais e sim de seu tratado de fundação.

---

[60] *Vide* a Parte II da Convenção de Viena de Direito de Tratados, de 1986, relativa à "Conclusão e entrada em vigor dos tratados".

Impende ainda assinalar que as Organizações Internacionais praticam esses atos – a celebração de tratados internacionais – para o desenvolvimento de atividades que permitam alcançar os objetivos e propósitos inerentes à própria organização.

3.2. Imunidades e privilégios

Para o exercício de suas atividades no plano internacional, as Organizações Internacionais possuem imunidades e privilégios em relação aos seus bens, pessoal, estabelecimentos e representantes dos Estados que se encontram acreditados junto ao Organismo Internacional. Machado[61] enfatiza que "as imunidades e os privilégios das organizações internacionais estão sujeitos a um princípio de especialidade, resultando normalmente dos tratados instituidores. No entanto, deve-se notar que a Convenção sobre Privilégios e Imunidades das Nações Unidas tem sido utilizada como modelo para outras organizações internacionais, quer se trate de organizações da família das Nações Unidas, quer de organizações regionais. Em princípio, estas imunidades vinculam apenas os Estados-partes nas convenções instituidoras, isto é, os membros da organização, embora assim não seja necessariamente. Todavia, parece não estar excluída a possibilidade de o respeito pela imunidade de uma organização internacional ser exigível por parte de terceiros, por força do direito internacional geral de base consuetudinária, se bem que se trata aqui de matéria controversa na doutrina"[62].

Essa situação se explica em razão da necessidade de garantir liberdade e segurança da missão desenvolvida.

Além disso, não se pode olvidar que o reconhecimento dos privilégios e imunidades[63] possibilita aos agentes de uma determinada Organização Internacional[64] que

---

[61] MACHADO, Jónatas E. M. *Direito internacional. Do paradigma clássico ao pós-11 de setembro.* 3. ed. Coimbra: Coimbra Ed., 2006, p. 252.

[62] THIERRY, Hubert. *Droit international public.* 3. ed. Paris: Editions Mont Chrestien, 1981, p. 280: "Leur fondement est le meme que celui de l'immunité de l'État: il s'agit de permettre que l'organisation puisse exercer ses fonctions sans avoir à craindre les limitations qui pourraient résulter de la competence territoriale de l'État où elle les exerce. On comprend dês lors que la portée de l'immunité soit restreinte et ne soit accordée que dans la mesure nécessaire à l'aaccomplissement de sa mission spécialisée, telle qu'elle est précisée dans son acte constitutif".

[63] DINH, Nguyen Quoc; DAILLIER, Patrick; PELLET, Alain. *Droit international public.* 7. ed. Paris: LGDJ, 2009, p. 597: "Les organisations, comme les États, bénéficient de privileges destines à garantir le respect de leur personnalité juridique et les exigences de leur fonctionnement face en particulier aux risques de pression de la part des États membres. Ces privilèges et immunités seront définis, compte tenu du principe de spécialité, dans les limites imposées par leurs compétences explicites et implicites. Les organisations internationales peuvent opposer aux autorités nationales à la fois leur immunité de juridiction et celle d'exécution, à titre proper en faveur de leurs agents".

[64] BROWNLIE, Ian. *Princípios de direito internacional público.* Lisboa: Fundação Calouste Gulbenkian, 1997, p. 713, adverte que: "Por analogia com os privilégios e imunidades concedidos aos diplomatas, os privilégios e imunidades necessários a respeito da jurisdição territorial dos Estados anfitriões são reconhecidos pelo direito consuetudinário. Contudo, não existe ainda qualquer acordo geral sobre o conteúdo exato do direito consuetudinário relativo às imunidades das organizações internacionais".

realizem suas atividades com maior lisura e da maneira mais independente em relação ao Estado que se encontre em missão.

As imunidades e privilégios[65] que são observados no âmbito de uma Organização Internacional[66] são os seguintes: a) imunidade de jurisdição; b) isenções fiscais; c) garantia de livre comunicação; d) inviolabilidade dos locais afetos à Organização Internacional; e) inviolabilidade de arquivos; f) garantia de que os bens da Organização Internacional não sejam confiscados ou expropriados.

A ideia de se aplicar imunidades e privilégios para as Organizações Internacionais[67] foi concebida na Carta da Organização das Nações Unidas que estabelece que a Organização goza, no território de cada um de seus membros, dos privilégios e imunidades necessários à realização de seus propósitos. Tal previsão é extensiva aos representantes e funcionários da Organização para o exercício de suas atividades.

Ressalta-se ainda a Convenção de Viena sobre a Representação dos Estados nas suas relações com as Organizações Internacionais de caráter universal[68], celebrada em 1975, onde está concebida a matéria sobre os privilégios e imunidades que são aplicados às missões permanentes que constituem uma representação do Estado acreditante junto da Organização e também às delegações enviadas a um órgão ou a uma conferência convocada pela organização[69].

---

[65] Também afirma CARREAU, Dominique. *Droit international*. 9. ed. Paris: Pedone, 2007, p. 366: "Ces privilèges et immunités se trouvent déterminés par voie conventionnelle. C'est ainsi que lês chartes constitutives des organisations internationales posent le principe de l'existence de ces privilèges et immunités. A titre d'example on peut citer l'article 105, al.1, de la Charte de l'ONU".

[66] KLABBERS, Jan. *An introduction to international institutional law*. 2. ed. Cambridge: Cambridge University Press, 2009, p. 132: "(...) organizations enjoy such immunities as are necessary for their effective functioning: international organizations enjoy what is necessary for the exercise of their functions in the fulfilment or their purposes. Moreover, this is often deemed to be a normative proposition: not only do organizations in fact enjoy privileges and immunities on the basis of functional necessity, they are actually entitled to such privileges and immunitities".

[67] CARRIÓN, Alejandro J. Rodriguez. *Lecciones de derecho internacional público*. 6. ed. Madrid: Tecnos, 2006, p. 123, destaca: "En el caso de las inmunidades del Estado, éstas encuentran su fundamento en la igualdad soberana; por el contrario, no existiendo igualdad subjetiva entre Estados y Organizaciones, las inmunidades de las Organizaciones son comprensibles únicamente desde el punto de vista de la atribución funcional. Las inmunidades de las Organizaciones deben concebirse como excepciones a las competencias de las autoridades nacionales en la medida en que tal excepción o inmunidad le resulta a la Organización imprescindible para la realización de sus objetivos con la debida independencia respecto de autoridades ajenas que pueden mediatizarlas".

[68] Nessa Convenção destacam-se dois tipos de normas sobre a legitimidade, privilégios e imunidades que são estabelecidos em relação aos Estados-sede: a) das missões permanentes dos Estados; b) dos seus membros acreditados perante aquelas Organizações.

[69] SOARES, Guido Fernando Silva. *Órgãos dos estados nas relações internacionais*: formas da diplomacia e as imunidades. Rio de Janeiro: Forense, 2001, p. 102, alerta: "Tal Convenção, contudo, não entrou em vigor, em particular, dada a severa oposição dos Estados que abrigam as sedes das organizações intergovernamentais, pela extensão das obrigações a eles impostas, no que respeita, sobretudo, o dever de reconhecer direitos a Estados com os quais

Por fim, deve ser registrado, em consonância com o magistério de Guido, que os direitos concedidos às delegações dos Estados perante organizações intergovernamentais, em particular pelas normas internas dos Estados-sede, se assemelham, em vários aspectos, ao conferido "às missões diplomáticas estrangeiras (em especial, com a Consagração da filosofia da Convenção de Viena, de 1961 – a *ne impediatur legatio*)":

"a) a existência de uma sede, constituída de um escritório destinado a funções burocráticas e mais a residência do chefe, em proporções e representatividade proporcionais à importância do país que envia seus delegados permanentes e da organização intergovernamental perante a qual os mesmos são acreditados; b) além do chefe, a existência de cargos ocupados por diplomatas de carreira, e funções desempenhadas por funcionário técnicos e administrativos, na maioria das vezes, encarregados de serviços de confiança, portanto, da nacionalidade do Estado representado, por pessoal de serviço e por 'criados particulares' de um membro da delegação; c) a presença de imóveis, nos quais se encontram bens móveis, em particular os arquivos oficiais de propriedade de um Estado estrangeiro, que devem merecer todo o respeito do Estado-sede da organização intergovernamental; d) a existência de serviços e funções de comunicações postais, telegráficas e de correios diplomáticos, que, da mesma forma que nas relações diplomáticas, merecem um tratamento diferenciado pelas autoridades locais e não podem ser tratados como atividades de qualquer estrangeiro em território nacional do Estado-sede"[70].

Por outro lado, o autor também revela diferenças fundamentais e, portanto, merecem ser destacadas:

"a) o chefe de uma delegação não necessita de qualquer aceitação prévia do Estado-sede, e muito menos da organização intergovernamental, uma vez que o direito de enviar delegação é incondicionado e pertence ao Estado, enquanto membro da mesma;

b) inexistem condicionamentos quanto a tamanho ou ocupantes das delegações (que, como se há de lembrar, nas missões diplomáticas sempre depende de um acordo entre o Estado acreditante e o Estado acreditado);

c) o fim de uma função de ocupante de uma delegação perante organização intergovernamental pode dar-se por razões de término das mesmas, a serem declaradas pelo Estado que o envia, mas igualmente, por declarações de 'persona non grata', ou mesmo por um ato de expulsão de seu território, não por parte da organização, mas por parte do Estado-sede"[71].

---

não mantêm relações diplomáticas ou com os quais as mesmas se encontram rompidas, além de estabelecerem-se importantes exceções a seus direitos de controle de entrada e trabalho de estrangeiros no território nacional e isenções tributárias e outros benefícios, não contemplados na legislação doméstica".

[70] SOARES, Guido Fernando Silva. *Órgãos dos estados nas relações internacionais*: formas da diplomacia e as imunidades. Rio de Janeiro: Forense, 2001, p. 103-104.

[71] SOARES, Guido Fernando Silva. *Órgãos dos estados nas relações internacionais*: formas da diplomacia e as imunidades. Rio de Janeiro: Forense, 2001, p. 104.

3.3. O direito de legação

As Organizações Internacionais, a exemplo dos Estados, possuem o direito de legação[72], isto é, a possibilidade de enviar uma missão diplomática para o território de seus membros e até mesmo para Estados que não façam parte dela.

O direito de legação resulta da vocação das Organizações Internacionais para a promoção da paz, da cooperação e da solidariedade que deve imperar na atualidade entre os diversos Estados nacionais.

As Organizações Internacionais que, via de regra, desenvolvem a cooperação internacional, adotam com frequência e quando as circunstâncias assim exigem, o envio de indivíduos ou mesmo uma missão diplomática com o intuito de fomentar a cooperação na localidade que se encontram.

3.4. Possibilidade de demandar reclamações internacionais

Como visto, as Organizações Internacionais praticam vários atos internacionais, a exemplo dos Estados. Possuem, em razão de sua condição de sujeito de direito internacional, vários direitos e deveres na órbita jurídica internacional.

Nesse sentido, é possível afirmar que uma Organização Internacional possa demandar em tribunais internacionais para que haja o restabelecimento de um direito seu que foi violado. Também é possível que ocorra algum fato em sentido contrário, isto é, que seja passível de sofrer uma sanção no plano internacional[73].

De toda sorte, não se pode olvidar da previsão do artigo 34, I, do Estatuto da Corte Internacional de Justiça que estabelece que "apenas os Estados poderão ser partes em casos diante da Corte"[74].

---

[72] Também KLABBERS, Jan. *An introduction to international institutional law.* 2. ed. Cambridge: Cambridge University Press, 2009, p. 42: "(...) a number of international organizations have permanent missions with states and that states have permanent missions with international organizations. By way of ilustration, in december 1995, some 125 states had diplomats accredited to the European Community. Most of those combine their EC accredititation with being their state's ambassador to Belgium and perhaps some others states as well. The EC itself also has missions, for instance in Geneva, Tokyo and Washington, DC".

[73] Mais uma vez KLABBERS, Jan. *An introduction to international institutional law.* 2. ed. Cambridge: Cambridge University Press, 2009, p. 43, assevera que: "As early as 1949 the International Court of Justice affirmed that international organizations may have the capacity to bring international claims. It did so in its *Reparation for Injuries* opinion, and the Court appeared to imply that the right to bring claims was inherent in being an organization. At any rate, it failed to indicate the specific source of the right, stating simply that it cannot be doubted that the UN could lodge a claim against a member state, and that the right to present claims regarding damage done to the UN itself was clear".

[74] Sobre este ponto interessante a manifestação de TRUCCO, Marcelo. El proccedimiento de arreglo judicial ante la Corte Internacional de Justicia. *Estudios sobre derecho procesal.* Buenos Aires: El Derecho, 2008, p. 186: "Sólo los Estados pueden ser parte en um caso contencioso ante la Corte Internacional. Esta contundente afirmación del estatuto excluye la posibilidad de que notros sujetos reconocidos por el Derecho Internacional puedan acceder directamente a la Corte, descartando entre otros a las organizaciones internacionales, la Santa Sede y al propio individuo particular o personas jurídicas de derecho interno".

Lembre-se, por oportuno, de que "a circunstância de as Organizações Internacionais beneficiarem de personalidade jurídica própria, a diversos níveis, associada à possibilidade de desenvolverem atividades que sempre podem causar prejuízos a outros sujeitos jurídicos, conduz à afirmação do princípio de sua responsabilidade"[75].

Assim, a Corte Internacional de Justiça reconheceu que as Organizações Internacionais têm a capacidade para apresentar reclamações contra Estados que tenham provocado danos à Organização. Isso porque no ano de 1948:

"El mediador de las Naciones Unidas en Palestina, el sueco Conde de Bernadotte y su compañero de misión, el coronel francés Sedot, un observador de la ONU, fueron asesinados en Israel por terroristas; otros agentes de la misma organización resultaron heridos. El Secretario General, en nombre de la ONU, habia pagado sumas considerables en concepto de indemnización, compensación y gastos de medicinas y otros, a los heridos y a otras personas con derecho a recibirlas. La discusión en la Sexta Comisión de la Asamblea condujo a la decisión de ésta de solicitar, el 3 de diciembre de 1948, un Dictamen a la CIJ que respondiera a las siguientes cuestiones: 1) En el supuesto de que un agente de las UN que estuviera actuando en el ejercicio de sus funciones, sufriera un daño en circunstancias tales que la responsabilidad de un Estado aparezca implicada, tienen las Naciones Unidas, en cuanto organización, capacidad para presentar una reclamación internacional contra el Gobierno responsable para obtener reparación de los daños causados: a) a la ONU, b) a las víctimas o a sus derechos habientes? 2) En caso de respuesta afirmativa al punto 1.b) cómo se debe hacer compatible la acción de la ONU con los derechos que pueda poseer el Estado del que es nacional la víctima? La CIJ estimaría que la Organización fue creada para ejercer funciones y gozar de derechos, lo que ha hecho realmente, que únicamente tienen explicación sobre la base de la posesión de la personalidad internacional en amplia medida y de la capacidad de obrar en el plano internacional"[76].

Do mesmo modo, em razão de ter uma personalidade jurídica internacional e a capacidade para reclamar pelos danos causados, a Organização também é passível de responsabilização no plano internacional. Tal precedente foi firmado em decisão proferida em 2 de abril de 1949 quando a Corte Internacional de Justiça reconheceu que a Organização Internacional foi criada para exercer funções, gozar de direitos e também que possui personalidade e capacidade no plano internacional. Evidencia-se, pois, que o instituto da responsabilidade internacional também é aplicado para as Organizações Internacionais, tanto como sujeito ativo quanto como sujeito passivo. Ou seja, as Organizações Internacionais poderão propor ações contra outros sujeitos internacionais, bem

---

[75] MARTINS, Margarida Salema d'Oliveira. *Direito das organizações internacionais*. 2. ed. Lisboa: Associação Acadêmica da Faculdade de Direito de Lisboa, 1996, p. 305.

[76] CARRIÓN, Alejandro J. Rodriguez. *Lecciones de derecho internacional público*. 6. ed. Madrid: Tecnos, 2006, p. 104-105.

como poderão ser acionadas pelo descumprimento de alguma obrigação tomada no plano internacional[77].

Nas palavras abalizadas de Brownlie, as organizações internacionais podem desempenhar amplas funções que incluem a conclusão de tratados, a administração de territórios, a utilização de forças armadas e a prestação de assistência técnica e, portanto, "é razoável imputar má responsabilidade à organização"[78].

Assim sendo, a responsabilidade internacional deste sujeito poderá ser observada a partir de alguns aspectos fundamentais, a saber: a) pelo descumprimento de um tratado internacional e, portanto, em desconformidade com a Convenção de Viena de Direito de Tratados de 1986 que consagra o princípio do *pacta sunt servanda*; b) pelo cometimento de atos ilícitos à luz das normas internacionais que tenham sido provocados por agentes e/ou órgãos da Organização Internacional; c) pelo descumprimento de obrigações jurídicas que tenham sido assumidas pela Organização Internacional; d) por atos de administração internacional de territórios que estejam sob a responsabilidade da Organização Internacional; e) pelo descumprimento de normas consagradas pelo direito diplomático.

4. CLASSIFICAÇÃO

Existem diferentes classificações[79] acerca das Organizações Internacionais, seja em decorrência de sua natureza política, seja de acordo com suas finalidades ou até mesmo de acordo com a incidência delas.

Alguns autores[80] classificam as Organizações Internacionais em função do quadro territorial em que desenvolvem sua ação; em função do seu objeto; em função da estrutura jurídica; e em função da facilidade ou dificuldade de ingresso.

---

[77] HERDEGEN, Mathias. *Derecho internacional público*. México: Fundación Konrad Adenauer, 2005, p. 102: "De la capacidad jurídica de derecho internacional de las organizaciones internacionales se sigue que ellas pueden responder contractual y extracontractualmente por el incumplimiento de sus deberes. También en las relaciones de derecho privado, las organizaciones internacionales deben responder, en la medida en que gozan de personalidad jurídica".

[78] BROWNLIE, Ian. *Princípios de direito internacional público*. Lisboa: Fundação Calouste Gulbenkian, 1997, p. 716.

[79] LITRENTO, Oliveiros. *Curso de direito internacional público*. 3. ed. Rio de Janeiro: Forense, 1997, p. 204, afirma: "São naturalmente possíveis inúmeras classificações das organizações internacionais; tantas quanto os critérios utilizados. Preferimos, contudo, por questão de método, a classificação das organizações internacionais quanto à natureza dos poderes exercidos. Consiste este critério na averiguação da estrutura jurídica das Organizações Internacionais e da coesão interna de que se revestem, dependendo da medida em que a soberania dos Estados--membros seja restringida pelos poderes atribuídos à Organização. Assim, há duas espécies fundamentais de Organizações Internacionais: as intergovernamentais e as supranacionais".

[80] CAMPOS, João Mota de. *Manual de direito comunitário*. 4. ed. Lisboa: Fundação Calouste Gulbenkian, 2004, p. 43.

Há aqueles[81] que apresentam o âmbito territorial das Organizações (universais e restritas), bem como os objetivos (gerais e particulares) e competências (coordenação e integração).

Outros[82], levando em consideração a extensão das Organizações Internacionais, apresentam-nas em universais e particulares; no que tange às finalidades, em gerais e especiais; quanto às formas de cooperação entre os seus membros, em organizações de mera cooperação e de integração; na parte referente ao regime de admissão de novos membros, apresentam-nas como abertas e fechadas; e, finalmente, em uma perspectiva de duração, como organizações permanentes e temporárias.

Há também os que identificam[83] uma classificação mais restritiva e contemplam apenas seus fins (gerais e específicos), composição (universal e regional) e competências (de cooperação e de integração) e os que apresentam[84] três critérios de classificação: o primeiro que se refere à participação, o segundo corresponde à cooperação e o terceiro versa sobre os métodos de cooperação.

Assim sendo, para efeito deste estudo, serão expendidas considerações relativas à classificação considerada mais adequada para a compreensão das Organizações Internacionais, identificando suas finalidades, extensão, duração e admissão.

4.1. Quanto às finalidades

No que tange à primeira classificação, isto é, quanto às suas finalidades, as Organizações Internacionais se apresentam com fins gerais e especiais.

As Organizações gerais são aquelas que têm natureza predominantemente política e podem ser instituídas para atuar no plano universal, como, por exemplo, a Organização das Nações Unidas, ou no âmbito regional[85], como a Organização dos Estados Americanos, o Conselho da Europa, a Unidade Africana etc.

Essas Organizações Internacionais têm como maior característica o fato de apresentarem finalidades amplas e alcance extremamente vasto. As atividades das

---

[81] CARRIÓN, Alejandro J. Rodriguez. *Lecciones de derecho internacional público*. 6. ed. Madrid: Tecnos, 2006, p. 107-108.

[82] MARTINS, Margarida Salema d' Oliveira. *Direito das organizações internacionais*. 2. ed. Lisboa: Associação Acadêmica da Faculdade de Direito de Lisboa, 1996, p. 67.

[83] VELASCO, Manuel Diez de. *Las organizaciones internacionales*. 14. ed. Madrid: Tecnos, 2007, p. 47.

[84] RIDRUEJO, José A. Pastor. *Curso de derecho internacional público y organizaciones internacionales*. 10. ed. Madrid: Tecnos, 2006, p. 660.

[85] Digna de nota a observação formulada por BARBÉ, Esther. *Relaciones internacionales*. 2. ed. Madrid: Tecnos, 2006, p. 173, sobre o que se entende por região: "no siempre es fácil decir con precisión donde acaba y empieza una región, puesto que al definirla se mezclan a menudo criterios geográficos y extrageográficos. Más allá de los problemas de definición, las 'regiones' tampoco pueden considerarse elementos estáticos, inamovibles, como muestran las transformaciones de los mapas políticos europeos derivadas de la desaparición del bloque del Este".

organizações gerais não estão circunscritas a um âmbito de cooperação e podem abarcar diversas matérias que sejam consideradas interessantes para os Estados-Membros.

No caso das organizações internacionais que são instituídas com fins específicos, elas assumem várias feições e competências de atuação, tais como: de natureza econômica (o Fundo Monetário Internacional); de natureza militar (Organização do Tratado do Atlântico Norte); de natureza científica (Organização das Nações Unidas para a Educação, Ciência e Cultura); de natureza social (Organização Internacional do Trabalho) etc.

4.2. Quanto à extensão

No que tange à extensão das Organizações Internacionais, isto é, quanto ao seu âmbito territorial, elas podem ser universais e regionais. Preliminarmente, cumpre enfatizar que o conceito de organizações internacionais regionais não é fácil, haja vista que não existe um conceito de região internacional plenamente aceito e pacificado.

De toda sorte, essas Organizações, de um modo geral, têm uma base geopolítica identificada e aparecem, via de regra, para a defesa de interesses econômicos ou estratégicos.

As organizações regionais têm uma base mais estrita e, em determinados casos, aparecem como instrumentos de defesa dos interesses para uma determinada região. Estes interesses podem ser de natureza econômica, política, de segurança, estratégicos etc.

Assim, no âmbito de sua atuação, as organizações internacionais podem ser universais ou regionais.

São universais (a terminologia que também se emprega é de parauniversais) porque não há qualquer limitação geográfica para que um Estado venha a ser membro, como no caso da Organização das Nações Unidas, ou as regionais, cujo tratado institutivo limita o seu âmbito de atuação em razão da cultura, da economia, do aspecto geográfico, como, por exemplo, a Organização dos Estados Americanos, o Conselho da Europa, Unidade Africana e a Liga dos Estados Árabes.

Em virtude de possuírem os mesmos vínculos geográficos, raciais e históricos, os Estados vêm firmando tratados nos quais são criadas organizações que os agrupam e congregam em torno de um denominador comum.

Os organismos internacionais têm como competência envidar esforços no sentido de solucionar, por meios pacíficos, os conflitos locais, antes de estes ficarem sujeitos ao exame do Conselho de Segurança da Organização das Nações Unidas.

A Organização dos Estados Americanos tem como finalidade manter a paz e a segurança do continente americano, prevenir as possíveis causas de conflitos entre as repúblicas americanas, assegurar a solução pacífica das controvérsias que eventualmente surjam, organizar a ação solidária das repúblicas em caso de agressão contra qualquer delas e promover, por meio de ação cooperativa, seu desenvolvimento econômico, social e cultural.

A citada Organização surgiu em 30 de abril de 1948, com a Carta de Bogotá, por ocasião da IX Conferência Interamericana, e foi reformada pelo Protocolo de Buenos Aires em 1967.

A Liga dos Estados Árabes surgiu na cidade do Cairo, em 22 de março de 1945, entre os seguintes países: Arábia Saudita, República Árabe Unida, Iraque, Jordânia, Líbano, Síria, Iêmen, tendo recebido adesão posteriormente da Líbia, em 1953, Marrocos e Tunísia, em 1958, Argélia e Kuwait em 1962, com finalidade de promover a cooperação política, sanitária e militar de seus membros, todos unidos por idênticos traços religiosos.

Na época de sua criação, a Liga não possuía grande expressão política em decorrência do número pequeno de Estados, todavia, tem adquirido destaque com o passar dos anos. A sede é em Tunes e é constituída por um Conselho e pelo Secretariado-Geral.

A Organização da Unidade Africana foi criada em 25 de maio de 1963, em Adis-Abeba (Etiópia), por 32 Estados do continente africano. Suas finalidades podem ser resumidas na consecução e formação de meios para que a unidade e a solidariedade de todos os Estados africanos sejam reais e eficazes para bem defender a soberania, a integridade territorial desses Estados, e erradicar todas as formas de colonialismo. É constituída da Assembleia de Chefes de Estado e Governo, do Conselho de Ministros, da Secretaria-Geral e da Comissão de Mediação, Conciliação e Arbitramento.

A concepção do Conselho da Europa teve em mira estreitar os laços entre os diversos Estados na Europa, a fim de salvaguardar e realizar os ideais e princípios que são herança comum e favorecer o progresso econômico e social de todos eles. Dentre os organismos regionais, o de maior envergadura e projeção é a União Europeia.

4.3. Quanto à duração

Em relação à existência (duração) de uma Organização Internacional, têm-se apresentado organizações permanentes e temporárias. As Organizações permanentes, como o próprio nome sugere, são aquelas que não são criadas para funcionar por um determinado período, ao contrário, são concebidas para não se extinguirem.

É bem verdade que uma Organização Internacional constituída com essa característica, por fatos supervenientes, pode também ter sua personalidade extinta, mas, por óbvio, esse não é o propósito. A Organização das Nações Unidas pode ser apresentada como bom exemplo para uma organização permanente por não existir nenhuma condição resolutiva de sua existência no seu ato institutivo.

De outra banda, existem organizações que são constituídas para funcionar por um período predeterminado. Isso pode acontecer em razão de existir uma previsão expressa no tratado que cria a referida Organização Internacional ou porque finda seu objeto, por alcançar todos os objetivos que ensejaram sua criação.

4.4. Quanto à admissão

No que tange ao regime de admissão de novos membros, as Organizações Internacionais se apresentam como abertas e fechadas. O processo de admissão de novos Estados nas Organizações Internacionais que se apresentam como abertas é muito mais simples do que nas que são consideradas fechadas, ou seja, os procedimentos a serem observados para ingresso em uma Organização aberta são mais fáceis de serem cumpridos pelos Estados.

Não se quer afirmar, entretanto, que todo e qualquer Estado poderá ingressar em uma Organização Internacional por ser aberta. Normalmente se apresentam como requisitos mínimos para ingresso em uma Organização Internacional denominada aberta: a existência da personalidade jurídica internacional; a possibilidade de cumprimento das obrigações que estão discriminadas no próprio ato institutivo da Organização; o aceite por parte dos membros que fazem parte da Organização Internacional (costuma ocorrer no âmbito do órgão colegiado); outros requisitos específicos que estejam previstos no tratado que criou a Organização Internacional.

De outro lado se apresentam as Organizações Internacionais consideradas fechadas e que não admitem o ingresso de novos Estados. Como lembra Martins[86], as Organizações Internacionais serão fechadas quando, nos termos dos seus respectivos atos instituidores, ou não prevejam, pura e simplesmente o seu alargamento a outros sujeitos internacionais ou, então, estabeleçam, discriminatoriamente, requisitos subjetivos de admissão de novos membros cuja verificação em concreto é atendida discricionariamente ou está dependente de livre apreciação pelo órgão da organização competente para o efeito.

5. DIREITOS E FINANCIAMENTO

Como descrito, as Organizações Internacionais possuem direito de convenção como os Estados, isto é, estão legitimadas a celebrar tratados internacionais em seu próprio nome. Assim, como visto, é que a Convenção de Viena de Direito de Tratados, de 1986, defere a possibilidade de as Organizações Internacionais celebrarem tratados com Estados e também com outras Organizações Internacionais. A Organização das Nações Unidas, bem como outras Organizações Internacionais, tem concluído inúmeros acordos internacionais.

Destarte, alguns acordos de que fazem parte as Organizações Internacionais se referem à situação e ao funcionamento da própria Organização, como, por exemplo, o Acordo entre a ONU e os Estados Unidos, de 26 de junho de 1947, relativo à sede da mencionada Organização, em Nova Iorque; Acordo entre a UNESCO e a França, de 2 de julho de 1955, sobre sua sede em Paris etc. Por outro lado, há acordos que demonstram claramente a participação das Organizações Internacionais no plano internacional e envolvem as mais diversas matérias, como acentua Velasco:

"Otros acuerdos reflejan directamente la intensidad de la participación de las Organizaciones Internacionales en la vida internacional y abarcan las materias más diversas donde las funciones que éstas ejercen les llevan a actuar y relacionarse convencionalmente con terceros sujetos; lo que se produce generalmente a través de acuerdos bilaterales y

---

[86] MARTINS, Margarida Salema d' Oliveira. *Direito das organizações internacionais.* 2. ed. Lisboa: Associação Acadêmica da Faculdade de Direito de Lisboa, 1996, p. 83.

menos frecuentemente – y mucho más recientemente en el tiempo – por medio de convenios multilaterales generales, debida esta escasez, esencialmente, a la tradicional reticencia de los países del Este. Vencidas estas reticencias, aparecen ya en este tipo de convenios, cláusulas más o menos detalladas, previendo la participación de Organizaciones Internacionales, como ocurre, por ejemplo, con el art. 305 f y Anexo IX de la Convención de las Naciones Unidas sobre el Derecho del Mar, de 10 de diciembre de 1982"[87].

As Organizações Internacionais também possuem o direito de legação, isto é, a possibilidade de enviar e de receber representantes diplomáticos. Esse direito de legação pode ser de natureza ativa e também passiva. Diz-se que é de natureza ativa, quando a Organização Internacional envia representantes diplomáticos para uma missão oficial em um determinado Estado ou em outra Organização Internacional. A título de exemplo, os comentários de Velasco onde se observa o exercício dessa situação:

"...al *ius legationis* activo, se puede encontrar por lo que respecta a la Comunidad Europea, en los arts. 30.9 del Acta Única Europea y 20 del Tratado de la Unión Europea). De este modo, es frecuente que las Organizaciones establezcan una representación permanente ante las Naciones Unidas (por ejemplo, la Comunidad Europea – o de manera más precisa su Comisión – estableció en 1964 una delegación permanente ante los Organismos especializados con sede en Ginebra, en 1976 creó una representación oficial ante las Naciones Unidas en Nueva York, en 1993 estableció una delegación en Roma ante la FAO etc.)"[88].

Além do ponto acima descrito, em que se verifica a legação ativa de uma Organização Internacional em relação à outra, evidencia-se, como já fora mencionado, que tal prática aplica-se também em relação aos Estados. Esse procedimento pode acontecer quando se pretende desenvolver ações relativas à assistência técnica ou alimentar, por exemplo, como nas palavras de Velasco:

"Las Naciones Unidas, es en el marco del Programa das Naciones Unidas para el Desarrollo va a enviar a los países en desarrollo los denominados representantes residentes y los coordinadores residentes, destinados a coordinar la ayuda al desarrollo, actuando también como agentes de enlace con las Comisiones económicas regionales y, en ciertos casos, van a representar el Secretario general de las Naciones Unidas, bien para informar sobre sus actividades (por ejemplo, los centros de información de las Naciones Unidas, o las Oficinas de Información y Prensa de la Unión Europea)"[89].

Quanto à legação passiva, corresponde ao procedimento inverso, ou seja, a Organização Internacional recebe missões diplomáticas que ficam acreditadas junto a ela.

---

[87] Nesse sentido, a manifestação de VELASCO, Manuel Diez de. *Las organizaciones internacionales*. 14. ed. Madrid: Tecnos, 2007, p. 72.

[88] VELASCO, Manuel Diez de. *Las organizaciones internacionales*. 14. ed. Madrid: Tecnos, 2007, p. 76.

[89] VELASCO, Manuel Diez de. *Las organizaciones internacionales*. 14. ed. Madrid: Tecnos, 2007, p. 76.

Esse direito que se observa em relação às Organizações Internacionais decorre do fato de esses sujeitos de direito internacional terem a possibilidade de manter diversas relações com outros atores, estando seus representantes amparados por normas internacionais que deferem inclusive garantias diplomáticas.

Outro aspecto importante relaciona-se ao financiamento das organizações internacionais que é realizado por meio de contribuições dos Estados-Membros para o pagamento das despesas de organização[90].

Somente assim a Organização Internacional poderá existir e dar cumprimento aos objetivos que amparam a sua existência. A título exemplificativo, identifica-se o Pacto de Varsóvia, que era liderado pela extinta União Soviética e tinha como membros vários países da cortina de ferro.

A União das Repúblicas Socialistas Soviéticas (URSS), cujo funcionamento deu-se entre os anos de 1922 e 1991, surgiu como resultado direto da Revolução Russa tendo sido constituída por 15 diferentes repúblicas que conquistaram a independência ao se dissolver. A antiga URSS era constituída por Rússia, Ucrânia, Belarus, Estônia, Letônia, Lituânia, Armênia, Geórgia, Moldávia, Azerbaijão, Cazaquistão, Tadjiquistão, Quirguistão, Turcomenistão e Uzbequistão.

Com a fragmentação da União Soviética, a organização internacional sucumbiu inclusive com a migração de vários Estados para a Organização do Tratado do Atlântico Norte, liderada pelos Estados Unidos.

Como sujeito de direito internacional, as Organizações Internacionais possuem várias despesas e assumem obrigações financeiras para o exercício das atividades que são definidas em seu próprio ato institutivo. Esses compromissos financeiros se apresentam de forma variada, como por exemplo, no pagamento dos funcionários da Organização, na compra de material para funcionamento da parte administrativa, locação de edificações, compra de passagens aéreas, serviço gráfico, publicações e traduções.

Ademais, não se pode olvidar que as Organizações Internacionais não possuem gastos apenas de natureza administrativa para seu funcionamento propriamente dito, mas também despesas operacionais relativas à ações humanitárias, militar ou outra que enseje o emprego de verbas para auxílio do Estado que foi afetado.

---

[90] KLABBERS, Jan. *An introduction to international institutional law*. 2. ed. Cambridge: Cambridge University Press, 2009, p. 115: "Member states usually have an obligation to pay some form of fee or contribution; if they do not pay, they are in violation of the obligations assumed upon membership, and certain consequences can follow. In addition, there may be voluntary contributions. The financing of the EC, however, provides a special case, as it is the one organization which can boast its own resources. And in a different way, the financial institutions also form a special case. In most cases, the contributions are supposed to cover at the very least the costs of running the organization qua organization: the administrative costs, as opposed to possible operational costs. Occasionally, constituent documents provide that expenses of member states' delegations will be borne by the member states themselves and occasionally this even includes appointees on organs and committees".

As contribuições financeiras variam de uma Organização Internacional para outra e ao longo da história foram apresentados alguns modelos para o cumprimento dessa obrigação dos Estados em relação às Organizações Internacionais, como no caso das Uniões Administrativas, em que era admitida uma escala distinta de contribuições, onde cada Estado poderia, a seu alvedrio, escolher a classe em que gostaria de se inserir.

Hodiernamente as contribuições financeiras para as Organizações Internacionais costumam se apresentar como obrigatórias e como voluntárias. No que tange às obrigações obrigatórias, têm sido apresentadas duas formas para que os Estados promovam suas respectivas contribuições: a) contribuição igualitária para os membros da Organização Internacional, a exemplo da Organização dos Países Exportadores de Petróleo (OPEP); e b) uma contribuição diferenciada, que é definida pelo órgão colegiado da Organização Internacional, que procura estabelecer valores mínimos e máximos, considerando a capacidade econômica de cada Estado-Membro que se apresenta de maneira diferenciada, a exemplo do que acontece na Organização das Nações Unidas (ONU).

Quanto às obrigações voluntárias, pela sua própria essência, os Estados, além das contribuições que realizam para cada Organização Internacional que são signatários (as obrigatórias), poderão realizar contribuições nessa modalidade fixando livremente os valores que serão aplicados para a Organização Internacional.

Assim sendo, cada Estado é livre para contribuir com a quantia que entender mais conveniente, podendo, inclusive aumentá-la ou diminuí-la por não ser obrigatória. Normalmente as contribuições voluntárias são aplicadas quando ocorre alguma excepcionalidade e enseja uma participação mais efetiva de uma Organização Internacional, tais como a criação de um fundo econômico para Estados miseráveis ou em decorrência de emprego de uma missão de assistência.

6. SUCESSÃO DAS ORGANIZAÇÕES INTERNACIONAIS

Da mesma forma que as Organizações Internacionais surgem na arena internacional, elas também podem vir a desaparecer, acarretando assim vários desdobramentos. Diz-se, nesse caso, que ocorreu a sucessão da Organização Internacional. Há autores que afirmam[91] que a extinção de uma Organização Internacional corresponde ao fenômeno instantâneo ou sucessivo que emana de um fato fortuito ou de um ato jurídico produzido pelos seus membros ou pelos seus órgãos, pelo qual se põe decisivamente em causa a possibilidade de lhe vir a ser imputada no futuro uma vontade própria que seja expressão da individualidade que até então lhe era reconhecida.

---

[91] MARTINS, Margarida Salema d' Oliveira. *Direito das organizações internacionais*. 2. ed. Lisboa: Associação Acadêmica da Faculdade de Direito de Lisboa, 1996, p. 124.

A doutrina[92] tem apresentado algumas causas que poderão suscitar o desaparecimento de uma Organização Internacional, dentre os quais: a) o desaparecimento ou retirada de todos os membros da Organização Internacional; b) o rompimento voluntário do vínculo de cooperação que unia os membros; c) novação dos seus elementos individualizadores; d) supressão dos poderes jurídicos necessários ao desenvolvimento da sua atividade; e) perda da sua individualidade própria como grupo individualizado subsistente por si mesmo em favor de outras Organizações Internacionais; f) esgotamento, inutilidade ou impossibilidade superveniente de realização do seu fim; g) verificação de uma condição resolutiva ou de termo final relativos à sua subsistência como Organização autônoma; h) perda do seu substrato patrimonial ou pessoal mínimo necessário ao seu funcionamento; i) sua inatividade.

A Comissão de Direito Internacional, dentre os vários assuntos que por ela foram discutidos, havia colocado em pauta a questão relativa à sucessão das Organizações, todavia a matéria ainda não foi regrada. Há quem diga[93] que a codificação da sucessão das Organizações Internacionais não se apresenta como matéria urgente por não ser um fenômeno corriqueiro na órbita jurídica internacional e tampouco fácil pela falta de prática e incidência.

Ainda assim, para efeito de ilustração, podem ser apresentados dois casos de sucessão de Organizações Internacionais: a Liga das Nações[94], matéria que será apresentada em capítulo próprio, e o Pacto de Varsóvia (Conselho de Ajuda Econômica Mútua – CAEM ou CAMECON, e plano militar, desde 1955). Esta Organização Internacional foi constituída a partir da liderança da extinta União Soviética junto a numerosos Estados da Europa central e oriental, como resultante da Segunda Guerra Mundial. A reunião de Estados ocorria em função de um grande traço ideológico, bem como em decorrência de regimes políticos adotados à época por esses países.

O Pacto de Varsóvia foi uma aliança militar formada em 14 de maio de 1955 cujo tratado internacional estabeleceu como principal aspecto o alinhamento dos Países-membros com a superpotência socialista e compromissos de ajuda mútua em caso de agressões militares. União Soviética, Alemanha Oriental, Bulgária, Hungria, Polônia, Checoslováquia e Romênia eram os países que faziam parte dessa Organização Internacional.

---

[92] MARTINS, Margarida Salema d' Oliveira. *Direito das organizações internacionais*. 2. ed. Lisboa: Associação Acadêmica da Faculdade de Direito de Lisboa, 1996, p. 124.

[93] CARRIÓN, Alejandro J. Rodriguez. *Lecciones de derecho internacional público*. 6. ed. Madrid: Tecnos, 2006, p. 124.

[94] KLABBERS, Jan. *An introduction to international institutional law*. 2. ed. Cambridge: Cambridge University Press, 2009, p. 300, neste ponto, oferece destaque interessante para a Liga das Nações: "The most well-known instance of the succession of an organization is, in all likelihood, that of the dissolution of the League of Nations and the creation of the United Nations. Nonetheless, strictly speaking the case was not one of sucession, if only for the reason that both organizations existed simultaneously for half a year: the Charter of the UN entered into force on 24 October 1945, whereas the League Assembly decided of the dissolution of the League on 18 April 1946, the dissolution taking effect the next day".

Impende assinalar que essa organização foi instituída em contraponto à OTAN (Organização do Tratado do Atlântico Norte), organização internacional que uniu os Estados capitalistas da Europa Ocidental e os Estados Unidos da América para a defesa de eventuais ataques vindos do Leste Europeu[95].

As grandes mudanças produzidas no cenário geopolítico da Europa Oriental, no final da década de 1980 e início da década de 1990, com a queda dos governos socialistas, o fim do Muro de Berlim, o fim da Guerra Fria e a própria crise da URSS levaram à extinção do Pacto em 31 de março de 1991.

É indubitável que o fim de uma Organização Internacional produz vários efeitos e desdobramentos na arena internacional abarcando o plano funcional e orgânico propriamente dito, como a vigência dos atos produzidos pela extinta Organização Internacional, vínculo com os funcionários existentes em sua estrutura administrativa, questões de natureza patrimonial da Organização, e, por óbvio, a impossibilidade de praticar atos da vida internacional por deixar de existir como sujeito de direito internacional.

---

[95] Na mesma direção LITRENTO, Oliveiros. *Curso de direito internacional público.* 3. ed. Rio de Janeiro: Forense, 1997, p. 382: "O Pacto de Varsóvia, também conhecido por Tratado de Assistência Mútua da Europa Oriental, nada mais é do que uma réplica comunista feita aos moldes da OTAN. Foi firmado em maio de 1955 entre a URSS, Alemanha Oriental, Tcheco-Eslováquia, Hungria, Polônia, Bulgária e Romênia. Trata-se de uma aliança militar dita defensiva com um comando unido das forças armadas, cujo objetivo principal é manter, sob o aparato militar, o equilíbrio político do sistema bipolar flexível".

Capítulo VIII
A Organização das Nações Unidas

1. ANTECEDENTES: A LIGA DAS NAÇÕES

O cenário político-econômico do final do século XIX sofreu transformações signi-ficativas ocasionando, na visão de muitos[1], certa instabilidade e precariedade na ordem jurídica internacional. Assim, as mudanças produzidas na órbita internacional propor-cionavam severas alterações no âmbito das grandes potências, em especial, em função da velocidade do comércio e das comunicações.

Em interessante estudo elaborado por Paul Kennedy[2], podem ser observadas as principais questões contempladas pelas potências mundiais no período compreendido de 1885 a 1914, em que ao final identifica as razões pelas quais acabaram por chegar à Primeira Guerra Mundial.

Kennedy, antes de examinar a Primeira Guerra Mundial à luz da estratégia geral das duas coalizões e dos recursos militares e industriais de que dispunham, traça um breve panorama das potências mundiais no sistema internacional de 1914, como se vê:

"Os Estados Unidos estavam à margem – embora seus grandes laços comerciais e financeiros com a Grã-Bretanha e a França tornassem impossível o compromisso de Wilson de que seriam neutros em pensamento e ação. O Japão interpretou liberalmente os termos da aliança Anglo-Japonesa para ocupar as possessões alemãs na China e no Pacífico central; mas nem isso, nem suas funções de escolta naval mais adiante seriam decisivos; para os Aliados, porém, era evidentemente muito melhor ter um Japão amigo do que hostil. A Itália, em contraste, preferiu a neutralidade em 1914 e, em vista de sua fragilidade socioeconômica, teria sido prudente manter essa política, e se sua decisão de

---

[1] KENNEDY, Paul. *Ascensão e queda das grandes potências*: transformação econômica e conflito militar de 1500 a 2000. 9. ed. Rio de Janeiro: Campus, 1989, p. 194: "Sempre houve alterações no equilíbrio de poder, que provo-cavam estabilidade e, com frequência, a guerra. O que tornou a guerra inevitável, escreveu Tucídides em *A guerra do Peloponeso*, foi o crescimento do poderio ateniense e o medo que isso provocou em Esparta".

[2] KENNEDY, Paul. *Ascensão e queda das grandes potências*: transformação econômica e conflito militar de 1500 a 2000, p. 199-242.

1915 de entrar na guerra contra as potências centrais constituiu um golpe para a Áustria-
-Hungria, é difícil dizer que tenha beneficiado de maneira significativa a Grã-Bretanha,
França e Rússia, tal como os diplomatas esperavam"[3].

Sem embargo, do Congresso de Viena até a eclosão da Primeira Guerra Mundial
havia uma percepção de que a paz deveria ser garantida por intermédio de um jogo de
alianças em que fosse garantido o equilíbrio de poder. Todavia, o século XX teve início
por um período muito conturbado, em que os Estados europeus disputavam territórios,
bem como a necessidade de estabelecerem novos marcos fronteiriços.

Diante desse cenário de muitas incertezas vigente no final do século XIX e início
do século XX, é que foram criadas variáveis para a eclosão da Primeira Grande Guerra
Mundial. Como assinalado, vários fatores foram responsáveis para o início do conflito
mundial, mas o assassinato do arquiduque Ferdinando da Áustria, em Sarajevo, capital
da Bósnia Herzegovina, pode ser considerado como o "golpe fatal". A Áustria declarou
guerra contra a Sérvia, tendo a Alemanha demonstrado apoio ao primeiro país.

O ano de 1914 entra para a história com o início da Primeira Grande Guerra servindo, de certo modo, como elemento precursor da Segunda Grande Guerra Mundial,
que promoveu dor, miséria e destruição, transformando verdadeiramente o século XX
na "Era dos extremos".

O Império Austro-Húngaro, preocupado com a eclosão de forte nacionalismo nos
Bálcãs, acaba por declarar guerra à Sérvia, tendo recebido o apoio da Alemanha. Em
contrapartida, a Rússia oferece apoio aos Sérvios por temer o aumento do Império
Austro-Húngaro na região.

Diante desses fatos é que se formou a Tríplice Aliança, constituída pelo Império
Austro-Húngaro e Alemanha e, por outro lado, para fazer frente a esse grupo, criou-se a
Tríplice Entente, formada por Sérvia, Rússia, Grã-Bretanha, França e Bélgica.

Hobsbawm, sobre esse momento complicado do século XX, afirma que a Primeira
Guerra Mundial envolveu todas as grandes potências e, na verdade todos os Estados
europeus, com exceção da Espanha, dos Países Baixos, dos três países da Escandinávia
e da Suíça. E mais: com frequência tropas ultramar foram enviadas pela primeira vez
para lutar e operar fora de suas regiões. Canadenses lutaram na França, australianos e
neozelandeses forjaram a consciência nacional em uma península do Egeu – "Gallipoli"
tornou-se seu mito nacional – e, mais importante, os Estados Unidos rejeitaram a advertência de George Washington quanto a "complicações europeias" e mandaram seus
soldados para lá, determinando assim a forma da história do século XX. Indianos foram
enviados para a Europa e o Oriente Médio, batalhões de trabalhadores chineses vieram
para o Ocidente, africanos lutaram no exército francês. Embora a ação militar fora da
Europa não fosse muito significativa, a não ser no Oriente Médio, a guerra naval foi mais

---

[3] KENNEDY, Paul. *Ascensão e queda das grandes potências*: transformação econômica e conflito militar de 1500 a
2000, p. 249.

uma vez global: a primeira batalha travou-se em 1914, ao largo das Ilhas Falkland, e as campanhas decisivas, entre submarinos alemães e comboios aliados, deram-se sobre e sob os mares do Atlântico Norte e Médio[4].

A guerra chega ao fim com a ação efetiva dos Estados Unidos da América junto com os Estados que faziam parte da Tríplice Entente, tendo a Alemanha assinado os termos do Armistício no dia 11 de novembro de 1918, aceitando todas as condições apresentadas pelos vencedores.

O cenário político que se apresenta no pós-Primeira Guerra Mundial é muito diferente, se comparado aos anos que a antecederam. Isso porque novos fatores acabam por determinar as relações internacionais: a) a entrada na cena internacional dos Estados Unidos, com o peso determinante que o seu papel decisivo lhe conferia (especialmente na fase final do conflito); b) o fim das ilusões sobre as virtualidades da balança de poderes como meio de prevenir conflitos; c) o trauma causado pela revolução russa e a convicção de que o perigo da revolução social constituía uma ameaça real; d) os mais de vinte milhões de mortos em quatro anos de um conflito no qual ficou demonstrado que as guerras de curta duração, com rápidas operações militares e sacrifícios limitados pertenciam ao passado; e) o fim da Europa como centro do mundo político internacional[5].

Nesse cenário, e com o fim da Primeira Guerra Mundial, é que foi concebido o projeto de criação da Liga das Nações, que correspondia a uma organização intergovernamental, de natureza permanente, baseada nos princípios da segurança coletiva e da igualdade entre os Estados. As atribuições essenciais da referida organização estavam assentadas em três grandes pilares: a segurança internacional; a cooperação econômica, social e humanitária; e a execução do Tratado de Versalhes que punha termo à Primeira Guerra Mundial.

Frise-se, por oportuno, que a Primeira Guerra Mundial, embora de menor envergadura e dimensão, se comparada à Segunda Grande Guerra, trouxe grandes sofrimentos à população civil dos Estados envolvidos, despertando, já neste momento, a vontade de viabilizar um sistema que pudesse impedir a ocorrência de problemas, a exemplo dos que foram observados neste conflito.

Entretanto, o Tratado de Versalhes apresentou vários contratempos e "impôs" uma paz que certamente não seria duradoura ao estabelecer, por exemplo, aos alemães a criação de um corredor polonês em seu território, a cessão de territórios etc.

A Conferência de Paz, realizada a partir do dia 12 de janeiro de 1919, teve como palco o Palácio de Versalhes, nas cercanias de Paris, contou com 25 Estados aliados, 4 domínios da Grã-Bretanha e os Estados Unidos da América.

---

[4] HOBSBAWM, Eric. *Era dos extremos*: o breve século XX. São Paulo: Companhia das Letras, 1998, p. 31.

[5] RIBEIRO, Manuel de Almeida; FERRO, Mônica. *A Organização das Nações Unidas*. 2. ed. Coimbra: Almedina, 2004, p. 26.

Diferentemente do que acontecia quando da celebração de Conferências de Paz, o Tratado de Versalhes não estabeleceu o encontro entre vencedores e vencidos, haja vista que os Estados derrotados não participaram da referida Conferência, ensejando o que pode ser denominado como a "paz dos vencedores".

Indubitavelmente que o Tratado de Versalhes deixou "sementes"[6] para que eclodisse, em futuro próximo, a Segunda Guerra Mundial. Em razão das ações que foram deflagradas pelos Estados vencedores que subjugaram a Alemanha, o sentimento de perda e descontentamento aflora de maneira vigorosa entre os alemães, abrindo espaço para manifestações nacionalistas exacerbadas que não tardaram na ascensão de Adolf Hitler ao poder. Na ocasião, a Alemanha foi forçada a devolver à França a região da Alsácia-Lorena, cedeu os cantões de Eupen e Malmedy à Bélgica, perdeu territórios para a Polônia (parte da Prússia Oriental, da Prússia Ocidental e da Silésia Oriental) e, para a Tchecoslováquia, uma parte da Silésia Superior, além da impossibilidade de se unir a Áustria. Além das punições territoriais, britânicos e franceses procuraram neutralizar a força militar da Alemanha, de forma a equilibrar a balança de força na Europa ocidental e evitar que um novo conflito acontecesse. As principais imposições militares aos alemães foram: proibição de promover recrutamento militar; proibição de ter mais que 100 mil soldados; proibição de ter marinha de guerra; proibição de ter aviação de guerra; proibição de ter tanques de guerra e artilharia pesada; e, por fim, a região da Renânia deveria permanecer desmilitarizada e as construções militares existentes nela, demolidas além de terem sido obrigados a destruir seis milhões de rifles, 15 mil aviões e 130 mil metralhadoras[7].

O Tratado de Versalhes ainda estabelecia situações extremamente onerosas para os derrotados, especialmente para a Alemanha, como se depreende da leitura do artigo 231:

"Os governos aliados e associados firmam e a Alemanha aceita a sua responsabilidade e a de seus aliados por haverem causado todas as perdas e danos a que foram sujeitos dos ditos governos aliados e associados e seus cidadãos a consequência da guerra que lhes foi imposta pela agressão da Alemanha e seus aliados".

---

[6] Nesse sentido vale ressaltar o estudo de RIBEIRO, Manuel de Almeida; FERRO, Mônica. *A Organização das Nações Unidas*. 2. ed. Coimbra: Almedina, 2004, p. 28: "A Alemanha, apesar de derrotada e da humilhação de ver o seu futuro decidido por uma conferência de vencedores, mantinha o potencial demográfico e econômico capaz de colocar em perigo uma França estruturalmente muito mais fraca. (...) As reparações constituíam outra das questões a resolver. Apesar da oposição inicial de Wilson, não só se veio a contemplar o princípio da reparação, que em termos moderados se deveria considerar como conforme às práticas internacionais anteriores, como na sequência de se considerar a Alemanha única responsável pelo conflito, esta foi obrigada a aceitar formalmente indenizar todos os Estados de que se lhe tinham oposto e os seus cidadãos. Isso traduziu-se em uma indenização de guerra tão elevada que se previa que levasse cerca de meio século a satisfazer. Esta condição causou um profundo e duradouro sentimento de indignação na Alemanha. Finalmente, a Alemanha perdeu as suas colônias, a sua marinha de guerra e força aérea e viu o seu exército reduzido para cerca de trinta por cento em relação a 1914".
[7] EVANS, Richard J. *A chegada do Terceiro Reich*. São Paulo: Planeta, 2016, p. 108.

Definitivamente o Tratado de Versalhes não podia garantir uma paz estável, como acentuou Hobsbawm:

"O acordo de Versalhes não podia ser a base de uma paz estável. Estava condenado desde o início e, portanto, outra guerra era praticamente certa. Os EUA quase imediatamente se retiraram e num mundo não mais eurocentrado e eurodeterminado, nenhum acordo não endossado pelo que era agora uma grande potência mundial podia sustentar"[8].

Desse modo, o fracasso produzido pela *Paz de Versalhes,* na medida em que adotava medidas onerosas para a Alemanha, fez com que o então presidente dos Estados Unidos da América – Woodrow Wilson – creditasse suas esperanças na Sociedade das Nações contemplada no próprio Tratado de Versalhes. O presidente americano apresentou catorze proposições, em seu discurso ao Congresso dos Estados Unidos da América, em 8 de janeiro de 1918, para a reconstrução europeia após a Primeira Guerra Mundial. São eles: exigência da eliminação da diplomacia secreta em favor de acordos públicos; liberdade nos mares; abolição das barreiras econômicas entre os países; redução dos armamentos nacionais; redefinição da política colonialista, levando em consideração o interesse dos povos colonizados; retirada dos exércitos de ocupação da Rússia; restauração da independência da Bélgica; restituição da Alsácia e Lorena à França; reformulação das fronteiras italianas; reconhecimento do direito ao desenvolvimento autônomo dos povos da Áustria-Hungria; restauração da Romênia, da Sérvia e do Montenegro e direito de acesso ao mar para a Sérvia; reconhecimento do direito ao desenvolvimento autônomo do povo da Turquia e abertura permanente dos estreitos que ligam o Mar Negro ao Mediterrâneo; independência da Polônia; criação da Liga das Nações.

O cenário estava pronto e a causa para se constituir uma Liga das Nações ganha a opinião pública criando uma situação bastante propícia para tal, consolidando a ideia do Presidente Wilson para "aspiração do mundo para a Liga das Nações"[9]. Assim, na segunda

---

[8] HOBSBAWM, Eric. *Era dos extremos*: o breve século XX. São Paulo: Companhia das Letras, 1998, p. 42.

[9] GARCIA, Eugênio. *Conselho de Segurança das Nações Unidas*. Brasília: FUNAG, 2013, p. 19: "A Liga (ou Sociedade) das Nações foi a primeira organização internacional de escopo universal, em bases permanentes, voluntariamente integrada por Estados soberanos, com o fito de instituir um sistema de segurança coletiva, promover a cooperação e assegurar a paz futura. Esse objetivo implicava que toda a comunidade internacional (ou, melhor dizendo, os membros da Liga) devia mobilizar-se para acudir em defesa do país agredido e sustentar a obediência ao Pacto da Liga. Essa mesma organização deveria resolver controvérsias de maneira pacífica, promover relações amistosas entre as nações e fortalecer a cooperação nos campos econômico, social, cultural e humanitário. Com isso em mente, a estrutura da Liga foi organizada em torno de três órgãos principais: um Conselho Executivo, de composição restrita, com membros permanentes e não permanentes; uma Assembleia aberta a todos os Estados-membros para o exercício do debate público e da diplomacia parlamentar sobre todas as questões que afetassem a paz; e um Secretariado com funções basicamente administrativas, chefiado por um Secretário-Geral. Além disso, foi criado um sistema de mandatos para territórios não autônomos e tomada a decisão de estabelecer a Corte Permanente de Justiça Internacional (CPJI) para solucionar por meios pacíficos controvérsias entre os Estados. Em certo sentido, a criação da Liga das Nações buscava alterar algumas regras do jogo, ao menos do ponto de vista legal-institucional. Mas, quando se iniciaram seriamente as discussões sobre uma organização que garantisse a preservação da paz, defensores da regra tradicional *might makes right* rapidamente tentaram aplicá-la à Liga, com

plenária da Conferência da Paz, datada de 25 de fevereiro de 1919, declarou-se formalmente por vários estadistas que a fundação da Liga das Nações era essencial para assegurar a paz mundial e cumprir-se o mandato dos povos representados. Os delegados envolvidos votaram o que se chama de "certidão de nascimento da Liga das Nações" e decidem:

"A Conferência, tendo examinado as propostas relativas à criação de uma Liga das Nações, decide que: a) é essencial, para a manutenção do estatuto mundial, que as nações associadas estabeleçam agora a criação de uma Liga das Nações, órgão de cooperação internacional, que assegurará o cumprimento das obrigações internacionais contratadas e fornecerá salvaguarda contra a guerra; b) essa Liga, cuja criação faria parte integrante do tratado geral de paz, deveria ser aberta a todas as nações civilizadas, em que se tivesse confiança para favorecer os seus objetivos; c) os Membros da Liga se reuniriam periodicamente em uma conferência internacional. Teriam uma organização permanente e um secretariado para acompanhar os negócios da Liga, no intervalo das Conferências. Foi então estabelecida uma Comissão de quinze membros, a que depois se juntaram mais dois, sob a presidência do próprio presidente Wilson, a fim de apresentar o projeto de Pacto da futura Liga das Nações"[10].

Assim foi concebida a Liga das Nações[11], no ano de 1919, que apresentava como finalidades precípuas o fomento da cooperação entre as nações para garantir a paz e a segurança. O Pacto da Liga das Nações é constituído por um preâmbulo e por vinte e seis artigos, que podem ser apresentados da seguinte forma: organização (arts. 1º ao 7º); bases para manutenção da paz e prevenção da guerra (arts. 8º ao 19); obrigações compatíveis com o Pacto (arts. 21 e 22); cooperação internacional em várias atividades técnicas, administrativas, sociais e humanitárias (arts. 23 ao 25); e emendas que poderiam sofrer o Pacto (art. 26).

Com efeito, havia uma expectativa muito grande, quando da elaboração do Pacto das Nações, para que a organização internacional produzisse efeitos significativos a partir do escopo principal que norteou sua criação.

---

a aparente motivação de prosseguir como sempre haviam feito. Rascunhos preliminares preparados pelo *Foreign Office* britânico tinham em vista um Conselho Executivo integrado unicamente pelas grandes potências. Esse Conselho proposto deveria replicar o Conselho Supremo de Guerra, que havia cumprido a função de instância de coordenação das ações aliadas no esforço de guerra e em outros assuntos ligados à negociação dos futuros termos de paz".

[10] ALMEIDA, Renato. *A liga das nações*: constituição, estrutura e funcionamento. Rio de Janeiro: Editora S.A.A. Noite, 1937, p. 31.

[11] ALMEIDA, Renato. *A liga das nações*: constituição, estrutura e funcionamento. Rio de Janeiro: Editora S.A.A. Noite, 1937, p. 21, afirma: "A Liga das Nações é uma união de nações que aceitaram certos compromissos e procuram manter a paz e salvaguardar os interesses comuns por uma colaboração organizada e durável. Sem pretendermos que seja perfeita esta definição, parece-nos, contudo, que nela se incluem os dois fins fundamentais da Liga que são: manter a paz e procurar solução pacífica para as controvérsias internacionais; e organizar a colaboração dos povos para o bem moral e material da humanidade".

Os membros originários da Sociedade das Nações, que foram os signatários do Tratado de Paz eram: Estados Unidos da América, Bélgica, Bolívia, Brasil, Império Britânico, Canadá, Austrália, África do Sul, Nova Zelândia, Índia, China, Cuba, Equador, França, Grécia, Guatemala, Haiti, Hedjaz, Honduras, Itália, Japão, Libéria, Nicarágua, Panamá, Peru, Polônia, Portugal, Romênia, Estado Servio-Croata-Esloveno, Sião, Tchecoeslováquia, Uruguai e foram convidados a aderir ao Pacto, Argentina, Chile, Colômbia, Dinamarca, El Salvador, Espanha, Noruega, Paraguai, Países Baixos, Pérsia, Suécia, Suíça e Venezuela.

O Pacto da Liga apresentava como uma das propostas principais, a fiel observância por parte dos Estados das regras internacionais para que não houvesse guerra e, portanto, a consequente pacificação dos conflitos.

Nas circunstâncias em que uma controvérsia internacional pudesse trazer um prejuízo mais grave, a contenda deveria ser resolvida por meio de arbitragem. Em não havendo acordo, o Conselho da Liga deveria se manifestar e elaborar relatório, que poderia ser aceito ou não pelas partes litigantes[12].

Também havia a previsão sobre o cometimento de atos de guerra por parte de um Estado, em desacordo com as medidas pactuadas em favor da paz, que poderiam desencadear uma ação coordenada por todos os demais membros da Sociedade. Porém, por força de uma resolução da Assembleia, no ano de 1921, estabeleceu-se que cada Estado-Membro é que seria competente para decidir por si mesmo se uma violação do Pacto havia sido ou não cometida. As sanções previstas no artigo 16 passavam a depender do interesse de Estados em adotar as medidas adequadas para reafirmar a potestade da organização.

De fato, o documento que no nascedouro produziu uma grande expectativa por parte dos Estados para que se estabelecesse uma sociedade em que reinasse a paz começava a apresentar sinais de debilidade. Somado a isso, não se pode olvidar que os Estados Unidos se apresentavam como protagonista importante para o sucesso do Pacto. Todavia, ao apresentar o texto do Tratado de Versalhes que contemplava a organização internacional (a Liga das Nações) ao parlamento americano para efeito de ratificação, o Presidente Wilson obteve um grande revés: a sua não aceitação e ao ser rechaçado pelo Senado, os Estados Unidos acabam por ser afastados da Liga que, por certo, acabou por contribuir para o seu insucesso. Neste sentido, o magistério de Almeida:

"Os Estados Unidos nunca concordaram com as obrigações do Pacto, sobretudo com o artigo 10 que estabelecia uma garantia coletiva, que lhes pareceu compromisso demasiado, cuja aceitação contrariaria as diretivas de sua política. Tiveram medo de serem obrigados a intervir em toda parte, para garantir a integridade territorial e independência política dos membros da Liga. (...) Em linhas gerais, as razões pelas quais os Estados Unidos não

---

[12] Para maior compreensão da matéria, GUERRA, Sidney. *Direito das organizações internacionais*. 2. ed. Curitiba: Instituto Memória, 2020, capítulo IV.

ratificaram o Pacto da Liga das Nações foram as seguintes: a) a Liga não assegura aos Estados Unidos o mesmo número de votos que o Império Britânico, pois este conta com o seu próprio e mais os dos domínios e colônias; b) o Pacto está em contradição com as tradições diplomáticas do país, que o inibem de ter ingerência constante em assuntos e contendas da Europa; c) é contrário aos direitos soberanos dos Estados Unidos assumir a obrigação do artigo 10 do Pacto, de garantir com suas forças armadas a integridade territorial e a independência política atual de povos disseminados no orbe inteiro; d) tampouco desejam participar de boicotagens e bloqueios pacíficos que decrete a Liga, pois são assuntos que os Estados Unidos devem decidir por si mesmo sem imposições de um poder estranho; e) não convém que a Liga tome decisões em matéria de imigração, comércio e assuntos econômicos e financeiros dos seus membros; f) não convém incluir a Doutrina Monroe no Pacto: é preciso evitar que essa atitude internacional seja motivo de discussão relativamente ao seu alcance; g) os Estados Unidos desejam uma associação de povos livres, em que nenhuma nação possa exercer predomínio sobre a outra; não querem alianças destinadas a consolidar a vitória em uma guerra determinada"[13].

Indubitavelmente a não participação dos Estados Unidos na Sociedade das Nações contribuiu para o insucesso desta.

Por outro lado, apesar de fatores adversos, a Liga das Nações estabeleceu alguns pressupostos interessantes para o direito internacional, a começar pelo seu preâmbulo, que declara que os Estados-Membros devem aceitar certas obrigações de não recorrer à guerra; manter abertamente relações internacionais fundadas sobre a justiça e a honra; observar rigorosamente as prescrições do Direito Internacional, reconhecendo doravante como norma efetiva de procedimentos de governos; fazer reinar a justiça e respeitar escrupulosamente todas as obrigações dos tratados nas relações mútuas dos povos organizados.

No que tange às obrigações dos Membros da Liga, estas podem ser apresentadas de maneira resumida da seguinte forma: a) os Estados deveriam suportar, na proporção decidida pela Assembleia, as despesas da Liga; b) não deveriam franquear, sem o consentimento do Conselho, o limite dos armamentos considerados como o mínimo compatível com a segurança nacional e com a execução das obrigações internacionais impostas pela ação comum; c) comunicar de modo franco e completo todas as informações relativas à escala de seus armamentos, programas militares, navais e aéreos, bem como as condições em que se desenvolverem as indústrias suscetíveis de serem utilizadas para a guerra; d) respeitar e manter contra toda agressão exterior a integridade territorial e a independência política presente de todos os Membros da Liga; e) submeter à arbitragem, a uma solução judicial ou ao exame do Conselho, qualquer controvérsia capaz de provocar uma ruptura; f) executar de boa-fé as sentenças pronunciadas e não recorrer à guerra contra os Membros da Liga que se conformem com elas; g) aplicar contra o

---

[13] ALMEIDA, Renato. *A liga das nações:* constituição, estrutura e funcionamento. Rio de Janeiro: Editora S.A.A. Noite, 1937, p. 43-44.

Estado, em ruptura com o Pacto, as medidas indicadas no artigo 16, prestando-se apoio mútuo para minorar o efeito da aplicação das sanções e resistir a toda medida especial dirigida contra eles pelo Estado faltoso; h) consentir na passagem, através do seu território, de tropas de um dos Membros da Liga, participando da ação comum contra o Estado em ruptura com o Pacto; i) comunicar imediatamente à Liga qualquer tratado ou compromisso internacional, firmado com objetivo que possa ser registrado e publicado pela Secretaria-Geral; j) não firmar tratados cujos termos sejam incompatíveis com o Pacto e denunciar os que, porventura, tenham feito antes de ingressar na Liga; k) esforçar-se em garantir ao homem, à mulher e à criança condições de trabalho equitativas e humanas; l) garantir um tratamento equitativo a todos os indígenas dos territórios submetidos à sua administração; m) confiar à Liga a intervenção nos acordos relativos ao tráfico de mulheres e crianças, ao tráfico do ópio e demais drogas nocivas e ao comércio de armas e munições; n) tomar todas as medidas necessárias para garantir a manutenção das comunicações e trânsito assim como a igualdade de tratamento para o comércio com todos os Membros da Liga; o) esforçar-se em tomar medidas para prevenir e curar as enfermidades; p) promover e favorecer a criação de organizações nacionais da Cruz Vermelha (devidamente autorizadas) e estabelecer a cooperação entre elas.

Sem embargo, a Liga das Nações apresentava em sua estrutura organizacional três órgãos principais: a Assembleia, o Conselho e a Secretaria. Todavia, não se pode olvidar que existiam órgãos autônomos, tal como a Corte Permanente de Justiça Internacional[14].

No modelo da Liga das Nações também havia a possibilidade de ela propor uma série de ações voltadas para manutenção da paz e segurança coletiva, indicando ainda os mecanismos para solução de controvérsias de forma pacífica, em especial, a arbitragem. O tratado dispõe que os Estados concordam em submeter casos que possam trazer discórdia passível de uma ruptura nas relações internacionais ao Conselho (artigo 12, parágrafo 1), e que, se não for acolhida nenhuma forma para a solução pacífica do litígio, o Estado não poderá recorrer à guerra, caso o outro Estado litigante tenha se conformado com a decisão do Conselho (artigo 13, parágrafo 4).

Assim, se um Estado resolvesse se insurgir contra o dispositivo citado poderia sofrer sérias consequências, haja vista que o ato seria considerado um ato de guerra contra todos os integrantes da Liga, ensejando o rompimento das relações de comércio, econômicas, e até mesmo a proibição de relações envolvendo nacionais com o Estado que rompeu o Pacto.

A Convenção da Liga das Nações continha previsões genéricas relativas aos direitos humanos, destacando-se as voltadas ao *mandate system of the League* (sistema de

---

[14] LISZT, Franz von. *Derecho internacional público*. Barcelona: Gráfica Moderna, 1929, p. 355, esclarece a ideia: "La Sociedad de las Naciones está organizada como un congreso de Estados, en el cual los representantes de éstos deben acomodarse a las instrucciones de sus gobiernos. Las resoluciones son de la competencia de la asamblea y del Consejo de la Sociedad de las Naciones; la labor preparatoria corresponde a la secretaria permanente, agregada al Consejo. Las decisiones de la asamblea y del Consejo necesitan la unanimidad de votos de los miembros representados en la reunión, salvo disposición expresa en contrario del Pacto".

mandato da Liga), ao sistema das minorias e aos parâmetros internacionais do direito do trabalho – pelo qual os Estados se comprometiam a assegurar as condições justas e dignas de trabalho para homens, mulheres e crianças. Piovesan[15] afirma que os citados dispositivos representavam um limite à concepção de soberania estatal absoluta, na medida em que a Convenção da Liga estabelecia sanções econômicas e militares a serem impostas pela comunidade internacional contra os Estados que violassem suas obrigações, fazendo com que houvesse uma redefinição da noção de soberania absoluta dos Estados que passavam a incorporar compromissos e obrigações de alcance internacional em relação aos direitos humanos.

Em linhas gerais a Sociedade das Nações propugnava pelos seguintes aspectos: o compromisso dos Estados de respeitarem o Direito Internacional e de regularem as controvérsias por meios jurídicos, em especial por meio da arbitragem; o compromisso dos Estados de agirem conjuntamente contra os que violassem o Direito Internacional; a limitação, na fase inicial, da participação na Sociedade aos Estados amantes da paz, ou seja, a exclusão, no período inicial, dos vencidos da Primeira Guerra Mundial; a exclusão futura dos membros que atentassem contra a paz; e a limitação dos armamentos, como forma de evitar a paz armada[16].

No curto período de existência da Liga das Nações podem ser apontados outros avanços, especialmente no que tange à composição de sua estrutura, que contemplava como órgão subsidiário e político o Alto Comissariado sobre refugiados e Declarações relativas às minorias raciais e religiosas que deveriam ser garantidas pelo Conselho da Liga.

Infelizmente a Liga das Nações deixou a desejar em relação aos seus objetivos e propósitos, apresentando sinais de fraqueza e debilidade ainda no início da década de 30[17]. Ridruejo apresenta a seguinte crítica em relação à Liga:

"Basada na filosofía política de la Organización en el mantenimiento de la paz por medio de la trilogía arbitraje-seguridad-desarme, hay que hablar hoy, ya con amplio distanciamiento histórico, del fracaso en el cumplimiento de sus objetivos. Como ya sabemos, ni se instauró la obligación completa de la solución jurisdiccional de las controversias, ni la prohibición del recurso a la guerra total ni estaba dotada de mecanismos institucionales adecuados para la efectividad de la prohibición, ni en el campo del desarme se consiguieron resultados mínimamente significativos. Es así como, tras el éxito inicial en la crisis entre Grecia y Bulgaria de 1925 y el parcial en la disputa del Chaco de 1928 entre Bolivia

---

[15] PIOVESAN, Flávia. *Direitos humanos e o direito constitucional internacional.* São Paulo: Max Limonad, 2002, p. 111.

[16] RIBEIRO, Manuel de Almeida; FERRO, Monica. *A Organização das Nações Unidas.* 2. ed. Coimbra: Almedina, 2004, p. 45.

[17] Não se pode olvidar que os Estados Unidos não aderiram à Liga das Nações cujo tratado refletia, em grande parte, o pensamento do então presidente norte-americano Woodrow Wilson, o que de certo modo fez com que a Liga funcionasse de forma limitada desde seu nascimento.

y Paraguay, la Sociedad de naciones asistió impotente a la invasión de Manchuria por Japón en 1931, la guerra entre Italia y Abisinia de 1934-1935, a la anexación de los Sudetes checos por Alemania en 1939, a la invasión soviética de Finlandia en el mismo año y, por fin, al trágico desencadenamiento de la segunda guerra mundial"[18].

De toda sorte, apesar dos problemas narrados, não se pode olvidar que a Liga das Nações[19] teve papel importante para o atual sistema vigente no plano das relações internacionais. Isso porque a Liga inaugura um novo momento ao criar, de forma pioneira, uma organização internacional com essas características. Como adverte Renato Almeida, a "Liga das Nações se apresenta como uma união permanente, com órgãos, leis e mecanismos, capaz de realizar os seus fins coletivos, abrangendo interesses universais. Vê-se, pois, que é mais que uma aliança, mas não é, de modo algum, um superestado. E não o é porque a Liga não obriga, não tem força coatora, não implica qualquer diminuição à soberania de seus membros"[20].

Ademais, a estrutura concebida na referida Organização Internacional, como visto, serviu de base para a própria estrutura da Organização das Nações Unidas, ao apresentar como órgãos a Assembleia, a Secretaria e o Conselho. Sobre este último, impende assinalar que atuava como uma espécie de poder executivo, tendo iniciado seus trabalhos com quatro membros permanentes (Inglaterra, França, Itália e Japão) e quatro membros não permanentes, eleitos pela Assembleia por um período de três anos. Os primeiros membros não permanentes foram Bélgica, Brasil, Grécia e Espanha. Os Estados Unidos naturalmente seriam o quinto membro permanente do Conselho, mas pela não aceitação por parte do Parlamento americano (demonstrado acima), não tomaram assento no aludido órgão.

Para atender interesses políticos no campo internacional, a composição do Conselho foi alterada algumas vezes. Isso ocorreu pela primeira vez em 22 de setembro de

---

[18] RIDRUEJO, José A. Pastor. *Curso de derecho internacional público y organizaciones internacionales.* 10. ed. Madrid: Tecnos, 2006, p. 683.

[19] BARBOZA, Julio. *Curso de organismos internacionais.* Buenos Aires: Zavalia, 2017, p. 623, apresenta três períodos para a curta existência da Liga das Nações: "El primero, entre 1920 y 1923, corresponde a sus años de formación, cuando se crean y estructuran sus instituciones. El saldo de la primera etapa de la Sociedad fue positivo, y preparó el terreno a una etapa de expansión, que se extiende de 1924 a 1930. Entre 1924 y 1930, la Sociedad consigue sus principales realizaciones. Con el ingreso de Alemania en 1926 parece que aquélla se va a transformar, de una organización de potencias vencedoras, en una auténtica organización mundial. En 1928 se firmó el Pacto Briand-Kellog, de renuncia a la guerra como instrumento de política nacional, primera vez en que la guerra es formalmente prohibida. La tercera etapa registra los fracasos y virtual desaparicón de la Sociedad. Las esperanzas que se podían albergar en el terreno político a fines de los años veinte se frustraron por la crisis económica mundial y la expansión del fascismo en Europa y Japón. La década de los treinta, que marca el tercer y último período de la Sociedad de las Naciones se caracteriza por una marcada agudización de los conflictos internacionales, y culmina con el estallido de la Segunda Guerra Mundial en 1939".

[20] ALMEIDA, Renato. *A liga das nações:* constituição, estrutura e funcionamento. Rio de Janeiro: Editora S.A.A. Noite, 1937, p. 22.

1922, quando o número de Estados subiu para seis membros e posteriormente para nove, em 8 de setembro de 1926 (não permanentes). Frise-se, por oportuno, que a Alemanha tornou-se o quinto membro permanente do Conselho, fazendo com que este atingisse um total de quinze membros. Mais tarde, com a saída da Alemanha e do Japão, o número de assentos não permanentes foi aumentado de nove para onze.

No que tange à Secretaria, esta foi constituída por um Secretário-Geral e pelo pessoal que formava o Secretariado. Essa equipe do secretariado da Liga era encarregada de preparar a agenda para o Conselho e também para a Assembleia, bem como publicar relatórios das reuniões e outras questões rotineiras, atuando efetivamente como funcionários da Liga.

Por fim, a Assembleia da Liga das Nações, cuja sede se encontrava em Genebra, era constituída por representantes de todos os Estados-Membros da organização internacional (art. 3,1), que poderia tratar de qualquer questão que entrasse na esfera de atividade da organização ou que alcançasse a paz internacional (art. 3,3). Indubitavelmente, a estrutura apresentada influenciou a própria composição da Organização das Nações Unidas, como será apresentado em capítulo subsequente.

Com efeito, a Liga alcançou alguns sucessos em sua rápida história de vida, tais como a administração do território de Sarre, entre 1919 e 1935, reivindicado pela Alemanha e pela França. Ao final dessa ação, o referido território foi integrado à Alemanha em razão do resultado de uma consulta popular, em que os habitantes escolheram pela permanência na Alemanha. Também na participação de litígios internacionais, como, por exemplo, na atuação do caso envolvendo as Ilhas Aland, entre Finlândia e Suécia, e outros.

Apesar disso, a mencionada organização não conseguiu realizar de forma satisfatória os objetivos que estavam preconizados em seu ato institutivo, acumulando também vários insucessos, que de certo modo (e também pelo quadro negativo já mencionado no cenário internacional), fez com que outra grande guerra mundial acontecesse.

Com a eclosão da Segunda Grande Guerra Mundial fica evidente o fracasso da Liga das Nações, vindo a desaparecer formalmente em 18 de abril de 1946, quando encerra suas atividades.

Os países vencedores da Segunda Guerra preferiram não revitalizar um organismo internacional que se encontrava desacreditado por todos e resolvem criar um novo. Recomeça uma nova etapa no campo das relações internacionais agora sob os auspícios da Organização das Nações Unidas.

2. A CRIAÇÃO DA ORGANIZAÇÃO DAS NAÇÕES UNIDAS E SEUS OBJETIVOS

A ideia de se criar um organismo internacional que pudesse reorganizar o sistema internacional e ficasse "responsável" pela manutenção da paz e segurança internacional, em substituição à cambaleante Liga das Nações, foi pensada ainda na vigência da referida Organização (recorde-se que foi extinta formalmente em 1946), durante a II Guerra Mundial[21].

Esse momento se deu quando do encontro realizado pelo então presidente americano Franklin Delano Roosevelt e o primeiro ministro inglês Winston Churchill, a bordo do HMS Prince of Wales, em Argentina – na Terra Nova, no dia 14 de agosto de 1941. A declaração de princípios emitida por eles, conhecida como Carta do Atlântico, apresentava oito pontos em busca de melhores condições para o mundo, a saber:

"Primeiro – Os seus respectivos países não procuram nenhum engrandecimento, nem territorial, nem de outra natureza.

Segundo – Não desejam que se realizem modificações territoriais que não estejam de acordo com os desejos livremente expostos pelos povos atingidos.

Terceiro – Respeitam o direito que assiste a todos os povos de escolherem a forma de governo sob a qual querem viver; e desejam que se restituam os direitos soberanos e a independência aos povos que deles foram despojados pela força.

Quarto – Se empenharão para que todos os estados, grandes ou pequenos, vitoriosos ou vencidos, tenham acesso em igualdade de condições ao comércio e às matérias-primas do mundo, de que precisem para a sua prosperidade econômica.

Quinto – Desejam promover, no campo da economia, a mais ampla colaboração entre todas as nações, com o fim de conseguir, para todos, melhores condições de trabalho, prosperidade econômica e segurança social.

Sexto – Depois da destruição completa da tirania nazista, esperam que se estabeleça uma paz que proporcione a todas as nações os meios de viver em segurança dentro de suas próprias fronteiras, e aos homens em todas as terras a garantia de existências livres de temor e de privações.

Sétimo – Essa paz deverá permitir a todos os homens cruzar livremente os mares e oceanos.

Oitavo – Acreditam que todas as nações do mundo, por motivos realistas assim como espirituais, deverão abandonar todo o emprego da força. Em razão de ser impossível qualquer paz futura permanente, enquanto nações que ameaçam de agressão fora de suas fronteiras – ou podem ameaçar – dispõem de armamentos de terra, mar e ar, acreditam que é impossível que se desarmem tais nações, até que se estabeleça um

---

[21] Vale destacar as palavras de RIDRUEJO, José A. Pastor. *Curso de derecho internacional público y organizaciones internacionales*. 10. ed. Madrid: Tecnos, 2006, p. 685: "Las Naciones Unidas se conciben en un primer momento como una coalición para la guerra, aunque pronto se transforman en un proyecto de paz. Efectivamente, en el transcurso de la segunda guerra mundial (1939-1945), los países aliados que combatían contra las potencias del Eje sintieron la necesidad de la creación de una organización intergubernamental que velase en el futuro por la paz y seguridad internacionales. Asi, en la llamada *Declaración de los Aliados* de 12 de junio de 1941, firmada en el Palacio de Saint James de Londres, algunos de esos países dejaron constancia de la idea de que la única base cierta de una paz duradera radicaba en la cooperación voluntaria de todos los pueblos libres, en la guerra y en la paz, para lograr esos fines. La Declaración de Londres no fue suscrita por la Unión Soviética ni los Estados Unidos".

sistema mais amplo e duradouro de segurança geral. Eles igualmente prestarão todo auxílio e apoio a medidas práticas, tendente a aliviar o peso esmagador dos armamentos sobre povos pacíficos".

Mas foi o próprio presidente dos Estados Unidos da América – Franklin Delano Roosevelt – que utilizou pela primeira vez a expressão Nações Unidas, na Declaração assinada em 1º de janeiro de 1942, em Washington, quando 26 Estados (inclusive o Reino Unido e a União Soviética) se comprometeram a continuar lutando contra o eixo nazista por ocasião da Segunda Grande Guerra Mundial[22].

No ano de 1943[23], China, Estados Unidos, União Soviética e o Reino Unido afirmaram, por força da Declaração de Moscou, de 30 de outubro, a necessidade premente de se criar uma Organização Internacional que pudesse zelar pela paz e pela segurança internacional.

---

[22] Na mesma direção ROUSSEAU, Charles. *Derecho internacional público*. Barcelona: Ariel, 1966, p. 182: "El origen remoto de la ONU se puede hallar en la Declaración de las Naciones Unidas, firmada el 1 de enero de 1942 en Washington por los 26 Estados aliados que estaban en guerra contra las Potencias del Eje. Según el texto de esta declaración, por mientras durase la guerra, se constituía entre los Estados signatarios, una coalición sobre la base de los principios enunciados en la Carta del Atlántico de 14 de agosto de 1941. Otros 21 Estados se adhirieron, posteriormente, a este texto".

[23] GARCIA, Eugênio. *Conselho de Segurança das Nações Unidas*. Brasília: FUNAG, 2013, p. 33: "A partir de 1943, com a evolução da guerra a favor dos Aliados, o tema da organização internacional começou a ganhar contornos mais precisos. Como da ocasião anterior em 1919, encabeçada pelo zelo missionário de Wilson, os Estados Unidos tomaram a iniciativa. Desde o início, o Presidente Roosevelt acalentou a ideia de estabelecer, nas suas palavras, uma 'tutela dos poderosos'. Sua principal premissa era a crença percebida de que caberia às potências vitoriosas a responsabilidade primária pela imposição da paz após a guerra, pela força se preciso. Roosevelt avaliava que as nações fracas não possuíam meios de defesa contra uma agressão por parte de países mais fortes, em particular no caso de uma ameaça assombrosa semelhante ao delírio nazifascista. Calculava-se que no seu devido tempo os Aliados ganhariam a guerra e as potências do Eixo seriam desarmadas. Nesse cenário, os Três Grandes (Estados Unidos, Grã-Bretanha e União Soviética) seriam os únicos capazes de fornecer segurança na escala mundial exigida. Roosevelt acrescentou a China à sua lista, em razão principalmente do desejo norte-americano de reforçar a posição de seu aliado na luta contra o Japão no Pacífico. Com o poder somado dos Quatro Policiais, imaginava-se, os Estados mais desprotegidos da comunidade internacional teriam a assistência militar necessária para se defenderem de ataques externos. A lógica por trás do pensamento de Roosevelt não deixava de ter um componente regional. Ele temia que, ao final da guerra, a opinião pública norte-americana pudesse resistir às tentativas de manter os Estados Unidos engajados em operações militares ao redor do mundo. Haveria pressão para 'retornar os soldados à casa' tão logo possível. Assim, nos seus planos para a nova organização mundial, baseada no poderio aliado, Roosevelt concebeu um Conselho dominado pelas grandes potências, que deveriam agir conjuntamente para prevenir futuras agressões dos ex-inimigos e distribuir de forma mais equilibrada as responsabilidades pela segurança em cada região. Na Europa, a Grã-Bretanha e a URSS conteriam a Alemanha. Na Ásia, a China seria um contrapeso ao Japão, podendo eventualmente contar com apoio soviético no Extremo Oriente. Quase inteiramente controlada pelas potências coloniais europeias, a África não representava um desafio estratégico expressivo. O Império Britânico ainda seria útil do ponto de vista da segurança em áreas como o subcontinente indiano e o Sudeste asiático. O Hemisfério Ocidental, incluindo a América Latina e todo o Caribe, era considerado zona de influência por excelência dos EUA, que continuariam a sustentar seu autoatribuído "poder de polícia internacional". No Oriente Médio, Roosevelt flertou vagamente com a ideia de um "assento permanente muçulmano", mas tal proposição jamais passou de um pensamento momentâneo. Esse conjunto, ainda segundo sua visão, permitiria a retirada das forças norte-americanas desdobradas globalmente e compartilharia regionalmente os custos da segurança coletiva".

Posteriormente, já no ano de 1944, no período de 21 de agosto a 28 de setembro, os quatro Estados reunidos em Dumbarton Oaks (Washington)[24] assumem um protocolo de intenções para se criar a referida Organização Internacional, o que foi confirmado em 1945, a partir das negociações estabelecidas durante uma Conferência produzida em São Francisco. Não se pode olvidar que entre 3 e 11 de fevereiro de 1945 aconteceu a Conferência de Yalta, que tratou principalmente de um tema delicado da futura Organização Internacional: o Conselho de Segurança.

O campo estava preparado para a criação da Organização das Nações Unidas e neste espírito, os Estados reunidos em São Francisco, no período compreendido de 25 de abril a 26 de junho, é que surge o tratado institutivo da citada organização internacional. Em linhas gerais, os textos que serviram de base para a elaboração final da Carta da ONU foram os documentos discutidos em Dumbarton Oaks e Yalta, com as ressalvas apresentadas pelos Estados participantes no encontro.

Como se vê, a ideia de se criar a ONU surgiu durante a Segunda Guerra Mundial pelos Estados que estavam em luta contra o eixo nazista formado pela Alemanha, Itália e Japão, e resolveram se congregar em torno de um denominador comum que era a manutenção da paz e segurança internacional[25].

A Organização das Nações Unidas, criada pela Carta da ONU, datada de 26 de junho de 1945, cuja entrada em vigor se deu em 24 de outubro do mesmo ano, contou inicialmente com 50 Estados, sendo estabelecida sua sede em Nova Iorque. Todavia, a Polônia embora não estivesse representada na Conferência, tendo assinado *a posteriori*, apresenta-se como membro originário perfazendo o total de 51 Estados.

A Organização, além das questões relacionadas à paz e à segurança internacional, teve também como fundamento a necessidade de preservar as futuras gerações do "flagelo da guerra", conforme se verifica logo no preâmbulo da Carta[26], devendo, assim, estar envolvida em todas as grandes crises existentes no âmbito da sociedade internacional.

---

[24] Novamente a contribuição de ROUSSEAU, Charles. *Derecho internacional público*. Barcelona: Ariel, *1966*, p. 182: "El primer paso importante hacia la efectiva constitución de una organización internacional universal fue dado en la Conferencia convocada a fines del verano de 1944 en Dumbarton Oaks. Las conversaciones tuvieron dos fases: la primera, se desarrolló entre Gran Bretaña, los Estados Unidos y la URSS (21 de agosto a 28 de septiembre de 1944); y la segunda entre la Gran Bretaña, los Estados Unidos y China (29 de septiembre a 7 de octubre de 1944). En estas conferencias se redactó un proyecto, destinado a servir de base a una discusión ulterior. Cierto número de cuestiones que quedaron en suspenso – especialmente el procedimiento de voto en el Consejo de Seguridad – fueron resueltas algunos meses más tarde en la Conferencia de Yalta, celebrada del 3 al 11 de febrero de 1945, entre la Gran Bretaña, los Estados Unidos y la URSS".

[25] CONFORTI, Benedetto. *Diritto internazionalle*. 5. ed. Napoli: Editoriale Scientifica, 1999, p. 140, corrobora esse entendimento: "L'Organizzazione delle Nazioni Unite fue fondata dopo la seconda guerra mondiale dagli Stati Che avevano combattuto contro le Potenze dell'Asse, e prese il posto della disciolta Società delle Nazioni. La Conferenza di San Francisco ne elaboro nel 1945 la Carta Che venne ratificata dagli Stati fondatori. Successivamente, secondo il procedimento di ammissione previsto dall'art 4 della Carta, ne sono via via divenuti membri quasi tutti gli Stati del mondo".

[26] O preâmbulo da Carta das Nações Unidas assim dispõe: "Nós, os povos das Nações Unidas, resolvidos a preser-

Virally acentua que a ONU se trata de uma instituição política e deve ser considerada como tal. "Pretender estudiarla desde el ángulo de la simple técnica jurídica conduce inevitablemente a no ver los verdaderos problemas que plantea para el observador de la vida internacional y, por último, a llegar a conclusiones erróneas o equívocas. En verdad, como institución con competencia política, la ONU está sometida al juego de fuerzas políticas a las que se podría calificar de 'salvajes', en el sentido de que la importancia de los intereses en juego y la gravedad de sus enfrentamientos hacen que estas fuerzas hayan sido poco domadas por el derecho y que éste no ocupe más que un rango bastante bajo en las motivaciones de los actores que las encarnan"[27].

A ideia apresentada pelo autor corresponde à relação que a ONU mantém com o direito, isto é, uma relação institucional em que apesar de ter um caráter político, é uma instituição jurídica e uma relação funcional cujas atividades correspondem diretamente à observância da ordem jurídica internacional, tendo papel importante na própria criação e cumprimento das normas internacionais.

A Carta da Organização das Nações Unidas se apresenta como um documento complexo e extenso, principalmente se comparado ao ato institutivo da Liga das Nações, e contém o preâmbulo e a parte dispositiva com 111 artigos e ainda o Estatuto da Corte Internacional de Justiça. Para que a Organização das Nações Unidas se tornasse uma realidade, com a elaboração de um texto denso, três grandes compromissos políticos foram observados quando da celebração da Conferência de São Francisco. Ridruejo, invocando Carrillo Salcedo, apresenta de maneira clara:

"1) El papel predominante y la responsabilidad primordial de las grandes potencias en el mantenimiento de la paz y seguridad internacionales, y de ahí el derecho de veto de los miembros permanentes en el Consejo de Seguridad; 2) el compromiso de que, respecto a la cooperación internacional en el terreno económico y social, se establecía una clara división del trabajo, en el sentido de que las competencias sustantivas quedaban confiadas a organismos especializados relacionados con las Naciones Unidas, aunque distintos de ellas, mientras que a la Organización se atribuía en este campo competencias de estudio, promoción y coordinación; 3) en cuanto a los pueblos y territorios sometidos a

---

var as gerações vindouras do flagelo da guerra, que por duas vezes, no espaço da nossa vida, trouxe sofrimentos indizíveis à humanidade, e a reafirmar a fé nos direitos fundamentais do homem, da dignidade e no valor do ser humano, na igualdade de direitos dos homens e das mulheres, assim como das nações grandes e pequenas, e a estabelecer condições sob as quais a justiça e o respeito às obrigações decorrentes de tratados e de outras fontes do direito internacional possam ser mantidos, e a promover o progresso social e melhores condições de vida dentro de uma liberdade mais ampla. E para tais fins praticar a tolerância e viver em paz, uns com os outros, como bons vizinhos, e unir as nossas forças para manter a paz e a segurança internacionais, e a garantir, pela aceitação de princípios e a instituição de métodos, que a força armada será usada a não ser no interesse comum, a empregar um mecanismo internacional para promover o progresso econômico e social de todos os povos. (...)".

[27] VIRALLY, Michel. *El devenir del derecho internacional*. México: Fondo de Cultura Económica, 1998, p. 273.

dominación colonial, consagración de un delicado equilibrio entre las aspiraciones a la independencia y los intereses estratégicos, políticos y económicos de las potencias coloniales"[28].

Com efeito, a preocupação com a segurança e a paz internacional, como também em relação ao sistema de cooperação, pode ser vislumbrada logo no início da Carta da Organização das Nações Unidas ao estabelecer como propósitos principais: a manutenção da paz e a segurança internacional; fomentar as relações amistosas entre as Nações baseadas no respeito e na igualdade de direitos e autodeterminação dos povos; cooperar na resolução de problemas internacionais de caráter econômico, cultural e humanitário; estimular o respeito dos direitos humanos e das liberdades fundamentais.

De fato, a grande preocupação dos Estados ao criarem a mencionada Organização Internacional era de constituir um sistema que pudesse garantir maior segurança e paz no campo internacional, bem como criar um sistema de proteção aos direitos humanos em razão das atrocidades que haviam sido praticadas ao longo da história.

A Organização das Nações Unidas não pretende se envolver em questões domésticas que afligem os Estados, mas sim atuar no campo internacional. Entretanto, não se pode olvidar que se o problema de natureza interna traz repercussões negativas no campo das relações internacionais, compete à Organização adotar providências necessárias em relação aos fatos que lhes competem.

Lembre-se, por oportuno, de que os dois grandes conflitos mundiais que aconteceram no passado recente tiveram (em princípio) como causas principais questões que aparentemente eram de problemas internos.

Para alcançar esse desiderato da paz, da segurança internacional e de proteção dos direitos humanos, os Estados devem pautar suas atuações com respeito, consideração e levando em conta as especificidades de cada um[29].

Para tanto, é imprescindível que sejam observados os princípios da igualdade, da autodeterminação dos povos, bem como que seja fomentado um sistema de cooperação internacional para que haja maior entrosamento entre os diversos Estados e o consequente desenvolvimento de relações amistosas entre eles.

Para alcançar estes propósitos, a ONU deve adotar os seguintes princípios[30]: a) princípio da igualdade soberana de todos os seus membros; b) todos os membros deverão

---

[28] RIDRUEJO, José A. Pastor. *Curso de derecho internacional público y organizaciones internacionales*. 10. ed. Madrid: Tecnos, 2006, p. 693. O autor após a análise apresentada no texto principal tece críticas ao sistema atual e convém aqui reproduzir sua impressão: "De estos tres compromisos, hoy solo pervive el primero; los dos restantes han sido barridos por los cambios experimentados en la sociedad internacional y en las Naciones Unidas".

[29] Impende assinalar que para conseguir a manutenção da paz a ONU procura utilizar os meios amistosos, todavia há de se observar o disposto no capítulo VI da Carta da ONU expresso nos artigos 33 a 38 no que concerne a procedimentos de natureza amigável.

[30] Sobre a questão que envolve os propósitos e os princípios, atentem para as palavras de RIDRUEJO, José A. Pastor. *Curso de derecho internacional público y organizaciones internacionales*. 10. ed. Madrid: Tecnos, 2006, p. 728-

cumprir de boa-fé as obrigações assumidas de acordo com a Carta; c) todos os membros deverão resolver suas controvérsias por meios pacíficos, de modo a não ameaçar a paz, a segurança e a justiça internacionais; d) todos os membros deverão evitar o uso da força contra a integridade territorial ou independência política do Estado; e) todos os membros devem dar assistência em qualquer ação patrocinada pela ONU; f) para assegurar a paz e a segurança internacional a ONU fará que todos os Estados, mesmo os não membros, ajam de acordo com os princípios contidos na Carta; g) nenhum dispositivo da Carta autoriza a ONU a intervir em assuntos que dependam essencialmente de jurisdição interna de qualquer Estado.

A Organização das Nações Unidas começou a funcionar no dia 24 de outubro de 1945 (data comemorativa de seu aniversário) após a ratificação do tratado institutivo por parte da China, Estados Unidos, França, Reino Unido e União Soviética, bem como de outros Estados signatários.

Passados todos estes anos após sua criação, verifica-se que a Organização Internacional tem sido alvo de severas críticas no cenário político internacional. Entretanto, após um balanço do que são as Organizações Internacionais, é necessário sublinhar os desafios contemporâneos das relações internacionais e comparando com a fracassada experiência da Liga das Nações, a ONU pode apresentar importantes conquistas: a) sua universalidade (reúne quase duas centenas de Estados); b) nenhum Estado fundador a abandonou; c) a ampliação de suas atividades, sobretudo o auxílio ao desenvolvimento; d) afirmou o seu caráter de indispensabilidade, pois as críticas que lhe são endereçadas objetivam sua reforma e não sua extinção[31].

Assim sendo, a despeito dos problemas que ainda precisam ser sanados no âmbito das Nações Unidas e de comentários que têm sofrido por grande parte de críticos do Direito Internacional, ratificamos aqui seu importante papel no plano das relações internacionais[32].

729: "Cuál es la relación exacta entre los propósitos y principios? Se puso de relieve en la Conferencia de San Francisco que los propósitos eran los objetivos que debía alcanzar la Organización, mientras que los principios constituían las reglas de conducta para conseguir aquellas metas".

[31] SEITENFUS, Ricardo. As organizações internacionais frente ao direito e ao poder. *O direito internacional e o direito brasileiro.* Ijuí: Unijuí, 2004, p. 144.

[32] Digno de nota é o balanço apresentado pelo professor RIDRUEJO, José A. Pastor. *Curso de derecho internacional público y organizaciones internacionales.* 10. ed. Madrid: Tecnos, 2006, p. 754, sobre a Organização das Nações Unidas: "Balance que causará sin duda profunda insatisfación y descontento en espíritus utópicos que se aferren a los ideales de la Carta e ignoren las realidades políticas y las hondas transformaciones experimentadas por la sociedad internacional desde la terminación de la Segunda Guerra Mundial. Balance que merecerá, sin embargo, la comprensión e incluso la estimación de mentes más abiertas y pragmáticas que partan de la idea de que las Naciones Unidas, organización intergubernamental de cooperación política general, constituyen un fiel reflejo de las relaciones internacionales de la segunda mitad del siglo XX y principios del XXI, y que, en este sentido, sólo son lo que pueden ser y lo que los Estados miembros quieren que sean. La Organización ha fracasado, ciertamente, en la realización de propósitos básicos que enuncia la Carta, pero en un vigoroso y ejemplar esfuerzo de adaptación histórica ha llevado a cabo una acción encomiable y alentadora en otros terrenos, y en este orden de ideas hay que afirmar que no tiene alternativa. Se ha dicho, en frase castiza, que si las Naciones Unidas no existiesen

3. OS MEMBROS

A Organização das Nações Unidas se apresenta como um sujeito de direito internacional que possui como traço marcante a sua universalidade. É constituída por Estados soberanos que se multiplicaram ao longo de sua existência. Inicialmente contava com 51 Estados e nos dias atuais contabiliza 193 Estados.

Como visto anteriormente, a Organização das Nações Unidas se apresenta como uma Organização aberta, com possibilidade de aceitar novos Estados, sendo regida, nesse particular, pelo princípio da inclusão.

A matéria vem regrada no capítulo II da Carta da ONU onde são apresentados os membros originários e os membros derivados. Inicialmente o artigo 3º da Carta da ONU contempla os membros originários[33]:

"Os Membros originais das Nações Unidas serão os Estados que, tendo participado da Conferência das Nações Unidas sobre a Organização Internacional, realizada em São Francisco, ou, tendo assinado previamente a Declaração das Nações Unidas, de 1º de janeiro de 1942, assinarem a presente Carta, e a ratificarem, de acordo com o artigo 110".

No artigo seguinte, inciso I, a Carta contempla a figura dos membros admitidos, como se vê: "A admissão como Membro das Nações Unidas fica aberta a todos os Estados amantes da paz que aceitarem as obrigações contidas na presente Carta e que, a juízo da Organização, estiverem aptos e dispostos a cumprir tais obrigações".

A admissão de novos membros nas Nações Unidas procede-se mediante a apreciação do pedido pela Assembleia Geral e pelo Conselho de Segurança, conforme o inciso 2 do artigo 4º da Carta da ONU[34]. Todavia, essa regra foi relativizada para atender as mudanças que foram produzidas a partir do fim da União Soviética, como se vê:

"Rusia fue aceptada en reemplazo de la Unión Soviética al interior de las Naciones Unidas, sin una adopción formal. La base para esto la constituye una declaración de Rusia, en concordancia con una decisión de todos los Estados de la Comunidad de Estados Independientes (CEI), los ex miembros de la Unión Soviética en el Consejo de Seguridad y de los otros órganos de las Naciones Unidas, que se pronunciaron a favor de su continuación. Los miembros del Consejo de Seguridad y los otros Estados miembros no se opusieron en todo caso a los deseos de Rusia, a pesar de que Rusia no era idéntica a la Unión Soviética. Con esto se dio una modificación de la Carta de la ONU por conducta concluyente, que en el entretanto se ha convertido en derecho consuetudinario"[35].

---

habría que inventarlas y esta idea no sólo se sustenta en el plano académico sino también, aunque de manera implícita, en el de las relaciones internacionales".

[33] Como já mencionado anteriormente, quando da realização da Conferência de São Francisco estiveram presentes 50 Estados. Todavia, a Polônia é considerada membro originário por ter participado do encontro de 1942.

[34] ARTIGO 4, inciso 2: "A admissão de qualquer desses Estados como Membros das Nações Unidas será efetuada por decisão da Assembleia Geral, mediante recomendação do Conselho de Segurança".

[35] HERDEGEN, Mathias. *Derecho internacional público*. México: Fundación Konrad Adenauer, 2005, p. 296.

Impende assinalar que não há distinção entre os membros (sejam originários ou derivados) onde verifica-se que tal nomenclatura serve para identificar aqueles que se apresentaram como precursores na criação da referida Organização (originários) e os Estados que se associaram em momento futuro. Diz-se que não há distinção porque todos os Estados deverão cumprir integralmente os mandamentos previstos na mencionada Carta.

Para que um Estado seja admitido na ONU, devem ser observados alguns procedimentos, a saber: que seja amante da paz, que aceite as obrigações contidas na Carta e que esteja apto e disposto a cumprir tais obrigações. Além disso, não se pode olvidar que a Assembleia Geral da ONU é quem decidirá sobre o ingresso ou não de um Estado na Organização com o correspondente aval do Conselho de Segurança.

Da mesma forma que um Estado pode ser admitido na Organização Internacional, é possível que venha a ser suspenso e até mesmo expulso dos quadros da ONU[36]. A matéria vem disciplinada nos artigos de números 5 e 6, respectivamente, como se vê:

"Artigo 5º: O Membro das Nações Unidas, contra o qual for levada a efeito ação preventiva ou coercitiva por parte do Conselho de Segurança, poderá ser suspenso do exercício dos direitos e privilégios de Membro pela Assembleia Geral, mediante recomendação do Conselho de Segurança. O exercício desses direitos e privilégios poderá ser restabelecido pelo conselho de Segurança.

Artigo 6º: Membro das Nações Unidas que houver violado persistentemente os Princípios contidos na presente Carta, poderá ser expulso da Organização pela Assembleia Geral mediante recomendação do Conselho de Segurança".

A Organização das Nações Unidas realiza diversas atividades na arena internacional e é considerada a principal Organização Internacional do planeta. Para realizar suas diversas funções e alcançar múltiplos objetivos a Organização precisa da "colaboração" de seus Estados-Membros. Significa dizer que a Organização das Nações Unidas funciona a partir do pagamento de uma anuidade realizada pelos Estados que fazem parte dela, isto é, o orçamento regular das Nações Unidas é aprovado pela Assembleia Geral. Ele é inicialmente apresentado pelo Secretário-Geral e examinado pela Comissão Consultiva em Assuntos Administrativos e Orçamentários, composta por 16 peritos, que pode recomendar modificações à Assembleia Geral, antes que o aprove. O orçamento cobre todos os gastos dos programas da ONU em áreas como assuntos políticos, justiça e direito internacional, cooperação internacional para o desenvolvimento, informação pública, direitos humanos e assuntos humanitários. As contribuições dos Estados constituem a principal fonte de recursos

---

[36] Atentem para o interessante comentário de HERDEGEN, Mathias. *Derecho internacional público*. México: Fundación Konrad Adenauer, 2005, p. 297: "La separación de las Naciones Unidas no se encuentra reglamentada. Indonesia declaró en 1965 su separación de la organización y revocó esa declaración al siguiente año. Se le puede atribuir una participación limitada a un Estado no miembro o a una asociación, debido a que la Asamblea General le reconoce un estatus de observador (OLP, Namibia, antes de su independencia, y, antes Suiza). Entre tanto, casi todos los Estados pertenecen a las Naciones Unidas".

do orçamento e são revisadas a cada três anos. Tais contribuições são feitas de acordo com uma escala de quotas, determinada pela Assembleia Geral. A contribuição de cada Estado é determinada principalmente por sua renda nacional total em relação à dos outros Estados-Membros, levando em consideração diversos fatores, como, por exemplo, o Produto Interno Bruto (PIB) e o rendimento *per capita* de cada país.

A Assembleia fixou que as contribuições podem ser de no máximo 22% e no mínimo 0,01% do total do orçamento. O orçamento cobre os gastos com atividades nos diversos campos de atuação das Nações Unidas, além das despesas administrativas tanto na sede como nos escritórios espalhados pelo mundo. Os Estados-Membros também realizam pagamentos – com base em uma versão modificada da escala de quotas – para cobrir os custos das Forças de Paz e os gastos dos Tribunais Internacionais. Fundos e programas da ONU, como, por exemplo, o Programa das Nações Unidas para o Desenvolvimento (PNUD), o Fundo das Nações Unidas para a Infância (UNICEF) e o Alto-Comissariado das Nações Unidas para Refugiados possuem orçamentos próprios e grande parte de seus recursos são provenientes de doações voluntárias dos governos e também de indivíduos, como é o caso do UNICEF. As agências do Sistema também têm seus próprios orçamentos e podem receber contribuições voluntárias dos governos.

4. OS ÓRGÃOS DA ONU

A Carta da ONU apresenta, em seu artigo de número 7, os órgãos que fazem parte de sua estrutura: a Assembleia Geral, o Conselho de Segurança, a Secretaria-Geral, a Corte Internacional de Justiça, o Conselho Econômico e Social e o Conselho de Tutela[37].

Abaixo serão apresentadas considerações sobre cada um dos órgãos que fazem parte da Organização.

4.1. Assembleia Geral

É um órgão não permanente que se reúne uma vez por ano, geralmente no mês de setembro, e extraordinariamente quando as circunstâncias exigem.

Todos os Estados que fazem parte da Organização das Nações Unidas estão aí representados e é o único órgão com competência genérica, isto é, pode discutir quaisquer questões ou assuntos que estiverem dentro dos fins previstos na Carta da ONU.

Nesse sentido, podem ser apreciadas as questões relativas à manutenção da paz e segurança internacionais, que a ela forem submetidas por qualquer Membro das Nações

---

[37] Embora o Conselho de Tutela esteja previsto como um dos órgãos que fazem parte da Organização das Nações Unidas (artigos 86 a 91), este não será estudado em razão de não se aplicar no atual estágio das relações internacionais. Isso porque o referido órgão foi concebido para controlar o exercício de tutela sobre territórios não autônomos, mas em 1º de novembro de 1994 suas atividades foram suspensas em razão da independência de Palau (último território sob tutela).

Unidas, ou pelo Conselho de Segurança, ou por um Estado que não seja Membro das Nações Unidas, de acordo com o artigo 35, parágrafo 2.

Com exceção do que está estipulado no Artigo 12, poderá ainda fazer recomendações relativas a quaisquer questões a um determinado Estado ou Estados interessados, ao Conselho de Segurança ou a ambos. Qualquer destas questões, para cuja solução for necessária uma ação, será submetida ao Conselho de Segurança pela Assembleia Geral, antes ou depois da discussão.

Enquanto o Conselho de Segurança estiver exercendo, em relação a qualquer controvérsia ou situação, as funções que lhe são atribuídas na Carta da ONU, a Assembleia Geral não fará nenhuma recomendação a respeito dessa controvérsia ou situação, a menos que o Conselho de Segurança a solicite.

A Assembleia Geral também poderá propor a realização de estudos e, posteriormente, fazer recomendações com o intuito de promover cooperação internacional no terreno político e incentivar o desenvolvimento progressivo do direito internacional e a sua codificação; promover cooperação internacional nos terrenos econômico, social, cultural, educacional e sanitário e favorecer o pleno gozo dos direitos humanos e das liberdades fundamentais, por parte de todos os povos, sem distinção de raça, sexo, língua ou religião.

Importante ainda registrar que nas questões processuais, a Assembleia delibera em determinados casos por maioria absoluta, mas em outros, como por exemplo, nas questões atinentes à segurança e paz internacional; admissão de novos membros e de natureza financeira; eleição dos Membros não permanentes do Conselho de Segurança; eleição dos Membros do Conselho Econômico e Social; admissão de novos Membros das Nações Unidas; suspensão dos direitos e privilégios de Membros; expulsão dos Membros; e em questões orçamentárias, é necessária a observância da maioria de 2/3 dos membros presentes e votantes, levando-se em consideração que cada membro da Assembleia Geral terá um voto.

A Assembleia Geral pode ser considerada o "Legislativo" da ONU, suscitando, por vezes, dúvidas quanto à própria estrutura da organização. A declaração de vontade da Assembleia Geral materializa-se através das resoluções.

Há autores[38] que apresentam as competências da Assembleia Geral em dois grupos: o primeiro de natureza deliberativa e recomendatória e o segundo correspondente às decisões que são consideradas juridicamente obrigatórias. No primeiro grupo se apresentam:

a) discussões de quaisquer assuntos que caibam no âmbito dos fins da ONU e das atribuições e funções de qualquer dos seus órgãos. Trata-se de uma competência genérica prevista no artigo 10, o qual contempla o poder de fazer recomendações aos membros da ONU e/ou ao Conselho de Segurança sobre qualquer desses assuntos. Contudo, a faculdade da Assembleia Geral de adotar recomendações em uma controvérsia ou

---

[38] MARTINS, Margarida Salema d'Oliveira. *Direito das organizações internacionais*. 2. ed. Lisboa: Associação Acadêmica da Faculdade de Direito de Lisboa, 1996, p. 54.

situação concreta fica suspensa enquanto o Conselho de Segurança estiver exercendo relativamente a essa controvérsia ou situação concreta as funções que a Carta lhe atribui;

b) apreciação dos princípios gerais de cooperação para a manutenção da paz e da segurança internacionais, incluindo os princípios sobre o desarmamento e a regulamentação dos armamentos, discussão de quaisquer questões relativas àquele assunto, e fazer recomendações sobre tais princípios ou sobre essas questões. Quando para a solução dessas questões seja necessária uma ação, a questão será submetida ao Conselho de Segurança pela Assembleia Geral antes ou depois da discussão;

c) adoção de recomendações para solução pacífica de qualquer situação, independentemente da sua origem, que, no juízo da Assembleia, possa prejudicar o bem-estar geral ou as relações amistosas entre as nações;

d) promoção de estudos e adoção de recomendações sobre a cooperação internacional nos campos político, econômico e social, incluindo a codificação do direito internacional;

e) recepção e exame dos relatórios anuais e especiais do Conselho de Segurança e dos outros órgãos das Nações Unidas.

Já no segundo grupo, isto é, as decisões que são consideradas juridicamente obrigatórias, têm sido apresentadas as seguintes:

a) enunciação de normas gerais abrangendo a competência para a modificação da Carta, embora condicionada à ratificação, a adoção do seu regimento interno, o estabelecimento de regras sobre os funcionários da Organização e a fixação de vencimentos, subvenções e compensações dos juízes da Corte Internacional de Justiça, bem como as regras de concessão de pensões e reforma;

b) aprovação de acordos – a Assembleia Geral aprova os acordos estabelecidos entre as organizações especializadas;

c) admissão, exclusão e suspensão dos direitos dos membros – a Assembleia pode admitir Estados como membros da ONU, suspender qualquer membro do exercício de direitos e privilégios, bem como expulsar dos quadros da Organização;

d) eleição – a Assembleia Geral elege os membros não permanentes do Conselho de Segurança, os juízes da Corte Internacional de Justiça e de outros órgãos que fazem parte da estrutura da ONU;

e) criação de órgãos subsidiários – também pode estabelecer órgãos com essa característica;

f) receitas e despesas – aprecia e aprova o orçamento, determina a cota dos membros e aprecia e aprova acordos financeiros e orçamentais com as agências especializadas;

g) solicitação de pareceres – poderá a Assembleia, como também o Conselho de Segurança, solicitar à Corte Internacional de Justiça parecer consultivo sobre qualquer questão de natureza jurídica.

Além de tudo isso, a Assembleia tem servido de palco para que os países do Terceiro Mundo façam suas reivindicações, entretanto, para que o Estado possa deliberar nas reuniões da Assembleia, é necessário que esteja em dia com suas contribuições financeiras.

Se um dos membros estiver em atraso no pagamento de sua contribuição financeira à organização, não terá direito a votar na Assembleia Geral, se o total de suas contribuições atrasadas igualar ou exceder a soma das contribuições correspondentes aos dois anos anteriores completos. Todavia, poderá o mencionado órgão permitir que o Membro inadimplente vote se ficar provado que a falta de pagamento é devida a condições que independem de sua vontade.

Portanto, compete à Assembleia Geral a aprovação do orçamento, em que as despesas da Organização devem ser custeadas pelos Membros, segundo cotas fixadas por ela própria.

Compete também a este órgão analisar questões relacionadas à solução pacífica de controvérsias; ao fomento da cooperação internacional em vários segmentos, tais como: econômico, político, cultural, sanitário, direitos humanos; impulsionar o desenvolvimento do direito internacional etc.

Por tudo isso, evidencia-se que a Assembleia Geral é um órgão muito importante na estrutura da ONU, identificando-se, de forma sintética, como suas principais atribuições a possibilidade de fazer recomendações relativas à paz e à segurança internacional; eleger os membros não permanentes do Conselho de Segurança; eleger os membros do Conselho Econômico e Social; admitir novos membros para a Organização e suspender ou expulsar os já existentes, bem como aprovar emendas à Carta.

4.2. Conselho de Segurança

O Conselho de Segurança é considerado o principal órgão da Organização das Nações Unidas e tem como finalidade precípua a manutenção da paz e a segurança internacional.

Atualmente o Conselho[39] é constituído por 15 Estados, sendo 5 permanentes e com direito a veto (Estados Unidos da América, França, Grã-Bretanha, China e Rússia) e 10 não permanentes que são eleitos pela Assembleia Geral por maioria de 2/3 dos Estados presentes e votantes para um período de 2 anos, não se admitindo a reeleição (originalmente a Carta da ONU previa o número de 11 Estados, sendo 6 não permanentes).

A inclusão dos países não permanentes no Conselho de Segurança ocorreu por força da Resolução n. 1991-A da Assembleia Geral das Nações Unidas, de 17 de

---

[39] GARCIA, Eugênio. *Conselho de Segurança das Nações Unidas*. Brasília: FUNAG, 2013, p 58: "Os membros do Conselho de Segurança costumam dedicar tempo considerável às questões processuais e não raro se recorre ao Secretariado para solicitar esclarecimentos ou dirimir dúvidas pontuais. A aplicação das Regras de Procedimento Provisórias pode ser consensual, quase rotineira, ou em outros casos pode ser também objeto de longas discussões entre Representantes Permanentes ou delegados. Diz-se que o Presidente do Conselho de Segurança 'deve convocar' uma reunião do Conselho a pedido de qualquer membro do órgão (regra 2). Mas, se pelo menos um membro importante discorda da oportunidade de tal reunião, não seria surpreendente uma negociação prévia de bastidores que se arraste por horas, dias ou até semanas. (...) As decisões a que pode chegar o Conselho de Segurança podem ter diversos formatos. Os três tipos principais seriam: uma resolução, que conforme seu peso específico pode consumir meses de negociações prévias; uma declaração presidencial, que costuma ser adotada por consenso em consultas informais e é lida em sessão pública pelo Presidente do órgão; e uma declaração à imprensa, também alcançada por consenso e comunicada pelo Presidente aos jornalistas logo após sua aprovação pelos membros".

dezembro de 1963, em vigor desde 31 de agosto de 1965, que procurou levar em consideração o critério de representatividade geográfica contemplando cinco Estados africanos e asiáticos, um da Europa oriental, dois latino-americanos, dois da Europa ocidental e outros.

Impende assinalar que para a escolha dos membros não permanentes são levados em consideração alguns aspectos, tais como: a contribuição dos Estados na manutenção da paz e da segurança internacionais, bem como a distribuição geográfica, que precisa ser equitativa.

Dada a importância do Conselho de Segurança, este é organizado de maneira que possa funcionar continuamente, devendo cada um de seus membros estar representado, para tal fim, em todos os momentos, na sede da Organização.

O Conselho de Segurança realiza reuniões periódicas, sem que haja a obrigatoriedade que estas reuniões ocorram na sede da Organização, nas quais cada um de seus membros poderá, se assim o desejar, ser representado por um membro do governo ou por outro representante especialmente designado.

O Conselho de Segurança poderá deliberar sobre as chamadas *questões processuais* e também sobre *demais questões*. No caso das primeiras (*questões processuais*), as decisões são tomadas pelo voto afirmativo de nove dos membros do Conselho e nas *demais questões*, devem ser observados também nove votos, sendo que os cinco permanentes deverão se manifestar.

Assim sendo, mesmo que haja a concordância de catorze Estados que fazem parte do Conselho de Segurança e apenas um voto contrário de um dos Estados permanentes, a votação da matéria não poderá seguir em frente.

Verifica-se, pois, que cada membro do Conselho tem direito a um voto; entretanto, o valor de suas manifestações não é igualitário. Isso porque os Estados que fazem parte como permanentes possuem, como visto, o direito de veto, que por certo acaba por enfraquecer a Organização das Nações Unidas, já que acaba por impedir que o Conselho tome decisões imparciais em questões importantes, provocando desigualdade entre seus membros[40].

Tal artifício (o veto) foi utilizado por diversas vezes no âmbito das Nações Unidas, produzindo a paralisação das ações a serem desenvolvidas pelo Conselho de Segurança. Essa prática costuma ser adotada quando envolve algum assunto a ser deliberado que venha a contrariar interesses de uma das potências que tenha assento no referido órgão como Estado permanente.

---

[40] LITRENTO, Oliveiros. *Curso de direito internacional público*. 3. ed. Rio de Janeiro: Forense, 1997, p. 145, corrobora a crítica ao Conselho: "A constituição do Conselho de Segurança reflete ainda uma realidade já ultrapassada pelos fatos políticos advindos após o término da Segunda Grande Guerra. Causa espanto que a Alemanha, já hoje reunificada, e o Japão, nos dias atuais, um colosso econômico e a primeira potência financeira do mundo, sejam ignorados e não integrem o Conselho de Segurança da ONU. E a América Latina, a sobressaírem o Brasil, Argentina e México, entre outros, necessitam, evidentemente, por suas respectivas importâncias mundiais, ter entre três e cinco membros e não dois como é atualmente".

Impende assinalar que já foram utilizados alguns mecanismos para obstar a ação do Conselho de Segurança com a utilização do veto, tendo sido apresentadas algumas interpretações sobre o aludido comportamento:

"a) o entendimento de que a ausência de um membro permanente não se traduz no exercício do veto, tratando-se de uma interpretação não literal do n. 3 do artigo 27 da Carta da ONU;

b) o entendimento de que a abstenção de votar de um membro permanente não se traduz em vetar a decisão tratando-se aqui de uma prática seguida nas Nações Unidas pelo Conselho de Segurança a partir de sua 414 Sessão, segundo a qual se um membro permanente não deseja apoiar uma decisão, mas também não a deseja bloquear através do veto, pode abster-se;

c) outra limitação ao direito de veto decorre da parte final do n. 3 do artigo 27 da Carta que determina que nas decisões previstas no Capítulo VI e no n. 3 do artigo 52, aquele membro que for parte num conflito se absterá de votar, tratando-se de uma abstenção obrigatória do Estado que seja parte na questão, mas apenas nos casos assinalados, sendo que em todos os outros casos o Estado mesmo que seja parte no conflito tem voto;

d) o recurso ao método do consenso que também conduz a evitar o veto e que se traduz na prática segundo a qual, após debatida uma questão no seio do Conselho de Segurança, o Presidente resume a discussão, retira as conclusões, especifica que tais conclusões exprimem a vontade do Conselho no seu conjunto, salvo objeção por parte de algum membro. No caso de nenhum membro manifestar objeção, a decisão é tomada por unanimidade de fato, mas sem recurso a votação, ou seja, com base no consenso. Esse método conhecido inicialmente como mecanismo das 'decisões presidenciais' e que se iniciou na 507 Sessão do Conselho de Segurança tem-se afirmado na prática não apenas do Conselho de Segurança mas também de outros órgãos;

e) determinar as questões processuais que não estão sujeitas a veto e aumentá-las"[41].

Com efeito, a maior preocupação das Nações Unidas é que não ocorra a ruptura da paz e da segurança internacional, e antes que haja qualquer ação por parte do Conselho de Segurança deve-se buscar o consenso. Para tanto, o capítulo VI da Carta da ONU apresenta os mecanismos para solução de controvérsias, onde se verifica que as partes envolvidas em uma contenda que possa vir a constituir uma ameaça à paz e à segurança internacionais devem procurar chegar a bom termo.

Assim, devem utilizar a negociação, inquérito, mediação, conciliação, arbitragem, solução judicial, recurso a entidades ou acordos regionais, ou qualquer outro meio pacífico à sua escolha, podendo o Conselho de Segurança convidar, quando julgar necessário, as referidas partes a resolverem, por tais meios, suas controvérsias.

---

[41] MARTINS, Margarida Salema d'Oliveira. *Direito das organizações internacionais*. 2. ed. Lisboa: Associação Acadêmica da Faculdade de Direito de Lisboa, 1996, p. 64.

A Carta da ONU estabelece uma série de atribuições para o Conselho de Segurança, podendo ser destacadas as seguintes: solicitar aos Estados-Membros a aplicação de sanções econômicas ou outras medidas capazes de evitar ou deter qualquer agressão; recomendar à Assembleia a suspensão ou expulsão de Estados-Membros da organização; recomendar à Assembleia a admissão de novos membros; recomendar a nomeação do Secretário-Geral.

Do mesmo modo, a Carta foi "pródiga" ao atribuir diversas competências para o referido órgão. Certamente que tais competências retratam a importância que representa não apenas para a própria estrutura da Organização Internacional, como também sua relevância no âmbito das relações internacionais. Nesse sentido, destacam-se, dentre outras:

a) investigar qualquer conflito ou situação que possa conduzir a uma tensão no campo internacional, bem como ensejar o aparecimento de um conflito;

b) recomendar ou tomar medidas para o cumprimento das decisões tomadas no âmbito da Corte Internacional de Justiça;

c) determinar a existência de uma ameaça à paz, ruptura da paz ou ato de agressão, bem como recomendar ou tomar medidas necessárias para a manutenção e/ou restabelecimento da paz e segurança internacionais (para tanto, poderão ser utilizados os meios necessários para adoção dessas medidas, inclusive de natureza militar);

d) apresentar planos para regulamentação de armamentos;

e) recomendar processos e métodos para solução de controvérsias entre os Estados; poderá solicitar pareceres à Corte Internacional de Justiça e ainda criar órgãos subsidiários.

4.3. Secretaria-Geral

É órgão administrativo chefiado por um secretário-geral eleito pela Assembleia Geral, seguindo sugestão do Conselho de Segurança, para um mandato de 5 anos, admitindo-se a reeleição.

O Secretário-Geral atuará como tal em todas as reuniões da Assembleia Geral, do Conselho de Segurança, do Conselho Econômico e Social e desempenhará outras funções que lhe forem atribuídas por esses órgãos, devendo, ao fim de cada ano, apresentar um relatório anual à Assembleia Geral sobre os trabalhos da Organização.

O Secretário é o principal funcionário administrativo da Organização das Nações Unidas e tem desempenhado relevante papel nos dias atuais, não apenas os de natureza técnico-administrativa, mas, também, na atividade política, onde desempenha atividade importante na composição dos conflitos internacionais agindo como se fosse uma espécie de "diplomata internacional".

Por isso que o Secretário-Geral e o pessoal do Secretariado, no desempenho de suas funções, não solicitarão nem receberão instruções de qualquer governo ou de qualquer autoridade estranha à Organização, devendo também se abster de qualquer ação que seja incompatível com a posição de funcionários internacionais responsáveis somente perante a Organização.

É forçoso afirmar que além de iniciativa política e administrativa (inclusive é responsável pela condução dos funcionários da organização), o Secretário-Geral tem como função relevante a de servir de intermediário entre a ONU e os diversos Estados quando estes estiverem em crise que coloque em risco a paz no âmbito da sociedade internacional.

Os Estados que fazem parte das Nações Unidas se comprometem a respeitar o caráter exclusivamente internacional das atribuições do Secretário-Geral e do pessoal do Secretariado, não devendo exercer qualquer influência sobre eles no desempenho de suas funções.

São diversas as atribuições do Secretário-Geral da Organização das Nações Unidas. Muitas delas não estão expressas na Carta da ONU, como nas palavras de Margarida Martins[42]:

"a) preparar o projeto de orçamento da Organização e o controle das despesas e receitas;

b) organizar o trabalho burocrático dos diversos órgãos das Nações Unidas e a execução das decisões desses órgãos;

c) contratar o pessoal e organizar ou reorganizar internamente o Secretariado;

d) atuar como Secretário-Geral permanente em todas as sessões da Assembleia Geral, do Conselho de Segurança, do ECOSOC e do Conselho de Tutela e desempenhar as demais funções que lhe sejam atribuídas por esses órgãos, tratando-se esta competência de uma competência administrativa importante que os próprios regimentos internos dos diversos órgãos contemplam e explicitam de forma a abranger todos os tipos de serviços necessários ao funcionamento dos órgãos, como serviços de recepção, tradução, impressão e distribuição de documentos, relatórios e resoluções;

e) ser depositário dos tratados, registrá-los e publicá-los;

f) preparar estudos, relatórios, documentos e prestar informações das mais diversas naturezas, aos diferentes órgãos;

g) formular propostas e emendas e cumprir as decisões dos vários órgãos, informando-os dos termos em que as suas recomendações são levadas à prática;

h) exercer a função de órgão de ligação entre o Conselho de Tutela e os Estados membros e outros órgãos das Nações Unidas;

i) coordenar de acordo com a ECOSOC as atividades das Nações Unidas e das agências especializadas;

j) elaborar e apresentar à Assembleia Geral um relatório anual sobre os trabalhos da Organização, relatório este que se reveste de grande relevância e no qual se incluem orientações e críticas;

---

[42] MARTINS, Margarida Salema d'Oliveira. *Direito das organizações internacionais.* 2. ed. Lisboa: Associação Acadêmica da Faculdade de Direito de Lisboa, 1996, p. 85-87.

l) chamar a atenção do Conselho de Segurança para qualquer assunto que, em sua opinião, possa ameaçar a manutenção da paz e da segurança internacionais sendo que, desde a decisão do Conselho de Segurança de 6 de junho de 1946, o Secretário-Geral pode apresentar relatórios escritos ou orais sobre qualquer questão que seja objeto de apreciação no Conselho de Segurança;

m) representar e manifestar em relação a Estados não membros a opinião dos órgãos das Nações Unidas que lhe respeitem e formular reclamações em nome da ONU perante os tribunais nacionais e internacionais, bem como apresentar exposições escritas e orais à Corte Internacional de Justiça a propósito de pareceres solicitados a este;

n) celebrar acordos, como representante da Organização, sobre privilégios e imunidades desta e dos seus funcionários;

o) exercer funções de organização dos contingentes armados a serviço das Nações Unidas".

É indubitável que a Organização das Nações Unidas, de certo modo, transita no plano internacional a partir da figura do Secretário-Geral, por ter uma diversidade de atribuições, em funções de natureza administrativa, política e até mesmo logística. Assim, podem ser apresentadas algumas características relativas à Secretaria-Geral, tais como: heteronomia, atividade de serviço e autoadministração.

No que tange à primeira característica (heteronomia), evidencia-se que a atividade da Secretaria é voltada para o exterior e implica tanto o consumo de recursos financeiros como também o acúmulo de bens e recursos para consecução de objetivos definidos pela própria Organização. Quanto à atividade de serviço e à autoadministração, consiste na possibilidade de a Organização administrar internamente suas atividades e execução dos serviços necessários para alcance de seus objetivos[43].

A Organização das Nações Unidas, desde sua criação, contou com 9 Secretários: Trygve Lie, da Noruega, eleito em 1946; Dag Hammarskjold, da Suécia, eleito em 1953; U Thant, de Myanmar (antiga Birmânia), eleito interinamente em 1961 e confirmado no ano de 1962, sendo reconduzido no ano de 1966; Kurt Waldheim, da Áustria, eleito em 1972, permaneceu até o ano de 1981; Perez de Cuellar, do Peru, que permaneceu no cargo para o período de 1982 até 1991; em 1992, o egípcio Boutros Boutros-Ghali, que permaneceu até o ano de 1996; em dezembro de 1996 foi eleito Kofi Annan, de Gana, cujos trabalhos iniciaram em 1997 e permaneceu até o ano de 2006, ocasião que pelo término de seu mandato foi eleito o sul-coreano Ban Ki-Moon, para o período de 2007 até 2016. Atualmente o Secretário-Geral da ONU é o português Antonio Gutérres, eleito para o período 2017-2021 e reeleito no ano de 2022.

---

[43] Na mesma direção RIBEIRO, Manuel de Almeida; FERRO, Monica. *A Organização das Nações Unidas*. 2. ed. Coimbra: Almedina, 2004, p. 132.

4.4. Corte Internacional de Justiça

A Corte Internacional de Justiça, com sede em Haia, é o Tribunal mais representativo do corpo político de toda a espécie humana[44]. O funcionamento da referida Corte está previsto nos arts. 92 a 96 da Carta da ONU, bem como no Estatuto da CIJ, publicado em apenso ao referido documento internacional.

É constituída por 15 juízes que são eleitos pela Assembleia Geral e submetidos ao Conselho de Segurança da ONU para um mandato de 9 anos (sendo possível a reeleição)[45].

---

[44] VELLOSO, Flávio Marcondes. *Tribunal Internacional de Justiça*: caminho para uma nova comunidade. São Paulo: Stiliano, 1999, p. 10: "À Organização das Nações Unidas, ONU, alvo de tantas críticas por sua alegada inoperância e por sua ineficácia, com o que não concordamos inteiramente, dentre outros méritos que carrega e imprime está o da própria institucionalização intrínseca da Corte, como é chamado no Brasil e no mundo o Tribunal Internacional de Justiça. Trata-se, como é óbvio, da mais alta Corte da Terra, da qual se apela. (...) Entretanto, em meio ao idealismo contrapõe-se a desesperança e dessa dialética de perplexidades da condição humana procura o Tribunal Internacional de Justiça desempenhar o seu papel, até aqui, mormente de prevenção e neutralizador para o não uso da força. Papel, seja dito, deveras limitado. Em primeiro lugar, por restringir-se à regulação judicial e, ainda assim, quando querida. Em segundo lugar, por ser a jurisdição do Tribunal Internacional de Justiça restrita a disputas entre Estados, excluindo-se as de quaisquer interesses privados, individuais, ou envolvendo as organizações internacionais gerais".

[45] O procedimento para escolha de um juiz da Corte Internacional de Justiça está concebido nos artigos de números 4 a 12 do Estatuto da Corte Internacional de Justiça, como se vê:
Artigo 4. 1. Os membros da Corte serão eleitos pela Assembleia Geral e pelo Conselho de Segurança de uma lista de candidatos propostos pelos grupos nacionais da Corte Permanente de Arbitragem, conforme as seguintes disposições. 2. No caso dos membros das Nações Unidas que não estejam representados na Corte Permanente de Arbitragem, os candidatos serão propostos por grupos nacionais que designem a este tribunal seus respectivos governos, em condições iguais às estipuladas para os membros da Corte Permanente de Arbitragem pelo Artigo 44 da Convenção de Haya de 1907, sobre acordo pacífico das controvérsias internacionais. 3. Na falta de acordo especial, a Assembleia Geral fixará, com a prévia recomendação do Conselho de Segurança, as condições em que pode participar na eleição dos membros da Corte, um Estado que seja parte do presente Estatuto sem ser Membro das Nações Unidas.
Artigo 5. 1. Pelo menos três meses antes da data da eleição, o Secretariado Geral das Nações Unidas convidará por escrito aos membros da Corte Permanente de Arbitragem pertencentes aos Estados partes deste Estatuto e aos membros dos grupos nacionais designados segundo o parágrafo 2 do artigo 4 e que, dentro de um prazo determinado e por grupos nacionais, proponham como candidatos pessoas que estejam em condições de desempenhar as funções de membros da Corte. 2. Nenhum grupo poderá propor mais de quatro candidatos, dos quais não mais de dois serão da mesma nacionalidade. O número de candidatos propostos por um grupo não será, em nenhum caso, maior que o dobro do número de cargos a preencher.
Artigo 6. Antes de propor estes candidatos, recomenda-se a cada grupo nacional que se consulte com seu mais alto tribunal de justiça, suas faculdades e escolas de direito, suas academias nacionais e com as seções nacionais de academias internacionais dedicadas ao estudo do direito.
Artigo 7. 1. O Secretário-Geral das Nações unidas preparará uma lista em ordem alfabética de todas as pessoas assim designadas. Salvo o que está disposto no parágrafo 2 do artigo 12, unicamente estas pessoas poderão ser eleitas. 2. O Secretário-Geral apresentará esta lista à assembleia geral e ao Conselho de Segurança.
Artigo 8. A Assembleia Geral e o Conselho de Segurança procederão independentemente da eleição dos membros da Corte.
Artigo 9. Em toda eleição, os eleitores levarão em conta não apenas que as pessoas possuem individualmente as condições requeridas, mas que também estejam representadas as grandes civilizações e os principais sistemas jurídicos do mundo.

Os juízes são escolhidos entre as pessoas que gozem de elevado conceito moral e possuam as condições exigidas, nos seus países, para o desempenho das mais altas funções judiciárias, ou seja, jurisconsultos de reconhecida competência em Direito Internacional. Atualmente, a composição da Corte Internacional de Justiça é a seguinte: Presidente Nawaf SALAM (Líbano); Vice-Presidente Julia SEBUTINDE (Uganda), Peter TOMKA (Eslováquia), Ronny ABRAHAM (França), Abdulqawi Ahmed YUSUF (Somália), XUE Hanqin (China), Dalveer BHANDARI (Índia), IWASAWA Yuji (Japão), Georg NOLTE (Alemanha), Hilary CHARLESWORTH (Austrália), Leonardo Nemer Caldeira BRANT (Brasil), Juan Manuel GÓMEZ ROBLEDO (México), Sarah H. CLEVELAND (Estados Unidos da América), Bogdan-Lucian AURESCU (Romênia), Dire TLADI (África do Sul).

Não podem existir na Corte Internacional de Justiça dois ou mais magistrados com a mesma nacionalidade, isto é, do total de quinze juízes existentes no Tribunal deverão existir quinze pessoas de nações distintas. Tal fato não corresponde a defesa de interesses, por parte dos juízes, de seus Estados de origem, pois são magistrados internacionais.

Portanto, devem prestar uma atividade jurisdicional independente.

Para tanto, os juízes da Corte Internacional de Justiça não podem exercer qualquer outra atividade profissional e gozam de imunidades e privilégios, assim como os diplomatas.

A Corte Internacional de Justiça possui competência de natureza contenciosa e consultiva, conforme estabelecem os artigos 36 e 65, respectivamente, do Estatuto da Corte Internacional de Justiça.

No que tange à competência contenciosa, se manifesta em razão dos litígios que as partes lhe submetam e a todos os assuntos especialmente previstos na Carta da ONU ou

---

Artigo 10. 1. São considerados eleitos os candidatos que obtenham uma maioria absoluta de votos na Assembleia Geral e no Conselho de Segurança. 2. Nas votações do Conselho de Segurança, sejam para eleger magistrados ou para designar os membros da comissão prevista no Artigo 12, não haverá distinção alguma entre os membros permanentes e membros nos Conselhos de Segurança permanentes. 3. No caso de que mais de um nacional do mesmo Estado obtenha uma maioria de votos tanto na Assembleia Geral como no Conselho de Segurança, será considerado eleito o de maior idade.

Artigo 11. Se depois da primeira sessão celebrada para as eleições ficarem um ou dois cargos por preencher, será realizada uma segunda sessão e, se necessário for, uma terceira.

Artigo 12. 1. Se depois de uma terceira sessão para eleição ficarem um ou dois cargos a preencher, poderá ser constituída em qualquer momento, a petição da Assembleia Geral ou do Conselho de Segurança, uma comissão conjunta composta de seis membros, três nomeados pela Assembleia Geral e três pelo Conselho de Segurança, com o objetivo de escolher, por maioria absoluta de votos, um nome para cada cargo vago, a fim de submetê-lo a respectiva aprovação da Assembleia Geral e do Conselho de Segurança. 2. Se a comissão conjunta concordar unanimemente em propor uma pessoa que satisfaça as condições requeridas, poderá incluí-la em sua lista, ainda que essa pessoa não faça parte na lista dos candidatos a que se refere o Artigo 7. 3. Se a comissão conjunta chegar a conclusão de que não conseguirá assegurar a eleição, os membros da Corte já eleitos preencherão os cargos vagos dentro do prazo fixado pelo Conselho de Segurança, escolhendo candidatos que tenham recebido votos na Assembleia Geral ou no Conselho de Segurança. 4. Em qualquer caso de empate na votação, o magistrado de maior idade decidirá seu voto.

em tratados vigentes. Ressalte-se que os Estados-Partes no Estatuto devem aceitar a jurisdição[46] da Corte em todas as controvérsias de ordem jurídica que tratem sobre: a interpretação de um tratado; qualquer questão de direito internacional; a existência de todo feito que, se for estabelecido, constituirá violação de uma obrigação internacional; a natureza ou extensão da reparação que seja feita pela quebra de uma obrigação internacional.

Com efeito, a jurisdição da Corte para atuar em relação a disputas de direito internacional pode se dar de várias formas: por um acordo especial, no qual as partes envolvidas acordam entre si em submeter uma disputa à CIJ; por especificação de tratados e convenções, nos casos em que a CIJ é apontada como tendo jurisdição para decidir disputas acerca de determinado acordo internacional; por jurisdição compulsória em disputas legais, em que Estados podem aceitar a jurisdição da Corte como obrigatória perante outros Estados que também tenham aceitado a obrigatoriedade de jurisdição; por *forum prorogatum*, no qual Estados podem aceitar a jurisdição da Corte para atuar em casos que anteriormente não tivessem aceitado a jurisdição da CIJ; por decisão da CIJ acerca de ter ou não competência para atuar perante um caso em que haja disputa acerca de sua jurisdição; para interpretação de um julgamento; e para revisão de um julgamento[47]. Impende assinalar que a declaração de aceitação da jurisdição obrigatória da Corte pode ser realizada de forma incondicional, por condição de reciprocidade ou ainda por tempo determinado[48].

Desde 1946 a Corte Internacional de Justiça emitiu inúmeras decisões nas mais diversas questões que contemplam o direito internacional: fronteiras terrestres; mar territorial; não utilização da força nas relações internacionais; violações às normas do Direito Internacional Humanitário; não ingerência nos assuntos internos dos Estados; relações diplomáticas; direito de asilo; direito de passagem etc.

No tocante à competência consultiva, a Corte pode dar parecer sobre qualquer questão jurídica a pedido da Assembleia Geral ou do Conselho de Segurança. Embora

---

[46] Os países que emitiram declarações aceitando a jurisdição obrigatória da CIJ são: Alemanha, Austrália, Áustria, Barbados, Bélgica, Botswana, Bulgária, Camarões, Camboja, Canadá, Costa do Marfim, Costa Rica, Chipre, República Democrática do Congo, Dinamarca, Djibouti, Comunidade da Dominica, República Dominicana, Egito, Eslováquia, Espanha, Estônia, Filipinas, Finlândia, Gâmbia, Geórgia, Grécia, República da Guiné, Guiné-Bissau, Haiti, Honduras, Hungria, Índia, Irã, Irlanda, Itália, Japão, Lesoto, Libéria, Liechtenstein, Lituânia, Luxemburgo, Madagascar, Malawi, Malta, Ilhas Marshall, Ilhas Maurício, México, Nicarágua, Nigéria, Noruega, Nova Zelândia, Países Baixos, Panamá, Paraguai, Paquistão, Peru, Polônia, Portugal, Reino Unido da Grã-Bretanha e da Irlanda do Norte, Romênia, Senegal, Somália, Suazilândia, Sudão, Suécia, Suíça, Suriname, Timor-Leste, Togo, Uganda e Uruguai. Disponível em: https://www.icj-cij.org/declarations.

[47] GUERRA, Sidney. *Direito das organizações internacionais*. 2. ed. Curitiba: Instituto Memória, 2020.

[48] SILVA, Roberto Luís. *Direito internacional público*. 2. ed. Belo Horizonte: Del Rey, 2002, p. 315, adverte que "a competência *ratione materiae* da Corte abrange todas as questões que as partes lhe submetam, em especial: interpretação de tratados; existência de qualquer fato que, se verificado, constituiria violação de um compromisso internacional; a natureza ou extensão da reparação devida pela ruptura de um compromisso internacional".

essa atividade não tenha desdobramentos de natureza compulsória, por se tratar apenas da elaboração de uma resposta a uma consulta formulada à Corte, tem demonstrado papel relevante por trazer repercussões práticas no "aprimoramento" do direito internacional. Desde 1946, a Corte emitiu diversos pareceres consultivos, que se concentraram, dentre outras coisas, sobre as consequências jurídicas pela construção de um muro nos territórios palestinos ocupados; admissão dos estados para as Nações Unidas; danos sofridos ao serviço das Nações Unidas; o estatuto territorial do Saara Ocidental e do Sudeste Africano; decisões proferidas por tribunais administrativos internacionais; despesas de certas operações das Nações Unidas; ameaça ou uso da força e emprego de armas nucleares.

Ainda assim, não há dúvidas de que as atribuições da Corte são bastante limitadas, já não traduzindo os anseios da sociedade internacional[49], de modo que se apresenta como desafio à humanidade a modificação da estrutura da Corte Internacional de Justiça, para que se lhe dê mais efetividade, com possibilidade de julgamento de outras demandas e em condições de receber e solucionar litígios oriundos de um moderno direito internacional[50], que vai caminhando pouco a pouco para um direito comum da Humanidade. Nessa mesma direção o magistério de Ribeiro e Ferro:

"A principal limitação do direito internacional decorre da falta de meios de imposição das suas normas. Essa limitação, que a defesa do princípio da soberania dos Estados não tem permitido ultrapassar, poderá vir a constituir uma forte limitação à defesa dos interesses do próprio Estado face à emergência de novos poderes a que hoje se reconhece apenas uma limitada subjetividade internacional, apesar do imenso poder que desfrutam no plano internacional. A criação de meios jurisdicionais internacionais com

---

[49] VELLOSO, Flávio Marcondes. *Tribunal Internacional de Justiça*: caminho para uma nova comunidade. São Paulo: Stiliano, 1999, p. 63: "Cedo ou tarde, na perspectiva da iminente chegada de um novo milênio, o século XXI, já parece demandar mais efetividade aos fins propostos ao Tribunal Internacional de Justiça, desde a sua fundação e até mesmo ao tempo de seu antecessor Tribunal Permanente. As demandas de uma sociedade simplificada, despida das mazelas que marcaram o século atual, mais suave e lapidar, com o fito de estabelecer e assegurar justiça e paz, de forma a ter o Tribunal mais intensamente partícipe desse processo de transformação que soma conhecimentos, experiências e o avanço doutrinário de um direito internacional que clama a sua codificação. Falamos de uma sociedade simplificada paradoxalmente em meio a uma mais complexa ordem de relações internacionais. Ora, o mundo regionaliza-se ao mesmo instante em que se globaliza. Em outras palavras, a emergência progressiva de uma concepção de democracia e de estado de direito assegurada em dois pilares, que são, de um lado, a lei, e de outro, a garantia judiciária, com consequências concretas".

[50] *Vide* também a propósito, as ideias de TRUCCO, Marcelo. El procedimiento de arreglo judicial ante la Corte Internacional de Justicia. *Estudios sobre derecho procesal*. Buenos Aires: El Derecho, 2008, p. 200: "(...) Somos conscientes de que queda mucho camino por recorrer y de que hay reformas pendientes en el estatuto del tribunal, que merecen especial atención en un futuro cercano, para continuar dotando de dinamismo la actividad de la Corte. Pero la experiencia reciente demuestra un claro recrudecimiento de un 'fenómeno de judicialización de la vida internacional, donde se han ido cubriendo lagunas, generalmente en ámbitos más técnicos o especializados'. Dependerá de los mismos Estados trasladar a la práctica este deseo, quizás a partir de una mayor aceptación de la jurisdicción obligatoria de la Corte Internacional de Justicia".

competências alargadas, ou o alargamento das competências dos existentes, será, sem dúvida, uma forma indispensável para aperfeiçoar o direito internacional"[51].

De toda sorte, embora existam limitações para o exercício das atividades da Corte Internacional de Justiça, não se pode olvidar que as decisões (manifestação da competência contenciosa) e os pareceres (de natureza consultiva) têm produzido grandes mudanças, desenvolvimento e aprimoramento em vários campos do direito internacional.

4.5. Conselho Econômico e Social

O Conselho Econômico e Social é um órgão que tem competência restrita se comparado aos demais órgãos que fazem parte da Organização das Nações Unidas, em razão do que prescrevem os artigos 65 e 66 da Carta da mencionada Organização[52].

É formado por 54 Estados que são eleitos pela Assembleia Geral das Nações Unidas por 2/3 dos Estados presentes e votantes para um período de três anos, onde se admite reeleição.

O ECOSOC, como também é conhecido o Conselho Econômico e Social, atua por meio de comissões na América Latina, na Europa, na África, na Ásia e no Extremo Oriente e tem competência bastante ampla incidindo em assuntos de caráter econômico, social, cultural, educativo e sanitário.

As atividades do Conselho Econômico Social, em regra, são desenvolvidas nos meses de julho, alternando-se entre as cidades de Nova Iorque e Genebra, cuja duração é de um mês. As sessões incluem um segmento de alto nível, um segmento de coordenação, um segmento em atividades operacionais, um segmento em assuntos humanitários e um segmento de natureza geral. A série que contempla o segmento de alto nível conta com a participação de ministros e chefes de instituições internacionais, bem como representantes da sociedade civil, onde o setor privado tem a oportunidade de discutir questões importantes da agenda internacional no campo do desenvolvimento econômico, social e ambiental.

O grande objetivo do Conselho é criar condições de estabilidade e bem-estar que se fazem necessárias para as relações pacíficas entre as nações, baseadas no respeito à ideia da igualdade de direitos e à livre determinação dos povos.

---

[51] RIBEIRO, Manuel de Almeida; FERRO, Monica. *A Organização das Nações Unidas*. 2. ed. Coimbra: Almedina, 2004, p. 148.

[52] Artigo 65 – O Conselho Econômico e Social poderá fornecer informações ao Conselho de Segurança e, a pedido deste, prestar-lhe assistência.
Artigo 66 – 1. O Conselho Econômico e Social desempenhará as funções que forem de sua competência em relação ao cumprimento das recomendações da Assembleia Geral. 2. Poderá mediante aprovação da Assembleia Geral, prestar os serviços que lhe forem solicitados pelos Membros das Nações unidas e pelas entidades especializadas. 3. Desempenhará as demais funções específicas em outras partes da presente Carta ou as que forem atribuídas pela Assembleia Geral.

Para alcançar esse desiderato, o Conselho Econômico e Social apresenta estudos e relatórios a respeito de assuntos internacionais de caráter econômico, social, cultural, educacional, sanitário e conexos, bem como faz recomendações a respeito desses referidos assuntos à Assembleia Geral, aos Membros das Nações Unidas e às entidades especializadas interessadas.

Poderá também fazer recomendações destinadas a promover o respeito e a observância dos direitos humanos e das liberdades fundamentais para todos, além de preparar projetos de convenções a serem submetidos à Assembleia Geral, sobre assuntos de sua competência, e poderá convocar, de acordo com as regras estipuladas pelas Nações Unidas, conferências internacionais sobre assuntos de sua competência.

Além disso, o Conselho Econômico e Social coordena o trabalho de Comissões Funcionais e Comissões Econômicas Regionais, a saber: 1) Comissões Funcionais: Comissão de estatística; Comissão de população e desenvolvimento; Comissão sobre desenvolvimento social; Comissão para o estatuto da mulher; Comissão sobre narcóticos; Comissão para ciência e tecnologia para desenvolvimento; Comissão para prevenção do crime e justiça criminal; Comissão para desenvolvimento sustentável; Fórum das Nações Unidas sobre florestas. 2) Comissões Econômicas Regionais: Comissão econômica para a Europa; Comissão econômica para a Ásia e o Pacífico; Comissão econômica para América Latina e as Caraíbas; Comissão econômica para a África; Comissão econômica e social para a Ásia Ocidental.

Com efeito, as atribuições do Conselho Econômico e Social são extensas e, assim, pode ser verificado que suas funções englobam assuntos de caráter econômico, social, cultural e sanitário, como também os que digam respeito à observância dos direitos do homem, tendo em vista assegurar o bem-estar dos indivíduos e o respeito às liberdades fundamentais para todos.

Não se pode olvidar também que poderão preparar projetos de convenções sobre assuntos de sua competência, a serem submetidos à Assembleia Geral; convocar conferências, sobre tais assuntos; formular acordos com as entidades especializadas, vinculadas às Nações Unidas e coordenar as atividades dessas entidades; fornecer informações ao Conselho de Segurança e, a pedido deste, dar-lhe assistência; prestar, mediante autorização prévia da Assembleia, os serviços que lhe forem solicitados pelos Membros das Nações Unidas ou pelas entidades especializadas[53].

---

[53] ACCIOLY, Hildebrando; ACCIOLY, Hildebrando. *Manual de direito internacional*. 13. ed. São Paulo: Saraiva, 1998, p. 198.

Capítulo IX
Organismos Especializados da ONU

1. CONSIDERAÇÕES GERAIS

As instituições especializadas são criadas por um acordo assinado entre Estados. Destacam-se pelas suas atribuições nos assuntos pertinentes a seus tratados constitutivos e estão vinculadas às Nações Unidas por força de um acordo próprio[1].

Muito embora os organismos especializados estejam ligados à ONU[2], não podem ser considerados como órgãos que fazem parte da estrutura da aludida organização, conservando, portanto, uma independência em relação a ela.

A presença dos organismos especializados é importante, haja vista que as atividades das Nações Unidas são de grande amplitude, em decorrência de sua ação que abrange uma área imensa no conjunto internacional.

Destarte, para que a ONU possa exercer as suas atividades, ela se vale da cooperação de várias organizações criadas por acordos intergovernamentais, a ela vinculadas, e que objetivam melhorar as condições econômicas, sociais, culturais, educacionais e sanitárias de todos os Estados, mesmo os não pertencentes às Nações Unidas.

A matéria está contemplada no artigo 57 da Carta da ONU que estabelece que as várias entidades especializadas, criadas por acordos intergovernamentais e com amplas responsabilidades internacionais, definidas em seus instrumentos básicos, nos campos econômico, social, cultural, educacional, sanitário e conexos, serão vinculadas às Nações Unidas, de conformidade com as disposições do artigo 63.

---

[1] CONFORTI, Benedetto. *Diritto internazionale*. 5. ed. Napoli: Editoriale Scientifica, 1999, p. 148: "Un gran numero di organizzazioni universali assumono il nome di Istituti specializzate delle Nazioni Unite, in quanto sono collegate con queste ultime e ne subiscono un certo potere di coordinamento e di controllo. Trattasi peraltro di organizzazioni autonome, sorte da trattati del tutto distinti dalla Carta delle Nazzioni Unite, ed i cui membri solo ni línea di massima coincidono con i membri del l'ONU".

[2] SORENSEN, Max. *Manual de derecho internacional público*. México: Fondo de Cultura Económica, 1992, p. 132, afirma que "en la práctica, la expresión 'Organismos Especializados' se usa para señalar las instituciones que han entrado en relaciones con las Naciones Unidas, según los términos del artículo 63 de la Carta".

Esse acordo, ainda em consonância com a Carta das Nações Unidas (artigo 63), prevê que a matéria precisa ser produzida no âmbito do Conselho Econômico e Social, para posterior análise da Assembleia Geral, como se vê:

"1. O Conselho Econômico e Social poderá estabelecer acordos com qualquer das entidades a que se refere o Artigo 57, a fim de determinar as condições em que a entidade interessada será vinculada às Nações Unidas. Tais acordos serão submetidos à aprovação da Assembleia Geral.

2. Poderá coordenar as atividades das entidades especializadas, por meio de consultas e recomendações às mesmas e de recomendações à Assembleia Geral e aos Membros das Nações Unidas".

Impende assinalar que os organismos especializados das Nações Unidas possuem uma personalidade jurídica internacional própria, isto é, apresentam-se como sujeitos de direito internacional. Dignas de notas são as palavras de Jónatas Machado sobre a "família das Nações Unidas":

"O sistema da Organização das Nações Unidas compreende hoje um elevado número de organizações ou agências especializadas para a realização de atribuições nos mais variados domínios, subsumíveis à atividade de governança global. Ela demonstra o elevado nível de institucionalização complexa e específica alcançado pela comunidade internacional. Enquanto a ONU tem uma competência de alcance geral, estas organizações e agências têm poderes setoriais"[3].

Do mesmo modo, vale ressaltar que os organismos especializados apresentam como características principais o funcionalismo (especialização de funções) e a vocação universalista (por agregar muitos Estados, a exemplo da ONU), embora alguns não contemplem verdadeiramente essa característica. Outro aspecto interessante corresponde ao fato de que os Organismos Especializados desenvolveram procedimentos complexos que acabaram por criar obrigações jurídicas para os Estados[4]. Nesse sentido, as palavras exemplificativas de Sorensen:

"Las convenciones adoptadas por la Conferencia de la OIT deben ser sometidas por los gobiernos de los Estados miembros a los cuerpos competentes de sus países para la promulgación de la correspondiente legislación, o para la adopción de cualquier otra medida necesaria a fin de que la convención se aplique internamente. Se encuentra métodos similares en la UNESCO y en la OMS. Un rasgo interesante de algunos organismos

---

[3] MACHADO, Jónatas E. M. *Direito internacional. Do paradigma clássico ao pós-11 de setembro.* 3. ed. Coimbra: Coimbra Ed., 2006, p. 264.

[4] CONFORTI, Benedetto. *Diritto internazionale.* 5. ed. Napoli: Editoriale Scientifica, 1999, p. 149: "Anche gli Istituti specializzati emanano di solito raccomandazioni oppure predispongono progetti di convenzione e quindi esauriscono la loro attività in una fase che ha scarso rilievo giuridico. In alcuni casi però essi emanano, a maggioranza, decisioni vincolanti per gli Stati membri, o meglio (come nel caso dell'OMS) decisioni che divengono vincolanti se gli Stati non manifestano entro un certo periodo di tempo la volontà di ripudiarle. Tali decisioni vanno appunto inquadrate tra le fonti previste da accordo, cioè dall'accordo istitutivo della relativa organizzazione".

es que los reglamentos adoptados por éstos se hacen obligatorios para todos los miembros, salvo que ellos expresamente 'opten por su salida'"[5].

Para efeito deste estudo serão apresentados alguns desses organismos especializados, a saber: a Organização Internacional do Trabalho (OIT), a Organização das Nações Unidas para a Alimentação e a Agricultura (FAO), a Organização das Nações Unidas para a Educação, Ciência e Cultura (UNESCO), a Organização Mundial de Saúde (OMS), o Banco Internacional para a Reconstrução e Desenvolvimento Econômico (BIRD) e o Fundo Monetário Internacional (FMI), a União Postal Universal (UPU), a União Internacional de Telecomunicações (UIT), a Organização da Aviação Civil Internacional (OACI), a Organização Meteorológica Mundial (OMM), a Agência Internacional de Energia Atômica (AIEA), a Organização Mundial do Comércio (OMC) e a Organização Mundial do Turismo (OMT).

2. A ORGANIZAÇÃO INTERNACIONAL DO TRABALHO

A cooperação entre os Estados com o propósito de ampliar seus interesses é bastante antiga. Todavia, a criação das Organizações Internacionais, como visto, inicia-se no século XIX e expande-se no curso do século XX. Um dos importantes Organismos que se apresentam nas relações internacionais é a Organização Internacional do Trabalho.

Ela surge no ano de 1919, com a finalidade de promover a universalização dos princípios da justiça social, especialmente daqueles consagrados pelo seu tratado institutivo como fundamentais ao direito do trabalho e à previdência social. Busca-se, dessa forma, o estabelecimento da paz na comunidade internacional por intermédio da justiça social. Esta justiça social será alcançada se melhores condições de trabalho forem oferecidas, bem como a luta constante contra o desemprego, a garantia de um salário digno, as horas de labor que cada indivíduo deve realizar etc.

Sediada em Genebra, na Suíça, a OIT tem tido grande atuação no campo do direito do trabalho. Passa a ser reconhecida como organismo especializado das Nações Unidas, em outubro de 1946, a partir de aprovação unânime de sua Conferência Geral.

Sem embargo, no período que envolve o pós-Primeira Guerra com a necessidade premente de reconstrução do que havia sido destruído, surgem manifestações favoráveis acerca da necessidade de viabilizar um sistema protetivo para os trabalhadores. Velasco apresenta os antecedentes para criação da OIT:

"La necesidad de llegar a una reglamentación internacional de las materias referentes al trabajo comenzó a sentirse desde el inicio del siglo XIX. No es extraño encontrar propuestas a los Congresos de Trabajadores durante este siglo. No obstante, esta necesidad se reflejó solamente a través de las iniciativas privadas y no de las gubernamentales. Por iniciativa privada se fundó en el año 1900, con sede en París, la Asociación

---

[5] SORENSEN, Max. *Manual de derecho internacional público*. México: Fondo de Cultura Económica, 1992, p. 136.

Internacional para la Protección Legal de los Trabajadores, con algunos órganos permanentes. La necesidad siguió sintiéndose de forma creciente al finalizar la Primera Guerra Mundial, y pasa de la esfera privada a la gubernamental al ser acogida la idea por la Conferencia de Paz posterior a la misma. En la primera reunión de ésta se decide crear una Comisión de Legislación Internacional Del Trabajo, para elaborar un proyecto de institución permanente que se pusiera bajo los auspicios de la Sociedad de Naciones. El referido proyecto fue adoptado por la Conferencia de la Paz el día 11 de abril de 1919"[6].

Assim, evidencia-se na Declaração de 1919 os princípios orientadores da OIT, nos quais deveria se inspirar a política dos Países-Membros: a) o trabalho não é uma mercadoria; b) a liberdade de expressão e de associação é uma condição indispensável para um progresso constante; c) a pobreza, onde quer que exista, constitui um perigo para a prosperidade de todos; d) a luta contra a necessidade deve ser conduzida com uma energia inesgotável por cada nação e por meio de um esforço internacional contínuo e organizado, pelo qual os representantes dos trabalhadores e dos empregadores, colaborando em pé de igualdade com os Governos, participem em discussões livres e em decisões de caráter democrático, tendo em vista promover o bem comum.

Com a Declaração de Filadélfia, deu-se nova dimensão ao Direito Internacional do Trabalho, na medida em que se ampliavam as finalidades, competências, funcionamento da Organização Internacional do Trabalho.

Convencida de que a experiência demonstrou plenamente o fundamento da declaração contida na constituição da Organização Internacional do Trabalho, e segundo a qual só se pode estabelecer uma paz duradoura com base na justiça social, a Conferência afirma que: todos os seres humanos, qualquer que seja a sua raça, a sua crença ou o seu sexo, têm o direito de efetuar o seu progresso material e o seu desenvolvimento espiritual em liberdade e com dignidade, com segurança econômica e com oportunidades iguais; a realização das condições que permitem atingir este resultado deve constituir o objetivo central de qualquer política nacional e internacional; todos os programas de ação e medidas tomadas no plano nacional e internacional, nomeadamente no domínio econômico e financeiro, devem ser apreciados deste ponto de vista e aceitos apenas na medida em que pareçam favorecer, e não prejudicar, o cumprimento deste objetivo fundamental; cabe à Organização Internacional do Trabalho examinar e considerar à luz deste objetivo fundamental, no domínio internacional, todos os programas de ação e medidas de ordem econômica e financeira; ao executar as tarefas que lhe são confiadas, a Organização Internacional do Trabalho, depois de ter considerado todos os fatores econômicos e financeiros pertinentes, está autorizada a incluir nas suas decisões e recomendações todas as disposições que considerarem apropriadas.

A Conferência reconhece, ainda, a obrigação solene da Organização Internacional do Trabalho de secundar a execução, entre as diferentes nações do mundo, de programas

---

[6] VELASCO, Manuel Diez de. *Las organizaciones internacionales.* 14. ed. Madrid: Tecnos, 2007, p. 354.

próprios à realização: do pleno emprego e da elevação do nível de vida; do emprego dos trabalhadores em ocupações nas quais tenham a satisfação de aplicar toda a sua habilidade e os seus conhecimentos e de contribuir da melhor forma para o bem-estar comum; para atingir esse objetivo da concretização, mediante garantias adequadas para todos os interessados, de possibilidades de formação e meios próprios para facilitar as transferências de trabalhadores, incluindo as migrações de mão de obra e de colonos; da possibilidade para todos de uma participação justa nos frutos do progresso em termos de salários e de ganhos, de duração do trabalho e outras condições de trabalho, e um salário mínimo vital para todos os que têm um emprego e necessitam dessa proteção; do reconhecimento efetivo do direito de negociação coletiva e da cooperação entre os empregadores e os trabalhadores para a melhoria contínua da organização e da produção, assim como da colaboração dos trabalhadores e dos empregadores para a elaboração e aplicação da política social e econômica; da extensão das medidas de segurança social com vistas a assegurar um rendimento de base a todos os que precisem de tal proteção, assim como uma assistência médica completa; de uma proteção adequada da vida e da saúde dos trabalhadores em todas as ocupações; da proteção da infância e da maternidade; de um nível adequado de alimentação, de alojamento e de meios recreativos e culturais; da garantia de igualdade de oportunidades no domínio educativo e profissional.

Em 1946 sua competência foi ampliada com a anexação ao texto constitucional da Declaração referente aos fins e objetivos da OIT, que fora aprovada durante a Segunda Grande Guerra, pela Conferência da Filadélfia em 1944.

A Declaração de Filadélfia estabelece novos marcos para o trabalhador, como se observa na leitura de seu preâmbulo:

"Considerando que a paz para ser universal e duradoura deve assentar sobre a justiça social; Considerando que existem condições de trabalho que implicam, para grande número de indivíduos, miséria e privações e que o descontentamento que daí decorre põe em perigo a paz e a harmonia universais; Considerando que é urgente melhorar essas condições no que se refere, por exemplo, à regulamentação das horas de trabalho, à fixação de uma duração máxima do dia e da semana do trabalho, ao recrutamento da mão de obra, à luta contra o desemprego, à garantia de um salário que assegure condições de existência convenientes, à proteção aos trabalhadores contra moléstias graves ou profissionais e os acidentes de trabalho, à proteção das crianças, dos adolescentes e das mulheres. Às pensões de velhice e invalidez, à defesa dos interesses dos trabalhadores empregados no estrangeiro, à afirmação do princípio 'para igual trabalho, mesmo salário', à afirmação do princípio da liberdade sindical, à organização do ensino profissional e técnico e outras medidas análogas; Considerando que a não adoção por qualquer nação de um regime de trabalho realmente humano cria obstáculos aos esforços das outras nações desejosas de melhorar a sorte dos trabalhadores nos seus próprios territórios".

É certo que com a reforma do texto legal da OIT houve grande avanço ao estabelecer que a liberdade de expressão e de associação é pressuposto indispensável ao progresso.

O texto confirma o tripartismo, isto é, a participação de representantes governamentais, empresariais e operários nas decisões destinadas a promover o bem-estar na luta contra a necessidade, que deve prosseguir, mediante esforço internacional, em cada nação e proclama que todos os seres humanos, de qualquer raça, crença ou sexo, têm o direito de perseguir o seu bem-estar material e o seu desenvolvimento espiritual em liberdade e dignidade, segurança econômica e iguais oportunidades.

Afirma ainda que quaisquer planos ou medidas, no terreno nacional ou internacional, sobretudo os de caráter econômico e financeiro, devem ser considerados sob esse ponto de vista e somente aceitos quando favorecerem, e não entravarem, a realização desse objetivo principal.

Certamente que os pressupostos fixados pela organização internacional estão assentados na valorização da pessoa humana ao enaltecer a busca do pleno emprego, a formação profissional dos trabalhadores, a remuneração digna, o estabelecimento de um piso salarial mínimo, a seguridade social e previdenciária, a elaboração e implementação de medidas socioeconômicas, a proteção à saúde do trabalhador etc.

Logo, tendo em conta os princípios concebidos pela OIT, podem ser apontados os quatro objetivos estratégicos que orientam atualmente a sua ação: promover e aplicar os princípios e direitos fundamentais no trabalho; desenvolver as oportunidades para que os homens e as mulheres tenham um emprego digno; alargar a proteção social; reforçar o diálogo social.

A Organização Internacional do Trabalho é constituída por três órgãos: a Conferência Geral, o Conselho de Administração e a Repartição Internacional do Trabalho.

Compete à Conferência Geral elaborar e aprovar as normas que regulamentarão as relações de trabalho e suas questões conexas. Esses acordos normativos recebem o nome de Convenção, cujo regime está previsto na Constituição da OIT. Promulgam também as Recomendações que são instruções normativas de caráter genérico e visam assegurar medidas programáticas de proteção aos direitos dos trabalhadores.

O Conselho de Administração, que tem natureza executiva, é o responsável, dentre outras atribuições, pela fixação da data, local e ordem do dia das reuniões da Conferência, como também pela escolha do Diretor-Geral da Repartição Internacional do Trabalho e pela instituição de comissões permanentes ou especiais.

A Repartição Internacional do Trabalho, que tem natureza administrativa, tem como funções a centralização e a distribuição de todas as informações referentes à regulamentação internacional e à condição dos trabalhadores e do regime do trabalho e, em particular, o estudo das questões que devem ser apreciadas pela Conferência para conclusão das Convenções Internacionais e a realização de todos os inquéritos especiais prescritos pela Conferência ou pelo Conselho da Administração.

Com efeito, a atividade normativa da OIT, produzida pela adoção de convenções e recomendações internacionais do trabalho, constitui um instrumento essencial a serviço dos objetivos da Organização.

As regras de direito internacional do trabalho, elaboradas no seio da Conferência com a participação de governos, empregadores e trabalhadores, uma vez ratificadas pelos Estados-Membros, são aplicadas em nível interno e constituem padrões de orientação para os legisladores no aperfeiçoamento e promoção do direito do trabalho dos estados e valorização da pessoa humana.

3. A ORGANIZAÇÃO DAS NAÇÕES UNIDAS PARA A ALIMENTAÇÃO E A AGRICULTURA

A Organização para a Alimentação e Agricultura, cuja sede encontra-se em Roma (a transferência aconteceu no ano de 1951), foi fundada em 16 de outubro de 1945 em Quebec – Canadá, e tem como objetivo aumentar o nível de alimentação e de vida das nações, assegurar maior eficiência na produção e distribuição de todos os produtos agrícolas, assim como o melhoramento das condições de vida das populações rurais.

Sobre os antecedentes da FAO, digna de realce a manifestação de Velasco:

"La necesidad de cooperación internacional en el campo agrícola se puso de manifiesto con el inicio del siglo XX. En el año 1905 se firmó la Convención de Roma, por la que se creó el Instituto Internacional de Agricultura con fines preferentemente estadísticos e informativos, sin que por ello abandonara algunas otras cuestiones que afectaban al seguro y crédito agrícola, a la lucha contra las plagas en la agricultura y al mejoramiento de ésta en general y de los agricultores. La cooperación llevada a cabo por este Organismo fue de tono menor. El cambio de circunstancias experimentado como consecuencia de la Segunda Guerra Mundial hizo necesario ampliar el campo de la cooperación y montarlo sobre otras bases. A ello obedecen las convocatorias de la Conferencia de la ONU para alimentación y la agricultura celebrada en Hot-Springs (Virginia) en mayo – junio de 1943, y la Conferencia de Quebec, de octubre-noviembre de 1945. En esta segunda Conferencia se aprobó la Constitución de la FAO. En 1946 pasó a ser un Organismo especializado de las Naciones Unidas, mediante Acuerdo correspondiente entre ambas Organizaciones"[7].

A FAO trabalha no combate à fome e à pobreza, promove o desenvolvimento agrícola, a melhoria da nutrição, a busca da segurança alimentar e o acesso de todas as pessoas, em todos os momentos, aos alimentos necessários para uma vida ativa e saudável.

Procura também reforçar a agricultura e o desenvolvimento sustentável, como estratégia, a longo prazo, para aumentar a produção e a segurança alimentar, ao mesmo tempo que preserva e ordena os recursos naturais.

No preâmbulo de sua carta constitutiva, os Estados-Membros fundadores, entre eles o Brasil, comprometeram-se a fomentar o bem-estar geral, intensificando as ações individuais coletivas com vistas a: elevar os níveis de vida e de nutrição dos povos sob sua jurisdição; melhorar o rendimento da produção e a eficácia da distribuição dos produtos agrícolas e dos alimentos em geral; melhorar as condições das populações rurais e contribuir para a expansão da economia mundial.

Para alcançar esses objetivos, realiza programas de melhoria da eficiência na produção, elaboração, comercialização e distribuição de alimentos e produtos agropecuários

---

[7] VELASCO, Manuel Diez. *Las organizaciones internacionales*, cit., p. 401.

de granjas, bosques e pescarias. A FAO também poderá prestar socorro a populações famélicas, em situações excepcionais.

De fato, a organização tem se mostrado de forma proativa em relação à fome e à miséria, dedicando-se à execução de muitas tarefas, dentre as quais: divulgação de tecnologias e conhecimentos para combate à fome; fomento à pesquisa na área agrícola; melhoria e conservação dos recursos naturais; concessão de assistência técnica aos Estados; adoção de políticas internacionais em favor de produtos agrícolas.

A finalidade da FAO é atender às necessidades das gerações presentes e futuras, promovendo um desenvolvimento tecnicamente apropriado, economicamente viável e socialmente aceitável que não degrade o meio ambiente. Ademais, podem ser apresentadas, de acordo com a própria FAO, suas principais atividades: assistência para países subdesenvolvidos; informação sobre nutrição, comida, agricultura, florestamento e pesca; aconselhamento a governos; fórum neutro para discutir e formular políticas nos principais assuntos relacionados a agricultura e alimentação.

Em relação à primeira (assistência para países subdesenvolvidos), apoia os países em desenvolvimento via formulação e execução de projetos de assistência técnica na área ambiental, social e econômica.

No que tange à informação sobre nutrição, comida, agricultura, florestamento e pesca, consiste na coleta, análise, interpretação e divulgação de informações relativas a esses temas. Disponibiliza dados relacionados à programação, investimento, comercialização, pesquisa e capacitação.

Quanto ao aconselhamento a governos, trata-se de serviços de assessoria independente sobre política e planejamento agrícola, estruturas administrativas e jurídicas, incluindo estratégias nacionais que visem o desenvolvimento rural, a segurança alimentar e o combate à fome e à pobreza.

Por fim, o fórum neutro para discutir e formular políticas nos principais assuntos relacionados com agricultura e alimentação enseja para todos os países oportunidades nesse sentido. Aprova normas internacionais, facilita o estabelecimento de convênios e acordos e organiza periodicamente conferências, reuniões técnicas e consultorias de especialistas sobre assuntos relevantes e de interesse mundial.

No que tange à estrutura da organização, evidencia-se que a Conferência, formada pelos Estados-Membros, é o órgão diretor da FAO. Reúne-se a cada dois anos para revisar as atividades realizadas pela Organização e aprovar o Programa de Trabalho e o orçamento para o biênio seguinte.

A Conferência elege um Conselho formado por 49 Estados-Membros, como órgão de governo interno. Esses membros se revezam em variadas funções durante períodos alternados de três anos.

A organização interna da FAO conta com oito departamentos: Administração e Finanças, Agricultura, Econômico e Social, Pesca, Reflorestamento, Assuntos Gerais e Informação, Desenvolvimento Sustentável e Cooperação Técnica.

As informações referentes ao orçamento de 2005 indicam que foram investidos 378 milhões de dólares em Programas de Campo em todo o globo, dos quais 18% foram aportados pela própria FAO, tendo sido o resto obtido em diversas fontes: 62% provieram de fundos fiduciários, 18% de programas de cooperação mútua junto a governos, e 2% do Programa das Nações Unidas para o Desenvolvimento (PNUD).

4. ORGANIZAÇÃO DAS NAÇÕES UNIDAS PARA A EDUCAÇÃO, CIÊNCIA E CULTURA

A UNESCO foi constituída em 16 de novembro de 1945, na Conferência de Londres, onde 44 Estados reunidos decidiram pela sua criação. Todavia, foi no ano seguinte que a referida Organização entrou em vigência após a ratificação de seu tratado institutivo por 20 Estados, estabelecendo sua sede na cidade de Paris.

A ONU acabou por reconhecer a UNESCO como organismo especializado das Nações Unidas, em 14 de dezembro de 1946, ao explicitar os laços que passariam a existir entre as Organizações. A UNESCO, que também apresenta como propósitos a manutenção da paz e a segurança internacional, foi constituída com o intuito de levar educação e cultura a todos os povos, no intuito de erradicar o analfabetismo no mundo, como se depreende da leitura de seu artigo 1º:

"A Organização tem como objetivo contribuir para a manutenção da paz e da segurança, estreitando a colaboração entre as nações através da educação, ciência e da cultura, a fim de assegurar o respeito universal pela justiça, pela lei, pelos direitos humanos e pelas liberdades fundamentais, sem distinção de raça, de língua ou religião, que a Carta das Nações Unidas reconhece a todos os povos; favorecer o conhecimento e a compreensão mútua entre as nações, mediante o seu apoio aos órgãos de informação; promover a educação popular e a difusão de cultura; ajudar ao progresso e à difusão do saber".

No tocante aos órgãos que fazem parte da referida Organização, podem ser destacados a existência de um órgão plenário, que é constituído por todos os Estados que fazem parte da Organização; um órgão restrito, que é composto por delegados governamentais, embora eleitos pelo órgão plenário a título pessoal; e o Secretariado, que é chefiado por um Diretor-Geral que desempenha papel importante na condução da referida organização. Pode-se afirmar que a UNESCO exerce funções normativas[8], de controle e operacionais[9].

---

[8] Nesse sentido, o magistério de RIDRUEJO, José A. Pastor. *Curso de derecho internacional público y organizaciones internacionales.* 10. ed. Madrid: Tecnos, 2006, p. 764: "Funciones normativas porque la Conferencia General está capacitada para dirigir recomendaciones a los Estados miembros, así como adoptar convenciones respecto a materias que entren en su campo de acción. Las recomendaciones no son por supuesto obligatorias y las convenciones necesitan lógicamente de la manifestación del consentimiento de los Estados en obligarse, pero unas y otras deben ser sometidas a las autoridades nacionales competentes dentro del año siguiente a la clausura de la reunión en que hayan sido aprobadas; además la Conferencia General examinará los informes que presenten los Estados miembros sobre las medidas tomadas en relación con las recomendaciones y convenciones pudiendo adoptar informes generales que comenten los sometidos por los miembros".

[9] RIDRUEJO, José A. Pastor. *Curso de derecho internacional público y organizaciones internacionales.* 10. ed. Madrid: Tecnos, 2006, p. 763: "(...) Pero la UNESCO ejerce también algunas funciones de control. Así, adoptada en 1960 la Convención contra la discriminación educativa, un Protocolo complementario de 1962 instituye una Comisión

O órgão plenário da UNESCO é a Conferência Geral, constituído, inicialmente, pelos 44 Estados que no ano de 1945 criaram a mencionada Organização Internacional e, nos dias atuais, por todos os Estados que fazem parte dela.

Esse órgão se reúne ordinariamente a cada dois anos em sua sede em Paris, salvo se houver alguma convocação em contrário. Deliberam sobre os assuntos relativos à Organização por *quorum* simples ou de maioria qualificada (dois terços) quando há previsão em matéria correspondente. Para cada encontro são escolhidos o Presidente e a Mesa da Conferência Geral que irão exercer suas funções até ao encontro seguinte (a cada dois anos).

São competências da Conferência Geral da UNESCO: definir e orientar a atividade da Organização e aprovar os programas de ação que o Conselho Executivo cumpre apresentar; apreciar os relatórios que os Estados-Membros devem apresentar periodicamente e dar conta das suas atividades nos domínios que interessam à UNESCO, bem como os relatórios sobre o seguimento em cada Estado-Membro das recomendações ou convenções adotadas pela Conferência Geral no âmbito do processo de controle previsto no artigo VI; decidir sobre a admissão dos novos membros e sob recomendação do Conselho Consultivo convidar observadores a assistir algumas reuniões; nomear o Diretor-Geral; estabelecer o orçamento da organização.

O Conselho Executivo é constituído por 51 membros eleitos pela Conferência Geral dentre os delegados dos Estados-Membros. Esses delegados devem possuir nacionalidades diferentes, o que possibilita maior amplitude nos debates a serem estabelecidos no órgão. Procurou-se dividir os Estados em cinco grandes grupos: Grupo I (Europa ocidental, Estados Unidos, Canadá e Israel); Grupo II (Europa do Leste); Grupo III (América Latina e Caraíbas); Grupo IV (Ásia e Pacífico) e Grupo V (África e Estados Árabes). Para o exercício do mandato no Conselho Executivo, os Estados são eleitos para um período de quatro anos (não se admitindo reeleição).

O Conselho se reúne ordinariamente por duas vezes no ano, todavia, nos anos em que há reunião da Conferência Geral esse número aumenta para três, haja vista que, após a sessão, os delegados acabam por se reunir. Esse órgão tem por competência a execução dos programas de ação aprovados pela Conferência Geral.

Quanto ao Secretariado evidencia-se que este órgão tem natureza técnico-burocrática e é constituído por um Diretor-Geral (que chefia o órgão) e por funcionários que são contratados a título pessoal em razão de suas qualificações profissionais.

O Diretor-Geral é eleito pela Conferência Geral por proposta do Conselho Executivo por um período de seis anos (admitindo-se a reeleição) e é o responsável pelo funcionamento da UNESCO.

---

de Buenos Oficios y Conciliación para solucionar las controversias que surjan entre Estados partes de la Convención, instrumento que de todos modos ha sido objeto de aceptaciones más bien escasas. Para remediar esta situación, el Consejo Ejecutivo adoptó en 1978 una decisión en la que se establece un procedimiento de control basado en comunicaciones individuales y mediante el cual las víctimas de violaciones de derechos humanos que caigan bajo la competencia de la UNESCO pueden presentar directamente sus quejas al Consejo".

5. A ORGANIZAÇÃO MUNDIAL DA SAÚDE

A Organização Mundial da Saúde foi criada em 1948 e tem sua sede localizada em Genebra, na Suíça. Apresenta como finalidade precípua a luta para que todos os povos alcancem o mais alto nível de saúde possível[10].

Pode-se afirmar que compete à OMS coordenar as ações que serão produzidas, em matéria sanitária, no plano internacional sob a chancela das Nações Unidas. Para tanto, deve propor uma agenda que contemple pesquisas voltadas para a saúde; estabelecer normas; articular opiniões de políticas voltadas para saúde; prestar apoio técnico aos países, desempenhando, desse modo, papel de liderança nos assuntos sanitários no campo internacional. Para tanto, são funções da Organização:

"a) actuar como autoridad directiva y coordinadora en asuntos de sanidad internacional; b) establecer y mantener colaboración eficaz con las Naciones Unidas, los organismos especializados, las administraciones oficiales de salubridad, las agrupaciones profesionales y demás organizaciones que se juzgue convenientes; c) ayudar a los gobiernos, a su solicitud, a fortalecer sus servicios de salubridad; d) proporcionar ayuda técnica adecuada y, en casos de emergencia, prestar a los gobiernos la cooperación necesaria que soliciten, o acepten; e) proveer o ayudar a proveer, a solicitud de las Naciones Unidas, servicios y recursos de salubridad a grupos especiales, tales como los habitantes de los territorios fideicometidos; f) establecer y mantener los servicios administrativos y técnicos que sean necesarios, inclusive los epidemiológicos y de estadística; g) estimular y adelantar labores destinadas a suprimir enfermedades epidémicas, endémicas y otras; h) promover, con la cooperación de otros organismos especializados cuando fuere necesario, la prevención de accidentes; i) promover, con la cooperación de otros organismos especializados cuando fuere necesario, el mejoramiento de la nutrición, la habitación, el saneamiento, la recreación, las condiciones económicas y de trabajo, y otros aspectos de la higiene del medio; j) promover la cooperación entre las agrupaciones científicas y profesionales que contribuyan al mejoramiento de la salud; k) proponer convenciones, acuerdos y reglamentos y hacer recomendaciones referentes a asuntos de salubridad internacional, así como desempeñar las funciones que en ellos se asignen a la Organización y que estén de acuerdo con su finalidad; l) promover la salud y la asistencia

---

[10] VELASCO, Manuel Diez de. *Las organizaciones internacionales*. 14. ed. Madrid: Tecnos, 2007, p. 360: "La ONU se ocupó de dar una cierta unidad a esfuerzos dispersos del pasado y convoco una Conferencia Internacional de Sanidad, que se celebró en Nueva York en los meses de junio y julio de 1946, con la participación de sesenta y cuatro Estados y de observadores de diez Organizaciones internacionales. El día 22 de julio de 1946 adoptó la referida Conferencia el proyecto de Constitución de la Organización Mundial de la Salud, que entró en vigor en 7 de abril de 1948 y la misma ha sufrido varias enmiendas. No obstante, es de hacer notar que las reformas de los arts. 7 y 74 aún no han sido aceptadas por los dos tercios de los miembros de la Asamblea, al igual que ocurre con las últimas reformas de los artículos 24 y 25 por las que se aumenta el número de miembros del Consejo Ejecutivo de treinta y dos a treinta y cuatro (enmienda de 1998). El acuerdo referente a las relaciones de este Organismo con las Naciones Unidas fue aprobado por Asamblea General de la ONU el 15 de noviembre de 1946 y entró en vigor el 10 de julio de 1948, fecha en que fue aprobado por la Asamblea de la Organización Mundial de la Salud".

maternal e infantil, y fomentar la capacidad de vivir en armonía en un mundo que cambia constantemente; m) fomentar las actividades en el campo de la higiene mental, especialmente aquellas que afectan las relaciones armónicas de los hombres; n) promover y realizar investigaciones en el campo de la salud; o) promover el mejoramiento de las normas de enseñanza y adiestramiento en las profesiones de salubridad, medicina y afines; p) estudiar y dar a conocer, con la cooperación de otros organismos especializados, cuando fuere necesario, técnicas administrativas y sociales que afecten la salud pública y la asistencia médica desde los puntos de vista preventivo y curativo, incluyendo servicios hospitalarios y el seguro social; q) suministrar información, consejo y ayuda en el campo de la salud; r) contribuir a crear en todos los pueblos una opinión pública bien informada en asuntos de salud; s) establecer y revisar, según sea necesario, la nomenclatura internacional de las enfermedades, de las causas de muerte y de las prácticas de salubridad pública; t) establecer normas uniformes de diagnóstico, según sea necesario; u) desarrollar, establecer y promover normas internacionales con respecto a productos alimenticios, biológicos, farmacéuticos y similares; v) en general, tomar todas las medidas necesarias para alcanzar la finalidad que persigue la Organización".

Em síntese, pode-se afirmar que as principais funções da Organização Mundial da Saúde são a de auxiliar os Estados-Membros na área de saúde; de coordenar e dirigir as questões sanitárias internacionais; de elaborar estudos e divulgar os resultados do combate às epidemias; de lutar para melhorias no saneamento básico, nutrição, habitação e higiene; de estabelecer normas para unificar os diagnósticos na área de saúde; de desenvolver normas internacionais para os produtos alimentícios, biológicos, farmacêuticos e similares.

A Organização Mundial da Saúde apresenta em sua composição três órgãos principais: a Assembleia Mundial de Saúde; o Conselho Executivo e a Secretaria.

A Assembleia Mundial de Saúde é constituída por delegados que representam os Estados que fazem parte da organização, onde devem ser eleitas pessoas mais bem qualificadas pela sua competência técnica e, preferencialmente, escolhidas no âmbito da Administração do Estado respectivo.

A Assembleia é o órgão que tem por função precípua estabelecer a política geral da organização, podendo destacar algumas de suas atribuições: a) designar membros do Conselho Executivo e nomear o Diretor-Geral; b) efetuar emendas no ato constitutivo; c) convocar conferências internacionais; d) criar instituições internacionais permanentes ou cooperar com as já existentes; e) adotar regulamentações internacionais em matérias relativas à luta contra a propagação de enfermidades.

O Conselho Executivo é composto por 34 pessoas designadas por um período de três anos, cujas funções principais são as de executar os acordos propostos pela Assembleia, preparar a ordem do dia das sessões e cuidar pelo funcionamento dos serviços.

No tocante à Secretaria, esta é composta por um Diretor-Geral, que é nomeado pela Assembleia, mediante proposição do Conselho, e também pelo pessoal técnico e administrativo da organização.

Por fim, cabe ainda destacar que são considerados membros da OMS os chamados membros de pleno direito, que são os Estados-Membros das Nações Unidas que aceitem a constituição da OMS e que sejam admitidos na citada organização pela maioria de votos em seu órgão máximo (a Assembleia Mundial de Saúde), e os membros associados, condição reservada para entidades territoriais dependentes de Estados[11].

6. O BANCO MUNDIAL E O FUNDO MONETÁRIO INTERNACIONAL

6.1. O Banco Mundial

O Banco Mundial é uma agência do sistema das Nações Unidas fundada em 1º de julho de 1944 por uma conferência de representantes de 44 governos em Bretton Woods, New Hampshire, EUA, cuja missão inicial era a de financiar a reconstrução dos países devastados durante a Segunda Guerra Mundial.

Hodiernamente sua missão principal é a luta contra a pobreza com a aplicação de financiamentos e empréstimos aos países em desenvolvimento, cujo funcionamento é garantido por quotizações definidas e reguladas pelos Países-Membros.

O Banco Mundial propriamente dito é composto pelo Banco Internacional para Reconstrução e Desenvolvimento (BIRD) e pela Associação Internacional de Desenvolvimento (AID).

---

[11] Nesse sentido, os artigos contemplados no Capítulo III da OMS que trata de Membros e Membros Associados:
Artículo 3 – La calidad de miembro de la Organización es accesible a todos los Estados.
Artículo 4 – Los Miembros de las Naciones Unidas pueden llegar a ser Miembros de la Organización firmando o aceptando en otra forma esta Constitución de conformidad con las disposiciones del capítulo XIX y de acuerdo con sus respectivos procedimientos constitucionales.
Artículo 5 – Los Estados cuyos gobiernos fueron invitados a enviar observadores a la Conferencia Internacional de Salubridad celebrada en Nueva York, en 1946, pueden llegar a ser Miembros firmando o aceptando en otra forma esta Constitución, de conformidad con las disposiciones del capítulo XIX y de acuerdo con sus respectivos procedimientos constitucionales siempre que su firma o aceptación se completen antes de la primera reunión de la Asamblea de la Salud.
Artículo 6 – Sujeto a las condiciones de todo acuerdo que se concierte entre las Naciones Unidas y la Organización, aprobado conforme al capítulo XVI, los Estados que no lleguen a ser Miembros, según los Artículos 4 y 5, podrán hacer solicitud de ingreso como Miembros y serán admitidos como tales cuando sus solicitudes sean aprobadas por mayoría simple de votos de la Asamblea de la Salud.
Artículo 7 – Si un Miembro deja de cumplir con las obligaciones financieras para con la Organización, o en otras circunstancias excepcionales, la Asamblea de la Salud podrá, en las condiciones que juzgue apropiadas, suspender los privilegios de voto y los servicios a que tenga derecho tal Miembro. La Asamblea de la Salud tendrá autoridad para restablecer tales privilegios de voto y servicios.
Artículo 8 – Los territorios o grupos de territorios que no sean responsables de la dirección de sus relaciones internacionales podrán ser admitidos por la Asamblea de la Salud como Miembros Asociados a solicitud hecha en nombre de tal territorio o grupo de territorios por un Miembro u otra autoridad responsable de la dirección de sus relaciones internacionales. Los representantes de los Miembros Asociados en la Asamblea de la Salud deberán tener competencia técnica en el sector de la salud y se elegirán entre la población nativa. La naturaleza y el alcance de los derechos y obligaciones de los Miembros Asociados serán determinados por la Asamblea de la Salud.

O Banco Internacional para Reconstrução e Desenvolvimento (BIRD) proporciona empréstimos e assistência para o desenvolvimento a países de rendas médias com bons antecedentes de crédito. O poder de voto de cada país-membro está vinculado às suas subscrições de capital, que por sua vez estão baseadas no poder econômico relativo de cada país, sendo certo que o BIRD levanta grande parte dos seus fundos por meio da venda de títulos nos mercados internacionais de capital.

Em relação à Associação Internacional de Desenvolvimento (AID), esta desempenha papel importante na missão do Banco, que é a redução da pobreza. A assistência da AID concentra-se nos países mais pobres, aos quais proporciona empréstimos sem juros e outros serviços. A AID depende das contribuições dos seus Países-Membros mais ricos – inclusive alguns países em desenvolvimento – para levantar a maior parte dos seus recursos financeiros.

Comparando a atuação do BIRD com a AID, Pereira e Quadros asseveram que o primeiro funciona, do ponto de vista financeiro, como um banco clássico, isto é, só concede empréstimos para financiar projetos rentáveis, com taxas de juros do mercado (muitas das vezes elevadas para os países em desenvolvimento), ao passo que a AID surge para exercer atividade complementar em relação ao BIRD, num tríplice aspecto: dirige sua atividade para os países menos desenvolvidos; os prazos dos empréstimos são mais dilatados que os do BIRD (chegando a até 50 anos); os juros dos empréstimos são tão baixos que na prática é como se não existissem[12].

Cada país-membro estará representado na Junta de Governadores do Banco Mundial, que terá a faculdade para adoção das decisões finais do Banco. Dentro de suas funções principais encontram-se as de admitir ou suspender Países-Membros; fazer autorizações financeiras e orçamentos, bem como determinar a distribuição dos rendimentos do BIRD.

Os governadores reúnem-se anualmente ou quando uma maioria representante o requeira (pelo menos dois terços dos votos totais). A duração de seu cargo estipula-se por cinco anos com direito à reeleição. A Junta participa junto com os Diretores Executivos na eleição do presidente do Banco. A Junta de Governadores delega a responsabilidade de projetos e decisões aos Diretores Executivos, à exceção de: admitir novos membros, aumentar ou diminuir o capital por ações do Banco, suspender um membro.

6.1.1. O Banco Internacional para Reconstrução e Desenvolvimento

O Banco Internacional para Reconstrução e Desenvolvimento (BIRD) foi criado em 27 de dezembro de 1945, seguindo o acordo internacional firmado na Conferência Financeira e Monetária das Nações Unidas, de 1º a 22 de julho de 1944, na localidade de Bretton Woods, New Hampshire.

Como descrito acima, juntamente com a Associação Internacional de Desenvolvimento (IDA), instituída em 1960, e destinada a prover assistência concessional aos países

---

[12] PEREIRA, André Gonçalves; QUADROS, Fausto. *Manual de direito internacional público*. 3. ed. Lisboa: Almedina, 2002, p. 570.

de menor desenvolvimento relativo, o BIRD constitui o Banco Mundial, organização que tem como principal objetivo a promoção do progresso econômico e social dos Países-Membros, mediante o financiamento de projetos com vistas à melhoria da produtividade e das condições de vida desses países.

Sua missão original era de financiar a reconstrução de nações devastadas pela Segunda Guerra Mundial, sendo que, nos dias atuais, sua missão foi alargada para combater a pobreza por meio de financiamentos de países subdesenvolvidos. O BIRD utiliza recursos obtidos principalmente no mercado internacional de capitais, mas também possui recursos próprios. Somente aqueles Países-Membros do Fundo Monetário Internacional (FMI) podem fazer parte do BIRD.

Com uma estrutura semelhante à de uma cooperativa, o BIRD é "propriedade" de seus 186 Países-Membros, que acabam por administrá-lo para benefício próprio. Os Estados-Membros conseguem obter resultados satisfatórios, na medida em que oferecem produtos financeiros flexíveis, oportunos e adaptados para cada necessidade, bem como serviços técnicos e consultoria estratégica. Em geral compete ao BIRD: suportar as necessidades de desenvolvimento humano e social a longo prazo, que as fontes de crédito privado não financiam; preservar a solidez financeira dos tomadores de crédito, oferecendo respaldo em tempo de crise, principalmente quando os pobres são mais afetados; aproveitar o efeito multiplicador do financiamento para promover reformas normativas e institucionais; criar um clima de investimento favorável para atrair o capital privado.

Para o desenvolvimento de suas atividades, o BIRD conta com um presidente e um corpo de 24 diretores executivos, apontados ou eleitos pelos países ou por grupos de Países-Membros.

A Assembleia de Governadores, formada geralmente por ministros da economia ou de finanças, reúne-se anualmente, ocasião em que são revistas as atividades do ano fiscal precedente e traçadas as linhas gerais de atuação do Banco para o período seguinte.

A redução da pobreza e a promoção do desenvolvimento sustentável são os focos da atuação do BIRD, que se tem dedicado crescentemente à promoção da gestão governamental eficaz e do fortalecimento da sociedade civil, do investimento em setores de infraestrutura e serviços e do incentivo ao desenvolvimento do setor privado.

6.2. O Fundo Monetário Internacional

O Fundo Monetário Internacional foi concebido em julho de 1944 em uma conferência realizada no hotel Mount Washington, em Bretton Woods, em New Hampshire, Estados Unidos, onde delegados de 44 nações concordaram na estrutura para cooperação econômica em parte desenhada para evitar a repetição de desastrosas políticas econômicas que contribuíram para a Grande Depressão da década de 1930, no século passado. Nesta esteira, Machado afirma que "o FMI foi criado com o fim de evitar a ocorrência de uma nova depressão global e o regresso a uma situação de anarquia financeira como a dos anos trinta do século XX. O padrão ouro havia entrado em colapso com o advento da Primeira Guerra Mundial, tendo dado lugar ao caos na utilização pelos Estados das moedas nos pagamentos internacionais, fato que alguns interpretam como uma das causas da Segunda Guerra Mundial"[13].

Na atualidade, o Fundo Monetário Internacional atua em consonância com os seguintes propósitos:

a) promover a cooperação monetária internacional por meio de uma instituição permanente que fornece o maquinário para consulta e colaboração em problemas monetários internacionais;

b) facilitar a expansão e o crescente equilíbrio do comércio internacional e contribuir, desse modo, para a promoção e manutenção de altos níveis de empregos e de rendimentos reais e também para o desenvolvimento de recursos produtivos para todos os membros como objetivos primários das políticas econômicas;

c) promover a estabilidade do comércio, manter pacíficos acordos de comércio entre membros e evitar competitividade comercial depreciativa;

d) auxiliar no estabelecimento de um sistema multilateral de pagamentos em transações gerais entre membros e na eliminação de restrições de câmbio exterior que tolhem o crescimento do comércio mundial;

e) dar confiança aos membros fazendo os recursos gerais do Fundo temporariamente disponíveis para eles sob determinadas salvaguardas (proteções);

f) diminuir a duração e reduzir o degrau do desequilíbrio nos balanços de pagamentos internacionais dos membros.

Para Machado, os dois importantes objetivos financeiros do FMI no plano internacional consistem na liberalização dos pagamentos e na estabilidade monetária surgindo esta inicialmente da indexação das moedas ao dólar e deste ao ouro e complementa:

"Igualmente importante é a ênfase na estabilidade dos câmbios e no equilíbrio da balança de pagamentos, condições fundamentais para o investimento, o crescimento econômico e o aumento das trocas comerciais entre Estados. Num mundo economicamente interdependente, os Estados estão mais vulneráveis e a instabilidade financeira num deles pode ter consequências à escala regional e global"[14].

A estrutura organizacional do FMI inclui a Assembleia de Governadores, o Comitê Monetário e Financeiro Internacional, o Comitê de Desenvolvimento, a Diretoria Executiva, o Diretor-Gerente e o corpo de funcionários.

A Assembleia de Governadores, na qual todos os países-membros estão representados, é o órgão mais elevado do FMI. Geralmente se reúne uma vez ao ano, nas Reuniões Anuais do FMI e do Banco Mundial. Cada país-membro nomeia um Governador – geralmente o ministro das finanças do país ou o presidente do Banco Central Nacional – e um "Governador substituto".

---

[13] MACHADO, Jónatas E. M. *Direito internacional. Do paradigma clássico ao pós-11 de setembro*. 3. ed. Coimbra: Coimbra Ed., 2006, p. 453:

[14] MACHADO, Jónatas E. M. *Direito internacional. Do paradigma clássico ao pós-11 de setembro*. 3. ed. Coimbra: Coimbra Ed., 2006, p. 453.

No que tange à Diretoria Executiva, esta é formada por 24 Diretores Executivos, que conta com um Diretor-Geral que a preside. A Diretoria Executiva costuma se reunir por três vezes na semana na sede da organização em Washington, DC – EUA. Frise-se, por oportuno, que os maiores cotistas do FMI (EUA, Japão, Alemanha, França, Reino Unido), juntamente com China, Rússia e Arábia Saudita, têm seus próprios lugares na diretoria. Os outros 16 Diretores Executivos são eleitos para mandatos de dois anos por grupos de países, conhecidos como grupos eleitorais.

7. ORGANIZAÇÃO DA AVIAÇÃO CIVIL INTERNACIONAL

A Organização da Aviação Civil apresenta como objetivos o desenvolvimento de princípios e técnicas de navegação aérea internacional, bem como fomentar a organização e o desenvolvimento do transporte aéreo internacional para, dentre outros: que o tráfego aéreo seja ordenado e seguro; utilização das aeronaves para fins pacíficos; satisfação dos povos em termos de prestar um serviço seguro, regular, eficaz e econômico etc. Para tanto, no intuito de alcançar os objetivos acima listados, a Organização Internacional consagrou em sua estrutura uma Assembleia, o Conselho, a Comissão de Aeronavegação e a Secretaria.

A Assembleia, que se reúne pelo menos uma vez a cada três anos, é o órgão responsável pelas deliberações da Organização Internacional. Nesse órgão estão representados todos os Estados que fazem parte da citada organização, cujas principais atribuições são: eleger o Presidente e os membros do Conselho; examinar os gastos da organização e aprovar as contas; criar o regulamento interno e as comissões internas que julgar conveniente; preparar os convênios internacionais; aplicar sanções aos membros da organização etc.

O Conselho é constituído por trinta e seis membros que são eleitos pelos membros da Organização, na Assembleia, para um mandato de três anos. Sendo um órgão permanente e de cunho executivo, compete a ele executar as resoluções que são tomadas no seio da Assembleia, bem como desenvolver as atividades de informação, recomendação, regulamentação e até mesmo para solução de controvérsias entre os Estados relativas à interpretação e aplicação das normas referentes à matéria.

A Comissão de Aeronavegação se apresenta como um órgão consultivo e auxiliar, composto por quinze membros que são nomeados pelo próprio Conselho. Impende assinalar que as pessoas que integram essa comissão devem possuir qualificações e grande experiência na ciência e na prática aeronáutica. Por fim, a Secretaria se apresenta como órgão administrativo, cujo secretário, que é eleito pelo Conselho, exercerá seu mandato por cinco anos.

8. A UNIÃO POSTAL UNIVERSAL E A UNIÃO INTERNACIONAL DE TELECOMUNICAÇÕES

Hodiernamente é possível afirmar que vivemos em uma sociedade em que a informação se apresenta como sinônimo de poder, sendo por isso mesmo, vista (a sociedade de informação) como aquela que contempla uma estrutura social na qual a geração, o processamento e a disseminação de informações ocupam posições de destaque[15].

É bem verdade que no passado existiam muitas dificuldades para que as informações fossem processadas, geradas e disseminadas. Para transpor os limites territoriais de um Estado-nacional para outro, por exemplo, e dependendo das distâncias, das localidades envolvidas e da época a ser analisada, uma mensagem poderia demorar meses e até anos até a chegada em seu destinatário final.

Esse cenário começa a se modificar no século XIX, como visto, com o aparecimento das Organizações Internacionais e, neste particular, com a criação de organismos que pudessem facilitar as comunicações entre os povos: a União Postal Universal (UPU) e a União Internacional de Telecomunicações.

8.1. A União Postal Universal (UPU)

A primeira notícia que se tem de cooperação internacional no campo das comunicações remonta ao ano de 1863, quando do surgimento da Comissão Internacional dos Correios, produzida em Paris. Todavia, o primeiro Congresso Postal Internacional aconteceu em 15 de setembro de 1874, em Berna, culminando com a criação da União Geral dos Correios em 9 de outubro do mesmo ano.

Já no ano de 1878, quando da realização do segundo Congresso Internacional na cidade de Paris, os Estados acordaram que o nome da Organização Internacional responsável pelo serviço postal seria modificado para União Postal Universal.

A partir do ano de 1948, com o funcionamento do sistema onusiano, a Organização Internacional passa a ser considerada um organismo especializado das Nações Unidas. Essa organização internacional, que atualmente conta com 193 Estados, e que tem como sede a cidade de Berna, constitui-se como principal fórum de cooperação entre os correios, o que possibilita a manutenção de uma rede universal que oferece produtos e serviços modernos.

Indubitavelmente, uma de suas características marcantes corresponde à organização e aperfeiçoamento dos serviços postais visando incrementar a colaboração internacional entre os Estados[16]. Ela estabelece regras para a permuta de correio internacional entre

---

[15] GUERRA, Sidney. *O direito à privacidade na internet*: uma discussão da esfera provada no mundo globalizado. Rio de Janeiro: América Jurídica, 2004, p. 1.

[16] SORENSEN, Max. *Manual de derecho internacional público*. México: Fondo de Cultura Económica, 1992, p. 599, leciona: "Las obligaciones de los países miembros resultan de las disposiciones de la Convención Postal Universal, que es obligatoria para todos aquéllos. Ella regula el servicio de correspondencia. Algunos Acuerdos adicionales concernientes a otros servicios talles como las cartas aseguradas, los paquetes postales, los giros postales etc. son sólo obligatorios para los miembros que se han adherido a ellos. Además, la costumbre ha establecido ciertos principios dentro del marco de la Unión y se adoptan regulaciones detalladas para la ejecución de la Convención y de los Acuerdos mediante asentimiento común de los países miembros".

seus países-membros, bem como formula recomendações para incentivar o crescimento dessas permutas e a melhoria da qualidade dos serviços oferecidos aos clientes[17].

A União Postal Universal está estruturada em três órgãos permanentes: a Secretaria Internacional; o Conselho de Administração, integrado por 41 países-membros e o Conselho de Operações Postais, integrado por 40 países-membros, ambos com sessões anuais e, como órgão máximo, o Congresso, que consiste na reunião dos plenipotenciários dos países-membros realizada a cada quatro anos.

A área de abrangência da União Postal é bastante significativa e contempla os territórios dos Países-Membros, as estações postais estabelecidas por Países-Membros em territórios não compreendidos na União, e outros territórios que, embora não sejam membros da União, estão nela incluídos por dependerem, sob o ponto de vista postal, de um País-membro.

8.2. A União Internacional de Telecomunicações

Em 1865, na cidade de Paris, foi criada a União Telegráfica Internacional, organização precursora da atual União Internacional de Telecomunicações, que assume a condição de organismo especializado das Nações Unidas desde a Conferência de Atlantic City realizada no ano de 1947[18].

Essa organização, que tem sua sede em Genebra, na Suíça, tem suas ações voltadas para o aprimoramento e orientação das telecomunicações no mundo, sendo, por isso mesmo, responsável pela criação de vários protocolos de comunicação.

Seus objetivos principais são: manter e ampliar a cooperação internacional entre todos os membros da União para o aperfeiçoamento e emprego racional de todas as categorias de telecomunicações; promover e prestar assistência técnica aos países em desenvolvimento no campo das telecomunicações e promover, do mesmo modo, a mobilização dos recursos materiais e financeiros necessários para sua execução; estimular o desenvolvimento dos meios técnicos e sua exploração mais eficaz, a fim de aumentar a

---

[17] Article 1 – Scope and objectives of the Union

1 The countries adopting this Constitution shall comprise, under the title of the Universal Postal Union, a single postal territory for the reciprocal exchange of letter-post items. Freedom of transit shall be guaranteed throughout the entire territory of the Union.

2 The aim of the Union shall be to secure the organization and improvement of the postal services and to promote in this sphere the development of international collaboration.

3 The Union shall take part, as far as possible, in postal technical assistance sought by its member countries.

[18] Sobre os antecedentes da União Internacional de Telecomunicações o magistério de SORENSEN, Max. *Manual de derecho internacional público*. México: Fondo de Cultura Económica, 1992, p. 601: "La cooperación internacional institucionalizada, en este campo data del establecimiento de la Unión Telegráfica Internacional, en 1865. Más tarde, el desarrollo de las radiocomunicaciones llevó al establecimiento de una Unión Radiotelegráfica Internacional, en 1906. En 1932, estas dos Uniones se fusionaron en la nueva Unión Internacional de Telecomunicaciones que, en 1948, se vinculó con las Naciones Unidas y fue reconocida como Organismo Especializado en el campo de las telecomunicaciones".

eficiência dos serviços de telecomunicações, expandir seu emprego e generalizar, o mais possível, sua utilização pelo público; promover a extensão dos benefícios das novas tecnologias de telecomunicações a todos os habitantes do Planeta; promover a utilização dos serviços de telecomunicações, com o fim de facilitar as relações pacíficas; harmonizar os esforços dos membros para a obtenção destes fins; promover, em nível internacional, a adoção de um enfoque mais amplo das questões das telecomunicações, com vistas à universalização da economia e à socialização da informação, cooperando para tal fim com outras organizações intergovernamentais mundiais e regionais e com as organizações não governamentais interessadas nas telecomunicações.

Para alcançar esse desiderato, a União Internacional de Telecomunicações deverá: a) efetuar a atribuição das bandas de frequências do espectro radioelétrico e a adjudicação de frequências radioelétricas, lavrar o registro das atribuições de frequências e as posições orbitais associadas à órbita dos satélites geoestacionários, a fim de evitar toda interferência prejudicial entre as estações de radiocomunicações dos diferentes países; b) coordenar esforços para eliminar as interferências prejudiciais entre as estações de radiocomunicações dos diferentes países e otimizar a utilização do espectro de frequências radioelétricas da órbita dos satélites geoestacionários pelos serviços de radiocomunicações; c) facilitar a normalização mundial das telecomunicações com uma qualidade de serviço satisfatória; d) fomentar a cooperação internacional no fornecimento de assistência técnica aos países em desenvolvimento, assim como a criação, o desenvolvimento e o aperfeiçoamento das instalações das redes de telecomunicações nos países em desenvolvimento, por todos os meios de que disponha e, em particular, por meio de sua participação nos programas adequados das Nações Unidas e do uso de seus próprios recursos, quando for o caso; e) coordenar, do mesmo modo, os esforços para harmonizar o desenvolvimento dos meios de telecomunicações, especialmente os que utilizam técnicas espaciais, a fim de aproveitar, ao máximo, suas possibilidades; f) fomentar a colaboração entre os membros com o fim de adotar, no estabelecimento de tarifas, o nível mínimo compatível com um serviço de boa qualidade e com uma gestão financeira das telecomunicações sã e independente; g) promover a adoção de medidas destinadas a garantir a segurança da vida humana, mediante proteção dos serviços de telecomunicações; h) empreender estudos, estabelecer regulamentos, adotar resoluções, formular recomendações e petições, reunir e publicar informações sobre as telecomunicações; i) promover, junto aos organismos financeiros e de desenvolvimento internacionais, o estabelecimento de linhas de crédito preferenciais e favoráveis, com vistas ao desenvolvimento de projetos sociais orientados, entre outros fins, para estender os serviços de telecomunicações às áreas mais isoladas dos países.

A União Internacional de Telecomunicações, observado o princípio da universalidade e, por consequência, do interesse na participação de todos, é constituída: por todo Estado que tenha sido membro da União por haver sido Parte em uma Convenção Internacional de Telecomunicações, antes da entrada em vigor da presente Constituição e da Convenção; qualquer outro Estado-Membro das Nações Unidas, que aderir à Constituição e à Convenção, de conformidade com o disposto no artigo 53 do documento mencionado internacional; e qualquer outro Estado que, não sendo membro das Nações Unidas, solicite sua admissão como membro da União e que, após prévia aprovação de seu pedido por dois terços dos membros da União, venha aderir à Constituição e à Convenção, em conformidade com o disposto no artigo 53 do documento indicado.

Com efeito, a União Internacional de Telecomunicações se apresenta na atualidade como principal agência das Nações Unidas para tecnologias de informação e telecomunicação.

Não se pode olvidar que a referida organização atua como centro de recurso e interlocutora para os governos e também para o setor privado, principalmente focada nos setores de radiocomunicação, estabilização e desenvolvimento.

Frise-se ainda, por oportuno, que a estrutura da União Internacional de Telecomunicações contempla como órgãos a Conferência de Plenipotenciários; o Conselho; as Conferências mundiais de telecomunicações internacionais; e o Secretariado-Geral.

A Conferência de Plenipotenciários, que se apresenta como órgão máximo da organização, é constituída por delegações que representem os membros e será convocada a cada quatro anos para: determinar os princípios gerais aplicáveis para atingir os objetivos da União; adotar as decisões que julgar adequadas, a partir da análise dos relatórios do Conselho acerca das atividades da União desde a última Conferência de Plenipotenciários e sobre a política e planificação estratégicas recomendadas pela União; fixar as bases do orçamento da União e determinar o limite máximo de seus gastos até a Conferência de Plenipotenciários subsequente; elaborar as instruções gerais relacionadas com o quadro de pessoal da União; examinar e aprovar as contas da União; eleger os Membros da União que constituirão o Conselho; eleger o Secretário-Geral, o Vice-Secretário-Geral e os Diretores dos Escritórios dos Setores, na condição de funcionários nomeados pela União; eleger os membros da Junta de Regulamentação das Radiocomunicações; examinar e aprovar as emendas propostas à Constituição e à Convenção; negociar e revisar os acordos entre a União e outras organizações internacionais.

O Conselho, que atua como mandatário da Conferência de Plenipotenciários, tem como atribuições a adoção das medidas necessárias para facilitar a aplicação pelos membros das disposições da Constituição, da Convenção, dos Regulamentos Administrativos, das decisões da Conferência de Plenipotenciários e das decisões de outras conferências e reuniões da União. Compete ainda a realização das tarefas a ele encomendadas pela Conferência de Plenipotenciários, o exame das políticas de telecomunicações, seguindo as diretrizes gerais da Conferência de Plenipotenciários, bem como a coordenação eficaz das atividades da União e o exercício do controle financeiro efetivo sobre a Secretaria-Geral e os três setores (radiocomunicações, desenvolvimento das telecomunicações e normalização das telecomunicações).

A Secretaria-Geral, dirigida por um Secretário que é o responsável pela representação legal da União Internacional de Telecomunicações, é o órgão a que compete a tomada de todas as medidas necessárias para seu bom funcionamento administrativo e financeiro.

9. ORGANIZAÇÃO METEOROLÓGICA MUNDIAL

A Conferência Internacional de Bruxelas sobre condições climáticas e atmosféricas, realizada no ano de 1853, foi o primeiro passo para se estabelecer um sistema de cooperação internacional em matéria meteorológica. No ano de 1873 é constituída a Organização Meteorológica Internacional, como organismo não governamental, com os mesmos propósitos colocados acima.

Já sob a égide do sistema onusiano, no ano de 1950 é concebida a Organização Mundial de Meteorologia, sediada em Genebra, que acaba por iniciar suas atividades no ano seguinte, como Organismo Internacional especializado das Nações Unidas.

Suas finalidades principais são as seguintes: facilitar a cooperação mundial, com o fim de estabelecer redes de estações que efetuem observações meteorológicas ou outras observações geofísicas atinentes à meteorologia e incentivar a criação e a manutenção de centros meteorológicos encarregados de fornecer serviços meteorológicos; promover o estabelecimento e manutenção de sistemas para a troca de informações meteorológicas; promover a normalização das observações meteorológicas e assegurar a publicação uniforme de observações e estatísticas; promover as aplicações da meteorologia à aviação, à navegação marítima, à agricultura e a outras atividades humanas; promover pesquisas e ensino da meteorologia, e concorrer para a coordenação dos aspectos internacionais nesses setores.

São considerados membros da Organização, em conformidade com os termos da Convenção, os Estados representados na Conferência dos Diretores da Organização Meteorológica Internacional, reunida em Washington, D.C., a 22 de setembro de 1947, que assinarem e ratificaram a Convenção; os membros das Nações Unidas que tenham um serviço meteorológico e aderiram à Convenção; os Estados que tenham um serviço meteorológico que não sejam membros das Nações Unidas, desde que tenham o seu pedido de admissão submetido ao Secretariado da Organização e aprovado pelos dois terços dos membros da Organização.

Quanto à estrutura da Organização Meteorológica Mundial, estão presentes os seguintes órgãos: o Congresso Meteorológico Mundial; o Comitê Executivo; as Associações Meteorológicas Regionais; as Comissões Técnicas e o Secretariado.

O Congresso Meteorológico Mundial é o órgão supremo da Organização e se compõe de delegados que representam os membros. Suas funções principais são: eleger o Presidente e Vice-Presidente da Organização e os demais membros do Comitê Executivo; adotar os regulamentos técnicos relativos às práticas e aos processos meteorológicos; determinar medidas de ordem geral, a fim de atingir os objetivos da Organização; fazer recomendações aos Membros sobre questões relativas à competência da Organização; transmitir a cada órgão da Organização as questões que no, âmbito da Convenção, forem da competência desse órgão; examinar os relatórios e atividades do Comitê Executivo e tomar as medidas úteis a esse respeito; estabelecer associações regionais; fixar seus limites geográficos, coordenar suas atividades e examinar suas recomendações; estabelecer Comissões Técnicas, definir suas atribuições, coordenar suas atividades e examinar suas recomendações; fixar a sede do Secretariado da Organização; tomar qualquer outra medida que possa ser útil às finalidades da Organização.

O Comitê Executivo é composto pelo Presidente e Vice-Presidentes da Organização, pelos Presidentes das Associações Regionais e de Diretores dos Serviços Meteorológicos dos Membros da Organização e tem como principais atribuições as de zelar pela execução das resoluções do Congresso; adotar resoluções emanadas de recomendações das Comissões Técnicas sobre questões urgentes afetas aos regulamentos técnicos, sob reserva de que seja facultado à Associação Regional interessada exprimir sua aprovação ou desaprovação, antes de serem adotadas essas resoluções pelo Comitê Executivo; prestar informações e pareceres de ordem técnica, e toda assistência técnica possível no campo da meteorologia; estudar todas as questões de interesse para a meteorologia internacional e para o funcionamento dos Serviços meteorológicos, e fazer recomendações a esse respeito; preparar a ordem do dia do Congresso e orientar as Associações Regionais e as Comissões Técnicas na preparação do programa de seus trabalhos; apresentar um relatório sobre suas atividades em cada sessão do Congresso; gerir as finanças da Organização; desempenhar quaisquer outras funções que lhe possam ser confiadas pelo Congresso ou pela Convenção.

As Associações Regionais são compostas dos membros da Organização, cujas redes, na totalidade ou em parte, se encontram na região que pertença àquelas Associações. Atualmente estão concentradas na África, Ásia, América do Sul, América do Norte e Central, Pacífico e Europa. Suas funções estão ancoradas no estímulo à execução das resoluções do Congresso e do Comitê Executivo em suas regiões respectivas; no exame de questões que lhe forem atribuídas pelo Comitê Executivo; na discussão de assuntos de interesse geral e na coordenação, em suas regiões respectivas, das atividades meteorológicas; na apresentação de todas as outras funções que lhes possam ser confiadas pelo Congresso.

As Comissões Técnicas são criadas pelo Congresso e são constituídas por comissões de especialistas que estudam as questões que dependam da competência da Organização e apresentam ao Congresso e ao Comitê Executivo recomendações a esse respeito. Frise-se, por oportuno, que cada membro da Organização terá o direito de se fazer representar nas Comissões Técnicas.

Por fim, a Secretaria é composta de um Secretário-Geral e do pessoal técnico e administrativo necessário aos trabalhos da Organização. O Secretário-Geral é nomeado pelo Congresso nas condições aprovadas por este último e o pessoal do Secretariado é nomeado pelo Secretário-Geral, sob reserva de aprovação do Comitê Executivo. Impende assinalar que o secretário é responsável perante a Organização pelos trabalhos técnicos e administrativos da Secretaria e, no cumprimento de suas funções, não solicitará nem aceitará instruções de nenhuma autoridade estranha à Organização.

10. AGÊNCIA INTERNACIONAL DE ENERGIA ATÔMICA

Um dos acontecimentos mais marcantes na história recente da humanidade foi a Segunda Grande Guerra Mundial, que propiciou mudanças significativas na sociedade internacional e no direito que a regula. Neste conflito foram utilizadas armas com poderio que até então a espécie humana desconhecia, como por exemplo as bombas lançadas em Nagasaki e Hiroshima.

Os bombardeamentos de Hiroshima e Nagasaki foram ataques nucleares ocorridos no final da Segunda Guerra Mundial contra o Império do Japão realizados pela Força Aérea dos Estados Unidos da América por ordem do presidente americano Harry S. Truman nos dias 6 de agosto e 9 de agosto de 1945. Após seis meses de intenso bombardeio em 67 outras cidades japonesas, a bomba atômica "Little Boy" caiu sobre Hiroshima em uma segunda-feira. Três dias depois, no dia 9, a "Fat Man" caiu sobre Nagasaki. Historicamente, estes são até agora os únicos ataques onde se utilizaram armas nucleares. As estimativas do número total de mortos variam entre 140 mil em Hiroshima e 80 mil em Nagazaki, sendo algumas estimativas consideravelmente mais elevadas quando são contabilizadas as mortes posteriores devido à exposição à radiação. A maioria dos mortos era civil. As explosões nucleares, a destruição das duas cidades e as centenas de milhares de mortos em poucos segundos levaram o Império do Japão à rendição incondicional em 15 de agosto de 1945, com a subsequente assinatura oficial do armistício em 2 de setembro na baía de Tóquio e o fim da II Guerra Mundial.

Diante de tais circunstâncias e preocupados que situações semelhantes não mais ocorressem, os Estados-Membros das Nações Unidas resolveram criar, no ano de 1946, a Comissão de Energia Atômica. Contudo, como havia uma disputa bastante acirrada entre os Estados Unidos e a extinta União Soviética pelo controle de atividades nucleares, somente em 1953, mediante proposta do presidente dos Estados Unidos da América – Dwight Eisenhower, na Assembleia Geral das Nações Unidas, é que foi discutida a necessidade de se criar um organismo internacional que pudesse contemplar a matéria.

Em 29 de julho de 1957 foi constituída a Agência Internacional de Energia Atômica (AIEA), com sede em Viena, na Áustria, que se apresenta, sobretudo, como um fórum tecnológico e científico para o uso pacífico da energia atômica e a fiscalização de material apropriado à fabricação de armas nucleares. A Agência apresenta como atribuições:

a) fomentar e facilitar em todo o mundo o desenvolvimento e utilização prática da energia atômica para fins pacíficos, assim como a investigação neste domínio; se for para isso convidada, atuar como intermediária para conseguir que um dos seus membros forneça a outros serviços, produtos, equipamento ou instalações, e efetuar todas as operações ou prestar todos os serviços capazes de contribuir para o desenvolvimento ou utilização prática da energia atômica para fins pacíficos ou para investigação neste domínio;

b) fornecer, em conformidade com o Estatuto, produtos, serviços, equipamento e instalações necessários para o desenvolvimento e utilização prática da energia atômica para fins pacíficos, em especial para a produção de energia elétrica, assim como para a investigação neste domínio, tendo na devida conta as necessidades das regiões subdesenvolvidas do mundo;

c) facilitar o intercâmbio de informações científicas e técnicas sobre a utilização da energia atômica para fins pacíficos;

d) desenvolver o intercâmbio e os meios de formação de cientistas e de especialistas no campo da utilização da energia atômica para fins pacíficos;

e) instituir e aplicar disposições com vistas a garantir que os produtos cindíveis especiais e outros produtos, os serviços, equipamentos, instalações e informações fornecidos pela Agência ou a seu pedido ou sob a sua direção ou sob sua fiscalização não sejam utilizados de maneira a servir para fins militares, e tornar extensiva a aplicação dessas garantias, a pedido das Partes, a todo o acordo bilateral ou multilateral ou, a pedido de um Estado, a determinadas atividades desse Estado no domínio da energia atômica;

f) estabelecer ou adotar em consulta e, quando for caso disso, em colaboração com os organismos competentes das Nações Unidas e com as instituições especializadas interessadas normas de segurança destinadas a proteger a saúde e reduzir ao mínimo os perigos aos quais se expõem as pessoas e os bens (inclusive normas para as condições de trabalho), tomar disposições para aplicar essas normas às suas próprias operações, bem como às operações que comportem a utilização de produtos, serviços, equipamento, instalações e informações fornecidos pela Agência ou a seu pedido ou sob a sua direção ou sob sua fiscalização, e tomar disposições para aplicar essas normas, a pedido das Partes, às operações efetuadas em virtude de um acordo bilateral ou multilateral ou, a pedido de um Estado, a determinadas atividades desse Estado no domínio da energia atômica;

g) adquirir ou estabelecer as instalações, material e equipamento necessários para o exercício das suas atribuições, quando as instalações, material e equipamento de que já disponha na região interessada forem insuficientes ou não estejam disponíveis em condições que considere satisfatórias.

Impende assinalar que no exercício das suas funções, a Agência atua segundo os objetivos e princípios adotados pelas Nações Unidas, com vistas a facilitar a paz e cooperação internacionais, em conformidade com a política seguida pelas Nações Unidas, no propósito de realizar um desarmamento universal garantido e em conformidade com todo o acordo internacional estabelecido em aplicação dessa política; institui uma fiscalização sobre a utilização dos produtos cindíveis especiais recebidos por ela, de maneira a assegurar que esses produtos não sirvam senão para fins pacíficos; distribui os seus recursos de maneira a assegurar a sua utilização eficaz e para maior bem geral em todas as regiões do Mundo, tendo em conta as necessidades particulares das regiões subdesenvolvidas; envia relatórios anuais sobre os seus trabalhos à Assembleia Geral das Nações Unidas e, quando for caso, ao Conselho de Segurança, quando surgirem questões da competência deste nos trabalhos da Agência; envia ao Conselho Econômico e Social e aos outros órgãos das Nações Unidas relatórios sobre as questões da sua competência.

Quanto aos membros da Agência, o artigo 4º de seu Estatuto preconiza que são membros fundadores da Agência os Estados-Membros das Nações Unidas ou de uma instituição especializada que assinarem o Estatuto dentro dos noventa dias seguintes ao momento em que fica aberto à assinatura e que depositarem um instrumento de ratificação. Além desses, também o serão os Estados que, membros ou não das Nações Unidas ou de uma instituição especializada, depositarem um instrumento de aceitação do Estatuto, uma vez aprovada a sua admissão pela Conferência Geral, por recomendação do Conselho dos Governadores.

A Agência observa o princípio da igualdade soberana de todos os seus membros e, para assegurar a todos os direitos e privilégios decorrentes da qualidade de membro da Agência, cada um destes tem o dever de cumprir de boa-fé as obrigações que assume por virtude do Estatuto.

No tocante aos órgãos, a Agência Internacional de Energia Atômica apresenta em sua estrutura um órgão deliberativo – a Conferência Geral, um órgão executivo – o Conselho de Governadores e um órgão administrativo – o Diretor-Geral.

A Conferência Geral é composta por representantes de todos os membros que fazem parte da Agência. Reúne-se todos os anos em sessão ordinária, em regra na sede da Agência, e terá as sessões extraordinárias que o diretor-geral convocar a pedido do Conselho dos Governadores ou da maioria dos membros. A Conferência Geral pode discutir todas as questões ou assuntos que entrem no âmbito do Estatuto ou digam respeito aos poderes e funções de qualquer de seus órgãos e poderá fazer recomendações aos membros da Agência, ao Conselho dos Governadores ou, simultaneamente, aos membros da Agência e ao Conselho dos Governadores. Suas principais atribuições são: eleger os membros do Conselho dos Governadores; aprovar a admissão de novos membros; suspender os privilégios e direitos de qualquer membro; estudar o relatório anual do Conselho; aprovar o orçamento da Agência recomendado pelo Conselho, ou reenviá-lo ao Conselho com as suas recomendações sobre o conjunto ou parte desse orçamento, para que o Conselho o apresente de novo; aprovar os relatórios que serão enviados às Nações Unidas, salvo os relatórios mencionados no parágrafo C do artigo XIII do Estatuto, ou reenviá-los ao Conselho com as suas recomendações; aprovar todo o acordo ou todos os acordos entre a Agência e as Nações Unidas ou outras organizações; aprovar as regras e restrições dentro das quais o Conselho pode contrair empréstimos; aprovar as emendas ao Estatuto; aprovar a nomeação do diretor-geral.

O Conselho de Governadores é constituído por quarenta membros levando em consideração questões que estão contempladas no artigo 6.A do Estatuto nos seguintes termos: "O Conselho dos Governadores designa como membros do Conselho os cinco membros da Agência mais adiantados no domínio da tecnologia da energia atômica, incluindo a produção de materiais em bruto, e o membro mais adiantado no domínio da tecnologia da energia atômica, incluindo a produção de materiais em bruto, em cada uma das regiões seguintes que não estejam representadas pelos cinco membros visados acima: América do Norte; América Latina; Europa Ocidental; Europa Oriental; África e Médio Oriente; Ásia do Sul; Ásia do Sueste e Pacífico e Extremo Oriente.

Dentre as principais atividades desenvolvidas pelo Conselho de Governadores apontam-se as relativas à eleição de seu Presidente e à aprovação de seu regimento interno. Também elabora, para a Conferência Geral, um relatório anual acerca dos assuntos da Agência e a respeito de todos os projetos aprovados. Além disso, elabora para apresentar à Conferência Geral todos os relatórios que a Agência tem ou pode vir a ter de apresentar às Nações Unidas ou a qualquer outra organização cuja atividade esteja em relação com a da Agência.

Por fim, não se pode olvidar do Diretor-Geral, que é o responsável pelo recrutamento, organização e direção do pessoal da Agência. Está subordinado ao Conselho dos Governadores e, portanto, sujeito à sua fiscalização. Frise-se, por oportuno, que o pessoal da Agência é chefiado pelo diretor-geral, que é nomeado pelo Conselho dos Governadores e ratificado pela Conferência Geral, cujo mandato é por um período de quatro anos. Trata-se do mais alto funcionário da Agência, que desempenha as suas funções em conformidade com os regulamentos aprovados pelo Conselho.

11. ORGANIZAÇÃO MUNDIAL DO TURISMO

A necessidade de se constituir uma Organização Internacional voltada para o turismo está intimamente ligada ao crescimento dessa atividade econômica a partir da segunda metade do século XX. Nessa direção, Badaró[19] sustenta que "observou-se um crescimento massivo das atividades turísticas, levando o setor a participar ativamente do desenvolvimento da economia mundial, exercendo papel relevante em questões sócio-políticas-econômicas da sociedade moderna. Seu enorme potencial em alterar a percepção de determinadas áreas ficou bastante evidente, uma vez que prima pela criação de identidades nacionais, melhora a qualidade de vida e promove a prosperidade regional, a cultura, a paz e o entendimento humano".

Assim, em consonância com as várias mudanças que foram produzidas no pós-Segunda Guerra, em especial no que concerne ao novo papel desempenhado pelas Organizações Internacionais, os Estados também sentiram a necessidade de contemplar um organismo que pudesse ter atuação específica para o turismo. De acordo com as informações contidas no *site* da Organização Mundial de Turismo, até que se chegasse nesse nível de desenvolvimento da organização, foram contempladas várias etapas.

No ano de 1946, acontece o Primeiro Congresso Internacional de Organizações Nacionais de Turismo, em Londres, que decide pela criação de uma Organização Não Governamental de âmbito universal para substituir a antiga UIOOPT. No ano seguinte, na Haya, realiza-se a Primeira Assembleia constitutiva da União Internacional de Organismos Oficiais de Turismo (UIOOT), cuja sede é em Londres. Em 1954, a UIOOT participa da Conferência das Nações Unidas sobre facilidades aduaneiras a favor do turismo. Nove anos depois, em 1963, por iniciativa da UIOOT, ocorre em Roma a Conferência sobre Turismo e Viagens Internacionais das Nações Unidas, que contou com a participação de 87 Estados e 36 organismos internacionais.

---

[19] BADARÓ, Rui Aurélio de Lacerda. *Direito internacional do turismo*: o papel das organizações internacionais no turismo. São Paulo: Editora SENAC, 2008, p. 65.

Em razão dos episódios acima listados, a Assembleia Geral das Nações Unidas proclama no ano de 1969, em Sofia – Bulgária, a necessidade de se constituir uma Organização Internacional de Turismo independente, culminando assim na criação, no ano seguinte, do Estatuto da Organização Mundial do Turismo.

O ano de 1975 foi emblemático para o turismo internacional, na medida em que nesse ano a Organização Mundial do Turismo foi estabelecida em Madri, em substituição da UIOOT e seus fins principais são: a) promover e desenvolver o turismo com vistas a contribuir para a expansão econômica, a compreensão internacional, a paz, a prosperidade, bem como para o respeito universal e a observância dos direitos e liberdades humanas fundamentais, sem distinção de raça, sexo, língua ou religião; b) para alcançar esse objetivo, a Organização prestará especial atenção aos interesses dos países em vias de desenvolvimento no domínio do turismo; c) estabelecer e manter uma cooperação eficaz com os órgãos competentes das Nações Unidas e as suas agências especializadas. Para este efeito, a Organização procurará estabelecer relações de cooperação e participação com o Programa das Nações Unidas para o Desenvolvimento, como organização participante e encarregada da execução do Programa.

Atualmente, a Organização Mundial do Turismo conta com 154 Estados-Membros além dos membros associados e filiados. Isso porque o Estatuto prevê essas três categorias de membros: a) membros efetivos; b) membros associados; c) membros filiados.

No que tange aos membros efetivos, o artigo 5º estabelece que essa condição é acessível a todos os Estados soberanos nos seguintes termos: "os Estados cujos organismos nacionais de turismo são membros efetivos da UIOOT, na data da adopção dos presentes Estatutos pela Assembleia Geral Extraordinária da UIOOT, têm o direito de se tornarem Membros efetivos da Organização, sem necessidade de voto, mediante uma declaração formal pela qual adoptam os Estatutos da Organização e aceitam as obrigações inerentes à qualidade de Membro; outros Estados poderão tornar-se Membros efetivos da Organização se a respectiva candidatura for aprovada pela Assembleia Geral por maioria de dois terços dos Membros efetivos presentes e votantes, desde que a referida maioria compreenda a maioria dos Membros efetivos da Organização".

Quanto aos membros associados da Organização, é acessível a todos os territórios ou grupos de territórios que não assumem a responsabilidade das suas relações internacionais, bem como os territórios ou grupos de territórios cujos organismos nacionais de turismo eram membros efetivos da UIOOT à data da adoção dos Estatutos pela assembleia geral extraordinária da UIOOT têm o direito de se tornarem, sem necessidade do voto, membros associados da Organização, sob reserva da aprovação do Estado que assume a responsabilidade das suas relações internacionais, o qual deve igualmente declarar, em seu nome, que aqueles territórios ou grupos de territórios adotam os Estatutos da Organização e aceitam as obrigações inerentes à qualidade de membro. Estabelece o artigo 6º que os territórios ou grupos de territórios poderão tornar-se membros associados da Organização se a sua candidatura obtiver a aprovação prévia do Estado-Membro que assume a responsabilidade das suas relações internacionais, o qual deve igualmente declarar, em seu nome, que aqueles territórios ou grupos de territórios adotam os

Estatutos da Organização e aceitam as obrigações inerentes à qualidade de membro. A Assembleia deve aprovar aquelas candidaturas por maioria de dois terços dos membros efetivos presentes e votantes, desde que a referida maioria compreenda a maioria dos membros efetivos da Organização. Quando um membro associado da Organização se torna responsável pela conduta das suas relações internacionais, tem o direito de se tornar membro efetivo da Organização, mediante uma declaração formal escrita, pela qual notifica o Secretário-Geral de que adota os Estatutos da Organização e aceita as obrigações inerentes à qualidade de membro efetivo.

Por fim, o artigo 7º estabelece que a qualidade de membro filiado da Organização é acessível às organizações internacionais, intergovernamentais e não governamentais, que se ocupem de assuntos de interesse turístico especializados, bem como às organizações comerciais e associações cujas atividades se relacionem com os objetivos da Organização ou que dependam da sua competência.

Quanto à estrutura da Organização Mundial do Turismo evidencia-se a presença dos seguintes órgãos: a Assembleia Geral, o Conselho Executivo e o Secretariado.

A Assembleia Geral, que é o órgão supremo da Organização, é composta por delegados que representam os membros efetivos e se reúne em sessão ordinária de dois em dois anos e em sessão extraordinária, quando as circunstâncias o exijam. Suas principais atribuições são as seguintes: eleger o seu Presidente e os seus Vice-Presidentes; eleger os membros do Conselho; nomear o Secretário-Geral, sob recomendação do Conselho; aprovar o Regulamento financeiro da Organização; enunciar diretivas gerais para a administração da Organização; aprovar o Regulamento aplicável aos membros do pessoal do Secretariado; eleger os Comissários de Contas, sob recomendação do Conselho; aprovar o programa geral de trabalho da Organização; controlar a política financeira da Organização e examinar e aprovar o orçamento; criar qualquer organismo técnico ou regional que se revele necessário; estudar e aprovar os relatórios das atividades da Organização e dos seus órgãos e tomar todas as disposições necessárias à aplicação das medidas que daí decorrerem; aprovar ou delegar poderes para aprovar a conclusão de acordos com governos e organizações internacionais; aprovar ou delegar poderes para aprovar a conclusão de acordos com organizações ou instituições privadas; elaborar e recomendar acordos internacionais sobre qualquer assunto da competência da Organização; pronunciar-se, de acordo com os Estatutos, sobre os pedidos de admissão à qualidade de membro.

O Conselho é composto por membros efetivos eleitos pela Assembleia, em proporção de um membro por cada cinco membros efetivos, com vistas a atingir uma repartição geográfica justa e equitativa. O Conselho reúne-se pelo menos duas vezes por ano, sendo o mandato dos membros eleitos de quatro anos, que contará com um Presidente e Vice-Presidente. São funções do Conselho, além das que lhe são atribuídas por outros motivos pelo Estatuto, as seguintes: tomar, em consulta com o Secretário-Geral, todas as medidas necessárias à execução das decisões e recomendações da Assembleia e apresentar-lhe um relatório; receber do Secretário-Geral relatórios sobre as atividades da Organização; submeter propostas à Assembleia; examinar o programa geral de trabalho da Organização elaborado pelo Secretário-Geral antes de o apresentar à Assembleia; submeter à Assembleia os relatórios e recomendações sobre as contas e as previsões orçamentais da Organização; criar qualquer órgão subsidiário necessário às atividades do Conselho; exercer qualquer outra função que lhe seja confiada pela Assembleia.

O Secretariado, que é composto pelo Secretário-Geral e pelo pessoal necessário à Organização, é nomeado para um período de quatro anos pela maioria de dois terços dos membros efetivos presentes e votantes na Assembleia, sendo seu mandato renovável. Além de cuidar das atividades administrativas da Organização, o Secretário-Geral ficará encarregado da execução das diretrizes da Assembleia e do Conselho; submeterá ao Conselho relatórios sobre as atividades da Organização, as contas de gestão e o projeto do programa geral de trabalho, bem como as propostas orçamentais da Organização.

Com efeito, a Organização Mundial do Turismo se apresenta como um organismo especializado das Nações Unidas, sendo considerada a principal instituição internacional na área do turismo, que funciona como um grande foro mundial para se discutir questões de política turística. A citada organização desempenha um importante papel na promoção do desenvolvimento de um turismo responsável, sustentável e acessível para todos. Mais uma vez nas palavras de Badaró, "a OMT desempenha um papel relevante no cenário mundial, sendo uma espécie de tribunal para seus membros para a resolução de questões políticas da área, representando a melhor fonte no conhecimento especializado do assunto. Tem como funções incentivar o crescimento econômico por meio de oferta de empregos, encorajar a proteção do meio ambiente e do patrimônio mundial e disseminar filosofias de busca pela paz e entendimento entre as nações"[20].

Por fim, vale registrar que a Organização Mundial do Turismo está comprometida com os objetivos traçados pelas Nações Unidas para o milênio, em especial com a redução da pobreza e no fomentar o desenvolvimento sustentável. O turismo, indubitavelmente, poderá ser um meio eficaz para isso.

12. ORGANIZAÇÃO MARÍTIMA INTERNACIONAL

A criação de normas jurídicas internacionais sempre se apresentou como a melhor maneira de melhorar a segurança no mar. Não por acaso é que elas surgiram por força dos costumes internacionais e depois houve grande evolução no sistema convencional. Muitos tratados internacionais foram produzidos, especialmente a partir da segunda metade do século XIX, sendo certo que muitos países propuseram a criação de um corpo internacional permanente com o intuito de promover a segurança marítima de forma mais eficaz, sendo tais anseios efetivados a partir da criação da Organização das Nações Unidas, em 1945[21].

---

[20] BADARÓ, Rui Aurélio de Lacerda. *Direito internacional do turismo*: o papel das organizações internacionais no turismo. São Paulo: Editora SENAC, 2008, p. 88.

[21] Disponível em: <http://www.imo.org/es/About/HistoryOfIMO/Paginas/Default.aspx>. Acesso em: 20 jul. 2018 (em tradução livre e adaptada).

No ano de 1948, realizou-se uma conferência internacional, em Genebra, na qual foi adotada uma convenção para formalmente se estabelecer a Organização Marítima Internacional (IMO)[22], cujo nome original era Organização Consultiva Marítima Intergovernamental (OCMI), mas que sofreu alteração no ano de 1982, cujos propósitos são:

"a) Instituir mecanismos de cooperação entre os governos no domínio da regulamentação e das práticas governamentais relacionados com assuntos técnicos de todos os tipos que interessem à atividade marítima relacionada ao comércio internacional; para incentivar e facilitar a adoção geral dos mais altos padrões possíveis em matéria de segurança marítima, eficiência da navegação e prevenção e controle da poluição marinha causada por navios; tratar de assuntos administrativos e jurídicos relacionados com os propósitos previstos neste Artigo;

b) Encorajar o abandono das medidas discriminatórias e restrições desnecessárias por governos afetando a atividade marítima relacionada ao comércio internacional, de modo a promover a disponibilidade de serviços relacionados a atividade marítima para o comércio do mundo, sem discriminação; assistência e incentivo dados por um Governo para o desenvolvimento de sua atividade marítima nacional e para fins de segurança não constituem, por si sós, discriminação, desde que tal assistência e incentivo não sejam baseados em medidas destinadas a restringir a liberdade da atividade marítima de todas as bandeiras de participar do comércio internacional;

c) Examinar conforme o exposto na Segunda Parte as questões relativas às práticas restritivas desleais relativas à atividade marítima;

d) examinar todas as questões relativas à atividade marítima que poderão ser trazidas a seu conhecimento por qualquer órgão ou instituição especializada da Organização das Nações Unidas;

e) Permitir a troca de informações entre governos sobre as questões em apreciação pela Organização".

A Organização Marítima Internacional apresenta-se, portanto, como uma agência especializada das Nações Unidas que possui a responsabilidade de tratar da proteção e segurança da navegação e a prevenção da poluição marinha por navios. Carneiro, em estudo específico sobre o tema, adverte que desde o ano de sua fundação, a Organização também tem como objetivo criar regras internacionais para navios ao buscar "equidade para todos os operadores, na tentativa de evitar que por questões financeiras ou econômicas os armadores venham a realizar escolhas que comprometam a segurança e as questões ambientais, além de incentivar também o investimento em modernidade, tecnologia e eficiência, e desempenha papel fundamental na Convenção das Nações

---

[22] "CONVENÇÃO SOBRE A ORGANIZAÇÃO MARÍTIMA INTERNACIONAL: Os Estados Partes da presente Convenção, por meio desta, estabelecem a Organização Marítima Internacional (doravante referida como 'a Organização')." Disponível em: <https://www.ccaimo.mar.mil.br/sites/default/files/convencao_imo_pub_imo_jb001e.pdf>. Acesso em: 21 jul. 2018.

Unidas sobre o Direito do Mar (CNUDM)"[23] Como organismo especializado das Nações Unidas, a OMI é a autoridade mundial encarregada de estabelecer normas para a segurança, proteção e ainda:

"El comportamiento ambiental que ha de observarse en el transporte marítimo internacional. Su función principal es establecer un marco normativo para el sector del transporte marítimo que sea justo y eficaz, y que se adopte y aplique en el plano internacional. En otras palabras, su función consiste en crear un marco de igualdad de condiciones a fin de que los armadores de buques dispongan de diversas maneras de solucionar sus problemas financieros que no presupongan simplemente la aplicación de recortes presupuestarios que comprometan la seguridad, la protección y el comportamiento ambiental. Por otra parte, este enfoque promueve la innovación y la eficacia"[24].

A Declaração de missão da IMO, conforme foi indicado na Resolução A.1011 que apresenta o Plano Estratégico para a Organização, assim dispôs sobre a matéria: "A missão da Organização Marítima Internacional (IMO), como uma agência especializada das Nações Unidas, é promover a navegação segura, ambientalmente correta, eficiente e sustentável através da cooperação. Isto será realizado através da adoção dos mais elevados padrões normativos de segurança marítima e de segurança, eficiência da navegação e consideração de prevenção e controle da poluição por navios, bem como através das questões legais relacionadas à efetiva implementação dos instrumentos da OMI, com vista à sua aplicação universal e uniforme".

Com efeito, a Convenção de 1948, em seu art. 11, trata dos órgãos que compõem a organização. São eles: Assembleia; Conselho; Comitê de Segurança Marítima; Comitê Jurídico; Comitê de Proteção do Meio Ambiente Marinho; Comitê de Cooperação Técnica; Comitê de Facilitação e órgãos auxiliares que a Organização poderá, a qualquer momento, considerar necessários; e uma Secretaria.

A Assembleia é o principal órgão da Organização. É composto por todos os Estados--Membros e se reúne de dois em dois anos em sessões regulares, embora também possa se reunir em sessões extraordinárias, se assim for necessário. A Assembleia é responsável por aprovar o programa de trabalho, votar o orçamento e estabelecer o regime financeiro da Organização; ela também elege o Conselho.

O Conselho é eleito pela Assembleia para um mandato de dois anos a partir de cada período ordinário de sessões da Assembleia. Apresenta-se como órgão executivo da IMO e é responsável perante a Assembleia pela supervisão do trabalho da IMO. No tempo entre as sessões da Assembleia, o Conselho executa todas as funções que lhe são atribuídas, exceto fazer recomendações aos governos no que se refere à segurança marítima, à

---

[23] CARNEIRO, Márcio Luis da Silva. Os impactos econômicos da regulação do transporte marítimo para fins ambientais previstas na IMO 2020. GUERRA, Sidney; SPINELI, André. *Direitos humanos e proteção ambiental:* pesquisas contemporâneas. Rio de Janeiro: Grande Editora, 2023, p. 127.

[24] ORGANIZAÇÃO Marítima Internacional. Disponível em: <http://www.imo.org/es/About/Paginas/Default.aspx>. Acesso em: 20 jul. 2018.

prevenção e controle da poluição marinha, função que permanece reservada para a Assembleia nos termos do disposto na alínea j) do art. 15 dos Estatutos. Ademais, deverá coordenar as atividades dos órgãos da Organização; examinar o projeto de programa de trabalho e orçamento da Organização e submetê-lo à consideração da Assembleia; receber os relatórios e propostas das comissões e outros órgãos e transmiti-los à Assembleia e aos Estados-Membros, com as suas próprias observações e recomendações, conforme o caso; nomear o Secretário-Geral, sujeito à aprovação da Assembleia; firmar acordos relativos às relações da organização com outras organizações, sujeitas à aprovação da Assembleia.

O Comitê de Segurança Marítima é o mais alto órgão técnico da Organização composto por todos os membros. Apresentam-se como funções do Comitê de Segurança Marítima a análise de todas as questões no âmbito da Organização relativos a ajudas à navegação, construção e equipamento de navios, tripulação do ponto de vista das regras de segurança para evitar colisões, manuseio de cargas perigosas, procedimentos e regulamentos relativos à segurança marítima, informações hidrográficas, diários de bordo e registros da navegação, inquéritos sobre acidentes marítimos, salvamento e resgate de pessoas e quaisquer outros assuntos que afetam diretamente a segurança marítima.

O Comitê para a Proteção do Meio Marinho é constituído por todos os Estados--Membros e está habilitado a considerar qualquer assunto da competência da organização em relação à prevenção e contenção da poluição marinha causada pelos navios. Ele lida especialmente com a aprovação e alteração de acordos e outras regras e medidas para garantir sua observância.

O Comitê Jurídico tem poderes para examinar todos os assuntos de natureza legal que são da competência da Organização. Este comitê é composto por todos os Estados-Membros da OMI, tendo sido criado em 1967 como um corpo auxiliar encarregado de estudar as controvérsias legais que surgiram após o desastre do Torrey Canyon. Também está habilitado a executar as tarefas que lhe são atribuídas ou aquelas que, dentro de seu escopo de competência, podem ser atribuídas por aplicação direta de qualquer instrumento internacional ou em virtude das disposições do mesmo, e que sejam aceitas pela organização.

O Comitê de Cooperação Técnica examinará qualquer assunto de competência da Organização com relação à execução de projetos de cooperação técnica para os quais a Organização atue como órgão executor ou agência de cooperação e quaisquer outros assuntos relacionados às atividades da Organização no campo da cooperação técnica. É constituído por todos os Estados-Membros da OMI, tendo sido criado em 1969 como órgão auxiliar do Conselho e foi institucionalizado através de uma emenda ao Acordo Constitutivo da OMI que entrou em vigor em 1984.

O Comitê de Facilitação, constituído em maio de 1972 como um órgão auxiliar do Conselho, foi totalmente institucionalizado em dezembro de 2008, por ocasião de uma emenda ao Acordo Constitutivo da OMI. É composto por todos os Estados-Membros da Organização e trata do trabalho da IMO para eliminar procedimentos e documentos desnecessários no campo do transporte marítimo internacional, através da plena implementação da Convenção para facilitar o tráfego marítimo internacional e o Secretariado da OMI, que é composto pelo Secretário-Geral e por cerca de 300 funcionários internacionais que trabalham na sede da Organização em Londres.

Indubitavelmente que o transporte marítimo talvez seja a indústria mais internacionalizada do mundo, servindo mais de 90% do comércio global, levando grandes quantidades de carga de custos de forma eficaz, limpa e segura. A cadeia de propriedade e gestão de qualquer navio pode requerer muitos países e os navios se deslocam entre diferentes jurisdições, muitas vezes longe do país de registro. Há, portanto, a necessidade de normas internacionais para regular o transporte marítimo – que podem ser adotadas e aceitas por todos.

A própria OMI ressalta a sua importância no campo das relações internacionais:

"El transporte marítimo es una industria verdaderamente internacional, y sólo puede funcionar de manera eficaz si sus reglamentos y normas se acuerdan, adoptan y aplican a nivel internacional, siendo la OMI la instancia en la cual se lleva a cabo este proceso. El transporte marítimo internacional representa aproximadamente el 80% del transporte mundial de mercancías entre los pueblos y comunidades de todo el mundo. El transporte marítimo es el sistema de transporte internacional más eficiente y rentable para la mayoría de las mercancías; constituye un medio de transporte internacional de mercancías seguro y de bajo costo, que fomenta el comercio entre las naciones y los pueblos, al tiempo que contribuye a su prosperidad"[25].

De fato, a Organização desempenha o seu papel de maneira adequada, conforme se depreende do robusto volume de tratados e regulamentos sobre proteção e prevenção do meio marinho por ela emanados[26].

---

[25] ORGANIZAÇÃO Marítima Internacional. Disponível em: <http://www.imo.org/es/About/Paginas/Default.aspx>. Acesso em: 20 jul. 2018.

[26] Alguns tratados e regulamentos sobre proteção e preservação do meio marinho: 1) Convenção Internacional Relativo à Intervenção em Alto-Mar em Casos de Acidentes com Poluição por Óleo (INTERVENÇÃO), 1969; 2) Convenção para a Prevenção da Poluição Marinha por Operações de Imersão de Detritos e Outros Produtos (LC), 1972 (e o Protocolo de Londres de 1996); 3) Convenção Internacional sobre Poluição, Preparação, Resposta e Cooperação (OPRC), 1990; 4) Protocolo sobre a Prevenção, Atuação e Cooperação para incidentes de poluição por Substâncias e Potencialmente Perigosas, de 2000 (OPRC-HNS); 5) Convenção Internacional sobre o Controle de Sistemas Anti-incrustantes Nocivos nos Navios (AFS), 2001; 6) Convenção Internacional para Controle e Gerenciamento da Água de Lastro e Sedimentos de Navios , 2004; 7) A Convenção Internacional de Hong Kong para a Segura e Ecológica Reciclagem de Navios, 2009; 8) Convenção Internacional para a Prevenção da Poluição por Navios, 1973, alterada pelo Protocolo de 1978 e pelo Protocolo de 1997 (MARPOL); 9) Convenção Internacional sobre Responsabilidade Civil por Danos Causados por Poluição por Óleo, 1969 (CLC); 10) Convenção Internacional para a Constituição de um Fundo Internacional para Compensação pelos prejuízos devidos à poluição (FUND 1992); 11) Convenção Internacional sobre Responsabilidade e Compensação por Danos em conexão com o transporte de Substâncias Nocivas e Potencialmente Perigosas por Mar (HNS), de 1996 (e seu Protocolo de 2010); 12) Convenção Internacional sobre Responsabilidade Civil por Poluição por Óleo Bunker Damage de 2001; 13) Convenção Internacional de Nairóbi sobre a Remoção dos Destroços de 2007.

13. ORGANIZAÇÃO MUNDIAL DO COMÉRCIO

A OMC é uma organização internacional que trata das regras sobre o comércio entre os países e atualmente conta com 154 Estados. Embora não se apresente como um organismo especializado da ONU, optou-se pela sua inserção neste capítulo apenas para efeitos didáticos.

O Direito Internacional clássico mantinha uma quase indiferença em respeito às relações econômicas e comerciais dos Estados, que ficavam livres para negociar da forma mais conveniente para cada um. A preocupação principal correspondia à delimitação das jurisdições dos Estados e à regulação das relações no plano político. Assim, o terreno econômico ficava isento de regulação jurídica e prevalecia a lei do mais forte.

Em dezembro de 1945, os Estados Unidos convidaram seus aliados de guerra a iniciar negociações a fim de criarem um acordo multilateral para a redução recíproca das tarifas de comércio de bens. Para realizar este objetivo, tentou-se criar a Organização Internacional do Comércio, que, todavia, não prosperou. Nesse sentido, as palavras de Velasco: "Finalizada a guerra, o governo norte-americano propôs a vários governos a convocação de uma Conferência Internacional sobre o comércio, iniciativa que foi reconhecida pelo Conselho Econômico e Social das Nações Unidas, que convocou a Conferência de Havana, que contou com a presença de 56 países, no período de novembro de 1947 a janeiro de 1948"[27].

No encontro acima descrito, foi elaborado um projeto de Convenção denominado "Carta de Havana", que apresentava como objetivo principal a estruturação de intercâmbios internacionais, bem como a criação de uma Organização Internacional do Comércio. Como esse propósito não foi alcançado, frustrando-se a possibilidade de criar um organismo que pudesse agir com essa qualidade, é que o GATT passou a desenvolver papel importante nessa matéria.

Em 30 de outubro de 1947, 23 países assinaram o "Protocolo de Provisão de Aplicação do Acordo Geral de Tarifas e Comércio" com o objetivo de evitar a onda protecionista que marcou os anos 30 do século passado. Nesta época os países tomaram uma série de medidas para proteger os produtos nacionais e evitar a entrada de produtos de outros países, como por meio de altos impostos para importação. O GATT foi o único instrumento multilateral a tratar do comércio internacional de 1948 até o estabelecimento da OMC no ano de 1995.

O Acordo Geral sobre Tarifas e Comércio (GATT), de 1947, foi um instrumento estabelecido em bases jurídicas provisórias, mas que permaneceu em vigor até 1995. O Ministério das Relações Exteriores do Brasil[28] disponibiliza um histórico interessante

---

[27] VELASCO, Manuel Diez de. *Las organizaciones internacionales*. 14. ed. Madrid: Tecnos, 2007, p. 440 (tradução livre do autor).

[28] Disponível em: <http://www.mre.gov.br/index.php?>. Acesso em: 20 jul. 2018.

sobre o citado organismo internacional, ao apresentar que os países signatários se reuniam, como Partes Contratantes do Acordo, para a condução dos trabalhos relacionados com as rodadas de negociação, com o acompanhamento da implementação dos compromissos assumidos em matéria de política comercial e com o mecanismo de solução de controvérsias. Dedicava-se o GATT, sobretudo, ao tratamento do comércio de bens e privilegiava a solução dos contenciosos e a eliminação das barreiras ao comércio por meio da negociação entre as partes contratantes.

Como resultado das rodadas de negociação na esfera do GATT, um grande número de países de maior expressão no comércio internacional reduziu e consolidou a ampla maioria de suas tarifas de importação para produtos industrializados, o que contribuiu para dar maior previsibilidade, estabilidade, segurança e impulso ao crescimento do comércio desses produtos nos últimos cinquenta anos. A participação dos países em desenvolvimento (PEDs) orientou-se, via de regra, pelo princípio da reciprocidade relativa, sobretudo em matéria de concessões tarifárias. Se, por um lado, a menor participação dos PEDs no comércio mundial permitiu-lhes aplicar as regras com flexibilidade e efetivar compromissos tarifários de menor amplitude, o reduzido poder de barganha que isso implicava limitou, por outro, a capacidade de obter dos países desenvolvidos concessões expressivas em produtos de seu maior interesse exportador (têxteis, produtos agrícolas e tropicais, siderúrgicos, calçados etc.).

Na área agrícola, além disso, os resultados foram menos expressivos, na medida em que as principais potências comerciais do mundo desenvolvido (EUA, União Europeia e Japão) levantaram obstáculos à negociação de um processo mais significativo de redução da proteção e dos subsídios concedidos à agricultura. O GATT estipulara disciplinas gerais para temas como subsídios e medidas compensatórias, *antidumping* e métodos de valoração aduaneira. Na Rodada Tóquio (1973-1979), essas disciplinas foram aprofundadas na forma de Códigos Plurilaterais.

Na Rodada Uruguai, lançada em 1986, as Partes Contratantes do GATT concordaram com a expansão da cobertura do esforço negociador, de modo a contemplar novos temas, tais como, o comércio de serviços, direitos de propriedade intelectual e medidas de investimentos, além de tornar multilaterais as disciplinas dos Códigos da Rodada Tóquio. A Rodada Uruguai, concluída em 1994, resultou na assinatura da Ata Final da Rodada Uruguai de Negociações Comerciais Multilaterais do GATT (Ata de Marraqueche) e do Tratado Constitutivo da OMC (Tratado de Marraqueche), aos quais foram incorporados, na forma de Anexos, acordos multilaterais referentes ao comércio de bens, ao comércio de serviços, a aspectos comerciais dos direitos de propriedade intelectual, à solução de controvérsias e ao mecanismo de revisão de políticas comerciais.

Na área de bens, foram firmados acordos em matérias como: agricultura, *antidumping*, subsídios e medidas compensatórias, salvaguardas, barreiras técnicas, licenças de importação e regras de origem, entre outros, além da incorporação de amplas listas de concessões tarifárias e do próprio GATT, na forma atualizada do GATT 1994. Na área de serviços, o Acordo Geral sobre o Comércio de Serviços (GATS) consagrou disciplinas gerais (como o princípio da nação mais favorecida, aplicável ao comércio de bens desde 1947) e compromissos específicos de acesso a mercados e tratamento nacional. No que tange ao tratamento da propriedade intelectual, o Acordo sobre Aspectos de Propriedade Intelectual relacionados ao Comércio (TRIPS) fixou padrões mínimos de proteção a serem conferidos pelos Membros da OMC a certas modalidades de propriedade intelectual, como direitos de autor, marcas, patentes e indicações geográficas. Além disso, o Entendimento sobre Solução de Controvérsias (ESC) aperfeiçoou o mecanismo de solução de controvérsias vigente à época do GATT, entre outros aspectos, ao constituir o Órgão de Apelação (OA) e ao determinar a adoção "quase automática" dos relatórios de painéis e do OA, por meio da regra do consenso negativo. Por fim, o Mecanismo de Revisão de Políticas Comerciais fornece o marco para importante exercício de transparência que permite o intercâmbio de visões dos membros quanto às práticas dos seus parceiros comerciais.

A Organização Mundial do Comércio (OMC), que tem como "organismo fundante" o Acordo Geral de Tarifas e Comércio (GATT)[29], apresenta-se como um foro multilateral responsável pela regulamentação do comércio internacional[30] cujas principais atribuições são: a) negociar regras para o comércio internacional de bens, serviços, propriedade intelectual e outras matérias que os membros venham a acordar; b) zelar pela adequada

---

[29] Na mesma direção MACHADO, Jónatas E. M. *Direito internacional. Do paradigma clássico ao pós-11 de setembro*. 3. ed. Coimbra: Coimbra Ed., 2006, p. 469: "Repousava o mundo na II Guerra Mundial quando se sentiu a necessidade de recolocar o comércio internacional sobre novas bases que possibilitassem a liberalização do comércio e dos investimentos. Um importante desenvolvimento neste domínio diz respeito à emergência do Acordo Geral sobre Tarifas e Comércio. Esse foi negociado em 1947 e aplicado provisoriamente em 1948, antecipando a criação da Organização Internacional do Comércio. Sem o apoio do Congresso dos Estados Unidos, esta não chegou a ser instituída, subsistindo o GATT, a título provisório, até a emergência da OMC, em 01 de janeiro de 1995. O GATT foi sendo enriquecido através de sucessivas rodadas negociais dando origem a um verdadeiro sistema multilateral de comércio. Tendo começado por abranger apenas o comércio de mercadorias, o direito do comércio internacional tem conhecido um sucessivo alargamento dos seus domínios, abrangendo os serviços, a propriedade intelectual e os produtos agrícolas. Atualmente distingue-se entre o GATT de 1947, de alcance mais restrito, e os acordos da Rodada Uruguai, onde se incluem principalmente o GATT de 1994 e os acordos sobre prestação de serviços e propriedade intelectual".

[30] La OMC es esencialmente un lugar al que acuden los gobiernos Miembros para tratar de arreglar los problemas comerciales que tienen entre sí. El primer paso es hablar. La OMC nació como consecuencia de unas negociaciones y todo lo que hace es el resultado de negociaciones. La mayor parte de la labor actual de la OMC proviene de las negociaciones celebradas en el período 1986-1994 – la llamada Ronda Uruguay – y de anteriores negociaciones celebradas en el marco del Acuerdo General sobre Aranceles Aduaneros y Comercio (GATT). La OMC es actualmente el foro de nuevas negociaciones en el marco del "Programa de Doha para el Desarrollo", iniciado en 2001. Cuando los países se han enfrentado con obstáculos al comercio y han querido reducirlos, las negociaciones han contribuido a liberalizar el comercio. Pero la OMC no se dedica solamente a la liberalización del comercio y en determinadas circunstancias sus normas apoyan el mantenimiento de obstáculos al comercio: por ejemplo, para proteger a los consumidores o impedir la propagación de enfermedades. Disponível em: <http://www.wto.org/spanish/thewto_s/whatis_s/tif_s/fact1_s.htm>.

implementação dos compromissos assumidos; c) servir de espaço para a negociação de novas disciplinas; d) resolver controvérsias entre os membros[31].

A Organização Mundial do Comércio conta com vários órgãos, conforme estabelecem o artigo 4º[32] e o artigo 6º de seu ato institutivo, que se reúnem regularmente

---

[31] O artigo 3 do Acordo que cria a Organização Mundial do Comércio consagra as funções da Organização Internacional:

"1 – A OMC facilitará a aplicação, gestão e funcionamento do presente Acordo e dos acordos comerciais multilaterais e promoverá a realização dos seus objetivos, constituindo igualmente o enquadramento para a aplicação, gestão e funcionamento dos acordos comerciais plurilaterais.

2 – A OMC constituirá o fórum para as negociações entre os seus Membros no que respeita às suas relações comerciais multilaterais em questões abrangidas pelos acordos que figuram nos anexos ao presente Acordo. A OMC poderá igualmente constituir um fórum para a realização de outras negociações entre os seus Membros no que respeita às suas relações multilaterais, bem como um enquadramento para a aplicação dos resultados de tais negociações caso a Conferência Ministerial assim o decida.

3 – A OMC assegurará a gestão do Memorando de Entendimento sobre as Regras e Processos que regem a resolução de litígios, que figura no Anexo 2 do presente Acordo.

4 – A OMC assegurará a gestão do Mecanismo de Exame das Políticas Comerciais, previsto no Anexo 3 do presente Acordo.

5 – A fim de conferir uma maior coerência à elaboração das políticas econômicas mundiais, a OMC cooperará, conforme adequado, com o Fundo Monetário Internacional e com o Banco Internacional para a Reconstrução e o Desenvolvimento e respectivas agências".

[32] Artigo 4 – Estrutura da OMC:

1 – Será instituída uma Conferência Ministerial composta por representantes de todos os Membros, que se reunirá, pelo menos, uma vez de dois em dois anos. A Conferência Ministerial exercerá as funções da OMC e tomará as medidas necessárias para o efeito. A Conferência Ministerial será competente para decidir de todas as questões abrangidas por qualquer dos acordos comerciais multilaterais, se nesse sentido for solicitada por um membro, em conformidade com os requisitos específicos em matéria de tomada de decisões previstos no presente Acordo e no acordo comercial multilateral pertinente.

2 – Será instituído um Conselho Geral composto por representantes de todos os Membros, que se reunirá conforme adequado. No intervalo, entre as reuniões da Conferência Ministerial, as suas funções serão exercidas pelo Conselho Geral. O Conselho Geral exercerá igualmente as funções que lhe incumbem por força do presente Acordo. O Conselho Geral estabelecerá o seu regulamento interno e aprovará os regulamentos internos dos comitês previstos no n. 7.

3 – O Conselho Geral reunir-se-á, conforme adequado, para desempenhar funções de Órgão de Resolução de Litígios, tal como previsto no Memorando de Entendimento sobre Resolução de Litígios. O Órgão de Resolução de Litígios poderá ter o seu próprio Presidente e estabelecer o regulamento interno que considere necessário para o cumprimento daquelas funções.

4 – O Conselho Geral reunir-se-á, conforme adequado, para desempenhar as funções de Órgão de Exame das Políticas Comerciais previsto no Mecanismo de Exame das Políticas Comerciais. O Órgão de Exame das Políticas Comerciais poderá ter o seu próprio Presidente e estabelecer o regulamento interno que considere necessário para o cumprimento daquelas funções.

5 – Serão instituídos um Conselho do Comércio de Mercadorias, um Conselho do Comércio de Serviços e um Conselho dos Aspectos dos Direitos de Propriedade Intelectual Relacionados com o Comércio (a seguir designado 'Conselho TRIPS'), que funcionarão sob a orientação geral do Conselho Geral. O Conselho do Comércio de Mercadorias supervisionará o funcionamento dos acordos comerciais multilaterais que figura no Anexo 1A. O Conselho do Comér-

para monitorar a implementação dos acordos em vigor, bem como a execução da política comercial dos Países-Membros, negociar o acesso de novos membros e acompanhar as atividades relacionadas com o processo de solução de controvérsia[33].

Impende assinalar que as atividades acima descritas são desenvolvidas por vários órgãos, tais como: Conselho Geral, Conselho para o Comércio de Bens, Conselho para o Comércio de Serviços, Conselho para Aspectos de Propriedade Intelectual Relacionados ao Comércio, Órgão de Solução de Controvérsias, Órgão de Exame de Políticas Comerciais e Comitês de Comércio e Desenvolvimento. Não se pode olvidar que existem outros comitês que são responsáveis por acordos temáticos ou setoriais que estejam em vigor. Abaixo o organograma da estrutura da OMC[34].

---

cio de Serviços supervisionará o funcionamento do Acordo Geral sobre o Comércio de Serviços (a seguir designado 'GATS'). O Conselho TRIPS supervisionará o funcionamento do Acordo sobre os Aspectos dos Direitos de Propriedade Intelectual Relacionados com o Comércio (a seguir designado 'Acordo sobre TRIPS'). Estes Conselhos exercerão as funções que lhes forem atribuídas pelos respectivos acordos e pelo Conselho Geral. Estabelecerão os seus regulamentos internos, sob reserva da aprovação do Conselho Geral. Poderão participar nestes Conselhos os representantes de todos os Membros. Os Conselhos reunir-se-ão quando necessário para o exercício das suas funções.

6 – O Conselho do Comércio de Mercadorias, o Conselho do Comércio de Serviços e o Conselho TRIPS estabelecerão órgãos subsidiários de acordo com as necessidades. Estes órgãos subsidiários estabelecerão os respectivos regulamentos internos, sob reserva da aprovação dos respectivos Conselhos.

7 – A Conferência Ministerial estabelecerá um Comitê do Comércio e Desenvolvimento, um Comitê das Restrições Relacionadas com a Balança de Pagamentos e um Comitê do Orçamento, Finanças e Administração, que exercerão as funções que lhes incumbem por força do presente Acordo e dos acordos comerciais multilaterais, bem como quaisquer outras funções que lhes sejam atribuídas pelo Conselho Geral, podendo estabelecer outros comitês com as competências que considerarem adequadas. No âmbito das suas funções, o Comitê do Comércio e Desenvolvimento examinará periodicamente as disposições especiais dos acordos comerciais multilaterais a favor dos países menos desenvolvidos Membros e apresentará relatórios ao Conselho Geral para que este tome as medidas que considerar adequadas. Poderão participar nos comitês os representantes de todos os Membros.

8 – Os órgãos previstos nos acordos comerciais plurilaterais exercerão as funções que lhes incumbem por força dos referidos acordos e funcionarão no quadro institucional da OMC. Estes órgãos informarão periodicamente o Conselho Geral das suas atividades.

[33] "1 – É criado um Secretariado da OMC (a seguir designado "o Secretariado"), dirigido por um Diretor-Geral.

2 – A Conferência Ministerial nomeará o Diretor-Geral e adotará as regras que definem as respectivas competências, deveres, condições para o exercício de funções e duração do mandato.

3 – O Diretor-Geral nomeará os membros do pessoal do Secretariado e determinará os seus deveres e condições para o exercício de funções, em conformidade com as regras adotadas pela Conferência Ministerial.

4 – As funções do Diretor-Geral e do pessoal do Secretariado terão um caráter exclusivamente internacional. No cumprimento dos seus deveres, o Diretor-Geral e o pessoal do Secretariado não solicitarão nem aceitarão instruções de qualquer Governo ou autoridade estranha à OMC. O Diretor-Geral e o pessoal do Secretariado abster-se-ão de qualquer ação que seja incompatível com o seu estatuto de funcionários internacionais. Os Membros da OMC respeitarão o caráter internacional das funções do Diretor-Geral e do pessoal do Secretariado e não os procurarão influenciar no cumprimento dos seus deveres."

[34] Disponível em: <http://www.wto.org/spanish/thewto_s/whatis_s/tif_s/org2_s.htm>.

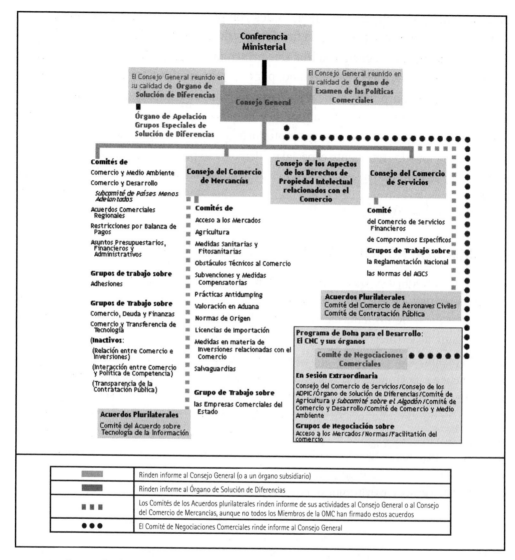

Por fim, vale destacar que a atuação da OMC está pautada na observância de alguns princípios voltados à busca do livre comércio, bem como na igualdade entre os países, a saber:

1) Princípio da não discriminação: este princípio envolve duas considerações. O Artigo I do GATT 1994, na parte referente a bens, estabelece o princípio da nação mais favorecida. Isto significa que se um país conceder a outro país um benefício, terá obrigatoriamente que estender aos demais membros da OMC a mesma vantagem ou privilégio. O Artigo III do GATT 1994, na parte referente a bens, estabelece o princípio do tratamento nacional. Este impede o tratamento diferenciado aos produtos internacionais para evitar desfavorecê-los na competição com os produtos nacionais.

2) Princípio da previsibilidade: para impedir a restrição ao comércio internacional, este princípio garante a previsibilidade sobre as regras e sobre o acesso ao comércio

internacional por meio da consolidação dos compromissos tarifários para bens e das listas de ofertas em serviços. Regula também outras áreas da OMC, como TRIPS.

3) Princípio da concorrência leal: este princípio visa garantir um comércio internacional justo sem práticas desleais, como, por exemplo, os subsídios (artigos VI e XVI).

4) Princípio da proibição de restrições quantitativas: impede que os países façam restrições quantitativas, ou seja, imponham quotas ou proibições a certos produtos internacionais como forma de proteger a produção nacional (artigo XI do GATT).

5) Princípio do tratamento especial e diferenciado para países em desenvolvimento: por este princípio, os países em desenvolvimento terão vantagens tarifárias, além de medidas mais favoráveis que deverão ser realizadas pelos países desenvolvidos (artigo XXVIII e na parte IV do GATT).

14. ORGANIZAÇÃO INTERNACIONAL PARA CATÁSTROFES[35]

Muito embora as Organizações Internacionais estejam presentes em quase todas as matérias, ainda há casos que o sistema internacional se ressente em contemplar, de maneira específica, alguns temas. Este é o caso do meio ambiente, que defendo a criação de uma Organização Internacional[36] própria há anos, embora exista o PNUMA.

As organizações internacionais auxiliam os Estados a superar problemas que exigem ação coletiva e permitem a divisão de custos e reunião de recursos, impedindo a realização de atividades individuais por parte de cada Estado. Elas conseguem ajudar os Estados a enfrentar mudanças e superar problemas relacionados a elas, e cria-se um fórum para que problemas possam ser discutidos de forma contínua. Não é por acaso que este grau de institucionalização auxiliou diversos Estados a resolver problemas relativos à economia, na promoção da paz, da segurança internacional, bem como no fortalecimento de bases sociais e na promoção e proteção dos direitos humanos[37].

---

[35] Observação importante: Esta Organização não existe. Trata-se de uma abordagem meramente doutrinária em face dos diversos cenários de catástrofes que acometem a humanidade. Portanto, aqui são apresentadas apenas algumas ideias de estudos embrionários em que defendo a necessidade de pensar uma estrutura que contemple as catástrofes.

[36] *Vide* a propósito GUERRA, Sidney. Para uma nova governança global em matéria ambiental: A Organização Internacional do Meio Ambiente. *Revista Acadêmica de Direito da UNIGRANRIO*, v. 3, 2010. GUERRA, Sidney. *Direito das Organizações Internacionais*. 2. ed. Curitiba: Instituto Memória, 2020, p. 244-253.

[37] REINALDA, Bob. *Routledge History of International Organizations*: from 1815 to the present day. New York: Routledge, 2009, p. 15: "They help nation-states to adapt to changing environments and to overcome problems related to these changes. Those who created IGOs had three motives, according to Harold Jacobson: the promotion of trade, peace and human dignity. In accordance with these motives IGOs have helped states: 1) to adapt to the dynamics of technological developments and the international economy (trade motives); 2) to create, maintain or improve political structures at global and regional levels that promote security (peace motives); and 3) to strengthen the states' national socio-economic basis by promoting social welfare and human rights (humanitarian motives). (...) Often a combination of these motives is found".

Neste sentido, é que, a exemplo da necessidade de se pensar uma Organização Internacional voltada ao meio ambiente, também se vislumbra a necessidade de se iniciar uma cruzada no sistema internacional de um foro que esteja apto a lidar com as catástrofes. Conforme acentuado em outros estudos[38], nos dias atuais existem várias catástrofes que se apresentam a partir de cenários, a exemplo de conflitos armados, meio ambiente, pandemias, etc.[39].

Preliminarmente, é possível afirmar que atualmente existe uma Organização que se aproxima do tema das catástrofes: a Organização Internacional da Defesa Civil. Ela, contudo, não supre a carência, pois é voltada para desastres[40], pois seu objetivo é o de promover a cooperação entre as estruturas nacionais voltadas à defesa civil. Trata-se, portanto, de uma estrutura de governança global, criada em 1958, que obteve sucesso, e funciona até os dias atuais e conta com a participação de 60 Estados. Como ainda não existe uma organização internacional preparada para lidar com as catástrofes internacionais, em suas diversas facetas, quase sempre envolvendo mais de um ramo do direito internacional, é que se propõe a criação de uma Organização Internacional para as Catástrofes (OIC).

Nesta esteira, a proposta para se constituir uma nova Organização Internacional levará em conta a estrutura da Organização Mundial do Comércio (OMC)[41]. Essa base teria motivação em diversas questões. A OMC possui um foro de negociação que ajudou a estipular e fortalecer o direito internacional comercial, sendo certo que este foro, s.m.j., parece adequado para que seja inspirada a estrutura da OIC, pois permitiria o desenvolvimento contínuo da regulamentação do direito internacional das catástrofes.

A estrutura da OMC conta com mecanismos de revisão contínua da política nacional dos Estados, o que também seria necessário em uma organização internacional para catástrofes. A OMC possui um mecanismo de solução de controvérsias para a resolução de disputas relacionadas aos seus regulamentos que prioriza a conciliação por meio de consultas. O direito internacional das catástrofes, a exemplo do direito internacional comercial, envolve uma série de temas relacionados à soberania dos Estados. Logo, a

---

[38] GUERRA, Sidney. *Direito internacional das catástrofes*. 2. ed. Rio de Janeiro: Grande Editora, 2024.

[39] GUERRA, Sidney. *Cenários de catástrofes na sociedade global e o direito internacional das catástrofes.* Curitiba: Instituto Memória, 2021.

[40] Embora exista uma Organização que contempla os desastres, entendo que os termos "desastres" e "catástrofes" comportam realidades distintas no plano jurídico. Para melhor e maior compreensão da matéria, *vide* GUERRA, Sidney. *Direito internacional das catástrofes*. 2. ed. Rio de Janeiro: Grande Editora, 2024, capítulo 2.

[41] GUERRA, Sidney; ARAÚJO, Brenda; SANTOS, Celso. *Para a construção da Organização internacional para catástrofes.* Estudo no prelo realizado no âmbito do Grupo de Pesquisa em Direito Internacional (UFRJ/UERJ).

solução de conflitos priorizando a conciliação parece ser a mais indicada. Outro fator que motiva a inspiração na OMC relaciona-se à qualidade de organização orientada pelos próprios Estados, estruturada em decisões por consenso e que garantem maior segurança aos Estados em temas que envolvem diretamente seu poder soberano.

Além disso, a OMC confere atenção especial aos Estados em desenvolvimento e aqueles com menor desenvolvimento relativo, com regras especiais para esses países, como um comitê dedicado ao desenvolvimento e assistência técnica concedida pelo secretariado.

Essa dedicação especial para esses países, em casos de catástrofes, torna-se extremamente necessária, pois eles costumam ser os mais vulneráveis nessas situações. A OMC inclusive participa de um programa de assistência integrado com o FMI, o Centro de Comércio Internacional, a UNCTAD, o PNUD e o Banco Mundial, que é exclusivamente voltada para questões envolvendo países de menor desenvolvimento relativo. Isso demonstra a flexibilidade da instituição ao conseguir manter diálogos com outras organizações internacionais, a qual precisaria ser incluída na OIC pela própria natureza das catástrofes, que costumam envolver diversas áreas do direito internacional.

Feitas as considerações gerais sobre a necessidade de se constituir uma Organização Internacional para fazer frente às Catástrofes, passa-se à apresentação de possíveis pontos relativos à sua estrutura que correspondem aos órgãos executivos, legislativos e administrativos[42].

14.1. Os órgãos executivos

Preliminarmente, impende assinalar que se torna necessário criar órgãos que consigam suprir a carência de um órgão decisório central para questões que envolvam catástrofes. Os temas que as envolvem (catástrofes) são desenvolvidos em diversos foros e organizações internacionais diferentes, criando ações duplicadas, falta de coesão, desinformação e carência de recursos para a solução de cenários de catástrofes.

A criação de órgãos executivos possibilitaria a constituição, expansão e fiscalização do Direito Internacional das Catástrofes. Com base na estrutura da OMC, sugere-se a

---

[42] Assim como a OMC, a OIC trata de questões relacionados à soberania estatal: "In many ways, the WTO is one of the most expansive and intrusive organizations of its time. Its Ministerial Conference and many committees make rules that go deep inside the borders of states. Members must adhere to these rules or face retaliation. But simultaneously, the legacy of the GATT has ensured that the WTO is also a very weak organization in other ways. The organization, up to its highest decision-making body – the Ministerial Conference – is made up of the members themselves. The members have not had to surrender any of their decision-making powers to a secretariat, or delegate them to an executive body. Any rules that the members must implement are ones that they themselves made in the councils and committees (which are open to all of them). Any punitive action has to be exercised by the member rather the collective body, and even the Dispute Settlement Body that authorizes such retaliations is ultimately the same as the General Council and therefore constituted by country delegates". NARLIKAR, Amrita. *The World Trade Organization*: a very short introduction. New York: Oxford University Press, 2005, p. 40.

criação adaptada de uma Conferência Ministerial, um Conselho Geral, Conselhos Temáticos, Comitês Temáticos e Grupos de Trabalho.

A Conferência Ministerial estabeleceria reuniões a cada dois anos ou em caráter emergencial, para construir um fórum onde a comunicação sobre catástrofes fosse contínua. Ela seria formada por representantes de todos os Estados-membros, sendo o principal órgão decisório da organização. Como ocorre na OMC, seria interessante permitir que organizações internacionais não governamentais (ONGs) tivessem acesso a algumas reuniões da Conferência Ministerial. Além de existirem muitas ONGs voltadas a cenários de catástrofes, a abertura à sociedade civil também aumenta a legitimidade da organização, sendo necessário garantir sua participação para consulta e cooperação com a sociedade civil. Nas reuniões da Conferência Ministerial, uma das funções seria a aprovação de tratados sobre o Direito Internacional das Catástrofes. Além disso, caberia à Conferência Ministerial ou ao Conselho Geral a aprovação de novos membros para a OIC.

O Conselho Geral seria o principal órgão executivo, a ser constituído por representantes de todos os Estados-membros. Sua principal função seria atuar em nome da Conferência Ministerial quando não for período de sua reunião. Esse órgão funcionaria também como um mecanismo de revisão de políticas de catástrofes. Dessa forma, seria possível estabelecer em nível internacional medidas preventivas para catástrofes e eliminar a falta de transparência e compreensão de práticas governamentais.

O mecanismo de revisão de políticas de catástrofes contaria com revisões periódicas das políticas de catástrofes de cada Estado-membro. Cada governo deve informar medidas, políticas e legislações específicas por meio de relatórios regulares. A frequência de reuniões desse mecanismo dependerá da potencialidade de catástrofes (a cada 1 ou 2 anos ou em menor período em casos de catástrofe em ocorrência). Em cada reunião do corpo de revisão das políticas de catástrofes, são examinados dois relatórios, um elaborado pelo governo e outro pelo secretariado da OIC. No final da revisão do Estado-membro, serão publicados os três relatórios: o relatório governamental, o relatório independente do secretariado da OIC e o relatório conclusivo da OIC. Por questão de transparência e acessibilidade de informação à sociedade civil, seria recomendável que a publicação fosse realizada no sítio eletrônico da organização. Para a elaboração do relatório independente do secretariado, seria aconselhável discutir a possibilidade de envios de informações e participação mais ativa da sociedade civil.

Para ajudar na transparência, os Estados devem sempre informar aos demais membros da OIC as medidas internas que estão sendo adotadas para cumprir com os tratados sobre catástrofes. Isso poderá ser realizado por um mecanismo que já existe na OMC, chamado notificação[43]. A notificação consiste em pequenas declarações emitidas pelos

---

[43] Para uma descrição breve sobre a notificação na OMC, ver: "A notification will typically consist of a short statement that follows a standard format in which the member identifies the law, regulation or action that is at issue,

Estados-membros indicando leis, regulamentações e outras ações internas adotadas para cumprir com as obrigações perante a OMC. Essa notificação seria enviada à OIC e publicada. Nos casos de países em desenvolvimento e países com menor desenvolvimento relativo, seria importante desenvolver no Secretariado um programa de instrução que auxiliasse com apoio técnico na elaboração das notificações e dos relatórios.

Os Conselhos Temáticos seriam estabelecidos para cada cenário de catástrofe que já tenha um tratado elaborado, tendo como função acompanhar a implementação do respectivo tratado e igualmente seriam constituídos por representantes de todos os Estados-membros, que responderia diretamente ao Conselho Geral. Por sua vez, os Comitês Temáticos seriam formados de acordo com a necessidade para assuntos relacionados ao tema de catástrofe ou para cenários de catástrofes que ainda não possuem normativa robusta. Eles também devem responder diretamente ao Conselho Geral, que é o principal órgão executivo da organização. Os Grupos de Trabalho funcionariam em assuntos específicos dentro de um Conselho ou Comitê Temático, respondendo ao seu respectivo Conselho Temático.

Como o Direito Internacional das Catástrofes ainda se apresenta em estágio embrionário, recomenda-se, a partir das ideias acima esposadas, que as decisões sejam tomadas por consenso. Essa forma de tomada de decisão garante maior legitimidade e assegura que os Estados estarão no controle de concessões em sua soberania. O consenso não significa unanimidade, pois Estados podem escolher não votar[44]. O que o consenso garante é que nenhuma decisão pode ser aprovada se houver algum Estado em oposição.

Apesar de o consenso poder paralisar a decisão em temas mais delicados, ele garante abordagem segura aos Estados em temas novos perante o Direito Internacional. O fundamental é criar um procedimento que consiga garantir transparência na tomada de decisões e a participação de todos os Estados-membros, sem privilegiar grandes potências[45]. Também poderia ser mais eficaz deixar questões administrativas, como matérias

---

the precise content of which varies according to the agreement and topic involved. This document is filed with the WTO and made available to other members and the public. Specific agreements may also require that members take other steps to promote transparency. The Agreement on the Application of Sanitary and Phytosanitary Measures (SPS Agreement), for example, requires not only that members publish all SPS measures and notify changes that are made to them, but further requires that they identify a single central government authority responsible for the notification requirements (i.e. the National Notification Authority) and establish a National Enquiry Point responsible for answering questions from other members about SPS measures and related issues". VANGRASSTEK, Craig. *The History and Future of the World Trade Organization*. Geneva: World Trade Organization, 2013, p. 273.

[44] HOEKMAN, Bernard; MAVROIDIS, Petros. *The World Trade Organization*: law, economics, and politics. New York: Routledge, 2007, p. 25: "Consensus does not mean unanimity. It signifies that no delegation represented in a meeting objects to a proposal. Achieving consensus can be a complex process, requiring issue linkages. Consensus reinforces conservative tendencies in the system. Proposals for change can be adopted only if unopposed. Although it creates the potential for paralysis, consensus helps enhance the legitimacy of decisions".

[45] Na OMC essa interrupção é atribuída ao processo denominado Sala Verde, no qual um pequeno grupo de Estados realiza uma reunião em segredo para negociar determinada questão que estava paralisada: "Much has been

orçamentárias e de pessoal, em outra base que não seja o consenso, o que facilitaria o andamento de questões rotineiras da organização.

Como as catástrofes envolvem diversos cenários e áreas do direito internacional, a Organização Internacional para Catástrofes deverá firmar acordos de cooperação com outras organizações internacionais cujos objetivos precípuos estejam voltados à manutenção de uma "arquitetura internacional integrada" capaz de responder de maneira efetiva em situações de catástrofes e garantir que cada organização estabeleça políticas de apoio recíproco, evitando ações duplicadas[46]. Tendo em vista essa interrelação, seria adequado discutir condições para que organizações internacionais possam integrar a OIC como membros observadores. Outra forma de contato com outras organizações seria por meio de pesquisas e estudos em conjunto para a elaboração de relatórios[47].

14.2. Os órgãos legislativos

Muito embora as organizações internacionais não necessariamente observem no sistema internacional procedimentos regulatórios com as mesmas dotações que os processos legislativos em âmbitos constitucionais, sua função legislativa se desempenha por meio do trabalho de órgãos técnicos, que passa pelo escrutínio colegiado dos órgãos políticos, que vincula juridicamente os Estados-membros por força da sua adesão ao instrumento constitutivo.

---

said of the inequity of the Green Room process. As Ambassador of Brazil, I was one of the 'habitués' of the reen Room during the Uruguay Round. It should be admitted that for the sake of efficiency it is normal for small groups to gather to discuss specific, often very technical, issues. The problem arises when the deals made within such groups are imposed on those not present. It is no longer possible to assume that agreements can be negotiated among a small group of countries in a non-transparent manner and then imposed on the other members. This was clearly articulated in the strong statements circulated in Seattle by the Latin American and Caribbean and African groups, to the effect that they would not be able to join a consensus on agreements in whose negotiation they were not fully involved". SAMPSON, Gary (ed.). *The Role of the World Trade Organization in Global Governance*. New York: United Nations University Press, 2001, p. 47.

[46] A ação conjunta de organizações internacionais tem sido uma tendência. A OMC, por exemplo, busca atuar em conformidade com o Banco Mundial e o FMI, principalmente: "The aim of the WTO-IMF-World Bank cooperation is to ensure that the three institutions are following mutually supportive policies. This cooperation has led to the establishment of the Integrated Framework for Trade-Related Assistance to the Least-Developed Countries ('IF'). The IF was established in 1997 by six international agencies: the WTO, IMF, World Bank, UNCTAD, UNDP and ITC; it was revamped in 2000. The aim of the IF is to assist the least-developed countries to incorporate trade priorities into their national plans for economic development and poverty reduction strategies. Currently, the IF is being implemented on a pilot basis in three countries. The WTO-IMF-World Bank cooperation is also manifested in the involvement of the WTO in poverty reduction strategies of the World Bank and the IMF". MACRONY, Patrick; APPLETON, Arthur; PLUMMER, Michael (ed.). *The World Trade Organization*: legal, economic and political analysis. New York: Springer, 2005, p. 60.

[47] A OMC participa de vários estudos e pesquisas em conjunto com outras organizações internacionais, sendo que seria interessante à futura OIC realizar o mesmo. VANGRASSTEK, Craig. *The History and Future of the World Trade Organization*. Geneva: World Trade Organization, 2013, p. 156-157.

Nesse sentido, ao propor a sistematização, harmonização e ampliação da regulação sobre os diversos temas encampados no campo do Direito Internacional das Catástrofes, seria necessária uma atuação integrada entre todas as instâncias da organização competente.

Na OIC, as funções legislativas (aqui compreendidas como as capacidades normativas traduzidas na adoção de normas, resoluções e relatórios) são compartilhadas entre a Conferência Ministerial, responsável pela aprovação de novas normas e resoluções, e o Conselho Geral, foro de proposição e admissão de propostas de membros e de entidades civis.

Com efeito, foram apresentados alguns princípios específicos que se aplicam ao Direito Internacional das Catástrofes, destacando-se os princípios da solidariedade, da não indiferença, da prevenção, da precaução, da não discriminação, da igualdade intergeracional e da equidade. Além disto, também se admitiria, por dedução, a aplicação subsidiária, com efeito de complementar, do conjunto principiológico do Direito Internacional Humanitário.

Por estas razões, na estrutura da OIC, também seria necessário criar um Comitê Temático dedicado à harmonização das normas vigentes, para o fim de mapear e sintetizar o arcabouço que deverá servir de base para a proposição de um documento internacional unificado para a regulação das catástrofes.

A estrutura da OIC não preveria, assim, um único órgão incumbido da produção normativa e regulamentação sobre as catástrofes, possibilitando um maior rigor técnico no desenvolvimento dos fundamentos e critérios e, ao mesmo tempo, um maior filtro de legitimidade a partir da necessidade da sua aprovação pelos órgãos executivos, de composição essencialmente política.

14.3. Os órgãos administrativos

As operações de monitoramento, prevenção e remediação de catástrofes nos foros executivos da OIC, para ocorrer com a devida qualidade técnica, necessitariam da assistência de um corpo que pudesse lidar com a infraestrutura e a logística necessárias para as reuniões colegiadas e subsidiar cientificamente as decisões e regulamentos aprovados na Conferência Ministerial e no Conselho Geral. Estas são as atribuições principais que se sugere destinar à Secretaria Permanente da organização, aqui imaginada como um corpo de profissionais altamente qualificados e selecionados por critérios estritamente técnicos pelos encarregados em mandatos diretivos, por sua vez indicados pelo Conselho Geral e eleitos pelo Conselho Ministerial a cada cinco anos, podendo ser reconduzidos por mais cinco.

Enquanto os órgãos executivos da OIC se configurariam através dos mandatos políticos locais e da indicação política de representantes para a proposição e votação de propostas, a Secretaria Permanente seria uma estrutura perene, garantindo sustentabilidade informacional e gerencial à organização, além de viabilizar, visando transparência, um registro histórico dos atos praticados pelos membros e pelos próprios órgãos.

A estrutura da secretaria proposta é permanente para o fim de centralizar os processos burocráticos, e também de coordenar os órgãos temáticos e regionais (Conselhos e Comitês), assim como as contribuições técnicas.

A Secretaria Permanente também teria a função de dar andamento administrativo ao Mecanismo de Solução de Controvérsias, não podendo, contudo, realizar juízos de admissibilidade nem de mérito.

Além da operação logística das reuniões dos órgãos executivos e da integração entre comissariados regionais e temáticos e dos processos burocráticos como recebimento de notificações, demandas e contribuições da sociedade civil, a Secretaria Permanente também deverá desenvolver atividades educacionais e manter uma biblioteca, voltadas para o aprofundamento dos conhecimentos sobre catástrofes e a respectiva disseminação.

Capítulo X
A Organização dos Estados Americanos

1. CONSIDERAÇÕES GERAIS

O desejo de constituir um organismo de cooperação no sistema americano é antigo e manifestou-se muito antes da criação da Organização dos Estados Americanos. Há quem afirme[1] que a primeira manifestação de integração regional teria ocorrido na época de Simón Bolívar, cujo pensamento estaria voltado para a criação de uma região "unida pelo coração", que ocorreria com a realização do *Congresso do Panamá*, em 1826, com o objetivo precípuo de constituir uma Confederação de Estados Americanos[2].

Manuel Velasco também ao abordar o tema teve a oportunidade de assim se manifestar:

"Los antecedentes de la Organización de Estados Americanos hay que encontrarlos en el fenómeno político del panamericanismo. (...) El fenómeno del panamericanismo y los inicios de los movimientos de independencia en Iberoamérica corren avatares paralelos. Debemos poner de manifiesto que ya en 1824 Simón Bolívar se dirigió a los Gobiernos americanos invitándoles a reunirse en Panamá, reunión que se celebró entre los meses de junio y julio de 1826, pero el inicio de su institucionalización comienza con la Conferencia de Washington del año 1890 y en cual se creó el primer germen de Unión Panamericana con una oficina con sede en Washington y con misión de recopilar datos sobre el comercio. Más tarde, en la Conferencia de México de 1902, y mediante una resolución, se amplió la organización de la Oficina poniéndola bajo la presidencia del Secretario de Estado

---

[1] GUERRA, Sidney. *O sistema interamericano de proteção dos direitos humanos e o controle de convencionalidade*. 4. ed. Rio de Janeiro: Grande Editora, 2024, parte I.

[2] Na mesma direção, HITTERS, Juan Carlos; FAPPIANO, Oscar L. *Derecho internacional de los derechos humanos*. 2. ed. Buenos Aires: Ediar, 2007, p. 370, t. I: "El concepto de cooperación y reciprocidad entre los Estados del nuevo continente, proclamado por San Martín y Bolívar, tuvo su primer atisbo en el Tratado firmado entre 1826 en el Congreso de Panamá; sin embargo, estas pautas viscerales recién llegaron a tener su punto de concreción en la Primera Conferencia Internacional Americana, llevada a cabo en 1890 en Washington. Allí se plasmó con cierta nitidez la idea de crear una serie de reuniones: México (1901), Brasil (1906), Buenos Aires (1910), Chile (1923), Cuba (1928), Uruguay (1933) y Perú (1938)".

norteamericano. A partir de esta Conferencia comienza a teñirse de matiz político la antigua unión, cuyos fines originarios eran de simple información comercial"[3].

As relações constituídas no âmbito do continente americano refletiram sobremaneira na criação dos organismos da região, onde podem ser observadas três etapas para seu florescimento: a fase do voluntarismo (do Congresso do Panamá, de 1826, até a Primeira Conferência Internacional das Américas, de 1889); a fase das guerras mundiais, que se estende até 1948, com a criação da OEA; e a fase da organização institucional, que prossegue atualmente[4].

Ao sistematizar esses momentos históricos para a "construção" da Organização dos Estados Americanos, Silva e Accioly enfatizam que a marcha foi lenta, "e durou várias décadas tendo o movimento se concretizado num organismo internacional, embora de forma muito rudimentar com a realização da Conferência inaugurada em Washington, a 2 de outubro de 1899 e cuja iniciativa se deve a James Blaine, Secretário de Estado de Governo dos Estados Americanos. Formou-se ali a associação intitulada 'União Internacional das Repúblicas Americanas' criando-se, ao mesmo tempo, o que se tornou mais tarde a origem da atual União Pan-americana, isto é, um escritório ou secretaria, a que se deu o nome de 'Escritório Comercial das Repúblicas Americanas', o qual se destinava a compilar, coordenar e publicar dados e informações concernentes à produção e comércio e regulamentos aduaneiros dos países do Continente"[5].

A peculiaridade dessa experiência histórica tem marcado a construção das Organizações Internacionais americanas. Os Estados Unidos expressaram suas intenções com relação aos seus vizinhos por declarações unilaterais, como a *Doutrina Monroe*, por intervenções veladas ou abertas nos assuntos internos dos países latino-americanos e por políticas agressivas guiadas pelos princípios[6] do *Destino Manifesto*[7].

---

[3] VELASCO, Manuel Diez de. *Las organizaciones internacionales*. 14. ed. Madrid: Tecnos, 2007, p. 698.

[4] SEITENFUS, Ricardo. *Manual das organizações internacionais*. 3. ed. Porto Alegre: Livraria do Advogado, 2003, p. 214.

[5] SILVA, G. E. do Nascimento; ACCIOLY, Hildebrando. *Manual de direito internacional*. 13. ed. São Paulo: Saraiva, 1998, p. 69.

[6] SEITENFUS, Ricardo. *Manual das organizações internacionais*. 3. ed. Porto Alegre: Livraria do Advogado, 2003, p. 214.

[7] AQUINO, Rubim; JESUS, Nivaldo; LOPES, Oscar. *História das sociedades americanas*. São Paulo: Record, 2000, p. 158.
"Já ao findar o século XIX, quando o capitalismo e a industrialização norte-americana conheceram acelerado desenvolvimento, nova manifestação do Monroísmo ocorreu graças aos esforços de James Blaine, Secretário de Estado dos EUA. Reuniram-se, então, em Washington, 18 países americanos entre outubro de 1889 e abril de 1890, na Primeira Conferência Internacional Americana, cujas decisões mais importantes foram: condenar a guerra e afirmar a nulidade de cessões territoriais decorrentes de operações de conquista ou sob ameaça de guerra; aprovar o recurso ao arbitramento para solução de eventuais divergências interamericanas; recomendar a construção de uma ferrovia intercontinental para melhor relacionamento entre os povos americanos; aprovar a criação de um órgão coordenador das relações comerciais. 'Esse organismo foi a União Pan-Americana, iniciada sob a denominação de Escritório Comercial das Repúblicas Americanas, com sede em Washington e mantida pelos recursos

A Doutrina Monroe ficou conhecida em razão da mensagem produzida pelo então presidente norte-americano James Monroe, que a encaminhou ao Congresso daquele país propondo uma série de princípios que deveriam nortear as ações a serem coordenadas pelos Estados Unidos na política externa: a) o continente americano não pode ser sujeito no futuro de ocupação por parte de nenhuma potência europeia; b) é inadmissível a intervenção de potência europeia nos negócios internos ou externos de qualquer país americano; c) os Estados Unidos não intervirão nos negócios pertinentes a qualquer país europeu.

As medidas propostas por Monroe tinham o claro objetivo de evitar que a Rússia prosseguisse em seus objetivos expansionistas em direção ao Alasca, como também restringir as pretensões espanholas em "reconquistar" suas ex-colônias no continente americano. Mello[8], ao comentar o valor dessa doutrina, assevera que ela tem importância meramente política e que os Estados Unidos sempre se opuseram a que ela se transformasse em um princípio jurídico, tendo se manifestado de maneira contrária na Conferência Pan-Americana de Santiago do Chile, quando se tentou englobá-la em uma declaração continental (a tentativa não prosperou em razão da oposição americana).

A Doutrina Monroe, embora tenha perdido importância no direito internacional, teve o mérito de haver criado entre os países americanos a consciência e a importância da não intervenção.

Registre-se também, por oportuno, que a Doutrina Drago teve como fundamento as ideias apresentadas pelo então Ministro das Relações Exteriores da Argentina – Luis María Drago, em 1902. Isso porque houve um ataque à Venezuela por navios britânicos, italianos e alemães, nos portos de La Guaira, Puerto Cabello e Maracaibo, com a argumentação de que a Venezuela estava inadimplente em relação aos Estados agressores.

Em razão dos atos de agressão produzidos, os estados americanos protestaram no plano internacional, mas foi, sem dúvida, o pronunciamento do Ministro Drago o mais marcante em relação ao episódio. Drago não contestava a obrigação da Venezuela em pagar as dívidas em relação aos credores; todavia, a cobrança dos valores não poderia ser feita utilizando-se meios desmensurados para que houvesse o cumprimento da obrigação.

As propostas de Drago foram apresentadas na Segunda Conferência de Paz da Haia, no ano de 1907, tendo sido aprovadas com o grande apoio dos países americanos, com

---

proporcionados pelos Estados-membros.' Nessa conferência, os norte-americanos procuraram aprovar uma reunião aduaneira continental. Era o Destino Manifesto em sua segunda etapa econômica – a primeira fora territorial e custara ao México a perda da metade de suas terras – visando a ampliar a expansão econômica dos EUA, altamente industrializados, na América Latina, agrária e tradicional consumidora de produtos industriais europeus. O projeto fracassou devido sobretudo à resistência do delegado da Argentina, Roque Sáenz-Peña. 'Essa Assembleia seria o início de uma série de outras que, com o andar dos tempos, alteraria o conceito de solidariedade continental, partindo para um instrumento que é hoje a Organização dos Estados Americanos, a OEA, com poderes amplos, que incluem a intervenção nos Estados-Membros, a ajuda ou cooperação técnica, a ordem continental, o incentivo ao desenvolvimento'. "

[8] MELLO, Celso Albuquerque. *Curso de direito internacional público.* 15. ed. Rio de Janeiro: Renovar, 2004, p. 511.

a incorporação de outras questões apresentadas pelo norte-americano Horace Porter. Com as mudanças propostas e aceitas, a doutrina passou então a ser conhecida como Drago-Porter, em que, ao final, ficou proibido o emprego da força para a cobrança de dívidas financeiras.

Impende assinalar que a Primeira Conferência Internacional Americana foi realizada em Washington, D.C., de outubro de 1889 a abril de 1890, com o objetivo de discutir e recomendar a adoção dos respectivos governos de um plano de arbitragem para a solução de controvérsias e disputas que pudessem surgir entre eles, para considerar questões relativas ao melhoramento do intercâmbio comercial e dos meios de comunicação direta entre esses países, e incentivar relações comerciais recíprocas que fossem benéficas para todos e assegurasse mercados mais amplos para os produtos de cada um desses países. Decidiu-se, ao final, constituir a "União Internacional das Repúblicas Americanas para a pronta coleta e distribuição de informações comerciais", sediada em Washington.

Os Estados Americanos tiveram a oportunidade de realizar vários encontros importantes até a constituição da Organização dos Estados Americanos, tais como: a Quinta Conferência Internacional Americana, em Santiago do Chile, no ano de 1923, que adotou o Tratado para Evitar ou Prevenir Conflitos entre Estados Americanos; a Sétima Conferência Internacional Americana, realizada em Montevidéu (Uruguai), em 1933, que adotou a Convenção sobre os Direitos e Deveres dos Estados e reafirmou o princípio de que "os Estados são juridicamente iguais, desfrutam iguais direitos e possuem capacidade igual para exercê-los", bem como a reafirmação do princípio da não intervenção em assuntos internos ou externos; a Conferência Interamericana sobre Problemas da Guerra e da Paz, realizada em 1945, na Cidade do México, para discutir atividades conjuntas a serem produzidas pelos Estados americanos no âmbito da Organização das Nações Unidas; a Conferência Interamericana para Manutenção da Paz e Segurança no Continente, realizada no Rio de Janeiro (Brasil), em 1947, que adotou o Tratado Interamericano de Assistência Recíproca, com o firme propósito de assegurar a autodefesa coletiva legítima no caso de um ataque de potência estrangeira de fora da região e decidir ações conjuntas no caso de um conflito entre dois Estados partes do Tratado.

Por fim, registre-se que, em 30 de abril de 1948, por ocasião da IX Conferência dos Estados Americanos, foram produzidos três textos importantes para o funcionamento e desenvolvimento do sistema americano: a Carta da OEA, a Declaração Americana de Direitos e Deveres do Homem e o Pacto Americano de Soluções Pacíficas. Os referidos documentos internacionais entraram em vigência em 13 de dezembro de 1951.

Surge, assim, a Organização dos Estados Americanos, que se apresenta como uma organização internacional que tem por fundamentos precípuos o alcance de uma ordem que consagre a paz, a justiça e a solidariedade entre as nações[9].

---

[9] Na mesma direção, HITTERS, Juan Carlos; FAPPIANO, Oscar L. *Derecho internacional de los derechos humanos.*

Hodiernamente não se pode questionar o importante papel que essa Organização desempenha no cenário internacional e, de maneira específica, no contexto americano.

É bem verdade que a partir da década de 90, do século passado, a Organização vivencia um novo momento. Isso porque após anos de grandes violações aos direitos humanos, rupturas do Estado de Direito e da democracia, o continente passa a contemplar uma nova agenda política resultante de novo quadro vigente com a valorização desses pontos.

Verifica-se, pois, que a Organização dos Estados Americanos assume o grande compromisso com a democracia, fortalecendo, por consequência, a governabilidade, a paz, a segurança e a valorização dos direitos humanos[10].

---

2. ed. Buenos Aires, 2007, p. 369: "La Organización de los Estados Americanos es un ente regional internacional pergeñado por los países de América con la intención de lograr un orden de paz y justicia, fomentar la solidaridad, defender su soberanía, su integridad territorial y su independencia".

[10] Nesse sentido, o preâmbulo da CARTA DEMOCRÁTICA INTERAMERICANA (aprovada na primeira sessão plenária, realizada em 11 de setembro de 2001):

"CONSIDERANDO que a Carta da Organização dos Estados Americanos reconhece que a democracia representativa é indispensável para a estabilidade, a paz e o desenvolvimento da região, e que um dos propósitos da OEA é promover e consolidar a democracia representativa, respeitado o princípio da não intervenção;

RECONHECENDO as contribuições da OEA e de outros mecanismos regionais e sub-regionais para a promoção e consolidação da democracia nas Américas;

RECORDANDO que os Chefes de Estado e de Governo das Américas, reunidos na Terceira Cúpula das Américas, realizada de 20 a 22 de abril de 2001 na Cidade de Québec, adotaram uma cláusula democrática que estabelece que qualquer alteração ou ruptura inconstitucional da ordem democrática em um Estado do Hemisfério constitui um obstáculo insuperável à participação do Governo do referido Estado no processo de Cúpulas das Américas;

LEVANDO EM CONTA que as cláusulas democráticas existentes nos mecanismos regionais e sub-regionais expressam os mesmos objetivos que a cláusula democrática adotada pelos Chefes de Estado e de Governo na Cidade de Québec;

REAFIRMANDO que o caráter participativo da democracia em nossos países nos diferentes âmbitos da atividade pública contribui para a consolidação dos valores democráticos e para a liberdade e a solidariedade no Hemisfério;

CONSIDERANDO que a solidariedade e a cooperação dos Estados americanos requerem a sua organização política com base no exercício efetivo da democracia representativa e que o crescimento econômico e o desenvolvimento social baseados na justiça e na equidade e a democracia são interdependentes e se reforçam mutuamente;

REAFIRMANDO que a luta contra a pobreza, especialmente a eliminação da pobreza crítica, é essencial para a promoção e consolidação da democracia e constitui uma responsabilidade comum e compartilhada dos Estados americanos;

TENDO PRESENTE que a Declaração Americana dos Direitos e Deveres do Homem e a Convenção Americana sobre Direitos Humanos contêm os valores e princípios de liberdade, igualdade e justiça social que são intrínsecos à democracia;

REAFIRMANDO que a promoção e proteção dos direitos humanos é condição fundamental para a existência de uma sociedade democrática e reconhecendo a importância que tem o contínuo desenvolvimento e fortalecimento do sistema interamericano de direitos humanos para a consolidação da democracia;

CONSIDERANDO que a educação é um meio eficaz para fomentar a consciência dos cidadãos com respeito a seus próprios países e, desta forma, lograr uma participação significativa no processo de tomada de decisões, e reafirmando a importância do desenvolvimento dos recursos humanos para se alcançar um sistema democrático sólido;

RECONHECENDO que um meio ambiente saudável é indispensável para o desenvolvimento integral do ser humano, o que contribui para a democracia e a estabilidade política;

TENDO PRESENTE que o Protocolo de San Salvador em matéria de Direitos Econômicos, Sociais e Culturais ressalta a importância de que tais direitos sejam reafirmados, desenvolvidos, aperfeiçoados e protegidos para consolidar o sistema democrático representativo de governo;

Nesse sentido, oportuno destacar os capítulos I e II da Carta Democrática Interamericana, que consagra, respectivamente, pressupostos relativos à democracia e ao sistema interamericano e à democracia e aos direitos humanos:

"I – A democracia e o sistema interamericano

Artigo 1 – Os povos da América têm direito à democracia e seus governos têm a obrigação de promovê-la e defendê-la. A democracia é essencial para o desenvolvimento social, político e econômico dos povos das Américas.

Artigo 2 – O exercício efetivo da democracia representativa é a base do Estado de Direito e dos regimes constitucionais dos Estados membros da Organização dos Estados Americanos. A democracia representativa reforça-se e aprofunda-se com a participação

---

RECONHECENDO que o direito dos trabalhadores de se associarem livremente para a defesa e promoção de seus interesses é fundamental para a plena realização dos ideais democráticos;

LEVANDO EM CONTA que, no Compromisso de Santiago com a Democracia e a Renovação do Sistema Interamericano, os Ministros das Relações Exteriores expressaram sua determinação de adotar um conjunto de procedimentos eficazes, oportunos e expeditos para assegurar a promoção e defesa da democracia representativa, respeitado o princípio da não intervenção, e que a resolução AG/RES. 1080 (XXI-O/91) estabeleceu, consequentemente, um mecanismo de ação coletiva para o caso em que ocorresse uma interrupção abrupta ou irregular do processo político institucional democrático ou do legítimo exercício do poder por um governo democraticamente eleito em qualquer dos Estados membros da Organização, materializando, assim, uma antiga aspiração do Continente de responder rápida e coletivamente em defesa da democracia;

RECORDANDO que, na Declaração de Nassau [AG/DEC. 1 (XXII-O/92)], acordou-se desenvolver mecanismos a fim de proporcionar a assistência que os Estados membros solicitem para promover, preservar e fortalecer a democracia representativa, de maneira a complementar e cumprir o previsto na resolução AG/RES. 1080 (XXI-O/91);

TENDO PRESENTE que, na Declaração de Manágua para a Promoção da Democracia e do Desenvolvimento [AG/DEC. 4 (XXIII-O/93)], os Estados membros expressaram seu convencimento de que a democracia, a paz e o desenvolvimento são partes inseparáveis e indivisíveis de uma visão renovada e integral da solidariedade americana e de que, da implementação de uma estratégia inspirada na interdependência e na complementaridade desses valores, dependerá a capacidade da OEA de contribuir para preservar e fortalecer as estruturas democráticas no Hemisfério;

CONSIDERANDO que, na Declaração de Manágua para a Promoção da Democracia e do Desenvolvimento, os Estados membros expressaram sua convicção de que a missão da Organização não se limita à defesa da democracia nos casos de rompimento de seus valores e princípios fundamentais, mas também exige um trabalho permanente e criativo destinado a consolidá-la, bem como um esforço permanente para prevenir e antecipar as próprias causas dos problemas que afetam o sistema democrático de governo;

TENDO PRESENTE que os Ministros das Relações Exteriores das Américas, por ocasião do Trigésimo Primeiro Período Ordinário de Sessões da Assembleia Geral em São José, Costa Rica, dando cumprimento à expressa instrução dos Chefes de Estado e Governo reunidos na Terceira Cúpula das Américas, realizada na Cidade de Québec, aceitaram o documento de base da Carta Democrática Interamericana e encarregaram o Conselho Permanente de fortalecê-la e ampliá-la, em conformidade com a Carta da OEA, para sua aprovação definitiva em um período extraordinário de sessões da Assembleia Geral em Lima, Peru;

RECONHECENDO que todos os direitos e obrigações dos Estados membros nos termos da Carta da OEA representam o fundamento sobre o qual estão constituídos os princípios democráticos do Hemisfério; e

LEVANDO EM CONTA o desenvolvimento progressivo do Direito Internacional e a conveniência de precisar as disposições contidas na Carta da Organização dos Estados Americanos e em instrumentos básicos concordantes, relativas à preservação e defesa das instituições democráticas, em conformidade com a prática estabelecida, RESOLVE:".

permanente, ética e responsável dos cidadãos em um marco de legalidade, em conformidade com a respectiva ordem constitucional.

Artigo 3 – São elementos essenciais da democracia representativa, entre outros, o respeito aos direitos humanos e às liberdades fundamentais, o acesso ao poder e seu exercício com sujeição ao Estado de Direito, a celebração de eleições periódicas, livres, justas e baseadas no sufrágio universal e secreto como expressão da soberania do povo, o regime pluralista de partidos e organizações políticas, e a separação e independência dos poderes públicos.

Artigo 4 – São componentes fundamentais do exercício da democracia a transparência das atividades governamentais, a probidade, a responsabilidade dos governos na gestão pública, o respeito dos direitos sociais e a liberdade de expressão e de imprensa. A subordinação constitucional de todas as instituições do Estado à autoridade civil legalmente constituída e o respeito ao Estado de Direito por todas as instituições e setores da sociedade são igualmente fundamentais para a democracia.

Artigo 5 – O fortalecimento dos partidos e de outras organizações políticas é prioritário para a democracia. Dispensar-se-á atenção especial à problemática derivada dos altos custos das campanhas eleitorais e ao estabelecimento de um regime equilibrado e transparente de financiamento de suas atividades.

Artigo 6 – A participação dos cidadãos nas decisões relativas ao seu próprio desenvolvimento é um direito e uma responsabilidade. É também uma condição necessária para o exercício pleno e efetivo da democracia. Promover e fomentar diversas formas de participação fortalece a democracia.

II – A democracia e os direitos humanos

Artigo 7 – A democracia é indispensável para o exercício efetivo das liberdades fundamentais e dos direitos humanos, em seu caráter universal, indivisível e interdependente, consagrados nas respectivas constituições dos Estados e nos instrumentos interamericanos e internacionais de direitos humanos.

Artigo 8 – Qualquer pessoa ou grupo de pessoas que considere que seus direitos humanos tenham sido violados pode interpor denúncias ou petições perante o sistema interamericano de promoção e proteção dos direitos humanos, conforme os procedimentos nele estabelecidos. Os Estados membros reafirmam sua intenção de fortalecer o sistema interamericano de proteção dos direitos humanos, para a consolidação da democracia no Hemisfério.

Artigo 9 – A eliminação de toda forma de discriminação, especialmente a discriminação de gênero, étnica e racial, e das diversas formas de intolerância, bem como a promoção e proteção dos direitos humanos dos povos indígenas e dos migrantes, e o respeito à diversidade étnica, cultural e religiosa nas Américas contribuem para o fortalecimento da democracia e a participação do cidadão.

Artigo 10 – A promoção e o fortalecimento da democracia requerem o exercício pleno e eficaz dos direitos dos trabalhadores e a aplicação de normas trabalhistas básicas, tal como estão consagradas na Declaração da Organização Internacional do Trabalho

(OIT) relativa aos Princípios e Direitos Fundamentais no Trabalho e seu Acompanhamento, adotada em 1998, bem como em outras convenções básicas afins da OIT. A democracia fortalece-se com a melhoria das condições de trabalho e da qualidade de vida dos trabalhadores do Hemisfério".

Indubitavelmente, os Estados americanos passam a reconhecer a democracia representativa como indispensável à estabilidade, à paz, ao desenvolvimento da região, bem como à valorização da dignidade humana.

2. PRINCÍPIOS DA OEA

A Carta da OEA foi produzida para alcançar precipuamente objetivos relativos à manutenção da paz e segurança do continente, conforme se observa na leitura de seu artigo 2:

"Para realizar os princípios em que se baseia e para cumprir com suas obrigações regionais, de acordo com a Carta das Nações Unidas, a Organização dos Estados Americanos estabelece como propósitos essenciais os seguintes:

a) Garantir a paz e a segurança continentais;

b) Promover e consolidar a democracia representativa, respeitado o princípio da não intervenção;

c) Prevenir as possíveis causas de dificuldades e assegurar a solução pacífica das controvérsias que surjam entre seus membros;

d) Organizar a ação solidária destes em caso de agressão;

e) Procurar a solução dos problemas políticos, jurídicos e econômicos que surgirem entre os Estados membros;

f) Promover, por meio da ação cooperativa, seu desenvolvimento econômico, social e cultural;

g) Erradicar a pobreza crítica, que constitui um obstáculo ao pleno desenvolvimento democrático dos povos do Hemisfério;

h) Alcançar uma efetiva limitação de armamentos convencionais que permita dedicar a maior soma de recursos ao desenvolvimento econômico-social dos Estados membros".

Além disso, embora fosse contemplado um documento específico para os Direitos Humanos – a Declaração Americana de Direitos e Deveres do Homem –, a Carta enunciou essa preocupação logo em seu preâmbulo, como apresentado acima, bem como ao consagrar uma principiologia que deve nortear as ações a serem desenvolvidas pelos Estados membros da Organização. Assim dispõe em seu artigo 3:

"Os Estados americanos reafirmam os seguintes princípios:

a) O direito internacional é a norma de conduta dos Estados em suas relações recíprocas;

b) A ordem internacional é constituída essencialmente pelo respeito à personalidade, soberania e independência dos Estados e pelo cumprimento fiel das obrigações emanadas dos tratados e de outras fontes do direito internacional;

c) A boa-fé deve reger as relações dos Estados entre si;

d) A solidariedade dos Estados americanos e os altos fins a que ela visa requerem a organização política dos mesmos, com base no exercício efetivo da democracia representativa;

e) Todo Estado tem o direito de escolher, sem ingerências externas, seu sistema político, econômico e social, bem como de se organizar da maneira que mais lhe convenha, e tem o dever de não intervir nos assuntos de outro Estado. Sujeitos ao acima disposto, os Estados americanos cooperarão amplamente entre si, independentemente da natureza de seus sistemas políticos, econômicos e sociais;

f) A eliminação da pobreza crítica é parte essencial da promoção e consolidação da democracia representativa e constitui responsabilidade comum e compartilhada dos Estados americanos;

g) Os Estados americanos condenam a guerra de agressão: a vitória não dá direitos;

h) A agressão a um Estado americano constitui uma agressão a todos os demais Estados americanos;

i) As controvérsias de caráter internacional, que surgirem entre dois ou mais Estados americanos, deverão ser resolvidas por meio de processos pacíficos;

j) A justiça e a segurança sociais são bases de uma paz duradoura;

k) A cooperação econômica é essencial para o bem-estar e para a prosperidade comuns dos povos do Continente;

l) Os Estados americanos proclamam os direitos fundamentais da pessoa humana, sem fazer distinção de raça, nacionalidade, credo ou sexo;

m) A unidade espiritual do Continente baseia-se no respeito à personalidade cultural dos países americanos e exige a sua estreita colaboração para as altas finalidades da cultura humana;

n) A educação dos povos deve orientar-se para a justiça, a liberdade e a paz".

Sem dúvida, o verdadeiro sentido da solidariedade americana e da boa vizinhança não pode ser outro senão o de consolidar no continente, dentro do quadro das instituições democráticas, um regime de liberdade individual e de justiça social, fundado no respeito dos direitos essenciais do homem.

Digno ainda de nota o fato de que a Carta da OEA sofreu algumas reformas ao longo de sua existência, por força do Protocolo de Buenos Aires, em 1967 (atendeu à preocupação dos Estados membros em criar mecanismos que considerassem de maneira prioritária os temas de natureza econômica, social e cultural), do Protocolo de Cartagena das Índias, em 1985 (introduziu os temas da promoção e consolidação da democracia, respeitado o princípio da não intervenção), do Protocolo de Washington, em 1992 (incorporou mecanismo político de suspensão de Estados onde houvesse ocorrido quebra da ordem democrática e, no campo socioeconômico, definiu a pobreza crítica como obstáculo à democracia, ressaltando a necessidade de combatê-la), e do Protocolo de Manágua, no ano de 1993 (estabeleceu parâmetros bem definidos para a cooperação hemisférica, imprimindo-lhe um caráter integral. Nesse sentido, foi criado o Conselho Interamericano de Desenvolvimento Integral, que atua nas áreas de educação, desenvolvimento social e geração de empregos produtivos, diversificação e integração econômica, abertura comercial e acesso a mercados, desenvolvimento científico, intercâmbio e transferência de tecnologia, fortalecimento das instituições democráticas, desenvolvimento sustentável, meio ambiente etc.).

3. MEMBROS

De acordo com o que estabelece a Carta da Organização dos Estados Americanos em seu artigo 4, são considerados membros da referida Organização todos os Estados americanos que ratificarem o seu documento institutivo (a Carta da OEA). Atualmente a Organização conta com 35 (trinta e cinco) países. São eles: Antígua e Barbuda; Argentina; Bahamas; Barbados; Belize; Bolívia; Brasil; Canadá; Chile; Colômbia; Costa Rica; Cuba[11]; Dominica; El Salvador; Equador; Estados Unidos da América; Granada; Guatemala; Guiana; Haiti; Honduras; Jamaica; México; Nicarágua; Panamá; Paraguai; Peru; República Dominicana; Saint Kitts e Nevis; Santa Lúcia; São Vicente e Granadinas; Suriname; Trinidad e Tobago; Uruguai; Venezuela.

A Carta da OEA estabelece alguns pressupostos para que o Estado seja admitido com a qualidade de membro, devendo, portanto, o interessado manifestar o interesse mediante nota dirigida ao Secretário-Geral, na qual seja consignado que está disposto a assinar e ratificar a Carta da Organização, bem como a aceitar todas as obrigações inerentes à condição de membro, em especial as referentes à segurança coletiva.

Observado esse procedimento, a Assembleia Geral, após recomendação do Conselho Permanente da Organização, determinará se é procedente autorizar o Secretário-Geral a permitir que o Estado solicitante assine a Carta e a aceitar o depósito do respectivo instrumento de ratificação. Impende assinalar que tanto a recomendação do Conselho Permanente como a decisão da Assembleia Geral requererão o voto afirmativo de dois terços dos Estados membros. Atente-se que para que o Estado possa se tornar membro da OEA são cumpridos vários procedimentos para sua admissão com a interveniência de seus órgãos.

Do mesmo modo, um membro da Organização, cujo governo democraticamente constituído seja deposto pela força, poderá ser suspenso do exercício do direito de participação nas sessões da Assembleia Geral, da Reunião de Consulta, dos Conselhos da Organização e das Conferências Especializadas, bem como das comissões, dos grupos de trabalho e dos demais órgãos que tenham sido criados.

---

[11] Em 3 de junho de 2009, os Ministros de Relações Exteriores das Américas adaptaram a Resolução AG/RES. 2438 (XXXIX-O/09), que determina que a Resolução de 1962, a qual excluiu o Governo de Cuba de sua participação no sistema interamericano, cessa seu efeito na Organização dos Estados Americanos (OEA). A Resolução de 2009 declara que a participação da República de Cuba na OEA será o resultado de um processo de diálogo iniciado na solicitação do Governo de Cuba, e de acordo com as práticas, os propósitos e os princípios da OEA.

Cumpre ainda assinalar que os Estados poderão se retirar da Organização Internacional, na medida em que a Carta poderá ser denunciada por qualquer dos Estados membros, mediante uma notificação escrita à Secretaria-Geral, a qual comunicará em cada caso a todos os outros Estados as notificações de denúncia que receber. Transcorridos dois anos a partir da data em que a Secretaria-Geral receber uma notificação de denúncia, a presente Carta cessará seus efeitos em relação ao dito Estado denunciante e este ficará desligado da Organização, depois de ter cumprido as obrigações oriundas da presente Carta.

4. DIREITOS E DEVERES

A Carta da OEA, particularmente no capítulo IV, apresenta os direitos e deveres dos Estados que fazem parte da Organização Internacional. Importante registrar, desde logo, que o sistema americano é considerado bastante avançado nessa matéria, por ter consagrado no plano convencional os direitos e deveres dos Estados. Isso porque, a título exemplificativo, a Organização das Nações Unidas (ONU), considerada a principal organização do planeta, ainda não conseguiu tratar de maneira específica numa convenção internacional os citados pontos.

Assim, podem ser apresentados os seguintes direitos e deveres dos Estados americanos: o direito de igualdade ("artigo 10 – os Estados são juridicamente iguais, desfrutam de iguais direitos e de igual capacidade para exercê-los, e têm deveres iguais. Os direitos de cada um não dependem do poder de que dispõem para assegurar o seu exercício, mas sim do simples fato da sua existência como personalidade jurídica internacional"); respeito recíproco ("artigo 11 – todo Estado americano tem o dever de respeitar os direitos dos demais Estados de acordo com o direito internacional"); impossibilidade de restringir o direito dos Estados ("artigo 12 – os direitos fundamentais dos Estados não podem ser restringidos de maneira alguma"); existência independe do reconhecimento ("artigo 13 – a existência política do Estado é independente do seu reconhecimento pelos outros Estados. Mesmo antes de ser reconhecido, o Estado tem o direito de defender a sua integridade e independência, de promover a sua conservação e prosperidade, e, por conseguinte, de se organizar como melhor entender, de legislar sobre os seus interesses, de administrar os seus serviços e de determinar a jurisdição e a competência dos seus tribunais. O exercício desses direitos não tem outros limites senão o do exercício dos direitos de outros Estados, conforme o direito internacional"); e ("artigo 14 – o reconhecimento significa que o Estado que o outorga aceita a personalidade do novo Estado com todos os direitos e deveres que, para um e outro, determina o direito internacional"); direito de proteção e existência ("artigo 15 – o direito que tem o Estado de proteger e desenvolver a sua existência não o autoriza a praticar atos injustos contra outro Estado"); direito à jurisdição ("artigo 16 – a jurisdição dos Estados nos limites do território nacional exerce-se igualmente sobre todos os habitantes, quer sejam nacionais ou estrangeiros"); direito ao desenvolvimento ("artigo 17 – cada Estado tem o direito de desenvolver, livre e espontaneamente, a sua vida cultural, política e econômica. No seu livre desenvolvimento, o Estado respeitará os direitos da pessoa humana e os princípios da moral universal"); *pacta sunt servanda* ("artigo 18 – o respeito e a observância fiel dos tratados constituem norma para o desenvolvimento das relações pacíficas entre os Estados. Os tratados e acordos internacionais devem ser públicos"); não intervenção ("artigo 19 – nenhum Estado ou grupo de Estados tem o direito de intervir, direta ou indiretamente, seja qual for o motivo, nos assuntos internos ou externos de qualquer outro. Este princípio exclui não somente a força armada, mas também qualquer outra forma de interferência ou de tendência atentatória à personalidade do Estado e dos elementos políticos, econômicos e culturais que o constituem"); vedação de medidas coercitivas ("artigo 20 – nenhum Estado poderá aplicar ou estimular medidas coercivas de caráter econômico e político, para forçar a vontade soberana de outro Estado e obter deste vantagens de qualquer natureza"); inviolabilidade do território ("artigo 21 – o território de um Estado é inviolável; não pode ser objeto de ocupação militar, nem de outras medidas de força tomadas por outro Estado, direta ou indiretamente, qualquer que seja o motivo, embora de maneira temporária. Não se reconhecerão as aquisições territoriais ou as vantagens especiais obtidas pela força ou por qualquer outro meio de coação"); vedação ao uso da força ("artigo 22 – os Estados americanos se comprometem, em suas relações internacionais, a não recorrer ao uso da força, salvo em caso de legítima defesa, em conformidade com os tratados vigentes, ou em cumprimento dos mesmos tratados"); observância da paz e segurança no continente ("artigo 23 – as medidas adotadas para a manutenção da paz e da segurança, de acordo com os tratados vigentes, não constituem violação aos princípios enunciados nos artigos 19 e 21").

5. A ESTRUTURA ORGÂNICA DA OEA

A segunda parte da Carta da OEA apresenta a estrutura da Organização dos Estados Americanos[12], que contempla os seguintes órgãos: Assembleia Geral; Reunião de Consulta dos Ministros das Relações Exteriores; Conselhos; Comissão Jurídica Interamericana; Comissão Interamericana de Direitos Humanos; Secretaria-Geral; Conferências Especializadas e Organismos Especializados. Abaixo serão apresentados os órgãos que fazem parte da estrutura da OEA.

5.1. Assembleia Geral

A Assembleia Geral é o órgão principal e supremo da Organização dos Estados Americanos[13]. É constituída pelas delegações de todos os Estados membros, que têm direito a se fazer representar e a emitir um voto cada um.

---

[12] VELASCO, Manuel Diez de. *Las organizaciones internacionales*. 14. ed. Madrid: Tecnos, 2007, p. 709: "La estructura de la OEA tiene una gran amplitud, inicialmente determinada en el texto de la Carta de Bogotá y ampliada y reestructurada en el Protocolo de Buenos Aires, que presenta innovaciones con respecto de aquélla. La OEA realizará sus fines por medio de una serie de órganos".

[13] HITTERS, Juan Carlos; FAPPIANO, Oscar L. *Derecho internacional de los derechos humanos*. 2. ed. Buenos Aires: Ediar, 2007. t. I, p. 377, afirmam que "su competencia principal (Asamblea General) apunta a las cuestiones políticas y administrativas, ya que la Comisión Interamericana y la Corte Interamericana de Derechos Humanos, son en realidad quienes cumplen la tarea de un verdadero *forum* en el campo que nos ocupa".

A definição dos mecanismos, políticas, ações e mandatos da Organização tem origem na Assembleia Geral, que se reunirá anualmente na época que determine o Regulamento e na sede escolhida conforme o princípio de rotatividade. Em circunstâncias especiais e com a aprovação de dois terços dos Estados membros, o Conselho Permanente poderá convocar um período extraordinário de sessões da Assembleia Geral. As principais atribuições da Assembleia Geral estão definidas no artigo 54 da Carta da OEA, como se vê:

"A Assembleia Geral é o órgão supremo da Organização dos Estados Americanos. Tem por principais atribuições, além das outras que lhe confere a Carta, as seguintes:

a) Decidir a ação e a política gerais da Organização, determinar a estrutura e funções de seus órgãos e considerar qualquer assunto relativo à convivência dos Estados americanos;

b) Estabelecer normas para a coordenação das atividades dos órgãos, organismos e entidades da Organização entre si e de tais atividades com as das outras instituições do Sistema Interamericano;

c) Fortalecer e harmonizar a cooperação com as Nações Unidas e seus organismos especializados;

d) Promover a colaboração, especialmente nos setores econômico, social e cultural, com outras organizações internacionais cujos objetivos sejam análogos aos da Organização dos Estados Americanos;

e) Aprovar o orçamento-programa da Organização e fixar as quotas dos Estados membros;

f) Considerar os relatórios da Reunião de Consulta dos Ministros das Relações Exteriores e as observações e recomendações que, a respeito dos relatórios que deverem ser apresentados pelos demais órgãos e entidades, lhe sejam submetidas pelo Conselho Permanente, conforme o disposto na alínea *f*, do artigo 91, bem como os relatórios de qualquer órgão que a própria Assembleia Geral requeira;

g) Adotar as normas gerais que devem reger o funcionamento da Secretaria-Geral; e

h) Aprovar seu regulamento e, pelo voto de dois terços, sua agenda".

A Assembleia Geral se reúne de forma ordinária uma única vez por ano, mas poderá se reunir de maneira extraordinária em outras circunstâncias especiais. Sua sede encontra-se em Washington e seus membros têm o direito de participar das reuniões com permissão a um voto. As deliberações da Assembleia Geral são adotadas pelo voto da maioria absoluta dos Estados membros, salvo nos casos em que se exige a votação com dois terços, conforme o disposto na própria Carta.

5.2. Reunião de consulta dos Ministros das Relações Exteriores

A Reunião de Consulta dos Ministros das Relações Exteriores está estruturada com a finalidade de considerar problemas de caráter urgente e de interesse comum para os Estados americanos e para servir também como órgão de consulta. Qualquer Estado membro poderá pedir que se convoque a Reunião de Consulta. A solicitação deverá ser dirigida ao Conselho Permanente da Organização, o qual decidirá, por maioria absoluta de votos, se a Reunião é procedente ou não.

Quando um ou mais Estados membros que tiverem ratificado o Tratado Interamericano de Assistência Recíproca (TIAR)[14] solicitarem a convocação da Reunião de Consulta, de acordo com o artigo 13 desse Tratado, o Conselho Permanente, por maioria absoluta dos Estados que tiverem ratificado o TIAR, decidirá se a reunião é procedente.

A agenda e o regulamento da Reunião de Consulta são preparados pelo Conselho Permanente da Organização e submetidos à consideração dos Estados membros. A atuação do Conselho Permanente como órgão de consulta rege-se pelo disposto no TIAR. Se, excepcionalmente, o Ministro das Relações Exteriores de qualquer país não puder comparecer à Reunião, far-se-á representar por um delegado especial.

Em caso de ataque armado ao território de um Estado americano ou dentro da região de segurança delimitada pelo tratado vigente, o Presidente do Conselho Permanente reunirá o Conselho, sem demora, para determinar a convocação da Reunião de Consulta, sem prejuízo do disposto no TIAR, no que diz respeito aos Estados Partes nesse instrumento.

O Secretário-Geral Adjunto atuará como Secretário da Reunião de Consulta dos Ministros das Relações Exteriores quando assim o dispuser o Regulamento da Reunião.

5.3. Conselhos (Conselho Permanente e Conselho Interamericano de Desenvolvimento Integral)

O artigo 70 da Carta da OEA dispõe sobre a criação de Conselhos (o Conselho Permanente da Organização e o Conselho Interamericano de Desenvolvimento Integral), que dependem diretamente da Assembleia Geral e têm a competência conferida a cada

---

[14] "O Tratado Interamericano de Assistência Recíproca, adotado pela Terceira Reunião de Consulta de Ministros das Relações Exteriores, realizada no Rio de Janeiro – Brasil, em 1947, responde ao conceito de solidariedade continental para adotar medidas de legítima defesa ou outras medidas coletivas para a defesa comum e a manutenção da paz e da segurança. Neste âmbito, o TIAR promove a solução pacífica da controvérsia exposta em seu artigo 2 e o Órgão de Consulta pode atuar com tal fim, segundo o disposto no artigo 7. (...) O TIAR é o tratado especial a que se refere o artigo 29 da Carta da Organização e define as medidas e os procedimentos para dar a resposta coletiva quando um Estado parte sofrer um ataque armado (artigo 3) ou uma agressão que não seja ataque armado (artigo 6). O mencionado artigo 3 contém uma referência específica ao 'exercício do direito imanente à legítima defesa individual ou coletiva que reconhece o artigo 51 da Carta das Nações Unidas'. O artigo 5, em concordância, indica a obrigação de informar o Conselho de Segurança, em conformidade com os artigos 51 e 54 da Carta das Nações Unidas, 'sobre as atividades desenvolvidas' no exercício da legítima defesa ou com o objetivo de conseguir a solução pacífica da controvérsia. O artigo 10, por sua vez, reforça o vínculo com o sistema das Nações Unidas ao estabelecer que nenhuma das estipulações do TIAR será interpretada no sentido de diminuir os direitos e as obrigações das Partes de acordo com a Carta das Nações Unidas. O TIAR também define a região na qual é aplicável (artigo 4) e as medidas que pode adotar o Órgão de Consulta (artigo 8). O TIAR também regula o funcionamento do Órgão de Consulta (artigos 11 a 19) e a obrigatoriedade das medidas adotadas, excetuando a aplicação da força armada que requer o consentimento expresso de cada Estado (artigos 20 e 21)." Disponível em: <http://www.oas.org/csh/portuguese/novosdocsegcolect.asp>. Acesso em: 27 abr. 2012.

um deles pela Carta e por outros instrumentos interamericanos, bem como as funções que lhes forem confiadas pela Assembleia Geral e pela Reunião de Consulta dos Ministros das Relações Exteriores.

5.3.1. Conselho Permanente

O Conselho Permanente da Organização depende diretamente da Assembleia Geral e tem a competência que lhe é atribuída pela Carta e por outros instrumentos interamericanos, bem como as funções de que for encarregado pela Assembleia Geral e pela Reunião de Consulta dos Ministros das Relações Exteriores. A sede do Conselho Permanente funciona em Washington. Como afirmam Hitters e Fappiano, "este cuerpo está regulado en el capítulo XII de la Carta de la OEA y se compone de un representante por cada Estado miembro, nombrado por cada gobierno con la categoría de embajador. Dicho organismo interviene dentro de los límites que le pone aquel ordenamiento, los tratados y acuerdos interamericanos, y para los asuntos que le encomienda la asamblea"[15].

Vela pela manutenção das relações de amizade entre os Estados membros e, para essa finalidade, ajuda de uma maneira efetiva na solução pacífica de suas controvérsias. Executa as decisões da Assembleia Geral ou da Reunião de Consulta dos Ministros das Relações Exteriores cujo cumprimento não tenha sido encarregado a nenhuma outra entidade. Zela pela observância das normas que regulam o funcionamento da Secretaria-Geral e, quando a Assembleia Geral não está reunida, adota as disposições de natureza regulamentar que habilitem a Secretaria-Geral a cumprir suas funções administrativas. Atua como Comissão Preparatória. Prepara, a pedido dos Estados membros, projetos para promover e facilitar a colaboração entre a OEA e a ONU e outros organismos americanos. Fórmula recomendações à Assembleia Geral sobre o funcionamento da Organização e a coordenação de seus órgãos subsidiários, organismos e comissões. Considera os relatórios dos órgãos, organismos e entidades do Sistema Interamericano e apresenta à Assembleia Geral as observações e as recomendações que julgar oportunas.

5.3.2. Conselho Interamericano de Desenvolvimento Integral

O Conselho Interamericano de Desenvolvimento Integral (CIDI), órgão diretamente subordinado à Assembleia Geral, com capacidade decisória em matéria de cooperação solidária para o desenvolvimento integral, foi criado com a entrada em vigor do Protocolo de Manágua.

O referido Conselho mantém um representante de cada Estado membro que é designado por seu próprio governo, cujas metas são: "recomendar medidas y programas de acción y evaluar periódicamente sus resultados, promover la cooperación entre los

---

[15] HITTERS, Juan Carlos; FAPPIANO, Oscar L. *Derecho internacional de los derechos humanos*. 2. ed. Buenos Aires: Ediar, 2007. t. I, p. 379.

Estados Americanos com el objeto de lograr su desarrollo integral y, en particular, contribuir a la eliminación de la pobreza crítica"[16].

É constituído pelos seguintes órgãos que a ele se submetem: a Comissão Executiva Permanente (CEPCIDI), a Agência Interamericana de Cooperação e Desenvolvimento (AICD), as Comissões Especializadas Não Permanentes (CENPES) e as Comissões Interamericanas.

5.4. Comissão Jurídica Interamericana

A Comissão Jurídica Interamericana é um dos órgãos mediante os quais a OEA realiza seus fins (artigo 53 da Carta). O Capítulo XIV da Carta define sua composição, atribuições e funções da seguinte maneira: serve de corpo consultivo da Organização em assuntos jurídicos; promove o desenvolvimento progressivo e a codificação do Direito Internacional; e analisa os problemas jurídicos referentes à integração dos países com vistas ao desenvolvimento do Hemisfério.

Compete ainda a esse órgão o estabelecimento de relações de cooperação com Universidades, Institutos e Centros de Ensino, bem como com Instituições dedicadas ao estudo, pesquisa ou divulgação nos assuntos jurídicos de interesse internacional. Com sede na cidade do Rio de Janeiro, é constituído por onze juristas dos Estados membros que são eleitos pela Assembleia Geral por um período de quatro anos.

5.5. Comissão Interamericana de Direitos Humanos[17]

A Comissão Interamericana de Direitos Humanos (CIDH) foi criada por resolução da Quinta Reunião de Consulta dos Ministros das Relações Exteriores em Santiago do Chile, em 1959. A CIDH foi formalmente instalada em 1960, quando o Conselho da Organização aprovou seu Estatuto. O Regulamento da Comissão, aprovado em 1980, foi modificado em várias oportunidades, a última delas em 2006.

A Comissão Interamericana de Direitos Humanos é um dos órgãos do Sistema Interamericano responsáveis pela promoção e proteção dos direitos humanos. É constituída por sete membros, eleitos pela Assembleia Geral, que exercem suas funções em caráter individual por um período de quatro anos, podendo ser reeleitos uma só vez.

5.6. Secretaria-Geral

A Secretaria-Geral é o órgão central e permanente da Organização dos Estados Americanos. Exercerá as funções que lhe atribuam a Carta, outros tratados e acordos interamericanos e a Assembleia Geral.

---

[16] HITTERS, Juan Carlos; FAPPIANO, Oscar L. *Derecho internacional de los derechos humanos*. 2. ed. Buenos Aires: Ediar, 2007. t. I, p. 380.

[17] O estudo da Comissão Interamericana de Direitos Humanos será melhor contemplado na parte que corresponde aos sistemas regionais de proteção dos direitos humanos.

Cumprirá ainda os encargos de que for incumbida pela Assembleia Geral, pela Reunião de Consulta dos Ministros das Relações Exteriores e pelos Conselhos. A Secretaria-Geral desempenha também as seguintes funções:

"a) Encaminhar *ex officio* aos Estados membros a convocatória da Assembleia Geral, da Reunião de Consulta dos Ministros das Relações Exteriores, do Conselho Interamericano de Desenvolvimento Integral e das Conferências Especializadas;

b) Assessorar os outros órgãos, quando cabível, na elaboração das agendas e regulamentos;

c) Preparar o projeto de orçamento-programa da Organização com base nos programas aprovados pelos Conselhos, organismos e entidades cujas despesas devam ser incluídas no orçamento-programa e, após consulta com esses Conselhos ou suas Comissões Permanentes, submetê-lo à Comissão Preparatória da Assembleia Geral e em seguida à própria Assembleia;

d) Proporcionar à Assembleia Geral e aos demais órgãos serviços de secretaria permanentes e adequados, bem como dar cumprimento a seus mandatos e encargos. Dentro de suas possibilidades, atender às outras reuniões da Organização;

e) Custodiar os documentos e arquivos das Conferências Interamericanas, da Assembleia Geral, das Reuniões de Consulta dos Ministros das Relações Exteriores, dos Conselhos e das Conferências Especializadas;

f) Servir de depositária dos tratados e acordos interamericanos, bem como dos instrumentos de ratificação dos mesmos;

g) Apresentar à Assembleia Geral, em cada período ordinário de sessões, um relatório anual sobre as atividades e a situação financeira da Organização; e

h) Estabelecer relações de cooperação, consoante o que for decidido pela Assembleia Geral ou pelos Conselhos, com os Organismos Especializados e com outros organismos nacionais e internacionais".

Não se pode olvidar que esse órgão é "conduzido" por um Secretário eleito pela Assembleia Geral para um período de cinco anos, admitindo-se a reeleição. Além de participar das reuniões da organização internacional, com direito a voz, mas sem direito a voto, é o responsável por representar legalmente o citado sujeito internacional.

5.7. Conferências especializadas

As Conferências Especializadas são reuniões intergovernamentais destinadas a tratar de assuntos técnicos especiais ou a desenvolver aspectos específicos da cooperação interamericana e são realizadas quando o determine a Assembleia Geral ou a Reunião de Consulta dos Ministros das Relações Exteriores, por iniciativa própria ou a pedido de algum dos Conselhos ou Organismos Especializados.

5.8. Organismos especializados

O Capítulo XVIII da Carta da OEA define os organismos especializados como organismos intergovernamentais estabelecidos por acordos multilaterais, que tenham determinadas funções em matérias técnicas de interesse comum para os Estados americanos. Gozam de ampla autonomia técnica no âmbito das recomendações da Assembleia Geral e dos Conselhos.

5.8.1. Organização Pan-Americana da Saúde

A Organização Pan-Americana da Saúde (OPAS), criada em 1902, pela Segunda Conferência Internacional dos Estados Americanos, é o organismo regional especializado em saúde do Sistema Interamericano, bem como o Escritório Regional para as Américas da Organização Mundial da Saúde (AMRO/OMS). A missão da OPAS é "orientar os esforços estratégicos de colaboração entre os Estados membros e outros parceiros, no sentido de promover a equidade na saúde, combater doenças, melhorar a qualidade e elevar a expectativa de vida dos povos das Américas".

5.8.2. Instituto Interamericano da Criança

O Instituto é um organismo especializado que contribui para a articulação das políticas públicas para a infância nas Américas, para a promoção da relação do Estado com a sociedade civil e para o desenvolvimento de uma consciência crítica em face dos problemas que afetam a infância e a adolescência na Região.

5.8.3. Comissão Interamericana de Mulheres

Criada pela Sexta Conferência Internacional Americana (Havana, 1928), a Comissão Interamericana de Mulheres (CIM) é um organismo consultivo da OEA e o principal foro gerador de políticas hemisféricas para a promoção dos direitos da mulher e da igualdade e equidade de gênero. Seu objetivo é promover a incorporação da perspectiva de gênero aos projetos, programas e políticas da Organização e incentivar os governos a desenvolver políticas públicas e programas com perspectiva de gênero, a fim de que homens e mulheres tenham as mesmas oportunidades em todos os âmbitos da sociedade.

5.8.4. Instituto Pan-Americano de Geografia e História

Criado pela Sexta Conferência Internacional Americana (Havana, 1928), o Instituto Pan-Americano de Geografia e História (IPGH) oferece cooperação técnica, capacitação em centros de pesquisa, divulgação de publicações e organização de reuniões técnicas nos campos de cartografia, geografia, história e geofísica. Com o apoio do sistema de seções nacionais e com o concurso da comunidade científica afim na região pan-americana, o IPGH responde à crescente demanda da comunidade científica internacional na tarefa de interpretação do território com base na análise geográfica e histórica e em uma visão autenticamente continental. Também desenvolve mecanismos de comunicações efetivas e oportunas entre os especialistas, com base em parâmetros específicos.

5.8.5. Instituto Indigenista Interamericano

O Instituto Indigenista Interamericano (III) foi criado em 1940 pela Convenção Internacional de Pátzcuaro e tem como objetivos fundamentais colaborar na coordenação das políticas indigenistas dos Estados membros e promover atividades de pesquisa e capacitação de pessoas dedicadas ao desenvolvimento das comunidades indígenas.

5.8.6. Instituto Interamericano de Cooperação para a Agricultura

Fundado em 1942, o Instituto Interamericano de Cooperação para a Agricultura (IICA) é o organismo especializado do Sistema Interamericano para o setor agropecuário e os territórios rurais. Incentiva, promove e apoia os esforços dos Estados membros por alcançar o desenvolvimento sustentável da agricultura e a prosperidade das comunidades rurais.

Apresentadas essas breves considerações acerca dos órgãos que fazem parte da Organização dos Estados Americanos, é chegado o momento de apreciar, ainda que de maneira resumida, o sistema de proteção dos direitos humanos que se aplica no âmbito do continente americano.

6. O SISTEMA DE PROTEÇÃO DOS DIREITOS HUMANOS

O sistema de proteção internacional dos direitos humanos no continente americano abarca os procedimentos contemplados na Carta da Organização dos Estados Americanos, na Declaração Americana dos Direitos e Deveres do Homem e na Convenção Americana de Direitos Humanos.

Isso porque o sistema americano, num primeiro momento, atribuía uma série de competências para todos os Estados-Membros, por força da Carta da Organização dos Estados Americanos e da Declaração Americana dos Direitos e Deveres do Homem. Posteriormente, com a Convenção Americana de Direitos Humanos, os procedimentos e instrumentos ali previstos são aplicados tão somente aos Estados-Partes do referido tratado internacional.

Por essa razão é que costuma se afirmar que no âmbito americano existe um sistema duplo de proteção dos direitos humanos: o sistema geral, que é baseado na Carta e na Declaração e o sistema que abarca apenas os Estados que são signatários da Convenção, que além de contemplar a Comissão Interamericana de Direitos Humanos, como no sistema geral, também alcança a Corte Interamericana de Direitos Humanos. Esses esclarecimentos também foram apresentados por outros autores, como se vê:

"(...) En el primer supuesto, las violaciones son cometidas por Estados miembros de la OEA que no han ratificado la Convención Americana de Derechos Humanos, como sucede por ejemplo con Estados Unidos y Canadá. En este supuesto la Comisión Interamericana a quien se dirige la petición, se rige por la Carta de la OEA y la Declaración Americana de los Derechos y Deberes del Hombre, así como por las disposiciones generales del Reglamento de la Comisión. En el segundo supuesto, la violación es cometida por Estados Miembros de la OEA que han ratificado la Convención Americana, pero no la competencia contenciosa de la Corte Interamericana de Derechos Humanos, como sucede por ejemplo con Jamaica. En este supuesto, la Comisión Interamericana se regirá no solo por la Declaración Americana de derechos y Deberes del Hombre sino también por la Convención Americana de Derechos Humanos y el Reglamento de la Comisión.

Finalmente, en el tercer supuesto, la violación es cometida por Estados Miembros de la OEA, que han suscrito la Convención Americana y que mediante declaración unilateral han aceptado la jurisdicción contenciosa de la Corte Interamericana de Derechos Humanos, como sucede, por ejemplo, con el Perú. En este último supuesto el sistema de protección interamericano de derechos humanos despliega toda su capacidad, al permitir no solo la aplicación de los instrumentos antes referidos sino también la intervención da la Comisión y Corte Interamericana de Derechos Humanos"[18].

Este sistema interamericano consagra a Carta, que é um documento mais abrangente, no que tange ao número de Estados que a ela estão submetidos, porém menos protetivo, posto que abarca apenas a Comissão como órgão voltado à proteção dos direitos humanos, e a Convenção, que se apresenta como documento hábil para os Estados que reconhecem a jurisdição da Corte Interamericana.

Com efeito, a "inauguração" do sistema americano encontra guarida na Carta da OEA que destaca logo em seu preâmbulo a necessidade de contemplar um sistema que possa garantir o respeito aos direitos humanos.

Piovesan acentua que para analisar o sistema interamericano de proteção dos direitos humanos devem ser levados em consideração dois aspectos: o contexto histórico e as peculiaridades da região:

"Trata-se de uma região marcada por elevado grau de exclusão e desigualdade social ao qual se somam democracias em fase de consolidação. A região convive ainda com as reminiscências do legado dos regimes autoritários ditatoriais, com uma cultura de violência e de impunidade, com a baixa densidade dos Estados de Direito e com a precária tradição de respeito aos direitos humanos no âmbito doméstico. Dois períodos assim demarcam o contexto latino-americano: o período dos regimes ditatoriais e o período da transição política aos regimes democráticos, marcado pelo fim das ditaduras militares na década de 80, na Argentina, no Chile, no Uruguai e no Brasil"[19].

O estudo do sistema interamericano de proteção aos direitos humanos tradicionalmente costuma apresentar uma abordagem de natureza histórica e também de natureza jurídica. O juiz da Corte Internacional de Justiça e Ex-Juiz Presidente da Corte Interamericana de Direitos Humanos – Antônio Augusto Cançado Trindade – apresenta uma abordagem histórica, mas sem descuidar do aspecto jurídico, das diversas fases da evolução do sistema interamericano de proteção dos direitos humanos em cinco etapas: antecedentes históricos; período de formação; fase de institucionalização convencional; fase de consolidação e fase de aperfeiçoamento[20].

---

[18] TALAVERA, Fabián Novak; MOYANO, Luis García Corrochano. *Derecho internacional público*. Peru: Fondo Editorial de la PUC, 2003. t. I, p. 272.

[19] PIOVESAN, Flávia. *Temas de direitos humanos*. 3. ed. São Paulo: Saraiva, 2009, p. 42.

[20] TRINDADE, Antônio Augusto Cançado. *O sistema interamericano de direitos humanos no limiar do novo século: recomendações para o fortalecimento de seu mecanismo de proteção*. O sistema interamericano de proteção dos direitos humanos e o direito brasileiro. São Paulo: RT, 2000, p. 103-151.

Seguindo o entendimento do referido doutrinador, impende tecer algumas considerações sobre o esquema acima colocado.

No que toca ao elemento histórico, Cançado apresenta como ponto de partida para o sistema interamericano de proteção aos direitos humanos, a Declaração Americana de Direitos e Deveres do Homem e a Carta Internacional Americana de Garantias Sociais, ambas de 1948 e afirma:

"Constatamos ter sido ela precedida ou acompanhada de instrumentos de conteúdo e efeitos jurídicos variáveis geralmente voltados a determinadas situações ou categorias de direitos: é o caso de convenções sobre direitos de estrangeiros e de cidadãos naturalizados, convenções sobre asilo, convenções sobre direitos da mulher, de resoluções adotadas em Conferências Interamericanas sobre aspectos distintos de proteção dos direitos humanos e declarações daquelas Conferências contendo alusões à temática dos direitos humanos"[21].

Indubitavelmente que a Declaração Americana de 1948 serviu de base e atuação para a matéria até que se formasse e fosse concebida a Convenção Americana de Direitos Humanos, de 1969, proclamando vários direitos inerentes à pessoa humana[22].

Quanto ao período de formação, este se caracteriza pela atuação da Comissão Interamericana de Direitos Humanos não podendo deixar de enfatizar sua importância para a proteção e o monitoramento dos direitos humanos nas Américas, principalmente antes da criação da Corte. Órgão quase judicial, autônomo, figurando entre os principais da estrutura da Organização dos Estados Americanos, segundo o artigo 51 da Carta dessa Organização, a Comissão Interamericana tem a sua composição e as suas finalidades, funções e competências reguladas por normas específicas da Convenção Americana sobre Direitos Humanos. Ela funciona como órgão supervisor das obrigações internacionais dos Estados Partes da Convenção Americana de Direitos Humanos, além de suas funções promocionais e consultivas. É inegável a sua contribuição ao longo dos anos de sua existência, para tornar efetiva a proteção e a supervisão dos direitos humanos no continente americano. É importante salientar que a Comissão Interamericana de Direitos Humanos leva em conta, no exercício de suas finalidades, os dispositivos da Convenção Americana sobre Direitos Humanos, nos casos de violação destes por Estados que ratificaram o mencionado instrumento. Em relação às denúncias contra Estados americanos que não ratificaram a Convenção, a Comissão observará o que dispõem a Declaração Americana de Direitos Humanos e a Carta da OEA.

---

[21] TRINDADE, Antônio Augusto Cançado. *O sistema interamericano de direitos humanos no limiar do novo século:* recomendações para o fortalecimento de seu mecanismo de proteção. O sistema interamericano de proteção dos direitos humanos e o direito brasileiro. São Paulo: RT, 2000, p. 109.

[22] HITTERS, Juan Carlos; FAPPIANO, Oscar L. *Derecho internacional de los derechos humanos.* 2. ed. Buenos Aires: Ediar, 2007. t. I, p. 388: "Si bien es cierto que el sistema interamericano de promoción y protección de los derechos humanos tiene antecedentes antiguos, la verdad es que comienza formalmente con la Declaración Americana de los Derechos y Deberes del Hombre, y culmina – por ahora – con el llamado Pacto de San Jose de Costa Rica".

No que tange à fase de institucionalização convencional do sistema de proteção dos direitos humanos no continente americano, não se pode olvidar a entrada em vigência, no ano de 1978, da Convenção Americana de Direitos Humanos. Como pode ser observado, o continente americano ainda teve que aguardar quase dez anos para que o referido sistema pudesse de maneira efetiva desenvolver suas atribuições em consonância com o novo documento internacional que fora produzido.

De maneira diversa da Declaração de 1948, a Convenção de 1969 se apresenta como um documento internacional que constitui uma série de obrigações para os Estados--partes, isto é, produz vários efeitos jurídicos para os Estados que venham a ratificar o referido tratado internacional.

Importante mencionar que com a entrada em vigência da Convenção de 1969, passavam a coexistir dois órgãos de proteção dos direitos humanos: a Comissão e a Corte, fazendo com que surgisse um período denominado transição entre o regime preexistente e o novo. Assim, foi estabelecido que a Comissão passava a ser dotada de dualidade de funções.

Ilustrando esse momento, Cançado leciona que a Comissão efetivamente continuou aplicando as normas que vinham regendo sua atuação, inclusive em relação aos Estados não partes na Convenção Americana, e passou naturalmente a aplicar aos Estados-partes as disposições relevantes da Convenção:

"A interação de instrumentos de direitos humanos de bases jurídicas distintas na prática subsequente da Comissão foi fornecida pelo tratamento dispensado ao caso n. 9.247, concernente aos Estados Unidos (Estado não ratificante), em que a Comissão chegou a afirmar que, em decorrência das obrigações contidas nos artigos 3j, 16, 51e, 112 e 150 da Carta da OEA, as disposições de outros instrumentos da OEA sobre direitos humanos – seu Estatuto e Regulamento, e a Declaração Americana de 1948 – adquiriram "força obrigatória". Por direitos humanos entenderam-se tanto os direitos definidos na Convenção Americana como os consagrados na Declaração Americana de 1948. Além disso, a Comissão, como órgão autônomo da OEA, entendeu que as disposições sobre direitos humanos da Declaração Americana derivavam seu caráter normativo ou força obrigatória de sua interação com as disposições relevantes da própria Carta da OEA"[23].

Por óbvio que a variedade de instrumentos e regimes acaba por fragilizar o sistema interamericano, em determinados aspectos, por criar tratamento desigual entre os Estados.

A fase de consolidação se dá a partir do início da década de 80 onde evidencia-se aplicação da Convenção Americana de Direitos Humanos. Essa etapa fica marcada basicamente por dois aspectos principais: a construção jurisprudencial da Corte Interamericana de Direitos Humanos e pela adoção de dois protocolos adicionais à Convenção

---

[23] TRINDADE, Antônio Augusto Cançado. *O sistema interamericano de direitos humanos no limiar do novo século*: recomendações para o fortalecimento de seu mecanismo de proteção. O sistema interamericano de proteção dos direitos humanos e o direito brasileiro. São Paulo: RT, 2000, p. 122.

Americana, seguidos pela criação de outros documentos internacionais de proteção, tais como: a Convenção Interamericana para Prevenir, Punir e Erradicar a Violência contra a Mulher, de 1994; a Convenção sobre eliminação de Todas as Formas de Discriminação contra Pessoas Portadoras de Deficiência, de 1999.

Indubitavelmente, a construção jurisprudencial da Corte serviu para impulsionar e consolidar o sistema de proteção regional americano por vários aspectos, mas o fato de relacionar os direitos protegidos com a obrigação geral dos Estados de assegurar o respeito desses direitos é motivo de grande júbilo. Relembre-se, por oportuno, que o sistema americano anteriormente contemplava apenas a Comissão e passou a contar também com a Corte Interamericana.

Por fim, a fase denominada aperfeiçoamento onde são propostas algumas modificações para que o sistema americano se apresente de maneira mais fortalecida. Dentre as principais recomendações que são colocadas para alcançar esse desiderato, podem ser registradas as seguintes: no tocante à composição dos dois órgãos de supervisão da Convenção Americana sobre Direitos Humanos há que se estabelecer um claro regime de incompatibilidades, expressamente definidas (evitando acumulações indevidas de cargos), para os membros da Comissão e Corte Interamericanas, como salvaguarda adicional de total independência e imparcialidade destes órgãos. Quanto às condições de trabalho, para que a Comissão e a Corte correspondam às expectativas existentes, é necessário que se lhes atribuam consideráveis recursos adicionais – humanos e materiais – para que ambas possam cumprir plenamente suas funções e atender as demandas cada vez maiores e mais variadas de proteção.

A matéria será retomada quando da apresentação dos sistemas regionais de proteção dos direitos humanos, ocasião em que serão expendidas considerações sobre os dois órgãos de proteção de direitos humanos: a Comissão e a Corte.

Capítulo XI
Integração Regional e Mercosul

1. AS FASES DE INTEGRAÇÃO REGIONAL

O Direito Internacional da Integração surgiu em uma área limitada da sociedade internacional dentro de determinadas circunstâncias históricas e só pode ser compreendido nas suas características e modo de funcionamento se for feita uma análise da sociedade que lhe dá origem e cujas relações procuram regulamentar[1].

O processo de integração regional[2] tem como marco precursor a Comunidade Europeia do Carvão e do Aço (CECA), constituída pela Alemanha Ocidental, Bélgica, França, Holanda, Itália e Luxemburgo, numa tentativa de alcançar maior espaço econômico num mundo em que à época era bipartido, figurando como grandes potências os Estados Unidos da América e a extinta União Soviética[3].

---

[1] MELLO, Celso de Albuquerque. *Direito internacional da integração*. Rio de Janeiro: Renovar, 1996, p. 3.

[2] Em estudo sobre o tema, OLIVEIRA, Odete Maria. *Velhos e novos regionalismos*. Ijuí: Unijuí, 2009, p. 39, traça a gênese e evolução do regionalismo e assevera que o mesmo surgiu "na segunda metade dos anos 50, tomando forma concreta na década de 60, com destaque para a criação de inúmeros blocos econômicos nos diversos continentes, configurando tentativas de desenvolver um tipo de aproximação (desenhos de cooperação) com o intuito de reunir países interessados em obter maiores benefícios comerciais".

[3] CAMPOS, João Mota de. *Manual de direito comunitário*. 4. ed. Lisboa: Fundação Calouste Gulbenkian, 2004, p. 29-30: "A recriação da unidade europeia constituíra sempre, ao longo dos séculos, um anseio comum a homens fora do comum: alguns, como Napoleão e Hitler, tentaram-na pela força das armas, mas o desfecho das suas aventuras sangrentas comprovou que a Europa só se uniria pela força de vontades livres. Homens de letras, como Dante e Victor Hugo, emprestaram ao anseio um toque de poesia: quem melhor do que os poetas pode sentir e transmitir a sedução da ideia da unidade de uma Europa que antes de mais se revela por uma comunhão de cultura de que precisamente a poesia grega e latina é expressão cimeira? Economistas como Bentham e Saint Simon, filósofos como Kant, pensadores políticos e homens de Estado, sempre, ao longo da história se interessaram pela ideia. Foi, porém, no período entre as duas guerras mundiais, em pleno século XX, que se assistiu à criação de um clima particularmente favorável à divulgação do velho sonho da unidade política; **e a tragédia europeia de 1939-1945 viria a permitir a reposição, em novas bases, de projetos concretos de integração da Europa**" (grifei).

A integração regional[4] é promovida por Estados soberanos mediante a celebração de tratados internacionais e tem por escopo abolir as barreiras para consagrar a livre circulação de bens, pessoas, mercadorias e capitais. Alargando este entendimento, Oliveira[5] apresenta alguns aspectos interessantes da integração regional: provoca certa especialização das economias dos Estados-Membros integrados, decorrente das vantagens comparativas; acarreta um aumento da capacidade média de produção das empresas em face da expansão do mercado disponível, ocorrendo daí a redução dos custos de produção e a exploração da economia de escala, com racionalização da produção e geração de recursos para a modernização tecnológica; gera a queda de barreiras e abertura de mercados como incremento da competitividade das empresas; produz uma base de sustentação no mercado interno a fim de favorecer a exportação para terceiros países e obter divisas à incorporação e desenvolvimento de novas tecnologias; torna necessário que os governos limitem parcialmente suas soberanias, abstendo-se de aplicar medidas restritivas e discricionais aos países envolvidos no processo. Não por acaso é que nos dias atuais existem vários pontos do mundo em que se manifesta o processo de regionalização, tais como: a União Europeia[6], o Mercosul, o NAFTA, a Comunidade Andina[7] etc.[8].

---

[4] OLIVEIRA, Odete Maria. *Velhos e novos regionalismos*. Ijuí: Unijuí, 2009, p. 43, procura distinguir os termos *regionalismo* e *integração* ao afirmar que "o termo regionalismo pode ser entendido como uma integração econômica ou política de uma determinada região do mundo, dando origem aos denominados blocos regionais e outros desdobramentos, o termo integração não contempla um único significado, podendo ser empregado em diversos sentidos e direções: a noção de integração pode variar em função de sua dimensão (econômica, política, militar, cultural, etc.), segundo a forma particular de seu desenvolvimento (no caso da integração econômica europeia, na apresentação de diversas fases que se identificam com as sucessivas etapas da integração em nível de sua produção (ideologias, valores, instituições, etc.). A noção de integração se apresenta, portanto, como uma noção não equívoca e pode ser apreendida desde a economia, a política e o direito)".

[5] OLIVEIRA, Odete Maria. *Velhos e novos regionalismos*. Ijuí: Unijuí, 2009, p. 51.

[6] COSTA, Olivier. *A União Europeia e sua política exterior* (história, instituições e processo de tomada de decisão). Brasília: FUNAG, 2017, p. 29: "A União Europeia (UE) é uma união econômica e política única entre países europeus que, juntos, abrangem boa parte do continente europeu. Ela foi criada como consequência da Segunda Guerra Mundial. Os primeiros passos foram promover a cooperação econômica: a ideia era que os países que comercializam uns com os outros se tornassem economicamente interdependentes e, assim, mais propensos a evitarem conflitos. Contudo, o que se iniciou como uma união puramente econômica evoluiu para uma organização com diferentes áreas políticas, incluindo desde política externa, segurança e defesa, desenvolvimento e ajuda humanitária, passando por mudanças climáticas, meio ambiente e saúde, a relações externas e segurança, justiça e migração. A UE se baseia no estado de direito: tudo o que realiza é fundamentado por tratados, que são acordados de forma voluntária e democrática pelos países membros. A UE também é governada pelo princípio da democracia representativa, com representação direta de cidadãos, em nível da União, no Parlamento Europeu, e com representação dos estados membros no Conselho Europeu e no Conselho da UE. A UE já promoveu mais de meio século de paz, estabilidade e prosperidade, ajudou a aumentar o padrão de vida e a lançar uma única moeda europeia: o euro. Em 2012, a UE recebeu o Prêmio Nobel da Paz por contribuir com as causas de paz, reconciliação, democracia e direitos humanos na Europa."

[7] BARBOZA, Julio. *Curso de organismos internacionais*. Buenos Aires: Zavalia, 2017, p. 192: "El Acuerdo de Cartagena, de mayo de 1969, creó un organismo de integración regional, el entonces llamado Pacto Andino, compuesto actualmente por cuatro países: Bolivia, Colombia, Ecuador y Perú, vecinos del rincón noroeste de América de Sur, atravesados todos por la Cordillera de los Andes. Esta composición sufrió algunos vaivenes; Chile, un miembro original, se retiró del organismo en 1976, porque su gobierno encontró cierta incompatibilidad entre la filosofía que inspiraba su sistema económico y la del grupo de integración andino. Volvió, pero no como miembro pleno sino meramente asociado, en el 2006. Venezuela, que se unió a la comunidad en 1973, se retiró en 2006, aparentemente por la suscripción del Tratado de Libre Comercio por parte de Colombia y Perú".

[8] Para melhor compreensão desta matéria *vide* GUERRA, Sidney. *Direito das organizações internacionais*. 2. ed. Curitiba: Instituto Memória, 2020.

Encarar um processo de integração regional[9] suscita a alteração de princípios estruturais e essenciais dos Estados, acarretando modificações em alguns pontos do Direito Internacional clássico. Nesse sentido as palavras de Elizabeth Accioly:

"En la comunidad internacional clásica formada por Estados soberanos, se ha de respetar la soberanía de los Estados, lo que supone la afirmación del individualismo de cada uno de ellos, que se sobrepone a los intereses comunes, de donde se concluye que no hay ningún poder superior a los Estados. Es una relación horizontal de coordinación de soberanías. Por otra parte, el modelo comunitario se sustenta en bases verticales, o sea, los Estados tienen su soberanía limitada y es esta disposición la que asegura el poder de integración, el poder comunitario, o el poder supranacional. El derecho comunitario nace de este modelo y vincula a los Estados miembros, y, en el ámbito interno de cada uno de ellos, a las personas físicas o jurídicas directamente, porque ese derecho prima sobre el derecho nacional"[10].

Na perspectiva de se chegar ao modelo comunitário, existente apenas no continente europeu, pode-se apontar as várias fases no processo de integração regional, iniciando-se pela criação de uma área de livre comércio, união aduaneira, mercado comum e a união econômica e monetária.

Quanto maior o processo de integração regional menor o grau de soberania dos Estados, ou seja, a cada nível de integração corresponde uma renúncia crescente de competências inerentes à soberania estatal.

O conceito para área de livre comércio vem expresso no artigo XXVI do Acordo sobre Tarifas e Comércio. Pode ser vista como um grupo de dois ou mais territórios aduaneiros entre os quais se eliminam os direitos de aduana e demais regulamentações comerciais restritivas para que ocorram intercâmbios comerciais dos produtos originários dos territórios constitutivos da zona de livre comércio.

A área de livre comércio consiste na criação de um espaço formado pelo território dos Estados signatários do tratado, dentro do qual estão suprimidos os obstáculos de qualquer natureza que se oponham à livre circulação de bens ou serviços[11].

---

[9] Na mesma direção CASELLA, Paulo Borba. *Bric: Brasil, Rússia, Índia, China e África do Sul*: uma perspectiva de cooperação internacional. São Paulo: Atlas, 2011, p. 14, ao afirmar que a integração regional para ser exitosa, os Estados devem ter grande engajamento político e institucional para reformular conceitos clássicos em suas respectivas estruturas: "Integração não é uma palavra mágica, nem a solução para todos os problemas, internos e externos dos Estados, na busca da inserção internacional competitiva, ou do incremento de balança comercial, porquanto exige patamar consideravelmente elevado de engajamento político e institucional, de interesses compartilhados e de reformulação de conceitos básicos da política, da economia, do sistema jurídico, e da base sociocultural, durante mais de uma geração, em esforço voltado para a construção de espaços comuns, como está em curso, no modelo em construção na União Europeia".

[10] ALMEIDA, Elizabeth Accioly Pinto de. *Mercosur e Unión Europea*: estructura jurídico-institucional. 2. ed. Curitiba: Juruá, 1998, p. 28.

[11] OLIVEIRA, Odete Maria. *Velhos e novos regionalismos*. Ijuí: Unijuí, 2009, p. 52, afirma sobre esta etapa que "é a forma mais antiga e simples de integração econômica, prevendo completa eliminação de obstáculos tarifários ou de qualquer outro tipo de empecilho ao comércio de mercadorias entre os Estados participantes, os quais mantêm suas independências comerciais em relação a terceiros países. Tem como um dos principais

Implica também a proibição de se criar novas restrições e a obrigação de se chegar ao consenso acerca da harmonização das regras que impeçam a livre circulação de mercadorias.

Verifica-se, pois, que na área de livre comércio os Estados-Membros suprimem todas as tarifas aduaneiras e as restrições não tarifárias no comércio entre si, mas ficam livres das regras que estabelecem no comércio com terceiros. A título exemplificativo, cita-se o NAFTA (North American Free Trade Association)[12], modificado pelo United States – Mexico – Canada Agreement (USMCA), que envolve Estados Unidos, México e Canadá[13].

---

objetivos evitar o intercâmbio comercial de bens importados de terceiros países dentro da zona de integração, isentos de tarifas ou qualquer outro encargo comercial, aplicados, geralmente, aos bens procedentes de terceiros países".

[12] O Tratado Norte-Americano de Livre Comércio foi assinado em 17 de dezembro de 1992, pelo presidente norte-americano George Bush, pelo presidente mexicano C. Salinas e pelo primeiro-ministro canadense B. Mulroney, e entrou em vigência em 1º de janeiro de 1994. Este acordo foi uma expansão do antigo "Tratado de livre comércio Canadá-EUA", de 1989, e não cria um conjunto de corpos governamentais supranacionais, tampouco um corpo de leis que seja superior à lei nacional. O referido tratado internacional apresenta como objetivos fundamentais: eliminar as barreiras alfandegárias e facilitar o movimento de produtos e serviços entre os territórios dos países participantes; promover condições para uma competição justa dentro da área de livre comércio; aumentar substancialmente oportunidades de investimento dos países participantes; oferecer proteção efetiva e adequada e garantir os direitos de propriedade intelectual no território de cada um dos participantes; criar procedimentos efetivos para a implementação e aplicação deste tratado, para sua administração conjunta e para a resolução de disputas; estabelecer uma estrutura para futura cooperação trilateral, regional e multilateral para expandir e realçar os benefícios deste acordo. O referido tratado internacional sofreu grande alteração e passou a ser chamado de "NAFTA 2.0", como resultado da renegociação do NAFTA em 2017-2018 pelos Estados-Membros, que concordaram informalmente com os termos em 30 de setembro de 2018 e formalmente em 1º de outubro. O documento foi assinado pelo primeiro-ministro canadense Justin Trudeau e pelos presidentes dos Estados Unidos e do México, Donald Trump e Enrique Peña Nieto, respectivamente, em 30 de novembro de 2018, durante a Cúpula do G20 de 2018, em Buenos Aires, na Argentina.

[13] O novo acordo ainda mantém o mesmo objetivo do antigo (NAFTA). As principais mudanças, de acordo com o OBSERVATÓRIO Regionalismo. Afinal, o NAFTA acabou? – Reflexões sobre o USMCA. Disponível em: https://observatorio.repri.org/2018/11/28/afinal-o-nafta-acabou-reflexoes-sobre-o-usmca/. Acesso em: 7 jul. 2024, são: a) no setor automotivo, as negociações iniciaram com as ameaças estadunidenses de impor tarifas ao setor. No entanto, no acordo final do USMCA, não foi definida qualquer taxação, conquanto que a produção não ultrapasse 2,6 milhões de veículos por ano, sendo que este volume representa o número total de exportações atual mais 40%. Ainda assim, estabeleceu-se um aumento de 62,5% para 75% de componentes nacionais exigidos e foi fixado que 40% de cada veículo deve ser produzido por trabalhadores que recebam mais que US$ 16 por hora. Dessa forma, o novo acordo visa barrar os insumos chineses e limitar a quantidade de peças provenientes do México, onde os salários são mais baixos; b) em relação ao comércio intrabloco em geral, foi definido o aumento dos limites de taxas aplicadas no comércio entre os membros, sendo que o México aumentou o nível mínimo de US$ 50 para US$ 100 e o Canadá para US$ 117 em impostos e US$ 31 em taxação sobre vendas; c) quanto à disputa travada frente à taxação estadunidense do aço e alumínio canadense e mexicano e a respectiva retaliação tarifária definida pelos últimos, o novo NAFTA somente definiu que nenhuma outra tarifa seria aplicada pelos EUA a seus vizinhos, pelo menos, nos próximos 60 dias. Isto é, os EUA concederam uma paz momentânea, mas sem maiores garantias futuras; d) os três sistemas para solução de controvérsias já existentes mantiveram-se quase que inalterados, inclusive o Capítulo 19 do acordo original do NAFTA, o qual trata de casos binacionais de antidumping e de direitos compensatórios, mesmo tendo o governo estadunidense expressado anteriormente interesse em descontinuá-lo. Ainda assim, uma mudança importante foi a eliminação do polêmico Capítulo 11 (capítulo que permite a investidores ajuizarem diretamente os Estados-membros) nos casos entre EUA e Canadá e sendo mantido em relação

A segunda etapa do processo integracionista é a União Aduaneira, que tem previsão no artigo XXIV do Acordo sobre Tarifas e Comércio. Entende-se por União Aduaneira todo território que aplique uma tarifa distinta e outras regulamentações comerciais igualmente diferenciadas a uma parte substancial de seu comércio com os demais territórios.

Neste caso, os Estados que fazem parte do tratado que constitui uma União Aduaneira[14], além da liberalização do comércio no âmbito de seus territórios, devem criar um único território aduaneiro com aplicação de uma regulamentação comum em relação a outros países. Significa dizer que na União Aduaneira, além da livre circulação, acrescenta-se o estabelecimento de regras comuns sobre as importações oriundas de terceiros países.

Como acentua Accioly, "el arancel externo común, constituye, pues, el principal instrumento para la constitución de una unión aduanera. Complementa la eliminación de las barreras intra-arancelarias y las trabas para la libre circulación de productos originarios de los países miembros, sobre la base de un arancel único con relación a las importaciones de terceros países"[15].

Pelo exposto, pode-se evidenciar que a diferença básica existente entre a área de livre comércio e a união aduaneira consiste em que nesta se estabelece uma pauta aduaneira comum, que põe fim à imposição de certificados de origem para que os produtos possam circular dentro do bloco.

No tocante à etapa Mercado Comum, vale registrar que a ideia de se criar um Mercado com essas características provém da Comunidade Econômica Europeia, cujo fundamento se alicerça na livre circulação de bens, serviços, pessoas e capital provenientes de quaisquer países que façam parte do tratado. Muito mais do que a eliminação das barreiras e tributos, afirma Oliveira[16], um mercado comum exige uma administração permanente diante da acelerada atividade de fatores de produção, compreendendo dois

---

ao México nas áreas do petróleo e gás, serviços de geração de energia, serviços de telecomunicações, serviços de transporte e gerenciamento da propriedade da infraestrutura. Na prática, portanto, manteve-se o Capítulo 11 sobre os temas que mais ameaçam a soberania mexicana; e) sob pressão do governo estadunidense, o Canadá aceitou retirar o sistema de precificação do leite e aumentará o acesso dos EUA a seu mercado nacional de laticínios; f) estabeleceu-se a ampliação da proteção à propriedade intelectual estadunidense, *vide* a extensão dos direitos autorais por 70 anos após a morte do autor; g) determinou-se a exigência de um aviso prévio de três meses, caso quaisquer membros iniciem negociações com uma "economia que não seja de mercado", referência indireta à China, podendo os EUA saírem do acordo caso México ou Canadá assinem um acordo do tipo; h) incluíram-se regras contra a manipulação de moeda e política monetária, como forma de barrar desvalorizações a fim de uma concorrência comercial desleal; i) por fim, quanto à cláusula de extinção do acordo, em um primeiro momento, os EUA defendiam o estabelecimento de uma cláusula que definisse a extinção do acordo após 5 anos (a menos que os membros o prorrogassem). Contudo, no acordo final do USMCA, foi definida uma validade de 16 anos, com uma revisão para ajustes a cada 6 anos, podendo essa validade ser prorrogada.

[14] OLIVEIRA, Odete Maria. *Velhos e novos regionalismos*. Ijuí: Unijuí, 2009, p. 54, assevera que "os Estados participantes, além de se obrigarem a não impor barreiras à entrada de mercadorias provenientes dos demais países-membros, perdem o poder de condução de sua política comercial para com terceiros países".

[15] ALMEIDA, Elizabeth Accioly Pinto de. *Mercosur e Unión Europea*: estructura jurídico-institucional. 2. ed. Curitiba: Juruá, 1998, p. 32.

[16] OLIVEIRA, Odete Maria. *Velhos e novos regionalismos*. Ijuí: Unijuí, 2009, p. 55.

elementos de importância: trabalho e capital, dos quais demanda outro fundamental, o denominado estabelecimento.

A livre circulação de bens implica a abertura das fronteiras e a queda das barreiras aduaneiras para que os produtos possam circular livremente entre os Estados-Membros do mercado. A livre circulação de pessoas preconiza que é lícito a qualquer pessoa que pertença a um dos Estados que faça parte do mercado a liberdade de locomoção sem o devido controle nas fronteiras. Finalizando, a livre circulação de serviços garante a possibilidade de que as pessoas ofereçam serviços em quaisquer dos Estados-Membros nas mesmas condições que seus nacionais.

No caso da União Econômica e Monetária, caracteriza-se pela utilização de uma moeda única no âmbito dos Estados integrantes do tratado. Implica a criação de um Banco Central independente onde se transferem as funções típicas dos bancos centrais estatais, tais como a emissão de moedas, a fixação do câmbio etc. Essa fase também é uma realidade no âmbito europeu com a instituição da moeda única denominada euro, no ano de 2002.

Embora todos os países da UE façam parte da União Económica e Monetária (UEM), apenas 20 países substituíram as suas moedas nacionais pela moeda única, o euro. Estes países formam a área do euro, também conhecida como "zona euro". São eles: Alemanha; Áustria; Bélgica; Chipre; Croácia; Eslováquia; Eslovênia; Espanha; Estônia; Finlândia; França; Grécia; Irlanda; Itália; Letônia; Lituânia; Luxemburgo; Malta; Países Baixos; Portugal. Não fazem parte: Bulgária; Checa; Hungria; Polônia; Romênia e Suécia. Por fim, registra-se que os países da UE podem negociar uma cláusula de não participação em relação a qualquer ato legislativo ou tratado da União Europeia e decidir não participar em determinados domínios políticos. Neste caso, a Dinamarca optou por não adotar o euro e manter a sua moeda nacional[17].

Para poderem integrar a área do euro, os Estados-Membros da UE têm de cumprir os chamados "critérios de convergência". Trata-se de condições econômicas e jurídicas definidas no Tratado de Maastricht em 1992, que também são conhecidas por "critérios de Maastricht". O Tratado não define um calendário para a adesão à zona euro, mas deixa aos Estados-Membros a responsabilidade de desenvolverem as suas próprias estratégias para satisfazer às condições de adoção do euro. Uma moeda única oferece muitas vantagens, entre as quais a de pôr termo aos custos cambiais e à flutuação das taxas de câmbio. O comércio transfronteiras torna-se assim mais fácil para as empresas e a conjuntura econômica mais estável, permitindo o crescimento da economia e oferecendo mais possibilidades de escolha aos consumidores. Uma moeda única incentiva também as pessoas a viajar e a fazer compras no estrangeiro. Em nível mundial, o euro confere mais peso à UE, na medida em que se tornou a segunda moeda internacional mais importante, depois do dólar americano. A política monetária da UE é da responsabilidade de uma entidade independente, o Banco Central Europeu (BCE), cujo principal objetivo é manter a estabilidade dos preços. Cabe também ao BCE fixar as taxas de juro de referência para a zona euro. Embora os impostos continuem a ser cobrados pelos países da

---

[17] Disponível em: https://european-union.europa.eu/institutions-law-budget/euro/countries-using-euro_pt. Acesso em: 7 jul. 2024.

UE, cada um dos quais determina o seu próprio orçamento, os governos nacionais definiram normas comuns em matéria de finanças públicas para poderem coordenar a sua ação de forma a fomentar a estabilidade, o crescimento e o emprego[18].

Esse processo de integração avançada, no âmbito do continente europeu[19], necessitou da transferência de competência jurídica e capacidade política para regular o mercado interno e conduzir as políticas comuns para instituições específicas.

Assim, D'Arcy acentua que desde o início foi criado um sistema institucional bastante complexo que estabelece um sutil equilíbrio entre as necessárias transferências de soberania para instituições supranacionais e a conservação do poder pelos Estados nacionais, com o funcionamento de um Conselho onde são representados os governos nacionais, um Parlamento, uma Comissão independente e um Tribunal de Justiça[20].

Com a saída da Grã-Bretanha[21], a União Europeia passou a contar com 27 Estados: Alemanha, França, Bélgica, Holanda, Luxemburgo, Itália, Espanha, Áustria, Portugal, Suécia, Finlândia, Dinamarca, Irlanda, Grécia, Estônia, Letônia, Lituânia, Polônia, República Tcheca, Eslováquia, Hungria, Eslovênia, Chipre e Malta, Romênia, Bulgária e Croácia.

Relembre-se que a tentativa de viabilizar uma "constituição" europeia, para viabilizar maior integração e simplificação do funcionamento das instituições do continente em decorrência da expansão ocorrida em 1º de maio de 2004, foi interrompida. Tal fato se deu, de certo modo, em razão da manifestação contrária da França e da Holanda, em 29 de maio e 1º de junho de 2005, respectivamente.

Nem por isso o projeto de viabilizar a "União Política" foi abandonado. Em decorrência desses resultados, o Conselho Europeu, em 16 e 17 junho de 2005, considerou que "a data de 1º de novembro de 2006, prevista inicialmente para se fazer o ponto da situação das ratificações, não poderia ser mantida, uma vez que os países que ainda não procederam à ratificação não estão em condições de dar uma resposta adequada até meados de 2007".

De fato, o projeto não foi esquecido, tendo sido assinado pelos Chefes de Estado e de Governo dos Estados-Membros na capital portuguesa, em 13 de dezembro de 2007, o Tratado de Lisboa, com o propósito de dotar a União Europeia de instituições modernas e de métodos de trabalho eficientes que lhe permitirão dar uma resposta efetiva aos

---

[18] Atualmente os seguintes Estados-Membros da União Europeia utilizam o euro como a sua moeda: Alemanha, Áustria, Bélgica, Chipre, Eslováquia, Eslovênia, Espanha, Estônia, Finlândia, França, Grécia, Irlanda, Itália, Letônia, Lituânia, Luxemburgo, Malta, Países Baixos e Portugal. Quanto aos Estados-Membros da União Europeia que não utilizam a moeda única se apresentam os demais: Bulgária, Croácia, Dinamarca, Hungria, Polônia, República Checa, Romênia e Suécia.

[19] Os principais tratados que regem a Comunidade e a União Europeia são: Tratado de Roma (1957-1958): Tratado da Comunidade Econômica Europeia; Ato Único (1985-1986): modifica o Tratado da CE para permitir a realização do mercado interno; Tratado de Maastricht (1992-1993): Tratado da União Europeia que modifica o Tratado da CE (acrescentando ao mercado comum a União Econômica e monetária) e cria a União Europeia com seus dois novos pilares; Tratado de Amsterdã (1997-1999): modifica o Tratado da EU e o Tratado da CE; Tratado de Nice (2001): modifica o Tratado da EU e o Tratado da CE para permitir o alargamento do bloco e o Tratado de Lisboa.

[20] D'ARCY, François. *União europeia*: instituições, políticas e desafios. Rio de Janeiro: 2002, p. 14.

[21] Para estudo da União Europeia, inclusive com o tema do "Brexit", recomenda-se a leitura de GUERRA, Sidney. *Direito das organizações internacionais*. Curitiba: Instituto Memória, 2020, capítulo VII.

desafios atuais. Pretende ainda reforçar a democracia na União Europeia e melhorar a sua capacidade de defender os interesses dos seus cidadãos no dia a dia[22]. A União Europeia é um "organismo vivo" que se encontra em permanente mutação e, portanto, em alguns momentos são identificados alguns retrocessos, a partir da pauta estabelecida pelos seus membros, porém, no plano geral, é possível afirmar que o saldo tem sido positivo e os ajustes levam em consideração as situações que se apresentam também no plano internacional.

2. BREVE NOTÍCIA HISTÓRICA DO PROCESSO DE INTEGRAÇÃO REGIONAL NA AMÉRICA LATINA

O processo de integração econômica na América Latina[23] antecedeu a própria integração da Comunidade Europeia, concretizada através das ações de um idealista revolucionário que contribuiu de forma decisiva com o processo de independência de vários países latino-americanos no século XIX, promovendo a integração econômica e cultural da América Latina. Nesse sentido a contribuição de Accioly[24], ao afirmar que Simón Bolívar, cujo sonho era recuperar a unidade latino-americana[25], lutou para realizar o primeiro tratado da união latino-americana, que foi o Tratado de União, que estabelecia a Liga e Confederação Perpétua entre as Repúblicas da Colômbia, Peru, América Central e o México, e pela organização da Grã-Colômbia unindo Colômbia, Peru, Venezuela e Equador. Foi eleito presidente da Grã-Colômbia, mas, com a destruição de seu ideal de união, renunciou ao poder.

---

[22] O Tratado de Lisboa, de 13 de dezembro de 2007, entrou em vigência no dia 1º de dezembro de 2009, cujos objetivos principais são tornar a União Europeia mais democrática e eficaz, bem como torná-la apta a resolver problemas mundiais. Para tanto, tratou de reforçar os poderes do Parlamento Europeu; alterou procedimentos de votação no Conselho; criou os cargos de Presidente permanente do Conselho Europeu e de Alto Representante para os Negócios Estrangeiros e de um novo serviço diplomático da União Europeia. O Tratado de Lisboa também clarifica a repartição de competências da União Europeia, as competências dos países que a compõem e as competências partilhadas.

[23] Em interessante estudo sobre a matéria MENEZES, Wagner. *Direito internacional na América Latina*. Curitiba: Juruá, 2007, p. 161: "Na América Latina, os processos de integração regional sempre tiveram apelo em decorrência da própria história de formação dos Estados e pelo perfil de relação regional desenvolvida desde a sua formação, quando oportunizaram inclusive a ideia de regionalismo. Sempre a busca pela criação de uma comunidade latino-americana de nações foi desejada, embora os processos para isso sempre sofreram com as sucessivas crises políticas internas dos Estados, com a debilidade institucional, com a fragilidade econômica e com o perfil de governos xenofobistas e de um nacionalismo exacerbado e demagógico. Em que pese, persistem tentativas, e, com o processo de redemocratização ocorrido a partir dos anos 80, existem em curso vários blocos de integração no continente que representam um alento a partir das experiências malsucedidas, que a despeito da frustração pelo insucesso, permitem antever o desejo da construção de blocos mais organizados institucionalmente, a partir do amadurecimento".

[24] ALMEIDA, Elizabeth Accioly Pinto de. *Mercosur e Unión Europea*: estructura jurídico-institucional. 2. ed. Curitiba: Juruá, 1998, p. 69.

[25] Simón Bolívar enfatizou: "Es una idea grandiosa pretender formar de todo el nuevo Mundo una sola nación, con un sólo vínculo que una sus partes entre sí y como un todo. Ya que tiene un origen, una lengua, las mismas costumbres y una religión, debería, por consiguiente, tener un sólo gobierno que confederase los diferentes Estados que vengan a formarse". PILETTI, Nélson. *O Mercosul e a sociedade global*. São Paulo: Ática, 1995, p. 31.

Já no início do século XX ocorreram tentativas no sentido de formar uma integração dos três países mais expressivos da América do Sul, isto é, Argentina, Brasil e Chile, denominando-se essa tentativa Bloco ABC; entretanto, essa ideia foi desaconselhada pelo governo norte-americano.

Em 1948 a Organização das Nações Unidas cria a Comissão Econômica para a América Latina (CEPAL), instituindo a possibilidade de ser instituída uma "união aduaneira latino-americana".

Posteriormente, em 18 de fevereiro de 1960, foi constituída, pelo Tratado de Montevidéu, a Associação Latino-Americana de Livre Comércio (ALALC), cujo objetivo era criar no prazo máximo de um ano uma zona de livre comércio entre seus membros (Argentina, Bolívia, Brasil, Chile, Colômbia, Equador, México, Paraguai, Peru, Uruguai e Venezuela). Em 1967, na Declaração de Presidentes da América, afirma-se que deverá ser criado, de forma progressiva, um Mercado Comum, no prazo de quinze anos, a partir de 1970.

O processo de integração dos países latino-americanos decorre da necessidade de desenvolvimento econômico e no ano de 1980 a ALALC foi substituída pela Associação Latino-Americana de Integração (ALADI), não instituindo, entretanto, um prazo para o estabelecimento de um Mercado Comum Latino-Americano. Destaca-se nesse tratado a necessidade de promoção do desenvolvimento econômico e social, harmônico e equilibrado da região, respeitando os princípios do pluralismo, da convergência, da flexibilidade, da possibilidade de tratamentos diferenciais. Essa associação não obteve maiores sucessos, por manter as mesmas condições estruturais e técnicas que levaram ao insucesso integrado da América Latina.

Em 1990, os Presidentes do Brasil e da Argentina, na Ata de Buenos Aires, resolvem institucionalizar o Mercado Comum, como se vê: "os presidentes do Brasil e Argentina decidem confirmar o mercado comum bilateral até 31 de dezembro de 1994, ou seja, reduzindo pela metade os prazos acordados no Tratado de 1988"[26].

Os dois governos estabelecem uma metodologia apropriada para tal fim (baixar tarifas generalizadas, eliminação de barreiras não tarifárias) e criam o grupo Mercado Comum, de caráter binacional. A aceleração no processo de integração bilateral, decidida em julho de 1990, responde à tomada de consciência de que a modernização econômica, bem como a inserção competitiva na economia mundial, seria grandemente facilitada, nos dois países, por uma complementaridade ampliada entre as duas economias[27].

Em 26 de março de 1991 é celebrado o Tratado de Assunção, que entrou em vigor em 29 de novembro do mesmo ano, com o depósito das ratificações necessárias, fazendo parte dessa integração a Argentina, o Brasil, o Paraguai e Uruguai. Em 25 de junho de 1996, Chile e Bolívia se juntam a esse bloco no intuito de buscar a primeira fase de integração, isto é, a zona de livre comércio.

---

[26] Cabe ressaltar que em 1988 o processo de integração Brasil-Argentina adquire novos contornos com o Tratado de Integração, Cooperação e Desenvolvimento, prevendo a formação de um espaço econômico comum em dez anos, assim como a eliminação de obstáculos aduaneiros e a gradual liberação do comércio bilateral.

[27] ALMEIDA, Paulo Roberto. *O Mercosul no contexto regional e internacional*. São Paulo: Edições Aduaneiras, 1993, p. 63.

Vale ressaltar que o Peru ingressou no bloco em 25 de agosto de 2003 como Estado associado e no dia 9 de dezembro de 2005, ocorreu a XXIV Reunião de Cúpula dos Presidentes do Mercosul em Montevidéu – Uruguai, ocasião em que a Venezuela inicia seu processo de adesão ao Mercosul.

Além de Argentina, Brasil, Uruguai e Paraguai, estiveram presentes os Estados associados ao bloco (Bolívia[28] e Chile) e outros convidados especiais. Dentre os temas da agenda dois chamaram a atenção, de forma especial, de todos na região: o início da adesão da Venezuela ao bloco e a adoção do Protocolo Constitutivo do Parlamento do Mercosul[29] (estes pontos serão abordados a seguir por serem realidades do bloco).

A título de lembrança, não se pode olvidar da União de Nações Sul-Americanas (UNASUL)[30]. Criada, inicialmente, como Comunidade Sul-Americana das Nações, posteriormente passou a se chamar União das Nações Sul-Americanas (UNASUL), em 8 de dezembro de 2004, por força da Reunião dos Presidentes da América do Sul, na cidade de Cuzco (Peru). Inicialmente, a referida Comunidade foi inicialmente concebida para viabilizar processos de integração envolvendo o Mercosul e a Comunidade Andina.

Em 30 de setembro de 2005, em Brasília (Brasil) e, posteriormente, em 9 de dezembro de 2006, em Cochabamba (Bolívia), os Chefes de Estado dos países-membros estabeleceram um plano estratégico para consolidar uma agenda comum no continente. Em abril de 2007, durante a Conferência Energética Sul-Americana, celebrada na Ilha Margarita (Venezuela), os chefes de Estados resolveram modificar o nome da Comunidade para União das Nações Sul-Americanas[31], tendo sido aprovado, já no ano seguinte, em 23 de maio, o tratado

---

[28] Passou a integrar de maneira plena em julho de 2024.

[29] O Parlamento do Mercosul foi constituído em 6-12-2006, substituindo a Comissão Parlamentar Conjunta.

[30] Interessante a abordagem de um dos grandes especialistas da matéria no Brasil, que, após se dedicar por anos ao estudo da integração regional, tem se mostrado cético a respeito do tema e, particularmente, sobre a questão que envolve o MERCOSUL e a UNASUL, como se vê: "Acreditei e lutei, durante anos, em defesa da construção da integração regional. Agora, permitam-me ser franco, vejo-me um tanto quanto cético. (...) Não vejo na substituição do MERCOSUL pela UNASUL a solução dos nossos problemas. Até agora esperamos para ver quais poderão ser o conteúdo concreto, bem como os resultados possíveis para esta iniciativa" (CASELLA, Paulo Borba. *Bric: Brasil, Rússia, Índia, China e África do Sul*: uma perspectiva de cooperação internacional. São Paulo: Atlas, 2011, p. 46 e 49).

[31] "A UNASUL tinha por objetivo principal construir um espaço de diálogo e articulação no âmbito cultural, econômico e político entre seus membros. Suas prioridades eram as políticas sociais, a educação, a energia, a infraestrutura, o financiamento e o meio ambiente. O surgimento da UNASUL foi baseado na promoção do desenvolvimento e de uma identidade política preocupada especificamente com a qualidade da democracia na região. Os esforços do órgão estavam voltados para a formulação de políticas baseadas em direitos relacionados às necessidades dos cidadãos vulneráveis da América do Sul. Diversos órgãos foram criados no âmbito da UNASUL para tratar sobre cooperação na região em diferentes áreas, como o Conselho de Defesa Sul-Americano (CDS). O CDS tinha o propósito de reordenar questões de segurança e defesa na América do Sul, a fim de demonstrar que a interferência americana evidenciada desde o fim da Guerra Fria não seria mais predominante na região. O CDS foi pensado para permitir que os governantes sul-americanos resolvam situações de crise de segurança sem intervenções extrarregionais. O objetivo maior era formar uma comunidade de segurança regional. Além disso, a UNASUL também criou conselhos específicos para as áreas de saúde, luta contra o narcotráfico, infraestrutura e planejamento, desenvolvimento social, educação, cultura, ciência, tecnologia e inovação". UNASUL: saiba como aconteceu sua ascensão e queda. Disponível em: https://www.politize.com.br/unasul/?https://www.politize.com.br/&gclid=EAIaI QobChMI--jsuaHa_wIVDjSRCh36gwDHEAAYASAAEgLYzfD_BwE. Acesso em: 19 jun. 2023.

institutivo que estabeleceu como sede permanente da Secretaria-Geral a cidade de Quito (Equador) e, do parlamento, a cidade de Cochabamba (Bolívia). O tratado estabeleceu vários objetivos[32] e entrou em vigência no dia 11 de março de 2011, tendo como órgãos integrantes da UNASUL o Conselho de Chefes de Estado e de Governo, o Conselho de Ministros de Relações Exteriores, o Conselho de Delegados e a Secretaria-Geral. Todavia, a UNASUL entrou em crise[33], logo após a mudança do governo brasileiro, no ano de 2016,

---

[32] São objetivos da UNASUL: "1. El fortalecimiento del diálogo político entre los Estados Miembros que asegure un espacio de concertación para reforzar la integración suramericana y la participación de UNASUR en el escenario internacional. 2. El desarrollo social y humano con equidad e inclusión para erradicar la pobreza y superar las desigualdades en la Región. 3. La erradicación del analfabetismo, el acceso universal a una educación de calidad y el reconocimiento regional de estudios y títulos. 4. La integración energética para el aprovechamiento integral, sostenible y solidario de los recursos de la Región. 5. El desarrollo de una infraestructura para la interconexión de la Región y entre nuestros pueblos de acuerdo a criterios de desarrollo social y económico sustentables. 6. La integración financiera mediante la adopción de mecanismos compatibles con las políticas económicas y fiscales de los Estados Miembros. 7. La protección de la biodiversidad, los recursos hídricos y los ecosistemas, así como la cooperación en la prevención de las catástrofes y en la lucha contra las causas y los efectos del cambio climático. 8. El desarrollo de mecanismos concretos y efectivos para la superación de las asimetrías, logrando así una integración equitativa. 9. La consolidación de una identidad suramericana a través del reconocimiento progresivo de derechos a los nacionales de un Estado Miembro residentes en cualquiera de los otros Estados Miembros, con el fin de alcanzar una ciudadanía suramericana. 10. El acceso universal a la seguridad social y a los servicios de salud. 11. La cooperación en materia de migración, con un enfoque integral, bajo el respeto irrestricto de los derechos humanos y laborales para la regularización migratoria y la armonización de políticas. 12. La cooperación económica y comercial para lograr el avance y la consolidación de un proceso innovador, dinámico, transparente, equitativo y equilibrado, que contemple un acceso efectivo, promoviendo el crecimiento y el desarrollo económico que supere las asimetrías mediante la complementación de las economías de los países de América del Sur, así como la promoción del bienestar de todos los sectores de la población y la reducción de la pobreza. 13. La integración industrial y productiva, con especial atención en las pequeñas y medianas empresas, las cooperativas, las redes y otras formas de organización productiva. 14. La definición e implementación de políticas y proyectos comunes o complementarios de investigación, innovación, transferencia y producción tecnológica, con miras a incrementar la capacidad, la sustentabilidad y el desarrollo científico y tecnológico propios. 15. La promoción de la diversidad cultural y de las expresiones de la memoria y de los conocimientos y saberes de los pueblos de la Región, para el fortalecimiento de sus identidades. 16. La participación ciudadana a través de mecanismos de interacción y diálogo entre UNASUR y los diversos actores sociales en la formulación de políticas de integración suramericana. 17. La coordinación entre los organismos especializados de los Estados Miembros, teniendo en cuenta las normas internacionales, para fortalecer la lucha contra el terrorismo, la corrupción, el problema mundial de las drogas, la trata de personas, el tráfico de armas pequeñas y ligeras, el crimen organizado transnacional y otras amenazas, así como para el desarme, la no proliferación de armas nucleares y de destrucción masiva, y el desminado. 18. La promoción de la cooperación entre las autoridades judiciales de los Estados Miembros de UNASUR. 19. El intercambio de información y de experiencias en materia de defensa. 20. La cooperación para el fortalecimiento de la seguridad ciudadana. 21. La cooperación sectorial como un mecanismo de profundización de la integración suramericana, mediante el intercambio de información, experiencias y capacitación". Disponível em: <https://www.unasursg.org/es/objetivos-especificos>. Acesso em: 10 jul. 2018.

[33] "A crise de fato só vai ser deflagrada em 2017, quando o Secretário-Geral, Ernesto Samper, decide deixar o cargo em protesto ao *impeachment* de Dilma Rousseff. Desde então o órgão encontra-se sem comando efetivo. De acordo com reportagem do jornal *Folha de São Paulo*, o Brasil em 2018 tinha uma dívida de R$12,5 milhões de reais pela falta de pagamento de sua contribuição compulsória. Também em 2018, a UNASUL perde a sua sede administrativa tomada de volta pelo governo Equatoriano. A organização não tinha recursos para honrar os paga-

quando Michel Temer assumiu a presidência do país e nos países vizinhos com Maurício Macri (Argentina); Mario Abdo Benítez (Paraguai); Pedro Pablo Kuczynski (Peru); e também com a assunção de Sebastian Piñera (Chile). O Brasil retornou para o bloco, no atual governo do Presidente Lula da Silva, por meio do Decreto n. 11.475, de 6 de maio de 2023.

3. O MERCOSUL

O Mercosul foi criado pelo Tratado de Assunção, de 26 de março de 1991, com o objetivo de estabelecer de forma progressiva um mercado comum entre Argentina, Brasil, Paraguai[34] e Uruguai. Atualmente[35] o bloco conta também com a participação da

---

mentos de seus funcionários e manter a sede. Após a posse de Fernando Huanacuni, colocado no cargo de forma interina em 2018, ocorre a suspensão voluntária de seis membros da organização: Argentina, Brasil, Chile, Colômbia, Paraguai e Peru. A saída de tais países foi feita com o objetivo de pressionar a organização para nomear um secretário geral permanente, de acordo com o regulamento interno, seria o argentino José Octávio Bordón. O nome não foi aprovado internamente e a UNASUL naquele momento se rompeu ao meio." *UNASUL: saiba como aconteceu sua ascensão e queda.* Disponível em: https://www.politize.com.br/unasul/?https://www.politize.com.br/&gclid=EAIaIQobChMI--jsuaHa_wIVDjSRCh36gwDHEAAYASAAEgLYzfD_BwE. Acesso em: 19 jun. 2023.

[34] O Paraguai foi suspenso do Mercosul a partir da decisão proferida pelo Conselho do Mercado Comum – MERCOSUL/CMC/DEC n. 28/12, que assim dispôs: "Art. 1º – Instruir o Grupo Mercado Comum a regulamentar os aspectos operativos da referida decisão sobre a suspensão da República do Paraguai no MERCOSUL. Art. 2º – Esta Decisão não necessita ser incorporada ao ordenamento jurídico dos Estados-Partes, por regulamentar aspectos da organização ou do funcionamento do MERCOSUL.

De acordo com a Ata da XLI REUNIÃO EXTRAORDINÁRIA DO GRUPO DO MERCADO COMUM – MERCOSUL/GMC EXT/ACTA n. 02/2012. Disponível em: <http://www.mercosur.int/t_generic.jsp?contentid=4540&site=1&channel=secretaria>. Acesso em: 1º ago. 2012, que traçou ASPECTOS OPERATIVOS DA SUSPENSÃO DO PARAGUAI, decidiu-se que: O GMC, nos termos da Decisão CMC N. 28/2012, instruiu a Secretaria do MERCOSUL a realizar a notificação prevista no inciso ii do artigo 40 do Protocolo de Ouro Preto para todas as normas aprovadas que, no momento da suspensão da República do Paraguai, não haviam sido incorporadas exclusivamente por este ao seu ordenamento jurídico. Instruiu, ademais, o Grupo de Incorporação Normativa (GIN) a examinar as normas referidas no artigo anterior, com vistas a apresentar ao GMC lista daquelas que, no entendimento dos Estados-Partes no pleno exercício de suas capacidades, deveriam ser revogadas. O GMC manifestou o entendimento de que podem ser mantidos os contatos estritamente técnicos com o Paraguai considerados imprescindíveis à manutenção do fluxo de pessoas e do comércio de bens e serviços entre o Paraguai e os demais Estados-Partes, notadamente nas áreas aduaneira, sanitária, fitossanitária e migratória.

A suspensão não afetará o andamento dos projetos em execução, aprovados ou em vias de aprovação, de que participe a República do Paraguai e contem com financiamento do Fundo de Convergência Estrutural do MERCOSUL (FOCEM). Para tanto, será permitida às entidades gestoras dos referidos projetos a realização de contatos estritamente técnicos considerados imprescindíveis. O GMC acordou que qualquer outro aspecto operativo relativo à suspensão do Paraguai será objeto de consulta coordenada pela PPT.

Em dezembro de 2013, após várias negociações e discussões políticas, a Câmara dos Deputados do Paraguai aprovou o protocolo de adesão da Venezuela ao Mercosul, aceitando, assim, a participação deste Estado no bloco. Logo após esta aprovação, o presidente paraguaio declarou o interesse em regressar ao bloco. Assim, a cúpula dos Representantes do Mercosul, realizada em 20 de fevereiro, em Montevidéu, concretizou o retorno do Paraguai ao Mercosul.

[35] "Los Estados Partes fundadores del MERCOSUR y signatarios del Tratado de Asunción son Argentina, Brasil, Paraguay y Uruguay. En función de que el Tratado de Asunción está abierto a la adhesión de otros Estados miembros de Asociación Latinoamericana de Integración. Venezuela se constituyó en el primer estado latinoamericano en adherir al tratado constitutivo, en 2006, y más recientemente Bolivia, en 2015. El Protocolo de

Venezuela[36], tendo em vista a decisão proferida pelo Conselho do Mercado Comum – MERCOSUL/CMC/DEC n. 27/12, que decidiu pelo seu ingresso[37]. Todavia, no ano de 2017, a Venezuela foi suspensa por violação de cláusulas democráticas do Mercosul[38],

---

Adhesión de Bolivia al MERCOSUR ya fue firmado por la totalidad de los Estados Partes en 2015 y ahora se encuentra en vías de incorporación por los congresos de los Estados Partes. La República Bolivariana de Venezuela se encuentra suspendida en todos los derechos y obligaciones inherentes a su condición de Estado Parte del MERCOSUR, de conformidad con lo dispuesto en el segundo párrafo del artículo 5º del Protocolo de Ushuaia y el Estado Plurinacional de Bolivia se encuentra en proceso de adhesión." Disponível em: <http://www.mercosur.int/innovaportal/v/7823/11/innova.front/paises-del-mercosur>. Acesso em: 27 jul. 2018.

[36] Nesse sentido, a Ata da XLI REUNIÃO EXTRAORDINÁRIA DO GRUPO DO MERCADO COMUM – MERCOSUL/GMC EXT/ACTA n. 02/2012 (disponível em: <http://www.mercosur.int/t_generic.jsp?contentid=4540&site=1&channel=secretaria>, acesso em: 1º ago. 2012), dispôs: "As delegações concordaram em acelerar os trabalhos para a plena integração da Venezuela ao MERCOSUL, observando a necessária flexibilidade para o cumprimento das tarefas. Com esse fim, decidiram convocar a primeira reunião do Grupo de Trabalho *Ad Hoc* criado pela Decisão CMC n. 12/2007 para os dias 13 a 15 de agosto, em Montevidéu. O GT *Ad Hoc* deverá reunir-se mensalmente. O trabalho do GT *Ad Hoc* será apoiado por seis subgrupos técnicos: i) incorporação normativa; ii) NCM; iii) TEC; iv) programa de liberalização comercial; v) relacionamento externo; e vi) temas institucionais. O GMC acordou as seguintes metas para os subgrupos de trabalho: a) Incorporação normativa: A fim de subsidiar os trabalhos do subgrupo sobre incorporação de normativa, o GMC instruiu a Secretaria do MERCOSUL a efetuar, em coordenação com as Representações Permanentes dos Estados-Partes no pleno exercício de suas capacidades em Montevidéu, levantamento da normativa vigente no Bloco, a ser apresentado até o dia 10 de agosto. A atualização deverá tomar como base o relatório apresentado pelo Grupo de Trabalho criado pelo Artigo 11 do Protocolo de Adesão da Venezuela; b) NCM: No marco dos princípios de rapidez e flexibilidade, serão realizados os melhores esforços para a adoção pela Venezuela da Nomenclatura Comum do MERCOSUL até dezembro de 2012; c) TEC: No marco dos princípios de rapidez e flexibilidade, primeiros resultados em dezembro de 2012; d) Programa de liberalização comercial: No marco dos princípios de rapidez e flexibilidade, primeiros resultados em janeiro de 2013. As delegações da Argentina e da Venezuela acordaram manter uma reunião bilateral antes de 13 de agosto. As delegações do Brasil e da Venezuela acordaram manter uma reunião bilateral no marco da reunião do Grupo de Trabalho. Durante a reunião, será discutida a proposta da Venezuela do mecanismo de fortalecimento produtivo. As delegações do Uruguai e da Venezuela acordaram manter uma reunião bilateral no marco da reunião do Grupo de Trabalho; e) Relacionamento externo: Com vistas a atualizar os resultados do Grupo de Trabalho criado pelo artigo 11 do Protocolo de Adesão, serão intercambiadas informações sobre a agenda externa do MERCOSUL e da Venezuela; f) Temas institucionais: Serão estabelecidos os cursos de ação vinculados à participação da Venezuela nos órgãos do MERCOSUL.

[37] Art. 1º – A partir de 12 de agosto de 2012, a República Bolivariana da Venezuela adquirirá a condição de Estado-Parte e participará com todos os direitos e obrigações no MERCOSUL, de acordo com o artigo 2º do Tratado de Assunção e nos termos do Protocolo de Adesão. Art. 2º – O procedimento previsto no inciso ii do artigo 40 do Protocolo de Ouro Preto para a vigência de normas emanadas dos órgãos do MERCOSUL será realizado mediante a incorporação da normativa MERCOSUL pelos Estados-Partes no pleno exercício de suas capacidades, nos termos do inciso iii do referido artigo. Art. 3º – Esta Decisão não necessita ser incorporada ao ordenamento jurídico dos Estados-Partes, por regulamentar aspectos da organização ou do funcionamento do MERCOSUL.

[38] "A República Argentina, a República Federativa do Brasil, a República do Paraguai e a República Oriental do Uruguai, decidem: 1) Suspender a República Bolivariana da Venezuela de todos os direitos e obrigações inerentes à sua condição de Estado Parte do Mercosul, em conformidade com o disposto no segundo parágrafo do artigo 5º do Protocolo de Ushuaia. A suspensão a que se refere o parágrafo anterior terá efeito a partir da data da comunicação da presente Decisão à República Bolivariana da Venezuela, de acordo com o disposto no artigo 6º do Protocolo de Ushuaia. 2) Os Estados Partes definirão medidas com vistas a minimizar os impactos negativos desta suspensão para o povo venezuelano. 3) A suspensão cessará quando, de acordo com o estabelecido no artigo 7º do Protocolo de Ushuaia, se verifique o pleno restabelecimento da ordem democrática na República Bolivariana da Venezuela. 4) Enquanto durar a suspensão, o disposto no inciso III do artigo 40 do Protocolo de Ouro Preto dar-se-á com a incorporação realizada por Argentina, Brasil, Paraguai e Uruguai, nos termos do inciso II do refe-

fato que persiste ainda nos dias atuais[39]. A Bolívia passou também a integrar o bloco, a partir do dia 5 de julho de 2024, após o presidente do país, Luis Arce, promulgar uma lei aprovada pelo Congresso prevendo a medida[40].

Os Estados estavam convencidos de que a ampliação de seus mercados, através da integração, constituiria condição fundamental para acelerar o processo de desenvolvimento econômico com justiça social.

Assim, a necessidade de promover o desenvolvimento científico e tecnológico, de modernizar suas economias para ampliar a oferta e qualidade dos bens e serviços disponíveis e com isso propiciar a melhoria da qualidade de vida de seus habitantes. Sobre esta questão, vale destacar as palavras de Menezes:

"Diferentemente de experiências anteriores que fracassaram, existia quando da criação do Mercosul um ambiente histórico propício para se buscar uma integração com propósitos mais firmes. Esta realidade foi fruto de uma ampla transformação política, econômica e comercial, que varreu o mundo no final da década de 80 e início da década de 90, influenciando a América Latina. O fim da guerra fria, a democratização dos Estados e a abertura da economia, aliada à revolução tecnológica, exigiam que os Estados se inserissem e se adequassem àquela realidade mundial"[41].

Entre os principais princípios expressos no Tratado de Assunção, destacam-se: o de reciprocidade de direitos e obrigações entre os Estados-Partes (art. 2º); o da transparência (art. 4º); o da paridade em relação aos produtos comercializados (art. 7º); o do *pacta sunt servanda* (art. 8º, *b*) e o da não discriminação (art. 8º, *d*).

O quadro institucional do Mercosul foi posteriormente aperfeiçoado pelo Protocolo de Ouro Preto, de 17 de dezembro de 1994, que criou uma estrutura considerada definitiva com os seguintes órgãos: Conselho do Mercado Comum; Grupo Mercado Comum; Comissão de Comércio do Mercosul; Comissão Parlamentar Conjunta; Foro Consultivo Econômico Social; Secretaria Administrativa do Mercosul.

O Conselho do Mercado Comum é o órgão superior do Mercosul ao qual incumbe a condução política do processo de integração e a tomada de decisões para assegurar o

---

rido artigo." Disponível em: https://www.mercosur.int/pt-br/decisao-sobre-a-suspensao-da-republica-bolivariana-da-venezuela-no-mercosul/. Acesso em: 19 jun. 2023.

[39] Informação disponível em: https://www.mercosur.int/pt-br/quem-somos/paises-do-mercosul/. Acesso em: 7 jul. 2024.

[40] Disponível em: https://economia.uol.com.br/noticias/estadao-conteudo/2024/07/05/bolivia-e-incorporada-formalmente-como-membro-do-mercosul-apos-arce-promulgar-lei.htm. Acesso em: 7 jul. 2024: "Depois de quase sete meses, hoje (sexta, 5) finalmente recebemos a lei sancionada, e neste mesmo dia a promulgamos imediatamente. A incorporação da Bolívia como país membro do Mercosul tem um caráter estratégico porque significa fazer parte de um importante espaço de integração regional, intercâmbio comercial, fortalecimento produtivo e nos torna um eixo articulador na região', escreveu Arce. A lei foi aprovada em 14 de junho pela Câmara dos Deputados da Bolívia e aprovada pelo Senado na quarta-feira. Após ser promulgada, ela entrará em vigor dentro de 30 dias".

[41] MENEZES, Wagner. *Direito internacional na América Latina*. Curitiba: Juruá, 2007, p. 167.

cumprimento dos objetivos estabelecidos pelo Tratado de Assunção e para lograr a constituição final do mercado comum.

São funções do Conselho do Mercado Comum: velar pelo cumprimento do Tratado de Assunção, de seus protocolos e dos acordos firmados em seu âmbito; formular políticas e promover as ações necessárias à conformação do mercado comum; exercer a titularidade da personalidade jurídica do Mercosul; negociar e firmar acordos em nome do Mercosul com terceiros países, grupos de países e organizações internacionais, podendo essas funções ser delegadas ao Grupo Mercado Comum por mandato expresso, nas condições estipuladas no inciso VII do artigo 14; manifestar-se sobre as propostas que lhe sejam elevadas pelo Grupo Mercado Comum; criar reuniões de ministros e pronunciar-se sobre os acordos que lhe sejam remetidos em decorrência dessas reuniões; criar os órgãos que estime pertinentes, assim como modificá-los ou extingui-los; esclarecer, quando estime necessário, o conteúdo e o alcance de suas decisões; designar o diretor da Secretaria Administrativa do Mercosul; adotar decisões em matéria financeira e orçamentária; homologar o regimento interno do Grupo Mercado Comum.

O Grupo Mercado Comum é o órgão executivo do Mercosul e é formado por quatro membros titulares e quatro membros suplentes de cada Estado, devendo estar sempre representado por funcionários do Ministério das Relações Exteriores, da Economia e dos bancos centrais.

As suas funções e atribuições vêm expressas no artigo 14: velar, nos limites de suas competências, pelo cumprimento do Tratado de Assunção, de seus protocolos e dos acordos firmados em seu âmbito; propor projetos de decisão ao Conselho do Mercado Comum; tomar medidas necessárias ao cumprimento das decisões adotadas pelo Conselho do Mercado Comum; fixar programas de trabalho que assegurem avanços para o estabelecimento do mercado comum; criar, modificar ou extinguir órgãos tais como subgrupos de trabalho e reuniões especializadas, para o cumprimento de seus objetivos; manifestar-se sobre as propostas ou recomendações que lhe forem submetidas pelos demais órgãos do Mercosul no âmbito de suas competências; negociar, com a participação de representantes de todos os Estados-Partes, por delegação expressa do Conselho do Mercado Comum e dentro dos limites estabelecidos em mandatos específicos concedidos para esse fim, acordos em nome do Mercosul com terceiros países, grupos de países e organismos internacionais (quando autorizado pelo Conselho do Mercado Comum, o Grupo Mercado Comum poderá delegar os referidos poderes à Comissão de Comércio do Mercosul); aprovar o orçamento e a prestação de contas anual apresentada pela Secretaria Administrativa do Mercosul; adotar as resoluções em matéria financeira e orçamentária, com base nas orientações emanadas do Conselho do Mercado Comum; submeter ao Conselho do Mercado Comum seu regimento interno; organizar as reuniões do Conselho do Mercado Comum e preparar os relatórios e estudos que este lhe solicitar; eleger o diretor da Secretaria Administrativa do Mercosul; supervisionar as atividades da Secretaria Administrativa do Mercosul; homologar os regimentos internos da Comissão de Comércio e do Foro Consultivo Econômico-Social.

A Comissão de Comércio do Mercosul é o órgão encarregado de assistir o Grupo Mercado Comum e a ela compete velar pela aplicação dos instrumentos de política comercial comum acordados pelos Estados-Partes para o funcionamento da união aduaneira, bem como acompanhar e revisar os temas e matérias relacionados com as políticas comerciais comuns, com o comércio intra-Mercosul e com terceiros países.

As funções e atribuições da Comissão de Comércio do Mercosul estão discriminadas no artigo 19: velar pela aplicação dos instrumentos comuns de política comercial intra-Mercosul e com terceiros países, organismos internacionais e acordos de comércio; considerar e pronunciar-se sobre as solicitações apresentadas pelos Estados-Partes com respeito à aplicação e ao cumprimento da tarifa externa comum e dos demais instrumentos de política comercial comum; acompanhar a aplicação dos instrumentos de política comercial comum aos Estados-Partes; analisar a evolução dos instrumentos de política comercial comum para o funcionamento da união aduaneira e formular propostas a respeito ao Grupo Mercado Comum; tomar as decisões vinculadas à Administração e à aplicação da tarifa externa comum e dos instrumentos de política comercial comum acordados pelos Estados-Partes; informar ao Grupo Mercado Comum sobre a evolução e a aplicação dos instrumentos de política comercial comum, sobre o trâmite das solicitações recebidas e sobre as decisões adotadas a respeito delas; propor ao Grupo Mercado Comum novas normas ou modificações às normas existentes referentes à matéria comercial e aduaneira do Mercosul; propor a revisão das alíquotas tarifárias de itens específicos da tarifa externa comum, inclusive para contemplar casos referentes a novas atividades produtivas no âmbito do Mercosul; estabelecer os comitês técnicos necessários ao adequado cumprimento de suas funções, bem como dirigir e supervisionar suas atividades; desempenhar as tarefas vinculadas à política comercial comum que lhe solicite o Grupo Mercado Comum; adotar o regimento interno, que submeterá ao Grupo Mercado Comum para sua homologação.

O parlamento do Mercosul substituiu a Comissão Parlamentar Conjunta e se apresenta como órgão responsável por discussões que reflitam o pluralismo e as diversidades da região, contribuindo, por isso mesmo, com a democracia, a representatividade e a participação dos Estados no desenvolvimento do processo de integração e suas normas.

O Foro Consultivo Econômico Social é o órgão representativo dos setores econômicos e sociais, tendo cada Estado um número igual de representantes. Sua função é de natureza consultiva.

A Secretaria Administrativa do Mercosul é um órgão de apoio operacional e responsável pela prestação de serviços aos demais órgãos do Mercosul, cuja sede, de forma permanente, encontra-se na cidade de Montevidéu. Suas atividades são: servir como arquivo oficial à documentação do Mercosul; realizar a publicação e a difusão das decisões adotadas no âmbito do Mercosul; organizar os aspectos logísticos das reuniões do Conselho do Mercado Comum, do Grupo Mercado Comum e da Comissão de Comércio do Mercosul e, dentro de suas possibilidades, dos demais órgãos do Mercosul, quando elas forem realizadas em sua sede permanente (no que se refere às reuniões realizadas fora de sua sede permanente, a secretaria fornecerá apoio ao Estado que sediar o evento); informar regularmente os Estados-Partes sobre as medidas implementadas por cada país para incorporar em seu ordenamento jurídico as normas emanadas dos órgãos do Mercosul; registrar as listas nacionais dos árbitros e especialistas; desempenhar as tarefas que lhe sejam solicitadas pelo Conselho do Mercado Comum, pelo Grupo Mercado Comum e pela Comissão do Comércio do Mercosul; elaborar seu projeto de orçamento e, uma vez aprovado pelo Grupo Mercado Comum, praticar todos os atos necessários à sua correta execução; apresentar anualmente ao Grupo Mercado Comum a sua prestação de contas, bem como relatório de suas atividades.

O Mercosul dispõe ainda de um sistema autônomo de solução de controvérsias, que foi criado pelo Protocolo de Brasília de 17 de dezembro de 1991. Esse sistema prevê duas modalidades de solução de litígios: as negociações diplomáticas no seio das instituições e o recurso à arbitragem, através de tribunais *ad hoc*. Entretanto, cumpre ressaltar que o Protocolo de Brasília foi revogado pelo Protocolo de Olivos, de 18 de fevereiro de 2002. Em interessante artigo sobre a matéria, Accioly assim dispôs:

Curiosa a trajetória do Protocolo de Brasília. Ele foi concebido para viger durante o período de transição do Mercosul, ou seja, do Tratado de Assunção, de 26 de março de 1991, que instituiu órgãos provisórios e que determinou, no seu anexo III, fosse criado um sistema provisório de solução de conflitos, até o Protocolo de Ouro Preto (POP), de 17 de dezembro de 1994, que trouxe a estrutura definitiva do Mercosul[42].

Entretanto, o POP decide manter o sistema de solução de controvérsias do Mercosul, conforme a redação do art. 44[43]. Assim o Protocolo de Brasília ganhou uma sobrevida que perdurou até 2002, com a chegada do Protocolo de Olivos. Foram ao todo treze anos de existência e de relativo sucesso.

Interessante também mencionar que o Protocolo de Olivos nasceu em caráter provisório. O artigo 51 do Protocolo de Olivos repete o disposto no artigo 44 do Protocolo de Ouro Preto. Assim que se aguarda, para um futuro incerto, o tão esperado Sistema Permanente de Solução de Controvérsias para o Mercosul.

Com efeito, a pergunta que então ocorre é a de se saber por que um protocolo vem substituir outro também a título provisório. Qual a urgência em não poder esperar pelo Sistema Permanente de Solução de Controvérsias? A resposta dada pelos dirigentes deste bloco regional foi a preocupação em se fortalecer a segurança jurídica, nomeadamente com a chegada de um Tribunal Permanente de Revisão[44].

---

[42] O artigo 34 faz referência à sua curta existência ao dispor: "O presente protocolo permanecerá vigente até que entre em vigor o Sistema Permanente de Solução de Controvérsias para o Mercado Comum a que se refere o número 3 do Anexo III do Tratado de Assunção".

[43] Artigo 44: "Antes de culminar o processo de convergência da Tarifa Externa Comum, os Estados-Partes efetuarão uma revisão do atual sistema de solução de controvérsias do Mercosul, com vistas à adoção do sistema permanente a que se refere o item 3 do Anexo III do Tratado de Assunção e do art. 34 do Protocolo de Brasília".

[44] ACCIOLY, Elizabeth. Um olhar crítico sobre o Protocolo de Olivos para Solução de Controvérsias do Mercosul. *Temas de integração*. 1º Semestre de 2005, n. 19, Coimbra: Almedina, p. 47-58.

O Tribunal Permanente de Revisão do Mercosul foi institucionalizado em 18 de fevereiro de 2001, como foi afirmado acima, pelo Protocolo de Olivos, e instalado em 13 de agosto de 2004, cuja sede encontra-se em Assunção no Paraguai. Este Tribunal pode ser considerado como última instância para apreciar o que foi decidido em primeira instância, por meio de arbitragem, em particular questões relativas a controvérsias comerciais entre os Estados-Partes. Impende assinalar que ele é constituído por cinco árbitros para atuarem nos casos anteriormente indicados, bem como poderão funcionar em atividades de natureza consultiva.

Os tratados acima enunciados constituem fontes jurídicas originárias do Mercosul, pois definem sua natureza e sua estrutura, além de estabelecer regras de funcionamento das instituições comunitárias.

O Mercosul aproxima-se de uma ordem jurídico-comunitária na medida em que possui fontes autônomas em relação às ordens nacionais. Além das fontes originárias, o Protocolo de Ouro Preto consagra em seu artigo 41, inciso III, as fontes derivadas do Mercosul: as Decisões do Conselho do Mercado Comum, as Resoluções do Grupo Mercado Comum e as Diretivas da Comissão de Comércio do Mercosul.

Quanto aos propósitos do Mercosul, estes se apresentam logo em seu artigo primeiro, como, por exemplo, estabelecer a livre circulação de bens, serviços e fatores produtivos; o estabelecimento de tarifa externa comum; a adoção de política comercial comum em relação a terceiros Estados; a coordenação de posições em foros econômico-comerciais regionais e internacionais; a coordenação de políticas macroeconômicas e setoriais visando assegurar condições adequadas de concorrência entre os Estados-Partes; o compromisso de harmonizar as legislações nas áreas pertinentes, com o intuito de fortalecer o processo de integração.

Como se vê, o Mercosul procura estabelecer um processo de integração, que envolve comércio exterior, agricultura, indústria, moeda, troca de capitais, de serviços, transportes, comunicações etc.; entretanto, o Mercosul ainda caminha em direção ao modelo comunitário (existente apenas na União Europeia), podendo crescer a longo prazo: "as fases mais avançadas do processo integracionista no Cone Sul poderão, a exemplo da experiência europeia, permitir o estabelecimento de uma cooperação e coordenação política propriamente institucionalizada e poderão até mesmo desembocar, a longo prazo, num processo ao estilo da Europa-92 e envolver as diversas dimensões discutidas e aprovadas por Maastricht, ou seja, união econômica ampliada (moeda e banco central), coordenação da segurança comum e ampliação do capítulo social em matéria de direitos individuais e coletivos"[45].

---

[45] ALMEIDA, Paulo Roberto. Dilemas da soberania do Mercosul. *A soberania*. Rio de Janeiro: Renovar, 1999, p. 258.

4. A COOPERAÇÃO JUDICIÁRIA DO MERCOSUL

O modelo de cooperação internacional voltado para a área judicial apresenta larga experiência na América Latina e as primeiras tentativas advêm do século XIX, com os seguintes tratados internacionais: a) o Tratado de Lima, nos anos de 1877 e 1878; b) o Tratado de Montevidéu, de 1889, revisado em 19 de março de 1940, que pretendeu unificar o direito processual internacional; e c) o Código de Bustamante, firmado em Havana, em 20 de janeiro de 1928, pelo qual se tentou unificar o Direito Internacional Privado.

O Código de Bustamante vige até os dias atuais no Brasil, ainda que em desuso, tendo sido descartada uma revisão ampla, preferindo os Estados, no âmbito da Organização dos Estados Americanos, através de Conferências Especializadas, realizar pequenas convenções sobre assuntos específicos de direito internacional privado (CIDIP – Conferência Interamericana de Direito Internacional Privado), o que posterga e quiçá torna inútil uma nova tentativa de reforma do Código de Bustamante, conforme o magistério de Dolinger:

"Enquanto se abandona, ou, pelo menos, se adia o projeto de reforma do Código de Bustamante, vai-se criando uma série de convenções restritas a matérias específicas, as quais, quando passarem a vigorar em número substancial de países da América Latina, terão substituído as correspondentes disposições do Código"[46].

No que tange às Conferências Especializadas, convém destacar as que foram realizadas em 1975, no Panamá; em 1979, em Montevidéu; em 1984, em La Paz; em 1989, em Montevidéu; e, em 1994, no México.

Nas Conferências acima indicadas, foram contemplados assuntos de extrema importância, dentre os quais: letras de câmbio; notas promissórias e faturas; cheques; arbitragem comercial; cartas rogatórias; obtenção de provas no exterior; regime legal de procurações a serem utilizadas no exterior; sociedades mercantis; normas gerais de direito internacional privado; eficácia extraterritorial das sentenças e laudos arbitrais estrangeiros; cumprimento de medidas cautelares; prova e informação acerca de direito estrangeiro; adoção de menores; devolução de crianças; obrigações alimentícias; contratos de transporte internacional de bens via rodoviária; lei aplicável aos contratos internacionais e aspectos civis e penais do tráfico internacional de menores.

Pode-se afirmar que uma das fontes inspiradoras dos Protocolos na esfera do Mercosul[47] encontra-se no âmbito da Conferência Interamericana de Direito Internacional Privado sobre eficácia extraterritorial das sentenças e laudos arbitrais estrangeiros, sobre o cumprimento de medidas cautelares e sobre cartas rogatórias, bem como os Convênios

---

[46] DOLINGER, Jacob. *Direito internacional privado*: parte geral. 4. ed. Rio de Janeiro: Renovar, 1996, p. 74.

[47] O Protocolo de Cooperação e Assistência Jurisdicional em matéria civil, comercial, trabalhista e administrativa, assinado em Las Leñas, em 27-6-1992, bem assim o Protocolo de Medidas Cautelares, assinado em Ouro Preto, em 17 de dezembro de 1994.

bilaterais celebrados entre Argentina e Uruguai, sobre a igualdade de tratamento processual e cartas rogatórias, de 20-11-1980, e o Acordo de Cooperação Judiciária em Matéria Civil, Comercial, Trabalhista e Administrativa, entre Brasil e Argentina, de 20-8-1991. Da contribuição dessas legislações foi aprovado entre os países do Mercosul o Protocolo de Cooperação e Assistência Jurisdicional em matéria civil, comercial, trabalhista e administrativa, em 27 de julho de 1992.

Com efeito, como pode ser observado, o processo de integração não deve estar confinado exclusivamente à esfera econômica, devendo ser aprofundados temas não comerciais, como por exemplo, direitos humanos, democracia e defesa nacional. Porém, ainda existem óbices que entravam o processo de aprofundamento da integração regional. Muitas das críticas dirigidas ao Mercosul guardam íntima relação com o fato de o Bloco se apresentar como um processo de estrutura intergovernamental, opaco (com imenso acervo de documentos confidenciais) e hermético (pouco permeável à participação da sociedade civil).

De toda sorte, deixando de lado divergências que o tema "integração" suscita, é pacificado o entendimento de que é de extrema necessidade estabelecer laços de cooperação e unidade nos dias atuais para alcançar determinados objetivos. Só assim se poderá concretizar o ideal de formar vínculos de solidariedade entre os países, sendo a liberdade e a união a força motriz destes.

Parte IV

O Indivíduo no Direito Internacional

Capítulo XII
Nacionalidade

1. NOÇÕES GERAIS

Ao se discutir nacionalidade[1] deve-se chamar a atenção para o fato de que o ponto é comum ao Direito Internacional e ao Direito Constitucional, sendo que a primeira questão que se apresenta relaciona-se à situação das pessoas que se encontram num determinado Estado (nacionais ou estrangeiros). A nacionalidade se apresenta como vínculo político entre o Estado soberano e o indivíduo, que faz deste um membro da comunidade constitutiva da dimensão pessoal do Estado.

Rezek enfatiza que no âmbito do direito internacional "esse vínculo político recebe, entretanto, uma disciplina jurídica de direito interno: a cada Estado incumbe legislar sobre sua própria nacionalidade, desde que respeitadas, no direito internacional, as regras gerais, assim como regras particulares com que acaso se tenha comprometido"[2].

Assim, no campo do *direito das gentes*, Verdross aponta alguns princípios relacionados à matéria:

a) o direito das gentes confia à apreciação de cada Estado determinar como se adquire e se perde a sua nacionalidade;

b) nenhum Estado pode determinar as condições de aquisição e perda de uma nacionalidade estrangeira;

c) a apreciação estatal, na determinação da matéria, acha-se limitada pelo Direito Internacional;

---

[1] REZEK, José Francisco. *Direito internacional público*: curso elementar. 6. ed. São Paulo: Saraiva, 1996, p. 178.

[2] Como sinaliza LITRENTO, Oliveiros. *Curso de direito internacional público*. 3. ed. Rio de Janeiro: Forense, 1997, p. 299: "O conceito de nacionalidade essencialmente de caráter jurídico-internacional não exprime de maneira alguma nem coincide com o conceito jurídico-interno de cidadania. O que se revela importante para o direito internacional público é a submissão permanente e passiva de uma pessoa a um determinado Estado, protegendo-a quando venha a sofrer os seus efeitos incontrastáveis de uma soberania ilimitada. Outro não é o conceito de nacionalidade, em seu sentido contemporâneo, que se distingue de cidadania, conceito criado pelo direito interno que qualifica os nacionais propriamente ditos, com plenitude de direitos políticos".

d) as limitações resultam dos tratados, do costume e dos princípios gerais de Direito, universalmente reconhecidos;

e) uma declaração de nacionalidade feita por um Estado, no exercício de sua competência, tem efeitos jurídicos com relação aos demais Estados;

f) não o terá, porém, se a declaração transgredir os limites impostos pelo direito das gentes;

g) os Estados só podem conferir sua nacionalidade a pessoas que com eles tenham relação real e estreita, tais como a filiação e o nascimento, no seu território;

h) a naturalização de um estrangeiro juridicamente capaz não poderá efetivar-se sem o seu consentimento;

i) uma naturalização que não exija o consentimento dos interessados só é possível em caso de cessão territorial, quando os indivíduos tenham seu domicílio ordinário no território cedido, ressalvadas as disposições convencionais em sentido oposto;

j) o princípio de que a nacionalidade implica uma relação efetiva e permanente como Estado de que é súdito acarreta, entre outras consequências, a de que as disposições que fazem depender a perda da nacionalidade de uma exclusão formal da agrupação estatal são ineficazes perante o direito das gentes, se a pessoa em questão, estabelecida permanentemente em um país estrangeiro, tiver adquirido a nacionalidade deste sem ter sido excluída da agrupação estatal anterior;

k) somente em seu território tem o Estado o direito de baixar normas sobre a matéria, não tendo qualquer valor, perante o direito internacional, as naturalizações levadas a efeito em território ocupado por determinada potência[3].

O sujeito natural do Estado é o nacional, que em seu conjunto corresponde à ideia de povo, que não pode ser confundido com população por se tratar de conceito que designa o número de habitantes de um território num determinado momento. Segundo Moraes:

"Povo é o conjunto de pessoas que fazem parte de um Estado (é seu elemento humano). O povo está unido ao Estado pelo vínculo jurídico da nacionalidade. População é o conjunto de habitantes de um território, de um país, de uma região, de uma cidade. Esse conceito é mais extenso que o anterior – povo –, pois engloba os nacionais e estrangeiros, desde que habitantes de um mesmo território. (...) tem um significado econômico, que corresponde ao sentido vulgar, e que abrange o conjunto de pessoas residentes num território, quer se trate de nacionais, quer de estrangeiros. Ora, o elemento humano do Estado é constituído unicamente pelos que a ele estão ligados pelo vínculo jurídico que hoje chamamos de nacionalidade. Nação: agrupamento humano, em geral numeroso, cujos membros, fixados num território, são ligados por laços históricos, culturais,

---

[3] BOSON, Gérson de Britto Mello. *Direito internacional público*. 3. ed. Belo Horizonte: Del Rey, 2000, p. 284.

econômicos e linguísticos. Cidadão: é o nacional (brasileiro nato ou naturalizado) no gozo dos direitos políticos e participante da vida do Estado"[4].

Já os estrangeiros, por exclusão, são todos aqueles que não são nacionais.

A situação do nacional é uma situação jurídica e não apenas de fato, sendo "indicados" pelo próprio direito interno do Estado. Assim, no âmbito do direito brasileiro temos a previsão do art. 12 da Constituição Federal:

"Art. 12 – São brasileiros:

I – natos:

a) os nascidos na República Federativa do Brasil, ainda que de pais estrangeiros, desde que estes não estejam a serviço de seu país;

b) os nascidos no estrangeiro, de pai brasileiro ou mãe brasileira, desde que qualquer deles esteja a serviço da República Federativa do Brasil;

c) os nascidos no estrangeiro de pai brasileiro ou de mãe brasileira, desde que sejam registrados em repartição brasileira competente ou venham a residir na República Federativa do Brasil e optem, em qualquer tempo, depois de atingida a maioridade, pela nacionalidade brasileira; (redação dada pela Emenda Constitucional n. 54, de 2007)

II – naturalizados:

a) os que, na forma da lei, adquiram a nacionalidade brasileira, exigidas aos originários de países de língua portuguesa apenas residência por um ano ininterrupto e idoneidade moral;

b) os estrangeiros de qualquer nacionalidade residentes na República Federativa do Brasil há mais de quinze anos ininterruptos e sem condenação penal, desde que requeiram a nacionalidade brasileira".

Vale ressaltar ainda que a Constituição brasileira, em razão do disposto no artigo acima apresentado, tratou de reservar de maneira específica alguns cargos para os brasileiros natos por estarem diretamente ligados aos interesses da República Federativa do Brasil. São eles: Presidente e Vice-Presidente da República; Presidente da Câmara dos Deputados; Presidente do Senado Federal; Ministros do Supremo Tribunal Federal; integrantes da Carreira Diplomática; Oficiais das Forças Armadas e Ministro de Estado da Defesa.

Não se pode olvidar que o brasileiro nato jamais será extraditado, mas admite-se ao naturalizado nos casos definidos na Constituição (art. 5º, LI):

"Nenhum brasileiro será extraditado, salvo o naturalizado, em caso de crime comum, praticado antes da naturalização, ou de comprovado envolvimento em tráfico ilícito de entorpecentes e drogas afins, na forma da lei".

Fato curioso analisado pelo Supremo Tribunal Federal relativo a pedido de extradição formulado pela República do Uruguai ao Estado brasileiro de um nacional uruguaio

---

[4] MORAES, Alexandre de. *Direito constitucional*. 6. ed. São Paulo: Atlas, 1999, p. 197.

que teria cometido um crime naquele país (Ext 1.141/República Oriental do Uruguai, rel. Min. Cármen Lúcia. Julgamento: 14-4-2009). Todavia, no curso do processo, verificou-se que o indivíduo também possuía um registro brasileiro. Como não houve condições de sanar as dúvidas relativas à nacionalidade brasileira, e como há vedação expressa no sentido de extraditar brasileiro nato, optou-se por não efetivar a extradição.

Entendimento semelhante deu-se em 7 de novembro de 2017, por ocasião da Ext 1.446/ DF – Distrito Federal que teve como relator o Ministro Dias Toffoli. Extradição instrutória. Governo do Paraguai. Interrogatório. Ausência de documentos mencionados pelo Ministério Público Federal em suas perguntas. Cerceamento de defesa. Não ocorrência. Extraditando que apresentou sem restrições sua versão e discorreu longamente sobre sua condição de brasileiro nato, cerne de sua defesa. Não ocorrência de prejuízo. Nulidade inexistente. Nacionalidade do extraditando. Registros civis brasileiro e paraguaio atestando seu nascimento, na mesma data, em ambos os países. Impossibilidade lógica de sua coexistência. Pretendida suspensão do processo extradicional até o julgamento definitivo de ação anulatória do registro civil brasileiro. Descabimento. Presunção de veracidade do registro brasileiro não infirmada pela prova dos autos. Assento de nascimento brasileiro lavrado 5 (cinco) meses após o nascimento. Registro congênere alienígena lavrado somente 8 (oito) anos após o suposto nascimento em solo paraguaio. Proximidade temporal entre a data da lavratura do assento brasileiro e a data do nascimento no Brasil que milita em favor da presunção de veracidade desse ato registrário. Dilatadíssimo lapso temporal entre o registro estrangeiro e o suposto nascimento em solo paraguaio que milita em desfavor da presunção de sua veracidade. Antecipação dos efeitos da tutela jurisdicional, na Justiça comum estadual, cancelando o registro civil brasileiro. Posterior prolação de sentença anulando o mesmo assento de nascimento. Irrelevância. Decisão que, além de não haver transitado em julgado, apresenta, em tese, vícios que poderiam conduzir a sua nulidade. Impossibilidade dessa decisão suplantar o acervo probatório e assumir contornos de definitividade a respeito da nacionalidade do agente para fins extradicionais. Ausência de prova segura de que o extraditando não seja brasileiro nato. Incidência de vedação constitucional expressa à extradição (art. 5º, LI, CF). Pedido extradicional indeferido. Indeferimento que não implica outorga de imunidade ao extraditando. Crime cometido no estrangeiro que se sujeita à lei brasileira (art. 7º, II, *b*, do Código Penal). 1. O extraditando, em seu interrogatório, apresentou sem restrições sua versão para os fatos e discorreu longamente sobre sua condição de brasileiro nato, cerne de sua defesa. 2. A ausência de documentos mencionados nas perguntas do Ministério Público Federal não importou prejuízo à defesa, o que inviabiliza o pretendido reconhecimento de nulidade. 3. Tramita na Justiça Comum Estadual ação anulatória do registro civil brasileiro do extraditando, na qual foi deferida a antecipação da tutela jurisdicional para o fim de se cancelar seu assento de nascimento e que posteriormente veio a ser julgada procedente em primeiro grau de jurisdição. 4. Considerando-se que não há previsão de quando se dará o exaurimento das instâncias no processo em questão e que o extraditando está preso preventivamente, inviável aguardar-se o trânsito em julgado da referida sentença. 5. Ademais, na ação anulatória houve o julgamento antecipado da lide, com fundamento no art. 355, I, do Código de Processo Civil, em face da revelia do extraditando, que, citado, não ofereceu contestação. 6. Ocorre que o extraditando, ao ser citado na ação anulatória, se encontrava preso por força da presente extradição, razão por que era imperiosa a nomeação de curador especial, na figura da Defensoria Pública (art. 77, II, e parágrafo único, do Código de Processo Civil), o que não teria ocorrido. 7. Essa tese foi expressamente suscitada pela Defensoria Pública na apelação interposta contra a sentença, conforme se verifica em consulta ao processo digital no sítio eletrônico do Tribunal de Justiça do Mato Grosso do Sul. 8. Não bastasse isso, nos termos do art. 335, II, do Código de Processo Civil, quando o litígio versar sobre direitos indisponíveis, tal como se verifica em ações de estado que tenham por objeto a anulação de assento de nascimento, a revelia não produz o efeito de presunção de veracidade das alegações de fato do autor. 9. Embora o Supremo Tribunal Federal não seja instância revisional da Justiça comum estadual, as possíveis nulidades, em tese, da sentença em questão, que ainda não transitou em julgado, constituem argumento de reforço para afastar a projeção de seus efeitos neste procedimento extradicional. 10. A questão retratada neste feito guarda similitude com a que foi objeto da Ext n. 1.393/Governo do Paraguai, Segunda Turma, de minha relatoria, *DJe* de 9-9-2015, referente ao então extraditando Vilmar Acosta Marques, suposto mandante dos dois homicídios cuja execução se atribui ao ora extraditando. 11. Na Ext n. 1.393/Governo do Paraguai, demonstrou-se que o então extraditando Vilmar havia nascido em 13 de julho de 1975 na cidade de Ypejhu, no Paraguai, e registrado naquele órgão em 9 de dezembro de 1978, ao passo que seu registro brasileiro tardio somente havia sido lavrado em 5 de dezembro de 1988. 12. A esse relevantíssimo dado – antecedência do assento de nascimento paraguaio, com uma diferença de dez anos em relação ao registro tardio brasileiro –, somaram-se a decisão da Justiça estadual, que, embora provisória, havia afastado a presunção juris tantum de veracidade do ato registrário brasileiro, bem como os fatos de o então extraditando ter sido registrado civilmente no Paraguai, estudado nesse país, nele vivido a maior parte de sua vida e ter sido eleito vereador e prefeito com base em sua nacionalidade paraguaia, de modo a gozá-la em sua plenitude. 13. A conclusão na Ext n. 1.393 de que o extraditando era paraguaio nato não se amparou exclusivamente na existência de decisão judicial que provisoriamente havia cancelado seu registro de nascimento brasileiro. 14. Cuidou-se mais propriamente de um argumento de reforço, haja vista que na Ext n. 1.393 se procedeu a uma análise exaustiva de todos os elementos de prova amealhados, confrontando-se inúmeros documentos com a versão apresentada pelo então extraditando, para se afastar a veracidade do registro de nascimento brasileiro. 15. Na espécie, existem dois assentos de nascimento referentes ao ora extraditando. 16. O primeiro assento de nascimento foi lavrado no Brasil em 31 de julho de 1985, no cartório de registro civil de Sete Quedas/MS, em nome de Flávio Valério de Assunção, filho de Ermínia Valerio de Assunção, nascido em domicílio no Município de Paranhos/MS no dia 24 de fevereiro de 1985. 17. O segundo assento de nascimento foi lavrado no Paraguai em 12 de abril de 1993, no cartório de registro civil de Ipejhú, em nome de Flavio Acosta Riveros, supostamente nascido naquela localidade em 24 de fevereiro de 1985, filho de Felipe Neri Acosta Benitez e de Herminia Riveros. 18. Como os dois registros apontam que o extraditando nasceu, na mesma data, em ambos os países, a impossibilidade lógica de sua coexistência é manifesta. 19. Nos limites necessários ao exame do pedido de extradição, os elementos de prova indicam ser verdadeiro o assento de nascimento lavrado no Brasil. 20. Enquanto o assento brasileiro foi lavrado aproximadamente 5 (cinco) meses após o nascimento no Brasil, o congênere alienígena somente foi lavrado 8 (oito) anos após o suposto nascimento em solo paraguaio. 21. A proximidade temporal entre a data da lavratura do assento brasileiro e a data do nascimento milita em favor da presunção de veracidade desse ato registrário. 22. Diversamente, o dilatadíssimo lapso temporal entre o registro estrangeiro e o suposto nascimento em solo paraguaio milita em desfavor da presunção de sua veracidade. 23. Não bastasse isso, o cartório de registro civil de Sete Quedas/MS confirmou a autenticidade material do assento de nascimento de Flávio Valério de Assunção, e a declaração de nascimento do extraditando foi contemporaneamente assinada por duas testemunhas, devidamente qualificadas no respectivo assento. 24. O prazo de cinco meses para o registro brasileiro não se mostrou irrazoável, haja vista que, nos termos do art. 50 da Lei n. 6.015/73 (Lei dos Registros Públicos), "[t]odo nascimento que ocorrer no território nacional deverá ser dado a registro, no lugar em que tiver ocorrido o parto ou no lugar da residência dos pais, dentro do prazo de quinze dias, que será ampliado em até três meses para os lugares distantes mais de trinta quilômetros da sede do cartório". 25. Não se olvida que não há registro de nascimento do extraditando no Hospital Municipal de Paranhos nem de sua matrícula na escola em que ele alegou ter estudado até os dez anos de idade. 26. De toda sorte, além de ter sido declarado que o nascimento teria ocorrido em domicílio, o ponto essencial ao desate da questão é a autenticidade do primitivo registro brasileiro do extraditando, em decorrência de sua lavratura apenas cinco meses após seu nascimento. 27. Em suma, as provas carreadas aos autos são insuficientes para afastar a presunção de sua veracidade. 28. Corroborando essa assertiva, a certidão de nascimento da genitora do extraditando, Erminia Valerio de Assunção, filha de Francisco Valerio de Assunção e de Joana Ribeiro, revela que ela nasceu no município de Tacuru/MS no dia 5 de agosto de 1968, e que o assento de nascimento foi lavrado em 17 de dezembro de 1971, cerca de três anos após seu nascimento. 29. Ermínia Valério de Assunção, que figura como genitora do extraditando no assento de nascimento brasileiro, encontra-se civilmente identificada no Brasil desde 31 de agosto de 1989, e é titular de CPF no Ministério da Fazenda desde 3 de dezembro de 1987. 30. Herminia Riveros, que figura como genitora de Flavio Acosta Riveros no assento de nascimento paraguaio, teria nascido em 5 de agosto de 1968 no município de Ipejhu, Paraguai, mas seu assento de nascimento paraguaio somente foi lavrado em 29 de setembro de 1990, vale dizer, 22 (vinte e dois) anos após seu nascimento. 31. Uma vez mais, a proximidade entre a data da lavratura do assento brasileiro da genitora do extraditando e a data do seu nascimento milita em favor da presunção de veracidade desse ato registrário. 32. Diversamente, o dilatadíssimo lapso temporal (vinte e dois anos) entre o registro estrangeiro da genitora do extraditando e o seu suposto nascimento em solo paraguaio milita em desfavor da presunção de sua veracidade, tanto mais que, muito antes da lavratura do ato registrário paraguaio, a genitora do extraditando já havia providenciado cédula de identidade e CPF no Brasil. 33. Nesse contexto, a decisão provisória do juízo da Comarca de Sete Quedas/MS, que antecipou os efeitos da tutela jurisdicional para cancelar o registro civil brasileiro do extraditando, bem como a sentença – ainda não transitada em julgado – que julgou procedente a ação anulatória, por si sós, não podem suplantar todo o acervo probatório destes autos e assumir contornos de definitividade para fins extradicionais. 34. O fato de o extraditando ter se radicado no Paraguai e nele passado a maior parte de sua vida não elide sua condição de brasileiro nato por força do *jus solis*, a qual não se esmaece pelo simples decurso do tempo. 35. Ausente prova segura de que o extraditando não seja brasileiro nato e diante de vedação constitucional expressa (art. 5º, LI, CF), indefere-se o pedido extradicional. 36. O indeferimento do pedido não implica outorga de imunidade ao extraditando, uma vez que os crimes cometidos no estrangeiro por brasileiro sujeitam-se à lei brasileira (art. 7º, II, *b*, do Código Penal). 37. Caberá ao Ministério Público adotar as medidas que reputar convenientes, inclusive de natureza cautelar, para se assegurar, nos termos do art. 7º do Código Penal, a aplicação da lei penal brasileira. 38. Caso venha a ser definitivamente cancelado, na instância própria, o assento de nascimento brasileiro do extraditando, nada obstará a formulação de novo pedido extradicional.

Pode-se afirmar que nacionalidade[5] é o vínculo político-jurídico que une o indivíduo ao Estado em que ele nasce e pelo qual o indivíduo passa a ter direitos e deveres com o Estado, assim como o Estado para com ele. A nacionalidade pode ser vista em dois sentidos: o sociológico e o jurídico. O sociológico relaciona-se à própria compreensão de nação, isto é, um conjunto de pessoas que estão ligadas por laços culturais, idioma, tradições, origem, interesses etc. O jurídico está voltado à ideia do povo, ou seja, pessoas que estão integradas na organização política que denominamos Estado.

No caso do termo *naturalidade*, pode ser apresentada como o vínculo que une a pessoa humana com o local de seu nascimento. Assim, todo indivíduo pode mudar de nacionalidade, mas não pode mudar de naturalidade, como por exemplo, uma pessoa nascida no Rio de Janeiro poderá ter sua nacionalidade modificada para norte-americana, mas jamais a sua naturalidade, que permanecerá sempre como Rio de Janeiro.

---

[5] No mesmo diapasão, MORAES, Alexandre de. *Direito constitucional*. São Paulo: Atlas, 1999, p. 197: "Nacionalidade é o vínculo jurídico político que liga um indivíduo a um certo e determinado Estado fazendo deste indivíduo um componente do povo, da dimensão pessoal deste Estado, capacitando-o a exigir sua proteção e sujeitando-o ao cumprimento de deveres impostos. Aluísio Dardeau de Carvalho aponta a falta de juridicidade do termo nacionalidade, que, partindo da ideia de nação, englobaria somente os indivíduos que pertencessem a determinado grupo ligado pela raça, religião, hábitos e costumes. Porém, igualmente, aponta que essa terminologia encontra-se generalizada em diversos ordenamentos jurídicos".

2. CRITÉRIOS ATRIBUTIVOS DA NACIONALIDADE

A nacionalidade do indivíduo pode ser originária (resulta do nascimento) e adquirida (resultante da mudança da primitiva nacionalidade ou das que a esta sucederam).

A nacionalidade originária pode ser apresentada de três formas: direito do solo, direito do sangue e pelo sistema misto.

a) *Jus soli* (direito do solo)

O indivíduo tem a nacionalidade do Estado em cujo território nasceu, não importando a nacionalidade dos pais. Del'Olmo[6], alargando a discussão, assevera que esse é o critério de eleição dos Estados novos ou em fase de desenvolvimento, onde impera a necessidade de formação de uma população nacional. Daí ser o princípio adotado pelos países do continente americano.

De fato, o continente americano, por se tratar de uma zona de imigração onde os Estados têm interesse de fazer com que os filhos de estrangeiros nascidos em seus territórios sejam seus nacionais, é exemplo de incidência do critério do *jus soli*. Mais uma vez, o autor indicado[7] afirma que quando surge um Estado seria até inconcebível a adoção do *jus sanguinis*, pois é muito reduzido, nessa fase inicial, o número de nacionais, e seriam necessárias várias gerações para que essas pessoas tivessem um crescimento substancial, sempre desejável. Também os países que recebem muitos imigrantes costumam adotar o *jus soli*, com o que propiciam a integração dos descendentes na vida nacional.

Na exaltação do *jus soli* como sistema mais consentâneo com os tempos atuais, além de mais racional, conduz ao entendimento de ser o *jus soli* mais justo, por permitir ao ser humano identificar-se desde o nascimento com esse meio, até porque nele também foi criado, educado e vive com seus compatriotas, trabalhando e perseguindo ideais comuns de engrandecimento da terra que o viu nascer.

b) *Jus sanguinis* (direito do sangue)

O indivíduo tem a nacionalidade de seus genitores, qualquer que seja o lugar do seu nascimento, sendo apontado o continente europeu como exemplo da adoção desse critério, por ser considerado uma zona de emigração onde os Estados têm interesse de vincular os filhos à nacionalidade dos pais.

Todavia, há quem afirme que esse critério deveria ser denominado *jus familiae* ou *jus filiationis*, pelo fato de o critério ser aplicado exatamente por força de vinculação familiar. Esse é o caso de Del'Olmo, que alicerça sua ideia levando em consideração também o aspecto histórico.

O critério de atribuição da nacionalidade pelo *jus sanguinis* reinou quase absoluto na maior parte da História, estando ainda presente em muitos países. Sua prevalência ocorre

---

[6] DEL'OLMO, Florisbal de Souza. A nacionalidade e a situação jurídica do estrangeiro. In: GUERRA, Sidney. *Tratado de direito internacional*. Rio de Janeiro: Freitas Bastos, 2008, p. 322.

[7] DEL'OLMO, Florisbal de Souza. A nacionalidade e a situação jurídica do estrangeiro. In: GUERRA, Sidney. *Tratado de direito internacional*. Rio de Janeiro: Freitas Bastos, 2008, p. 322.

entre os Estados mais populosos, como sói acontecer com os povos europeus. É que nesses países a tendência maior era de saída de parcelas da população, na busca de outras terras, de oportunidades de realização pessoal e crescimento no campo material, condições inexistentes, muitas vezes, em seu Estado. Tal fato ocorreu com certa frequência, bastando lembrar as levas de italianos, alemães e japoneses que nos dois últimos séculos se deslocaram de suas pátrias, buscando uma vida melhor no continente americano, inclusive no Brasil. Embora essa situação seja atualmente diversa, pelo período de prosperidade vivido pelos Estados de onde provieram esses imigrantes, permanece nos seus ordenamentos jurídicos o *jus sanguinis* como o critério de atribuição da nacionalidade.

Com a emigração, tende a diminuir o número dos nacionais residentes no país, e o emprego do *jus sanguinis* no ordenamento jurídico desses Estados vai propiciar que os descendentes, nascidos nas novas terras, continuem ligados, pela nacionalidade, à pátria de seus genitores, onde ao chegarem estarão capacitados para uma integração mais fácil.

Por isso o *jus sanguinis* é o critério admitido, existindo países, como a Itália, que nem mesmo limita o número de gerações dos descendentes para continuarem nacionais. As ordens jurídicas, em sua maioria, limitam uma geração, no caso, os filhos, os descendentes aptos ao reconhecimento da nacionalidade originária pelo *jus sanguinis*. É o que ocorre com a Alemanha, a Espanha e Portugal, por exemplo, em cujas legislações não se reconhece, diretamente, como nacional o neto da pessoa que emigrou.

A limitação de gerações hábeis a requererem a nacionalidade do Estado de seus ancestrais tem também o sentido de evitar que continuem sendo admitidas como nacionais desse país pessoas que perderam o vínculo com ele, desconhecendo, muitas vezes, a própria língua e estando afastadas dos seus costumes e tradições[8].

c) Sistema misto

É uma combinação dos sistemas anteriores. Em verdade, os Estados não adotam rigidamente um só critério, combinando, portanto, o *jus soli* e o *jus sanguinis*, estabelecendo o sistema misto. É de se notar que a conveniência para os Estados em adotar um ou outro critério também é variável segundo se trate de um país de emigração ou imigração.

Os que exportam os seus nacionais inclinar-se-ão por adotar a teoria do *jus sanguinis*, visto que ela lhes permite manter uma ascendência jurídica mesmo sobre os filhos de seus emigrados.

Ao reverso, os Estados de imigração tenderão ao *jus soli*, procurando integrar o mais rapidamente possível aqueles contingentes migratórios, através da nacionalização dos seus descendentes.

É importante salientar que essas considerações só têm valia no nível pré-jurídico, porque perante o direito positivo serão nacionais aqueles assim considerados pelo constituinte, que em regra nunca se filia de modo absoluto a quaisquer dessas teorias. Pelo

---

[8] DEL'OLMO, Florisbal de Souza. A nacionalidade e a situação jurídica do estrangeiro. In: GUERRA, Sidney. *Tratado de direito internacional*. Rio de Janeiro: Freitas Bastos, 2008, p. 322.

contrário, constrói um regime adequado à sua realidade, como é o caso do Brasil, que, embora filiado à teoria do *jus soli*, aceita-a com abrandamentos.

Atentem para o *informativo* n. 398 do STF:

"Considerando a orientação do STF no sentido de que a opção da nacionalidade, prevista no art. 12, I, *c*, da CF (alterado pela ECR 3/94), tem caráter personalíssimo, somente podendo ser manifestada depois de alcançada a capacidade plena e, uma vez atingida a maioridade civil, enquanto não manifestada a opção, esta passa a constituir-se em condição suspensiva da nacionalidade brasileira, a Turma manteve acórdão do TRF da 4ª Região que deferira o registro provisório de nascimento a menores, nascidos na Argentina, de mãe brasileira e domiciliados no Brasil. Sustentava-se, na espécie, a concessão definitiva da nacionalidade brasileira, sob a alegação de que a opção independeria da maioridade, já que o optante poderia manifestá-la 'a qualquer tempo', conforme disposto no referido dispositivo constitucional ('Art. 12. São brasileiros: I – natos: [...] c) os nascidos no estrangeiro, de pai brasileiro ou de mãe brasileira, desde que venham a residir na República Federativa do Brasil e optem, em qualquer tempo, pela nacionalidade brasileira;'). Asseverou-se que a aludida condição suspensiva só vigora a partir da maioridade, haja vista que, antes, o menor, por intermédio do registro provisório (Lei 6.015/73, art. 3º, § 2º), desde que residente no país, é considerado brasileiro nato para todos os efeitos. Salientou-se o acerto do acórdão recorrido, tendo em conta, ainda, o fato de ser comum que a eleição da nacionalidade brasileira possa ocasionar a perda, pelo optante, da nacionalidade do seu país de nascimento." (RE 415.957/RS, rel. Min. Sepúlveda Pertence, 23-8-2005).

Com efeito, o Supremo Tribunal Federal teve a oportunidade de reapreciar a matéria na Segunda Turma, em 2-12-2016, no RE 909.499 AgR/RS, que teve como relator o Ministro Dias Toffoli e manteve o entendimento anteriormente esposado nesta obra[9].

3. FORMAS DE AQUISIÇÃO DA NACIONALIDADE

Têm sido apresentadas em direito algumas formas para aquisição da nacionalidade. Imperioso lembrar que a regra básica é a de que cada Estado determine, pelas suas próprias leis, quais são os seus nacionais, bem como a forma de aquisição dessa condição.

Assim sendo, é comum que alguns Estados consagrem as seguintes formas: a nacionalidade originária e a nacionalidade adquirida, a qual se subdivide em pela vontade da lei, por permissão da lei, pelo casamento e pela naturalização.

Inicialmente, é oportuno lembrar que a nacionalidade originária é aquela que o indivíduo obtém com o nascimento, podendo ser por *jus soli* ou por *jus sanguinis* (sendo certo que os Estados, em regra, adotam o sistema misto).

---

[9] EMENTA: "Agravo regimental no recurso extraordinário. Homologação da opção de nacionalidade. Art. 12, inciso I, alínea *c*, da CF. Efeitos *ex tunc*. 1. A jurisprudência firmada pelo Plenário da Corte é no sentido de que a homologação, por sentença judicial, da opção pela nacionalidade brasileira possui efeitos *ex tunc*. *Vide*: AC 70/RS-QO, Tribunal Pleno, relator o Ministro Sepúlveda Pertence, *DJ* de 12-3-2004. 2. Agravo regimental não provido. 3. Inaplicável o art. 85, § 11, do CPC, pois não houve prévia fixação de honorários advocatícios na causa".

Como demonstrado anteriormente, no Brasil a regra geral é a do *jus soli* (art. 12, I, *a*, da CF), admitindo-se as exceções contidas no art. 12, *b* e *c*, da CF. Nesse sentido, a manifestação do Ministro Dias Toffoli, no ARE 896.589/SP – São Paulo, cujo julgamento ocorreu em 17 de novembro de 2017:

"Trata-se de agravo interposto contra a decisão que não admitiu recurso extraordinário interposto contra acórdão da Terceira Turma do Tribunal Regional Federal da 3ª Região, assim ementado: "CONSTITUCIONAL. NACIONALIDADE.NÃO IMPLEMENTADOS UM DOS REQUISITOS EXIGIDOS PELO ART. 12, I, DA CARTA MAGNA, PARA O RECONHECIMENTO DA CONDIÇÃO DE BRASILEIRO NATO DO REQUERENTE.

1. São brasileiros natos os nascidos no estrangeiro de pai brasileiro ou mãe brasileira que venham a residir no Brasil e que optem a qualquer tempo pela nacionalidade brasileira. 2. Necessária, além da opção, prova cabal de que o interessado seja filho de pai ou mão brasileira e que esteja residindo no Brasil (art. 12, I, *c*, da Constituição). 3. No caso, a autora não se desincumbiu de comprovar efetiva residência no País. 4. Apelação não provida".

No recurso extraordinário, sustenta-se violação do art. 12, inciso I, alínea *c*, da Constituição Federal. Opina o Ministério Público Federal, em parecer da lavra do ilustrado Subprocurador-Geral da República Dr. Paulo Gustavo Gonet Branco, pelo desprovimento do agravo. Referido parecer restou assim ementado: "Recurso Extraordinário com Agravo. Nacionalidade brasileira. Opção. Art. 12, I, *c*, da CF. Requerente não comprovou residência no Brasil, Reexame de fatos e provas. Impossibilidade. Súmula 279. Parecer pelo desprovimento do agravo. Decido. Não merece prosperar a irresignação. Na hipótese, a controvérsia cinge-se a examinar se há exigência de manutenção da residência no Brasil, como requisito da opção pela nacionalidade brasileira, preconizado no art. 12, inciso I, alínea *c*, da Constituição, ou se basta que em algum momento antes da maioridade o requerente tenha residido no território nacional, como pretende o recorrente. Colhe-se do voto condutor do acórdão recorrido, a seguinte fundamentação: "A questão relativa à aquisição de nacionalidade vem tratada na Constituição Federal que, em seu art. 12, traz os pressupostos para que alguém seja considerado brasileiro nato. A primeira situação abrange os nascidos na República Federativa do Brasil, regra do *ius soli,* quer sejam filhos de pais brasileiros ou de pais estrangeiros. A segunda é a dos nascidos no exterior, de pai brasileiro ou mãe brasileira, desde que qualquer deles esteja a serviço da República Federativa do Brasil. Trata-se do princípio do *ius sanguinis,* pois a nacionalidade brasileira é reconhecida em função da nacionalidade do pai e da mãe, ou de ambos. A terceira hipótese é a dos nascidos no exterior, de pai brasileiro ou mãe brasileira, desde que venham a residir na República Federativa do Brasil e optem, em qualquer tempo, pela nacionalidade brasileira. Regra do ius sanguinis, com opção. Analisemos, portanto, os três requisitos exigidos na terceira hipótese, a qual se enquadra a requerente, a princípio. No caso, a autora, nascida nos Estados Unidos da América, manifestou sua opção pela nacionalidade brasileira e comprovou ser filha de mãe brasileira por meio dos documentos de fls. 08/15. Compulsando os autos, verifico, entretanto, a ausência do terceiro requisito, qual seja, o de residência no Brasil. Com efeito, o histórico escolar referente ao ensino fundamental apresentado pela requerente comprova tão somente que a mesma residiu no Brasil durante o período de infância. Atualmente, conforme informado nos autos, a requerente trabalha como gerente administrativa na cidade de Houston, Estado do Texas (EUA), sem a mínima intenção de fixar residência no Brasil. Alega a requerente, em suas razões de apelação, que a opção pela nacionalidade brasileira pode ser feita em qualquer momento. No entanto, a correta interpretação do art. 12, inciso I, alínea *a*, da Constituição Federal revela que a opção pode ser feita a qualquer tempo, desde que concomitante à intenção de residir no País. A necessidade de comprovação de todos os requisitos é de grande relevo uma vez que trata a hipótese de aquisição de status de brasileiro nato, condição que trará ao interessado inúmeras prerrogativas em comparação ao brasileiro naturalizado, podendo aquele usufruir de direitos e garantias exclusivos, inclusive o de exercer cargos da linha sucessória presidencial, decorrendo desse raciocínio a necessidade de real vinculação territorial para a aquisição da nacionalidade brasileira nata. Neste sentido trago à colação o seguinte entendimento jurisprudencial: [...]. Ante o exposto, nego provimento à apelação, nos termos da fundamentação." Com efeito, a orientação adotada pela instância de origem está de acordo com o entendimento adotado por este Supremo Tribunal Federal. Confira-se:

"I. Nacionalidade brasileira de quem, nascido no estrangeiro, é filho de pai ou mãe brasileiros, que não estivesse a serviço do Brasil: evolução constitucional e situação vigente. 1. Na Constituição de 1946, até o termo final do prazo de opção – de quatro anos, contados da maioridade –, o indivíduo, na hipótese considerada, se considerava, para todos os efeitos, brasileiro nato sob a condição resolutiva de que não optasse a tempo pela nacionalidade pátria. 2. Sob a Constituição de 1988, que passou a admitir a opção "em qualquer tempo" – antes e depois da ECR 3/94, que suprimiu também a exigência de que a residência no País fosse fixada antes da maioridade, altera-se o status do indivíduo entre a maioridade e a opção: essa, a opção – liberada do termo final ao qual anteriormente subordinada –, deixa de ter a eficácia resolutiva que, antes, se lhe emprestava, para ganhar – desde que a maioridade a faça possível – a eficácia de condição suspensiva da nacionalidade brasileira, sem prejuízo – como é próprio das condições suspensivas –, de gerar efeitos *ex tunc*, uma vez realizada. 3. A opção pela nacionalidade, embora potestativa, não é de forma livre: há de fazer-se em juízo, em processo de jurisdição voluntária, que finda com a sentença que homologa a opção e lhe determina a transcrição, uma vez acertados os requisitos objetivos e subjetivos dela. 4. Antes que se complete o processo de opção, não há, pois, como considerá-lo brasileiro nato. II. Extradição e nacionalidade brasileira por opção pendente de homologação judicial: suspensão do processo extradicional e prisão domiciliar. 5. Pendente a nacionalidade brasileira do extraditando da homologação judicial *ex tunc* da opção já manifestada, suspende-se o processo extradicional (CPrCiv art. 265, IV, *a*). 6. Prisão domiciliar deferida, nas circunstâncias, em que se afigura densa a probabilidade de homologar-se a opção" (AC 70/RS-QO, Tribunal Pleno, rel. Min. Sepúlveda Pertence, *DJ* de 12-3-2004). Peço vênia para transcrever o trecho em que, expressamente, o E. Ministro Sepúlveda Pertence, assinala a respeito dos requisitos para homologação de pedido de nacionalidade brasileira (AC 70/RS-QO, *DJe* de 12-3-2004), pois bem elucida a questão ora em exame: "Certo a opção é condição potestativa, porque, em termos substanciais, depende unicamente da vontade do optante que reúna os pressupostos constitucionais de sua validade e eficácia, é dizer, a filiação de brasileiro ou brasileira, a residência no País e a maioridade." No mesmo sentido, cite-se, ainda, o seguintes precedentes: "Opção de nacionalidade brasileira (CF, art. 12, I, *c*): menor residente no País, nascido no estrangeiro e filho de mãe brasileira, que não estava a serviço do Brasil: viabilidade do

414

registro provisório (L. Reg. Públicos, art. 32, § 2º), não o da opção definitiva. 1. A partir da maioridade, que a torna possível, a nacionalidade do filho brasileiro, nascido no estrangeiro, mas residente no País, fica sujeita à condição suspensiva da homologação judicial da opção. 2. Esse condicionamento suspensivo, só vigora a partir da maioridade; antes, desde que residente no País, o menor – mediante o registro provisório previsto no art. 32, § 2º, da Lei dos Registros Públicos – se considera brasileiro nato, para todos os efeitos. 3. Precedentes (RE 418.096, 2ª T., 23-2-2005, Velloso; AC 70-QO, Plenário, 25-9-2003, Pertence, *DJ* 12-3-2004)" (RE n. 415.957/RS, Primeira Turma, rel. Min. Sepúlveda Pertence, *DJ* de 16-9-2005)

"CONSTITUCIONAL. NACIONALIDADE: OPÇÃO. C.F., ART. 12, I, *c*, COM A EMENDA CONSTITUCIONAL DE REVISÃO N. 3, DE 1994. I. – São brasileiros natos os nascidos no estrangeiro, de pai brasileiro ou de mãe brasileira, desde que venham a residir no Brasil e optem, em qualquer tempo, pela nacionalidade brasileira. II. – A opção pode ser feita a qualquer tempo, desde que venha o filho de pai brasileiro ou de mãe brasileira, nascido no estrangeiro, a residir no Brasil. Essa opção somente pode ser manifestada depois de alcançada a maioridade. É que a opção, por decorrer da vontade, tem caráter personalíssimo. Exige-se, então, que o optante tenha capacidade plena para manifestar a sua vontade, capacidade que se adquire com a maioridade. III. – Vindo o nascido no estrangeiro, de pai brasileiro ou de mãe brasileira, a residir no Brasil, ainda menor, passa a ser considerado brasileiro nato, sujeita essa nacionalidade a manifestação da vontade do interessado, mediante a opção, depois de atingida a maioridade. Atingida a maioridade, enquanto não manifestada a opção, esta passa a constituir-se em condição suspensiva da nacionalidade brasileira. IV. – Precedente do STF: AC 70-QO/RS, Ministro Sepúlveda Pertence, Plenário, 25-9-2003, *DJ* de 12-3-2004. V. – RE conhecido e não provido" (RE n. 418.096, Segunda Turma, rel. Min. Carlos Velloso, DJ de 22-4-2005). No mais, as instâncias de origem decidiram a lide, quanto à aferição do preenchimento do requisito residência no país, amparadas nas provas dos autos, de reexame incabível em sede de recurso extraordinário. Incidência da Súmula 279/STF.

Sobre o tema: "EMBARGOS DE DECLARAÇÃO NO RECURSO EXTRAORDINÁRIO. CONVERSÃO EM AGRAVO REGIMENTAL. CONSTITUCIONAL. OPÇÃO PELA NACIONALIDADE BRASILEIRA. PREENCHIMENTO DOS REQUISITOS. IMPOSSIBILIDADE DO REEXAME DE PROVAS. INCIDÊNCIA DA SÚMULA 279 DO SUPREMO TRIBUNAL FEDERAL. AGRAVO REGIMENTAL AO QUAL SE NEGA PROVIMENTO" (RE n. 628.857/RJ, Primeira Turma, rel. Min. Cármen Lúcia, *DJe* de 21-2-2011).

Ainda no mesmo sentido, as seguintes decisões monocráticas: ARE n. 991.011/CE, rel. Min. Edson Fachin, *DJe* de 5-10-2016 e RE n. 531.260/RJ, rel. Min. Cézar Peluso, *DJ* de 14-8-2007. Ante o exposto, nos termos do art. 21, § 1º, do Regimento Interno do Supremo Tribunal Federal, nego seguimento ao recurso. Publique-se. Brasília, 17 de novembro de 2017. Ministro Dias Toffoli – relator".

No tocante à nacionalidade adquirida, vislumbra-se a ideia de que, abandonando a nacionalidade originária, o indivíduo adquire outra nacionalidade de algumas formas:

a) pela vontade da lei – é uma naturalização automática, coletiva e tácita porque as pessoas a que a lei se dirige não precisam manifestar a sua vontade, como no caso do art. 69, § 4º, da Constituição brasileira de 1891: "cidadãos brasileiros os estrangeiros que, achando-se no Brazil aos 15 de novembro de 1889, não declararem, dentro em seis mezes depois de entrar em vigor a Constituição, o animo de conservar a nacionalidade de origem";

b) por permissão da lei – os indivíduos a quem a lei se dirige precisam manifestar a sua vontade, como, por exemplo, nos casos previstos no art. 12, I, *c* (segunda parte) e art. 12, II, *a* e *b*, da Constituição Federal de 1988;

c) pelo casamento – em alguns Estados da Europa a mulher adquire pelo casamento a nacionalidade do marido, como, por exemplo, a Suíça, a França, a Espanha e a Alemanha. Accioly e Silva[10] advertem que as legislações europeias atribuem a nacionalidade do marido à mulher, mas em alguns países europeus mantêm a nacionalidade da mulher nacional se, após o casamento com um estrangeiro, ela continua a residir no território nacional. Por outro lado, a tendência das legislações mais modernas e das convenções internacionais coletivas é no sentido do abandono do velho princípio segundo o qual a mulher perdia sua nacionalidade por efeito do casamento com um estrangeiro;

d) pela naturalização – é o ato de soberania pelo qual o Estado concede, a quem solicita, a qualidade de ser nacional. No Brasil, a naturalização se concede por portaria do Ministro da Justiça.

4. PERDA DA NACIONALIDADE

Há casos em que o indivíduo pode vir a perder a nacionalidade. Tal fato ocorre, como anteriormente apresentado, em razão da aquisição de outra nacionalidade; em decorrência do casamento; de modificações territoriais do Estado; pela renúncia, como no caso da Itália (basta uma renúncia expressa feita por um cidadão italiano perante um oficial de registro civil e seguido de transferência de domicílio para outro Estado); e por atos que sejam incompatíveis com a qualidade de nacional[11].

No Brasil, há de se ressaltar o previsto no art. 12, § 4º, da CF, que estabelece:

"Será declarada a perda da nacionalidade do brasileiro que:

---

[10] SILVA, G. E. Nascimento; ACCIOLY. *Manual de direito internacional*. 13. ed. São Paulo: Saraiva, 1998, p. 334.

[11] Observa-se a decisão da Segunda Turma, que teve como Relator o Ministro Ricardo Lewandowski, cujo julgamento ocorreu em 18/02/2020, onde se colhe a Ementa: Agravo regimental em mandado de segurança. Declaração de *perda da nacionalidade* brasileira. Brasileiro nato que se naturalizou cidadão estadunidense. Não ocorrência das hipóteses constitucionais de manutenção da *nacionalidade* brasileira. Ausência de direito líquido e certo. Agravo a que se nega provimento. I – A hipótese constitucional do art. 12, § 4º, *b*, em nada se confunde com a situação vivida pelo agravante, que consistiu em clara opção pela adoção de nova cidadania, não ocorrendo a imposição de naturalização pela norma estrangeira. II – Eventual lentidão do Departamento de Estado estrangeiro não equivale à imposição de naturalização pela norma estrangeira como condição para permanência em seu território ou para o exercício de direitos civis. III – Não merece prosperar a alegação de que o entendimento da Primeira Turma proferido no MS 33.864/DF, de relatoria do Ministro Roberto Barroso, não deve ser aplicado ao presente caso. Isso porque, em que pese a matéria fática não guardar similitude, a questão jurídica é idêntica, pois trata de situação de naturalização voluntária e não de imposição pela norma estrangeira como condição para permanência em seu território ou para o exercício de direitos civis. IV – Decisão administrativa em conformidade com a Constituição Federal e com as disposições do art. 250, do Decreto 9.199/2017. V – Agravo regimental a que se nega provimento.

I – tiver cancelada sua naturalização, por sentença judicial, em virtude de fraude relacionada ao processo de naturalização ou de atentado contra a ordem constitucional e o Estado Democrático; (Redação dada pela Emenda Constitucional n. 131, de 2023);

II – fizer pedido expresso de perda da nacionalidade brasileira perante autoridade brasileira competente, ressalvadas situações que acarretem apatridia. (Redação dada pela Emenda Constitucional n. 131, de 2023);

a) revogada; (Redação dada pela Emenda Constitucional n. 131, de 2023);

b) revogada. (Redação dada pela Emenda Constitucional n. 131, de 2023);

§ 5º A renúncia da nacionalidade, nos termos do inciso II do § 4º deste artigo, não impede o interessado de readquirir sua nacionalidade brasileira originária, nos termos da lei. (Incluído pela Emenda Constitucional n. 131, de 2023)".

A Lei n. 13.445/2017 também conferiu previsão expressa no art. 75, que estabelece: "O naturalizado perderá a nacionalidade em razão de condenação transitada em julgado por atividade nociva ao interesse nacional, nos termos do inciso I do § 4º do art. 12 da Constituição Federal".

O Decreto n. 9.199/2017 trata da matéria nos arts. 248 a 253.

Com efeito, a matéria, antes das mudanças implementadas pela Emenda Constitucional n. 131/2023, produzia diversos problemas para os brasileiros sobre perda de nacionalidade. Nesse sentido, podem ser destacados alguns casos importantes, a exemplo do que envolveu a Sra. Ana Valle[12].

O Supremo Tribunal Federal teve a oportunidade de também se manifestar nesta matéria, em 19-4-2016, quando da apreciação do MS 33.864/DF, pela Primeira Turma, cujo relator foi o Ministro Roberto Barroso, conforme ementa:

CONSTITUCIONAL. MANDADO DE SEGURANÇA. BRASILEIRA NATURALIZADA AMERICANA. ACUSAÇÃO DE HOMICÍDIO NO EXTERIOR. FUGA PARA O BRASIL. PERDA DE NACIONALIDADE ORIGINÁRIA EM PROCEDIMENTO ADMINISTRATIVO REGULAR. HIPÓTESE CONSTITUCIONALMENTE PREVISTA. NÃO OCORRÊNCIA DE ILEGALIDADE OU ABUSO DE PODER. DENEGAÇÃO DA ORDEM. 1. O Supremo Tribunal Federal é competente para o julgamento de mandado de segurança impetrado contra ato do Ministro da Justiça em matéria extradicional (HC 83.113/DF, rel. Min. Celso de Mello). 2. A Constituição Federal, ao cuidar da perda da

---

[12] Registra-se o fato que envolveu a ex-mulher do ex-Presidente da República – Jair Messias Bolsonaro –, a advogada Ana Cristina Siqueira Valle, que perdeu a nacionalidade brasileira por ter adquirido a nacionalidade norueguesa. A decisão foi publicada no *Diário Oficial da União*, Seção 1 (ISSN 1677-7042), n. 27, datado de 7 de fevereiro de 2023, em portaria do Ministério da Justiça, conforme assinalado na sequência: "Portaria n. 1.668, de 6 de Fevereiro de 2023 – A Coordenadora de Processos Migratórios Substituta, no uso da competência delegada pela Portaria n. 623, de 13 de novembro de 2020, publicada no *Diário Oficial da União*, de 17 de novembro de 2020, resolve: Declarar a perda da nacionalidade brasileira da pessoa abaixo relacionada, nos termos do Art. 12, § 4º, inciso II, da Constituição Federal, por ter adquirido outra nacionalidade na forma do Art. 249 do Decreto n. 9.199, de 20 de novembro de 2017: Ana Cristina Siqueira Valle, nascida em 13 de maio de 1967, filha de Jose Candido Procopio da Silva Valle e Henriqueta Guimarães Siqueira Valle, por ter adquirido a nacionalidade norueguesa (Processo n. 08000.025959/2022-83). Martha Pacheco Braz".

nacionalidade brasileira, estabelece duas hipóteses: (i) o cancelamento judicial da naturalização (art. 12, § 4º, I); e (ii) a aquisição de outra nacionalidade. Nesta última hipótese, a nacionalidade brasileira só não será perdida em duas situações que constituem exceção à regra: (i) reconhecimento de outra nacionalidade originária (art. 12, § 4º, II, *a*); e (ii) ter sido a outra nacionalidade imposta pelo Estado estrangeiro como condição de permanência em seu território ou para o exercício de direitos civis (art. 12, § 4º, II, *b*). 3. No caso sob exame, a situação da impetrante não se subsume a qualquer das exceções constitucionalmente previstas para a aquisição de outra nacionalidade, sem perda da nacionalidade brasileira. 4. Denegação da ordem com a revogação da liminar concedida.

Reforça-se aqui a ideia de que não são mais passíveis de perder a nacionalidade brasileira aqueles cidadãos que adquirirem outra nacionalidade em consequência de imposição de naturalização pela norma estrangeira, ao brasileiro residente em Estado estrangeiro, como condição para permanência em seu território ou para o exercício de direitos civis[13].

Outra decisão interessante à época foi a proferida pela Primeira Turma do STF, em 28 de março de 2017, no Ext 1462/DF – Distrito Federal, cujo relator foi o Ministro Roberto Barroso, onde colhe-se a Ementa[14]:

"Extradição Instrutória. Regularidade Formal. Crime de homicídio qualificado. Requisitos legais atendidos. Deferimento condicionado. 1. Conforme decidido no MS 33.864, **a Extraditanda não ostenta nacionalidade brasileira por ter adquirido nacionalidade secundária norte-americana, em situação que não se subsume às exceções previstas no § 4º, do art. 12, para a regra de perda da nacionalidade brasileira como decorrência da aquisição de nacionalidade estrangeira por naturalização.** 2. Encontram-se atendidos os requisitos formais e legais previstos na Lei n. 6.815/80 e no Tratado de Extradição Brasil-Estados Unidos, presentes os pressupostos materiais: a dupla

---

[13] O Decreto n. 9.199, de 20 de novembro de 2017, que regulamentou a Lei n. 13.445/2017 sobre esta questão, estabelece: "Art. 248. O naturalizado perderá a nacionalidade em razão de sentença transitada em julgado por atividade nociva ao interesse nacional, nos termos estabelecidos no art. 12, § 4º, I, da Constituição. *Parágrafo único.* A sentença judicial que cancelar a naturalização por atividade nociva ao interesse nacional produzirá efeitos após o trânsito em julgado.

Art. 249. A perda da nacionalidade será declarada ao brasileiro que adquirir outra nacionalidade, exceto nas seguintes hipóteses: I – de reconhecimento de nacionalidade originária pela lei estrangeira; e II – de imposição de naturalização, pela norma estrangeira, ao brasileiro residente em Estado estrangeiro, como condição para permanência em seu território ou para o exercício de direitos civis.

Art. 250. A declaração da perda de nacionalidade brasileira se efetivará por ato do Ministro de Estado da Justiça e Segurança Pública, após procedimento administrativo, no qual serão garantidos os princípios do contraditório e da ampla defesa".

[14] O entendimento da Ext 1462 foi mantido segundo o AR 2630 AgR / DF. rel. Min. Cármen Lúcia e rev. Min. Luiz Fux. Julgamento: 11-11-2019. Órgão Julgador: Tribunal Pleno. Ementa: Agravo regimental na ação rescisória no mandado de segurança n. 33.864/DF. Brasileira naturalizada americana. Perda da nacionalidade originária. Segurança denegada. Alegação de incompetência do STF e pretensa ofensa a norma jurídica: inocorrência. Reiteração dos argumentos respondidos na decisão agravada. Utilização da ação rescisória como recurso: impossibilidade. Precedentes. Agravo regimental ao qual se nega provimento.

tipicidade e punibilidade de crime comum praticado por estrangeiro. 3. Extradição deferida, devendo o Estado requerente assumir os compromissos de: (i) não executar pena vedada pelo ordenamento brasileiro, pena de morte ou de prisão perpétua (art. 5º, XLVII, a e b, da CF); (ii) observar o tempo máximo de cumprimento de pena possível no Brasil, 30 (trinta) anos (art. 75, do CP); e (iii) detrair do cumprimento de pena eventualmente imposta o tempo de prisão para fins de extradição por força deste processo". (grifei)

Por fim, registra-se que é lícito ao nacional brasileiro que queira perder sua nacionalidade que se manifeste por escrito para que seja instaurado o competente procedimento[15] de perda de nacionalidade[16].

5. POLIPÁTRIDA E APÁTRIDA

Chama-se polipátrida a pessoa que possui várias nacionalidades e este fato ocorre quando um indivíduo nasce em um país que adota o *jus soli* e os genitores são nacionais de um Estado que acolhe o *jus sanguinis*, como no caso de um brasileiro filho de italianos.

Há outros, como por exemplo, a naturalização em um Estado sem declaração expressa de renúncia ou perda de nacionalidade anterior e pelo próprio casamento. Em situações como estas, do indivíduo ser possuidor de várias nacionalidades (polipátrida), considerar-se-á nacional do Estado em que se encontra domiciliado. Caso não esteja domiciliado em nenhum Estado, a regra que prevalece é a do Estado que consta em seus documentos.

---

[15] Conforme o art. 251 do Decreto n. 9.199/2017: "Na hipótese de procedimento de perda de nacionalidade instaurado a pedido do interessado, a solicitação deverá conter, no mínimo: I – a identificação do interessado, com a devida documentação; II – o relato do fato motivador e a sua fundamentação legal; III – a documentação que comprove a incidência de hipótese de perda de nacionalidade, devidamente traduzida, se for o caso; IV – endereço de correio eletrônico do interessado, se o possuir. § 1º O Ministério da Justiça e Segurança Pública dará publicidade da decisão quanto à perda de nacionalidade em seu sítio eletrônico, inclusive quando houver interposição de recurso. § 2º Caberá recurso da decisão a que se refere o § 1º à instância imediatamente superior, no prazo de dez dias, contado da data da publicação no sítio eletrônico do Ministério da Justiça e Segurança Pública".

[16] A Portaria Interministerial n. 11, de 3 de maio de 2018, que dispõe sobre os procedimentos para solicitação de naturalização, de igualdade de direitos, de perda, de reaquisição de nacionalidade brasileira e de revogação da decisão de perda da nacionalidade brasileira e dá outras providências, estabelece no seu art. 26 que o procedimento de perda da nacionalidade brasileira de ofício será instaurado por meio de ato do Secretário Nacional de Justiça, em caso de recebimento de comunicação oficial na qual seja informada ocorrência de hipótese prevista no inciso II do § 4º do art. 12 da Constituição Federal, sendo que devem ser garantidos o contraditório e a ampla defesa no procedimento previsto no *caput*, devendo-se apurar: a eventual incidência das exceções dispostas nas alíneas *a* e *b* do inciso II do § 4º do art. 12 da Constituição; e cessação da causa que poderia ensejar a perda da nacionalidade (Parágrafo único). No caso da perda da nacionalidade por solicitação do interessado (art. 28), o requerimento de perda de nacionalidade brasileira será endereçado ao Ministério da Justiça, podendo ser apresentado: por meio do protocolo físico ou eletrônico, diretamente no Ministério da Justiça; ou nas repartições consulares brasileiras no exterior, sendo os documentos necessários à instrução dos processos de perda da nacionalidade brasileira por solicitação do interessado: Formulário devidamente preenchido e assinado pelo requerente dirigido ao Ministro da Justiça solicitando a perda da nacionalidade brasileira; Certidão de nascimento ou de casamento atualizada; Cópia da página de identificação do passaporte emitido pelo outro país; Comprovante de aquisição de outra nacionalidade, respeitadas as regras de legalização e tradução; Endereço de correio eletrônico do requerente.

Por outro lado, há casos em que o indivíduo não possui qualquer tipo de nacionalidade. Nestes casos, são chamados de apátrida.

A Declaração Universal dos Direitos Humanos estabelece, em seu art. XV, que "todo homem tem direito a uma nacionalidade" e que "ninguém será arbitrariamente privado de sua nacionalidade, nem de mudar de nacionalidade".

Assim, considera-se a situação jurídica do apátrida uma anormalidade, haja vista a carência de nacionalidade por parte de um indivíduo, como no caso de filho de estrangeiros nascido em um país cuja legislação alberga o *jus sanguinis* enquanto a lei do Estado de seus genitores hospeda o *jus soli*.

Como acentua Litrento[17], o direito de escolher uma nacionalidade, quer pela renúncia à nacionalidade de origem, quer pela mudança da nacionalidade adquirida, é um dos direitos essenciais, inerentes à pessoa humana. Todo indivíduo, juridicamente capaz, pode escolher, da maneira que quiser, o Estado ao qual deseja pertencer. Juridicamente, o problema da nacionalidade tem dois aspectos: o interno e o externo. Se o primeiro é regulado pelas leis internas de cada Estado, o segundo resulta de normas ou regras, decorrentes dos princípios gerais do direito, do costume internacional e até mesmo, embora caso raro, de convenções internacionais pertinentes à matéria.

Dentre os casos mais frequentes que caracterizam a ausência de nacionalidade apresenta-se: perda coletiva ou individual de uma nacionalidade, sem que haja a aquisição de outra nacionalidade (desaparecimento do Estado); a perda da nacionalidade sem que tenha havido atribuição de outra nacionalidade ao indivíduo, decorrente de uma pena (como no caso brasileiro expresso no art. 12 da CF); ocorrência de vínculos concomitantes provenientes do *jus soli* e do *jus sanguinis* no momento do nascimento de uma pessoa.

Sem embargo, a ordem jurídica brasileira passou a dedicar um capítulo próprio na Lei n. 13.445/2017[18] (Lei de Migração)[19] e no Decreto n. 9.199/2017[20], que a regulamentou,

---

[17] LITRENTO, Oliveiros. *Curso de direito internacional público*. 3. ed. Rio de Janeiro: Forense, 1997, p. 300.

[18] "Art. 26. Regulamento disporá sobre instituto protetivo especial do apátrida, consolidado em processo simplificado de naturalização. § 1º O processo de que trata o *caput* será iniciado tão logo seja reconhecida a situação de apatridia. § 2º Durante a tramitação do processo de reconhecimento da condição de apátrida, incidem todas as garantias e mecanismos protetivos e de facilitação da inclusão social relativos à Convenção sobre o Estatuto dos Apátridas de 1954, promulgada pelo Decreto n. 4.246, de 22 de maio de 2002, à Convenção relativa ao Estatuto dos Refugiados, promulgada pelo Decreto n. 50.215, de 28 de janeiro de 1961, e à Lei n. 9.474, de 22 de julho de 1997. § 3º Aplicam-se ao apátrida residente todos os direitos atribuídos ao migrante relacionados no art. 4º. § 4º O reconhecimento da condição de apátrida assegura os direitos e garantias previstos na Convenção sobre o Estatuto dos Apátridas, de 1954, promulgada pelo Decreto n. 4.246, de 22 de maio de 2002, bem como outros direitos e garantias reconhecidos pelo Brasil. § 5º O processo de reconhecimento da condição de apátrida tem como objetivo verificar se o solicitante é considerado nacional pela legislação de algum Estado e poderá considerar informações, documentos e declarações prestadas pelo próprio solicitante e por órgãos e organismos nacionais e internacionais. § 6º Reconhecida a condição de apátrida, nos termos do inciso VI do § 1º do art. 1º, o solicitante será consultado sobre o desejo de adquirir a nacionalidade brasileira. § 7º Caso o apátrida opte pela naturalização, a decisão sobre o reconhecimento será encaminhada ao órgão competente do Poder Executivo para publicação dos atos necessários à efetivação da naturalização no prazo de 30 (trinta) dias, observado o art. 65. § 8º O apátrida reconhecido que não opte pela naturalização imediata terá a autorização de residência outorgada em caráter definitivo. § 9º Caberá recurso contra decisão negativa de reconhecimento da condição de apátrida. § 10. Subsistindo a denegação do reconhecimento da condição de apátrida, é vedada a devolução do indivíduo para país onde sua vida, integridade pessoal ou liberdade estejam em risco. § 11.

sendo certo que a apatridia[21] será reconhecida à pessoa que não seja considerada como nacional por nenhum Estado, segundo a sua legislação, nos termos da Convenção sobre o Estatuto dos Apátridas, de 1954, promulgada pelo Decreto n. 4.246, de 2002.

Será reconhecido o direito de reunião familiar a partir do reconhecimento da condição de apátrida. § 12. Implica perda da proteção conferida por esta Lei: I – a renúncia; II – a prova da falsidade dos fundamentos invocados para o reconhecimento da condição de apátrida; ou III – a existência de fatos que, se fossem conhecidos por ocasião do reconhecimento, teriam ensejado decisão negativa."

[19] A matéria será apresentada a seguir, pois em edições anteriores à vigência da Lei n. 13.445/2017, o capítulo versava sobre a "situação jurídica do estrangeiro".

[20] *Vide* a propósito o Capítulo V – Da proteção do apátrida e da redução da apatridia (arts. 95 a 107).

[21] Pet 10798 / PR – PARANÁ. Petição. Relator(a): Min. Roberto Barroso. Decisão proferida pelo(a): Min. Rosa Weber. Julgamento: 4-1-2023. Publicação: 9-1-2023. Partes: Reqte.(S): Van Tibolli Adv.(A/S): Antonio Cesar Portela. Reqdo. (A/S): União Proc.(A/S)(Es): Advogado-Geral Da União. Decisão: Pedido de atribuição de efeito suspensivo a recurso extraordinário interposto contra acórdão do TRF da 4ª Região. Atuação em plantão no recesso judiciário. Reiteração da Pet n. 10.796, já apreciada por esta Presidência. Homologação do pedido de desistência deduzido. Vistos etc. 1. Trata-se de pedido de atribuição de efeito suspensivo a recurso extraordinário interposto por Van Tibolli contra acórdão do Tribunal Regional Federal da 4ª Região, prolatado nos autos do mandado de segurança n. 5063283-11.2020.4.04.7000. 2. Em abono de sua pretensão, o requerente sustenta que o recurso extraordinário que interpôs nos autos do referido mandado de segurança ostenta grande probabilidade de êxito. Pondera que a portaria de declaração de perda da sua nacionalidade brasileira foi editada pelo Ministério da Justiça e da Segurança Pública sem observar a exceção prevista no art. 12, § 4º, I, "b", da Constituição da República. Alega que a nacionalidade norte-americana foi adotada "para poder exercer plenamente seus direitos civis em solo americano, relacionado ao trabalho". Argumenta que, posteriormente, renunciou à nacionalidade estadunidense, de modo que, na atualidade, ante a declaração de perda da nacionalidade brasileira, figura na condição de apátrida. Registra ter sido indeferido, nos autos do AREsp 2236440, o pedido de atribuição de efeito suspensivo ao recurso especial interposto concomitantemente ao recurso extraordinário, porque o Superior Tribunal de Justiça divisou o envolvimento de matéria constitucional. Invoca os arts. 995, parágrafo único, do CPC e 20 do Pacto de São José da Costa Rica, bem como a Convenção sobre o Estatuto dos Apátridas, promulgada pelo Decreto n. 4.246/2002. Cita precedente que reputa favorável a sua tese. 3. No intuito de evidenciar o risco de dano grave, de difícil ou impossível reparação, consigna: "Frise-se que, o Requerente está com viagem de trabalho marcada a trabalho para exterior, vale dizer, com passagens aéreas compradas e agendadas para o dia 7-1-2023 e reuniões de trabalho no dia 13-1-2023 e seguintes. E nesse sentido, acosta ao presente comprovantes, demonstrando a compra das passagens aéreas, as reservas em hotéis, e o *folder* do evento que será realizado por sua pessoa em Cancun, no México. Outrossim, quanto ao *periculum in mora*, já restou demonstrado, inclusive já reconhecido pelo Superior Tribunal de Justiça no indeferimento da tutela provisória de urgência. Ou seja, na presente demanda, está presente o *periculum in mora* (ou risco grave de difícil ou impossível reparação), já que, como mencionado anteriormente, o Requerente se tornou um APÁTRIDA, pois, no presente momento não possui nenhuma nacionalidade, já que cancelou sua naturalização estadunidense, e permanece a declaração da perda da nacionalidade brasileira, pela Portaria 2.446, de 15 de setembro de 2020 (*DOU* 178, quarta-feira, 16-9-2020, Seção 1, p. 274/275)." 4. Com amparo em tais fundamentos, requer "a atribuição do efeito suspensivo ao recurso extraordinário, para suspender os efeitos do acórdão proferido em recurso de apelação, até o julgamento final de todos os recursos em todas as instâncias". 5. A petição foi protocolada e distribuída ao Ministro Luís Roberto Barroso, por prevenção, considerada a Pet n. 10.796 (evento 77), em 2-1-2023, vindo os autos conclusos a esta Presidência, na forma do art. 13, VIII, do RISTF. 6. Por meio da Petição n. 162/2023, protocolada em 4-1-2023, subscrita por Antonio César Portela, advogado investido dos necessários poderes especiais (evento 7), apresentada desistência quanto ao presente pedido de tutela provisória. 7. Ante o exposto, e tendo em vista que a pretensão ora deduzida consiste em mera reiteração da Petição n. 10.796, já apreciada, inclusive em sede de pedido de reconsideração, por esta Presidência, homologo o pedido de desistência formulado (art. 13, VIII, c/c art. 21, VIII, ambos do RISTF). Publique-se. Após, em prol da celeridade, providencie a Secretaria a imediata certificação do trânsito em julgado, com remessa dos autos ao arquivo. Brasília, 4 de janeiro de 2023. Ministra Rosa Weber Presidente.

6. EFEITOS DA NATURALIZAÇÃO

A naturalização é um ato de soberania do Estado que concede a sua nacionalidade a um estrangeiro que lhe solicita a qualidade de seu nacional. Ela produz vários efeitos jurídicos[22] e, como regra geral, ressalvados os casos dos apátridas, pressupõe a renúncia à nacionalidade anterior à adquirida por eleição; entretanto, como exemplo de exceções, apresentam-se a Argentina e o Egito.

Trata-se, portanto, de uma discricionariedade por parte do Estado em conceder ou não a naturalização. No Brasil, a matéria encontra-se prevista na Lei n. 13.445/2017, em especial, no capítulo VI, seção II, que trata das condições de naturalização, devidamente regulamentada pelo Decreto n. 9.199/2017[23].

---

[22] SILVA, G. E. Nascimento e ACCIOLY, Hildebrando. *Manual de direito internacional*. 13. ed. São Paulo: Saraiva, 1998, p. 335, apontam que o principal efeito da naturalização consiste em dar ao naturalizado a qualidade de cidadão do Estado que o naturalizou e equipará-lo, assim, aos nacionais desse Estado. O naturalizado adquire, pois, em princípio, os mesmos direitos e obrigações dos nacionais do país. Há legislações, contudo, que negam aos naturalizados certos privilégios, de que gozam os nacionais de origem. Assim, em muitos países, não se lhes reconhecem todos os direitos políticos ou não se lhes permite o exercício de certas funções públicas.

[23] *Vide* a propósito o que prescreve o Decreto n. 9.199/2017: "Art. 218. A naturalização, cuja concessão é de competência exclusiva do Ministério da Justiça e Segurança Pública, poderá ser: I – ordinária; II – extraordinária; III – especial; ou IV – provisória. Art. 219. Ato do Ministro de Estado da Justiça e Segurança Pública disporá sobre os documentos e as diligências necessários à comprovação dos requisitos para a solicitação de cada tipo de naturalização. Art. 220. Ato do Ministro de Estado da Justiça e Segurança Pública concederá a naturalização, desde que satisfeitas as condições objetivas necessárias à naturalização, consideradas requisito preliminar para o processamento do pedido. Art. 221. Para fins de contagem dos prazos de residência mencionados nas exigências para obtenção da naturalização ordinária e extraordinária, serão considerados os períodos em que o imigrante tenha passado a residir no País por prazo indeterminado. *Parágrafo único*. A residência será considerada fixa, para fins da naturalização provisória prevista no art. 244, a partir do momento em que o imigrante passar a residir no País por prazo indeterminado. Art. 222. A avaliação da capacidade do naturalizando de se comunicar em língua portuguesa será regulamentada por ato do Ministro de Estado da Justiça e Segurança Pública. *Parágrafo único*. Para fins do disposto no inciso III do *caput* do art. 233 e no inciso II do *caput* do art. 241, as condições do naturalizando quanto à capacidade de comunicação em língua portuguesa considerarão aquelas decorrentes de deficiência, nos termos da legislação vigente. Art. 223. O naturalizando poderá requerer a tradução ou a adaptação de seu nome à língua portuguesa. Art. 224. O interessado que desejar ingressar com pedido de naturalização ordinária, extraordinária, provisória ou de transformação da naturalização provisória em definitiva deverá apresentar requerimento em unidade da Polícia Federal, dirigido ao Ministério da Justiça e Segurança Pública. *Parágrafo único*. Na hipótese de naturalização especial, a petição poderá ser apresentada a autoridade consular brasileira, que a remeterá ao Ministério da Justiça e Segurança Pública. Art. 225. As notificações relacionadas com o processo de naturalização serão efetuadas preferencialmente por meio eletrônico. Art. 226. Os Ministérios da Justiça e Segurança Pública e das Relações Exteriores tramitarão os pedidos de naturalização por meio de sistema eletrônico integrado. Art. 227. A Polícia Federal, ao processar o pedido de naturalização: I – coletará os dados biométricos do naturalizando; II – juntará as informações sobre os antecedentes criminais do naturalizando; e III – relatará o requerimento de naturalização; e IV – poderá apresentar outras informações que instruam a decisão quanto ao pedido de naturalização. *Parágrafo único*. Na hipótese de naturalização especial, a coleta dos dados biométricos prevista no inciso I do *caput* será realizada pelo Ministério das Relações Exteriores. Art. 228. O procedimento de naturalização se encerrará no prazo de cento e oitenta dias, contado da data do recebimento do pedido. § 1º Na hipótese de naturalização especial, a contagem do prazo se iniciará a partir do recebimento do pedido pelo Ministério da Justiça e Segu-

A partir da legislação em comento, a naturalização pode ser ordinária; extraordinária; especial; ou provisória.

A concessão da naturalização ordinária será atribuída àquele que preencher as seguintes condições: ter capacidade civil, segundo a lei brasileira; ter residência em território nacional, pelo prazo mínimo de 4 (quatro) anos; comunicar-se em língua portuguesa, consideradas as condições do naturalizando; e não possuir condenação penal ou estiver reabilitado, nos termos da lei. Impende assinalar que o prazo de residência fixado no inciso II do *caput* do art. 65 da Lei n. 13.445/2017, será reduzido para, no mínimo, 1 (um) ano se o naturalizando preencher quaisquer das seguintes condições: ter filho brasileiro; ter cônjuge ou companheiro brasileiro e não estar dele separado legalmente ou de fato no momento de concessão da naturalização; haver prestado ou poder prestar serviço relevante ao Brasil; ou recomendar-se por sua capacidade profissional, científica ou artística.

No caso da naturalização extraordinária, está será concedida a pessoa de qualquer nacionalidade fixada no Brasil há mais de 15 (quinze) anos ininterruptos e sem condenação penal, desde que requeira a nacionalidade brasileira.

Quanto à naturalização especial, poderá ser concedida à pessoa que se encontre em uma das seguintes situações: seja cônjuge ou companheiro, há mais de 5 (cinco) anos, de integrante do Serviço Exterior Brasileiro em atividade ou de pessoa a serviço do Estado brasileiro no exterior; ou seja ou tenha sido empregado em missão diplomática ou em repartição consular do Brasil por mais de 10 (dez) anos ininterruptos. Atente-se para os requisitos previstos em lei para a concessão da naturalização especial: ter capacidade civil, segundo a lei brasileira; comunicar-se em língua portuguesa, consideradas as

---

rança Pública. § 2º Caso sejam necessárias diligências para o procedimento de naturalização, o prazo previsto no *caput* poderá ser prorrogado por meio de ato do Ministro de Estado da Justiça e Segurança Pública que fundamente a prorrogação. Art. 229. O brasileiro que tenha optado pela nacionalidade brasileira ou aquele naturalizado que tenha cumprido as suas obrigações militares no país de sua nacionalidade anterior fará jus ao Certificado de Dispensa de Incorporação. Art. 230. A naturalização produz efeitos após a data da publicação no Diário Oficial da União do ato de naturalização. § 1º Publicado o ato de naturalização no Diário Oficial da União, o Ministério da Justiça e Segurança Pública comunicará as naturalizações concedidas, preferencialmente por meio eletrônico: I – ao Ministério da Defesa; II – ao Ministério das Relações Exteriores; e III – à Polícia Federal. § 2º O registro do ato de concessão da naturalização será realizado, em sistema próprio do Ministério da Justiça e Segurança Pública, com o nome anterior e, caso exista, o traduzido ou o adaptado. Art. 231. No prazo de até um ano após a concessão da naturalização, o naturalizado maior de dezoito anos e menor de setenta anos deverá comparecer perante a Justiça Eleitoral para o devido cadastramento. *Parágrafo único.* A informação quanto à necessidade de comparecimento ou não perante a Justiça Eleitoral constará da decisão de naturalização publicada pelo Ministério da Justiça e Segurança Pública no *Diário Oficial da União.* Art. 232. O prazo para apresentação de recurso na hipótese de indeferimento do pedido de naturalização será de dez dias, contado da data do recebimento da notificação. § 1º O recurso deverá ser julgado no prazo de sessenta dias, contado da data da sua interposição. § 2º A manutenção da decisão não impedirá a apresentação de novo pedido de naturalização, desde que satisfeitas as condições objetivas necessárias à naturalização. § 3º Na hipótese de naturalização especial, o prazo estabelecido no *caput* será contado da data da notificação do requerente pelo Ministério das Relações Exteriores".

condições do naturalizando; e não possuir condenação penal ou estiver reabilitado, nos termos da lei.

Por fim, evidencia-se que a naturalização provisória poderá ser concedida ao migrante criança ou adolescente que tenha fixado residência em território nacional antes de completar 10 (dez) anos de idade e deverá ser requerida por intermédio de seu representante legal, sendo certo que a mesma será convertida em definitiva se o naturalizando expressamente assim o requerer no prazo de 2 (dois) anos após atingir a maioridade.

Com efeito, o pedido de naturalização será apresentado e processado na forma prevista pelo órgão competente do Poder Executivo[24], sendo cabível recurso em caso de denegação.

---

[24] A Portaria Interministerial n. 11, de 3 de maio de 2018, estabelece o seguinte: "Art. 3º O requerimento de naturalização será endereçado ao Ministério da Justiça, devendo ser apresentado em uma das unidades da Polícia Federal. Art. 4º O pedido de naturalização deverá conter os documentos previstos nos Anexos I a IV desta Portaria, conforme o tipo de naturalização requerida, sem prejuízo de solicitação de documentos ou informações complementares. Art. 5º Para a instrução do procedimento previsto no inciso I do art. 1º, a comprovação da capacidade de se comunicar em língua portuguesa se dará por meio da apresentação de Celpe-Bras (Certificado de Proficiência em Língua Portuguesa para Estrangeiros), nos termos definidos pelo Ministério da Educação. Parágrafo único. Os testes de português realizados antes da entrada em vigor desta Portaria serão aproveitados na instrução dos processos de naturalização. Art. 6º A avaliação sobre a relevância do serviço prestado ou a ser prestado ao País e sobre a capacidade profissional, científica ou artística, para efeitos de redução do prazo de residência de que trata o art. 236 do Decreto n. 9.199, de 2017, será realizada pelo Departamento de Migrações da Secretaria Nacional de Justiça, ouvidos os órgãos técnicos competentes. Art. 7º A Polícia Federal, ao processar o pedido de naturalização, deverá: I – coletar os dados biométricos do requerente; II – prestar informações sobre os antecedentes criminais e movimentação migratória do requerente; III – realizar diligências, caso necessário à instrução do processo; IV – emitir relatório opinativo recomendando a procedência ou não do pedido. Parágrafo único. O processo de naturalização, acompanhado do relatório opinativo de que trata o inciso IV do *caput*, será encaminhado para análise do Departamento de Migrações. Art. 8º Recebido o processo, o Departamento de Migrações, caso necessário, poderá: I – requerer diligências complementares à Polícia Federal; II – notificar o requerente para complementar a documentação apresentada, no prazo de trinta dias, prorrogáveis mediante pedido justificado. Art. 9º Instruído o processo de naturalização, o Departamento de Migrações emitirá parecer fundamentado sobre o mérito do pedido e o encaminhará ao Secretário Nacional de Justiça para decisão. Art. 10. A decisão que deferir o pedido de naturalização será publicada no Diário Oficial da União. Parágrafo único. Publicada a decisão deferindo o pedido de naturalização, o naturalizado deverá entregar a Carteira de Registro Nacional Migratória em uma das unidades da Polícia Federal. Art. 11. Da decisão que julgar improcedente o pedido, caberá o recurso previsto no art. 232 do Decreto n. 9.199, de 2017, no prazo de dez dias, contado da data do recebimento da notificação. Parágrafo único. A notificação se dará preferencialmente por meio eletrônico. Art. 12. O requerente será notificado, preferencialmente por meio eletrônico, da decisão que denegar o recurso. Parágrafo único. Acolhido o recurso, a decisão será publicada no *Diário Oficial da União*".

Capítulo XIII
A Situação Jurídica dos Migrantes no Brasil

1. CONSIDERAÇÕES GERAIS

Atualmente, como acentua Giddens[1], os padrões de migração podem ser vistos como um reflexo dos laços econômicos, políticos e culturais que estão em rápida mudança entre os países. Del'Olmo apresenta alguns antecedentes históricos nessa passagem:

"Considerando-se que as ondas migratórias são inerentes à natureza humana e que desde os primórdios já havia deslocamento de pessoas para além das fronteiras de determinado marco territorial, admite-se que desde as mais primitivas sociedades já havia o conceito de estrangeiro. Assim, ele 'é todo aquele que não tem a nacionalidade do Estado em cujo território se encontra'. O conceito ganha importância quando retrocedemos à história das antigas civilizações, onde a religião tinha exacerbada influência nos relacionamentos humanos e para as quais o estrangeiro, qualquer que fosse sua condição, não era sujeito de direitos pelo simples fato de não pertencer àquela comunidade, sendo excluído dos cultos e outros rituais. Nessas remotas sociedades, enquadrar-se ou não no conceito de estrangeiro era divisor de águas para o exercício de direitos. Fustel de Coulanges retrata essa situação quando afirma que 'o estrangeiro é aquele que não tem acesso ao culto, a quem os deuses da cidade não protegem e que nem sequer tem o direito de invocá-los'. Há que se referir, entretanto, que outras sociedades, com o passar do tempo, já tinham maior receptividade aos povos estrangeiros, como as antigas Roma e Atenas, ainda que com determinadas ressalvas"[2].

---

[1] GIDDENS, Anthony. *Sociologia*. 4. ed. Porto Alegre: Artmed, 2005, p. 215, destaca que "em 1990, a população migrante do mundo foi de mais de 80 milhões de pessoas, 20 milhões das quais eram refugiadas. Esse número parece prestes a aumentar nos primeiros anos do século XXI, induzindo alguns estudiosos a rotularem essa época como a 'era da migração'".

[2] DEL'OLMO, Florisbal de Souza. A nacionalidade e a situação jurídica do estrangeiro. In: GUERRA, Sidney. *Tratado de direito internacional*. Rio de Janeiro: Freitas Bastos, 2008, p. 334.

Esse grande movimento migratório[3] ocorre de maneira intensa em algumas regiões, em razão de guerras civis, problemas étnicos ou religiosos, falta de uma perspectiva melhor de vida e de outras situações que se manifestam com frequência[4].

A mobilidade humana assume contornos complexos na atualidade e alcança o impressionante número de mais de 281 milhões de pessoas que se encontram fora do seu país de origem[5], ou seja, mais de 3,6% da população mundial, segundo dados da Organização das Nações Unidas (ONU).

---

[3] PIERRE, Renouvin; DUROSELLE, Jean Baptiste. *Introducción a la historia de las relaciones internacionales*. México, DF: Fondo de Cultura Económica, 2000, p. 49, apresenta sobre migração os seguintes dados: "El período que se extiende de 1880 a 1914 es el de los grandes movimientos migratorios europeos. Entre 1871 y 1914, 34 millones de hombres salieron de Europa, de los cuales alrededor de 16 lo hicieron durante los 13 primeros años del siglo XX. Si descontamos las repatriaciones (cuya cifra exacta se desconoce, por falta de informaciones estadísticas anteriores a 1886), la emigración internacional neta proveniente de Europa fue, verosimilmente, del orden de 25 millones de individuos que, en su gran mayoría, eran hombres en la flor de la edad. Fuera de Europa, las corrientes migratorias internacionales no tenían nada de comparable con los desplazamientos masivos de las poblaciones europeas. En Japón, por ejemplo, donde la presión demográfica era aún poco importante, la media anual de la emigración no pasó de 12.000 hombres entre 1910 y 1913. Después de la Primera Guerra Mundial, que paralizó temporalmente las salidas, los movimientos migratorios europeos ya no tuvieron la misma amplitud. La 'recuperación' que se manifiesta en 1920 (820.000 salidas) no es sino una llamarada de petate; a partir de 1921, las estadísticas registran una baja casi continua, porque los Estados Unidos, que habían recibido antes de 1914 a 65% de los emigrantes, cerraron sus puertas. En cambio, las migraciones asiáticas cobraron un poco más de importancia, pero quedaron muy lejos de ofrecer el espectáculo de estos éxodos masivos que había experimentado el continente europeo entre 1905 y 1914; la emigración china, que es por mucho más importante apenas rebasa 70.000 u 80.000 habitantes. Sólo entre 1926 y 1927, en el momento en que la China central se convirtió en el teatro de operaciones de la guerra civil, el número de emigrantes alcanzó excepcionalmente 220.000. Pero es de destacar también la existencia de una corriente migratoria que, entre 1920 y 1930, llevó a los Estados Unidos año con año unos 100.000 canadienses, casi siempre canadienses franceses".

[4] CASTELS, Stephen; MILLER, Mark apud GIDDENS, Anthony. *Mundo em descontrole*: o que a globalização está fazendo de nós. 4. ed. Rio de Janeiro: Record, 2005, p. 216, identificaram quatro tendências que vão caracterizar os padrões de migração nos próximos anos: "a) aceleração – a migração através de fronteiras está ocorrendo em números maiores do que já ocorreu anteriormente; b) diversificação – atualmente, a maioria dos países recebe imigrantes de muitos tipos diferentes, ao contrário de antigamente, quando predominavam formas específicas de imigração, como a imigração de trabalho ou dos refugiados; c) globalização – a migração tornou-se mais global por natureza, envolvendo um número maior de países como emissores e receptores; d) feminização – um número crescente de migrantes é formado por mulheres, o que faz com que a migração contemporânea seja bem menos dominada pelo sexo masculino do que em épocas anteriores".

[5] Disponível em: https://worldmigrationreport.iom.int/what-we-do/world-migration-report-2024-chapter-2/international-migrants-numbers-and-trends. Acesso em: 30 jun. 2024: "A UN DESA produz estimativas do número de migrantes internacionais em todo o mundo. A discussão a seguir baseia-se nas suas estimativas, que se baseiam em dados fornecidos pelos Estados. As atuais Recomendações das Nações Unidas sobre Estatísticas de Migração Internacional definem um 'migrante internacional' como qualquer pessoa que mudou o seu país de residência habitual, distinguindo entre 'migrantes de curto prazo' (aqueles que mudaram os seus países de residência habitual por pelo menos três meses, mas menos de um ano) e 'migrantes de longa duração' (aqueles que o fizeram durante pelo menos um ano). Embora o número estimado de migrantes internacionais tenha aumentado nos últimos 50 anos, é importante notar que a grande maioria das pessoas vive no país em que nasceram. Nas últimas estimativas de migrantes internacionais (datadas de meados de 2020), quase 281 milhões de pessoas viviam em um país diferente do seu país de nascimento, ou cerca de 128 milhões a mais do que 30 anos antes, em 1990 (153 milhões), e mais de três vezes o número estimado em 1970 (84 milhões). A proporção de migrantes internacionais como uma parcela da população global total também aumentou".

Sendo um fenômeno de grande repercussão para o Estado[6], com desdobramentos nos campos social, político, econômico[7], cultural e outros, a matéria ganha relevo, com vários aspectos que precisam ser regulados pelo direito.

No Brasil, até a edição da Lei n. 13.445, de 24 de maio de 2017, a matéria relativa à situação jurídica do estrangeiro estava prevista na Lei n. 6.815, de 19 de agosto de 1980, não havendo, até aquele momento, uma lei que tratasse de maneira específica sobre as migrações.

Impende assinalar que a Lei n. 6.815/80 foi concebida no período em que o Estado brasileiro era conduzido por militares e levava em conta aspectos voltados principalmente para a segurança nacional, apresentando-se como discriminatória e contrária aos fundamentos e princípios que norteiam a Carta Magna de 1988.

Após longos debates e estudos sobre a necessidade de conceber na ordem jurídica brasileira uma lei que retratasse a situação atual dos não nacionais, que até então eram vistos como hóspedes (estrangeiro), a matéria passou a ser regrada pela nova Lei de Migração.

A Lei n. 13.445, de 24 de maio de 2017, foi concebida em conformidade com o sentimento constitucional[8] de 1988, que atribuiu valor à dignidade da pessoa humana e

---

[6] Disponível em: https://worldmigrationreport.iom.int/what-we-do/world-migration-report-2024-chapter-2/international-migrants-numbers-and-trends. Acesso em: 30 jun. 2014: "Em algumas partes do mundo, a migração internacional se tornou um componente importante da mudança populacional. Para países de alta renda entre 2000 e 2020, a contribuição da migração internacional para o crescimento populacional (entrada líquida de 80,5 milhões) excedeu o saldo de nascimentos sobre mortes (66,2 milhões). Nas próximas décadas, a migração será o único motor do crescimento populacional em países de alta renda. Em contraste, para o futuro previsível, o aumento populacional em países de baixa renda e renda média-baixa continuará a ser impulsionado por um excesso de nascimentos sobre mortes. Entre 2010 e 2021, 40 países ou áreas registaram um fluxo líquido de mais de 200.000 migrantes cada; em 17 deles, a entrada líquida nesse período ultrapassou 1 milhão de pessoas. Para vários dos principais países de acolhimento, incluindo a Jordânia, o Líbano e a Turquia, os elevados níveis de imigração neste período foram impulsionados principalmente por movimentos de refugiados, em particular da República Árabe Síria. Para 10 países, a saída líquida estimada de migrantes excedeu 1 milhão no período de 2010 a 2021. Em muitos desses países, as saídas foram devidas a movimentos temporários de mão de obra, como no Paquistão (fluxo líquido de –16,5 milhões), Índia (–3,5 milhões), Bangladesh (–2,9 milhões), Nepal (–1,6 milhões) e Sri Lanka (–1,0 milhão). Em outros países, incluindo a República Árabe Síria (–4,6 milhões), a República Bolivariana da Venezuela (–4,8 milhões) e Mianmar (–1,0 milhão), a insegurança e o conflito impulsionaram a saída de migrantes nesse período".

[7] Os dados disponíveis refletem um aumento geral nas remessas nas últimas décadas, de US$ 126 bilhões em 2000 para US$ 702 bilhões em 2020. Apesar das previsões de um grande declínio nas remessas internacionais devido ao COVID-19, 2020 registrou apenas uma ligeira queda (2,4%) em relação ao total global de 2019. As remessas internacionais são transferências financeiras ou em espécie feitas por migrantes diretamente para famílias ou comunidades em seus países de origem. O Banco Mundial compila dados globais sobre remessas internacionais, apesar das inúmeras lacunas de dados, diferenças de definição e desafios metodológicos na compilação de estatísticas precisas. Seus dados, no entanto, não capturam fluxos não registrados por meio de canais formais ou informais e, portanto, a magnitude real das remessas globais provavelmente será maior do que as estimativas disponíveis. Em 2020, Índia, China, México, Filipinas e Egito foram (em ordem decrescente) os cinco principais países receptores de remessas, embora a Índia e a China estivessem bem acima do restante, com remessas totais superiores a US$ 83 bilhões e US$ 59 bilhões, respectivamente. Disponível em: <https://worldmigrationreport.iom.int/wmr-2022-interactive/>. Acesso em: 4 set. 2022.

[8] VERDÚ, Pablo Lucas. *O sentimento constitucional*: aproximações ao estudo do sentir constitucional como modo

toda carga correspondente à proteção dos direitos humanos. Ela trata dos direitos e deveres do migrante e do visitante no Brasil, regula a entrada e a permanência de estrangeiros e estabelece normas de proteção ao brasileiro no exterior. A matéria foi devidamente regulamentada pelo Decreto n. 9.199 de 20 de novembro de 2017.

Para melhor compreensão da norma, ainda que de maneira sucinta, importante destacar alguns aspectos que até recentemente eram vigentes no Brasil no que tange à situação jurídica do estrangeiro[9], transitando agora para um novo modelo, qual seja, o que consagra o migrante e o visitante.

2. NACIONALIDADE, ESTRANGEIRO E O MIGRANTE

Até a vigência da Lei n. 6.815/80, chegava-se ao entendimento sobre a identificação do estrangeiro, partindo-se da identificação de quem era nacional, ou seja, o indivíduo que não se encontrava no rol descrito do art. 12 da Constituição de 1988, seja como brasileiro nato ou naturalizado, era considerado estrangeiro e, em situações excepcionais e diversas, apátrida. A matéria sobre nacionalidade vem expressa na Carta Magna de 1988 e a situação jurídica do estrangeiro encontrava-se prevista, como mencionado, na Lei n. 6.815/80, o conhecido Estatuto do Estrangeiro[10].

Como visto no capítulo precedente, o estudo relativo à nacionalidade é comum para o Direito Constitucional com reflexos para o Direito Internacional, posto que a Lei Maior apresenta os casos dos indivíduos que possuem a nacionalidade brasileira e por exclusão os que não se encontram nesse rol se apresentavam como estrangeiros. O sujeito natural do Estado é o nacional, que em seu conjunto corresponde à ideia de povo. Este não pode ser confundido com população por se tratar de conceito que designa o número de habitantes de um território num determinado momento. Já os estrangeiros, por exclusão, eram identificados como todos aqueles que não se enquadravam na categoria de nacionais.

Todavia, a matéria sofreu profunda mudança a partir do momento em que a Lei n. 13.445/2017 entrou em vigência. A nova lei estabeleceu alterações na nomenclatura do não nacional, substituindo a figura do estrangeiro para a do migrante, como se depreende da leitura do art. 1º[11], cujos breves comentários serão apresentados a seguir:

---

de integração política. Tradução de Agassiz Almeida Filho. Rio de Janeiro: Forense, 2004: "O sentimento constitucional é expressão de uma cultura política assimilada e sentida pelas pessoas acerca dos principais alicerces jurídico-políticos de convivência, o que envolve realização de direitos fundamentais".

[9] Até a 11ª edição da presente obra existia um capítulo denominado "A situação jurídica do estrangeiro", sendo a partir da 12ª edição substituído pelo presente.

[10] A Lei n. 13.445/2017 sobre migração no Brasil revogou a Lei n. 6.815/80.

[11] "Art. 1º Esta Lei dispõe sobre os direitos e os deveres do migrante e do visitante, regula a sua entrada e estada no País e estabelece princípios e diretrizes para as políticas públicas para o emigrante.
§ 1º Para os fins desta Lei, considera-se: I – (vetado); II – imigrante: pessoa nacional de outro país ou apátrida que trabalha ou reside e se estabelece temporária ou definitivamente no Brasil; III – emigrante: brasileiro que se estabelece temporária ou definitivamente no exterior; IV – residente fronteiriço: pessoa nacional de país limítrofe ou apátrida que conserva a sua residência habitual em município fronteiriço de país vizinho; V – visitante: pessoa nacional de

a) Imigrante: pessoa nacional de outro país ou apátrida que trabalha ou reside e se estabelece temporária ou definitivamente no Brasil

Inicialmente é imperioso distinguir migrantes e imigrantes, definições que, embora aparentemente próximas, não se confundem. Por migrante entende-se a pessoa que se transfere de seu lugar habitual para outro lugar ou país. Logo, migração refere-se ao movimento tanto de entrada quanto de saída de um país, região ou lugar. Incluem-se nessa definição imigrantes, emigrantes e refugiados.

O imigrante é um indivíduo de nacionalidade diversa da brasileira, que pretende se estabelecer no país com *animus* permanente. O movimento de entrada de pessoas de um país para outro ocorre geralmente por iniciativa própria e em busca de melhores condições de vida e de trabalho, mas também pode ocorrer por motivos alheios à vontade do imigrante, como no caso de refugiados. Neste sentido, o imigrante pode ser qualquer indivíduo que não tenha nacionalidade brasileira, inclusive o apátrida, desde que venha a se estabelecer de maneira temporária ou definitiva no território nacional.

Para tanto, os que desejam se estabelecer em caráter temporário ou definitivo no território brasileiro precisarão se reportar às autoridades constituídas para a obtenção da anuência correspondente para o exercício de atividades laborais e/ou acadêmicas que eventualmente venha realizar.

b) Emigrante: brasileiro que se estabelece temporária ou definitivamente no exterior

A lei alcança também a situação jurídica do brasileiro que venha se estabelecer, de maneira temporária ou definitiva, em território estrangeiro.

Nas últimas décadas o Brasil tem experimentado o movimento de saída de brasileiros para outros países, em busca de melhores padrões de vida. Fatores relacionados à violência, crise política e insegurança econômica criaram um fluxo migratório de brasileiros para outros Estados, com o objetivo de permanecer, realizar atividades e até mesmo para investir.

Estas questões estão ligadas, principalmente, na tutela de um direito fundamental do indivíduo: o direito à nacionalidade. Desta forma, nos casos expressos no texto constitucional em que o brasileiro venha a perder a nacionalidade, seus direitos devem ser salvaguardados em razão da exigência que se estabelece no território alienígena.

Há casos, como visto no capítulo anterior, em que a pessoa humana pode vir a perder a nacionalidade. Tal fato ocorre em razão da aquisição de outra nacionalidade, como também pode se dar em decorrência do casamento, de modificações territoriais do Estado, pela renúncia, como no caso da Itália (basta uma renúncia expressa feita por um cidadão

---

outro país ou apátrida que vem ao Brasil para estadas de curta duração, sem pretensão de se estabelecer temporária ou definitivamente no território nacional; VI – apátrida: pessoa que não seja considerada como nacional por nenhum Estado, segundo a sua legislação, nos termos da Convenção sobre o Estatuto dos Apátridas, de 1954, promulgada pelo Decreto n. 4.246, de 22 de maio de 2002, ou assim reconhecida pelo Estado brasileiro."

italiano perante um oficial de registro civil e seguido de transferência de domicílio para outro Estado), e por atos que sejam incompatíveis com a qualidade nacional.

No Brasil, consoante previsão do art. 12, § 4º, II, *b*, da CF, a matéria dispunha que o brasileiro estabelecido no exterior que venha a se naturalizar perderá sua nacionalidade, exceto no caso de imposição de naturalização, pela norma estrangeira, ao brasileiro residente em Estado estrangeiro, como condição para permanência em seu território ou para o exercício de direitos civis. A matéria sofreu profunda alteração em razão da Emenda Constitucional n. 131, de 3 de outubro de 2023. Sobre essa importante mudança constitucional, Squeff e Gomes[12] escreveram sobre o avanço na matéria: "Em 3 de outubro de 2023, em razão da alteração promovida pela Emenda Constitucional n. 131, o art. 12 da CF suprimiu a perda da nacionalidade brasileira em razão da mera aquisição de outra nacionalidade e incluiu a exceção para situações de apatridia e a possibilidade de a pessoa requerer a perda da própria nacionalidade, *in verbis*: § 4º (...) I – tiver cancelada sua naturalização, por sentença judicial, em virtude de fraude relacionada ao processo de naturalização ou de atentado contra a ordem constitucional e o Estado Democrático; II – fizer pedido expresso de perda da nacionalidade brasileira perante autoridade brasileira competente, ressalvadas situações que acarretem apatridia. a) revogada; b) revogada. § 5º A renúncia da nacionalidade, nos termos do inciso II do § 4º deste artigo, não impede o interessado de readquirir sua nacionalidade brasileira originária, nos termos da lei".

---

[12] SQUEFF, Tatiana Cardoso; GOMES, Tatiana Bruhn Parmeggiani. Reflexos da EC 131/2023 para o direito à nacionalidade. Disponível em: https://www.conjur.com.br/2023-out-14/squeff-gomes-reflexos-ec-131-direito-nacionalidade/. Acesso em: 29 jun. 2024: "A primeira, e mais notória, é o caso de Claudia Sobral (também conhecida como Claudia Hoerig — seu nome de casada), brasileira, nascida no Rio de Janeiro, que adquiriu nacionalidade estadunidense em 1999, após contrair matrimônio com um cidadão estadunidense (tal como admite a lei daquele Estado, de quem se divorciou anos depois, passando a residir com ele naquele país. Outrossim, casou-se novamente com um ex-soldado americano em 2005. Ocorre que Claudia foi acusada de ter assassinado o seu então esposo em 2007, motivo pelo qual ela retornou ao Brasil, resguardando-se de qualquer pedido de extradição estadunidense em virtude da regra contida no artigo 5, inciso LI, a qual proíbe que brasileiros natos sejam extraditados. Apesar disso, após pressão promovida por Tim Ryan, deputado estadunidense, de advogar pela limitação de concessão de vistos para brasileiros no caso do pedido de extradição feito ser negado e a visita do então presidente Barack Obama ao Brasil em 2011, iniciou-se um processo administrativo junto ao Ministério da Justiça de perda de nacionalidade brasileira haja vista ela ter adquirido a nacionalidade estadunidense em 1999. Muito embora ela tenha alegado tanto no processo administrativo quanto perante a 1ª Turma do Supremo Tribunal Federal, que estava analisando o pedido de extradição formulado pelos Estados Unidos, que a sua nacionalidade americana lhe permitia 'o exercício de direitos civis', isto é, que recaia na exceção da antiga redação do Artigo 12, § 4º, inciso II, alínea *b*, logo, não podendo perder a nacionalidade brasileira, a sua tese não prosperou. O Supremo, ao rechaçá-la por 3 votos a 2, sustentou que, na prática, enquanto representante da comunidade brasileira no exterior, ela apenas estaria exercendo seus direitos políticos – e não civis. Ademais, que a obtenção de um posto trabalho, apesar de mais dificultosa, não depende da naturalização. Logo, que a perda decretada no plano administrativo estaria correta e que, uma vez que suprimida a sua nacionalidade em 4/7/2013, ela poderia ser extraditada para os Estados Unidos tal como sucedeu em janeiro de 2018, após negativa do pedido administrativo perante o Ministério da Justiça de reaquisição de nacionalidade realizada pela defesa de Claudia em 2017".

De acordo com a Lei n. 13.445, são garantidas aos brasileiros emigrantes a proteção e prestação de assistência consular por meio das representações do Brasil no exterior, e a atuação diplomática em defesa dos direitos do emigrante brasileiro. Ela também contempla princípios que deverão ser aplicados às políticas públicas para os emigrantes, quais sejam: proteção e prestação de assistência consular por meio das representações do Brasil no exterior; promoção de condições de vida digna, por meio, entre outros, da facilitação do registro consular e da prestação de serviços consulares relativos às áreas de educação, saúde, trabalho, previdência social e cultura; promoção de estudos e pesquisas sobre os emigrantes e as comunidades de brasileiros no exterior, a fim de subsidiar a formulação de políticas públicas; atuação diplomática, nos âmbitos bilateral, regional e multilateral, em defesa dos direitos do emigrante brasileiro, conforme o direito internacional; ação governamental integrada, com a participação de órgãos do governo com atuação nas áreas temáticas mencionadas, visando assistir as comunidades brasileiras no exterior; e esforço permanente de desburocratização, atualização e modernização do sistema de atendimento, com o objetivo de aprimorar a assistência ao emigrante.

Ademais, permite ao emigrante que decidir retornar ao Brasil com ânimo de residência a introdução no País, com isenção de direitos de importação e de taxas aduaneiras, dos bens novos ou usados que um viajante, em compatibilidade com as circunstâncias de sua viagem, puder destinar para seu uso ou consumo pessoal e profissional, sempre que, por sua quantidade, natureza ou variedade, não permitam presumir importação ou exportação com fins comerciais ou industriais.

c) Residente fronteiriço: pessoa nacional de país limítrofe ou apátrida que conserva a sua residência habitual em município fronteiriço de país vizinho

O residente fronteiriço diferencia-se do imigrante pelo fato de justamente encontrar-se na fronteira e com frequência exercer atividade profissional no país, comerciar, adquirir propriedade e realizar outros atos da vida civil no território nacional, e, apesar disso, não ter a intenção de imigrar e instalar-se definitivamente no Brasil. Atualmente, os residentes fronteiriços representam um importante fluxo migratório, causando, por conseguinte, impactos nas economias locais de áreas de fronteiras.

Para facilitar procedimentos burocráticos envolvendo os países limítrofes com o Estado brasileiro, notadamente dos nacionais dos Estados que vivem em municípios fronteiriços à República Federativa do Brasil que se deslocam, muitas vezes, para fazer compras, visitar parentes e amigos ou outras atividades que ensejam o deslocamento de um lado para outro é que se passou a contemplar, também nesta lei, o regramento específico sobre a matéria. Ao residente fronteiriço poderá ser concedida, mediante requerimento, autorização para a realização de atos da vida civil. Uma vez concedida a autorização, gozará das garantias e dos direitos assegurados pelo regime geral de migração da Lei n. 13.445, conforme especificado em regulamento[13]. O espaço geográfico de

---

[13] O Decreto n. 9.199/2017 estabelece que ao residente fronteiriço poderá ser permitida a entrada em Município

abrangência e de validade da autorização será especificado no documento de residente fronteiriço. Nos termos do art. 25 da Lei n. 13.445/2017, o documento de residente fronteiriço será cancelado, a qualquer tempo, se o titular tiver fraudado documento ou utilizado documento falso para obtê-lo; obtiver outra condição migratória; e sofrer condenação penal; ou exercer direito fora dos limites previstos na autorização.

Neste sentido, observa-se decisão da Suprema Corte que resguardou a residente fronteiriço o direito a um Defensor Público (art. 1º, IV, da Lei n. 13.345 de 2017). De tal forma, o cidadão estrangeiro foi equiparado a um cidadão nacional para fins de acesso à justiça gratuita, *in verbis*:

"Decisão: Vistos. Trata-se de pedido de Extradição instrutória e executória formulada pela República Oriental do Uruguai, encaminhado por via diplomática ao Ministério das Relações Exteriores, com base no Acordo de Extradição entre os Estados Partes do Mercosul, promulgado pelo Decreto n. 4.975/2004, pelo qual se pede a extradição do nacional uruguaio Fernando Trindade Sosa. Em 7-3-2018, decretei a prisão preventiva do extraditando. Considerando-se que o mandado de prisão expedido em desfavor do extraditando foi cumprido em 9-3-2018, e que ele atualmente se encontra recolhido na Penitenciária Estadual de Santana do Livramento/RS, delego competência ao Juízo da 2ª Vara Federal da Subseção Judiciária de Santa do Livramento/RS para realizar o seu interrogatório (RISTF, art. 211). Expeça-se carta de ordem, a ser instruída com cópia integral dos autos, observando-se que: a) deverá ser nomeado tradutor juramentado no idioma espanhol para o ato; b) o extraditando deverá ser previamente intimado a esclarecer se tem ou não defensor constituído, o qual, em caso afirmativo, deverá ser intimado do interrogatório designado, nomeando-se, na hipótese de seu não comparecimento, defensor *ad hoc*; c) o defensor constituído deverá ser intimado a apresentar defesa escrita no prazo de 10 (dez) dias, a contar do interrogatório (art. 91, § 1º, da Lei n. 13.445/17 e art. 210 do RISTF) e, apresentada ou não a defesa no prazo legal, deverá a carta de ordem retornar, com urgência, à Suprema Corte; d) se o extraditando não tiver defensor constituído, deverá ser nomeado defensor público para o interrogatório, cientificando-se o extraditando de que, oportunamente, a Defensoria Pública da União em Brasília será intimada para prosseguir na sua defesa e apresentar defesa escrita. Dê-se ciência à Procuradoria Geral da República. Publique-se. Brasília, 13 de março de 2018. Ministro Dias Toffoli, Relator. Documento assinado digitalmente. (STF – Ext: 1.534 DF – Distrito Federal 0016215-35.2018.1.00.0000, rel. Min. Dias Toffoli, Data de Julgamento: 13-3-2018)".

---

fronteiriço brasileiro por meio da apresentação do documento de viagem válido ou da carteira de identidade expedida por órgão oficial de identificação do país de sua nacionalidade (art. 86). E que, para facilitar a sua livre circulação, a autorização para a realização de atos da vida civil poderá ser concedida ao residente fronteiriço, por meio de requerimento dirigido à Polícia Federal (art. 87), sendo certo que a referida autorização indicará o Município fronteiriço no qual o residente estará autorizado a exercer os direitos a ele atribuídos pela Lei n. 13.445, de 2017 (art. 88).

Sem embargo, a fim de fortalecer a integração regional no âmbito do Mercosul, foram implementados instrumentos jurídicos que facilitam a circulação de pessoas, a saber, o "Acordo sobre Residência para Nacionais dos Estados-partes do Mercado Comum do Sul – Mercosul, Bolívia e Chile", implementado no Brasil pelo Decreto n. 6.975/2009. Para tanto, aos nacionais dos Estados-partes do Acordo que desejem se estabelecer no território de outro país parte do Acordo, é necessário apresentar a solicitação de ingresso ao país e a documentação exigida junto ao Consulado. Os nacionais dos Estados-partes do Acordo que já se encontram no território de outro Estado-Parte devem apresentar a correspondente solicitação e a documentação exigida junto à autoridade migratória do referido Estado. A chamada "residência legal" poderá ser concedida pelo Consulado pelo prazo de dois anos, podendo ser convertida em Residência Permanente se for tramitada no prazo dos 90 dias prévios a seu vencimento junto à autoridade migratória do país de recebimento, apresentando a documentação necessária.

d) Visitante: pessoa nacional de outro país ou apátrida que vem ao Brasil para estadas de curta duração, sem pretensão de se estabelecer temporária ou definitivamente no território nacional

O visitante é um indivíduo nacional de outro país ou apátrida que vem ao Brasil para estadas de curta duração, sem pretensão de se estabelecer temporária ou definitivamente no território nacional. Constituem pessoas que não têm o *animus* de permanência no território nacional, mas estejam em visitas temporárias, como, por exemplo, para a prática de turismo, assim como aqueles que vêm ao Brasil em viagem de negócios, sendo também alcançados pela legislação em comento.

A lei encontra-se em perfeita sintonia com um país que se pretende desenvolver como sistema de economia global ao reduzir os entraves burocráticos para a circulação de visitantes, o que tende a incrementar o comércio e atrair receitas e investimentos para o país, fomentando a economia nacional. Nesta categoria também se enquadram os turistas, que geram enormes ganhos e fomentam a economia local. Além dos turistas, há também os migrantes em viagem de negócios, que representam uma oportunidade do Brasil.

e) Apátrida: pessoa que não seja considerada como nacional por nenhum Estado, segundo a sua legislação, nos termos da Convenção sobre o Estatuto dos Apátridas, de 1954, promulgada pelo Decreto n. 4.246, de 22 de maio de 2002, ou assim reconhecida pelo Estado brasileiro

Conforme explicitado no capítulo precedente, a Declaração Universal dos Direitos Humanos estabelece, em seu art. XV, que "todo homem tem direito a uma nacionalidade" e que "ninguém será arbitrariamente privado de sua nacionalidade, nem de mudar de nacionalidade".

Assim, a situação jurídica do apátrida é considerada uma anormalidade, haja vista a carência de nacionalidade por parte de um indivíduo, como no caso de filho de estrangeiros nascido em um país cuja legislação alberga o *jus sanguinis* enquanto a lei do Estado de seus genitores hospeda o *jus soli*.

Como visto, dentre os casos mais frequentes que caracterizam a ausência de nacionalidade apresenta-se: perda coletiva ou individual de uma nacionalidade, sem que haja a aquisição de outra nacionalidade (desaparecimento do Estado); a perda da nacionalidade sem que tenha havido atribuição de outra nacionalidade ao indivíduo, decorrente de uma pena (como no caso brasileiro expresso no art. 12 da CF); ocorrência de vínculos concomitantes provenientes do *jus soli* e do *jus sanguinis* no momento do nascimento de uma pessoa. Pelo fato de as considerações alusivas ao tema terem sido apresentadas, e feitas as considerações preliminares dos indivíduos que são alcançados pela Lei de Migração brasileira, passa-se aos comentários gerais relativos a ela.

3. A LEI DE MIGRAÇÃO NO BRASIL

O Senado Federal aprovou no dia 18 de abril de 2017[14], por unanimidade, o projeto Substitutivo da Câmara dos Deputados n. 7/2016, que revogou o Estatuto do Estrangeiro, criado durante o governo militar, e instituiu a nova Lei de Migração brasileira (Lei n. 13.345/2017).

Indubitavelmente que a lei coloca o Brasil em posição de vanguarda nesta matéria, posto que defere aos imigrantes uma série de prerrogativas que até então eram conferidas apenas para os seus nacionais. Dentre as principais mudanças introduzidas pela nova Lei de Migração, estão a desburocratização do processo de regularização migratória, a institucionalização da política de vistos humanitários, a não criminalização por razões migratórias, além de conferir uma série de direitos aos migrantes que até então não eram garantidos.

Como mencionado anteriormente, a matéria estava regrada na ordem interna pela Lei n. 6.815, de 19 de agosto de 1980, que tratava da situação jurídica do estrangeiro no Brasil. A referida lei já não atendia aos anseios do grande número de pessoas que se instalaram no Brasil, pelos mais diversos motivos, ao longo dos anos. Apenas para demonstrar a assertiva, já que no ano de 2017 existiam aproximadamente em território brasileiro 1 milhão de não nacionais (anteriormente chamados de estrangeiros)[15], sejam eles permanentes ou transitórios.

---

[14] A nova Lei de Migração foi proposta pelo então ministro das Relações Exteriores, senador Aloysio Nunes, em 2013. Aprovado pelo plenário do Senado em agosto de 2015, o PLS n. 288/2013 seguiu para a Câmara, foi rebatizado de PL 2.516/2015 e tramitou sob relatoria do deputado Orlando Silva (PCdoB-SP), em uma Comissão Especial. Aprovado pelo plenário da Câmara em dezembro de 2016, o projeto voltou para o Senado. O novo relator designado foi o senador Tasso Jereissati (PSDB-CE), que recomendou a aprovação de um texto muito próximo ao que voltara da Câmara. A lei foi aprovada por 43 dos senadores presentes e teve quatro votos contrários e uma abstenção.

[15] Disponível em: <http://www.pf.gov.br/imprensa/estatistica/estrangeiros>. Acesso em: 16 maio 2017.

Não se pode olvidar que, à época em que o estatuto foi concebido, a prioridade consagrada na legislação era a segurança nacional, bem como os interesses socioeconômicos do Brasil e o trabalhador nacional. O termo "estrangeiro" adotado pela norma citada indicava a existência de um indivíduo que "é natural de outro país; que não faz parte de uma família, de um grupo".

No caso da Lei n. 13.445/2017, o legislador preferiu adotar a figura do migrante e do visitante (art. 1º), em conformidade com a política consagrada na atualidade em prol dos direitos humanos. De certo modo, o termo empregado na nova legislação faz com que o indivíduo que não seja nacional do Estado não se sinta estranho e preterido no local em que se encontra, como se um forasteiro fosse. Aliás, o termo "estrangeiro" remete a essa ideia, conforme o entendimento esposado anteriormente.

Diferentemente do Estatuto do Estrangeiro, a nova Lei de Migração trata o imigrante como um sujeito de direitos e garante em todo o território nacional, em condição de igualdade com os nacionais, uma série de direitos que anteriormente não eram concebidos, a saber: a inviolabilidade do direito à vida, à liberdade, à igualdade, à segurança e à propriedade; direitos e liberdades civis, sociais, culturais e econômicos; direito à liberdade de circulação em território nacional; direito à reunião familiar do imigrante com seu cônjuge ou companheiro e seus filhos, familiares e dependentes; medidas de proteção a vítimas e testemunhas de crimes e de violações de direitos; direito de transferir recursos decorrentes de sua renda e economias pessoais a outro país, observada a legislação aplicável; direito de reunião para fins pacíficos; direito de associação, inclusive sindical, para fins lícitos; acesso a serviços públicos de saúde e de assistência social e à previdência social, nos termos da lei, sem discriminação em razão da nacionalidade e da condição migratória; amplo acesso à justiça e à assistência jurídica integral gratuita aos que comprovarem insuficiência de recursos; direito à educação pública, vedada a discriminação em razão da nacionalidade e da condição migratória; garantia de cumprimento de obrigações legais e contratuais trabalhistas e de aplicação das normas de proteção ao trabalhador, sem discriminação em razão da nacionalidade e da condição migratória; isenção das taxas de que trata esta Lei, mediante declaração de hipossuficiência econômica, na forma de regulamento; direito de acesso à informação e garantia de confidencialidade quanto aos dados pessoais do imigrante, nos termos da Lei n. 12.527, de 18 de novembro de 2011; direito à abertura de conta bancária; direito de sair, de permanecer e de reingressar em território nacional, mesmo enquanto pendente pedido de residência, de prorrogação de estada ou de transformação de visto em residência; e direito do imigrante de ser informado sobre as garantias que lhe são asseguradas para fins de regularização migratória.

Ademais, é permitido ao imigrante exercer cargo, emprego e função pública, conforme definido em edital, excetuados aqueles reservados para brasileiro nato, nos termos da Constituição Federal[16], não sendo exigível ao migrante prova documental impossível

---

[16] Art. 12, § 3º São privativos de brasileiro nato os cargos: I – de Presidente e Vice-Presidente da República; II – de

ou descabida que dificulte ou impeça o exercício de seus direitos, inclusive o acesso a cargo, emprego ou função pública.

Essas mudanças[17] propostas pela nova lei têm gerado muitas críticas por parte de determinados setores, considerados mais conservadores, sobre as grandes possibilidades e oportunidades que passarão a ser conferidas aos indivíduos que não possuem a nacionalidade brasileira.

Com efeito, a legislação procura dar concretude ao que estabelece o texto constitucional brasileiro, *in casu* o art. 5º, que consagra o princípio da igualdade entre os brasileiros e os não brasileiros, pugnando de maneira clara o combate à discriminação, à xenofobia e outras práticas que sejam consideradas atentatórias aos direitos humanos. Todavia, o decreto que regulamentou a matéria (Decreto n. 9.199 de 20-12-2018) deixou a desejar em vários aspectos, frustrando expectativas em relação aos efeitos benéficos da Lei n. 13.345/2017. Neste sentido, as pessoas que integraram *a Comissão de Especialistas constituída pelo Ministério da Justiça, cuja finalidade era elaborar uma proposta de Anteprojeto de Lei de Migrações e Promoção dos Direitos dos Migrantes no Brasil (2013-2014), chamaram atenção para alguns aspectos negativos:*

"Antes de mais nada, o emprego do termo vulgar 'clandestino' ao se referir a uma pessoa humana, que figura no art. 172 do Decreto regulamentador, bem revela suas graves limitações técnicas. No mesmo sentido, ignorando o art. 123 da nova lei, em virtude do qual 'Ninguém será privado de sua liberdade por razões migratórias, exceto nos casos previstos nesta Lei', o Decreto abre a possibilidade de prisão do deportando. Destacamos, a seguir, uma das mais importantes inovações trazidas pela Lei de Migração, qual seja, a possibilidade de concessão de um visto temporário para os migrantes que vêm ao Brasil em busca de trabalho (art. 14 e). A entrada regular em território nacional dos principais fluxos migratórios de nosso tempo, vinculados à busca de trabalho e vida digna, traria tripla vantagem ao Estado brasileiro. Primeiro, os migrantes não arriscariam suas vidas e de suas famílias, e não gastariam suas economias em trajetórias perigosas e amiúde degradantes que deságuam em nossas porosas fronteiras, por vezes envolvendo redes criminosas (os chamados 'coiotes' ou 'passadores de pessoas'). Segundo, ao chegar de forma regular e digna no Brasil os migrantes não apenas poderiam dispensar redes de assistência destinadas aos que se encontram em situação de precariedade, como tornar-se-iam menos suscetíveis à ação

---

Presidente da Câmara dos Deputados; III – de Presidente do Senado Federal; IV – de Ministro do Supremo Tribunal Federal; V – da carreira diplomática; VI – de oficial das Forças Armadas; VII – de Ministro de Estado da Defesa.

[17] Diferenças básicas entre a Lei n. 6.815/80 e a Lei n. 13.445/2017: a Lei n. 6.815/80 considera o estrangeiro um tema de segurança nacional; é incompatível com a Constituição Federal e os tratados internacionais de direitos humanos; dá ao Estado a possibilidade de decidir ao seu bel-prazer quem pode entrar e permanecer no Brasil; vincula a regularização migratória ao emprego formal; fragmenta atendimento a migrante em órgãos estatais diversos. A Lei n. 13.445/2017 considera os migrantes um tema de direitos humanos; encoraja a regularização migratória; o migrante regular fica menos vulnerável e tem oportunidade de ser incluído socialmente; possibilita a entrada regular de quem busca um emprego no Brasil; estabelece órgão estatal especializado para atendimento dos migrantes.

de redes criminosas que exploram o trabalho dos migrantes, valendo-se odiosamente para tanto de sua situação irregular. Enfim, a segurança do Brasil seria aumentada graças à possibilidade de controle prévio pelo Estado de quem pretende aqui aportar com o intuito de buscar um emprego, facilitando a elaboração de políticas públicas compatíveis com esta demanda. É preciso reconhecer que o texto final da nova lei promoveu uma mudança negativa na proposta originalmente formulada porque passou a exigir, em virtude do seu art. 14, § 4º, uma 'oferta de trabalho formalizada por pessoa jurídica em atividade no país'. Assim, a lei deixou de proteger um vasto contingente de migrantes, provavelmente os mais vulneráveis, que ainda não possuem oferta de trabalho no Brasil. No entanto, causa espécie que o regulamento agrave sobremaneira o defeito da lei ao afrontar claramente o seu texto, estipulando que 'a oferta de trabalho é caracterizada por meio de contrato individual de trabalho ou de contrato de prestação de serviços' (art. 38, I, da proposta). Ora, um contrato não constitui uma oferta e sim a consumação de uma relação trabalhista ou de prestação de serviços, o que por certo dificultará sobremaneira a obtenção de tal visto pelos migrantes. Ainda mais grave é admitir que os vistos temporários para pesquisa, ensino ou extensão acadêmica; para trabalho; para realização de investimento ou de atividade com relevância econômica, social, científica, tecnológica ou cultural; e para atividades artísticas ou desportivas com contrato por prazo determinado (arts. 34, § 6º; 38, § 9º; 42, § 3º e § 4º; 43, § 3º e § 4º; e 46, § 5º do Decreto em comento) dependam de deferimento, pelo Ministério de Trabalho, de autorização de residência prévia à emissão desses vistos temporários. Ora, a autorização de residência não pode ser condicionante da emissão de visto. Tampouco existe base legal para que o Ministério do Trabalho seja dotado da competência de 'selecionar' migrantes para o ingresso regular no território nacional, o que representaria um retrocesso, não apenas em direção ao regime militar (1964-1985), mas ao próprio Estado Novo. A intenção de erodir direitos que a lei atribuiu ao migrante fica evidenciada em diversos outros dispositivos do Decreto. É o caso do seu art. 45, I, que, ao regulamentar a concessão de visto temporário para fins de reunião familiar de cônjuge ou companheiro prevista pela nova lei, acrescenta indevidamente ao texto a expressão 'nos termos da legislação brasileira' – de todo ausente do respectivo texto da lei de migração. Na verdade, em virtude do art. 37, I, da nova lei, tal concessão deveria ocorrer 'sem discriminação alguma'. Além de pecar por ação, o Decreto em exame peca igualmente por omissão. Um primeiro grave exemplo é a total ausência de menção à Política Nacional sobre Migrações, Refúgio e Apatridia, instituída pelo art. 120 da nova Lei de Migração, em que se inscreve a regra de participação da sociedade civil, bem como de outros atores sociais e governamentais"[18].

---

[18] RAMOS, ANDRÉ et al. Regulamento da nova Lei de Migração é *contra legem* e *praeter legem*. Disponível em: <https://www.conjur.com.br/ 2017-nov-23/opiniao-regulamento-lei-migracao-praetem-legem>. Acesso em: 28 jun. 2018.

Asano e Timo[19] afirmam que vários debates em torno das migrações foram impulsionados no Brasil, principalmente pela chegada de migrantes haitianos, o que evidenciou uma série de questões como: ausência de políticas públicas para o acolhimento, obstáculos burocráticos para se obter documentação, discriminação e dificuldades de integração, que ocasionaram vários eventos e debates públicos que culminaram ao final com a nova Lei de Migração que estivesse em conformidade com a política brasileira em prol dos direitos humanos. E, no contraponto das questões contrárias à nova legislação, as autoras[20] advertem que as medidas restritivas adotadas para o acesso dos migrantes em território nacional não são consideradas adequadas, pois aumentam a insegurança e a adoção de mecanismos criminosos, e, por isso mesmo, a nova legislação migratória precisa observar ao menos cinco propostas: "a) A garantia dos direitos humanos das pessoas migrantes, sem discriminação de nenhum tipo e independente da situação migratória; b) O estabelecimento de procedimentos de regularização migratória rápidos, efetivos e acessíveis como uma obrigação do Estado e um direito do migrante; c) A não criminalização das migrações, incluindo o princípio de não detenção do migrante por razões vinculadas à sua situação migratória; d) O controle judicial e o acesso dos migrantes a recursos efetivos sobre todas as decisões do poder público que possam gerar vulneração de seus direitos; e) A criação de uma instituição nacional autônoma, com um corpo profissional permanente e especializado e mecanismos de supervisão e controle social, responsável pela aplicação da lei".

Quanto aos direitos sociais, tratou da inclusão social, laboral e produtiva do migrante por meio de políticas públicas; acesso igualitário e livre do imigrante a serviços, programas e benefícios sociais, bens públicos, educação, assistência jurídica integral pública, trabalho, moradia, serviço bancário e seguridade social. Neste campo, a nova legislação também adotou entendimento esposado pela Corte Interamericana de Direitos Humanos desde a consulta formulada pelos Estados Unidos Mexicanos[21], em 10 de maio

---

[19] ASANO, Camila Lissa; TIMO, Pétalla Brandão. *A nova lei de migração no Brasil e os direitos humanos*. Disponível em: <https://br.boell.org/pt-br/2017/04/17/nova-lei-de-migracao-no-brasil-e-os-direitos-humanos>.

[20] ASANO, Camila Lissa; TIMO, Pétalla Brandão. *A nova lei de migração no Brasil e os direitos humanos*. Disponível em: <https://br.boell.org/pt-br/2017/04/17/nova-lei-de-migracao-no-brasil-e-os-direitos-humanos>: "Conforme demonstram diversos exemplos ao redor do mundo, são ineficazes todas as tentativas de contenção dos fluxos migratórios pela via repressiva de endurecimento do controle fronteiriço. Apertar o controle serve apenas para incentivar meios alternativos como os coiotes, que aumentam ainda mais os abusos contra os migrantes e instigam insegurança para a população em geral".

[21] "En el marco del principio de igualdad jurídica consagrado en el artículo II de la Declaración Americana, en el artículo 24 de la Convención Americana, en el artículo 7 de la Declaración Universal y en el artículo 26 del Pacto [Internacional de Derechos Civiles y Políticos ...], 1) ¿Puede un Estado americano, en relación con su legislación laboral, establecer un trato perjudicialmente distinto para los trabajadores migratorios indocumentados en cuanto al goce de sus derechos laborales respecto de los residentes legales o los ciudadanos, en el sentido de que dicha condición migratoria de los trabajadores impide per se el goce de tales derechos?
2.1) Los artículos 2, párrafo 1 de la Declaración Universal y II de la Declaración Americana y los artículos 2 y 26 del Pacto [Internacional de Derechos Civiles y Políticos], así como 1 y 24 de la Convención Americana, ¿deben

de 2002, que resultou na Opinião Consultiva n. 18 (OC18-03), de 17 de setembro de 2003, cujos resultados podem ser apresentados de maneira resumida da seguinte forma:

"La Corte establece que el principio de no discriminación se encuentra recogido en diversos instrumentos internacionales y ha sido repetido por diversos órganos internacionales como una piedra angular de la protección de los derechos humanos. Al no poder ser evitado de ninguna manera, se concluye que tiene carácter de *ius cogens*. Dado el carácter de *ius cogens* del principio de no discriminación, ni el estatus de migrante ni tampoco el estatus de migrante indocumentado puede ser justificante para la realización de actos discriminatorios. El Estado tiene el deber de respetar el debido proceso en los procesos penales o administrativos a los que se someta a los migrantes indocumentados y no puede utilizar su estatus para evitar el cumplimiento de este derecho. En las relaciones privadas laborales, el Estado tiene un deber de garantía por el cual debe procurar que, sin importar el estatus migratorio, todo trabajador pueda disfrutar de los derechos laborales que le corresponden. Así, debe evitar que se realicen actos discriminatorios en el contexto de las relaciones laborales."

Além de uma série de direitos e deveres que estão consagrados na Lei n. 13.445/2017 e em seu regulamento (Decreto n. 9.199/2017), consagrou procedimentos que devem ser observados pelo Estado brasileiro quanto à possibilidade de ingresso e retirada no território nacional (tópico a ser apresentado na sequência). Quanto a estas últimas, estão

---

interpretarse en el sentido de que la legal estancia de las personas en el territorio de un Estado americano es condición necesaria para que dicho Estado respete y garantice los derechos y libertades reconocidos en dichas disposiciones a las personas sujetas a su jurisdicción?

2.2) A la luz de las disposiciones citadas en la pregunta anterior[,] ¿puede considerarse que la privación de uno o más derechos laborales, tomando como fundamento de tal privación la condición indocumentada de un trabajador migratorio, es compatible con los deberes de un Estado americano de garantizar la no discriminación y la protección igualitaria y efectiva de la ley que le imponen las disposiciones mencionadas?

3) ¿Cuál sería la validez de la interpretación por parte de un Estado americano en el sentido de subordinar o condicionar de cualquier forma la observancia de los derechos humanos fundamentales, incluyendo el derecho a la igualdad ante la ley y a la igual y efectiva protección de la misma sin discriminación, a la consecución de objetivos de política migratoria contenidos en sus leyes, independientemente de la jerarquía que el derecho interno atribuya a tales leyes, frente a las obligaciones internacionales derivadas del Pacto Internacional de Derechos Civiles y Políticos y de otras obligaciones del derecho internacional de los derechos humanos oponibles *erga omnes*?

Habida cuenta del desarrollo progresivo del derecho internacional de los derechos humanos y su codificación, en especial a través de las disposiciones invocadas de los instrumentos mencionados en la presente solicitud.

4) ¿Qué carácter tienen hoy el principio de no discriminación y el derecho a la protección igualitaria y efectiva de la ley en la jerarquía normativa que establece el derecho internacional general, y en ese contexto, pueden considerarse como la expresión de normas de *ius cogens*? Si la respuesta a esta segunda pregunta resultase afirmativa, ¿qué efectos jurídicos se derivan para los Estados miembros de la OEA, individual y colectivamente, en el marco de la obligación general de respetar y garantizar, conforme al artículo 2 párrafo 1 del Pacto [Internacional de Derechos Civiles y Políticos], el cumplimiento de los derechos humanos a que se refieren el artículo 3, inciso (I) y el artículo 17 de la Carta de la OEA?" Disponível em: <http://www.corteidh.or.cr/cf/Jurisprudencia2/index.cfm?lang=es>. Acesso em: 15 maio 2017.

439

previstas no Capítulo V e XI da Lei e do Decreto, respectivamente (Das medidas de retirada compulsória).

4. A ADMISSÃO E A RETIRADA COMPULSÓRIA DO MIGRANTE

O ato de ingresso e permanência do estrangeiro em território nacional relaciona-se à discricionariedade do Estado[22], podendo este aceitar ou não que uma determinada pessoa permaneça em seu território, como por exemplo, no caso em que um indivíduo tenha atentado contra a segurança do Estado (como na prática de atos terroristas). Há de ressaltar que o Estado não pode se prender a questões relativas à raça, sexo, idioma ou religião; todavia, é de competência de cada Estado legislar sobre a admissão e expulsão de estrangeiros em sua base física, sendo certo que no Brasil, pelas razões já apresentadas, passou-se a contemplar a figura do migrante.

Com efeito, várias são as restrições que os Estados adotam no tocante à admissão de não nacionais (estrangeiros) em seus territórios. Uns cobram taxas de admissão, outros fixam quota de imigração e quase todos exigem a apresentação de passaportes. A Lei n. 13.445/2017 também dispôs sobre essa matéria. Entretanto, diferentemente da Lei do Estrangeiro, procura apresentar critérios objetivos que garantem, de forma mais satisfatória, proteção jurídica ao não nacional. Assim, no Brasil, para ser admitido, o migrante[23] deverá ter em sua posse um documento que o identifique, sendo que a nova legislação admite como documentos de viagem o passaporte[24]; o *laissez-passer*; a autorização de retorno; o salvo-conduto; a carteira de identidade de marítimo; a carteira de matrícula consular; o documento de identidade civil ou documento estrangeiro equivalente, quando admitidos em convenção ou tratado internacional; o certificado de membro de

---

[22] SILVA, G. E. do Nascimento; ACCIOLY, Hildebrando. *Manual de direito internacional*. 13. ed. São Paulo: Saraiva, 1998, p. 341: "Aos indivíduos que um Estado não deseja receber foi dado o qualificativo de indesejáveis, denominação hoje muito generalizada. Entre os indesejáveis, o Estado, muita vez, é levado a incluir uma raça determinada, por apresentar diferenças fundamentais da raça do país ou ser constituída de elementos inassimiláveis pela população do país".

[23] Os arts. 10 e 11 versam sobre a não concessão do visto: "Art. 10. Não se concederá visto: I – a quem não preencher os requisitos para o tipo de visto pleiteado; II – a quem comprovadamente ocultar condição impeditiva de concessão de visto ou de ingresso no País; ou III – a menor de 18 (dezoito) anos desacompanhado ou sem autorização de viagem por escrito dos responsáveis legais ou de autoridade competente. Art. 11. Poderá ser denegado visto a quem se enquadrar em pelo menos um dos casos de impedimento definidos nos incisos I, II, III, IV e IX do art. 45. Parágrafo único. A pessoa que tiver visto brasileiro denegado será impedida de ingressar no País enquanto permanecerem as condições que ensejaram a denegação".

[24] Sobre o passaporte, BARBOZA, Julio. *Derecho internacional público*. 2. ed. Buenos Aires: Zavalia, 2008, p. 719: "El pasaporte es, básicamente, un documento de identidad internacional, esto es, un instrumento que prueba ante otros Estados, con la fe que merece el Estado que lo emite, ciertos datos referentes a su portador, como su identidad, su nacionalidad, edad, estado civil etc. Normalmente es otorgado por un Estado a sus nacionales para habilitarlos a salir del país y eventualmente regresar, al tiempo que lo capacita, previa visación por el cónsul respectivo en muchos casos, para entrar en territorio extranjero. Según convenios internacionales, suelen algunos Estados prescindir, con reciprocidad, del requisito de la visa".

tripulação de transporte aéreo; e outros que vierem a ser reconhecidos pelo Estado brasileiro em regulamento[25].

A nova lei apresenta o visto como o documento que dá a seu portador expectativa de ingresso em território nacional (art. 6º), podendo ser expedido por embaixadas, consulados-gerais, consulados, vice-consulados e, quando habilitado pelo órgão competente do Poder Executivo, por escritórios comerciais e de representação do Brasil no exterior (art. 7º). Assim, serão concedidos pelo Estado brasileiro ao solicitante que pretenda ingressar ou permanecer no território nacional os seguintes tipos de vistos: visita; temporário; diplomático; oficial; e de cortesia (art. 12), sendo que poderão ser cobrados taxas e emolumentos[26] consulares pelo processamento do visto.

No caso do apátrida, tema que tem sido objeto de reflexões no âmbito do direito internacional[27], a seção II da Lei n. 13.445/2017 conferiu proteção para o apátrida, sendo a matéria regulamentada e disposta no capítulo V do Decreto n. 9.199/2017, que trata "Da proteção do apátrida e da redução da apatridia". Assim, sendo reconhecida a condição de apátrida, poderá o interessado requerer e iniciar o pedido de naturalização. Nesse caso, o processo será iniciado tão logo seja reconhecida a situação de apatridia, sendo certo que, durante a tramitação do processo de reconhecimento da condição de apátrida, incidem todas as garantias e mecanismos protetivos e de facilitação da inclusão social relativos à Convenção sobre o Estatuto dos Apátridas de 1954, promulgada pelo Decreto n. 4.246, de 22 de maio de 2002, à Convenção relativa ao Estatuto dos Refugiados, promulgada pelo Decreto n. 50.215, de 28 de janeiro de 1961, e à Lei n. 9.474, de 22 de julho de 1997.

Impende assinalar que são aplicados ao apátrida residente todos os direitos atribuídos ao migrante relacionado no art. 4º da Lei n. 13.445/2017, sendo assegurados os

---

[25] O Decreto n. 9.199/2017 estabelece em seu art. 164: "A entrada no País poderá ser permitida ao imigrante identificado por documento de viagem válido que não se enquadre em nenhuma das hipóteses de impedimento de ingresso previstas neste Decreto e que seja: titular de visto válido; titular de autorização de residência; ou de nacionalidade beneficiária de tratado ou comunicação diplomática que enseje a dispensa de visto".

[26] Decreto n. 9.199/2017: "Art. 13. Taxas e emolumentos consulares serão cobrados pelo processamento do visto, em conformidade com o disposto no Anexo à Lei n. 13.445, de 2017, respeitadas as hipóteses de isenção. § 1º Os valores das taxas e dos emolumentos consulares poderão ser ajustados pelo Ministério das Relações Exteriores, de forma a preservar o interesse nacional ou a assegurar a reciprocidade de tratamento. § 2º Emolumentos consulares não serão cobrados pela concessão de: I – vistos diplomáticos, oficiais e de cortesia; e II – vistos em passaportes diplomáticos, oficiais ou de serviço, ou documentos equivalentes, observada a reciprocidade de tratamento a titulares de documento de viagem similar ao brasileiro. § 3º A isenção da cobrança de taxas a que se refere o § 2º será implementada pelo Ministério das Relações Exteriores, por meio de comunicação diplomática".

[27] Embora o tema dos refugiados e apátridas, em algumas circunstâncias, sejam tratados em conjunto, as situações que versam sobre esses indivíduos são diferenciadas. A propósito, esclarecedor o magistério de DAILLIER, Patrick; PELLET, Alain. *Droit international public*. 7. ed. Paris: LGDJ, 2002, p. 677: "Bien que leur étude soit en general effectuée simultanément, la situation des réfugiés et celle des apatrides sont clairement distinctes au point de vue juridique. Les premiers sont des étrangers placés dans une situation spéciale vis a vis de l'Etat d'accueil qui leur accorde sa protection du fait des persécutions dont ils sont victimes dans leur propre pays; les seconds sont des personnes qu'aucun État ne considere comme par aplication de la législation".

direitos e garantias previstos na Convenção sobre o Estatuto dos Apátridas, de 1954, promulgada pelo Decreto n. 4.246, de 22 de maio de 2002, bem como outros direitos e garantias reconhecidos pelo Brasil.

Com efeito, o processo de reconhecimento da condição de apátrida tem como objetivo verificar se o solicitante é considerado nacional pela legislação de algum Estado e poderá considerar informações, documentos e declarações prestadas pelo próprio solicitante e por órgãos e organismos nacionais e internacionais. Sendo reconhecida a condição de apátrida, nos termos do inciso VI do § 1º do art. 1º, o solicitante será consultado sobre o desejo de adquirir a nacionalidade brasileira, e, caso o apátrida opte pela naturalização, a decisão sobre o reconhecimento será encaminhada ao órgão competente do Poder Executivo para publicação dos atos necessários à efetivação da naturalização no prazo de 30 (trinta) dias. Por fim, vale destacar que o apátrida reconhecido que não opte pela naturalização imediata terá a autorização de residência outorgada em caráter definitivo e apenas deixará de ter a proteção do Estado brasileiro, conferida pela Lei n. 13.445/2017, nos casos de renúncia; prova da falsidade dos fundamentos invocados para o reconhecimento da condição de apátrida; ou a existência de fatos que, se fossem conhecidos por ocasião do reconhecimento, teriam ensejado decisão negativa. Quanto ao asilo, que pode ser territorial ou diplomático, a lei também dispôs sobre a matéria como um instrumento protetivo à pessoa humana, não sendo concedido para quem tenha cometido crime de genocídio, crime contra a humanidade, crime de guerra ou crime de agressão, nos termos do Estatuto de Roma do Tribunal Penal Internacional, de 1998.

Uma vez admitido em território nacional, o indivíduo[28] estará sujeito às leis locais, observando-se situações excepcionais correspondentes às imunidades concebidas nos documentos internacionais. A lei também estabeleceu em que circunstâncias o indivíduo não será aceito no território nacional, conforme preceitua o art. 45: "Poderá ser impedida de ingressar no País, após entrevista individual e mediante ato fundamentado, a pessoa: I – anteriormente expulsa do País, enquanto os efeitos da expulsão vigorarem; II – condenada ou respondendo a processo por ato de terrorismo ou por crime de genocídio, crime contra a humanidade, crime de guerra ou crime de agressão, nos termos definidos pelo Estatuto de Roma do Tribunal Penal Internacional, de 1998, promulgado

---

[28] O art. 30, I e II, apresenta os casos que podem ser autorizados ao imigrante, residente fronteiriço ou visitante: "Art. 30. A residência poderá ser autorizada, mediante registro, ao imigrante, ao residente fronteiriço ou ao visitante que se enquadre em uma das seguintes hipóteses: I – a residência tenha como finalidade: a) pesquisa, ensino ou extensão acadêmica; b) tratamento de saúde; c) acolhida humanitária; d) estudo; e) trabalho; f) férias-trabalho; g) prática de atividade religiosa ou serviço voluntário; h) realização de investimento ou de atividade com relevância econômica, social, científica, tecnológica ou cultural; i) reunião familiar; II – a pessoa: a) seja beneficiária de tratado em matéria de residência e livre circulação; b) seja detentora de oferta de trabalho; c) já tenha possuído a nacionalidade brasileira e não deseje ou não reúna os requisitos para readquiri-la; d) (vetado); e) seja beneficiária de refúgio, de asilo ou de proteção ao apátrida; f) seja menor nacional de outro país ou apátrida, desacompanhado ou abandonado, que se encontre nas fronteiras brasileiras ou em território nacional; g) tenha sido vítima de tráfico de pessoas, de trabalho escravo ou de violação de direito agravada por sua condição migratória; h) esteja em liberdade provisória ou em cumprimento de pena no Brasil.

pelo Decreto n. 4.388, de 25 de setembro de 2002; III – condenada ou respondendo a processo em outro país por crime doloso passível de extradição segundo a lei brasileira; IV – que tenha o nome incluído em lista de restrições por ordem judicial ou por compromisso assumido pelo Brasil perante organismo internacional; V – que apresente documento de viagem que: a) não seja válido para o Brasil; b) esteja com o prazo de validade vencido; ou c) esteja com rasura ou indício de falsificação; VI – que não apresente documento de viagem ou documento de identidade, quando admitido; VII – cuja razão da viagem não seja condizente com o visto ou com o motivo alegado para a isenção de visto; VIII – que tenha, comprovadamente, fraudado documentação ou prestado informação falsa por ocasião da solicitação de visto; ou IX – que tenha praticado ato contrário aos princípios e objetivos dispostos na Constituição Federal".

Com efeito, da mesma forma que o Estado pode acolher um indivíduo de nacionalidade distinta dos seus, também poderá retirá-lo. A matéria, na nova legislação, vem expressa no capítulo VI, que versa sobre as medidas de retirada compulsória.

Evidencia-se que a primeira medida que poderá ser adotada pelo Estado é a repatriação, que consiste na devolução de pessoa em situação de impedimento ao país de procedência ou de nacionalidade, sendo certo que tal medida não será aplicada para pessoa em situação de refúgio ou de apatridia, de fato ou de direito; aos menores de dezoito anos desacompanhados ou separados de suas famílias, exceto nos casos em que se demonstrar favorável; para a garantia de seus direitos ou para a reintegração a sua família de origem, ou a quem necessite de acolhimento humanitário; nem, em qualquer caso, de devolução para país ou região que possa apresentar risco à sua vida, integridade pessoal ou liberdade.

Ainda no capítulo VI, nas seções de número III e IV, a legislação contemplou aspectos relativos à deportação e expulsão, respectivamente. Antes, porém, de apresentá-los, importante frisar que a nova lei, ao consagrar princípios e diretrizes que devem pautar o desenvolvimento da matéria no Brasil, garantiu a não criminalização por razões migratórias, isto é, independentemente do motivo que ela se deu, o indivíduo não estará sujeito à deportação, bem como não poderá ter a sua liberdade cerceada por não estar de posse de sua documentação, diferentemente do que acontecia sob a égide da lei do estrangeiro. Sobre esse ponto, há estudos que indicam que a implementação dessa matéria será um grande desafio, principalmente nos controles realizados em zonas de fronteira e na incidência de deportações arbitrárias, como se vê:

"Para ilustrar, podemos citar casos recentes ocorridos no Estado de Roraima – localizado na fronteira do Brasil com Venezuela e Guiana –, onde venezuelanos foram deportados pela polícia ao longo do ano de 2016, mesmo aqueles que solicitaram o refúgio. Uma ação judicial impediu que 450 venezuelanos fossem coletivamente deportados no mês de dezembro de 2016. Há, ademais, casos de repatriação em que migrantes são colocados em um limbo jurídico e mantidos em áreas de fiscalização, a exemplo do chamado 'espaço Conector' do Aeroporto Internacional de Guarulhos, São Paulo, arbitrariamente e por tempo indeterminado, sem a assistência necessária e a garantia do devido processo legal, até conseguirem verbalizar um pedido de refúgio ou serem devolvidos para o país de origem. De janeiro de 2015 até abril de 2016, 1.814 migrantes foram mantidos no espaço Conector, dos quais 494 eram solicitantes de refúgio que procuravam proteção no país e foram impedidos de ingressar diretamente em solo brasileiro. Importante que, neste ponto, pessoas em situação de refúgio não podem ser devolvidas para o país de origem por conta da sua vida estar em risco, de acordo com o princípio fundamental de *non-refoulement* (não devolução) do Direito Internacional Público e conforme consta na legislação brasileira que trata do refúgio (Lei n. 9.474/97)"[29].

A propósito, quanto ao residente fronteiriço, conforme apresentado nesta obra, para facilitar sua livre circulação, o Estado poderá conceder autorização para a realização de atos da vida civil, mediante requerimento do interessado. Esta medida foi bastante adequada, principalmente se forem levadas em conta as longas fronteiras do Estado brasileiro com os países da América do Sul (exceção do Equador e Chile apenas). Assim, o residente fronteiriço detentor da autorização gozará das garantias e dos direitos assegurados pelo regime geral de migração da nova lei, podendo ser cancelado, a qualquer tempo, se o titular tiver fraudado documento ou utilizado documento falso para obtê-lo; obtiver outra condição migratória; sofrer condenação penal; ou exercer direito fora dos limites previstos na autorização.

No caso da deportação, esta ocorre quando se promove a retirada do imigrante que, ingressando no país ou neste se encontrando irregularmente, não se retirar voluntariamente no prazo que lhe for determinado. Trata-se, portanto, de medida decorrente de procedimento administrativo que consiste na retirada compulsória de indivíduo que se encontre em situação migratória irregular em território nacional. Para tanto, a deportação será precedida de notificação pessoal ao imigrante, da qual constem, expressamente, as irregularidades verificadas e prazo para a regularização não inferior a sessenta dias, podendo ser prorrogado, por igual período, por despacho fundamentado e mediante compromisso de o imigrante manter atualizadas suas informações domiciliares.

Impende assinalar que no caso de incidência da deportação não haverá por parte do indivíduo o cometimento de crime, e sim a não observância de determinados requisitos legais para sua permanência no Estado. A nova lei inovou ao dispor que, mesmo sendo notificado o indivíduo, não ficará impedido de circular livremente no território nacional, devendo, todavia, o imigrante informar seu domicílio e suas atividades. Apenas com o vencimento do prazo para que o mesmo regularize sua situação com o Estado brasileiro, observando-se o princípio constitucional do contraditório e a ampla defesa, é que a deportação poderá ser executada, não excluindo eventuais direitos adquiridos ao deportado, em relações contratuais ou decorrentes da lei brasileira[30].

---

[29] ASANO, Camila Lissa; TIMO, Pétalla Brandão. *A nova lei de migração no Brasil e os direitos humanos.* Disponível em: <https://br.boell.org/pt-br/2017/04/17/nova-lei-de-migracao-no-brasil-e-os-direitos-humanos>.

[30] Importante destacar o papel da Defensoria Pública da União em situações que versem a deportação: "Art. 51. Os procedimentos conducentes à deportação devem respeitar o contraditório e a ampla defesa e a garantia de recurso

Pode-se afirmar, portanto, que a deportação consiste em medida decorrente de procedimento administrativo da qual resulta a retirada compulsória da pessoa que se encontre em situação migratória irregular no território nacional, observando-se os princípios constitucionais do contraditório, da ampla defesa e da garantia de recurso com efeito suspensivo. O procedimento que poderá levar à deportação será instaurado pela Polícia Federal, devendo o ato conter relato do fato motivador da medida e a sua fundamentação legal, e determinará: a juntada do comprovante da notificação pessoal do deportando; notificação, preferencialmente por meio eletrônico, da repartição consular do país de origem do imigrante; do defensor constituído do deportando, quando houver, para apresentação de defesa técnica no prazo de dez dias; e da Defensoria Pública da União, na ausência de defensor constituído, para apresentação de defesa técnica no prazo de vinte dias.

A assistência jurídica deverá providenciar defesa técnica e, se entender necessário, tradutor ou intérprete e exames ou estudos, sendo que a ausência de manifestação da Defensoria Pública da União, desde que prévia e devidamente notificada, não impedirá a efetivação da medida de deportação. Por fim, registra-se que a deportação não é cabível quando a medida configurar extradição não admitida pela legislação brasileira.

O instituto da deportação, por muitas vezes, acaba por gerar algumas confusões com o da expulsão, que no caso da legislação brasileira estão dispostos no mesmo plano, todavia são bastante diferentes.

Nas edições anteriores deste *Curso de direito internacional público* havia um capítulo que tratava especificamente sobre o tema e, na oportunidade, salientava que "da mesma forma que o Estado pode aceitar um estrangeiro em seu território, também poderá retirá-lo em situações distintas. Existem três institutos que carecem de explicação por envolverem a retirada de um estrangeiro de sua base física: expulsão, deportação e extradição".

A Convenção Interamericana de Direitos Humanos, em seu art. 22, § 6º, estabelece que o estrangeiro que se ache legalmente no território de um Estado-Parte da Convenção só poderá dele ser expulso em cumprimento de decisão, adotada de acordo com a lei. Os §§ 8º e 9º do mesmo artigo consagram que em nenhum caso o estrangeiro pode ser expulso ou entregue a outro país, seja ou não de origem, onde seu direito à vida ou à liberdade pessoal esteja em risco de violação, por causa da sua raça, nacionalidade, religião, condição social ou de suas opiniões políticas, bem como que é proibida a expulsão coletiva de estrangeiros.

Isso porque, no passado, havia o entendimento de que não era lícito ao Estado expulsar o estrangeiro, em razão da liberdade absoluta da pessoa humana; entretanto, essa ideia foi superada e há casos em que o Estado pode expulsar os estrangeiros que atentem contra a segurança nacional ou contra a tranquilidade pública, por exemplo.

---

com efeito suspensivo. § 1º A Defensoria Pública da União deverá ser notificada, preferencialmente por meio eletrônico, para prestação de assistência ao deportando em todos os procedimentos administrativos de deportação. § 2º A ausência de manifestação da Defensoria Pública da União, desde que prévia e devidamente notificada, não impedirá a efetivação da medida de deportação".

Estas circunstâncias ocorrem, em razão da soberania, de expulsar de seu solo aqueles que depois de se fixar em seu novo domicílio pratiquem atos prejudiciais à sua segurança e à sua tranquilidade, observando-se o que dispõe a lei interna de cada Estado[31]. Assim, desde que infrinjam as leis locais, sendo nocivos à ordem pública ou social do Estado que os admitiu, não podem os estrangeiros deixar de ser expulsos da coletividade que lhes abriu as portas. A expulsão é, pois, um direito que assiste a todo Estado, mas esse direito não é absoluto, só se justificando em circunstâncias excepcionais, isto é, quando o estrangeiro seja, realmente, nocivo ao Estado que o acolheu[32].

No Brasil, de acordo com a Lei n. 13.445/2017, a expulsão é tratada como medida administrativa de retirada compulsória do migrante do território nacional, conjugada com o impedimento de reingresso por prazo determinado, sendo certo que a condenação com sentença transitada em julgado poderá ensejar a expulsão nos seguintes casos: crime de genocídio, crime contra a humanidade, crime de guerra ou crime de agressão, nos termos definidos pelo Estatuto de Roma do Tribunal Penal Internacional, de 1998; crime comum doloso passível de pena privativa de liberdade, consideradas a gravidade e as possibilidades de ressocialização em território nacional.

Por outro lado, são apresentados os casos que não são passíveis de expulsão, a saber: se implicar extradição inadmitida pela lei brasileira; e quando o expulsando tiver filho brasileiro que esteja sob sua guarda ou dependência econômica ou socioafetiva ou tiver pessoa brasileira sob sua tutela; tiver cônjuge ou companheiro residente no Brasil, sem qualquer discriminação, reconhecido judicial ou legalmente; tiver ingressado no Brasil até os doze anos de idade, residindo desde então no País; for pessoa com mais de setenta anos que resida no País há mais de dez anos, considerados a gravidade e o fundamento da expulsão; ou estiver vivendo no Brasil há mais de quatro anos anteriores ao cometimento do crime[33]. Ainda sob a égide da velha lei (n. 6.815/80), o Supremo Tribunal Federal teve a oportunidade de se manifestar por diversas vezes e também já sob a égide da Lei n. 13.445/2017[34].

---

[31] Vale a propósito destacar o magistério de ACCIOLY, Hildebrando; SILVA, Nascimento. *Manual de direito internacional público*. 13. ed. São Paulo: Saraiva, 1998, p. 503: "O direito de expulsão não pode ser exercido arbitrariamente, isto é, deve restringir-se às estritas necessidades da defesa e conservação do Estado. É por isto que, segundo a opinião corrente, ele só deve ser aplicado aos estrangeiros que perturbem efetivamente a tranquilidade ou a ordem pública e constituam um perigo ou ameaça para esta, ou se tornem seriamente inconvenientes aos altos interesses dos Estados".

[32] ARAÚJO, Luís Ivani Amorim. *Curso de direito internacional público*. 9. ed. Rio de Janeiro: Forense, 1997, p. 85.

[33] Os arts. 58, 59 e 60 também apresentam aspectos importantes sobre a expulsão: "Art. 58. No processo de expulsão serão garantidos o contraditório e a ampla defesa. § 1º A Defensoria Pública da União será notificada da instauração de processo de expulsão, se não houver defensor constituído. § 2º Caberá pedido de reconsideração da decisão sobre a expulsão no prazo de 10 (dez) dias, a contar da notificação pessoal do expulsando. Art. 59. Será considerada regular a situação migratória do expulsando cujo processo esteja pendente de decisão, nas condições previstas no art. 55. Art. 60. A existência de processo de expulsão não impede a saída voluntária do expulsando do País".

[34] HC 150.343 / DF. *Habeas corpus*, rel. Min. Marco Aurélio, rel. p/ Acórdão: Min. Roberto Barroso. Julgamento:

Com efeito, existem alguns fundamentos que justificam a expulsão de um indivíduo não pertencente ao Estado nacional, estando eles ancorados em algumas teorias: a) Soberania Nacional, pois trata-se de medida acauteladora dos interesses sociais e como ato de policiamento inerente à soberania de cada Estado e, portanto, o Estado deve velar pela segurança de seus cidadãos, bem como de seu território; b) Hospitalidade, haja vista que o não nacional (estrangeiro) deve observar as regras vigentes no país que o abriga; c) Direito de conservação que fundamenta o direito de existência do Estado, bem como de proteger ou conservar a sua existência contra todos os que atentarem contra ela, que se encontra o fundamento jurídico da expulsão do estrangeiro.

De fato, o Estado pode expulsar o estrangeiro, todavia não o deve fazer de maneira arbitrária e injusta, como acentua Jiménez Aréchaga:

"De la jurisprudencia internacional se desprende que s,i bien los Estados tienen, en principio, el derecho de expulsar a los extranjeros residentes en su territorio, ese derecho puede ser ejercido en forma abusiva, incurriéndose en tal caso en una violación del Derecho Internacional. Un ejercicio abusivo del derecho de expulsión, sería expulsar a un extranjero que se ha radicado en un territorio, que ha desarrollado una actividad comercial o industrial en él durante mucho tiempo, cuando esa expulsión carece de toda justificación razonable"[35].

No Brasil, em razão da mudança da legislação que versa sobre a matéria, evidencia-se que, enquanto o procedimento[36] de expulsão[37] estiver pendente, o expulsando

---

26-11-2019. Órgão Julgador: Primeira Turma. Ementa: Penal. *Habeas corpus*. Decreto de Expulsão. Requisitos. Inadequação da via eleita. Concessão da ordem de ofício. 1. A falta de comprovação da existência de apoio financeiro ou vínculo afetivo com prole brasileira autoriza a expulsão de estrangeiro definitivamente condenado por tráfico de drogas. 2. Em *habeas corpus*, não cabe ao Supremo Tribunal Federal rever fatos e provas para concluir pela existência de causa impeditiva para o ato expulsório. 3. A superveniência de causa potencialmente excludente de expulsabilidade impõe o reexame do ato administrativo pela autoridade competente (Ministro da Justiça). 4. *Habeas corpus* não conhecido. Ordem concedida de ofício para determinar que o Ministro da Justiça proceda à revisão da Portaria n. 160/2010, tendo em conta as novas provas apresentadas pela defesa e os termos da Lei n. 13.445/2017, ficando suspensos os efeitos do ato expulsório até ulterior deliberação do referido órgão do Poder Executivo.

[35] ARÉCHAGA, Eduardo Jiménez. *Derecho internacional público*. Montevideo: Fundación de Cultura Universitaria, 1997, t. IV, p. 24.

[36] "Art. 195. O procedimento de expulsão será iniciado por meio de Inquérito Policial de Expulsão. § 1º O Inquérito Policial de Expulsão será instaurado pela Polícia Federal, de ofício ou por determinação do Ministro de Estado da Justiça e Segurança Pública, de requisição ou de requerimento fundamentado em sentença, e terá como objetivo produzir relatório final sobre a pertinência ou não da medida de expulsão, com o levantamento de subsídios para a decisão, realizada pelo Ministro de Estado da Justiça e Segurança Pública, acerca: I – da existência de condição de inexpulsabilidade; II – da existência de medidas de ressocialização, se houver execução de pena; e III – da gravidade do ilícito penal cometido. § 2º A instauração do Inquérito Policial de Expulsão será motivada: I – na hipótese prevista no inciso I do *caput* do art. 192, pelo recebimento, a qualquer tempo, por via diplomática, de sentença definitiva expedida pelo Tribunal Penal Internacional; ou II – na hipótese prevista no inciso II do *caput* do art. 192, pela existência de sentença. § 3º Os procedimentos concernentes à expulsão observarão os princípios do contraditório e da ampla defesa. § 4º O ato de que trata o *caput* conterá relato do fato motivador da expulsão e a sua fundamentação legal, e determinará que seja realizada, de imediato, a notificação, preferencialmente por meio eletrônico: I – do expulsando; II – da repartição consular do país

permanecerá aguardando a sua decisão[38], sem alteração de sua condição migratória. A expulsão é um ato político, jurídico e discricionário que se processa por iniciativa do Estado, ou seja, inexiste solicitação de qualquer outro Estado. No Brasil, a competência no âmbito do Poder Executivo, por força do Decreto n. 9.199/2017, foi atribuída ao Ministério da Justiça e Segurança Pública (art. 193)[39].

De toda sorte, em ocorrendo a expulsão, o indivíduo expulso é livre para se dirigir a qualquer Estado que esteja disposto a recebê-lo, mas, se nenhum Estado quiser aceitá-lo, o seu Estado de origem é obrigado a recebê-lo de volta. A expulsão não é uma pena imposta e sim medida preventiva de polícia. Poderá, ainda, o indivíduo expulso

---

de origem do imigrante; III – do defensor constituído do expulsando, quando houver; e IV – da Defensoria Pública da União. § 5º A assistência jurídica providenciará defesa técnica no prazo a que se refere o art. 196, e, se entender necessário, tradutor ou intérprete. § 6º A expulsão somente ocorrerá após o trânsito em julgado da ação que julgar o processo de expulsão."

[37] "Art. 200. O Inquérito Policial de Expulsão será instruído com os seguintes documentos: I – o ato a que se refere o art. 195, § 1º, e a documentação que fundamentou a sua edição; II – a cópia da sentença penal condenatória e a certidão de trânsito em julgado, se disponíveis; III – o documento do juízo de execução penal que ateste se o expulsando é beneficiário de medidas de ressocialização em cumprimento de penas cominadas ou executadas no território nacional, se já houver execução; IV – o termo de notificação pessoal do expulsando ou a cópia da notificação publicada no sítio eletrônico da Polícia Federal; V – os termos de notificação: do representante consular do país de nacionalidade do expulsando; e do defensor constituído do expulsando ou, em sua ausência, da Defensoria Pública da União ou de defensor dativo; VI – o auto de qualificação e interrogatório; VII – a defesa técnica apresentada: pelo defensor constituído do expulsando, quando houver; ou pela Defensoria Pública da União ou por defensor dativo; VIII – o termo das diligências realizadas; e IX – relatório final."

[38] O Ministro Marco Aurélio, do Supremo Tribunal Federal (STF), suspendeu os efeitos do ato do Ministério da Justiça que determinou a expulsão do território nacional do cidadão colombiano Diego Hernan Rosario Lopez após o cumprimento de pena por tráfico internacional de drogas. O estrangeiro tem um filho de sete anos, nascido em São Paulo (SP) após a edição da portaria que determinou sua expulsão, fruto de relacionamento estável com uma cidadã brasileira, havendo dependência econômica e vínculo afetivo. Em liminar concedida no Habeas Corpus (HC) 150.343, impetrado pela defesa do estrangeiro, o ministro aplicou ao caso o disposto na nova Lei de Migração (Lei n. 13.445/2017) que, ao revogar o Estatuto do Estrangeiro (Lei n. 6.815/1980), afastou qualquer condicionante cronológica quanto ao nascimento de filhos no país, bastando a existência de descendente brasileiro que esteja sob a guarda ou dependência econômica ou socioafetiva do estrangeiro para impedir a expulsão. No HC ao Supremo, a defesa do colombiano informou que, após o cumprimento da pena de 3 anos, 10 meses e 20 dias de reclusão decorrente da condenação por tráfico (art. 12, *caput*, combinado com art. 18, I, da Lei n. 6.368/76), o Ministério da Justiça determinou a expulsão de Rosario Lopez, por meio de portaria publicada no *Diário Oficial da União* de 4 de fevereiro de 2010. Em 21 de novembro de 2017, a medida foi efetivada. A liminar suspende o ato de expulsão até o julgamento do HC pela Primeira Turma do STF e não prejudica o trâmite do *habeas corpus* impetrado no Superior Tribunal de Justiça (STJ), que teve a liminar negada.

[39] A título exemplificativo da aplicação da medida em consonância com a nova legislação, evidencia-se que o Ministro de Estado da Justiça, conforme estabeleceu a portaria n. 877, de 14 de junho de 2018, no uso da atribuição que lhe confere o art. 202 do Decreto n. 9.199, de 20 de novembro de 2017, e tendo em vista o que consta do Processo n. 08505.017086/2017-97, do Ministério da Justiça, resolve: EXPULSAR do território nacional, em conformidade com o art. 54, § 1º, II, e § 2º, da Lei n. 13.445, de 24 de maio de 2017, RICARDO FILIPE CARRIÇO VENÂNCIO, de nacionalidade portuguesa, filho de José Jorge Ferreira Venâncio e de Rosita Maria de Matos Costa Carriço, nascido em Albufeira, região do Algarve, Portugal, em 17 de setembro de 1976, ficando a efetivação da medida condicionada ao cumprimento da pena a que estiver sujeito no País ou à liberação pelo Poder Judiciário, com o impedimento de reingresso no Brasil pelo período de 8 (oito) anos e 4 (quatro) meses, a partir de sua saída.

do território brasileiro apresentar requerimento de suspensão dos efeitos e de revogação da medida de expulsão e de impedimento de ingresso e permanência no território nacional, cujo fundamento deverá estar alicerçado na "causa de inexpulsabilidade", prevista no art. 193, *caput*, II, alíneas *a* a *d*, do Decreto n. 9.199/2017, quando não observada ou não existente no decorrer do processo administrativo, cabendo ao Ministro de Estado da Justiça e Segurança Pública decidir sobre a revogação da medida de expulsão.

Ao que parece, a nova lei brasileira, inspirada em princípios como o da não indiferença[40], começa a atribuir o valor e a importância para aqueles que, por motivos diversos, acabaram por deixar os seus países de origem. Na sequência, embora o instituto esteja consagrado em capítulo diverso da Lei n. 13.445/2017 (capítulo VIII – Das Medidas de Cooperação), envolve também a possibilidade de retirada do território nacional, mas por motivos diversos, conforme será apresentado.

5. A EXTRADIÇÃO

A extradição é o ato pelo qual um Estado entrega uma pessoa acusada de ter cometido um crime ou em virtude deste já condenado ao Estado que é competente para julgá-lo ou puni-lo. Rezek[41] acentua que extradição é a entrega por um Estado a outro, e a pedido deste, de indivíduo que em seu território deva responder a processo penal ou cumprir pena.

Cuida-se de uma relação executiva, com envolvimento judiciário de ambos os lados: o governo requerente da extradição só toma essa iniciativa em razão da existência do processo penal – findo ou em curso – ante sua justiça; e o governo do Estado requerido não goza, em geral, de uma prerrogativa de decidir sobre o atendimento do pedido senão depois de um pronunciamento da justiça local.

Muito embora não haja obrigatoriedade na extradição, deve-se levar em conta o dever. Justifica-se, pois, a concessão da extradição em decorrência da observância do interesse da justiça natural, onde uma pessoa não pode subtrair-se das consequências de um delito praticado; o dever de solidariedade dos Estados contra a prática de crimes e o interesse pela manutenção da ordem social, das leis e da justiça internacional.

Dessa leitura, podem-se retirar alguns fundamentos que igualmente justificam a extradição: a) dever moral – onde o Estado não deve recusar imediatamente um pedido de extradição, embora tenha o direito de examiná-lo, negando se o considerar injusto ou irregular; b) dever jurídico – quando os Estados mantêm um tratado onde ficam estabelecidas as regras de extradição; c) dever de reciprocidade – quando não há tratados,

---

[40] *Vide* a propósito os estudos de GUERRA, Sidney. *Curso de direitos humanos*. 6. ed. São Paulo: Saraiva, 2020, sobre "O princípio da não indiferença e o que se espera a partir da nova lei migratória brasileira".

[41] REZEK, José Francisco. *Direito internacional público*: curso elementar. 6. ed. São Paulo: Saraiva, 1996, p. 197.

mas o Estado requerido permite a extradição mediante uma declaração de reciprocidade do Estado requerente[42].

Somado a isso, devem ser observados o princípio da identidade, que consiste no fato de a extradição ser concedida apenas quando houver a identidade do crime e da pena aplicada, e o princípio da especialidade, onde o extraditando não poderá ser julgado por delito diferente daquele que fundamentou o pedido de extradição[43].

Apesar de existirem esses fundamentos que justificam a extradição, há alguns casos impeditivos desta, como os previstos no art. 82 da Lei n. 13.445/2017, a saber: o

---

[42] Interessante a manifestação do Supremo Tribunal Federal no Pedido de extradição Ext 1.587/ DF, rel. Min. Edson Fachin. Julgamento: 15-10-2019. Órgão Julgador: Segunda Turma.
Ementa: Extradição instrutória. Promessa de reciprocidade. Crime de tráfico internacional de drogas. Dupla tipicidade. Dupla punibilidade. Presença dos demais requisitos. Lei de Migração. Tratado de extradição entre os Estados Partes do Mercosul. Alegação de vínculos familiares no Brasil. Compatibilidade entre a Súmula 421/STF e a Carta da República. Deferimento condicionado à assunção de compromissos pelo Estado requerente. 1. É possível ao Estado requerente processar e julgar atos qualificados como crime à distância ocorridos sob a sua jurisdição, em consonância com a Convenção Única de Nova York sobre Entorpecentes, que disciplina a competência internacional concorrente na repressão ao tráfico de drogas. 2. Presentes a dupla tipicidade e punibilidade, bem como os demais condicionantes delineados na Lei de Migração e também no Acordo de Extradição entre os Estados Partes do Mercosul, não se verifica óbice ao deferimento da extradição. 3. A existência de vínculos afetivo e familiar da estrangeira com filho brasileiro não constitui, *ipso facto*, óbice ao deferimento do pedido de extradição, a teor da Súmula 421 do STF ("Não impede a extradição a circunstância de ser o extraditando casado com brasileira ou ter filho brasileiro"). Precedentes: EXT 228, rel. Min. Gonçalves de Oliveira, *DJ* de 9-5-1963 e HC 36.744, rel. Min. Cândido Motta Filho, *DJ* de 5-9-1960. 4. Em julgamentos mais recentes, este Supremo Tribunal decidiu pela compatibilidade do enunciado sumular persuasivo com a atual Carta da República, nas hipóteses em que o pedido de cooperação internacional tenha por objeto a repressão internacional a crimes comuns. Precedentes: EXT 1.343, rel. Min. Celso de Mello, *DJe* de 19-5-2015 e EXT 510, rel. Min. Sepúlveda Pertence, *DJ* de 3-8-1990. 5. Ainda que sob o ângulo da proteção das relações familiares, o deferimento da pretensão harmoniza-se com a norma convencional de regência, sem malferir a ordem pública do Estado brasileiro, sobretudo quando não comprovados laços duradouros e sólidos do extraditando com o Brasil. Precedente: EXT 1.532, rel. Min. Gilmar Mendes, *DJe* de 27-3-2019. 6. Pedido de extradição deferido e condicionado à assunção prévia pelo Estado requerente dos compromissos previstos no art. 96 da Lei n. 13.445/2017, dentre eles o de detração da pena, a qual deve levar em conta apenas o período de prisão preventiva por força da extradição. (grifei)

[43] Oportuna, para efeito de visualizar a aplicação dos princípios elencados, a decisão proferida na Ext 1.506 2 Julg/ DF, cujo relator funcionou o Ministro Roberto Barroso em julgamento datado de 12-12-2017 (Órgão Julgador: Primeira Turma), onde colhe-se a Ementa: "EXTRADIÇÃO INSTRUTÓRIA. REGULARIDADE FORMAL. REQUISITOS LEGAIS ATENDIDOS. DEFERIMENTO. 1. O requerimento da Extradição formulado pelo Governo do Uruguai em face de seu nacional preenche os requisitos formais do Tratado de extradição específico. 2. Estão presentes os pressupostos materiais: **a dupla tipicidade e dupla punibilidade de crime comum praticado por estrangeiro**, e a falta de jurisdição brasileira sobre o fato. 3. No exame de delibação próprio das decisões proferidas em processos de extradição, somente é possível a análise da legalidade extrínseca do pedido, sem o ingresso no mérito da procedência da acusação, da ordem de prisão instrutória ou executória. 4. A prisão é condição de procedibilidade do procedimento de extradição, de modo que a sua revogação só ocorre em situações excepcionais. Entre as situações excepcionais, inclui-se a precariedade do estado de saúde do extraditando, o que deve ser comprovado pela defesa. No presente caso, isso não ocorreu. 5. Extradição deferida, condicionada a entrega ao Estado requerente ao compromisso formal de detrair da pena do período em que o extraditando permaneceu preso no Brasil por força deste processo". (grifei)

indivíduo cuja extradição é solicitada ao Brasil for brasileiro nato; o fato que motivar o pedido não for considerado crime no Brasil ou no Estado requerente; o Brasil for competente, segundo suas leis, para julgar o crime imputado ao extraditando; a lei brasileira impuser ao crime pena de prisão inferior a 2 (dois) anos; o extraditando estiver respondendo a processo ou já houver sido condenado ou absolvido no Brasil pelo mesmo fato em que se fundar o pedido; a punibilidade estiver extinta pela prescrição, segundo a lei brasileira ou a do Estado requerente; o fato constituir crime político ou de opinião; o extraditando tiver de responder, no Estado requerente, perante tribunal ou juízo de exceção[44]; ou o extraditando for beneficiário de refúgio, nos termos da Lei n. 9.474, de

---

[44] A Lei n. 13.445/2017, neste particular, manteve o entendimento vigente em relação a esta matéria, sendo oportuno verificar a manifestação do Supremo em 18-3-2018, Ext 1.520/ DF – Distrito Federal, em que figurou como relator o Ministro Dias Toffoli. Órgão Julgador: Segunda Turma, onde se colhe a Ementa: Extradição instrutória. Governo de Israel. Questão de ordem. Concordância do extraditando. Possibilidade de julgamento monocrático pelo Relator. Precedente. Inteligência do art. 87 da Lei n. 13.445/2017. Extorsão praticada no âmbito de organização criminosa. Art. 428 do Código Penal e art. 3º da Lei de Combate ao Crime Organizado de Israel (Lei n. 5.763/2003). Dupla tipicidade. Reconhecimento em parte. Correspondência ao crime de extorsão previsto no art. 158 do Código Penal brasileiro. Inaplicabilidade da causa de aumento de pena decorrente de organização criminosa. Crime praticado anteriormente à vigência da Lei n. 12.850/2013. Convenção de Palermo, que não se qualifica, constitucionalmente, "como fonte formal direta legitimadora da regulação normativa concernente à tipificação de crimes e à cominação de sanções penais". Precedente. Sujeição do extraditando tão somente ao tipo fundamental do art. 428 do Código Penal israelense. Prescrição. Não ocorrência, tanto sob a óptica da legislação alienígena quanto sob a óptica da legislação penal brasileira. Pedido parcialmente deferido. 1. Diante da necessidade de se precisarem os efeitos da concordância do extraditando com o pleito extradicional, sob a óptica do art. 87 da Lei n. 13.445/2017, submeteu-se a matéria em questão de ordem ao Colegiado. 2. A Segunda Turma do Supremo Tribunal Federal delegou a seus membros o poder de, "se assim o entenderem pertinente", decidirem monocraticamente os "pleitos extradicionais, sempre que o próprio extraditando, com fundamento em norma convencional autorizativa (...), manifestar, expressamente, de modo livre e voluntário, com assistência técnico--jurídica de seu Advogado ou de Defensor Público, concordância com o pedido de sua extradição, hipótese em que o ato de homologação judicial de referida declaração equivalerá, para todos os efeitos, à decisão final do processo de extradição, ouvindo-se, previamente, a douta Procuradoria-Geral da República" (Ext n. 1.476/QO--Governo de Portugal, Segunda Turma, Relator o Ministro Celso de Mello, *DJe* de 19-10-2017). 3. Ante a ausência de tratado de extradição entre a República Federativa do Brasil e o Estado de Israel, não haveria como se aplicar, em sua literalidade, o precedente em questão. 4. Ocorre que, no curso do processo, entrou em vigor a Lei n. 13.445/2017, que conferiu nova disciplina à extradição. 5. Nos termos do art. 87 do referido diploma legal, "o extraditando poderá entregar-se voluntariamente ao Estado requerente, desde que o declare expressamente, esteja assistido por advogado e seja advertido de que tem direito ao processo judicial de extradição e à proteção que tal direito encerra, caso em que o pedido será decidido pelo Supremo Tribunal Federal". 6. Por sua vez, o art. 90 da Lei n. 13.445/2017 determina que "nenhuma extradição será concedida sem prévio pronunciamento do Supremo Tribunal Federal sobre sua legalidade e procedência, não cabendo recurso da decisão". 7. Nesse contexto, haja ou não concordância do extraditando, o pleito extradicional necessariamente deverá ser submetido à apreciação do Supremo Tribunal Federal. 8. Havendo concordância do extraditando, o pleito extradicional deverá tramitar de forma mais célere, independentemente de norma convencional, adotando-se a mesma *ratio* do julgado proferido na questão de ordem na Ext n. 1.476/Governo de Portugal. 9. Questão de ordem que se resolve no sentido de que competirá ao Relator, monocraticamente, após manifestação da Procuradoria-Geral da República, homologar a declaração de consentimento do extraditando que vier a ser exarada nos termos do art. 87 da Lei n. 13.445/2017, independentemente da existência de norma convencional, decisão que equivalerá, para todos os efeitos, ao pronunciamento final dos órgãos fracionários da Suprema Corte nos processos de extradição. 10. O

22 de julho de 1997, ou de asilo territorial. Ademais, o Decreto n. 9.199/2017, em seu art. 263, adverte que para que a extradição seja concedida devem ser observados os seguintes aspectos: o crime ter sido cometido no território do Estado requerente ou serem aplicáveis ao extraditando as leis penais desse Estado; e o extraditando estar respondendo a processo investigatório ou a processo penal ou ter sido condenado pelas autoridades judiciárias do Estado requerente à pena privativa de liberdade superior a dois anos. De outra banda, não se pode olvidar de outros aspectos que estão contemplados na legislação brasileira que, de certo modo, podem ensejar o não atendimento do pedido de

---

Estado requerente possui competência para a instrução e julgamento dos fatos narrados nos documentos que instruem a Nota Verbal n. 95, pois o crime imputado ao extraditando foi praticado em seu território (art. 78, I, da Lei n. 6.815/80, vigente à época em que o pedido de extradição foi deduzido, correspondente ao art. 83, I, da Lei n. 13.445/2017). 11. O crime não possui conotação política, afastando-se, portanto, a vedação do art. 77 da Lei n. 6.815/80, vigente à época em que o pedido de extradição foi deduzido, correspondente ao art. 82, VII, da Lei n. 13.445/2017. 12. O pedido formal de extradição foi devidamente instruído pelo Estado requerente com cópia do mandado de prisão expedido por autoridade judiciária competente (Tribunal do Distrito de Beer-Sheva), havendo indicações seguras a respeito da identidade do extraditando, bem como do local, da data, da natureza e das circunstâncias do fato delituoso (art. 80 da Lei n. 6.815/80, correspondente ao art. 88, § 3º, da Lei n. 13.445/2017). 13. O requisito da dupla tipicidade foi preenchido, uma vez que o art. 428 do Código Penal israelense, que tipifica o crime de extorsão, encontra correspondência no art. 158 do Código Penal Brasileiro. 14. Existe óbice à incidência da causa de aumento de pena do art. 3º da Lei de Combate ao Crime Organizado (Lei n. 5763-2003) de Israel, segundo o qual "[u]ma pessoa que cometa um crime no âmbito das atividades de uma organização criminosa, não (sic) estando um crime ao abrigo desta Lei ou um crime pelo qual a penalidade prescrita é a prisão perpétua obrigatória, será responsável pelo dobro da penalidade prevista para esse crime, mas não mais que a prisão por vinte e cinco anos". 15. A extorsão imputada ao extraditando teria sido praticada em novembro de 2010, sendo que o crime de organização criminosa somente veio a ser tipificado no Brasil pelo art. 2º da Lei n. 12.850/13. 16. Como decidido pelo Supremo Tribunal Federal, "convenções internacionais, como a Convenção de Palermo, não se qualificam, constitucionalmente, como fonte formal direta legitimadora da regulação normativa concernente à tipificação de crimes e à cominação de sanções penais" (RHC n. 121.835/-AgR, Segunda Turma, rel. Min. Celso de Mello, *DJe* de 20-11-2015). 17. O Estado Requerente fundamentou o pedido de extradição, mediante promessa de reciprocidade, exatamente na Convenção das Nações Unidas contra o Crime Organizado Transnacional (Convenção de Palermo), a reforçar a conclusão de que o crime de extorsão imputado ao extraditando teria sido praticado no contexto de uma organização criminosa, e não de mera quadrilha (ou associação criminosa). 18. Afastada a incidência da causa de aumento de pena da Lei de Combate ao Crime Organizado (Lei n. 5.763/2003) de Israel, o extraditando deverá responder perante o Estado requerente tão somente pelo tipo fundamental do art. 428 do Código Penal israelense, sujeitando-se à pena máxima de 9 (nove) anos de reclusão. 19. Encontra-se presente o requisito da dupla punibilidade, haja vista que não ocorreu a prescrição da pretensão punitiva sob a óptica da legislação de ambos os Estados (art. 77, VI, da Lei n. 6.815/80, correspondente ao art. 82, VI, da Lei n. 13.445/2017.). 20. Pedido parcialmente deferido para o fim de se autorizar a extradição pela imputação descrita no art. 428 do Código Penal israelense, afastando-se a incidência da causa de aumento de pena referente à organização criminosa (art. 3º da Lei de Combate ao Crime Organizado de Israel (Lei n. 5.763/2003). 21. Deverá o Estado Requerente, para se efetivar a entrega do extraditando, assumir os compromissos previstos no art. 96 da Lei n. 13.445/2017, dentre os quais os de "não submeter o extraditando a prisão ou processo por fato anterior ao pedido de extradição" (inciso I), "computar o tempo da prisão que, no Brasil, foi imposta por força da extradição" (inciso II) e "não entregar o extraditando, sem consentimento do Brasil, a outro Estado que o reclame" (inciso IV) 22. Havendo notícia de que o extraditando foi condenado à pena de 2 (dois) anos de reclusão, em regime aberto, por uso de documento falso no Brasil, deverá ser observado o disposto no art. 95 da Lei n. 13.455/2017.

extradição, como por exemplo, no caso do italiano Pierluigi Bragaglia (Ext 1140/República Italiana), que teve como relator o Ministro Gilmar Mendes.

Existem delitos que são insuscetíveis de extradição, como os crimes políticos[45] e os crimes militares, haja vista que sua criminalidade é relativa e para o país de refúgio ele não é um criminoso.

Alguns autores[46] classificam a extradição em ativa[47] (em relação ao Estado que a

---

[45] *Vide* a Ext 1.578/DF que teve como Relator o Ministro Edson Fachin, em julgamento datado de 06/08/2019 proferido pela Segunda Turma: Ementa: Extradição instrutória. Promessa de reciprocidade. Brasileiro naturalizado. Requisitos da lei de migração. Ausência de dupla tipicidade diante do princípio da irretroatividade da lei penal mais gravosa. Outros óbices assentes na jurisprudência desta corte suprema. Crime político. Relevância da alegação de violação dos direitos humanos. Garantia ao devido processo legal. Indeferimento.
1. Admite-se o pedido de extradição formulado por Estado soberano fundado na promessa de reciprocidade, dispensando-se, nesses casos, a existência de tratado de extradição previamente celebrado com o Brasil. 2. A circunstância do extraditando ser brasileiro naturalizado não constitui ipso facto óbice à extradição, eis que os fatos delituosos a ele imputados teriam sido praticados, em tese, antes da aquisição dessa nacionalidade. 3. É assente, na jurisprudência desta Corte, que a extradição é ato de cooperação jurídica internacional voltado ao auxílio mútuo entre nações na repressão internacional a crimes comuns. 4. Tanto o art. 82, II, da Lei da Migração, como também o art. 82, VII, desse mesmo diploma, preveem que não se concederá a extradição seja quando o fato motivador não estiver tipificado na legislação penal do Estado Requerente ou do requerido, seja quando o objeto desse pedido qualificar-se como crime político ou de opinião. 5. *In casu*, a lei brasileira que passou a tipificar os atos de terrorismo (Lei n. 13.260/2016) somente veio a lume em 16 de março de 2016, sendo inaplicável aos delitos que teriam sido praticados em período anterior a sua vigência, ausente, na espécie, a dupla tipicidade. Precedentes desta Corte (PPE 732-QO, rel. Min. Celso de Mello, julgamento em 11-11-2014, Segunda Turma, *DJe* de 2-2-2015); (Ext. 953, rel. Min. Celso de Mello, julgamento em 28-9-2005, Plenário, *DJ* de 11-11-2005). 6. O enquadramento das condutas na Lei de Segurança Nacional (Lei n. 7.170, em vigor desde 14-12-1983) tampouco autorizaria a extradição, porque os tipos nela tratados se caracterizam como delitos políticos, em relação aos quais incide expressa vedação constitucional à extradição (art. 5º, LII). Precedentes (RC 1.468, Segunda Turma, rel. Min. Ilmar Galvão, rel. p/ Acórdão Min. Maurício Corrêa, *DJ* 16-8-2000) (HC 33.722/DF, rel. Min. Nelson Hungria, julgado 28-9-1955: Ementa: Crime político. Não admite extradição, desde que não conexo a crime comum (HC 3.372/DF, rel. Min. Nelson Hungria, Primeira Turma, *DJ* 24-11-1955, pp. 15.136, Ement. v. 00237-02, pp. 00635, Paciente: Jacques Charles Noel de Bernonville). Evidenciado, pois, o segundo óbice à extradição, qual seja, a sua vedação em caso de delito político. 7. É possível também ao Supremo Tribunal Federal rejeitar o pedido de extradição passiva quando a submissão do estrangeiro à Jurisdição do Estado requerente possa implicar em violação a direitos humanos internacionalmente reconhecidos, dentre eles, a garantia de ser julgado por juiz isento, imparcial, e sob a égide do devido processo legal. Óbice também previsto no art. 82, VIII, da Lei de Migração. 8. Ressuma dos autos notícia de que o Estado Requerente vem sendo questionado por atitudes de menoscabo à democracia, inclusive de glosas, feitas pelo Parlamento Europeu, ao aumento do controle realizado pelo Poder Executivo e à pressão política no trabalho dos Magistrados (Resolução de 13 de março de 2019). A isso, somam-se as evidências de instabilidade política, com demissões de juízes e prisões de opositores ao governo (E-doc. 49). 9. Contexto no qual há fundada dúvida quanto às garantias de que o extraditando será efetivamente submetido a um tribunal independente e imparcial, a salvo de instabilidades e pressões exógenas e endógenas. 10. Pedido de extradição indeferido, em razão dos óbices plasmados no art. 82, II, VII e VIII da Lei n. 13.445/2017.
[46] ARAÚJO, Luís Ivani Amorim. *Curso de direito internacional público*. 9. ed. Rio de Janeiro: Forense, 1997, p. 93.
[47] O art. 278 do Decreto n. 9.199 assim prevê a extradição ativa: "A extradição ativa ocorre quando o Estado brasileiro requer a Estado Estrangeiro a entrega de pessoa sobre quem recaia condenação criminal definitiva ou para fins de instrução de processo penal em curso".

requer) e passiva[48] (em relação ao que outorga)[49]; em instrutória (requerida visando sujeitar o indivíduo a julgamento) e executória[50] (objetivando que o indivíduo cumpra a pena a que foi condenado)[51].

---

[48] Atente-se para a disposição no Decreto n. 9.199/2017 que trata da extradição passiva, *in verbis*: "Art. 266. A extradição passiva ocorre quando o Estado estrangeiro solicita ao Estado brasileiro a entrega de pessoa que se encontre no território nacional sobre quem recaia condenação criminal definitiva ou para fins de instrução de processo penal em curso".

[49] Nesse sentido, colhe-se a ementa do Supremo Tribunal Federal, tendo como relator o Ministro Ricardo Lewandowski. Ext 1579/DF. Julgamento: 13-8-2019. Órgão Julgador: Segunda Turma. Ementa: EXTRADIÇÃO PASSIVA INSTRUTÓRIA. DUPLA TICIPICIDADE. ENTREGA AUTORIZADA. CRIME DE ROUBO SEGUIDO DE MORTE E FURTO QUALIFICADO. ENTREGA CONDICIONADA À ASSUNÇÃO DOS COMPROMISSOS LEGAIS EXTRADIÇÃO AUTORIZADA. I – Pedido de extradição, formulado pelo Governo do Chile, que atende os requisitos da Lei 13.445/2017 e do Acordo de Extradição entre os Estados Partes do Mercosul e República da Bolívia e a do Chile. II – Crimes tipificados na legislação brasileira como roubo seguido de morte e furto qualificado. Atendido o requisito da dupla incriminação e dupla punibilidade. III – A autorização concedida por esta Suprema Corte para entrega do extraditando ao Estado requerente depende do preenchimento das condições gerais, dos requisitos específicos sobre a conduta criminosa e da assunção dos compromissos especificados no art. 96 da Lei de Migração (Lei n. 13.445/2017) e nos arts. 13, 14 e 17 do Acordo de Extradição entre os Estados Partes do Mercosul e República da Bolívia e a do Chile. IV – Extradição autorizada.

[50] Ext 1.574/DF, rel. Min. Cármen Lúcia. Julgamento: 13-8-2019. Órgão Julgador: Segunda Turma. Ementa: Extradição executória. Prisão decretada pela justiça espanhola. Tratado específico: requisitos formais atendidos. Crimes de homicídio qualificado, homicídio simples, tentativa de homicídio simples e porte ilegal de arma de fogo de uso restrito. Dupla tipicidade. Inocorrência de prescrição pela legislação brasileira e estrangeira. Extradição deferida. 1. O pedido formulado pelo Reino da Espanha atende aos pressupostos necessários ao deferimento, nos termos da Lei n. 13.445/2017 e do Tratado de Extradição específico, inexistindo irregularidades formais. 2. O Estado Requerente dispõe de competência jurisdicional para executar a sentença condenatória imposta. 3. Requisito da dupla tipicidade cumprido quanto aos fatos delituosos imputados ao Extraditando correspondentes, no Brasil, aos crimes de homicídio qualificado, homicídio simples, tentativa de homicídio simples e porte ilegal de arma de fogo de uso restrito. 4. Inocorrência de prescrição pela legislação brasileira e espanhola. 5. Teses de defesa não infirmam o presente pedido de extradição. 6. O extraditando foi autuado em flagrante no Brasil por uso de documentos falsos. A prática é de menor reprovabilidade comparado à gravidade dos crimes a ele imputados na Espanha. 7. Com base na parte final do art. 95 da Lei n. 13.445/2017, autorização de imediata execução da extradição, independente da conclusão do processo no Brasil ou do cumprimento de eventual pena imposta, a critério da autoridade competente do Poder Executivo. 8. Extradição deferida.

[51] Ementa: extradição executória. Governo da Bélgica. Pedido instruído com os documentos necessários à sua análise. Atendimento aos requisitos da Lei de Migração (Lei 13.445/2017) e do tratado de extradição do governo da República Federativa do Brasil e o governo da Bélgica (Decreto 41.909/65). Possibilidade de entrega do súdito alienígena ao estado requerente. Imputação de delitos falimentares. Dupla tipicidade configurada e verificação dos demais requisitos autorizadores da extradição. Família brasileira. Aplicação do enunciado 421 da súmula do STF. Pedido deferido, observado o disposto nos arts. 95 e 96 da Lei 13.445/2017. 1. O presente pedido extradicional encontra respaldo na Carta da República, que, em seu artigo 5º, inciso LII, autoriza – como regra – a extradição de estrangeiros, condição suportada pelo extraditando, que é cidadão belga. O requerimento veio instruído com os documentos necessários à sua análise, tendo sido observados os requisitos da Lei de Migração (Lei 13.445, de 24 de maio de 2017) e do Tratado de Extradição entre o Governo da República Federativa do Brasil e o Governo da Bélgica, de 29 de julho de 1965. 2. Os fatos delituosos imputados ao extraditando correspondem, no direito pátrio, a crime falimentar (artigo 168, da Lei 11.101). Observou-se, assim, o requisito da dupla tipicidade, previsto no art. 82, II, da Lei 13.445/2017. Demais requisitos que autorizam a extradição, mostram-se igualmente pre-

No Brasil, a extradição é requerida por via diplomática ou, na falta de agente diplomático do Estado que a requerer, diretamente de Governo a Governo, devendo o pedido ser instruído com a cópia autêntica ou a certidão da sentença condenatória, da de pronúncia ou a da que decretar a prisão preventiva, por juiz ou autoridade competente. O Ministro das Relações Exteriores remeterá o pedido ao Ministro da Justiça, que ordenará a prisão do extraditando, colocando-o à disposição do Supremo Tribunal Federal, que apreciará a legalidade e procedência do pedido[52].

A extradição, portanto, envolve o Poder Executivo e o Poder Judiciário, conforme estabelece o art. 102, g, da CF. Atente-se para a manifestação do Supremo Tribunal Federal[53] em relação a esse ponto:

"1. A liberdade de locomoção, bem jurídico tutelado pelo *Habeas Corpus,* tem como pressupostos constitucionais a efetiva vulneração ou ameaça, em razão de ilegalidade ou abuso de poder desse direito, restando inviável sua utilização nas hipóteses de ausência demonstração objetiva e concreta da ameaça ou constrição ilegítima ao direito de liberdade de locomoção do paciente. Precedentes: HC 133.753 AgR, Tribunal Pleno, rel. Min. Cármen Lúcia, *DJe* 28-6-2016, HC 131.164, Primeira Turma, rel. Min. Edson Fachin, *DJe* 14-9-2016, HC 129.822-AgR, Segunda Turma, rel. Min. Cármen Lúcia, *DJe* de 20-10-2015 e RHC 124.715-AgR, Primeira Turma, rel. Roberto Barroso, *DJe* de 19-5-2015. **2. A extradição impõe que a cognição do Poder Judiciário esgote-se na análise dos requisitos formais e, uma vez acolhida, é insindicável o agir do Chefe do Poder Executivo, à quem compete decidir pela entrega ou não do extraditando na forma do ato de soberania nacional sem vinculação à decisão judicial.** Precedente: Ext 1.085 PET-AV,

---

enchidos. 3. O fato de o extraditando ser casado com brasileira não impede a sua retirada compulsória do território nacional, consoante a sólida jurisprudência desta CORTE, cristalizada no enunciado 421 de sua Súmula. 4. Pedido deferido, ficando condicionada a entrega (a) a decisão discricionária do Presidente da República; (b) à formalização, pelo Estado requerente, dos compromissos previstos no art. 96 da Lei 13.445/2017; e (c) à conclusão dos processos penais a que o extraditando eventualmente responde no Brasil ou ao cumprimento das respectivas penas, na forma do art. 95, *caput,* da Lei 13.445/2017 (STF, 1ª T., Ext 1.572/DF, rel. Min. Alexandre de Moraes, j. 13-12-2019, publ. 3-2-2020).

[52] O Decreto n. 9.199/2017 estabelece no art. 262 que "a extradição é a medida de cooperação internacional entre o Estado brasileiro e outro Estado pela qual será concedida ou solicitada a entrega de pessoa sobre quem recaia condenação criminal definitiva ou para fins de instrução de processo penal em curso, sendo a tramitação do pedido feita por via diplomática ou pelas autoridades centrais designadas para esse fim (§ 1º) e sua rotina de comunicação será realizada pelo Ministério da Justiça e Segurança Pública em coordenação com o Ministério das Relações Exteriores e com as autoridades judiciárias e policiais competentes (§ 2º).

[53] HC 136.898 AgR / DF. Ag.Reg. no Habeas Corpus, rel. Min. Luiz Fux. Julgamento: 19-5-2017. Órgão Julgador: Tribunal Pleno. Parte(s): Agte: Cesare Battisti. Agdo: Presidente da República. Ementa: Agravo regimental no *habeas corpus.* Penal e processual penal. Pedido de extradição analisado nos autos da ext n. 1.085. Requerente república italiana. Esgotamento da jurisdição da suprema corte. Coação ilegal atribuída à presidência da república. Inexistência de ato concreto, atual ou iminente de ameaça ou restrição ilegal do direito de locomoção, objeto único da tutela em sede de *habeas corpus* (art. 5º, LXVIII, da Constituição Federal). Impossibilidade de utilização do *habeas corpus* como sucedâneo de recurso ou revisão criminal. Ausência de teratologia, abuso de poder ou flagrante ilegalidade. Agravo regimental desprovido.

Tribunal Pleno, rel. Min. Gilmar Mendes, rel. p/ Acórdão Min. Luiz Fux, *DJe* 3-4-2013 3. Consectariamente, a afirmação genérica no sentido de que está na suposta iminência de ser extraditado à Itália é ato decorrente da procedência do pedido, impossível de ser obstado por *habeas corpus*. 4. O *habeas corpus* não pode ser manejado como sucedâneo de recurso revisão criminal. 5. Agravo regimental desprovido." (grifei)

Finalizando, deve ser registrado que, por força do art. 5º, LI, da Constituição brasileira de 1988, nenhum brasileiro será extraditado, salvo o naturalizado, em caso de crime comum, praticado antes da naturalização ou de comprovado envolvimento em tráfico ilícito de entorpecentes e drogas afins, na forma da lei. Significa dizer que a República Federativa do Brasil não efetuará a extradição de nacional que tenha cometido crime no estrangeiro, mesmo que haja solicitação formal do Estado, em consonância com a previsão legal, por vedação expressa no texto constitucional.

Capítulo XIV
O Direito de Asilo

1. NOÇÕES GERAIS

O estudo do direito de asilo reveste-se de grande interesse, pois está diretamente associado à pessoa humana. Entretanto, há de se observar que mesmo com o fortalecimento do Direito Internacional dos Direitos Humanos, o referido instituto, apesar de procurar estabelecer uma proteção ao indivíduo, tem-se mostrado na prática como uma prerrogativa dos Estados.

A eficácia do direito de asilo constitui um arremate da realidade de um Estado de Direito, uma vez que visa dar proteção ao indivíduo, salvando vidas e restituindo a segurança às pessoas ameaçadas em períodos de perturbação e perseguição.

Destarte, a prática desse instituto, como característico de um Estado Democrático de Direito, deve possuir em sua essência os valores fundamentais da liberdade e da proteção a ser prodigalizada aos refugiados políticos e estrangeiros e a pessoas perseguidas por motivos ou delitos políticos em legações, navios de guerra, acampamentos e aeronaves militares.

Tendo em vista esses preceitos, verifica-se que o asilo pode se apresentar sob duas modalidades: o asilo diplomático, político ou interno, previsto no art. 1º da Convenção da OEA, de 28 de março de 1954; e o asilo territorial, disposto na Convenção sobre Asilo Territorial, de 1954, diretamente ligado à condição de refugiados.

Cabe ressaltar que a despeito de o direito de asilo ter a precípua finalidade de proteger o direito da pessoa humana, é ainda considerado um direito do Estado, e não do indivíduo, fato este que constitui um paradoxo.

Embora o Direito Internacional venha dando especial ênfase à proteção e ao desenvolvimento dos direitos humanos, são extremamente tímidos os avanços sobre a concepção do asilo, tanto o diplomático como o territorial, encarado puro e simplesmente como mera faculdade do Estado de refúgio, correspondendo a uma prática humanitária por parte de tais Estados.

No tocante à legitimidade do asilo territorial e do asilo diplomático, esta é reconhecida em relação ao primeiro por toda parte, ao passo que no asilo diplomático, a sua regulamentação alcançou maior desenvolvimento e consagração na América Latina, em face da instabilidade política e das constantes quebras de legalidade por regimes autoritários militares, fatos estes que propiciaram a sua prática regular em tal região, onde surgiu como instituição costumeira no século XIX. A partir daí, o asilo adquiriu mais vitalidade, o que culminou numa instituição característica do Direito convencional latino-americano.

O direito de asilo também leva a refletir sobre os seus efeitos na ordem internacional, visto pelo prisma da interferência do asilo em matéria de extradição, o que comumente pode levar ao problema da extradição disfarçada.

Por se tratar de uma proteção internacional às garantias elementares da pessoa humana em perigo e por estender seus reflexos à ordem jurídica internacional, o direito de asilo é de relevante importância não só no âmbito do Direito Internacional, mas também para o Direito Interno no que concerne à noção fundamental de liberdade.

Como acentua Boson[1], o asilo só deve ser concedido em casos de urgência (aqueles em que o indivíduo é perseguido por pessoas ou multidões que não possam ser contidas pelas autoridades locais, ou perseguido por tais autoridades, bem como quando se encontre em perigo de ser privado de sua vida ou liberdade, por motivos de ordem política) e pelo tempo necessário para que o asilado deixe o país (se asilado em sede de legação) ou para que seja posto em segurança. Concedido o asilo, o agente diplomático poderá exigir que o governo perseguidor conceda o salvo-conduto e todas as garantias ao perseguido.

2. NATUREZA JURÍDICA DO ASILO

Como descrito, o direito de asilo nos tempos modernos não pertence ao fugitivo, mas sim ao Estado, que pode, por conseguinte, concedê-lo ou recusá-lo, de acordo com as suas conveniências.

Tal afirmação pode ser demonstrada pelo contido no artigo 1º da Convenção da OEA sobre Asilo Territorial de 1954, que preceitua: "Todo Estado tem direito, no exercício da sua soberania, de admitir, dentro do seu território, as pessoas que julgar conveniente, sem que, pelo exercício desse direito, nenhum outro Estado possa fazer qualquer reclamação".

Já o artigo 2º da Convenção da OEA sobre o Asilo Diplomático dispõe que: "Todo Estado tem direito de conceder asilo, mas não se acha obrigado a concedê-lo, nem a declarar por que o nega".

O direito de asilo constitui uma prática humanitária, sendo a sua concessão um ato discricionário do Estado asilante, posição esta dominante na ordem internacional.

Celso Mello[2] enfatiza que o direito de asilo corresponde a um direito do Estado pela relevância que a soberania territorial do Estado deve merecer, ao passo que outros

---

[1] BOSON, Gérson de Britto Mello. *Direito internacional público*. 3. ed. Belo Horizonte: Del Rey, 2000, p. 302.

[2] MELLO, Celso Albuquerque. *Direito constitucional internacional*. Rio de Janeiro: Renovar, 1994, p. 151.

salientam que o asilo não aparece como uma consequência da soberania, mas sim como uma limitação desta, em virtude de costume ou acordo, ou ainda como mero ato de cortesia internacional por motivos humanitários.

Evidencia-se que este constitui o cumprimento de um dever que aos Estados incumbe, firmado em convenções, pactos ou tratados.

Consequentemente, surgem dois aspectos do asilo. Se for uma prática humanitária, constitui uma faculdade de o Estado concedê-lo ou não, ao passo que se é um dever, aos cidadãos estrangeiros corresponde o direito de ser asilado.

De qualquer forma, o artigo 14 da Declaração Universal dos Direitos do Homem[3] estabelece que: "Todo homem, vítima de perseguição, tem o direito de procurar e de gozar asilo em outros países".

No mesmo sentido, a Declaração Americana dos Direitos e Deveres do Homem, em seu artigo 27, prescreve que: "Toda pessoa tem o direito, em casos de perseguição não resultante de crimes comuns, de procurar e receber asilo em território estrangeiro, de acordo com as leis de cada país e com acordos internacionais".

A Carta Africana de Direitos Humanos e dos Povos igualmente estabelece, em seu artigo 12, parágrafo 3, que toda pessoa tem direito, em caso de perseguição, de buscar e de obter asilo em território estrangeiro, em conformidade com a lei de cada país e as convenções internacionais.

Tais textos consagram o direito da pessoa humana de receber o asilo, entretanto, trata-se de textos desprovidos de positividade jurídica, representando simples enunciados de princípios sem caráter obrigatório.

Assim, permanece a concepção clássica de asilo como direito do Estado de refúgio no exercício de sua soberania, como dispõem as já referidas Convenções sobre Asilo Diplomático e Territorial de Caracas.

---

[3] Na mesma direção José Noronha Rodrigues: "Ao longo do século XX e no século XXI, novos instrumentos jurídicos culminaram no processo de configuração e aprofundamento dos Direitos do Homem. Contudo, é preciso sublinhar, que desses instrumentos jurídicos, os únicos que fazem especificamente referência ao direito de asilo é a Declaração Universal dos Direitos do Homem (n. 1 do art. 14), a Convenção Americana dos Direitos Humanos (n. 7 do art. 22), a Carta Africana dos Direitos do Homem e dos Povos (parágrafo 3º do art. 12) e a Carta dos Direitos Fundamentais da União Europeia (art. 18). Os outros instrumentos abordam questões conexas como, por exemplo, a Convenção sobre os Direitos da Criança, que dedica um dos seus articulados aos refugiados (n. 1 e 2 do art. 22), a Convenção Contra a Tortura e outros Tratamentos ou Penas Cruéis, Desumanos ou Degradantes, que defende o princípio de (*non-refoulement*) (n. 1 do art. 3º) e a Convenção Internacional sobre a Proteção dos Direitos de todos os Trabalhadores Migrantes e dos Membros das suas Famílias. Esta não se aplica aos refugiados e nem aos apátridas, salvo disposição em contrário da legislação nacional pertinente do Estado Parte interessado ou de instrumentos internacionais em vigor para esse Estado, conforme o disposto na alínea d) do art. 3º da citada Convenção". RODRIGUES, José Noronha. Asilo, refúgio e outras formas de proteção internacional: relacionamento e diferenças conceituais. *INTER – Revista de Direito Internacional e Direitos Humanos da UFRJ*, v. 4, n. 1, jan./jun. 2021. Disponível em: https://revistas.ufrj.br/index.php/inter/article/view/41667. Acesso em: 19 jun. 2023. p. 68-119.

Não obstante, permanecem inúmeras críticas a tal concepção no que concerne ao atraso de não se entender o asilo como um direito subjetivo do indivíduo contra o estado de refúgio, em consonância à afirmação de Scille[4], de que os governos têm não somente o direito, mas o dever de praticar o asilo.

Diferentemente das demais Convenções Internacionais, a Convenção de Genebra mostrou-se mais evoluída ao reconhecer ao pretendente do asilo territorial um direito de refúgio provisório, determinando aos Estados contratantes que concedam aos refugiados um período razoável e facilidades para que sejam admitidos em outro país.

Infelizmente o Direito Internacional ainda não consagrou a figura do direito individual de asilo, sobretudo pelo fato de o citado direito ainda se arraigar aos vínculos interestatais, o que impede cada vez mais a sua evolução.

Urge ainda que o Direito Internacional se desenvolva, não só no que tange à elevação do direito de asilo[5] como direito subjetivo do indivíduo, mas como meio de controle dos abusos cometidos contra os direitos da Humanidade na sociedade internacional.

Vale relembrar o magistério de Soares que acentuou:

"Enfim, deve notar-se uma característica importante, que faz com que o asilo, tal qual regulamentado, seja um instituto de efeitos limitados, no relativo à proteção internacional dos direitos humanos. Tanto o asilo diplomático quanto o asilo territorial são institutos que têm, como destinatário de suas normas, os Estados, uma vez que estas os tratam como uma faculdade concedida ao Estado asilante, a quem cabe julgar as condições de sua admissibilidade. Em nenhuma hipótese, há normas que confiram a um indivíduo perseguido, por motivos ou delitos políticos, o direito subjetivo de conseguir asilo diplomático ou territorial, pelo simples fato de ter havido uma situação de urgência, em seu país de nacionalidade ou domicílio e de estar asilado nele perseguido"[6].

---

[4] MELLO, Celso Albuquerque. *Direito constitucional internacional.* Rio de Janeiro: Renovar, 1994, p. 152.

[5] "Apesar de o asilo *não ter natureza jurídica unânime (Diccionario Jvrídico*, 1991, p. 91-93; Herrera, p. 36), podemos, em termos gerais, defini-lo como uma instituição ao abrigo da qual o Estado oferece proteção a determinados indivíduos que não possuem a sua nacionalidade (os estrangeiros), (Martínez, 2006, p. 377; *Diccionario Jvridico*, p. 403) mas cuja vida, liberdade e direitos fundamentais se encontram gravemente ameaçados ou em perigo, por atos de perseguição ou de violência, bem como por inoperância ativa ou passiva de Estados terceiros (Aréchaga, E., Arbue-Vicnali, E.,& Ripoll, R., p. 409). Esta definição de asilo é suscetível de ser decomposta em quatro elementos característicos que passamos a enumerar: a) Instrumento exclusivo do Estado; b) Instrumento restrito aos estrangeiros e apátridas; c) Instrumento assente em diversos pressupostos, mas, principalmente, em motivos políticos ou opiniões políticas; d) Instrumento usado em caso de perseguição por parte de um Estado terceiro (Nayar, p. 20; Magno, 2009. p. 194-195)" (RODRIGUES, José Noronha. Asilo, refúgio e outras formas de proteção internacional: relacionamento e diferenças conceituais. *INTER – Revista de Direito Internacional e Direitos Humanos da UFRJ*, v. 4, n. 1, jan./jun. 2021, p. 68-119. Disponível em: https://revistas.ufrj.br/index.php/inter/article/view/41667. Acesso em: 19 jun. 2023).

[6] SOARES, Guido Fernando Silva. *Curso de direito internacional público.* São Paulo: Atlas, 2002, p. 388.

3. O ASILO TERRITORIAL

O asilo territorial foi acolhido no artigo XIV da Declaração Universal dos Direitos do Homem: "Todo homem, vítima de perseguição, tem o direito de procurar e de gozar asilo em outros países".

Atualmente não só o criminoso político se beneficia de tal concessão, em consonância ao artigo 1º da Convenção da OEA, de 1954, de Asilo Territorial, mas os refugiados em geral: "Todo Estado tem direito, no exercício de sua soberania, de admitir dentro de seu território as pessoas que julgar conveniente, sem que, pelo exercício desse direito, nenhum outro Estado possa fazer qualquer reclamação"[7].

O artigo 3º da mesma Convenção abordou o mais elementar princípio da Convenção sobre o Estatuto dos Refugiados, de 1951, o *non-refoulement*, que consiste em uma regra sobre a qual determinada pessoa não pode ser recusada ao país de sua procedência pelas autoridades administrativas do país para qual pretende se refugiar.

A despeito de a vedação do *refoulement* ser considerada atualmente como princípio do Direito Internacional geral, inúmeros países violam-no, com fulcro no artigo 2º da Declaração sobre Asilo Territorial, a qual preconiza que o Estado, em se tratando de casos de segurança nacional ou para proteger a população, como no caso de um afluxo em massa de pessoas, poderá não receber os refugiados, como é o caso dos chamados *boat-people*, particularmente no Vietnã, constituindo mais uma consequência de o direito de asilo ainda não ser considerado um direito da pessoa humana.

Na prática, quando um refugiado dirige-se a outro Estado, se este não quiser aceitá-lo, tem duas alternativas: reconduzi-lo ao Estado de onde veio, ou mandá-lo para um terceiro Estado.

De qualquer modo, a primeira solução ainda viola o princípio do *non-refoulement*. No caso dos refugiados marítimos, o que ocorre, na verdade, quando o refugiado é compelido a embarcar novamente, é a deportação, já que entrou e permaneceu no território de outro país por um breve espaço de tempo.

Os asilados territoriais, como dispõe a Convenção da OEA sobre Asilo Territorial, têm direito à liberdade de expressão, de pensamento, e de reunião ou associação, devendo ser mantidos a uma determinada distância das fronteiras do Estado territorial, em se tratando de pessoas de alta periculosidade. Concede-se ainda a saída do asilado do Estado asilante desde que avise ao Governo, e que não se dirija ao país de onde veio.

---

[7] CAVARZERE, Thelma Thais, *Direito internacional da pessoa humana*. Rio de Janeiro: Renovar, 2001, p. 93, valendo-se das palavras do secretário comissariado das nações unidas, definiu os refugiados da seguinte forma: "A refuge is commonly defined as any person who is obliged to flee his habitual place of residence and seek refugee elsewhere. This situation may result from two fundamentally different types of events: a natural disaster such as an earthquacke or a flood, or what is referred to nowadays as a 'man-made' disaster such as any international armed conflict, civil-war, revolution or persistent general socio-political instability".

No Brasil, o asilado não poderá sair do País sem autorização do Governo, sob pena de importar a renúncia do asilo e impedir o seu reingresso nesta condição.

Ainda em consonância com a Convenção de 1954, só poderá ser extraditado aquele que houver cometido crime que não seja político; o tema será abordado oportunamente no item sobre Asilo Político.

O asilo territorial pode terminar pela saída do refugiado do Estado de refúgio, pela sua naturalização do Estado de refúgio, pela morte do refugiado, quando cessar a causa que motivou o asilo, como, por exemplo, o fim de um determinado regime político do Estado de sua procedência, ou ainda pela sua expulsão do Estado de refúgio, por razões de segurança nacional ou de tutela da ordem pública.

Finalmente, cabe ressaltar que a Assembleia Geral das Nações Unidas aprovou, em 1967, uma Declaração sobre Asilo Territorial, determinando que deve ser respeitado pelos Estados, que é um ato humanitário e pacífico, e que não pode ser concedido a autores de crimes de guerra, contra a paz e contra a Humanidade. Entretanto, como salienta Mello[8], foi aprovada apenas uma declaração sobre asilo territorial, mas que não é obrigatória e permite ao Estado recusar a entrada de pessoas perseguidas se tal fato ameaçar a segurança nacional, a sua população ou em caso de afluxo em massa de perseguidos, o que lhe dá quase nenhum alcance.

A Declaração enuncia, ainda: "1. La concesión del asilo es un acto humanitario y pacífico y en tanto que tal, no puede ser considerado por otro Estado como inamistoso; 2. Si un Estado considera difícil conceder el asilo o continuar en su concesión, otros Estados, individual o conjuntamente, a través de las Naciones Unidas, considerarón, con espíritu de solidariedad internacional, las medidas adecuadas para aligerar la carga del primer Estado; 3. Principio llamado del *non-refoulemente*, según el cual ninguna persona podrá ser rechazada en la frontera, expulsada o devuelta al país en que es objeto de persecución"[9].

4. O ASILO POLÍTICO

O asilo político, também chamado de asilo diplomático ou interno, indica a proteção concedida por um Estado fora da sua esfera territorial, e mais precisamente por agente de um Estado, operando dentro do território de Estado estrangeiro a indivíduos que pedem essa proteção[10].

---

[8] MELLO, Celso Albuquerque. *Curso de direito internacional público*. 11. ed. Rio de Janeiro: Renovar, 1997, p. 930.

[9] RIDRUEJO, José A. Pastor. *Curso de derecho internacional público y organizaciones internacionales*. 10. ed. Madrid: Tecnos, 2006, p. 99.

[10] Para CUÉLLAR, Javier Pérez. *Manual de derecho diplomático*. México, DF: Fondo de Cultura Económica, 1997., p. 118, "el asilo diplomático puede definirse como el derecho que se concede a las representaciones diplomáticas de acoger temporalmente en su sede a perseguidos o delincuentes políticos, sustrayéndolos así de la soberanía del Estado receptor. El otorgamiento del asilo comporta, de acuerdo con las Convenciones que lo amparan, la obligación del Estado receptor a otorgar al perseguido un salvo-conducto que permita su salida del território".

O asilo político ou diplomático alicerça-se em razões humanitárias, muito embora fique no exclusivo alvedrio do Estado concedê-lo ou não. O artigo 1º da Convenção sobre Asilo Diplomático de 1954, em Caracas, preconiza: "O asilo outorgado em legações, navios de guerra e acampamentos ou aeronaves militares, a pessoas perseguidas por motivos ou delitos políticos, será respeitado pelo Estado territorial, de acordo com as disposições desta Convenção".

Na Roma dos papas, o *jus quarteriorum* também foi largamente utilizado, sendo abolido em 1693 por um acordo entre Luís XIV e o Papa Inocêncio XII. Em face da transformação do quarteirão das embaixadas em abrigo de qualquer tipo de criminosos, essa prática foi declinando no continente europeu, chegando ao seu fim no século XIX, no qual a doutrina positivista se pronuncia contra ao defender a tese de que a soberania dos países seria atingida pela concessão de asilo pelos diplomatas.

No mesmo século, em contrapartida, o asilo diplomático começa a ser praticado na América Latina, tornando-se um instituto peculiar, graças às sucessivas épocas de convulsão política pelas quais passaram os Estados latino-americanos[11]. Todavia, há ressalvas no que não reconhecem o asilo diplomático pelo fato de entenderem que o Estado territorial pode qualificar a natureza do crime, contrariamente do que preconiza o artigo 4º da Convenção da OEA de 1954 sobre Asilo Político, segundo a qual esta atribuição cabe ao Estado Asilante.

Porém, a despeito de o Peru e de a República Dominicana se oporem à referida disposição da Convenção da OEA, a instituição teve grande sucesso, ensejando diversas normas jurídicas sobre a matéria, como a Convenção sobre Asilo, assinada em Havana, em 1928, aplicável apenas a delinquentes políticos; a Convenção sobre Funcionários Diplomáticos, também assinada em Havana, que dispôs sobre a inadmissão de criminosos políticos; a Convenção sobre Asilo Político firmada em Montevidéu, em 1928, que evoluiu no sentido de conceder asilo somente àqueles que cometeram delitos políticos, e, finalmente, a Convenção de Asilo Diplomático de Caracas, em 1954, a qual seguiu a mesma orientação da Convenção de Montevidéu, concernente à concessão de asilo político somente em casos de crimes políticos, conforme o preceituado em seu artigo 3º.

É mister que se ressalte, no tocante à prática do asilo diplomático, que este não constitui uma peculiaridade do continente americano em si, mas, sim, dos Estados latino-americanos, uma vez que alguns países americanos, como os Estados Unidos da

---

[11] Na mesma direção BARBOZA, Julio. *Derecho internacional público*. 2. ed. Buenos Aires: Zavalia, 2008, p. 722: "En la América Latina el asilo diplomático adquirió un rasgo de protección humanitaria. Varias circunstancias contribuyeron a la creación de este instituto muy particular a nuestra región: la admisión de cierto derecho de resistencia a la opresión, necesario por la existencia de dictaduras militares en el continente, la abundancia de revoluciones y golpes militares con el consiguiente surgimiento de gobiernos que encarcelaban a sus opositores políticos, la desconfianza al proceso judicial de estos gobiernos surgidos de interrupciones constitucionales y demás hicieron que se fuera gestando una costumbre regional en sentido de que existiría en principio la obligación de respetar el asilo diplomático otorgado y de conceder salvoconductos a los perseguidos políticos que tomaban refugio en Embajadas, normalmente de otros países latinoamericanos, bajo una suerte de reciprocidad".

América, negam o asilo interno, não o reconhecendo como parte integrante do Direito Internacional.

Todavia, isso não significa que os Estados Unidos não pratiquem o asilo diplomático em nenhuma hipótese. A despeito de negarem o asilo interno como um direito (os Estados Unidos), já houve casos de concessão deste no próprio continente latino-americano, e também na Europa, tendo destaque o caso do Cardeal Mindzentes, asilado na Legação dos EUA, em Budapeste, desde a Revolução Húngara de 1956 até 1971.

Na Europa[12], a instituição do asilo diplomático também tem sido praticada, embora haja uma tendência ao não reconhecimento deste[13]. Todavia, em função da singularidade de determinados casos, o asilo político tem sido concedido, como o acolhimento do General Michel Avoun pela embaixada da França em Beirute, em outubro de 1990. Vinte anos antes, o Ministro das Relações Exteriores da França, em uma declaração ao Senado, afirmou que as Missões Diplomáticas francesas na América Latina poderiam conceder asilo diplomático, desde que fosse prudentemente[14].

Em suma, apesar de o asilo político alcançar sua plenitude na América Latina, nada obsta que países de outros continentes também não o concedam. Diferentemente do asilo territorial, que pressupõe a entrada do estrangeiro no âmbito territorial do Estado de refúgio, o asilo político constitui, no entendimento Rezek[15], uma exceção à plenitude de competência que o Estado exerce sobre o seu próprio território.

Carlos Fernandes[16] apresenta três divergências doutrinárias relativas ao asilo político, a saber: a) a primeira corrente reconhece o asilo diplomático como uma prática ilegítima e violadora da soberania local, uma vez que usurparia a faculdade legítima das autoridades locais de penetrarem nas missões diplomáticas para apoderar-se do asilado, sendo defendida dentre outros por Oppenheim e Andrés Bello; b) a segunda corrente encara o asilo

---

[12] AMADEO, Stefano; SPITALERI, Fabio. *Il diritto dell' immigrazione e dell' asilo dell' Unione europea*. 2. ed. Torino: Giappichelli Editore, 2022, p. 2: "Le politiche in materia di immigrazione e asilo sono attuate sia attraverso atti normativi interni all'Unione sia attraverso interventi sul piano internazionale, quali il dialogo politico, i partenariati e gli accordi internazionali dell' Unione con i Paezi terzi. Com l' entrata in vigore del Trattato di Lisbon ala competenza normativa riconosciuta all' Unione nella matéria dell' immigrazione e dell' asilo si è notevolmente accresciuta".

[13] AMADEO, Stefano; SPITALERI, Fabio. *Il diritto dell' immigrazione e dell' asilo dell' Unione europea*. 2. ed. Torino: Giappichelli Editore, 2022, p. XXIV: "La normativa dell'Unione può apparire, certo, ancora incompleta, frammentata e di non agevole lettura sistematica. Sconta talora lacune nella protezione dei diritti fondamentali (imputabili, oggi, soprattutto alle misure internazionali di "contenimento" dell'immigrazione proveniente dagli Stati terzi). Ma si tratta di criticità, tipiche di un ordinamento in evoluzione, che potranno essere gradatamente superate. Tale normativa costituisce piuttosto, nel complesso, una straordinaria conquista di civiltà e un modello per gli Stati (o le aggregazioni di Stati) della comunità internazionale che vorranno ispirarsene".

[14] MELLO, Celso Albuquerque. *Curso de direito internacional público*. 11. ed. Rio de Janeiro: Renovar, 1997, p. 936.

[15] REZEK, Francisco. *Direito internacional público*: curso elementar. 6. ed. São Paulo: Saraiva, 1996, p. 219.

[16] FERNANDES, Carlos. *Do asilo diplomático*. Coimbra: Coimbra Ed., 1961, p. 133.

464

diplomático como uma instituição meramente humanitária, correspondendo a uma intervenção apenas de caráter humanitário, admitida em Direito Internacional apenas em determinadas circunstâncias. Esse entendimento constituiu a opinião dominante até algumas décadas atrás, sendo defendido por Westlake, Hurst e Satow; c) a terceira orientação admite o asilo diplomático como uma instituição jurídica, e parece ser o entendimento, afirmando que o asilo político, como instituição jurídica que é, não é fulcrado nas imunidades dos agentes diplomáticos, os quais não representam a sua justificação, mas, sim, um pressuposto, uma condição *sine qua non* da sua regular concessão; visto por este prisma, se o asilo decorresse juridicamente das imunidades dos agentes diplomáticos, seria praticado em nome próprio, e não teria que se limitar à concessão apenas em casos de criminalidade política. Esta fundamentação parece estar superada, já que grande parte dos internacionalistas entende que o asilo interno decorre da inviolabilidade e imunidade de jurisdição do agente diplomático, residindo aí a sua essência.

Com efeito, superada a ficção da extraterritorialidade de Grotius, o asilo, de acordo com a Convenção da OEA, de 1954, é outorgado em legações que, segundo a referida Convenção, constituem a sede de toda missão diplomática ordinária, a residência dos chefes de missão e os locais por estes designados para tal fim, dependendo do número de exilados[17].

Segundo Torres Gigena[18], tanto a embaixada (residência do chefe da missão) como a chancelaria (escritório da missão) são válidas para efeito de concessão de asilo, ao contrário dos consulados, salvo em se tratando de seção consular, que funciona na sede da missão diplomática. São locais de asilo também os navios e aeronaves militares, exceto quando se encontrarem provisoriamente em estaleiros, arsenais ou oficinas para serem reparados.

O artigo 1º da citada Convenção reza que somente as pessoas perseguidas por delitos políticos poderão gozar de asilo diplomático. Eis a grande celeuma no que tange à definição de crimes políticos, tema que carece de melhor elucidação pelo fato de os efeitos de sua caracterização estarem intimamente ligados à não extradição, uma vez que o criminoso político não é passível de extradição.

Mundialmente, os crimes de guerra, os crimes contra a paz e os crimes contra a Humanidade também não são considerados crimes políticos. Cumpre ressaltar também que cabe ao Estado de refúgio caracterizar o crime como político ou comum, fato este que acaba por depender, muitas vezes, de interesses políticos ou econômicos do Estado asilante. No caso de o Estado se recusar a conceder o asilo, não tem a obrigação de

---

[17] Artigo I da Convenção de 1954: "O asilo outorgado em legações, navios de guerra e acampamentos ou aeronaves militares, a pessoas perseguidas por motivos ou delitos políticos, será respeitado pelo Estado territorial, de acordo com as disposições desta Convenção. Para os fins desta Convenção, legação é a sede de toda missão diplomática ordinária, a residência dos chefes de missão, e os locais por eles destinados para esse efeito, quando o número de asilados exceder a capacidade normal dos edifícios. Os navios de guerra ou aeronaves militares, que se encontrarem provisoriamente em estaleiros, arsenais ou oficinas para serem reparados, não podem constituir recinto de asilo".

[18] MATTOS, Adherbal Meira. *Direito internacional público*. Rio de Janeiro: Renovar, 2002, p. 271.

fundamentar a sua recusa, tendo em vista que não há um dever por parte dos Estados no que tange à concessão de asilo. Ademais, o asilo não é oferecido, mas sim solicitado pelo interessado, como salienta Mattos[19].

O asilo, ainda, só poderá ser concedido em casos de urgência, isto é, em casos de perseguição do indivíduo por pessoas ou multidões incontidas, pelas próprias autoridades ou em perigo de ser privado de sua vida e liberdade, por motivo de perseguição política, pelo tempo estritamente necessário para que o asilado deixe o país com as garantias concedidas pelo Governo do Estado territorial, o chamado salvo-conduto, com o intuito de assegurar a vida, a liberdade e a integridade física e pessoal do asilado, não podendo este ser detido pelas autoridades legais, nem ser desembarcado em ponto algum do Estado territorial. Vale dizer também que efetuada a saída do asilado, ele não será desembarcado em ponto algum do Estado territorial.

Por fim, o asilo diplomático pode terminar pela renúncia, pela entrega do asilado, mas tão somente na condição de ser caracterizado o crime como comum, e não político; pela morte; pela fuga ou pela saída, deste, do Estado.

O instituto do asilo diplomático, nos seus aspectos essenciais, deve-se mais a considerações de oportunidade e cortesia que aos princípios do direito.

Ao analisar o instituto do asilo diplomático, pode-se sustentar que este nunca será definitivo, em função de constituir uma espécie de instrumento preliminar para a efetivação do asilo territorial no país, o qual concedeu o asilo interno, possuindo, destarte, um caráter transitório[20].

Em síntese[21], pode-se identificar as principais disposições acerca do asilo diplomático contidas na Convenção de 1954:

a) o asilo é concedido a pessoas perseguidas por motivos ou delitos políticos;

b) o direito de concessão do asilo pertence ao Estado, que não se acha obrigado a concedê-lo, nem a declarar por que o nega;

c) não se concede asilo diplomático a pessoas acusadas, processadas ou condenadas por delitos comuns;

d) compete ao Estado asilante qualificar a natureza do delito ou dos motivos de perseguição;

e) o asilo pressupõe casos de urgência e pelo tempo estritamente indispensável a que o asilado deixe o país, com as garantias acordadas pelo Estado territorial, cabendo ao Estado asilante tipificar o que seja a urgência;

f) o Estado territorial pode a qualquer momento exigir que o asilado seja retirado do país, para o que deverá conceder um salvo-conduto e as garantias necessárias para tanto;

---

[19] MATTOS, Adherbal Meira. *Direito internacional público*. Rio de Janeiro: Renovar, 2002, p. 272.

[20] REZEK, Francisco. *Direito internacional público*: curso elementar. 6. ed. São Paulo: Saraiva, 1996, p. 218.

[21] SOARES, Guido Fernando Silva. *Curso de direito internacional público*. São Paulo: Atlas, 2002, p. 383.

g) concedido o salvo-conduto, o Estado asilante poderá pedir a saída do asilado para o território estrangeiro, sendo o Estado territorial obrigado a conceder, imediatamente, salvo caso de força maior, as garantias necessárias;

h) os asilados não poderão ser desembarcados em ponto algum do Estado territorial, em lugar que dele esteja próximo, salvo por necessidade de transporte;

i) o Estado asilante não é obrigado a conceder permanência a um asilado, mas não o poderá mandar de volta a seu país de origem, salvo por vontade expressa do asilado;

j) o asilo político não está sujeito à reciprocidade e qualquer pessoa poderá estar sob sua proteção.

5. O DIREITO DE ASILO NA LEI N. 13.445/2017 E NO DECRETO N. 9.199/2017

O direito de asilo ainda tem um tratamento muito incipiente, pois o fato de ser considerado um direito do Estado, e não um direito do indivíduo, a despeito de ter por finalidade essencial a proteção da pessoa humana, constitui um verdadeiro atraso, além de ser uma contradição.

Esse paradoxo fica bastante evidente quando se confronta a prerrogativa do Estado em conceder ou não o asilo em relação à Declaração Universal dos Direitos do Homem que defere esta possibilidade, dispondo que "todo homem, vítima de perseguição, tem o direito de procurar e de gozar asilo em outros países".

Atualmente há uma tendência mundial à proteção dos direitos humanos. Infelizmente, os Estados não estão muito preocupados em mudar o sujeito ativo de tal direito.

No Brasil, a matéria passou também a ser contemplada na Lei n. 13.445/2017 e em seu regulamento – Decreto n. 9.199/2017. Quanto à lei, evidencia-se que o art. 27 trata do asilo político, que constitui ato discricionário do Estado, sendo que poderá ser diplomático[22] ou territorial[23] e será outorgado como instrumento de proteção à pessoa.

Quanto ao asilo diplomático, quando solicitado no exterior, será concedido em legações, navios de guerra e acampamentos ou aeronaves militares brasileiras, e o

---

[22] Art. 110 do Decreto n. 9.199/2017: "O asilo diplomático consiste na proteção ofertada pelo Estado brasileiro e na condução do asilado estritamente até o território nacional, em consonância com o disposto na Convenção Internacional sobre Asilo Diplomático, promulgada pelo Decreto n. 42.628, de 13 de novembro de 1957.
§ 1º Compete à autoridade máxima presente no local de solicitação de asilo diplomático zelar pela integridade do solicitante de asilo e estabelecer, em conjunto com a Secretaria de Estado das Relações Exteriores, as condições e as regras para a sua permanência no local de solicitação e os canais de comunicação com o Estado territorial, a fim de solicitar salvo-conduto que permita ao solicitante de asilo acessar o território nacional.
§ 2º Considera-se Estado territorial aquele em cujo território esteja situado o local de solicitação de asilo diplomático.
§ 3º A saída não autorizada do local designado pela autoridade de que trata o *caput* implicará a renúncia ao asilo diplomático.
§ 4º Após a chegada ao território nacional, o beneficiário de asilo diplomático será imediatamente informado sobre a necessidade de registro da sua condição".
[23] Art. 111 do Decreto n. 9.199/2017: "O asilo territorial é ato discricionário e observará o disposto na Convenção Internacional sobre Asilo Territorial promulgada pelo Decreto n. 55.929, de 19 de abril de 1965, e os elementos impeditivos constantes da legislação migratória".

territorial, quando solicitado em qualquer ponto do território nacional, perante unidade da Polícia Federal ou representação regional do Ministério das Relações Exteriores[24].

A concessão de asilo é vedada a quem tenha cometido crime de genocídio, crime contra a humanidade, crime de guerra ou crime de agressão, nos termos do Estatuto de Roma do Tribunal Penal Internacional, de 1998, promulgado pelo Decreto n. 4.388, de 25 de setembro de 2002 (art. 28), e a saída do asilado do País sem prévia comunicação implica renúncia ao asilo (art. 29), sendo que compete ao Presidente da República decidir sobre o pedido de asilo político e sobre a revogação de sua concessão, consultado o Ministro de Estado das Relações Exteriores.

A legislação brasileira também estabelece que em nenhuma hipótese a retirada compulsória decorrente de decisão denegatória de solicitação de asilo político ou revogatória da sua concessão será executada para território onde a vida e a integridade do imigrante possam ser ameaçadas e ainda o ato de concessão do asilo político disporá sobre as condições e os deveres a serem observados pelo asilado, devendo o asilado se apresentar à Polícia Federal para fins de registro de sua condição migratória no prazo de trinta dias, contado da data da publicação do ato de concessão do asilo político.

Indubitavelmente que o Continente Americano tem dado grande contribuição para a sua codificação, destacando-se a Convenção de Caracas, de 1954, sendo, por isso mesmo, normas de Direito Americano, uma vez que elas não constam dos projetos apreciados na Conferência das Nações Unidas[25].

Pode-se afirmar que o asilo diplomático é um instituto do Direito Internacional Latino-Americano, visto que aqui alcançou desenvolvimento e uma consagração que não teve em outras regiões da sociedade internacional e, no que se refere ao asilo territorial, importante lembrar como sua característica no Continente Americano a sua codificação com as normas daí decorrentes[26]. É indispensável, portanto, que se contemple mais atentamente tal disciplina não só no Direito Pátrio como também no direito alienígena.

Por fim, reproduz-se interessante tabela[27] que identifica as principais diferenças e semelhanças existentes entre o instituto jurídico do asilo e do refúgio, que será apresentado no capítulo seguinte.

---

[24] O art. 109 do Decreto n. 9.199/2017 assim trata da matéria: "§ 1º Considera-se legação a sede de toda missão diplomática ordinária e, quando o número de solicitantes de asilo exceder a capacidade normal dos edifícios, a residência dos chefes de missão e os locais por eles destinados para esse fim. § 2º O pedido de asilo territorial recebido pelas unidades da Polícia Federal será encaminhado ao Ministério das Relações Exteriores. § 3º O ingresso irregular no território nacional não constituirá impedimento para a solicitação de asilo e para a aplicação dos mecanismos de proteção, hipótese em que não incidirá o disposto no art. 307, desde que, ao final do procedimento, a condição de asilado seja reconhecida".

[25] MELLO, Celso Albuquerque. *Direito internacional americano*. Rio de Janeiro: Renovar, 1995, p. 188: "o que mais se aproxima ao que existe no Continente Americano é a Convenção da Organização da Unidade Africana que regulamenta os aspectos próprios dos problemas dos refugiados na África. Esta convenção é posterior à da OEA".

[26] MELLO, Celso Albuquerque. *Direito internacional americano*. Rio de Janeiro: Renovar, 1995, p. 188.

[27] RODRIGUES, José Noronha. Asilo, refúgio e outras formas de proteção internacional: relacionamento e dife-

Tabela 1. Síntese dos Institutos – Asilo e Refúgio

Asilo	Refúgio
Semelhanças	
Objetivos: ambos visam à proteção de indivíduos por outro Estado que não o de origem e/ou residência habitual dos mesmos	
Fundamentação: ambos se fundam na solidariedade e na cooperação internacionais	
Fundamentação legal: ambos se fundam no respeito pelos direitos humanos e, consequentemente, podem ser entendidos como abarcados pelo Direito Internacional dos Direitos Humanos	
Caráter: ambos têm caráter humanitário [Constituem amparos à vida, integridade, liberdade, segurança e outros direitos fundamentais básicos]	
Proteção Assegurada: a saída compulsória das pessoas é limitada	
Diferenças	
Data da Antiguidade	Nasce no séc. XX
É atualmente praticado, sobretudo, na América Latina	Tem abrangência universal
Temas regionais do século XIX tratados desde o século XIX	Tem como base tratados universais, sendo somente a partir da década de 60 do século XX que passa a ser tema de tratados regionais
Hipóteses discricionárias de concessão. [Todos os instrumentos internacionais que regulam a instituição do asilo, incluindo a Declaração Universal dos Direitos do Homem reconhecem ao indivíduo o direito a solicitar asilo, mas atribuem ao Estado a autoridade de considerar a possibilidade de conceder ou negar este mesmo pedido de asilo]	Hipóteses claras de reconhecimento do *status* de refugiado
Limitado a questões políticas	Cinco motivos (opinião política, raça, religião, nacionalidade e pertencimento a grupo social)
Baseia-se na perseguição em si	O elemento essencial da sua caracterização é o bem fundado temor de perseguição, ou seja, a perseguição não precisa ter sido materializada
Não existe um órgão internacional encarregado de fiscalizar a prática de asilo	Exige que um indivíduo esteja fora do seu estado de origem e/ou nacionalidade
Não há cláusulas de exclusão	Tem limitações quanto às pessoas que podem gozar dele (cláusula de exclusão), para que seja coerente com os princípios e propósitos da ONU, uma vez que é um órgão dessa organização que fiscaliza a sua atuação

renças conceituais. *INTER – Revista de Direito Internacional e Direitos Humanos da UFRJ*, v. 4, n. 1, jan./jun. 2021. Disponível em: https://revistas.ufrj.br/index.php/inter/article/view/41667. Acesso em: 19 jun. 2023. p. 68-119.

Asilo	Refúgio
Diferenças	
Não há cláusulas de cessação	A proteção concedida pelo refúgio tem previsões para deixar de existir (cláusula de cessação)
A decisão de concessão de asilo é constitutiva	Reconhecimento do *status* de refugiado é declaratório
Da concessão não decorrem obrigações internacionais para o Estado de acolhimento	Do reconhecimento do *status* de refugiado decorrem obrigações internacionais ao Estado de acolhimento
Dele não decorrem políticas de integração local	Dele devem decorrer políticas de integração local dos refugiados

Capítulo XV
O Refúgio à Luz dos Direitos Humanos

1. INTRODUÇÃO

A migração contínua e maciça de grande número de pessoas[1] tem produzido sérias consequências tanto no local de onde vieram como também no local de chegada[2]. Todavia, apesar das dificuldades observadas, desde a saída até a chegada ao destino final, o número de refugiados tem aumentado de maneira significativa em vários cantos do planeta, posto que as pessoas se deslocam com a esperança de se instalar em determinado Estado para dar início a uma "nova vida", sem pressões, contratempos, ameaças, enfim, sem os perigos que se manifestavam em seu país de origem.

O problema das migrações tem se acentuado nos últimos tempos, em especial a partir do ano de 2015, particularmente no continente europeu[3], provocando inclusive, a morte daqueles que buscavam melhores oportunidades em outros países. A matéria é

---

[1] GIDDENS, Anthony. *Global Europe, social Europe*. Cambridge: Polity Press, 2006, p. 26, lembra, já naquele ano, que o tema que corresponde à imigração tem-se apresentado como um "tema quente" na Europa: "Immigration has become one of the hottest of hot topics across Europe. The term 'immigrant', of course, covers a multitude of differences. There are immigrants from 150 different countries living in the UK, for example. Great variations can exist among those coming from the same country, depending upon differences in socioeconomic background, ethnicity, culture and others factors".

[2] Na mesma direção, MAIA, Rui Leandro Alves. *O sentido das diferenças*: migrantes e naturais. Lisboa: Fundação Calouste Gulbenkian, 2003, p. 41: "Qualquer que seja o sentido que dermos às migrações (internacionais ou internas), permanecem sempre como condicionamentos de explicação os elementos espaço e tempo. As migrações abrangem um número significativo de pessoas que, mudando de um espaço para outro, provocam alterações no tamanho e composição das populações envolvidas: a do espaço da origem e a do espaço do acolhimento".

[3] Mais de 700 mil imigrantes e refugiados chegaram à Europa pelo Mediterrâneo neste ano e 3.210 morreram ou estão desaparecidos, informou nesta terça-feira (27) o ACNUR (agência da ONU para os Refugiados). O número é recorde e supera de longe o do ano passado (de pouco mais de 200 mil) e as estimativas para este ano, que previam que o número de 700 mil seria atingido apenas no fim de dezembro.
Segundo a agência da ONU, um total de 705.200 migrantes e refugiados cruzaram o Mediterrâneo no decorrer deste ano, dos quais 562.355 chegaram à Grécia e 140 mil à Itália. Disponível em: <http://g1.globo.com/mundo/noticia/2015/10/mais-de-700-mil-migrantes-chegaram-europa-pelo-mediterraneo-em-2015.html>. Acesso em: 8 nov. 2015.

complexa tanto do ponto de vista econômico, social e político como também do jurídico pelo próprio significado da expressão Refúgio e Migrante.

Dado o uso indiscriminado dos termos *refugiado* e *migrante*, o ACNUR[4] incentiva e apresenta alguns aspectos gerais sobre os institutos: os refugiados são pessoas que escaparam de conflitos armados ou perseguições. Com frequência, sua situação é tão perigosa e intolerável que devem cruzar fronteiras internacionais para buscar segurança nos países mais próximos, e então se tornarem um 'refugiado' reconhecido internacionalmente, com o acesso à assistência dos Estados, do ACNUR e de outras organizações. São reconhecidos como tal, precisamente porque é muito perigoso para eles voltar ao seu país e necessitam de um asilo em algum outro lugar. Para estas pessoas, a negação de um asilo pode ter consequências vitais. A proteção dos refugiados tem muitos ângulos, que incluem a proteção contra a devolução aos perigos dos quais eles já fugiram; o acesso aos procedimentos de asilo justos e eficiente; e medidas que garantam que seus direitos humanos básicos sejam respeitados e que lhes seja permitido viver em condições dignas e seguras que os ajudem a encontrar uma solução a longo prazo. Os Estados têm a responsabilidade primordial desta proteção. Portanto, o ACNUR trabalha próximo aos governos, assessorando-os e apoiando-os para implementar suas responsabilidades.

Os migrantes escolhem se deslocar não por causa de uma ameaça direta de perseguição ou morte, mas principalmente para melhorar sua vida em busca de trabalho ou educação, por reunião familiar ou por outras razões. À diferença dos refugiados, que não podem voltar ao seu país, os migrantes continuam recebendo a proteção do seu governo. Para os governos, estas distinções são importantes. Os países tratam os migrantes de acordo com sua própria legislação e procedimentos em matéria de imigração, enquanto tratam os refugiados aplicando normas sobre refúgio e a proteção dos refugiados – definidas tanto em leis nacionais como no direito internacional. Os países têm responsabilidades específicas frente a qualquer pessoa que solicite refúgio em seu território ou em suas fronteiras. A política tem maneiras de intervir nestes debates. Confundir os termos *refugiado* e *migrante* pode gerar sérias consequências na vida e na segurança dos refugiados. Misturá-los desvia a atenção das salvaguardas legais específicas que os refugiados requerem e pode prejudicar o apoio público aos refugiados e a instituição do refúgio, num momento em que mais refugiados necessitam desta proteção. Necessitamos tratar a todos os seres humanos com respeito e dignidade. Necessitamos nos assegurar que os direitos humanos dos migrantes sejam respeitados. Ao mesmo tempo, também precisamos prover uma resposta legal adequada aos refugiados, devido à sua problemática particular.

---

[4] Disponível em: <http://www.acnur.org/t3/portugues/noticias/noticia/refugiado-ou-migrante-o-acnur-incentiva-a-usar-o-termo-correto>. Acesso em: 8 nov. 2015.

Em relação ao grande número de pessoas que tem chegado este ano e no ano passado em embarcações na Grécia, Itália e demais lugares: são refugiados ou migrantes? De fato, são ambos. A maioria das pessoas que tem chegado, este ano, na Itália e na Grécia, em particular, vem de países afetados pela guerra ou países que são considerados como de origem de refugiados, e, portanto, necessitam de proteção internacional. Entretanto, uma parte menor deles vem de outros lugares e para muitas destas pessoas o termo migrante seria mais apropriado. Consequentemente, no ACNUR chamamos de 'refugiados e migrantes' quando nos referimos ao deslocamento de pessoas por mar ou em outras circunstâncias, onde acreditamos que ambos os grupos possam estar presentes – as travessias marítimas no sudeste da Ásia são outro exemplo. Dizemos refugiados quando nos referimos a pessoas que fugiram da guerra ou perseguição e cruzaram uma fronteira internacional. E dizemos migrantes quando nos referimos a pessoas que se deslocaram por razões que não se encaixam na definição legal de refugiado. Esperamos que outros aceitem fazer o mesmo. Escolher as palavras adequadas é importante.

Com efeito, conforme acentuam alguns autores[5], o refúgio não é um instituto jurídico que nasce da vontade de um Estado soberano de ofertar proteção a um cidadão estrangeiro que se encontra em seu território – é tão somente o reconhecimento de um direito preexistente à demanda formal do indivíduo. Questionamentos ao conceito de refugiado há tempos já são levantados frente à insurgência de novos desafios impostos à comunidade internacional, como indica o número crescente de pessoas deslocadas em decorrência de miséria extrema ou mesmo os migrantes por razões ambientais.

O instituto dos refugiados nos dias atuais abarca várias situações que versam sobre perseguições por motivos de raça, religião, nacionalidade, opiniões políticas que contrariem os interesses de grupos que estejam à frente de um Estado, dentre outros. Mas até que se chegasse nesse nível de proteção, evidencia-se que questões relativas a conflitos foram importantes para o desenvolvimento da matéria.

2. BREVES ANTECEDENTES

O instituto surge no contexto de grandes conflitos internacionais produzidos no curso do século XX. Isso porque surgem problemas logo no início do século passado, em especial, por disputas territoriais e pela necessidade de serem estabelecidos novos marcos fronteiriços que propiciaram vários problemas para a sociedade civil, conforme demonstrado na presente obra, no capítulo VIII, tópico 1.

Sem dúvida que a Liga das Nações estabeleceu alguns pressupostos interessantes para o Direito Internacional, como já apresentado neste Curso, mas deve ser novamente acentuada as previsões genéricas relativas aos direitos humanos. Nesse contexto, ganha

---

[5] WALDELY, Aryadne Bittencourt; VIRGENS, Bárbara Gonçalves; ALMEIDA, Carla Miranda Jordão. *Refúgio e realidade*: desafios da definição ampliada de refúgio à luz das solicitações no Brasil. Disponível em: <http://www.scielo.br/pdf/remhu/v22n43/v22n43a08.pdf>.

relevo o Alto Comissariado sobre Refugiados, criado com o propósito de fazer frente aos grandes deslocamentos de pessoas provocados pela divisão de alguns Estados europeus como consequência do Tratado de Versalhes e pela guerra civil produzida na extinta União Soviética, em 1917.

Foi assim que em 1921 a Liga das Nações nomeou como Alto Comissário para os Refugiados Fridjof Nansen que, posteriormente, foi indicado para o Prêmio Nobel da Paz, em 1922, pelo trabalho profícuo e exitoso junto aos assentamentos de armênios, gregos, turcos, assírios, russos etc. Frise-se, por oportuno, que tais ações ocorreram em razão dos desdobramentos do fim da Primeira Guerra Mundial, da Guerra entre Gregos e Turcos (1922) e dos episódios provenientes da Revolução Russa[6].

Mas a problemática dos refugiados passou a ganhar amplitude em decorrência dos acontecimentos produzidos por ocasião da Segunda Guerra Mundial, na qual milhares de pessoas foram deslocadas de seus Estados de origem, produzindo um cenário bastante adverso, especialmente na Europa.

Dessa forma, a ação desenvolvida pelos Estados, antes mesmo de iniciarem os trabalhos da ONU, resultou na criação, em 1943, da UNRRA (United Nations Relief and Rehabilitation Administration). Já no ano de 1947, portanto na vigência das Nações Unidas, houve a transferência de atribuições e bens para uma organização internacional constituída com o propósito de cuidar da matéria relativa aos refugiados: a Organização Internacional dos Refugiados.

A citada Organização Internacional estava sediada em Genebra e conseguiu lograr resultados exitosos, em que pese a sua curta existência, como no equacionamento do assentamento de aproximadamente um milhão de pessoas e a repatriação de mais de 60 mil pessoas, como nas palavras de Guido Soares:

Em 15 de dezembro de 1946, a Assembleia Geral da ONU, em votação estreita, a provar que o assunto dos refugiados já era uma questão política na Guerra Fria (30 a

---

[6] Nesse sentido, DINH, Nguyen Quoc, DAILLIER, Patrick, PELLET, Alain. *Direito internacional público*. 2. ed. Lisboa: Fundação Calouste Gulbenkian, 2003, p. 691: "Em 1921, o Alto Comissariado para os Refugiados Russos viu a luz do dia no seio da Sociedade das Nações. Ele tomou a responsabilidade pelos refugiados do Próximo-Oriente em 1928. Nansen, o seu Diretor, inventou o célebre título especial de viagem que devia levar o seu nome (passaporte Nansen) entregue pela Sociedade das Nações e permitindo aos seus detentores circular entre os Estados que reconhecessem a sua validade. A partir de 1933, os refugiados alemães vieram engrossar em massa as filas de protegidos desse organismo. Mesmo antes da Segunda Guerra Mundial, a UNRRA (United Nations Relief and Rehabilitation Administration) foi criada para se ocupar das 'pessoas deslocadas', termo novo designando as gentes que tinham sido deportadas durante as hostilidades. A tarefa principal desse organismo era facilitar o seu repatriamento. Como mais de um milhão de pessoas se recusou a regressar ao seu lar, era necessário ajudá-los a encontrar uma terra de acolhimento onde pudessem se instalar. Face a esse novo problema foi estabelecida uma verdadeira organização internacional: a Organização Internacional dos Refugiados (OIR) ligada à ONU como instituição especializada (Resolução n. 62, de 15 de dezembro de 1946). De 1946 a 1950, ela repatriou com sucesso 70.000 refugiados e instalou no seu país de acolhimento mais de um milhão de outros. Em 1950, a OIR foi substituída pelo Alto Comissariado das Nações Unidas para Refugiados, que continua em funções".

favor, 5 contra e 18 abstenções), instituiria a Organização Internacional para os Refugiados, sediada em Genebra, que em sua curta vida teve a participação de apenas 18 Estados do sistema das Nações Unidas e equacionou a questão de assentamentos de um milhão de pessoas, basicamente dos EUA, a repatriação de mais de 63 mil pessoas e conseguiu que 410 mil pessoas permanecessem nos países onde se encontravam refugiadas, tendo deixado um saldo de 410 mil refugiados a cargo da entidade que lhe sucederia[7].

Com efeito, em decorrência da baixa adesão pelos Estados integrantes da ONU, decidiu-se que deveria ser constituído um novo organismo que cuidasse do problema dos refugiados. Assim, em 3 de dezembro de 1949, foi criado o Alto Comissariado das Nações Unidas para os Refugiados (ACNUR), cujo estatuto foi aprovado em 14 de dezembro de 1950, com o propósito de encontrar soluções duradouras para a questão dos refugiados.

A função básica do ACNUR, cuja sede é em Genebra, é a de dar proteção aos refugiados, isto é, para as pessoas que não podem gozar de proteção em seus países de origem. Assim, o ACNUR trabalha no sentido de garantir a permanência do indivíduo em determinado Estado (proibição da repatriação forçada) com a obtenção de um *status* favorável no país em que foram recebidos, bem como procura assistir os refugiados em termos materiais até que possam ter condições de mantença no Estado que os abrigou.

3. O CONCEITO DE REFUGIADO À LUZ DO DIREITO INTERNACIONAL

Preliminarmente, cumpre acentuar, valendo-se aqui das palavras de Guido, que a Convenção de 1951, que trata do Estatuto dos Refugiados, teria surgido com grandes dificuldades: "havia a necessidade de se reconhecer a situação das pessoas que tinham se beneficiado das normas votadas pela Sociedade das Nações; havia, igualmente, necessidade de precisar a situação daquelas pessoas a quem não fora possível aplicar as normas da Organização Internacional dos Refugiados (essas, por sua vez, sucessoras das normas da UNRRA), mas cujos direitos a refúgio não estavam excluídos; as necessidades de regular-se a situação dos refugiados antes da constituição do ACNUR, ou seja, 'acontecimentos anteriores a 1951'"[8].

A tais condicionamentos de ordem temporal, que passaram a ser denominados "reserva temporal", havia ainda a questão de definir-se qual a extensão geográfica dos acontecimentos que deram origem à situação de refugiados, ou seja, se acontecimentos ocorridos unicamente na Europa, ou ocorridos na Europa ou alhures. Tais dificuldades, ademais, eram acentuadas pelo posicionamento político dos países do bloco socialista naquele momento histórico em que as questões dos direitos humanos, particularmente dos refugiados, apresentavam-se

---

[7] SOARES, Guido. *Curso de direito internacional público.* São Paulo: Atlas, 2002, p. 394.

[8] SOARES, Guido. *Curso de direito internacional público.* São Paulo: Atlas, 2002, p. 396.

como um dos motivos para a oposição Leste-Oeste, dada a inflexibilidade de não se arredarem do conceito de que o tema constituía domínio reservado dos Estados.

Em decorrência desses aspectos, a Convenção relativa ao estatuto dos refugiados de 1951 define refugiado como qualquer pessoa que: "foi considerada refugiada nos termos dos ajustes de 12 de maio de 1926 e de 30 de junho de 1928, ou das Convenções de 28 de outubro de 1933 e de 10 de fevereiro de 1938, além do Protocolo de 14 de setembro de 1939, ou ainda da Constituição da Organização Internacional dos Refugiados; as decisões de inabilitação tomadas pela Organização Internacional dos Refugiados durante o período do seu mandato não constituem obstáculo a que a qualidade de refugiados seja reconhecida a pessoas que preencham as condições previstas no '§ 2º da presente seção'; em consequência dos acontecimentos ocorridos antes de 1º de janeiro de 1951 e temendo ser perseguida por motivos de raça, religião, nacionalidade, grupo social ou opiniões políticas, encontra-se fora do país de sua nacionalidade e que não pode ou, em virtude desse temor, não quer valer-se da proteção desse país, ou que, se não tem nacionalidade e se encontra fora do país no qual tinha sua residência habitual em consequência de tais acontecimentos, não pode ou, devido ao referido temor, não quer voltar a ele; no caso de uma pessoa que tem mais de uma nacionalidade, a expressão "do país de sua nacionalidade" refere-se a cada um dos países dos quais ela é nacional. Uma pessoa que, sem razão válida fundada sobre um temor justificado, não se houver valido da proteção de um dos países de que é nacional, não será considerada privada da proteção do país de sua nacionalidade.

É importante registrar que o conceito estabelecido para refugiado, conforme preconiza a Convenção de 1951, tem sido alargado[9] em vários momentos, contemplando situações novas e não agasalhadas pela referida norma internacional, como se depreende da leitura do Protocolo sobre o Estatuto dos Refugiados, de 1966[10].

Corroborando este entendimento é que alguns autores alertam para o alargamento e magnitude de tal fato, não podendo, por isso mesmo, adotar um conceito

---

[9] FIGUEIRA, Rickson Rios. Refugiados do mar: a extraterritorialidade do princípio do *non refoulement* e o direito do mar. In: MENEZES, Wagner. *Direito do mar*. Belo Horizonte: Arraes, 2015, p. 204, também apresenta a mesma ideia, que aqui é preconizada: "O sistema jurídico de proteção dos refugiados está deveras associado à emergência internacional de um sistema jurídico geral de direitos humanos – ainda que o direito dos refugiados também tenha suas bases nos primeiros precedentes do direito que regula as responsabilidades por danos causados a estrangeiros e nos esforços internacionais para a proteção de minorias nacionais".

[10] O Protocolo sobre o Estatuto dos Refugiados, de 1966, alargou o conceito ao dispor em seu artigo I, 2 e 3 que: "o termo 'refugiados', salvo no que diz respeito à aplicação do parágrafo 3 do presente artigo, significa qualquer pessoa que se enquadre na definição dada no artigo primeiro da Convenção, como se as palavras 'em decorrência dos acontecimentos ocorridos antes de 1º de janeiro de 1951 e...' e as palavras '...como consequência de tais acontecimentos' não figurassem do parágrafo 2 da seção A do artigo primeiro. O presente Protocolo será aplicado pelos Estados Partes sem nenhuma limitação geográfica; entretanto, as declarações já feitas em virtude da alínea *a* do parágrafo 1 da seção B do artigo primeiro da Convenção aplicar-se-ão, também, no regime do presente Protocolo, a menos que as obrigações do Estado declarante tenham sido ampliadas de conformidade com o parágrafo 2 da seção B do artigo primeiro da Convenção".

estático para o instituto do refúgio ao afirmarem que: "É notório que esta definição não se adapta facilmente à magnitude, escala e natureza de muitos dos atuais conflitos ou situações de violência e dos movimentos dos refugiados, evidenciando que o conceito de refugiado não é e não pode ser considerado um conceito estático, tal qual nenhuma norma ou conceito jurídico o é. O Direito é, pois, uma expressão constante da experiência social de modo que as normas refletem comportamentos e fatos sociais e não o contrário, sob risco de ficarem caducas e ineficazes. Assim, é preciso ter atenção aos casos empíricos que evidenciam que há muitas outras pessoas deslocadas que não estão incluídas nas atuais definições de refugiado, todavia também não estão excluídas. Cite-se aquelas pessoas que deixaram seus países de origem em razão de situações terríveis como miséria econômica generalizada, fragilidade democrática e tantas outras formas de violação ou restrição a direitos fundamentais, mas que não são consideradas oficialmente refugiadas, vez que estas situações não são vislumbradas no regime atual"[11].

O Comitê Executivo do ACNUR reconheceu aos Estados, no exercício de sua soberania, a possibilidade de considerar que as mulheres se apresentem como "um determinado grupo social", sendo contempladas na Convenção de 1951. Do mesmo modo a Convenção Africana, que expande a condição de refugiado para os casos de agressão, dominação estrangeira e acontecimentos que perturbem gravemente a ordem pública do país.

A definição ampliada e a clássica não devem ser consideradas excludentes e incompatíveis, mas sim complementares. Nesse sentido, vale destacar o estudo realizado por Talavera e Moyano:

"El concepto de refugiado tal como es definido en la Convención y el Protocolo constituye una base legal apropiada para la protección de los refugiados a través del mundo. Esto no impide la aplicación de un concepto de refugiado más amplio. Ambos conceptos de refugiados no deberán ser considerados como mutuamente excluyentes. El concepto ampliado deberá ser más bien considerado como un instrumento técnico efectivo para facilitar su amplia humanitaria aplicación en situaciones de flujos masivos de refugiados"[12].

O conceito de refugiado[13] pode ser descrito como todo o indivíduo que, em decorrência de fundados temores de perseguição, seja relacionado a sua raça, religião,

---

[11] WALDELY, Aryadne Bittencourt; VIRGENS, Bárbara Gonçalves; ALMEIDA, Carla Miranda Jordão. *Refúgio e realidade*: desafios da definição ampliada de refúgio à luz das solicitações no Brasil. Disponível em: <http://www.scielo.br/pdf/remhu/v22n43/v22n43a08.pdf>.

[12] TALAVERA, Fabián Novak; MOYANO, Luis García Corrochano. *Derecho internacional público*. Lima: Fondo Editorial de la PUC, 2002, p. 317.

[13] Importante destacar a existência do Manual de procedimentos e critérios para a determinação da condição de refugiado, de acordo com a convenção de 1951 e o protocolo de 1967 relativos ao estatuto dos refugiados. Disponível em: <ttp://www.acnur.org/t3/fileadmin/scripts/doc.php?file=t3/fileadmin/Documentos/portugues/Publicacoes /2013/Manual_de_procedimentos_e_criterios_para_a_determinacao_da_condicao_de_refugiado>.

nacionalidade, associação a determinado grupo social ou opinião política e também por fenômenos ambientais, encontra-se fora de seu país de origem e que, por causa dos ditos temores, não pode ou não quer regressar a ele[14].

De fato, o refúgio é um instituto que persiste ao longo dos anos em razão dos vários problemas que afligem indivíduos, que acabam tendo a necessidade de promover a troca de ambientes para manter a esperança de continuar vivos.

3.1. "Clandestinos" ou refugiados?

O termo "clandestino" comumente é utilizado de maneira preconceituosa e, no plano jurídico, acaba por afastar a situação de vulnerabilidade social que se encontra correspondente ao refúgio. No âmbito do Direito Marítimo a expressão é consagrada e foi internalizada no ordenamento jurídico[15]. Em outra oportunidade[16], a matéria foi apresentada em sintonia com o estudo do refúgio, tendo sido empregada a expressão acompanhada por aspas, o que também se utilizará neste momento. Evidencia-se que o "clandestino" guarda relação com a matéria, pois trata-se de tipo específico de refugiado ainda não reconhecido, e pouco debatido, pela comunidade jurídico-internacional.

Com efeito, conforme acentuado em tópicos anteriores, há muitos países que passam por problemas sociais que culminam nos grandes fluxos migratórios. Uma das formas que tem sido utilizadas para ingressar em território estrangeiro, de maneira clandestina, ocorre por meio de embarcações. Muitos chegam ao seu destino final, escondidos nos lugares mais improváveis (dentro do paiol da amarra; do forro das paredes; na madre do leme; contêineres vazios; porões de carga; tanques; guindastes etc.), vivos ou mortos[17], durante longas travessias. Trata-se de prática

---

[14] Para o ACNUR, refugiado é toda pessoa que se encontra fora de seu país de nacionalidade devido a um temor provocado por perseguição por razões de raça, religião ou nacionalidade; por pertencer a determinado grupo social ou por ter determinada opinião política.

[15] Item 2.7.6 do Anexo da Convenção sobre a Facilitação do Tráfego Marítimo Internacional, de 1965 (FAL Convention), internalizado pelo Decreto n. 80.672/1977, art. 172, do Decreto n. 9.199/2017, itens 0110 e 0316, da NORMAM-08 e item 0106, "b", 5, da NORMAM-09/DPC.

[16] GUERRA, Sidney. PIMENTA, Lucas. Clandestinos e situação de refúgio. *Revista Direito Mackenzie*, v. 17, n. 1, 2023.

[17] Há registros de agressões mútuas entre refugiados e tripulantes, bem como de "clandestinos" que chegaram ao Brasil contaminados por malária, subnutridos, desidratados, torturados ou mesmo suicídios, como no caso de suicídio de "clandestino", que se enforcou com tiras de lençol presas a um cano do teto do compartimento onde foi alocado, pode ser lido no acórdão do Tribunal Marítimo referente ao Processo n. 20.630/2003. Nota-se que, consoante o laudo pericial, o "clandestino" passou a apresentar sinais de depressão quando soube que iria retornar ao país de origem naquele mesmo navio, aproveitando a viagem de retorno da embarcação. Já no Processo n. 21.200/2004, o estrangeiro foi encontrado no meio da carga de fosfato de cálcio, vindo a falecer a bordo de asfixia mecânica por aspiração maciça de conteúdo tóxico. Como exemplo final, tem-se o Processo n. 25.774/2011, em

corriqueira, com variadas violações a direitos humanos, mas, muitas vezes, desconhecida da população. Isso porque, comumente, ao se referir da matéria, associa-se apenas aos refugiados que "tentam a sorte", ao promover travessias desesperadas no Mar Mediterrâneo, ao utilizarem botes e barcos artesanais lotados, na tentativa de fugirem de conflitos e guerras na África e Oriente Médio, em direção à Grécia ou à Itália. Porém, a prática demonstra uma infinidade de "invisíveis' que viajam de maneira clandestina nos navios mercantes.

Impende assinalar que estas pessoas não se encaixam na definição de "marítimos refugiados" estampada no art.11 da Convenção de Genebra de 1951, porquanto este dispositivo internacional abarca a figura de refugiados empregados como membros da tripulação do navio.

A Convenção sobre a Facilitação do Tráfego Marítimo Internacional, de 1965, (FAL Convention), da Organização Marítima Internacional (IMO), internalizada pelo Brasil por meio do Decreto n. 80.672/1977, traz medidas preventivas e as práticas recomendadas de tratamento de "clandestinos" a bordo. Ainda, as Resoluções IMO A. 871 (20), de 1997, e A. 1027 (26), de 2009, são importantes instrumentos internacionais, em que se procura uniformizar e humanizar o tratamento da tripulação a um "clandestino" encontrado a bordo.

O "clandestino" para sobreviver por longos dias em alto mar precisa ter "sorte", pois a travessia apresenta-se de maneira desafiadora e, muitas vezes, ao conseguir chegar em "terra firme" não lhe garante a paz e tranquilidade almejada. A título ilustrativo, o indivíduo que se encontra em elevado estado de vulnerabilidade social, ao desembarcar do navio que viajou de maneira clandestina, terá que passar pelos procedimentos e protocolos estabelecidos pelo Estado nacional que se encontra. Por diversas vezes, sequer possui passaporte ou qualquer outro documento e, diferentemente do que acontece com pessoas que migram por via terrestre, os provenientes do mar não têm contato com ONGs, Cáritas ou outras entidades que trabalham com a proteção dos direitos humanos. Somado a tudo isso, a dificuldade com o idioma; em várias ocasiões esses "clandestinos" são migrantes africanos que utilizam dialetos próprios que dificultam ou impedem a comunicação com os agentes estatais. Portanto, a situação jurídica dos "clandestinos" precisa ser melhor observada no Brasil e no sistema internacional, notadamente por aqueles internacionalistas que vivenciam a realidade prática dos tribunais que apreciam a matéria, devendo ser conferido aos mesmos o *status* de refugiado.

---

que dois "clandestinos" atacaram tripulantes que serviam o café da manhã com uma lâmpada fluorescente quebrada e um pedaço de espelho da enfermaria.

4. A SITUAÇÃO ATUAL NO MUNDO, EM CONFORMIDADE COM RELATÓRIO PRODUZIDO PELO ACNUR[18]

O relatório anual apresenta claro crescimento no número de pessoas forçadas a deixar suas casas. O número de pessoas que fugiram de guerras, perseguições e conflitos superou a marca de 89 milhões em 2021. Este é o maior nível de deslocamento forçado registrado pela Agência da ONU para Refugiados (ACNUR), conforme dados divulgados no relatório anual do ACNUR Tendências Globais (*Global Trends*)[19].

Esta tendência de crescimento tem sido principalmente verificada desde 2011, quando se iniciou a guerra na Síria – e que se transformou no maior evento individual causador de deslocamento no mundo. Em 2014, uma média de 42,5 mil pessoas por dia se tornaram refugiadas, solicitantes de refúgio ou deslocadas internas – um crescimento quadruplicado em apenas quatro anos. No relatório publicado no ano de 2019, verificou-se que o total de 70,8 milhões era uma estimativa conservadora, especialmente porque o número refletia apenas parcialmente a crise na Venezuela. No total, cerca de 4 milhões de venezuelanos saíram do país desde 2015, tornando essa uma das mais recentes e maiores crises de deslocamento forçado no mundo. O Alto Comissário das Nações Unidas para Refugiados, Filippo Grandi, enfatizou:

---

[18] "A guerra na Ucrânia foi o principal fator de deslocamento em 2022. O número de pessoas refugiadas da Ucrânia aumentou de 27.300 no final de 2021 para 5,7 milhões no final de 2022 – representando o fluxo mais rápido de pessoas refugiadas em qualquer lugar desde a Segunda Guerra Mundial. As estimativas para o número de refugiados do Afeganistão eram muito maiores no final de 2022 devido a estimativas revisadas de afegãos acolhidos no Irã, muitos dos quais chegaram em anos anteriores. Da mesma forma, o relatório refletiu as revisões para cima feitas pela Colômbia e pelo Peru dos números de venezuelanos, em sua maioria categorizados como 'outras pessoas com necessidade de proteção internacional' acolhidas nesses países. Os números também confirmaram que, seja medido por meios econômicos ou pela proporção populacional, são os países de baixa e média renda do mundo – e não os estados ricos – que recebem a maioria das pessoas deslocadas. Os 46 países menos desenvolvidos respondem por menos de 1,3% do produto interno bruto global, mas abrigaram mais de 20% de todas as pessoas refugiadas. O financiamento para as inúmeras situações de deslocamento e para apoiar os países de acolhida ficou aquém do necessário no ano passado, permanecendo lento em 2023 à medida que as necessidades aumentam. Embora o número total de deslocados tenha continuado a crescer, o relatório Tendências Globais também mostrou que as pessoas forçadas a se deslocar não estão condenadas ao exílio, mas podem voltar para casa de forma voluntária e segura. Em 2022, mais de 339.000 refugiados retornaram a 38 países e, embora tenha sido menos do que no ano anterior, houve retornos voluntários significativos para Sudão do Sul, Síria, Camarões e Costa do Marfim. Enquanto isso, 5,7 milhões de pessoas deslocadas internas retornaram em 2022, principalmente na Etiópia, Mianmar, Síria, Moçambique e República Democrática do Congo. No final de 2022, estima-se que 4,4 milhões de pessoas em todo o mundo eram apátridas ou de nacionalidade indeterminada, 2% a mais do que no final de 2021." Deslocamento forçado atinge novo recorde em 2022, e ACNUR pede ação conjunta. Disponível em: <https://www.acnur.org/portugues/2023/06/14/deslocamento-forcado-atinge-novo-recorde-em-2022-e-acnur-pede-acao-conjunta/>. Acesso em: 24 jun. 2023.

[19] Disponível em: <https://www.unhcr.org/globaltrends.html>. Acesso em: 5 set. 2022.

"O que os dados revelam é uma tendência de crescimento no longo prazo do número de pessoas que necessitam proteção por causa de guerras, conflitos e perseguições. Se a linguagem sobre refugiados e migrantes é frequentemente diversionista, também testemunhamos uma imensa onda de generosidade e solidariedade, vinda especialmente das comunidades que acolhem refugiados. Percebemos também um engajamento sem precedentes de novos atores, como agências de desenvolvimento, empresas privadas e indivíduos – que não somente refletem, mas também exemplificam o espírito do Pacto Global sobre Refugiados. Precisamos agir a partir destes exemplos positivos e redobrar nossa solidariedade com aqueles milhares de inocentes que são forçados a saírem de suas casas todos os dias"[20].

O ACNUR mostra que as populações refugiadas e de deslocados internos cresceram em todas as regiões do mundo e que nos últimos anos, pelo menos 15 conflitos se iniciaram ou foram retomados: oito na África (Costa do Marfim, República Centro-Africana, Líbia, Mali, nordeste da Nigéria, República Democrática do Congo, Sudão do Sul e Burundi, neste ano); três no Oriente Médio (Síria, Iraque e Iêmen); um na Europa (Ucrânia); e três na Ásia (Quirguistão e em diferentes áreas de Mianmar e Paquistão). Poucas dessas crises foram solucionadas e muitas ainda geram novos deslocamentos. Em 2014, apenas 126,8 mil refugiados conseguiram retornar para seus países de origem – o menor número em 31 anos.

Enquanto isso, conflitos longevos no Afeganistão, na Somália e em outros lugares fazem com que milhões de pessoas originárias destas regiões permaneçam em movimento, à margem da sociedade ou vivendo a incerteza de continuarem como refugiadas ou deslocadas internas por muitos anos. Entre as mais recentes e visíveis consequências dos conflitos globais está o dramático crescimento de refugiados que, em busca de proteção, realizam jornadas marítimas perigosas no Mediterrâneo, no Golfo de Áden, no Mar Vermelho e no Sudeste da Ásia.

Há, conforme o relatório de tendências globais, publicado em 2021, três grupos distintos. O primeiro é de refugiados, que são pessoas forçadas a sair de seus países por causa de conflitos, guerras ou perseguições. Em 2018, o número de refugiados chegou a 25,9 milhões de pessoas em todo o mundo, 500 mil a mais do que em 2017. Também estão incluídos no total os 5,5 milhões de refugiados palestinos sob o mandato da Agência da ONU de Assistência aos Refugiados Palestinos (UNRWA). De 2020 para 2021, o número de refugiados no mundo aumentou de 20,7, em 2020, para 21,3 milhões, no final de 2021, mais que o dobro dos 10,5 milhões de uma década atrás. O número de venezuelanos deslocados no exterior também aumentou, de 3,9 milhões para 4,4 milhões, no mesmo período. Ao longo do ano, 794.100 pessoas receberam proteção internacional de forma individual (494.900) ou em grupo (299.200). O segundo grupo é de solicitantes de refúgio, caracterizados por pessoas que se encontram fora de seus países de origem, mas que recebem proteção internacional enquanto aguardam a decisão de seus pedidos de refúgio; até o final de 2018, havia 3,5 milhões de solicitantes de refúgio no mundo e o terceiro e maior grupo, composto por 41,3 milhões de pessoas que foram forçadas a

---

[20] Disponível em: <https://www.acnur.org/portugues/2019/06/19/deslocamento-global-supera-70-milhoes/>. Acesso em: 10 abr. 2020.

sair de suas casas, mas que permaneceram dentro de seus próprios países, os denominados deslocados internos[21].

4.1. Crianças são a metade

O relatório *Tendências Globais* mostra que 13,9 milhões de pessoas se somaram ao número de novos deslocados, apenas em 2014 – quatro vezes mais que em 2010. Em todo o mundo, foram contabilizados 19,5 milhões de refugiados (acima dos 16,7 milhões de 2013), 38,2 milhões de deslocados dentro de seus próprios países (contra 33,3 milhões em 2013) e 1,8 milhão de solicitantes de refúgio (em comparação com 1,2 milhão em 2013). Um dado alarmante: metade dos refugiados no mundo é formada por jovens e crianças de até 18 anos de idade.

"Com enorme falta de financiamento e grandes falhas no regime global de proteção das vítimas de guerras, as pessoas com necessidade de compaixão, ajuda e refúgio estão sendo abandonadas", afirmou Guterres. "Para uma época de deslocamento massivo sem precedentes, necessitamos de uma resposta humanitária também sem precedentes, e um compromisso global renovado de tolerância e proteção para as pessoas que fogem de conflitos e perseguições", disse o Alto Comissário.

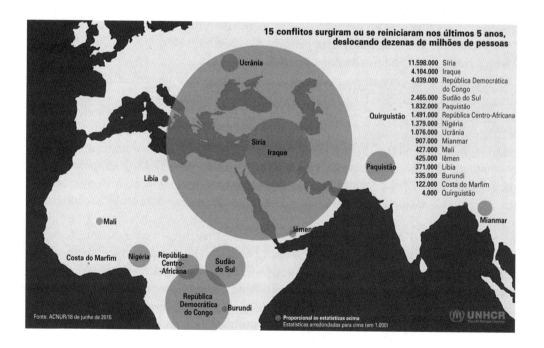

---

[21] Disponível em: <https://www.acnur.org/portugues/2019/06/19/deslocamento-global-supera-70-milhoes/>. Acesso em: 10 abr. 2020.

A Síria tem a maior população de deslocados internos (7,6 milhões) e também é o principal país de origem de refugiados (3,88 milhões, ao final de 2014) no mundo. O Afeganistão e a Somália vêm em seguida, sendo os países de origem de 2,59 milhões e 1,1 milhão de refugiados, respectivamente.

Mesmo com este claro crescimento nos números, a presença dos refugiados segue distante das nações mais ricas e próxima dos países mais pobres. De acordo com o relatório, 86% dos refugiados estão em regiões ou países considerados economicamente menos desenvolvidos. Um quarto de todos os refugiados está em países que integram a lista da ONU de nações menos desenvolvidas.

a) Europa (crescimento de 51%)

O conflito na Ucrânia, o recorde de travessias no Mediterrâneo (219 mil pessoas) e o grande número de refugiados sírios na Turquia (que em 2014 se tornou o país que acolhe a maior população de refugiados no mundo, com 1,59 milhão de sírios) chamaram a atenção do público para o tema do refúgio, tanto positiva quanto negativamente. Na União Europeia, a maioria das solicitações de refúgio foi feita na Alemanha e na Suécia. Em geral, o deslocamento forçado na Europa totalizou 6,7 milhões de pessoas no final do ano, comparado com os 4,4 milhões registrados ao final de 2013. Quase 25% desta população são de refugiados sírios na Turquia.

b) Oriente Médio e Norte da África (crescimento de 19%)

O sofrimento massivo causado pela guerra na Síria, com 7,6 milhões de deslocados internos e 3,88 milhões de refugiados nos países vizinhos, tornou o Oriente Médio a principal região de origem e recebimento de populações deslocadas por conflitos e perseguições. Além dos deslocamentos causados pela Síria, estão pelo menos 2,6 milhões de novos deslocados no Iraque – onde 3,6 milhões de pessoas eram consideradas deslocadas internas ao final de 2014. Outro número relevante são os 309 mil novos deslocamentos registrados na Líbia.

c) África Subsaariana (crescimento de 17%, excluindo a Nigéria)

Geralmente esquecidos, os numerosos conflitos na África – incluindo República Centro-Africana, Sudão do Sul, Somália, Nigéria e República Democrática do Congo – produziram juntos um deslocamento enorme forçado em 2014, numa escala ligeiramente menor que no Oriente Médio. No total, a África Subsaariana totalizou 3,7 milhões de refugiados e 11,4 milhões de deslocados internos – 4,5 milhões dos quais ocorridos em 2014. O crescimento médio de 17% exclui a Nigéria, onde ocorreram mudanças metodológicas no cálculo do deslocamento interno em 2014. A Etiópia substituiu o Quênia como principal país de destino de refugiados na região, e é agora o quinto maior no mundo.

d) Ásia (crescimento de 31%)

Geralmente uma das principais regiões do mundo em termos de deslocamento forçado, a Ásia registrou um crescimento de 31% nestas populações em 2014 – chegando a 9 milhões de pessoas. O Afeganistão, que anteriormente era o principal país de origem de refugiados no mundo, cedeu esta posição para a Síria. Deslocamentos contínuos foram registrados em Mianmar em 2014, inclusive a minoria Rohingya do Estado de Rakhine Ocidental e nas regiões de Kachin e Shan. Irã e Paquistão permanecem sendo dois dos quatro maiores países de recepção de refugiados.

e) Américas (crescimento de 12%)

A região das Américas observou um crescimento no deslocamento forçado, embora tenha havido uma redução de 36,6 mil na população de refugiados colombianos durante o ano (estimada em 360,3 mil pessoas), principalmente por causa de revisões estatísticas na Venezuela. Entretanto, a Colômbia continua abrigando uma das maiores populações de deslocados internos no mundo, com cerca de 6 milhões de pessoas nesta situação reportadas até o final de 2014 e com 137 mil colombianos sendo deslocados durante o ano passado. Devido à violência de gangues urbanas e outras formas de perseguição na América Central, os Estados Unidos receberam, em 2014, 36,8 mil pedidos de refúgio a mais do que o registrado em 2013 – um crescimento de 44%.

5. CONSIDERAÇÕES FINAIS

Em que pese ações que são contempladas em prol dos refugiados, como as que atualmente[22] são desenvolvidas por alguns Estados, a realidade, muitas vezes, é completamente diversa quanto à aplicação do referido instituto.

---

[22] Principais dados do relatório "Tendências Globais 2021", do ACNUR: a) por volta de maio de 2022, mais de 100 milhões de pessoas estavam deslocadas forçosamente em todo mundo devido a perseguições, conflitos, violência, violações dos direitos humanos ou eventos que perturbaram a ordem pública; b) ao final de 2021, o número de 89,3 milhões de pessoas incluía: 27,1 milhões de refugiados, sendo 21,3 milhões de pessoas refugiadas sob o mandato do ACNUR, 5,8 milhões de pessoas refugiadas da Palestina sob o mandato da UNRWA, 53,2 milhões de pessoas deslocadas internamente, 4,6 milhões de solicitantes do reconhecimento da condição de refugiado, 4,4 milhões de pessoas da Venezuela deslocadas fora do seu país. Entre as pessoas refugiadas e da Venezuela deslocadas fora do seu país ao final de 2021: países de renda baixa ou média acolheram 83% desta população; países menos desenvolvidos ofereceram asilo para 27% deste total; c) 72% das pessoas viviam em países vizinhos aos seus países de origem; d) a Turquia abrigava 3,8 milhões de pessoas refugiadas (a maior população em todo o mundo), seguido por Uganda (1,5 milhão), Paquistão (1,5 milhão) e Alemanha (1,3 milhão). A Colômbia acolhia 1,8 milhão de pessoas venezuelanas deslocadas fora do seu país; e) o Líbano abrigava a maior população de pessoas refugiadas *per capita* (em relação aos habitantes do país): 01 pessoa refugiada para cada 08 habitantes. Em seguida, vem a Jordânia (01 para cada 14) e a Turquia (01 para cada 23); f) em relação à população nacional, a ilha de Aruba abrigava o maior número de pessoas da Venezuela deslocadas fora do seu país (01 para cada 06), seguido por Curaçao (01 para cada 10); g) mais de dois terços (69%) das pessoas refugiadas vieram de apenas 05 países: Síria (6,8 milhões), Venezuela (4,6 milhões), Afeganistão (2,7 milhões), Sudão do Sul (2,4 milhões) e Mianmar (1,2 milhão); h) globalmente, havia 6,1 milhões de pessoas refugiadas, solicitantes do reconhecimento da condição de refugiado e migrantes da Venezuela em 2021 (de acordo com a Plataforma Regional de Coordenação Interagencial R4V – Response for Venezuelans); i) solicitantes do reconhecimento da condição de refugiado apresentaram 1,4 milhão de novos pedidos; j) os Estados Unidos foi o maior recipiente, a nível mundial, de novas solicitações (188,9 mil), seguido pela Alemanha (148,2 mil), México (132,7 mil), Costa Rica (108,5 mil) e França

Isso porque pode haver uma pessoa que tenha temor por sua segurança em razão de suas opiniões, de pertencer a uma raça, nação, grupo ou etnia e que não pode ou não quer voltar para seu país e, portanto, incidir na condição de refúgio.

Por outro lado, os Estados podem ignorar por completo as situações anteriormente descritas, não sendo obrigados a acolher essa pessoa em seu território.

Com efeito, no atual estágio da proteção dos direitos humanos, seja no plano interno ou no internacional, não pode mais haver dúvidas quanto à aplicação do instituto do refúgio, que possui características próprias, podendo ser apresentadas as seguintes:

"a) os Estados-Partes naqueles instrumentos internacionais não têm discricionariedade de conceder ou não o refúgio; dadas as condições objetivas para sua concessão, eles terão o dever de proceder afirmativamente;

b) o controle de aplicação das normas convencionais sobre refúgio depende de órgãos internacionais, ficando, portanto, a responsabilidade dos Estados por inadimplência de seus deveres, no regime de violação de normas específicas, sob controle de órgãos internacionais multilaterais;

c) os motivos para a concessão de refúgio não são as simples perseguições por motivos políticos, mas ainda outras, por motivos de raça, grupo social, religião e, sobretudo, situação econômica de grande penúria;

d) há deveres precisos de os Estados-Partes concederem aos refugiados documentos de identidade e de viagem e, no caso brasileiro, proibições expressas de deportação aos postulantes, e de casos particulares de proibições de expulsão e de extradição aos refugiados;

e) por tratar-se de instituto regulamentado sob a égide da ONU, as normas que regem o refúgio têm salvaguardas de denegação de refúgio a pessoas que tenham cometido um crime contra a paz, um crime de guerra ou um crime contra a humanidade, no sentido de os instrumentos internacionais serem elaborados para prever tais crimes, bem como proibições de conceder refúgio a pessoas culpadas de atos contrários aos fins e princípios das Nações Unidas"[23].

Indubitavelmente que o instituto do refúgio precisa ser valorizado nos dias atuais posto que os refugiados necessitam deslocar-se para salvar suas vidas ou preservar sua liberdade.

(90,2 mil); k) quatro dos 10 países de origem com maior número de solicitantes de asilo estão na América Latina e no Caribe: Nicarágua (2º lugar), Venezuela (4º), Haiti (5º) e Honduras (6º). Ao final de 2021, havia mais de 1,1 milhão de pessoas refugiadas e solicitantes de asilo de El Salvador, Honduras e Guatemala em todo o mundo. As solicitações de reconhecimento da condição de refugiado apresentadas por pessoas da Nicarágua em 2021 foram cinco vezes maiores que no ano anterior. Disponível em: <https://www.acnur.org/portugues/2022/06/15/acnur--deslocamento-global-atinge-novo-recorde-e-reforca-tendencia-de-crescimento-da-ultima-decada/>. Acesso em: 5 set. 2022.

[23] SOARES, Guido. *Curso de direito internacional público*. São Paulo: Atlas, 2002, p. 404-405.

Na grande maioria das vezes, essas pessoas não possuem proteção de seu próprio Estado, sendo que em muitos casos é seu próprio governo que ameaça persegui-los. Se, porventura, não houver o devido acolhimento em outros Estados, poderão estar fadados à morte.

Por isso mesmo é que a determinação da condição de refugiado realiza-se de maneira individualizada, devendo ser estabelecido o nexo de causalidade entre os acontecimentos produzidos e a saída do indivíduo.

Definitivamente que o instituto jurídico do refúgio precisa ser visto na perspectiva e no enfoque que contemple os direitos humanos. Qualquer outra visão demonstra o lado obscuro da matéria.

Capítulo XVI
Modos de Solução de Controvérsias no DIP

1. CONSIDERAÇÕES GERAIS

A sociedade internacional, da forma como se apresenta nos dias atuais, com múltiplos atores e interesses diversos e contraditórios, tem produzido um volume significativo de controvérsias internacionais. Essas controvérsias produzem grandes preocupações pelos desdobramentos que poderão surgir no campo das relações internacionais[1].

A Corte Permanente de Justiça Internacional, já no ano de 1925, teve a oportunidade de registrar a ideia pertinente a uma controvérsia internacional, ao declarar que uma controvérsia é um desacordo sobre um ponto do direito ou um fato, uma oposição de teses jurídicas ou de interesses entre pessoas.

Conforme a manifestação da Corte, não há uma situação preestabelecida para a ocorrência de uma contenda internacional e estas poderão surgir em razão de posturas adotadas por Estados que venham a estremecer relações bilaterais ou multilaterais, por vários aspectos: violação ao território; utilização indevida de recursos naturais; comércio internacional etc.

A controvérsia internacional, no entender de González Campos, pode ser definida como "un desacuerdo u oposición de tesis jurídicas o de intereses entre dos o más sujetos de derecho internacional, cuya existencia no depende del reconocimiento de una de las partes sino de la exteriorización que se haya hecho de la misma"[2].

---

[1] PAOLI, Juan Bautista Rivarola, *Derecho internacional público*. 6. ed. Asunción: Arce, 2012, p. 719, chama a atenção sobre o fato de o conflito ser responsável por mudanças, "pues permite la adaptación a nuevas situaciones y da la capacidad de autotransformarse. En consecuencia, se debe tener presente que lo único permanente es el cambio. Lo que necesita para que el conflicto dé su parte positiva sin que degenere en una confrontación abierta, es que logre institucionalizarlo. Es decir, que se acepte el mismo dentro de la sociedad sin ningún complejo, pero que se establezcan reglas claras del cómo se dirimen y se resuelven las controversias".

[2] CAMPOS, Julio González. *Curso de derecho internacional público*. Madrid: Civitas, 1998, p. 821.

De fato, a convivência social suscita a ocorrência de conflitos de vários aspectos, e para que eles sejam dirimidos devem ser utilizados os mecanismos que são colocados à disposição pelo Direito[3].

O Direito Internacional Público oferece vários meios de solução das controvérsias, tais como: negociações diretas, congressos e conferências, mediação, bons ofícios, consulta, arbitragem, solução judiciária, comissões de inquérito e conciliação, comissões mistas, retorsão, represálias, embargo, boicotagem, bloqueio pacífico e ruptura das relações diplomáticas.

A guerra, que acompanhou a história da Humanidade, transformou-se em objeto de repúdio para a sociedade internacional, e não se apresenta mais como um meio para solução de controvérsias internacionais.

A convenção para solução dos conflitos internacionais pretende prevenir, dentro do possível, a utilização da força pelos Estados. Como acentuam alguns autores[4], trata-se de posição de clássico voluntarismo, pois não há obrigatoriedade de abstenção do recurso à força, tampouco obrigação de buscar uma solução negociada para o litígio.

As soluções pacíficas de controvérsias foram elaboradas com o passar da História e se consubstanciaram em institutos consagrados por costumes internacionais. Neste diapasão, Soares[5] acentua que o século XX deu uma tripla contribuição a este tema: a) propiciou constante recurso aos meios de soluções pacíficas, dadas a frequência de sua previsão expressa em tratados multilaterais e as atividades de codificação de regras antigas; b) tornou possível a constituição de tribunais internacionais permanentes; c) desenvolveu e tem aperfeiçoado a diplomacia multilateral permanente, no seio das organizações intergovernamentais, o que permitiu a instituição de foros de novos procedimentos de soluções de disputas entre Estados e de novos agentes de aplicação dos mecanismos tradicionais (mediação, bons ofícios).

Deste modo, na busca de resolução dos conflitos no plano internacional[6], encontram-se os chamados meios diplomáticos, os meios políticos, os meios jurisdicionais e os meios coercitivos para composição dos mesmos.

---

[3] LITRENTO, Oliveiros. *Curso de direito internacional público*. 3. ed. Rio de Janeiro: Forense, 1997, p. 365, afirma que tanto os meios diplomáticos quanto os jurídicos, à exceção dos coercitivos (que embora não sejam bélicos, são ainda assim violentos), interessam à diplomacia, previstos, de maneira explícita, no artigo 33 da Carta da ONU, nos artigos 23 e 24 da Carta da OEA, e no artigo 3º do Pacto de Bogotá.

[4] SEITENFUS, Ricardo Antônio Silva; VENTURA, Deisy de Freitas Lima. *Introdução ao direito internacional público*. Porto Alegre: Livraria do Advogado, 1999, p. 140.

[5] SOARES, Guido Fernando Silva. *Curso de direito internacional público*. São Paulo: Atlas, 2002, p. 164.

[6] GIOIA, Andrea. *Diritto Internazionale*. 7. ed. Milano: Giuffrè, 2022, p. 415: "Le controversie internazionalli vengono talvolta classificate in controverseie politiche, che si fondano su critério non giuridici (giustizia, equità, opportunità), e controversie giuridiche, in cui invence le parti si richiamano al diritto Internazionale. La distinzione, peró, ha scarso rilievo pratico, dal momento che, de un lato, gli Stati tendono quasi sempre ad invocare (anche) il diritto Internazionale a fondamento delle proprie pretese e, dall'altro il fato che pretese giuridiche si inseriscano in un contesto politico non impedisce ad uma controversia di essere isolta in base al diritto Internazionale, in entrambi i casi a proposito di controversie tra gli Stati Uniti e l'Iran".

2. MEIOS DIPLOMÁTICOS

Os meios diplomáticos para solução de controvérsias buscam o alcance de um acordo entre as partes envolvidas em uma contenda internacional sem se preocupar com a identificação dos possíveis responsáveis pela eclosão da referida divergência.

Assim, evidencia-se que a maior preocupação não está ancorada na busca do "culpado" pela controvérsia, mas sim na busca do consenso entre os sujeitos de direito internacional envolvidos.

Alguns autores[7] afirmam que "não há como negar a importância da diplomacia no sentido do fortalecimento dos meios pacíficos de solução de controvérsias, bem como de alavancar o potencial nacional, não só no campo externo, por meio de atuação coordenada, em defesa de princípios e dos interesses nacionais, senão também com reflexos no plano interno. (...) Além do seu papel, enquanto mecanismo político de solução pacífica de controvérsias ou ferramenta de uso corrente para evitar o surgimento de controvérsias, por exemplo, por meio de negociações diretas, além de igualmente desempenhar sua histórica função de suprimento de informações e avaliações, a diplomacia é, essencialmente, ação positiva, destinada a promover o conhecimento do Estado que envia, junto ao Estado que recebe, e pode se manifestar no sentido de obter informações, negociar posições econômicas, promover interesses culturais, possibilidades de expansão de mercados, bem como proteger a comunidade de nacionais, expatriada no território do Estado que recebe – esta última função, conjuntamente com os serviços consulares do Estado que envia, no território do Estado que recebe".

Os meios diplomáticos para solução de controvérsias se apresentam em negociação, congressos e conferências, bons ofícios, mediação e conciliação.

2.1. Negociação

A negociação é o mais simples dos mecanismos para solução das controvérsias no campo diplomático. Isso porque os Estados procuram chegar a um entendimento sobre a contenda internacional de forma direta, isto é, sem que haja a intervenção de terceiros.

A negociação tem como característica a rapidez, a ausência de formalidades e a imediatividade na solução da controvérsia apresentada entre sujeitos de direito internacional[8].

---

[7] SILVA, G. E. Nascimento; CASELLA, Paulo Borba; BITTENCOURT NETO, Olavo. *Direito internacional diplomático*. São Paulo: Saraiva, 2012, p. 56:

[8] Na mesma direção, SHAW, Malcolm N. *International law*. 6. ed. Cambridge: Cambridge University Press, 2008, p. 1014: "Of all the procedures used to resolve differents, the simplest and most utilises form is understandably negotiation. It consists basically of discussions between the interested parties with a view to reconciling divergent opinions, or a least understanding the different positions maintained. It not involve any third party, at least at that stage, and so differs from the other forms of dispute management".

É indubitável que a negociação apresenta-se como meio de solução de litígio importante no campo das relações internacionais para que os sujeitos envolvidos cheguem a um acordo célere sobre o problema que os envolvem.

Para tanto, a negociação precisa ocorrer de forma séria, transparente e sem perder de mira os objetivos reais que precisam ser alcançados[9].

A negociação diz respeito, normalmente, a dois Estados que solucionam a controvérsia através da discussão direta de governo a governo, sendo certo que para que ocorra uma negociação com resultados profícuos, e sua consequente materialização, são apontados alguns aspectos:

a) quando as partes, por meio dos seus órgãos diplomáticos, fazem concessões recíprocas para se chegar a uma solução justa e adequada ao conflito;

b) quando uma das partes envolvidas renuncia de prosseguir no alcance de seus objetivos;

c) quando uma parte reconhece as pretensões da outra parte envolvida na contenda.

De fato, na negociação normalmente não há intervenção de terceiros para a solução da contenda e o desdobramento que se observa, em regra, ao final, é a celebração de um tratado internacional.

Existem vários exemplos na história do direito internacional em que são observadas negociações entre Estados que acabam por culminar na celebração de um tratado internacional. Foi o que aconteceu na negociação para delimitação do território do Brasil e da Bolívia (envolvendo o Acre) com a celebração do Tratado de Petrópolis, de 1903.

Impende ainda assinalar que a Carta da ONU, em seu artigo 33, dispõe que a negociação pode ser eleita como uma das formas para solucionar uma controvérsia que possa trazer um prejuízo à paz e à segurança internacionais.

2.2. Congressos e conferências

É sabido que um litígio internacional pode envolver dois ou vários Estados simultaneamente e que, tanto num caso como noutro, deve-se buscar o consenso para que não haja ruptura da paz social.

Em algumas circunstâncias, o litígio pode se apresentar no âmbito de dois Estados com forte tendência a se generalizar. Nesses casos é que outros Estados podem se reunir em Congressos e Conferências para propositura de uma solução para o caso que se

---

[9] Nesta direção PAOLI, Juan Bautista Rivarola, *Derecho internacional público*. 6. ed. Asunción: Arce, 2012, p. 721, assevera: "para que un verdadero proceso de negociación se establezca deben llenarse dos condiciones previas: El reconocimiento recíproco de los protagonistas como interlocutores autónomos y la motivación de llegar a un acuerdo que tiene cada una de las partes. Se sobreentiende que cada una de ellas debe tener una capacidad de decisión mínima. Si las mencionadas condiciones no se presentan, sólo existiría una pseudo negociación; la negociación no llega a instaurarse a pesar del propósito de una de las partes o bien ella no llega a resultado alguno y se enpantana en un impasse".

apresenta como, por exemplo, na Conferência de Algeciras, de 1906, que evitou a guerra entre a Alemanha e a França por causa do Marrocos.

Como advertem Accioly e Silva[10], em princípio não existe diferença alguma entre congressos e conferências diplomáticas internacionais. Estas e aqueles são reuniões de representantes de Estados, devidamente autorizados, para a discussão de questões internacionais. Entretanto, houve tempo em que a denominação congresso foi reservada às reuniões de soberanos ou chefes de Estados, ou, pelo menos, às de maior importância, destinando-se o nome conferência às outras reuniões.

2.3. Bons ofícios

Os bons ofícios caracterizam-se pela tentativa amistosa de um terceiro Estado ou até mesmo de vários Estados, estranhos à contenda internacional, de levarem os envolvidos em um determinado litígio a chegarem a um consenso.

Os bons ofícios consistem na intervenção de um Estado, alheio ao conflito, que o soluciona através de uma nota diplomática. Tal fato pode ocorrer mediante oferecimento dos bons ofícios aos litigantes ou por solicitação de um dos Estados envolvidos no conflito.

Além dos bons ofícios prestados por Estados soberanos, estes também poderão ser realizados por uma Organização Internacional, por intermédio de um de seus funcionários, a exemplo do Secretário-Geral da ONU, e ainda por uma personalidade de credibilidade e projeção no campo das relações internacionais.

Nesse caso, o Estado (Organização Internacional ou personalidade) estranho ao conflito internacional limitar-se-á a aproximar os Estados litigantes, sem tomar conhecimento dos fatos que os conduziram ao conflito, isto é, sem envolvimento direto na contenda internacional.

Com isso, o "Estado amigo" oferece um campo neutro para que se promova um entendimento entre eles sem que haja qualquer tipo de intromissão no problema alheio.

Os bons ofícios[11] já foram utilizados por diversas vezes no âmbito das relações internacionais, tais como: a) no caso em que o Brasil valeu-se dos bons ofícios de Portugal, em 1864, na questão relativa à ocupação da Ilha da Trindade por parte dos Ingleses; b) a atividade desenvolvida pela extinta URSS, em 1965, destinada a prestar os bons ofícios

---

[10] SILVA, G. E. do Nascimento; ACCIOLY, Hildebrando. *Manual de direito internacional*. 13. ed. São Paulo: Saraiva, 1998, p. 430.

[11] Segundo PAOLI, Juan Bautista Rivarola. *Derecho internacional público*. 6. ed. Asunción: Arce, 2012, p. 725, os bons oficios "fueron reglamentados en el Tratado interamericano sobre buenos oficios y mediación concluido en la Conferencia Panamericana de Buenos Aires en 1936. Esta convención preveía la creación de una lista de ciudadanos eminentes 'por sus virtudes y competencia jurídica'. Cada Estado indicaría dos ciudadanos. Habiendo un conflicto internacional, los Estados litigantes escogerían un ciudadano de la lista formada, que estaría expuesta en la Unión Panamericana".

envolvendo Índia e Paquistão, relativa à Cachemira; c) o Secretário-Geral da ONU em várias ocasiões, como nos casos relativos às Malvinas, Iugoslávia, Timor etc.

2.4. Mediação

A mediação se aproxima bastante dos bons ofícios, no sentido de um Estado alheio ao conflito internacional se apresentar para a solução da contenda internacional que envolve dois outros Estados. Entretanto, observa-se como traço distintivo do anterior o fato de o Estado mediador tomar conhecimento dos fatos que motivaram a contenda internacional[12].

Assim, evidencia-se que a mediação[13] realiza papel mais amplo do que os bons ofícios, na medida em que o mediador participa ativamente da problemática relativa aos Estados litigantes.

A mediação é uma intervenção amigável onde um terceiro Estado envia um emissário para propor a solução. Silva e Accioly[14] advertem para o fato de que nem sempre é possível distinguir a mediação dos bons ofícios, mas em princípio se distinguem pelo fato de aquela constituir uma participação direta nas negociações entre os litigantes.

Por seu turno, Rezek[15] chama a atenção para o fato de que o desempenho do mediador não difere daquele do árbitro ou do juiz. A radical diferença está em que o parecer ou proposta do mediador não obriga as partes. Daí resulta que essa via só terá êxito se os contendores entenderem satisfatória a proposta de decidirem agir na sua conformidade.

A mediação pode ser individual ou coletiva e constitui mediante o oferecimento do "serviço" por um Estado ou mesmo por solicitação dos Estados envolvidos na contenda.

Do mesmo modo que os bons ofícios, a mediação poderá ser realizada por uma Organização Internacional ou por uma personalidade proeminente que se destaque no âmbito das relações internacionais.

O mediador participa diretamente nas negociações e ao final oferece algumas alternativas para a composição do conflito internacional.

---

[12] ROUSSEAU, Charles. *Derecho internacional público*. Barcelona: Ariel, 1966, p. 465, enfatiza que a principal peculiaridade da mediação é seu caráter facultativo e complementa: "a) la iniciativa del Estado mediador es totalmente discrecional, pues nada le obliga a ofrecer su mediación; b) lo mismo ocurre con los Estados en desacuerdo, que pueden, si quieren, declinar el ofrecimiento de mediación; c) por último, el resultado de la mediación – a diferencia de lo que ocurre con el arbitraje – no tiene fuerza obligatoria y no puede ser impuesto a los Estados en litigio".

[13] PAOLI, Juan Bautista Rivarola. *Derecho internacional público*. 6. ed. Asunción: Arce, 2012, p. 725, afirma que "la mediación el tercero colabora activamente en las negociaciones sirviendo de intermediario a fin de allanar dificultades, sugiriendo a las partes, de modo confidencial, y sin que sea necesaria formalidad escrita, cuantas fórmulas puedan servir de base para un posible arreglo amistoso".

[14] SILVA, G. E. do Nascimento; ACCIOLY, Hildebrando. *Manual de direito internacional*. 13. ed. São Paulo: Saraiva, 1998, p. 432.

[15] REZEK, José Francisco. *Direito internacional público*: curso elementar. 6. ed. São Paulo: Saraiva, 1996, p. 344.

Nesse propósito, importante registrar que, apesar de tomar conhecimento de todos os fatos pertinentes à problemática que envolve os Estados litigantes, os mediadores não apresentam opiniões e/ou pareceres sobre a questão analisada e sim caminhos que podem ser seguidos para a solução da contenda apreciada.

A título ilustrativo são apresentados alguns exemplos de importantes mediações realizadas no direito internacional: a) mediação do Vaticano entre o Chile e a Argentina no caso do Canal de Beagle; b) mediação realizada pela Inglaterra no caso que envolveu o Brasil e Portugal para o reconhecimento da independência política brasileira em 1825 (Tratado da Paz e da Amizade); c) mediação realizada pela Inglaterra entre o Brasil e Argentina, que reconheceu a independência do Uruguai, na Guerra da Cisplatina.

Vale ressaltar ainda que a mediação pode ser recusada e isso não caracteriza ato inamistoso. Nesse sentido, Accioly enfatiza que na história da diplomacia brasileira aconteceu pelo menos um caso, como se vê:

"Em 1864, o governo paraguaio, solicitado pelo governo uruguaio, ofereceu uma mediação para a solução amigável das pendências entre Brasil e o Estado oriental. O governo brasileiro recusou a mediação, por achá-la prematura, visto nutrir as mais fundadas esperanças de obter, amigavelmente, do governo oriental, a solução das mencionadas questões, isto é, das ditas pendências"[16].

2.5. Conciliação

A conciliação é o meio para solução de controvérsias considerado mais solene do que os anteriores, onde um terceiro Estado (estranho ao conflito) propõe às partes envolvidas uma solução que procure levar em consideração interesses de ambas[17].

A conciliação pode conter elementos políticos ou jurídicos que "hagan que la propuesta sea aceptada por las partes. La conciliación persigue tres objetivos: determinar los puntos de hecho; determinar los puntos de derecho; plantear una propuesta de solución de la diferencia"[18].

É comum na conciliação serem identificados, além da figura do conciliador, outros envolvidos que fazem parte de uma comissão de conciliadores constituída por representantes dos Estados envolvidos, bem como de outras pessoas consideradas neutras ao conflito.

---

[16] ACCIOLY, Hildebrando. *Tratado de direito internacional público*. São Paulo: Quartier Latin, v. III, p. 31.

[17] Mais uma vez o magistério de SHAW, Malcolm N. *International law*. 6. ed. Cambridge: Cambridge University Press, 2008, p. 1022: "The process of conciliation involves a third party investigation of the basis of the dispute and the submission of a report embodying suggestions for a settlement. As such it involves elements of both inquiry and mediation, and in fact the process of conciliation emerged from treaties providing for permanent inquiry commissions. Conciliations reports are only proposals and as such do not constitute binding decisions".

[18] TALAVERA, Fabián Novak; MOYANO, Luis García Corrochano. *Derecho internacional público*. Lima: Fondo Editorial, 2005, t. III, p. 108.

Ao final da conciliação, os integrantes desse grupo emitem um parecer onde são oferecidas soluções para a resolução do problema. Entretanto, há de se ressaltar que o referido parecer não tem efeito obrigatório para as partes envolvidas.

Os efeitos produzidos pelo parecer elaborado na conciliação possuem natureza recomendatória e não podem ser confundidos com os emanados por um mecanismo de natureza jurisdicional, como será apresentado.

3. MEIOS JURÍDICOS

Embora a descentralização seja uma das características que se observa na sociedade internacional, o que poderia suscitar a errônea compreensão da não existência dos mecanismos jurídicos no plano das relações internacionais, evidencia-se a larga utilização deles para a solução das controvérsias internacionais na atualidade.

É bem verdade que é facultado aos Estados litigantes aceitar ou não o poder jurisdicional na solução de um conflito; entretanto, uma vez aceita, o aludido conflito necessariamente deverá ser resolvido por terceiros, onde se impõe uma solução definitiva e sem recurso.

Diferentemente dos meios diplomáticos, a solução de natureza judiciária apresenta uma decisão de natureza obrigatória para as partes envolvidas numa contenda internacional. Talavera e Moyano apresentam algumas particularidades e aspectos importantes sobre os meios jurídicos de solução de controvérsias no direito internacional:

"a) Los recurrentes son Estados, es decir, sujetos soberanos de derecho internacional público.

b) La justicia internacional tiene un carácter consensual, es decir, se requiere el consentimiento de las partes para poder acceder a un proceso contencioso. Pese a que han existido intentos de crear jurisdicciones obligatorias, dichos esfuerzos han tenido un resultado parcial hasta el momento.

c) Existe un grado de institucionalidad variable, desde la constitución de tribunales permanentes (Corte Internacional de Justicia, Tribunal del Mar) hasta una justicia internacional no institucionalizada debido a su falta de continuidad y permanencia dentro de cuyo marco se desenvuelve el arbitraje.

d) Dentro de las relaciones internacionales, muchas controversias son bastante complejas e incluyen aspectos tanto jurídicos como no jurídicos, políticos, económicos etc. Ha sido común el recurso de esta divergencia entre lo que se puede calificar, por un lado, como un conflicto de derecho y, por otro lado, como un conflicto de intereses.

e) En el caso de la justicia internacional institucionalizada, puede verse que el consentimiento es menos determinante y más relativo; por otro lado, esta institucionalización favorece el desarrollo de una jurisprudencia más consistente y coherente de la que pueda hallarse en el caso de la justicia no institucionalizada.

f) Existe una tendencia a la especialización en la jurisdicción internacional. Así, por ejemplo, existen órganos especialmente encargados de conocer asuntos relativos a los procesos de integración, otros encargados de conocer asuntos técnicos, otros que se ocupan de asuntos económicos, otros encargados de asuntos de derechos humanos"[19].

Os meios jurisdicionais no plano internacional comportam a solução judiciária e a arbitral, que se distinguem no seu aspecto formal. O tribunal arbitral é constituído pelas partes litigantes para resolver o litígio e desaparece com ele, enquanto o tribunal judiciário é anterior ao litígio e subsiste à sua solução, bem como os seus componentes não são escolhidos pelas partes litigantes.

A solução judiciária, ao contrário da jurisdição arbitral, que conta com dois milênios de história, é um fenômeno recente na sociedade internacional. A instituição pioneira foi a Corte de Justiça Centro-Americana, instituída em 20 de dezembro de 1907, entre Costa Rica, El Salvador, Guatemala e Honduras, tendo durado 10 anos.

A Corte Internacional de Justiça em Haia[20] é o mais importante tribunal internacional. A matéria relativa à competência da Corte está estampada no seu Estatuto, nos artigos 34 a 38, como se vê:

"Artigo 34 – Só os Estados poderão ser partes em questões perante a Corte.

Sobre as questões que forem submetidas, a Corte, nas condições prescritas por seu Regulamento, poderá solicitar informação de organizações públicas internacionais e receberá as informações que lhe forem prestadas, por iniciativa própria, pelas referidas organizações.

Sempre que, no julgamento de uma questão perante a Corte, for discutida a interpretação do instrumento constitutivo de uma organização pública internacional ou de uma convenção internacional, adotada em virtude do mesmo, o Escrivão dará conhecimento disso à organização pública internacional interessada e lhe encaminhará cópias de todo o expediente escrito.

Artigo 35 – A Corte estará aberta aos Estados que são partes do presente Estatuto.

As condições pelas quais a Corte estará aberta a outros Estados serão determinadas pelo Conselho de Segurança, ressalvadas as disposições especiais dos tratados vigentes; em nenhum caso, porém, tais condições colocarão as partes em posição de desigualdade perante a Corte.

Quando um Estado que não é Membro das Nações Unidas for parte numa questão, a Corte fixará a importância com que ele deverá contribuir para as despesas da Corte. Esta disposição não será aplicada se tal Estado já contribuir para as referidas despesas.

Artigo 36 – A competência da Corte abrange todas as questões que as partes lhe submetam, bem como todos os assuntos especialmente previstos na Carta das Nações Unidas ou em tratados e convenções em vigor.

---

[19] TALAVERA, Fabián Novak; MOYANO, Luis García Corrochano. *Derecho internacional público*. Lima: Fondo Editorial, 2005, t. III, p. 110.

[20] Sobre a Corte Internacional de Justiça, remete-se ao estudo apresentado no capítulo VIII desta obra.

Os Estados, partes do presente Estatuto, poderão, em qualquer momento, declarar que reconhecem como obrigatória, *ipso facto* e sem acordo especial, em relação a qualquer outro Estado que aceite a mesma obrigação, a jurisdição da Corte em todas as controvérsias de ordem jurídica que tenham por objeto: a) a interpretação de um tratado; b) qualquer ponto de direito internacional; c) a existência de qualquer fato que, se verificado, constituiria violação de um compromisso internacional; d) a natureza ou extensão da reparação devida pela ruptura de um compromisso internacional.

As declarações acima mencionadas poderão ser feitas pura e simplesmente ou sob condição de reciprocidade da parte de vários ou de certos Estados, ou por prazo determinado.

Tais declarações serão depositadas junto ao Secretário-Geral das Nações Unidas, que as transmitirá, por cópia, às partes contratantes do presente Estatuto e ao Escrivão da Corte.

Nas relações entre as partes contratantes do presente Estatuto, as declarações feitas de acordo com o Artigo 36 do Estatuto da Corte Permanente de Justiça Internacional e que ainda estejam em vigor serão consideradas como importando na aceitação da jurisdição obrigatória da Corte Internacional de Justiça, pelo período em que ainda devem vigorar e de conformidade com os seus termos.

Qualquer controvérsia sobre a jurisdição da Corte será resolvida por decisão da própria Corte.

Artigo 37 – Sempre que um tratado ou convenção em vigor disponha que um assunto deva ser submetido a uma jurisdição a ser instituída pela Liga das Nações ou à Corte Permanente de Justiça Internacional, o assunto deverá, no que respeita às partes contratantes do presente Estatuto, ser submetido à Corte Internacional de Justiça.

Artigo 38 – A Corte, cuja função é decidir de acordo com o direito internacional as controvérsias que lhe forem submetidas, aplicará: as convenções internacionais, quer gerais, quer especiais, que estabeleçam regras expressamente reconhecidas pelos Estados litigantes; o costume internacional, como prova de uma prática geral aceita como sendo o direito; os princípios gerais de direito, reconhecidos pelas nações civilizadas; sob ressalva da disposição do Artigo 59, as decisões judiciárias e a doutrina dos juristas mais qualificados das diferentes nações, como meio auxiliar para a determinação das regras de direito. A presente disposição não prejudicará a faculdade da Corte de decidir uma questão *ex aequo et bono*, se as partes com isto concordarem".

No caso da arbitragem, é o meio pelo qual os Estados conflitantes resolvem de comum acordo entregar a solução nas mãos de um árbitro. É uma jurisdição temporária constituída depois que surge o litígio[21]. Como houve o acordo de vontades, qualquer que seja a conclusão terá que ser acatada.

---

[21] "A divergência entre dois Estados, entre um Estado e uma organização internacional, ou entre duas organizações internacionais enseja, em numerosas oportunidades, o recurso à via arbitral. A arbitragem ora antecede, ora suce-

A arbitragem poderá ser realizada por um chefe de Estado, por uma comissão mista ou por um tribunal arbitral. Ela pode ser obrigatória quando decorre do tratado, ou voluntária, quando no momento do litígio os Estados resolvem entregar a solução nas mãos de um árbitro.

Ao assinarem o compromisso, os litigantes se obrigam a acatar o laudo arbitral, todavia, se o árbitro ou tribunal exceder os poderes conferidos ou se houver cerceamento de defesa, a sentença será nula. O laudo arbitral tem valor jurídico, portanto deve ser cumprido pelas partes envolvidas, cuja decisão é definitiva.

---

de a ocorrência do conflito. Na primeira hipótese, é comum inserir em tratados bilaterais ou multilaterais uma cláusula, intitulada cláusula arbitral ou compromissória, segundo a qual as disputas que envolvam a interpretação e aplicação de qualquer dispositivo, resolver-se-ão por arbitragem. A cláusula em apreço dispõe para o futuro, regula situações evidentemente incertas. Ela é particularmente útil nos acordos que versam temas econômicos, dada a elevada probabilidade de desentendimentos sobre o seu conteúdo. A estipulação da cláusula arbitral não dispensa a celebração do compromisso quando estiver em causa definir o teor da convenção. É de se registrar, nos últimos tempos, a conclusão de tratados especiais, que impõem a arbitragem para a solução dos conflitos. A arbitragem passa a ser o método preferido para resolver quaisquer litígios e não apenas aqueles pertinentes a certo tratado. O compromisso, condição para que o tribunal arbitral se instale, é, excepcionalmente, afastado por algumas convenções, como o Ato Geral de Arbitragem de 1928. Situação diversa tem lugar quando as partes, após a eclosão do conflito, deliberam submetê-lo à arbitragem, celebrando tratado específico com esta finalidade. O compromisso a ser firmado conterá a qualificação das partes, o nome dos árbitros e dos respectivos substitutos, o objeto do litígio, com a descrição minuciosa dos fatos controversos, bem como as regras que regerão a instalação e funcionamento do tribunal arbitral. É conveniente, também, especificar o local onde os árbitros se reunirão, o pagamento das despesas, o prazo para as decisões interlocutórias e finais, a admissibilidade de recursos e a guarda dos documentos. A doutrina reconhece a necessidade de explicitar as normas processuais e materiais que orientarão a atividade dos árbitros. A escolha do direito aplicável é questão crucial em qualquer arbitragem. Entre as alternativas possíveis encontram-se a determinação precisa das regras aplicáveis, a referência ao art. 38 do Estatuto da Corte Internacional de Justiça ou aos Princípios de Direito Internacional. A precisão das fontes normativas da arbitragem contribui, em larga medida, para o bom desenvolvimento dos trabalhos. Em alguns casos, os Estados concedem aos árbitros poder para decidir *ex aequo et bono*, guiando-se exclusivamente pelo senso de justiça, sem se vincular a regras previamente estabelecidas. O art. 28 do Ato Geral de Arbitragem permite a decisão por equidade, quando se comprovar lacuna no direito internacional. Esta hipótese aparece no caso da Fundição Trail, cuja sentença influenciou de modo decisivo a proteção internacional do meio ambiente. As partes podem, ainda, autorizar o tribunal arbitral a elaborar as regras que governem o procedimento e o mérito dos litígios. O tribunal analisa e interpreta a real extensão da competência que lhe foi atribuída. Deve, contudo, manter estrita fidelidade ao compromisso. Os árbitros deliberam acerca dos limites da sua competência, mas não podem ultrapassar os poderes que o compromisso lhes outorgou. O procedimento arbitral é contraditório: à fase escrita e de produção de provas sucedem os debates orais, a troca de memoriais, a réplica e a tréplica entre as partes. O segredo das discussões havidas marca importante distinção entre a arbitragem e o Poder Judiciário dos Estados. O sigilo das deliberações é limitado pela possibilidade outorgada aos árbitros minoritários de exporem publicamente o desacordo total ou parcial com a opinião exarada na sentença. O procedimento arbitral desenrola-se, habitualmente, de acordo com as regras instituídas no compromisso ou nos instrumentos convencionais a ele vinculados. As Convenções de Haia de 1899 e 1907 ou o Ato Geral de 1928, na qualidade de normas gerais, têm caráter supletivo. A busca promovida pelos tratados gerais de aproximar a arbitragem e as jurisdições internas deve ser vista com cautela em razão das diferenças entre as partes, entre as instâncias julgadoras e o papel do consenso no decorrer do procedimento" (In: *A solução pacífica de controvérsias*. Disponível em: https://edisciplinas.usp.br).

O fundamento da jurisdição arbitral está ancorado na vontade das partes em constituir um órgão jurisdicional *ad hoc* para a solução de uma determinada controvérsia internacional.

A arbitragem apresenta as seguintes características: o acordo de vontades das partes para a fixação do objeto do litígio e o pedido de sua solução a um ou mais árbitros; a livre escolha destes e a obrigatoriedade da decisão[22].

Assim, o acordo de vontades para a arbitragem traduz-se num compromisso que define a matéria da controvérsia, designa os árbitros, indica-lhes os poderes e contém a promessa formal de aceitação, respeito e execução da futura sentença arbitral[23].

As partes devem apresentar qual é a matéria controversa e sobre quais os pontos o árbitro deverá se manifestar na propositura do laudo. Do mesmo modo, a escolha do árbitro deverá ser realizada pelas partes.

O procedimento arbitral se desenvolve de acordo com o compromisso sobre os quais motivou o início da arbitragem, e tão logo instaurado o referido procedimento, as partes envolvidas no litígio devem acreditar seus representantes para a defesa de seus respectivos interesses junto ao tribunal.

Outro mecanismo para facilitar a elucidação dos fatos controvertidos são as comissões internacionais de inquérito. Ocorrendo um conflito entre dois ou mais Estados, uma comissão estuda os fatos que ensejaram a divergência, elaborando, em seguida, um relatório que, se aprovado, servirá de base para solucionar o impasse.

---

[22] Vale registrar as manifestações de DINH, Nguyen Quoc; DAILLIER, Patrick; PELLET, Alain. *Direito internacional público*. 2. ed. Lisboa: Fundação Calouste Gulbenkian, 2003, p. 1021, sobre a arbitragem, nessa passagem: "Tendo em vista regular amigavelmente os problemas múltiplos e complexos nascidos da independência americana (delimitação fronteiriça, contencioso financeiro e comercial, etc.), os Estados Unidos e o Reino Unido assinaram em 19 de Novembro de 1794 um tratado – dito tratado Jay – para submeterem as suas contestações à arbitragem de comissões mistas para as quais foi concedida competência para adoptarem decisões obrigatórias. (...) A técnica utilizada nesta época era da arbitragem 'diplomática'. De um ponto de vista orgânico, tratava-se seja de um árbitro único – um homem político, quase sempre um chefe de Estado, por conseguinte um par e não um juiz profissional – seja de um órgão diplomático misto. A decisão arbitral era uma transacção, um compromisso mais ou menos equilibrado entre pretensões opostas, não um julgamento de direito. A arbitragem no sentido estrito é uma criação posterior à Guerra da Secessão (1861/1865), por ocasião do caso Alabama, julgado em 1872. O governo dos Estados Unidos acusou o Reino Unido de ter faltado aos seus deveres de neutralidade permitindo aos navios dos rebeldes sulistas – o mais terrível e devastador dos quais tinha sido o 'Alabama' – que se equipassem e se abastecessem no Reino Unido. O litígio foi submetido à arbitragem pelo tratado de Washington de 1871. Essa convenção era inovadora sob vários pontos essenciais. Pela primeira vez, o órgão arbitral não tinha um caráter puramente misto: ele era composto por cinco árbitros dos quais três de nacionalidade diferente da das partes. Pela primeira vez, também o tratado de arbitragem objectivava o direito aplicável – as regras de neutralidade que o governo britânico contestava que estivessem em vigor na época da ocorrência dos factos, o que tinha atrasado a conclusão do tratado. Esta solução implicava que a decisão seria fundada sobre o direito internacional e não sobre considerações de oportunidade ou de equidade".

[23] LITRENTO, Oliveiros. *Curso de direito internacional público*. 3. ed. Rio de Janeiro: Forense, 1997, p. 371.

As comissões internacionais de inquérito, denominadas comissões de investigação e conciliação, são criadas para facilitar soluções de litígios internacionais ou elucidar fatos controvertidos, por meio de investigação criteriosa e imparcial.

Silva e Accioly[24] informam que a primeira aplicação da comissão de inquérito deu-se durante a guerra russo-japonesa, em 1904, no conflito surgido entre a Inglaterra e a Rússia, por causa de um incidente ocorrido no mar do Norte; e outro caso relaciona-se ao afundamento do paquete holandês *Tubantia*, em 1916. Nesse caso, a Holanda atribuiu o fato aos alemães que rechaçaram as informações. Somente em 1921 os governos chegaram a um acordo e submeteram o caso a uma comissão de inquérito.

Convém ressaltar que, embora a conclusão do relatório não seja obrigatória para as partes, estas se comprometem a não iniciar qualquer atividade bélica enquanto a comissão estiver exercendo suas atividades.

4. MEIOS POLÍTICOS

As soluções proferidas pela Assembleia Geral e pelo Conselho de Segurança das Nações Unidas podem ser utilizadas como instâncias políticas de solução de conflitos internacionais.

A Carta da ONU faculta o acesso, aos litigantes e a terceiros, a qualquer dos seus dois órgãos políticos para tentar compor os conflitos. Isso porque, como estabelece o referido documento internacional, qualquer Membro das Nações Unidas poderá solicitar a atenção do Conselho de Segurança ou da Assembleia Geral para qualquer controvérsia, ou qualquer situação, da natureza das que se acham previstas no artigo 34.

Também poderá solicitar atenção do Conselho de Segurança ou da Assembleia Geral para qualquer controvérsia em que seja parte um Estado que não for Membro das Nações Unidas, uma vez que aceite, previamente, em relação a essa controvérsia, as obrigações de solução pacífica previstas na presente Carta.

Frise-se, por oportuno, que o artigo 11 da Carta da ONU estabelece que a Assembleia Geral poderá considerar os princípios gerais de cooperação na manutenção da paz e da segurança internacionais, inclusive os princípios que disponham sobre o desarmamento e a regulamentação dos armamentos, e poderá fazer recomendações relativas a tais princípios aos Membros ou ao Conselho de Segurança, ou a este e àqueles conjuntamente.

Também poderá a Assembleia Geral discutir quaisquer questões relativas à manutenção da paz e da segurança internacionais, que a ela forem submetidas por qualquer Membro das Nações Unidas, ou pelo Conselho de Segurança, ou por um Estado que não seja Membro das Nações Unidas.

---

[24] SILVA, G. E. do Nascimento; ACCIOLY, Hildebrando. *Manual de direito internacional*. 13. ed. São Paulo: Saraiva, 1998, p. 440.

Sem embargo, a Assembleia Geral e o Conselho de Segurança têm competências para investigar e discutir situações conflituosas, expedindo recomendações a respeito e, especialmente no que se refere aos casos de ameaças à paz, o Conselho tem o poder de agir preventiva ou corretivamente, valendo-se até mesmo da força militar que os membros das Nações Unidas mantêm à sua disposição.

De fato, o Conselho de Segurança poderá investigar sobre qualquer controvérsia ou situação suscetível de provocar atritos entre as Nações ou dar origem a uma controvérsia, a fim de determinar se a continuação de tal controvérsia ou situação pode constituir ameaça à manutenção da paz e da segurança internacionais, conforme os dispositivos abaixo:

Artigo 36 – 1. O conselho de Segurança poderá, em qualquer fase de uma controvérsia da natureza a que se refere o Artigo 33, ou de uma situação de natureza semelhante, recomendar procedimentos ou métodos de solução apropriados. 2. O Conselho de Segurança deverá tomar em consideração quaisquer procedimentos para a solução de uma controvérsia que já tenham sido adotados pelas partes. 3. Ao fazer recomendações, de acordo com este Artigo, o Conselho de Segurança deverá tomar em consideração que as controvérsias de caráter jurídico devem, em regra geral, ser submetidas pelas partes à Corte Internacional de Justiça, de acordo com os dispositivos do Estatuto da Corte.

Artigo 37 – 1. No caso em que as partes em controvérsia da natureza a que se refere o Artigo 33 não conseguirem resolvê-la pelos meios indicados no mesmo Artigo, deverão submetê-la ao Conselho de Segurança. 2. O Conselho de Segurança, caso julgue que a continuação dessa controvérsia poderá realmente constituir uma ameaça à manutenção da paz e da segurança internacionais, decidirá sobre a conveniência de agir de acordo com o Artigo 36 ou recomendar as condições que lhe parecerem apropriadas à sua solução.

Artigo 38 – Sem prejuízo dos dispositivos dos Artigos 33 a 37, o Conselho de Segurança poderá, se todas as partes em uma controvérsia assim o solicitarem, fazer recomendações às partes, tendo em vista uma solução pacífica da controvérsia.

5. MEIOS COERCITIVOS

Sendo fracassadas as soluções diplomáticas e políticas ou se não forem aplicadas medidas jurídicas para resolver as controvérsias entre dois ou mais Estados, um deles, cujos direitos ou interesses foram violados, pode usar de certos meios coercitivos com objetivo de forçar o adversário a solucionar o desacordo existente entre ambos.

Os Estados tomam atitudes de natureza coercitiva para que a controvérsia possa ser terminada ou para forçar que o outro sujeito adote postura compatível com o direito. A coerção seria uma forma de pressão cuja intensidade é suficiente para fazer com que o Estado objeto mude sua atitude anterior[25].

---

[25] SEITENFUS, Ricardo Antônio Silva; VENTURA, Deisy de Freitas Lima. *Introdução ao direito internacional público*. Porto Alegre: Livraria do Advogado, 1999, p. 151.

Todavia, as pressões fazem parte de todos os sistemas sociais inter-relacionais, sejam eles públicos ou privados, internos ou internacionais. O momento em que a pressão, instrumento legal e legítimo de negociação, transforma-se em coerção seria aquele em que o seu exercício provoca a perda do livre-arbítrio do Estado objeto.

Dentre os meios coercitivos que são consagrados no direito internacional apresentam-se a retorsão, a represália, os embargos, o boicote e o rompimento das relações internacionais.

As medidas coercitivas estão previstas nas normas de direito internacional e apresentam restrições para que não ocorram abusos na aplicação das aludidas medidas por parte dos Estados.

5.1. Retorsão

É o ato pelo qual um Estado que sofre uma lesão aplica a mesma medida para seu agressor, ou seja, é a observância da lei de talião aplicada na ordem internacional. Como enfatiza Accioly[26], há atos que praticados por um determinado Estado no exercício perfeito de sua soberania podem colocar outro Estado em situação desvantajosa ou prejudicar de certa maneira os interesses dos nacionais desse outro Estado, sem que isso importe em violação manifesta do direito internacional.

O Estado revida o prejuízo ou dano de maneira idêntica, sem utilizar meios violentos, como, por exemplo, o aumento das tarifas alfandegárias sobre o produto de determinada procedência, a interdição de acesso de portos de um Estado aos navios de outro Estado.

5.2. Represálias

São medidas coercitivas, derrogatórias das regras ordinárias do direito internacional, tomadas por um Estado em consequência de atos ilícitos praticados, em seu prejuízo, por outro Estado e destinadas a impor a este, por meio de um dano, o respeito do direito[27].

A distinção da represália para a retorsão consiste no fato de que aquela se baseia na existência de uma violação de um direito, enquanto essa é motivada por um ato que o direito não proíbe ao Estado estrangeiro, mas que causa prejuízo ao Estado que dela lança mão.

---

[26] SILVA, G. E. Nascimento; CASELLA, Paulo Borba; BITTENCOURT NETO, Olavo. *Direito internacional diplomático*. São Paulo: Saraiva, 2012, p. 103.

[27] Na visão de SILVA, G. E. Nascimento; CASELLA, Paulo Borba; BITTENCOURT NETO, Olavo. *Direito internacional diplomático*. São Paulo: Saraiva, 2012, p. 105, "represálias são medidas mais ou menos violentas e, em geral, contrárias a certas regras ordinárias do direito das gentes, empregadas por um Estado contra outro, que viola ou violou o seu direito ou os dos seus nacionais. Embora normalmente ilícitas, elas se justificam, excepcionalmente, se constituem apenas, conforme diz Kelsen, a reação de um Estado contra a violação de um de seus direitos por outro Estado. Só serão admitidas, no entanto, quando proporcionadas ao ato ilícito que as provocou".

5.3. Embargo

Consiste no sequestro, em tempo de paz, de navios mercantes do Estado causador do dano. Não se pode confundir o embargo civil, também denominado embargo do príncipe, que se relaciona à proibição da saída de navios de um porto, decorrente de questões sanitárias, judiciais e policiais.

Embora no passado o embargo tenha sido largamente utilizado, atualmente esta modalidade foi abandonada pela prática internacional.

5.4. Boicote

É a interrupção de relações comerciais com um Estado considerado ofensor dos nacionais ou dos interesses de outro Estado.

O rompimento das relações comerciais ocorre de governo a governo e possui amparo no artigo 41 da Carta das Nações Unidas que estabelece a aplicação da boicotagem como medida destinada a tornar efetivas suas decisões em casos de ameaça contra a paz internacional, *in verbis*:

"O Conselho de Segurança decidirá sobre as medidas que, sem envolver o emprego de forças armadas, deverão ser tomadas para tornar efetivas suas decisões e poderá convidar os Membros das Nações Unidas, a aplicarem tais medidas. Estas poderão incluir a interrupção completa ou parcial das relações econômicas, dos meios de comunicação ferroviários, marítimos, aéreos, postais, telegráficos, radiofônicos, ou de outra qualquer espécie e o rompimento das relações diplomáticas".

5.5. Rompimento das relações diplomáticas

Pode ocorrer a ruptura das relações entre dois Estados, decorrente de uma violação de direitos, como também para ser utilizada como mecanismo de pressão de um Estado sobre outro Estado.

Assim, quando não existe mais diálogo entre as partes, há a entrega dos passaportes ao embaixador do Estado e a solicitação da retirada de todo o corpo diplomático, podendo resultar, inclusive, em um conflito.

Capítulo XVII
A Guerra no Direito Internacional

1. CONSIDERAÇÕES GERAIS

Desde os seus primórdios a humanidade sempre conviveu com o conceito de *Guerra*[1]. A intolerância, o egoísmo, a falta de amor ao próximo conduziram a raça humana para muitas contendas que indubitavelmente acabam por resultar em danos irreversíveis para milhares de pessoas.

Mas quando teria então surgido a guerra? Quais razões levam as pessoas a adotarem práticas dessa natureza? Há muitos momentos que podem ser registrados na história, mas a adoção de comportamentos belicosos está intimamente ligada ao indivíduo e acaba por conduzi-lo a caminhos tortuosos que produzem grandes prejuízos para a humanidade. Muitas guerras foram produzidas por intolerâncias diversas (étnicas, religiosas, políticas e econômicas).

Por essa razão, diversos autores trataram de discutir a "guerra" com a produção de grandes obras, a exemplo de Gentili, que inicia sua obra com uma constatação da dificuldade para enfrentar o tema:

"Entrego-me a grande e difícil empresa, a de escrever sobre o direito de guerra que repousa nos segredos da natureza ou esparso e disseminado por toda parte. Por outro lado, esse assunto não se encontra coletado nem tratado nos livros de Justiniano, aos quais pudéssemos facilmente recorrer como a melhores mestres para sermos guiados sem grande fadiga. Nem esses livros nem outros, contudo, que nos restaram tratam de semelhante argumento. Alguns filósofos, que alguém poderia me citar, discorrem brevemente e de modo genérico, sem jamais descer de modo mais diferenciado aos particulares. Assim, Cícero, depois de apenas ter tocado no assunto, acrescenta: "Sobre os deveres da guerra já falei bastante"[2].

E continua em seu aporte:

---

[1] Importante assinalar, desde logo, que a guerra não se apresenta hodiernamente como alternativa para solucionar controvérsias internacionais.

[2] GENTILI, Alberico. *O direito de guerra*. Ijuí: Unijuí, 2004, p. 49.

"Realmente parece que não é função de filósofo moralista nem político expor os direitos que nos são comuns com os inimigos e com os estrangeiros. Não é de moralista porque, ao transmitir ensinamentos para os cidadãos privados ou ao movê-los para a conquista do sumo bem, se restringe sempre dentro dos limites da vida civil, contentando-se em colocar os fundamentos da virtude e não se preocupando em continuar a construção do edifício. Não é tampouco de político a função de descrever o direito da guerra, uma vez que esse direito não diz respeito a uma república somente, mas a todas. E assim Aristóteles exclui da ciência política aquela parte que se refere ao cuidado das armas e aos exercícios bélicos, uma vez que o estudo da guerra importa a toda grande república do mundo inteiro e do gênero humano"[3].

Francisco de Vitória também procurou dar sua contribuição aos estudos da guerra e coloca o seguinte questionamento sobre o tema: É lícito aos cristãos mover a guerra? E responde: "Deixando de lado, porém, opiniões estranhas, minha resposta a esta questão se reduz a uma só conclusão: *é lícito aos cristãos fazer o serviço militar e a guerra*"[4].

De fato, na guerra não se faz outra coisa senão lutar e essa luta é feita com armas[5]. Portanto, há necessidade de se estabelecer regramento próprio na esfera do direito internacional[6].

O *jus ad bellum* (direito à guerra) consiste no direito de fazer a guerra quando esta se apresentar com subsídios para sua legitimação (justa)[7]. Hodiernamente o direito à

---

[3] GENTILI, Alberico. *O direito de guerra*. Ijuí: Unijuí, 2004, p. 49.

[4] VITORIA, Francisco. *Os índios e o direito da guerra*. Ijuí: Unijuí, 2006, p. 116: "Esta conclusão se prova, como o faz Agostinho, pelas palavras de João Batista aos soldados: *Não façais extorsão a ninguém, nem denuncieis falsamente. Mas, se a doutrina cristã proscrevesse totalmente as guerras para aqueles soldados que buscam a salvação no evangelho, antes contudo lhes teria aconselhado que abandonassem as armas e se abstivessem em absoluto da milícia; no entanto, lhes disse: não façais extorsão a ninguém; contentai-vos com vosso soldo*. Em segundo lugar, prova-se pelo argumento da razão, fornecido por Santo Tomás: é lícito desembainhar a espada e tomar em armas contra os malfeitores e cidadãos sediciosos do interior do país, de acordo com as palavras da Epístola aos Romanos: *Não é em vão que leva a espada. É ministro de Deus, vingador para castigo de quem age mal*. Logo, também será lícito se valer da espada e das armas contra os inimigos externos. Por isso foi dito aos príncipes: *Livrai o fraco e o pobre, tirai-o das guarras do ímpio*. Em terceiro lugar, prova-se porque na lei natural a guerra foi lícita, como consta na passagem de Abraão que lutou contra quatro reis. Também na lei escrita, como é evidente no caso de Davi e dos Macabeus. Em quarto lugar, também a licitude da guerra ofensiva, ou seja, a guerra na qual não só se defendem ou se reclamam as coisas, mas também aquela em que se pede satisfação por uma injúria recebida. Isto se prova, como digo, pela autoridade de Agostinho, no livro 83 das *Quaestiones*, citadas no decreto de Graciano: *As guerras justas costumam se definir como aquelas em que se exige satisfação pelas injúrias, quando se tenha de castigar uma nação ou cidade que não se preocupou em reparar o dano causado por seus súditos, nem de devolver o que tirou injustamente*".

[5] GENTILI, Alberico. *O direito de guerra*. Ijuí: Unijuí, 2004, p. 61.

[6] GIOIA, Andrea. *Diritto Internazionale*. 7. ed. Milano: Giuffrè, 2022, p. 444: "Da un punto di vista generale, il diritto internazionale prende in considerazione l'uso della forza armata della parte degli Stati a due punto di vista e, di conseguenza, l enorme internazionali vengono classificate in due corrispondenti categorie: di un lato, le norme che stabiliscono quando è lecito ricorrere ala forza armata (ius ad bellum); e, dall'altro, l enorme che disciplinano lo svolgimento del conflito armato (ius in bello)".

[7] PEREIRA, Maria de Assunção do Vale. *A intervenção humanitária no direito internacional contemporâneo*. Coimbra:

guerra se apresenta na ordem jurídica internacional como um ilícito, salvo duas hipóteses previstas na Carta das Nações Unidas: legítima defesa coletiva ou individual e autorização do uso da força junto ao Conselho de Segurança das Nações Unidas.

A tentativa de se abolir a guerra do seio da sociedade mundial é extremamente difícil, fazendo com que os Estados adotem medidas para minimizar as atrocidades praticadas quando da eclosão de um conflito bélico, surgindo as normas provenientes do *jus in bellum*.

Iniciados os atos de hostilidade, o *jus in bellum* (a matéria será contemplada no próximo capítulo) é imediatamente acionado na ordem jurídica internacional, tendo em vista ser o conjunto de normas que deverão ser observadas durante o conflito, incluindo o tratamento aplicado pelos Estados beligerantes, aos enfermos, feridos, prisioneiros, população civil, assim como aos combatentes e não combatentes. Também observa os meios e métodos utilizados no exercício dos atos de beligerância.

Assim sendo, verifica-se a existência do *jus ad bellum,* como o direito de fazer a guerra, e o *jus in bellum*[8], que corresponde ao direito "dentro" da guerra[9]. Um dos

---

Coimbra Ed., 2009, p. 97, afirma: "Na percepção da questão da legitimidade da intervenção em território alheio por motivos de humanidade tem seguramente uma importância essencial o pensamento medieval sobre a legitimidade do recurso à guerra. Na verdade, a defesa, que hoje encontramos, de uma nova circunstância legitimadora do recurso à força armada reconduz-nos a uma nova formulação da *justiça da causa* – no caso, a defesa de direitos fundamentais de um grupo populacional –, que parece recorrer à lógica presente na concepção medieval de *bellum justum*, concepção essa que vem estabelecer balizas, até então ignoradas, a uma prática (a do recurso à guerra) pretensamente coberta por um ilimitado *jus ad bellum*. Efetivamente, a doutrina da guerra justa influenciou grandemente a evolução das normas que regulam o uso da força".

[8] "O *jus in bello* é o direito que rege a forma pela qual a guerra é conduzida. Ele é independente das questões pertinentes à justificativa ou aos motivos para a guerra ou a sua prevenção, abrangidas pelo *jus ad bellum*. A distinção evidente entre *jus in bello* e *jus ad bellum* é comparativamente recente. Os termos não se tornaram comuns em debates e textos sobre o direito da guerra até uma década depois da II Guerra Mundial. Os conceitos que abrangem certamente figuraram no debate jurídico antes disso, mas sem a distinção evidente que a adoção desses termos nos forneceu. O propósito do DIH é limitar o sofrimento causado pela guerra, protegendo e ajudando suas vítimas tanto quanto possível. Assim, as normas abordam a realidade de um conflito sem levar em conta os motivos ou a legalidade do recurso à força. Regulamentam apenas aqueles aspectos do conflito que são de preocupação humanitária. Isso é conhecido como *jus in bello* (direito na guerra). Suas disposições se aplicam às partes em guerra independentemente dos motivos do conflito e da causa ser considerada justa ou não. O *jus ad bellum* (direito do uso da força) ou *jus contra bellum* (direito da prevenção à guerra) busca limitar o recurso à força entre os Estados. Nos termos da Carta das Nações Unidas, os Estados devem se abster da ameaça ou do uso da força contra a integridade territorial ou a independência política de outro Estado (art. 2, par. 4). As exceções a esse princípio são ações empreendidas na legítima defesa ou após uma decisão adotada pelo Conselho de Segurança das Nações Unidas, em virtude do Capítulo VII da Carta das Nações Unidas. Nos casos de conflito armado internacional, é frequentemente difícil determinar qual Estado é responsável por violar a Carta da ONU. A aplicação do direito humanitário não envolve a denúncia das partes culpadas, pois isso geraria controvérsia e paralisaria a implantação de suas disposições, pois cada adversário alegaria ser uma vítima da agressão. Além disso, o DIH visa proteger as vítimas da guerra e seus direitos fundamentais, independentemente da parte a que pertencem. É por isso que o *jus in bello* permanece independente do *jus ad bellum* ou do *jus contra bellum*." *Jus ad bellum* e *jus in bello*" (Disponível em: https://www.icrc.org/pt/direito-e-politicas/jus-ad-bellum-e-jus-bello. Acesso em: 13 jul. 2024).

[9] SHAW, Malcolm N. *International law*. 6. ed. Cambridge: Cambridge University Press, 2008, p. 1167: "In addition

questionamentos que norteiam o estudo da guerra está na sua legitimação. Em que momento uma guerra poderia ser considerada legítima (justa)[10]?

2. CONCEITO DE GUERRA JUSTA X GUERRA SANTA

O direito à guerra (*jus ad bellum*) baseia-se no direito de fazer a guerra, quando esta apresentar subsídios para ser considerada justa[11]. Grotius, em sua clássica obra, coloca como objetivo específico a identificação se há guerra justa e apresenta a palavra *direito* com o significado do que é justo. Isto, num sentido mais negativo que afirmativo, de modo que o direito transparece como aquilo que não é injusto. Ora, é injusto o que repugna à natureza da sociedade dos seres dotados de razão[12].

Divergências doutrinárias apontam para outras definições, mas a corrente majoritária irá se referir ao conceito do emprego da força nas relações entre Estados como "Guerra Justa".

No decorrer da História, o direito à guerra sofreu várias alterações fazendo, inclusive, uma transição do conceito de Guerra Santa, na qual o emprego da força se realizava sob fundamentos religiosos, para o conceito de Guerra Justa, o que certamente foi uma mudança significativa no que tange à impossibilidade de uma guerra ser considerada santa, tendo em vista ser incoadunável matar em nome de Deus.

Um outro fator que certamente levou a essa alteração decorre do fato de que a guerra é um conflito humano que advém, geralmente, das relações diplomáticas malogradas, e, com isso, ela gera um ambiente vindicto induzindo a uma órbita de ódio, sendo assim incompatível com a figura de Deus.

É importante ressaltar que a mudança do conceito de guerra santa para guerra justa baseia-se em que naquela a justificativa se limitava à esfera religiosa, e nesta a religião continuou sendo um dos motivos, mas não mais o único para legitimar o recurso à força.

---

to prescribing laws governing resorts to force (*jus ad bellum*), international law also seeks to regulate the conduct of hostilities (*jus in bello*). These principles cover, for example, the treatment of prisioners of war, civilians in occupied territory, sick and wounded personnel, prohibited methods of warfare and human rights in situations of conflict".

[10] PEREIRA, Maria de Assunção do Vale. *A intervenção humanitária no direito internacional contemporâneo*. Coimbra: Coimbra Ed., 2009, p. 108, lembra que "a problemática da legitimidade do uso da força, muitas vezes designada por guerra justa, atravessa todo o Direito Internacional. Assim, os primeiros autores de Direito Internacional não deixaram de se referir à questão. (...) teve especial importância a chamada *Escola Espanhola de Direito Internacional*, que integrou vários autores de nomeada".

[11] REZEK, José Francisco. *Direito internacional público*: curso elementar. 6. ed. São Paulo: Saraiva, 1996, p. 368, assevera que "Santo Agostinho assim qualifica aquela que obedece a um desígnio divino e lembra que, para outros pensadores, justa é também a guerra que vinga injúrias ou força a restituição do que fora indevidamente tomado – embora lhe pareça que a natureza humana recolhe sofrimento de todas as guerras, e que o homem sábio as encara com contrição e dor, ainda que justas".

[12] GROTIUS, Hugo. *O direito da guerra e da paz*. Ijuí: Ed. Unijuí, 2004, p. 71-72.

Aristóteles, no que concerne ao recurso à força, foi um dos pioneiros em salientar a sua limitação. Defendia que o recurso exacerbado à força deveria ser utilizado em prol do bem comum e que a guerra deveria ser um verdadeiro instrumento de imposição da paz.

Os adeptos do Cristianismo, *a priori*, opuseram-se ao conceito de guerra justa e buscaram firmar afinco ao pacifismo (trata-se de uma filosofia que se opõe à guerra e contempla meios não militares para solução de controvérsias). Com o esmorecimento do pacifismo, emergem os primeiros textos concernentes ao emprego da força.

Neste diapasão, alguns autores ganharam mais notoriedade ao definir o recurso à força; entre eles, Santo Agostinho, o qual defendia que o uso da força seria aceito em algumas circunstâncias; São Tomás de Aquino preconizava o recurso à força, desde que atendida a circunstância de ser interesse do Estado soberano; a existência de uma causa justa e que o ataque ao inimigo ocorresse em razão de alguma culpa[13].

São Tomás de Aquino não explicou de forma clara o que entende por causa justa, ficando claramente evidenciada a grande polêmica existente sobre tal ideia, limitando-se apenas a afirmar que as guerras justas são aquelas que punem as injustiças.

Seguindo esta linha de raciocínio, São Tomás de Aquino finda seu entendimento alegando que o Estado que direcionar a beligerância deve fazê-lo com "intenção certa", ou seja, que a sua justificativa seja desprendida de maldade, ódio ou vingança.

Essa linha de pensamento adotada por São Tomás de Aquino alicerçou os adeptos do Cristianismo da Idade Média, entre 1480 e 1617. Uma das defesas mais evidentes naquele período é que não poderia ser qualquer causa a justificativa para a guerra, tendo, sim, a necessidade de certo grau de seriedade.

Francisco de Vitória sustentava que para uma guerra ser considerada justa, haveria a necessidade da existência de uma injúria recebida: "Esta proposição se prova, em primeiro lugar, pela autoridade de Agostinho, como já foi dito antes. É também opinião de São Tomás de Aquino e de todos os doutores. Além do mais, a guerra ofensiva se faz para vingar uma injúria e punir os inimigos. Ora, não pode haver vingança onde não houve antes uma injúria e uma culpa. Logo, a conclusão é evidente"[14].

Já Francisco Suarez buscava certa aproximação do raciocínio de seu antecessor e preconizava que os motivos determinantes da guerra seriam a violação do direito de outrem, a retaliação de injúria e a proteção de inocentes. Destarte, esse autor defendia que o recurso à força deveria apresentar-se em *ultima ratio*[15].

---

[13] BÖLKE, Marcelo. A regulamentação internacional do uso da força armada. In: GUERRA, Sidney. *Tratado de direito internacional*. Rio de Janeiro: Freitas Bastos, 2008, p. 102.

[14] VITORIA, Francisco. *Os índios e o direito da guerra*. Ijuí: Unijuí, 2006, p. 127.

[15] BÖLKE, Marcelo. A regulamentação internacional do uso da força armada. In: GUERRA, Sidney. *Tratado de direito internacional*. Rio de Janeiro: Freitas Bastos, 2008, p. 102.

Durante muito tempo a abordagem jusnaturalista defendeu que se a guerra não preenchesse as condições do *jus ad bellum*, abordado na visão cristã, ela não só seria considerada imoral, como também seria repudiada juridicamente.

Com o advento de sucessivos fatos ocorridos ao final da Idade Média, a Igreja perdeu parte do seu domínio no que concerne às decisões estatais, mas a sua influência sempre foi notória. Decorre que os acontecimentos levaram à Guerra dos Trinta Anos (1618-1648), fazendo surgir uma das mais notáveis figuras no que concerne ao estudo do direito à guerra: Hugo Grotius.

Considerado durante muito tempo o pai do Direito Internacional Público, Hugo Grotius embasou-se não apenas nas fontes romanas e medievais, mas também em autores como: Aristóteles, Gentili, São Tomás de Aquino, Francisco de Vitória, Francisco Suarez, entre outros escritores da Segunda Escolástica[16].

Fato relevante acerca da concepção de Grotius está no uso da força, que era permitida como forma de punição[17]. Destarte, Grotius também afirma ser o direito à guerra baseado no direito natural, o que faz com que, havendo violação grave ao direito natural, a punição se faça necessária.

Segundo Grotius, as "causas injustas da guerra" são aquelas em que há desvio do que verdadeiramente é fato e do que é enunciado expressamente para condução à guerra. Ainda na visão do autor, as "causas dúbias da guerra" seriam aquelas em que se questiona a sua moralidade, tendo em vista, *a priori*, compatibilizar-se com o Direito e em um segundo momento, analisando os fatos ocorridos, apresentar-se de forma antijurídica[18].

Para Grotius, havendo ambiguidade no que concerne a assuntos importantes, de mérito à decisão do início dos atos de beligerância, sendo exequíveis outros instrumentos que evitem a guerra, devem os Estados reportar-se a estes, buscando, dentro das relações entre Estados, a paz.

---

[16] A Escolástica (ou Escolasticismo) é uma linha dentro da filosofia medieval, de acentos notadamente cristãos, surgida da necessidade de responder às exigências da fé, ensinada pela Igreja, considerada então como a guardiã dos valores espirituais e morais de toda a Cristandade. Por assim dizer, responsável pela unidade de toda a Europa, que comungava da mesma fé. Essa linha vai do começo do século IX até ao fim do século XVI, ou seja, até ao fim da Idade Média. Este pensamento cristão deve o seu nome às artes ensinadas na altura pelos escolásticos nas escolas medievais. Estas artes podiam ser divididas em trívio (gramática, retórica e dialética) ou quadrívio (aritmética, geometria, astronomia e música). A escolástica resulta essencialmente do aprofundar da dialética. Os maiores representantes do pensamento escolástico são os dois pensadores citados acima, que estão separados pelo tempo e pelo espaço: Agostinho de Hipona, nascido no norte da África no fim do século IV, e Tomás de Aquino, nascido na Itália do século XIII. Embora seja arriscado dizer que sejam as únicas referências relevantes do período medieval, ambos conseguiram sintetizar questões discutidas através de todo o período: Agostinho enquanto mestre de opinião relevante e autoridade moral, e Tomás de Aquino, pelo uso de caminhos mais eficazes na obtenção de respostas até então em aberto.

[17] GROTIUS, Hugo. *O direito da guerra e da paz*. Ijuí: Ed. Unijuí, 2004, p. 79-87.

[18] GROTIUS, Hugo. *O direito da guerra e da paz*. Ijuí: Ed. Unijuí, 2004, p. 79-87.

À guisa de conclusão, a abordagem jusnaturalista predominante, até o aparecimento da figura de Grotius, estava imersa na religião, peculiarmente, na origem divina. Com isso, o Direito Natural seria uma revelação feita por Deus aos homens[19].

A magnitude da presença de Grotius na base propedêutica do estudo da guerra é inquestionável, tendo promovido a aplicação laica do referido esboço, como pode ser evidenciado nessa passagem: "O direito natural nos é ditado pela reta razão que nos leva a conhecer que uma ação, dependendo se é ou não conforme à natureza racional, é afetada por deformidade moral ou por necessidade moral e que, em decorrência, Deus, o autor da natureza, a proíbe ou a ordena. (...) O direito natural não diz respeito somente às coisas que estão além da vontade dos homens, mas tem como objeto também muitas coisas que são uma consequência de algum ato dessa vontade. Ex.: a propriedade foi introduzida pela vontade humana, porém, é o próprio direito natural que me diz que é um crime para mim me apoderar, contra tua vontade, daquilo que é objeto de tua propriedade. O direito natural é imutável"[20].

No que tange à corrente positivista, não se pode olvidar que o positivismo jurídico surgiu em um período crítico da história do Direito Natural e preconizava, assim como o positivismo filosófico, a rejeição de todos os elementos de abstração na área do Direito, iniciando-se, inclusive, pelo próprio Direito Natural. Muitos filósofos e teóricos do direito defendiam essa linha ideológica, como: John Austin, Hans Kelsen, Hebert Hart, Thomas Hobbes, dentre outros.

Cumpre aqui tecer breves considerações a respeito de Hobbes, tendo em vista que para ele o soberano era onipotente e inquestionável, pois sua figura era vinculada ao conceito de soberania. Cumpre lembrar da obra *O Leviatã*, de 1651, em que Hobbes explana sua concepção a respeito da origem da natureza humana e a necessidade da existência de governos e Estados.

A concepção hobbeseana defende que no estado natural, devido à possibilidade de coexistirem homens fortes e inteligentes, e que um não pode sobressair-se ao outro com medo da retaliação que pode advir de tal atitude, cada indivíduo tem direito a tudo, uma vez que o "bem da vida" é escasso e o estado de guerra se torna uma constância. Todavia, os homens têm o intuito, até por instinto natural de autopreservação, de acabar com a guerra, e por isso formam sociedades entrando num contrato social. E para que os homens possam viver em paz, devem aceitar a presença de um poder absoluto e centralizado. Com isso, Hobbes passa a ser apontado como exemplificação de "Contratualista Absolutista".

Outros autores, como Maquiavel, também abordam questões de como governar e manter o poder, como no *Príncipe*[21], mas Hobbes, no que concerne ao estudo histórico

---

[19] NADER, Paulo. *Introdução ao estudo do direito*. Rio de Janeiro: Forense, 1994, p. 404.

[20] GROTIUS, Hugo. *O direito da guerra e da paz*. Ijuí: Ed. Unijuí, 2004, p. 79-87.

[21] MACHIAVELLI, N. *O príncipe*. Trad. Lívio Xavier. Rio de Janeiro: Edições de Ouro, 1975, p. 38: "O conquistador, para mantê-los, deve ter duas regras: primeiro, fazer extinguir o sangue do antigo príncipe; segun-

do Direito, representando o positivismo jurídico, ganha mais notoriedade, tendo em vista seus estudos voltados para o fortalecimento e consolidação do Estado.

3. CONCEITO DE GUERRA DEFENSIVA X GUERRA OFENSIVA

A partir de 1758 surge um novo conceito de classificação da guerra: a defensiva e a ofensiva. A defensiva consiste naquele Estado que recorre à campanha bélica para enjeitar uma agressão. É uma resposta a um ataque sofrido "injustamente", e a ofensiva consiste no ataque dirigido por um Estado que impôs uma agressão primeira.

No primeiro caso tem-se o conceito de defesa, ou seja, o Estado se utiliza do armamento para defender seu território, e no segundo tem-se uma agressão, tendo em vista que o Estado "agressor" objetiva a retaliação devido a alguma injúria ou o impedimento de prejuízos futuros.

Assim sendo, seguindo o raciocínio lógico de Francisco Suarez, Vattel também achava que a guerra tinha que ser a *ultima ratio*. Aceita somente depois de todos os esforços empregados terem sido malogrados. Em sua concepção, para existir a possibilidade da guerra, faz-se necessário o recebimento de uma injúria ou a iminência de sua consumação. Se não ocorrem as hipóteses indicadas e o Estado mesmo assim se utiliza do ato de beligerância, esta guerra é considerada injusta[22].

São ainda relatadas três hipóteses possíveis para que a guerra seja considerada legítima (justa): obter o que pertence ao Estado ou o que lhe é devido; prover a segurança do Estado por meio de punição do agressor ou ofensor; e defesa e proteção da injúria, e repulsa da violência injusta. Ressalta-se ainda que razões justificadas e motivos honestos devem coexistir para que a guerra seja legitimada. Todos os assuntos inerentes à segurança e bem-estar dos cidadãos são motivos honestos, todavia, se no *animus* de um dos Estados beligerantes está relacionado algum tipo de "paixão", esta é considerada como vício. Entenda como paixões as mais sórdidas das rachaduras provocadas nos alicerces da estrutura humana, tais como: a ganância exacerbada pelo poder; orgulho; poderio econômico; ódio; vingança; conquistas territoriais etc.[23].

Além disso, Vattel condena o uso da força em face do poderio vizinho e enfatiza que não se pode utilizar meios recônditos para se alcançar um objetivo, que no mínimo deve ser justo e louvável. Mantém ainda um posicionamento na argumentação de guerra justa, mas também busca dar ênfase à questão do bem-estar dos cidadãos do Estado que faz a guerra; e ainda preconiza que não há a necessidade de reação somente nos

---

do, não alterar as leis nem os impostos. De tal modo, num prazo muito breve, ter-se-á feito a união ao antigo Estado".

[22] Nesse propósito, *vide* BÖLKE, Marcelo. A regulamentação internacional do uso da força armada. In: GUERRA, Sidney. *Tratado de direito internacional*. Rio de Janeiro: Freitas Bastos, 2008, p. 105-108.

[23] BÖLKE, Marcelo. A regulamentação internacional do uso da força armada. In: GUERRA, Sidney. *Tratado de direito internacional*. Rio de Janeiro: Freitas Bastos, 2008, p. 105-108.

casos de violação de direitos essenciais, mas também deve existir liberdade estatal para decidir se é necessário ou não o emprego da força; sendo assim, ele se encontra na linha divisória no que concerne aos teóricos da guerra justa e dos precursores do positivismo à luz do Direito Internacional[24].

Com efeito, a influência do positivismo jurídico foi extremamente desastrosa para a sociedade internacional, pois intensificou muito os conflitos. Há que se lembrar que esta influência não foi a *condition sine qua non* para proliferação da guerra.

Com a licitude da guerra legitimada pela ordem jurídica internacional, algumas propostas são feitas com o objetivo de pôr fim à "anarquia internacional", predominante à época.

Sendo assim, a moralidade humana deveria ser codificada por meio de um projeto de paz, o qual teria como um dos temas a remissão de autodeterminação dos Estados, ou seja, um Estado não poderia envolver-se nas questões de um outro. Verifica-se então que, na abordagem predominante, a guerra era uma situação de normalidade.

Frise-se, por oportuno, que o temor imposto à Europa na era napoleônica fez com que a comunidade internacional se interessasse em uma simetria, no tocante às discussões sobre a manutenção da paz. A busca por esse equilíbrio fez com que os Estados estabelecessem os primeiros escritos que dariam embasamento ao conceito de segurança coletiva, assegurando, assim, a paz.

Reunidos em Viena, estadistas da Áustria, França, Prússia, Reino Unido e Rússia discutiram sobre como manter a ordem internacional e evitar as ameaças à paz. O Congresso de Viena de 1814-1815 estabeleceu um sistema de congressos regulares com intuito de se fazer debater na sociedade internacional todos os assuntos inerentes à paz mundial. O que deu certo, pois, naquele momento, os Estados participantes tinham o mesmo objetivo, depois do "trauma" generalizado da gestão napoleônica.

Com o decurso do tempo essa órbita de paz sofreu certo arrefecimento, o que trouxe "à tona" as divergências internas existentes entre os partícipes. Vários foram os fatores que contribuíram para esse esfriamento, ingressando assim em uma arena segregada em relação aos Estados, com uma linha de pensamento baseado no realismo alemão, onde as relações estatais são alicerçadas no totalitarismo, na busca pelo poder acima de tudo, inclusive passando por cima, de forma feroz e agressiva, do respeito à dignidade humana, como se pode ver no episódio da Segunda Guerra Mundial.

4. A GUERRA NO SÉCULO XX: ALGUMAS IMPRESSÕES

O século XX entra nos compêndios da história mundial como o século em que a humanidade sobreviveu. Sobreviveu às atrocidades de duas guerras mundiais, em um

---

[24] BÖLKE, Marcelo. A regulamentação internacional do uso da força armada. In: GUERRA, Sidney. *Tratado de direito internacional*. Rio de Janeiro: Freitas Bastos, 2008, p. 105-108.

curto prazo de tempo. Esses dois grandes conflitos mundiais ensejaram grandes transformações no campo das relações internacionais.

O início do século XX foi marcado por um período conturbado em que os Estados europeus disputavam novos territórios, especialmente no continente africano, bem como a delimitação de novos marcos fronteiriços.

Vários fatores foram responsáveis pela eclosão da Primeira Guerra Mundial, mas, sem dúvida, o assassinato do arquiduque Ferdinando da Áustria, em Sarajevo, capital da Bósnia Herzegovina, foi o "ingrediente" que faltava. Como já foi assinalado na presente obra, o ano de 1914 entra para a história com o início da Primeira Grande Guerra.

Thomas W. Wilson, então presidente dos EUA, fez uma proposta de paz que ficou conhecida como "14 pontos" e enviou-a ao Congresso Norte-Americano. Os "14 Pontos" propunham os alicerces para o estabelecimento da paz e a reorganização das relações internacionais.

A guerra chega ao fim com a ação efetiva dos Estados Unidos da América, junto com os Estados que faziam parte da Tríplice Entente, tendo a Alemanha assinado os termos do Armistício no dia 11 de novembro de 1918, aceitando todas as condições apresentadas pelos vencedores.

O cenário político que se apresenta no pós-Primeira Guerra Mundial é muito diferente, se comparado aos anos que a antecederam. Isso porque novos fatores acabam por determinar as relações internacionais: a) a entrada, na cena internacional, dos Estados Unidos, com o peso determinante que o seu papel decisivo lhe conferia (especialmente na fase final do conflito); b) o fim das ilusões sobre as virtualidades da balança de poderes como meio de prevenir conflitos; c) o trauma causado pela revolução russa e a convicção de que o perigo da revolução social constituía uma ameaça real; d) os mais de vinte milhões de mortos em quatro anos de um conflito no qual ficou demonstrado que as guerras de curta duração, com rápidas operações militares e sacrifícios limitados pertenciam ao passado; e) o fim da Europa como centro do mundo político internacional[25].

Diferentemente do que acontecia quando da celebração de Conferências de Paz, o Tratado de Versalhes não estabeleceu o encontro entre vencedores e vencidos, haja vista que os Estados derrotados não participaram da referida Conferência, caracterizando a "paz dos vencedores".

A paz estabelecida com o Tratado de Versalhes, como se pode evidenciar, ocorreu com os países que venceram a guerra, excluindo-se então os derrotados. Levando-se em consideração que eles não foram convocados para participar como signatários do referido tratado, infere-se que foram deixados resquícios para futuros conflitos, tendo

---

[25] RIBEIRO, Manuel de Almeida; FERRO, Monica. *A Organização das Nações Unidas*. 2. ed. Coimbra: Almedina, 2004, p. 26.

em vista ter ficado enraizado, no coração dos derrotados, a fumaça do ódio, da revolta e do repúdio.

A Alemanha foi humilhada, tendo inclusive que devolver territórios que haviam sido conquistados à França, à Polônia, à Tchecoslováquia, por exemplo. O Tratado de Versalhes impunha situações extremamente dispendiosas para os derrotados. Além disso, o conceito de segurança coletiva, hodiernamente discutido com afinco, era falho e confuso na Liga das Nações.

Após a Primeira Guerra a sociedade internacional sentiu a grande necessidade, principalmente dos países "aliados", de criar um sistema que garantisse a paz, sem a intervenção de interesses "obscuros" internos de cada país. E esse era um dos principais objetivos da Liga da Nações.

Ocorre que houve uma certa confusão ao se definir o sistema de segurança coletiva, pois o que acontecia na prática era o fechamento de alianças. Existe uma diferença muito expressiva no conceito de segurança coletiva e no de aliança: o primeiro não dá garantias a uma nação específica, mas sim a todas que se submetem à sua égide, enquanto o segundo garante o interesse de grupos de países específicos unidos por interesse comum.

A segurança coletiva deve reagir a qualquer ameaça à paz e tem respaldo no Direito Internacional, baseada na violação do princípio da solução "pacífica" de conflitos, que interessa a todos os povos. As alianças visam ao ataque aos interesses específicos de seus membros, o que não condiz com o bem-estar universal.

Sem embargo, pode-se assinalar que o sistema de segurança coletiva adotado pela Liga das Nações não tinha como foco o interesse da sociedade internacional como um todo, mas sim os interesses "nacionais".

Até porque o Pacto da Liga das Nações não proibia a guerra, mas sim "recomendava" a não aplicação da força para solução dos conflitos. Não havia neste Pacto a imposição coercitiva jurídica, caso algum dos membros optassem pelo uso da força, apenas o controle de "legalidade" era feito através da autoridade moral do Conselho da Liga.

Outro motivo relevante para a ineficiência da Liga das Nações fica evidenciado nos planos expansionistas dos membros permanentes do Conselho, como por exemplo, a invasão da China, pelo Japão, no incidente de Mukden, onde a Machúria foi invadida por tropas japonesas. Sem condições de enfrentar o Japão, a China apelou à Liga das Nações, que condenou e expulsou os japoneses da organização, porém não adiantou nada, pois em 1937, no incidente da Ponte Marco Polo, aconteceu, na visão da corrente majoritária dos historiadores, o início oficial da guerra entre China e Japão[26].

Apesar do fracasso da Liga das Nações, fica evidenciado que ela deixou um legado para a história das relações internacionais, indubitavelmente, a partir do momento em que suas propostas de não recorrer à guerra, bem como suas relações internacionais

---

[26] KENNEDY, Paul. *Ascensão e queda das grandes potências*: transformação econômica e conflito militar de 1500 a 2000. Rio de Janeiro: Campus, 1989, p. 321.

embasadas na equidade e na justiça, influenciaram significativamente a comunidade internacional.

Com a deficiência do Pacto da Liga das Nações, e buscando iniciar negociações para proibir o recurso à guerra (*jus ad bellum*), Estados Unidos e França, em 27 de janeiro de 1928, assinaram o Tratado relativo à Renúncia da Guerra como Instrumento de Política Nacional: o Pacto de Kellogg-Briand.

Tal tratado recebeu esse nome por fazer referência aos Secretários de Estado Norte--Americano Frank Billings Kellogg (1856-1937) e Aristides Briand (1862-1932), que eram Ministros dos Negócios Estrangeiros da França.

O grande objetivo do Pacto de Kellogg-Briand era abolir efetivamente o *animus belligerandi* das relações internacionais, e tinha como ponto positivo a diferenciação entre guerra como instrumento de agressão e a guerra como legítima defesa ou com base na autorização da organização internacional[27].

Como a Liga das Nações, o Pacto de Kellogg-Briand também se apresentou de forma deficitária, tendo em vista que, em relação ao recurso à guerra, ele o restringiu, mas deixou "de fora" os conflitos que não atingissem a proporção de uma guerra. O tratado não reconheceu a exceção da legítima defesa, o que abriu subsídios para o uso indevido da "exceção" e a referência constante para "política nacional" fez com que outros motivos justificassem o uso da força[28]. Bölke assevera que nem o sistema de segurança coletiva criado pela Liga das Nações nem o Pacto de Kellogg-Briand, de 1928, conseguiram substituir, por completo e de maneira eficaz, a norma consuetudinária existente até então, que permitia aos Estados recorrerem à guerra. Mas o pior ainda estava por vir: a Segunda Guerra Mundial[29].

Os objetivos oriundos da execução da Segunda Guerra Mundial são peculiarmente distintos em relação à Primeira Guerra Mundial, na medida em que esta tinha como escopo as conquistas territoriais, sem escravizar ou aniquilar os povos inimigos, enquanto aquela foi alicerçada em projetos de subjugação de povos considerados inferiores.

Em 1941, observando-se a necessidade de se pacificarem as relações internacionais, Franklin Roosevelt (presidente dos EUA) e Winston Churchill (primeiro-ministro

---

[27] BÖLKE, Marcelo. A regulamentação internacional do uso da força armada. In: GUERRA, Sidney. *Tratado de direito internacional*. Rio de Janeiro: Freitas Bastos, 2008, p. 113.

[28] Também SILVA, G. E. Nascimento e ACCIOLY, Hildebrando. *Manual de direito internacional*. 13. ed. São Paulo: Saraiva, 1998, p. 463: "o Pacto Kellogg-Briand mereceu algumas críticas por não haver coberto algumas das lacunas do Pacto da Liga das Nações, que permitiam o recurso à guerra, mas foi recebido com entusiasmo pela opinião pública mundial, para qual a guerra – todas as guerras – havia sido colocada fora da lei. Na verdade, o que se condenava era a guerra de agressão, permanecendo válida a guerra defensiva. Os acontecimentos de 1939 vieram demonstrar que a simples declaração, por solene que fosse, não seria de molde a evitar nova e cruenta guerra".

[29] BÖLKE, Marcelo. A regulamentação internacional do uso da força armada. In: GUERRA, Sidney. *Tratado de direito internacional*. Rio de Janeiro: Freitas Bastos, 2008, p. 113.

britânico) assinaram a Carta do Atlântico, em 14 de agosto, onde Roosevelt ressaltou que, em nome da segurança nacional, os EUA não poderiam ficar indiferentes diante do vilipêndio atribuído à liberdade dos povos, que vinha sendo perpetrado pelos países do Eixo (Alemanha, Japão e Itália).

Roosevelt traçou os primeiros esboços de como deveria apresentar-se a política internacional dos EUA, no esforço de reconstrução do mundo pós-guerra, sendo oportuno lembrar as palavras de Comparato: "Na 'Carta do Atlântico', fica evidenciado o objetivo comum de seus países, na guerra em curso, que era o direito de todos os povos escolherem a sua própria forma de governo, bem como a intenção de lutar para a restauração dos direitos soberanos e de autogoverno, para todos aqueles que foram deles privados pela força"[30].

À luz do conceito de *jus ad bellum*, a Carta do Atlântico deixa de forma explícita que seu objetivo era a guerra perante as forças do eixo, buscando a justificativa de destruir a tirania nazista e procurar estabelecer uma situação de paz em que todas as nações pudessem viver com segurança dentro do espaço limítrofe, livres do medo e da miséria.

Esse documento acaba por influenciar no processo de criação da Organização das Nações Unidas, que se distingue da Liga das Nações, tendo em vista que esta apenas recomendava aos Estados a não utilização da força para resolver seus conflitos, enquanto aquela consagra a ilegalização do direito à guerra (*jus ad bellum*), com escopo na paz e segurança mundiais.

5. CONCEITO DE *JUS CONTRA BELLUM*

Com o advento da Carta das Nações Unidas, em 1945, surge um novo conceito na órbita jurídica internacional: o *jus contra bellum*, ou seja, a proibição à ameaça ou uso da força nas relações internacionais[31].

---

[30] COMPARATO, Fábio Konder. *A afirmação histórica dos direitos humanos*. São Paulo: Saraiva, 1999, p. 216.

[31] *Vide* a propósito o artigo intitulado *The evolution of war* disponível de Sheng Hongsheng em <www.cjip.oxford-journals.org>: "When discussing the laws of armed conflict, most Chinese international lawyers focus on the question of a just war versus an unjust war, but their Western counterparts do not. They do not judge the nature of war; their discussions are limited to the necessity for and manner of application of the laws of armed conflict. The view of the International Committee of the Red Cross (ICRC), a key initiator, promoter, and the guardian of international humanitarian law, on this question is that the purpose of international humanitarian law in protecting and assisting war victims is to constrain the damages and suffering caused by warfare. International humanitarian law, therefore, seeks to resolve the practical problems of armed conflict rather than the reasons for or legality of resorting to armed force. The provisions of international humanitarian law are applicable to all wars, regardless of causes or whether or not the actions taken by either or both sides are just. The standards by which aspects of armed conflict are assessed in international humanitarian law stem exclusively from humanitarianism – the so-called 'law in time of war'. Nowadays, at times of international armed conflict, it is often difficult to determine which states are in violation of the United Nations Charter. Application of international humanitarian law does not involve condemnation of the transgressing Power at times of war, because the ensuing controversy, where all parties concerned would claim to be the victims of aggression, would put the law into a state of paraly-

A Carta das Nações Unidas dispõe de normas e princípios que vão nortear não só a sua organicidade e funcionamento, mas, também, as relações entre Estados em quaisquer situações.

Esse dispositivo surge da necessidade de se manter a paz e a segurança em âmbito internacional, tendo em vista a temeridade que se espalhou no âmago da sociedade internacional após o lançamento das duas bombas atômicas nas cidades de Hiroshima e Nagasaki, no Japão.

Observa-se ainda que os alicerces axiológicos, no que concerne ao conceito de *jus ad bellum* relacionados à ONU, estão baseados nos seguintes princípios: igualdade soberana de todos os Estados; cumprimento de boa-fé das obrigações contidas na carta; solução pacífica de controvérsias internacionais, de modo que não sejam ameaçadas a paz, segurança e justiça internacionais; assistência a todas as ações promovidas pelas Nações Unidas e proibição de prestar auxílio a Estado contra o qual a organização esteja agindo de modo preventivo ou coercitivo; obrigação de fazer com que os Estados que não são membros da organização ajam em conformidade com esses princípios a fim de manter a paz e segurança internacionais; proibição de intervenção, pela organização, nos assuntos de competência essencialmente interna dos Estados, exceto por meio de medidas coercitivas previstas no Capítulo VII da Carta[32].

Não se pode olvidar também que, em 1970, a Assembleia Geral da ONU aprovou, por unanimidade, a Resolução n. 2.625, que contém em anexo a Declaração de Relações Amistosas, onde o objetivo era atualizar eventuais mudanças que poderiam ter ocorrido desde 1945.

---

sis. Moreover, the purpose of international humanitarian law is to protect the victims of war and their basic rights, regardless of which side they are on. This is why it is necessary to differentiate 'jus in bello' (law in war), 'jus ad bellum' (law on the use of force) and 'jus contra bellum' (law on the prevention of war). To determine the nature of war has already exceeded the scope of the laws of armed conflict, in accordance with the ICRC. It is considered that the fundamental objective of the laws of armed conflict is to provide war victims with a minimum level of protection. International humanitarian law should be applicable to all belligerent parties, regardless of the origins of the conflict. The essence of this principle of universal application is in ancient international law. For example, 'In history and international relations of ancient India, one will not find differences between believers and non-believers. Even when both are involved in a life-and-death struggle, no one will raise the question of whether it is a 'just war' or an 'unjust war'. Dharma clearly states that during any time and under any circumstances, all belligerent parties must adhere to publicly acknowledged law of war. The universal application of such laws is an important contribution to international law made by ancient India'. Any difference in the respective treatment of belligerent parties, therefore, would negate the existing moral premise upon which international humanitarian law is based and, as such, is incompatible with the basic tenet of the laws of armed conflict".

[32] PEREIRA, Maria de Assunção do Vale. *A intervenção humanitária no direito internacional contemporâneo.* Coimbra: Coimbra Ed., 2009, p. 212, complementa a ideia apresentada ao afirmar que "com esta norma (art. 1, n. 1 da Carta da ONU), vem-se claramente definir o princípio da proibição do uso da força e, mais ainda, da proibição da própria ameaça de uso da força, agora em termos mais alargados do que a proibição constante no Pacto Brian-Kellog. Não será por isso de estranhar que, com a afirmação de uma categoria de normas de caráter indisponível – as normas de *jus cogens* – rapidamente a doutrina aí enquadrasse a regra da proibição do uso da força".

Sendo assim, a Declaração sobre relações amistosas trata dos seguintes princípios: proibição da ameaça ou do uso da força nas relações internacionais; solução pacífica de controvérsias, de forma a não pôr em perigo a paz, segurança e justiça internacionais; dever de não interferir nos assuntos de competência nacional de qualquer Estado; dever dos Estados de cooperar uns com os outros; igualdade de direitos e autodeterminação dos povos; igualdade soberana dos Estados; dever, dos Estados, de cumprir de boa-fé as obrigações assumidas em conformidade com a Carta[33].

6. O USO DA FORÇA E A LEGÍTIMA DEFESA

A guerra passou a ser um ilícito internacional no momento em que a Carta das Nações Unidas emergiu no cenário mundial. Até então as tentativas de se proibir o recurso à força tinham sido frustradas tanto no Pacto da Liga das Nações quanto no Pacto Kellogg-Briand. A Carta das Nações Unidas deixa explicitamente, em seu art. 2º, § 4º, a proibição ao uso da força: "(...) todos os membros deverão evitar em suas relações internacionais a ameaça ou o uso da força contra a integridade territorial ou a dependência política de qualquer Estado, ou qualquer outra ação incompatível com os propósitos das Nações Unidas"[34].

Todavia, o art. 51 da Carta das Nações Unidas prevê algumas exceções ao uso da força[35]: Nada na presente Carta prejudicará o direito inerente de legítima defesa individual ou coletiva no caso de ocorrer um ataque armado contra um Membro das Nações Unidas, até que o Conselho de Segurança tenha tomado as medidas necessárias para a manutenção da paz e da segurança internacionais. As medidas tomadas pelos Membros no exercício desse direito de legítima defesa serão comunicadas imediatamente ao Conselho de Segurança e não deverão, de modo algum, atingir a autoridade e a responsabilidade que a presente Carta atribui ao Conselho para levar a efeito, em qualquer tempo, a ação que julgar necessária à manutenção ou ao restabelecimento da paz e da segurança internacionais.

Nesse ponto é digno de nota o estudo realizado por Bölke que destaca a matéria da seguinte forma:

"A Carta das Nações Unidas foi o primeiro instrumento de direito internacional a estabelecer proibição geral da ameaça ou do uso da força nas relações internacionais.

---

[33] BÖLKE, Marcelo. A regulamentação internacional do uso da força armada. In: GUERRA, Sidney. *Tratado de direito internacional*. Rio de Janeiro: Freitas Bastos, 2008, p. 115.

[34] GUERRA, Sidney. *Tratados e convenções internacionais*. Rio de Janeiro: Freitas Bastos, 2006.

[35] PEREIRA, Maria de Assunção do Vale. *A intervenção humanitária no direito internacional contemporâneo*. Coimbra: Coimbra Ed., 2009, p. 231 e 232: "Deparamo-nos com situações em que as forças onusianas são autorizadas a usar a força: com *peacekeepers* sendo agora estabelecidos com tarefas mais complexas, em zonas mais perigosas, a natureza destes mandatos tem mudado, em certa medida, face ao modelo original de uma operação imparcial, baseada no consentimento, em que a força é apenas usada em legítima defesa. (...) Decorre do que ficou dito que outro tipo de ações se foi também afirmando: as *peace-enforcement operations*, ou forças de imposição da paz".

O Pacto de Liga das Nações criou uma série de obstáculos ao recurso à guerra, que, em última instância, se o resto falhasse, seria ainda mecanismo legítimo de política entre os Estados. O Pacto de Paris de 1928 proibiu o recurso à guerra como instrumento de política nacional, mas deixou brechas que minaram a sua eficácia. O artigo 2º, parágrafo 4º, da Carta dispõe que 'todos os membros deverão evitar em suas relações internacionais a ameaça ou o uso da força contra a integridade territorial ou a independência política de qualquer Estado, ou qualquer outra ação incompatível com os propósitos das Nações Unidas'. A Carta emprega o termo 'força' em lugar de 'guerra', ampliando o alcance do dispositivo e tornando-o mais preciso. O termo 'guerra' apresenta dois problemas: primeiro, o reconhecimento de estado de guerra pode gerar controvérsias; e, segundo, o termo parece não ter mais significado preciso, haja vista a sua utilização em matérias de conteúdo mais político do que jurídico, tais como 'Guerra Fria' ou 'guerra contra o terror'. A proibição do uso da força foi um dos temas mais debatidos pelo Comitê Especial encarregado de elaborar o documento base da Resolução 2625 (XXV), a Declaração de Relações Amistosas. A matéria constitui ainda hoje 'uma das áreas mais controvertidas do direito internacional', pois diversas iniciativas têm sido propostas com o objetivo de redefinir os contornos da norma do artigo 2º, parágrafo 4º. A Carta prevê, expressamente, apenas duas exceções à proibição da ameaça ou do uso da força: legítima defesa individual ou coletiva, com base no artigo 51; e execução de medidas coercitivas pelo CSNU, nos termos do Capítulo VII da Carta. No entanto, todo tipo de argumento tem sido empregado para alegar o fim ou a limitação da norma que proíbe a ameaça ou o uso da força no direito internacional: autopreservação dos Estados (*self-help*), proteção de nacionais no exterior, defesa da democracia, luta contra o terrorismo e proteção dos direitos humanos. A fundamentação das novas 'exceções' ao princípio reside, em geral, em três argumentos centrais. Em primeiro lugar, resulta de interpretação distorcida do texto do artigo 2º, parágrafo 4º, da Carta. A ameaça ou o uso da força só seria proibido se atentasse 'contra a integridade territorial ou a independência política de qualquer Estado' e se configurasse 'ação incompatível com os propósitos das Nações Unidas'. Nesse sentido, todas as demais medidas 'compatíveis' com os propósitos consagrados no artigo 1º da Carta não seriam proibidas. Em segundo lugar, interpretação demasiado extensiva das exceções à proibição da ameaça ou do uso da força, sobretudo do conceito de legítima defesa no direito internacional e de ameaça à paz e segurança internacionais. Em terceiro lugar, a alegação do desenvolvimento de normas consuetudinárias a respeito da limitação da proibição da ameaça ou do uso da força. Este último argumento tende a ignorar o fato de que ações contrárias ao direito internacional por parte dos Estados constituem, antes de formarem normas consuetudinárias *contra legem*, violações aos instrumentos de direito internacional em vigor, como é o caso da Carta das Nações Unidas[36].

---

[36] BÖLKE, Marcelo. A regulamentação internacional do uso da força armada. In: GUERRA, Sidney. *Tratado de direito internacional*. Rio de Janeiro: Freitas Bastos, 2008, p. 115-116.

Com efeito, o fato de que a Carta da ONU prevê duas exceções à proibição da ameaça ou uso da força: legítima defesa individual ou coletiva com base no art. 51 e execução de medidas coercitivas pelo Conselho de Segurança das Nações Unidas, nos termos do Capítulo VII da Carta.

Todavia, atualmente todos os tipos de argumentos têm sido utilizados para justificar a limitação que proíbe a ameaça ou o uso da força, como: autopreservação dos Estados (*self-help*); proteção de nacionais no exterior; defesa da democracia; luta contra o terrorismo; proteção dos direitos humanos etc.

À guisa de compreensão, a defesa das novas exceções baseia-se em três argumentos: a) se a ameaça ou o uso da força for utilizado de forma a atentar para a integridade territorial ou a independência política de um Estado, e ainda, se não for compatível com os objetivos da ONU, tem-se a ilegalidade. Todavia, se tais hipóteses não forem evidenciadas, não há proibição; b) alegação de legítima defesa em demasia para justificar seus interesses; c) pensamento arcaico no que concerne às normas consuetudinárias a respeito da limitação da proibição da ameaça ou uso da força, violando assim o instrumento de direito internacional em vigor: a Carta das Nações Unidas.

Outros argumentos surgem, peculiarmente, em relação às mudanças que a sociedade internacional passa e o advento de novos fatores de controvérsias, tais como: o terrorismo, o alto índice de crescimento de armas de destruição em massa etc.

De acordo com o art. 51 da Carta da ONU, entende-se como legítima defesa[37] a campanha bélica aplicada em contrapartida a uma agressão "injusta". O uso da força no âmbito internacional é, geralmente, vinculado ao direito de legítima defesa. Todavia, o referido artigo faz menção à legítima defesa coletiva e individual, sobre a qual, à guisa de melhor compreensão, cabe tecer breves comentários.

A legítima defesa coletiva ocorre quando um terceiro Estado atribui campanha bélica em auxílio de outro Estado que tenha sido vítima de ataque armado. Esse tipo é mais raro, quando comparado à legítima defesa individual, que ocorre quando um Estado pratica ato de beligerância em repulsa a um ataque sofrido.

Hodiernamente o que se tem visto é uma certa precaução dos Estados no que concerne ao envolvimento de suas forças armadas em conflitos que não lhes dizem respeito diretamente.

Frise-se, por oportuno, que o exercício da legítima defesa coletiva exige que exista um elo entre o terceiro Estado e que aquele que sofreu o ataque, o que irá caracterizar a defesa coletiva (aliança). Um outro tipo de legítima defesa é a assistência por solicitação

---

[37] PEREIRA, Maria de Assunção do Vale. *A intervenção humanitária no direito internacional contemporâneo*. Coimbra: Coimbra Ed., 2009, p. 238, lembra que "a outra exceção ao princípio da proibição do uso da força é a que ocorre em situação da legítima defesa, a única justificação para o uso unilateral da força expressamente reconhecida pela carta. Trata-se de uma exceção que, com contornos mais latos ou mais apertados, foi, desde sempre, admitida pelo Direito Internacional".

de governo em resposta a intervenção estrangeira, ou seja, o Estado atacado pede ajuda a um terceiro.

O direito de legítima defesa é protegido pelo direito internacional e os Estados podem agir, até que o Conselho de Segurança decida sobre quais providências devem ser tomadas, ou seja, até que a ONU se pronuncie tomando as medidas necessárias para a manutenção da paz e da segurança internacionais. Além disso, tem o Conselho de Segurança das Nações Unidas a competência de decidir quando se esgota o direito à legítima defesa.

Não se pode olvidar que o Estado que estiver no exercício da legítima defesa tem a obrigação imediata de comunicar formalmente ao Conselho de Segurança da ONU, sob pena de sofrer sanções; e este possui autoridade e competência para decidir em qualquer tempo sobre as medidas que julgar cabíveis no que concerne à manutenção da paz e da segurança internacional.

Registre-se, ainda, que a legítima defesa tem como objetivo principal a proteção do Estado em caso de campanha bélica dirigida por outro partícipe e não pode ser confundida com a represália, que tem caráter punitivo, vingativo e visa à reparação de um dano ou ao cumprimento de um direito que se pode apresentar legítimo ou não. Sendo assim, o não recurso à força e a solução pacífica dos conflitos são aceitos por todos, enquanto a represália é repudiada.

7. O SISTEMA DE SEGURANÇA COLETIVA

A segurança coletiva no direito internacional tem sido definida como sendo o sistema que visa proteger os sujeitos internacionais da guerra ou da utilização da força[38].

No âmbito onusiano, a aplicação do sistema de segurança coletiva tinha em seu esboço inicial a previsão de que os Estados-Membros disponibilizariam tropas em favor do Conselho de Segurança. Isso ocorreria em torno de acordos especiais assinados entre a Organização e todos os Estados a ela vinculados. Também seria dada assistência e facilidades, no que concerne ao direito de passagem, sempre com o objetivo da manutenção da paz e segurança na sociedade internacional.

Entretanto, o que se observou no curso recente da história foi a falta de entendimento entre EUA e URSS, durante a Guerra Fria, fazendo com que a execução efetiva desses acordos não acontecesse[39]. Porém, no fim da Guerra Fria houve algumas mudanças na arena internacional, sendo a questão retomada sem maiores sucessos[40].

---

[38] MELLO, Celso A. *Curso de direito internacional público*. 11. ed. Rio de Janeiro: Renovar, 1997, p. 1475.

[39] "Sob a ameaça de uma conflagração nuclear, os temas de segurança estavam na ordem do dia. Quando eclodiu a Guerra da Coreia, os Estados Unidos patrocinaram a ideia de acionar a Assembleia Geral em lugar do Conselho de Segurança, o que resultou na adoção da resolução Unidos para a Paz de 1950, aprovada por 52 votos a favor, cinco contra e duas abstenções. O propósito da Resolução 377 (V) era contornar as dificuldades encontradas do Conselho, 'pela falta de unanimidade dos membros permanentes', e ainda assim fazer com que a ONU interviesse no conflito,

Isso porque a ONU para adotar medidas relativas à manutenção da paz e segurança internacionais dependem dos Estados que são signatários da Carta, ensejando enormes dificuldades para consolidar sua atuação, visto que, por vezes, há interesses diversos de

---

ao permitir que a Assembleia Geral convocasse uma sessão especial de emergência para fazer recomendações e assumir responsabilidades na manutenção da paz e da segurança internacionais. Esse episódio demonstrou que a Organização se adaptava aos diferentes cenários políticos, mesmo na ausência de consenso. A resolução Unidos para a Paz tinha como foco situações de ameaça à paz, ruptura da paz ou atos de agressão e foi utilizada 11 vezes depois da Guerra da Coreia (desde o último caso em 1997, referente à Palestina, não tem sido acionada por nenhum Estado-membro). A intervenção internacional na Guerra da Coreia seria mais propriamente descrita como uma coalizão *ad hoc* autorizada pelas Nações Unidas, diferente, portanto, do modelo tradicional de *peacekeeping* tal como seria consolidado depois. As operações de manutenção da paz nasceram da necessidade de dotar a ONU de capacidade real de prover segurança a despeito das divergências entre os Estados-membros sobre a conveniência ou não de reunir forças militares, coletivamente organizadas, para assegurar uma ação enérgica onde houvesse uma ameaça de agressão ou violação iminente da paz. (...) A constituição da Força de Emergência das Nações Unidas (UNEF I), criada para intervir no conflito de Suez em 1956, pode ser considerada a primeira operação de manutenção da paz *strictu sensu*, por haver utilizado tropas, sob a bandeira da ONU e usando capacetes azuis, para criar uma zona-tampão e supervisionar a retirada das forças beligerantes em Suez. Como não estavam previstas na Carta, as operações de manutenção da paz pareciam oscilar entre as medidas dos Capítulos VI e VII, como se existisse um Capítulo 6 ½ fictício. Essa dubiedade também se fazia sentir no terreno. Em 1960, a operação no Congo testou a capacidade da ONU e provou ser um trauma de consequências duradoras no histórico da Organização. Após a independência do Congo Belga (depois denominado Zaire e hoje República Democrática do Congo), seguiu-se um período de instabilidade e desordem, que as ex-autoridades belgas não puderam controlar. A província de Katanga iniciou um movimento secessionista. O governo central congolês solicitou apoio da ONU para salvaguardar a integridade territorial do novo país. O Conselho de Segurança autorizou o envio de contingentes e foi constituída a Operação das Nações Unidas no Congo (ONUC), que chegou a alcançar 20 mil soldados. Com o propósito inicial de assegurar a retirada das tropas belgas e prover assistência para restaurar a segurança, a missão foi além do exercício de *peacekeeping* e se tornou parte do imbróglio. O Secretário-Geral Dag Hammarskjöld faleceu em um acidente de avião quando se dirigia a um encontro para discutir a suspensão das hostilidades. As lutas internas continuaram após a saída da ONUC em 1964." GARCIA, Eugênio. *Conselho de Segurança das Nações Unidas*. Brasília: FUNAG, 2013, p. 79.

[40] "Após o *boom* inicial em operações de manutenção da paz na década de 1990, com as duras lições e as dificuldades práticas (inclusive orçamentárias) derivadas da sobredistensão das capacidades da Organização, o Conselho de Segurança recuou em seu ímpeto de protagonismo e moveu-se em direção a um esforço mais limitado e seletivo de construção de consensos e administração da estrutura já existente. Uma das linhas de atuação buscou explorar áreas de convergência em cenários ou regiões que não envolvessem interesses vitais dos P-5 para afastar a hipótese de veto. Longos e intrincados conflitos na África passaram a ocupar parcela expressiva da agenda do Conselho, a ponto de 60 a 70% de seu tempo ser devotado ao tratamento de questões africanas O Relatório Brahimi, publicado no ano 2000, condensou toda a discussão havida na década anterior sobre o alcance e as limitações do papel da ONU na segurança internacional, em particular na utilização das operações de manutenção da paz como uma das principais ferramentas à disposição do Conselho de Segurança. As recomendações do relatório enfatizavam a utilidade de preparar profissionalmente as tropas da ONU para o exercício de suas missões no terreno, não só em termos materiais e logísticos, como equipamentos, armas e munição, mas também do ponto de vista tático e doutrinário.Afinal, esses soldados podem atuar em locais inamistosos e serem ameaçados por atores ou grupos que se utilizam de meios violentos para intencionalmente sabotar acordos ou provocar confrontos. Os mandatos aprovados pelas resoluções do Conselho, de acordo com o relatório, deveriam ser claros o bastante para prever situações concretas de emprego de tropas com capacetes azuis em zonas conflagradas, onde ameaças perigosas pudessem exigir uma resposta militar, incluindo o cenário de intervenção para a defesa de civis inocentes." GARCIA, Eugênio. *Conselho de Segurança das Nações Unidas*. Brasília: FUNAG, 2013, p. 86.

Estados mais poderosos que contribuem com maior contingente e recursos na organização internacional.

Uma dura crítica que se faz em relação à aplicação da segurança coletiva recai na limitação de ser aplicada em face das potências nuclearmente armadas e, em especial, no tocante aos cinco membros permanentes do Conselho de Segurança. Outro fator que fragiliza a aplicação efetiva da segurança coletiva é que os Estados alegam ser um custo muito alto para a manutenção de tais recursos.

Vale lembrar que o Conselho de Segurança poderá adotar as medidas coercitivas (interrupção completa ou parcial das relações econômicas; dos meios de comunicação; ferroviários; marítimos; aéreos; postais; telegráficos; radiofônicos ou de qualquer outra espécie; e o rompimento das relações diplomáticas) e, caso as mesmas se mostrem insuficientes para resolução do impasse, poderá ainda aplicar as medidas de força que achar necessárias para o restabelecimento da paz e da segurança. De acordo com a Carta da Nações Unidas, essas medidas podem se apresentar mediante demonstrações, bloqueios e outras operações, por parte das "forças armadas" da ONU.

De toda sorte, a segurança coletiva surge para dar a todos os Estados tratamento isonômico, porém a realidade é diversa, tendo em vista que a atuação internacional apresenta-se, por vezes, em conformidade com os interesses dos mais poderosos da sociedade internacional (seja no aspecto geográfico, político, militar etc.).

Capítulo XVIII
O Direito Internacional Humanitário

1. CONSIDERAÇÕES GERAIS

Como observado em capítulo precedente, desde a Antiguidade até os dias atuais, a guerra acompanhou a história da humanidade e transformou-se em objeto de repúdio para a sociedade internacional.

Dor, destruição, sofrimento são alguns efeitos produzidos por aqueles que não conseguem chegar a bom termo nas negociações e acabam trazendo prejuízos imensuráveis para os que mais sofrem com atos dessa natureza: a população civil.

Mesmo em se tratando de um conflito armado, a conduta dos beligerantes não pode ser anárquica, devendo estar sujeita a limitações, de acordo com os princípios da humanidade (se existe a consciência de respeito à dignidade humana) e da necessidade (que consiste na observância da real necessidade do emprego de força militar)[1].

Portanto, não se trata de fazer da guerra uma situação humana, e, do mesmo modo, não se pretende que suas regras de caráter humanitário, que regem a condução das hostilidades, sejam utilizadas pelos beligerantes como um argumento para considerar sua causa como sendo uma guerra justa, mas se propõe a impedir que as partes em um conflito armado atuem com uma crueldade cega e implacável, e proporcionar a proteção fundamental que os mais diretamente afetados pelo conflito necessitam, sem que a guerra deixe de seguir sendo o que sempre foi: um fenômeno aterrador. Sobre o direito internacional humanitário, Borges afirma que sua função é de regulamentar o "direito de guerra (*jus in bello*), até mesmo porque regulamentar a limitação e a proibição do direito de recorrer à guerra (*jus ad bellum*) é o grande objetivo do direito internacional e do sistema das Nações Unidas, instituição criada para esse fim. E mesmo no que se refere ao *jus ad bellum*,

---

[1] HENCKAERTS, Jean Marie; BECK, Louise Doswald. *El derecho internacional humanitario consuetudinario*. Ginebra: CICR, 2008, p. 559: "La práctica de los Estados establece esta regla como una norma de derecho internacional consuetudinario aplicable tanto en los conflictos armados internacionales como en los no internacionales. La obligación de los Estados de respetar el derecho internacional humanitario forma parte de su obligación general de respetar el derecho internacional. Esta obligación se expresa en los Convenios de Ginebra de 1929 y 1949".

em casos excepcionais há a possibilidade de se recorrer ao uso da força de maneira legítima. Dessa forma a Carta de São Francisco permite a guerra em caso de legítima defesa individual ou coletiva ou quando o Conselho de Segurança assim o considerar, tendo em vista a manutenção ou o restabelecimento da paz e segurança internacionais"[2].

O *jus in bello* (direito da guerra) corresponde ao conjunto de normas, primeiro costumeiras, depois convencionais, que floresceram no domínio do direito internacional quando a guerra era uma opção lícita para o deslinde de conflitos entre Estados e define parâmetros a serem observados durante a condução de conflitos armados, incluindo tratamento de feridos, prisioneiros e populações civis, diferenciação entre combatentes e não combatentes, bem como meios e métodos militares permitidos e proibidos.

Relembre-se, por oportuno, que não deve ser confundido o direito à guerra (*jus ad bellum*) com o direito da guerra (*jus in bellum*), pois, como já fora assinalado, o primeiro se refere à limitação ao direito de recorrer à guerra, enquanto o segundo faz menção à proteção das vítimas durante a guerra.

2. ANTECEDENTES HISTÓRICOS

Jean Henri Dunant (1828-1910) foi um grande empresário suíço que aos 31 anos de idade, após bem-sucedida carreira de banqueiro, investiu todo o seu patrimônio em moinhos de milho, na Argélia – antiga colônia francesa.

Em uma de suas viagens de negócios, no intuito de obter de Napoleão III, imperador da França, autorização para a sua empresa explorar as quedas de água necessárias ao movimento dos seus moinhos, presenciou cenas de verdadeira barbárie, por ocasião de um combate envolvendo tropas austríacas e franco-sardenhas. Nessa batalha, de unificação da Itália, enfrentaram-se aproximadamente trezentos mil soldados com resultados espantosos (já para a época) de quarenta mil baixas.

Traço marcante nesse enfrentamento é que os feridos não recebiam nenhuma assistência e os mortos ficavam nos campos de batalha. Essa visão e o trauma de ver milhares de mortos ao relento e feridos em busca do mínimo de socorro possível, entregues ao mais puro abandono, comoveu Dunant, que vindo de uma família religiosa, decidiu, imediatamente, organizar, em uma das Igrejas de Castiglioni, um hospital improvisando socorros voluntários com o apoio dos habitantes.

De volta a Genebra, estremecido com as cenas de pavor que vivera, Dunant publica o livro *Un souvenir de Solférino*, onde relata crueldades que presenciou. Essa obra repercutiu em toda a Europa e desencadeou um movimento internacional, com o objetivo de suprir deficiências dos serviços sanitários nos campos de batalha.

Com isso, Henry buscou a conscientização humana sugerindo duas ações para amenizar futuras situações desse tipo: a criação de uma sociedade de socorro privada, que atuaria em conflitos, de forma incondicional; e a assinatura de um tratado para permitir

---

[2] BORGES, Leonardo Estrela. *O direito internacional humanitário*. Belo Horizonte: Del Rey, 2006, p. 3.

essa atuação. Junto com outras pessoas (Gustave Moynier, Guillaume-Henri Dufour, Théodore Maunoir e Louis Appia) fundou o Comitê Internacional de Socorro aos Militares Feridos. Vale trazer à colação o magistério refinado sobre essa temática elaborado por Gabriel Valladares, que apresenta de maneira muito interessante essa evolução:

Lembranças de Solferino despertou o interesse de muitas personalidades da época, sendo que os conterrâneos de Dunant o ajudaram a colocar na prática o que estava na obra. Em fevereiro de 1863, Dunant foi convidado por um grupo de quatro eminentes cidadãos suíços da "Sociedade Genebrina de Utilidade Pública" para discutir suas ideias. Convencidos do caráter positivo da proposta, fundaram o "Comitê Internacional de Socorro aos Militares Feridos", que mais tarde passou a se chamar Comitê Internacional da Cruz Vermelha (CICV). No ano de sua fundação, o Comitê reuniu em Genebra um congresso do qual participaram personalidades de vários países, que recomendaram a criação de sociedades nacionais de socorro e apoiaram as ideias de Dunant. Durante esta reunião foi escolhida como emblema a cruz vermelha sobre um fundo branco para os fins já mencionados.

Em 1864 o Conselho Federal Suíço convocou uma Conferência Diplomática em Genebra, acompanhada por delegados plenipotenciários de 16 Estados. Nesse encontro adotou-se o texto da Primeira Convenção de Genebra para oferecer um destino melhor aos militares feridos dos Exércitos em campanha militar. Esse tratado é conhecido na doutrina indistintamente como a "Convenção Pai" ou a "Convenção Mãe" e foi revisado, modificado e ampliado várias vezes, especialmente em 1906, 1929, 1949 e 1977. Os dez artigos da Convenção de Genebra, de 1864, estabeleciam basicamente o respeito e a proteção das equipes e instalações sanitárias, assim como também reconheciam o princípio essencial de que os militares feridos ou enfermos devem ser protegidos e receber cuidados seja qual for sua nacionalidade, instituindo-se o emblema distintivo da cruz vermelha sobre um fundo branco, que são as cores invertidas da bandeira suíça. Em 1876, durante a chamada "Guerra do Oriente", o Império Otomano enviou uma carta ao CICV anunciando que para a identificação de seus agrupamentos de socorro adotava o emblema do crescente vermelho sobre um fundo branco, explicando que o fazia porque o emblema do crescente vermelho sobre um fundo branco se chocava com a suscetibilidade do soldado muçulmano. Somente em 1929, a Conferência Diplomática reunida para revisar a Convenção de Genebra, de 1864, reconheceu, além da cruz vermelha sobre um fundo branco, outros dois emblemas como símbolo distintivo e de proteção dos estabelecimentos e dos destacamentos de saúde: o crescente vermelho e o sol e leão vermelhos. Com o passar do tempo, o Direito Internacional Humanitário contemporâneo continuou desenvolvendo-se tentando responder às experiências dramáticas e à tentativa de evitar o sofrimento humano, ao que também se acrescentou a necessidade de reduzir os avanços técnico-bélicos especialmente cruéis[3].

---

[3] VALLADARES, Gabriel Pablo. A contribuição do Comitê Internacional da Cruz Vermelha aos últimos avanços convencionais do direito internacional humanitário. In: PRONER, Carol; GUERRA, Sidney. *Direito internacional humanitário e a proteção internacional do indivíduo*. Porto Alegre: Sérgio Antonio Fabris Editor, 2008, p. 16-17.

Indubitavelmente surge um marco na história das relações internacionais, visto que, nunca antes na história da civilização, os Estados se haviam colocado de acordo para limitar, em um tratado internacional aberto à ratificação universal, seu próprio poder em benefício do indivíduo. Pela primeira vez, a guerra havia cedido terreno para o direito geral e escrito[4].

3. AUTONOMIA DO DIREITO INTERNACIONAL HUMANITÁRIO

O Direito Internacional Humanitário é uma disciplina que faz parte do Direito Internacional Público[5]. Todavia, por ser a sua abordagem peculiar e restrita e tendo a sua fundamentação axiológica direcionada à dignidade da pessoa humana, lhe é conferida uma autonomia de atuação em relação ao Direito Internacional.

É bem verdade que o Direito Internacional Humanitário teve sua origem em práticas militares, cujos fundamentos estavam alicerçados nos costumes e, com o passar do tempo, vários tratados internacionais foram sendo concebidos e disseminados pelos continentes. De toda sorte, como enfatizam Jean Marie e Louise, "no todos los ejércitos aplicaron las 'leyes y costumbres de la guerra', como se ha denominado tradicionalmente esta rama del derecho, y no lo hacían necesariamente con todos los enemigos, ni tampoco todas las normas eran iguales"[6].

O foco do Direito Internacional Humanitário[7] corresponde à limitação dos meios e métodos utilizados durante o conflito[8]. Entenda-se por meio o tipo de arma utilizada durante os atos de beligerância, enquanto o método significa a maneira de utilizar tal arma.

---

[4] BORGES, Leonardo Estrela. *O direito internacional humanitário*. Belo Horizonte: Del Rey, 2006, p. 10.

[5] SANDOZ, Yves. *Comentario del Protocolo del 8 de junio de 1977 adicional a los Convenios de Ginebra del 12 de agosto de 1949 relativo a la protección de las víctimas de los conflictos armados internacionales* (Protocolo I). Bogotá: CICR, 2000, p. 31: "En virtud de una iniciativa que se ha hecho tradicional, el Comité Internacional de la Cruz Roja (CICR) se ha esforzado, desde sus orígenes en desarrollar el derecho internacional humanitario, rama del derecho que tienen por finalidad reglamentar la conducción de las hostilidades a fin de mitigar su rigor. Así fue como preparó la aprobación y posterior revisión de los Convenios de Ginebra para la protección de las víctimas de la guerra de 1864, 1906, 1929 y 1949, mientras que el Gobierno de Suiza, Estado depositario de esos textos fundamentales, convocó y organizó las Conferencias Diplomáticas que dieron a luz dichos Convenios".

[6] HENCKAERTS, Jean Marie; BECK, Louise Doswald. *El derecho internacional humanitario consuetudinario*. Ginebra: CICR, 2008, p. XXIX, advierten que "el contenido de estas normas incluía, generalmente, la prohibición de conductas consideradas innecesariamente crueles o dehonrosas, y no fue desarrollado solamente por los propios ejércitos, sino que influyeron también en él los escritos de los líderes religiosos".

[7] SHAW, Malcolm N. *International law*. 6. ed. Cambridge: Cambridge University Press, 2008, p. 1167: "International humanitarian law is primarily derived from a number of international conventions, some of these represent in whole or in a part rules of customary international law, and its is possible to say that a number of customary international law principles exist over and above conventional rules, although international humanitarian law is one of the most highly codified parts of international law".

[8] HENCKAERTS, Jean Marie; BECK, Louise Doswald. *El derecho internacional humanitario consuetudinario*. Ginebra: CICR, 2008, p. 560, advierten que "la obligación que incumbe a los Estados en virtud de esta norma no se limita a hacer que sus propias fuerzas armadas respeten el derecho internacional humanitario, sino que también

Salienta-se que os beligerantes não têm o direito ilimitado e aleatório de utilizar de forma arbitrária, cruel e desumana armas e métodos que possam causar sofrimento desnecessário.

Valladares[9] sustenta que o Direito Internacional Humanitário convencional só é aplicável em caso de conflito armado. Não diz respeito às situações de tensões internas nem aos distúrbios internos, como são certos atos de violência isolados que podem acontecer no território de um Estado sem constituir um conflito armado sem caráter internacional. Só é aplicável quando um conflito armado foi desencadeado e aplica-se igualmente a todas as partes envolvidas sem levar em conta quem deu início às hostilidades. Algumas normas fundamentais desse ordenamento jurídico adquiriram o caráter obrigatório (*jus cogens*) em função de sua aceitação e reconhecimento pelos Estados, já que são imprescindíveis para a sobrevivência da comunidade internacional.

O Direito Internacional Humanitário tem a finalidade de amenizar o sofrimento alheio, ao buscar, ainda que em uma situação catastrófica e pavorosa, o mínimo que se possa preservar em uma pessoa: a sua dignidade. Para tanto, devem ser observados seus princípios norteadores que têm origem nos tratados, costumes e princípios gerais do Direito: humanidade, necessidade e proporcionalidade.

O princípio da humanidade se apresenta como "coluna vertebral" do DIH, estabelece que em qualquer situação, ainda que degradante, deva-se buscar conservar a dignidade da pessoa humana.

O princípio da necessidade determina que os bens civis não podem ser alvo de campanha militar nem objeto de ataques e retaliações. Somente podem sê-lo os alvos efetivamente militares. O grande questionamento se apresenta em determinar quais são os alvos militares.

Para ser considerado alvo militar devem ser observadas duas características principais: a contribuição para a ação militar de uma parte em conflito; e se a sua sucumbência, captura ou neutralização auferem vantagens para a parte adversa.

Cabe registrar que por necessidades imperiosas de natureza militar podem permitir a derrogação dessa proibição. Todavia, sendo o princípio da humanidade o esteio do Direito Internacional Humanitário, tal derrogação só poderá ser efetivamente executada em casos expressamente previstos, devendo ainda ser analisada a sua proporcionalidade.

Pelo princípio da proporcionalidade, verifica-se que as partes devem aplicar efetivo bélico de forma proporcional ao recebido pela parte adversa, ou seja, ainda que o objeto

---

deben hacer que lo respeten otras personas o agrupaciones que actúem de hecho siguiendo sus instrucciones o bajo su dirección o control".

[9] VALLADARES, Gabriel Pablo. A contribuição do Comitê Internacional da Cruz Vermelha aos últimos avanços convencionais do direito internacional humanitário. In: PRONER, Carol; GUERRA, Sidney. *Direito internacional humanitário e a proteção internacional do indivíduo*. Porto Alegre: Sérgio Antonio Fabris Editor, 2008, p. 38.

do ataque seja militar, não se pode atacar de forma que o malefício e a ignomínia sejam superiores aos ganhos militares pretendidos na ação.

Além dos "princípios gerais" que se observam no Direito Internacional Humanitário, podem ser observados também princípios que norteiam as ações do Movimento Internacional da Cruz Vermelha[10], a saber:

a) Humanidade: o Movimento Internacional da Cruz Vermelha e do Crescente Vermelho, cujo nascimento foi impulsionado pela preocupação de prestar auxílio, sem discriminação, a todos os feridos nos campos de batalha, se esforça, sob seu aspecto internacional e nacional, em prevenir e reduzir o sofrimento dos homens em todas as circunstâncias. Tende a proteger a vida e a saúde, assim como a fazer respeitar a pessoa humana. Favorece a compreensão mútua, a amizade, a cooperação e uma paz duradoura entre todos os povos.

b) Imparcialidade: não faz nenhuma distinção de nacionalidade, raça, religião, condição social nem credo político. Dedica-se somente a socorrer os indivíduos proporcionalmente aos sofrimentos por que passam, satisfazendo suas necessidades e dando prioridade às mais urgentes.

c) Neutralidade: a fim de conservar a confiança de todos, o Movimento se abstém de participar das hostilidades e, o tempo todo, das controvérsias de ordem política, racial, religiosa e ideológica.

d) Independência: o Movimento é independente. Auxiliares dos poderes públicos em suas atividades humanitárias e submetidas às leis que regem os respectivos países, as Sociedades Nacionais devem não obstante conservar uma autonomia que lhes permita atuar sempre de acordo com os princípios do Movimento.

e) Caráter voluntário: é um Movimento de socorro voluntário e de caráter desinteressado.

f) Unidade: em cada país só pode haver uma Sociedade da Cruz Vermelha ou do Crescente Vermelho, que deve ser acessível a todos e estender sua ação humanitária a todo o território.

---

[10] As bases legais de qualquer ação assumida pelo CICV são as seguintes: as quatro Convenções de Genebra e o Protocolo Adicional I conferem ao CICV um mandato específico para atuar em situações de conflitos armados internacionais. Em especial, a organização tem o direito de visitar prisioneiros de guerra e internados civis. As Convenções também lhe oferecem um amplo direito de iniciativa. Em conflitos armados não internacionais, a organização goza de um direito de iniciativa humanitária reconhecido pela comunidade internacional e resguardado no Artigo 3º comum às quatro Convenções de Genebra. No caso de tensões e distúrbios internos e em qualquer outra situação que justifique a ação humanitária, o CICV também tem o direito de iniciar ações, sendo o mesmo reconhecido nos Estatutos do Movimento Internacional da Cruz Vermelha e do Crescente Vermelho. Portanto, sempre que o DIH não for aplicável, a organização poderá oferecer seus serviços aos governos sem que essa oferta constitua uma intromissão em assuntos internos do Estado em questão.

g) Universalidade: o Movimento Internacional da Cruz Vermelha e do Crescente Vermelho, em cujo seio todas as Sociedades têm os mesmos direitos e o dever de se ajudar mutuamente, é universal[11].

4. GUERRA OU CONFLITO ARMADO?

A falta de entendimento entre Estados se apresenta como grande realidade na história das relações internacionais, tanto que o Direito Internacional foi concebido, *a priori*, como direito de guerra, passando em seguida, para o direito da paz.

Ocorre que o conceito de guerra gera uma divergência na doutrina no que concerne à sua objetividade, subjetividade, materialidade e formalidade.

Segundo Celso Mello[12], para que o conceito de guerra tenha solidez necessária se faz a presença de elementos de ordem objetiva e subjetiva. A ordem objetiva consiste na efetivação da hostilidade, ou seja, a luta armada entre Estados, enquanto a ordem subjetiva diz respeito ao *animus belligerandi*, sendo assim, a intenção de fazer a guerra. Para existir a guerra é necessária a coexistência de ambos os elementos, pois nenhuma guerra existe do acaso, mas, sim, da vontade de pelo menos um dos Estados.

Ainda à luz da divergência doutrinária, no que concerne à definição de guerra, afirma-se que a guerra[13] se apresenta em dois aspectos: material e formal. O material é o gerado pelo uso das forças armadas, enquanto o formal é o *status* produzido por uma declaração de guerra.

Sendo assim, fica evidenciada nesta ideia uma grande limitação ao se admitir o emprego das forças armadas independentemente da declaração de guerra, além do que só ocorreria guerra entre Estados, deixando de lado os conflitos internos.

Com efeito, seja qual for a definição, esta sempre aparecerá de forma incompleta, inclusive com o surgimento de novos fatos sociais que marcam as mudanças dos conflitos existentes na comunidade internacional. Não se pode olvidar também de conflitos pós-guerra em decorrência de processos de descolonização, que muitas vezes não se apresentam em caráter internacional.

Com isso, a palavra guerra foi substituída pela expressão "conflitos armados", conseguindo assim, no âmbito do Direito Internacional Humanitário, uma área de abrangência muito maior.

Frise-se que a expressão "conflitos armados", que não é o mesmo que guerra[14], não obriga terceiros Estados à neutralidade, entendendo esta como alegação de um terceiro

---

[11] VALLADARES, Gabriel Pablo. A contribuição do Comitê Internacional da Cruz Vermelha aos últimos avanços convencionais do direito internacional humanitário. In: PRONER, Carol; GUERRA, Sidney. *Direito internacional humanitário e a proteção internacional do indivíduo*. Porto Alegre: Sérgio Antonio Fabris Editor, 2008, p. 25.

[12] MELLO, Celso. *Curso de direito internacional público*. 11. ed. Rio de Janeiro: Renovar, 1997, p. 1497.

[13] MELLO, Celso. *Curso de direito internacional público*. 11. ed. Rio de Janeiro: Renovar, 1997, p. 1497.

[14] Segundo o magistério de MELLO, Celso. *Curso de direito internacional público*. 11. ed. Rio de Janeiro: Renovar, 1997, p. 1492, "a caracterização de guerra não é fácil, sendo que já houve conflitos armados no século XX sem que houvesse guerra (uma longa fase da guerra sino-japonesa), e já houve guerras sem combates (Polônia e Lituâ-

Estado em não se comprometer com o ato de beligerância que ocorre entre duas nações em conflito.

Outrossim, os tratados entre as partes em luta não são suspensos ou rompidos, nem subsiste a necessidade de rompimento diplomático. A guerra é um *status* jurídico que foi sendo definido com a evolução da humanidade, diferentemente do conflito armado, que teve notoriedade no século XX e tem sua força na noção humanitária; o conflito armado não rompe o *status* de Paz.

Não há falar em relação diplomática no estado de guerra, tendo em vista que estes dois conceitos não se coadunam[15], porém no conflito armado as relações diplomáticas podem existir normalmente.

Para Valladares, o Direito Internacional Humanitário, também conhecido como Direito da Guerra ou Direito Internacional dos Conflitos Armados, é parte do Direito Internacional Público. É, definitivamente, um corpo de normas internacionais, de origem convencional ou consuetudinária, destinado especificamente a ser aplicado nos conflitos armados, internacionais ou não internacionais, que limita o direito das partes em conflito de escolher livremente os métodos e os meios utilizados na guerra, ou que protege as pessoas e os bens atingidos, ou que possam ser atingidos pelo conflito. Esse Direito não tem a pretensão de proibir a guerra, nem a ambição de definir sua legalidade ou legitimidade, mas de ser aplicado quando o recurso à força foi infelizmente imposto e o que resta é reduzir o sofrimento das pessoas que não participam ou que deixaram de participar das hostilidades. Por isso sua aplicação de *ius in bello* ou direito aplicável na guerra, um corpo jurídico de orientação tipicamente humanitária, diferente do *ius ad bellum*, ou direito de fazer a guerra[16].

De fato, conflitos armados estão intimamente ligados ao Direito Internacional Humanitário, que se apresenta como um conjunto de normas internacionais de origem convencional e consuetudinária, especificamente destinado a ser aplicado nos conflitos armados, internacionais ou não internacionais, e que limita, por razões humanitárias, o direito de as partes, em conflito, escolherem livremente os métodos e os meios utilizados na guerra (Direito da Haia), ou que protege as pessoas e os bens afetados (Direito de Genebra)[17].

Evidencia-se, pois, que o Direito Internacional Humanitário[18] apresenta-se como um conjunto de normas internacionais de origem convencional e consuetudinária,

---

nia). Em 1935, quando a Itália invadiu a Abissínia, ambas as partes diziam que não era guerra. Mas a Liga das Nações interpretou como sendo guerra. Em 1933, no conflito sino-japonês, o Conselho da Liga interpretou como não havendo estado de guerra".

[15] MELLO, Celso. *Curso de direito internacional público.* 15. ed. Rio de Janeiro: Renovar, 2004, p. 1499.

[16] VALLADARES, Gabriel Pablo. A contribuição do Comitê Internacional da Cruz Vermelha aos últimos avanços convencionais do direito internacional humanitário. In: PRONER, Carol; GUERRA, Sidney. *Direito internacional humanitário e a proteção internacional do indivíduo.* Porto Alegre: Sérgio Antonio Fabris Editor, 2008, p. 36.

[17] SWINARSKI, Christophe. *Direito internacional humanitário.* São Paulo: Revista dos Tribunais, 1990, p. 31.

[18] Também SASSÓLI, Marco; BOUVIER, Antoine. *How does law protect in war?* Geneva: ICRC, 2006, p. 81: "International Humanitarian Law can be defined as the branch of International Law limiting the use of vio-

especificamente destinado a ser aplicado nos conflitos armados internacionais e não internacionais, e que limita, por razões humanitárias, o direito das partes em conflito de escolherem livremente os métodos e os meios utilizados na guerra, ou que protege as pessoas e os bens afetados[19].

O Direito Internacional Humanitário pode ser analisado levando-se em conta suas vertentes: o Direito de Haia; o Direito de Genebra[20] e o Direito de Nova York. Antes, porém, de enfrentar estes aspectos, por questões didáticas, imperioso apresentar alguns pontos relativos ao instituto da intervenção humanitária como instituto de direito internacional.

5. A INTERVENÇÃO HUMANITÁRIA

A intervenção humanitária[21] (expressão utilizada pela doutrina anglo-americana e denominada ingerência pela doutrina francesa[22]) estabelece a necessidade de promover assistência humanitária em situações emergenciais, causadas por conflitos armados,

---

lence in armed conflicts by: a) sparing those who do not or no longer directly participate in hostilities; b) limiting the violence to the among necessary to achieve the aim of the conflict, which can be – independently of the causes fought for – only to weaken the military potential of the enemy. This definition leads to the basic principles of IHL: the distinction between civilians and combatants; the prohibition to attack those hors de combat; the prohibition to inflict unnecessary suffering; the principle of necessity; and the principle of proportionality".

[19] SHAW, Malcolm N. *International law*. 6. ed. Cambridge: Cambridge University Press, 2008, p. 1170: "The rules of international humanitarian law seek to extend protection to a wide range of presons, but the basic distinction drawn has been between cambatants and those who are not involved in actual hostilities".

[20] SASSÓLI, Marco; BOUVIER, Antoine. *How does law protect in war?* Geneva: ICRC, 2006, p. 123, contempla o Direito de Haia e o de Genebra: "the Geneva Law, mainly concerned with the protection of the victims of the armed conflicts, the non-combatants and those who do not take part anymore to the hostilities, the Hague Law, whose provisions relate to limitations or prohibitions of specific means and methods of warfare".

[21] SALCEDO, Juan Antonio Carrillo, *La asistencia humanitaria en derecho internacional contemporaneo*. Sevilla: Universidad de Sevilla, 1997, p. 128, apresenta as regras propostas pelo Instituto de Direito Internacional sobre a proteção dos direitos do homem, os princípios da não intervenção dos Estados e os princípios que regem o direito de assistência humanitária: "1. States have a duty to provide humanitarian assistance to victims in their territory or under their control; 2. States, International Governmental Organizations and NGO's have a right to offer humanitarian assistance to other States; 3. States, IGO's and NGO's have a right to provide humanitarian assistance to victims in other States with the consent of these States or – in case of desintegration of governmental authority and of civil war – with the consent of authority and of civil war – with the consent of the relevant local autorities. 4. States have no duty to provide humanitarian assistance to victims in other States but they have a duty to facilitate humanitarian assistance lent by other States, IGO's and NGO's. If measures of coercion are taken against a particular State supplies for essential humanitarian needs have to be exempted from them; 5. The Security Council, by virtue of Chapter VII of the Carter, may determine that the magnitude of a human tragedy constitutes a threat to international peace and security and authorizes States or UN forces to take all measures necessary to bring humanitarian assistance to the victims. 6. States have a duty to admit humanitarian assistance to the victims furnished by other States, IGO's or NGO's in accordance with international law. They many not arbitrarily refuse their consent. 7. Individuals have a right against the State under whose control they are receive humanitarian assistance or to permit its distribution according to rules 3,4 and 6".

[22] BETTATI, Mario. *Le droit d'ingérence*: mutation de l'ordre international. Paris: Odile Jacob, 1996.

catástrofes naturais ou promovidas pelo próprio Estado ou governo para diminuir o sofrimento causado à população civil.

Maria Pereira apresenta conceito preliminar partindo da ideia de intervenção. Segundo a autora, utilizando-se do magistério de Lauterpacht, "a intervenção se apresenta como interferência autoritária, no sentido de ação que equivale à negação da independência do Estado. Implica uma exigência peremptória de uma conduta positiva ou de uma abstenção – uma exigência que, se não cumprida, acarreta a ameaça ou recurso a coerção sob alguma forma". A autora assevera ainda que a partir do conceito de intervenção podem ser extraídos dois elementos que, em princípio, o direito internacional rejeita: "a interferência na jurisdição do Estado e a coerção, independentemente da forma". Por isso mesmo, segundo ela, "ao tratarmos da intervenção humanitária pretendemos referir-nos àquelas situações em que um ou mais Estados decidem, por sua iniciativa, intervir por via coercitiva – e, mais especificamente, pelo uso da força – no território de outro Estado, sem o consentimento deste, com vista a proteger um grupo de indivíduos que são vítimas dos comportamentos das autoridades desse Estado ou então que este Estado não tem capacidade – por colapso das suas instituições – ou interesse em proteger e cujos direitos fundamentais estão a ser violados de uma forma grave e generalizada"[23].

Sobre este instituto[24], vale trazer ainda à colação o magistério de Salcedo: "La injerencia en favor de las víctimas de situaciones de extrema urgencia humanitaria aparece ante todo como un imperativo moral y fue introducida para designar una actitud ética, esto es, para referirse a las exigencias de solidaridad que mueven a socorrer a las víctimas de las violaciones masivas de derechos humanos fundamentales producidas a consecuencia de una situación de urgencia humanitaria, cualquiera sea su origen, y en especial las que derivan de las situaciones de catástrofes políticas, caracterizadas por la desintegración de la autoridad política"[25].

A intervenção humanitária[26] tem como objetivo precípuo cessar graves e repetidas violações aos Direitos Humanos, de acordo com o previsto na Declaração de Direitos do

---

[23] PEREIRA, Maria de Assunção do Vale. *A intervenção humanitária no direito internacional contemporâneo*. Coimbra: Coimbra Ed., 2009, p. 23 e 24.

[24] PEREIRA, Maria de Assunção do Vale. *A intervenção humanitária no direito internacional contemporâneo*. Coimbra: Coimbra Ed., 2009, p. 858: "A ideia da intervenção humanitária está hoje juridicamente consagrada e surge no pensamento de Tesón, por via de argumentos retirados da filosofia moral, que suportam a concepção de que os direitos dos Estados decorrem dos direitos do homem. Segundo o autor, a intervenção humanitária é uma exceção reconhecida à proibição geral de uso da força nas relações internacionais. Nesse sentido, considera que o art. 2, n. 4, da Carta da ONU não deve ser interpretado segundo os métodos tradicionais, mas antes à luz dos valores do sistema jurídico internacional, o que legitimaria a intervenção humanitária, uma vez que o uso da força visava, nesse caso, a salvaguarda dos direitos do homem, objetivo fundamental das Nações Unidas".

[25] SALCEDO, Juan Antonio Carrillo. *La asistencia humanitaria en derecho internacional contemporáneo*. Sevilla: Universidad de Sevilla, 1997, p. 130.

[26] FAVOREU, Louis et al. *Droit des libertés fondamentales*. 4. ed. Paris: Dalloz, 2007, p. 46: "L'idée d'un droit d'ingerence dans les affaires internes d'un État de la protection des ressortissants de ce dernier et, plus largement, des droits et libertés, paraît progresser après être longtemps demeurée très marginale et en restant toujours très ambiguë et floue".

Homem de 1948. Foi com esse objetivo que a França apresentou o projeto sobre assistência humanitária, como se vê nessa passagem:

"Quando nos estertores da Guerra Fria, a França, impulsionada pelos Médicos sem fronteiras, submeteu à Assembleia Geral das Nações Unidas, na sessão de 1988, o projeto de resolução sobre assistência humanitária que deu origem à expressão 'direito de ingerência', sua preocupação explicitada era com as dificuldades interpostas por determinados governos de países conflagrados, como o Afeganistão e o Sudão, a concessão de auxílio médico e alimentar a vítimas integrantes – muitas vezes apenas pela etnia – de movimentos insurrecionais. A Resolução 45/131, em que se transformou o projeto francês, após os debates e questionamentos esperados, foi não obstante, adotada por consenso. Sua *rationale* era, afinal, uma extensão indubitavelmente lógica do direito internacional dos direitos humanos, em sua vertente humanitária: o direito elementar de todas as pessoas, vitimadas por cataclismas de origem natural ou humana, de receberem a assistência necessária a sua sobrevivência. Visto por outro ângulo, não o dos titulares individualizados desse direito fundamental, mas o das entidades prestadoras de auxílio, tratava-se do direito das organizações humanitárias, não governamentais e não subordinadas ao Comitê Internacional da Cruz Vermelha, de terem acesso às vítimas de qualquer desastre ou conflito, independentemente de sua posição perante o governo do Estado respectivo, para a prestação de assistência"[27].

Além da Declaração de 1948, cumpre ressaltar que a assistência humanitária, que visa garantir a proteção dos direitos humanos, está em consonância com as Convenções de Genebra de 1949 e de 1970, onde os organismos agem de maneira pacífica, em nome do direito internacional e das exigências da sociedade internacional, no sentido de garantirem a assistência humanitária devida.

Para Rey Pérez, a "intervención humanitaria como el ejercicio de la coacción por un Estado, un conjunto de Estados o una organización de Estados en el territorio de otro Estado sin su consentimiento con el objetivo de proteger los derechos humanos (detener o prevenir una violación masiva de los mismos). Serían, por tanto, un caso de guerras en defensa de los derechos humanos"[28].

Lindgren Alves acentua que a expressão "direito de ingerência" tem prejudicado o trabalho das Nações Unidas em prol dos direitos humanos e explica: "Visualizado no contexto do direito humanitário, das vítimas de guerra e outros flagelos, sua origem remonta ao final dos anos 80, quando os 'Médicos sem fronteiras' e outras organizações congêneres encontraram obstáculos governamentais para fornecer auxílio médico e alimentar a populações africanas e asiáticas em áreas conflagradas. O auxílio, naturalmente, positivo, assim como o foi, nesses casos, a atuação da ONU. Negativo é o conceito, usado de forma propagandista por alguns setores em países desenvolvidos, como se estes,

---

[27] ALVES, José Augusto Lindgren. *Os direitos humanos na pós-modernidade*. São Paulo: Perspectiva, 2005, p. 146.

[28] PÉREZ, José Luiz Rey. *El discurso de los derechos*: una introducción a los derechos humanos. Madrid: Universidad Comillas, 2011, p. 181.

com um 'dever' autoatribuído, tivessem o 'direito' discricionário de intervir militarmente em terceiros"[29].

Apesar da dificuldade que envolve o tema, pode-se afirmar que o direito de ingerência humanitária está consagrado no direito positivo[30]. Em 1987, na Cidade de Paris, foi realizada a Primeira Conferência Internacional de Direito e Moral Humanitária, culminando com a Resolução n. 43/131, de 8 de dezembro de 1988, que consagra a assistência humanitária às vítimas de desastres naturais e situações de emergência e similares. Na referida Resolução, em seu preâmbulo, houve uma manifestação clara da Assembleia Geral das Nações Unidas quanto ao sofrimento das vítimas, perda de vidas humanas, destruição de bens materiais e deslocamento em massa de populações, bem como a dificuldade que as vítimas podem ter para a prestação da assistência humanitária.

Houve por bem estender a possibilidade para as Organizações Não Governamentais de prestarem assistência humanitária, como também a possibilidade de impor ajuda humanitária ao Estado que tenha dificuldades em atender vítimas de conflitos armados, catástrofes naturais ou políticas.

Impende assinalar que todo esse esforço para que houvesse o "reconhecimento" dessa situação jurídica estava ancorado em três grandes questões: a dificuldade para se colocar em prática as normas de direito internacional humanitário; a consciência de que as normas do direito internacional humanitário estavam voltadas para as situações de emergência humanitária advindas de conflitos armados e a aspiração de garantir juridicamente o livre acesso das vítimas de catástrofes humanitárias[31].

A Assembleia Geral das Nações Unidas aprovou resolução que consagra os chamados "corredores de urgência humanitária" em que permite, a título provisório, acesso às vítimas de uma catástrofe natural. Esta iniciativa foi da França e pode ser bem retratada nas palavras de François Mitterrand: "a não ingerência cessa quando há o risco de não assistência".

Essa ideia produziu grandes preocupações em Estados que se apresentam de forma mais fragilizada no âmbito das relações internacionais; isso porque, invocando-se a "ingerência" poderiam ser observadas algumas brechas que pudessem suscitar ações militares nos Estados, ferindo frontalmente a soberania estatal.

Alves adverte que "à luz dos registros históricos de intervenções arbitrárias de potências militares em países mais fracos, a noção de um 'direito de ingerência' assume conotações ameaçadoras. (...) A insistência com que a ideia foi alardeada nos primeiros

---

[29] ALVES, José Augusto Lindgren. *Os direitos humanos na pós-modernidade*. São Paulo: Perspectiva, 2005, p. 39.

[30] Sobre essa matéria, o posicionamento de SUDRE, Frederic, *Droit européen et international des droits de l'homme*. 8. ed. Paris: PUF, 2006, p. 119: "Si la notion de 'devoir d'ingérence', notion a-juridique qui est l'expression d'une indignation morale, peut être ici écartée, l'analyse juridique conduit à constater que la notion de 'droit d'ingérence humanitaire' n'a aucunement été consacrée par le droit positif".

[31] Vale observar, nessa direção, o magistério de SALCEDO, Carrillo, *La asistencia humanitaria en derecho internacional contemporáneo*. Sevilla: Universidad de Sevilla, 1997, p. 132: "En el fondo, se trata de extender los principios y normas del Derecho Internacional Humanitario relativos a la ayuda humanitaria a situaciones de emergencia distintas de las de los conflictos armados, internacionales o internos, y que por ello no están expresamente reguladas por el Derecho de Ginebra".

momentos do período pós-Guerra Fria teve, inclusive, efeitos prejudiciais na preparação e nas deliberações da Conferência Mundial de Direitos Humanos em Viena. Foi preciso um grande esforço diplomático para se chegar ao texto consensualmente adotado na Declaração de Viena"[32].

Corresponde à necessidade de fomentar e reafirmar o princípio de cooperação internacional quando se apresentam grupos de pessoas com risco de morte, de terem a assistência necessária para salvaguardar suas respectivas integridades físicas, compatibilizando também a soberania dos Estados. Frederic Sudre[33] em interessante abordagem identifica algumas características em relação ao instituto da assistência humanitária, ressaltando a observância da soberania do Estado, da necessidade de atendimento às vítimas por catástrofes naturais ou conflitos armados e destacando o papel das OIs e ONGs nesse mister[34].

Um caso emblemático na ingerência militar humanitária aconteceu no Iraque, por ocasião da Guerra do Golfo de 1991, quando da proteção e auxílio aos Curdos, envolvendo a contenção bélica das forças militares iraquianas, como também no lançamento de alimentos e medicamentos para a população civil. Tal ação foi deflagrada pela Resolução do Conselho de Segurança n. 688, de 5 de abril de 1991.

Na antiga Iugoslávia houve várias manifestações acerca do livre acesso de organizações internacionais humanitárias, conforme as deliberações do Conselho de Segurança das Nações Unidas através das Resoluções n. 752, 757, 758, 761, 764, 770, 771, 787, 819, 836, 859, 908, 913, 914, 982, 994, 998, 1005, 1009, 1010, 1019, 1034, todas do ano de 1992.

---

[32] ALVES, José Augusto Lindgren. *Os direitos humanos na pós-modernidade*. São Paulo: Perspectiva, 2005, p. 39.

[33] SUDRE, Frederic. *Droit européen et international des droits de l'homme*. 8. ed. Paris: PUF, 2006, p. 119-120: "L'assistance humanitaire s'opère dans le respect de la souveraineté de l'État, dont le consentement est requis et l'aide n'intervient qu'a titre sussidiaire, si les moyens matériels de l'État concerné, à qui il incombe au premier chef d'agir, sont défaillants. (...) En second lieu, l'object du droit est strictement limité: fournir de la nourriture, des médicaments ou des soins médicaux aux victimes de situations d'urgence (catastrophes naturalles ou conflits armés). (...) En troisième lieu, c'est um droit de porter secours, dont sont titulaires les organisations internationales et les ONG et (accesssoirement) les États, qui est énoncé et non droit des victims à être secourues: il s'agit d'un droit de proposer son assistance a l'État en cause".

[34] SUDRE, Frederic. *Droit européen et international des droits de l'homme*. 8. ed. Paris: PUF, 2006, p. 27-28, apresenta o seguinte comentário: "Si l'intervention, acte de force perpétré par um État en territoire étranger, est condamnée par le droit international au nom du respect de la souveraineté de l'État, les interventions accomplies pour les motifs humanitaires apparaissent comme une exception coutumière à ce principe: qu'il s'agisse de l'intervention de l'État pour protéger la vie et les biens de ses nationaux dont la sécurité est menacée en territoire étranger ou qu'il s'agisse de l'intervention d'humanité qui a en principe un caractère collectif et a pour objet de protéger non plus les nationaux de l'État intervenant mais les ressortissants de l'État sur le territoire duquel l'intervention a lieu et qui apparaissent victimes d'actes contraíres aux 'lois de l'humanité'. (...) La pratique contemporaine au siècle traduit cette dérive politique de l'intervention humanitaire: n'ont lieu, sous cette appellation, que des interventions effectuées au profit des seuls nationaux, le motif humanitaire pouvant être plus ou moins réel – ainsi des interventions americano-belge au Congo (1964), israélienne en Ouganda (1976), francaise au Zaire dans la province du Shaba (1978; parmi les bénéficiaires de l'intervention figuraient aussi des ressortissants belges), américaine em Iran (1980) – ou franchement très discutable (intervention américaine à Saint-Domingue en 1965 ou à la Grenade en 1980)".

Em Ruanda também houve ação patrocinada pelas Nações Unidas, quando um milhão de pessoas foram mortas, no ano de 1994, em decorrência do enfrentamento das etnias Tutsis e Hutus; tal ação foi possível pela Resolução do Conselho de Segurança n. 929, de 29 de junho de 1994.

É bem verdade que as ações deflagradas pelas Nações Unidas, nesse último episódio, manifestaram-se tímidas e demoradas, tamanho o massacre produzido naquele país. Entretanto, como desdobramento da ação perpetrada, observou-se a criação do Tribunal Penal para Ruanda, que inclusive serviu também de inspiração para o Tribunal Penal Internacional.

Estes são alguns casos em que houve ação por parte das Nações Unidas baseados na violação dos direitos humanos, mas não se pode olvidar que para se obter uma mobilização no plano das relações internacionais patrocinada pela referida Organização Internacional, e que terá como resultado a denominada ação de "polícia internacional", devem ser observados muitos fatores: os atores envolvidos, poderio militar, aspectos econômicos, situação geopolítica, recursos naturais, outros elementos e, finalmente, os direitos humanos.

Infelizmente a prática tem demonstrado que os procedimentos para invocar uma possível atuação das Nações Unidas[35] por violações de direitos humanos não têm sido uniformes; ao contrário, os fatores acima indicados é que irão pesar para que seja observado ou não o instituto em epígrafe.

Por essa razão é que acontecem muitas violações dos direitos humanos em todo o planeta, e, em muitos casos, o mundo assiste de forma passiva, no conforto de suas casas, "ao vivo e a cores", a possível manifestação do Conselho de Segurança das Nações Unidas sobre a problemática.

De toda sorte, deve ser enfatizado que a assistência humanitária se apresenta como um direito de assistência e de salvaguarda àqueles que tiveram comprometidos (seja pela ação da natureza, seja pela ação humana) seus direitos humanos.

6. DIREITO DE HAIA

Como assinalado em tópico precedente, as normas do direito internacional humanitário podem ser analisadas observando-se três vertentes. A primeira delas, o Direito de

---

[35] "A prática do Conselho de Segurança evidenciou o grau de seletividade de sua atuação. Nem toda situação de conflito era necessariamente debatida no órgão nem tampouco toda ameaça à paz, nos termos da Carta, suscitava uma decisão de seus membros. O Conselho não interferiu diante da guerra da independência da Argélia, do conflito no Camboja e outras guerras por procuração, da escalada no envolvimento dos Estados Unidos na Guerra do Vietnam ou em face da continuidade da invasão soviética do Afeganistão a partir de 1980, para citar apenas alguns exemplos entre muitos outros. Sobre a questão da seletividade, poderia ser argumentado que os assuntos na agenda do Conselho são sempre tratados caso a caso, segundo sua peculiaridade e determinantes políticos. No entanto, é possível identificar o ponto de vista oposto, que pode ser invocado por um membro quando lhe pareça apropriado: de que existe um histórico de desempenho e certos padrões de conduta dentro do Conselho, o que obrigaria as decisões do órgão a se acomodarem aos precedentes, à tradição ou a experiências anteriores." GARCIA, Eugênio. *Conselho de Segurança das Nações Unidas*. Brasília: FUNAG, 2013, p. 82.

Haia, tem como escopo regulamentar as formas pelas quais são administradas as hostilidades entre os conflitantes. Suas discussões começaram entre 1899 e 1907, onde aconteceram duas Conferências na cidade de Haia, na Holanda, justificando aí o seu nome.

O grande objetivo do Direito de Haia era limitar a dolência e o padecimento das pessoas vitimadas nos conflitos por meio de uma regulamentação de como as tropas deveriam conduzir suas atitudes, buscando com isso a não utilização de meios e métodos cruéis.

Ocorre que após essa normatização, os Estados buscaram se reunir novamente para debater questões relativas à paz e à guerra. A discussão buscava encontrar meios para impedir novos conflitos, todavia, observaram que a falta de instrumentos coercitivos tornaria a efetivação de uma conclusão impossível; sendo assim, se viram no impasse da falta de soluções, o que os reportou ao medo de ocorrerem novos conflitos.

O receio de ocorrerem novos conflitos fez com que a sociedade internacional apresentasse possíveis soluções para o referido impasse e uma delas foi a codificação referente a todos os assuntos inerentes à guerra terrestre[36].

Depois de vários debates foi aprovada uma convenção sobre leis e costumes de guerra terrestre, além de um regulamento anexo, que trazia, à guisa de exemplificação, normas relativas à distinção de quais pessoas deveriam ser consideradas combatentes; prisioneiros de guerra; forma de utilização de meios e métodos dentro da guerra; proteção da população civil etc. Essa era então a II Conferência de Haia, de 1899, que foi ratificada pela II Conferência de Haia, de 1907.

Mais uma vez as forças internacionais tentaram lograr êxito com a Conferência de 1907, mas não foi possível se estipular uma medida eficaz; sendo assim, o mundo assistiu estarrecido o início da Primeira Grande Guerra.

Registre-se que somente foram estabelecidos na Conferência de 1907 itens que ainda não se tinham apresentado na Conferência anterior, como a definição do que seriam alvos militares no que concerne ao bombardeio naval, à colocação de minas submarinas; e os que faziam referência à navegação mercantil.

Durante a Liga das Nações, essas normas até apresentaram alguns resultados no que tange à guerra aérea e marítima, sendo a proibição de gases asfixiantes, tóxicos ou similares, em 1925, uma delas, com influência da Primeira Guerra, mas o efeito prático realmente foi insuficiente.

---

[36] SANDOZ, Yves. *Comentario del Protocolo del 8 de junio de 1977 adicional a los Convenios de Ginebra del 12 de agosto de 1949 relativo a la protección de las víctimas de los conflictos armados internacionales* (Protocolo I). Bogotá: CICR, 2000, p. 32, assevera que o Direito da Haia, "destinado a reglamentar la conducción de las hostilidades y el empleo de las armas, no había sido revisado a fondo desde 1907. Por eso, de común acuerdo con el Gobierno de los Países Bajos, se incluyeron en el orden del día de las tareas pendientes de las cuestiones relacionadas con el Reglamento de las leyes y costumbres de la guerra terrestre: el comportamiento de los combatientes y, ante todo, la protección de la población civil contra los efectos de las hostilidades".

Por ocasião do término da Segunda Guerra Mundial, o Direito de Haia conseguiu ser um pouco mais eficiente, no que concerne aos avanços tecnológicos armamentistas, criando vários dispositivos normativos, tais como: Convenção sobre a proibição do desenvolvimento, produção e estocagem de armas bacteriológicas e à base de toxinas e sobre sua destruição, de 1972; Convenção sobre a proibição ou a limitação do uso de certas armas convencionais que podem ser consideradas como excessivamente lesivas ou geradoras de efeitos indiscriminados, de 1980, e seus protocolos adicionais: Protocolo I – sobre fragmentos não detectáveis; Protocolo II – sobre minas, armadilhas e outros artefatos; Protocolo III – sobre armas incendiárias; Protocolo IV – sobre armas cegantes a laser, de 1995; e Protocolo V – sobre os restos explosivos de guerra, de 2003; Convenção sobre a proibição de desenvolvimento, produção, estocagem e uso de armas químicas e sobre a sua destruição, de 1993; Convenção sobre a proibição de uso, estocagem, produção e transferência de minas antipessoal e sobre a sua destruição, de 1997, também conhecida como Tratado de Ottawa.

7. DIREITO DE GENEBRA

Os alicerces fundamentais que consolidaram o Direito de Genebra estão concentrados nas ideias de Henri Dunant, pois serviram para respaldar várias conferências sobre a proteção internacional das vítimas de conflitos armados.

O objetivo do Direito de Genebra é o de proteger as vítimas militares, que não fazem mais parte do combate, e a população civil. Determina também a proteção a médicos e pessoas envolvidas com os trabalhos de socorros; obriga tratamento aos feridos e enfermos; imuniza contra qualquer ataque a hospitais e veículos voltados ao transporte hospitalar etc.

Com isso, o Direito de Genebra se torna o "divisor de águas", no que concerne à solidificação das ações humanitárias na sociedade internacional. Sua estrutura está embasada em quatro dispositivos: Revisão e desenvolvimento da Convenção de Genebra, de 1864, em 1906; Protocolo de Genebra relativo à Proibição do Emprego de Gases Asfixiantes, Tóxicos ou Similares e de Meios Bacteriológicos, em 1925; Revisão e desenvolvimento da Convenção de Genebra, de 1906, e a Convenção de Genebra relativa ao Tratamento dos Prisioneiros de Guerra, de 1929; As Convenções de Genebra (Convenção para melhorar a situação dos feridos e doentes das forças armadas em campanha; Convenção para melhorar a situação dos feridos, doentes e náufragos das forças armadas no mar; Convenção relativa ao tratamento dos prisioneiros de guerra; Convenção relativa à proteção das pessoas civis em tempo de guerra), de 1949.

Os Protocolos Adicionais às Convenções de Genebra, de 1949 (Protocolo relativo à proteção das vítimas em conflitos armados internacionais; Protocolo relativo à proteção das vítimas dos conflitos armados não internacionais), em 1977.

8. DIREITO DE NOVA IORQUE

A nomenclatura recebida por esta vertente faz menção ao Direito Internacional Humanitário, concebido com o advento da fundação da Organização das Nações Unidas, em 1945.

No início a ONU não teve como foco principal o estudo do DIH, todavia, criou os tribunais penais internacionais para julgamento dos crimes, que ocorreram por intermédio da Segunda Guerra.

O mundo naquela época estava estarrecido com o lançamento das duas bombas atômicas, o que certamente explica o fato de as atenções terem sido voltadas para a aterradora possibilidade de todos os países do mundo se interessarem, até para se protegerem, pela fabricação de novas armas atômicas.

No que diz respeito à regulamentação do desenvolvimento e da utilização de armas atômicas, a maneira como a ONU administra esse problema se remete a várias situações, diretamente ligadas aos meios e métodos de guerra (direito de Haia).

Todavia, o Direito de Nova Iorque se apresenta de forma diversa em relação ao Direito de Haia, tendo em vista este ter como escopo a proibição efetiva de processo causador de sofrimento desnecessário à vida humana, enquanto aquela busca um sistema normativo que possa cingir, na maior área de atuação permissível, a fabricação e venda de material bélico que venha afetar a segurança mundial.

No ano de 1968, com a Conferência de Teerã sobre Direitos Humanos, a ONU se direcionou ao Direito Internacional Humanitário de uma forma mais perspicaz, sendo adotada a Resolução de n. XXIII, que faz menção aos direitos humanos em tempo de guerra. As várias iniciativas da ONU com foco no Direito Internacional Humanitário podem ser assim apresentadas: Resolução n. 2.603, sobre a condenação do uso de armas químicas e biológicas, em 1969; Resolução n. 2.675, sobre a proteção da população civil durante conflitos armados, em 1970; Convenção sobre proibição de armas biológicas e a Resolução n. 2.936 sobre a condenação do uso da força e de armas nucleares, em 1972; Resolução n. 3.103, sobre a condição jurídica dos combatentes que lutam contra a dominação colonial e estrangeira e regimes racistas, em 1973; Declaração sobre a proteção de mulheres e crianças em período de urgência e de conflito armado, em 1974; Convenção sobre a proibição do uso de técnicas de modificação ambiental para fins militares ou quaisquer outros fins hostis, em 1976.

As Nações Unidas têm, desde 1968, demonstrado grande interesse em tratar questões como as relativas às guerras de libertação nacional e à interdição ou limitação da utilização de certas armas clássicas, o que, certamente, é um feito imensurável, no que concerne às dimensões do DIH.

Frise-se que hodiernamente não existe mais tamanha divisão entre Direito de Haia, de Genebra e de Nova Iorque devido à convergência ocorrida entre essas três vertentes, consolidando, assim, em definitivo o Direito Internacional Humanitário.

Com o advento dessa convergência devem ser lembradas as Convenções sobre proibições ou restrições ao uso de certas armas convencionais, em 1980; sobre a proibição de armas químicas, em 1993; sobre a proibição das minas antipessoais, em 1997.

9. AS NORMAS DE DIREITO INTERNACIONAL HUMANITÁRIO E SUA APLICAÇÃO, CONTROLE E SANÇÕES

As normas relativas ao direito internacional humanitário aplicam-se na ordem jurídica interna brasileira, não apenas em face do conceito da "autoaplicabilidade", mas também em razão do que prescreve a Constituição brasileira em matéria de tratados internacionais e, particularmente, quanto aos de direitos humanos. Não por acaso é que Peytrignet[37] destaca que são necessárias medidas de inserção, na legislação penal civil e militar, dos mecanismos de repressão dos crimes de guerra, a incorporação das garantias fundamentais civis e judiciárias previstas em tempo de guerra na normativa constitucional ou legal, a utilização da legislação relativa, a proteção do emblema da Cruz Vermelha, a criação dos órgãos previstos pelos tratados, como o "Escritório Nacional de Informações" ou assessores jurídicos especializados, em matéria de DIH, e até as disposições a serem tomadas para seguir as prescrições legais dos Protocolos Adicionais em matéria de desenvolvimento de novas armas, que hão de ser compatíveis com a normativa humanitária.

As medidas de controle apresentam-se como um elemento complementar imprescindível do funcionamento dos mecanismos de prevenção e de repressão previstos nos tratados de Genebra, com o claro intuito de propiciar melhor aparato de funcionamento à normativa humanitária, sendo aprovado, nas Convenções de Genebra, de 1949, o instituto da "Potência Protetora"[38]. Normalmente, ao eclodir um conflito armado, as relações diplomáticas que envolvem os Estados acabam por ser suspensas e, para minimizar os efeitos decorrentes de uma possível crise, as normas jurídicas internacionais consuetudinárias já reconheciam a figura da "Potência Protetora", que passou a ser contemplada nas normas convencionais. As Convenções de 1949 incorporaram este sistema para aplicá-lo como um aparato de controle nos conflitos armados internacionais, contemplando, naquela situação, a possibilidade de escolher um Estado alheio ao conflito, para lhe dar a responsabilidade de salvaguardar os interesses da parte contendente no país inimigo, e assegurar assim a aplicação do direito internacional humanitário, sendo certo que a designação de uma Potência Protetora está submetida à aprovação da Potência

---

[37] PEYTRIGNET, Gérard. *Sistemas internacionais de proteção da pessoa humana*: o Direito Internacional Humanitário. Disponível em: <http://www.dhnet.org.br/direitos/sip/dih/sip_ih.htm>. Acesso em: 24 jul. 2018.

[38] CASANOVAS, Oriol; RODRIGO, Ángel. *Compendio de derecho internacional público*. 6. ed. Madrid: Tecnos, 2017, p. 500: "Las potencias protectoras son Estados que no son partes en un conflicto armado y que desempeñan tres tipos de funciones: constituyen un medio de comunicación y enlace entre las partes en el conflicto en todo lo relativo a la aplicación de los convenios y a la protección de las víctimas; realizan actividades de auxilio y ayuda a las víctimas; y controlan el cumplimiento de las obligaciones derivadas de los Convenios y, en especial, las referentes al trato que reciben las personas protegidas".

perante a qual deve cumprir a sua missão, mas se por razões políticas fosse difícil pôr-se de acordo sobre a escolha de um Estado, o Comitê Internacional da Cruz Vermelha (CICV) pode ser chamado a assumir as referidas tarefas de controle, com o acordo dos Estados-partes no conflito, agindo dessa forma como substituto *de jure ou de facto* da Potência Protetora[39].

O Protocolo n. I, de 1977, igualmente tratou da matéria, mas de maneira mais alargada e com melhorias sobre o mecanismo de designação das Potências Protetoras, conforme estabelece o art. 5.

"Artículo 5 – Designación de las Potencias protectoras y de su sustituto: 1. Es deber de las Partes en conflicto, desde el comienzo de éste, asegurar la supervisión y la ejecución de los Convenios y del presente Protocolo mediante la aplicación del sistema de Potencias protectoras, que incluye, entre otras cosas, la designación y la aceptación de esas Potencias, conforme a lo dispuesto en los párrafos siguientes. Las Potencias protectoras estarán encargadas de salvaguardar los intereses de las Partes en conflicto. 2. Desde el comienzo de una de las situaciones a que se refiere el artículo 1, cada una de las Partes en conflicto designará sin demora una Potencia protectora con la finalidad de aplicar los Convenios y el presente Protocolo, y autorizará, también sin demora y con la misma finalidad, la actividad de una Potencia protectora que, designada por la Parte adversa, haya sido aceptada como tal por ella. 3. Si no ha habido designación o aceptación de Potencia protectora desde el comienzo de una de las situaciones a que se refiere el artículo 1, el Comité Internacional de la Cruz Roja, sin perjuicio del derecho de cualquier otra organización humanitaria imparcial a hacerlo igualmente, ofrecerá sus buenos oficios a las Partes en conflicto con miras a la designación sin demora de una Potencia protectora que tenga el consentimiento de las Partes en conflicto. Para ello, el Comité podrá, inter alia, pedir a cada Parte que le remita una lista de por lo menos cinco Estados que esa Parte considere aceptables para actuar en su nombre como Potencia protectora ante una Parte adversa, y pedir a cada una de las Partes adversas que le remita una lista de por lo menos cinco Estados que esté dispuesta a aceptar para desempeñar la función de Potencia protectora de la otra Parte; tales listas serán remitidas al Comité dentro de las dos semanas siguientes al recibo de la petición; el Comité las cotejará y solicitará el asentimiento de cualquier Estado cuyo nombre figure en las dos listas. 4. Si, a pesar de lo que precede, no hubiere Potencia protectora, las Partes en conflicto aceptarán sin demora el ofrecimiento que pueda hacer el Comité Internacional de la Cruz Roja o cualquier otra organización que presente todas las garantías de imparcialidad y eficacia, previas las debidas consultas con dichas Partes y teniendo en cuenta los resultados de esas consultas, para actuar en calidad de sustituto. El ejercicio de sus funciones por tal sustituto estará subordinado al consentimiento de las Partes en conflicto; las Partes en

---

[39] PEYTRIGNET, Gérard. *Sistemas internacionais de proteção da pessoa humana*: o direito internacional humanitário. Disponível em: <http://www.dhnet.org.br/direitos/sip/dih/sip_ih.htm>. Acesso em: 24 jul. 2018.

conflicto pondrán todo su empeño en facilitar la labor del sustituto en el cumplimiento de su misión conforme a los Convenios y al presente Protocolo. 5. De conformidad con el artículo 4, la designación y la aceptación de Potencias protectoras con la finalidad de aplicar los Convenios y el presente Protocolo no afectarán al estatuto jurídico de las Partes en conflicto ni al de ningún territorio, incluido un territorio ocupado. 6. El mantenimiento de relaciones diplomáticas entre las Partes en conflicto o el hecho de confiar a un tercer Estado la protección de los intereses de una Parte y los de sus nacionales conforme a las normas de derecho internacional relativas a las relaciones diplomáticas no será obstáculo para la designación de Potencias protectoras con la finalidad de aplicar los Convenios y el presente Protocolo. 7. Toda mención que en adelante se haga en el presente Protocolo de una Potencia protectora designará igualmente al sustituto"[40].

Por fim, quanto à existência de um mecanismo de sanções, evidencia-se que ele se impõe pela própria natureza a que se propõe, qual seja, atribuir medidas sancionatórias para aqueles que se insurgem contra as normas jurídicas aplicadas relativas ao fato. Assim, poderão ocorrer duas formas de infrações: as inobservâncias e os atos contrários às disposições das Convenções e dos Protocolos e a aplicação das normas do Direito de Genebra, que são consideradas mais graves.

Peytrignet[41], em relação à primeira, adverte que as ações das quais o direito internacional humanitário dispõe, a respeito deste tipo de infração, são idênticas às contidas no direito internacional público geral para com as inobservâncias, os atos contrários e as violações dos tratados internacionais. Significa que, no direito interno dos Estados, estas atuações são passíveis de sanções administrativas, disciplinares ou judiciais, e que, em nível internacional, são aplicados os mecanismos da responsabilidade internacional em matéria de não cumprimento dos tratados. A obrigação principal do Estado consiste, pois, em tomar todas as medidas necessárias para que cesse o comportamento contrário ou violador dessas disposições. Quanto às "infrações graves", compreendidas como quaisquer dos atos que as Convenções e o Protocolo 1 enumerem como tais, de maneira exaustiva, o que significa que a classificação de um comportamento que constituía um crime de guerra opera-se pelo próprio dispositivo dos tratados, sendo devidamente contempladas no art. 85 do Protocolo n. I, adicional à Convenção de Genebra, de 1949, relativa à proteção das vítimas dos conflitos armados internacionais, de 1977 como se vê:

"Artículo 85 – Represión de las infracciones del presente Protocolo: 1. Las disposiciones de los Convenios relativas a la represión de las infracciones y de las infracciones graves, completadas por la presente Sección, son aplicables a la represión de las infracciones y de las infracciones graves del presente Protocolo. 2. Se entiende por infracciones graves del presente Protocolo los actos descritos como infracciones graves en los Convenios

---

[40] Disponível em: <https://www.icrc.org/es/document/protocolo-i-adicional-convenios-ginebra-1949-proteccion-victimas-conflictos-armados-internacionales-1977#DISPOSICIONES-GENERALES>. Acesso em: 20 jul. 2018.

[41] PEYTRIGNET, Gérard. *Sistemas internacionais de proteção da pessoa humana*: o direito internacional humanitário. Disponível em: <http://www.dhnet.org.br/direitos/sip/dih/sip_ih.htm>. Acesso em: 24 jul. 2018.

542

si se cometen contra personas en poder de una Parte adversa protegidas por los artículos 44, 45 y 73 del presente Protocolo, o contra heridos, enfermos o náufragos de la Parte adversa protegidos por el presente Protocolo, o contra el personal sanitario o religioso, las unidades sanitarias o los medios de transporte sanitarios que se hallen bajo el control de la Parte adversa y estén protegidos por el presente Protocolo. 3. Además de las infracciones graves definidas en el artículo 11, se considerarán infracciones graves del presente Protocolo los actos siguientes, cuando se cometan intencionalmente, en violación de las disposiciones pertinentes del presente Protocolo, y causen la muerte o atenten gravemente a la integridad física o a la salud; a) hacer objeto de ataque a la población civil o a personas civiles; b) lanzar un ataque indiscriminado que afecte a la población civil o a bienes de carácter civil a sabiendas de que tal ataque causará muertos o heridos entre la población civil o daños a bienes de carácter civil, que sean excesivos en el sentido del artículo 57, párrafo 2, a) iii; c) lanzar un ataque contra obras o instalaciones que contengan fuerzas peligrosas a sabiendas de que ese ataque causará muertos o heridos entre la población civil o daños a bienes de carácter civil, que sean excesivos en el sentido del artículo 57, párrafo 2, a) iii; d) hacer objeto de ataque a localidades no defendidas y zonas desmilitarizadas; e) hacer objeto de ataque a una persona a sabiendas de que está fuera de combate; f) hacer uso pérfido, en violación del artículo 37, del signo distintivo de la cruz roja, de la media luna roja o del león y sol rojos o de otros signos protectores reconocidos por los Convenios o el presente Protocolo. 4. Además de las infracciones graves definidas en los párrafos precedentes y en los Convenios, se considerarán infracciones graves del presente Protocolo los actos siguientes cuando se cometan intencionalmente y en violación de los Convenios o del Protocolo: a) el traslado por la Potencia ocupante de partes de su propia población civil al territorio que ocupa, o la deportación o el traslado en el interior o fuera del territorio ocupado de la totalidad o parte de la población de ese territorio, en violación del artículo 49 del IV Convenio; b) la demora injustificable en la repatriación de prisioneros de guerra o de personas civiles; c) las prácticas del apartheid y demás prácticas inhumanas y degradantes, basadas en la discriminación racial, que entrañen un ultraje contra la dignidad personal; d) el hecho de dirigir un ataque a monumentos históricos, obras de arte o lugares de culto claramente reconocidos que constituyen el patrimonio cultural o espiritual de los pueblos y a los que se haya conferido protección especial en virtud de acuerdos especiales celebrados, por ejemplo, dentro del marco de una organización internacional competente, causando como consecuencia extensas destrucciones de los mismos, cuando no haya pruebas de violación por la Parte adversa del apartado b) del artículo 53 y cuando tales monumentos históricos, lugares de culto u obras de arte no estén situados en la inmediata proximidad de objetivos militares; e) el hecho de privar a una persona protegida por los Convenios o aludida en el párrafo 2 del presente artículo de su derecho a ser juzgada normal e imparcialmente. 5. Sin perjuicio de la aplicación de los Convenios y del presente Protocolo, las infracciones graves de dichos instrumentos se considerarán como crímenes de guerra".

10. A PROTEÇÃO DA PESSOA HUMANA EM CENÁRIOS DE CONFLITOS ARMADOS

Apesar das diversas perspectivas contratualistas, o Estado deve ser analisado a partir da compreensão voltada para a pessoa humana, isto é, criado para servir o ser humano. Levando-se em conta que o Estado foi criado para o ser humano, o Direito, do mesmo modo, além de regular, deve proteger os seres humanos, inclusive em cenários de guerras e conflitos armados. Tal entendimento encontra-se em conformidade com o pensamento Kantiano, tendo Cançado Trindade aprimorado essa percepção, com sua humanização do direito internacional, para o sistema jurídico internacional ao enfatizar que "o Direito Internacional não se reduz, em absoluto, a um instrumental a serviço do poder; seu destinatário final é o ser humano, devendo atender às suas necessidades (inclusive as de proteção)"[42].

Nesse sentido, compreende-se a convergência das vertentes como fenômeno jurídico essencial para a eficácia da proteção do ser humano, de modo a não permitir que lacunas normativas das vertentes isoladas determinem os destinos daqueles que da norma se servirem. Entretanto, torna-se necessário analisar o Direito Internacional Humanitário enquanto vertente da Proteção Internacional da Pessoa Humana que, por si só e isoladamente, não é capaz de representar esse escudo da forma mais adequada.

Dessa forma, considerando o permanente estado de belicosidade, característica intrínseca à natureza humana, em que se apresenta no sistema internacional e que produz severas violações de direitos humanos, o momento torna-se mais do que oportuno, e sim urgente.

O Direito Internacional dos Direitos Humanos – apesar de ter se desenvolvido com inclinações claras para ser aplicado em tempos de paz, enquanto o Direito Internacional Humanitário se voltaria aos tempos de guerra, é possível identificar que o primeiro também tem se mostrado aplicável no que tange às violações de direitos básicos e às suas respectivas investigações e persecuções por parte do Estado no qual se desenvolve o conflito armado[43]. Ou seja, o Direito Internacional dos Direitos Humanos foi estabelecido com a finalidade de proteger os indivíduos das violações perpetradas pelo seu Estado de origem através de agentes estatais, representantes do poder uno que daquele se origina, por meio de uma relação vertical de aplicabilidade. Desse entendimento pode-se observar algumas premissas próprias dos direitos humanos, como a ideia de que a relação entre o Estado e o indivíduo deve ser harmoniosa e benéfica, não só no que tange às obrigações negativas, mas também no apoio ao desenvolvimento do potencial individual daqueles

---

[42] CANÇADO TRINDADE, A. A. Desafios e conquistas do direito internacional dos direitos humanos no início do século XXI. XXXIII *Curso de Direito Internacional Organizado pela Comissão Jurídica Interamericana da OEA.* Rio de Janeiro: OEA, 2006, p. 471.

[43] MURRAY, D. *Practitioners' guide to Human Rights Law in Armed Conflict.* Oxford: Oxford University Press, The Royal Institute of International Affairs, 2016.

mantidos sob a jurisdição estatal[44]. Ademais, o Direito Internacional dos Direitos Humanos, apesar de sua aplicabilidade irrestrita no que tange às circunstâncias – pois não se limita, como o Direito Internacional Humanitário, a conflitos armados ou a situações de deslocamento forçado, como o Direito Internacional dos Refugiados –, restringe-se, em certa medida, aos âmbitos regionais de seus sistemas de fiscalização, monitoramento e sanção, além do próprio Estado. Diferentemente, o Direito Internacional Humanitário é estabelecido por meio do dimensionamento horizontal de sua eficácia, ao estabelecer obrigações mútuas entre Estados, ou mesmo entre grupos armados não estatais em relação às normas humanitárias.

Com efeito, a proteção do indivíduo no plano internacional deve levar em conta a aproximação entre o Direito Internacional dos Direitos Humanos e o Direito Internacional Humanitário para que a salvaguarda de qualquer outro aspecto característico seja ainda mais efetiva. Nesta esteira, destaca-se a *Declaration of Minimum Humanitarian Standards*, que determina os padrões humanitários mínimos aplicáveis a todas as situações – alcançando distúrbios internos, tensões locais, ataques à ordem pública e todas pessoas – incluindo grupos e autoridades, independentemente de seu estatuto jurídico ou de qualquer outro aspecto característico[45]. Além disso, em caso de conflito armado, as regras do DIH serão aplicadas a todo o território nacional das partes envolvidas no conflito e não se limitarão ao campo de batalha.

Sem embargo, os direitos humanos precisam ser protegidos em situação de paz e também de conflitos armados, como no caso exemplificativo que envolve a Ucrânia e a Rússia. Nessa esteira, conflito armado internacional representa uma situação de violência em que dois ou mais estados recorrem à força armada. Tanto os motivos do conflito quanto a intensidade não são considerados para a classificação, bastando envolver dois ou mais Estados Nacionais. Para os conflitos armados internacionais, aplicam-se todas as Convenções de Genebra de 1949, o Protocolo Adicional I e o DIH Costumeiro.

Além disso, a declaração de guerra dos Estados Partes não é necessária; por si só, a realidade do confronto ou da invasão é suficiente. Outro ponto importante é que a duração do conflito ou variações na intensidade da violência armada, como massacres, ou períodos de suspensão dos movimentos militares para fins humanitários são desconsideradas para a sua classificação. Relevantes são os apontamentos formulados por Swinarski[46] quanto à importância do Direito Internacional Humanitário, tido como "direito de guerra", quando se determinou na Conferência de Direitos Humanos, convocada pelas Nações Unidas, em Teerã, em 1968, na Resolução XXIII, a essencialidade da proteção em tempos de guerra, como regras tidas como o mínimo necessário para a manutenção da dignidade.

---

[44] PROVOST, R. *International Human Rights and Humanitarian Law*. Cambridge: Cambridge University Press, 2004.

[45] UNITED NATIONS. UN Doc. *E/CN.4/Sub.2/1991/55. 1990*. Disponível em: http://www.un.org. Acesso em: 20 abr. 2021 (arts. 1º e 2º - Document n. 55, UN, Minimum Humanitarian Standards).

[46] SWINARSKY, C. *Introdução ao Direito Internacional Humanitário*. Brasília: Comitê Internacional da Cruz Vermelha/Instituto Interamericano de Direitos Humanos, 1996, p. 12.

O respeito à paz como "condição primordial para o pleno respeito aos direitos humanos, sendo a guerra a negação desse direito". No mesmo sentido vai o pensamento de Coupland, ao propor que "a predisposição dos humanos para fabricar e usar armas, a humanidade e o direito internacional andam de mãos dadas como necessidades universais da existência humana"[47].

As situações de violência armada podem atingir certos indicadores que funcionam como balizas para impedir a fragmentação das normas humanitárias por meio da sua banalização. Os chamados *thresholds* do Direito Internacional Humanitário indicam as fronteiras entre a aplicação da vertente de DIH e de DIDH através, por exemplo, da diferenciação entre a composição de motins, levantes, rebeliões e outras formas de tensões ou distúrbios internos e a conformação de um conflito armado não internacional.

A extensão de seus impactos para a comunidade e a ordem social do território em que se desenvolve a situação de violência armada, assim como a intensidade dos confrontos armados, também compõem critérios para essa caracterização. Registra-se que nos casos em que as normas humanitárias não sejam aplicadas, outras formas de proteção deverão ser implementadas, como as disposições do Direito Internacional dos Direitos Humanos e o direito interno do Estado em questão.

Nesse âmbito, concentram-se algumas das principais divergências entre as vertentes de proteção dos direitos humanos, como, por exemplo, o uso da força letal, que no Direito Internacional Humanitário figura como princípio basilar da própria existência do conflito armado, desde que necessário à consecução dos objetivos militares, pois a guerra em si consiste em sobrepor as suas forças militares às forças do inimigo. Por outro lado, essa mesma força letal, para o Direito Internacional dos Direitos Humanos e os ordenamentos nacionais, apresenta-se como a *ultima ratio*. A esse respeito, vale enfatizar que deve ser adotada a linha de complementaridade para a máxima proteção possível diante dos horrores da guerra, que deve ser considerada a harmonia entre ambas as vertentes, e aplicar as disposições com precaução, de modo que sejam efetivas e positivas para o objeto de proteção para o qual foi idealizada a norma.

---

[47] COUPLAND, R. *Humanity:* What is it and how it influences international law? Geneve: RICR, n. 844, p. 969-990, 2001, p. 989.

Capítulo XIX
O Terrorismo no Sistema Internacional

1. CONSIDERAÇÕES GERAIS

O alvorecer do terrorismo moderno ocorre ainda no século XIX e transcorre, em grande medida, em razão da circulação em massa de veículos de informação que difundiam, de modo eficiente, atos de violência generalizada e manifesto do terror. Nesse sentido, a propagação da informação relacionada ao ato violento gera terror como método de se conduzir hostilidades. A eficiência do ato terrorista poderá ser, portanto, mensurada por meio da difusão da notícia que informa acerca do ato, visto que dependerá a comoção e o medo decorrentes[1].

O terrorismo[2] enquanto fenômeno político com características de fenômeno social relacionadas à comoção gerada em torno do medo e à cobertura da mídia produz não só vítimas diretas (*targeting*) da atividade terrorista, mas principalmente vítimas indiretas, que podem ser descritas como derivadas do efeito atemorizador genérico causado pela recorrência e pela presença sorrateira da ameaça de terror.

É possível afirmar que a guerra ao terror e o contraterrorismo moldaram a atualidade, ocasionando consequências nefastas como: a intensificação da securitização e da militarização substituindo a diplomacia e a solidariedade e cooperação internacionais; o fechamento de fronteiras, as violações ao Direito Internacional dos Refugiados e o agravamento da xenofobia; e, não menos importante, violações de direitos humanos, como o direito à privacidade, ocasionadas pelo incremento da vigilância estatal.

O sequestro do referido "medo ao terror" poderá ser executado por líderes decisórios que objetivam construir políticas públicas estatais voltadas para a ocorrência de tais medidas. A apropriação decorrente é o que se pode compreender como uma das principais causas a moldar a atualidade, tendo inclusive transformado, de modo possivelmente irreversível, o conceito global de mundo em paz.

---

[1] Neste sentido, GUERRA, Sidney; FABRÍCIO, Ádria. Direito internacional das catástrofes: o terrorismo enquanto catástrofe social e política. In: GUERRA, Sidney; PANTOJA, Othon; ARAÚJO, Brenda (Org.). *Desafios impostos à humanidade em face das catástrofes*: um contributo a partir dos estudos do Direito Internacional das Catástrofes. Rio de Janeiro: Grande Editora, 2024.

[2] LINNAN, D. K. *Enemy combatants, terrorism, and armed conflict law*: a guide to the issues. Westpoint, London: Praeger Security International, 2008.

O bloco indivisível de significado chamado "paz e segurança internacionais" referido em vários momentos na Carta das Nações Unidas, sem nunca ter sido devidamente conceituado, pode ser traduzido pelo agravamento da securitização a nível global, de forma que as presentes e as futuras gerações nascidas a partir da década de 1990 em diante entendem e entenderão isto como paz.

No que diz respeito à relação entre conflitos armados e terrorismo, pode-se observar uma distinção evidente, permanecendo no fato de que no DIH a condução das hostilidades fica alicerçada em um comportamento considerado lícito, enquanto os atos de terrorismo são percebidos como ilegítimos[3].

A declaração de um *Non-State Armed Group* como "terrorista" é um ato político realizado por um Estado Nacional, de modo que tal classificação não segue obrigatoriamente critérios jurídicos próprios para esse status. Sendo assim, todas as consequências decorrentes dessa declaração carecerão de fundamento jurídico próprio, entretanto, brindarão ao referido NSAG o status de *unlawful combatant*, que, este sim, possui consequências jurídicas próprias. Nas palavras de Sassòli: *"every single non-State armed group in the world is labelled as 'terrorist' by the government it fights Against"*[4].

Ademais, a classificação "terrorista" vem sendo largamente utilizada pelos estados-parte como justificativa para o descumprimento de normas humanitárias mínimas, no sentido de que o DIH deveria ser deixado de lado quando se tratar de certas categorias de pessoas como os "terroristas" já que eles sistematicamente violam tais normas[5].

As normas mínimas previstas no corpo normativo humanitário basicamente fundamentadas no princípio da humanidade e no artigo comum 3º deveriam, nesse caso, não ser aplicáveis a essa categoria, demonstrando um flerte com a barbárie, o que totalmente vai de encontro com o que o DIH preconiza, de certa forma, a humanização da guerra. É nesse sentido, no entanto, que tais requisitantes não percebem que esse tipo de vontade e inclinação acaba por enfraquecer e minar todo o sistema.

O terror[6] – e não o terrorismo – para o Direito Internacional Humanitário pode ser compreendido como um método proibido de se conduzir a guerra cujo objetivo principal é espalhar o terror entre a população civil, sendo que o bombardeio indiscriminado é um dos principais métodos de terrorismo. Ainda, quando se trata de guerra ao terror

---

[3] SASSÒLI, M. *International Humanitarian Law*: rules, controversies, and solutions to problems arising in warfare. Cheltenham: Edward Elgar Publishing Limited, 2019. p. 496. Terrorism is not a relevant category for determining whether IHL applies. IHL applies in armed conflicts. Thus, IHL covers acts of terrorism committed by States, armed groups (which may be therefore labelled as 'terrorist groups') or individuals that have the necessary nexus to an armed conflict.

[4] SASSÒLI, M. *International Humanitarian Law*: rules, controversies, and solutions to problems arising in warfare. Cheltenham: Edward Elgar Publishing Limited, 2019. p. 144.

[5] SASSÒLI, M. *International Humanitarian Law*: rules, controversies, and solutions to problems arising in warfare. Cheltenham: Edward Elgar Publishing Limited, 2019. p. 144.

[6] INTERNATIONAL Committee of the Red Cross. *How does law protect in war? Glossary*. Geneva: ICRC, 2021. Disponível em: <https://casebook.icrc.org/glossary/terror-spreading>. Acesso em: 25 maio 2021.

para o Direito Internacional Humanitário, é importante ressaltar que permanece fundamental que os Estados, apesar de e considerando justamente a guerra ao terror, respeitem as normas de Direito Internacional dos Direitos Humanos e de Direito Internacional Humanitário.

Para a legislação, a doutrina e a jurisprudência de contraterrorismo[7], especificamente, não há uma definição largamente aceita para o que seria grupo terrorista, mas sim, para o que se denomina ato terrorista ou atividade terrorista – violência ou ameaça contra não combatentes ou civis geralmente motivada por crenças religiosas, políticas ou ideológicas[8].

2. O TERRORISMO COMO CONCEITO E O TERRORISTA COMO CATEGORIA DE PESSOAS

Há diferentes faces do terrorismo e múltiplos atores envolvidos que, por vezes, são deixados de fora da equação. A denominação "terrorista" pode ser destinada tanto a grupos armados que se utilizam do terror ao conduzir hostilidades quanto a indivíduos que são influenciados ou buscam alinhar suas atitudes aos referidos grupos, considerando razões de ordem política, religiosa etc. Diversos Estados também estão diretamente envolvidos com o terrorismo por meio de suporte econômico, ideológico ou político, assim como devido à sua incapacidade de deter os avanços militares destes grupos em território nacional ou sobre os recursos naturais nacionais.

Impende assinalar o peso da opinião pública e da interpretação subjetiva relativa aos atos terroristas, de acordo com os valores compartilhados ou não com a audiência que julga tais atos. Aparentemente, os atos terroristas parecem possuir conteúdo suscetível à apreciação ou à ressignificação, enquanto a Sociedade Internacional falha em estabelecer definições sólidas em termos de proteção das vítimas e o terrorismo continua a ser utilizado como argumento para outras variedades de violação.

O terrorismo, a depender do escopo teórico em foco, pode ser definido através de vários conceitos como o uso intencional de violência ou de métodos ou técnicas de terror por atores não estatais. Frise-se, o entendimento de que atores estatais não cometem atos de terror, por definição, o que pode ser questionado – contra civis (a fim de causar medo e propagar o caos), com o objetivo de perseguir objetivos políticos e/ou ideológicos.

Quanto à motivação para a prática de atos terroristas ou mesmo para a vontade de conformação de grupos destinados a este fim, pode-se citar a rejeição ou não pertencimento de identidades coletivamente compartilhadas, objeções políticas fundamentais e sistemas de crenças essencialmente radicalizados – que produzem intolerâncias

---

[7] Report of the Ad Hoc Committee established by General Assembly resolution 51/210 of 17 December 1996 Sixteenth session (8 to 12 April 2013) General Assembly Official Records Sixty-eighth Session Supplement, n. 37.

[8] *Vide* United Nations Security Council – Counter-Terrorism Committee (CTC), Counter-Terrorism Committee Executive Directorate (CTED) Disponível em: <https://www.un.org/securitycouncil/ctc/>.

profundas e consideradas incompatíveis em coexistência com o sistema a que se referem. Os atos de terror, portanto, são utilizados como ferramentas ou métodos de imposição referentes a determinadas exigências ou implementações forçadas pela agenda de grupo ou sistema compartilhado de crenças.

Terrorismo pode ser então compreendido como o sistema sócio-político que se utiliza de atos de terror (atos de violência pública) contra a população civil – e aqui pode-se utilizar a definição de civis coberta pela IV Convenção de Genebra de 1949 para fins de ilustração, ou seja, aqueles que não engajam em hostilidades ou, basicamente, a imagem estereotipada de "pessoas inocentes" – com o objetivo de, através dos impactos psicológicos, socioeconômicos e políticos gerados a uma quantidade ainda maior e mais massiva de pessoas (vítimas indiretas), influenciar a Comunidade Internacional ou as instituições estatais em determinada direção.

Os atos terroristas, portanto, são as ferramentas, meios e métodos, através dos quais o terrorismo enquanto catástrofe sociopolítica se reproduz e se retroalimenta a fim de impactar na agenda pretendida. Por fim, os atos terroristas são, por definição, produção generalizada de violência, mas o terrorismo enquanto instituição moderna se alimenta do medo, do caos, do pânico e da ansiedade gerados através de tais atos; a continuação de sua existência no tempo depende desses elementos subjetivos agindo sobre a coletividade.

O terrorismo pode ainda ser entendido como um fenômeno sociopolítico, entretanto, considerando que é inteiramente produzido e retroalimentado pela humanidade, adota-se o entendimento de que se trata de uma catástrofe independente ou um elemento agravante transversal a outras catástrofes, como por exemplo, os conflitos armados. Isto porque apresenta-se como elemento importante, não tanto as consequências imediatas do terrorismo, como as mortes e as injúrias imediatas, mas sim as consequências mediatas derivadas de seus alvos centrais.

Pode-se dizer que o terrorismo, como a majoritária parte das ficções jurídicas que rondam o imaginário humano, trava uma luta psicológica com a sua concepção de realidade, risco e segurança; tornando o cérebro refém das características mais marcantes dos atos terroristas, como o caráter de ser repentino, súbito, por vezes imprevisível, e ainda de poder ocorrer em qualquer lugar, contra qualquer pessoa, conectando-se diretamente com outro dos grandes medos do inconsciente: perder entes queridos.

A veiculação em massa na mídia amplia, ainda, o medo inconsciente acerca da onipresença do terrorismo, alterando a capacidade subjetiva de questionar os dados reais em relação às vítimas diretas, de modo que todo o globo, independentemente de qualquer previsibilidade ou probabilidade, torna-se sua vítima indireta.

2.1. Precedentes históricos do fenômeno terror

A primeira grande fase da história do terrorismo pode ser descrita como a fase do Terrorismo Pré-moderno, que é a utilização, ao longo da história da humanidade, de atos de violência generalizada para atemorização/intimidação de adversários e para causar impactos políticos contra as autoridades e a elite. Frise-se, por oportuno, que o terrorismo sempre se valeu de atos simbólicos que chocam pela sua natureza assombrosa, escandalosa e brutal, de modo que o ultraje e a ofensa à vida e à dignidade humana impressionam.

Entretanto, a fim de diferenciar o terrorismo enquanto a descrição compartilhada que se tem como conhecida e os demais atos violentos possíveis, associa-se as primeiras representações do termo com a ideologia anarquista a partir das décadas 1870 e 1880. Ressalta-se, entretanto, que os atos terroristas sempre marcaram a história da humanidade por sua multiplicidade de origens, ou seja, não são necessários posicionamentos políticos, religiões, ideologias ou etnias específicas para que o terror seja cogitado como meio.

Quanto às características de atuação também não é possível historicamente conformar uma lógica única, visto que os alvos diretos podem ser chefes de Estado, políticos, diplomatas ou cidadãos comuns; a agenda pode ser local, regional, nacional ou internacional; os ataques podem ser coordenados, únicos etc. No entanto, é possível citar uma interessante tentativa de identificar formas distintas de atuação ao longo do tempo, idealizada por David Rapoport, que identifica 4 (quatro) ondas representativas do terrorismo.

Cada onda pode ser representada por públicos, valores relacionados e formas de operar diferentes, de modo que os períodos concernentes duram em média três a quatro décadas após as quais gradualmente desaparecem. Em resumo, as quatro ondas podem ser descritas, na sequência, como de característica predominantemente: anarquista (a partir das décadas de 1870/1880), anticolonial (a partir da década de 1920), de esquerda (a partir da década de 1960) e, por fim, religiosa (a partir do ano 1979 – ano da Revolução Islâmica do Irã).

A primeira onda, anarquista, originada na Rússia, se propagou para a Europa Ocidental, América e Ásia, ao ser alimentada pela doutrina de grandes escritores russos como Bakunin e Kropotkin, e teve como representante notável a organização Narodnaya Volya que assassinou o Czar Russo Alexandre II. Interessante observar como já desde a primeira onda, o terrorismo se utilizava largamente das novas tecnologias de comunicação em massa à disposição na época como o telégrafo e os jornais. Os grupos concernentes à primeira onda se autodenominavam terroristas.

A segunda onda, anticolonialista, pode ser descrita como decorrente de vontades de autodeterminação, de independência e de libertação diante de ocupações estrangeiras; sendo as táticas de guerrilha muito comuns nesse período. Os grupos e membros concernentes à segunda onda se utilizavam da denominação *freedom fighters*, visto que, para eles, a concepção de terror não retratava com verossimilhança os seus ímpetos libertários; terroristas eram os outros, o governo opressor colonialista. Exemplos notáveis da segunda onda são o irlandês *Irish Republican Army (IRA)*, o argelino *Front de Libération Nationale* (FLN) e o sionista *Irgun*.

A terceira onda é descrita como a "nova onda da esquerda", terrorismo de extrema esquerda, ou Brigadas Vermelhas, em que muitos grupos se inspiram no ocorrido durante a Guerra do Vietnã como forma de esperança para nações em condições

551

semelhantes àquelas consideradas de "Terceiro Mundo". Nesse sentido, muitos dos grupos desta onda, influenciados pelo contexto da Guerra Fria, utilizarão técnicas de guerrilha urbana para conduzir hostilidades.

Por outro lado, em termos de terrorismo internacional e a sua recente conformação, um grupo notável será a Organização para a Libertação da Palestina (OLP) que utilizará técnicas de tomadas de reféns e sequestros. A ideia de sequestro de aeronaves foi muito presente nesse período, a fim de demandar atenção para causas, motivações e agenda do coletivo terrorista ou de persuadir os governos e a comunidade internacional em alguma direção específica.

Por fim, a quarta onda é chamada de onda religiosa a começar no ano de 1979 tendo em vista os diversos marcos históricos relacionados: a Revolução Islâmica do Irã, a invasão da União Soviética no Afeganistão e a invasão e a ocupação da Grande Mesquita em Meca. Importante salientar que encontramos representantes de uma variedade de religiões (Islâmica, Sikh, Judaica, Cristã etc.) e seitas, bem como de grupos não religiosos motivados por outras circunstâncias como grupos separatistas e de natureza étnica. O *modus operandi* dos ataques terroristas desta onda envolvem assassinatos de líderes-chave e de representantes militares de estados, tomadas de reféns e atentados suicidas. Alguns exemplos notáveis desta onda são o grupo libanês Hezbollah e a Al Qaeda.

2.2. O terrorismo e os seus símbolos e significados

A carga de significado do conceito de terrorismo só faz sentido em um mundo globalizado como o que se apresenta na atualidade, isto é, a humanidade, de certa forma, encontra-se exposta a significados interculturais provenientes da sua existência e os efeitos desta. Isso significa que o que hoje entendemos por terrorismo no passado foi rotulado com outros nomes e descrito por distintas concepções.

Com efeito, é possível observar a importância que os significados, os símbolos e as concepções possuem para o entendimento de determinados eventos coletivamente compartilhados e, principalmente, para as consequências da absorção sociopolítica desses eventos e as decisões que são tomadas na sequência, as quais moldam diariamente a nossa realidade.

Outro ponto interessante a se analisar é o significado importado de uma realidade globalizada de um fenômeno compartilhado pela humanidade para dentro de limites culturais próprios de cada nação, território e territorialidade; ou seja, como cada cultura, cada nação, assimila o símbolo do terror, processa internamente esse símbolo e projeta para a Comunidade Internacional suas decisões, entendimentos e direcionamentos políticos a nível global sobre o tema.

Uma ficção jurídica como o terrorismo só existe na realidade fática, causando as suas consequências enquanto catástrofe, porque perdura em nosso imaginário coletivo. E assim permanece, em cada momento histórico, ressignificando com novas palavras abarrotadas de sentidos utilizadas para descrever os mesmos eventos. Os referidos pontos são somente algumas das dificuldades que encontramos ao tentar definir terrorismo e os seus elementos conexos: terror, ato terrorista e grupo terrorista.

A falta de consenso acerca da definição de terrorismo ocorre em todos os níveis de aprofundamento teórico, entre acadêmicos, formuladores de políticas, políticos e demais especialistas; gerando controvérsias em relação à sua interpretação e às consequências em relação às medidas de contraterrorismo vinculadas e dependentes de uma definição contradita. Considerando o impacto que um conceito possui ao definir uma catástrofe global, resta importante também frisar o poder pertencente a quem o define e os bastidores e as razões para tal interpretação a ser assimilada por um mundo inteiro.

Nesse sentido, é imperioso compreender porque não existe uma definição globalmente aceita, quais são as razões para isso e por que há disputas intermináveis no que tange à definição do termo.

Um dos principais estudiosos dessa disputa é o teórico Alex Schmid, que descreve 4 (quatro) principais razões para as divergências em relação ao conceito de terrorismo, desde as noções populares até os conceitos das ciências sociais, jurídicas e políticas.

A primeira delas se refere ao fato de o conceito ser continuamente contestado pela conformação de suas nuances e símbolos atrelados. Muitos grupos armados e seus líderes são vistos de formas diferentes a depender da causa pela qual lutam, seus motivos e valores, e, principalmente, os interesses externos existentes para com a sua atuação. Dessa forma, muitos atos violentos são vistos como justificáveis diante do seu "valor agregado" para determinada causa. Considerando que os atos terroristas são vistos como indefensáveis, a muitos atos violentos e ao próprio uso da violência com o objetivo de alcançar determinados objetivos políticos são destinadas outras denominações.

A segunda delas se refere à deslegitimação de grupos armados não estatais que receberão a nomenclatura de grupos terroristas, à sua criminalização institucionalizada e à decorrente deslegitimação de suas agendas e significados. Tal discussão será melhor referenciada no tópico acerca do terror para o Direito Internacional Humanitário e a sua relação com os grupos armados não estatais e os conflitos armados não internacionais, entretanto é importante desde já indicar alguns pontos.

Os grupos armados não estatais – considerando tal classificação como nomenclatura neutra utilizada pelo Comitê Internacional da Cruz Vermelha –, quando categorizados como grupos terroristas em listas designadas para esse fim por Estados nacionais e organizações internacionais, são submetidos à aplicação de regimes sancionatórios legais e políticos com o propósito de restringir suas operações que de alguma forma atentam contra valores ou metas desses Estados.

A terceira razão advém das diversas modalidades de terrorismo e das subclassificações devido ao *modus operandi* utilizado e das manifestações de terror. A Europol distingue cinco categorias de grupos diferentes com base nas ideologias seguidas: (I) *Religiously inspired*; (II) *Ethno-nationalist and separatist*; (III) *Left-wing and anarchist*; (IV) *Right-wing*; e (V) *Single-issue*.

A referida classificação pode ser muito útil para fins de estudo dos vários grupos existentes, entretanto, há ainda muitos casos sem inclinação ou fundamentação definida e que de variadas formas destoam do padrão de comportamento, ato e grupo estereotipado pela nossa sociedade contemporânea pós 11/9. Outro ponto a se pensar é a atuação dos estados, os atos de terror estatais que não seriam abrangidos, formalmente, pela definição clássica.

E o quarto motivo, por fim, é derivado das mudanças de significado que o termo herdou ao longo de mais de 200 anos de existência. Originalmente utilizado para descrever o terror perpetrado pelas autoridades e instituições após a Revolução Francesa, o termo apenas se referiu a grupos armados não estatais, desvinculando-se, assim, da antiga noção, a partir do final do século XIX. A natureza do fenômeno também se modificou, além da própria semântica, constituindo uma catástrofe à parte, viva e independente.

Alguns personagens importantes do sistema internacional falharam na tentativa de materializar o conceito de terrorismo e um deles foi o ex-secretário geral da ONU, Kofi Annan, que não alcançou maioria dentre os estados-membros para a solidificação do termo. Isto porque o conceito se fundamentava no ideal de que o terrorismo é inaceitável e injustificável *per se*, no entanto, muitos estados criados sob a égide dos *freedom fighters* contra a dominação estrangeira e o terrorismo de Estado interpretavam os atos de violência por liberdade como justificáveis desde que perpetrados contra os terroristas (colonialistas, estrangeiros, Estados ocupantes). Por outro lado, muitos países não aceitaram a possibilidade de sequer mencionar um terrorismo de Estado como algo viável de ser concebido. O terrorista é sempre o outro segundo esta lógica.

No que tange ao terrorismo de Estado especificamente, alguns autores consideram impraticável rotular a violência estatal como terrorista, pois os mecanismos existentes no Direito Internacional – particularmente no Direito Penal Internacional e no Direito Internacional Humanitário – seriam suficientes para combater o abuso de poder. Por outro lado, não existem tais instrumentos jurídicos à disposição do Contraterrorismo.

Porém, um dos principais objetivos do presente estudo se encontra justamente no entendimento de que os instrumentos existentes não são suficientes e se não existem mecanismos para tanto no Contraterrorismo, então estes devem ser criados em alguma outra área do conhecimento que os suporte, como no caso do direito internacional das catástrofes.

Sem embargo, na tentativa de se chegar a uma definição viável sob a égide do Direito Internacional, verifica-se o estudo formulado por Albert Jongman e Alex Schmid que apontaram 12 componentes necessários a uma definição de terrorismo, quais sejam: "*(I) It should say something about a doctrine and/or practice of violent action; (II) It should refer to the context in which terrorism is employed as a tactic; (III) It should contain the concept of physical violence or threat thereof; (IV) It should say something about threat based communication processes; (V) It should mention that terrorism instils fear, dread, panic or mere anxiety; (VI) It should say something about the direct victims; (VII) It should point at the fact that the direct victims are not the ultimate target; (VIII) It should say something about the perpetrators; (IX) It should mention that terrorism is predominantly political; (X) It should refer to the intent of acts of terrorism; (XI) It should contain the motivations to engage in terrorism; (XII) It should mention that terrorist acts form part of a campaign of violence*"[9].

---

[9] JONGMAN, Albert; SCHMID, Alex. *Political errorism*: a new guide to actors, authors, concepts, data bases, theories, and literature. NY: Routledge, 2017, p. 367.

Através da análise dos referidos componentes, pode-se visualizar alguns padrões já comentados ao longo do presente estudo, partindo do pressuposto de que, apesar de não ser possível a definição perfeita e completa de terrorismo, os teóricos e os especialistas concordam, entretanto, em seus elementos fundamentais que determinam a essência do fenômeno terrorista aqui entendido como catástrofe sócio-política.

A existência do terrorismo enquanto doutrina por definição já pode ser considerada uma catástrofe. É por isso que, a despeito da importância e da influência do terrorismo enquanto prática, pode-se diferenciar ambas as abordagens. O terrorismo enquanto meio ou ferramenta, ou seja, os atos terroristas, mantêm ou aprimoram a existência do terrorismo enquanto doutrina, a verdadeira catástrofe.

Tal compreensão é melhor observada com um exemplo: o 11/9 (onze de setembro) constituiu uma catástrofe em termos de vítimas diretas e suas consequências imediatas ao evento, entretanto, tamanho foi o significado do ato de violência perpetrado que acabou por modificar de forma possivelmente irreversível o que se pensa sobre paz e segurança internacionais pelos próximos séculos. A maioria das consequências mediatas do 11/9 não são passíveis de mensuração, particularmente quando se pensa em termos de sua relevância e gravidade para a consolidação do terror enquanto doutrina, que paira no imaginário coletivo compartilhado por toda a humanidade quase como uma obsessão permanente a retroalimentar a sua existência.

O ato terrorista é a ferramenta pela qual se propagará o terror com o objetivo de garantir a consolidação e o fortalecimento do terrorismo enquanto catástrofe política. Nesse sentido é possível compreender o terrorismo como método e como objetivo, não só no que tange ao terrorismo expressivo, mas em todas as formas de manifestação conhecidas. Propagar o medo é mais importante do que propagar a morte, consequentemente, vítimas mediatas são mais importantes do que vítimas imediatas.

A quantidade massiva de pessoas afetadas, enquanto vítimas mediatas, por vezes populações inteiras, garantirá o avanço da agenda terrorista. As vítimas imediatas apenas constituem o meio. A violência não é substancialmente destinada aos que morrem, mas sim aos alvos amedrontados que continuam a viver em um mundo em que atrocidades como essas podem acontecer com qualquer pessoa sem qualquer razão aparente, de modo que as vidas sejam apenas usadas. Outrossim, ainda que seja precipuamente improvável morrer de terrorismo, a estratégia se fundamenta em matar alguns para assustar milhões.

As reações e os impulsos exagerados ao terrorismo são de natureza visceral, aguda, intensificados pela mídia reprodutora de histórias sensacionalistas e grandes teatros políticos. A grande catástrofe política que trata-se aqui é composta, então, genuinamente, pela disseminação do medo. Esta disseminação causará os maiores impactos sociais, políticos, econômicos, culturais etc.

3. O TERRORISMO SOB A ÉGIDE DO DIREITO INTERNACIONAL

A declaração de um Non-State Armed Group como "terrorista" é um ato político realizado por um Estado Nacional, de modo que tal classificação não segue obrigatoriamente critérios jurídicos próprios para esse status. Sendo assim, todas as consequências decorrentes dessa declaração, carecerão de fundamento jurídico próprio, entretanto, brindarão ao referido NSAG o status de *unlawful combatant*, que, este sim, possui consequências jurídicas próprias. Nas palavras de Sassòli: *"every single non-State armed group in the world is labelled as 'terrorist' by the government it fights Against"*[10].

Ademais, a classificação "terrorista", vem sendo largamente utilizada pelos estados--parte como justificativa para o descumprimento de normas humanitárias mínimas, no sentido de que o DIH deveria ser deixado de lado quando se tratar de certas categorias de pessoas como os "terroristas" já que eles sistematicamente violam tais normas. As normas mínimas previstas no corpo normativo humanitário basicamente fundamentadas no princípio da humanidade e no artigo comum 3º deveriam, nesse caso, não serem aplicáveis a essa categoria, demonstrando um flerte com a barbárie, o que totalmente vai de encontro com o que o DIH preconiza, de certa forma, a humanização da guerra. É nesse sentido, no entanto, que tais requisitantes não percebem que esse tipo de vontade e inclinação acaba por enfraquecer e minar todo o sistema.

No que diz respeito à relação entre conflitos armados e terrorismo, é possível observar uma distinção evidente, permanecendo no fato de que no DIH a condução das hostilidades fica alicerçada em um comportamento considerado lícito, enquanto os atos de terrorismo são percebidos como ilegítimos, como se vê: *"Terrorism is not a relevant category for determining whether IHL applies. IHL applies in armed conflicts. Thus, IHL covers acts of terrorism committed by States, armed groups (which may be therefore labelled as 'terrorist groups') or individuals that have the necessary nexus to an armed conflict"*[11].

4. O TERRORISMO COMO POSSÍVEL CENÁRIO DE CATÁSTROFE

Apesar de se comportar como uma catástrofe intercorrente, o terrorismo ainda pode ser caracterizado como um elemento transversal que contribuirá para a catástrofe humanitária resultante de um conflito armado. Os 10 (dez) países mais afetados pelo terrorismo no mundo são Afeganistão, Iraque, Nigéria, Síria, Somália, Iêmen, Paquistão, Índia, República Democrática do Congo e Filipinas.

O conflito armado nesses casos continua sendo a principal causa do terrorismo, de modo que 5 (cinco) dos 10 (dez) países são considerados como em conflito armado (Afeganistão, Nigéria, Síria, Somália e Iêmen), enquanto os demais vivenciam internamente distúrbios e tensões, de acordo com a classificação limite do Direito Internacional Humanitário.

Outros fatores transversais diretamente relacionados à ocorrência de terrorismo são insurgências prolongadas, tensões exacerbadas entre grupos armados não estatais e governos nacionais e a ação internacional e globalizada de grupos terroristas – que classifica particularmente o terrorismo como uma catástrofe intercorrente quando ocorre.

---

[10] SASSÒLI, M. *International humanitarian law*: rules, controversies, and solutions to problems arising in warfare. Cheltenham: Edward Elgar Publishing Limited, 2019, p. 144.

[11] SASSÒLI, M. *International Humanitarian Law*: rules, controversies, and solutions to problems arising in warfare. Cheltenham: Edward Elgar Publishing Limited, 2019, p. 496.

Neste sentido, o terrorismo por si só possui todas as características consideradas essenciais para a classificação de uma catástrofe intercorrente[12]. Conforme já analisado, o terrorismo depende em grande parte da propagação do terror e das mudanças de comportamento que sua existência e consideração por parte das pessoas acarreta. Ou seja, é possível compreender o terrorismo também como uma catástrofe social, tendo em vista os seus impactos psicológicos em massa, gerando ansiedade, estresse e medo em uma grande quantidade de pessoas (vítimas indiretas) através da veiculação na mídia.

Entende-se que informar-se acerca de atos de terrorismo pode ser útil para a segurança e a proteção da população diante de possíveis futuros ataques, entretanto, a própria veiculação em massa das notícias sobre atos terroristas é um dos grandes elementos da sua própria propagação, garantindo os efeitos provenientes e desejados pelos seus perpetradores, sendo um deles, a sensação generalizada de terror.

De acordo com Bruce Schneier, especialista em segurança internacional, geralmente julga-se a severidade de um risco baseado na quantidade de vezes que escutamos acerca desse risco em nossas vidas diárias, como na televisão, por exemplo. Os resultados imediatos e mediatos dessa inter-relação gerarão, assim, reações desproporcionais de ansiedade, estresse e medo, quando comparados com as estatísticas de mortes ou as injúrias reais decorrentes de terrorismo ao redor do mundo.

Nesse sentido, o terrorismo se apresenta como uma catástrofe única, que produz mudanças de comportamento na forma como a humanidade lida com decisões de risco e em como as pessoas se relacionam com elementos imensamente importantes para a conformação do que a presente geração entende por paz, segurança nacional, segurança internacional, guerra etc.; bem como, a concordância ou a discordância da opinião pública acerca do engajamento em novos conflitos armados e o apoio a conflitos em andamento (*proxy wars*) – critério que influencia diretamente decisões de política externa das nações.

Basicamente, o terrorismo enquanto instituto sociopolítico modifica a percepção humana sobre riscos relacionados à violência e ao uso da força na atualidade, gerando percepções adulteradas sobre outros temas de extrema relevância para a comunidade internacional, como as migrações forçadas, o fechamento de fronteiras, a xenofobia, os conflitos armados, as *proxy wars* e as medidas de contraterrorismo, por exemplo.

5. À GUISA DE CONCLUSÃO

A inexistência de uma ideia que contemple o terrorismo como uma catástrofe e como ela opera influencia diretamente na inefetividade das medidas de controle e mitigação, bem como na segurança jurídica relativa a tais medidas.

É amplamente entendido o fato de que enquanto não se definir contra o que se está lutando e contra quem, não será possível estabelecer cooperação internacional no nível necessário para combater o terrorismo, se é que é possível falar em combate ou em uma guerra ao terror.

---

[12] *Vide* a propósito GUERRA, Sidney. *Direito internacional das catástrofes*. Curitiba: Instituto Memória, 2021.

Outro ponto a ser questionado é o risco de abusos por parte das autoridades estatais que detêm e conservam o poder de decretar o que e quem, já que a rotulação de grupo terrorista pode ser utilizada para deslegitimar determinadas pautas indesejáveis, silenciando-as. O ato de decretação de determinado grupo ou organização como terrorista, conforme já dito, é um ato político, todavia, uma definição mais precisa ofereceria esse *common ground* tão necessário para separar aqueles que possuem ou não a intenção de se utilizar de violência política.

Muitos governos têm manifestado a tendência de reputar terrorismo a uma ampliada gama de condutas, enfraquecendo mais uma vez a segurança jurídica das definições que realmente se encaixam nessa compreensão. Esse é o verdadeiro sentido das definições e a razão para que existam, para que possamos voltar a elas quando os conceitos começam a se perder e a se confundir na realidade fática. Além de uma definição mais precisa, também é necessária a consonância entre os vários posicionamentos, é necessário que se entenda as partes do conceito que estão sujeitas à interpretação e as que não estão, que concretizam o termo, que o tornam tangível.

Nesse sentido, é possível perceber que a própria definição do terrorismo como catástrofe constitui elemento visceral da índole humana, esbarrando claramente em obstáculos psicológicos do que é inerente a uma maldade intrínseca, a uma definição coletiva de monstruosidade, daquilo que é hediondo e perverso. Outras características como a transnacionalidade e o multiculturalismo adicionam novas variáveis à equação, comprovando o seu *status* de catástrofe independente.

Parte VI

Temas Atuais do Direito Internacional

Capítulo XX
Globalização

1. BREVE NOTÍCIA HISTÓRICA

O marco inicial para a globalização ou mundialização[1] não é claramente definido. Vários momentos históricos podem ser apontados para o seu início, dentre os quais: a expansão do Império Romano; o período das grandes navegações; a Primeira Guerra Mundial; o *crash* da bolsa de valores, de 1929, e a atuação, com os múltiplos desdobramentos, das empresas transnacionais a partir da década de 1950.

Por isso, afirma-se que a globalização é um fenômeno sem data de nascimento. Sua presença pode ser admitida pela análise de todo um contexto; como o resultado da marcha que vai caminhando com a História. Em relação ao tema há pouca unanimidade, pois a polêmica se estende desde a nomenclatura mais adequada até a extensão desse processo.

Em igual raciocínio, CAMPOS aponta que a globalização é um processo que ocorre em ondas, com avanços e retrocessos separados por intervalos que podem durar séculos, como se vê:

"A **primeira globalização** foi a do Império Romano. Enquanto os gregos filosofavam em suas cidades e ilhas, os romanos articulavam um império. Construíram estradas e aquedutos, impunham seu sistema legal, difundiam o uso de sua moeda e protegiam o comércio contra os piratas. Eram mais engenheiros que filósofos. Com a queda do Império Romano, houve uma feudalização política e comercial. A **segunda globalização** ocorreu na era das grandes descobertas dos séculos XIV e XV. Desvendaram-se novos continentes e foi aberto o caminho da Índia e da China. Mas o surto do comércio internacional foi frequentemente interrompido por guerras religiosas e lutas dinásticas das monarquias europeias. Na **terceira globalização**, no século XIX, assistimos: 1) a liberalização do comércio com a revogação da Common Law na Inglaterra e o Tratado do Livre Comércio entre França e Inglaterra, de 1860; 2) a colonização europeia da África e da Ásia, gerando

---

[1] Alguns autores estabelecem distinções para os termos globalização e mundialização. Nesse sentido, vale a pena ressaltar o magistério de ARNAUD, André-Jean, *O direito entre modernidade e globalização*: lições de filosofia do direito e do Estado. Rio de Janeiro: Renovar, 1999, quando procura sistematizar tais pontos.

novas correntes de comércio; 3) a uma enorme transferência de capitais, sobretudo ingleses, na sequela da expansão imperial; 4) a grandes migrações humanas para a colonização dos novos continentes. A **quarta globalização** viria após a Segunda Guerra Mundial, mas só atingiria seu apogeu com o colapso do socialismo em 1989/91. Entretanto, mesmo durante os 40 anos de guerra fria retomou-se a tendência de globalização com o surgimento de organizações internacionais (ONU, BIRD, GATT etc.), a formação de complexos regionais como o Mercado Comum Europeu, o enorme susto das empresas multinacionais e a globalização dos mercados financeiros facilitada pela revolução telemática"[2].

A despeito dos vários entendimentos a respeito da matéria, apontar-se-á, de forma sucinta, todas as fases acima mencionadas.

Desde a Antiguidade o mundo vem experimentando sucessivas ondas globalizantes provocadas pelo expansionismo territorial de certos povos a extensões globais.

Por intermédio de invasões e conquistas militares, diversos impérios expandiram seus territórios para muito além de suas fronteiras.

Ondas globalizantes promoveram os persas, que construíram o maior império de sua época. Simultaneamente, os gregos espalharam colônias por todo o Mar Mediterrâneo, mas foram dominados por Alexandre Magno, da Macedônia, que estendeu seu império para além do império persa e chegou até a Índia.

Depois vieram os romanos, que conquistaram todas as terras em torno do Mar Mediterrâneo, construindo o maior império da Antiguidade, abarcando quase todo o mundo conhecido de então. A queda do Império Romano em poder dos vários reinos bárbaros na Europa propiciou o surgimento, ainda na Idade Média, do Império Mongol na Europa, Ásia e África com extensões continentais[3].

Com os descobrimentos marítimos feitos por Portugal e Espanha, nos séculos XV e XVI, a globalização promovida pelo imperialismo militar passou a se revestir de interesses econômicos, a que aderiram França, Inglaterra e Holanda.

Evidencia-se o surgimento do capitalismo mercantil na Europa, conquistando colônias em busca de matérias-primas e mercados consumidores, destruindo civilizações pré-colombianas à cata de metais preciosos e promovendo a balança comercial favorável que enriqueceu as monarquias europeias emergentes[4].

Com a Revolução Industrial no século XVIII, a conquista de novas colônias e novos mercados consumidores lançou a Inglaterra, depois a França e a Holanda, na aventura expansionista, seguidas, no século XIX, por Bélgica, Itália, Alemanha, Estados Unidos e Japão, naquilo que se chamou de neocolonialismo e imperialismo, tendo feito a partilha da África, Ásia e Oceania, além de impor novas tutelas aos países da América Latina, inclusive o Brasil.

---

[2] CAMPOS, Roberto. A quarta globalização. Jornal *O Globo*. 11-5-1997.

[3] SOUSA, Osvaldo Rodrigues de. *História geral*. 15. ed. São Paulo: Ática, 1977, p. 68-139.

[4] ARRUDA, José Jobson de A. *História moderna e contemporânea*. 9. ed. São Paulo: Ática, 1978, p. 85-145.

O imperialismo neocolonialista acabou desembocando na Primeira Guerra Mundial[5], que globalizou a luta armada envolvendo vários países. No intervalo que se seguiu entre as duas grandes guerras, o desenvolvimento do capitalismo se acelerou, tornando claro o hiato entre países ricos e pobres.

Com a Segunda Guerra Mundial[6], interesses de ordem econômica e de estratégia militar estenderam a guerra também à Oceania, onde duros combates aéreos e navais foram travados pela posse de suas inúmeras ilhas.

Todos os cantos do globo foram tocados pelas potências imperialistas, principalmente pelos EUA, Inglaterra e França, fortalecendo suas economias.

A Segunda Guerra Mundial não interrompeu o desenvolvimento do capitalismo. Ao contrário, a globalização andou a passos largos graças à consolidação do capitalismo norte-americano sobre o mundo ocidental, em consequência da Guerra Fria.

Estendendo-se sobre as economias dos países da Europa e da Ásia através de seus planos de reconstrução (Plano Marshall), os Estados Unidos impuseram sua moeda e a economia norte-americana emergiu como uma superpotência favorecida por sua indústria armamentista e imensa capacidade de destruição dos seus arsenais militar e atômico.

Dessa forma, a Segunda Guerra Mundial contribuiu para a mundialização da economia como mais uma onda globalizante.

A criação da Organização das Nações Unidas (ONU), em 1945, que preconizou um "governo mundial" e a globalização política, fez surgir em seu bojo várias organizações internacionais, cada uma com finalidades distintas. O mundo foi dividido em dois: de um lado os capitalistas, liderados pelos norte-americanos, e de outro os socialistas, com a extinta União Soviética à sua frente.

Durante quase cinquenta anos esses países protagonizaram o que foi chamado de Guerra Fria[7] e fomentaram a independência de vários países da Ásia e África, ensejando o que ficou conhecido como processo da descolonização.

---

[5] HOBSBAWM, Eric. *Era dos extremos*: o breve século XX. São Paulo: Companhia das Letras, 1995, p. 31: "A Primeira Guerra Mundial envolveu todas as grandes potências, e na verdade todos os Estados europeus, com exceção da Espanha, os Países-Baixos, os três países da Escandinávia e a Suíça. E mais: tropas do ultramar foram, muitas vezes pela primeira vez, enviadas para lutar e operar fora de suas regiões. Canadenses lutaram na França, australianos e neozelandeses forjaram a consciência nacional numa península do Egeu. (...) Embora a ação militar fora da Europa não fosse muito significativa a não ser no Oriente Médio, a guerra naval foi mais uma vez global: a primeira batalha travou-se em 1914, ao largo das ilhas Falkland, e as campanhas decisivas, entre submarinos alemães e comboios aliados, deram-se sobre e sob os mares do Atlântico Norte e Médio".

[6] No que tange à Segunda Guerra Mundial, HOBSBAWN, *Era dos extremos*: o breve século XX. São Paulo: Companhia das Letras, 1995, p. 15-16, ratifica o asserto: "É quase desnecessário demonstrar que a Segunda Guerra Mundial foi global. Praticamente todos os Estados independentes do mundo se envolveram, quisessem ou não, embora as repúblicas da América Latina só participassem de forma mais nominal".

[7] Em interessante estudo KENNEDY, Paul. *Ascensão e queda das grandes potências*: transformação econômica e conflito militar de 1500 a 2000. Rio de Janeiro: Campus, 1989, p. 356-377, sinaliza algumas características desse momento denominado Guerra-Fria: "A primeira dessas características foi a intensificação da divisão em dois blocos da Europa. (...) A segunda característica mais importante da Guerra-Fria, a sua constante escalada lateral, passando da própria Europa para o resto do mundo. (...) A terceira, foi a corrida armamentista, sempre crescente,

Com o processo de descolonização, vários novos atores internacionais se apresentavam no globo e as diferenças sociais entre esses Estados eram grandiosas.

A revolução industrial tecnológica da chamada terceira onda aprofundou a desigualdade econômica entre os países enquanto aumentou o fosso entre ricos e pobres.

A partir da década de 1960 – 1970, ao mesmo tempo em que se internacionalizavam mercados nacionais, com a transferência de capitais e tecnologias para os países periféricos, e proliferavam as empresas transnacionais, mundializava-se também a ameaça do extermínio global pela guerra atômica, espacial e bacteriológica.

Já no fim da década de 1970, início da década de 1980, o mundo assistiu a mais poderosa onda globalizante de que se tem notícia, a que hoje se está chamando de quarta globalização.

Inspirada nas ideias liberais de Hayek e Friedman, e guiada pelos interesses econômicos de poderosos empresários, expressos na política neoliberal de Margareth Thatcher e Ronald Reagan, e concretizada no mercado global, a atual globalização é auxiliada pela contínua modernização tecnológica, pela revolução da telemática, da Internet, e pela mídia, resultando nesse homogeneizador processo de mundialização de cultura.

Com efeito, nos últimos anos a questão da globalização tem estado no centro dos debates políticos em todos os lugares do mundo, seja nos países industrializados, nos países da Europa Oriental pós-transição comunista e na ex-União Soviética, ou nos outros países em desenvolvimento da Ásia, da América Latina, enfim, em qualquer lugar. Em toda parte, a globalização parece provocar tanto grandes esperanças como grandes incertezas em relação ao futuro.

A última década assistiu a uma aceleração no ritmo da globalização, apressando o surgimento de um mercado de trabalho global[8].

Nos últimos anos presenciamos, em todo o mundo, um aumento na participação da atividade econômica que é conduzida por empresas e indivíduos de países diferentes, em mercados internacionais – em outras palavras, na globalização.

Montada na tecnologia, a serviço da hegemonia absoluta do capital e governada por uma lei inflexível – a competitividade –, a chamada globalização sacode o mundo pós--Guerra Fria. No domínio da economia, salve-se quem puder: fusões e aquisições de empresas e outras mudanças impensáveis, alguns anos atrás, provocam uma total reviravolta no livre mercado.

---

entre os dois blocos, juntamente com a criação de alianças militares de apoio. (...) O que acontecia, na verdade, era que uma grande tendência na política de poder do século XX, a ascensão das superpotências, estava começando a interagir com outra tendência mais nova – a fragmentação política do mundo".

[8] CASTELLS, Manuel. *O poder da identidade*. 3. ed. São Paulo: Paz e Terra, 1999, p. 254, adverte: "Havendo uma economia global, também devem existir um mercado de trabalho e uma força de trabalho global. Entretanto, como acontece com muitas declarações óbvias, considerada em seu sentido literal, essa é empiricamente incorreta e analiticamente enganosa. Embora o capital flua com liberdade nos circuitos eletrônicos das redes financeiras globais, o trabalho ainda é muito delimitado por instituições, culturas, fronteiras, polícia e xenofobia".

No campo social, a tônica são o desemprego e a exclusão. O fenômeno atual do desemprego já não é mais aquele designado por essa palavra, porém, em razão do reflexo de um passado destruído, não se leva isso em conta quando se pretende encontrar soluções e, sobretudo, julgar os desempregados.

De fato, a forma contemporânea daquilo que ainda se chama desemprego jamais é circunscrita e, portanto, jamais levada em consideração. Na verdade, nunca se discute aquilo que se designa pelos termos "desemprego" e "desempregados"; mesmo quando este problema parece ocupar o centro da preocupação geral, o fenômeno real é, ao contrário[9].

Seguindo a ideia da escritora francesa Viviane Forrester, Jacques Généreux igualmente afirma que a exclusão social dos indivíduos menos qualificados e a degradação das condições de trabalho dos outros assalariados são os instrumentos prioritários do sucesso econômico[10], isto é, procura estabelecer as conclusões de que a globalização precipita as empresas a reduzirem o quadro de empregados para igualmente diminuírem os custos de produção, ensejando a exclusão social.

O conceito de Estado muda drasticamente; trata-se, enfim, de duro período de transição. O Estado já não pode mais almejar regular a sociedade civil nacional por meio de seus instrumentos jurídicos tradicionais, dada a crescente redução de seu poder de intervenção, controle, direção e indução.

Por outro lado, ele é obrigado a compartilhar sua soberania com outras forças que transcendem o nível nacional. (...) os Estados nacionais encontram-se assim, em crise de identidade[11].

Dentro dessa perspectiva, e na mesma linha de raciocínio, André-Noel Roth assinala que uma das principais crises, senão a principal, decorre da globalização[12] e passa a enumerar as rupturas com a ordem mundial passada: "Primeira ruptura: a capacidade estatal de garantir a segurança dos cidadãos e a integridade territorial. Segunda ruptura: a mundialização da economia. Terceira ruptura: a internacionalização do Estado. Quarta ruptura: o direito internacional, antes caracterizado com seu débil poder de coerção. Ultimamente o direito internacional institui-se cada vez mais como um princípio

---

[9] Vale ressaltar o posicionamento de FORRESTER, Viviane. *O horror econômico*. São Paulo: UNESP, 1997, p. 11: "um desempregado, hoje, não é mais objeto de uma marginalização provisória, ocasional, que atinge apenas alguns setores; agora, ele está às voltas com uma implosão geral, com um fenômeno comparável a tempestades, ciclones e tornados, que não visam ninguém em particular, mas aos quais ninguém pode resistir. Ele é objeto de uma lógica planetária que supõe a supressão daquilo que se chama trabalho; vale dizer, empregos".

[10] GÉNÉREUX, Jacques. *O horror político*. 2. ed. Rio de Janeiro: Bertrand Brasil, 1999, p. 11.

[11] FARIA, José Eduardo. *Direito e globalização econômica*: implicações e perspectivas, cit., p. 12.

[12] ROTH, André-Noel. O direito em crise: fim do Estado moderno? In: FARIA, José Eduardo (Org.). *Direito e globalização econômica*. São Paulo: Malheiros, 1996, p. 18: "A crise atual do Estado indica que os mecanismos econômicos, sociais e jurídicos de regulação já não funcionam. O Estado Nacional já não está em capacidade de impor soluções, seja de um modo autoritário ou seja em negociação com os principais atores sociopolíticos nacionais, aos problemas sociais e econômicos atuais. Uma das principais causas, se não for a principal, dessa crise de regulação, encontra-se no fenômeno da globalização. Essa interdependência dos Estados influi sempre mais na definição das políticas públicas internas de cada Estado".

normativo superior, que permite aos indivíduos reivindicar sua aplicação ou denunciar sua violação pelo Estado"[13].

Todas essas rupturas trazem como consequência uma relativização da própria noção de soberania, posto que limita a ação do Estado em relação a suas políticas internas para concretizar os anseios da população. Mas o que seria então globalização? Seria possível formular um conceito para isso?

2. CONCEITO

Apesar da dificuldade para formular um conceito[14] para globalização, são trazidas à lume algumas ideias para esse entendimento. Olson[15], alicerçado na doutrina estrangeira, tratou da matéria:

---

[13] ROTH, André-Noel. O direito em crise: fim do Estado moderno? In: FARIA, José Eduardo (Org.). *Direito e globalização econômica*. São Paulo: Malheiros, 1996, p. 19.

[14] Em interessante artigo, Eduardo Saldanha, in GUERRA, Sidney, *Globalização*: desafios e implicações para o Direito Internacional Contemporâneo. Ijuí: Unijuí, 2006, p. 207-208, questiona sobre se a globalização se apresenta como fenômeno ou paradigma, e coloca o problema: "A Globalização, por mais impreciso que seja seu conceito, mostra-se como um processo que vem transformando de maneira fundamental as Relações Internacionais, o qual para muitos não pode ser considerado como um paradigma das ciências sociais, mas sim como mais um fenômeno que deve ser analisado por esta, ao contrário do que afirma André-Jean Arnaud, o qual assevera que atualmente a globalização adquiriu um *status* de paradigma, pois assume o condão de solucionar e encontrar resposta para algumas problemáticas até então sem solução. A escolha por determinar a globalização como fenômeno e não como paradigma vem de encontro com o objetivo de mostrar que a globalização é um acontecimento modificador da realidade sim, mas não um caleidoscópio modelador da produção de conhecimento científico. Nesse momento, portanto, limita-se a abordar a globalização como fenômeno, como um acontecimento impulsionado em um complexo sistema de instrumentos e mecanismos que fundam e são fundados pela realidade internacional. A revolução tecnológica da informação, assim como a globalização são fenômenos históricos, dinâmicos e incontroláveis. Assim, a globalização mostra-se como um fenômeno que intensifica as relações em escala mundial, que ao mesmo tempo pode ser considerado como amplo e limitado. Amplo, pois cobre transformações políticas, econômicas, culturais, de consumo e muito mais; limitado por não se tratar de um processo completo e terminado, e por não afetar a todos da mesma maneira, e por isso um fenômeno complexo e não um paradigma que possa explicar a realidade, independente da vertente teórica utilizada para sua abordagem. Porém, é incontestável o fato de que a globalização passa a ser objeto de estudo das Relações Internacionais devido, principalmente, à sua constituição complexa que impõe uma visão transdisciplinar na busca de um desvelamento mais preciso de seus fundamentos, mecanismos e efeitos".
E finaliza com a seguinte ideia, p. 232-233: "A globalização não pode ser entendida como um paradigma que informa a construção do conhecimento e determina o entendimento da realidade internacional. A globalização é um fenômeno multifacetado, de construção e desenvolvimento histórico que deve ser analisado de forma abrangente e indicado por um método de produção de conhecimento científico. Este fenômeno, devido a sua abrangência e complexidade, deve ser analisado frente às Relações Internacionais sendo respeitada a sua amplitude e limitação concomitantes, ou seja, a sua amplitude deve ser considerada tendo em vista uma obrigatoriedade de análise transdisciplinar, e a sua limitação tendo a partir da sua produção de efeitos diferenciados, pois a globalização como fenômeno afeta cada setor nesta teia de interações de forma bastante diversa e muitas vezes caótica. Portanto, temos na globalização um fenômeno complexo, multifacetado, amplo e limitado, que deve ser analisado a partir de um método científico bem definido".

[15] OLSSON, Giovanni. *Poder político e sociedade internacional contemporânea*. Ijuí: Unijuí, 2007, p. 198.

"De acordo com o pensamento de Friedrich Kratochwil, globalização, como atualmente é referida, dificilmente pode ser enquadrada como um conceito bem definido porque constitui uma formação discursiva. Primeiro, seu peculiar caráter amorfo não pode ser tornado muito mais preciso por exercícios de definição, na medida em que ela é simplesmente uma formação discursiva que aglutina uma variedade de processos de mudança, cada qual sendo impulsionado por suas próprias cadeias causais e interações complexas; e, segundo, precisamente pelo fato de ser uma formação discursiva, globalização dificilmente pode ser concebida como um ator ou uma causa antecedente que engendra certos fenômenos. O conceito de globalização não se refere a uma 'coisa' definida no mundo exterior, mas a uma reunião de fenômenos e práticas que são colocadas juntas com base em alguma semelhança presumida".

Boaventura de Sousa Santos assevera que uma revisão dos estudos sobre os processos de globalização mostra-nos que estamos perante um fenômeno multifacetado com dimensões econômicas, sociais, políticas, culturais, religiosas e jurídicas interligadas de modo complexo. Por essa razão, acrescenta, as explicações monocausais e as interpretações monolíticas parecem inadequadas[16].

Sem dúvida que o termo globalização ou mundialização são expressões utilizadas em vários segmentos sociais. Não se trata mais de uma predileção dos economistas em fazer uso do termo.

Seu estudo tornou-se assunto obrigatório nas instituições públicas e privadas, na agenda política, na academia e, sobretudo, para o direito, cujos efeitos e desdobramentos[17] para o mundo implicam uma nova percepção para o jurista. Vale destacar a manifestação de Arnaud:

"Em suma, falar de 'globalização' permite entender outra coisa do que quando se evoca simplesmente a internacionalização. Se quiséssemos simplesmente nos referir à realidade da nação nesse processo de intercâmbios, seria mais conveniente falar de 'transnacionalização', no sentido de que certos fluxos passam de uma nação para a outra sem que esse intercâmbio tenha a ver – ou que dependa, exatamente, do direito nacional ou do direito internacional. (...) Isto não quer dizer que o processo de transformação das trocas que os 'globaliza' não venha um dia ou outro transformar o próprio direito internacional, e até mesmo os direitos nacionais. Mas essa retroação cria, pelo fato mesmo de que ela ocorre, uma transformação de contrapartida. E isto justifica ainda mais a utilização do termo 'globalização' que, através mesmo desse eventual processo, confirmaria sua existência própria e sua especificidade. A palavra 'globalização' é distintiva e portadora de um significado específico. Trata-se de uma tomada de consciência de que muitos problemas não podem ser mais tratados através de uma

---

[16] SANTOS, Boaventura de Sousa. *Globalização*: fatalidade ou utopia. 3. ed. Porto: Afrontamento, 2005, p. 32.

[17] FARIA, José Eduardo. *Direito e globalização econômica*: implicações e perspectivas, cit., p. 5, sustentou: "Alimentada por uma revolução tecnológica contínua, a globalização econômica tornou-se um fato. Vencida a fase inicial do desafio da integração dos mercados, vive-se agora a fase dos seus desdobramentos institucionais e jurídicos".

simples referência aos Estados sem uma referência aos vínculos que passaram a unir as diferentes partes do globo terrestre"[18].

Com efeito, nos dias atuais, culturas, etnias e raças vêm sendo empurradas pela globalização, envolvendo praticamente todos os países, uns como hegemônicos, protagonistas ou dominantes, outros como subordinados, dominados ou coadjuvantes e outros como apêndices, com sérias consequências para as nações e para os Estados e seus cidadãos.

A globalização do mundo expressa um novo ciclo de expansão do capitalismo, como modo de produção e processo civilizatório de alcance mundial. Um processo de amplas proporções envolvendo nações e nacionalidades, regimes políticos e projetos nacionais, grupos e classes sociais, economias e sociedades, culturas e civilizações[19].

No plano econômico, assiste-se de forma quase irreversível à consolidação de uma nova forma de relacionar-se entre a sociedade, o Estado e os agentes econômicos. Essa nova modalidade é a corporificação de um processo continuado de destruição das fronteiras físicas traçadas no nível jurídico-político pelo imperativo de uma ordem econômica nova que tornou transnacional o fluxo internacional de capitais. Atentem para o magistério de Boaventura:

"Mesmo admitindo que existe uma economia-mundo desde o século XVI, é inegável que os processos de globalização se intensificaram enormemente nas últimas décadas. Isto é reconhecido mesmo por aqueles que pensam que a economia internacional não é ainda uma economia global, em virtude da continuada importância dos mecanismos nacionais de gestão macroeconómica e da formação de blocos comerciais. (...) Dos traços desta evolução, sobretudo nas últimas duas décadas, seleciono os mais importantes para a minha tese. O primeiro traço é a deslocação da população mundial para a Ásia consolidando-se esta como uma das grandes regiões do sistema mundial, constituída como todas as outras regiões, por um centro (o Japão), uma semiperiferia (Coreia do Sul, Taiwan, Hong Kong e Singapura) e uma periferia (o resto da Ásia). (...) O segundo traço da globalização da economia é a primazia total das empresas multinacionais, enquanto agentes do mercado global. Concomitantemente com a primazia das multinacionais, dois outros traços de globalização da economia devem ser mencionados pela importância que têm para a polarização da desigualdade entre Norte e o Sul. O primeiro é a erosão da eficácia do estado na gestão macroeconómica e o avanço tecnológico das últimas décadas quer na agricultura com a biotecnologia, quer na indústria com a robótica, a automação e também a biotecnologia[20].

Tal fato, como assevera Castells[21], decorre da interdependência dos mercados financeiro e monetário em todo o mundo, operando como um todo em tempo real,

---

[18] ARNAUD, André-Jean. *O direito entre modernidade e globalização*: lições de filosofia do direito e do estado. Rio de Janeiro: Renovar, 1999, p. 11.

[19] IANNI, Octavio. *A era do globalismo*. 3. ed. Rio de Janeiro: Civilização Brasileira, 1997, p. 7.

[20] SANTOS, Boaventura de Sousa. *Pela mão de Alice*. 5. ed. Porto: Afrontamento, 1996, p. 249.

[21] CASTELLS, Manuel. *O poder da identidade*. 3. ed. São Paulo: Paz e Terra, 1999, p. 288.

estabelece o elo de ligação entre as diferentes unidades monetárias nacionais. As transações cambiais envolvendo dólares, ienes e euros fazem com que a coordenação sistêmica entre essas moedas seja a única medida capaz de manter um certo grau de estabilidade no mercado monetário, e consequentemente nos investimentos e no comércio globais.

A globalização vem exigindo a eliminação das fronteiras geográficas nacionais, e difundindo contínua modernização, expansão econômica, política, militar e territorial, fundindo e/ou destruindo identidades nacionais pela imposição de governos e modos de produção.

Diante dessas questões tão distintas e complexas em que se manifesta a globalização, estabelecer um conceito é tarefa difícil; entretanto, vários autores[22] têm procurado conceituá-la.

Anthony Giddens advertiu que a globalização não pode ser entendida apenas como um fenômeno econômico, visto que ela trata efetivamente da transformação do espaço e do tempo e a define "como ação a distância, e relaciono sua intensificação nos últimos anos ao surgimento da comunicação global instantânea e ao transporte de massa. (...) A globalização não é um processo único, mas uma mistura complexa de processos, que frequentemente atua de maneira contraditória, produzindo conflitos, disjunções e novas formas de estratificação"[23].

Para Octavio Ianni a globalização do mundo expressa um novo ciclo de expansão do capitalismo, como modo de produção e processo civilizatório de alcance mundial. Um processo de amplas proporções envolvendo nações e nacionalidades, regimes políticos e projetos nacionais, grupos e classes sociais, economias e sociedades, culturas e civilizações. Assinala a emergência da sociedade global, como uma totalidade abrangente, complexa e contraditória. Uma realidade ainda pouco conhecida, desafiando práticas e ideais, situações consolidadas e interpretações sedimentadas, formas de pensamento e voos da imaginação[24].

Ianni complementa seu magistério e pede atenção para o fato de que de maneira lenta e imperceptível desaparecem as fronteiras entre os três mundos, modificam-se os significados das noções de países centrais e periféricos, do norte e sul, industrializados e agrários, modernos e arcaicos, ocidentais e orientais. Literalmente,

---

[22] MITTELMAN, James. *The globalization syndrome*. New Jersey: Princeton, 2000, p. 5: "Although the literature provides many definitions of globalization, there are two mains categories. The first of these is to point to an increase in interconnections, or independence, a rise in transnational flows, and an intensification of process such that the world is, some respects, becoming a single place. Typical of this genre is the following: 'globalization refers to the process of reducing barriers between countries and encouraging closer economic, political and social interaction'. A second cut is more theoretical and emphasizes the compression of time and space".

[23] GIDDENS, Anthony. *Para além da esquerda e da direita*. São Paulo: Editora da Universidade Estadual Paulista, 1997, p. 13.

[24] IANNI, Octavio. *A era do globalismo*. 3. ed. Rio de Janeiro: Civilização Brasileira, 1997, p. 7.

embaralha-se o mapa do mundo, umas vezes parecendo reestruturar-se sob o signo do neoliberalismo, outras parecendo desfazer-se no caos, mas também prenunciando outros horizontes[25].

Celso Mello[26] afirma que a globalização é realizada pelas grandes empresas que transformaram os Estados em verdadeiros reféns e também que ela é a intervenção de uma nova fase do capitalismo em que as economias dos diferentes Estados se encontram interligadas.

Já Herrera Flores acentua que a nova fase da globalização, denominada por ele *"tercera transicion del capital"*, caracteriza-se por quatro aspectos articulados: a proliferação de centros de poder; a intrincada rede de interconexões financeiras; a dependência de uma informação que produz efeitos em tempo real; e o ataque frontal aos direitos sociais e trabalhistas[27].

A sociedade global, na visão de Ianni[28], deixa de ser somente uma realidade em constituição, que apenas começa a mover-se como tal, por sobre nações e impérios, fronteiras geopolíticas, dependências e interdependências. O global e o local se interpenetraram e se tornaram inseparáveis. O global investe no local, e o local impregna o global[29].

Como demonstrado, conceituar globalização é tarefa realmente difícil, pelas várias dimensões que podem ser estudadas; entretanto, como assevera André-Jean Arnaud, partindo-se da discussão da globalização pode-se repensar o direito[30], e apresenta algumas de suas teses nesse sentido: "1) que o próprio direito está também implicado diretamente pelo processo de globalização; 2) que a globalização adquiriu hoje em dia um valor de paradigma; 3) que os juristas podem encontrar no paradigma da globalização uma nova maneira de colocar problemas considerados sem solução, e até mesmo de superar a crise permanente na qual o Direito se encontra mergulhado"[31].

---

[25] IANNI, Octavio. *A era do globalismo*. 3. ed. Rio de Janeiro: Civilização Brasileira, 1997, p. 8.

[26] MELLO, Celso de Albuquerque. *Direito internacional da integração*. Rio de Janeiro: Renovar, 1996, p. 32.

[27] FLORES, Joaquín Herrera. *Los derechos humanos como productos culturales*: crítica del humanismo abstracto. Madrid: Catarata, 2005, p. 226.

[28] IANNI, Octavio. *A era do globalismo*. 3. ed. Rio de Janeiro: Civilização Brasileira, 1997, p. 26.

[29] VIEIRA, Liszt. *Cidadania e globalização*. 2. ed. Rio de Janeiro: Record, 1998, p. 71: "Não se trata mais de duas instâncias autônomas que se relacionam de uma determinada maneira, influenciando-se reciprocamente, mas mantendo cada uma sua identidade. Trata-se agora de um processo que engloba, em seu movimento, o local e o global combinados".

[30] Nessa perspectiva, PÉREZ LUÑO, Antonio Enrique, *Manual de informática y derecho*. Barcelona: Ariel, 1996, p. 10, afirmou: "La coyuntura presente reclama de los juristas, los filósofos y los teóricos del Derecho una 'conciencia tecnológica', término acuñado por Vittorio Fronsini para apelar a una actitud reflexiva crítica y responsable ante los nuevos problemas que, en diversas esferas del acontecer social, suscita la tecnología, y ante los que ni el Derecho, ni quienes lo aplican o lo estudian pueden permanecer insensibles".

[31] ARNAUD, André-Jean. *O direito entre modernidade e globalização*: lições de filosofia do direito e do Estado. Rio de Janeiro: Renovar, 1999, p. 3.

3. EFEITOS PROVENIENTES DA GLOBALIZAÇÃO[32]

A expansão, sobretudo a partir da segunda metade do século XX, do intercâmbio de bens visíveis e invisíveis e de serviços, fez surgir uma ordem econômica internacional fazendo com que os Estados fossem auxiliados por agentes privados, como as Câmaras de Comércio, e pelas Organizações Internacionais, ensejando que as relações internacionais econômicas ganhassem destaque, propiciando, igualmente, a crescente participação de empresas transnacionais que tendem a reduzir a atuação do Estado. Contudo, este mantém o controle de suas relações econômicas externas, através da regulamentação da entrada e da saída de bens e serviços, das negociações nas instâncias econômicas internacionais e da imperiosa necessidade de seu consentimento na elaboração de uma ordem econômica internacional.

Nessa nova ordem internacional, as transnacionais ganham destaque no mundo globalizado[33] e podem ser conceituadas como empresas que atuam em mais de um Estado por meio de subsidiárias ou filiais. Olsson, sobre este importante protagonista internacional enfatizou:

"As empresas transnacionais configuram atores de grande importância no cenário internacional, e a compreensão das relações de poder nessa sociedade torna o seu estudo fundamental. De forma sucinta, o surgimento e a expansão das empresas transnacionais estão diretamente relacionados com as alterações no modo de produção capitalista que, mediante o desempenho de atividades econômicas acima e para além dos recordes nacionais, está maximizando sua racionalidade instrumental duplamente. De um lado, está otimizando seus ganhos diretos por conta de uma nova articulação entre produção e consumo, notadamente pela ampliação do mercado e a melhor organização dos elementos produtivos, na medida em que capital e tecnologia tornaram-se crescentemente móveis, enquanto o trabalho permaneceu relativamente imóvel. De outro lado, está igualmente auferindo ganhos indiretos pelas limitações das normas nacionais e internacionais, especialmente em tributação, na medida em que se torna apta a transitar da forma mais proveitosa nas lacunas dos diversos sistemas jurídicos estatais, perfazendo uma elisão combinada dos sistemas jurídicos. O exemplo mais conhecido é o aproveitamento favorável da combinação das diversidades dos sistemas jurídicos nacionais em termos de aplicação do direito interno e, considerando que alguns Estados estabelecem como critério o local do registro, e outros o local da matriz para esse efeito"[34].

---

[32] Como assinala NOGUEIRA, Alberto. *Globalização, regionalizações e tributação*. Rio de Janeiro: Renovar, 2000, p. 7: "O fenômeno da globalização tem merecido as mais diversas abordagens. (...) Estamos, sem dúvida, diante de algo ainda desconhecido, que se identifica mais pelos seus efeitos que pelas causas ou origem".

[33] SEITENFUS, Ricardo; VENTURA, Deisy. *Introdução ao direito internacional público*. Porto Alegre: Livraria do Advogado, 1999, p. 163-164.

[34] Na mesma direção OLSSON, Giovanni. *Poder político e sociedade internacional contemporânea*. Ijuí: Unijuí, 2007, p. 320 e 321.

Sem embargo, podem ser apresentados alguns fatores que são importantes e caracterizam o aparecimento das transnacionais[35]: a) o fato de partirem para o exterior à procura de mão de obra barata; b) procuram controlar mercados a fim de facilitar as exportações; c) controlam as fontes de fornecimento das matérias-primas; d) evitam a concorrência de empresas locais; e) aumentam o seu lucro fazendo o superfaturamento do que é importado da matriz, bem como o subfaturamento do que é vendido à matriz.

Muito embora as empresas não sejam capazes de celebrar tratados internacionais, têm a possibilidade de realizar contratos internacionais, o que defere relevância e interesse do estudo dos grandes conglomerados para esta disciplina.

Juan Salcedo assim atribui o papel das transnacionais:

"La relevancia de las empresas multinacionales o transnacionales en las relaciones internacionales contemporáneas es innegable, lo que explica que el derecho internacional se ocupe progresivamente de estas entidades estatales cuya importancia en la vida internacional, al menos desde el punto de vista económico es mucho mayor que la de numerosos Estados, concluyen contratos con Estados con vistas a la explotación de determinados recursos naturales y en ocasiones han celebrado 'acuerdos' internacionales con Estados para la regulación de determinados intercambios económicos (por ejemplo, 'acuerdos' petroleros entre el cartel de sociedades petroleras y los Estados exportadores de petróleo en los comienzos de la década de los setenta)"[36].

Sua personalidade é de direito interno, entretanto, do ponto de vista econômico, acaba por influenciar a "vida" e o "comportamento" dos Estados. Isso decorre do seu papel nas relações internacionais, pelo fato de atuarem tanto em favor do fortalecimento do Estado matriz, bem como minam o poder dos Estados que atuam ensejando um novo paradigma na ordem internacional.

O fato que se observa hoje, pela ação das empresas transnacionais e, por consequência, de integração quase que total dos mercados de capital, é o de criar uma economia de interdependência global[37].

---

[35] MELLO, Celso Albuquerque. A soberania através da história. *Anuário*: direito e globalização, cit., p. 22, alerta que a globalização significa a integração econômica da sociedade internacional realizada pelas empresas comerciais, ou se quisermos, pelas empresas transnacionais. (...) globalização da economia significa que as fronteiras entre os países perdem importância, quando se trata de decisões sobre investimentos, produção, oferta, procura e financiamentos. As consequências são uma rede cada vez mais densa de entrelaçamentos das economias nacionais, uma crescente internacionalização da produção, no sentido de que os diferentes componentes de um produto final possam ser manufaturados em diferentes países, e a criação de mercados mundiais integrados para inúmeros bens, serviços e produtos financeiros. A globalização também abarca os mercados de trabalho. Aumentam as migrações de mão de obra entre países. (...) Nenhum país pode retirar-se da rede de integração econômica internacional sem no mínimo, temporariamente, ocasionar perdas na assistência social para si e para outros países.

[36] SALCEDO, Juan Antonio Carrillo. *Curso de derecho internacional*. Madrid: Tecnos, 1991, p. 36.

[37] CASTELLS, Manuel. *A sociedade em rede*. 5. ed. São Paulo: Paz e Terra, 2001, p. 116, acentua que: "Não há nem haverá no futuro previsível um mercado internacional aberto totalmente integrado para mão de obra, tecnologia, bens e serviços enquanto existirem Estados-nações e enquanto houver governos para promover, na concorrência

As empresas transnacionais apresentam uma série de estratégias ao se instalarem em um determinado Estado-Nação, onde procuram se consolidar rapidamente com o menor gasto possível.

Assim é que surgem as fusões ou aquisições de sociedades conjuntas (*joint-ventures*) e alianças entre grupos, de modo a buscar maior flexibilidade estratégica pelos grupos.

Embora haja um crescimento na "internacionalização" das empresas, não se pode olvidar de que a estratégia financeira é cuidadosamente mantida no país de origem, em que pese a realização de algumas etapas fora desse Estado, tais como: a produção, a distribuição e serviços pós-venda.

É necessário destacar que essas empresas têm um poderio imenso e influenciam sobremaneira o comportamento dos vários atores internacionais[38]. Para se ter uma ideia, a *American International Group*, no ano de 1996, apresentava renda líquida de U$ 2,9 bilhões, receitas de U$ 28 bilhões e ativos de U$ 148 bilhões. Em termos de lucro líquido, a *American International Group* foi a décima oitava entre todas as empresas de capital aberto dos Estados Unidos, tendo seu valor de mercado chegado a U$ 50,8 bilhões, representando, à época, 10% do PIB do Brasil[39].

Corroborando o entendimento, Boaventura lembra que os países periféricos e semiperiféricos são os que mais estão sujeitos às imposições do receituário neoliberal, haja vista que são transformados pelas agências financeiras multilaterais em condições para renegociação da dívida externa através dos programas de ajustamento estrutural[40].

---

global, os interesses de seus cidadãos e das empresas nos territórios sob sua jurisdição. Ademais, a nacionalidade corporativa é relevante ao comportamento corporativo, como indicam as várias pesquisas produzidas pelo Centro sobre Empresas Transnacionais da ONU. (...) As empresas do Japão foram amplamente apoiadas pelo governo e mantiveram seus principais ativos financeiros e tecnológicos no país. As multinacionais europeias foram objeto de apoio sistemático de seus governos, bem como da União Europeia tanto em tecnologia como na proteção de mercado. Multinacionais alemãs cancelaram investimentos nos países da Europa Ocidental para fazer investimentos financeiros de risco na Alemanha Oriental, a fim de atender o ideal nacional da Alemanha unificada. Multinacionais norte-americanas seguiam instruções de seu governo, às vezes de forma relutante, quando chegaram a recusar tecnologia a países em desacordo com a política externa norte-americana ou a impedir o comércio para essas nações".

[38] Corroborando o asserto, MELLO, Celso de Albuquerque. *Direito internacional da integração*. Rio de Janeiro: Renovar, 1996, p. 15: "Por um atestado de óbito: a antiga ordem está morta, a ordem política e a ordem econômica. Assistimos hoje a uma redistribuição dos trunfos econômicos; estes serão de agora em diante as empresas transnacionais que impõem suas estratégias, sobre as quais os Estados têm cada vez menos controle. De uma maneira geral todos os sistemas de regulação, nacionais ou regionais, que datam do início do século, estão ultrapassados no mesmo momento em que as trocas mundiais aumentam de maneira considerável. Contrariando ao que passou em 1929, nós enfrentamos hoje uma verdadeira mutação do sistema econômico".

[39] FORTES, Heráclito; PELÁEZ, Carlos Manuel. *A política econômica e a globalização do Brasil*. Madrid: Agualarga, 1997, p. 115.

[40] SANTOS, Boaventura de Sousa. *Globalização*: fatalidade ou utopia. 3. ed. Porto: Afrontamento, 2005, p. 37: "A globalização econômica é sustentada pelo consenso econômico neoliberal cujas três principais inovações institucionais são: restrições drásticas a regulação estatal da economia; novos direitos de propriedade internacional para investidores estrangeiros, inventores e criadores de inovações susceptíveis de serem objeto de propriedade inte-

Assinala ainda o quadro caótico que se apresenta no mundo em razão do desequilíbrio econômico e distribuição de riqueza:

"É evidente que a iniquidade da distribuição da riqueza mundial se agravou nas duas últimas décadas: 54 dos 84 países menos desenvolvidos viram o seu Produto Nacional Bruto *per capita* decrescer nos anos 80; em 14 deles a diminuição rondou os 35%; segundo o Relatório do Programa para o Desenvolvimento das Nações Unidas de 2001, mais de 1,2 bilhão de pessoas vivem na situação de pobreza absoluta, ou seja, com um rendimento inferior a um dólar por dia e outros 2,8 bilhões vivem apenas com o dobro desse rendimento"[41].

Os dados fornecidos acima são interessantes e merecem algumas reflexões: a primeira corresponde ao tamanho da população que se encontra na linha de miséria absoluta e de pobreza: quatro bilhões de pessoas, no ano de 2001, o que correspondia a aproximadamente 65% da população mundial; a segunda reflexão, na qual não se pode olvidar de que passados alguns anos o quadro apresentado não melhora absolutamente em nada, ao contrário, pelo mesmo relatório é possível verificar como a capacidade de compra vem diminuindo com o passar dos anos, agravando ainda mais o quadro de miséria social:

"Segundo o Relatório do Desenvolvimento do Banco Mundial de 1995, o conjunto dos países pobres, onde vivem 85,2% da população mundial, detém apenas 21,5% do rendimento mundial, enquanto o conjunto de países ricos, com 14,8% da população mundial, detém 78,5% do rendimento mundial. Uma família média africana consome hoje 20% menos do que consumia há 25 anos atrás.

Nos últimos trinta anos a desigualdade na distribuição dos rendimentos entre países aumentou drasticamente. A diferença de rendimentos entre o quinto mais rico e o quinto mais pobre era, em 1960, de 30 para 1, em 1990, de 60 para 1 e, em 1997, de 74 para 1. As duzentas pessoas mais ricas do mundo aumentaram para mais do dobro a sua riqueza entre 1994 e 1998. A riqueza dos três mais ricos bilionários do mundo excede a soma do produto interno bruto dos quarenta e oito menos desenvolvidos do mundo"[42].

Em razão dessa nova perspectiva decorrente da globalização, o Estado passa por um processo de internacionalização. Assim, deixa de exercer o papel de proporcionar o bem-estar[43] dos seus concidadãos para se voltar a uma problemática que envolve toda essa sociedade global.

---

lectual; subordinação dos Estados nacionais às agências multilaterais tais como: o Banco Mundial, o Fundo Monetário Internacional e a Organização Mundial do Comércio".

[41] SANTOS, Boaventura de Sousa. *Globalização*: fatalidade ou utopia. 3. ed. Porto: Afrontamento, 2005, p. 39.

[42] SANTOS, Boaventura de Sousa. *Globalização*: fatalidade ou utopia. 3. ed. Porto: Afrontamento, 2005.

[43] Nessa perspectiva, AZEVEDO, Plauto Faraco, *Direito, justiça social e neoliberalismo*. São Paulo: Revista dos Tribunais, 1999, p. 112, enfatizou: "Progressivamente liberada de todo o contraste, a entidade providencial do mercado ilimitado, fundada sobre si mesma, mostra a sua face cruel, consagrando a exclusão social, agredindo as conquistas do próprio liberalismo e os direitos sociais advindos do *Welfare State*. (...) Se o desemprego mostra-se crescen-

Nesse modelo, observam-se facilmente as desigualdades sociais que se agravam com maior incidência: o trabalho subordinado ao capital; o trabalhador subordinado à máquina; o subemprego e o desemprego; a xenofobia; o etnicismo e o racismo exacerbado.

A terminologia globalização está presente em todos os grandes estudos e discussões e, sem dúvida, tem suscitado posicionamentos favoráveis e contrários, otimistas e pessimistas, de amor e de ódio, de esperança e de desespero.

Paul Krugman entende que é melhor ter empregos ruins e mão de obra barata em detrimento da falta de emprego: "Ainda que os tubarões capitalistas se aproveitem da globalização, os maiores beneficiários são, isto sim, os trabalhadores do Terceiro Mundo. Afinal, a pobreza global não é algo recente, maquinado para a locupletação das corporações multinacionais. (...) Por que, então, a indignação dos meus missivistas? Por que a imagem de um indonésio costurando tênis por sessenta centavos de dólar a hora evoca sentimentos tão mais compungidos do que a de outro indonésio num minúsculo pedaço de terra ganhando o equivalente a trinta centavos de dólar por hora para alimentar a família – ou a de um filipino cavucando o lixo num vazadouro público? A resposta, suponho, é algum tipo de escrúpulo. Ao contrário do lavrador faminto que luta pela subsistência, as mulheres e crianças na fábrica de tênis estão trabalhando por salários de escravo para o nosso benefício – e a situação faz com que nos sintamos impuros. E assim surgem as exigências moralistas por normas trabalhistas internacionais: os opositores da globalização insistem em que não deveríamos comprar esses tênis e camisas, a não ser que as pessoas, que labutam na sua fabricação, recebam salários dignos e trabalhem sob condições decentes"[44].

Celso Mello enfatiza que a globalização é uma grande ameaça aos valores tradicionais e que acabará, possivelmente, por beneficiar alguns Estados de que as matrizes das transnacionais são nacionais. O fenômeno da globalização só produziu a miséria. Todo o capitalismo é selvagem. A grande questão é saber se é possível parar com a globalização e se voltar a valorizar o homem e não o capital[45].

Alves, alargando a discussão, aponta alguns efeitos colaterais da globalização: a busca obsessiva da eficiência faz aumentar continuamente o número dos que por ela são marginalizados, inclusive nos países desenvolvidos; a mecanização da agricultura provocou o êxodo rural, inflando cidades e suas periferias; com a informatização da indústria e dos serviços o trabalho não especializado torna-se supérfluo, e o desemprego, estrutural; a mão de obra barata, ainda imprescindível na produção, é, muitas vezes, recrutada fora do espaço nacional pelas filiais de grandes corporações instaladas no exterior[46].

---

te, os neoliberais de plantão asseveram que é conjuntural, o essencial sendo manter a inflação em baixa. Para isto, crescem as medidas restritivas dos direitos sociais, em nome da sacralidade dos planos econômicos".

[44] Vale destacar as palavras de KRUGMAN, Paul. *Globalização e globobagens*: verdades e mentiras do pensamento econômico. 3. ed. Rio de Janeiro: Campus, 1999, p. 92.

[45] MELLO, Celso de Albuquerque. *Direito internacional da integração*. Rio de Janeiro: Renovar, 1996, p. 35.

[46] Cidadania, direitos humanos e globalização. Cidadania e justiça. *Revista da Associação dos Magistrados Brasileiros*, Rio de Janeiro, ano 3, n. 7, p. 92-110, 2º sem. 1999, p. 26.

Eric Hobsbawm se posicionou da seguinte forma: "A globalização não é um processo universal que atua da mesma forma em todos os campos da atividade humana. Ainda que se possa dizer que há uma tendência histórica natural para a globalização nas áreas da tecnologia, comunicações e economia, isto certamente não vale para a política. (...) Não acho que seja possível identificar a globalização apenas com a criação de uma economia global, embora este seja seu ponto focal e sua característica mais óbvia. Precisamos olhar para além da economia. Antes de tudo, a globalização depende da eliminação de obstáculos técnicos, não de obstáculos econômicos. Ela resulta da abolição da distância e do tempo. Por exemplo, teria sido impossível considerar o mundo como uma unidade antes de ele ter sido circunavegado no início do século XVI. Do mesmo modo, creio que os revolucionários avanços tecnológicos nos transportes e nas comunicações desde o final da Segunda Guerra Mundial foram responsáveis pelas condições para que a economia alcançasse os níveis atuais de globalização"[47].

Sem embargo, a globalização não é o mesmo que o desenvolvimento de um sistema mundial, mas também um fenômeno ligado às circunstâncias da vida local em que "não deveríamos pensar em globalização como um processo unitário que tende a uma direção única, mas sim como um conjunto complexo de mudanças com resultados mistos e frequentemente contraditórios. A globalização implica a ideia de uma comunidade mundial, mas não a produz; essa comunidade é marcada pela globalização de influências ruins e de influências integradoras"[48].

4. FORÇAS PODEROSAS QUE IMPULSIONAM A GLOBALIZAÇÃO

Existem vários aspectos e fatores que, devidamente conjugados, acabam por impulsionar esse momento que foi denominado globalização.

Apesar de ser um fenômeno ou paradigma extremamente complexo, e que suscita várias interpretações, aplicações e questionamentos, parece haver certo consenso acerca de alguns elementos que acabam por impulsionar a globalização.

Em primeiro lugar está a mudança tecnológica, essencialmente a redução contínua dos custos dos transportes e das comunicações, que diminui os custos da realização de negócios a longas distâncias[49].

Em segundo lugar, a grande mudança nas estratégias de desenvolvimento dos países de Terceiro Mundo nos últimos anos. Essa mudança se baseia na rejeição da

---

[47] HOBSBAWM, Eric. *O novo século*: entrevista a Antônio Polito. São Paulo: Companhia das Letras, 2000, p. 71.

[48] GIDDENS, Anthony. *Para além da esquerda e da direita*. São Paulo: Editora da Universidade Estadual Paulista, 1997, p. 96.

[49] O custo de um telefonema de três minutos entre Nova Iorque e Londres, por exemplo, caiu de 250 dólares em 1930 (em dólares estáveis de 1990) para cerca de três dólares em 1990.

estratégia interna de substituição de importações e/ou de planejamento socialista em prol de estratégias baseadas no mercado e orientadas para o exterior.

A partir de 1986, cerca de 60 países em desenvolvimento tomaram medidas unilaterais de liberalização do comércio, e muitos também liberalizaram os controles sobre os investimentos estrangeiros diretos e outros ingressos de capitais privados: metade dos contratos de investimentos e tratados existentes hoje foi elaborada em 1990[50].

Além disso, não se pode olvidar da revolução informática, que foi um dos grandes elementos propulsores da globalização.

Seguramente poucas dimensões de nossas vidas não se veem afetadas, dirigidas ou controladas por um computador de forma direta ou indireta. O computador está presente nas transações bancárias, nos transportes, no tráfego aéreo, na regulação do trânsito das grandes cidades, nas bolsas de valores, nos hospitais, enfim, nas mais diversas atividades desenvolvidas no mundo.

Com a revolução informática, o conceito e o trato da informação ganham contornos bastante significativos, revitalizando-a de forma espetacular e incrementando de forma grandiosa seu valor[51].

Com a modernização do sistema social mundial e a decorrente evolução tecnológica em todos os setores, percebe-se que novos padrões são discutidos pela sociedade, advindo daí várias consequências, como salientou Anthony Giddens: "Alguns dos debates sobre estas questões se concentram principalmente sobre transformações institucionais, particularmente as que sugerem que estamos nos deslocando de um sistema baseado na manufatura de bens materiais para outro relacionado mais centralmente com a informação"[52].

Assim, quando o sistema social mundial se põe em movimento, modernizando-se, vai-se transformando numa espécie de aldeia global. De repente, tudo se articula em um vasto e complexo todo moderno, modernizante, modernizado[53].

Em decorrência desse processo, percebe-se claramente o fenômeno da globalização, que estabelece novos paradigmas acerca da questão, propiciando a intensificação das relações sociais em escala mundial, que ligam localidades distantes de tal maneira que acontecimentos locais são modelados por eventos ocorrendo a muitas milhas de distância e vice-versa[54].

---

[50] Vale verificar o estudo de FORTES, Heráclito; PELÁEZ, Carlos Manuel. *A política, a economia e a globalização do Brasil*. Madrid: Agualarga Editores, 1997, p. 29-56.

[51] Nesse sentido, *vide* GUERRA, Sidney. *O direito à privacidade na Internet*: uma discussão da esfera privada no mundo globalizado. Rio de Janeiro: América Jurídica, 2004.

[52] GIDDENS, Anthony. *As consequências da modernidade*. São Paulo: Editora UNESP, 1991, p. 12.

[53] IANNI, Octavio. *Teorias da globalização*. Rio de Janeiro: Civilização Brasileira, 1995, p. 93.

[54] GIDDENS, Anthony. *As consequências da modernidade*. São Paulo: Editora UNESP, 1991, p. 70.

Sem dúvida, o grande sinal pertinente à modernização parece ser a comunicação, a proliferação e generalização dos meios impressos e eletrônicos de comunicação, articulados em teias multimídias, alcançando todo o mundo, estabelecendo uma globalidade das ideias, padrões e valores socioculturais inimaginários[55].

Os meios de comunicação de massa, com as alterações e criações desenvolvidas por conta da tecnologia, rompem as fronteiras nacionais influenciando culturas, religiões, regimes políticos, economias etc., fazendo com que a sociedade se reorganize em rede.

É nesse sentido que se manifesta e se traduz o uso cada vez mais frequente da Internet, que passa a desempenhar um papel fundamental nesse mundo globalizado e interligado à grande rede virtual[56].

A Internet é um conjunto de redes interligadas de abrangência mundial, isto é, consiste em um conjunto de tecnologias para acesso, distribuição e disseminação de informação em rede de computadores. Através da Internet estão disponíveis serviços como correio eletrônico, transferência de arquivos, acesso remoto a computadores, acesso a bases de dados e diversos tipos de serviços de informação, cobrindo praticamente todas as áreas de interesse da sociedade.

O fato é que a rede trouxe um novo paradigma nas relações sociais e nas comunicações da sociedade mundial e suas consequências ainda são imprevisíveis[57].

A telemática impõe uma nova forma de encarar essas questões, fazendo com que os juristas ajam com maior sagacidade em decorrência das novas tecnologias que se apresentam no mundo globalizado.

De fato, a passagem para uma Era da Informação vem exigindo a constituição de novos espaços e instrumentos de regulação política e jurídica que respondam às múltiplas questões que estão sendo suscitadas em sociedade.

Com efeito, a despeito dos elementos ou forças impulsionadoras da globalização acima discriminadas, podem ser apontados outros, haja vista que o processo de globalização que hoje vivemos é decorrente de cinco grandes acontecimentos, sistematizados da seguinte forma:

---

[55] IANNI, Octavio. *Teorias da globalização*. Rio de Janeiro: Civilização Brasileira, 1995, p. 93.

[56] NOGUEIRA, Alberto. *Globalização, regionalizações e tributação*: a nova matriz mundial. Rio de Janeiro: Renovar, 2000, p. 58: "Eis que chega outra era, a da comunicação instantânea e integrada, das redes magnéticas de alta definição e velocidade. Os bancos de dados, enfim, o tempo virtual, onde o imaginário é ou pode ser o real. (...) É a globalização a nova mutação estatal. Seu transporte é a via internet, a rede global de comunicação, que liga todos a tudo instantaneamente. (...) A máquina de HOBBES, o leviatã, agora tem dimensão cibernética".

[57] Sobre o processo de globalização e informacionalização, o magistério de CASTELLS, Manuel. *O poder da identidade*. 3. ed. São Paulo: Paz e Terra, 1999, p. 93: "A globalização e a informacionalização, determinadas pelas redes de riqueza, tecnologia e poder, estão transformando nosso mundo, possibilitando a melhoria de nossa capacidade produtiva, criatividade cultural e potencial de comunicação".

a) o fim da guerra fria, que desmantelou o sistema bipolar capitalismo x comunismo e ampliou o sistema capitalista mundial com a incorporação de alguns países do Leste Europeu e a abertura da economia chinesa;

b) a exaustão do modelo de crescimento industrial que prevaleceu no pós-guerra, baseado na produção de bens de consumo duráveis, e sua substituição por processos produtivos das novas tecnologias baseadas na microeletrônica, na informática, biotecnologia e novos materiais, produtos da atual terceira revolução industrial;

c) a rápida expansão dos mercados financeiros mundiais no final dos anos 1970, estimulada pela sua desregulamentação e pelo advento das novas tecnologias de informação;

d) a mundialização das atividades das empresas multinacionais tanto no setor manufatureiro quanto no de serviços, o que provocou a cooperação e a aliança entre elas e a globalização da concorrência;

e) as ameaças ecológicas com o crescimento populacional, a rarefação do ozônio e o aquecimento do planeta devido ao efeito estufa, que passaram a merecer uma abordagem global no final dos anos 1980[58].

5. O IMPACTO DA GLOBALIZAÇÃO SOBRE OS DIREITOS SOCIAIS

O fenômeno da globalização[59] engendrou um novo quadro na economia mundial delineado por uma dominação pelo sistema financeiro e pelo investimento elevado à escala global; processos produtivos flexíveis e multilocalizados; desregulação das economias nacionais; revolução nas tecnologias de informação e comunicação; baixos custos dos meios de transporte; projeção das agências financeiras multilaterais; emergência dos modelos transnacionais de capitalismo americano, japonês e europeu.

O reflexo dessas transformações no sistema mundial tem o grau variado conforme seja a posição ocupada por um Estado no sistema mundial. Contudo, é inegável a

---

[58] Na mesma direção, CARVALHO, Bernardo de Andrade, *A globalização em xeque*. São Paulo: Atual, 2000, p. 5, destaca: "A globalização resulta da conjunção de: a) a terceira revolução tecnológica (tecnologias ligadas à busca, processamento, difusão e transmissão de informações; inteligência artificial; engenharia genética); b) a formação de áreas de livre comércio e blocos econômicos integrados; c) a crescente interligação e interdependência dos mercados físicos e financeiros, em escala planetária; d) o colapso do comunismo soviético e a onda mundial de liberalização e de abertura na economia, que lançaram no mercado mundial mais de 2,5 bilhões de pessoas; e) a emergência do leste da Ásia como potência econômica planetária; f) o ainda maior barateamento do custo dos transportes, que tornou menos importante o lugar onde algo é produzido".

[59] O termo *globalização* é polissêmico e muito se discute sobre o conteúdo, características e o impacto mundial que ela produz. Não se pretende aqui avançar nesta celeuma, embora se reconheça a sua importância, e tampouco se ambiciona desprezar o vigoroso debate e as diversas linhas de orientação dele decorrentes. Existe a consciência de que não há como supor a existência de uma ideia homogênea de globalização e nem é o objetivo deste estudo defender a sua inexorabilidade contra a qual não existam instrumentos de contenção. A noção de globalização que por ora será adotada como referência encontra-se exposta por SANTOS, Boaventura de Sousa (org.). *A globalização e as ciências sociais*. 3. ed. São Paulo: Cortez, 2005, p. 25-102.

grandeza das consequências para a construção das políticas econômicas nacionais, especialmente nos países periféricos ou emergentes, tais como: abertura das economias ao mercado mundial e adequação dos preços domésticos aos parâmetros internacionais; primazia à economia de exportação; orientação econômica voltada para diminuição da inflação e da dívida pública e para vigilância sobre a balança de pagamentos; proteção ampla e precisa dos direitos de propriedade privada e respeito às patentes, com o combate da pirataria; privatização do setor empresarial estatal; mobilidade dos recursos, dos investimentos e dos lucros; regulação estatal mínima da economia; redução das políticas sociais no orçamento dos Estados, com o abrandamento do *quantum* destinado às transferências sociais, com a eliminação da sua universalidade e a transmutação em simples medidas compensatórias em relação aos segmentos sociais mais vulneráveis à atuação do mercado.

Em linhas gerais, tornam-se comuns no vocabulário expressões como "enxugar o Estado"; "flexibilização"; "neoliberalismo". O Estado fica limitado na capacidade de regulação da economia; surgem novos direitos de propriedade internacional para investidores estrangeiros, inventores e criadores de inovações dimensionados como propriedade intelectual e subordinação dos Estados nacionais às agências multilaterais (FMI, Banco Mundial, OMC).

O processo de globalização econômica tem vínculos diretos com a globalização social e a disseminação da desigualdade. Vislumbra-se, para além do sistema de classes tradicional, uma classe capitalista transnacional, cuja forma institucional principal consiste nas empresas transnacionais. Uma aliança tríplice emerge no cenário composta por empresas, a elite capitalista local e a elite estatal, que acentua a concentração de renda, ainda que exista um assentimento ao teórico princípio de redistribuição de rendimentos pelos membros da elite.

Por isso que na globalização social, segundo Boaventura de Sousa Santos, forma-se o consenso neoliberal de que o crescimento e a estabilidade econômica implicam a redução dos custos salariais, o que demanda a flexibilização das relações trabalhistas promovida pela liberalização do mercado de trabalho, diminuição dos direitos liberais, proibição de indexação de salários aos ganhos de produtividade e os ajustes do custo de vida e eliminação progressiva da legislação sobre salário mínimo e direitos sociais dos trabalhadores, sob a alegação de limitar o impacto inflacionário dos aumentos salariais. Como contrapartida da retração do poder de compra interna decorrente dessa política surge a busca do mercado externo. Com isso, o cidadão converte-se no consumidor e o crédito torna-se o meio de inclusão em detrimento do direito. As políticas públicas voltam-se apenas para medidas compensatórias que aliviam, mas não atacam a raiz do problema da exclusão.

Enfim, a pobreza resultante da globalização não é tanto produto da escassez material ou de recursos humanos, mas sim fruto do desemprego ou subemprego, superendividamento das famílias, diminuição dos salários, desmantelamento das economias de subsistência.

A globalização econômica introduz um potencial elevado de conflitos e fragmentação, evidenciando-se que, quanto mais aceleradamente se expande, tanto mais causa exclusão social, com efeitos diferenciados em termos locais, regionais, nacionais e mundiais.

Conforme essa globalização amplia o nível de especialização flexível da produção (pós-fordismo) e o controle e manipulação da tecnologia e da informação, mais acirra o desemprego, a desocupação estrutural, a degradação dos salários diretos e indiretos, a desestruturação da seguridade social, a "precarização" das condições de trabalho e o progressivo uso em massa da mão de obra desprovida de direitos elementares ou mínimos. Estes fatores contribuem para o aumento do número de mulheres nas estatísticas de empregos, para o trabalho infantil doméstico, o trabalho terceirizado ou por empreitada, o trabalho escravo ou semiescravo (geralmente imigrantes clandestinos), além de favorecer as práticas de acumulação voltadas mais para exploração do que para otimização dos recursos humanos[60].

A globalização produz um processo de ruptura das redes de solidariedade e de desagregação nos planos social e nacional. Para José Eduardo Faria, no plano social, com a substituição da "sociedade de homens" pela "sociedade de organizações", quem não participa formal ou informalmente de uma delas não possui cidadania corporacional e numa situação limite não tomaria parte da sociedade. O espaço de produção expande-se sobre os demais, e quem não está inserido nos processos de apropriação econômica estaria na condição de excluído da vida social. Tal exclusão não implica, contudo, liberação dos deveres e obrigações impostas pelo ordenamento jurídico, especialmente no campo do direito penal[61].

Nesse contexto de desigualdade e exclusão, que não se circunscreve tão somente ao âmbito dos países periféricos e semiperiféricos, mas também atinge, embora em menor proporção, os países considerados de economias fortes, desponta ainda mais a necessidade de repensar as estratégias de realização integral dos direitos humanos, especialmente os direitos econômicos, sociais e culturais. Contudo, neste intento logo surgem inquietações relativas aos mecanismos cabíveis para a promoção dos referidos direitos.

---

[60] FARIA, José Eduardo. *O direito na economia globalizada*. São Paulo: Malheiros, 1999, p. 246.

[61] FARIA, José Eduardo. *O direito na economia globalizada*. São Paulo: Malheiros, 1999, p. 247.

Capítulo XXI
A Proteção Internacional da Pessoa Humana

1. ANTECEDENTES HISTÓRICOS

A origem dos direitos individuais da pessoa humana pode ser apontada no antigo Egito e Mesopotâmia, onde já eram previstos alguns mecanismos para a proteção individual em relação ao Estado[1].

O Egito foi a primeira civilização na história da humanidade que desenvolveu um sistema jurídico que se pode chamar de individualista, e os mesopotâmios redigiram textos jurídicos que podiam ser chamados de códigos, os quais formularam regras de direito.

O direito egípcio estava baseado em larga escala em decisões judiciárias, contratos, testamentos etc. Embora não tivessem produzido livros de direito, tampouco compilações de leis, deixaram várias "Instruções" e "Sabedorias" que contêm os elementos da teoria jurídica tendentes a assegurar o direito das pessoas e dos bens[2].

Apesar da precariedade das fontes do direito egípcio (o mais antigo que se conhece é o Papiro de Berlim, da IV dinastia), verifica-se que já se falava em tribunais, onde os juízes eram dignitários locais e julgavam em nome do Faraó, orientados por um funcionário do Estado, que dirigia o julgamento. O tribunal só poderia começar esse julgamento com a presença desse funcionário.

Gilissen afirma que os períodos do direito individualista, no Egito antigo, são marcados por um estado jurídico próximo ao que os romanos conheceram nos séculos II e III da nossa era, ou seja, a presença de um indivíduo isolado em face do poder, sem grupos ou hierarquias intermediárias, que possui uma liberdade para dispor da sua pessoa e de seus bens, e enfatiza que:

---

[1] Nesse sentido GILISSEN, Jonh. *Introdução histórica ao direito*. Lisboa: Fundação Calouste Gulbenkian, 1995, p. 51: "Os mais antigos documentos escritos de natureza jurídica aparecem nos finais do 4º ou começo do 5º milênio, isto é, cerca do ano 3000 da nossa era, por um lado o Egito, por outro a Mesopotâmia".

[2] GILISSEN, Jonh. *Introdução histórica ao direito*. Lisboa: Fundação Calouste Gulbenkian, 1995, p. 53.

"O direito da época que vai da III à V dinastia constitui o primeiro sistema jurídico desenvolvido da história da humanidade. (...) Todos os habitantes são iguais perante o direito: nem nobreza, nem escravos privados, mas os prisioneiros de guerra são utilizados pelo Estado nas obras públicas e nas minas, em situação semelhante à da escravatura"[3].

Mas é no período chamado do *Direito Cuneiforme*[4] que começam a surgir os "códigos", a exemplo do Código de Hamurábi (1690 a.C.), que talvez seja a primeira codificação a consagrar um rol dos direitos comuns a todos os homens, tais como a vida, a proprieda-de, a honra, a dignidade, a família, prevendo a supremacia das leis em relação aos seus governantes.

Apesar de o referido código ser o mais famoso, não é o mais antigo e funciona como uma coletânea de julgados ou de hipóteses acompanhadas de decisões[5].

Nesse mesmo passo, Klingen[6] assevera que os povos da Antiguidade foram desco-brindo com suas próprias luzes e razão a lei que o ser humano tem gravada em sua na-tureza, organizando-a de diversas maneiras em códigos ou referências, nos quais desco-brimos os primeiros esforços em favor do homem, desde a racionalidade natural. Aponta o Código de Hamurábi e o Código de Manu como formas jurídicas elementares que nem sempre produzem os efeitos que a consciência jurídica atual exige, mas que são as primeiras expressões de defesa da dignidade e dos direitos da pessoa humana.

Outro aspecto que deve ser levado em consideração, até chegar à Grécia e Roma, foi a influência filosófico-religiosa da pessoa humana, que pôde ser sentida com a propaga-ção das ideias de Buda, basicamente sobre a igualdade de todos os homens (500 a.C.)[7].

Posteriormente, já de forma mais coordenada, porém com uma concepção muito mais diversa da atual, surgem na Grécia vários estudos sobre a igualdade e a liberdade do homem[8].

---

[3] GILISSEN, Jonh. *Introdução histórica ao direito*. Lisboa: Fundação Calouste Gulbenkian, 1995, p. 54.

[4] Conjunto dos direitos da maior parte dos povos do Próximo Oriente da Antiguidade que se serviram de um processo de escrita, parcialmente ideográfico, em forma de cunha ou de prego.

[5] GUSMÃO, Paulo Dourado de. *Introdução ao estudo do direito*. Rio de Janeiro: Forense, 1998, p. 280: "O código não é o mais antigo do mundo (...), pois na tabuinha de Istambul (...) encontra-se um mais antigo, o Código de Ur-Namu. (...) é uma coletânea de julgados. (...) Os artigos apresentam um caso concreto acompanhado de uma solução jurídica".

[6] KLINGEN, Germán Doig. *Direitos humanos e ensinamento social*. São Paulo: Loyola, 1994, p. 38.

[7] No mesmo diapasão, o magistério de COMPARATO, Fábio Konder. *A afirmação histórica dos direitos humanos*. São Paulo: Saraiva, 1999, p. 8: "No centro do período axial, entre 600 e 480 a.C., coexistiram, sem se comunicarem entre si, cinco dos maiores doutrinadores de todos os tempos: Zaratustra na Pérsia, Buda na Índia, Confúcio na China, Pitágoras na Grécia e o Dêutero-Isaías em Israel. Todos eles, cada um a seu modo, foram autores de visões do mundo, a partir das quais estabeleceu-se a grande linha divisória histórica: as explicações mitológicas anterio-res são abandonadas, e o curso posterior da História não constitui senão um longo desdobramento de ideias e princípios expostos durante esse período".

[8] MORAES, Alexandre de. *Direitos humanos fundamentais*. São Paulo: Atlas, 1997, p. 25.

O sistema jurídico vigente na Grécia antiga é uma das principais fontes históricas dos direitos da Europa ocidental. Embora não tenham sido grandes juristas, apresentaram-se como grandes filósofos e pensadores políticos da Antiguidade.

De toda sorte, as leis gregas, a partir do século VI a.C., mais precisamente as de Atenas, diferenciavam-se das demais leis da Antiguidade por serem democraticamente estabelecidas. Assim, elas não eram decretadas pelos governantes, mas estabelecidas livremente pelo povo na Assembleia; resultavam da vontade popular[9].

Os sofistas trouxeram as indagações a respeito das leis humanas para o campo da vontade do homem, consequentemente passou-se a analisar o mundo das normas de conduta como ele se apresenta.

Entretanto, a concepção filosófica grega não concebeu sistema de garantias dos indivíduos contra o Estado ou governantes, porque a violação da personalidade do cidadão merecia a reprovação da "*pólis*", por força de um julgamento ético e político, e não juridicamente institucionalizado; o direito derivaria de uma noção mais ou menos vaga de justiça que estaria difusa na consciência coletiva.

Enquanto os gregos pensavam de forma filosófica, os romanos pensavam de forma jurídica. Foram estes os grandes juristas da Antiguidade e reconheceram a possibilidade de divergência entre o justo e o lícito.

Conceberam três estratos de ordem jurídica: o direito natural, racional e perpétuo; o *jus gentium*, posteriormente identificado como elemento comum aos diversos direitos positivos; e o direito civil, reservado aos cidadãos como regulador das relações individuais. A superioridade e a racionalidade do *jus naturale*, que não admitia, por exemplo, a escravidão, não tinham a força de retirar a validade do *jus gentium*, que a admitia. A preocupação romana, contudo, foi o relacionamento interindividual, alcançando, o processo romano, alto grau de evolução. Em suas três fases (das ações da lei, o período formulário e o da *cognitio extra ordinem*) foi aprimorando a aplicação do direito, mas em nenhum momento o mecanismo judicial se estruturou no sentido de garantir a pessoa contra a vontade do imperador[10].

Outro marco importante e que se destaca no período acima indicado é a Lei das XII Tábuas, que pode ser considerada a origem dos textos escritos consagradores da liberdade, da propriedade e da proteção aos direitos do cidadão.

Já sob a égide do Cristianismo, mediante a concepção de que "o homem foi criado à imagem de Deus", é que se deflagra a compreensão dos direitos da pessoa humana na organização política, estabelecendo-se um vínculo entre o indivíduo e a divindade e superando-se a concepção do Estado como única unidade perfeita, de forma que o homem cidadão foi substituído pelo homem pessoa.

---

[9] GUSMÃO, Paulo Dourado de. *Introdução ao estudo do direito*. Rio de Janeiro: Forense, 1998, p. 284.

[10] GRECO FILHO, Vicente. *Tutela constitucional das liberdades*. São Paulo: Saraiva, 1989, p. 25.

A primeira das grandes escolas cristãs, a Patrística, da qual Santo Agostinho é o maior representante, concebeu o Estado terreno como imperfeito e somente justificado como transição para o Estado divino, a *Civitas Dei*.

Essa escola incorporou à doutrina cristã vários elementos da cultura grega e da cultura romana, tendo centrado no homem e na questão de seu destino pessoal sua grande preocupação. O enfoque antropológico é expressivo e revela grande importância na valorização da dignidade humana[11].

A segunda grande escola, a Escolástica, com Santo Tomás de Aquino, afasta-se da concepção pessimista da realidade humana, buscando no homem a natureza associativa e a potencialidade da constituição de um Estado justo e aceitável.

Daí prever três categorias de leis: a *lex aeterna*, decorrente da própria razão divina, perceptível através de suas manifestações; a *lex naturalis*, consistente nas regras determinadas pela participação da criatura racional na lei eterna; e a *lex humana*, firmada na aplicação da *lex naturalis* em casos concretos.

O Estado, como produto natural necessário, é uma imagem do reino divino, mas deve ser respeitado, inclusive quando a *lex humana* violar a *lex naturalis*. A insubmissão só será possível se aquela violar a *lex aeterna*.

De fato, o estudo de Santo Tomás de Aquino sofre influência do pensamento de Aristóteles, em que elabora uma síntese do pensamento cristão sobre a pessoa humana. O pensamento de Aquino está centrado no próprio conceito de pessoa e, portanto, "a dignidade do homem advém do fato de ele ser imagem de Deus".

Por tal motivo, decorre da filosofia tomista que a pessoa é um fim em si mesmo, nunca um meio. As coisas são meios e estão ordenadas às pessoas, a seu serviço; porém, as pessoas ainda que se ordenem, de certo modo, uma às outras, nunca estão entre si numa relação de meio e fim. Pelo contrário, merecem respeito absoluto e não devem ser instrumentalizadas nunca. São criaturas imediatas de Deus, imagens suas, consistindo nisso a nobreza e as características da pessoa[12].

Na Antiguidade greco-romana, o homem – como indivíduo, natureza e dignidade – está oculto. O Cristianismo revela o homem. Este é basicamente o seu caráter revolucionário. Há dois valores dentro do Cristianismo para a evolução dos direitos da pessoa humana: a dignidade da pessoa e a fraternidade universal. É da sua expansão para a verdade sem fim e valor absoluto que emana a dimensão religiosa do homem[13].

---

[11] ALVES, Cleber Francisco. *O princípio constitucional da dignidade da pessoa humana*: o enfoque da doutrina social da igreja. Rio de Janeiro: Renovar, 2001, p. 21.

[12] ALVES, Cleber Francisco. *O princípio constitucional da dignidade da pessoa humana*: o enfoque da doutrina social da igreja. Rio de Janeiro: Renovar, 2001, p. 23.

[13] CONCEIÇÃO, Selma Regina de Souza Aragão. *Direitos humanos*: do mundo antigo ao Brasil. Rio de Janeiro: Forense, 1990, p. 19.

Outro aspecto importante da doutrina cristã é o de que todo poder emana de Deus e nele devem ser estabelecidos seus limites ou formas de atuação; se valorizou a pessoa humana, todavia não instrumentalizou o mecanismo concreto de sua proteção.

Sem embargo, o tema da dignidade humana vai encontrar no pensamento e na doutrina cristã um marco fundamental, um verdadeiro "divisor de águas", já que a contribuição para o desenvolvimento de um efetivo humanismo se apresenta desde a Idade Antiga até se manifestar de forma contundente no contexto contemporâneo com a edição de inúmeros documentos pontifícios a partir da Encíclica *Rerum Novarum*, de Leão XIII, datada de 1891[14].

No que tange à fase denominada proto-história dos direitos humanos, como sustenta Comparato[15], tem início na Baixa Idade Média, mais exatamente na passagem do século XII ao século XIII. Não se trata ainda de uma afirmação de direitos inerentes à própria condição humana, mas sim o início do movimento para a instituição de limites ao poder dos governantes, o que representou uma grande novidade histórica.

Foi o primeiro passo em direção ao acolhimento generalizado da ideia de que havia direitos comuns a todos os indivíduos, qualquer que fosse o estamento social (clero, nobreza ou povo).

A Magna Carta é outro marco decisivo entre o sistema de arbítrio real e a nova era das garantias individuais. É preciso, porém, analisá-la no que se refere ao seu conteúdo como documento histórico[16] condicionado às circunstâncias da época, e como documento consagrador de um princípio modernamente acatado como indispensável pela civilização ocidental[17].

A Magna Carta constitui uma convenção passada entre o monarca e os barões feudais, pela qual se lhes reconheciam certos foros, isto é, privilégios especiais. Os contratos de senhorio eram convenções pelas quais se atribuíam poderes regalianos, individualmente, a certos vassalos, não se tratou de delegações de poderes reais, mas sim do

---

[14] ALVES, Cleber Francisco. *O princípio constitucional da dignidade da pessoa humana*: o enfoque da doutrina social da igreja. Rio de Janeiro: Renovar, 2001, p. 15.

[15] COMPARATO, Fábio Konder. *A afirmação histórica dos direitos humanos*. São Paulo: Saraiva, 1999, p. 33.

[16] COMPARATO, Fábio Konder. *A afirmação histórica dos direitos humanos*. São Paulo: Saraiva, 1999, p. 60, acentua: "A sociedade medieval europeia era composta, basicamente, de três estamentos (*status, Stande, états*), isto é, de grupos sociais dotados de um estatuto jurídico próprio, ligado à condição pessoal de seus integrantes. Eram eles a nobreza, o clero e o povo. Os dois primeiros possuíam privilégios hereditários, e o terceiro tinha como única vantagem o *status libertatis*, isto é, o fato de que os seus componentes não se confundiam com a multidão dos servos de todo o gênero. (...) Na época em que foi escrito esse texto, uma clara tendência modificadora dessa tripartição estamental já se iniciara, com a perda da autoridade régia, consequente ao enfraquecimento do poder imperial. (...) É no contexto dessa evolução histórica que deve ser apreciada a importância da Magna Carta".

[17] GRECO FILHO, Vicente. *Tutela constitucional das liberdades*, cit., p. 29, assim descreveu: os barões obrigaram João Sem Terra, em 1215, a firmar a carta; as modernas ideias de liberdade nem sequer tinham sido formadas. "Liberdades" significavam privilégios para os barões, tais como o de não pagarem ao rei taxas extraordinárias sem votação prévia deles próprios, o de escolherem os próprios oficiais ou o de manterem uma corte de justiça.

reconhecimento de que a soberania do monarca passava a ser substancialmente limitada por franquias ou privilégios estamentais que beneficiavam todos os integrantes das ordens privilegiadas. A Magna Carta deixa implícito pela primeira vez, na história política medieval, que o rei se achava vinculado pelas próprias leis que editava[18].

A ideia de direitos individuais, portanto, ainda não se formara no sentido de hoje, de direitos iguais para todos e que a todos podem ser contrapostos.

A Carta Magna valeu, por uma felicidade de redação, para que as pessoas lessem o texto como fixador de princípios mais gerais, de obediência à legalidade, da existência de direitos da comunidade que o próprio rei devia respeitar. Destacam-se entre outras garantias: a previsão do devido processo legal; livre acesso à justiça; a liberdade de locomoção; a liberdade da Igreja da Inglaterra; restrições tributárias e proporcionalidade entre delito e sanção. Sobre este importante documento Comparato assinalou:

"Assim, se a Magna Carta contribuiu, num primeiro momento, para reforçar o regime feudal, ela já trazia em si o germe de sua definitiva destruição, a longo prazo. O sentido inovador do documento consistiu, justamente, no fato de a declaração régia reconhecer que os direitos próprios dos dois estamentos livres – a nobreza e o clero – existiam independentemente do consentimento do monarca, e não podiam, por conseguinte, ser modificados por ele. Aí está a pedra angular para a construção da democracia moderna: o poder dos governantes passa a ser limitado, não apenas por normas superiores, fundadas no costume ou na religião, mas também por direitos subjetivos dos governados"[19].

Quanto ao contratualismo, essa concepção teve por fim estabelecer reação contra o poder papal, mas, posteriormente, serviu de fundamento para a compreensão de que, se o Estado deriva da vontade contratual dos homens, estes também, por sua vontade, poderão reconstruí-lo em novas bases, com a garantia de liberdade contra o próprio Estado.

Após esse período que foi denominado Idade Média, o velho continente conheceu uma verdadeira "crise de consciência", ressurgindo, assim, um grande sentimento de liberdade.

O campo estava preparado para o surgimento da Reforma, cujo princípio fundamental foi a liberdade de consciência, de Rousseau, do enciclopedismo e da Revolução Francesa.

Em face desses acontecimentos, decorrentes do processo de maturação da sociedade e do desenvolvimento social e histórico, outras declarações aparecem, como a Petição de Direitos, de 1629; a Lei de *Habeas Corpus,* de 1679; e o *Bill of Rights,* de 1689.

A Petição de Direitos, de 1629, surge por meio da reunião do Parlamento, ratificando as liberdades consagradas, em 1215, na Magna Carta; previa que nenhum homem livre ficasse sob a prisão ou detido ilegalmente; ninguém seria chamado a responder ou

---

[18] COMPARATO, Fábio Konder. *A afirmação histórica dos direitos humanos.* São Paulo: Saraiva, 1999, p. 64.

[19] COMPARATO, Fábio Konder. *A afirmação histórica dos direitos humanos.* São Paulo: Saraiva, 1999, p. 65.

prestar juramento, ou a executar algum serviço, ou encarcerado, ou de qualquer forma molestado ou inquietado, por causa de tributos ou da recusa em pagá-los.

O *Habeas Corpus Act*, de 1679, estabelecia que, por meio de reclamação ou requerimento escrito de algum indivíduo ou a favor de algum indivíduo detido ou acusado de prática de um crime, o lorde-chanceler ou, em tempo de férias, algum juiz dos tribunais superiores poderia conceder o *Habeas Corpus*, consolidando a ideia de que esta garantia judicial, criada para proteger a liberdade de locomoção, seria a matriz de todas as outras garantias criadas posteriormente para a garantia dos direitos fundamentais.

Já o *Bill of Rights*, promulgado exatamente um século antes da Revolução Francesa, pôs fim, desde o seu surgimento na Europa renascentista, ao regime de monarquia absoluta, no qual todo poder emana do rei e em seu nome é exercido. A partir daí, os poderes de legislar e de criar tributos não se encontram mais nas mãos do monarca, haja vista que ingressam nas competências do parlamento[20].

O *Bill of Rights* garantia a liberdade pessoal, a propriedade privada, a segurança pessoal, o direito de petição, a proibição de penas cruéis dentre outras, estabelecendo uma nova forma de organização do Estado, cuja função precípua é a de proteção dos direitos da pessoa humana[21].

Em 1701, o Ato de Parlamento (*Act of Seattlement*) reafirmou o princípio da legalidade e da responsabilização política dos agentes públicos.

Já no ano de 1776, a Declaração de Independência Norte-Americana inaugura uma nova etapa para a proteção do indivíduo, pois trata-se do primeiro documento a afirmar princípios democráticos na história política moderna. O texto é importante porque apresenta o povo como sendo o grande responsável e detentor do poder político supremo e, usando mais uma vez as palavras de Comparato, "os governos são instituídos entre os homens para garantir seus direitos naturais, de tal forma que seus poderes legítimos derivam do consentimento dos governados, e toda vez que alguma Forma de Governo torna-se destrutiva (dos fins naturais da vida em sociedade), é Direito do Povo alterá-la ou aboli-la, e instituir uma nova Forma de Governo"[22].

---

[20] COMPARATO, Fábio Konder. *A afirmação histórica dos direitos humanos*. São Paulo: Saraiva, 1999, p. 78.

[21] Nesse sentido, a manifestação de QUINTANA, Fernando in GUERRA, Sidney (coord.). *Direitos humanos*: uma abordagem interdisciplinar. Rio de Janeiro: Freitas Bastos, 2006, v. II, p. 1: "O célebre texto do *Bill of Rights* de 1689 estipula que os lordes espirituais e temporais, bem como os cidadãos comuns, reunidos em assembleia livremente representativa, vêm a declarar perante as novas Majestades (Guilherme e Maria) seus 'incontestáveis antigos direitos e liberdades do povo deste reino'. Dentre esses importa, sobretudo, destacar os de propriedade, à segurança e à liberdade. Tais direitos, no campo ideológico, são suscetíveis de duas interpretações. Em primeiro lugar, aquela proveniente da ideologia conservadora, apoiada na tradição; em segundo lugar, aquela oriunda da ideologia liberal clássica, que tira sua fonte ius-filosófica no ius-naturalismo e/ou ius-racionalismo, ambas levando a visões conflitantes dos direitos humanos".

[22] COMPARATO, Fábio Konder. *A afirmação histórica dos direitos humanos*. São Paulo: Saraiva, 1999, p. 89.

Com efeito, a riqueza do texto norte-americano encontra-se nesse ponto, ou seja, é o primeiro documento de natureza política que reconhece a soberania popular, a existência de direitos que se aplicam a todas as pessoas sem que haja distinção de sexo, cor ou qualquer outra manifestação social.

Na Declaração de Direitos de Virgínia, a Seção I já proclama o direito à vida, à liberdade e à propriedade. Outros direitos fundamentais também foram expressamente previstos, tais como: o princípio da legalidade, o *due process of law*, o princípio do juiz natural, a liberdade de imprensa e religiosa.

Logo depois, apresenta-se como grande destaque a Declaração dos Direitos do Homem e do Cidadão, de 1789, que denota grande relevância por representar "o atestado de óbito do *Ancien Régime*", constituído pela monarquia absoluta e pelos privilégios feudais, traduzindo-se como primeiro elemento constitucional do novo regime político.

A Revolução Francesa, inspirada nos ideários de *Liberdade, Igualdade e Fraternidade*, serviu para desencadear um novo sentimento entre as pessoas, que não haviam experimentado até então.

Sobre esse momento político e de grande repercussão para os direitos humanos, atente-se para o magistério de Comparato: "A Revolução Francesa desencadeou a supressão das desigualdades entre indivíduos e grupos sociais, como a humanidade jamais experimentara até então. Na tríade famosa, foi sem dúvida a igualdade que representou o ponto central do movimento revolucionário. A liberdade, para os homens de 1789, consistia justamente na supressão de todas as peias sociais ligadas à existência de estamentos ou corporações de ofícios. E a fraternidade, como virtude cívica, seria o resultado necessário da abolição de todos os privilégios"[23].

Foi assim que a consagração normativa dos direitos fundamentais da pessoa humana coube à França, quando, em 26 de agosto de 1789, a Assembleia Nacional promulgou a Declaração dos Direitos do Homem e do Cidadão, prevendo, por exemplo: o princípio da igualdade, da liberdade, da legalidade, presunção de inocência, livre manifestação de pensamento, dentre outras.

Sem embargo, as declarações de direitos norte-americanas e a francesa representam a emancipação histórica do indivíduo perante os grupos sociais aos quais ele sempre se submeteu: a família, o estamento, o clã, as organizações religiosas etc.[24].

A Revolução Francesa e a Independência Americana, através de declarações formais de direito, consagraram a experiência inglesa da Magna Carta de 1215.

A partir daí, evidencia-se que das declarações formais de direitos passou-se à sua incorporação nos textos constitucionais, inicialmente como preâmbulo, e, às vezes, como capítulo autônomo.

---

[23] COMPARATO, Fábio Konder. *A afirmação histórica dos direitos humanos*. São Paulo: Saraiva, 1999, p. 118.

[24] COMPARATO, Fábio Konder. *A afirmação histórica dos direitos humanos*. São Paulo: Saraiva, 1999, p. 41.

As declarações de direitos têm força na medida em que os textos constitucionais erigem seus ditames como princípios informadores e de validade de toda ordem jurídica nacional, e valem na medida em que esta mesma ordem jurídica está preparada para torná-las efetivas.

Somadas aos pontos acima indicados, podemos identificar algumas ações significativas ainda no século XIX e seus desdobramentos no século XX, no processo de internacionalização dos direitos humanos, que se estende até os dias atuais. Ou seja, as três vertentes da proteção internacional da pessoa humana: o direito humanitário, os direitos humanos e o direito dos refugiados[25].

Cançado Trindade, sobre as convergências das três vertentes de proteção dos direitos humanos, enfatiza a necessidade de modificar a velha expressão "segurança dos Estados" para que se constitua uma verdadeira "segurança humana":

"Las tres vertientes de protección de los derechos de la persona humana han marcado presencia, de forma convergente, en relación con el tema de la seguridad, y más propiamente de la seguridad humana. La cuestión ha sido planteada de forma expresa en el marco de la adopción de medidas de privación de libertad, ligadas a los llamados ataques armados preventivos en la lucha contra actos de terrorismo. (...) La vieja expresión 'seguridad de los Estados', de triste memoria por contener toda una historia de represión y violación masiva de los derechos humanos en la experiencia reciente de muchos países latinoamericanos, es debidamente remplazada por la expresión 'seguridad humana'"[26].

Ainda sobre as três vertentes de proteção dos direitos humanos, impende registrar que as normas do direito humanitário, especialmente a Convenção de Genebra, de 1864, previram o regramento em situações de guerra, no intuito de minimizar a dor e o sofrimento de soldados prisioneiros, doentes e feridos em situações de conflito armado.

Outro ponto importante foi a criação da Organização Internacional do Trabalho, no ano de 1919, que propugna pela proteção do trabalhador e a consequente redação das convenções internacionais e resoluções sobre a matéria. Entretanto, é a partir de 1945, com a proclamação da Carta da ONU, que o sistema internacional de proteção dos direitos humanos ganha força e destaque, como será demonstrado.

Dentre vários artigos da Carta da ONU, o artigo 55, alínea *c*, dispõe que as Nações Unidas favorecerão o respeito universal e efetivo aos direitos humanos e das liberdades fundamentais para todos, sem distinção de raça, sexo, língua ou religião.

Além disso, o artigo 56 estabelece que para a realização dos propósitos enumerados no artigo 55, todos os Membros da Organização se comprometem a agir em cooperação com esta, em conjunto ou separadamente.

---

[25] Para melhor compreensão das três vertentes de proteção internacional dos direitos humanos recomenda-se a leitura de GUERRA, Sidney. *Direito internacional dos direitos humanos*. 3. ed. Rio de Janeiro, 2020, capítulo I.

[26] TRINDADE, Antônio Augusto Cançado. *A humanização do direito internacional*. Belo Horizonte: Del Rey, 2006, p. 322-323.

Em 1948, a ONU descreveu o significado de direitos humanos na Declaração Universal de Direitos Humanos, que foi adotada sem discordância, mas com abstenções por parte das Nações do bloco soviético, África do Sul e Arábia Saudita.

Nos anos seguintes, foram promovidos vários acordos internacionais, entre eles a Convenção Europeia de Direitos Humanos (1950); o Pacto Internacional de Direitos Civis e Políticos (1966); a Convenção Interamericana de Direitos Humanos (1969); os Acordos de Helsinque (1975); e a Carta dos Povos Africanos e Direitos Humanos (1981).

Ainda sobre o processo histórico de evolução dos direitos humanos, Peces Barba apresenta quatro fases:

"a) Proceso de positivación, en el que se da el paso de las discusiones filosóficas al ordenamiento jurídico, del derecho natural al derecho positivo;

b) Proceso de generalización, en la que se extiende el reconocimiento y protección de los derechos de una clase a todos los miembros de una comunidad como consecuencia de la lucha por la igualdad real;

c) **Proceso de internacionalización**, que consiste en dotar a los derechos naturales de una validez jurídica universal, que abarque a toda la comunidad internacional. **Fase en que estaríamos inmersos en la actualidad**;

d) Proceso de especificación, en el cual se atienden las situaciones concretas de las personas para atribuir determinados derechos a cada situación, como los derechos de los niños, mujeres, ancianos, inmigrantes, o pueblos indígenas, entre otros"[27] (grifei).

Hoje não há povo que negue uma Carta de Direitos e o respectivo mecanismo de efetivação, o que, todavia, ainda não significa uma garantia de justiça concreta, porquanto esses direitos podem variar ao sabor do pensamento político ou filosófico informador de determinado Estado.

De toda sorte, a despeito de tantas diferenças, seja de ordem biológica ou cultural, o mais importante e belo conto da História é a evolução dos Direitos Humanos, como nas palavras de Comparato: "O que se conta é a parte mais bela e importante de toda a História: a revelação de que todos os seres humanos, apesar das inúmeras diferenças biológicas e culturais que os distinguem entre si, merecem igual respeito, como únicos entes no mundo capazes de amar, descobrir a verdade e criar a beleza. É o reconhecimento universal de que, em razão dessa radical igualdade, ninguém – nenhum indivíduo, gênero, etnia, classe social, grupo religioso ou nação – pode afirmar-se superior aos demais"[28].

Se nos dias de hoje pode-se afirmar que nenhum indivíduo se sobrepõe aos demais, verifica-se que este caminho foi bastante longo e que foram criadas paulatinamente as instituições jurídicas de defesa da dignidade humana contra a violência, o aviltamento, a exploração e a miséria.

---

[27] PECES-BARBA, Gregório. *Curso de derechos fundamentales.* Madrid: Eudema, 1991.

[28] COMPARATO, Fábio Konder. *A afirmação histórica dos direitos humanos.* São Paulo: Saraiva, 1999, p. 1.

2. A PESSOA HUMANA COMO SUJEITO DE DIREITO INTERNACIONAL

O direito internacional clássico não reconhecia o indivíduo como sujeito de direito, ao contrário, a visão era extremamente restritiva, sendo deferida essa condição apenas aos Estados, isto é, a sociedade internacional era considerada uma sociedade eminentemente interestatal.

Até que se chegasse ao patamar de proteção internacional da pessoa humana, como nos dias atuais, houve que se percorrer um longo caminho. Embora já se possa admitir a pessoa humana como sujeito de direito internacional e reconhecendo os avanços na matéria, impende assinalar que muito ainda deve ser feito.

Até o século XIX a pessoa humana não era reconhecida como sujeito de direito internacional, estando relegada a um plano inferior. Como já tivemos a oportunidade de assentar[29], e a despeito de toda a influência exercida pelos "fundadores" do direito internacional, esse movimento acerca do processo de internacionalização dos direitos humanos ganha impulso com o direito humanitário, com a formação da Liga das Nações e da própria criação da Organização Internacional do Trabalho.

Em relação ao primeiro (o Direito Humanitário), evidencia-se que essas normas são aplicadas quando temos o envolvimento de Estados em conflitos armados e que garantem a proteção para os envolvidos no combate, isto é, militares que foram presos, doentes, feridos e até mesmo os civis que também são vitimados em situações como essas. Propõe-se, assim, estabelecer um regramento próprio para uso e contenção da violência em situações de guerra.

No que tange à Liga das Nações, esta foi concebida para viabilizar melhores condições para os Estados, e por consequência para o indivíduo, na medida em que deveria assegurar a cooperação, a paz e a segurança internacional. Entretanto, em relação aos direitos humanos, a Convenção continha previsões genéricas, destacando-se as voltadas ao *mandate system of the League*, ao sistema de minorias e ao padrão internacional do direito ao trabalho[30].

Finalmente, não se pode olvidar da Organização Internacional do Trabalho, que propugnava pelas melhores condições de trabalho e bem-estar do trabalhador[31].

---

[29] GUERRA, Sidney. *Direitos humanos na ordem jurídica internacional e reflexos na ordem constitucional brasileira.* 2. ed. São Paulo: Atlas, 2014. Rio de Janeiro: Lumen Juris, 2008; GUERRA, Sidney. *Direitos humanos:* uma abordagem interdisciplinar. Rio de Janeiro: América Jurídica, 2003 etc.

[30] PIOVESAN, Flávia. *Direitos humanos e o direito constitucional internacional.* São Paulo: Max Limonad, 2002, p. 134.

[31] Vale destacar as palavras de FAVOREU, Louis et al. *Droit des libertés fondamentales.* 4. ed. Paris: Dalloz, 2007, p. 43: "Le Traité de Versailles prévoyait également la création d'un autre système original de protection de droits sociaux: celui de l'Organisation Internationale du Travail. Outre le principe de la représentation tripartite (État, employeurs, salariés) au sein des instances et le pouvoir de proposition et de délibération de ces dernières sur des conventions d'amélioration des conditions de travail, le Bureau International du Travail peut recevoir des réclamations de délégués ou d'organisations professionnelles, les instruire et aller jusqu'à les transmettre à la CPJI".

Esses institutos contribuíram, cada qual a seu modo, para o processo de internacionalização dos direitos humanos, seja ao assegurar padrões globais mínimos para as condições de trabalho no plano mundial, seja ao fixar como objetivos internacionais a manutenção da paz e a segurança internacional, ou, ainda, para proteger direitos fundamentais em situações de conflito armado[32].

Assim, evidencia-se que eles rompem com a concepção tradicional de Direito Internacional, tido apenas como a lei da comunidade internacional dos Estados a qual sustentava ser o Estado o único sujeito de Direito Internacional.

Além dos pontos acima identificados relativos à proteção internacional da pessoa humana, não se pode olvidar de que o século XX foi marcado pelas trágicas consequências para a humanidade, advindas da eclosão de grandes conflitos mundiais. Sendo certo que numa violação de direitos humanos sem precedentes, a Segunda Guerra tornou-se um marco de afronta à dignidade da pessoa humana.

Foi então no pós-guerra que os direitos da pessoa humana ganharam extrema relevância, consagrando-se internacionalmente, surgindo como resposta às atrocidades cometidas durante a Segunda Guerra Mundial, especialmente aos horrores praticados nos campos de concentração da Alemanha nazista.

Após a hecatombe da Segunda Guerra Mundial, durante a qual o mundo teve a oportunidade de assistir a uma série de barbaridades envolvendo milhares de pessoas, sentiu-se a necessidade de se criarem mecanismos que pudessem garantir proteção aos seres humanos. A partir daí floresce uma terminologia no Direito Internacional, relacionando-o aos Direitos Humanos: o Direito Internacional dos Direitos Humanos[33].

De fato, o moderno Direito Internacional dos Direitos Humanos é um fenômeno do pós-guerra e seu desenvolvimento pode ser atribuído às monstruosas violações de direitos humanos da era Hitler e à crença de que parte dessas violações poderia ter sido prevenida se um efetivo sistema de proteção internacional dos direitos humanos já existisse, o que motivou o surgimento da Organização das Nações Unidas, em 1945[34].

Frise-se que o ano de 1948, com a Declaração Universal de Direitos Humanos, inaugura um novo momento em relação aos direitos humanos, na medida em que o referido documento internacional proclama direitos para todas as pessoas independentemente de sexo, cor, raça, idioma, religião, opinião etc.

A doutrina racista sobre a "pureza ariana" serviu de justificativa para perseguições, cárceres e execuções em massa de judeus, eslavos e outras populações pelo exército de Hitler, tendo resultado no extermínio de milhões de pessoas[35].

---

[32] PIOVESAN, Flávia. *Direitos humanos e o direito constitucional internacional*. São Paulo: Max Limonad, 2002, p. 134.

[33] GUERRA, Sidney. *Direito internacional dos direitos humanos*. 3. ed. Rio de Janeiro: Lumen Juris, 2020, p. 85.

[34] GUERRA, Sidney. *Direito internacional dos direitos humanos*. 3. ed. Rio de Janeiro: Lumen Juris, 2020, p. 86.

[35] A este respeito: LAFER, Celso. *La reconstrucción de los derechos humanos*: un diálogo con el pensamiento de Hannah Arendt. México, Fondo de Cultura Económica, 1994: "En la dinámica del totalitarismo el 'todo es posible'

Algumas leis e decretos estabelecidos no decorrer da guerra demonstram o afirmado: "Ficam proibidos os casamentos entre judeus e alemães ou pessoas de sangue alemão. Os enlaces já contratados, contrariamente a esta disposição, são nulos, mesmo nos casos em que se devem celebrar no estrangeiro. As relações sexuais entre judeus e alemães ou pessoas de sangue alemão são proibidas"[36].

"É proibido aos judeus embandeirar com as cores do Reich seus estabelecimentos"[37]. "É proibido ao judeu a partir de 7 anos de idade aparecer publicamente sem a estrela judaica. A estrela judaica consiste em uma estrela de seis pontas do tamanho da palma da mão, em tecido amarelo e pesponto preto, com a inscrição 'judeu' em preto. Deve ser usada de forma bem visível, do lado esquerdo do peito, firmemente costurada na roupa"[38].

O sadismo nazista atingiu o seu clímax com as experiências médicas realizadas com as cobaias humanas. De acordo com os relatos, a relação de atrocidades incluía fazer enxertos de ossos, injetar doses mortais de bacilos de icterícia e tifo, dar balas envenenadas, praticar esterilização, retirar pele dos prisioneiros para fazer cúpulas de abajur:

"As experiências eram variadas. Colocavam-se os prisioneiros em câmaras de pressão, onde eram submetidos a testes de grande altitude. Davam-lhes injeções com doses mortais de bacilos de icterícia e tifo. Muitos eram vítimas do gás mostarda e de balas envenenadas, além de serem submetidos a baixas temperaturas para testar sua resistência. Um dos experimentos, praticado em polonesas conhecidas como coelhinhas, consistia em provocar gangrena com gás. Em outras cobaias, eram feitos enxertos de ossos. Nos campos de Dachau e Buchenwald, ciganas tomavam água salgada com o objetivo de avaliar quanto tempo conseguiam viver sob semelhante dieta. A esterilização foi largamente praticada, tanto em homens como em mulheres"[39].

O discurso de Hitler é desumano: "Se eu envio a fina flor do povo alemão para o inferno da guerra sem sentir piedade pelo derramamento do precioso sangue alemão, sem dúvida tenho o direito de suprimir milhões de seres de uma raça inferior que prolifera como piolhos"[40].

Valores invertidos, famílias desfeitas, países completamente destruídos, destruição, mágoa, dor... Onde poderiam parar os atos de barbárie? Qual seria o valor da vida humana? Poderia ser feito algo para reverter esse quadro de incredulidade? De fato, o mundo ansiava por respostas...

---

parte del supuesto previo de que los seres humanos son superfluos. Esa premisa contesta la afirmación kantiana de que el hombre, y sólo él, no puede ser empleado como medio para la realización de un fin porque es un fin en sí mismo, puesto que, a pesar del carácter profano de cada individuo, el individuo es sagrado, ya que en su persona palpita la humanidad".

[36] Lei para a proteção do sangue e da honra alemães, 15 de setembro de 1935.

[37] Lei da Cidadania do Reich, 15 de setembro de 1935.

[38] Parágrafo 1º do Decreto Policial de 1º de setembro de 1941, sobre a identificação dos judeus na Alemanha.

[39] Experiências médicas. *II Guerra Mundial – 60 anos*. Coleção Almanaque Abril, v. 2, São Paulo, 2005, p. 38-39.

[40] Experiências médicas. *II Guerra Mundial – 60 anos*. Coleção Almanaque Abril, v. 2, São Paulo, 2005, p. 35.

A Segunda Guerra havia deixado um rastro incomensurável de destruição e afronta aos valores mais essenciais do ser humano. O aviltamento à dignidade humana havia chegado a níveis que jamais poderiam ser imaginados.

Corroborando a assertiva, Remond apresentou um balanço das consequências da Segunda Guerra Mundial, no que tange às perdas humanas: "Não sabemos, por exemplo, com certeza, a quanto montam as perdas da União Soviética: 17 ou 20 milhões? Em certo sentido, isso pouco importa. O que conta e deve estar presente ao espírito é que um décimo, mais ou menos, da população russa pereceu entre 1941 e 1945. Se adicionarmos as perdas civis produzidas pelos bombardeios, pelas execuções, pela deportação, pela fome e pela perseguição racial às baixas militares, a Polônia perdeu, aproximadamente, um quarto de sua população, obra de 6 a 7 milhões de habitantes. Na Iugoslávia, é também por milhões que se enumeram as vítimas da guerra. Ao todo, uns 50 ou 60 milhões de seres vivos desapareceram durante a guerra de 1939-1945"[41].

No pós-guerra a pessoa humana passou a ser foco da atenção internacional, e a dignidade humana estabeleceu-se, até certo ponto, como princípio universal e absoluto.

Verifica-se então que, a partir da segunda metade do século XX, a análise da dignidade humana ganha âmbito internacional, consolidando a ideia de limitação da soberania nacional e reconhecendo que os indivíduos possuem direitos inerentes à sua existência que devem ser protegidos. Isel Mendéz ao também ilustrar este período afirma:

"La humanidad emergía de un cataclismo de tal envergadura que era necesario disponer de un concilio mundial, tal y como fue evidente después de la Primera Guerra Mundial al intentarse la creación de la Sociedad de Naciones, a través de la cual pudieran regularse las relaciones internacionales y especialmente asegurar la paz y la seguridad mundial. El saldo del genocidio europeo ejerció un fuerte impacto en la humanidad. La visibilidad del escarnio descubierto por las fuerzas aliadas al retomar Alemania, Polonia, Austria, Checoslovaquia, mostradas fielmente por los servicios de noticias en los cines de entonces, hicieron no sólo visibles sino palpables los desgarramientos de genocidio, unos desgarramientos que aún no han sanado del todo. Se puso entonces de manifesto que tal desbocamiento hacia la barbarie no podía repertirse"[42].

De igual modo, atentem para a manifestação de Flávia Piovesan sobre esse período: "O legado do nazismo foi condicionar a titularidade de direitos, ou seja, a condição de sujeito de direitos, à pertinência a determinada raça – a raça pura ariana. O século XX foi marcado por duas guerras mundiais e pelo horror absoluto do genocídio concebido como projeto político e industrial.

No momento em que os seres humanos se tornam supérfluos e descartáveis, no momento em que vige a lógica da destruição, em que cruelmente se abole o valor da

---

[41] RÉMOND, René. *O século XX*: de 1914 aos nossos dias. São Paulo: Cultrix, 1993, p. 128.

[42] MÉNDEZ, Isel Rivero. Las Naciones Unidas y los derechos humanos. In: *50 aniversario de la Declaración Universal de Derechos Humanos*. Sevilla: Fundación El Monte: 1998, p. 31.

596

pessoa humana, torna-se necessária a reconstrução dos direitos humanos, como paradigma ético capaz de restaurar a lógica do razoável. (...) Se a Segunda Guerra significou a ruptura com os direitos humanos, o Pós-Guerra deveria significar a sua reconstrução"[43].

De fato, no pós-Segunda Guerra Mundial, houve uma profunda alteração no plano das relações internacionais em razão da criação da Organização das Nações Unidas.

A ideia de se criar a Organização das Nações Unidas surgiu durante a Segunda Guerra Mundial pelos Estados que estavam em luta contra o eixo nazista formado pela Alemanha, Itália e Japão, e resolveram congregar em torno de um denominador comum, que era a manutenção da paz, a segurança internacional e a valorização da pessoa humana, conforme se verifica logo no preâmbulo da Carta.

A Carta da Organização das Nações Unidas está assentada em propósitos fundamentais, tais como a manutenção da paz e a segurança internacional; fomentar as relações amistosas entre as Nações baseadas no respeito e na igualdade de direitos e autodeterminação dos povos; cooperar na resolução de problemas internacionais de caráter econômico, cultural e humanitário; estimular o respeito dos direitos humanos e das liberdades fundamentais.

A partir daí o caminho ficou preparado para uma grande mudança no sistema westfaliano das relações internacionais, que reconhecia o Estado como único sujeito de direito internacional.

Em 10 de dezembro de 1948 foi proclamada a Declaração Universal de Direitos Humanos, que enunciou direitos fundamentais para todas as pessoas independentemente de sexo, cor, raça, idioma, religião, opinião etc.

Seu texto foi elaborado pelos membros do Comitê de Direitos Humanos, liderado por Eleanor Roosevelt, o qual buscou incluir todos os aspectos dos direitos humanos: desde os direitos culturais, sociais e econômicos até os direitos civis e políticos.

Dentro da expectativa de proteção dos direitos de todas as gerações, a Declaração, além de vincular a universalidade desses direitos, também consolida sua indivisibilidade. Os direitos humanos são fundamentais, humanos e universais e sua vigência independe da lei positiva que outorgue porque são inerentes ao homem.

A finalidade desse documento internacional é padronizar a conduta dos Estados que integram a sociedade internacional, consagrando os direitos que defende no âmbito universal, direitos esses que se fundamentam no respeito à dignidade da pessoa humana.

De fato, a concepção de que o indivíduo é sujeito de direitos humanos invadiu a órbita de formação da Declaração Universal. Sua aceitação repercutiu em todo o mundo, provocando mudanças no Direito Internacional.

Com efeito, o princípio norteador da Declaração é o da dignidade da pessoa humana que se valora a partir da percepção de que ela (dignidade) não é alienável ou

---

[43] PIOVESAN, Flávia. *Direitos humanos e o direito constitucional internacional*. São Paulo: Max Limonad, 2002, p. 131-132.

renunciável. A Declaração Universal dos Direitos Humanos foi adotada "como ideal comum a ser alcançado por todos os povos e todas as nações, a fim de que os indivíduos e órgãos da sociedade, tendo-a constantemente no espírito, se esforcem, pelo ensino e pela educação, por desenvolver o respeito desses direitos e liberdades e por promover, por medidas progressivas de ordem nacional e internacional, o seu reconhecimento e sua aplicação, tanto entre as populações dos próprios Estados-Membros como entre as dos territórios colocados sob sua jurisdição".

Mas é no inciso XXVIII da Declaração de 1948 que se encontra o mais fundamental dos denominados direitos da humanidade, isto é, aqueles que têm por escopo estabelecer uma ordem internacional que valoriza a dignidade da pessoa humana, como se vê:

"Todo homem tem direito a uma ordem social e internacional, em que os direitos e liberdades estabelecidos na presente Declaração possam ser plenamente realizados".

Consolida-se, portanto, o movimento de internacionalização dos direitos humanos, em que as relações dos Estados com seus nacionais deixam de ter apenas o interesse doméstico e passam a ser de interesse internacional.

No mesmo diapasão, Ramos[44] afirma que a internacionalização do tema dos direitos humanos é fruto do desenvolvimento do Direito Internacional do século XX, iniciado na Liga das Nações com a defesa das minorias e que foi acelerado pela Guerra Fria, consagrando-se a afirmação definitiva dos direitos humanos como tema global. A internacionalização intensiva da proteção dos direitos humanos explica-se como sendo um diálogo entre os povos, diálogo revestido de legitimidade pelo seu conteúdo ético.

Definitivamente, o sistema internacional deixa de ser apenas um diálogo entre Estados, sendo a relação de um Estado com os seus nacionais uma questão de interesse internacional[45].

A Declaração Universal dos Direitos Humanos de 1948 consolida a ideia de uma ética universal e, combinando o valor da liberdade com o valor da igualdade, enumerando tanto direitos civis e políticos (artigos 3º a 21) como direitos sociais, econômicos e culturais (artigos 22 a 28); proclama também a indivisibilidade dos direitos humanos.

A questão sobre a indivisibilidade e a universalidade dos direitos humanos torna-se tema global, e a dignidade da pessoa humana reflete-se como fundamento de muitas constituições a partir de então. Inaugura-se, portanto, o momento cuja essência dos direitos humanos, parafraseando Hannah Arendt, consiste no "direito a ter direitos".

---

[44] RAMOS, André de Carvalho. *Teoria geral dos direitos humanos na ordem internacional*. Rio de Janeiro: Renovar, 2005, p. 18.

[45] TRINDADE, Antônio Augusto Cançado. *La protección de la persona humana frente a los crímenes internacionales y la invocación indebida de inmunidades estatales*. Fortaleza: IBDH, 2013, p. 19, afirma: "La emergencia del ser humano, en el nuevo jus gentium del siglo XXI, como sujeto de derechos emanados directamente del orden jurídico internacional, es hoy ampliamente reconocida".

Com isso, a discussão sobre direitos humanos ampliou-se no mundo de modo significativo e envolvendo vários aspectos[46].

Se no passado a questão era irrelevante, hoje constitui objeto de grande preocupação para todo o mundo, principalmente a partir da Declaração de 1948[47].

Canotilho[48], a respeito da proteção internacional dos direitos humanos, enfatizou que não obstante a tradição de algumas dimensões internacionais na proteção dos direitos fundamentais, o direito internacional clássico considerava o indivíduo como estranho ao processo dialético normativo desse direito.

Hoje, a introdução dos *standarts* dos direitos do homem no direito internacional (garantia e defesa de determinado *standart* para todos os homens) obrigou ao desenvolvimento de um direito internacional individualmente referenciado.

Para lá da proteção diplomática e da proteção humanitária, desenvolve-se uma teoria jurídico-contratual internacional de justiça, tendo por objetivo alicerçar uma nova dimensão de vinculatividade na proteção dos direitos do homem.

Nesse sentido, cada vez mais se vêm apregoando mudanças no comportamento de Estados e das pessoas, em defesa de maior proteção a esses direitos.

López afirma que o sistema de proteção internacional dos direitos humanos pode ser apresentado em três grandes momentos, a partir da criação da Organização das Nações Unidas:

"En primer lugar podríamos hablar de una etapa normativa entre 1945 y finales de la década de los 60, aproximadamente. Caracterizada porque se asumen los derechos humanos básicos contenidos en la Carta de Constitución de Naciones Unidas y en la Declaración Universal de Derechos Humanos, por la internacionalización definitiva de los derechos humanos, al aceptar los estados la obligatoriedad de los derechos contenidos en la Carta, y por el impulso al proceso de descolonización que se produce en el seno de Naciones Unidas con dos importantes resoluciones: La Declaración del 14 de diciembre de 1960 sobre la Concesión de Independencia a los Países y Pueblos Coloniales y la Resolución relativa a la Soberanía Permanente sobre los Recursos Naturales de 1962.

(...)

---

[46] FAVOREU, Louis et al. *Droit des libertés fondamentales*. 4. ed. Paris: Dalloz, 2007, p. 15, lembra que: "les droits de l'homme constituent l'achèvement de valeurs et de principes généraux et l'aboutissement d'une évolution inscrite dans l'histoire de la philosophie, dans laquelle ils puisent en premier lieu leurs racines".

[47] NA'IM, Abdullahi A. *Cultural transformation and human rights in Africa*. London: Zed Books, 2002, p. 15, adverte para o fato de que: "Traditionally, human rights norms are supposed to be provided for in nacional constitutions and laws for domestic application by the judicial and executive organs of the state as a matter of national sovereignty. But because experience has shown that the state cannot be trusted sufficiently to protect the rights of all persons and groups within its territorial jurisdiction, the idea of international protection emerged as a means of ensuring certain minimum human rights standards everywhere".

[48] CANOTILHO, J. J. Gomes. *Direito constitucional*. Coimbra: Almedina, 1996, p. 669.

En segundo lugar, se habla de una etapa de construcción institucional, a partir de finales de los 60 y hasta la caída del muro de Berlín. La característica principal de esta etapa es el surgimiento de órganos y mecanismos de aplicación, control y implementación de los derechos contenidos en los distintos documentos que se crean. Surgen el Comité de Derechos Humanos, el Comité para la Prevención del Racismo, el Comité contra la Tortura, el Comité para la Eliminación de la Discriminación contra las Mujeres, la Comisión Interamericana de Derechos Humanos, la Comisión Europea de Derechos Humanos y el Tribunal Europeo de Derechos Humanos. Además, aparecen otros mecanismos destinados a la prevención y protección de los derechos humanos como los mecanismos convencionales y los mecanismos extraconvencionales (procedimiento público 1235 y privado 1503).

(...)

La tercera etapa, la posterior a la guerra fría, arranca con el hecho histórico del desmembramiento de los países socialistas, con la famosa caída del muro de Berlín en 1989 y el fin de la guerra fría, lo que sin duda ha sido beneficioso para la cooperación en el ámbito internacional y por lo tanto para la implementación de los derechos humanos a nivel mundial. Además, nos encontramos con que a partir de estos años el desarrollo normativo de los derechos humanos comienza a completarse en áreas como la infancia, derechos de los pueblos y minorías, especialmente de los pueblos indígenas, o el derecho a la administración de justicia. Las conferencias mundiales para tratar cuestiones de derechos humanos se convierten en reuniones masivas, con unos índices de participación gubernamental y no gubernamental altísimo y con una transcendencia posterior muy importante"[49].

No que tange à composição do Direito Internacional dos Direitos Humanos, Quintana, que o discrimina por fases ou etapas, inseriu-a na primeira:

"Podemos distinguir tres fases o etapas las cuáles pueden igualmente aplicarse a la composición del International Human Rights Law: la primera, corresponde a la etapa de definición y codificación de las normas sobre derechos humanos la cuál aparece principalmente cristalizada en los documentos que componen la llamada Carta internacional de derechos humanos de la ONU; la segunda, se relaciona a las actividades de promoción, mientras que la tercera a la protección de los derechos humanos. Es decir, una etapa legislativa en donde se establece el contenido y/o definición de cada uno de los derechos; una otra fase, de promoción, de estudios, seminarios, cursos y publicaciones, como también, a tareas de asistencia técnica; y por último, la etapa de protección internacional, tendiente a controlar el respecto y efectivo cumplimiento de los derechos humanos, a través de la implantación de Grupos especiales de expertos (los Comités de derechos

---

[49] LÓPEZ, Mikel Berraondo. *Los derechos humanos en la globalización*. Bilbao: Departamento para los Derechos Humanos, el Empleo y la Inserción Social, 2004, p. 35-37.

humanos) y de medidas procedimentales adecuadas para investigar 'comunicaciones' (denuncias) de violaciones a los derechos humanos"[50].

Por seu turno, Flávia Piovesan preconiza a necessidade de uma ação internacional mais eficaz para a proteção dos direitos humanos, necessidade que impulsionou o processo de internacionalização desses direitos, propiciando uma nova sistemática de proteção internacional que torna possível a responsabilização do Estado no âmbito internacional[51], quando as instituições nacionais se mostram falhas ou omissas na tarefa de sua proteção, complementando assim o seu raciocínio:

"O movimento internacional de direitos humanos e a criação de sistemas normativos de implementação desses direitos passam, assim, a ocupar uma posição de destaque na agenda da comunidade internacional, estimulando o surgimento de inúmeros tratados de direitos humanos, bem como de organizações governamentais e não governamentais comprometidas com a defesa, proteção e promoção desses direitos"[52].

Dessa forma, percebe-se que os direitos humanos passam a constituir objeto de um ramo autônomo do Direito Internacional Público, com instrumentos, órgãos e procedimentos de aplicação próprios, caracterizando-se essencialmente como um direito de proteção[53].

3. OS DIREITOS HUMANOS NO PLANO UNIVERSAL

Como já foi demonstrado, o século XX foi marcado pelas trágicas consequências para a humanidade advindas da eclosão de grandes conflitos mundiais, sendo correto afirmar que numa violação de direitos humanos sem precedentes, a Segunda Guerra tornou-se um marco de afronta à dignidade da pessoa humana.

Foi então no pós-guerra que os direitos da pessoa humana ganharam extrema relevância, consagrando-se internacionalmente, surgindo como resposta às atrocidades

---

[50] QUINTANA, Fernando. *La ONU y la exégesis de los derechos humanos*. Porto Alegre: Sérgio Fabris, 1999, p. 32.

[51] BROWLIE, Ian. *Princípios de direito internacional público*. Lisboa: Fundação Calouste Gulbenkian, 1997, p. 577, afirma: "Uma tentativa de avaliar os desenvolvimentos modernos respeitantes à protecção do indivíduo, mais especificamente contra o seu próprio Estado, deve ter em conta as matrizes do Direito Internacional consuetudinário ou geral. Para responsabilizar um Estado no plano internacional é necessário que o queixoso prove que a questão está submetida ao Direito Internacional".

[52] PIOVESAN, Flávia. *Direitos humanos e o direito constitucional internacional*. São Paulo: Max Limonad, 2002, p. 173.

[53] Na mesma direção CANÇADO TRINDADE, Antônio Augusto. *Tratado de direito internacional de direitos humanos*. Porto Alegre: Sérgio Fabris, 1997, p. 20-21: "O Direito Internacional dos Direitos Humanos afirma-se em nossos dias, com inegável vigor, como um ramo autônomo da ciência jurídica contemporânea, dotado de especificidade própria. Trata-se essencialmente de um direito de proteção, marcado por uma lógica própria, e voltado à salvaguarda dos direitos dos seres humanos e não dos Estados. (...) e que o reconhecimento de que os direitos humanos permeiam todas as áreas da atividade humana corresponde a um novo *ethos* de nossos tempos".

cometidas durante a Segunda Guerra Mundial, especialmente aos horrores praticados nos campos de concentração da Alemanha nazista.

A doutrina racista sobre a "pureza ariana" serviu de justificativa para perseguições, cárceres e execuções em massa de judeus, eslavos e outras populações pelo exército de Hitler, tendo resultado no extermínio de milhões de pessoas.

A Segunda Guerra havia deixado um rastro incomensurável de destruição e afronta aos valores mais essenciais do ser humano, como nas palavras de Lafer:

"En la dinámica del totalitarismo el 'todo es posible' parte del supuesto previo de que los seres humanos son superfluos. Esa premisa contesta la afirmación kantiana de que el hombre, y sólo él, no puede ser empleado como medio para la realización de un fin porque es un fin en sí mismo, puesto que, a pesar del carácter profano de cada individuo, el individuo es sagrado, ya que en su persona palpita la humanidad"[54].

Verifica-se então, no pós-guerra, que o foco da atenção passa para os estudos dos direitos humanos, em que a análise da dignidade humana ganha relevo no âmbito internacional, consolidando a ideia de limitação da soberania nacional e reconhecendo que os indivíduos possuem direitos inerentes à sua existência que devem ser protegidos[55].

Como visto, a pessoa humana era relegada sempre a um plano inferior e, no pós--Segunda Guerra Mundial, uma profunda alteração se deu, em razão de os direitos humanos terem sido internacionalizados, a começar pela criação da ONU.

A Organização das Nações Unidas se estabeleceu com a finalidade de preservar as futuras gerações do "flagelo da guerra", conforme se verifica no preâmbulo de seu ato institutivo, devendo, portanto, estar envolvida em todas as grandes crises existentes no âmbito da sociedade internacional.

De fato, as Nações Unidas têm sua atuação voltada para a manutenção da paz e para a segurança internacional, como também para a valorização e a proteção da pessoa humana.

Evidencia-se que, para alcançar esses propósitos fundamentais, a ONU deve adotar os seguintes princípios:

a) a Organização é baseada no princípio da igualdade soberana de todos os seus membros;

b) todos os membros deverão cumprir de boa-fé as obrigações assumidas de acordo com a Carta;

c) todos os membros deverão resolver suas controvérsias por meios pacíficos, de modo a não ameaçar a paz, a segurança e a justiça internacionais;

---

[54] LAFER, Celso. *La reconstrucción de los derechos humanos*: un diálogo con el pensamiento de Hannah Arendt. México: Fondo de Cultura Económica, 1994, p. 54.

[55] GUERRA, Sidney. *Temas emergentes de direitos humanos*. Rio de Janeiro: FDC, 2006.

d) todos os membros deverão evitar o uso da força contra a integridade territorial ou independência política do Estado;

e) todos os membros devem dar assistência em qualquer ação patrocinada pela ONU;

f) para assegurar a paz e a segurança internacional a ONU fará com que todos os Estados, mesmo os não membros, ajam de acordo com os princípios contidos na Carta;

g) nenhum dispositivo da Carta autoriza a ONU a intervir em assuntos que dependam essencialmente de jurisdição interna de qualquer Estado.

No plano das Nações Unidas, os direitos humanos ganharam uma Comissão que funcionava no âmbito do Conselho Econômico e Social: a Comissão de Direitos Humanos da ONU.

O Conselho Econômico e Social é formado por 54 Estados (eleitos pela Assembleia Geral por 2/3 dos Estados presentes e votantes por um período de 3 anos) que atuam através de comissões na América Latina, na Europa, na África, na Ásia e no Extremo Oriente.

O grande objetivo do Conselho é o de criar as condições de estabilidade e bem-estar que se fazem necessárias para as relações pacíficas entre as nações, baseadas no respeito ao dogma da igualdade de direitos e à livre determinação dos povos.

Suas funções englobam assuntos de caráter econômico, social, cultural e sanitário, bem como os que digam respeito à observância dos direitos humanos, tendo em vista assegurar o bem-estar dos indivíduos e o respeito às liberdades fundamentais para todos.

Baseado nos objetivos e funções do Conselho Econômico e Social é que a Comissão de Direitos Humanos pautou sua atuação no sentido de propor recomendações, elaboração de relatórios sobre a proteção dos direitos humanos, rechaçando, inclusive, toda forma de discriminação.

A Comissão de Direitos Humanos contava com alguns grupos de trabalho, cuja finalidade era a apresentação de estudos e a atuação efetiva nos vários assuntos relativos aos direitos humanos, tais como: i) grupo de trabalho sobre detenção arbitrária; ii) grupo de trabalho encarregado para a elaboração de um protocolo adicional para o Pacto Internacional sobre Direitos Econômicos, Culturais e Sociais; iii) grupo de trabalho para elaboração de projeto relativo ao direito dos povos indígenas; iv) grupo de trabalho sobre detenção arbitrária; v) grupo de trabalho sobre o direito ao desenvolvimento.

Os direitos humanos ganham força sob a égide da Organização das Nações Unidas, onde foram produzidos vários tratados internacionais para a proteção dos referidos direitos. A começar pela Declaração Universal de Direitos Humanos e a produção normativa do Pacto de Direitos Civis e Políticos e do Pacto de Direitos Econômicos, Sociais e Culturais; a Convenção sobre discriminação racial; a Convenção sobre os direitos da mulher; a Convenção sobre a tortura; a Convenção sobre os direitos da criança etc.[56].

---

[56] Nesse propósito, GUERRA, Sidney. *Tratados e convenções internacionais*. Rio de Janeiro: Freitas Bastos, 2006.

Assim é que se inicia a denominada *fase legislativa* dos direitos humanos sob a batuta das Nações Unidas, com a elaboração de um quadro normativo extenso que procura efetivamente vincular a Organização Internacional aos seus propósitos, bem como a certas disposições contidas em seu ato de criação.

Como já assinalado, a proteção internacional dos direitos humanos defere, no sistema onusiano, um *status* e um *standart* diferenciado para o indivíduo, isto é, apresenta um sistema de proteção à pessoa humana, seja nacional ou estrangeira, diplomata ou não, um núcleo de direitos insuscetíveis de serem derrogados em qualquer tempo, condição ou lugar.

Inaugura-se, portanto, um sistema no qual os instrumentos de proteção dos direitos do indivíduo levam em consideração o reconhecimento, em termos planetários, da dignidade da pessoa humana.

É a partir desse reconhecimento, que se dá no plano internacional, que são estabelecidas medidas de contenção e de abusos praticados especialmente pelos próprios Estados.

Essa "codificação" internacional em matéria de direitos humanos ocorre principalmente pelo fato de o próprio Estado ser o maior violador destes direitos.

Celso Mello afirma que existem duas principais razões para a pessoa ser considerada sujeito internacional: "a) a própria dignidade humana, que leva a ordem jurídica internacional a lhe reconhecer direitos fundamentais e procurar protegê-los; e b) a própria noção de Direito, obra do homem para o homem. Em consequência, a ordem jurídica internacional vai se preocupando cada vez mais com os direitos do homem, que são quase verdadeiros direitos naturais concretos"[57].

Com efeito, reafirma-se aqui que, de fato, a proteção internacional da pessoa humana não faz distinção quanto à nacionalidade ou país de origem de uma pessoa, isto é, o sistema internacional não procura proteger apenas os que possuem proteção diplomática ou determinada categoria de pessoas ou nacionais e sim a todos indiscriminadamente.

Isso porque a própria Declaração de Direitos, de 1948, apresenta uma dinâmica universalista em matéria de direitos humanos ao estabelecer que todos os homens nascem livres e iguais em dignidade e direitos e que possuem capacidade para gozar os direitos e liberdades sem distinção de qualquer espécie, raça, sexo, cor, língua, opinião política ou qualquer outra natureza, origem nacional, social, riqueza, nascimento ou qualquer outra limitação de soberania.

A Declaração de 1948 é um documento extremamente importante por ter concebido de forma pioneira a previsão de vários direitos da pessoa humana no plano internacional, embora tenha recebido severas críticas, especialmente em razão de não ser um documento internacional que vincule o Estado em seu cumprimento.

A Declaração, que foi adotada por uma resolução das Nações Unidas por meio de sua Assembleia Geral, não se apresentava como um documento de natureza obrigatória para os Estados signatários.

---

[57] MELLO, Celso Albuquerque. *Curso de direito internacional público*. Rio de Janeiro: Renovar, 1997, p. 738.

De toda sorte, o documento demonstra claramente a intenção da sociedade internacional em conceber normas no plano internacional que fossem contrárias às práticas de aviltamento da dignidade humana.

Salcedo, valendo-se de manifestação da Corte Internacional de Justiça, datada de 1980, assevera que mesmo tendo sido concebida por uma resolução no âmbito da Assembleia Geral das Nações Unidas, não restam dúvidas de que a Declaração de 1948 se apresenta como um *higher law,* não podendo ser desprezada essa condição.

Assim é que de maneira tardia a Corte Internacional de Justiça reconheceu o seu estatuto superior na sentença, proferida em 24 de maio de 1980, sobre o pessoal diplomático e consular dos Estados Unidos em Teerã:

"O fato de provar seres humanos abusivamente da liberdade e submetê-los, em condições penosas, a coação física é manifestamente incompatível com os princípios da Carta das Nações Unidas e com os direitos fundamentais enunciados na Declaração Universal dos Direitos do Homem"[58].

Sem embargo, a Declaração de Direitos, de 1948, enuncia, em seu artigo II, que "toda pessoa tem capacidade para gozar os direitos e liberdades estabelecidas na Declaração, sem distinção de qualquer espécie, seja de raça, cor, sexo, língua, religião, opinião política ou de qualquer outra natureza, origem nacional ou social, riqueza, nascimento, ou qualquer outra condição".

A Declaração Universal de Direitos do Homem, de 1948, também estabelece a previsão de direitos de diferentes categorias e que traduzem a grande preocupação com a dignidade da pessoa humana.

Posteriormente surgiram o Pacto de Direitos Civis e Políticos e também o Pacto de Direitos Econômicos, Sociais e Culturais, ambos no ano de 1966, que entraram em vigência no ano de 1976, depois que 35 Estados ratificaram os referidos Pactos.

Como se pode depreender da própria nomenclatura dos Pactos, o primeiro versa sobre os direitos denominados de primeira geração (civis e políticos), isto é, são direitos que são contemplados para os indivíduos; ao passo que o segundo corresponde aos direitos de segunda geração, impondo uma série de atribuições aos Estados.

Essa percepção deriva da própria natureza dos direitos de primeira geração, que pressupõem atuação correspondente a uma abstenção (liberdade negativa) e dos direitos de segunda geração que pressupõem uma prestação (liberdade positiva).

Significa dizer que para o exercício pleno dos primeiros direitos (primeira geração) é necessário que estes estejam devidamente reconhecidos pelo Estado (atuação legislativa) e que haja a composição de órgãos que garantam esse exercício (Poder Judiciário, Polícia etc.).

Em relação aos segundos, é necessário que haja a atuação firme do Estado com a realização de políticas públicas para o incremento e efetivação dos citados direitos.

---

[58] SALCEDO, Juan Antonio Carrillo. *Curso de derecho internacional público.* Madrid: Tecnos, 1991, p. 131.

Vale ressaltar que, embora um Pacto contemple os direitos denominados de primeira geração e o outro Pacto, os direitos denominados de segunda geração, não há hierarquia entre os referidos direitos, como será demonstrado na presente obra[59].

Assim, sobre o Pacto de Direitos Civis e Políticos observa-se que há determinação para que os Estados-Partes assumam o compromisso de respeitar e assegurar a todos os indivíduos os direitos previstos no documento internacional, dentro do seu território e que estejam sujeitos a sua jurisdição, sem que haja qualquer tipo de discriminação.

Do mesmo modo, os Estados se comprometem a criar legislações que possam dar efetividade aos direitos concebidos no Pacto, a saber: direito à vida; direito a um julgamento justo; direito à nacionalidade; direito de não ser submetido a tortura ou tratamento cruel, desumano ou degradante; direito a não ser escravizado; direito à privacidade; direito à liberdade; direito à segurança pessoal; liberdade de circulação; liberdade de pensamento; liberdade de consciência; liberdade de religião; liberdade de expressão; liberdade de associação; direito de votar e ser votado etc.

Com efeito, o Pacto acima identificado, além de agasalhar um rol de direitos já contemplados na Declaração de Direitos de 1948, acaba por alargar o rol já existente, com a inserção de novos direitos outrora não contemplados. Nesse sentido, vale destacar os direitos insculpidos no artigo 11 (proíbe a detenção por dívidas contratuais); no artigo 24 (direito ao nome e à nacionalidade para a criança); no artigo 20 (vedação da propaganda de guerra e incitamento a intolerância étnica ou racial); no artigo 27 (proteção à identidade cultural, religiosa e linguística) etc.

Ainda em relação ao Pacto de Direitos Civis e Políticos, de 1966, evidencia-se que não autoriza nenhuma suspensão do direito à vida; proíbe a tortura, penas ou tratamentos cruéis, desumanos ou degradantes; proíbe a escravidão e a servidão; reconhece várias outras liberdades.

Abrindo um "parêntese" na matéria, tendo em vista que o tema será abordado em capítulo próprio, enfatiza-se, desde logo, que a Convenção Europeia para a Proteção dos Direitos do Homem e das Liberdades Fundamentais e a Convenção Americana sobre Direitos Humanos igualmente não autorizam nenhuma derrogação do direito à vida (salvo para os casos de mortes resultantes de atos ilícitos de guerra); proíbe a tortura, penas ou tratamentos desumanos e degradantes; proíbe a escravidão e a servidão etc.

---

[59] VIJAPUR, Abdulrahim. The Universal Declaration of Human Rights – A Cornerstone of modern human rights regime. *Perspectives on human rights*. New Delhi: Manak Publications, 1999, p. 16: "All rights and freedoms are indivisible and interdependent. The UN system of human rights does not rank them in any hierarchy or any order of priority. Though we may classify rights in different categories, they are all complementary to each other. They are also inter-related. No set of rights has priority over the other. In fact, the ending of the Cold War and the ideological confrontations of East – West has meant that the thesis which has been around from the beginnings of the United Nations, that the rights are inter-related at the international level. Distinctions such as that between the immediate enforcement of civil and political rights and the progressive implementation of economic, social and cultural group is really 'rights' while the other is not".

Depreende-se, pois, que a vida e a dignidade da pessoa humana passaram a ocupar lugar de destaque e privilegiado, fazendo com que, de fato, ocorresse uma "grande codificação" em matéria de direitos humanos.

Não se pode olvidar do Protocolo Facultativo do referido Pacto, que complementa o mecanismo de garantia e monitoramento da implementação dos dispositivos do Pacto de Direitos Civis e Políticos, ao permitir a apresentação de petições individuais ao Comitê pelas pessoas que são vítimas de violações dos dispositivos constantes do citado documento internacional.

Vale lembrar que a petição ou comunicação individual só será admitida se o Estado responsável pela violação dos direitos tiver ratificado o Pacto e o Protocolo Facultativo ao Pacto Internacional dos Direitos Civis e Políticos, reconhecendo, assim, a competência do Comitê para tal.

No que tange ao Pacto de Direitos Econômicos, Sociais e Culturais, os Estados-Partes devem adotar medidas, tanto por esforço próprio como pela assistência e cooperação internacional, nos planos econômico e técnico, até o máximo de seus recursos disponíveis, que visem assegurar, progressivamente, por todos os meios apropriados, o pleno exercício dos direitos reconhecidos no documento internacional, a saber: remuneração justa; trabalho; educação; nível de vida que seja adequado; participação na vida cultural etc.

Para alcançar os objetivos listados acima, o Pacto estabelece que os povos podem dispor livremente de suas riquezas e de seus recursos naturais, sem prejuízo das obrigações decorrentes da cooperação econômica internacional.

Frise-se que o Pacto Internacional de Direitos Civis e Políticos prevê uma série de direitos para o indivíduo, ao passo que o Pacto Internacional de Direitos Econômicos, Sociais e Culturais consagra um rol de deveres para os Estados, ou seja, a ideia apresentada anteriormente de liberdades negativas (direitos de primeira geração) e de liberdades positivas (direitos de segunda geração) é observada a partir da leitura dos referidos documentos internacionais, fazendo com que os primeiros sejam considerados autoaplicáveis e os segundos, programáticos.

Sem embargo, o vasto número de documentos internacionais que foram produzidos sob os auspícios da ONU em matéria de direitos humanos fez com que a dignidade da pessoa humana passasse a se inserir entre os principais interesses da sociedade internacional.

Há, portanto, uma visão de que a sociedade internacional forma um todo e os seus interesses predominam sobre os dos Estados individualmente. Cançado Trindade também teve oportunidade de afirmar a importância da matéria, assinalando que os direitos humanos adquiriram grande dimensão no crepúsculo do século XX:

"Al aproximarnos al final del siglo, se expande considerablemente la agenda internacional de los derechos humanos, en un escenario mundial marcado por profundas redefiniciones políticas y socio-económicas. (...) La agenda internacional contemporánea de los derechos humanos se ha enriquecido considerablemente con un énfasis especial en los derechos económicos, sociales y culturales, además de la incorporación de nuevos temas, como desarrollo y derechos humanos y medio ambiente, derechos humanos y grupos vulnerables, violencia en razón del género, entre otros. A la luz del reconocimiento de la universalidad de los derechos humanos como conquista definitiva de la civilización, estos temas ciertamente atraerán considerable atención en los próximos años"[60].

Outra consequência relevante quanto à internacionalização desses direitos relaciona-se com a soberania dos Estados[61], cuja noção vai sendo alterada de forma sistemática[62], ou seja, os direitos humanos deixam de pertencer à jurisdição doméstica ou ao domínio reservado dos Estados.

Inúmeros mecanismos de proteção na ordem jurídica internacional foram concebidos a partir de então, tais como: a criação de um sistema de relatórios, a criação de um sistema de queixas e reclamações interestatais, a criação de uma Comissão de Direitos Humanos (hoje Conselho de Direitos Humanos) etc. No plano regional verificou-se movimento similar quando da criação de órgãos de proteção de direitos humanos.

A partir dessa grande mudança que ocorre no plano internacional é que o Estado pode ser responsabilizado por violação aos direitos humanos. Dessa forma, os direitos humanos que pertenciam ao domínio constitucional estão em uma migração contínua e progressiva (internacionalização) para uma diligência que se apresenta fora dos Estados nacionais.

Nota-se claramente que, na busca incessante do reconhecimento, desenvolvimento e realização dos maiores objetivos por parte da pessoa humana e contra as violações que são perpetradas pelos Estados e pelos particulares, o Direito Internacional dos Direitos Humanos tem se mostrado um instrumento vital para a uniformização, fortalecimento e implementação da dignidade da pessoa humana.

Dessarte, a dignidade da pessoa humana vem constituindo um verdadeiro valor na sociedade internacional que deve, impreterivelmente, servir de orientação a qualquer interpretação do Direito Internacional Público, isto é, do direito que a regulamenta.

O Direito Internacional dos Direitos Humanos[63] afirma-se em nossos dias, com inegável vigor, como um ramo autônomo da ciência jurídica contemporânea, dotado de

---

[60] TRINDADE, Antônio Augusto Cançado. La protección internacional de los derechos económicos, sociales y culturales en el final del siglo. In: *El derecho internacional en un mundo en transformación*. Montevideo: Fundación de Cultura Universitaria, 1994, p. 345-346.

[61] Destaca-se neste propósito a obra organizada por GUERRA, Sidney; SILVA, Roberto. *Soberania*: antigos e novos paradigmas. Rio de Janeiro: Freitas Bastos, 2004.

[62] Em igual sentido PIOVESAN, Flávia. *Direitos humanos e o direito constitucional internacional*. São Paulo: Max Limonad, 2002, p. 175: "Os Direitos Humanos se converteram em tema de legítimo interesse internacional, transcendente ao âmbito estritamente doméstico, o que implicou no reexame dos valores da soberania a autonomia absoluta do Estado. A universalização dos direitos humanos fez com que os Estados consentissem em submeter ao controle da comunidade internacional o que até então era de domínio reservado".

[63] Sobre o Direito Internacional dos Direitos Humanos, DURÁN, Carlos Villán; PÉREZ, Carmelo Faleh. *El sistema universal de protección de los derechos humanos. Su aplicación en España*. Madrid: Tecnos, 2017, p. 29, assim o define: "Sistema de principios y normas que regula un sector de las relaciones de cooperación institucionalizada entre Estados de desigual desarrollo socioeconómico y poder, cuyo objeto es el fomento del respecto a los derechos humanos y libertades fundamentales universalmente reconocidos, así como el establecimiento de mecanismos

especificidade própria. Trata-se essencialmente de um direito de proteção, marcado por uma lógica própria, e voltado à salvaguarda dos direitos dos seres humanos, e não dos Estados[64].

Destes *topoi*, solidifica-se o reconhecimento de que os direitos humanos permeiam todas as áreas da atividade humana e correspondem a um novo "*ethos*" de nossos tempos.

No ano de 2005, acompanhando esse novo *ethos*, e por propositura do então Secretário-Geral das Nações Unidas Koff Annan, quando da comemoração dos sessenta anos da referida organização, foi apresentado um grande projeto de reformulação da ONU. Em matéria de direitos humanos, a proposta consistiu na criação de um Conselho de Direitos Humanos em substituição à Comissão.

O Conselho foi aprovado pela Assembleia Geral das Nações Unidas em 2006, ocasião em que a Comissão encerrou seus trabalhos, passando as atribuições para o Conselho que foi constituído. A votação contou com 170 votos a favor, 4 contra (Estados Unidos, Israel, Ilhas Marshall e Palau) e 3 abstenções (Venezuela, Bielorrússia e Irã).

O Conselho de Direitos Humanos possui a característica de órgão subsidiário da ONU. Contudo, de acordo com a Resolução n. 60/251, seu *status* será revisto[65], admitindo-se, desta forma, a possibilidade desse vir a se tornar órgão principal da ONU, o que lhe garantiria maior autonomia no desempenho de suas atribuições e elevaria os direitos humanos ao mesmo patamar da segurança, paz e desenvolvimento – os três pilares das Nações Unidas.

A Resolução n. 60/251 ainda elenca a universalidade, imparcialidade, objetividade e não seletividade como princípios que norteiam os trabalhos do Conselho. Atribui também especial importância ao diálogo e cooperação internacionais como forma de viabilizar a proteção e fomento dos direitos humanos, civis, políticos, econômicos, sociais e culturais, incluindo o direito ao desenvolvimento.

---

para la garantía y la protección de tales derechos y libertades, los cuales se califican de preocupación legítima y, en algunos casos, de intereses fundamentales para la actual comunidad internacional de Estados en su conjunto.

[64] Na mesma direção GARCIA-MECKLED, Saladin. The human rights ideal and international human rights law. In: *The legalization of human rights*. London: MPG, 2006, p. 14: "A form of public international law creating rights for individuals and duties for states, as well as domestic and international remedies for violation of rights and failure of duties. (...) Human rights provisions are those which give entitlements to individual persons, individually or in some cases collectively, to make legal claims before public authorities and where the legal support for these claims is said to respect these individuals, entitlements as human persons".

[65] DURÁN, Carlos Villán; PÉREZ, Carmelo Faleh. *El sistema universal de protección de los derechos humanos. Su aplicación em España*. Madrid: Tecnos, 2017, p. 248, lembra que no ano de 2011 o Conselho foi revisado: "En efecto, sobre la base del informe del GT intergubernamental sobre el examen de la labor y el funcionamiento del Consejo DH, este adoptó la resolución 16/21, de 25 de marzo de 2011, cuyo anexo contiene algunas propuestas modestas de reforma del funcionamiento de Consejo DH, el EPU, los procedimientos especiales, el Comité Asesor, y los métodos de trabajo y reglamento del propio Consejo DH. Las nuevas medidas relativas al EPU se completaron con la decisión 17/119 del Consejo DH, de 17 de junio de 2011".

O Conselho de Direitos Humanos surge com uma proposta ambiciosa e inovadora, a começar pelo processo de eleição de seus membros e a sua composição. Ao contrário da Comissão, a eleição é realizada diretamente pela Assembleia Geral por meio de votação secreta e maioria absoluta (necessidade de obtenção de 97 dos 193 votos), e não pelo ECOSOC, o que permite que todos os membros onusianos possam participar no processo de escolha dos integrantes do Conselho, em clara consonância com o princípio da universalidade.

De outra banda, no processo eleitoral, deverá ser levada em consideração a contribuição do candidato para a promoção e proteção dos direitos humanos. Além disso, é igualmente imprescindível que o Estado demonstre voluntária e publicamente seu compromisso por meio de documento que fundamente sua candidatura, deixando clara sua intenção. Ainda no mesmo dispositivo, a Resolução prevê a hipótese de suspensão de membro do Conselho que cometa violações sistemáticas e significativas aos direitos humanos.

No que concerne à composição, a Resolução estabelece que o Conselho é formado por 47 países, ao contrário da Comissão, que previa 53 integrantes. A distribuição geográfica ocorre da seguinte forma: 13 países da África (eram 15 na Comissão); 13 países da Ásia (antigamente eram 12); 6 países do Leste Europeu (enquanto eram 5 na Comissão); 8 países da América Latina e Caribe (11 na Comissão), e, finalmente, 7 países da Europa Ocidental e outros (10 na Comissão)[66].

A diminuição do número de integrantes em relação à Comissão propiciou uma maior competitividade entre os países. Evidência disso foi a quantidade de candidatos designados em número superior ao de assentos disponíveis por todas as regiões, exceto a África. Fato igualmente curioso corresponde à candidatura de países com um histórico considerável de violações aos direitos humanos, como Sudão e Zimbábue. O mandato é de três anos, admitindo-se uma possível reeleição sucessiva, enquanto na antiga

---

[66] A partir de 1º de janeiro de 2023, 123 Estados-membros da ONU ocuparam o assento no Conselho de Direitos Humanos. São eles (texto mantido no original em espanhol): Afganistán, Albania, Angola, Argelia, Argentina, Armenia, Australia, Austria, Azerbaiyán, Bahamas, Bahréin, Bangladesh, Bélgica, Benín, Bolivia (Estado Plurinacional de), Bosnia y Herzegovina, Botsuana, Brasil, Bulgaria, Burkina Faso, Burundi, Camerún, Canadá, Chile, China, Congo, Costa Rica, Costa de Marfil, Croacia, Cuba, República Checa, República Democrática del Congo, Dinamarca, Yibuti, Ecuador, Egipto, El Salvador, Eritrea, Estonia, Etiopía, Fiyi, Finlandia, Francia, Gabón, Gambia, Georgia, Alemania, Ghana, Guatemala, Honduras, Hungría, Islandia, India, Indonesia, Irak, Irlanda, Italia, Japón, Jordania, Kazajstán, Kenia, Kuwait, Kirguistán, Letonia, Libia, Lituania, Luxemburgo, Madagascar, Malasia, Malawi, Maldivas, Malí, Islas Marshall, Marruecos, Mauricio, Mauritania, México, Mongolia, Montenegro, Namibia, Nepal, Nicaragua, Nigeria, Noruega, Países Bajos, Pakistán, Panamá, Paraguay, Perú, Filipinas, Polonia, Portugal, Qatar, República de Corea, República de Moldova, República de Macedonia del Norte, Rumania, Federación de Rusia, Ruanda, Arabia Saudí, Senegal, Sierra Leona, Eslovaquia, Eslovenia, Sudáfrica, Somalia, España, Sri Lanka, Sudán, Suiza, Tailandia, Togo, Túnez, Uganda, Ucrania, Emiratos Árabes Unidos, Reino Unido de Gran Bretaña e Irlanda del Norte, Estados Unidos de América, Uruguay, Uzbekistán, Venezuela (República Bolivariana de), Vietnam, y Zambia. Disponível em: <https://www.ohchr.org/SP/HRBodies/HRC/Pages/Membership.aspx>. Acesso em: 27 jun. 2024.

Comissão não havia limites para reeleições consecutivas e não se vislumbrava a possibilidade de suspensão de mandato.

Como se pode notar, os países africanos e asiáticos perfazem juntos, aproximadamente, 55% do total de integrantes do Conselho. Na Comissão, tal percentual girava em torno de 50%. Essa confortável maioria, além de evidenciar, por si só, a grande influência que estes países terão na aprovação de resoluções, também lhes permite uma participação mais ativa na elaboração da agenda e lhes confere maior peso no estabelecimento das prioridades traçadas pelo Conselho.

Outro aspecto inovador e extremamente positivo diz respeito à frequência com que o Conselho se reúne ao longo do ano. Na antiga Comissão, era realizada uma única sessão anual, que tinha duração de seis semanas. No Conselho é diferente porque a Resolução prevê 3 sessões anuais, com período não inferior a 10 semanas. Além dessas 3 sessões, qualquer membro pode solicitar que seja realizada uma sessão especial, mediante aprovação de 1/3 dos membros do Conselho. O aumento dessas sessões é extremamente profícuo para que sejam discutidas e adotadas medidas preventivas visando a evitar o recrudescimento de eventuais tensões que possam eclodir no cenário internacional.

A Resolução n. 5/1, que dispõe sobre a construção institucional do Conselho de Direitos Humanos, fixa uma agenda muito mais concisa, mas não menos abrangente que a Comissão. Integram a agenda do Conselho: questões referentes à organização e procedimento; Relatório anual do Alto-Comissariado das Nações Unidas para Direitos Humanos e do Secretário-Geral; promoção e proteção dos direitos humanos, civis, políticos, econômicos, sociais e culturais, incluindo o direito ao desenvolvimento; situações de direitos humanos que requerem atenção do Conselho; órgãos e mecanismos de direitos humanos; Revisão Periódica Universal; situação dos direitos humanos na Palestina e outros territórios árabes ocupados; continuação e implementação da Declaração de Viena e do Programa de Ação; racismo, discriminação racial, xenofobia e formas relacionadas de intolerância, continuação e implementação da Declaração de Durban e do Programa de Ação; assistência técnica e reforço da capacidade institucional.

O Conselho, por meio da Resolução n. 60/251, também chamou para si a responsabilidade de prosseguir com todos os mandatos, mecanismos, funções e responsabilidades da Comissão, visando a manter um sistema de procedimentos especiais, de denúncia e de grupo de trabalhos. Contudo, um ano após a primeira sessão, o Conselho se comprometeu a racionalizar e reforçar os procedimentos e mecanismos especiais. Nesse sentido, a Resolução n. 5/1 leva a cabo tal disposição.

As revisões nos procedimentos especiais se iniciaram na sexta sessão e continuaram na sétima e oitava sessões do Conselho. Até agora, todos os mandatos temáticos foram estendidos. Além disso, novos mandatos temáticos foram criados, um sobre as formas tipicamente contemporâneas de escravidão e outro sobre o acesso seguro à água potável e saneamento básico.

Muitos mandatos de países também foram estendidos, com exceção da República Democrática do Congo e da Libéria. Além disso, os mandatos de Cuba e Belarus foram interrompidos em junho de 2007. Nesse mesmo período, o Conselho adotou a Resolução n. 5/2, que contém um Código de Conduta para os procedimentos especiais dos detentores do mandato.

No tocante aos procedimentos de denúncia (*complaint procedures*), a Resolução n. 5/1 permite que indivíduos e organizações possam trazer reclamações sobre violações para a apreciação do Conselho. Cria, também, dois Grupos de Trabalho distintos: o primeiro é o Grupo de Trabalho em Comunicações (*Work Group on Communications*), responsável por examinar as denúncias com base nos critérios de admissibilidade previamente estabelecidos. Após análise, a denúncia será submetida ao Estado interessado para que este possa se manifestar a respeito das alegações sobre violações de direitos humanos levadas ao seu conhecimento. Não serão aceitas denúncias anônimas e com pouca fundamentação. O segundo é o Grupo de Trabalho em Situações (*Work Group on Situations*), que, com base nas informações e recomendações fornecidas pelo Grupo de Trabalho em Comunicações, elabora relatório que será submetido ao Conselho.

Outra criação da Resolução n. 60/251 é o Comitê Consultivo (*Advisory Committee*), que substitui a antiga Subcomissão de Promoção e Proteção dos Direitos Humanos. Sua atribuição consiste em fornecer opiniões consultivas de *experts* ao Conselho, baseadas em estudo e pesquisa prévios. Contudo, suas atividades estarão subordinadas à requisição do Conselho.

Impende assinalar que as atividades desse grupo limitam-se à formulação de sugestões, não dispondo do poder de elaborar resoluções ou decisões. Quanto ao método de trabalho adotado, o Comitê Consultivo permitirá que os Estados, instituições nacionais de direitos humanos, organizações não governamentais e outras entidades da sociedade civil possam interagir. Esta abertura propiciada pela Resolução n. 5/1 à sociedade civil permite que esta auxilie o Comitê na elaboração de opiniões consultivas mais fidedignas, na medida em que constituirão um canal importante que aproximará o Comitê da realidade dos países nos quais as ONGs atuam.

O estabelecimento de um Fórum sobre questões envolvendo as minorias (*Forum on minority issues*) também constitui uma inovação do Conselho. O Fórum é uma plataforma para a promoção do diálogo e cooperação em temas que evolvam as minorias nacionais, étnicas, religiosas e linguísticas.

Uma das maiores inovações do Conselho de Direitos Humanos é, indubitavelmente, a adoção do Sistema de Revisão Periódica Universal (RPU) pela Resolução n. 60/251. A incorporação deste mecanismo objetiva sepultar a seletividade e os padrões duplos que maculavam o processo de revisão existente nos trabalhos da Comissão.

Dessa forma, todos os países eleitos deverão se submeter à RPU, como pré-requisito indispensável à sua integração ao Conselho. Por meio deste mecanismo, será possível analisar o histórico de direitos humanos de todos os países, fato que não se verificava no órgão antecessor. No entanto, apesar dos objetivos "nobres" que motivaram sua criação, o mecanismo de Revisão Periódica Universal ainda padece de limitações, correndo o risco de cair na superficialidade. Isto porque se trata de um processo intergovernamental, no qual não se verifica a participação de especialistas independentes.

O Conselho de Direitos Humanos é presidido por uma mesa rotativa, sendo constituído por cinco membros: um presidente e quatro vice-presidentes, cada um dos quais representa um dos cinco grupos regionais da ONU. Um dos vice-presidentes atua como relator, sendo o mandato de um ano para cada membro e conta ainda com órgãos subsidiários[67], que foram estabelecidos pela antiga Comissão de Direitos Humanos, incluindo: o Mecanismo de Especialistas em Direitos Humanos dos Povos Indígenas; o Fórum sobre Questões Minoritárias; o Fórum Social; e o Fórum sobre Empresas e Direitos Humanos.

O Mecanismo de Especialistas em Direitos Humanos dos Povos Indígenas, estabelecido pelo CDH em 2007 de acordo com a Resolução n. 6/36, é composto por cinco especialistas, incluindo pessoas de origem indígena, selecionados da mesma maneira que os detentores de mandatos no âmbito de procedimentos especiais. Esse mecanismo atua como um órgão consultivo do CDH e oferece conhecimento técnico na forma de estudos e opiniões sobre questões relacionadas aos direitos dos povos indígenas. Você também pode fazer propostas ao Conselho. O EMRIP realiza uma reunião anual de cinco dias.

O Fórum sobre Questões Minoritárias, estabelecido pelo CDH em 2007 de acordo com sua Resolução n. 6/15, serve como plataforma para promover o diálogo e a cooperação em questões relativas a pessoas pertencentes a minorias nacionais ou étnicas, religiosas e linguísticas. Traz contribuições temáticas e perícia para o trabalho do perito independente em questões de minorias, que transmite as recomendações ao Conselho para consideração. O Fórum realiza uma reunião anual de dois dias, liderada por um

---

[67] "La función, los principios, los objetivos y los métodos de los principales órganos subsidiarios del Consejo se describen en su 'proyecto de construcción institucional' (resolución 5/1), adoptado en junio de 2007, un año después de su primera reunión. Los principales órganos subsidiarios del Consejo son los siguientes: a) Examen Periódico Universal: El Examen Periódico Universal (EPU) es un mecanismo exclusivo del Consejo de Derechos Humanos que exige que cada Estado miembro de la ONU se someta a un examen realizado por pares de su historial de derechos humanos cada cuatro años y medio. Desde su primer ciclo en 2008, los 193 Estados miembros de la ONU han sido examinados al menos tres veces. El cuarto ciclo del examen comenzó en noviembre de 2022, con la 41ª sesión del Grupo de Trabajo del EPU; b) Procedimientos Especiales: El Consejo también nombra a expertos independientes denominados Procedimientos especiales. El Consejo designa mandatos, selecciona y nombra a los respectivos titulares de mandatos, ya sean individuos o grupos de personas. Estos expertos independientes informan anualmente al Consejo desde perspectivas tanto temáticas como específicas de países; c) Comité Asesor: Integrado por 18 expertos independientes, el Comité funciona como grupo de expertos del Consejo y ayuda a establecer sus indicaciones sobre cuestiones temáticas; d) Procedimiento de denuncia: El procedimiento de denuncia del Consejo de Derechos Humanos aborda cuadros persistentes de violaciones flagrantes y fehacientemente probadas de todos los derechos humanos y libertades fundamentales que se producen en cualquier parte del mundo y en cualquier circunstancia. Pueden presentar denuncias personas, grupos o entidades no gubernamentales que afirmen ser víctimas de tales violaciones, o que tengan conocimiento directo y fidedigno de las mismas" (Disponível em: https://www.ohchr.org/es/hr-bodies/hrc/other--sub-bodies. Acesso em: 27 jun. 2024).

especialista em questões de minorias. O perito é nomeado pelo Presidente do Conselho com base na rotação geográfica e em consulta com os grupos regionais.

O Fórum Social, estabelecido pelo principal órgão subsidiário da antiga Comissão de Direitos Humanos (Subcomissão para a Promoção e Proteção dos Direitos Humanos) e mantido pelo CDH em 2006, de acordo com sua Resolução n. 6/13. O Fórum é um espaço de diálogo entre os mecanismos de direitos humanos das Nações Unidas e várias partes interessadas, incluindo organizações comunitárias locais para discutir possibilidades de uma ação coordenada a nível nacional, regional e internacional para promover a coesão social, bem como para abordar a dimensão social e os problemas do processo de globalização em curso. O Fórum realiza uma reunião anual de três dias. O Presidente-Relator do Fórum, nomeado pelo Presidente do Conselho, de acordo com o princípio da rotação geográfica, deve apresentar um relatório para apreciação pelo Conselho.

O Fórum sobre Empresas e Direitos Humanos estabelecido pelo CDH em 2011 de acordo com a sua Resolução n. 17/4 e criado para examinar as tendências e desafios colocados pela aplicação dos princípios orientadores e para promover o diálogo e a cooperação no questões relacionadas com o comércio e os direitos humanos. A liderança do Fórum é o Grupo de Trabalho sobre a questão dos direitos humanos e corporações transnacionais e outras empresas, composto por cinco especialistas independentes eleitos para um mandato de três anos. O Fórum realiza uma reunião anual de três dias.

Indubitavelmente que a substituição da Comissão pelo Conselho representou a renovação de um compromisso que, ao longo dos anos, foi se desgastando em virtude de interesses políticos. De toda sorte, esta mudança de órgão não deve se confinar à esfera institucional. Para uma proteção mais efetiva dos direitos humanos, se faz imprescindível que os países membros adotem nova postura no tratamento desta questão[68].

De fato, pode-se afirmar que a pessoa humana passa a ser o centro das atenções em todos os povos, com a inserção de normas protetivas nos textos constitucionais dos Estados e com a criação de diversos Tratados Internacionais.

A dignidade da pessoa humana passa a ser considerada como núcleo fundamentador do Direito Internacional dos Direitos Humanos entendido como o conjunto de normas que estabelecem os direitos que os seres humanos possuem para o desempenho de sua personalidade e estabelecem mecanismos de proteção a tais direitos.

---

[68] O Conselho de Direitos Humanos conta atualmente com os seguintes países: Albania – 2026; Alemania – 2025; Argelia – 2025; Argentina – 2024; Bangladesh – 2025; Bélgica – 2025; Benin – 2024; Brasil – 2026; Bulgaria – 2026; Burundi – 2026; Camerún – 2024; Chile – 2025; China – 2026; Costa Rica – 2025; Côte d'Ivoire – 2026; Cuba – 2026; Emiratos Árabes Unidos – 2024; Eritrea – 2024; Estados Unidos de América – 2024; Finlandia – 2024; Francia – 2026; Gambia – 2024; Georgia – 2025; Ghana – 2026; Honduras – 2024; India – 2024; Indonesia – 2026; Japón – 2026; Kazajstán – 2024; Kirguistán – 2025; Kuwait – 2026; Lituania – 2024; Luxemburgo – 2024; Malasia – 2024; Malawi – 2026; Maldivas – 2025; Marruecos – 2025; Montenegro – 2024; Países Bajos (Reino de los) – 2026; Paraguay – 2024; Qatar – 2024; República Dominicana – 2026; Rumanía – 2025; Somalia – 2024; Sudáfrica – 2025; Sudan – 2025; Viet Nam – 2025. Disponível em: https://www.ohchr.org/es/hr-bodies/hrc/current-members. Acesso em: 27 jun. 2024.

Fato importante também no processo de internacionalização dos direitos humanos e de sua consequente universalização ocorreu no ano de 1993 com a Conferência de Viena. Não se pode olvidar que foi a partir desta Convenção, de 1993, que se cunhou a expressão *globalização* dos direitos humanos.

De fato, a Conferência Mundial sobre Direitos Humanos de Viena, realizada no período de 14 a 25 de junho de 1993, estabeleceu importantes pressupostos programáticos indispensáveis à universalização dos direitos humanos: a inter-relação entre desenvolvimento, direitos humanos e democracia; a legitimidade do monitoramento internacional de suas violações; o direito ao desenvolvimento e a interdependência de todos os direitos fundamentais. Com suas recomendações programáticas, constitui o documento mais abrangente sobre a matéria na esfera internacional e com uma característica inédita por ter sido adotada consensualmente por representantes de todos os Estados de um mundo já sem colônias; sua validade não pode ser contestada como fruto do imperialismo, o que era possível dizer-se até então, com alguma lógica, da Declaração Universal de 1948, aprovada pelo voto de 48 países independentes e 8 abstenções, numa época em que a maioria da população extraocidental vivia em colônias do Ocidente sem representação na ONU. Envolvendo 171 Estados, cerca de mil organizações não governamentais e um total de mais de dez mil indivíduos, a Conferência Mundial sobre Direitos Humanos teve efeito decisivo para a disseminação em escala planetária dos direitos humanos no discurso contemporâneo[69].

Certamente que uma das conquistas mais significativas da referida Conferência relaciona-se com a universalidade, pois somente ao final sobreveio consenso sobre o caráter universal dos direitos humanos e sobre a realidade de que a diversidade cultural não pode ser invocada para justificar sua violação, isto é, ainda que as diversas particularidades históricas, culturais, étnicas e religiosas devam ser levadas em conta, é dever dos Estados promoverem e proteger os direitos humanos, independentemente dos respectivos sistemas[70].

Na Conferência de Viena confirmou-se também a ideia de que os direitos humanos extrapolam o domínio reservado dos Estados, invalidando o recurso abusivo ao conceito de soberania para encobrir violações, ou seja, os direitos humanos não são mais matéria exclusivas das jurisdições nacionais.

---

[69] ALVES, J. A. Lindgren. Cidadania, direitos humanos e globalização. Cidadania e justiça. *Revista da Associação dos Magistrados Brasileiros*, Rio de Janeiro, ano 3, n. 7 – 2º semestre/1999.

[70] DE LUCAS, Javier. *El desafío de las fronteras. Derechos humanos y xenofobia frente a una sociedad plural*. Madrid: Temas de Hoy, 1994, p. 56, sobre a Conferência de Viena, afirma que "apareció un frente de rechazo constituido por un abundante número de países islámicos, China y México, que pusieron en duda el carácter universal de los derechos, argumentando que 'el incremento de la multiculturalidad contribuiría a desvelar cómo, tras la pretendida universalidad, no hay más que la imposición de la visión occidental (esto es, individualista, liberal, cristiana) de las mismas'. El universalismo es criticado, así como cobertura ideológica del imperialismo y colonialismo europeo-occidental o, simplemente, como una pretensión de imposible cumplimiento".

Apesar da diversidade de interesses dos Estados, a ideia de constitucionalização das regras de conduta da sociedade, no que se refere à proteção dos direitos humanos, é cada vez mais premente.

É nesse sentido que se observa uma grande transformação em determinados conceitos e institutos que são consagrados no âmbito do Direito Internacional, como, por exemplo, a soberania dos Estados e a própria formação de tribunais internacionais para julgar matérias relativas aos direitos humanos.

4. OS DIREITOS HUMANOS E O TRIBUNAL PENAL INTERNACIONAL

Embora a proteção dos direitos individuais tenha se erigido em lídimo interesse da sociedade internacional suscitando a defesa da existência de uma justiça cosmopolita, essas mudanças não foram implementadas no âmbito da Corte Internacional de Justiça. Entretanto, evidencia-se grande avanço no que se refere à jurisdição internacional em matéria penal.

Cançado Trindade, no mesmo passo, assevera que "a alentadora multiplicidade dos tribunais internacionais contemporâneos é reveladora dos consideráveis avanços na busca da realização do ideal da justiça internacional"[71].

Para que se chegasse ao estágio atual, em termos de tribunais internacionais de direitos humanos, foram observados vários momentos ao longo da história[72].

Como o presente tópico versa sobre o Tribunal Penal Internacional, que trouxe igualmente grande contribuição para o aprimoramento do sistema de proteção da pessoa humana na órbita internacional[73], serão expendidas considerações sobre alguns momentos históricos importantes para a concretização do referido tribunal.

Após a Segunda Guerra Mundial, por meio do Acordo de Londres, de 8 de agosto de 1945, instituiu-se o Tribunal Militar Internacional de Nuremberg, destinado a julgar os grandes criminosos de guerra dos países europeus pertencentes ao eixo.

Devido ao seu aspecto precursor, o Tribunal de Nuremberg recebeu várias críticas, que podem ser sintetizadas da seguinte forma: a) violação do princípio *nullum crimen*,

---

[71] TRINDADE, Antônio Augusto Cançado. *A humanização do direito internacional.* Belo Horizonte: Del Rey, 2006, p. 407.

[72] TRINDADE, Antônio Augusto Cançado. *La protección de la persona humana frente a los crímenes internacionales y la invocación indebida de inmunidades estatales.* Fortaleza: IBDH, 2013, p. 31, sustenta que "el jus cogens se sitúa por encima de la prerrogativa o el privilegio de la inmunidad estatal, con todas las consecuencias que de ahí se desprenden, evitando así la denegación de justicia y la impunidad. No hay inmunidad estatal para crímenes internacionales, para violaciones graves de los derechos humanos y del derecho internacional humanitario".

[73] AMBOS, Kai. *Estudios del derecho penal internacional.* Lima: IDEMSA, 2007, p. 31, apresenta a relação existente entre a matéria: "La relación entre DPI y derechos humanos se construye a través de la impunidad universal de las severas violaciones a los derechos humanos. La impunidad conduce a un vacío de punibilidad fáctica, cuyo cierre o, en todo caso, disminución, se ha convertido en la función más importante del derecho penal internacional y de su instrumento más importante, el Estatuto de Roma de la Corte Penal Internacional".

nulla poena sine lege; b) ser um verdadeiro tribunal de exceção constituído apenas pelos vencedores; c) a responsabilidade no Direito Internacional é apenas do Estado e não atinge o indivíduo; d) que os Aliados também tinham cometido crimes de guerra; e) os atos praticados pelos alemães eram atos ilícitos, mas não criminosos[74].

A despeito das críticas apresentadas, a criação do Tribunal de Nuremberg foi importante, pois surgiram figuras que a sociedade internacional conhecia de fato, mas não conhecia de direito: o crime de lesa-humanidade, os crimes de guerra e o crime de agressão.

Essas categorias não estavam legisladas nem reconhecidas efetivamente no âmbito do Direito Internacional e com a ideia de se criar um Tribunal Internacional começaram a prosperar de fato, e vários foram os trabalhos realizados pelas Nações Unidas.

Assim, em 1950 a Comissão de Direito Internacional, cumprindo determinação da Assembleia Geral, formulou os princípios de Direito Internacional reconhecidos no Tribunal de Nuremberg:

a) qualquer pessoa que cometa um ato que constituir um crime perante o Direito Internacional é responsável por ele e está sujeita a punição;

b) o fato de que o direito interno não imponha uma penalidade para um ato que constitui um crime sob o Direito Internacional não isenta a pessoa que cometeu o ato de sua responsabilidade perante o Direito Internacional;

c) o fato de que a pessoa que cometeu um ato que constitui crime perante o Direito Internacional tenha agido como chefe de Estado ou funcionário responsável do governo não a isenta de responsabilidade perante o Direito Internacional;

d) o fato de que uma pessoa tenha agido cumprindo ordens do seu governo ou de um superior não a isenta da responsabilidade perante o Direito Internacional, desde que uma escolha moral fosse de fato possível para ela;

e) qualquer pessoa acusada de um crime, perante o Direito Internacional, tem direito a um julgamento justo com base nos fatos e no direito;

f) os crimes aqui enunciados são puníveis como crimes perante o Direito Internacional[75].

Além do Tribunal de Nuremberg, podem ser apontados os Tribunais de Ruanda e o da Iugoslávia, que, apesar de suas deficiências, também serviram como fonte de inspiração para o Tribunal Penal Internacional.

Com a Guerra Fria os interesses das grandes potências e a própria configuração do sistema internacional foram se transformando numa realidade distante. Entretanto, com o seu fim e o advento de uma nova ordem mundial, voltou-se a cogitar sobre o estabelecimento de uma corte permanente. Somam-se a isso os conflitos regionais estimulados por nacionalismos extremados com características que se assemelham às atrocidades praticadas na Segunda Guerra Mundial: extermínio de populações inteiras, limpeza étnica, deslocamento de civis etc.

---

[74] MELLO, Celso. *Direitos humanos e conflitos armados*. Rio de Janeiro: Renovar, 1997, p. 440.

[75] MELLO, Celso Albuquerque. *Curso de direito internacional público*. Rio de Janeiro: Renovar, 1997, p. 813.

Nesse diapasão, Japiassú[76] assegura que o fim da Guerra Fria e a ordem mundial globalizada representaram um momento histórico absolutamente oportuno para o progresso da efetiva tutela dos direitos humanos e, portanto, a Organização das Nações Unidas, não mais limitada pela rivalidade entre as superpotências, ganhou maior campo de ação e atuação mais efetiva. Com o Tribunal Penal Internacional pretende-se preservar a paz e, mais do que nunca, proteger a dignidade da pessoa humana.

Em 1995 a Assembleia Geral das Nações Unidas estabeleceu um Comitê Preparatório do Anteprojeto do Estatuto para um Tribunal Penal Internacional Permanente, adotado pela Comissão de Direito Internacional em 1994.

O Comitê Preparatório, aberto a todos os membros das Nações Unidas, bem como aos membros das agências especializadas, foi incumbido, na 50ª sessão, de preparar um texto consolidado de uma convenção internacional, que pudesse ser largamente aceita, para a criação de um Tribunal Penal Internacional. Esse texto deveria ser levado à consideração de uma Conferência de Plenipotenciários. Essa Conferência Diplomática se deu em Roma, de 15 a 17 de julho de 1998, quando foi aprovado o Estatuto que constitui o Tribunal Penal Internacional[77].

O Estatuto do Tribunal Penal Internacional foi concebido no dia 17 de julho de 1998 com 120 votos a favor, 7 votos contrários (Estados Unidos, China, Israel, Turquia, Filipinas, Sri Lanka e Índia) e entrou em vigência no dia 1º de julho de 2002.

O Tribunal Penal Internacional é um tribunal judicial permanente com jurisdição mundial para processar pessoas por violações graves de leis humanitárias internacionais. O referido Tribunal, cuja sede é em Haia, na Holanda, possui personalidade e capacidade jurídica internacional para o desempenho das suas funções e à prossecução dos objetivos definidos no próprio Estatuto[78].

A grande diferença entre o Tribunal Penal Internacional e os Tribunais *Ad hoc*, como, por exemplo, Ruanda e Iugoslávia, é que naquele a jurisdição não está limitada pelo tempo, tampouco geograficamente.

A proposta do Tribunal Penal Internacional[79] é de uma corte permanente com jurisdição global com o objetivo de investigar e trazer a julgamento aqueles que

---

[76] JAPIASSÚ, Carlos Eduardo. *O tribunal penal internacional*. Rio de Janeiro: Lumen Juris, 2004, p. 32.

[77] JAPIASSÚ, Carlos Eduardo. *O tribunal penal internacional*. Rio de Janeiro: Lumen Juris, 2004, p. 32/33

[78] SOMMER, Christian. *La responsabilidad internacional del estado en la lucha contra la trata de personas*. Córdoba: Universidad Nacional de Córdoba, 2012, p. 113, assevera que "uno de los principales advances del establecimiento del Estatuto de Roma de la Corte Penal Internacional, ha significado, conjuntamente con la implementación de un Tribunal permanente de justicia penal para investigar, juzgar y sancionar a lós máximos responsables de graves crímenes, el materializar un mecanismo que posibilite que las víctimas puedan acceder a reparaciones por los daños sufridos".

[79] Na mesma direção AMBOS, Kai. *Estudios del derecho penal internacional*. Lima: IDEMSA, 2007, p. 33, afirma: "el Estatuto tiene como objetivo primordial poner fin la impunidad de los crímenes internacionales y por primera vez

praticaram crimes contra a humanidade, crimes de guerra, crime de genocídio e crime de agressão, conforme preceitua o artigo 5º do estatuto[80].

Impende assinalar o entendimento do referido tratado internacional acerca dos crimes que ali estão tipificados. A começar pelo crime de genocídio, que de acordo com o artigo 6º se aplica a qualquer um dos atos praticados com intenção de destruir, no todo ou em parte, um grupo nacional, étnico, racial ou religioso, tais como: homicídio de membros do grupo; ofensas graves à integridade física ou mental de membros do grupo; sujeição intencional do grupo a condições de vida com vista a provocar a sua destruição física, total ou parcial; imposição de medidas destinadas a impedir nascimentos no seio do grupo; transferência, à força, de crianças do grupo para outro grupo.

No que tange aos crimes contra a humanidade, estes podem ser aplicados quando cometidos no quadro de um ataque, generalizado ou sistemático, contra qualquer população civil, havendo conhecimento desse ataque: homicídio; extermínio; escravidão; deportação ou transferência forçada de uma população; prisão ou outra forma de privação da liberdade física grave, em violação das normas fundamentais de direito internacional; tortura; agressão sexual, escravatura sexual, prostituição forçada, gravidez forçada, esterilização forçada ou qualquer outra forma de violência no campo sexual de gravidade comparável; perseguição de um grupo ou coletividade que possa ser identificado, por motivos políticos, raciais, nacionais, étnicos, culturais, religiosos ou de gênero, tal como definido no parágrafo 3º, ou em função de outros critérios universalmente reconhecidos como inaceitáveis no direito internacional, relacionados com qualquer ato referido neste parágrafo ou com qualquer crime da competência do Tribunal; desaparecimento forçado de pessoas; crime de *apartheid*; outros atos desumanos de caráter semelhante, que causem intencionalmente grande sofrimento, ou afetem gravemente a integridade física ou a saúde física ou mental.

O tratado internacional estabelece ainda, em seu artigo 7º, o entendimento para cada um dos pontos acima nominados, a saber:

"a) Por 'ataque contra uma população civil' entende-se qualquer conduta que envolva a prática múltipla de atos referidos no parágrafo 1º contra uma população civil, de acordo com a política de um Estado ou de uma organização de praticar esses atos ou tendo em vista a prossecução dessa política;

b) O 'extermínio' compreende a sujeição intencional a condições de vida, tais como a privação do acesso a alimentos ou medicamentos, com vista a causar a destruição de uma parte da população;

---

ofrece una clara y consensual tipificación de estos crímenes, es de reconocer que el Estatuto no es un instrumento dogmático e inflexible, sino flexible y abierto a procesos de paz".

[80] CASSESE, Antonio. *Liniamenti di diritto internazionale penale*. Bologna: Mulino, 2005, p. 24: "I crimini internazionali sono quelle violazioni delle norme internazionali da cui discende la responsabilità penale dei loro autori individuali, in quanto opposta alla responsabilità dello Stato in nome o per conto del quale questi ultimi possono avere agito".

c) Por 'escravidão' entende-se o exercício, relativamente a uma pessoa, de um poder ou de um conjunto de poderes que traduzam um direito de propriedade sobre uma pessoa, incluindo o exercício desse poder no âmbito do tráfico de pessoas, em particular mulheres e crianças;

d) Por 'deportação ou transferência à força de uma população' entende-se o deslocamento forçado de pessoas, através da expulsão ou outro ato coercivo, da zona em que se encontram legalmente, sem qualquer motivo reconhecido no direito internacional;

e) Por 'tortura' entende-se o ato por meio do qual uma dor ou sofrimentos agudos, físicos ou mentais, são intencionalmente causados a uma pessoa que esteja sob a custódia ou o controle do acusado; este termo não compreende a dor ou os sofrimentos resultantes unicamente de sanções legais, inerentes a essas sanções ou por elas ocasionadas;

f) Por 'gravidez à força' entende-se a privação ilegal de liberdade de uma mulher que foi engravidada à força, com o propósito de alterar a composição étnica de uma população ou de cometer outras violações graves do direito internacional. Esta definição não pode, de modo algum, ser interpretada como afetando as disposições de direito interno relativas à gravidez;

g) Por 'perseguição" entende-se a privação intencional e grave de direitos fundamentais em violação do direito internacional, por motivos relacionados com a identidade do grupo ou da coletividade em causa;

h) Por 'crime de *apartheid*' entende-se qualquer ato desumano análogo aos referidos no parágrafo 1º, praticado no contexto de um regime institucionalizado de opressão e domínio sistemático de um grupo racial sobre um ou outros grupos nacionais e com a intenção de manter esse regime;

i) Por 'desaparecimento forçado de pessoas' entende-se a detenção, a prisão ou o sequestro de pessoas por um Estado ou uma organização política ou com a autorização, o apoio ou a concordância destes, seguidos de recusa a reconhecer tal estado de privação de liberdade ou a prestar qualquer informação sobre a situação ou localização dessas pessoas, com o propósito de lhes negar a proteção da lei por um prolongado período de tempo.

Para efeitos do presente Estatuto, entende-se que o termo 'gênero' abrange os sexos masculino e feminino, dentro do contexto da sociedade, não lhe devendo ser atribuído qualquer outro significado".

E finalmente o artigo 8º apresenta os crimes de guerra:

"1. O Tribunal terá competência para julgar os crimes de guerra, em particular quando cometidos como parte integrante de um plano ou de uma política ou como parte de uma prática em larga escala desse tipo de crimes.

2. Para os efeitos do presente Estatuto, entende-se por 'crimes de guerra':

a) As violações graves às Convenções de Genebra, de 12 de agosto de 1949, a saber, qualquer um dos seguintes atos, dirigidos contra pessoas ou bens protegidos nos termos da Convenção de Genebra que for pertinente:

i) Homicídio doloso;

ii) Tortura ou outros tratamentos desumanos, incluindo as experiências biológicas;

iii) O ato de causar intencionalmente grande sofrimento ou ofensas graves à integridade física ou à saúde;

iv) Destruição ou a apropriação de bens em larga escala, quando não justificadas por quaisquer necessidades militares e executadas de forma ilegal e arbitrária;

v) O ato de compelir um prisioneiro de guerra ou outra pessoa sob proteção a servir nas forças armadas de uma potência inimiga;

vi) Privação intencional de um prisioneiro de guerra ou de outra pessoa sob proteção do seu direito a um julgamento justo e imparcial;

vii) Deportação ou transferência ilegais, ou a privação ilegal de liberdade;

viii) Tomada de reféns;

b) Outras violações graves das leis e costumes aplicáveis em conflitos armados internacionais no âmbito do direito internacional, a saber, qualquer um dos seguintes atos:

i) Dirigir intencionalmente ataques à população civil em geral ou civis que não participem diretamente nas hostilidades;

ii) Dirigir intencionalmente ataques a bens civis, ou seja, bens que não sejam objetivos militares;

iii) Dirigir intencionalmente ataques ao pessoal, instalações, material, unidades ou veículos que participem numa missão de manutenção da paz ou de assistência humanitária, de acordo com a Carta das Nações Unidas, sempre que estes tenham direito à proteção conferida aos civis ou aos bens civis pelo direito internacional aplicável aos conflitos armados;

iv) Lançar intencionalmente um ataque, sabendo que o mesmo causará perdas acidentais de vidas humanas ou ferimentos na população civil, danos em bens de caráter civil ou prejuízos extensos, duradouros e graves no meio ambiente que se revelem claramente excessivos em relação à vantagem militar global concreta e direta que se previa;

v) Atacar ou bombardear, por qualquer meio, cidades, vilarejos, habitações ou edifícios que não estejam defendidos e que não sejam objetivos militares;

vi) Matar ou ferir um combatente que tenha deposto armas ou que, não tendo mais meios para se defender, se tenha incondicionalmente rendido;

vii) Utilizar indevidamente uma bandeira de trégua, a bandeira nacional, as insígnias militares ou o uniforme do inimigo ou das Nações Unidas, assim como os emblemas distintivos das Convenções de Genebra, causando deste modo a morte ou ferimentos graves;

viii) A transferência, direta ou indireta, por uma potência ocupante de parte da sua população civil para o território que ocupa ou a deportação ou transferência da totalidade ou de parte da população do território ocupado, dentro ou para fora desse território;

ix) Dirigir intencionalmente ataques a edifícios consagrados ao culto religioso, à educação, às artes, às ciências ou à beneficência, monumentos históricos, hospitais e lugares onde se agrupem doentes e feridos, sempre que não se trate de objetivos militares;

x) Submeter pessoas que se encontrem sob o domínio de uma parte beligerante a mutilações físicas ou a qualquer tipo de experiências médicas ou científicas que não sejam motivadas por um tratamento médico, dentário ou hospitalar, nem sejam efetuadas no interesse dessas pessoas, e que causem a morte ou coloquem seriamente em perigo a sua saúde;

xi) Matar ou ferir à traição pessoas pertencentes à nação ou ao exército inimigo;

xii) Declarar que não será dado quartel;

xiii) Destruir ou apreender bens do inimigo, a menos que tais destruições ou apreensões sejam imperativamente determinadas pelas necessidades da guerra;

xiv) Declarar abolidos, suspensos ou não admissíveis em tribunal os direitos e ações dos nacionais da parte inimiga;

xv) Obrigar os nacionais da parte inimiga a participar em operações bélicas dirigidas contra o seu próprio país, ainda que eles tenham estado ao serviço daquela parte beligerante antes do início da guerra;

xvi) Saquear uma cidade ou uma localidade, mesmo quando tomada de assalto;

xvii) Utilizar veneno ou armas envenenadas;

xviii) Utilizar gases asfixiantes, tóxicos ou outros gases ou qualquer líquido, material ou dispositivo análogo;

xix) Utilizar balas que se expandem ou achatam facilmente no interior do corpo humano, tais como balas de revestimento duro que não cobre totalmente o interior ou possui incisões;

xx) Utilizar armas, projéteis; materiais e métodos de combate que, pela sua própria natureza, causem ferimentos supérfluos ou sofrimentos desnecessários ou que surtam efeitos indiscriminados, em violação do direito internacional aplicável aos conflitos armados, na medida em que tais armas, projéteis, materiais e métodos de combate sejam objeto de uma proibição geral e estejam incluídos em um anexo ao presente Estatuto, em virtude de uma alteração aprovada em conformidade com o disposto nos artigos 121 e 123;

xxi) Ultrajar a dignidade da pessoa, em particular por meio de tratamentos humilhantes e degradantes;

xxii) Cometer atos de violação, escravidão sexual, prostituição forçada, gravidez à força, tal como definida na alínea f do parágrafo 2º do artigo 7º, esterilização à força e qualquer outra forma de violência sexual que constitua também um desrespeito grave às Convenções de Genebra;

xxiii) Utilizar a presença de civis ou de outras pessoas protegidas para evitar que determinados pontos, zonas ou forças militares sejam alvo de operações militares;

xxiv) Dirigir intencionalmente ataques a edifícios, material, unidades e veículos sanitários, assim como o pessoal que esteja usando os emblemas distintivos das Convenções de Genebra, em conformidade com o direito internacional;

xxv) Provocar deliberadamente a inanição da população civil como método de guerra, privando-a dos bens indispensáveis à sua sobrevivência, impedindo, inclusive, o envio de socorros, tal como previsto nas Convenções de Genebra;

622

xxvi) Recrutar ou alistar menores de 15 anos nas forças armadas nacionais ou utilizá-los para participar ativamente nas hostilidades;

c) Em caso de conflito armado que não seja de índole internacional, as violações graves do artigo 3º comum às quatro Convenções de Genebra, de 12 de agosto de 1949, a saber, qualquer um dos atos que a seguir se indicam, cometidos contra pessoas que não participem diretamente nas hostilidades, incluindo os membros das forças armadas que tenham deposto armas e os que tenham ficado impedidos de continuar a combater devido a doença, lesões, prisão ou qualquer outro motivo:

i) Atos de violência contra a vida e contra a pessoa, em particular o homicídio sob todas as suas formas, as mutilações, os tratamentos cruéis e a tortura;

ii) Ultrajes à dignidade da pessoa, em particular por meio de tratamentos humilhantes e degradantes;

iii) A tomada de reféns;

iv) As condenações proferidas e as execuções efetuadas sem julgamento prévio por um tribunal regularmente constituído e que ofereça todas as garantias judiciais geralmente reconhecidas como indispensáveis;

d) A alínea *c* do parágrafo 2º do presente artigo aplica-se aos conflitos armados que não tenham caráter internacional e, por conseguinte, não se aplica a situações de distúrbio e de tensão internas, tais como motins, atos de violência esporádicos ou isolados ou outros de caráter semelhante;

e) As outras violações graves das leis e costumes aplicáveis aos conflitos armados que não têm caráter internacional, no quadro do direito internacional, a saber, qualquer um dos seguintes atos:

i) Dirigir intencionalmente ataques à população civil em geral ou civis que não participem diretamente nas hostilidades;

ii) Dirigir intencionalmente ataques a edifícios, material, unidades e veículos sanitários, bem como ao pessoal que esteja usando os emblemas distintivos das Convenções de Genebra, em conformidade com o direito internacional;

iii) Dirigir intencionalmente ataques ao pessoal, instalações, material, unidades ou veículos que participem numa missão de manutenção da paz ou de assistência humanitária, de acordo com a Carta das Nações Unidas, sempre que estes tenham direito à proteção conferida pelo direito internacional dos conflitos armados aos civis e aos bens civis;

iv) Atacar intencionalmente edifícios consagrados ao culto religioso, à educação, às artes, às ciências ou à beneficência, monumentos históricos, hospitais e lugares onde se agrupem doentes e feridos, sempre que não se trate de objetivos militares;

v) Saquear um aglomerado populacional ou um local, mesmo quando tomado de assalto;

vi) Cometer atos de agressão sexual, escravidão sexual, prostituição forçada, gravidez à força, tal como definida na alínea *f* do parágrafo 2º do artigo 7º; esterilização à força ou qualquer outra forma de violência sexual que constitua uma violação grave do artigo 3º, comum às quatro Convenções de Genebra;

vii) Recrutar ou alistar menores de 15 anos nas forças armadas nacionais ou em grupos, ou utilizá-los para participar ativamente nas hostilidades;

viii) Ordenar a deslocação da população civil por razões relacionadas com o conflito, salvo se assim o exigirem a segurança dos civis em questão ou razões militares imperiosas;

ix) Matar ou ferir à traição um combatente de uma parte beligerante;

x) Declarar que não será dado quartel;

xi) Submeter pessoas que se encontrem sob o domínio de outra parte beligerante a mutilações físicas ou a qualquer tipo de experiências médicas ou científicas que não sejam motivadas por um tratamento médico, dentário ou hospitalar nem sejam efetuadas no interesse dessa pessoa, e que causem a morte ou ponham seriamente a sua saúde em perigo;

xii) Destruir ou apreender bens do inimigo, a menos que as necessidades da guerra assim o exijam;

f) A alínea *e* do parágrafo 2º do presente artigo aplicar-se-á aos conflitos armados que não tenham caráter internacional e, por conseguinte, não se aplicará a situações de distúrbio e de tensão internas, tais como motins, atos de violência esporádicos ou isolados ou outros de caráter semelhante; aplicar-se-á, ainda, a conflitos armados que tenham lugar no território de um Estado, quando exista um conflito armado prolongado entre as autoridades governamentais e grupos armados organizados ou entre estes grupos.

3. O disposto nas alíneas *c* e *e* do parágrafo 2º, em nada afetará a responsabilidade que incumbe a todo o Governo de manter e de restabelecer a ordem pública no Estado, e de defender a unidade e a integridade territorial do Estado por qualquer meio legítimo".

Não se pretende com isso retirar a competência dos Estados para julgar os crimes que são praticados em seus respectivos territórios; ao contrário, o Tribunal Penal Internacional tem natureza complementar e funcionará quando o Estado for incapaz ou omisso no julgamento do crime praticado.

O próprio tratado enumera em seu artigo 1º que "o Tribunal será uma instituição permanente, com jurisdição sobre as pessoas responsáveis pelos crimes de maior gravidade com alcance internacional, de acordo com o presente Estatuto, e será complementar às jurisdições penais nacionais".

Isso porque, por vezes, os Estados se encontram impotentes para processar e julgar aqueles que descumprem as normas vigentes, não podendo permanecer na condição de impunes pelos crimes praticados.

O Tribunal é constituído por dezoito juízes, com mandato de nove anos, devendo ser eleitos dentre pessoas de elevada idoneidade moral, imparcialidade e integridade, que reúnam os requisitos para o exercício das mais altas funções judiciais nos seus respectivos países.

Os juízes deverão igualmente possuir reconhecida competência em Direito Penal e Direito Processual Penal e a necessária experiência em processos penais na qualidade de juiz, procurador, advogado ou outra função semelhante; reconhecida competência em matérias relevantes de direito internacional, tais como o Direito Internacional Humanitário e os direitos humanos, assim como vasta experiência em profissões jurídicas com relevância para a função judicial do Tribunal; e deverão possuir um excelente conhecimento e ser fluentes em, pelo menos, uma das línguas de trabalho do Tribunal.

No que tange à jurisdição internacional, o tribunal poderá exercê-la em relação a qualquer um dos crimes a que se refere o artigo 5º, de acordo com o disposto no presente Estatuto, se um Estado-Parte denunciar ao Procurador, nos termos do artigo 14, qualquer situação em que haja indícios de ter ocorrido a prática de um ou vários desses crimes; o Conselho de Segurança, agindo nos termos do Capítulo VII da Carta das Nações Unidas, denunciar ao Procurador qualquer situação em que haja indícios de ter ocorrido a prática de um ou vários desses crimes; ou o Procurador tiver dado início a um inquérito sobre tal crime, nos termos do disposto no artigo 15.

O Tribunal é constituído pelos seguintes órgãos: Presidência; Seção de Recursos, Seção de Julgamento em Primeira Instância e Seção de Instrução; Gabinete do Procurador; Secretaria.

Os funcionários do Tribunal deverão gozar de imunidades e privilégios para o bom exercício de suas atividades, levando-se em consideração o que estabelece o artigo 48:

"Os juízes, o procurador, os procuradores-adjuntos e o secretário gozarão, no exercício das suas funções ou em relação a estas, dos mesmos privilégios e imunidades reconhecidos aos chefes das missões diplomáticas, continuando a usufruir de absoluta imunidade judicial relativamente às suas declarações, orais ou escritas, e aos atos que pratiquem no desempenho de funções oficiais após o termo do respectivo mandato;

O secretário-adjunto, o pessoal do gabinete do procurador e o pessoal da Secretaria gozarão dos mesmos privilégios e imunidades e das facilidades necessárias ao cumprimento das respectivas funções, nos termos do acordo sobre os privilégios e imunidades do Tribunal;

Os advogados, peritos, testemunhas e outras pessoas, cuja presença seja requerida na sede do Tribunal, beneficiarão do tratamento que se mostre necessário ao funcionamento adequado deste, nos termos do acordo sobre os privilégios e imunidades do Tribunal".

Em estudo formulado sobre jurisdição internacional em matéria penal, Cassese[81] defende que as jurisdições internacionais são as únicas que podem dar uma resposta judicial apropriada e adequada quando se trata de julgar crimes internacionais, e isso acontece, sobretudo, quando esses crimes comprometem altos dirigentes políticos e militares, chefes de Estado ou de governo, e quando os elementos de prova estão espalhados por vários territórios. Nesse sentido, os artigos 27 e 28 são pontos que merecem destaque:

---

[81] CASSESE, Antonio; DELMAS-MARTY, Mireille. *Crimes internacionais e jurisdições internacionais*. São Paulo: Manole, 2004, p. 24.

"Artigo 27

1. O presente Estatuto será aplicável de forma igual a todas as pessoas sem distinção alguma baseada na qualidade oficial. Em particular, a qualidade oficial de Chefe de Estado ou de Governo, de membro de Governo ou do Parlamento, de representante eleito ou de funcionário público, em caso algum eximirá a pessoa em causa de responsabilidade criminal nos termos do presente Estatuto, nem constituirá *per se* motivo de redução da pena.

2. As imunidades ou normas de procedimento especiais decorrentes da qualidade oficial de uma pessoa, nos termos do direito interno ou do direito internacional, não deverão obstar a que o Tribunal exerça a sua jurisdição sobre essa pessoa.

Artigo 28

Além de outras fontes de responsabilidade criminal previstas no presente Estatuto, por crimes da competência do Tribunal:

a) O chefe militar, ou a pessoa que atue efetivamente como chefe militar, será criminalmente responsável por crimes da competência do Tribunal que tenham sido cometidos por forças sob o seu comando e controle efetivos ou sob a sua autoridade e controle efetivos, conforme o caso, pelo fato de não exercer um controle apropriado sobre essas forças quando: i) Esse chefe militar ou essa pessoa tinha conhecimento ou, em virtude das circunstâncias do momento, deveria ter tido conhecimento de que essas forças estavam a cometer ou preparavam-se para cometer esses crimes; e ii) Esse chefe militar ou essa pessoa não tenha adotado todas as medidas necessárias e adequadas ao seu alcance para prevenir ou reprimir a sua prática, ou para levar o assunto ao conhecimento das autoridades competentes, para efeitos de inquérito e procedimento criminal.

b) Nas relações entre superiores hierárquicos e subordinados, não referidos na alínea *a*, o superior hierárquico será criminalmente responsável pelos crimes da competência do Tribunal que tiverem sido cometidos por subordinados sob a sua autoridade e controle efetivos, pelo fato de não ter exercido um controle apropriado sobre esses subordinados, quando: a) O superior hierárquico teve conhecimento ou deliberadamente não levou em consideração a informação que indicava claramente que os subordinados estavam a cometer ou se preparavam para cometer esses crimes; b) Esses crimes estavam relacionados com atividades sob a sua responsabilidade e controle efetivos; e c) O superior hierárquico não adotou todas as medidas necessárias e adequadas ao seu alcance para prevenir ou reprimir a sua prática ou para levar o assunto ao conhecimento das autoridades competentes, para efeitos de inquérito e procedimento criminal".

Sem embargo, se por um lado a jurisdição penal internacional pode ser um grande passo para a proteção dos direitos humanos e de bons resultados produzidos[82], conforme demonstrado acima, verifica-se também, infelizmente, que o Estatuto do Tribunal Penal

---

[82] O Tribunal Penal Internacional realiza investigações sobre Uganda, Sudão e Congo. Em relação a esse último, foi instaurado o primeiro caso no âmbito da Corte "The Prosecutor vs. Thomas Lubanga Dylo", número 01/04-01/06. Disponível em: <www.icc-cpi.int>.

Internacional possui uma série de limitações, como, por exemplo, a não obrigatoriedade da jurisdição internacional nos crimes consagrados no aludido documento.

4.1. A definição dos crimes contra a humanidade e do genocídio pelo Direito Internacional

Os crimes internacionais[83], dos quais são espécie o crime contra a humanidade e o genocídio[84], podem ser analisados a partir de duas concepções. A primeira concepção é de natureza formal, segundo a qual os crimes internacionais são violações previstas e descritas por uma convenção internacional. A segunda concepção, de natureza material, considera uma perspectiva diferente, segundo a qual os crimes internacionais são infrações que portam uma lesão aos valores de toda a humanidade, valores, portanto, comuns a todas as sociedades.

Se atualmente a expressão *crimes internacionais* advém de transgressões penais que são previstas no Estatuto de Roma, tais como o crime de genocídio, o crime contra a humanidade, o crime de guerra e o crime de agressão, e que são portanto definidos por um instrumento único de direito internacional tendo por objetivo, ao menos em teoria, a proteção de valores do conjunto das comunidades humanas, considerando o fato de que se trata de uma jurisdição internacional permanente com vocação universal, essas definições foram construídas de maneira diferente ao longo da história. Por essa razão, faz-se necessário inicialmente analisar o processo que levou à identificação dos crimes internacionais, para em seguida verificar como o direito internacional se ocupa desses conceitos atualmente.

A primeira definição de crime internacional concerne à edificação do conceito de crime de guerra, devido em grande parte ao desenvolvimento do direito internacional humanitário, cujo nascimento remonta à preocupação da comunidade internacional em reduzir os danos causados pelas guerras.

Seu principal instrumento jurídico é a constituição da Liga das Nações consagrada pelo Tratado de Versalhes de 1919, redigido no prolongamento das conclusões da *Commission sur la responsabilité des auteurs de la guerre et sur l'application des peines*, bem como pelas Convenções de Haia de 1899 e de 1907 e sobretudo pelas quatro Convenções de Genebra.

---

[83] GUERRA, Sidney; TONETTO, Fernanda. A construção histórica dos conceitos de crime contra a humanidade e de genocídio. *INTER. Revista de Direito Internacional e Direitos Humanos da UFRJ*, 2018. Disponível em: <https://revistas.ufrj.br/index.php/inter/article/view/24604>.

[84] Segundo TONETTO, Fernanda. *O direito internacional e a proteção da humanidade*. Rio de Janeiro: Lumen Juris, 2019, p. 9: "Os crimes contra a humanidade e o crime de genocídio se traduzem como a expressão máxima da violação de direitos ao mesmo tempo dos indivíduos e de todas as comunidades humanas, representadas pela expressão humanidade. Uma decodificação do conteúdo jurídico atual desses crimes permite aferir que as graves violações podem ser inseridas em um grande grupo de condutas que consistem na prática de atos materiais elencados nos textos convencionais que descrevem as condutas típicas, caracterizados em um primeiro plano pela ofensa à dignidade humana das vítimas diretas".

As Convenções de Haia são as fundadoras do denominado "direito de Haia", encarregado notadamente de estabelecer as regras concernentes aos conflitos armados, tais como a proibição de utilização de certas armas ou métodos de combate, enquanto as Convenções de Genebra, portando criação ao "direito de Genebra", fundam um regime jurídico de proteção de pessoas concernidas pelas hostilidades.

Tanto o direito de Haia quanto o direito de Genebra serão as principais fontes de inspiração da definição dos crimes de guerra. A concepção de crime de guerra servirá de aparato para a construção do conceito de crime contra a humanidade, porquanto a aparição deste último na cena internacional remonta igualmente às convenções de Haia de 1899 e de 1907, notadamente por meio da definição da cláusula Martens, que foi o primeiro texto jurídico a evocar a existência de normas uniformes de proteção dos indivíduos "sob a proteção e a regulamentação dos princípios do direito internacional, uma vez que estes resultam dos costumes estabelecidos entre povos civilizados, dos princípios da humanidade e dos ditames da consciência pública".

Em seguida, após o massacre dos armênios na Turquia ocorrida em 1915 e por ocasião da Conferência de Paz de Paris em 1919, uma comissão foi nomeada a fim de examinar as responsabilidades decorrentes dos atos cometidos durante a Primeira Guerra Mundial, inclusive o genocídio armênio. Esses atos foram qualificados como crimes contra a humanidade, mas nunca foram incluídos no Tratado de Sèvres, posteriormente substituído pelo Tratado de Lausanne, que nada previu a propósito dos crimes contra a humanidade.

Assim, mesmo que o direito internacional tenha conhecido algumas referências às ofensas às *leis da humanidade*, o fato é que a primeira definição do crime contra a humanidade decorre do Estatuto do Tribunal de Nuremberg, criado pelo Acordo de Londres em 1945.

À diferença dos conceitos de crime de guerra, a noção de crime contra a humanidade foi concebida de forma casuística com a finalidade de responder às atrocidades perpetradas durante a Segunda Guerra Mundial. O Estatuto de Nuremberg funda portanto a noção jurídica de um crime extremamente grave e que não poderia ser qualificado como sendo um crime de guerra segundo o direito internacional humanitário.

Ao mesmo tempo em que o Estatuto de Nuremberg rompeu os paradigmas tais como a desconstrução do elo que ligava o indivíduo ao seu Estado de forma a impedir a sua responsabilização internacional, a primeira definição de crime contra a humanidade foi igualmente objeto de numerosas críticas, tais como a de ser qualificada como instrumento de justiça dos vencedores e de violar os princípios da legalidade e da primazia do direito penal.

Apesar das críticas, o fato é que esta primeira definição de crimes contra a humanidade tornou possível o desenvolvimento do conceito de valores protegidos por meio das diferentes convenções internacionais que lhe sucederam.

Desta forma, desde Nuremberg, o direito internacional experimentou um novo desenvolvimento, a começar pelo advento da Convenção pela prevenção e a repressão do crime de genocídio, em que este crime foi nomeado pela primeira vez em um instrumento jurídico. A essa convenção sobrevêm a Convenção sobre a imprescritibilidade dos crimes de guerra e do crime contra a humanidade (1968), assim como a Convenção para a eliminação e a repressão do crime de *apartheid* (1973), a Convenção contra a tortura e outras penas e tratamentos cruéis, desumanos e degradantes (1984) e a Convenção internacional para a proteção de todas as pessoas contra os desaparecimentos forçados (2006). Mesmo se essas convenções não precisaram os contornos do crime contra a humanidade, elas tornaram possível a sua evolução no sentido de que os conceitos por elas construídos foram utilizados no desenho da atual noção de crime contra a humanidade.

Embora no seio das Nações Unidas tenha havido um comitê encarregado de codificar o direito relativo aos crimes internacionais, é verdade que esta evolução de construção de conceitos experimentou uma desaceleração sobretudo no período da guerra fria, apenas retomando seu desenvolvimento a partir dos fatos que desencadearam a criação do Tribunal Penal Internacional para a ex-Iugoslávia em 1993 e o Tribunal Penal Internacional para Ruanda em 1994.

Quanto aos estatutos e à jurisprudência desses tribunais, eles aportaram novos elementos à definição do crime contra a humanidade, ligado inicialmente à necessidade de um contexto de existência de um conflito armado (TPII) e à existência de uma intenção discriminatória geral (TPIR).

Em uma derradeira etapa, a evolução da definição do crime contra a humanidade chega ao Estatuto de Roma, criador do Tribunal Penal Internacional, cujo artigo 7 não exigirá mais a existência de um conflito armado, confirmando a noção de que crimes contra a humanidade podem ser cometidos em tempo de guerra ou de paz.

Com efeito, apesar de o Estatuto da Corte Penal Internacional não ter vocação de ser definitivo no que se refere ao conceito dos crimes internacionais, visto a existência de outras jurisdições de caráter internacionalizado e os projetos de novas convenções internacionais, no Estatuto de Roma se encontram as definições dos crimes internacionais ao mesmo tempo como resultado de um longo processo de construção histórica e de uma forma mais completa, se comparado a outros estatutos.

Nesse sentido, seu artigo 6 prevê como crime de genocídio a intenção de destruir, no todo ou em parte, um grupo nacional, étnico, racial ou religioso, cometendo atos tais como o homicídio de membros do grupo, ofensas graves à integridade física ou mental de membros do grupo, a submissão intencional do grupo a condições de existência que levem a sua destruição física total ou parcial, a prática de medidas visando a impedir nascimentos no seio do grupo ou a transferência forçada de crianças do grupo a um outro grupo.

Conforme acentuado, os crimes contra a humanidade definidos no artigo 7 são considerados como aqueles cometidos no quadro de um ataque generalizado ou sistemático contra a população civil, por meios como homicídio, extermínio, redução em escravidão, deportação ou transferência forçada de população, aprisionamento ou outra forma de privação grave da liberdade física, tortura, estupro, escravidão sexual, prostituição forçada, gravidez forçada, esterilização forçada ou outra forma de violência sexual de gravidade comparável, perseguição do grupo por motivos de ordem política, racial, nacional, étnica, cultural, religiosa ou sexista, desaparecimentos forçados, *apartheid* e outros atos desumanos de caráter análogo causando intencionalmente grande sofrimento ou ofensas graves à integridade física ou psíquica ou à saúde física ou mental. Em seguida, o artigo 8 define o crime de guerra como sendo, de um lado, as violações das convenções de Genebra, compreendendo os conflitos armados não internacionais, e de outro lado, outras violações graves às leis e costumes aplicáveis aos conflitos armados internacionais conforme o que dispõe o direito internacional, desde que os crimes se inscrevam em um plano ou uma política ou façam parte de uma série de crimes análogos cometidos em grande escala. O crime de guerra e o crime contra a humanidade separaram-se definitivamente enquanto categorias jurídicas, especialmente por força da jurisprudência internacional que deixara de exigir a existência de uma guerra para a configuração do crime contra a humanidade.

O Estatuto de Roma ainda se ocupa de conceituar o crime de agressão, enquanto categoria de crime internacional. Sua definição e o exercício da competência da Corte, no entanto, ainda não se encontram sedimentados, refletindo uma maior lentidão na construção convencional e jurisprudencial dos contornos do crime, porquanto somente em 2010, por ocasião da conferência de revisão de Kampala, que o artigo 8 foi anexado ao Estatuto de Roma, definindo o crime de agressão como sendo a planificação, a preparação, o desencadeamento ou o fato de se engajar no ato de um Estado de utilizar a força militar contra a soberania, a integridade territorial ou a independência política de um outro Estado.

Resta estabelecido que os atos de agressão compreendem a invasão, a ocupação militar e a anexação pelo emprego da força e o bloqueio de portos ou de costas, os quais, por sua natureza, sua gravidade e sua amplitude, são considerados como graves violações da Carta das Nações Unidas, desde que o autor da agressão seja uma pessoa em medida de controlar ou dirigir uma ação política ou militar de um Estado.

Por meio do artigo 8, essa definição preenche uma lacuna no Estatuto de Roma do ponto de vista formal, sem, no entanto, incluir a possibilidade de exercício efetivo e imediato da competência do Tribunal Penal Internacional por crimes de agressão, porquanto a competência somente poderá ser exercida a partir de 2017, conforme definido pelo artigo 15 e isto após a ratificação da emenda por pelo menos trinta Estados.

Em virtude da nova regra, o indivíduo protagonista de um ataque armado, sem legítima defesa ou sem autorização prévia do Conselho de Segurança das Nações Unidas, poderá ser submetido à Corte, o que acrescenta um caráter de natureza política ao crime de agressão, sobretudo porque o Conselho de Segurança é competente para dar seu acordo em relação à abertura de uma investigação pelo cometimento do crime ou de conceder ao juiz sua anuência sobre a admissibilidade da ação em relação ao ato imputável.

Assim, algumas dificuldades impedem a consolidação da competência da Corte Penal Internacional em relação ao tratamento do crime de agressão e, por consequência, a definição de seus contornos pela jurisprudência. Nada impede, no entanto que esses crimes sejam caracterizados pelos direitos domésticos, o que permitiria o exercício da jurisdição nacional, que, aliás, possui primazia em relação à jurisdição internacional.

5. DIREITOS HUMANOS E COSMOPOLITISMO

O direito internacional, enquanto conjunto de regras e princípios de natureza consuetudinária e convencional, é um produto da história, da vida em sociedade e da evolução dos povos e das Nações. Nascido com o objetivo precípuo de regular as relações entre os Estados, inicialmente denominado *Law of Nations,* não foi indiferente às mudanças que se operaram no seio dos mesmos (Nações e povos). Inserido em uma sociedade internacional nutrida por violências, guerras e massacres, pela dominação de uns povos sobre outros e pelo desrespeito sistemático a valores intangíveis, o direito internacional adaptou-se às necessidades de seu tempo.

Como visto nesta obra, a história do direito internacional começa com a era do fortalecimento dos Estados nacionais, em que se fez necessária a criação de regras indispensáveis para a manutenção do equilíbrio mundial. É o contexto da Paz de Vestfália, que traz consigo uma série de postulados, dentre eles o paradigma de que os Estados nacionais são os únicos detentores do monopólio de criação do direito, do sacrossanto princípio da soberania e do princípio da não intervenção. Esses princípios começam a ser superados a partir de um redesenho da sociedade internacional contemporânea, da qual emergem valores, cuja proteção os próprios Estados nacionais não são capazes de salvaguardar, apresentando-se muitas vezes como seus principais violadores.

Desse novo contexto, os direitos humanos são o *Leitmotiv* da transformação do direito internacional, engendrando o movimento de proteção a um núcleo duro de direitos a que todos os Estados são chamados a proteger. Eles (os direitos humanos) não se apresentam como um "produto" acabado. Ao contrário, eles sofreram muitas mudanças ao longo dos séculos. Por isso, é que no estudo da história dos direitos humanos são evidenciadas transformações significativas que vão da negação até o reconhecimento pleno de um sistema internacional protetivo dos direitos dos indivíduos.

O fato é que, no final do século XIX e início do século XX, o direito internacional clássico não mais correspondia às necessidades de uma comunidade internacional da qual começam a emergir os Direitos Humanos[85] em um nível que extravasa os limites do Estado-Nação. Se é certo que a doutrina dos direitos humanos nascera no seio dos Estados,

---

[85] CASSESE, Antonio. *Le droit international dans un monde divisé.* Paris: Berger-Levraut, 1986, p. 185-186.

como uma conquista interna contra o absolutismo das monarquias europeias, nesse novo momento histórico eles se tornam transversais aos direitos nacionais[86].

Nesse contexto, um novo ente passa a demandar a proteção do direito. Noção *a priori* inapreensível, porque englobante, a humanidade passa a ser um dos centros de proteção do direito internacional, entrando em cena pela primeira vez em um texto jurídico na Convenção de Haia, de 1899, com a Cláusula Martens[87], e passando em seguida a criar categorias jurídicas novas, quando se começa a falar em "crime contra a humanidade", ou "patrimônio mundial da humanidade", ganhando corpo de direito, especialmente após 1945, a partir de quando o conceito de humanidade passa a se infiltrar no campo jurídico[88].

Sem embargo, os princípios de proteção da humanidade em um elo universal com vistas à tutela da dignidade humana são a herança da Segunda Guerra Mundial e esse legado tem lançado as bases de um novo direito internacional.

De um lado, a Carta de São Francisco e, do outro, o novo edifício do sistema das Nações Unidas, ponto de partida para a criação de uma nova ordem jurídica internacional, composta por *core conventions* destinadas a conferir proteção a um núcleo duro de direitos humanos intangíveis[89].

O sistema de proteção internacional dos direitos humanos, inaugurado no ano de 1945, com a criação da Organização das Nações Unidas, caracteriza-se como um sistema de cooperação intergovernamental que tem por objetivo a proteção dos direitos inerentes à pessoa humana. Além de ter consagrado a proteção internacional dos direitos humanos como princípios fundamentais de seu texto normativo, a Carta da ONU também deixou explícito que a proteção dos direitos inerentes à pessoa humana se apresenta como meio importante para assegurar a paz.

Noutra banda, impulsionado pelos princípios de direitos humanos consagrados no sistema internacional, teve origem o direito internacional penal, que desde logo rompeu com a ideia de que o Estado é a fonte única de direito. Com o Tratado de Londres, de 1945, pela primeira vez na história uma incriminação teve origem em um texto de

---

[86] *Vide* a propósito GUERRA, Sidney; TONETTO, Fernanda Figueira. *Do direito internacional clássico para um direito internacional cosmopolita*: uma possibilidade a partir da proteção dos direitos humanos. Direito internacional [Recurso eletrônico *online*], organização CONPEDI/ UMinho Coordenadores: Lucas Gonçalves da Silva – Florianópolis: CONPEDI, 2017.

[87] "Convention (II) concernant les lois et coutumes de la guerre sur terre et son Annexe: Règlement concernant les lois et coutumes de la guerre sur terre. La Haye, 29 juillet 1899. (...) Animés du désir de servir encore, dans cette hypothèse extrême, les intérêts de l'humanité et les exigences toujours progressives de la civilisation; (...) En attendant qu'un code plus complet des lois de la guerre puisse être édicté, les Hautes Parties Contractantes jugent opportun de constater que, dans les cas non compris dans les dispositions réglementaires adoptées par Elles, les populations et les belligérants restent sous la sauvegarde et sous l'empire des principes du droit des gens, tels qu'ils résultent des usages établis entre nations civilisées, des lois de l'humanité et des exigences de la conscience publique."

[88] LE BRIS, Catherine. *L'humanité saisie par le droit international public*. Paris: LGDJ, 2012, p. 23-24.

[89] FROUVILLE, Olivier de. *L'intangibilité des droits de l'homme en droit international*. Paris: Pédone, 2004.

direito internacional, que acabou por desaguar na sua aplicação direta, cujos resultados desembocaram em condenações impostas pelo Tribunal Internacional de Nuremberg. Não se pode olvidar da Carta de Tóquio, que deu origem ao Tribunal do Extremo Oriente. Por tais circunstâncias, fica evidente que existem violações aos direitos inerentes à pessoa humana que ultrapassam os limites estabelecidos pelo direito interno, conferindo uma certa primazia do direito internacional.

Esse novo direito internacional, em matéria penal, produziu um arcabouço normativo de proteção aos direitos humanos sob a base de incriminações. Nessa esteira, foram concebidas a Convenção sobre a prevenção e a repressão do crime de genocídio, de 1948; a Convenção sobre a imprescritibilidade do crime de guerra e do crime contra a humanidade, de 1968; a Convenção sobre a eliminação e repressão do crime de *apartheid*, de 1973; a Convenção contra a tortura e outras penas ou tratamentos cruéis, desumanos ou degradantes, de 1984; e a Convenção internacional para a proteção de todas as pessoas contra os desaparecimentos forçados, de 2006.

Indubitavelmente, criou-se um ordenamento jurídico internacional que une todas as comunidades humanas, não mais limitado ao regramento das relações entre Estados, mas sim que passa a ter como grande elemento de proteção o indivíduo.

O caráter de que os direitos humanos impregnam o direito internacional modifica completamente os seus princípios fundantes e inaugura um novo paradigma: se o direito internacional clássico era limitado à relação entre os Estados, ancorado sobre a hierarquia entre as culturas, que servia para fundamentar processos de colonização como se fossem uma obra civilizadora, o direito internacional cosmopolita, fundado sobre os direitos dos indivíduos, traduz o reconhecimento da igualdade de estatuto e de direitos desses indivíduos, bem como a igual dignidade de suas culturas e de suas civilizações[90]. O indivíduo ganha a condição de sujeito de direito internacional, tanto no que toca às suas prerrogativas quanto no que tange às suas obrigações.

A percepção de que a comunidade internacional é ligada por um núcleo duro de valores comuns foi o que ensejou a legitimação das jurisdições internacionais, que relativizam ainda mais o conceito de soberania, causando o que Antonio Cassese denomina de "retraimento da autoridade do Estado, em virtude da perda, por parte deste, do monopólio do poder de dizer o direito"[91].

Desse núcleo de valores que ensejam a proteção de direitos de natureza universal, porque válidos independentemente das culturas, e absolutos, porque não suscetíveis a relativizações pelo direito doméstico, o direito internacional de cunho cosmopolita extrairá princípios que alcançaram o *status* de *ius cogens* com aplicação *erga omnes,* como é o caso da proibição da tortura; do genocídio; do uso de trabalhos forçados e da

---

[90] TOURME-JOUANNET, Emmanuelle. *Le droit international.* Paris: Presses Universitaires de France, 2013, p. 12-122.

[91] DELMAS-MARTY, Mireille & CASSESE, Antonio (Orgs.). *Crimes internacionais e jurisdições internacionais.* Trad. Silvio Antunha. Barueri: Manole, 2004, p. 4 e s.

escravidão; e do emprego de tratamento cruel ou desumano que, se violados, ensejam o acesso à jurisdição internacional.

Essas premissas possibilitaram ao direito internacional, no curso do século XX, conhecer um desenvolvimento sem precedentes que culminou na multiplicação de jurisdições posicionadas acima dos Estados, provocando o nascimento de uma *ordem jurídica mundial* contextualizada em uma era de transição do modelo de soberania para um modelo universalista, ou do que Olivier de Frouville chama de transição do modelo de sociedade dos Estados soberanos para o modelo de sociedade humana universal[92].

Nesse novo paradigma, em que subsiste a coexistência das jurisdições internacionais e das jurisdições internas, que já não podem funcionar de maneira isolada dada a diversidade de temas a que são submetidas, despontam necessidades de regular a relação entre os povos e entre os Estados. Neste modelo que consagra a existência de verdadeira sociedade humana universal, ganham relevo as Cortes Internacionais.

As Cortes Internacionais possuem competências díspares e poderão funcionar em julgamentos em que figurem Estados ou indivíduos. No caso, por exemplo, da Corte Internacional de Justiça, esta possui competência para dirimir conflitos entre os Estados; as Cortes de Direitos Humanos que se apresentam nos sistemas regionais, como o Europeu e Americano, por exemplo, julgam violações de direitos humanos praticadas pelo Estado contra os indivíduos; quanto à responsabilização penal dos indivíduos por crimes internacionais, tem-se o Tribunal Penal Internacional, que atua em complementariedade com as diversas jurisdições internacionalizadas[93] e com as jurisdições nacionais.

Assim, a partir de toda reconfiguração da sociedade internacional é que se apresenta um novo direito internacional, desordenado, composto por um pluralismo de fontes, e por isso um tanto quanto perturbador, mas ao mesmo tempo mais adaptado aos problemas complexos que circundam a *humanidade,* criadora de uma transição entre o modelo universalista moderado de Grotius e uma visão cosmopolita do direito[94] que exprime a necessidade de proteção de direitos humanos compreendidos como universais.

6. A ONDA GERACIONAL DOS DIREITOS HUMANOS

Os direitos humanos são os direitos consagrados nas Declarações de Direitos, concebidos no âmbito da sociedade internacional, e, portanto, reconhecidos por Estados

---

[92] FROUVILLE, Olivier de. *Droit international pénal. Sources, incriminations, responsabilite.* Paris: Pedone, 2012, p. 1-3.

[93] É o caso das Câmaras Especiais dos Tribunais do Timor Leste, do Kosovo e da Corte Especial para Serra Leoa, que já encerraram suas atividades, bem como do Tribunal Especial para o Líbano, das Câmaras Extraordinárias dos Tribunais do Camboja, das Câmaras Africanas Extraordinárias no Senegal, da Corte Especial para a República Centro-Africana e das novas Câmaras Especiais para o Kosovo.

[94] DELMAS-MARTY, Mireille. *Le relatif et l'universe. Les forces imaginantes du droit.* Paris: Seuil, 2004, p. 27.

soberanos, que produzirão efeitos no plano doméstico em conformidade com a própria ordem jurídica interna de cada Estado.

Atualmente existe um rol significativo de direitos humanos reconhecidos no plano internacional e interno dos Estados, inerentes aos direitos civis, políticos, sociais, econômicos, culturais, de meio ambiente, da paz etc. Tem-se muito discutido a forma e o momento em que os direitos humanos foram concebidos, tendo sido consagrada pela doutrina e pela jurisprudência (doméstica e internacional) a apresentação dos direitos humanos em ondas geracionais ou por dimensões.

Assim, partindo da análise do modelo inglês (que servirá para demonstrar inicialmente as dimensões dos direitos humanos), verifica-se que os direitos se firmaram a partir de três momentos distintos, no decorrer de três séculos: os direitos civis, que podem ser expressos pela igualdade perante a lei e pelos direitos do homem, no século XVIII; os direitos políticos ganham amplitude no século XIX, em decorrência da ampliação do direito de voto no sentido do sufrágio universal; os direitos sociais, no século XX, pela criação do Estado de Bem-Estar (*Welfare State*). Dessa forma, evidencia-se que os direitos civis foram consagrados durante o século XVIII, ao passo que o período de formação dos direitos políticos, no século XIX e o advento dos direitos sociais, no século XX.

Confrontando-se o sistema moderno com a inexistência do estabelecimento de diferenças entre os direitos no período feudal, por um estudo comparativo entre a Idade Média e o Estado Liberal, verifica-se que no feudalismo os três direitos estavam fundidos num só, visto que direitos e deveres[95] específicos eram estritamente locais.

Os elementos que compõem os direitos humanos não se desenvolveram em uma mesma época. Pelo contrário, tiveram seu desenvolvimento e apogeu em contextos históricos distintos, como verificado no tópico anterior do presente livro. Os períodos de destaque de cada direito (civis, políticos e sociais) ficam nítidos na busca de caminhos distintos e autônomos destes elementos, contudo não significa dizer que eles caminharam totalmente independentes. Tanto os direitos civis quanto os políticos e os sociais tiveram momentos de ligação. Pode-se até afirmar que os elementos políticos e os sociais contribuíram – por haver interligação em alguns momentos entre eles – para a formação da cidadania do Estado Democrático de Direito no século XX, já que os ingleses, pelo

---

[95] BOBBIO, Norberto. *Teoria geral da política*: a filosofia política e as lições dos clássicos. Rio de Janeiro: Elsevier, 2000, p. 477: "Como uma metáfora usual, pode-se afirmar que o direito e o dever são como as duas faces de uma moeda. (...) Para que se pudesse acontecer a passagem do código de deveres para o código de direitos, foi preciso que a moeda se invertesse: que o problema começasse a ser observado não mais apenas do ponto de vista da sociedade, mas também do ponto de vista do indivíduo. Foi preciso uma verdadeira revolução. A grande guinada teve início no Ocidente a partir da concepção cristã da vida. A doutrina moderna do direito natural, que floresceu nos séculos XVII e XVIII, de Hobbes a Kant, bem diversa da doutrina do direito natural dos antigos, e que culmina no kantiano 'se pessoa e respeita os outros como pessoas', pode ser considerada por muitos aspectos como uma secularização da ética cristã".

direito ao voto, tiveram a possibilidade de intervir no governo inglês, com a eleição de candidatos que representariam os desejos do povo, implementando uma legislação social.

Embora o crescimento dos direitos humanos tenha ocorrido em meio ao desenvolvimento capitalista, caracterizado por desigualdades, fundamenta-se em uma ideia de igualdade básica, já que constitui um *status*[96] concedido àqueles que são membros integrais de uma comunidade.

Sendo inerente ao desenvolvimento do ser humano, a contradição existente entre a igualdade genérica de todos os componentes de uma sociedade, de modo a serem atingidos os direitos da pessoa humana e em contrapartida as desigualdades sociais decorrentes do mercado (o que poderia parecer um paradoxo), torna-se compreensível, já que constituiu um agente legitimador das desigualdades do mundo capitalista.

Os direitos civis, políticos e sociais não foram garantidos por uma única instituição, mas por diversas, sendo a instituição dos Tribunais de Justiça a relativa aos direitos civis, com papel decisivo na promoção e registro do novo direito conquistado. Já os direitos políticos tinham como instituições garantidoras os Parlamentos e as Câmaras locais e os direitos sociais encontravam o sistema educacional, os serviços sociais em geral, dependentes das políticas praticadas pelo Poder Executivo, de modo à sua efetivação.

De fato, os direitos humanos são apresentados, por grande parte da doutrina[97], por gerações ou dimensões. Esta abordagem é interessante para demonstrar como se desenvolveram os direitos humanos e a necessidade de serem todos observados (não apenas os direitos civis e políticos) para o reconhecimento da dignidade humana.

Karel Vasak, em palestra realizada no Instituto Internacional de Direitos do Homem, em Estrasburgo, no ano de 1979, propôs uma classificação baseada nas fases de reconhecimento dos direitos humanos dividida em três gerações, conforme a marca predominante dos eventos históricos e das aspirações axiológicas que a elas deram identidade: a primeira, surgida com as revoluções burguesas dos séculos XVII e XVIII, valorizava a liberdade; a segunda, decorrente dos movimentos sociais democratas da Revolução Russa, dava ênfase à igualdade; e a terceira geração se nutre das duras experiências passadas pela Humanidade durante a Segunda Guerra Mundial e da onda de descolonização que a seguiu, refletindo os valores da fraternidade.

---

[96] Na sociedade feudal, o *status* era diferenciador social na estratificação de classes, não havendo igualdade de direitos entre os componentes daquela sociedade. Já nos Estados Democráticos de Direito atualmente, o *status* de cidadania é visto como aquele que os concidadãos devem possuir, por uma igualdade mínima viável para que os direitos civis, políticos e sociais estejam presentes.

[97] *Vide* BOBBIO, Norberto. *A era dos direitos*. Rio de Janeiro: Campus, 1992; SAMPAIO, José Adércio Leite. *Direitos fundamentais*. Belo Horizonte: Del Rey, 2004; SARLET, Ingo. *A eficácia dos direitos fundamentais*. 4. ed. Porto Alegre: Livraria do Advogado, 2004; MARSHALL, T. H. *Classe social, status e cidadania*. Rio de Janeiro: Zahar, 1967; BONAVIDES, Paulo. *Curso de direito constitucional*. 14. ed. São Paulo: Malheiros, 2004.

A partir do estudo desenvolvido por Vasak, a referida classificação ganha força, sendo devidamente encampada pela doutrina e pela jurisprudência para a identificação dos Direitos Humanos por gerações ou dimensões.

A partir dessa formulação podem ser apresentados os direitos humanos de primeira geração, os de segunda geração e os de terceira geração. Deve-se advertir, entretanto, que a classificação acima apresentada vem sendo complementada, por alguns[98], com os direitos de quarta e até de quinta geração.

Por outro lado, parte da doutrina rechaça veementemente a classificação ora abordada, como, por exemplo, Cançado Trindade: "Um exemplo de mal-entendido que gradualmente se vem dissipando, diz respeito à fantasia das chamadas 'gerações de direitos', a qual corresponde a uma visão atomizada ou fragmentada destes últimos no tempo. A noção simplista das chamadas 'gerações de direitos', histórica e juridicamente infundada, tem prestado um desserviço ao pensamento mais lúcido a inspirar a evolução do Direito Internacional dos Direitos Humanos. Distintamente do que a infeliz invocação da imagem analógica da 'sucessão geracional' pareceria supor, os direitos humanos não se 'sucedem' ou 'substituem' uns aos outros, mas antes se expandem, se acumulam e fortalecem, interagindo os direitos individuais e sociais. O que testemunhamos é o fenômeno não de uma sucessão, mas antes da expansão, cumulação e fortalecimento dos direitos humanos consagrados, a revelar a natureza complementar de todos os direitos humanos. Contra as tentações dos poderosos de fragmentar os direitos humanos em categorias, ou projetá-los em 'gerações', postergando sob pretextos diversos a realização de alguns destes (os direitos econômicos, sociais e culturais) para um amanhã indefinido, se insurge o Direito Internacional dos Direitos Humanos, afirmando a unidade fundamental de concepção e a indivisibilidade de todos os direitos humanos"[99].

Certamente que os direitos humanos não se "sucedem" ou "substituem" uns aos outros, mas se expandem, se acumulam e se fortalecem. A classificação geracional apresentada serve para demonstrar como os direitos humanos foram conquistados, identificando o correspondente marco histórico, sendo por isso mesmo, um ótimo modelo didático[100] para efeito de compreensão do estudo dos direitos humanos na órbita jurídica

---

[98] Neste sentido SAMPAIO, José Adércio Leite. *Direitos fundamentais*. Belo Horizonte: Del Rey, 2004, p. 298 e 302.

[99] TRINDADE, Antônio Augusto Cançado. *Tratado de direito internacional dos direitos humanos*. Porto Alegre: Sérgio Fabris, 1997, p. 24.

[100] Em sentido contrário ao de Cançado Trindade e na mesma direção que a nossa, apresenta-se o magistério de SARLET, Ingo. *A eficácia dos direitos fundamentais*. 4. ed. Porto Alegre: Livraria do Advogado, 2004, p. 53: "Em que pese o dissídio na esfera terminológica, verifica-se a crescente convergência de opiniões no que concerne à ideia que norteia a concepção das dimensões dos direitos fundamentais, no sentido de que estes, tendo tido sua trajetória existencial inaugurada com o reconhecimento formal das primeiras Constituições escritas dos clássicos direitos de matriz liberal burguesa, se encontram em constante processo de transformação, culminando com a recepção, nos catálogos constitucionais e na seara do Direito Internacional, de múltiplas e diferentes posições jurídicas,

internacional e doméstica. Neste sentido, Pérez apresenta alguns argumentos favoráveis para utilizar essa classificação:

"a) El concepto de generación tiene una naturaleza puramente instrumental y no exactamente descriptiva, ya que facilita su análisis y no obstaculiza su comprensión como un todo, ni delimita rígidamente su contenido. Y esto es así porque las generaciones de derechos no entraron un proceso meramente cronológico y lineal más bien dialéctico dado que, a lo largo de la historia, se producen constantes avances, retrocesos y contradiciones. b) Hablar de generaciones de derechos no les resta fuerza ni capacidad transformadora. Supone reconocer que, en un momento de la historia, las circunstancias cambian y surgen nuevas necesidades a las que los derechos han de dar respuestas. c) El concepto de generación tiene utilidad, ya que nos permite explicar la historia de los derechos de una forma sintética y conceptual, atendiendo a la doble naturaleza de los derechos, por un lado, el valor moral que un grupo de derechos comparten, y por otro, cómo éstos se reconocen en instrumentos jurídico-positivos. d) Que los derechos incluidos en una generación, presentan conflictos no niega que no compartan su base en un mismo valor moral. La cuestión es que aplicados a un caso concreto, los derechos puedan entrar en contradicción, siendo entonces necesario un juicio de ponderación para ver qué derecho tiene más peso o importancia, no en general, porque en general son igualmente relevantes, sino en caso particular"[101].

Nesse sentido, partindo da formulação de Vasak, podem-se identificar os direitos de primeira geração como sendo os direitos de liberdade, os de segunda geração como sendo os direitos de igualdade e os de terceira geração como sendo os de fraternidade.

Assim, evidencia-se que os direitos de primeira geração[102] ou de base liberal se fundam numa separação entre Estado e sociedade que permeia o contratualismo dos séculos XVIII e XIX[103].

---

cujo conteúdo é tão variável quanto as transformações ocorridas na realidade social, política, cultural e econômica ao longo dos tempos. Assim sendo, a teoria dimensional dos direitos fundamentais não aponta, tão somente, para o caráter cumulativo do processo evolutivo e para a natureza complementar de todos os direitos fundamentais, mas afirma, para além disso, sua unidade e indivisibilidade no contexto do direito constitucional interno e, de modo especial, na esfera do moderno direito internacional dos direitos humanos".

[101] PÉREZ, José Luiz Rey. *El discurso de los derechos*: una introducción a los derechos humanos. Madrid: Universidad Comillas, 2011, p. 122.

[102] Sobre este ponto SARLET, Ingo. *A eficácia dos direitos fundamentais*. 4. ed. Porto Alegre: Livraria do Advogado, 2004, p. 54, preleciona: "(...) de marcado cunho individualista, surgindo e afirmando-se como direitos de defesa, demarcando uma zona de não intervenção do Estado e uma esfera de autonomia individual em face de seu poder. São, por este motivo, apresentados como direitos de cunho negativo, uma vez que dirigidos a uma abstenção, e não a uma conduta positiva por parte dos poderes públicos, sendo, neste sentido, 'direitos de resistência ou de oposição perante o Estado'".

[103] Na mesma direção, FAVOREU, Louis et al. *Droit des libertés fondamentales*. 4. ed. Paris: Dalloz, 2007, p. 47: "La

O Estado desempenha um papel de "polícia administrativa" por meio do Poder Executivo, e de controle, prevenção e repressão de ameaça ou lesão pelo Judiciário. Contudo, deve-se ressaltar que o papel do Estado na defesa dos direitos de primeira geração[104], se manifesta tanto em seu tradicional papel passivo (abstenção em violar os direitos humanos, ou seja, as famosas prestações negativas)[105] quanto no papel ativo, pois há de se exigir ações do Estado para garantia da segurança pública, administração da justiça etc.[106].

Dividem-se em direitos civis e direitos políticos. Os direitos civis são aqueles que, mediante garantias mínimas de integridade física e moral, bem assim de correção procedimental nas relações judicantes entre os indivíduos e o Estado, asseguram uma esfera de autonomia individual de modo a possibilitar o desenvolvimento da personalidade de cada um. São direitos titulados pelos indivíduos e exercidos, em sua grande maioria, individualmente, embora alguns somente possibilitem o exercício coletivo (liberdade de associação). O Estado tem o dever de abstenção ou de não impedimento e de prestação, devendo criar instrumentos de tutela como a polícia, o Judiciário e a organização do processo.

No que tange aos direitos políticos, que encontra seu núcleo no direito de votar e ser votado, ao lado dos quais se reúnem outras prerrogativas que decorrem daquele *status* como o direito de postular um emprego público, de ser jurado ou testemunha, de prestar o serviço militar e até de ser contribuinte.

Os direitos de segunda geração[107] correspondem aos direitos sociais, econômicos e culturais que resultam da superação do individualismo possessivo decorrente das transformações econômicas e sociais ocorridas no final do século XIX e início do século XX[108],

---

première génération, celle de la Déclaration Française de 1789 ou du Bill of Rigths américan, correspond, dans cette typologie, aux droits et libertés les plus foundamentaux".

[104] BONAVIDES, Paulo. *Curso de direito constitucional*. 14. ed. São Paulo: Malheiros, 2004, p. 563: "Os direitos de primeira geração ou direitos de liberdade têm por titular o indivíduo, são oponíveis ao Estado, traduzem-se como faculdades ou atributos da pessoa e ostentam uma subjetividade que é seu traço mais característico".

[105] FAVOREU, Louis et al. *Droit des libertés fondamentales*. 4. ed. Paris: Dalloz, 2007, p. 48: "Une autre caractéristique distinctive de ces droits est de consister en des libertés, des facultés d'agir déterminant une sphère d'autonomie individuelle et supposant, en conséquence, l'abstencion de la puissance publique dans les domaines qu'elles protègent, lê role des pouvoirs publics (au premier rang desquels les autorités représentatives et délibérantes) se bornant à en assurer la garantie et à proteger la liberté en général".

[106] RAMOS, André de Carvalho. *Teoria geral dos direitos humanos na ordem internacional*. Rio de Janeiro: Renovar, 005, p. 84.

[107] Como acentua FAVOREU, Louis et al. *Droit des libertés fondamentales*. 4. ed. Paris: Dalloz, 2007, p. 48, os direitos de segunda geração: "sont reconnus à tous, mais lê plus souvent en tant que membres de catégories déterminées par des critères en rapport avec le système de production on en fonction d'une situation sociale. (...) ces droits supposent non une abstencion, mais une intervention de la puissance publique propre non seulement à les garantir, mais aussi à assurer leur mise en oeuvre effective pour la création de régimes juridiques ou d'institutions leur donnant une portée concrète".

[108] BONAVIDES, Paulo. *Curso de direito constitucional*. 14. ed. São Paulo: Malheiros, 2004, p. 564, acentua: "(...)

especialmente pela crise das relações sociais decorrentes dos modos liberais de produção, acelerada pelas novas formas trazidas pela Revolução Industrial[109].

Assim, os direitos sociais seriam aqueles necessários à participação plena na vida da sociedade, incluindo o direito à educação, a instituir e manter a família, à proteção à maternidade e à infância, ao direito ao lazer e à saúde etc. Os direitos econômicos destinam-se a garantir um padrão mínimo de vida e segurança materiais de modo que cada pessoa desenvolva suas potencialidades. Os direitos culturais dizem respeito ao resgate, estímulo e à preservação das formas de reprodução cultural das comunidades, bem como à participação de todos nas riquezas espirituais comunitárias.

Quanto aos direitos de terceira geração[110], também denominados direitos dos povos, direitos de solidariedade ou direitos de fraternidade[111], surgem como resposta à dominação cultural e como reação ao alarmante grau de exploração não mais da classe trabalhadora dos países industrializados, mas das nações em desenvolvimento e por aquelas já desenvolvidas, bem como pelos quadros de injustiça e opressão no próprio ambiente interno dessas e de outras nações revelados mais agudamente pelas revoluções de descolonização ocorridas após a Segunda Guerra Mundial. Além da afirmação contemporânea de interesses que desconhecem limitações de fronteiras, classe ou posição social e se definem como direitos globais ou de toda a Humanidade. Fala-se também do direito à paz, à autodeterminação dos povos e ao meio ambiente equilibrado[112].

---

introduzidos no constitucionalismo das distintas formas de Estado social, depois que germinaram por obra da ideologia e da reflexão antiliberal do século XX. Nasceram abraçados ao princípio da igualdade, do qual não se podem separar, pois equivaleria a desmembrá-lo da razão de ser que os ampara e estimula".

[109] Na mesma direção SARLET, Ingo. *A eficácia dos direitos fundamentais*. 4. ed. Porto Alegre: Livraria do Advogado, 2004, p. 55: "O impacto da industrialização e os graves problemas sociais e econômicos que acompanharam as doutrinas socialistas e a constatação de que a consagração formal de liberdade e igualdade não gerava a garantia do seu efetivo gozo acabaram, já no decorrer do século XIX, gerando amplos movimentos reivindicatórios e o reconhecimento progressivo de direitos, atribuindo ao Estado comportamento ativo na realização da justiça social. (...) caracterizam-se, ainda hoje, por outorgarem ao indivíduo direitos a prestações sociais estatais, como assistência social, saúde, educação, trabalho etc., revelando uma transição das liberdades formais abstratas para as liberdades materiais concretas".

[110] Sobre estes direitos, BONAVIDES, Paulo. *Curso de direito constitucional*. 14. ed. São Paulo: Malheiros, 2004, p. 569, enfatiza que são "dotados de altíssimo teor de humanismo e universalidade e tendem a cristalizar-se enquanto direitos que não se destinam especificamente à proteção dos interesses de um indivíduo, de um grupo ou de um determinado Estado. Têm primeiro por destinatário o gênero humano mesmo, num momento expressivo de sua afirmação como valor supremo em termos de existencialidade concreta".

[111] Em interessante abordagem SARLET, Ingo. *A eficácia dos direitos fundamentais*. 4. ed. Porto Alegre: Livraria do Advogado, 2004, p. 58, afirma que os direitos de terceira dimensão "podem ser considerados uma resposta ao fenômeno denominado 'poluição das liberdades', que caracteriza o processo de erosão e degradação sofrido pelos direitos e liberdades fundamentais, principalmente em face do uso de novas tecnologias".

[112] FAVOREU, Louis et al. *Droit des libertés fondamentales*. 4. ed. Paris: Dalloz, 2007, p. 49: "Les droits de la troisième génération, invocables par tout home, sont opposables à la puissance publique. Toutefois, la question de savoir si c'est l'humanité ou chaque individu qui s'en trouve titulaire (en son nom proper, ou au nom

Hodiernamente alguns autores[113] têm defendido a ideia relativa aos direitos de quarta e quinta geração. No que tange aos direitos de quarta geração[114], estes correspondem ao direito à democracia[115], à informação e ao direito ao pluralismo[116]. A democracia positivada, como direito de quarta geração, há de ser uma democracia direta. Materialmente possível graças aos avanços da tecnologia de informação, e sustentável graças à informação correta e às aberturas pluralistas do sistema. Não se pode conceber a participação da sociedade civil sem que esta esteja devidamente informada dos problemas que acometem o local em que está inserida. Como já tivemos a oportunidade de assentar[117], informação é sinônimo de poder, já que passou a ocupar papel de destaque na sociedade, na medida em que seu alcance se torna infinitamente maior com os meios de comunicação.

Quanto aos direitos de quinta geração, Sampaio[118] os apresenta como sendo direitos ainda a serem desenvolvidos e articulados, mas que tratam do cuidado, compaixão e amor por todas as formas de vida, reconhecendo-se que a segurança humana não pode ser plenamente realizada se não começarmos a ver o indivíduo como parte do cosmo e carente de sentimentos de amor e cuidado, todas definidas como prévias condições de

---

et pour le bien de tous), et celle de la puissance publique concernée, étatique ou supra-étatique, demeurent discutées)".

[113] Nesse sentido, SAMPAIO, José Adércio Leite. *Direitos fundamentais*. Belo Horizonte: Del Rey, 2004, p. 298 a 303.

[114] BONAVIDES, Paulo. *Curso de direito constitucional*. 14. ed. São Paulo: Malheiros, 2004, p. 572, assevera que "os direitos de quarta geração não somente culminam a objetividade dos direitos das duas gerações antecedentes como absorvem – sem, todavia, removê-la – a subjetividade dos direitos individuais, a saber, os direitos da primeira geração. Tais direitos sobrevivem, e não apenas sobrevivem, senão que ficam opulentados em sua dimensão principal, objetiva e axiológica, podendo, doravante, irradiar-se com a mais subida eficácia normativa a todos os direitos da sociedade e do ordenamento jurídico".

[115] GUERRA, Caio Grande, ao tratar da democracia e representatividade, apresenta fundamentos contemporâneos interessantes em seu estudo sobre *A candidatura avulsa no Brasil*: controvérsias sobre a representação política no Brasil na era da desconfiança. Curitiba: Instituto Memória, 2021, p. 17-47.

[116] Na mesma direção, FAVOREU, Louis et al. *Droit des libertés fondamentales*. 4. ed. Paris: Dalloz, 2007, p. 49: "Certains auteurs, devant l' expansion et l'emprise grandissante des nouvelles technologies de l'information et des modes de communication de plus en plus compréhensifs, ont même avancé l'idée des droits de l'homme de la quatrième génération".

[117] GUERRA, Sidney. *O direito à privacidade na Internet*: uma discussão da esfera privada no mundo globalizado. Rio de Janeiro: América Jurídica, 2004, p. 1 e 2: "A informação, inicialmente adstrita a um grupo limitado de pessoas, passava a desempenhar um papel de destaque na sociedade, à medida que seu alcance se tornava infinitamente maior com os meios de comunicação. Com a evolução da sociedade e dos meios de comunicação de massa (passando pelos jornais escritos, pelo rádio, pela televisão, até que se chegasse à internet), verifica-se que aqueles que detêm a informação passam a ter grande poder. Com a informação pode-se alterar pontos de vista, opiniões, comportamentos, eleger ou destituir presidentes, produzir uma imagem positiva ou negativa (...) enfim a informação é capaz de provocar inúmeras alterações na vida das pessoas, seja num clube, numa igreja, numa cidade, num País e até no mundo. Na medida em que chegam a seu destinatário final as informações cumprem seu papel de aproximar pessoas e estabelecer um canal de comunicação entre elas. Assim, toda a população é 'bombardeada' hoje por uma multiplicidade de informações que são passadas pelas pessoas, em geral, e, sobretudo, pelos diversos meios de comunicação. Nesse universo, destaca-se a internet pela rapidez com que processa as informações para atingir um número inestimável de pessoas, em poucos segundos e em nível mundial, fazendo com que ficção se torne realidade".

[118] SAMPAIO, José Adércio Leite. *Direitos fundamentais*. Belo Horizonte: Del Rey, 2004, p. 302.

"segurança ontológica". Corresponde à identidade individual, ao patrimônio genético e à proteção contra o abuso das técnicas de clonagem.

Sem embargo, é inegável que os direitos humanos obtiveram um enorme crescimento nos últimos anos, mas como alertou Bobbio no simpósio promovido pelo Instituto Internacional de Filosofia sobre o Fundamento dos Direitos Humanos, "o problema grave de nosso tempo, com relação aos direitos do homem, não era mais o de fundamentá-los, e sim de protegê-los"[119].

---

[119] BOBBIO, Norberto. *A era dos direitos*. Rio de Janeiro: Campus, 1992, p. 25.

Capítulo XXII
Os Direitos Humanos no Plano Regional

1. CONSIDERAÇÕES GERAIS

Na busca incessante do reconhecimento, desenvolvimento e da realização dos maiores objetivos por parte da pessoa humana e contra as violações que são perpetradas pelos Estados e pelos particulares, o Direito Internacional dos Direitos Humanos[1] mostra-se um instrumento vital para a uniformização, fortalecimento e implementação dos direitos da pessoa humana.

Como verificado neste estudo, o Direito Internacional dos Direitos Humanos ganhou espaço a partir da hecatombe da Segunda Guerra Mundial, pois a proteção dos direitos da pessoa humana passou a constituir relevante interesse no mundo. Neste sentido, o florescimento do Direito Internacional dos Direitos Humanos: "(...) insurge o Direito Internacional dos Direitos Humanos, ao sustentar que o ser humano é sujeito tanto do direito interno quanto do direito internacional, dotado em ambos de personalidade e capacidade jurídicas próprias. (...) o primado é sempre de norma de origem internacional ou interna que melhor proteja os direitos humanos; o Direito Internacional dos Direitos Humanos efetivamente consagra o critério da primazia da norma mais favorável às vítimas"[2].

O tema passou a ser tratado com enorme interesse, na medida em que teria colocado a pessoa humana em plano elevado no Direito Internacional. A multiplicidade de instrumentos internacionais no pós-Segunda Guerra levou a uma nova evolução da proteção internacional dos direitos humanos e por isso, hodiernamente, busca-se uma "justiça globalizada" ou "cosmopolita", que poderia ser institucionalizada em um tribunal internacional.

---

[1] A propósito, *vide* GUERRA, Sidney. *Direito internacional dos direitos humanos*. 3. ed. Rio de Janeiro: Lumen Juris, 2020.

[2] TRINDADE, Antônio Augusto Cançado. *Tratado de direito internacional de direitos humanos*. Porto Alegre: Sérgio Antonio Fabris Editor, 1997. v. I, p. 22.

A pessoa humana é destinatária de várias normas internacionais, mas para que possa efetivamente ser sujeito de direito internacional, é necessário que lhe sejam conferidos direitos e lhe sejam proporcionados os meios e ações que os assegurem. Os indivíduos têm direitos internacionais próprios e a titularidade destes os constitui em sujeitos de direito[3] no mesmo patamar dos Estados e Organizações Internacionais.

Assim, os direitos humanos que tinham sido e continuam a ser afirmados nas Constituições dos Estados, são hoje reconhecidos e proclamados em âmbito internacional ensejando, como alertou Bobbio, uma consequência que abalou literalmente a doutrina e a prática do Direito Internacional: "todo indivíduo foi elevado a sujeito potencial da comunidade internacional, cujos sujeitos até agora considerados eram, eminentemente, os Estados soberanos. (...) o problema grave de nosso tempo, com relação aos direitos do homem, não era mais o de fundamentá-los, e sim o de protegê-los (...). Com efeito, o problema que temos diante de nós não é filosófico, mas jurídico e, num sentido mais amplo, político. Não se trata de saber quais e quantos são esses direitos, qual é sua natureza e seu fundamento, se são direitos naturais ou históricos, absolutos ou relativos, mas sim qual é o modo mais seguro para garanti-los, para impedir que, apesar das solenes declarações, eles sejam continuamente violados"[4].

A despeito da proteção universal ou global dos direitos humanos, verifica-se que a proteção aos direitos humanos através de instituições de âmbito regional[5] tem-se revelado mais positiva, na medida em que os Estados situados num mesmo contexto geográfico, histórico e cultural têm maior probabilidade de transpor os obstáculos que se apresentam em âmbito mundial.

No âmbito regional, cada sistema de proteção (europeu, americano e africano) apresenta uma estrutura jurídica própria, ou seja, no plano europeu apresenta-se a Convenção Europeia de Direitos Humanos, no continente americano a Convenção Americana de

---

[3] No mesmo passo, PIOVESAN, Flávia. *Direitos humanos e o direito constitucional internacional*. São Paulo: Max Limonad, 2002, p. 306: "Na condição de sujeitos de direito internacional, cabe aos indivíduos o acionamento direto de mecanismos internacionais, como é o caso das petições ou comunicações, mediante as quais um indivíduo, grupos de indivíduos ou, por vezes, entidades não governamentais, podem submeter, aos órgãos internacionais competentes, denúncia de violação de direito enunciado em tratados internacionais".

[4] BOBBIO, Norberto. *A era dos direitos*. Rio de Janeiro: Campus, 1992, p. 25.

[5] PIOVESAN, Flávia. *Introdução ao sistema interamericano de proteção dos direitos humanos*: a Convenção Americana de Direitos Humanos. O sistema interamericano de proteção dos direitos humanos e o direito brasileiro. São Paulo: Revista dos Tribunais, 2000, p. 21-22, afirma que: "Ao lado do sistema normativo global, surge o sistema normativo regional de proteção, que busca internacionalizar os direitos humanos no plano regional, particularmente na Europa, América e África. (...) Cada qual dos sistemas regionais de proteção apresenta um aparato jurídico próprio. O sistema americano tem como principal instrumento a Convenção Americana de Direitos Humanos de 1969, que estabelece a Comissão Interamericana de Direitos Humanos e a Corte Interamericana. Já o sistema europeu conta com a Convenção Europeia de Direitos Humanos de 1950, que estabelece a Corte Europeia de Direitos Humanos. Por fim, o sistema africano apresenta como principal instrumento na Carta Africana de Direitos Humanos de 1981, que, por sua vez, estabelece a Comissão Africana de Direitos Humanos".

Direitos Humanos, de 1969 e, por fim, a Carta Africana de Direitos Humanos, de 1981, que estabelece mecanismos próprios no âmbito do continente africano[6].

Todos os sistemas são considerados instrumentos importantes para o funcionamento do sistema internacional de proteção dos direitos humanos e serão apresentadas considerações sobre cada um deles de maneira individualizada (Europa, América e África)[7].

2. A PROTEÇÃO UNIVERSAL, OS SISTEMAS REGIONAIS E A HUMANIZAÇÃO DO DIREITO INTERNACIONAL

Antes de apresentar os tópicos relacionados aos sistemas de proteção regional dos direitos humanos, torna-se oportuno apresentar comentários sobre a "transição" estabelecida de um sistema global de proteção dos direitos humanos para os sistemas regionais, a partir da criação da Declaração Universal dos Direitos Humanos que inaugurou uma nova fase do direito internacional.

A princípio, parece que uma primeira mudança que se operou foi efetivamente a colocação do indivíduo na posição de sujeito de direitos e deveres, ao mesmo tempo em que o direito internacional passou a proteger juridicamente um novo ente, ora denominado humanidade[8]. Essa apreensão da humanidade pelo direito internacional pode ter produzido um fenômeno de dupla dimensão: de um lado, a juridicização do conceito de humanidade é transformadora do próprio conceito – de um conceito filosófico e metafísico para um conceito jurídico; de outro lado, o direito internacional começa a passar por um processo de humanização propiciado pelo rompimento de algumas de suas bases herdadas do pilar da concepção de soberania do Estado – de um direito internacional clássico para um novo direito internacional.

As mudanças no conceito de humanidade e da própria concepção do direito internacional são obra de todos esses acontecimentos sociais contemporâneos ao processo, que passaram a exigir a proteção do ser humano na cena internacional e a imposição de limites à razão de Estado. As atrocidades que marcaram o fim do século XIX e a primeira metade do século XX acabaram por despertar "a consciência jurídica universal para a necessidade de reconceitualizar as próprias bases do ordenamento jurídico internacional"[9].

---

[6] Nesse sentido, *vide* o magistério de FAVOREU, Louis et al. *Droit des libertés fondamentales*. 4. ed. Paris: Dalloz, 2007, p. 44: "Un développment singulier des droits de l'homme à l'échelon supra-étatique a été l'adoption de déclarations particulières des droits et la mise en place de systèmes regionaux de protection des droits de l'homme, dans un souci de rendre cette protection plus efficace et, peut-être aussi, de l'élaborer dans un cadre plus homogène et moins disparate que l'ensemble de la communauté internationale".

[7] O estudo completo encontra-se em GUERRA, Sidney. *Direito internacional dos direitos humanos*. 3. ed. Rio de Janeiro: Lumen Juris, 2020.

[8] *Vide* GUERRA, Sidney; TONETTO, Fernanda. Os impactos da declaração universal dos direitos humanos sobre o desenvolvimento do novo direito internacional. *Revista Direitos Humanos e Democracia*, v. 7, n. 14, 2019.

[9] CANÇADO TRINDADE, Antônio Augusto. *A humanização do direito internacional*. Belo Horizonte: Del Rey, 2006, p. 111.

Esse direito internacional nasce de um corpo de princípios e de costumes e transforma-se pouco a pouco em uma ordem jurídica convencional, encontrando um desenvolvimento sem precedentes desencadeado pela Declaração Universal dos Direitos Humanos.

Embora a construção convencional centralizada pelas Nações Unidas não tenha como objeto único a proteção dos direitos humanos, porquanto lhe coube igualmente se ocupar de matérias relativas à paz e à segurança internacionais, assim como a proteção dos direitos humanos não é o objeto único de proteção de alguns sistemas regionais[10], junto dela seguiu-se toda uma construção jurisprudencial que deu primazia hierárquica ao que se pode denominar valores humanos intangíveis, dos quais decorrem direitos igualmente universais e absolutos.

Em todo o edifício erguido pela jurisprudência em matéria de interpretação e aplicação do direito internacional dos direitos humanos existe certa convergência de entendimento e mesmo uma influência recíproca de uma Corte sobre outra, sendo não raro encontrar o cruzamento de decisões que podem ser compreendidas como um verdadeiro diálogo entre as Cortes, tanto entre as Cortes de Direitos Humanos entre si, quanto destas com as Cortes Internacionais Penais, bem como com as Cortes Constitucionais.

Toda essa construção jurisprudencial em matéria de direitos humanos se desenvolve em duas vertentes principais que se entrecruzam, encontrando-se de um lado o sistema universal de proteção coordenado pelas Nações Unidas e, de outro lado, os sistemas regionais de proteção nascidos da instituição de organizações internacionais como o Conselho da Europa[11], a Organização dos Estados Americanos[12] e a União Africana[13].

A construção jurisprudencial baseada no sistema universal de proteção das Nações Unidas encontra seu pilar na Corte Internacional de Justiça, cuja jurisdição contenciosa pode ser exercida sobre os Estados em três diferentes hipóteses: por aceitação dos Estados envolvidos no caso da existência de uma disputa especifica em matéria de direito internacional; por previsão de um tratado internacional que preveja a jurisdição da Corte como competente para a solução do litigio (como é o caso da Convenção sobre a prevenção e a punição do crime de genocídio); ou ainda por aplicação da cláusula opcional, em que os Estados emitem uma declaração unilateral aceitando a jurisdição da Corte, sendo aplicável a todos os Estados que a fazem, sendo por isso denominada cláusula de reciprocidade.

---

[10] É o caso, por exemplo, do sistema comunitário que se ocupa largamente da elaboração de normas de proteção do mercado comum.

[11] O Conselho da Europa foi instituído pelo Tratado de Londres de 5 de maio de 1949 e tem como principal base normativa a Convenção Europeia de Direitos Humanos de 4 de novembro de 1950.

[12] Criada pela Carta da Organização dos Estados Americanos em 1941, tendo como texto protetor dos Direitos Humanos a Convenção Americana de Direitos Humanos de 22 de novembro de 1969.

[13] Criada em 2002 em aplicação à Declaração de Syrte de 9 de setembro de 1999 (sucessora da Organização da Unidade Africana, criada em 25 de maio de 1963), cujo instrumento protetivo de direitos humanos é a Carta Africana dos Direitos Humanos e dos Povos, de 21 de outubro de 1986.

Consolidada a jurisdição da Corte, sua decisão possui por consequência a criação de obrigação aos Estados concernidos em observá-la, somente cabendo a possibilidade de ser revista a decisão nos casos de descoberta de fato novo decisivo e que na época da decisão era desconhecido, conforme dispõem os artigos 59 a 61 do seu estatuto[14].

Em matéria de proteção dos valores da humanidade, foram diversas as ocasiões em que a Corte Internacional de Justiça fora instada a se manifestar. Importa especialmente o seu entendimento em matéria de *jus cogens* e das obrigações dos Estados decorrentes do direito internacional, bem como as mudanças de entendimento ocorridas ao longo do tempo notadamente quanto à natureza do direito internacional. Nesse último aspecto parece ter havido um avanço que parte de uma concepção voluntarista do direito internacional e deságua em uma visão teleológica voltada à finalidade protetiva.

A jurisprudência da Corte Internacional de Justiça servirá de base para a delimitação do conceito de obrigações *erga omnes* que alcançam toda a comunidade internacional. Essas diferenciam-se das obrigações decorrentes dos tratados internacionais que têm como objeto a criação de obrigações limitadas aos Estados signatários. Nesse sentido, à Corte caberá fazer a separação entre o que são princípios de direito internacional com aplicação obrigatória, porquanto decorrentes do *jus cogens,* daqueles que não o são. Quando por ocasião do julgamento do caso Barcelona Traction, Light and Power Company entre Bélgica e Espanha[15], a Corte faz a distinção entre as obrigações dos Estados em relação à comunidade internacional em seu conjunto e aquelas que nascem aos Estados no quadro da proteção diplomática.

Em relação às obrigações decorrentes das normas de *jus cogens,* de alcance *erga omnes,* a decisão da Corte cita os atos de agressão, o genocídio e as regras concernentes aos direitos fundamentais da pessoa humana. Tais normas compreendem a proteção contra a escravidão e a discriminação racial, os quais estariam integrados a um direito internacional que ela caracteriza como sendo de caráter universal ou quase universal.

---

[14] Article 59. La décision de la Cour n'est obligatoire que pour les parties en litige et dans le cas qui a été décidé. Article 60. L'arrêt est définitif et sans recours. En cas de contestation sur le sens et la portée de l'arrêt, il appartient à la Cour de l'interpréter, à la demande de toute partie. Article 61. La révision de l'arrêt ne peut être éventuellement demandée à la Cour qu'en raison de la découverte d'un fait de nature à exercer une influence décisive et qui, avant le prononcé de l'arrêt, était inconnu de la Cour et de la partie qui demande la révision, sans qu'il y ait, de sa part, faute à l'ignorer. La procédure de révision s'ouvre par un arrêt de la Cour constatant expressément l'existence du fait nouveau, lui reconnaissant les caractères qui donnent ouverture à la révision, et déclarant de ce chef la demande recevable. La Cour peut subordonner l'ouverture de la procédure en révision à l'exécution préalable de l'arrêt. La demande en révision devra être formée au plus tard dans le délai de six mois après la découverte du fait nouveau. Aucune demande de révision ne pourra être formée après l'expiration d'un délai de dix ans à dater de l'arrêt. COUR INTERNATIONALE DE JUSTICE. *Statut de la Cour International de Justice.* Disponível em: <http://www.un.org/fr/documents/icjstatute/pdf/icjstatute.pdf>. Acesso em: 15 maio 2016.

[15] COUR INTERNATIONALE DE JUSTICE. Affaire de la Barcelona Traction, Light and Power Company, Limited. (Belgique c. Espagne). Recueil des Arrêts, avis consultatifs et ordonnances. Deuxième phase. Arrêt du 5 février 1970. §§ 33-34. Disponível em: <http://www.icj-cij.org/files/case-related/50/050-19700205-JUD-01-00-FR.pdf>. Acesso em: 20 abr. 2017.

Declara, assim, o *jus cogens,* ou *peremptory rules,* como fonte autônoma de direitos, que vão mais além do mero direito convencional, uma vez tratar-se de normas internacionais de vital importância para toda a comunidade internacional.

Essa jurisprudência servirá de parâmetro para as jurisdições internacionais penais, especialmente no que se refere à inclusão da proibição da tortura, dos desaparecimentos forçados e do genocídio como normas decorrentes do *jus cogens*, de natureza absoluta e, portanto, impassíveis de relativização pelos Estados nacionais.

A substância da Convenção para a prevenção e a repressão do crime de genocídio teve seu conteúdo ampliado pela jurisprudência da Corte Internacional de Justiça, inicialmente pelo Parecer consultivo de 28 de maio de 1951 (reservas à convenção do genocídio)[16], no qual o direito dos tratados foi analisado com profundidade, especialmente naquilo que diz respeito à possibilidade de os Estados fazerem reservas ao texto de convenções internacionais multilaterais.

A propósito, entendeu a Corte que o direito de fazer reservas não pode comprometer os fins superiores da convenção, oportunidade em que afirma que os princípios de base da convenção são aqueles reconhecidos pelas nações civilizadas como obrigando os Estados, mesmo aqueles Estados que se encontram fora do elo convencional[17].

Reconheceu a Corte como princípio que toda convenção multilateral é fruto de um acordo livremente estipulado sobre cláusulas e que, em consequência, não cabe aos contratantes destruir ou comprometer, por meio de decisões unilaterais ou por acordos particulares, aquilo que é a finalidade e a razão de ser da convenção. No entanto, nem por isso é defeso às partes fazer reservas, o que irá depender de sua natureza. A Corte, nesse aspecto, relativizou a concepção da absoluta integridade das convenções multilaterais, deixando de considerá-la uma regra de direito internacional em função da finalidade de participação do maior número de Estados, sob pena de ofensa aos princípios de moral e de humanidade que regem uma convenção de direito das gentes.

---

[16] Nesse parecer consultivo, a Corte Internacional de Justiça respondeu precipuamente à seguinte indagação: "L'Etat qui a formulé la réserve peut-il être considéré comme partie à la Convention aussi longtemps qu'il maintient sa réserve si une ou plusieurs parties à la Convention font une objection à cette réserve, les autres parties n'en faisant pas?", ou seja, a questão a responder seria a de saber se o Estado contratante que formulou uma reserva pode, enquanto a mantiver, ser considerado parte signatária da convenção, se os demais Estados não reconheceram essa reserva. COUR INTERNATIONALE DE JUSTICE. Avis Consultatif du 28 Mai 1951. Réserves à la Convention pour la Prévention et la Répression du Crime de Génocide. Layde: Société D'Éditions A. W. Sijhoff, 1951. Disponível em: <http://www.icj-cij.org/files/case-related/12/012-19510528-ADV-01-00-FR.pdf>.

[17] COUR INTERNATIONALE DE JUSTICE. Avis Consultatif du 28 Mai 1951. Réserves à la Convention pour la Prévention et la Répression du Crime de Génocide. Layde: Société D'Éditions A. W. Sijhoff, 1951. Disponível em: <http://www.icj-cij.org/files/case-related/12/012-19510528-ADV-01-00-FR.pdf>. "Les principes qui sont à la base de la Convention sont des principes reconnus par les nations civilisées comme obligeant les Etats même en dehors de tout lien conventionnel", p. 12.

Por isso, as reservas, não podendo desfigurar a finalidade de uma convenção multilateral, para o caso da convenção do genocídio, deve-se ter presente a intenção das Nações Unidas de condenar e reprimir um crime do direito das gentes que implica a recusa do direito à existência de certos grupos humanos inteiros de forma a chocar a consciência humana e a infligir grandes perdas à humanidade. A Corte, assim, reconheceu princípios que se encontram na base da convenção, os quais são reconhecidos pelas nações civilizadas e que obrigam os Estados mesmo fora do elo convencional. Além disso, atribuiu caráter universal tanto à condenação do genocídio quanto à cooperação necessária para liberar a humanidade de um flagelo que adjetivou de odioso.

Quanto aos fins da convenção, a CIJ ressaltou precipuamente seu caráter humano e civilizador, que visa salvaguardar a existência de grupos humanos e confirmar princípios de moral elementares. Por essa razão, os Estados-parte da Convenção não possuem interesses próprios[18], mas apenas um interesse comum que é o de preservar os fins superiores e a própria razão de ser da Convenção. Esse entendimento demonstra que em determinadas matérias existiria um consenso da comunidade internacional sobre o interesse de proteção, decorrente do caráter essencial de algumas normas para a ordem jurídica internacional[19] ou dos interesses fundamentais da comunidade internacional[20].

Posteriormente, por ocasião do julgamento do caso das atividades armadas no território do Congo, a obrigação *erga omnes* dos Estados no que tange à prevenção e à repressão do genocídio foi relembrada pela Corte Internacional de Justiça[21].

Em matéria intimamente relacionada com o pertencimento de algumas normas ao núcleo de *jus cogens*, a Corte Internacional de Justiça depara-se com algumas ocasiões de se pronunciar sobre o efeito que as mesmas possuem de imporem obrigações aos Estados.

A concepção de supremacia do direito internacional naquilo em que protege os seres humanos contra a prática de violações graves, como é a hipótese de prática do crime de genocídio, é igualmente evidenciada na decisão da Corte Internacional de Justiça no caso relativo às atividades armadas no território do Congo, cuja decisão afirma expressamente que os princípios de base da Convenção são princípios

---

[18] Como ter-se-á oportunidade de discutir mais longamente, discorda-se dessa opinião segundo a qual as obrigações decorrentes de tratados internacionais obrigam apenas os Estados signatários. No nosso entendimento, em relação aos tratados que portam a proteção de um núcleo intangível de valores, as obrigações que dele decorrem são de natureza *erga omnes*, impondo-se tanto aos Estados partes quanto aos Estados não signatários, assim como aos indivíduos.

[19] DIACONU, Ion. *Contribuition à une étude sur les normes impératives en droit international* (jus cogens). Bucarest: Impr. Institut international de Technologie et d'économie Apicole d'Apimondia, 1971, p. 106-107.

[20] DANILENKO, Gennady M. *Law-making in the international community*. Dordrecht/Boston/London: Martinus Nijhoff, 1993, p. 234.

[21] COUR INTERNATIONALE DE JUSTICE. Affaire de des Activités Armées sur le territoire du Congo (République Démocratique du Congo C. Ouganda). Recueil des arrêts, avis consultatifs et ordonnances. Arrêt du 19 Décembre 2005. Disponível em: <http://www.icj-cij.org/files/case-related/116/116-20051219-JUD-01-00-FR.pdf>. Acesso em: 23 abr. 2017.

reconhecidos pelas Nações civilizadas, os quais obrigam os Estados mesmo na ausência de qualquer elo convencional, e isto em virtude do caráter universal da condenação do genocídio e da cooperação que se faz necessária entre todos os membros da comunidade internacional, especialmente os Estados, a fim de libertar a humanidade de um flagelo tão odioso. A decisão acrescenta que por consequência desse postulado os direitos e as obrigações consagrados pela convenção são de natureza *erga omnes*[22].

Resta evidenciada nesta decisão a ausência de caráter voluntarista do direito internacional, naquilo em que protege os seres humanos da preservação de seus valores superiores, com vistas a prevenir e a reprimir violações a direitos que possuam esses valores como subjacentes. Ao mencionar que os princípios de base da convenção obrigam os Estados fora do elo convencional, princípios esses ligados à preservação da humanidade contra uma prática odiosa como o genocídio, a Corte eleva o conteúdo material da convenção ao *status* de direito internacional costumeiro, oponível aos Estados independentemente de sua vontade.

A razão pela qual os princípios contidos em Convenções como a do genocídio obrigam os Estados além de qualquer elo convencional é ainda melhor explicitada pela CIJ na decisão do caso Bósnia-Herzegovina contra Sérvia e Montenegro, no caso relativo à aplicação da Convenção para a prevenção e a repressão do crime de genocídio.

A decisão afirma que a fim de determinar a natureza das obrigações impostas aos Estados, é preciso analisar os propósitos de uma Convenção, sendo que no caso da Convenção do genocídio, o crime por ela previsto se constitui em uma ofensa ao direito das gentes, porquanto implica a negação do direito de existência a grupos humanos inteiros, constituindo-se em uma recusa que perturba sobremaneira a consciência humana e inflige perdas à humanidade. Esse postulado teria, portanto, segundo a Corte, duas consequências: a imposição de obrigações aos Estados independentemente de sua anuência, dotados da natureza de engajamentos impassíveis de reservas, e o caráter universal da condenação do genocídio, decorrente da finalidade humana e civilizadora da convenção[23].

A Convenção do genocídio e a sua interpretação ampliativa pela Corte Internacional de Justiça será de ainda maior valia para a elaboração dos estatutos das jurisdições penais internacionais e a jurisprudência dessas cortes irá lembrar, em diversas ocasiões, a gravidade da infração.

---

[22] COUR INTERNATIONALE DE JUSTICE. Affaire de des Activités Armées sur le territoire du Congo (République Démocratique du Congo c/ Rwanda). Nouvelle requête. 2002. Compétence de la Cour et Recevabilité de la Requête. Arrêt du 3 février 2006, § 64. Disponível em: <http://www.icj-cij.org/files/case-related/126/126-20060203-JUD-01-00-FR.pdf>. Acesso em: 23 abr. 2017.

[23] COUR INTERNATIONALE DE JUSTICE. Affaire relative à l'application de la Convention pour la prévention et la répression du crime de génocide (Bosnie-Herzegovine c/ Serbie et Montenegro). Arrêt du 26 février 2007, §§ 161-162. Disponível em: <http://www.icj-cij.org/files/case-related/91/091-20070226-JUD-01-00-FR.pdf>. Acesso em: 24 abr. 2017.

Embora a Corte Internacional de Justiça tenha em alguns momentos oscilado e tomado posições restritivas em relação à amplitude das normas imperativas[24] e à imposição de obrigações *erga omnes* relativamente a alguns direitos[25], de outro lado posicionamentos arrojados foram decisivos para o avanço do direito internacional, especialmente no que se refere à luta contra a impunidade de violações graves e massivas contra a comunidade humana.

É o caso da decisão proferida no caso Bélgica contra Senegal sobre questões concernentes à obrigação de processar ou de extraditar, tendo como objeto o pedido de que o Senegal extraditasse ou desse início ao procedimento penal contra o ex-ditador Hissène Habré, decisão que se ancora na Convenção internacional contra a tortura.

Apoiando-se no pressuposto de que a proibição da tortura decorre do direito internacional costumeiro com caráter de norma imperativa, repousando sobre uma ampla prática internacional sobre a opinião jurídica dos Estados e figurando em numerosos instrumentos internacionais com vocação universal, a Corte decide pela obrigação do Senegal em processar pela prática de tortura, mas retrocedendo no aspecto em que entende que essa obrigação somente nasce a partir da ratificação da Convenção por aquele país[26].

O dispositivo final da decisão acabou por se constituir em um dos marcos para a repressão de crimes contra a humanidade praticados sob a execução de torturas, pelo fato de que o entendimento da Corte acerca da obrigação de processar (ou de extraditar) foi um dos fatores que desencadeou a criação das Câmaras Extraordinárias do Senegal e que culminou com a condenação do ex-ditador à pena de prisão perpétua[27].

De todo modo, ainda que tenha havido retrocessos no percurso histórico da sua construção jurisprudencial, a opinião que a Corte Internacional de Justiça faz transparecer de modo geral em matéria de respeito aos direitos mais caros dos seres humanos é uma baliza para o desenvolvimento de um direito internacional que aos poucos

---

[24] COUR INTERNATIONALE DE JUSTICE. Affaire relative aux Immunités Juridictionnelles de l'État (Allemagne c/ Italie; Grèce intervenant). Arrêt du 3 février 2012. Disponível em: <http://www.icj-cij.org/files/case-related/143/143-20120203-JUD-01-00-FR.pdf>. Acesso em: 24 abr. 2017.

[25] No caso relativo ao Timor Oriental, a Corte não acolhera o requerimento de julgar a responsabilidade da Austrália enquanto membro das Nações Unidas, sob o argumento de que o direito dos povos de autodeterminação não seria oponível *erga omnes*. COUR INTERNATIONALE DE JUSTICE. Affaire relative au Timor Oriental. Portugal c/ Australie. Arrêt du 30 Juin 1995, § 29. Disponível em: <http://www.icj-cij.org/files/case-related/84/084-19950630-JUD-01-00-FR.pdf>. Acesso em: 27 abr. 2017.

[26] COUR INTERNATIONALE DE JUSTICE. Questions concernant l'obligation de poursuivre ou d'extrader. Belgique c. Sénégal. Arrêt du 20 juillet 2012, §§ 99-105. Disponível em: <http://www.icj-cij.org/files/case-related/144/144-20120720-JUD-01-00-FR.pdf>. Acesso em: 27 abr. 2017.

[27] CHAMBRE AFRICAINE EXTRAORDINAIRE D'ASSISES. Ministère Public c/ Hissein Habré. Jugement rendu le 30 mai 2016. Disponível em: <http://www.forumchambresafricaines.org/docs/JugementCAEd'Assises_Penal& Civil_.pdf >. Acesso em: 28 abr. 2017.

abandona seus postulados clássicos rumo à construção de um direito internacional mais adaptado às necessidades de proteção de valores universais.

Esse perfil protetivo transparece em julgamentos como o do já mencionado caso Nicarágua contra Estados Unidos da América[28], em um tom que se repete, por exemplo, por ocasião da opinião consultiva sobre a licitude da ameaça ou do emprego de armas nucleares[29], bem como da opinião consultiva relativa às consequências jurídicas da edificação de um muro no território palestino, reportando-se a Corte às obrigações mais fundamentais do direito humanitário e ao fato de que considerações elementares de humanidade se impõem a todos os Estados, tenham ou não ratificado os instrumentos convencionais[30].

Nesses casos, a Corte reiterou que as regras de direito humanitário possuem como finalidade o respeito da pessoa humana e que diante de considerações elementares de humanidade elas se impõem a todos os Estados, criando-lhes obrigações imperativas e *erga omnes,* tenham eles ou não ratificado os instrumentos convencionais, uma vez que se constituem em princípios intransigíveis do direito costumeiro. Decisões dessa natureza fazem transparecer uma mudança do eixo de preocupação do direito internacional, na medida em que se coloca em um plano secundário os interesses dos Estados e passa-se a ter em seu centro a salvaguarda dos seres humanos e da humanidade em seu conjunto.

As obrigações dos Estados em virtude da violação do direito internacional dos direitos humanos foram igualmente demarcadas pela Corte Internacional de Justiça no julgamento do caso das atividades armadas sobre o território do Congo, movido pela República Democrática do Congo contra Uganda[31]. Dentre outros fatos, a Corte apreciou a alegação de violação do direito internacional dos direitos humanos e igualmente do direito internacional humanitário, sob o argumento de que forças armadas ugandesas teriam cometido violações massivas de direitos humanos no território congolês, de modo a acarretar ao Estado demandado as consequências jurídicas decorrentes da violação de suas obrigações internacionais, compreendendo a obrigação de reparar integralmente os prejuízos causados por um fato internacionalmente ilícito.

---

[28] COUR INTERNATIONALE DE JUSTICE. Affaire des activités militaires et paramilitaires au Nicaragua et contre celui-ci (Nicaragua c. Etats-Unis d'Amérique). Arrêt du 27 juin 1986. C.I.J. Recueil 1986, p. 114.

[29] COUR INTERNATIONALE DE JUSTICE. Licéité de la Menace ou de L'emploi D'armes Nucléaires. Avis Consultatif du 8 Juillet 1996, §79. Disponível em: <http://www.icj-cij.org/files/case-related/95/095-19960708-ADV-01-00-FR.pdf>. Acesso em: 23 abr. 2017.

[30] COUR INTERNATIONALE DE JUSTICE. Conséquences Juridiques de L'édification d'un Mur dans Le Territoire Palestinien Occupé. Avis Consultatif du 9 Juillet 2004, § 157. Disponível em: <http://www.icj-cij.org/files/case-related/131/131-20040709-ADV-01-00-FR.pdf>. Acesso em: 30 abr. 2017.

[31] COUR INTERNATIONALE DE JUSTICE. Affaire des Activités Armées sur le territoire du Congo (République Démocratique du Congo C. Ouganda). Recueil des arrêts, avis consultatifs et ordonnances. Arrêt du 19 Décembre 2005. Disponível em: <http://www.icj-cij.org/docket/files/116/10454.pdf>. Acesso em: 23 abr. 2017.

A Corte teve a oportunidade de examinar as afirmações do Estado demandante, no sentido de que as forças armadas ugandesas teriam causado perdas de vidas humanas no seio da população civil, cometido atos de tortura e outras formas de tratamento desumano, além da destruição de vilarejos e habitações pertencentes a civis e incitação de conflitos étnicos. A decisão conclui pela caracterização da responsabilidade internacional de Uganda por sua responsabilidade pela violação do direito internacional dos direitos humanos e do direito humanitário. O descumprimento das obrigações internacionais advém, segundo a Corte, da imposição de imenso sofrimento da população congolesa decorrente das atrocidades que foram cometidas durante o conflito[32].

Em todas essas construções, a Corte Internacional de Justiça aportou contribuições importantes sobre questões como a aplicação dos tratados internacionais, o valor do direito internacional costumeiro e dos princípios gerais de direito internacional, assim como sobre a responsabilidade internacional do Estado, auxiliando, assim, a precisar a existência e os contornos de certas normas fundamentais da comunidade internacional[33].

O caráter obrigatório de determinados princípios decorrentes do ordenamento internacional e a obrigação dos Estados decorrente de sua inobservância serão igualmente evocados na jurisprudência da Corte Interamericana de Direitos Humanos, especialmente nos votos arrazoados do Juiz Antônio Augusto Cançado Trindade.

No caso Blake vs. Guatemala, em que o Estado é condenado pela prática de crime de desaparecimento forçado, o Juiz Cançado Trindade refere-se à consagração de obrigações *erga omnes* de proteção como sendo uma manifestação da emergência de normas imperativas do direito internacional, a qual representaria a própria superação da autonomia da vontade do Estado, que não poderia ser evocada diante da existência de normas de *jus cogens*. Trata-se, segundo o jurista, de uma evolução da consciência jurídica universal em benefício de todos os seres humanos[34].

Na mesma linha de pensamento, no seu voto arrazoado no caso Barrios Altos c. Peru, violação ao direito à vida, à integridade física e à prática de desaparecimento forçado e, nesta hipótese, abrigados por uma lei de autoanistia, Cançado Trindade refere que tais leis ferem direitos inderrogáveis, universalmente reconhecidos, que recaem no âmbito do *jus cogens*. Faz ainda referência ao edifício principiológico erguido desde o advento da Cláusula Martens e sua contribuição na construção dos princípios humanitários, a qual deve ser utilizada como fonte de interpretação no sentido de impedir a

---

[32] COUR INTERNATIONALE DE JUSTICE. Affaire des Activités Armées sur le territoire du Congo (République Démocratique du Congo C. Ouganda). Recueil des arrêts, avis consultatifs et ordonnances. Arrêt du 19 Décembre 2005, §§ 206, 211, 220-221. Disponível em: <http://www.icj-cij.org/docket/files/116/10454.pdf>. Acesso em: 23 abr. 2017.

[33] CARREAU, Dominique; MARRELLA, Fabrizio. *Droit international*. 11ème édition. Paris: Pédone, 2012, p. 690.

[34] CORTE INTERAMERICANA DE DERECHOS HUMANOS. Caso Blake vs. Guatemala. San José, Costa Rica: Sentencia (Fondo), 24 Enero 1998. Voto razonado del juez A. A. Cançado Trindade. § 28. Disponível em: <http://www.corteidh.or.cr/docs/casos/articulos/seriec_36_esp.pdf>. Acesso em: 10 dez. 2017.

existência de regras que não sejam criadas em benefício de todo o gênero humano, dado o caráter de *jus cogens* que a cláusula contém, entendendo, por isso, que leis de autoanistia, por exemplo, nada mais são do que uma afronta inadmissível à consciência jurídica da humanidade[35].

A referência à prática de crimes contra a humanidade como sendo as violações mais graves a direitos que visam a proteção de valores universais transparece em muitas outras decisões da Corte Interamericana de Direitos Humanos.

No caso Goiburú, que versa sobre a prática de desaparecimento forçado no âmbito da Operação Condor[36], a Corte lembra, por meio do voto arrazoado de Cançado Trindade, que o ordenamento jurídico internacional deu início gradualmente ao processo de criminalização de graves violações aos direitos humanos e que tais normas alcançaram a mais alta hierarquia na medida em que consagram proibições de *jus cogens*, no intuito de evitar que ofensas dessa natureza se repitam. Tal processo, impulsionador da evolução do direito internacional contemporâneo, vem acompanhado do estabelecimento de uma jurisdição internacional penal que se ampara em um princípio de proteção de valores superiores. Esse processo, segundo o Juiz, se deve à intensificação do clamor de toda a humanidade, por ele denominado consciência jurídica universal, contra as atrocidades que têm vitimizado milhões de seres humanos[37].

No julgamento do caso Almonacid Arellano, que tem por um dos pontos centrais a invalidade de concessão de anistia em matéria de grave violação de direitos humanos, mais uma vez com ainda maior clareza do teor do voto arrazoado de Cançado Trindade, ressai da decisão da Corte o entendimento de que ofensas que configuram crimes contra a humanidade são regidas por normas proibitivas que pertencem ao domínio do *jus cogens* e que por isso escapa ao domínio do direito nacional a opção de punir ou não punir[38].

---

[35] *"[...] en el dominio del Derecho Internacional de los Derechos Humanos, las llamadas 'leyes' de autoamnistía no son verdaderamente leyes: no son nada más que una aberración, una afrenta inadmisible a la conciencia jurídica de la humanidad".* CORTE INTERAMERICANA DE DERECHOS HUMANOS. Caso Barrios Altos Vs. Peru. San José, Costa Rica: Sentencia (Fondo), 14 de março de 2001. Voto concurrente del juez A. A. Cançado Trindade. §§ 10-11; §§ 22-29. Disponível em: <http://www.corteidh.or.cr/docs/casos/articulos/Seriec_75_esp.pdf>. Acesso em: 30 abr. 2017.

[36] A Operação Condor foi uma aliança firmada entre as ditaduras militares do Chile, Argentina, Uruguai, Paraguai, Bolívia e Brasil, durante as décadas de 1970 e 1980, com vistas a desarticular movimentos de oposição aos regimes. A operação implementava-se por meio da perseguição dos opositores políticos, consubstanciadas essencialmente em práticas de torturas, desaparecimentos forçados e homicídios. Sobre o tema, ver: DINGES, John. The Condor Years: How Pinochet and his allies brought terrorism to three continents. New York: The New Press, 2004.

[37] CORTE INTERAMERICANA DE DERECHOS HUMANOS. Caso Goiburú y otros Vs. Paraguay. San José, Costa Rica: Sentencia (Fondo, Reparaciones y Costas), 22 de septiembre de 2006. Voto razonado del Juez A. A. Cançado Trindade, §§ 6-8. Disponível em: <http://www.corteidh.or.cr/docs/casos/articulos/seriec_153_esp.pdf>. Acesso em: 4 abr. 2017.

[38] CORTE INTERAMERICANA DE DERECHOS HUMANOS. Caso Almonacid Arellano y otros Vs. Chile. San José, Costa Rica: Sentencia 2006 (Excepciones Preliminares, Fondo, Reparaciones y Costas), 26 de septiembre de. Voto

Posicionamentos semelhantes são perceptíveis na construção jurisprudencial da Corte Europeia de Direitos Humanos, a começar pelo tratamento dispensado à prática da tortura, consagrada pela Corte como proibição absoluta.

No paradigmático julgamento do caso Soering contra Reino-Unido, marco da construção jurisprudencial em matéria de proibição de extradição em caso de aplicação da pena de morte, a CEDH classifica a proibição da tortura e de tratamentos desumanos ou degradantes como sendo uma proibição absoluta e decide pela impossibilidade de extraditar, por mais odioso que tenha sido o crime praticado, tendo em vista a possibilidade de que o extraditado seja submetido à pena de morte (ou à tortura, em outros casos) – compreendida pela Corte como sendo um tratamento desumano ou degradante[39].

Esse posicionamento do juiz europeu que considera que em qualquer circunstância a execução da pena de morte se constitui em tratamento desumano ou degradante tornar-se-á jurisprudência sedimentada, em relação à qual a Corte não irá retroceder. Tal posição representa um avanço em relação aos demais sistemas regionais de proteção, haja vista a inadmissibilidade da pena de morte em todos os países membros do Conselho da Europa[40].

A Corte Europeia de Direitos Humanos, por meio da sua jurisprudência, concebe um alargamento do conceito de tortura, e a qualifica não somente como o fato de alguém sofrer violências físicas, mas também por ser submetido à ausência de cuidados médicos[41] e traz a dignidade humana como vetor naquilo em que condena o uso da força física contra os indivíduos[42].

Precisamente na análise do conceito de tratamento desumano, a Corte Europeia de Direitos Humanos se reporta em diversas ocasiões à questão do sofrimento humano e da dignidade humana. No caso Chember contra Rússia, a Corte refere-se expressamente à sanção disciplinar infligida com a finalidade de provocar sofrimento físico e que

---

razonado del Juez A. A. Cançado Trindade, §§ 22-23. Disponível em: <http://www.corteidh.or.cr/docs/casos/articulos/seriec_154_esp.pdf>. Acesso em: 2 maio 2017.

[39] COUR EUROPÉENNE DES DROITS DE L'HOMME. Affaire Soering c/ Royaume-Uni. Requête n. 14038/88. Jugement rendu le 07 juillet 1989, § 88. Disponível em: <https://hudoc.echr.coe.int/eng#{"itemid":["001-62176"]}>. Acesso em: 3 maio 2017.

[40] COUR EUROPÉENNE DES DROITS DE L'HOMME. Affaire Öcalan c. Turquie. Requête n. 46221/99. Arrêt, Strasbourg, 12 mai 2005, § 165. Disponível em: <https://hudoc.echr.coe.int/fre#{«itemid»:[«001-69023»]}>. Acesso em: 4 maio 2017; COUR EUROPÉENNE DES DROITS DE L'HOMME. Affaire Al-Saadoon et Mufdhi c. Royaume-Uni. Requête n. 61498/08. Arrêt, Strasbourg, 2 mars 2010, § 120. Disponível em: <https://hudoc.echr.coe.int/fre#{"itemid":["001-97620"]}>. Acesso em: 4 maio 2017.

[41] COUR EUROPÉENNE DES DROITS DE L'HOMME. Affaire Algür c. Turquie. Requête n. 32574/96. Arrêt, Strasbourg, 22 octobre 2002. Disponível em: <https://hudoc.echr.coe.int/fre#{"itemid":["001-65259"]}>. Acesso em: 4 maio 2017.

[42] COUR EUROPÉENNE DES DROITS DE L'HOMME. Affaire Ribitsch c. Autriche. Requête n. 18896/91. Arrêt, Strasbourg, 4 décembre 1995. § 38. Disponível em: <https://hudoc.echr.coe.int/fre#{"itemid":["001-62521"]}>. Acesso em: 5 maio 2017.

acarreta a invalidez da vítima[43]; no caso MSS contra Bélgica, conceitua tratamento desumano e degradante quando humilha o indivíduo, desrespeitando sua dignidade, impondo-lhe sentimentos de medo, angústia ou inferioridade, de forma a quebrar sua resistência moral e física[44].

Em relação à proteção da dignidade humana, a jurisprudência da CEDH é pródiga em matéria de condições da detenção, entendendo que tais condições, por violarem a dignidade, ferem o disposto no artigo 3 da Convenção Europeia de Direitos Humanos[45], afirmando, por exemplo, que a colocação de um detento em uma gaiola de metal durante seu processo público constitui uma afronta à dignidade humana[46], bem como consagrando expressamente o direito de todo prisioneiro de restar detido em condições compatíveis com o respeito à dignidade humana[47].

A mesma relação entre a dignidade humana e a proibição a tratamentos desumanos ou degradantes é feita no que se refere à aplicação da pena de prisão perpétua, em relação à qual a CEDH fizera uma interpretação evolutiva, entendendo que para ser compatível com o artigo 3 da Convenção Europeia de Direitos Humanos, ela deve ser passível de reexame[48], sob pena de restar configurada a violação. Nesse aspecto, a Corte Europeia apresenta igualmente uma evolução relativamente aos demais sistemas regionais, pelo fato de criar uma limitação à imposição da pena de prisão perpétua, demonstrando nitidamente a sua inquietude com a preservação da dignidade humana.

---

[43] COUR EUROPÉENNE DES DROITS DE L'HOMME. Affaire Chember c. Russie. Requête n. 7188/03. Arrêt, Strasbourg, 3 Juillet 2008. Disponível em : <https://hudoc.echr.coe.int/fre#{«itemid»:[«001-87355»]}>. Acesso em: 5 maio 2017.

[44] COUR EUROPÉENNE DES DROITS DE L'HOMME. Affaire M.S.S. c. Belgique et Grèce. Requête n. 30696/09. Arrêt, Strasbourg, 21 janvier 2011, § 220. Disponível em: <https://hudoc.echr.coe.int/fre#{"itemid":["001-103293"]}>. Acesso em: 5 maio 2017.

[45] COUR EUROPÉENNE DES DROITS DE L'HOMME. Affaire Kotãlla c. Pays-Bas. Requête n. 7994/77. Décision du 6 mai 1978 sur la recevabilité de la requête. Disponível em: <https://hudoc.echr.coe.int/fre#{"fulltext":["Kot% C3%A4lla"],"display":[2],"languageisocode":["FRE"],"itemid":["001-73601"]}>. Acesso em: 10 ago. 2017.

[46] COUR EUROPÉENNE DES DROITS DE L'HOMME. Affaire Svinarenko et Slyadnev c. Russie. Requêtes n. 32541/08 et 43441/08. Arrêt, Strasbourg, 17 juillet 2014. Disponível em : <https://hudoc.echr.coe.int/fre#{«itemid»:[«001-145835»]}>. Acesso em: 9 maio 2017; COUR EUROPÉENNE DES DROITS DE L'HOMME. Affaire Ashot Harutyunyan c. Arménie. Application n. 34334/04. Judgement, Strasbourg, 15 juin 2010. Disponível em : <https://hudoc.echr.coe.int/fre#{«itemid»:[«001-99403»]}>. Acesso em: 10 ago. 2017.

[47] COUR EUROPÉENNE DES DROITS DE L'HOMME. Affaire Kudla c. Pologne. Requête n. 30210/96. Arrêt, Strasbourg, 26 octobre 2000, § 94. Disponível em: <https://hudoc.echr.coe.int/fre#{"itemid":["001-63471"]}>. Acesso em: 9 maio 2017.

[48] COUR EUROPÉENNE DES DROITS DE L'HOMME. Affaire Bodein c. France. Requête n. 40014/10. Arrêt, Strasbourg, 13 novembre 2014. Disponível em: <https://hudoc.echr.coe.int/fre#{"itemid":["001-147880"]}>. Acesso em: 15 maio 2017; COUR EUROPÉENNE DES DROITS DE L'HOMME. Affaire Vinter c. Royame-Uni. Requêtes n. 66069/09, 130/10 et 3896/10. Arrêt, Strasbourg, 9 juillet 2013. Disponível em: <https://hudoc.echr. coe.int/fre#{«itemid»:[«001-122694»]}>. Acesso em: 13 maio 2017; COUR EUROPÉENNE DES DROITS DE L'HOMME. Affaire Murray c. Pays-Bas. Requête n. 10511/10. Arrêt, Strasbourg, 26 avril 2016. Disponível em: <https://hudoc.echr.coe.int/fre#{"itemid":["001-162615"]}>. Acesso em: 17 maio 2017.

Com efeito, a partir da jurisprudência das Cortes internacionais e regionais encarregadas de conferir eficácia à construção convencional, do teor de decisões dessa natureza parece emergir a dignidade humana como um valor subjacente, ocupando, ao lado da interdição do sofrimento, o ápice da hierarquia de valores de cunho universal e absoluto cuja salvaguarda é o fim último de um direito internacional voltado para a centralidade do indivíduo.

O direito internacional dos direitos humanos passa a conferir importante conteúdo valorativo a essa noção de ofensas que afetam o que há de humano no ser humano. A construção normativa catalisada por essa nova estrutura parece fazer emergir a dignidade humana como um valor subjacente aos direitos fundamentais cuja proteção visa garantir.

3. O SISTEMA EUROPEU

A região do continente europeu abrangida pelo Conselho da Europa é a parte do mundo mais desenvolvida no que tange à proteção dos direitos humanos, nos termos da Convenção Europeia para a Proteção dos Direitos Humanos e das Liberdades Fundamentais[49].

Essa necessidade de proteger os direitos humanos ocorreu, em grande medida, em razão das atrocidades que foram praticadas em larga escala, especialmente por ocasião da Segunda Guerra Mundial, no âmbito do velho continente.

O modelo integracionista consagrado na Europa passou por enormes mudanças, a começar pelo número de Estados, que no início eram seis e agora contabiliza 27: Alemanha, França, Bélgica, Holanda, Luxemburgo, Itália, Espanha, Áustria, Portugal, Suécia, Finlândia, Dinamarca, Irlanda, Grécia, Estônia, Letônia, Lituânia, Polônia, República Tcheca, Eslováquia, Hungria, Eslovênia, Chipre, Malta, Romênia, Bulgária e Croácia. A Grã-Bretanha[50] se retirou da União Europeia. Para que a União Europeia chegasse nesse nível de desenvolvimento, também em matéria de direitos humanos, foi percorrido um longo caminho.

Com os diversos problemas produzidos ao longo dos anos, em particular por ocasião da Segunda Grande Guerra Mundial, em relação aos direitos humanos, sentiu-se a necessidade de criar um sistema de proteção aos citados direitos no plano europeu. Com a

---

[49] MELLO, Celso Albuquerque. *Curso de direito internacional público*. Rio de Janeiro: Renovar, 1997, p. 756, assinala que "a grande vantagem desta Convenção é que, além de enunciar em uma convenção internacional os direitos do homem, ela também determina as garantias de execução destes direitos. Esta convenção contém uma restrição à soberania estatal, entendida em seu sentido clássico, como não houve em nenhum outro texto internacional sobre a matéria".

[50] Em um plebiscito, realizado em 23 de junho de 2016, eleitores britânicos puderam decidir se o Reino Unido deveria permanecer ou deixar a UE. A maioria – 52% contra 48% – decidiu que o país deveria deixar o bloco. Mas essa saída não aconteceu de imediato, foi inicialmente marcada para o dia 29 de março de 2019. Esse prazo não foi cumprido e acabou adiado três vezes, para 31 de janeiro de 2020. Disponível em: <https://www.bbc.com/portuguese/internacional-46335938>.

fundação do Conselho Europeu, em Estrasburgo, é que tem início esse processo, culminando com a Convenção de 1950.

Ao analisar o referido documento, verifica-se de imediato o interesse e preocupação com os direitos inerentes à pessoa humana, como vem expresso em seu preâmbulo: "(...) apego às liberdades fundamentais, que constituem as verdadeiras bases da justiça e da paz no mundo e cuja preservação repousa essencialmente, por um lado, num regime político verdadeiramente democrático e, por outro, numa concepção comum e no respeito aos direitos do homem".

A Convenção Europeia de 1950, apesar de ter sido um grande avanço em matéria de direitos humanos, por estabelecer um sistema de proteção no âmbito regional, contemplava apenas direitos civis e políticos, tais como: direito à vida; proibição da tortura; escravidão; aplicação de penas cruéis, desumanas ou degradantes, trabalho forçado; direito ao devido processo legal; direito à segurança e à liberdade; direito à liberdade de pensamento, expressão e religião; direito à vida privada etc.

Outro ponto importante da referida Convenção é que instituiu órgãos destinados a fiscalizar o respeito aos direitos humanos declarados no referido documento internacional, como também julgar os casos que ensejassem a violação dos direitos por Estados signatários do Tratado.

Como bem lembra Accioly[51], o primeiro caso dá-se no ano de 1969, com o processo *Stauder*[52], onde um beneficiário de pensão de guerra se insurge em face de uma exigência que atentava contra sua dignidade pessoal e contra o princípio da não discriminação, previsto no art. 7º do Tratado de Roma.

A exigência cingia-se à obrigatoriedade de sua identificação como beneficiário da pensão de guerra para obter uma redução no preço de um pacote de manteiga. O Tribunal para além de considerar haver violação das normas comunitárias, pela obrigatoriedade de identificação, evocando a desnecessidade de examinar o modo como o direito fora violado, reconheceu que o respeito pelos direitos fundamentais fazia parte dos princípios gerais da ordem jurídica comunitária.

Na obra *Derecho comunitario*[53] é estabelecida também, natureza de direitos comunitários como direitos fundamentais. Assim, a título exemplificativo, Canotilho ressalta a

---

[51] ACCIOLY, Elizabeth. Os direitos humanos na União Europeia. In: GUERRA, Sidney. *Temas emergentes de direitos humanos*. Rio de Janeiro: FDC, 2006, p. 300.

[52] Ver Processo 29/69, Stauder contra City of Ulm.

[53] DROMI, Roberto; EKMEKDJAN, Miguel; RIVERA, Julio. *Derecho comunitario*. Buenos Aires: Ediciones Ciudad Argentina, 1996, p. 233: "Los derechos de la personalidad han logrado una marcada recepción en los convenios internacionales, posibilitando-se así, la supranacionalización de aquellos. De tal modo, los Estados en tanto adherentes a tales convenciones y en cuanto integrantes de un sistema comunitario, reflejan en éste sus compromisos con los derechos fundamentales, aunque la Comunidad en sí misma no hubiere formulado un catálogo de protección. En tal sentido, el TJCE há señalado que los derechos fundamentales de la persona forman parte de los principios generales del derecho comunitario".

658

circunstância de os portugueses poderem hoje recorrer individualmente à Corte, nos termos da Convenção Europeia de Direitos do Homem:

"Com a ratificação, por Portugal, da Convenção Europeia dos Direitos do Homem, os cidadãos portugueses podem, nos termos dos artigos 25 e seguintes, daquela Convenção, recorrer individualmente, através de petição, para a Comissão Europeia dos Direitos do Homem. Esta petição ou queixa pode conduzir, por sua vez, por iniciativa da Comissão ou de outro Estado, a um processo perante o Tribunal Europeu, eventualmente conducente a uma decisão condenatória vinculativa para o Estado 'não amigo' dos direitos do homem"[54].

Com efeito, a existência de órgãos incumbidos de fiscalizar o respeito aos direitos humanos e julgar as suas eventuais violações foi, sem dúvida, um grande marco para a evolução do sistema de proteção dos direitos humanos no plano internacional.

No mesmo passo, Comparato assinala que a grande contribuição da Convenção Europeia para a proteção da pessoa humana foi a instituição de órgãos incumbidos de fiscalizar o respeito dos direitos nela declarados, julgar as eventuais violações pelos Estados signatários e o reconhecimento do indivíduo como sujeito de direito internacional e destaca:

"A existência de órgãos incumbidos de fiscalizar o respeito aos direitos humanos e julgar as suas eventuais violações, dentro de cada Estado, é uma questão crucial para o progresso do sistema internacional de proteção da pessoa humana. Os Estados continuam a defender zelosamente sua soberania e a rejeitar toda e qualquer interferência externa em assuntos que consideram de sua exclusiva jurisdição. A própria Carta das Nações Unidas, de resto, declara a não ingerência em assuntos internos de cada Estado como um dos seus princípios fundamentais (art. 2, alínea 7)"[55].

No ano seguinte, o caso *Internationale Handelsgesellschaft*[56] passa a ser referência na nova interpretação do TJCE, ao enunciar em seu Acórdão, de 17 de dezembro de 1970, que "a salvaguarda desses direitos, inspirando-se nas tradições constitucionais comuns aos Estados-Membros, deve ser assegurada no quadro da estrutura e dos objetivos da Comunidade"[57].

O reforço à nova competência incorporada ao TJCE pela via do primado do Direito Comunitário veio com o caso *Nold*[58], em 1974, onde o Tribunal passa a reconhecer "que fazem parte do direito comunitário os princípios que, segundo as Constituições ou as tradições constitucionais dos Estados-Membros considerados no seu conjunto, garantem os direitos individuais fundamentais"[59].

---

[54] CANOTILHO, J. J. Gomes. *Direito constitucional*. Coimbra: Almedina, 1996, p. 670.

[55] COMPARATO, Fábio Konder. *A afirmação histórica dos direitos humanos*. São Paulo: Saraiva, 1999, p. 240.

[56] Proc. 11/70, Ac. 17-12-1970.

[57] QUADROS, Fausto de. *Direito da União Europeia*. Coimbra: Almedina, 2004, p. 129.

[58] Proc. 4/73, Ac. 14-5-1974.

[59] CAMPOS, João Mota de. *Manual de direito comunitário*. 4. ed. Lisboa: Fundação Calouste Gulbenkian, 2004, p. 354.

O TJCE, sob forte influência de sua jurisprudência[60], amplia a competência a partir de artigos inseridos no TUE, dentre os quais: o princípio da não discriminação em razão da nacionalidade (artigo 12), o princípio da não discriminação em razão do sexo, raça, origem étnica, religião ou crença, deficiência, idade ou orientação sexual (artigo 13); o princípio da igualdade de tratamento para as mercadorias e para as pessoas (livre circulação de mercadorias (artigo 28); livre circulação dos trabalhadores (artigo 39); direito de estabelecimento (artigo 43) e livre prestação de serviços (artigo 50); as regras de concorrência (artigo 81); e o princípio da igualdade de remuneração entre homens e mulheres (artigo 141). Ainda se depreendem do conjunto das liberdades do mercado comum aquelas essenciais à vida profissional, tais como: a liberdade de associação (artigo 137), o direito de petição (artigo 21) e a proteção da confidencialidade dos dados e o segredo profissional (artigo 287)[61].

No ano de 1992, por força do Tratado de Maastricht[62], é que se constituiu a União Europeia, tornando verdadeiramente explícita a necessidade de se respeitar os direitos fundamentais expressos na Convenção Europeia de Direitos Humanos. Como assevera Maria Duarte:

"A partir dos anos noventa do século passado, a questão dos direitos fundamentais alojou-se definitivamente no centro nevrálgico de controle do presente e do futuro da União Europeia. A questão adquiriu esta importância por razões que, por um lado, são próprias ao processo singular de aprofundamento da integração política e jurídica no quadro da União Europeia e, por outro lado, são ditadas por concepções hodiernas a respeito da relação entre o poder político e as pessoas, cujas repercussões extravasam o âmbito tradicional da atuação unilateral e interna do Estado e se fazem sentir, com crescente acuidade, no plano transnacional"[63].

O Tratado da União Europeia alcançou seu principal objetivo, qual seja, o nascimento de uma moeda comum, que se firmou no Tratado de Amsterdã, em 7 de outubro de 1997, entrando em vigência a partir de 1º de maio de 1999.

O referido Tratado procura levar adiante os objetivos do seu antecessor, nos dois pilares ainda intergovernamentais: a Política Externa e de Segurança Comum – PESC,

---

[60] Ver caso Wachouf, Ac. 13-7-1989 (Proc. 5/88); caso Hoechst, Ac. 21-9-1989 (Proc. 46/87 e 227/88); caso Bausthalgewebe, Ac. 17-12-1998 (Proc. C-185/95).

[61] ACCIOLY, Elizabeth. Os direitos humanos na União Europeia. In: GUERRA, Sidney. *Temas emergentes de direitos humanos*. Rio de Janeiro: FDC, 2006, p. 302.

[62] CASANOVAS, Oriol; RODRIGO, Ángel. *Compendio de Derecho internacional público*. 6. ed. Madrid: Tecnos, 2017, p. 475, lembram que os direitos humanos são valores constitucionais que fundamentam a União Europeia e "su reconocimiento y protección es el resultado de la propia evolución de la Unión Europea. La ausencia de disposiciones relativas a los derechos humanos en los tratados constitutivos de las Conmunidades Europeas no impidió el reconocimiento y la protección judicial de un buen número de derechos por parte del Tribunal de Justicia.

[63] DUARTE, Maria Luísa. *União Europeia e direitos fundamentais*. Lisboa: AAFDL, 2006, p. 20.

660

que pretende criar uma segurança comum para a Europa comunitária; e a Cooperação no domínio da Justiça e Assuntos Internos – JAI, que visa tratar do asilo e imigração, do tráfico de drogas, da delinquência internacional e do terrorismo. Lembre-se, por oportuno, que a Europol foi criada dentro do âmbito desse pilar europeu.

No que tange aos direitos humanos, o Tratado de Amsterdã deu significativo salto na luta contra a discriminação, na medida em que conferia à Comunidade poderes para adotar ações de combate à discriminação com base em novas áreas, incluindo a raça ou a origem étnica, religião ou crença, deficiência e orientação sexual (art. 13).

Ademais, o Tratado de Amsterdã dá seguimento à ampliação do reconhecimento dos direitos humanos como sendo parte do direito comunitário, como se vê: "a União respeitará os direitos fundamentais como se garantiam na Convenção Europeia dos Direitos Humanos e das Liberdades Fundamentais assinado em Roma a 4 de novembro de 1950, e tal como resulta das tradições constitucionais comuns aos Estados-Membros como princípios gerais do direito comunitário".

Na mesma direção, Accioly afirma que "o TJCE prossegue na sua competência de salvaguarda dos direitos fundamentais, ao reconhecer princípios jurídicos gerais, inspirando-se nas Cartas Magnas comuns dos Estados-Membros, bem como nas convenções internacionais onde os países sócios são partes signatárias. Dentre eles, a Convenção Europeia de Salvaguarda dos Direitos do Homem e das Liberdades Fundamentais (CEDH). A partir de então o Tribunal elevou à categoria de direitos comunitários fundamentais uma gama de liberdades, tais como: o direito de propriedade, o livre exercício de uma atividade profissional, a inviolabilidade do domicílio, a liberdade de opinião, o direito à proteção da personalidade, a proteção da família, a liberdade econômica e a liberdade de religião ou de crença"[64].

No ano de 2000, foi adotada a Carta dos Direitos Fundamentais da União Europeia, realizada em Nice, que estabelece também direitos sociais e econômicos, sendo, portanto, um grande avanço na proteção dos direitos humanos fundamentais.

Os objetivos são explicados logo em seu preâmbulo, que estabelece que "é necessário, conferindo-lhes maior visibilidade por meio de uma Carta, reforçar a proteção dos direitos fundamentais, à luz da evolução da sociedade, do progresso social e da evolução científica e tecnológica".

Desde sua edição, a referida Carta tornou-se o mais ambicioso texto sobre os direitos humanos no velho continente por abarcar os direitos civis, políticos, econômicos, sociais e culturais, representando a síntese dos valores comuns dos Estados-membros da União Europeia.

Frise-se, por oportuno, que pela primeira vez todos os direitos que se encontravam dispersos em diversos instrumentos legislativos, como legislação nacional e convenções

---

[64] ACCIOLY, Elizabeth. Os direitos humanos na União Europeia. In: GUERRA, Sidney. *Temas emergentes de direitos humanos*. Rio de Janeiro: FDC, 2006, p. 304.

internacionais do Conselho da Europa, das Nações Unidas e da Organização Internacional do Trabalho, foram reunidos em um único documento.

A Carta dos Direitos Fundamentais da União Europeia passou a conferir mais visibilidade e clareza aos direitos fundamentais, bem como a contribuir para o desenvolvimento do conceito de cidadania do bloco e para a criação de um espaço de liberdade, segurança e justiça. Isso porque o documento reforça a segurança jurídica no que tange à proteção dos direitos fundamentais, que até então era garantida apenas pela jurisprudência do Tribunal de Justiça e pelo artigo 6º do Tratado da UE.

A Carta é constituída de um preâmbulo e da parte dispositiva com 54 artigos dispostos em 7 capítulos: Capítulo I – Dignidade (dignidade do ser humano, direito à vida, direito à integridade do ser humano, proibição da tortura e dos tratos ou penas desumanos ou degradantes, proibição da escravidão e do trabalho forçado); Capítulo II – Liberdades (direito à liberdade e à segurança, respeito pela vida privada e familiar, proteção de dados pessoais, direito de contrair casamento e de constituir família, liberdade de pensamento, de consciência e de religião, liberdade de expressão e de informação, liberdade de reunião e de associação, liberdade das artes e das ciências, direito à educação, liberdade profissional e direito de trabalhar, liberdade de empresa, direito de propriedade, direito de asilo, proteção em caso de afastamento, expulsão ou extradição); Capítulo III – Igualdade (igualdade perante a lei, não discriminação, diversidade cultural, religiosa e linguística, igualdade entre homens e mulheres, direitos das crianças, direitos das pessoas idosas, integração das pessoas com deficiência); Capítulo IV – Solidariedade (direito à informação e à consulta dos trabalhadores na empresa, direito de negociação e de ação coletiva, direito de acesso aos serviços de emprego, proteção em caso de despedimento sem justa causa, condições de trabalho justas e equitativas, proibição do trabalho infantil e proteção dos jovens no trabalho, vida familiar e vida profissional, segurança social e assistência social, proteção da saúde, acesso a serviços de interesse econômico geral, proteção do ambiente, defesa dos consumidores); Capítulo V – Cidadania (direito de eleger e de ser eleito nas eleições para o Parlamento europeu, direito de eleger e de ser eleito nas eleições municipais, direito a uma boa administração, direito de acesso aos documentos, provedor de justiça, direito de petição, liberdade de circulação e de permanência, proteção diplomática e consular); Capítulo VI – Justiça (direito à ação e a um tribunal imparcial, presunção de inocência e direitos de defesa, princípios da legalidade e da proporcionalidade dos delitos e das penas, direito a não ser julgado ou punido penalmente mais do que uma vez pelo mesmo delito); Capítulo VII – Disposições gerais.

Com efeito, os direitos enunciados são reconhecidos a qualquer pessoa. No entanto, a Carta faz referência a categorias de pessoas com necessidades específicas (crianças, pessoas idosas, pessoas com deficiência). Além disso, o capítulo V considera a situação específica do cidadão europeu e faz alusão a determinados direitos já referidos nos Tratados (liberdade de circulação e de permanência, direito de voto, direito de petição), introduzindo simultaneamente o direito a uma boa administração. À luz da evolução da sociedade e para além dos direitos clássicos (direito à vida, à liberdade de expressão, direito a um recurso efetivo etc.), a Carta enuncia direitos que não constavam da

Convenção do Conselho da Europa de 1950 (proteção de dados, bioética etc.). Em conformidade com certas legislações nacionais, reconhece outras vias para além do casamento para fundar uma família e deixa de referir-se ao casamento entre homem e mulher para fazer alusão simplesmente ao casamento[65].

A Carta de Direitos Fundamentais da União Europeia foi proclamada em 12 de dezembro de 2007, em Estrasburgo. Essa Carta, conforme acentua Lorentz[66], serve de orientação às atividades das instituições europeias e dos Estados-Membros quando estes aplicam o direito comunitário. Esses órgãos devem respeitar os direitos e princípios da Carta, bem como promover a sua aplicação. A Carta passa a fazer parte do direito primário europeu.

Com essa proclamação, prossegue ela[67], a Carta, além do valor político que já possuía, passa a ter valor jurídico. O Tratado de Lisboa estabelece que a União reconhece os direitos, as liberdades e os princípios enunciados na Carta dos Direitos Fundamentais da União Europeia com as adaptações que lhe foram introduzidas em 12 de dezembro de 2007 e que têm o mesmo valor jurídico dos tratados.

Em interessante estudo sobre a matéria, Alves e Castilhos apresentam abordagem esclarecedora sobre as etapas da proteção dos direitos humanos na Europa e concluem o estudo com as seguintes considerações: "Apesar de já longo, o percurso da protecção de direitos fundamentais plasmado em textos juridicamente vinculativos na Europa é ainda um caminho aberto e em progresso. Muito tem sido alcançado no plano de criação de um catálogo de direitos europeu, mas ainda há conquistas importantes a alcançar no acesso à sua garantia através dos mecanismos processuais da União Europeia. O Tribunal de Justiça da União Europeia deu, desde a primeira hora, um forte contributo para a criação de um espaço constitucional europeu de protecção dos direitos fundamentais. Depois, um importante passo foi dado com a adopção da CDFUE, primeiro de modo não vinculativo e com o Tratado de Lisboa passando a ter o mesmo valor jurídico que os tratados. Esse texto fez mais do que ser mais uma catalogação abstracta de direitos a nível internacional, dando-lhes significado e tornando-os imperativos no âmbito do direito da União Europeia. Assim, o percurso começou em 1969 e, 40 anos depois, obteve forte impulso. Não deixa de ser curioso que os avanços impulsionados pelo Tratado de Lisboa, no sentido do consenso na adesão da União Europeia à CEDH, surjam precisamente quando mais progressos se atingiram no seio da União Europeia em matéria de protecção dos direitos fundamentais. Há, assim, três níveis de protecção na Europa: nacional, no tribunal de Estrasburgo e no tribunal de Luxemburgo[68].

---

[65] *Vide,* a propósito, as informações contidas em <http://europa.eu/legislation_summaries/human_rights/fundamental_rights_within_european_union/l33501_pt.htm>. Acesso em: 14 dez. 2008.

[66] LORENTZ, Adriane. *O tratado de Lisboa.* Ijuí: Unijuí, 2008, p. 41.

[67] LORENTZ, Adriane. *O tratado de Lisboa.* Ijuí: Unijuí, 2008.

[68] ALVES, Dora Resende; CASTILLOS, Daniela Serra. A evolução dos direitos humanos na Europa: os principais momentos desde a ausência de direitos fundamentais na União Europeia até a atualidade. Disponível em: <http://

De fato, o sistema de proteção dos direitos humanos na Europa, como pode ser observado, sofreu mudanças desde o seu "nascimento" até os dias atuais. Entretanto, dentre os vários aspectos positivos que podem ser observados, deve-se enfatizar o funcionamento em si do sistema. Alvim[69], em estudo sobre a matéria, ressalta que na medida em que ocorre o aprofundamento de uma união política ocorre a consagração e reconhecimento de um catálogo de direitos humanos que limite a atuação do poder político, garantindo o ideal de estado de direito democrático e a humanização do direito comunitário.

Comparato acentuou que os redatores da Convenção tiveram a sabedoria de criar um órgão intermediário entre o queixoso e o tribunal (a Comissão de Direitos Humanos), encarregado de fazer a triagem das denúncias formuladas, de investigar os fatos e manifestar sua opinião fundada sobre a ocorrência ou não de violações de direitos.

Qualquer dos Estados-Partes na Convenção pode formular denúncias de violação de direitos humanos contra outro Estado-Parte, denúncias essas que serão processadas perante a Comissão (artigo 24).

As denúncias contra um Estado-Parte na Convenção podem também ser apresentadas por qualquer pessoa, organização não governamental ou grupo de indivíduos, o que representou sensível progresso em relação ao Direito Internacional clássico, confinado exclusivamente às relações entre Estados. Mas, em evidente concessão da soberania estatal, determinou-se que essas denúncias apresentadas por indivíduos ou grupos privados somente seriam recebidas contra um Estado que houvesse previamente reconhecido a competência da Comissão para processá-las (artigo 25).

A Comissão era constituída por membros eleitos pelo Comitê de Ministros, pela maioria absoluta de votos, com base numa lista de nomes elaborada pela Mesa da Assembleia Consultiva, por um período de seis anos, admitindo-se a reeleição.

A Comissão podia conhecer de qualquer petição dirigida ao secretário-geral do Conselho da Europa por qualquer pessoa singular, organização não governamental ou grupo de particulares que se considerasse vítima de uma violação, cometida por um dos Estados-Partes, dos direitos reconhecidos na Convenção.

Como condição para admissão da reclamação por parte da Comissão deveriam ser esgotados os recursos internos, tal como entendidos segundo os princípios do direito internacional geralmente reconhecidos, no prazo de seis meses a partir da data da decisão interna definitiva. Todavia, a Comissão não tomava conhecimento da reclamação submetida à sua apreciação quando anônima; tendo sido a reclamação anteriormente examinada pela Comissão, ou tiver já sido submetida a outra instância internacional de inquérito ou de decisão e sem apresentar fatos novos.

---

repositorio.uportu.pt/jspui/bitstream/11328/1461/1/A%20EVOLU%C3%87%C3%83O%20DOS%20DIREITOS%20HUMANOS%20NA%20EUROPA.pdf>. Acesso em: 18 ago. 2018, p. 8.

[69] ALVIM, Mariana de Sousa, op. cit., p. 284.

A Comissão foi também dotada de legitimidade para propor uma ação contra um Estado-Parte perante o Tribunal Europeu de Direitos Humanos (art. 48, a). A fórmula de compromisso com a soberania de cada Estado-Parte foi aplicada ao Tribunal Europeu de Direitos Humanos (artigo 46). É a cláusula de reconhecimento facultativo da jurisdição obrigatória[70].

Mas foi o Protocolo n. 11 da Convenção, datado de 11 de novembro de 1998, que produziu grandes mudanças no sistema europeu de proteção aos direitos humanos por ter extinguido a Comissão Europeia de Direitos Humanos, transferindo grande parte de suas atribuições ao Tribunal Europeu de Direitos Humanos.

O Protocolo n. 11 revogou também a cláusula de reconhecimento facultativo da jurisdição do Tribunal, fazendo com que todos os Estados-Partes da Convenção passassem a se submeter a ele.

Os procedimentos de garantia dos direitos elencados na Convenção Europeia de Direitos Humanos estão mediatizados com a entrada em vigor do Protocolo n. 11, de 11 de novembro de 1998, estabelecendo como mecanismo de garantia dos direitos e liberdades fundamentais o que radica no Tribunal Europeu de Direitos Humanos. Eis o magistério de Delgado sobre a questão:

"Con la anterioridad a la vigencia del Protocolo 11 la Comisión era el órgano ante el que debían presentarse las reclamaciones sobre presuntas violaciones de los derechos fundamentales reconocidos tanto en el convenio como en sus protocolos. El CEDH atribuía a la comisión tres funciones diferenciadas: Una primera estrictamente administrativa, una segunda de conciliación y una tercera de instrucción. De acuerdo con la primera función la Comisión resolvía sobre la admisión de la demanda. Para la admisibilidad o no de la demanda se habían establecido dos procedimientos, dependiendo que aquélla hubiese sido interpuesta por un Estado o por un particular. Una vez realizado este examen previo la Comisión, en la forma plenaria, decidía sobre la cuestión de admisibilidad. Las decisiones sobre la inadmisibilidad eran inapelables. Además de la función de filtro, la Comisión realiza una función de mediadora, proponiendo un arreglo amistoso del conflicto. De no conseguirse, la Comisión redactaba un informe en el que se hacían constar los hechos, formulando un dictamen sobre si estos implican una violación del convenio y en su caso, las opiniones de todos los miembros de la Comisión sobre este punto. El informe se transmitía al comité de Ministros y se comunicaba a los Estados interesados. Este procedimiento planteaba graves inconvenientes en varios ámbitos. El Protocolo 11 viene a poner solución a estas diferencias en el convenio y lo hace no mediante un sistema facultativo para los Estados, sino mediante una reforma del propio Convenio. (...) Podemos resumir las innovaciones en 1998 en el Convenio en dos grandes grupos. Por una parte, están las modificaciones puramente formales, como la rotulación de los artículos. Pero lo más

---

[70] COMPARATO, Fábio Konder. *A afirmação histórica dos direitos humanos*. São Paulo: Saraiva, 1999, p. 240.

significativo de la reforma es la reestructuración del mecanismo de protección de los derechos. Aquí se encuentran la supresión de la Comisión, la reducción del papel del Comité de Ministros a la supervisión de la ejecución de las sentencias, y la capital a nuestro entender, que es la transformación del Tribunal"[71].

Impende ainda assinalar, sobre as mudanças produzidas pelo Protocolo n. 11, que a ideia central era fundir as funções da Comissão Europeia e a Corte Europeia em um único órgão permanente jurisdicional, mas com a extinção da Comissão, houve também mudanças no Comitê de Ministros, que perdeu sua capacidade decisória nos casos que não eram submetidos à apreciação da antiga Corte Europeia pela Comissão.

Hodiernamente, o sistema vigente no continente europeu é extremamente avançado, haja vista que defere condição para a pessoa humana litigar diretamente no Tribunal Europeu, sem que haja intervenção de terceiros, por violação aos direitos humanos.

Sem embargo, o Tribunal Europeu dos Direitos do Homem instituído pela Convenção, com as alterações do Protocolo n. 11, é composto de um número de juízes igual ao de Estados contratantes e não há nenhuma restrição quanto ao número de juízes com a mesma nacionalidade. Eles são eleitos por um período de nove anos pela Assembleia Parlamentar do Conselho da Europa, cujas funções são exercidas a título individual e não representam os Estados. Esses magistrados não podem exercer nenhuma atividade que se torne incompatível com os seus deveres de independência, imparcialidade ou com a disponibilidade exigida para o desempenho das funções.

O Tribunal é o responsável pela eleição de seu presidente, dois vice-presidentes e dois presidentes de câmara por um período de três anos, estando dividido em quatro câmaras. A composição das câmaras deve ser concebida de forma equilibrada, tanto do ponto de vista geográfico como também no que tange à representação dos sexos, e levar em conta os diferentes sistemas jurídicos existentes dos Estados-Partes.

Cada câmara é presidida por um presidente, sendo dois dos presidentes de câmara igualmente vice-presidentes do Tribunal. Os presidentes de câmaras são assistidos e, eventualmente, substituídos pelos vice-presidentes de câmara. Em cada câmara são constituídos comitês integrados por três juízes, para um período de 12 meses, cuja função principal é a de funcionar como um elemento de filtragem, que anteriormente era de responsabilidade da Comissão.

Dessa forma, há um efetivo sistema de proteção do indivíduo que reconhece a valorização da dignidade humana, permitindo que possíveis injustiças e/ou falhas que tenham sido produzidas no âmbito interno de determinado Estado possam ser devidamente corrigidas por essa instância supranacional.

Somados a tudo isso, foram concebidos outros protocolos adicionais, tais como o Protocolo n. 12, que introduziu uma cláusula de proibição geral de discriminação, com

---

[71] DELGADO, Lucrecio Rebollo. *El derecho fundamental a la intimidad*. Madrid: Dynkinson, 2000, p. 270.

o objetivo claro de fomentar a igualdade entre todas as pessoas, e o Protocolo n. 13, que veda a aplicação da pena de morte em quaisquer circunstâncias.

Não se pode olvidar também do Protocolo n. 14, que propõe algumas mudanças no funcionamento da Corte, especialmente no que tange a maior celeridade na resolução das demandas propostas no seu âmbito.

Ademais, em 2 de outubro de 2013, foi aberto à assinatura dos Estados-membros do Conselho da Europa o Protocolo 16 à Convenção Europeia dos Direitos do Homem (CEDH). Este Protocolo, de natureza opcional, amplia sensivelmente a competência consultiva do Tribunal Europeu dos Direitos do Homem (TEDH), autorizando a Grande Câmara a emitir pareceres não vinculantes, a pedido dos órgãos jurisdicionais de vértice dos Estados-partes, sobre os direitos e as liberdades estabelecidos na citada Convenção ou nos seus Protocolos. O Presidente dela, Dean Spielmann, referiu-se ao instrumento como "Protocole du Dialogue", uma vez que institucionalizará a colaboração entre juízes nacionais e europeus de direitos humanos e, nesse sentido, também foi considerado por parte da doutrina uma "hereuse surprise" ou, ainda, "un pas important dans l'évolution continue du régime instauré par cette Convention". O instrumento entrará em vigor, de acordo com o próprio art. 8º, uma vez que tenha sido ratificado por pelo menos 10 Estados[72].

Com efeito, a Corte Europeia de Direitos Humanos tem competência contenciosa e consultiva. No que tange à competência contenciosa, vale destacar que para se demandar no âmbito da Corte Europeia existem alguns requisitos que devem ser observados, como, por exemplo, a necessidade de esgotamento dos recursos internos oferecidos pelo ordenamento jurídico estatal, que é o responsável pela violação dos direitos humanos (artigo 35).

Em relação à competência *ratione personae*, todos os Estados que fazem parte da Convenção Europeia de Direitos Humanos poderão submeter questões envolvendo possíveis violações praticadas por outros Estados em matéria de direitos humanos.

Fato curioso é que não existe nenhuma restrição concebida no referido documento internacional que indique que esse tipo de procedimento somente poderá ser adotado quando houver violações de direitos a nacionais do Estado comunicante; ao contrário, o Estado poderá agir em defesa de qualquer pessoa e não apenas de seus nacionais, como também não há necessidade de estar diretamente envolvido na questão.

Além dos Estados, conforme estabelece o artigo 34 do mencionado tratado internacional, estarão legitimados a propor ações na Corte Europeia as organizações não governamentais, grupo de particulares e qualquer pessoa singular.

Deve ser ressaltado que a pessoa, na sua individualidade, somente poderá acionar a Corte na condição de vítima, isto é, quando um ou mais direitos protegidos na Convenção tenham sido aviltados em determinado Estado-Membro desse sistema de proteção.

---

[72] POSENATO, Naiara. Diálogo judicial e direitos humanos – o novo Protocolo 16 à Convenção Europeia dos Direitos do Homem. *Espaço Jurídico Journal of Law* [EJJL]. Disponível em: <https://portalperiodicos.unoesc.edu.br/espacojuridico/article/view/4961>. Acesso em: 21 jul. 2022.

Por óbvio que esse entendimento da pessoa vítima pode e deve alcançar familiares próximos; até porque, em determinados momentos, pode ser que a pessoa vítima venha a falecer, impedindo a demanda no Tribunal Europeu. Outro ponto que envolve familiares, e que vem sendo permitido, é quando a violação tenha produzido igualmente um prejuízo pessoal. O direito de petição individual está consagrado no artigo 34º da Convenção e possibilita que qualquer pessoa possa provocar o Tribunal para que a sua pretensão seja apreciada, desde que estejam verificados os requisitos de admissibilidade (artigo 35º).

Outro aspecto interessante versa sobre a intervenção do Tribunal Europeu, que deve ocorrer apenas quando o ordenamento jurídico do Estado não foi capaz de dar resposta adequada e reparar a violação em causa, em conformidade com o princípio da subsidiariedade. Nesse sentido, deve ocorrer o esgotamento de todas as vias de recurso internas consideradas efetivas pelo Tribunal Europeu de Direitos Humanos.

Assim sendo, qualquer Estado-Parte (queixa estadual) ou qualquer particular que se considere vítima de uma violação da Convenção (queixa individual) pode dirigir diretamente à Corte uma queixa alegando a violação por um Estado-Parte de um dos direitos garantidos pela Convenção. Se o Tribunal Europeu declarar que houve violação da Convenção ou dos seus protocolos e se o direito interno do Estado-Parte não permitir senão imperfeitamente obviar as consequências de tal violação, o Tribunal atribuirá à parte lesada uma reparação razoável, se necessário, sendo certo que os Estados-Partes estão obrigados a respeitar as decisões definitivas do Tribunal nos litígios em que forem partes.

O processo deve ser público e contemplar a observância de determinados princípios consagrados no direito, como o do contraditório e da ampla defesa. As audiências em regra são públicas, salvo se a seção/tribunal pleno decidir de maneira diferente em virtude de circunstâncias excepcionais.

Impende assinalar que as queixas individuais podem ser protocolizadas pelo próprio indivíduo que sofreu a lesão do direito, mas é recomendável a representação feita por advogado. Para os menos favorecidos, o Conselho da Europa criou um sistema de assistência judiciária para atendimento deles.

No que tange à competência *ratione materiae* da Corte Europeia, evidencia-se que o artigo 32, I, abarca todas as questões relativas à interpretação e à aplicação da Convenção e dos respectivos protocolos que lhe sejam submetidas nas condições previstas pelos artigos 33, 34 e 37, ou seja, todas as matérias que versam sobre os compromissos que possam ter sido assumidos pelos Estados em razão da Convenção Europeia.

Finalizando, em relação à competência *ratione temporis*, observa-se que a competência da Corte, como já descrito acima, tornou-se obrigatória com a entrada em vigência do Protocolo n. 11, não devendo suscitar nenhuma dúvida ou questionamento em razão desse ponto. Todavia, permanecem respeitadas as restrições relativas ao tempo para a competência da Corte, caso tenham sido realizadas anteriormente à mudança.

A Corte também tem competência consultiva, isto é, pode opinar por meio de pareceres sobre questões jurídicas atinentes à Convenção, desde que não analise questões relativas ao conteúdo ou à extensão dos direitos e liberdades definidos no título I da referida Convenção, bem como nos Protocolos e em outras questões que, em virtude de recurso previsto pela Convenção, possam ser submetidas ao Tribunal ou Comitê de Ministros. Vale ressaltar que o Comitê de Ministros é que pode solicitar um parecer consultivo à Corte Europeia de Direitos Humanos:

"Art. 47. 1. A pedido do Comitê de Ministros, o Tribunal pode emitir pareceres sobre questões jurídicas relativas à interpretação da Convenção e dos seus protocolos.

2. Tais pareceres não podem incidir sobre questões relativas ao conteúdo ou à extensão dos direitos e liberdades definidos no título I da Convenção e nos protocolos, nem sobre outras questões que, em virtude do recurso previsto pela Convenção, possam ser submetidas ao Tribunal ou ao Comitê de Ministros.

3. A decisão do Comitê de Ministros de solicitar um parecer ao Tribunal será tomada por voto majoritário dos seus membros titulares".

Indubitavelmente o sistema de proteção dos direitos humanos no "velho continente"[73], que tem sofrido contínuo aprimoramento ao longo dos anos, pode influenciar de forma positiva os demais sistemas de proteção consagrados no plano regional, em especial nos continentes americano e africano, que serão analisados a seguir.

4. O SISTEMA AMERICANO

Embora o sistema de proteção dos direitos humanos consagrados no continente americano esteja regrado na Convenção Americana de Direitos Humanos, deve-se ressaltar que quando da criação da Organização dos Estados Americanos, estabeleceu-se, já no preâmbulo do referido tratado internacional, que o verdadeiro sentido da solidariedade americana e da boa vizinhança não pode ser outro senão o de consolidar no continente, dentro do quadro das instituições democráticas, um regime de liberdade individual e de justiça social, fundado no respeito dos direitos essenciais do homem.

Verifica-se também que os Estados Americanos proclamam os direitos fundamentais da pessoa humana como princípios que devem pautar a atuação dos Estados-Membros, sem fazer discriminação de raça, nacionalidade, credo ou sexo.

---

[73] Interessante a lembrança de CASANOVAS, Oriol; RODRIGO, Ángel, op. cit., p. 477: "La UE ha ido ampliando la exigencia del respeto de los derechos humanos. Dicha obligación puede alcanzar a todos los órganos de la Unión, a los propios Estados miembros e, incluso, a terceros Estados. Todo ciudadano de la Unión que considere que se han conculcado algunos de sus derechos fundamentales, dado que no existe ningún procedimiento especifico, puede utilizar cualquiera de los médios disponibles en el Derecho de la EU siempre que el acto causante de la violación lo sea en ejercicio de una de las competencias de la Unión bien por uno de sus órganos o bien por los Estados miembros cuando actúan en el ámbito de las competencias de la misma; y que la controversia se formule en términos del Derecho de la Unión. Esta vía de la garantía de los derechos fundamentales ha dado inicio a un diálogo jurisprudencial entre el TJUE y algunos tribunales constitucionales de los Estados miembros, en particular el alemán y el italiano, no sin cierta desconfianza entre ellos, sobre la interpretación, el estándar de protección de los derechos humanos y la competencia última para su garantía".

O sistema interamericano de direitos humanos[74] foi constituído pela Convenção Americana de Direitos Humanos, adotada e aberta à assinatura na Conferência Especializada Interamericana sobre Direitos Humanos, em São José da Costa Rica, em 22 de novembro do ano de 1969.

A referida Convenção entrou em vigência no ano de 1978, podendo os Estados que fazem parte da Organização dos Estados Americanos aderir à referida Convenção.

A adesão do Brasil se deu através do Decreto n. 678, de 6 de novembro de 1992, que promulgou a Convenção Americana de Direitos Humanos, e do Decreto n. 4.463, de 8 de novembro de 2002, que promulgou a Declaração de Reconhecimento da Competência Obrigatória da Corte Interamericana em todos os casos relativos à interpretação ou aplicação da Convenção Americana sobre Direitos Humanos.

Impende assinalar que o Brasil foi condenado, por unanimidade, pela primeira vez pela Corte Interamericana de Direitos Humanos, no caso Ximenez Lopes, cuja sentença foi prolatada em São José, Costa Rica, em 4 de julho de 2006, ao admitir o reconhecimento parcial da responsabilidade internacional do Estado brasileiro pela violação dos direitos à vida, à integridade pessoal, consagrados nos artigos 4.1, 5.1 e 5.2 da Convenção Americana, em relação à obrigação geral de respeitar e garantir os direitos, estabelecida no artigo 1.1 do referido tratado internacional. O caso, que contou com várias lições do então juiz brasileiro Antônio Augusto Cançado Trindade, pode se apresentar como mais um "divisor de águas" em relação aos direitos humanos no Brasil.

Após o caso Ximenez Lopes, a República Federativa do Brasil foi condenada em vários outros, tais como: Caso Escher; Caso Sétimo Garibaldi; Caso Gomes Lund e outros ("Guerrilha do Araguaia"); Caso Trabalhadores da Fazenda Brasil Verde; Caso Cosme Rosa Genoveva, Evandro de Oliveira e outros (Favela Nova Brasília); Caso Povo Indígena Xucuru e seus membros; Caso Vladmir Herzog; Caso dos empregados da Fábrica de Fogos de Santo Antônio de Jesus e seus familiares; Caso Barbosa de Souza e outros; Caso Sales Pimenta; Caso Tavares Pereira e outros; Caso Honorato e outros[75].

Ao conceber o Pacto de São José de Costa Rica, os Estados signatários reafirmam o propósito de consolidar no continente americano um regime de liberdade pessoal e de justiça social, fundado no respeito aos direitos humanos essenciais.

Os Estados reiteram o enunciado da Declaração Universal de Direitos Humanos no que tange à ideia de que o ser humano somente pode ser realmente livre, isento de temor e miséria, se forem criadas condições que permitam a cada pessoa gozar dos seus direitos civis, políticos, econômicos, sociais e culturais.

Embora os Estados apresentem esta ideia, ou seja, o gozo de direitos civis, políticos, econômicos, sociais e culturais, praticamente os direitos contemplados na Convenção

---

[74] A matéria foi amplamente apresentada em GUERRA, Sidney. *O sistema interamericano de proteção dos direitos humanos e o controle de convencionalidade.* 4. ed. Rio de Janeiro: Grande Editora, 2024.

[75] Disponível em: https://www.corteidh.or.cr/casos_sentencias.cfm. Acesso em: 26 jun. 2024.

Americana são os relativos ao exercício de direitos civis e políticos: (artigo 3º) – Direito ao reconhecimento da personalidade jurídica; (artigo 4º) – Direito à vida; (artigo 5º) – Direito à integridade pessoal; (artigo 6º) – Proibição da escravidão e da servidão; (artigo 7º) – Direito à liberdade pessoal; (artigo 11) – Proteção da honra e da dignidade; (artigo 12) – Liberdade de consciência e de religião; (artigo 13) – Liberdade de pensamento e de expressão; (artigo 15) – Direito de reunião; (artigo 16) – Liberdade de associação; (artigo 21) – Direito à propriedade privada; (artigo 22) – Direito de circulação e de residência; (artigo 23) – Direitos políticos.

No que tange aos direitos sociais, econômicos ou culturais, a Convenção Americana não estabelece de forma clara a proteção para os referidos direitos, mas prevê que os Estados devem adotar medidas para que possam ser alcançados e efetivados no domínio interno, conforme acentua o artigo 26 do citado documento internacional.

Frise-se, por oportuno, que em 1988 foi consagrado, no âmbito da Organização dos Estados Americanos, um Protocolo Adicional à Convenção de 1969, relativo aos direitos sociais, econômicos e culturais.

O Protocolo de San Salvador elencou uma série de direitos, a saber: direito ao trabalho; direito à seguridade social; direito a condições equitativas de trabalho; direito à associação sindical; proteção à família; proteção à criança; proteção ao idoso; proteção à cultura; proteção ao meio ambiente equilibrado etc.

Sem embargo, o sistema interamericano de direitos humanos é constituído pela Comissão Interamericana de Direitos Humanos e pela Corte Interamericana de Direitos Humanos.

A Comissão Interamericana de Direitos Humanos representa todos os membros da Organização dos Estados Americanos, devendo ser eleitos pela Assembleia Geral da Organização, de uma lista de candidatos proposta pelos governos dos Estados-Membros.

Os membros da Comissão serão eleitos por quatro anos e só poderão ser reeleitos uma vez; a função principal da Comissão é a de promover a observância e a defesa dos direitos humanos.

A Comissão é constituída por sete membros de alta autoridade moral e reconhecido saber em matéria de direitos humanos, cuja missão precípua é a de promover a observância e a proteção dos direitos da pessoa humana no âmbito do continente americano.

Para alcançar esse desiderato, no que tange à promoção dos direitos humanos, deve a Comissão preparar estudos, relatórios e propor recomendações aos Estados, tendo em vista a adoção de medidas que favoreçam o sistema de proteção aos direitos humanos no plano doméstico, como também conhecer petições individuais e comunicações interestatais que contenham denúncias de direitos que tenham sido aviltados, nos termos da Convenção.

Além disso, a Comissão Interamericana de Direitos Humanos realiza as seguintes funções:

"a) conciliadora, entre um governo e grupos sociais que vejam violados os direitos de seus membros; b) assessora, aconselhando os governos a adotar medidas adequadas para promover os direitos humanos; c) crítica, ao informar sobre a situação dos direitos humanos em um Estado-Membro da OEA, depois de ter ciência dos argumentos e das observações do governo interessado, quando persistem essas violações; d) legitimadora, quando um suposto governo em decorrência do resultado do informe da Comissão acerca de uma visita ou de um exame, decide reparar as falhas de seus processos internos e sanar as violações; e) promotora, ao efetuar estudos sobre temas de direitos humanos, a fim de promover seu respeito; f) protetora, quando, além das atividades anteriores, interferem em casos urgentes para solicitar ao governo, contra o qual se tenha apresentado uma queixa, que suspenda sua ação e informe sobre os atos praticados"[76].

Cumpre ressaltar que qualquer pessoa, grupo de pessoas ou entidade não governamental, legalmente reconhecida em um ou mais Estados-Membros da Organização, nos termos do artigo 44, pode apresentar à Comissão petições que contenham denúncias ou queixas de violação desta Convenção por um Estado-Parte.

Entretanto, inicialmente a competência da Comissão estava adstrita à promoção dos direitos humanos por meio de preparação de estudos e relatórios, bem como de recomendações aos governos dos Estados com vistas à adoção de medidas em prol dos direitos humanos no plano doméstico dos seus respectivos territórios.

Hodiernamente possui também competência para efetiva proteção dos direitos humanos em razão do conhecimento de petições individuais e de comunicações interestatais que contenham denúncias de violações aos direitos previstos na Convenção Americana.

A Convenção Americana confere ampla competência processual para receber denúncias ou queixas de violação da própria Convenção por um Estado-Parte, assim como para examinar e investigar. Essa possibilidade alcança somente os Estados-Partes e a Comissão, que têm direito de submeter casos à decisão da Corte.

Diferentemente do que ocorre no sistema europeu, é vedada a possibilidade de a pessoa litigar diretamente à Corte Interamericana de Direitos Humanos por seus direitos que foram violados no âmbito de determinado Estado, devendo, portanto, provocar a Comissão Interamericana de Direitos Humanos.

De toda sorte, para que uma petição ou comunicação seja admitida pela Comissão, devem ser observados alguns pressupostos: i) que haja sido interpostos e esgotados os recursos da jurisdição interna, de acordo com os princípios do Direito Internacional; ii) que seja apresentada dentro do prazo de seis meses, a partir da data em que o presumido prejudicado em seus direitos tenha sido notificado da decisão definitiva; iii) que a matéria da petição ou comunicação não esteja pendente de outro processo de solução internacional; iv) que a petição contenha o nome, nacionalidade, profissão, domicílio e assinatura da pessoa ou pessoas ou do representante legal da entidade que submeter a petição.

---

[76] FIX-ZAMUDIO, Hector. *Protección jurídica de los derechos humanos*. México: Comisión Nacional de Derechos Humanos, 1991, p. 152.

Ao receber uma petição ou comunicação, em que são apontadas violações aos direitos humanos, a Comissão deverá proceder da seguinte forma: i) solicitar informações ao governo do Estado ao qual pertence a autoridade apontada como responsável pela violação alegada, caso seja reconhecida sua admissibilidade; ii) prestadas as informações ou transcorrido o prazo fixado sem que sejam recebidas, verificar se existem motivos da petição; iii) poderá declarar a inadmissibilidade ou improcedência da petição ou comunicação, com base em informações ou provas supervenientes; iv) poderá, com o conhecimento das partes e se o expediente não tiver sido arquivado, proceder ao exame do assunto exposto na petição ou comunicação; v) poderá pedir aos Estados interessados qualquer informação pertinente e colocar-se à disposição das partes interessadas para se chegar a uma solução amistosa sobre o assunto.

Poderá a Comissão fazer observações em determinado Estado, mediante permissão ou convite do respectivo governo, que servem para avaliar a situação dos direitos humanos no país em questão.

A Comissão deverá buscar uma solução para o caso de maneira amistosa e, logrando êxito nessa empreitada, deverá redigir um relatório que será encaminhado ao peticionário e aos Estados-Partes e posteriormente transmitido, para sua publicação, ao Secretário-Geral da Organização dos Estados Americanos. Nesse relatório deve conter uma breve exposição dos fatos e da solução que fora alcançada. Todavia, se não se chegar a uma solução dentro do prazo que for fixado pelo Estatuto da Comissão, esta deverá redigir um relatório no qual exporá os fatos e suas conclusões.

Se o relatório não representar, no todo ou em parte, o acordo unânime dos membros da Comissão, qualquer deles poderá agregar ao referido relatório seu voto em separado. Também se agregarão ao relatório as exposições verbais ou escritas que forem feitas pelos interessados.

A Comissão poderá ainda, formular as proposições e recomendações que julgar adequadas no relatório produzido. Se no prazo de três meses, a partir da remessa aos Estados interessados do relatório da Comissão, o assunto não houver sido solucionado ou submetido à decisão da Corte pela Comissão ou pelo Estado interessado, aceitando sua competência, a Comissão poderá emitir, pelo voto da maioria absoluta dos seus membros, sua opinião e conclusões sobre a questão submetida à sua consideração.

Além disso, não se pode olvidar da Opinião Consultiva n. 13/93 da Corte Interamericana de Direitos Humanos que versa sobre "certas atribuições da Comissão Interamericana de Direitos Humanos (arts. 41, 42, 44, 46, 47, 50 e 51 da Convenção Americana de Direitos Humanos)" solicitada pelos governos da Argentina e Uruguai, cuja "OPINIÓN por unanimidad: 1. Que la Comisión es competente, en los términos de las atribuciones que le confieren los artículos 41 y 42 de la Convención, para calificar cualquier norma del derecho interno de un Estado Parte como violatoria de las obligaciones que éste ha asumido al ratificarla o adherir a ella, pero no lo es para dictaminar si contradice o no el ordenamiento jurídico interno de dicho Estado. En cuanto a la terminología que la Comisión puede utilizar para calificar normas internas, la Corte se remite a lo dicho en el párrafo 35 de esta opinión, por unanimidad. 2. Que, sin menoscabo de las otras atribuciones que otorga a la Comisión el artículo 41 de la Convención, declarada inadmisible una petición o comunicación de carácter individual (artículo 41.f en relación con los artículos 44 y 45.1 de la Convención) no caben pronunciamientos sobre el fondo, por unanimidad. 3. Que los artículos 50 y 51 de la Convención contemplan dos informes separados, cuyo contenido puede ser similar, el primero de los cuales no puede ser publicado. El segundo sí puede serlo, previa decisión de la Comisión adoptada por mayoría absoluta de votos después de transcurrido el plazo que haya otorgado al Estado para tomar las medidas adecuadas"[77].

Por fim, impende assinalar que a Comissão, além dos Estados-Partes, é que poderá submeter um caso à apreciação da Corte Interamericana. Esse aspecto é de grande relevo para o sistema de proteção dos direitos humanos no continente americano e defere importância ao mencionado órgão. Todavia, é necessário que o indivíduo possa diretamente propor uma ação à Corte, a exemplo do que acontece no continente europeu.

Tal fato tem repercutido bastante e algumas mudanças são propostas na atuação da Comissão Interamericana, com a possibilidade, inclusive, de vir a extingui-lo ou transformá-lo numa espécie de Ministério Público, como acentuam alguns autores: "Estou entre os que defendem aprovação de um Protocolo à Convenção Americana sobre Direitos Humanos, semelhante, em parte, ao já referido Protocolo XI à Convenção Europeia, que extinguiu a Comissão Europeia de Direitos Humanos e criou uma nova e ampliada Corte. Não advogo a extinção da Comissão Interamericana. Acredito que o Sistema Interamericano de proteção dos direitos humanos poderá tornar-se mais eficiente, se transformada a Comissão Interamericana de Direitos Humanos numa espécie de ministério público interamericano, voltado à proteção dos direitos humanos no Continente, com participação ativa nos processos junto à Corte Interamericana, ficando, contudo, assegurado, de forma definitiva e inquestionável, o acesso direto do indivíduo à Corte Interamericana e sua participação ativa em todas as fases do processo em que for parte. Todavia, o sistema interamericano de proteção dos direitos humanos só estará, de fato, completo, quando todos os Estados do continente ratificarem a Convenção Americana e, ao mesmo tempo, aceitarem a competência contenciosa da Corte Interamericana"[78].

Mudanças como essas, caso venham a ser implementadas, têm como escopo alcançar melhorias no funcionamento do sistema americano para que ocorra efetiva proteção aos direitos humanos.

No que tange à Corte Interamericana de Direitos Humanos, esta se apresenta como uma instituição judicial independente e autônoma, cujo objetivo é a aplicação e a interpretação da Convenção Americana sobre Direitos Humanos. Ela é regulada pelos artigos 33, b, e 52 a 73 da mesma Convenção e pelas normas do seu Estatuto, tendo sido

---

[77] Opinião Consultiva n. 13/93. Disponível em: <http://www.corteidh.or.cr/opiniones.cfm>.

[78] PEREIRA, Antônio Celso Alves. Apontamentos sobre a Corte Interamericana de Direitos Humanos. In: GUERRA, Sidney. *Temas emergentes de direitos humanos*. Rio de Janeiro: FDC, 2006, p. 269-270.

instalada em 1979, cuja sede situa-se em São José, na Costa Rica. Sua criação tem origem na proposta apresentada pela delegação brasileira à IX Conferência Interamericana, realizada em Bogotá, no ano de 1948.

A Corte Americana é composta de sete juízes, nacionais dos Estados-Membros da Organização, eleitos a título pessoal dentre juristas da mais alta autoridade moral, de reconhecida competência em matéria de direitos humanos, que reúnam as condições requeridas para o exercício das mais elevadas funções judiciais, de acordo com a lei do Estado do qual sejam nacionais, ou do Estado que os propuser como candidatos. Serão eleitos por um período de seis anos e só poderão ser reeleitos uma vez, em votação secreta, e pelo voto da maioria absoluta dos Estados-Partes na Convenção, na Assembleia Geral da Organização, de uma lista de candidatos propostos pelos mesmos Estados.

A Corte também pode contar com juízes *ad hoc* para tratar de determinadas matérias, conforme estabelece o artigo 55 da Convenção Americana, cujos requisitos são os mesmos dos demais juízes da Corte.

As funções da Corte Interamericana são classificadas e definidas pela Convenção Americana em duas categorias: contenciosa (artigos 61, 62 e 63) e consultiva (artigo 64).

A Corte deve exercer sua competência contenciosa considerando a responsabilidade do Estado pela violação, uma vez que este se obrigou, ao ratificar a Convenção Americana sobre Direitos Humanos, a não só garantir, como prevenir e investigar, usando todos os recursos que dispuser para impedir as violações da Convenção Americana.

Desses compromissos derivam obrigações de punir, com o rigor de suas normas internas, os infratores de normas de direitos humanos constantes de sua legislação e da Convenção Americana, assegurando à vítima a reparação adequada. O Estado não pode eximir-se da obrigação de reparar a violação, conforme estabelecem as normas de Direito Internacional relativas à responsabilidade internacional do Estado, alegando, por exemplo, que a medida a ser tomada violaria seu direito interno. A competência contenciosa será *ratione personae, ratione materiae* e *ratione temporis*.

No que tange à competência contenciosa *ratione personae*, verifica-se que somente os Estados-Partes e a Comissão é que possuem legitimidade para acionar a Corte Americana. Assim, devem ser adotadas medidas para que o sistema de proteção dos direitos humanos no âmbito do continente americano possa avançar, principalmente quando confrontamos com o sistema europeu. Isso porque no plano americano ainda não foi reconhecido o *jus standi* do indivíduo, isto é, não pode a pessoa humana ingressar diretamente com ações no âmbito da Corte Interamericana. Nesse sentido vale registrar os estudos de Antônio Celso[79]: "Em suas reflexões e recomendações *de lege ferenda* expostas no curso que ministrara na sessão externa da Academia de Direito Internacional de Haia realizada na Costa Rica, em 1995, para o aperfeiçoamento e fortalecimento do sistema

---

[79] PEREIRA, Antônio Celso Alves. Apontamentos sobre a Corte Interamericana de Direitos Humanos. In: GUERRA, Sidney. *Temas emergentes de direitos humanos*. Rio de Janeiro: FDC, 2006, p. 264.

interamericano de proteção dos direitos humanos, Antônio Augusto Cançado Trindade chama a atenção para o fato de que, sem o direito de petição individual, e o consequente acesso à justiça no plano internacional, os direitos consagrados nos tratados de direitos humanos seriam reduzidos a pouco mais do que letra morta. (...) O direito de petição individual abriga, com efeito, a última esperança dos que não encontraram justiça em nível nacional. Não me omitiria nem hesitaria em acrescentar – permitindo-me a metáfora – que o direito de petição individual é indubitavelmente a estrela mais luminosa no firmamento dos direitos humanos. Em seu Voto Concordante na Opinião Consultiva OC-17/2002, de 28 de agosto de 2002, emitida pela Corte Interamericana de Direitos Humanos à solicitação da Comissão Interamericana de Direitos Humanos, Cançado Trindade afirma que o direito de petição individual às Cortes Internacionais de Direitos Humanos representa um resgate histórico do indivíduo como sujeito de Direito Internacional dos Direitos Humanos. Referindo-se, nesta oportunidade, a seu Voto no caso *Castillo Petruzi y Otros versus Peru* (Exceções Preliminares, Sentença de 04/09/1998), ressalta que, instado pelas circunstâncias do *cas d'espèce*, qualificou o direito de petição individual como *cláusula pétrea* dos tratados de direitos humanos que o consagram"[80].

Outro ponto importante relaciona-se à competência facultativa da Corte, ou seja, para conhecer de qualquer caso contencioso que lhe seja submetido pela Comissão Interamericana de Direitos Humanos ou por um Estado-Parte da Convenção Americana, a Corte só poderá exercer esta competência contra um Estado por violação dos dispositivos da Convenção Americana, se este Estado, de modo expresso, no momento do depósito do seu instrumento de ratificação da Convenção Americana ou de adesão a ela, ou em qualquer momento posterior, em declaração apresentada ao Secretário-Geral da Organização dos Estados Americanos, deixar claro que reconhece como obrigatória, de pleno direito e sem convenção especial, a competência da Corte em todos os casos relativos à interpretação ou aplicação da Convenção.

Tal declaração deve ser feita incondicionalmente, ou sob condição de reciprocidade, por prazos determinados ou para casos específicos; da mesma forma, o Estado poderá fazê-lo por meio de convenção especial.

Até o presente momento somam-se 21 Estados que declararam reconhecer a competência contenciosa da Corte, dentre os 35 Estados-Membros da Organização dos Estados Americanos; 25 Estados americanos são partes na Convenção Americana. Os

---

[80] Corte Interamericana de Derechos Humanos. Opinión Consultiva OC-17, de 28 de agosto de 2002. Sobre o direito de petição individual escreve ainda Cançado Trindade: "En el umbral del siglo XXI, ya no puede haber duda de que el derecho de petición individual a los tribunales internacionales de derechos humanos y la intangibilidad de la jurisdicción obligatoria de éstos, necesariamente conjugados, constituyen – como siempre hemos sostenido – verdaderas cláusulas pétreas de la protección internacional de los derechos humanos". Ver Cançado Trindade, A. A. Las cláusulas pétreas de la protección internacional del ser humano: El acceso directo de los individuos a la justicia a nivel internacional y la intangibilidad de la jurisdicción obligatoria de los tribunales internacionales de derechos humanos. In: *El Sistema Interamericano de Protección de los Derechos Humanos en el Umbral del Siglo XXI*. San José de Costa Rica: Corte Interamericana e Derechos Humanos, 2001, p. 6.

Estados Unidos e o Canadá não ratificaram a Convenção Americana e não reconhecem a competência da Corte.

Em relação à competência material (*ratione materiae*), está concebida no artigo 62, 3, que prevê que a Corte poderá conhecer de qualquer caso relativo a interpretação e aplicação das disposições da Convenção.

E no que tange à *ratione temporis*, a competência da Corte pode também sofrer limite temporal. Isso porque o artigo 62,2 do referido tratado internacional estabelece que a competência pode ser aceita por prazo determinado.

A Corte poderá também se manifestar nas consultas que lhes forem encaminhadas pelos Estados-Partes, emitindo pareceres sobre a compatibilidade entre qualquer de suas leis internas e os instrumentos internacionais[81].

De fato, o papel da Corte Interamericana de Direitos Humanos (e também a Comissão) é bastante relevante no contexto regional, principalmente se levarmos em consideração as barbaridades que foram praticadas no continente, especialmente no período recente de golpes militares que corresponderam a verdadeiros abusos e denegação de direitos. Antes da implantação desse Sistema de Proteção Regional dos Direitos Humanos, esgotavam-se as possibilidades de se obter reparação de danos por violação aos direitos humanos ao se chegar às Cortes Constitucionais dos respectivos Estados.

Hodiernamente o quadro é diferente, uma vez que, quando não há o reconhecimento formal do Estado em relação ao caso apresentado, a pessoa que se sente injustiçada ou seus familiares poderão acionar essa instância, observados os requisitos expressos na Convenção.

Sem embargo, apesar de o fenômeno da jurisdição internacional em matéria de direitos humanos caracterizar-se em hodierna realidade, observa-se grande crescimento de casos que consagram a responsabilidade internacional do Estado por violação aos direitos da pessoa humana[82].

Impende assinalar que a Corte Interamericana criou um importante precedente acerca da responsabilidade internacional do Estado em matéria de direitos humanos no paradigmático caso *Velásquez Rodríguez x Honduras,* em sentença proferida no dia 29 de julho de 1998, que estabeleceu, por unanimidade, que "Honduras está obligada a pagar una justa indemnización compensatoria a los familiares de la victima"[83].

Posteriormente, ainda no mesmo caso, em sentença proferida no dia 21 de julho de 1989, é possível colher alguns aspectos bem interessantes, como abaixo:

"(...) 26. La reparación del daño ocasionado por la infracción de una obligación internacional consiste en la plena restitución (*restitutio in integrum*), lo que incluye el restablecimiento de la situación anterior y la reparación de las consecuencias que la

---

[81] A Corte tem produzido vasto material, a exemplo das Opiniões Consultivas, que são consideradas importantes fontes jurisprudenciais. Para consultar, *vide* <http://www.corteidh.or.cr/opiniones.cfm>.

[82] Nesse sentido, vale observar a obra dirigida por ANDRÉS, Gabriel; PISCITELLO, Daniel Pavón. *Responsabilidad internacional de los Estados*: desarrollo actual, perspectivas y desafíos. Córdoba: EDUCC, 2012.

[83] Corte IDH. *Caso Velásquez Rodríguez vs. Honduras*. Fondo. Sentencia de 29 de julio de 1988. Serie C N. 4.

infracción produjo y el pago de una indemnización como compensación por los daños patrimoniales y extrapatrimoniales incluyendo el daño moral.

27. En lo que se refiere al daño moral, la Corte declara que éste es resarcible según el Derecho internacional y, en particular, en los casos de violación de los derechos humanos. Su liquidación debe ajustarse a los principios de la equidad. (...)

54. La obligación de resarcimiento, como quedó dicho, no deriva del derecho interno sino de la violación de la Convención Americana. Es decir, es el resultado de una obligación de carácter internacional. En consecuencia, los citados familiares de Manfredo Velásquez, para poder exigir la indemnización, únicamente tienen que acreditar el vínculo familiar, pero no están obligados a seguir el procedimiento que exige la legislación hondureña en materia hereditaria"[84].

Por isso é que a Corte Interamericana de Direitos Humanos já assentou que a especificidade da reparação devida por violação de norma da Convenção Americana é um procedimento internacional de reparação de graves violações de direitos humanos e não de uma simples ação de danos e prejuízos de direito civil interno. Deixa claro ainda que não se trata de revisão da decisão interna e sim a condenação do Estado infrator e a obrigação de reparar o dano.

Nesse diapasão deve ser ressaltada a necessidade de combinar a sistemática nacional e internacional de proteção, à luz do princípio da dignidade humana, pois, assim, conjugam-se os sistemas internacionais e nacionais para o fortalecimento dos mecanismos de responsabilização do Estado[85].

Compete, portanto, ao Estado a responsabilidade primária e ao sistema internacional uma ação suplementar e subsidiária em relação aos direitos violados.

Frise-se, por oportuno, que os Estados assumem grande importância na estrutura do Sistema Interamericano, pois além de serem criadores do referido Sistema e, portanto, os responsáveis pelo surgimento da Comissão e da Corte, adotam as decisões e diretrizes da OEA, fornecem recursos necessários e assumem compromissos de acordo com os avanços do Sistema Interamericano[86].

De fato, a responsabilidade internacional em matéria de direitos humanos reforça o valor jurídico das normas protetivas dos direitos da pessoa humana, tendo em vista que defere maior efetividade dos direitos, bem como a devida sanção aos Estados que

---

[84] Corte IDH. *Caso Velásquez Rodríguez vs. Honduras*. Reparaciones y Costas. Sentencia de 21 de julio de 1989. Serie C N. 7.

[85] CORREIA, Theresa Rachel Couto. *Corte interamericana de direitos humanos*. Curitiba: Juruá, 2008, p. 242.

[86] Atente-se para os estudos de BRANDÃO, Marco Antonio Diniz; BELLI, Benoni. O sistema interamericano de proteção dos direitos humanos e seu aperfeiçoamento no limiar do século XXI. In: GUIMARÃES, Samuel Pinheiro; PINHEIRO, Paulo Sérgio. *Direitos humanos no século XXI*. Rio de Janeiro: Renovar, 1999, p. 300: "O Estado deve ser ele próprio um instrumento de proteção, pois os direitos humanos não se realizam automaticamente pela abstenção estatal ou pela mera não intrusão no espaço provado. Os direitos humanos exigem do Estado obrigações positivas, obrigações de fazer. Desta perspectiva, a potencialidade da conversão do Estado em aliado na luta pelos direitos humanos se encontra inscrita na democracia e a realização efetiva desta aliança é impulsionada, entre outros fatores, pela cooperação com os mecanismos internacionais de proteção".

violam essas normas. Ramos acentua que "as obrigações internacionais nascidas com a adesão dos Estados aos instrumentos internacionais de proteção aos direitos humanos só possuem conteúdo real quando o mecanismo de responsabilização por violações é eficaz. Tal mecanismo deve ser o mais amplo possível para que se evite justamente o caráter meramente programático das normas internacionais sobre direitos humanos"[87].

Para tanto, compete ao Estado investigar, processar, condenar o responsável pela lesão aos direitos humanos consagrados nos documentos internacionais americanos protetivos, bem como reparar as vítimas pelos danos sofridos.

Corroborando esse entendimento, Galli e Dulitzky afirmam que "a reparação às violações de direitos humanos é um importante compromisso que o Estado assume ao ratificar a Convenção Americana. A Corte Interamericana desenvolveu uma vasta jurisprudência sobre o tema. Em conformidade com a jurisprudência internacional, a Corte estabeleceu que o Estado assume que ao violar os direitos que se comprometeu a proteger, irá agir para apagar as consequências de seus atos ou omissões ilícitos"[88].

Assim, verifica-se que a reparação consiste em devolver ao lesado a situação ao seu estado anterior e, não sendo mais possível, realizar a reparação do dano de outra forma. Por isso mesmo é que a própria Convenção não deixou dúvidas acerca da imperatividade das decisões da Corte.

De fato, a grande importância conferida à Corte Interamericana é a de que suas decisões são imperativas e exigíveis dentro do território dos países que ratificaram a Convenção Americana de Direitos Humanos[89], conforme estabelece o artigo 67 da Convenção Americana:

"A sentença da Corte será definitiva[90] e inapelável[91]. Em caso de divergência, a

---

[87] RAMOS, André de Carvalho. *Processo internacional de direitos humanos*. Rio de Janeiro: Renovar, 2002, p. 9-10: "Desvincular o Direito Internacional dos Direitos Humanos do Direito da Responsabilidade Internacional do Estado nos levaria a negar a juridicidade daquele setor de normas dirigido a proteção do ser humanos, convertendo-o em um conjunto de meras exortações aos Estados".

[88] RAMOS, André de Carvalho. *Processo internacional de direitos humanos*. Rio de Janeiro: Renovar, 2002, p. 99.

[89] Deve-se atentar para as palavras de CORREIA, Theresa Rachel Couto. *Corte interamericana de direitos humanos*. Curitiba: Juruá, 2008, p. 242: "Ao enfrentar a publicidade das violações de direitos humanos de que são acusados, os Estados são praticamente obrigados a se justificarem por suas práticas, o que nos permite afirmar, têm auxiliado na implementação de novas práticas de governo que considerem o respeito aos direitos humanos. Nesse sentido, importa revelar a importância de que se revestem as práticas de tutela, supervisão e monitoramento do modo de agir dos Estados, bem como o papel fundamental de educação em direitos humanos".

[90] Na mesma direção CLÉMENT, Zlata Drnas de. Corte Interamericana de Derechos Humanos. Cuarta Instancia? *Se ha convertido la Corte Interamericana de Derechos Humanos en una cuarta instancia?* Buenos Aires: La Ley, 2009, p. 5: "Atento a que una de las funciones primordiales de la soberanía es la llamada jurisdiccional, que atiende a la solución o prevención de situaciones contenciosas entre individuos o entre individuo y Estado, y a que esa función tiene dos características: constituye un poder que proclama auténtica y definitivamente el Derecho; y lo impone con la plena fuerza y eficacia de autoridad soberana el hecho de que la Convención Americana de Derechos Humanos disponga que **los fallos de la Corte Interamericana de Derechos Humanos son definitivos e inapelables para los Estados**" (grifei).

Corte interpretá-la-á[92], a pedido de qualquer das partes, desde que o pedido seja apresentado dentro de noventa dias a partir da data da notificação da sentença".

Corroborando a ideia, Ramos afirma que "as obrigações sobre a responsabilidade internacional estabelecidas pela Convenção Americana possuem imperatividade mesmo na ocorrência de sua denúncia por um Estado contratante. Estabeleceu o artigo 78 da Convenção[93] que os Estados só podem denunciar o Pacto de San José uma vez passado o prazo de cinco anos contados de sua entrada em vigor, mediante o aviso prévio de um ano, devendo o Estado denunciante ser responsabilizado por violação cometida anteriormente à data na qual a denúncia possa produzir efeito"[94].

A sentença proferida pela Corte[95] deve estar devidamente motivada, ou seja, devem ser apresentados a descrição dos fatos, os fundamentos jurídicos, as conclusões das partes, a decisão propriamente dita, o pronunciamento das custas e o resultado da votação.

---

[91] O Regulamento da Corte em seu artigo 57 trata do pronunciamento e comunicação da sentença:
"§ 1. Concluídos os autos para a sentença, a Corte deliberará em privado. Será adotada uma decisão por votação, aprovada a redação da sentença e fixada a data da audiência pública de comunicação às partes. § 2. Enquanto não se houver notificado a sentença às partes, os textos, os argumentos e os votos serão mantidos em segredo. § 3. As sentenças serão assinadas por todos os juízes que participaram da votação e pelo Secretário. Contudo, será válida a sentença assinada pela maioria dos juízes. § 4. Os votos dissidentes ou fundamentados serão assinados pelos juízes que os sustentem e pelo Secretário. § 5. As sentenças serão concluídas com uma ordem de comunicação e execução assinada pelo Presidente e pelo Secretário e selada por este. § 6. Os originais das sentenças ficarão depositados nos arquivos da Corte. O Secretário entregará cópias certificadas aos Estados Signatários no caso, à Comissão, ao Presidente do Conselho Permanente, ao Secretário-Geral, aos representantes das vítimas ou seus familiares e a todo terceiro interessado que o solicitar. § 7. O Secretário comunicará a sentença a todos os Estados Signatários".

[92] Conforme o artigo 58 do Regulamento da Corte, que versa sobre o pedido de interpretação de sentença:
"§ 1. Os pedidos de interpretação a que se refere o 'artigo 67' da Convenção poderão ser formulados em relação às sentenças sobre o mérito ou de reparações e depositados na Secretaria da Corte, cabendo neles indicar precisamente as questões relativas ao sentido ou ao alcance da sentença cuja interpretação é solicitada. § 2. O Secretário comunicará o pedido de interpretação aos Estados Signatários do caso e, se corresponder, à Comissão, e os convidará a apresentar por escrito as razões que considerem pertinentes, dentro do prazo fixado pelo Presidente. § 3. Para fins de exame do pedido de interpretação, a Corte reunir-se-á, se possível, com a mesma composição com que emitiu a sentença de que se trate. Não obstante, em caso de falecimento, renúncia, impedimento, escusa ou inabilitação, proceder-se-á à substituição do juiz que corresponder, nos termos do 'artigo 16' deste Regulamento. § 4. O pedido de interpretação não exercerá efeito suspensivo sobre a execução da sentença. § 5. A Corte determinará o procedimento a ser seguido e decidirá mediante sentença".

[93] "Artigo 78 – 1. Os Estados-Partes poderão denunciar esta Convenção depois de expirado um prazo de cinco anos, a partir da data da entrada em vigor da mesma e mediante aviso prévio de um ano, notificando o Secretário-Geral da Organização, o qual deve informar as outras Partes. 2. Tal denúncia não terá o efeito de desligar o Estado-Parte interessado das obrigações contidas nesta Convenção, no que diz respeito a qualquer ato que, podendo constituir violação dessas obrigações, houver sido cometido por ele anteriormente à data na qual a denúncia produzir efeito."

[94] RAMOS, André de Carvalho. *Processo internacional de direitos humanos*. Rio de Janeiro: Renovar, 2002, p. 229.

[95] A matéria está consagrada no artigo 56 do Regulamento da Corte: "A sentença da Corte Interamericana deverá conter: a) Os nomes do Presidente e dos demais juízes que a tenham proferido, do Secretário e do Secretário Adjunto; b) a indicação das partes e seus representantes e, quando apropriado, dos representantes das vítimas ou de seus familiares; c) uma relação do procedimento; d) a descrição dos fatos; e) as conclusões das partes; f) os

Como acentuam alguns autores[96], a sentença pode determinar que o Estado faça cessar a violação, indenize a vítima ou seus familiares. Embora a solução amistosa no âmbito da Comissão possa apresentar o mesmo resultado que as sentenças da Corte, enquanto a primeira é fruto de uma negociação entre o Estado e o peticionário, a sentença é produto do livre convencimento dos juízes e possui caráter obrigatório.

De maneira geral, as reparações decorrentes de responsabilidade internacional do Estado por violações aos direitos humanos têm sido processadas da seguinte forma: a) restituição na íntegra, eliminando-se todos os efeitos da violação levando-se a reparação do dano emergente e lucros cessantes; b) cessação do ilícito, considerada exigência básica para a eliminação das consequências do ilícito internacional, devendo o Estado violador interromper sua conduta ilícita, esclarecendo-se que isso não impede outras formas de reparação; c) satisfação, entendida como um conjunto de medidas capazes de fornecer fórmulas extremamente flexíveis de reparação a serem escolhidas em face de casos concretos, pelo juiz internacional; d) indenização, cabendo ao Estado infrator indenizar pecuniariamente a vítima pelos danos causados, caso a violação não possa ser completamente eliminada pelo retorno ao *status quo*; e) garantias de não repetição, que são a obtenção de salvaguardas contra a reiteração da conduta violadora de obrigação internacional[97].

As decisões que são prolatadas na Corte Interamericana de Direitos Humanos produzem efeitos no plano interno do Estado nacional. No caso brasileiro, como visto, tal fato ocorre porque a adesão do Brasil[98] deu-se por meio do Decreto n. 678, de 6 de novembro de 1992, que promulgou a Convenção Americana de Direitos Humanos. O reconhecimento da competência da Corte Interamericana ocorreu pelo Decreto Legislativo n. 89, de 3 de dezembro de 1998, e o Decreto n. 4.463, de 8 de novembro de 2002, que promulgou a Declaração de Reconhecimento da Competência Obrigatória da Corte Interamericana em todos os casos relativos à interpretação ou aplicação da Convenção Americana sobre Direitos Humanos.

---

fundamentos de direito; g) a decisão sobre o caso; h) o pronunciamento sobre as custas, se procedente; i) resultado da votação; j) a indicação do texto que faz fé. Caberá, ainda, a todo juiz que houver participado do exame de um caso o direito de acrescer à sentença seu voto dissidente ou fundamentado. Estes votos deverão ser formulados dentro do prazo fixado pelo Presidente, para que sejam conhecidos pelos juízes antes da comunicação da sentença. Os mencionados votos só poderão referir-se à matéria tratada nas sentenças".

[96] BRANDÃO, Marco Antonio Diniz; BELLI, Benoni. O sistema interamericano de proteção dos direitos humanos e seu aperfeiçoamento no limiar do século XXI. In: GUIMARÃES, Samuel Pinheiro; PINHEIRO, Paulo Sérgio. *Direitos humanos no século XXI*. Rio de Janeiro: Renovar, 1999, p. 290.

[97] No mesmo entendimento, RAMOS, André de Carvalho. *Responsabilidade internacional do Estado por violações aos direitos humanos*. R. CEJ, Brasília, n. 29, p. 53-63, abr./jun. 2005. Disponível em: <http://www2.cjf.jus.br/ojs2/index.php/cej/article/viewFile/663/843>. Acesso em: 12 mar. 2011.

[98] Interessante foi a lembrança de CORREIA, Theresa Rachel Couto. *Corte interamericana de direitos humanos*. Curitiba: Juruá, 2008, p. 133, acerca das decisões da Corte, como se vê: "No Brasil, alguns estudiosos – como Cançado Trindade, Celso Mello e Flávia Piovesan – acreditam que as decisões da Corte têm força de título executivo no direito interno. Todavia, não há no sistema interamericano um mecanismo especial para verificar a execução das sentenças. Quando o Estado condenado não cumpre a sentença, cabe à Corte informar o fato em seu informe anual dirigido à Assembleia Geral da OEA, onde se materializa uma sanção moral e política".

Não se pode olvidar, por óbvio, que ao reconhecer o sistema interamericano de proteção dos direitos humanos, bem como as obrigações internacionais dele decorrentes, o Estado aceita o monitoramento internacional no que se refere ao respeito aos direitos humanos em sua base física. Atentem para o magistério de Cançado:

"Em um sistema integrado como o da proteção dos direitos humanos, os atos internos dos Estados estão sujeitos à supervisão dos órgãos internacionais de proteção quando, no exame dos casos concretos, se trata de verificar a sua conformidade com as obrigações internacionais dos Estados em matéria de direitos humanos. As normas internacionais que consagram e definem claramente um direito individual, passível de vindicação ante um tribunal ou juiz nacional, são diretamente aplicáveis. Além disso, os próprios tratados de direitos humanos significativamente consagram o critério da primazia da norma mais favorável às vítimas, seja ela norma de direito internacional ou de direito interno. As obrigações internacionais de proteção têm um amplo alcance, vinculam conjuntamente todos os poderes do Estado; além das voltadas a cada um dos direitos protegidos, comportam ademais as obrigações gerais de assegurar o respeito destes últimos e adequar o direito interno às normas convencionais de proteção"[99].

Frise-se, mais uma vez, que as sentenças da Corte são inapeláveis, definitivas e não estão sujeitas a precatórios. Para tanto, as decisões tomadas pela Corte Interamericana devem ser fundamentadas e comunicadas, não somente às partes, como também a todos os Estados-Membros da Convenção Americana sobre Direitos Humanos.

Outro ponto importante é o que se relaciona com as decisões da Corte, nos casos contenciosos, que são consideradas obrigatórias para todos os Estados-Partes na Convenção, que declararam suas aceitações desta competência, em todas as situações em que forem partes. No caso de ocorrer uma decisão determinando indenização compensatória, esta deverá ser executada no país respectivo pelo processo interno vigente para a execução de sentenças contra o Estado[100].

Além disso, não se pode olvidar que, nos últimos anos, a Corte tem ordenado medidas provisórias de proteção em um número crescente de casos, tanto pendentes ante ela como ainda não submetidos a ela, mas pendentes ante a Comissão, a pedido desta última (art. 63.2, Convenção). Tais medidas têm sido ordenadas em casos de extrema gravidade ou urgência, de modo a evitar danos irreparáveis à vida e integridade pessoal de indivíduos. A Corte as ordena com base em uma presunção razoável. As medidas

---

[99] Conforme acentua TRINDADE, Antônio Augusto Cançado. *Tratado de direito internacional dos direitos humanos.* Porto Alegre: Sérgio Fabris, 1997, v. I, p. 444.

[100] RAMOS, André de Carvalho. *Processo internacional de direitos humanos*, cit., p. 371: "A adesão brasileira ao sistema da Corte Interamericana de Direitos Humanos é vantajosa ao Estado e, é claro, ao indivíduo. Concluímos, então, que, com o desenvolvimento dos mecanismos coletivos de aferição de eventual violação de direitos humanos, ganha o indivíduo, por ter acesso a mecanismos internacionais de proteção, ganha todo e qualquer Estado, por neutralizar os mecanismos unilaterais, e ganha a sociedade internacional como um todo, por ser a proteção dos direitos humanos essencial rumo ao estabelecimento de uma sociedade humana justa, igual e em paz".

provisórias revelam, assim, a importante dimensão preventiva da proteção internacional dos direitos humanos. Neste sentido, importante destacar o instituto denominado "Controle de Convencionalidade" e seus desdobramentos na ordem jurídica interna[101].

O controle de convencionalidade tem recebido atenção especial nos estudos da atualidade, com repercussões nas decisões dos tribunais de vários países. Tal controle diz respeito a um novo dispositivo jurídico fiscalizador das leis infraconstitucionais que possibilita duplo controle de verticalidade, isto é, as normas internas de um país devem estar compatíveis tanto com a Constituição (controle de constitucionalidade) quanto com os tratados internacionais ratificados pelo país onde vigoram tais normas (controle de convencionalidade). Este instituto garante controle sobre a eficácia das legislações internacionais e permite dirimir conflitos entre direito interno e normas de direito internacional e poderá ser efetuado pela própria Corte Interamericana de Direitos Humanos ou pelos tribunais internos dos países que fazem parte de tal Convenção.

Ernesto Reis Cantor, em alentada monografia sobre o tema, afirma que "el Control de Convencionalidad es un mecanismo de protección procesal que ejerce la Corte Interamericana de Derechos Humanos, en el evento de que el derecho interno (Constitución, ley, actos administrativos, jurisprudencia, prácticas administrativas o judiciales, etc.), es incompatible con la Convención Americana sobre Derechos Humanos u otros tratados – aplicables – con el objeto de aplicar la Convención u outro tratado, mediante un examen de confrontación normativo (derecho interno con el tratado), en un caso concreto, dictando una sentencia judicial y ordenando la modificación, derogación, anulación o reforma de las normas o prácticas internas, según corresponda, protegiendo los derechos de la persona humana, con el objeto de garantizar la supremacia de la Convención Americana" e defende a nova competência da Corte Interamericana de Direitos Humanos para aplicar o controle de convencionalidade sobre direito interno a fim de garantir a efetiva tutela de tais direitos, ou seja, a Corte Interamericana poderá obrigar internacionalmente o Estado a derrogar uma lei que gera violação de direitos humanos em todos os casos que dizem respeito à aplicação da Convenção de Direitos Humanos[102].

Trata-se de estudo inovador, uma vez que o posicionamento dominante até então era de que os tribunais regionais sobre direitos humanos não teriam competência para analisar a convencionalidade de uma lei em abstrato, tampouco a possibilidade de

---

[101] Para leitura completa deste estudo, *vide* GUERRA, Sidney. *O sistema interamericano de proteção dos direitos humanos e o controle de convencionalidade*. 4. ed. Rio de Janeiro: Grande Editora, 2024.

[102] CANTOR, Ernesto Rey. *Control de convencionalidad de las leys y derechos humanos*. México, DF: Porrúa, 2008, p. 42/46: "La Corte Interamericana aplicando la Convención debe obligar internacionalmente al Estado a hacer cesar las consecuencias jurídicas de esas violaciones ordenando, a título de reparaciones, derogar o modificar la ley para lo cual tendrá que hacer previamente un examen de confrontación (control) de la ley con la Convención, a fin de establecer la incompatibilidad y, consecuencialmente, las violaciones, como fruto de interpretación de dicho tratado".

invalidar uma lei interna. Assim, Cantor, valendo-se de estudos formulados por Cança-do Trindade e outros autores estrangeiros assinala que:

"(...) el Control de Convencionalidad de las normas de derecho interno es fruto de la jurisprudencia de la Corte y como tal el Tribunal tiene competencia inherente para la protección internacional de la persona humana, según se desprende del segundo consi-derando del Preámbulo de la Convención Americana que enuncia el objeto y fin del tratado. Además, consideramos que de los artículos 33, 2 y 62.1 de la Convención se infiere el fundamento jurídico de la nueva competencia. El primer texto expresa: 'Son competentes para conocer de los asuntos relacionados con el cumplimento de los com-promisos contraídos por los Estados Partes en esta Convención: a) La Comisión Intera-mericana de Derechos Humanos, y b) La Corte Interamericana de Derechos Humanos'. En otras palabras, si un Estado incumple los compromisos internacionales derivados del artículo 2 de la Convención ('Deber de adoptar Disposiciones de Derecho Interno'), ex-pidiendo leyes incompatibles con esta disposición y violando los derechos humanos reconocidos en este tratado, corresponde a la Corte verificar dicho incumplimiento, haciendo un examen de confrontación normativo del derecho interno (Constitución, ley, actos administrativos, jurisprudencia, prácticas administrativas o judiciales, etc.), con las normas internacionales al que llamamos 'control', el que por 'asegurar y hacer efec-tiva la supremacía de la Convención denominamos Control de Convencionalidad: es un control jurídico y judicial"[103].

Cantor alega que a Corte Interamericana de Direitos Humanos tem legitimida-de para assegurar e fazer efetiva a supremacia da Convenção através do controle de convencionalidade, configurando-se como um controle judicial sobre sua interpre-tação e aplicação nas legislações internas. Com isso, conclui que a Corte tem com-petência *ratione materiae* para utilizar o controle de convencionalidade, cujo objetivo é de verificar o cumprimento dos compromissos estabelecidos pelos Estados que fazem parte desta Convenção, já que ela tem o dever de proteção internacional sobre os direitos humanos[104].

O referido autor faz ainda distinção entre controle de convencionalidade no âm-bito internacional e nacional. Em sua classificação, o controle de convencionalidade em sede internacional seria um mecanismo processual que a Corte Interamericana de Direitos Humanos teria para averiguar se o direito interno viola algum preceito esta-belecido pela Convenção Interamericana sobre Direitos Humanos, mediante um exame de confrontação normativo em um caso concreto, apresentando-se como uma espécie de "controle concentrado de convencionalidade". Desta forma, seria possível emitir uma sentença judicial e ordenar a modificação, revogação ou reforma das normas in-ternas, fazendo prevalecer a eficácia da Convenção Americana. No segundo, o

---

[103] CANTOR, Ernesto Rey. *Control de convencionalidad de las leys y derechos humanos*. México, DF: Porrúa, 2008, p. 43.
[104] CANTOR, Ernesto Rey. *Control de convencionalidad de las leys y derechos humanos*. México, DF: Porrúa, 2008, p. 44.

controle de convencionalidade em sede nacional, o juiz interno aplica a Convenção ou outro tratado em vez de utilizar o direito interno, mediante um exame de confrontação normativo (material) em um caso concreto, e elabora uma sentença judicial protegendo os direitos da pessoa humana. Este seria um controle de caráter difuso, em que cada juiz aplicará este controle de acordo com o caso concreto que será analisado[105].

Assim, o controle de convencionalidade permite que a Corte Interamericana interprete e aplique a Convenção por meio de um exame de confrontação com o direito interno, podendo este ser uma lei, um ato administrativo, jurisprudência, práticas administrativas e judiciais, e até mesmo a Constituição. É possível, portanto, que um Estado-Parte seja condenado pela Corte Interamericana de Direitos Humanos a revogar leis incompatíveis com a Convenção ou adaptar suas legislações através de reformas constitucionais para que se garanta a tutela de direitos humanos no âmbito do direito interno.

Sem ter aqui o propósito de alargar por demais a discussão, mas por entender oportuna, evidencia-se que o controle de convencionalidade em sede nacional[106] ocorre quando se aplica a Convenção Americana de Direitos Humanos ou normas de direitos humanos incluídas em tratados internacionais ao bloco de constitucionalidade ao invés de utilizar o direito interno, mediante um exame de confrontação normativo (material) em um caso concreto e se elabora uma sentença judicial que proteja os direitos da pessoa humana. Neste caso, corresponde ao controle de caráter difuso, em que cada juiz aplica este controle de acordo com o caso concreto que será analisado[107].

Isso se dá na esfera interna (controle de convencionalidade) por intermédio da atuação dos tribunais e juízes internos que terão a competência de aplicar a Convenção em detrimento da legislação interna, em um caso concreto, a fim de proteger direitos mais benéficos à pessoa humana:

"A nivel de los ordenamientos jurídicos nacionales, la Constitución de México establece que se incorporarán las normas de derechos humanos incluidas en tratados internacionales al bloque de constitucionalidad, otorgándoles jerarquía constitucional a las normas de Derechos Humanos incluidas en tratados internacionales (artículo 1). En la

---

[105] CANTOR, Ernesto Rey. *Control de convencionalidad de las leys y derechos humanos*. México, DF: Porrúa, 2008, p. 47.

[106] "La Corte IDH ha puesto de relieve la importancia de la realización del control de convencionalidad en el ámbito interno para evitar que los Estados incurran en responsabilidad internacional, considerando que ellos son los primeros llamados a cumplir con la labor de protección de los derechos humanos. En este sentido, la Corte IDH ha destacado la subsidiariedad del sistema internacional (en lo contencioso) y ha dado cuenta de la progresiva incorporación del control por parte de la jurisprudencia constitucional comparada." Disponível em: <http://www.corteidh.or.cr/sitios/libros/todos/docs/controlconvencionalidad8.pdf>.

[107] Disponível em: <http://www.corteidh.or.cr/sitios/libros/todos/docs/controlconvencionalidad8.pdf>.
"Se trata de un examen de confrontación normativo (material) del derecho interno con la norma internacional, alrededor de unos hechos – acción u omisión – internacionalmente ilícitos. La confrontación es una técnica jurídica que se denomina control y tiene por objeto asegurar y hacer efectiva la supremacía de la Convención Americana. En otros términos, preservar la prioridad y primacía del derecho internacional, respecto del derecho interno, incluida en este la propia Constitución del Estado."

resolución del expediente Varios 912/2010 emitida por la Suprema Corte de Justicia de la Nación para determinar el trámite a la sentencia emitida por la Corte IDH en el caso Radilla Pacheco Vs. México, aquella determinó la obligación *ex officio* para los jueces mexicanos, quienes deberán fundar y motivar sus resoluciones, considerando tratados internacionales y asimismo, ordenó la transición a un sistema de control constitucional difuso, que incorporó a la justicia ordinaria a la dinámica de protección de derechos humanos definidos en los instrumentos internacionales. En dicha Resolución se señaló que los jueces no pueden hacer una declaración general sobre la invalidez o expulsar del orden jurídico las normas que consideren contrarias a los derechos humanos contenidos en la Constitución y en los tratados; no obstante, están obligados a dejar de aplicar estas normas inferiores, dando preferencia a los contenidos de la Constitución y de los tratados en esta materia. Asimismo, se observan importantes desarrollos jurisprudenciales al respecto en otros países de la región. En el caso de Colombia, el artículo 94 de la Constitución Política da sustento al control de convencionalidad. En la Sentencia C-010/00 emitida el 19 de enero de 2000 por la Corte Constitucional, el Tribunal determinó que los derechos y deberes constitucionales deben interpretarse 'de conformidad con los tratados internacionales sobre derechos humanos ratificados por Colombia', derivándose 'que la jurisprudencia de las instancias internacionales, encargadas de interpretar esos tratados, constituye un criterio hermenéutico relevante para establecer el sentido de las normas constitucionales sobre derechos fundamentales'"[108].

Indubitavelmente, se por um lado os juízes de primeiro grau e os tribunais estão submetidos ao império da lei estatal[109], por outro também não se pode olvidar que um tratado internacional, quando ratificado pelo Estado, é incorporado à ordem jurídica interna. A propósito, reporta-se ao caso República Federativa do Brasil x Gomes Lund (Guerrilha do Araguaia), em que se destacam duas passagens da sentença datada de 24 de novembro de 2010:

"176. Este Tribunal estabeleceu em sua jurisprudência que é consciente de que as autoridades internas estão sujeitas ao império da lei e, por esse motivo, estão obrigadas a aplicar as disposições vigentes no ordenamento jurídico. No entanto, quando um Estado é Parte de um tratado internacional, como a Convenção Americana, todos os seus

---

[108] Disponível em: <https://www.wcl.american.edu/humright/hracademy/mcourt/registration/documents/2012__bench__memorandum.es.pdf?rd=1>.

[109] CANTOR, Ernesto Rey. *Control de convencionalidad de las leys y derechos humanos*. México, D.F.: Porrúa, 2008, p. 48: "La Corte es conciente que los jueces y tribunales internos están sujetos al império de la ley, y, por ello, están obligados a aplicar las disposiciones vigentes en el ordenamiento jurídico. Pero cuando un Estado ha ratificado un tratado internacional como la Convención Americana, sus jueces, como parte del aparato del Estado, también están sometidos a ella, lo que les obliga a velar porque los efectos de las disposiciones de la Convención no se vean mermados por la aplicación de leyes contrarias a su objeto y fin, y desde un inicio carecen de efectos jurídicos. En otras palabras, el Poder Judicial debe ejercer una especie de Control de Convencionalidad entre las normas jurídicas internas que aplican en los casos concretos y la Convención Americana sobre Derechos Humanos".

686

órgãos, inclusive seus juízes, também estão submetidos àquele, o que os obriga a zelar para que os efeitos das disposições da Convenção não se vejam enfraquecidos pela aplicação de normas contrárias a seu objeto e finalidade, e que desde o início carecem de efeitos jurídicos. O Poder Judiciário, nesse sentido, está internacionalmente obrigado a exercer um 'controle de convencionalidade' *ex officio* entre as normas internas e a Convenção Americana, evidentemente no marco de suas respectivas competências e das regulamentações processuais correspondentes. Nessa tarefa, o Poder Judiciário deve levar em conta não somente o tratado, mas também a interpretação que a ele conferiu a Corte Interamericana, intérprete última da Convenção Americana.

177. No presente caso, o Tribunal observa que não foi exercido o controle de convencionalidade pelas autoridades jurisdicionais do Estado e que, pelo contrário, a decisão do Supremo Tribunal Federal confirmou a validade da interpretação da Lei de Anistia, sem considerar as obrigações internacionais do Brasil derivadas do Direito Internacional, particularmente aquelas estabelecidas nos artigos 8 e 25 da Convenção Americana, em relação com os artigos 1.1 e 2 do mesmo instrumento. O Tribunal estima oportuno recordar que a obrigação de cumprir as obrigações internacionais voluntariamente contraídas corresponde a um princípio básico do direito sobre a responsabilidade internacional dos Estados, respaldado pela jurisprudência internacional e nacional, segundo o qual aqueles devem acatar suas obrigações convencionais internacionais de boa-fé (*pacta sunt servanda*). Como já salientou esta Corte e conforme dispõe o art. 27 da Convenção de Viena sobre o Direito dos Tratados de 1969, os Estados não podem, por razões de ordem interna, descumprir obrigações internacionais. As obrigações convencionais dos Estados Parte vinculam todos seus poderes e órgãos, os quais devem garantir o cumprimento das disposições convencionais e seus efeitos próprios (*effet utile*) no plano de seu direito interno"[110].

Ao ratificar um tratado internacional de direitos humanos, o Estado se vincula a ele. Assim, é dever do Estado garantir mecanismos no plano interno que estejam afinados com as normas internacionais, que passam a fazer parte do ordenamento jurídico interno do Estado.

Sem embargo, ao serem incorporadas normas jurídicas internacionais ao ordenamento jurídico interno, desafios serão impostos para sanar o conflito que uma norma poderá apresentar em relação à outra. Nesta esteira, em que o controle de convencionalidade das normas protetivas dos direitos humanos adquire *lócus* privilegiado, evidencia-se que o profissional do direito não é obrigado a indicar apenas um fundamento normativo para tutelar direitos em favor do indivíduo, sendo, portanto, possível utilizar mais de uma norma (interna ou internacional), possibilitando o diálogo entre elas, com o intuito de alcançar o resultado mais adequado em benefício dos interesses da pessoa

---

[110] Disponível em: <http://www.corteidh.or.cr/pais.cfm?id_Pais=7>. Acesso em: 10 abr. 2017.

humana[111]. Portanto, imperioso relembrar que, ao ocorrer um conflito entre uma norma de direito internacional e uma norma infraconstitucional, os tribunais e os juízes nacionais poderão aplicar dois tipos de controles: o controle de constitucionalidade e o controle de convencionalidade, que poderá ser realizado tanto pela via difusa quanto pela via concentrada.

Assim, a norma interna de natureza infraconstitucional terá validade se conseguir passar por esses dois dispositivos de controle: o primeiro tem a finalidade de verificar se a lei infraconstitucional é compatível com a Constituição e o segundo serve para averiguar se há violação de direitos consagrados em tratados internacionais de direitos humanos ratificados pelo país.

A compatibilidade do direito doméstico com os tratados internacionais de direitos humanos em vigor no País faz-se por meio do controle de convencionalidade, que é complementar e coadjuvante (jamais subsidiário) do conhecido controle de constitucionalidade. O controle de convencionalidade tem por finalidade compatibilizar verticalmente as normas domésticas (as espécies de leis vigentes no país) com os tratados internacionais de direitos humanos ratificados pelo Estado em vigor no território nacional[112].

Complementando o asserto[113], evidencia-se que o controle de convencionalidade deve ser exercido pelos órgãos da justiça nacional relativamente aos tratados de direitos humanos aos quais o país se encontra vinculado. Trata-se de adaptar ou conformar os atos ou leis internas aos compromissos internacionais assumidos pelo Estado, que criam para estes deveres no plano internacional com reflexos práticos no plano do seu direito interno. Ou seja, não somente os tribunais internacionais devem realizar este tipo de controle, mas também os tribunais internos. O fato de serem os tratados internacionais (notadamente os de direitos humanos) imediatamente aplicáveis no âmbito do direito doméstico garante a legitimidade dos controles de convencionalidade das leis e dos atos normativos do Poder Público[114].

---

[111] Para maior e melhor compreensão desta matéria, *vide* GUERRA, Sidney. O Superior Tribunal de Justiça e o controle de convencionalidade: avanços ou retrocessos? *Revista Electrónica Cordobesa de Derecho Internacional Público*, v. 1, 2017.

[112] GUERRA, Sidney. O Superior Tribunal de Justiça e o controle de convencionalidade: avanços ou retrocessos? *Revista Electrónica Cordobesa de Derecho Internacional Público*, v. 1, 2017.

[113] GUERRA, Sidney. O Superior Tribunal de Justiça e o controle de convencionalidade: avanços ou retrocessos? *Revista Electrónica Cordobesa de Derecho Internacional Público*, v. 1, 2017: "O controle de convencionalidade concentrado ou abstrato seria possível quando o confronto normativo se der entre norma interna e tratado de direitos humanos aprovado por rito qualificado previsto no art. 5º, § 3º, da Constituição, uma vez que estes tratados são equiparados a emendas constitucionais. Este novo *status* jurídico dado às normas internacionais teve início com a Emenda Constitucional n. 45, de 8 de dezembro de 2004. Para os demais tratados ratificados pelo Brasil (de direitos humanos ou comuns), os tribunais internos deverão aplicar o controle normativo pela via difusa ou concreta".

[114] Destaca-se, a propósito, o Caso Masacre de Santo Domingo Vs. Colombia. Sentencia de Excepciones Preliminares, Fondo y Reparaciones. Sentencia de 30 de noviembre de 2012, como se vê: "La responsabilidad estatal bajo la Convención sólo puede ser exigida a nivel internacional después de que el Estado haya tenido la oportunidad de declarar la violación y reparar el daño ocasionado por sus propios medios.

Assim sendo, evidencia-se que o controle de convencionalidade doméstico consiste numa sindicância de compatibilidade entre o direito estatal e o internacional dos direitos humanos, que irão trazer vários desdobramentos para a ordem jurídica estatal.

Partindo desse conceito básico, torna-se necessário esclarecer algumas questões: primeiro, dito controle possui a natureza de "garantia", ou seja, trata-se de um instrumento a serviço da proteção dos direitos humanos internacionalmente consagrados; segundo, seu resultado não necessariamente irá definir que uma norma internacional seja prevalente em determinado caso, pois, os direitos fundamentais previstos na ordem jurídica interna, caso eles sejam mais favoráveis a tutela da pessoa humana (princípio *pro persona*), devem ter primazia. Portanto, o exercício do controle de convencionalidade independe da hierarquia que o Estado atribui às normas internacionais em matéria de direitos humanos; terceiro, quaisquer normas estatais, incluindo as constitucionais e decisões judiciais, estão sujeitas ao controle de convencionalidade doméstico. Desse modo, leis em abstrato e até mesmo omissões legislativas podem ser objeto do citado controle; quarto, o bloco de convencionalidade doméstico é mais amplo que o interamericano, uma vez que composto também pelas normas emanadas do sistema onusiano;

Esto se asienta en el principio de complementariedad (subsidiariedad), que informa transversalmente el Sistema Interamericano de Derechos Humanos, el cual es, tal como lo expresa el Preámbulo de la misma Convención Americana, 'coadyuvante o complementario de la [protección] que ofrece el derecho interno de los Estados americanos'. De tal manera, el Estado 'es el principal garante de los derechos humanos de la personas, de manera que, si se produce un acto violatorio de dichos derechos, es el propio Estado quien tiene el deber de resolver el asunto a nivel interno y, [en su caso,] reparar, antes de tener que responder ante instancias internacionales como el Sistema Interamericano, lo cual deriva del carácter subsidiario que reviste el proceso internacional frente a los sistemas nacionales de garantías de los derechos humanos'.

(...) Lo anterior significa que se ha instaurado un control dinámico y complementario de las obligaciones convencionales de los Estados de respetar y garantizar derechos humanos, conjuntamente entre las autoridades internas (primariamente obligadas) y las instancias internacionales (en forma complementaria), de modo que los criterios de decisión puedan ser conformados y adecuados entre sí. Así, la jurisprudencia de la Corte muestra casos en que se retoman decisiones de tribunales internos para fundamentar y conceptualizar la violación de la Convención en el caso específico. En otros casos se ha reconocido que, en forma concordante con las obligaciones internacionales, los órganos, instancias o tribunales internos han adoptado medidas adecuadas para remediar la situación que dio origen al caso; ya han resuelto la violación alegada; han dispuesto reparaciones razonables, o han ejercido un adecuado control de convencionalidad.

(...) Es decir, si bien el Sistema tiene dos órganos 'competentes para conocer de los asuntos relacionados con el cumplimiento de los compromisos contraídos por los Estados Partes en la Convención' la Corte solo puede 'conocer un caso' cuando se han 'agotado los procedimientos previstos en los artículos 48 a 50' de dicho instrumento, sea el procedimiento de peticiones individuales ante la Comisión Interamericana. De tal modo, solamente si un caso no se ha solucionado a nivel interno, como correspondería primariamente hacerlo a cualquier Estado Parte en la Convención en ejercicio efectivo del control de convencionalidad, entonces el caso puede llegar ante el Sistema, en cuyo caso debería resolverse ante la Comisión y, solamente si las recomendaciones de ésta no han sido cumplidas, el caso podría llegar ante la Corte. De tal manera, el funcionamiento lógico y adecuado del Sistema Interamericano de Derechos Humanos implica que, en tanto 'sistema", las partes deben presentar sus posiciones e información sobre los hechos en forma coherente y de acuerdo con los principios de buena fe y seguridad jurídica, de modo que permitan a las otras partes y a los órganos interamericanos una adecuada sustanciación de los casos. La posición asumida por el Estado en el procedimiento ante la Comisión determina también en gran medida la posición de las presuntas víctimas, sus familiares o sus representantes, lo que llega a afectar el curso del procedimiento".

quinto, segundo o atual entendimento da Corte IDH (que já mudou inúmeras vezes), compete a todos os órgãos e poderes do Estado exercerem o controle de convencionalidade; sexto e último, já que são breves aspectos, os efeitos da declaração de inconvencionalidade dependem do órgão que a proclamou. Em sede de jurisdição constitucional, haverá invalidação da norma estatal com efeitos *erga omnes* e *ex tunc*. Se por outros órgãos dotados de jurisdição, *inter partes*. Por fim, se realizado por autoridades sem jurisdição (controle fraco), não há que se falar em invalidação, mas sim em interpretação conforme, ou seja, afasta-se somente a interpretação incompatível[115].

Não há dúvidas de que, a partir da realização do controle de convencionalidade, muitas mudanças foram produzidas no plano interno dos Estados nacionais e, por consequência, acabaram por gerar diversas condenações junto à Corte Interamericana de Direitos Humanos, bem como na adoção de medidas, tais como revogar leis incompatíveis com a Convenção ou adaptar suas legislações por meio de reformas constitucionais para que se garanta a tutela de direitos humanos no âmbito do direito doméstico.

5. O SISTEMA AFRICANO

O sistema africano foi concebido através de sua Carta, aprovada pela Conferência Ministerial da Organização da Unidade Africana (OUA) em Banjul, Gâmbia, em janeiro de 1981, e adotada pela XVIII Assembleia dos Chefes de Estado e Governo da Organização da Unidade Africana (OUA) em Nairóbi, Quênia, em 27 de julho de 1981.

A Organização da Unidade Africana teve seu nome modificado no ano de 2000 para União Africana e congrega todos os Estados africanos, com exceção de Marrocos, que se retirou no ano de 1985 da Organização por não reconhecer a soberania do Saara Ocidental. Apresenta como objetivos fundamentais a defesa da soberania dos Estados, bem como da integridade territorial e independência de seus membros; no desenvolvimento e integração socioeconômica do continente africano e no respeito aos direitos humanos.

Além da Carta Africana sobre Direitos Humanos, o sistema africano de proteção aos direitos humanos apresenta outros documentos importantes e que versam sobre temas específicos, como, por exemplo, a Convenção para eliminação dos mercenários e a Carta Africana sobre os direitos e bem-estar da criança.

O continente africano foi palco de grandes atrocidades em relação aos direitos humanos e o desenvolvimento desse sistema de proteção é igualmente importante para promover melhores condições para os povos africanos. Entretanto, deve-se alertar que o texto produzido na África se distingue em seus traços gerais dos documentos produzidos na Europa e na América. Isso porque, em vez de consagrar de forma preponderante os

---

[115] A propósito *vide* GUERRA, Sidney; MOREIRA, Thiago Oliveira. *Contornos atuais do controle de convencionalidade doméstico. Los desafíos jurídicos a la gobernanza global*: una perspectiva para los próximos siglos. Brasília: Advocacia- -Geral da União, 2017, v. 1, p. 67-77.

690

direitos civis, como os outros continentes, o aludido texto preconiza a proteção de direitos dos povos.

Foi assim que os Estados africanos estabeleceram nesse documento internacional direitos relativos à afirmação da independência, da autonomia e do progresso dos referidos Estados.

Chama atenção também para a livre disposição, em seu interesse exclusivo, de seus recursos naturais, o direito à autodeterminação e o direito ao desenvolvimento econômico, cultural e social.

A preocupação desses povos com os direitos acima indicados não poderia ser diferente por terem sido vítimas de um processo extremamente excludente ao longo de suas existências.

Com efeito, a consagração de um texto de proteção dos direitos humanos no continente africano é motivo de júbilo e alegria, principalmente em razão da manifestação de vontade de "Estados novos" em promover o bem-estar e a dignidade de sua população. Não se pode olvidar que o continente africano se apresentava como uma grande colônia e o processo de descolonização é extremamente recente.

Para que a Carta Africana produza os efeitos que são tão esperados, os Estados-Partes devem adotar uma série de medidas legislativas para o alcance desses resultados.

Sem dúvida que há vários entraves, mas, talvez, o problema maior consiste no fato de que muitos dos dispositivos previstos na Carta dependem do desenvolvimento do direito interno dos Estados, ou seja, existem pontos que remetem a leitura da lei estatal para o alcance da eficácia do documento internacional.

Em interessante obra que versa sobre os direitos humanos na África, e que aborda questões muito particulares em vários Estados daquele continente (Etiópia, Gana, Moçambique, Nigéria, Ruanda, Sudão, Uganda etc.), podem ser identificados problemas sérios para que haja efetiva proteção aos direitos humanos naquele continente[116].

De toda sorte, é importante que sejam realizadas medidas efetivas de proteção aos direitos humanos no continente africano, para que o texto idealizado na África não caia num grande vazio. A África apresenta vários problemas para que o referido texto possa

---

[116] NA'IM, Abdullahi Ahmed. *Human Rights under African Constitutions*. Philadelphia: Pennsylvania Press, 2003, p. 16: "The legal protection of human rights under the constitutions of present African states that are the product of arbitrary colonial histories and decolonization processes. By their very nature, these states have tended to continue the same authoritarian policies and to enhance their ability to oppress and control, rather than to protect and serve, their citizens. The constitutional systems by which these states rule were hurriedly assembled at independence, only to collapse or be emptied of all meaningful content within a few years. The legal systems these states rule were hurriedly assembled at independence, only to collapse or be emptied of all meaningful content within a few years. The legal systems these states continue to implement are usually poor copies of the colonial legal systems, lacking legitimacy and relevance to the lives of the population at large. Many African states also suffer from cycles of civil wars and severe civil strife that undermine any prospects of the stability and continuity needed for building traditions and institutions of government under the rule of law. Their economies are weak and totally vulnerable to global processes beyond their control".

691

ser efetivamente implementado, além dos já indicados, tais como: i) falta de recursos financeiros; ii) interesse político por alguns Estados; iii) maturidade política; iv) unidade; v) desenvolvimento de maior cultura dos direitos humanos; vi) desenvolvimento; vii) outros fatores que comprometem o alcance de bons resultados nesse mister.

Evidencia-se que o continente africano, diferentemente do continente europeu e do continente americano, apresenta diversas dificuldades, mas não menos importância, ao consagrar um texto que procura estabelecer proteção aos direitos da pessoa humana, conclamando aos Estados signatários do documento que observem um extenso compromisso relacionado ao bem-estar e à dignidade da população, à adoção de medidas legislativas concebidas no plano doméstico etc.

A Carta Africana de Direitos Humanos e dos Povos (Carta de Banjul de 1981) foi elaborada com o escopo de reconhecer a realidade do continente Africano marcado pelo colonialismo e neocolonialismo e que visava eliminar traços da exploração decorrente do colonialismo quinhentista (em primeiro momento), bem como do imperialismo novecentista (em segundo momento), com a desestabilização da ordem social, das instituições e da própria geografia da África. Contudo, é possível inferir que há uma prevalência ideológica na Carta de Banjul para a questão da descolonização[117] e da emergência de um sistema regional que tivesse o poder de intervenção contra graves violações dos direitos humanos como o racismo e o apartheid[118] que grassaram na África do Sul, fluxos migratórios forçados, causas políticas, étnicas e religiosas que conduzam ao refúgio, bem como tudo aquilo que se relaciona à dignidade humana e à proteção do meio ambiente[119].

A Carta foi adotada em 26 de junho de 1981, em Nairóbi, no Quênia, e entrou em vigor na ordem internacional no dia 21 de outubro de 1986. Ela invoca, logo em seu preâmbulo, a liberdade, a igualdade, a justiça e a dignidade como objetivos essenciais para a realização das legítimas aspirações dos povos africanos.

Chama atenção para as tradições históricas e os valores da civilização africana que devem inspirar e caracterizar as suas reflexões sobre a concepção dos direitos do homem e dos povos e reconhece que os direitos fundamentais do ser humano se baseiam nos atributos da pessoa humana, o que justifica a sua proteção internacional e que a realidade e o respeito dos direitos dos povos devem necessariamente garantir os direitos humanos.

---

[117] Neste sentido, cite-se o Artigo 2 da Carta Africana de Direitos Humanos e dos Povos: "Toda a pessoa tem direito ao gozo dos direitos e liberdades reconhecidos e garantidos na presente Carta, sem nenhuma distinção, nomeadamente de raça, de etnia, de cor, de sexo, de língua, de religião, de opinião política ou de qualquer outra opinião, de origem nacional ou social, de fortuna, de nascimento ou de qualquer outra situação".

[118] O preâmbulo da Carta de Banjul expõe: "Conscientes do seu dever de libertar totalmente a África cujos povos continuam a lutar pela sua verdadeira independência e pela sua dignidade, e comprometendo-se a eliminar o colonialismo, o neocolonialismo, o apartheid, o sionismo, as bases militares estrangeiras de agressão e quaisquer formas de discriminação, nomeadamente as que se baseiam na raça, etnia, cor, sexo, língua, religião ou opinião política".

[119] Destaque-se o Artigo 24 da Carta Africana de Direitos Humanos e dos Povos: "Todos os povos têm direito a um meio ambiente geral satisfatório, propício ao seu desenvolvimento".

Destaca a importância do direito ao desenvolvimento, a indissociabilidade dos direitos civis, políticos, econômicos, sociais e culturais, bem como a universalidade dos referidos direitos, e procura dar ênfase na luta contra o colonialismo, o neocolonialismo, o *apartheid*, o sionismo, as bases militares estrangeiras de agressão e quaisquer formas de discriminação, nomeadamente as que se baseiam na raça, etnia, cor, sexo, língua, religião ou opinião pública.

O referido documento internacional é constituído de três partes: a primeira cuida dos direitos e dos deveres; a segunda corresponde às medidas de salvaguarda (Composição e Organização da Comissão Africana dos Direitos do Homem e dos Povos; Competências da Comissão; Do processo da Comissão; Dos princípios aplicáveis); e a terceira versa sobre disposições diversas.

A Carta Africana elencou vários direitos protetivos ao indivíduo, em sua singularidade, como também os que se aplicam aos povos. Em relação aos indivíduos, a Carta consagra direitos para todos, sem nenhuma distinção, nomeadamente de raça, de etnia, de cor, sexo, de língua, de religião, de opinião política ou de qualquer outra opinião, de origem nacional ou social, de fortuna, de nascimento ou de qualquer outra situação, que passam pela proteção à integridade física e psicológica, à vida digna, a não submissão à escravidão, tortura ou qualquer tratamento desumano, a liberdade de crença e religião, a liberdade de circulação etc.

Quanto aos direitos que são contemplados em relação aos povos, devem ser destacados os relativos à autodeterminação dos povos, às riquezas naturais, ao desenvolvimento econômico, social e cultural, à paz e ao meio ambiente[120].

---

[120] "Artigo 20º 1. Todo o povo tem direito à existência. Todo o povo tem um direito imprescritível e inalienável à autodeterminação. Ele determina livremente o seu estatuto político e assegura o seu desenvolvimento econômico e social segundo a via que livremente escolheu.

2. Os povos colonizados ou oprimidos têm o direito de se libertar do seu estado de dominação recorrendo a todos os meios reconhecidos pela Comunidade Internacional.

3. Todos os povos têm direito à assistência dos Estados-Partes na presente Carta, na sua luta de libertação contra a dominação estrangeira, quer esta seja de ordem política, econômica ou cultural.

Artigo 21º Os povos têm a livre disposição das suas riquezas e dos seus recursos naturais. Este direito exerce-se no interesse exclusivo das populações. Em nenhum caso um povo pode ser privado deste direito.

Em caso de espoliação, o povo espoliado tem direito à legítima recuperação dos seus bens, bem como a uma indenização adequada.

A livre disposição das riquezas e dos recursos naturais exerce-se sem prejuízo da obrigação de promover uma cooperação econômica internacional baseada no respeito mútuo, na troca equitativa e nos princípios do direito internacional.

Os Estados-Partes na presente Carta comprometem-se, tanto individual como coletivamente, a exercer o direito de livre disposição das suas riquezas e dos seus recursos naturais com vista a reforçar a unidade e a solidariedade africanas.

Os Estados-Partes na presente Carta comprometem-se a eliminar todas as formas de exploração econômica estrangeira, nomeadamente a que é praticada por monopólios internacionais, a fim de permitir que a população de cada país beneficie plenamente das vantagens provenientes dos seus recursos nacionais.

Artigo 22º Todos os povos têm direito ao seu desenvolvimento econômico, social e cultural, no estrito respeito da sua liberdade e da sua identidade, e ao gozo igual do patrimônio comum da humanidade.

Além dos direitos acima indicados, a Carta Africana, de maneira pioneira, trata também em seu texto de deveres individuais para com a família, sociedade, com o Estado e no plano internacional.

O aludido sistema está ancorado praticamente na Comissão Africana de Direitos Humanos e Direitos dos Povos, que sempre se ressentiu do funcionamento de uma Corte que atuasse como um órgão de natureza jurisdicional, ensejando uma grande limitação no sistema de proteção aos direitos humanos naquele continente.

A Comissão Africana é constituída por 11 membros eleitos pela Assembleia de Chefes de Estado e Governo a partir de uma lista elaborada e apresentada pelos Estados-Partes, onde os eleitos devem cumprir um mandato de seis anos.

Para o desenvolvimento de suas atividades, a Comissão inspira-se no direito internacional dos direitos humanos e dos povos, nomeadamente nas disposições dos diversos instrumentos africanos relativos aos direitos humanos e dos povos, nas disposições da Carta das Nações Unidas, da Carta da Organização da Unidade Africana, da Declaração Universal dos Direitos Humanos, nas disposições de outros instrumentos adotados pelas Nações Unidas e pelos países africanos no domínio dos direitos humanos e dos povos, assim como nas disposições de diversos instrumentos adotados no seio das agências especializadas das Nações Unidas de que são membros as Partes da Carta.

A Comissão tem como principais funções a difusão e promoção dos direitos humanos e dos povos, devendo para isso realizar uma série de atividades, tais como: estudos e pesquisas; organização de conferências; cooperação com instituições internacionais e africanas etc.

Pautará também sua atuação considerando como meios auxiliares de determinação das regras de direito outras convenções internacionais, quer gerais, quer especiais, que estabeleçam regras expressamente reconhecidas por seus Estados-Membros; as práticas africanas, conforme as normas internacionais relativas aos direitos humanos e dos povos, os costumes geralmente aceitos como constituindo o direito, os princípios gerais de direito reconhecidos pelas nações africanas, assim como a jurisprudência e a doutrina.

Os Estados têm o dever, separadamente ou em cooperação, de assegurar o exercício do direito ao desenvolvimento. Artigo 23º Os povos têm direito à paz e à segurança tanto no plano nacional como no plano internacional. O princípio de solidariedade e de relações amistosas implicitamente afirmado na Carta da Organização das Nações Unidas e reafirmado na Carta da Organização da Unidade Africana deve presidir às relações entre os Estados. Com o fim de reforçar a paz, a solidariedade e as relações amistosas, os Estados-Partes na presente Carta comprometem-se a proibir:
a) Que uma pessoa gozando do direito de asilo nos termos do artigo 12 da presente Carta empreenda uma atividade subversiva contra o seu país de origem ou contra qualquer outro país parte na presente Carta;
b) Que os seus territórios sejam utilizados como base de partida de atividades subversivas ou terroristas dirigidas contra o povo de qualquer outro Estado-Parte na presente Carta.
Artigo 24º Todos os povos têm direito a um meio ambiente satisfatório e global, propício ao seu desenvolvimento."

Além dos problemas já apresentados, em relação ao sistema africano, não havia uma Corte onde pudessem ser demandados os casos de violação de direitos humanos, embora houvesse previsão em seu texto constitutivo.

Todavia, a estrutura africana foi afinal completada, no mês de junho de 1998, por força de um Protocolo que consagra a criação do Tribunal Africano de Direitos Humanos e dos Povos. Nesse propósito, a manifestação de Pastor Ridruejo:

"Es una institución jurisdiccional que puede conocer de los casos que le someta la Comisión, el Estado parte que hubiese llevado un caso a la Comisión, el Estado parte demandado ante la Comisión, el Estado parte de nacionalidad de la víctima y las organizaciones intergubernamentales africanas. Para todos estos supuestos la competencia del Tribunal es obligatoria o automática. Pero, si las reclamaciones son presentadas por individuos o por organizaciones no gubernamentales dotadas de estatuto de observadoras ante la Comisión, el Tribunal sólo es competente si el Estado parte interesado ha consentido por acto *ad hoc* su competencia. Señalemos finalmente que el Tribunal quedará constituido tan pronto como el Protocolo de 1988 entre en vigor, para lo cual se necesitan quince ratificaciones"[121].

Ele apresenta-se como um tribunal de âmbito continental que complementa e reforça as funções da Comissão Africana dos Direitos Humanos e dos Povos, tendo sido criado em conformidade com o art. 1º do Protocolo à Carta Africana dos Direitos Humanos e dos Povos Relativo à Criação do Tribunal Africano dos Direitos Humanos e dos Povos, que fora aprovado pelos Estados-Membros da então Organização da Unidade Africana (OUA), em Ouagadougou, Burkina Faso, em junho de 1998.

O Tribunal alicerça os seus valores fundamentais na Carta Africana e em outros princípios de direitos humanos reconhecidos internacionalmente e na promoção do Estado de direito, apresentando como objetivos estratégicos: a) exercer competência sobre todos os casos e litígios trazidos perante o Tribunal relacionados com a interpretação e aplicação da Carta, do Protocolo e de quaisquer outros instrumentos pertinentes relativos aos direitos humanos ratificados pelos Estados em causa; b) colaborar com organismos judiciais sub-regionais e nacionais com vista a reforçar a defesa dos direitos humanos no continente; c) reforçar a participação dos povos africanos nas atividades do Tribunal; d) reforçar a capacidade da Secretaria do Tribunal de modo a poder cumprir o seu mandato; e e) aprofundar as relações de trabalho entre o Tribunal e a Comissão Africana[122].

"O Tribunal pode receber queixas e/ou petições a si apresentadas pela Comissão Africana dos Direitos Humanos e dos Povos ou pelos Estados Signatários do Protocolo, assim como Organizações Intergovernamentais Africanas, conforme estabelece o art. 5º

---

[121] RIDRUEJO, José A. Pastor. *Curso de derecho internacional público y organizaciones internacionales*. 10. ed. Madrid: Tecnos, 2006, p. 227.

[122] Tribunal dos Direitos Humanos e dos Povos. Disponível em: <http://pt.african-court.org/index.php/documents/basic-documents-featured-articles>. Acesso em: 5 jul. 2018.

do Protocolo. Ademais, as organizações não governamentais com estatuto de observador junto da Comissão Africana dos Direitos Humanos e dos Povos e indivíduos particulares oriundos dos Estados que tenham depositado a declaração a aceitar a competência do Tribunal também podem instituir processos diretamente no Tribunal."

Após o cumprimento das formalidades necessárias para que o Tribunal Africano fosse efetivamente constituído, criou-se nova esperança quanto ao sistema de proteção aos direitos humanos naquele continente.

A citada corte é constituída por 11 juízes nacionais de Estados que fazem parte da União Africana, eleitos a partir de uma lista de candidatos indicados pelos Estados signatários do protocolo. São eleitos por voto secreto pela Assembleia, que deverá garantir que por todo o Tribunal exista representação das principais regiões da África e das suas tradições legais principais, bem como representatividade adequada em termos de gênero.

Os juízes do tribunal são eleitos por um período de seis anos com apenas uma possibilidade de reeleição, e a independência necessária para o desenvolvimento do ofício está garantida em conformidade com o direito internacional. Para tanto, os juízes usufruem, desde o momento da sua eleição e durante o seu mandato, das imunidades oferecidas a representantes diplomáticos, bem como não serão responsáveis por qualquer decisão ou opinião apresentada durante o exercício das suas funções.

Em se tratando da competência consultiva, os juízes devem se manifestar em consonância com consultas formuladas a pedido de um Estado-Membro da Organização da Unidade Africana, da própria Organização da Unidade Africana, de qualquer um dos seus órgãos ou qualquer organização africana reconhecida pela Organização da Unidade Africana, oferecendo pareceres sobre qualquer questão jurídica relativa à Carta ou quaisquer instrumentos de direitos humanos relevantes, desde que a matéria ou parecer não se relacione com nenhum caso a ser instado pela Comissão.

Quanto à competência contenciosa, evidencia-se que a jurisdição da Corte se estende a todos os casos e disputas a ela apresentados, relativamente à interpretação e aplicação da Carta, do Protocolo e de qualquer outro instrumento relevante referente aos direitos do homem ratificado pelos Estados empenhados.

Ao analisar um caso de violação de direitos humanos, a Corte poderá ordenar o pagamento de indenização, adoção de medidas compensatórias e, nos casos de extrema urgência – e sempre que seja necessária para evitar danos irreparáveis a pessoas –, a adoção de medidas provisórias.

No tocante às sentenças, estas devem ser prolatadas pela maioria dos seus membros e não cabem recursos. Os Estados-Partes comprometem-se a cumprir com a sentença relativa a qualquer caso no qual são partes dentro do período estipulado pela Corte e a afiançar a sua implementação.

As partes no caso serão notificadas da sentença da Corte e esta será transmitida aos Estados-Membros da Organização da Unidade Africana e da Comissão, devendo o Conselho de Ministros ficar responsável pelo monitoramento da sua aplicação em nome da Assembleia. Evidencia-se, pois, que por se tratar de um tribunal de âmbito continental, complementa e reforça as funções da Comissão Africana dos Direitos Humanos e dos Povos, tendo sido criado em conformidade com o Artigo 1º do Protocolo à Carta Africana dos Direitos Humanos e dos Povos Relativo à Criação do Tribunal Africano dos Direitos Humanos e dos Povos, que fora aprovado pelos Estados-Membros da então Organização da Unidade Africana (OUA), em Ouagadougou, Burkina Faso, em Junho de 1998[123].

O Tribunal alicerça os seus valores fundamentais na Carta Africana e em outros princípios de direitos humanos reconhecidos internacionalmente e na promoção do Estado de direito, apresentando como objetivos estratégicos:

a) exercer competência sobre todos os casos e litígios trazidos perante o Tribunal relacionados com a interpretação e aplicação da Carta, do Protocolo e de quaisquer outros instrumentos pertinentes relativos aos direitos humanos ratificados pelos Estados em causa; b) colaborar com organismos judiciais sub-regionais e nacionais com vista a reforçar a defesa dos direitos humanos no continente; c) reforçar a participação dos povos africanos nas atividades do Tribunal; d) reforçar a capacidade da Secretaria do Tribunal de modo a poder cumprir o seu mandato; e e) aprofundar as relações de trabalho entre o Tribunal e a Comissão Africana[124].

O Tribunal pode receber queixas e/ou petições a si apresentadas pela Comissão Africana dos Direitos Humanos e dos Povos ou pelos Estados Signatários do Protocolo, assim como Organizações Intergovernamentais Africanas, conforme estabelece o artigo 5º do Protocolo. Ademais, as organizações não governamentais com estatuto de observador junto da Comissão Africana dos Direitos Humanos e dos Povos e indivíduos particulares oriundos dos Estados que tenham depositado a declaração a aceitar a competência do Tribunal também podem instituir processos diretamente no Tribunal.

Registra-se, ainda que possuem legitimidade para postular na Corte Africana: a Comissão; o Estado-Parte que tenha apresentado uma queixa à Comissão; o Estado-Parte contra o qual a queixa tenha sido apresentada na Comissão; o Estado-Parte cujo cidadão seja vítima de abuso de direitos humanos; e Organizações Intergovernamentais Africanas.

Por fim, em comparação aos sistemas regionais de proteção dos direitos humanos anteriormente apresentados, evidencia-se que o Africano pode ser considerado o menos

---

[123] O Protocolo entrou em vigor no dia 25 de Janeiro de 2004, após ratificação por mais de 15 países. Atualmente 30 Estados ratificaram o Protocolo: África do Sul, Argélia, Benin, Burkina Faso, Burundi, Chade, Comores, Congo, Cote d'Ivoire, Gabão, Gâmbia, Gana, Quénia, Lesoto, Líbia, Malawi, Mali, Mauritânia, Maurícias, Moçambique, Nigéria, Níger, Ruanda, República Árabe Saharaui, Senegal, Tanzânia, Togo, Tunísia, Uganda e República dos Camarões.

[124] Tribunal dos Direitos Humanos e dos Povos. Disponível em: <http://pt.african-court.org/index.php/documents/basic-documents-featured-articles>. Acesso em: 5 jul. 2018.

robusto dos sistemas. Piovesan[125] afirma que o "sistema regional europeu apresenta-se como o mais amadurecido e consolidado dos sistemas regionais, estando o sistema interamericano em posição intermediária, o sistema regional africano é o mais recente e incipiente, em pleno processo de consolidação e construção." O Sistema Africano de proteção dos Direitos Humanos apesar de ser voltado para as necessidades de suas nações, é possível identificar algumas sequelas ocasionadas pelos Estados pós-coloniais, como aponta a definição do preâmbulo da Carta de Banjul de 1981.

---

[125] PIOVESAN, Flávia. *Direitos humanos e o direito constitucional internacional*. São Paulo: Saraiva Jur, p. 219.

Capítulo XXIII
A Proteção Internacional do Meio Ambiente

1. CONSIDERAÇÕES GERAIS

A proteção ao meio ambiente[1] ganhou amplitude mundial e passou a ser devidamente reconhecida a partir do momento em que a degradação ambiental atingiu índices alarmantes e tomou-se consciência de que a preservação de um ambiente sadio está intimamente ligada à preservação da própria espécie humana. Assim, o Direito Internacional Público, que se encontra em processo de contínua expansão, busca soluções aos problemas que ora se apresentam nesta matéria.

Trindade[2] adverte que a proteção dos direitos humanos e a proteção do meio ambiente, juntamente com os temas do desenvolvimento humano (e a luta pela erradicação da pobreza extrema) e do desarmamento, constituem as grandes prioridades da agenda internacional contemporânea. Requerem do Direito Internacional Público, em processo de contínua expansão, soluções aos problemas globais que apresentam, além de um enriquecimento conceitual para fazer face às realidades dos novos tempos. Impõe-se seja dado, em particular à questão da relação entre a proteção dos direitos humanos e a proteção ambiental, um tratamento sistematizado, dada a sua transcendental importância em nossos dias. Embora tenham os domínios da proteção do ser humano e da proteção ambiental sido tratados até o presente separadamente, é necessário buscar maior aproximação entre eles, porquanto correspondem aos principais desafios de nosso tempo, a afetarem em última análise os rumos e destinos do gênero humano.

Corroborando o entendimento, Siqueira Castro[3] acentua que, em virtude da forçosa vocação internacionalista da matéria, tendo em vista a convicção de que o controle da poluição terrestre depende da formulação e execução de políticas ambientais em âmbito

---

[1] Para estudo detalhado da matéria, recomendam-se os estudos de GUERRA, Sidney. *Direito internacional ambiental*. Rio de Janeiro: Freitas Bastos, 2006.

[2] TRINDADE, Antônio Augusto Cançado. *Direitos humanos e meio ambiente*. Porto Alegre: Sérgio Fabris, 1993, p. 23.

[3] CASTRO, Carlos Roberto Siqueira. *A Constituição aberta e os direitos fundamentais*. Rio de Janeiro: Forense, 2003, p. 707.

supranacional, donde não poderem as fronteiras nacionais servir de barreiras à preservação e repressão de danos ambientais capazes de afetar vários países ou continentes e até mesmo pôr em risco o equilíbrio do ecossistema em escala planetária, consolidou-se em definitivo o Direito Internacional Ambiental, ramo altamente especializado do Direito Internacional Público.

O Direito Internacional Ambiental regula os aspectos, relacionados ao meio ambiente, que dependem da ação livre da pessoa humana e cuja regulamentação ultrapassa o interesse de um único Estado.

Soares[4] alerta que pela sua própria natureza certos fenômenos biológicos ou físicos localizados dentro de um espaço geográfico submetido à soberania de um Estado exigem regulamentação internacional, seja porque, em sua unicidade, estendem-se sobre a geografia política de vários países, seja porque os fenômenos a serem regulados somente poderão sê-lo com a intervenção de normas internacionais.

Na verdade, em sua caracterização moderna, o meio ambiente é um fenômeno que desconhece fronteiras, pois os ecossistemas ou os elementos protegidos situam-se em espaços locais, portanto dentro de um país (por exemplo: as espécies animais e vegetais em perigo de extinção, que vivem em determinado país, ou os recursos da biodiversidade, cuja preservação é do interesse de toda a humanidade), em espaços sub-regionais (por exemplo: os rios transfronteiriços e lagos internacionais, cuja preservação não pode ser deixada aos cuidados de um único país), em espaços regionais (como os mares que banham vários países e nos quais se realiza a pesca internacional, que não se encontra restrita só aos países ribeirinhos) e, enfim, mesmo no espaço global de toda a Terra (como a preservação da camada de ozônio ou a regulamentação das mudanças do clima da Terra, causadas por fatores humanos, mediante a emissão dos gases de efeito estufa).

Os problemas ambientais trazem prejuízos enormes para o desenvolvimento da humanidade e, o que é pior, colocam em sério risco a própria existência da pessoa humana e de outros seres vivos.

Renovam-se aqui as perspectivas da evolução da matéria, já que se encontra como recurso à humanidade, na luta por condições de vida digna e pela própria sobrevivência do gênero humano na era da sociedade de risco global.

2. CONCEITO DE MEIO AMBIENTE

Estabelecer um conceito preciso para meio ambiente é tarefa árdua, haja vista a sua mutação de acordo com a transformação da sociedade, no tocante aos valores culturais, sociais e políticos.

---

[4] SOARES, Guido Fernando Silva. *Curso de direito internacional público.* São Paulo: Atlas, 2002, p. 408.

Parece indisputável que os temas cotidianos se encontram com tamanha complexidade, que geram sempre novas urgências, novas necessidades e, consequentemente, novos institutos e mecanismos de compatibilização das relações entre o sistema econômico e o sistema social[5].

Em verdade, a utilização do termo "meio ambiente" caracteriza-se um vício de linguagem, pois se trata de um pleonasmo; "meio" é aquilo que está no centro de algo e "ambiente" é o local em que se encontram os seres vivos[6]. Ainda assim, a expressão foi consagrada pela doutrina e incorporada na linguagem jurídica.

Silva[7] reconhece o pleonasmo da expressão "meio ambiente", mas sustenta a necessidade de reforçar o sentido significante de determinados termos, em expressões compostas. É uma prática que deriva do fato de o termo reforçado ter sofrido enfraquecimento no sentido a destacar, ou, então, porque sua expressividade é mais ampla ou mais difusa, de sorte a não satisfazer mais psicologicamente a ideia que a linguagem quer expressar. Esse fenômeno influencia o legislador, que sente a imperiosa necessidade de dar, aos textos legislativos, a maior precisão significativa possível.

A emergência do valor meio ambiente no mundo jurídico deve ser relacionada com o exame da própria gênese da norma jurídica. Sendo assim, no plano jurídico, Mukai[8] procura individualizar três aspectos relevantes para meio ambiente: a) o ambiente como modo de ser global da realidade natural, baseada num dado equilíbrio dos seus elementos – equilíbrio ecológico, que retém o necessário e indispensável em relação à fruição da parte do homem, em particular à saúde e ao bem-estar físico; o ambiente como ponto de referência objetivo dos interesses e do direito respeitante à repressão e prevenção de atividades humanas dirigidas a perturbar o equilíbrio ecológico, convertendo-se o dano ao ambiente em dano ao próprio homem; b) o ambiente como uma ou mais zonas circunscritas do território, consideradas pelo seu peculiar modo de ser e beleza, dignas de conservação em função do seu gozo estético, da sua importância para a investigação científica, ou ainda pela sua relevância histórica, isto é, o ambiente como soma de bens culturais, ponto de referência objeto dos interesses e do direito à cultura; c) o ambiente como objeto de um dado território em relação aos empreendimentos industriais, agrícolas e dos serviços, isto é, o ambiente como ponto de referência objeto dos interesses e do direito urbanístico respeitantes ao território como espaço, no qual se desenvolve a existência e a atividade do homem na sua dimensão social.

---

[5] Vale destacar que a expressão "meio ambiente" corresponde, no inglês, a *"environment"*, e no francês, a *"environnement"*, justificando, em parte, a adoção mundial dessa expressão pela penetração dessas línguas.

[6] No mesmo sentido, MUKAI, Toshio. *Direito ambiental sistematizado*. 3. ed. Rio de Janeiro: Forense Universitária, 1998, p. 3, quando sustenta: "a expressão similar meio ambiente tem sido entendida como a interação de elementos naturais, artificiais e culturais que propiciam o desenvolvimento equilibrado da vida do homem, não obstante a expressão, como observam os autores portugueses, contenha um pleonasmo, porque meio e ambiente são sinônimos".

[7] SILVA, José Afonso da. *Direito ambiental constitucional*. São Paulo: Malheiros, 1997, p. 1.

[8] MUKAI, Toshio. *Direito ambiental sistematizado*. 3. ed. Rio de Janeiro: Forense Universitária, 1998, p. 4.

Ao meio ambiente relaciona-se a proteção dos espaços naturais e das paisagens, a preservação das espécies animais e vegetais, a manutenção dos equilíbrios biológicos, a proteção dos recursos naturais, a comodidade dos vizinhos, a saúde, a seguridade, a salubridade pública, a conservação dos sítios e monumentos.

O conceito de meio ambiente não pode apresentar uma visão simplista e reduzida. Ao contrário, deve estar inserida a natureza original e artificial, bem como os bens culturais correlatos, compreendendo, portanto, o solo, a água, o ar, a flora, as belezas naturais, patrimônio histórico, artístico, turístico, paisagístico e arqueológico, e o meio ambiente do trabalho[9].

Assim, todo e qualquer bem essencial à sadia qualidade da vida humana e de uso comum do povo tem característica de bem ambiental. O solo, a água, o ar atmosférico, a flora, a fauna, o patrimônio genético do País, o patrimônio cultural, a saúde, as praças e ruas, áreas verdes e demais assentamentos com reflexos urbanísticos são exemplos de bens ambientais, todos eles essenciais à sadia qualidade da vida humana.

Com efeito, ao iniciar o estudo do direito ambiental, a primeira ideia que se apresenta é que o meio ambiente se manifesta apenas nos elementos da natureza. Todavia, a percepção e o conceito dele, nos dias de hoje, têm uma amplitude significativa dando ensejo ao período denominado holístico, que consiste em proteger o meio ambiente de forma integral, isto é, garantir um sistema ecológico integrado, protegendo as partes a partir do todo.

Assim sendo, apresenta-se com a seguinte classificação: meio ambiente natural, meio ambiente artificial, meio ambiente cultural e meio ambiente do trabalho[10].

Guido Soares acentua que a proteção do meio ambiente, mediante normas jurídicas, seja nos ordenamentos internos, seja no Direito Internacional, é um assunto recentíssimo, na medida em que se coloca como um complexo dinâmico, composto de elementos vivos e não vivos, os quais sofrem substanciais modificações pela ação do homem e que passou a interessar ao Direito, somente à medida que foi necessário disciplinar a ação humana e suas consequências prejudiciais à natureza e, por reflexo, à existência do próprio ser humano[11].

A tutela do meio ambiente ganhou impulso após a Declaração de Estocolmo, na Suécia, que apresenta princípios que devem ser observados pelos Estados em termos ambientais; é plausível sustentar a construção de uma "nova" disciplina jurídica – o Direito Internacional Ambiental.

---

[9] SILVA, José Afonso da. *Direito ambiental constitucional*. São Paulo: Malheiros, 1997, p. 2, define o meio ambiente como a interação do conjunto de elementos naturais, artificiais e culturais que propiciem o desenvolvimento equilibrado da vida em todas as suas formas.

[10] Para leitura completa, *vide* GUERRA, Sidney. *Curso de direito ambiental*. 6. ed. Rio de Janeiro: Grande Editora, 2024.

[11] SOARES, Guido Fernando Silva. *Curso de direito internacional público*. São Paulo: Atlas, 2002, p. 407.

As dificuldades de conceituar meio ambiente no plano das relações internacionais ainda foram maiores, na medida em que somente em 21 de junho de 1993, quando já havia um amadurecimento do Direito Internacional Ambiental, é que houve formalmente a conceituação de meio ambiente na Convenção Europeia sobre Responsabilidade Civil por Danos Resultantes de Atividades Prejudiciais ao Meio Ambiente:

"Meio ambiente inclui recursos naturais, sejam abióticos, sejam bióticos, como o ar, a água, o solo, a fauna e a flora e a interação entre tais fatores; propriedades que formam parte da herança cultural; e os aspectos característicos da paisagem".

Daí o conceito elaborado por Alexandre Kiss que afirma que este novo ramo do Direito Internacional rege as relações entre Estados no domínio da proteção do ambiente e compreende os recursos naturais abióticos e bióticos, tais como o ar, a água, o solo, a fauna e a flora, a interação entre esses mesmos fatores, os bens que compõem a herança cultural e os aspectos gerais da paisagem[12].

É bem verdade que o direito ambiental se apresenta no contexto acadêmico como o mais penetrante e interdisciplinar ramo da ciência jurídica e que, como acentua Castro[13], revolve nas profundezas os institutos e valores romanísticos enraizados na ordem privada, a ponto de impactar a própria estrutura do pensamento jurídico contemporâneo. Mais do que um corpo de regras e princípios dotado de autonomia didática e destinado a reger as relações individuais e coletivas no campo temático que lhe é próprio, trata-se de uma especialidade orientada pelo propósito preservacionista do ecossistema e da melhoria da qualidade ambiental, com a missão de infundir no sistema normativo o espírito de proteção do meio ambiente.

Como assentado em outra oportunidade[14] há uma constante simbiose e muitos conceitos são extraídos dos diversos ramos do Direito, adaptando-se ao Direito Ambiental e, portanto, uma relação transversal com os demais ramos do Direito, isto é, as normas ambientais tendem a se incrustar em cada uma das demais normas jurídicas, obrigando a que se leve em conta a proteção ambiental em cada um dos demais ramos do Direito.

Neste estudo, o enfoque estará voltado ao Direito Internacional, que procura sistematizar a adoção de regras internacionais uniformes por meio de tratados internacionais de proteção ao meio ambiente. O Direito Internacional tem um grande objetivo: nosso ambiente planetário está ameaçado e o direito deve vir em seu socorro. Portanto, sistemas de prevenção ou de reparação adaptados a uma melhor defesa contra as agressões da sociedade moderna devem ser pensados e criados.

---

[12] KISS, Alexandre. *Direito internacional do ambiente*. Lisboa: Centro de Estudos Jurídicos, 1996, p. 5.

[13] CASTRO, Carlos Roberto Siqueira. *A Constituição aberta e os direitos fundamentais*. Rio de Janeiro: Forense, 2003, p. 699.

[14] GUERRA, Sidney. *Curso de direito ambiental*. 6. ed. Rio de Janeiro: Grande Editora, 2024, cap. I.

O direito do ambiente, mais do que a descrição do direito existente é um direito portador de uma mensagem: um direito do futuro e da antecipação, graças ao qual o homem e a natureza deverão encontrar um relacionamento harmonioso e equilibrado.

3. A IDEIA DE JUSTIÇA AMBIENTAL

A noção que circula em torno da compreensão de justiça ambiental refere-se a um quadro de vida no qual a dimensão ambiental da injustiça social possa ser superada, ou seja, neste viés existe uma confluência entre a questão social e a questão ambiental, buscando denunciar e procurar caminhos para rever imposições desproporcionais dos riscos ambientais às populações menos dotadas de recursos financeiros, políticos e educacionais.

Assim, a ideia que contempla a existência de uma "justiça ambiental" preconiza uma ação em redes que tem por escopo o alcance da felicidade e da solidariedade na medida em que possibilita reunir pessoas distintas, organizações e movimentos sociais em torno dessa visão ("justiça ambiental").

O movimento de justiça ambiental[15] desenvolveu-se nas últimas décadas a partir da luta contra dinâmicas discriminatórias que colocam sobre o ombro de determinados grupos populacionais os malefícios do desenvolvimento econômico e industrial. Embora o movimento tenha se desenvolvido no âmbito dos estados nacionais, acredita-se que a ideia também possa ser difundida na seara internacional, posto que a cada dia que se passa temos a influência do local no global e do global no local.

Ao articular ambientalismo com justiça social, ele se constitui num importante exemplo de resistência aos efeitos nefastos de um capitalismo globalizado com sua crescente liberdade locacional, ou seja, cada vez mais as corporações transnacionais têm o poder de decidir onde investir nas mais variadas regiões do planeta. Desta forma, inibem-se possíveis conquistas dos movimentos sociais e ambientalistas na construção de parâmetros sociais, ambientais, sanitários e culturais que direcionem o desenvolvimento econômico e tecnológico[16].

A ideia de uma *justiça ambiental* está plenamente em consonância com o processo de construção de uma nova racionalidade ambiental ou ecológica, que ordena toda a compreensão da integralidade do conteúdo dos problemas ambientais e da formulação de hipóteses de decisão eficientes à realização dos objetivos que norteiam a reprodução

---

[15] GUERRA, Sidney. *Poder de polícia ambiental*: fiscalização e sanção nas esferas administrativa e judicial. Belo Horizonte: Arraes, 2015.

[16] Tal como afirma PORTO, Marcelo Firpo de Souza. *Uma ecologia política dos riscos*. Rio de Janeiro: Editora Fiocruz, 2007, p. 58. "Por justiça ambiental entende-se um conjunto de princípios e práticas que asseguram que nenhum grupo social, seja ele étnico, racial, de classe ou gênero, suporte uma parcela desproporcional das consequências ambientais negativas de operações econômicas, decisões de políticas e de programas federais, estaduais, locais, assim como da ausência ou omissão de tais políticas".

de um Estado de segurança ambiental, que ocupa o lugar dos modelos de segurança patrimonial do já falido modelo estatal liberal.

Em interessante estudo sobre controvérsia científica e conflitos ambientais em Portugal, os professores Nunes e Matias apresentam um caso sobre a incineração de resíduos industriais perigosos e asseveram que as controvérsias científico-técnicas e os conflitos políticos e sociais em torno da questão dos resíduos industriais e perigosos e das estratégias para a sua redução, gestão e tratamento ilustram de maneira exemplar as relações problemáticas entre ciência e sociedade, tecnologia e democracia. A análise sociológica desses processos em Portugal permite, mais precisamente, explorar as relações entre temas como as controvérsias científicas e técnicas, os modelos de institucionalização do parecer científico-técnico, a pluralidade de configurações de poderes/saberes que legitimam ou contestam medidas ou intervenções do Governo e da Administração Pública, a mobilização e participação dos cidadãos em debates públicos e em processos de deliberação, a articulação entre democracia representativa e democracia participativa e as relações entre diferentes níveis ou escalas de regulação (local, nacional, europeu, global). No estudo, apresentam os grupos que se intitulam partes legítimas (*espaço agonístico legítimo*) para enfrentar a problemática:

"Do lado do Programa, o espaço agonístico legítimo correspondia, por um lado, a um espaço restrito à argumentação científico-técnica própria de certas áreas científicas, correspondentes às que estavam representadas na CCI – o que, na sociologia do conhecimento científico, se designa por "núcleo duro" ou "core set" – e, por outro lado, os titulares de órgãos de soberania, nomeadamente o Governo, a quem caberia decidir com base no parecer científico. Para os segundos, o espaço agonístico legítimo incluía, por um lado, os porta-vozes de posições diferentes no seio da comunidade científica, de um leque de disciplinas mais amplo do que representado no CCI, e, por outro, os cidadãos afectados pelas políticas em debate, os seus movimentos, as suas associações e os seus porta-vozes"[17].

No estudo ficou ainda evidenciado que a despeito de se encontrar no centro do processo da coincineração um artefato (tecnologia que se realiza a coincineração), não poderiam ser desprezados os problemas a serem produzidos ao ambiente e à saúde pública produzindo enfrentamento das partes envolvidas e a efetiva participação dos cidadãos[18].

---

[17] NUNES, João Arriscado; MATIAS, Marisa. Controvérsia científica e conflitos ambientais em Portugal: o caso da coincineração de resíduos industriais perigosos. *Revista Crítica de Ciências Sociais*. Coimbra: Coimbra, n. 65, p. 129-150, maio 2003.

[18] NUNES, João Arriscado; MATIAS, Marisa. Controvérsia científica e conflitos ambientais em Portugal: o caso da coincineração de resíduos industriais perigosos. *Revista Crítica de Ciências Sociais*. Coimbra: Coimbra, n. 65, p. 129-150, maio 2003, p. 142: "O choque entre as duas concepções foi visível em praticamente todas as fases do processo. Por exemplo, os dois documentos legais que decidem sobre a criação de uma comissão científica, o âmbito das competências e a composição desta representam pontos de vista num caso (Governo) para a restrição e noutro (Parlamento) para a ampliação do próprio espaço agonístico científico-técnico. A constituição do GTM como resultado da mobilização dos opositores aos propósitos do Governo, é uma clara cedência a uma visão mais alargada da composição dos saberes relevantes para lidar com problemas associados à gestão de resíduos que não eram contemplados nas avaliações iniciais dos impactos da co-incineração. Mas foi, sobretudo, em torno da legi-

Indubitavelmente os problemas ambientais não podem ser resolvidos de forma a desprezar a participação da sociedade civil diretamente afetada, como pretendem, muitas vezes, grupos políticos de um determinado Estado e mesmo no campo das relações internacionais.

A despeito do papel a ser desenvolvido pelo Estado (Governo e Parlamento) devem também ser envidados esforços para se buscar maior participação da sociedade civil articulando, portanto, um sistema de cooperação social onde se busca concretizar/positivar uma série de direitos.

Nesse sentido é que se insere plenamente o movimento pela justiça ambiental. Mais uma vez as palavras de Nunes e Matias: "A luta em torno da coincineração, longe de ser uma manifestação de irracionalidade ou de oposição à ciência, situa-se claramente no coração dos processos que, em várias partes do mundo e, em especial, na Europa e nos Estados Unidos, têm vindo a reconfigurar a luta política e da acção colectiva em torno dos problemas ambientais e, em geral, dos 'riscos manufacturados' associados a tecnologias potencialmente danosas para a saúde e o ambiente. Nem por isso ela deixa, porém, de revelar algumas das especificidades que esses processos assumem em Portugal. É uma forma de acção política que experimenta com novos modos de dar voz e visibilidade e de organizar identidades colectivas emergentes, que se constituem em torno de problemas que são vividos, primeiro que tudo, à escala local, mas que, progressivamente, se vão ligando a lutas e movimentos de âmbito mais geral, centrados na luta e na defesa do ambiente, pela justiça ambiental e pelo direito dos cidadãos de participar em decisões que afectam a sua vida, a sua saúde e o ambiente"[19].

No Brasil, esse movimento é bastante recente, tendo sido constituída a Rede Brasileira de Justiça Ambiental apenas em dezembro de 2001, quando da realização do Colóquio Internacional sobre Justiça, Trabalho e Cidadania, na cidade de Niterói – RJ, entre 24 e 27 de dezembro.

São objetivos da rede brasileira:

a) promover o intercâmbio de experiências, reflexões teóricas, análises de contexto e elaboração de estratégias de ação entre múltiplos atores de lutas ambientais, inclusive através de assessorias aos grupos atingidos por parte de profissionais da área ambiental, social e de saúde que atuam junto à rede; b) aproximar pesquisadores e ativistas sociais brasileiros, encorajando-os a formarem parcerias para o trabalho conjunto; c) criar agendas nacionais e regionais de pesquisa e ação com vistas a enfrentar casos concretos de injustiça ambiental e elaborar propostas políticas e demandas endereçadas ao poder

---

timidade da mobilização e participação dos cidadãos e dos seus movimentos, dos instrumentos que estes accionaram (como a petição ao Parlamento) e da afirmação da inseparabilidade do político e do científico-técnico que as duas concepções manifestaram, de forma vigorosa e visível, a sua incompatibilidade".

[19] NUNES, João Arriscado; MATIAS, Marisa. Controvérsia científica e conflitos ambientais em Portugal: o caso da coincineração de resíduos industriais perigosos. *Revista Crítica de Ciências Sociais*. Coimbra: Coimbra, n. 65, p. 129-150, maio 2003, p. 148.

público; d) articular o campo dos direitos humanos com conflitos socioambientais decorrentes de novos ciclos de investimento econômico e da apropriação privada dos recursos naturais que produzem exclusão e expropriação.

De fato, para serem obtidos resultados favoráveis em relação ao ambiente, necessário se faz que ocorra participação efetiva da sociedade civil, e, portanto, que a pessoa humana assuma verdadeiramente o papel de sujeito ativo em matéria ambiental. Todavia, para que essa participação seja efetiva, é mister que as pessoas estejam devidamente informadas de seus respectivos papéis na sociedade de risco global.

Na representação hegemônica sobre a "crise ecológica" há um entendimento partilhado de que esta é global, generalizada, atingindo a todos indistintamente, de que o meio ambiente é naturalmente escasso, uno e homogêneo e de que a humanidade como um todo indiferenciado produziria a destruição ambiental.

Esta visão hegemônica é partilhada, inclusive, no campo das ciências humanas tal como se pode observar: "A ecotoxicidade afeta potencialmente a todos, produzindo uma contaminação genérica, por substâncias químicas que atingem indiretamente o meio ambiente por meio de áreas de despejo de detritos, esgotos e por outros canais"[20]. Todavia, este entendimento simplifica e disfarça a forma como os impactos ambientais são distribuídos e sentidos desigualmente na sociedade, pois os riscos ambientais não são difundidos "democraticamente".

O Movimento de Justiça Ambiental americano entende justiça ambiental como "condição de existência social configurada através do tratamento justo e do envolvimento significativo de todas as pessoas, independentemente de sua raça, cor ou renda no que diz respeito à elaboração, desenvolvimento, implementação e aplicação de políticas, leis e regulações ambientais. Por tratamento justo entenda-se que nenhum grupo de pessoas, incluindo-se aí grupos étnicos, raciais ou de classe, deva suportar uma parcela desproporcional das consequências ambientais negativas resultantes da operação de empreendimentos industriais, comerciais e municipais, da execução de políticas e programas federais, estaduais, ou municipais, bem como das consequências resultantes da ausência ou omissão destas políticas"[21].

A justiça ambiental tem como implicação o direito a um ambiente sadio, seguro e produtivo para todos, tendo por ponto de partida a compreensão de meio ambiente integrado pelas dimensões ecológicas, físicas, construídas, sociais, políticas, estéticas e econômicas. Apesar de esta ideia concentrar visões diferenciadas em determinados elementos sobre a promoção da justiça ambiental, de um modo geral, extraem-se como princípios comuns capazes de agregar as experiências diversas, os seguintes: poluição tóxica para ninguém; por outro modelo de desenvolvimento (preocupado com os fins

---

[20] GIDDENS, Anthony. *Para além da esquerda e da direita*. São Paulo: UNESP, 1996, p. 256.

[21] BULLARD, R. D. *Dumping in dixie*: race, class and environmental quality. San Francisco/Oxford: Westview Press, 1994.

pelos quais os recursos naturais são utilizados); por uma transição justa; por políticas ambientais democraticamente instituídas[22].

Para atingir os fins colimados da justiça ambiental utilizam-se como estratégias: produção de conhecimento próprio (avaliação de equidade ambiental); pressão pela aplicação universal das leis; pressão pelo aperfeiçoamento da legislação de proteção ambiental; pressão por novas racionalidades no exercício do poder estatal (superar a postura tecnicista, sensibilizando para variáveis sociais e culturais do gerenciamento do risco ambiental); introdução de procedimentos de Avaliação de Equidade Ambiental (superar lógica tradicional embutidas nos EIAs/RIMAs); ação direta; difusão espacial do movimento[23]. Portanto, justiça ambiental consiste no conjunto de princípios e práticas que "asseguram que nenhum grupo social, seja étnico, racial ou de classe, suporte uma parcela desproporcional das consequências ambientais negativas de operações econômicas, decisões de políticas e programas federais, estaduais, locais, assim como da ausência ou omissão de tais políticas; asseguram acesso justo e equitativo, direto e indireto, aos recursos ambientais do país; asseguram amplo acesso às informações relevantes sobre o uso dos recursos ambientais, a destinação de rejeitos e a localização de fonte de riscos ambientais, bem como processos democráticos e participativos na definição de políticas, planos, programas e projetos que lhes dizem respeito; favorecem a constituição de sujeitos coletivos de direitos, movimentos sociais e organizações populares para serem protagonistas na construção de modelos alternativos de desenvolvimento que assegurem a democratização do acesso aos recursos ambientais e a sustentabilidade do seu uso"[24].

Feitas as considerações relativas à justiça ambiental a serem aplicadas em todos os níveis, inclusive no internacional, importante observar como se deu o processo de formação da proteção internacional do meio ambiente e consequentemente do direito que o regula.

4. BREVES ANTECEDENTES NA FORMAÇÃO DO DIREITO INTERNACIONAL AMBIENTAL

Como descrito anteriormente, a preocupação com o meio ambiente no plano internacional é relativamente recente. Para efeito deste estudo podem ser apontados alguns marcos teóricos importantes para a compreensão da matéria[25]:

---

[22] ACSELRAD, Henri; MELLO, Cecília Campello; BEZERRA, Gustavo das Neves. *O que é justiça ambiental*. Rio de Janeiro: Garamond, 2009, p. 26-30.

[23] ACSELRAD, Henri; MELLO, Cecília Campello; BEZERRA, Gustavo das Neves. *O que é justiça ambiental*. Rio de Janeiro: Garamond, 2009, p. 31-39.

[24] ACSELRAD, Henri; MELLO, Cecília Campello; BEZERRA, Gustavo das Neves. *O que é justiça ambiental*. Rio de Janeiro: Garamond, 2009, p. 41.

[25] SOARES, Guido Fernando Silva. *Direito internacional do meio ambiente*: emergência, obrigações e responsabilidades. 2. ed. São Paulo: Atlas, 2003, p. 45.

a) a abertura das discussões dos foros diplomáticos internacionais à opinião pública internacional, por força da expansão dos meios de comunicação de massa e a consequente valorização das teses científicas sobre os fatos relativos ao meio ambiente;

b) a democratização das relações internacionais, com a exigência correlata da efetiva participação da opinião pública na feitura e nos controles de aplicação dos grandes tratados internacionais, por força da atuação dos parlamentos nacionais na diplomacia dos Estados;

c) a situação catastrófica em que o mundo se encontra, pela possibilidade de uma destruição maciça de grandes partes do universo, representada pela ameaça da utilização dos engenhos bélicos fabricados por meio da utilização militar da energia nuclear;

d) a ocorrência de catástrofes ambientais, como os acidentes de vazamentos de grandes nuvens tóxicas ou grandes derramamentos de petróleo cru no mar, fenômenos que fizeram recrudescer as letais experiências da poluição indiscriminada e não localizada em um ponto geográfico, que poderia eventualmente ser controlada por uma única autoridade estatal.

Sem embargo, a partir do quadro acima indicado estavam presentes os elementos necessários para o florescimento do Direito Internacional Ambiental: a necessidade social, em razão dos problemas ambientais que eclodiram de maneira significativa e a vontade determinante para a produção da norma jurídica internacional.

Somados a esses aspectos Guido Soares[26] apresenta outros fatores tópicos que emergem o Direito Internacional Ambiental a uma velocidade jamais vista em outros ramos do Direito:

a) a questão da poluição transfronteiriça, que tomou uma dupla forma, a de águas doces dos rios e lagos internacionais e a poluição atmosférica trazida pelas correntes de ar, fenômenos esses que, por sua natureza, não conhecem fronteiras físicas e políticas entre Estados; e

b) a questão da poluição crescente e desenfreada dos mares e oceanos, por meio das três formas detectadas: 1. alijamentos deliberados de refugos, em geral na forma de óleos usados provenientes de navios (lavagens de navios e/ou seu deslastreamento) ou de indústrias (o alijamento direto de resíduos tóxicos não recicláveis ou dos rejeitos provenientes da mineração submarina programada, ou das plataformas de exploração petrolífera), em níveis sem precedência na história; 2. deposição, em suas águas, de cinzas provenientes de queima em alto-mar de rejeitos industriais; 3. a denominada "poluição telúrica", aquela carregada pelas águas doces, que servem de desaguadouro dos rejeitos altamente tóxicos industriais não recicláveis (como as ligações de emissários submarinos ou de interceptores oceânicos para esgotos sanitários ou industriais).

---

[26] SOARES, Guido Fernando Silva. *Direito internacional do meio ambiente*: emergência, obrigações e responsabilidades. 2. ed. São Paulo: Atlas, 2003, p. 46.

Assim, em relação ao primeiro caso (a poluição transfronteiriça) evidencia-se que havia uma necessidade premente de se criar uma regulamentação no plano internacional, haja vista que as lesões ao meio ambiente ultrapassavam os limites dos Estados Nacionais, bem como no que concerne à poluição dos mares, que alcançou índices alarmantes.

O Direito Internacional Ambiental é derivado de um processo de expansão do Direito Internacional moderno, que não trata apenas de fronteiras, como o Direito Internacional clássico, mas também de problemas comuns, processo típico de um período de globalização jurídica[27].

O florescimento do Direito Internacional Ambiental está intimamente ligado aos problemas que se manifestam no planeta, tais como: o desaparecimento de espécies da fauna e da flora, a perda de solos férteis pela erosão e pela desertificação, o aquecimento da atmosfera e as mudanças climáticas, a diminuição da camada de ozônio, a chuva ácida, o acúmulo crescente de lixo e resíduos industriais[28], o colapso na quantidade e na qualidade da água, o aumento significativo da população mundial, o esgotamento dos recursos naturais, os grandes acidentes nucleares, com efeitos imediatos etc.

No passado existiam algumas normas protetivas do meio ambiente no plano internacional, como, por exemplo, a Convenção para a regulamentação da pesca da baleia, de 1931; a Convenção Internacional da pesca da baleia, de 1946; a Convenção Internacional para a proteção dos vegetais, de 1951; o Tratado da Antártida, de 1959 etc., mas a consolidação do Direito Internacional Ambiental ocorre a partir do final da década de 60 (século XX) e da realização da primeira grande Conferência Internacional sobre Meio Ambiente, em Estocolmo, na Suécia, em 1972, e a consequente proliferação de documentos internacionais sobre a matéria[29].

No final da década de 60 do século passado, inicia-se a conscientização por parte de alguns Estados europeus em relação à problemática ambiental, na medida em que começam a florescer sinais de esgotamento dos recursos naturais planetários.

A partir dessa "onda verde" Estados começam a conceber em suas respectivas estruturas político-administrativas internas os Ministérios de Meio Ambiente, em razão da importância que assume naquele momento, a exemplo da Alemanha, países nórdicos, Inglaterra e os EUA, que foram precursores na questão[30].

---

[27] VARELLA, Marcelo Dias. *Direito internacional econômico ambiental*. Belo Horizonte: Del Rey, 2004, p. 22.

[28] Sobre os sinais de crise ambiental, *vide* GUERRA, Sidney. *Resíduos sólidos*. Rio de Janeiro: Forense, 2012.

[29] Para se ter a ideia da proliferação de documentos internacionais em matéria ambiental após 1972, VARELLA, Marcelo Dias. *Direito internacional econômico ambiental*. Belo Horizonte: Del Rey, 2004, p. 53, alerta que, até os anos 1960, existiam apenas alguns dispositivos para a proteção dos pássaros úteis à agricultura, a proteção das peles de focas e sobre a proteção das águas. De 1960 até 1992, foram criados mais de 30.000 dispositivos jurídicos sobre o meio ambiente, entre os quais 300 tratados multilaterais e 900 acordos bilaterais, tratando da conservação, e mais de 200 textos oriundos das organizações internacionais.

[30] VARELLA, Marcelo Dias. *Direito internacional econômico ambiental*. Belo Horizonte: Del Rey, 2004, p. 29: "A emergência da questão ambiental a partir dos anos 1960 e início dos anos 1970 tornou-o um elemento importan-

Diante desse quadro desenhado no velho continente, o Conselho Europeu consagra duas declarações, no ano de 1968, que trazem importantes progressos na regulamentação internacional para a proteção do meio ambiente: uma declaração sobre a preservação dos recursos de águas doces (a Carta Europeia da Água) e a declaração sobre princípios da luta contra a poluição do ar.

Na mesma trilha e como resposta a um grande acidente ambiental (o naufrágio do petroleiro *Torrey Canyon*), foram concebidas as Convenções de Bruxelas, de 1969, sobre a intervenção no alto-mar contra navios estrangeiros em caso de acidente de poluição de hidrocarbonetos, e outra sobre a responsabilidade civil pelos prejuízos causados por hidrocarbonetos, complementada, *a posteriori*, pela Convenção de 18 de dezembro de 1971, que criou o fundo de indenização pelos prejuízos devidos à poluição de hidrocarbonetos.

Além das ações acima apontadas, não se pode olvidar da tomada de decisão da Assembleia Geral das Nações Unidas, no ano de 1968, no sentido de convocar aquela que seria o "grande divisor de águas" no processo de formação do Direito Internacional Ambiental, a Conferência de Estocolmo, na Suécia, no ano de 1972.

Deve-se ressaltar que, além da Conferência de Estocolmo, reuniu-se, no ano de 1972, um grupo constituído por empresários, pesquisadores e economistas para discutir questões relativas à problemática envolvendo o meio ambiente e a economia. Esse grupo, que ficou conhecido como Clube de Roma ou Clube do Juízo Final, apresentou resultados catastróficos para a humanidade diante do esgotamento dos recursos naturais e o consequente colapso da economia mundial.

De toda sorte, retomando a questão central, verifica-se que a Organização das Nações Unidas patrocina a Conferência das Nações Unidas sobre Meio Ambiente Humano, realizada em Estocolmo, na Suécia, em 1972, que alerta para a necessidade da formulação de um critério e princípios que sejam comuns para a preservação e melhoria do meio ambiente humano.

Carneiro[31] adverte que a Conferência de Estocolmo revelou uma forte divergência entre as percepções ambientais e os interesses econômicos dos países do hemisfério

---

te no cenário político nacional e internacional. É nesta época que os países escandinavos e a Alemanha criam o Ministério do Meio Ambiente seguidos pelos Estados Unidos e pela Inglaterra. A partir de 1972, apenas quatro anos depois, os outros países europeus, entre os quais a França, e certos países do Sul, vão criar os seus ministérios. A partir de então, observamos um desenvolvimento contínuo da tomada de consciência dos problemas ambientais, assim como uma multiplicação de normas, tanto no nível interno quanto internacional. A progressão dos verdes é um fator importante nesta evolução. A pressão das Organizações Não Governamentais foi essencial para a expansão da proteção ambiental como um valor comum, ainda que fundamentada em diferentes elementos, conforme a cultura de cada região".

[31] CARNEIRO, Ricardo. *Direito ambiental*: uma abordagem econômica. Rio de Janeiro: Forense, 2003, p. 53: "Muitas nações subdesenvolvidas – dentre as quais o Brasil – defenderam que as preocupações com a poluição e a degradação dos ecossistemas naturais constituíam um verdadeiro 'luxo' diante de seus inúmeros problemas econômicos estruturais".

Norte e os do hemisfério Sul, separados por níveis totalmente díspares de desenvolvimento e qualidade de vida.

Complementando o asserto, Varella[32] enfatiza que a pressão em favor dos limites ambientais pedidos aos países do sul era vista como um instrumento utilizado pelo norte para bloquear o desenvolvimento econômico dos países emergentes; atitude esta refletida nos discursos dos diplomatas do sul, que se opunham à questão ambiental e defendiam o mesmo direito de destruir a natureza que tinham usufruído os países do norte durante as épocas de maior desenvolvimento econômico. O representante brasileiro, na reunião preparatória para Estocolmo, teria declarado que o Brasil era grande o suficiente para receber todas as indústrias poluidoras do planeta.

Superadas as adversidades do passado e com a expansão de uma consciência ambiental, ocorre a consolidação de normas e princípios aplicados na ordem jurídica internacional de natureza ambiental.

A declaração concebida em Estocolmo apresenta particular interesse em razão dos vários princípios jurídicos que consagram a matéria ambiental, como por exemplo, o direito soberano de o Estado explorar os seus próprios recursos de acordo com sua política ambiental, a troca de informações, a cooperação internacional etc.

Hodiernamente as matérias concebidas pelo Direito Internacional Ambiental ultrapassam limites considerados inesperados e que eram concebidos no domínio exclusivo dos Estados, destacando-se a proteção dos mares, mudanças climáticas, emissão de gases poluentes, proteção da fauna e da flora etc.

5. ALGUNS TEMAS CONTEMPLADOS PELO DIREITO INTERNACIONAL AMBIENTAL

Uma das principais características do Direito Internacional Ambiental consiste numa enorme proliferação de tratados, convenções e protocolos internacionais, multilaterais e bilaterais, voltados para a proteção ambiental. Outra característica marcante corresponde à segmentação dos temas, na medida em que é muito mais simples se alcançar consensos internacionais sobre temas predeterminados do que sobre temas muito genéricos, tais como proteção da vida marinha, proteção da vida silvestre etc.[33].

Nascimento Silva acentua que a denominação Direito Ambiental Internacional é aceita por inúmeros autores e organizações não governamentais e foi devidamente reconhecida pela Assembleia Geral das Nações Unidas na resolução com a qual convocou a Conferência sobre Meio Ambiente e Desenvolvimento, de junho de 1992, e enfatiza que "a expressão direito ambiental internacional é cômoda, mas não se trata de um ramo

---

[32] VARELLA, Marcelo Dias. *Direito internacional econômico ambiental*. Belo Horizonte: Del Rey, 2004, p. 30.

[33] ANTUNES, Paulo de Bessa. *Direito ambiental*. 7. ed. Rio de Janeiro: Lumen Juris, 2004, p. 393.

autônomo do direito; no fundo, é uma manifestação das regras de direito internacional, desenvolvidas dentro de um enfoque ambientalista"[34].

Em que pese o magistério do citado autor, convém ressaltar que até pouco tempo atrás o estudo do meio ambiente no campo das ciências jurídicas ocorria como se fosse uma variante do direito administrativo e existiam poucas normas protetivas em termos ambientais. Entretanto, seguindo a tendência internacional, principalmente após a Declaração de Estocolmo, começou a ser "construída" esta "nova" disciplina jurídica.

Melhor o entendimento de Siqueira Castro[35], que, na sua "construção" por um "humanismo ecológico", traduz a importância desse novel ramo jurídico para o Direito contemporâneo[36], de início expressado na maioria dos países por uma rede fragmentária de normas e princípios de caráter ambientalista, passando para uma fase de consolidação do Direito Internacional Ambiental, na medida em que os instrumentos concebidos no plano do direito internacional de natureza ambiental retratam a suspeição geral quanto à precariedade das legislações internas para dirimir conflitos e impor responsabilidades por agressões ao ecossistema, que não raro ultrapassam os limites de um país e repercutem em outras nações ou em áreas internacionais.

Comungamos com a mesma ideia de Kiss, que assevera que o Direito Internacional Ambiental corresponde a um novo ramo do Direito Internacional que rege as relações dos Estados na proteção do meio ambiente[37].

Para Varella[38], o Direito Internacional Ambiental consiste num conjunto de normas complexas, que merecem ser tratadas de forma global e organizada, de modo a permitir a participação democrática de todos os países, o que é, em grande parte, feito no âmbito da Organização das Nações Unidas.

Verifica-se que o objeto a ser tutelado é o ambiente, levando-se em consideração a sua ampla conceituação e classificação, haja vista que a vida e a qualidade de vida são as grandes razões de existência do Direito Ambiental, tanto no plano doméstico como no plano internacional.

---

[34] SILVA, Geraldo Eulálio Nascimento e. *Direito ambiental internacional*. Rio de Janeiro: Thex, 1995.

[35] CASTRO, Carlos Roberto Siqueira. *A Constituição aberta e os direitos fundamentais*: ensaios sobre o constitucionalismo pós-moderno e comunitário. Rio de Janeiro: Forense, 2003, p. 699-700.

[36] Em sentido contrário SOARES, Guido. *Direito internacional do meio ambiente*. São Paulo: Atlas, 2003, p. 23: "não existiria um Direito Internacional do Meio Ambiente com características próprias e despegadas do Direito Internacional Público, nem do Direito Internacional Privado, a ponto de constituir-se num ramo autônomo da Ciência Jurídica. Ao utilizar a expressão Direito Internacional do Meio Ambiente, ou outras a ela assimiláveis, deve-se enfatizar que se o faz com finalidades retóricas, para expressar o fenômeno do surgimento e vigorosa presença da temática da proteção ambiental a nível internacional, de forma constante, a ponto de exigir uma sistematização particular, acompanhada de todas as novidades que se têm verificado no novo enfoque para os problemas tradicionalmente resolvidos no Direito Internacional Público e no Direito Internacional Privado".

[37] KISS, Alexandre. *Direito internacional do ambiente*. Lisboa: Centro de Estudos Jurídicos, 1996, p. 2.

[38] VARELLA, Marcelo Dias. *Direito internacional econômico ambiental*. Belo Horizonte: Del Rey, 2004, p. 54.

Entende-se, pois, que o Direito Internacional Ambiental pode ser compreendido como um conjunto de normas que criam direitos e deveres para os atores internacionais, numa perspectiva ambiental, ao atribuir papéis e responsabilidades que devem ser observados por todos no plano internacional, visando à melhoria da vida e qualidade de vida, para as presentes e futuras gerações[39].

Vários documentos internacionais têm sido desenvolvidos no sentido de proteger o meio ambiente, ora no plano global, ora no plano regional. Esse sistema de proteção concebido no âmbito do Direito Internacional Ambiental procura contemplar algumas áreas específicas do planeta, como, por exemplo, a Antártica, ou temas gerais, tais como: o ar, a fauna e a flora, os mares, lagos etc.

Assim sendo, abaixo serão apresentados alguns temas (áreas) em que o Direito Internacional Ambiental tem incidência, e, portanto, a existência de normas para tentar minimizar os problemas que são concebidos no plano global.

5.1. Atmosfera e clima

O artigo 1º da Convenção sobre a poluição atmosférica a longa distância, adotada em Gênova, em 13 de novembro de 1979, define a poluição atmosférica como "introdução na atmosfera pelo homem, de forma direta ou indireta, de substâncias ou de energia com ação nociva capaz de pôr em perigo a saúde humana, danificar os recursos biológicos e os ecossistemas, deteriorar os bens materiais e ameaçar ou prejudicar as atividades de lazer do homem e outras utilizações legítimas do ambiente".

A expressão "poluição atmosférica transfronteiriça a longa distância" designa a poluição atmosférica cuja origem física está total ou parcialmente compreendida numa zona submetida à jurisdição nacional de um Estado e que exerce os seus efeitos nocivos numa zona submetida à jurisdição de um outro Estado, mas a uma distância tal que não é geralmente possível distinguir as contribuições de fontes emissoras individuais ou de grupos de fontes.

Kiss[40] afirma que é na atmosfera que os poluentes se propagam mais depressa e percorrem distâncias particularmente importantes e que a proporção de poluentes vindos do estrangeiro para a atmosfera é considerável, podendo atingir mais de 90% em certos países, como a Noruega.

Em muitos casos, as poluições a longa distância produzem resultados significativos, como, por exemplo, o desaparecimento das florestas; e é na passagem de certas substâncias na atmosfera que está a origem da rarefação da camada de ozônio e da alteração do clima global.

Sem dúvida que um caso emblemático nessa matéria (no campo do Direito Internacional Ambiental) corresponde à realização de uma arbitragem entre os Estados

---

[39] GUERRA, Sidney. *Direito internacional ambiental*. Rio de Janeiro: Freitas Bastos, 2006, p. 39.

[40] KISS, Alexandre. *Direito internacional do ambiente*. Lisboa: Centro de Estudos Jurídicos, 1996, p. 38.

Unidos e o Canadá, em razão de poluição atmosférica que foi gerada por uma empresa canadense, cujos efeitos nocivos traziam repercussões para o primeiro.

Esse caso ficou conhecido como o *Caso da Fundição Trail*, demanda resolvida em 1941, em que os Estados Unidos litigaram em nome próprio contra o Canadá acerca das medidas que deveriam ser tomadas para cessar as atividades poluidoras.

Com efeito, as normas de combate à poluição atmosférica foram desenvolvidas inicialmente através de regulações bilaterais e/ou regionais[41]; entretanto, em razão das mudanças climáticas e das chuvas ácidas, têm-se desenvolvido normas cuja incidência se manifesta no plano global.

Foi assim que o princípio número 2 da Declaração realizada em Estocolmo estabeleceu a previsão acerca dessa matéria, no que se refere à responsabilidade de assegurar que atividades sob sua jurisdição ou controle não causem danos ao meio ambiente de outros Estados ou de áreas além dos limites da jurisdição nacional.

Posteriormente foi concebida, no ano de 1985, a Convenção para a Proteção da Camada de Ozônio, que estabelece que as partes devem tomar medidas necessárias e apropriadas para proteger a saúde humana e o meio ambiente, contra os efeitos adversos, resultantes das atividades humanas suscetíveis de modificar a camada de ozônio.

Impende registrar outros documentos internacionais multilaterais importantes sobre essa matéria: i) Protocolo de Montreal sobre Substâncias que destroem a Camada de Ozônio, assinado em Montreal, em 1987; ii) Convenção-Quadro das Nações Unidas sobre Mudança do Clima, assinada no Rio de Janeiro, em 1992; iii) Protocolo de Quioto à Convenção-Quadro das Nações Unidas sobre Mudança do Clima, assinado em Quioto, em 1997.

5.2. Rios transfronteiriços, lagos e bacias

A tutela internacional dos rios transfronteiriços, lagos e bacias é fundamental, em razão da importância da água doce no planeta para existência da vida e, em especial, da pessoa humana. Entretanto, a maioria dos instrumentos internacionais relativos ao tema refere-se a uma zona determinada onde são celebrados tratados bilaterais entre os Estados envolvidos.

Brownlie assevera que pode ser atribuído a um rio um estatuto inteiramente distinto do da soberania territorial e jurisdição de qualquer Estado, com base num tratado ou costume, geral ou regional. Contudo, na prática, os rios que separam ou atravessam os

---

[41] SOARES, Guido. *Curso de direito internacional público*. São Paulo: Atlas, 2002, p. 426: "São inúmeras as convenções multilaterais existentes em nível regional europeu, às quais se devem juntar as igualmente inúmeras decisões da Comunidade Europeia, em particular, após o acidente havido na cidade italiana de Seveso, onde, em 10-7-1976, ocorreria o maior acidente industrial da Europa, com o maior lançamento de uma nuvem de dioxinas tóxicas que se espalhou pelas partes mais povoadas da Europa Ocidental, em 1976, causado por operação negligente de uma fábrica Suíça".

territórios de dois ou mais Estados estão sujeitos à jurisdição territorial dos Estados ribeirinhos até o canal mais profundo das águas navegáveis[42].

A Convenção sobre a Proteção e Utilização dos Cursos de Água Transfronteiriças e dos Lagos Internacionais, adotada em Helsinque, 1992, enuncia os princípios que devem ser aplicados em tratados que devem ser elaborados entre países ribeirinhos de um mesmo curso de água ou de um lago. Figuram entre esses princípios: i) a obrigação de prevenir, combater e reduzir a poluição das águas suscetível de produzir efeitos nefastos noutros países; ii) de gerir as águas transfronteiriças de maneira racional, ecologicamente sã e equitativa; e iii) assegurar a conservação e, se necessário, a restauração dos ecossistemas aquáticos.

Em razão da diversidade de interesses dos Estados e das peculiaridades que suscitam nos temas indicados, evidencia-se que não há uma regulamentação internacional, no plano global, que possa contemplar a proteção dos rios transfronteiriços, lagos e bacias. "A regulamentação dos rios internacionais é um capítulo bastante complexo no direito internacional do meio ambiente em razão de corresponder a recursos hídricos regionais, quando não sub-regionais, e que se submetem a regimes jurídicos particulares, elaborados tendo em vista as necessidades dos Estados envolvidos, e ainda hoje, submetidos a regras casuísticas. Assim, inexiste uma Convenção Internacional de nível global, que regule as águas doces, que são as mais importantes para a biosfera, em especial, a vida humana"[43].

Para tentar sanar o problema a Comissão de Direito Internacional da Organização das Nações Unidas elaborou um estudo que possa contemplar a proteção internacional dos rios transfronteiriços, lagos e bacias, e apresentou à Assembleia Geral, em 1999.

A ideia é que os Estados encaminhem colaborações para as Nações Unidas, no sentido de aprimorar o estudo realizado pela Comissão, e, posteriormente, que seja adotada a Convenção Internacional sobre o Direito das Utilizações dos Rios Internacionais para fins Distintos da Navegação.

5.3. Os mares e oceanos

A preocupação em se proteger os mares e oceanos é relativamente recente e acontece a partir do momento em que foram demonstrados os perigos provenientes da exploração predatória dos recursos marinhos e, principalmente, pela ação dos grandes navios de petróleo, responsáveis pela contaminação, em larga escala, do ambiente.

Um caso importante foi o acidente com o petroleiro *Torrey Canyon*, que possibilitou a necessidade de serem discutidos mecanismos para combater a poluição ambiental dos mares e oceanos[44]. O navio tanque Torrey Canyon encalhou e terminou por naufragar na costa inglesa da Cornualha, que poluiu com 118.000 toneladas de óleo, ocasionando

---

[42] BROWNLIE, Ian. *Princípios de direito internacional público*. Lisboa: Fundação Calouste Gulbenkian, 1997, p. 290.

[43] No mesmo sentido SOARES, Guido. *Curso de direito internacional público*. São Paulo: Atlas, 2002, p. 421,

[44] SOARES, Guido. *Curso de direito internacional público*. São Paulo: Atlas, 2002, p. 418, afirma: "Os espaços marítimos e oceânicos são o meio ambiente que mais tem sofrido danos de natureza catastrófica, nos últimos anos, a partir da entrada em cena de superpetroleiros, superdimensionados em tamanho e em sua capacidade de destruição do meio ambiente marinho e das atividades litorâneas dos países ribeirinhos, que se relacionam aos mares e oceanos".

também a poluição das praias e acarretando a morte de peixes e aves. Inúmeros problemas jurídicos surgiram neste caso: o proprietário era norte-americano; o afretador era inglês; o navio tinha bandeira da Libéria; a tripulação era italiana etc. Qual seria o responsável pelos danos causados? A própria Convenção de Londres não abrange este caso de naufrágio, porque ela visa unicamente à interdição de desgaseificação ao largo das costas[45].

Guido[46] sinaliza que as catástrofes dos derramamentos de óleo e suas sequelas sobre importantes setores da sociedade já tinham deixado os Estados alertados sobre uma necessidade urgente de regulamentar as águas marinhas.

Assim, podem ser apresentados alguns documentos internacionais importantes no regramento dessa matéria: i) Convenção sobre Prevenção de Poluição Marinha por Alijamento de Resíduos Sólidos e outras matérias, em 1972[47]; ii) Convenção Internacional para a prevenção da Poluição por Navios, assinada em Londres, em 1973; iii) Convenção Internacional sobre Responsabilidade Civil por Danos Causados por Poluição por Óleo, assinada em Bruxelas, em 1977; iv) Convenção das Nações Unidas sobre o Direito do Mar, assinada em Montego Bay, em 1982; v) Convenção Internacional sobre o Preparo, Resposta e Cooperação em Caso de Poluição por Óleo, assinada em Londres, em 1990.

Impende assinalar que a Convenção Internacional sobre o Direito do Mar, analisada na presente obra, tem particular interesse e importância não apenas para este ponto do estudo, mas para o Direito Internacional de modo geral. Isso porque é considerada uma das mais perfeitas normas vigentes na sociedade internacional. Guido Soares assim se manifestou sobre a referida Convenção:

"Ela representa não só a uma consolidação das normas escritas sobre todos os aspectos jurídicos relacionados aos espaços marítimos e oceânicos, tais como a definição e delimitação de tais espaços, definição dos direitos dos Estados sobre esses espaços, estabelecimento de normas quanto a navegação, exploração e conservação dos recursos vivos e minerais, normas essas esparsas em vários instrumentos internacionais e multilaterais, como também uma transformação de costumes internacionais em direito escrito, além de ter introduzido importantes conceitos jurídicos novos (como a definição de zona econômica exclusiva, ao lado das tradicionais de mar territorial e de alto-mar, bem como a regulamentação dos fundos marítimos e oceânicos entre outros)"[48].

Em linhas gerais, as obrigações que devem ser observadas pelos Estados, por ocasião da Convenção de Direito do Mar, são as correspondentes a: i) proteção e preservação do meio ambiente marinho; ii) adoção de medidas isoladas ou conjuntas no sentido de prevenir, reduzir e conter a poluição do meio ambiente marinho; iii) não desviar o prejuízo causado pela poluição de uma zona para outra nem substituir um tipo de poluição por outro; iv) cooperação em caso de situação crítica causada por poluição; v) vigiar permanentemente os riscos de poluição e seus efeitos; vi) avaliar os efeitos potenciais das atividades que possam gerar poluição e vigiar os efeitos de todas as atividades autorizadas.

---

[45] MELLO, Celso. *Curso de direito internacional público*. Rio de Janeiro: Renovar, 1997, p. 1346.

[46] SOARES, Guido. *Curso de direito internacional público*. São Paulo: Atlas, 2002.

[47] Essa Convenção foi adotada de forma conjunta em Washington, Londres, Cidade do México e Moscou.

[48] SOARES, Guido. *Curso de direito internacional público*. São Paulo: Atlas, 2002, p. 122.

5.4. A fauna e a flora

As normas protetivas da fauna e da flora no campo internacional, com o viés eminentemente ambiental, também são relativamente recentes, haja vista que as normas existentes no passado apresentavam interesse predominantemente econômico.

No fim do século XIX e início do século XX, foram desenvolvidos alguns mecanismos de proteção da fauna e da flora no campo internacional.

Nesse sentido, podem ser apresentados o contencioso arbitral (sentença arbitral de 15 de agosto de 1893, no caso das Focas, para extração das peles no mar de Berhing) ou a conclusão de acordos, como, por exemplo, a Convenção de Paris, de 19 de março de 1902, sobre a proteção das aves úteis à agricultura.

Embora os marcos indicados acima não possam ser compreendidos como pertencentes ao Direito Internacional Ambiental, na medida em que esta ideia, como visto, floresce a partir da década de 60/70 do século passado, não se pode negar que serviram como bases de construção desse direito. Tanto é que da Convenção de Paris de 1902 houve o desdobramento, já no ano de 1950, também em Paris, da Convenção Internacional para a Proteção dos Pássaros.

Ainda assim, é fato que a consciência em matéria ambiental, *in casu* correspondente à fauna e à flora, começa a se manifestar no plano internacional também a partir da Conferência de Estocolmo, de 1972, que consagra em seu princípio de número 4 que: "O homem tem a responsabilidade especial de preservar e administrar judiciosamente o patrimônio da flora e da fauna silvestres e seu hábitat, que se encontram atualmente, em grave perigo, devido a uma combinação de fatores adversos. Consequentemente, ao planificar o desenvolvimento econômico deve-se atribuir importância à conservação da natureza, incluídas a fauna e flora silvestres".

Da leitura do referido princípio evidencia-se que a preocupação concebida no plano internacional corresponde não apenas a proteger este ou aquele animal ou vegetal, mas principalmente o *habitat* em que se encontram, em razão das muitas espécies que desapareceram ou estão em vias de desaparecimento.

Atente-se para os dados espantosos fornecidos por Ricardo Carneiro:

"Apesar de ainda desconhecer a maior parte das formas de vida do planeta, a pessoa humana tem provocado a extinção de várias espécies em um ritmo assustador, sobretudo em função do desmatamento para a expansão da fronteira agrícola, para a produção de carvão e para exploração de madeira, aliado à prática das queimadas, ao comércio ilegal de animais e de produtos de origem faunística, como peles, marfins etc., além da contaminação de rios, lagos e oceanos. As estimativas são espantosas: entre 1500 e 1850 uma espécie era eliminada a cada dez anos; entre 1850 e 1950 uma espécie por ano foi extinta; em 1990, possivelmente desapareceram dez espécies por dia e por volta do ano 2000 uma espécie deverá desaparecer a cada hora; de 1975 a 2000 foram eliminadas da face da Terra cerca de 20% de todas as espécies vivas; desde 1950 foi perdido 1/5 das florestas tropicais do mundo; a cada ano são desertificados cerca de 20 milhões de hectares de áreas florestadas. Atualmente, mais de 14% das espécies vegetais conhecidas estão em processo de extinção; 2/3 das 9.600 espécies de aves que habitam o planeta estão em declínio e 11% estão ameaçadas de extinção; 11% das 4.400 espécies de mamíferos encontram-se em perigo iminente de desaparecimento e 1/3 de todas as espécies de peixes que ocupam os oceanos, lagos e rios está sob ameaça direta"[49].

Não se pode olvidar, neste ponto, de alguns documentos importantes que foram concebidos no plano internacional: i) Convenção Internacional para proteção dos Vegetais, assinada em Roma, em 1951; ii) Convenção Internacional para a Conservação do Atum e Afins, assinada no Rio de Janeiro, em 1966; iii) Convenção relativa a Zonas Úmidas de importância Internacional, assinada em Ramsar – Irã, em 1971; iv) Convenção relativa à proteção do patrimônio mundial, cultural e natural, assinada em Paris, em 1972; v) Convenção sobre Comércio Internacional das Espécies da Flora e da Fauna Selvagens em perigo de extinção, assinada em Washington, em 1973; vi) Convenção sobre a conservação de espécies migratórias pertencentes à fauna silvestre, assinada em Bonn, em 1979.

Os documentos acima indicados não esgotam o plano normativo internacional nesta matéria; ao contrário, existem vários outros textos pertinentes à proteção da fauna e da flora; relativos à pesca internacional; de combate a determinadas pragas; e à diversidade biológica.

Em relação a este último, ganha destaque a Convenção sobre a Diversidade Biológica, concebida no Rio de Janeiro, em 1992.

Logo no preâmbulo da referida Convenção identifica-se a importância da diversidade biológica para a evolução e para a manutenção dos sistemas necessários à vida da biosfera e que a conservação da diversidade biológica é uma preocupação comum da humanidade.

A Convenção procura reafirmar orientações do Direito Internacional do Desenvolvimento e propugna que os Estados venham a elaborar estratégias para assegurar a conservação e a utilização durável da diversidade biológica e adotar medidas de conservação *in situ* (artigo 8º) e *ex situ* (artigo 9º).

Outro ponto importante discutido na Conferência do Rio foi o correspondente à Desertificação, sendo concebida a Convenção das Nações Unidas para o combate à desertificação.

A desertificação torna o solo improdutivo e estéril e resulta de diversos fatores, tais como: mudanças climáticas, utilização inadequada do solo (queimadas, desmatamento etc.).

6. ALGUNS MARCOS IMPORTANTES PARA O DIREITO INTERNACIONAL AMBIENTAL

6.1. A Conferência de Estocolmo, de 1972

A ideia para a realização da Conferência de Estocolmo surgiu no ano de 1968, no Conselho Econômico e Social da Organização das Nações Unidas, com o intuito de

---

[49] Atente-se para os dados espantosos fornecidos por CARNEIRO, Ricardo. *Direito ambiental*: uma abordagem econômica. Rio de Janeiro: Forense, 2003, p. 24-25.

propiciar aos países um foro para discussão dos mecanismos de controle de dois grandes problemas que, já naquele momento, traziam grande inquietude à comunidade internacional: a poluição do ar e a chuva ácida. O referido órgão encaminhou a ideia para a Assembleia Geral, que deliberou no mesmo ano sobre a realização do encontro.

O encontro patrocinado sob os auspícios da Organização das Nações Unidas, denominado Conferência das Nações Unidas sobre Meio Ambiente Humano, realizado em Estocolmo, na Suécia, em 1972, alertou para a necessidade da formulação de um critério e princípios que pudessem ser comuns para a preservação e melhoria do meio ambiente humano.

Estocolmo inaugura um novo marco no campo das relações internacionais, na medida em que consegue reunir 113 países e centenas de organizações intergovernamentais e não governamentais interessadas na questão ambiental. Entretanto, no que tange ao número de Chefes de Estado envolvidos diretamente no citado encontro, compareceram apenas Olaf Palme (da Suécia) e Indira Gandhi (da Índia), deixando que o tema pudesse ganhar verdadeiramente o interesse da comunidade internacional na Conferência do Rio de Janeiro.

De toda sorte, ficou estabelecido que a noção de meio ambiente humano deveria compreender tanto o meio ambiente natural como o artificial, como sendo fundamentais para o desenvolvimento pleno da pessoa humana.

A Conferência de Estocolmo revelou uma forte divergência entre as percepções ambientais e os interesses econômicos dos países do hemisfério Norte e os do hemisfério Sul, separados por níveis totalmente díspares de desenvolvimento e qualidade de vida[50].

A pressão em favor dos limites ambientais pedidos aos países do sul era vista como um instrumento utilizado pelo Norte para bloquear o desenvolvimento econômico dos países emergentes; atitude refletida nos discursos dos diplomatas do sul, que se opunham à questão ambiental e defendiam o mesmo direito de destruir a natureza que tinham usufruído os países do norte durante as épocas de maior desenvolvimento econômico[51].

Essas divergências precisavam ser superadas, especialmente pelo quadro extremamente negativo que se desenhava, em matéria de ambiente, na segunda metade do século XX.

Certamente que a tomada de decisões dos Estados foi devidamente ponderada em razão desses aspectos, tendo também uma grande influência da sociedade civil, das organizações internacionais e das organizações não governamentais, além dos estudos científicos apresentados que começam a demonstrar que o problema era mais sério do

---

[50] CARNEIRO, Ricardo. *Direito ambiental*: uma abordagem econômica. Rio de Janeiro: Forense, 2003, p. 53: "Muitas nações subdesenvolvidas – dentre as quais o Brasil – defenderam que as preocupações com a poluição e a degradação dos ecossistemas naturais constituíam um verdadeiro 'luxo' diante de seus inúmeros problemas econômicos estruturais".

[51] VARELLA, Marcelo Dias. *Direito internacional econômico ambiental*. Belo Horizonte: Del Rey, 2004, p. 30.

720

que poderia ser imaginado, e, por óbvio, os grandes acidentes que trouxeram enorme destruição para o ambiente.

A Declaração concebida em Estocolmo apresenta particular interesse em razão dos vários princípios jurídicos que consagram a matéria ambiental, como, por exemplo, o direito soberano de o Estado explorar os seus próprios recursos de acordo com sua política ambiental, a troca de informações, a cooperação internacional etc.

Os Estados chegam a alertar para o fato de que era chegado o momento na história de refletir e de ter atenção para as possíveis consequências que poderiam advir para o meio ambiente se continuassem a proceder daquela maneira. E que, talvez por ignorância ou mesmo por indiferença, poderiam ser causados danos imensos e irreparáveis à Terra, que certamente trariam sérias consequências para a vida humana.

Maurice Strong, Secretário-Geral da Conferência, chegou a afirmar na cerimônia de abertura que se "constituía um movimento de libertação, para livrar o homem da ameaça de sua escravidão diante dos perigos que ele próprio criou para o meio ambiente".

Indubitavelmente que era chegado o momento de tomar uma decisão e coordenar uma grande ação no plano internacional. A Declaração produzida em 1972, embora de natureza recomendatória, abriu novas possibilidades e foram concebidos vários outros documentos internacionais em matéria ambiental.

Os tratados internacionais sobre meio ambiente recebem muitas críticas, seja em razão de não adotar regras objetivas, seja por não apresentar uma estrutura muito clara, sendo considerados *soft law*. Neste sentido, Varella:

"O direito internacional do meio ambiente é caracterizado pelo excesso de normas não cogentes. Mesmo se um ardor especial marca as suas negociações multilaterais, as numerosas convenções internacionais são convenções-quadro, que não criam obrigações legais para as partes, mas apenas efeitos morais. As normas das convenções internacionais mais importantes são apenas *soft norms*, que não incorporam o *jus cogens*. A doutrina internacional diverge da eficácia destas regras, sendo que uma parte da doutrina é segura do fato de que a sociedade civil organizada vai exigir o cumprimento das obrigações morais assumidas pelos Estados. De toda forma, não existem meios institucionais para que os outros Estados contratantes exijam que os Estados cumpram as obrigações assumidas. (...) A construção de um direito baseado em *soft norms* tem também seus aspectos positivos. Primeiramente, a produção dessas normas está mais assegurada, uma vez que o consenso é mais fácil de se alcançar"[52].

Entretanto, atente-se para o magistério de Wagner Menezes sobre a matéria que afirma que o Direito Internacional contemporâneo pode ser caracterizado basicamente pela mudança circunstancial nas formas e mecanismos de aplicação de suas normas e numa influência cada vez maior do Direito Internacional sobre o Direito Interno dos Estados, graças ao deslocamento das discussões jurídicas para foros internacionais, e que

---

[52] VARELLA, Marcelo Dias. *Direito internacional econômico ambiental*. Belo Horizonte: Del Rey, 2004, p. 60.

oferece um campo próprio para documentos de caráter propositivo, como é o caso da *soft law que são:*

"Documentos solenes derivados de foros internacionais, que têm fundamento no princípio da boa-fé, com conteúdo variável e não obrigatório, que não vinculam seus signatários a sua observância mas que, por seu caráter e importância para o ordenamento da sociedade global, por refletirem princípios e concepções éticas e ideais, acabam por produzir repercussões no campo do direito internacional e também para o direito interno dos estados"[53].

Menezes[54] complementa o asserto e afirma que a *soft law* ganha espaço em uma sociedade internacional que procura desenhar seus rumos, estabelecendo uma forma de norma-padrão a ser aceita e aplicada gradativamente pelos Estados, porém sem efeito vinculatório e desregulamentada. Esta reestruturação da ordem mundial, a partir de instrumentos jurídicos como a *soft law*[55] e que têm ampla implicação no Direito, acaba por influenciar a mudança de paradigmas e as próprias fontes normativas da disciplina.

O Direito Internacional contemporâneo pode ser caracterizado basicamente pela mudança circunstancial nas formas e mecanismos de aplicação de suas normas e numa influência cada vez maior do Direito Internacional sobre o Direito Interno dos Estados, graças ao deslocamento das discussões jurídicas para foros internacionais, e que oferece um campo próprio para documentos de caráter propositivo, como é o caso da *soft law*. Ela ganha espaço em uma sociedade internacional que procura desenhar seus rumos, estabelecendo uma forma de norma-padrão a ser aceita e aplicada gradativamente pelos Estados, porém sem efeito vinculatório e desregulamentada.

O Direito Internacional Ambiental apresenta uma série de instrumentos de natureza bilateral ou multilateral que procuram sistematizar assuntos genéricos e/ou específicos, estabelecendo disposições meramente recomendatórias, como também obrigações específicas que devem ser cumpridas pelos Estados signatários, através das chamadas convenções-quadro e protocolos, com o devido regramento sobre a matéria.

Na Conferência das Nações Unidas sobre Meio Ambiente Humano foram tratados assuntos relativos à poluição atmosférica, poluição da água, uso inadequado do solo, ao fenômeno da industrialização que avançava de forma galopante, à influência do crescimento demográfico nos recursos naturais etc.

---

[53] MENEZES, Wagner. *Ordem global e transnormatividade.* Ijuí: Unijuí, 2005, p. 144-147.

[54] MENEZES, Wagner. *Ordem global e transnormatividade.* Ijuí: Unijuí, 2005, p. 147.

[55] SOARES, Guido Fernando Silva. *Curso de direito internacional público.* São Paulo: Atlas, 2002, p. 409, acentua que "o campo das normas de *soft law* tem sido sobremaneira enriquecido pelas decisões dos Estados, isoladamente ou em decisões coletivas, em matéria do Direito Internacional do Meio Ambiente, que emergiu uma nova forma de elaboração das normas internacionais escritas: os tratados-quadro, conforme se pode verificar pela denominação mesma da Convenção-Quadro das Nações Unidas sobre a Mudança do Clima, assinada no Rio, em 1992, bem como pela estrutura normativa da Convenção sobre Diversidade Biológica, adotada na mesma cidade e data".

A Conferência concluiu que os princípios de conservação se incorporavam ao desenvolvimento, dando origem ao termo de ecodesenvolvimento, devendo ser concebido (o desenvolvimento) em âmbito regional e local (congruente com as potencialidades da área em questão).

Também foi levada em conta a necessidade do uso adequado e racional dos recursos naturais, bem como a aplicação de estilos tecnológicos apropriados e adoção de formas de respeito dos ecossistemas naturais, centrando seu objetivo em utilizar os recursos segundo as necessidades humanas e melhorar e manter a qualidade de vida humana para esta geração e para as futuras.

A Conferência de Estocolmo alcançou verdadeiramente objetivos profícuos. Não apenas por ter conseguido colocar a discussão ambiental no campo internacional, como também pela definição das prioridades das futuras negociações sobre meio ambiente, pela criação do Programa das Nações Unidas para o Meio Ambiente (PNUMA), o estímulo à criação de órgãos nacionais dedicados à questão de meio ambiente em dezenas de países que ainda não os tinham, o fortalecimento de organizações não governamentais e a maior participação da sociedade civil nas questões ambientais.

Passados alguns anos e como desdobramento da Conferência de 1972, a Assembleia Geral da Organização das Nações Unidas aprovou, no ano de 1983, a criação de uma Comissão Mundial sobre Meio Ambiente e Desenvolvimento, tendo à frente da presidência dos trabalhos a ex-primeira ministra da Noruega, Gro Harlem Brundtland. A comissão era constituída ainda por representantes de dez países desenvolvidos e dez países em desenvolvimento.

Depois de três anos de trabalhos, a Comissão publica seu relatório, que ficou conhecido como Relatório Brundtland, apontando os principais problemas ambientais, dividindo em três grandes grupos: a) poluição ambiental, emissões de carbono e mudanças climáticas, poluição da atmosfera, poluição da água, dos efeitos nocivos dos produtos químicos e dos rejeitos nocivos, dos rejeitos radioativos e a poluição das águas interiores e costeiras; b) diminuição dos recursos naturais, como a diminuição de florestas, perdas de recursos genéticos, perda de pasto, erosão do solo e desertificação, mau uso de energia, uso deficiente das águas de superfície, diminuição e degradação das águas freáticas, diminuição dos recursos vivos do mar; c) problemas de natureza social, tais como: uso da terra e sua ocupação, abrigo, suprimento de água, serviços sanitários, sociais e educativos e a administração do crescimento urbano acelerado.

Com efeito, a partir dos problemas apontados pela Comissão, verificou-se um ponto central que precisava ser enfrentado e resolvido pela sociedade internacional: era que "muitas das atuais tendências do desenvolvimento resultam em número cada vez maior de pessoas pobres e vulneráveis, além de causarem danos ao meio ambiente".

Cunhou-se a partir daí a tese do desenvolvimento sustentável entendido pela Comissão como "o desenvolvimento capaz de manter o progresso humano não apenas em alguns lugares por alguns anos, mas em todo o planeta até um futuro longínquo".

Partindo-se da ideia acima formulada é que foi então definido o desenvolvimento sustentável como sendo a forma de desenvolvimento que satisfaz as necessidades das gerações presentes sem comprometer a capacidade das gerações futuras de alcançar a satisfação de seus próprios interesses. A ideia contém conceitos-chave: a) o conceito de necessidade, em particular as necessidades essenciais dos países pobres, para as quais deve ser dada prioridade absoluta; b) a ideia de existência de limitações à capacidade do meio ambiente de satisfazer as necessidades atuais e futuras impostas pelo estágio atual da tecnologia e da organização social.

O Relatório sugeriu ainda à Assembleia Geral da ONU a necessidade para a realização de uma nova Conferência Internacional para discutir a matéria abrindo o caminho para a Conferência do Rio.

6.2. A Conferência do Rio de Janeiro, de 1992

Em 22 de dezembro de 1989 a Assembleia Geral das Nações Unidas aprovou a Resolução n. 44/228 que convocou a Conferência do Rio. Na oportunidade foi salientada a necessidade de serem formuladas estratégias e serem adotadas medidas para sustar e reverter o quadro de grande degradação ambiental, onde deveriam ser realizados esforços e coordenadas ações integradas para que houvesse um crescimento sustentado.

O referido encontro aconteceu no Rio de Janeiro, Brasil, no período de 3 a 14 de junho de 1992, e foi denominado Conferência das Nações Unidas sobre o Meio Ambiente e Desenvolvimento.

A escolha do Brasil como país-sede deveu-se, principalmente, à crescente devastação da Amazônia e ao assassinato do ambientalista Chico Mendes. À época vislumbravam-se, com a escolha do país, a possibilidade de minimizar os problemas relativos à Amazônia e a possível condenação dos mandantes do crime.

Essa Conferência ficou conhecida como Cúpula da Terra ou Rio 92, que, ao contrário da Conferência de Estocolmo, possibilitou a abertura de um diálogo multilateral, colocando os interesses globais como sua principal preocupação.

O encontro contou com a participação de 178 Estados, sendo que 114 foram representados por Chefes de Estado e/ou Governo (diferentemente do que aconteceu na Conferência de Estocolmo, de 1972, que precedeu a Conferência do Rio de Janeiro, com apenas 2 Chefes de Estado), mais de 10.000 jornalistas e representantes de mais de 1.000 organizações não governamentais.

Os principais objetivos da Conferência do Rio de Janeiro estavam assentados no estabelecimento de acordos internacionais que mediassem ações antrópicas no ambiente, mudanças climáticas e manutenção da biodiversidade. Foi assim que foram produzidos alguns documentos importantes, tais como: a Declaração de Princípios sobre Florestas; a Convenção sobre Diversidade Biológica; a Convenção sobre Mudanças Climáticas; a Agenda 21; e a Declaração do Rio.

A Declaração de Princípios sobre Florestas, embora consagre alguns postulados estabelecidos no plano mundial sobre conservação e exploração de florestas, não formula declarações claras dos Estados em relação a uma futura convenção internacional de natureza obrigatória, tampouco contém elementos de eventual norma jurídica internacional que possa ser invocada perante órgãos jurídicos ou políticos internacionais. Outro dado importante em relação à Declaração de Princípios sobre Florestas foi apresentado por Guido Soares:

"A Declaração resultou do fracasso na negociação de uma Convenção sobre Exploração, Proteção e Desenvolvimento Sustentado de Florestas, em particular, pela oposição de países como Índia e Malásia; por defenderem a ideia de considerarem-se as florestas como recursos exclusivamente nacionais (e, portanto, submetidos à soberania dos Estados detentores), àqueles países opuseram-se à política dos países industrializados de considerá-las em sua função global dentro da ecologia mundial, como elementos inclusive de regularização da sanidade e equilíbrio da atmosfera terrestre, e, portanto, dignas de preservação, mesmo à custa de eventuais explorações racionais"[56].

A Convenção sobre Diversidade Biológica foi resultado de um grande esforço do PNUMA, cujo propósito central é a preservação das espécies animais e vegetais em seu *habitat* natural. Vale acentuar que o PNUMA foi estabelecido em 1972 e se apresenta como agência do Sistema ONU responsável por catalisar a ação internacional e nacional para a proteção do meio ambiente no contexto do desenvolvimento sustentável. Seu mandato é prover liderança e encorajar parcerias no cuidado ao ambiente, inspirando, informando e capacitando nações e povos a aumentar sua qualidade de vida sem comprometer a das futuras gerações. O PNUMA tem sua sede no Quênia e atua através de cinco escritórios regionais, estando o escritório da América Latina e Caribe baseado no México. Em 2004, o PNUMA inaugurou seu escritório no Brasil, que, com os da China e Rússia, fazem parte de um processo de descentralização que visa não só a reforçar o alcance regional do PNUMA, mas também identificar, definir e desenvolver projetos e atividades que atendam, com maior eficácia, a temas emergentes e às prioridades nacionais. O PNUMA trabalha com uma ampla gama de parceiros, incluindo entidades das Nações Unidas, organizações internacionais e sub-regionais, governos nacionais, estaduais e municipais, organizações não governamentais, setor privado e acadêmico, e desenvolve atividades específicas com segmentos-chave da sociedade como parlamentares, juízes, jovens e crianças, entre outros. As principais áreas de atuação do PNUMA no Brasil se relacionam a promoção do diálogo com autoridades ambientais e atores da sociedade civil para identificar programas e políticas ambientais prioritárias e fornecer suporte necessário para sua implementação; avaliação do estado do meio ambiente, verificando condições, problemas e tendências oriundos da modificação do espaço natural

---

[56] SOARES, Guido. *Direito internacional do meio ambiente*. São Paulo: Atlas, 2003, p. 85, assevera que a melhor classificação em relação a este documento internacional seja de *gentlemen's agreement*: "Talvez a classificação que melhor lhe caiba seja de um *gentlemen's agreement*, uma vez que se pode considerar que, tendo em vista o texto adotado na ECO/92, as futuras negociações de eventuais atos normativos internacionais deverão prosseguir com base em seu texto".

e desafios relativos à preservação e uso sustentável de seus recursos naturais, com objetivo de produzir estudos, informações e indicadores confiáveis, atualizados e integrais que sirvam de referência para os tomadores de decisão e para a elaboração de políticas ambientais; identificação e desenvolvimento de alternativas para impactos negativos ao meio ambiente advindos de padrões insustentáveis de produção e consumo; preparação, resposta e suporte à construção de soluções duradouras referentes à prevenção de emergências ambientais; assistência técnica para apoiar o desenvolvimento de recursos humanos e transferência de metodologias e tecnologias para fortalecer a capacidade de implementação de acordos ambientais multilaterais, incluindo, entre outros, os relacionados a biodiversidade, biossegurança, mudanças climáticas, desertificação e gestão de substâncias químicas; promoção de ações integradas, coordenação e intercâmbio de experiências com países vizinhos no âmbito de blocos de integração sub-regionais; encorajar parcerias integrando o setor privado em uma nova cultura de responsabilidade ambiental e criando espaço para a participação e preparação da sociedade civil para atuar solidariamente na gestão ambiental e no desenvolvimento sustentável"[57].

Os 156 Estados e a Comunidade Europeia que celebraram o referido documento chamam a atenção, logo no preâmbulo, para o fato de que as partes contratantes estão conscientes do valor intrínseco da diversidade biológica e dos valores ecológico, genético, social, econômico, científico, educacional, cultural, recreativo e estético da diversidade biológica e de seus componentes; a importância da diversidade biológica para a evolução e para a manutenção dos sistemas necessários à vida da biosfera, bem como que a diversidade biológica é uma preocupação comum à humanidade.

Trata-se de um documento complexo constituído por quarenta e dois artigos e dois anexos[58]. A Convenção apresenta três objetivos claros: a conservação da biodiversidade, o uso sustentável de seus componentes e a repartição justa e equitativa dos benefícios derivados da utilização desses recursos, e Lago complementa:

"A Convenção exigiu longas e penosas negociações que procuraram encontrar um enfoque satisfatório para uma questão que parte de uma realidade difícil: dois terços dos recursos genéticos mundiais encontram-se em países em desenvolvimento, mas a grande maioria dos recursos tecnológicos e financeiros para explorá-los pertence aos países desenvolvidos. Ao mesmo tempo, existia – e continua a existir – a percepção de certos setores de que os recursos biológicos e genéticos deveriam ser incluídos entre os *global commons*"[59].

No tocante à Convenção sobre Mudanças Climáticas deve ser salientado que sua negociação foi desenvolvida pelo Comitê Intergovernamental de Negociação sobre

---

[57] GUERRA, Sidney. *Direito internacional ambiental*. Rio de Janeiro: Freitas Bastos, 2006.

[58] *Vide* a obra de GUERRA, Sidney. *Direito ambiental*: legislação. 4. ed. Rio de Janeiro: Lumen Juris, 2009.

[59] LAGO, André Aranha Corrêa do. *Estocolmo, Rio, Joanesburgo. O Brasil e as três conferências ambientais das Nações Unidas*. Brasília: Fundação Alexandre de Gusmão, 2007, p. 75.

Mudança do Clima. O projeto da referida Convenção foi aceito em maio de 1992, após exaustivas e difíceis negociações, sendo assinado, ao final, na cidade do Rio de Janeiro. Esta Convenção talvez seja provavelmente o documento internacional mais debatido dos últimos anos, não só pela polêmica que se verificou, desde o início das negociações, por motivo das profundas divergências Norte-Sul – e também entre os países desenvolvidos –, mas, sobretudo, pelo impasse a respeito da entrada em vigor do Protocolo de Quioto, que foi estabelecido a partir da Terceira Conferência das Partes da Convenção-Quadro das Nações Unidas sobre Mudança do Clima, em 11 de dezembro de 1997. Esse documento internacional complementa a Convenção-Quadro das Nações Unidas sobre Mudança do Clima, na medida em que estabelece metas e instrumentos para a efetivação das metas e obrigações da citada Convenção.

O Protocolo de Quioto se apresenta como um importante documento internacional porque pela primeira vez na história colocaram-se limites às emissões de gases pelos Estados e, ainda, sinalizou para as empresas e governos a necessidade de produzir mudanças nos sistemas energéticos e fontes renováveis de energia, pois a solução do problema de mudanças climáticas requer uma mudança radical no sistema energético atual, baseado em energias não renováveis e contaminantes (petróleo, carvão e gás), que são utilizadas de forma excessiva e com desperdício.

O referido protocolo surgiu também como uma possibilidade de implementar medidas adequadas para mitigar os efeitos nocivos das mudanças climáticas e para a consecução dos objetivos definidos na Convenção-Quadro.

O Protocolo de Quioto é constituído por vinte e oito artigos e estabelece metas individuais para os Estados listados no Anexo B do referido protocolo no que tange à emissão de gases de efeito estufa (por países desenvolvidos).

Cada parte do anexo I deve informar anualmente ao secretariado da Convenção quais as emissões e o *status* de seu plano para reduzi-las. Desta maneira, os Estados devem avaliar as emissões ocorridas, a fim de que haja a aplicação do Protocolo.

Esse documento orienta as partes do anexo I a atingirem as metas de redução de emissão de gases através da promoção do aumento da eficiência energética, da proteção aos sumidouros e reservatórios, da agricultura sustentável, de formas renováveis de energia, do uso de tecnologias de sequestro de carbono e do implemento de políticas fiscais que impactem na redução da emissão de gases de efeito estufa.

No caso dos países em desenvolvimento, a exemplo do Brasil, estes não possuem obrigações de redução das emissões, todavia, devem criar sistemas de desenvolvimento sustentável para a melhoria do meio ambiente planetário.

Cumpre destacar que para o segundo período de cumprimento do Protocolo, ou seja, após 2012, não foram definidas as metas para redução dos gases. Deste modo, está aberta a discussão no plano internacional sobre o que deverá acontecer depois do cumprimento do primeiro período.

Apesar da importância do documento, o Protocolo de Quioto não trouxe os resultados que inicialmente foram esperados, seja pela própria resistência dos Estados no que tange ao processo de mudança, seja pela globalização econômica, donde se percebe que o poder está cada vez mais centrado nas mãos de empresas, do capital industrial e financeiro, seja também pelo pouco tempo de vigência. O Protocolo de Quioto entrou em vigência em 16 de fevereiro de 2005, após a observância dos requisitos fixados no artigo 25 do referido documento. Impende assinalar que a entrada em vigência do Protocolo somente foi possível após a ratificação por parte da Rússia, responsável por 17,4% da emissão dos gases.

Outro marco importante corresponde ao Acordo celebrado em Paris, no ano de 2015. O referido Acordo, produzido por ocasião da COP-21 e que entrou em vigência no ano seguinte, após ocorrer a ratificação de 195 países, consiste em um compromisso vinculante dos Estados-Membros em manter a temperatura global média abaixo de 2° C acima dos níveis pré-industriais e implementar medidas para limitar o aumento da temperatura a 1.5 graus célsius até 2030 em relação aos níveis pré-industriais. Aqui foi estabelecido que as partes apresentem suas metas (voluntárias) de redução dos gases do efeito estufa, tendo reconhecido o valor das políticas públicas fomentadas no plano interno dos Estados para direcionar as ações climáticas de acordo com o contexto socioeconômico nacional. Uma das principais evoluções em relação às medidas ligadas às mudanças climáticas é que o Acordo de Paris rejeitou a divisão entre a responsabilidade dos países desenvolvidos e dos em desenvolvimento, do Protocolo de Quioto, já que não se considerava mais consistente com a conjuntura atual. O instrumento criou um sistema para acompanhar os programas nacionais de redução baseado na criação de inventários e, para isso, dividiu os países em desenvolvidos – os quais deveriam oferecer informações completas; emergentes – os quais teriam poucas exigências; e pobres – que teriam obrigações mínimas.

Em relação à Agenda 21, estabelece os programas que a sociedade internacional considera importantes para alcançar o desenvolvimento sustentável e a forma em que os países em desenvolvimento poderão receber cooperação financeira e tecnológica para efetivá-lo.

Esse documento, extremamente denso, foi dividido em quatro títulos: visão conjuntural dos objetivos e meios de ação; conservação e gestão dos recursos para o desenvolvimento; fortalecimento do papel dos grupos intermediários principais e meios de execução. Lago afirma que três elementos permitiram à Agenda 21 adquirir uma importância ímpar:

"... um mecanismo financeiro com autonomia e recursos vultosos; um compromisso que permitisse a criação de um sistema eficaz de transferência de tecnologia; e a reforma e o fortalecimento das instituições para que o objetivo do desenvolvimento sustentável fosse levado adiante de forma efetiva e para que houvesse acompanhamento atento a esse processo"[60].

---

[60] LAGO, André Aranha Corrêa do. *Estocolmo, Rio, Joanesburgo. O Brasil e as três conferências ambientais das Nações Unidas.* Brasília: Fundação Alexandre de Gusmão, 2007, p. 77.

Edith Brown Weiss[61], citada por Guido Soares, enumera a lista de prioridades que foram traçadas na Agenda 21: a) atingir crescimento sustentável, pela integração do meio ambiente e desenvolvimento, aos processos decisórios; b) fortalecimento de um mundo de equidade, pelo combate à pobreza e pela proteção da saúde humana; c) tornar o mundo habitável pelo trato das questões de suprimento da água às cidades, da administração dos rejeitos sólidos e da poluição urbana; d) encorajar um eficiente uso de recursos, categoria que inclui o gerenciamento de recursos energéticos, cuidado e uso de água doce, desenvolvimento florestal, administração de ecossistemas frágeis, conservação da biodiversidade e administração dos recursos da terra; e) proteger os recursos regionais e globais, incluindo-se a atmosfera, os oceanos e mares e os recursos vivos marinhos; e f) gerenciamento de resíduos químicos e perigosos e nucleares.

Quanto ao último documento – a Declaração do Rio –, este é constituído por vinte e sete princípios, muitos deles já concebidos na Declaração de Estocolmo, onde se propugnou estabelecer uma nova e justa parceria global por meio do estabelecimento de novos níveis de cooperação entre os Estados, a sociedade civil e os indivíduos.

Pela disposição dos vinte e sete princípios e para efeito metodológico, a Declaração do Rio pode ser sistematizada da seguinte maneira: a) Desenvolvimento sustentável (princípios 1, 3, 4, 5, 6, 8 e 9); b) Proteção ao meio ambiente (princípios 2, 7, 10, 11, 12, 14, 15, 17, 18, 19 e 25); c) Responsabilidade (princípios 7, parágrafos 2, 13 e 16); d) Outros princípios gerais (23, 24, 26 e 27).

Guido Soares apresenta outra disposição metodológica para compreender a Declaração do Rio sobre Meio Ambiente e Desenvolvimento: "É um conjunto de princípios normativos, que, em suas linhas gerais, consagram a filosofia da proteção dos interesses das presentes e futuras gerações; fixam os princípios básicos para uma política ambiental de abrangência global, em respeito aos postulados de um Direito ao Desenvolvimento, desde há muito reivindicados pelos países em vias de desenvolvimento; em decorrência dos mencionados princípios básicos, consagram a luta contra a pobreza, e recomendam uma política demográfica; reconhecem o fato de a responsabilidade de os países industrializados serem os principais causadores dos danos já ocorridos ao meio ambiente mundial"[62].

Com efeito, esses documentos definiram o contorno das políticas essenciais para alcançar o modelo de desenvolvimento sustentável que atendesse às necessidades dos pobres, reconhecendo os limites de desenvolvimento, de modo a satisfazer às necessidades globais.

---

[61] SOARES, Guido. *Direito internacional do meio ambiente*: emergência, obrigações e responsabilidades. 2. ed. São Paulo: Atlas, 2003, p. 83.

[62] SOARES, Guido. *Direito internacional do meio ambiente*: emergência, obrigações e responsabilidades. 2. ed. São Paulo: Atlas, 2003, p. 79.

Isso pode ser notado no princípio de número 3 que estabelece que o direito ao desenvolvimento deve ser realizado de modo a satisfazer equitativamente as necessidades relativas ao desenvolvimento e ao meio ambiente das gerações presentes e futuras.

As relações entre países pobres e ricos foram conduzidas por um novo conjunto de princípios inovadores, como o do "poluidor pagador" e de "padrões sustentáveis de produção e consumo".

Foram também estabelecidos objetivos concretos de sustentabilidade em diversas áreas, explicitando a necessidade de se buscarem recursos financeiros novos e adicionais para a complementação em âmbito global do desenvolvimento sustentável.

Outro aspecto relevante foi a participação de Organizações Não Governamentais que desempenharam papel fiscalizador e de pressão dos Estados para o cumprimento da Agenda 21.

De fato, o desenvolvimento econômico está cada vez mais atrelado às preocupações universais de proteção ao meio ambiente. Muitas empresas estão investindo em tecnologias menos poluidoras e vários estudos estão sendo realizados com o escopo de minimizar os impactos ambientais, o que denota que a ideia do desenvolvimento sustentável está sendo permeabilizada na sociedade.

Busca-se com isso a coexistência harmônica entre economia e meio ambiente, permitindo-se o desenvolvimento de forma sustentável e planejada, para que os recursos hoje existentes não se esgotem ou tornem-se inócuos.

O princípio do desenvolvimento sustentável tem por conteúdo a manutenção das bases vitais da produção e reprodução do homem e de suas atividades, garantindo uma relação satisfatória entre homens e ambiente, para que as futuras gerações também tenham a oportunidade de desfrutar os mesmos recursos que existem hoje à disposição. Ele visa compartilhar a atuação da economia com a preservação do meio ambiente.

O desenvolvimento sustentável deve compatibilizar as duas vertentes mencionadas (desenvolvimento econômico x meio ambiente). Para tanto, é necessário que seja encontrado o ponto de equilíbrio entre a atividade econômica e o uso adequado, racional e responsável dos recursos naturais.

Pode-se afirmar, ainda, que a normativa internacional ambiental ganhou grande impulso com o crescimento desse princípio, em especial a partir das Conferências Internacionais realizadas sob os auspícios da Organização das Nações Unidas, que produziram importantes Convenções-Quadro.

Na mesma direção, Varella[63] adverte que a partir das Convenções-Quadro a construção de um conceito mais abrangente de desenvolvimento sustentável ganhou consistência jurídica e tornou-se parte do direito positivo. O processo atual consiste em especializar estas normas e criar obrigações mais específicas e cogentes; o grande desafio é dar vida aos textos jurídicos para a realização dos objetivos esperados.

---

[63] VARELLA, Marcelo Dias. *Direito internacional econômico ambiental*. Belo Horizonte: Del Rey, 2004, p. 55.

Outro aspecto marcante do princípio do desenvolvimento sustentável consiste em conciliar o ponto de tensão existente entre os países do norte (industrializados) e os países do sul (não industrializados ou em processo de industrialização), em que os primeiros, de maneira geral, estão mais preocupados com o futuro ambiental do planeta (fato este que a industrialização do passado não poupou) e os do segundo grupo, preocupados com o desenvolvimento econômico.

Há a necessidade premente de compatibilizar esses interesses, isto é, o desenvolvimento dos Estados e a proteção ambiental. Neste propósito, vale ressaltar o princípio de n. 4 da Conferência do Rio de Janeiro, em 1992:

"Para alcançar o desenvolvimento sustentável, a proteção ambiental deve constituir parte integrante do processo de desenvolvimento, e não pode ser considerada isoladamente deste".

A título de ilustração, deve-se enfatizar que até mesmo países-sócios não estão livres de apresentarem problemas relativos ao desenvolvimento econômico e a questão ambiental. Foi assim que Argentina e Uruguai, países que fazem parte do Mercosul, desentenderam-se sobre a instalação de uma indústria de papel e celulose nas margens do Rio Uruguai. O caso, que ficou conhecido como "A guerra das papeleras", foi parar na Corte Internacional de Justiça, na Haia – Holanda, e produziu vários problemas na região, e também demonstrou a fragilidade do bloco econômico que se apresenta incapaz de resolver suas questões internas.

Sem embargo, posturas extremas (seja em relação ao ambiente ou atividade econômica) não produzirão os efeitos esperados. Ao contrário, servirão para acirrar ainda mais as tensões, cujo alvo maior e grande prejudicado será a pessoa humana.

6.3. A Conferência de Joanesburgo, de 2002

A Assembleia Geral das Nações Unidas, pela Resolução n. 55/199, intitulada "Revisão decenal do progresso alcançado na implementação dos resultados da Conferência das Nações Unidas sobre o Meio Ambiente e Desenvolvimento", convocou a Cúpula Mundial para discutir o tema relativo ao desenvolvimento sustentável.

Assim, no ano de 2002 acontece outro marco importante para a ordem internacional ambiental, muito mais pelo simbolismo do que por resultados práticos: a Conferência de Joanesburgo, na África do Sul.

Na Declaração de Joanesburgo os Estados reafirmam o compromisso com o desenvolvimento sustentável e de construir uma sociedade global humanitária, equitativa e solidária. Em verdade, pretendeu-se alcançar aquilo que foi definido como metas importantes para a proteção do meio ambiente planetário durante a Conferência do Rio, em 1992.

No referido encontro procurou-se a adoção de medidas concretas e identificação de metas quantificáveis para pôr em ação de forma concreta a Agenda 21. Foram avaliados os avanços obtidos e ampliaram-se as finalidades para as chamadas metas do milênio que visavam, além de garantir a sustentabilidade ambiental, o seguinte: erradicação da fome e da miséria; alcançar uma mínima educação primária com iguais oportunidades para homens e mulheres; reduzir a mortalidade infantil com especial enfoque ao combate à AIDS e à malária; desenvolver uma parceria global para o desenvolvimento que inclua sistemas internacionais de comércio e financiamento não discriminatórios; e atender às necessidades especiais de países em desenvolvimento, aliviando suas dívidas externas, provendo trabalho aos jovens e acesso a remédios e tecnologia.

Alertou-se ainda para o profundo abismo que divide a sociedade humana entre ricos e pobres e que representa uma ameaça importante à prosperidade, à segurança e à estabilidade globais; a ameaça produzida ao ambiente global com a perda acelerada da biodiversidade, desaparecimento de estoques pesqueiros, o crescimento da desertificação e efeitos adversos da mudança do clima; maior incidência de desastres naturais; e para as condições precárias de vida nos países em desenvolvimento que se tornam mais vulneráveis no alcance de melhores condições de uma vida digna.

O Secretário-Geral das Nações Unidas[64] à época demonstrou grande entusiasmo quando da realização da Conferência; entretanto, o plano de ação traçado recebeu enormes críticas de várias Organizações Não Governamentais em razão de Austrália, Canadá e Estados Unidos terem impedido metas e prazos para a melhora nos serviços de água potável, aumento de produção de energia limpa e barata e o problema da contaminação.

Outro aspecto para o fracasso desse encontro, que chamou a atenção de algumas Organizações Não Governamentais, corresponde ao fato de alguns Estados terem impedido a comunidade global de firmar compromissos para aumentar a cota de energias novas renováveis em todo o mundo e para fornecer serviços de energia limpa e de custo acessível a uma população que, hoje, chega a quase dois bilhões de pessoas que não dispõem de acesso algum à energia[65].

De toda sorte, apesar das críticas apresentadas, foi reafirmado o compromisso com o multilateralismo e com os princípios e propósitos da Carta das Nações Unidas para o desenvolvimento dos povos e na implementação das metas e objetivos do desenvolvimento sustentável. Sobre as principais conquistas de Joanesburgo, o magistério de Lago:

"Os mais significativos resultados da Cúpula de Joanesburgo incluem a fixação ou reafirmação de metas para a erradicação da pobreza, água e saneamento, saúde, produtos químicos perigosos, pesca e biodiversidade; a inclusão de dois temas de difícil progresso em inúmeras negociações anteriores (energias renováveis e responsabilidade corporativa); a decisão política de criação de fundo mundial de solidariedade para erradicação da pobreza; e o fortalecimento do conceito de parcerias entre diferentes atores sociais para a dinamização e eficiência de projetos"[66].

---

[64] Assim se pronunciou Kofi Annan, com satisfação, após a aprovação por unanimidade do plano de ação de 71 páginas: "Devemos ser práticos e realistas, e avançar. O importante não é o que aconteceu na Cúpula, mas o que acontecerá quando todos os representantes de governo voltarem para casa" (GUERRA, Sidney. *Curso de direito ambiental*. Rio de Janeiro: Grande Editora, 2023, p. 32).

[65] GUERRA, Sidney. *Curso de direito ambiental*. 6. ed. Rio de Janeiro: Grande Editora, 2024, p. 32.

[66] LAGO, André Aranha Corrêa do. *Estocolmo, Rio, Joanesburgo. O Brasil e as três conferências ambientais das Nações Unidas*. Brasília: Fundação Alexandre de Gusmão, 2007, p. 110.

Além disso, foram alcançados avanços inegáveis em áreas de conhecimento científico, progresso tecnológico e envolvimento no setor privado, ao mesmo tempo que houve um grande fortalecimento, em muitos países, da legislação ambiental, bem como da informação e participação da sociedade civil. Assumem igualmente o compromisso com o tema relativo ao desenvolvimento sustentável consagrado da seguinte maneira:

"Estamos determinados a assegurar que nossa rica diversidade, que é nossa força coletiva, será usada numa parceria construtiva para a mudança e para alcançar o objetivo comum do desenvolvimento sustentável.

Reconhecendo a importância de ampliar a solidariedade humana, instamos a promoção do diálogo e da cooperação entre os povos e civilizações do mundo, a despeito de raça, deficiências, religião, idioma, cultura e tradição.

Aplaudimos o foco da Cúpula de Joanesburgo na indivisibilidade da dignidade humana e estamos resolvidos, através de decisões sobre metas, prazos e parcerias, a rapidamente ampliar o acesso a requisitos básicos tais como água potável, saneamento, habitação adequada, energia, assistência médica, segurança alimentar e proteção da biodiversidade. Ao mesmo tempo, trabalharemos juntos para nos ajudar mutuamente a ter acesso a recursos financeiros e aos benefícios da abertura de mercados, assegurar o acesso à capacitação e ao uso de tecnologia moderna que resulte em desenvolvimento, e nos assegurar de que haja transferência de tecnologia, desenvolvimento de recursos humanos, educação e treinamento para banir para sempre o subdesenvolvimento.

Reafirmamos nossa promessa de aplicar foco especial e dar atenção prioritária à luta contra as condições mundiais que apresentam severas ameaças ao desenvolvimento sustentável de nosso povo. Entre essas condições estão: subalimentação crônica; desnutrição; ocupações estrangeiras; conflitos armados; problemas com drogas ilícitas; crime organizado; corrupção; desastres naturais; tráfico ilegal de armamentos; tráfico humano; terrorismo; intolerância e incitamento ao ódio racial, étnico e religioso, entre outros; xenofobia; e doenças endêmicas, transmissíveis e crônicas, em particular HIV/AIDS, malária e tuberculose.

Estamos comprometidos a assegurar que a valorização e emancipação da mulher e a igualdade de gênero estejam integradas em todas as atividades abrangidas pela Agenda 21, as Metas de Desenvolvimento do Milênio e o Plano de Implementação de Joanesburgo.

Reconhecemos o fato de que a sociedade global possui os meios e está dotada de recursos para encarar os desafios da erradicação da pobreza e do desenvolvimento sustentável que confrontam toda a humanidade. Juntos tomaremos medidas adicionais para assegurar que os recursos disponíveis sejam usados em benefício da humanidade.

A esse respeito, visando contribuir para o alcance de nossos objetivos e metas de desenvolvimento, instamos os países desenvolvidos que ainda não o fizeram a realizar esforços concretos para atingir os níveis internacionalmente acordados de Assistência Oficial ao Desenvolvimento.

Aplaudimos e apoiamos o surgimento de grupos e alianças regionais mais robustos, tais como a Nova Parceria para o Desenvolvimento da África (NEPAD), para a promoção da cooperação regional, do aperfeiçoamento da cooperação internacional e do desenvolvimento sustentável.

Continuaremos a dedicar especial atenção às necessidades de desenvolvimento dos Pequenos Estados Insulares em Desenvolvimento e dos Países Menos Desenvolvidos.

Reafirmamos o papel vital dos povos indígenas no desenvolvimento sustentável.

Reconhecemos que o desenvolvimento sustentável requer uma perspectiva de longo prazo e participação ampla na formulação de políticas, tomada de decisões e implementação em todos os níveis. Na condição de parceiros sociais, continuaremos a trabalhar por parcerias estáveis com todos os grupos principais, respeitando os papéis independentes e relevantes de cada um deles.

Concordamos que, na busca de suas atividades legítimas, o setor privado, tanto grandes quanto pequenas empresas, tem o dever de contribuir para a evolução de comunidades e sociedades equitativas e sustentáveis.

Concordamos também em prover assistência para ampliar oportunidades de emprego geradoras de renda, levando em consideração a Declaração de Princípios e Direitos Fundamentais no Trabalho da Organização Mundial do Trabalho (OMT).

Concordamos em que existe a necessidade de que as corporações do setor privado implementem suas responsabilidades corporativas. Isto deve ocorrer num contexto regulatório transparente e estável.

Assumimos o compromisso de reforçar e aperfeiçoar a governança em todos os níveis, para a efetiva implementação da Agenda 21, das Metas de Desenvolvimento do Milênio e do Plano de Implementação de Joanesburgo".

Definitivamente, superadas as adversidades do passado e com a expansão de uma consciência ambiental, ocorre a consolidação de normas e princípios aplicados na ordem internacional ambiental.

6.4. A Conferência do Rio de Janeiro, de 2012

Havia uma grande expectativa para a Conferência Rio+20, e diversos temas foram tratados nos meses que antecederam ao referido encontro internacional, tais como economia verde, governança global, desenvolvimento sustentável, erradicação da pobreza, pelos diversos atores envolvidos. Por isso mesmo é que muitos eventos paralelos ao chancelado pela ONU, relacionados ao meio ambiente, aconteceram na cidade do Rio de Janeiro, no mês de junho, cujo maior destaque foi a "Cúpula dos Povos".

Mas o evento mais esperado, realizado sob os auspícios da Organização das Nações Unidas, reuniu representantes de 188 países no Complexo do Riocentro e culminou com a aprovação do documento intitulado "O futuro que queremos", que serviu para agradar, mas também frustrar muitos, como já era esperado. O próprio Secretário-Geral da ONU – Ban Ki-Moon – afirmou que o documento final da Conferência ficou abaixo das expectativas, apesar de mostrar-se satisfeito com os resultados. O Secretário ainda assegurou que as propostas eram muito ambiciosas e que as negociações foram bastante difíceis, alertando acerca da necessidade de medidas urgentes a serem tomadas pelos países.

Esse documento, que conta com 59 páginas, trata de diversos temas, tais como: responsabilidades diferenciadas; erradicação da pobreza; fortalecimento do PNUMA; criação de um mecanismo jurídico para conservação e uso sustentável dos oceanos; traçou objetivos de desenvolvimento sustentável (ODS), que devem ser criados "levando em conta as diferentes circunstâncias, capacidades e prioridades nacionais", isto é, reconhece as particularidades de cada país.

Alguns pontos avançaram, como, por exemplo, o fortalecimento do PNUMA (que poderia ter seu *status* aumentado ao se criar uma Organização Internacional de Meio Ambiente), mas outros deixaram a desejar, como a exortação (apenas) para fomentar o desenvolvimento sustentável sem a devida indicação dos mecanismos necessários para tal.

O documento renovou compromissos políticos disseminados pela Agenda 21, documento resultante da Conferência Rio 92. Ademais, apresenta o compromisso de acelerar a realização das metas de desenvolvimento, incluindo os Objetivos de Desenvolvimento do Milênio (*Millenium Development Goals*) até o ano de 2015. Ou seja, foi alargado o prazo para implementação de medidas efetivas, em detrimento de tomada de decisão pontual e tempestiva na própria Conferência, o que apenas ratifica a postergação de obrigações imediatas. Desta forma, pode-se inferir que não houve grandes novidades no referido documento, o que apenas corrobora a opinião do Secretário-Geral. Verifica-se que ocorreu o recuo da tomada de decisões significativas acerca dos temas tratados no "Futuro que Queremos", a começar pela implementação das metas que não foram apontadas; porém, seu processo de elaboração foi anunciado, devendo ser concluído até 2015 (prazo estabelecido para os "Objetivos de Desenvolvimento do Milênio"). Do mesmo modo, há de se destacar o "Plano de Produção e Consumo sustentáveis", em que a meta foi estabelecida para o período de dez anos, contudo sem apontamentos práticos para o sucesso de sua implementação.

Sem embargo, apesar dos problemas, alguns resultados colhidos na Rio+20 foram exitosos. A observância do "Princípio das Responsabilidades Comuns, mas Diferenciadas", consolidado pelo documento em questão, estabelece que os países com maiores recursos devem apresentar maior empenho financeiro para implementação de ações em prol do meio ambiente. Outro ponto relaciona-se à criação de um novo indicador mundial que ultrapassa as premissas abarcadas pelo PIB (Produto Interno Bruto) e pelo IDH (Índice de Desenvolvimento Humano): o Índice de Riqueza Inclusiva (IRI). O IRI objetiva incentivar a sustentabilidade dos governos ao aplicar informações referentes ao capital humano, natural e manufaturado de 20 países, que juntos representam quase três quartos do PIB mundial e 56% da população do planeta. Será produzido um relatório a cada dois anos. Ademais, cuidou-se da questão da proteção dos oceanos, uma vez que o documento adotou um novo instrumento internacional (item 162 do documento) sob a Convenção da ONU sobre os Direitos do Mar (UNCLOS) para uso sustentável da biodiversidade e conservação em alto-mar. Frise-se, por oportuno, que, antes da realização da Rio+20, as águas internacionais careciam de regulamentação entre os países. Outra medida interessante adotada foi a criação do Centro Mundial de Desenvolvimento Sustentável[67], que será sediado na cidade do Rio de Janeiro e dará continuidade aos diálogos e decisões tomadas na Conferência. O objetivo do Centro é coordenar e implementar as ideias e ações da agenda política multilateral no que concerne ao desenvolvimento sustentável.

É verdade que esta Conferência foi realizada dentro de um "universo possível" de crise econômica mundial, todavia as respostas para melhoria do planeta precisam vir de maneira rápida.

Ao que parece, o grande desafio da humanidade continua em encontrar respostas para que o desenvolvimento dos Estados não aconteça de maneira predatória, comprometendo os recursos para as futuras gerações. Há, portanto, que esforços sejam envidados em prol da criação de uma verdadeira cultura da preservação do meio ambiente com participação mais efetiva dos múltiplos atores internacionais.

7. O MEIO AMBIENTE NO SISTEMA INTERAMERICANO DE PROTEÇÃO DOS DIREITOS HUMANOS

Conforme apresentado no capítulo XXII da presente obra, o sistema de proteção internacional dos direitos humanos no continente americano abarca os procedimentos contemplados na Carta da Organização dos Estados Americanos, na Declaração Americana dos Direitos e Deveres do Homem e na Convenção Americana de Direitos Humanos. Isso porque, no sistema americano, em um primeiro momento, atribuía-se uma série de competências para todos os Estados-membros, por força da Carta da Organização dos Estados Americanos e da Declaração Americana dos Direitos e Deveres do Homem. Posteriormente, com a Convenção Americana de Direitos Humanos[68], os procedimentos e os instrumentos ali previstos passaram a ser aplicados aos Estados-partes do referido tratado internacional.

Por essa razão é que costuma se afirmar que no âmbito americano existe um sistema duplo de proteção dos direitos humanos: o sistema geral, que é baseado na Carta e na Declaração e o sistema que abarca apenas os Estados que são signatários da Convenção, que além de contemplar a Comissão Interamericana de Direitos Humanos, como no sistema geral, também alcança a Corte Interamericana de Direitos Humanos.

---

[67] Disponível em: <http://www.onu.org.br/pnud-e-governo-brasileiro-lancam-centro-mundial-de-desenvolvimento-sustentavel-com-sede-no-rio/>.

[68] GUERRA, Sidney; VAL, Eduardo; VASCONCELOS, Rafael. *Comentários à Convenção Americana de Direitos Humanos*. Curitiba: Instituto Memória, 2019, p. 34; "A Convenção Americana de Direitos Humanos (CADH) de 22 de novembro de 1969 é a espinha dorsal normativa e institucional de todo o sistema interamericano de proteção de direitos humanos, porque esse documento funciona como uma espécie de 'atracadouro de fontes do direito internacional'. Ela, de certa forma, organiza o modo que órgãos do sistema interpretam e aplicam não só o seu texto e significado, mas todos os demais tratados, costumes, princípios gerais do direito internacional e também condiciona a estruturação da jurisprudência da Corte IDH que julga as violações na sequência dos artigos da mesma e, ainda, conecta essas outras fontes dentro e fora do sistema interamericano ao seu *corpus juris.*"

O Sistema Interamericano de Direitos Humanos apresenta-se como uma ferramenta de importância inestimável para a garantia efetiva dos direitos humanos no continente americano, pois através dos dois órgãos de proteção dos direitos humanos previstos nos documentos internacionais americanos (Comissão e Corte Interamericana)[69] garante-se não só o acompanhamento da conduta dos Estados membros, como também a possibilidade de se julgar casos atentatórios aos direitos humanos. Desde então, centenas de casos[70] já foram apreciados pelos órgãos anteriormente nominados.

Quanto aos aspectos que envolvem o meio ambiente, objeto deste tópico, havia manifestações esporádicas pelos órgãos de proteção que tratavam da matéria de maneira transversa, até a publicação da opinião Consultiva número 23/2017, emitida pela Corte Interamericana de Direitos Humanos, sobre o efeito das obrigações derivadas do direito ambiental em relação às obrigações de respeito e à garantia dos direitos humanos estabelecidos na Convenção Americana de Direitos Humanos.

A partir da leitura da alentada Opinião Consultiva, cuja origem deu-se a partir da petição formulada pela Colômbia junto à Corte Interamericana de Direitos Humanos, que pela primeira vez na sua história manifestou-se de forma tão clara e autônoma quanto a esta matéria, podem ser extraídos alguns aspectos principais que são interessantes para a presente abordagem.

Inicialmente, impende assinalar que a Corte Interamericana interpretou os princípios, os direitos e as obrigações da norma jurídica internacional de proteção do meio ambiente em consonância com as obrigações assumidas pelos Estados em conformidade com a Convenção Americana.

Neste sentido, a Opinião Consultiva analisou, desenvolveu e sistematizou as principais regras estabelecidas ou reconhecidas no Direito Internacional consuetudinário, bem como de princípios gerais do direito e da *soft law*. Mario Chacõn, ao se debruçar sobre o tema[71], sistematizou alguns pontos da decisão da Corte estritamente vinculados a um ambiente sadio:

"El derecho a un ambiente sano posee connotaciones tanto individuales como colectivas. En su dimensión colectiva constituye un interés universal, que se debe tanto a las generaciones presentes y futuras, mientras que en su dimensión individual su

---

[69] CAMPOS, Germán Bidart. *Teoría general de los derechos humanos*. Buenos Aires: Depalma, 2006, p. 427: "encontramos en América la Comisión Interamericana de Derechos Humanos y la Corte Interamericana de Derechos Humanos, entre cuyas competencias figura la resolución de casos de violación presunta a los derechos y libertades contenidos en la Convención Americana sobre Derechos Humanos, a través de un procedimiento para cuya iniciación se reconoce legitimación a particulares y grupos no gubernamentales, mediante denuncias o quejas en contra de un Estado acusado de aquella violación."

[70] Para melhor compreensão do tema, GUERRA, Sidney. *O sistema interamericano de proteção dos direitos humanos e o controle de convencionalidade*. 4. ed. Rio de Janeiro: Grande Editora, 2024.

[71] CHACÓN, Mario Peña. Derechos humanos ambientales. *Revista Iberoamericana de derecho ambiental y recursos naturales*, n. 25/ septiembre 2017.

vulneración puede tener repercusiones directas o indirectas sobre las personas debido a su conexidad con otros derechos, tales como el derecho a la salud, la integridad personal o la vida, entre otros, en la medida que la degradación del medio ambiente puede causar daños irreparables en los seres humanos, por lo cual un medio ambiente sano es un derecho fundamental para la existencia de la humanidad. (Párrafo 59);

El derecho a un ambiente sano es un derecho autónomo que, a diferencia de otros derechos, protege los componentes del medio ambiente, tales como bosques, ríos, mares y otros, como intereses jurídicos en sí mismos, aún en ausencia de certeza o evidencia sobre el riesgo a las personas individuales. Se trata de un derecho incluido entre los derechos económicos, sociales y culturales (DESCA), protegidos por el artículo 26 de la Convención, derecho que protege a la naturaleza y el medio ambiente no solamente por su utilidad para el ser humano o por los efectos que su degradación podría causar en otros derechos humanos, sino por su importancia para los demás organismos vivos con quienes se comparte el planeta, también merecedores de protección en sí mismos. Al efecto, la Corte advirtió la tendencia a nivel global de reconocer personería jurídica y, por ende, derechos a la naturaleza, no solo en sentencias judiciales sino incluso en ordenamientos constitucionales. (Párrafo 62);

Los derechos especialmente vinculados al medio ambiente se clasifican en dos grupos: a) derechos sustantivos, tales como los derechos a la vida, a la integridad personal, a la salud o a la propiedad, y b) derechos de procedimiento, entre ellos: libertad de expresión y asociación, a la información, a la participación en la toma de decisiones y a un recurso efectivo. (Párrafo 64);

El derecho a un medio ambiente sano como derecho autónomo es distinto al contenido ambiental que surge de la protección de otros derechos particularmente vulnerables a afectaciones ambientales, dentro de los que se encuentran los derechos a la vida, integridad personal, vida privada, salud, agua, alimentación, vivienda, participación en la vida cultural, derecho a la propiedad, derecho a la paz y el derecho a no ser desplazado forzadamente por deterioro del medio ambiente. (Párrafos 63 y 66);

La afectación a los derechos estrictamente vinculados al ambiente puede darse con mayor intensidad en determinados grupos en situación de vulnerabilidad, como pueblos indígenas, niños, personas viviendo en situación de extrema pobreza, minorías, personas con discapacidad, mujeres, comunidades que dependen, económicamente o para su supervivencia, fundamentalmente de los recursos ambientales, o que por su ubicación geográfica corren un peligro especial de afectación en casos de daños ambientales, tales como las comunidades costeñas y de islas pequeñas. (Párrafo 67)."

Do mesmo modo, em relação às obrigações estatais derivadas do cumprimento efetivo de um direito a um ambiente sadio, evidencia-se na Opinião Consultiva que os Estados devem garantir que seu território não seja usado para que danos significativos possam ser causados ao meio ambiente de outros Estados ou áreas fora dos limites de seu território. Portanto, têm a obrigação de evitar a ocorrência de danos transfronteiriços.

Ademais, os Estados têm a obrigação de impedir danos ambientais significativos, dentro ou fora de seu território (parágrafos 127 a 174).

Para alcançar os objetivos acima indicados, que correspondem à observância do princípio da prevenção, os Estados devem regular, fiscalizar e supervisionar as atividades sob sua jurisdição que possam causar danos significativos ao meio ambiente; realizar estudos de impacto ambiental quando houver risco de danos significativos ao meio ambiente; estabelecer um plano de contingência, a fim de dispor de medidas e procedimentos de segurança para minimizar a possibilidade de acidentes ambientais graves; e mitigar os danos ambientais significativos que tenham ocorrido, apesar das ações preventivas adotadas pelo Estado (parágrafos 141 a 174).

Sem embargo, o princípio da precaução, mesmo na ausência de certeza científica, foi largamente citado para que haja o alcance da proteção do direito à vida e da integridade pessoal contra possíveis danos sérios ou irreversíveis ao meio ambiente.

O princípio da cooperação e da boa-fé para a proteção contra danos ambientais também não foram esquecidos. Para tanto, os Estados devem notificar outros Estados potencialmente afetados quando souberem que uma atividade planejada sob sua jurisdição pode gerar um risco de danos transfronteiriços significativos e em casos de emergências ambientais (parágrafos 187 a 210).

A garantia do acesso às informações relacionadas a possíveis efeitos sobre o meio ambiente, consagradas no artigo 13 da Convenção Americana, também foi mencionada (parágrafos 213 a 225), bem como a necessária obrigação de garantia ao direito à participação pública de pessoas sob sua jurisdição, consagrado no artigo 23.1.a da Convenção Americana, na tomada de decisões e políticas que possam afetar o meio ambiente (parágrafos 226 a 232) e ainda indicou que os Estados têm a obrigação de garantir o acesso à justiça em relação às obrigações do Estado com a proteção do meio ambiente (parágrafos 233 a 240).

Os pontos acima ilustram a percepção e o "olhar" da Corte Interamericana de Direitos Humanos sobre a questão ambiental cujo entendimento ficou caracterizado ao dispor que *"el medio ambiente trata-se de un derecho humano que tiene como destinatario de protección lo humano y lo no humano"*[72] culminando, ainda, com a ecologização do direito humano

---

[72] Corte IDH. Medio ambiente y derechos humanos (obligaciones estatales en relación con el medio ambiente en el marco de la protección y garantía de los derechos a la vida y a la integridad personal – interpretación y alcance de los artículos 4.1 y 5.1, en relación con los artículos 1.1 y 2 de la Convención Americana sobre Derechos Humanos). Opinión Consultiva OC-23/17 de 15 de noviembre de 2017. Serie A No. 23. "221. Adicionalmente, conforme lo ha reconocido esta Corte, el derecho de las personas a obtener información se ve complementado con una correlativa obligación positiva del Estado de suministrarla, de forma tal que la persona pueda tener acceso a conocerla y valorarla. En este sentido, la el medio ambiente trata-se de un derecho humano que tiene como destinatario de protección lo humano y lo no humano obligación del Estado de suministrar información de oficio, conocida como la 'obligación de transparencia activa', impone el deber a los Estados de suministrar información que resulte necesaria para que las personas puedan ejercer otros derechos, lo cual es particularmente relevante en materia del derecho a la vida, integridad personal y salud. Asimismo, este Tribunal ha indicado que la obligación

ao ambiente sadio e equilibrado em suas três dimensões: a) espacial, ao estabelecer as obrigações estatais ao nível nacional, transfronteiriço e planetário; b) temporal, quanto à tutela dos direitos ambientais das gerações presentes e futuras; e c) biocêntrica, na qual se expande o raio de proteção sobre outras espécies.

Com efeito, a partir da Opinião Consultiva OC 23-17 emitida pela Corte Interamericana, a matéria passou a ter grande vitalidade. Isso porque a Corte Interamericana ampliou a lista de destinatários da proteção do direito humano a um meio ambiente saudável, a fim de incluir, além das gerações presentes e futuras, todas as espécies com as quais o ser humano compartilha o planeta, merecedor de proteção por sua importância intrínseca e independente de sua valorização humana, reconhecendo, tacitamente, seu direito de existir, prosperar e evoluir. Trata-se, portanto, de um direito humano que tem como destinatário a proteção do humano e do não humano; deixando de lado a visão antropocêntrica e passando a aplicar a compreensão biocêntrica, a Corte Interamericana de Direitos Humanos rompe com o paradigma de que os direitos humanos são exclusivos para e pelos seres humanos, evidenciando-se o *tudo*[73], numa perfeita inter-relação dos direitos humanos com o meio ambiente.

7.1. Litigância climática no Sistema Interamericano de Direitos Humanos

A litigância climática pode ser definida como uma prática que visa "impulsionar ações de controle e diminuição da emissão antropogênica de gases de efeito estufa, e demais medidas de contenção às mudanças climáticas"[74].

Por meio dela, promove-se elevada mudança nas instituições públicas e privadas, bem como em seus processos de tomadas de decisões, ainda que não sejam procedentes. Graças ao avanço da tutela ambiental internacional, a litigância concernente às mudanças climáticas tem possibilitado que litigantes demandem em face de atores governamentais ou privados. Para tanto, o Acordo de Paris[75] possui especial relevância, já que viabiliza a aferição, em um cenário internacional, das atuações de governos nacionais e de entidades privadas em matéria climática, permitindo observar se as práticas destas

---

de transparencia activa en estos supuestos, impone a los Estados la obligación de suministrar al público la máxima cantidad de información en forma oficiosa. Dicha información debe ser completa, comprensible, brindarse en un lenguaje accesible, encontrarse actualizada y brindarse de forma que sea efectiva para los distintos sectores de la población." Disponível em: <http://www.corteidh.or.cr/cf/Jurisprudencia2/busqueda_opiniones_consultivas.cfm?lang=es>. Acesso em: 1º nov. 2019.

[73] GUERRA, Sidney. A inter-relação do meio ambiente com os direitos humanos e seu reconhecimento pela Corte IDH: do nada para o tudo. *Curso de Derecho Internacional XLVI*. Washington: OEA, 2020.

[74] CARVALHO, Délton Winter; BARBOSA, Kelly de Souza. Litigância climática como estratégia jurisdicional ao aquecimento global antropogênico e mudanças climáticas. *Revista de Direito Internacional*, v. 16, n. 2, 2019, p. 63.

[75] O Acordo de Paris é um tratado internacional e possui como objetivo fortalecer a resposta global à ameaça das mudanças climáticas, de forma a reduzir o aquecimento global. Ele foi aprovado pelos 195 países participantes, os quais se comprometeram em reduzir emissões de gases de efeito estufa.

atendem a necessidades e compromissos estabelecidos a fim de rechaçar a degradação ambiental e as mudanças climáticas.

Nesse contexto, Carvalho afirma que "os potenciais autores da demanda climática são os indivíduos, grupos de interesse público e governos, que buscam, com a propositura da ação, (i) a compensação pelos prejuízos que as mudanças climáticas causaram ou (ii) a maior prevenção ou redução do aquecimento global"[76]. Via de regra, litígios climáticos estão relacionados às questões materiais de leis, aos fatos relativos à mitigação das mudanças climáticas e à adaptabilidade social em face das referidas modificações[77].

Segundo o *Global Climate Litigation Report: 2020 Status Review*, ocorreu um exponencial crescimento dos litígios climáticos. Em 2017, foram 884 casos diferentes. Em 2020, esse número passou para 1.550 casos em 38 países[78]. Ainda, de acordo com esse estudo, os litígios climáticos enquadram-se em seis diferentes categorias: (1) direitos climáticos; (2) litígios envolvendo entes domésticos; (3) descarte de combustíveis fósseis no solo; (4) responsabilidade civil e responsabilidade corporativa; (5) falha para adaptar e os impactos de mitigação; e (6) divulgações climáticas e *greenwashing*.

Situações como as descritas acima, tem repercutido de maneira vigorosa no domínio interno dois Estados nacionais, como também no sistema internacional, a exemplo das repercussões produzidas no sistema interamericano de proteção dos direitos humanos. A proposta aqui é de trazer, ainda que de maneira resumida, a situação correspondente aos litígios climáticos nesse sistema de proteção[79].

---

[76] CARVALHO, Délton Winter; BARBOSA, Kelly de Souza. Litigância climática como estratégia jurisdicional ao aquecimento global antropogênico e mudanças climáticas. *Revista de Direito Internacional*, v. 16, n. 2, 2019, p. 62.

[77] "Países ao redor do mundo promulgaram leis e adotaram políticas que descrevem respostas nacionais e internacionais às mudanças climáticas. Mas os níveis atuais de ações climáticas são insuficientes para enfrentar o desafio. Como consequência, indivíduos, comunidades, organizações não governamentais, entidades empresariais, governos subnacionais e outros demandam processualmente em busca de obrigar a aplicação dessas leis, substitui-las por mais fortes (e as vezes mais fracos), estender as leis existentes para abordar mudanças climáticas, ou definira relação entre direitos fundamentais e os impactos das mudanças climáticas. Nos últimos anos, alguns desses casos produziram declarações judiciais claras sobre a realidade das mudanças climáticas e a responsabilidade por elas, bem como a proteção de outros direitos, que podem ser negativamente impactados pelas mudanças climáticas. (...) À luz das mudanças observadas e do científico consenso sobre as fontes antropogênicas perante a mudança climática, peticionários queixosos, que procuram compelir uma mitigação mais ambiciosa das mudanças climáticas e uma adaptação por parte dos governos e entes privados, apresentaram uma ampla gama de casos concernentes às mudanças climáticas perante tribunais em todo o mundo. Esses casos tem procurado obrigar os governos a acelerar seus esforços para implementar metas de redução de emissões de gases de efeito estufa, ao demonstrarem que as atuais metas de emissões são insuficientemente ambiciosas ou não reparam todos os danos sofridos por comunidades vulneráveis." United Nations Environment Programme (2020). *Global Climate Litigation Report*: 2020 Status Review. Nairobi. Disponível em: https://wedocs. unep.org/bitstream/handle/20.500.11822/34818/GCLR.pdf?sequence=1&isAllowed=y. Acesso em: 6 set. 2022, p. 9.

[78] Ibid., p. 10.

[79] Recomenda-se, a propósito, o estudo de GUERRA, Sidney; ARAÚJO, Brenda; SERPA, Lays. O direito internacional das catástrofes e a litigância climática na Corte Internacional de Justiça. In: GUERRA, Sidney; SPINIELI, André. *Direitos humanos e proteção ambiental*: pesquisas contemporâneas. Rio de Janeiro: Grande Editora, 2023.

A título ilustrativo, cita-se o caso Inuit (Sheila Watt-Cloutier et. al. *vs* United States), em que um grupo de canadenses e norte-americanos peticionaram perante a Comissão Interamericana de Direitos Humanos, sob a alegação de que grandes corporações petrolíferas estariam causando danos ao meio ambiente e, por conseguinte, sendo responsáveis por uma influência direta nas mudanças climáticas[80]. O referido caso foi o primeiro litígio de mudança climática levado à Comissão Interamericana de Direitos Humanos. A petição, que foi apresentada em 2005, em face dos Estados Unidos da América, denunciava os efeitos do aquecimento global perante o Ártico, o que afetava o modo de vida e os direitos fundamentais dos povos indígenas Inuit. Alegou-se, na oportunidade, que os efeitos do aquecimento global no Ártico repercutiam em alterações nas condições de plantio, pois modificavam os padrões climáticos regionais e que a população Inuit enfatizava que a deterioração do gelo tornava viagens, colheitas e vida cotidiana mais difíceis, vez que a previsão e a localização do gelo fino e inseguro para trânsito eram incertas. Também declarava que rios outrora navegáveis se tornaram inóspitos para utilização para fins de transporte[81].

O avanço do aquecimento global no Ártico e o conseguinte degelo de determinadas regiões também resultaram na redução do hábitat de animais silvestres, como ursos polares, alces e várias espécies de aves aquáticas. Observou-se que diversas espécies de peixes migraram para o norte, comprometendo a dieta habitual do povo Inuit, o que resultou no desenvolvimento de doenças cardiovasculares, diabetes, entre outras[82]. Como aponta Mônica Feria-Tinta, "A incapacidade de prever o tempo também diminuiu o importante papel dos anciãos no planejamento da caça, das viagens e da preparação do dia a dia para o mau tempo"[83].

Por último, mas não menos importante, alegava-se que a deterioração do gelo e das condições da neve afetava o estilo de vida Inuit, já que a arte de construir iglus não poderia ser facilmente passada para a próxima geração, resultando em uma perda de conhecimento tradicional sobre uma característica verdadeiramente única da cultura Inuit[84].

---

[80] Kivalina v ExxonMobil Co., No. 09-17490, 19870, 9th Cir. 21 September 2012. 1-23. Disponível em: http://climatecasechart.com/case/native-village-of-kivalina-v-exxonmobil-corp/. Acesso em: 20 out. 2022.

[81] FERIA-TINTA, Monica. Climate Change as a Human Rights Issue: Litigating Climate Change in the Inter--American System of Human Rights and the United Nations Human Rights Committee. In: *Climate Change Litigation: Global Perspectives*. Brill Nijhoff, 2021, p. 316.

[82] FERIA-TINTA, Monica. Climate Change as a Human Rights Issue: Litigating Climate Change in the Inter--American System of Human Rights and the United Nations Human Rights Committee. In: *Climate Change Litigation: Global Perspectives*. Brill Nijhoff, 2021, p. 317.

[83] FERIA-TINTA, Monica. Climate Change as a Human Rights Issue: Litigating Climate Change in the Inter--American System of Human Rights and the United Nations Human Rights Committee. In: *Climate Change Litigation: Global Perspectives*. Brill Nijhoff, 2021. p. 317.

[84] FERIA-TINTA, Monica. Climate Change as a Human Rights Issue: Litigating Climate Change in the Inter--American System of Human Rights and the United Nations Human Rights Committee. In: *Climate Change Litigation: Global Perspectives*. Brill Nijhoff, 2021. p. 317.

Dentre outros argumentos, a demanda frisava que os Estados Unidos da América eram responsáveis por violar direitos fundamentais da população Inuit[85] como, por exemplo, o direito à cultura, o direito à propriedade pessoal, o direito à preservação da saúde, o direito à vida, o direito à integridade física e segurança, o direito aos seus próprios meios de subsistência, dentre outros.

Contudo, o processo foi julgado improcedente já que as informações da demanda não satisfaziam os requisitos estabelecidos no Regulamento da Comissão Interamericana de Direitos Humanos[86].

Em novembro de 2017, a Corte Interamericana de Direitos Humanos (CIDH), a partir de uma "interpretação evolutiva e sistêmica da Convenção Americana"[87], consagrou o direito ambiental enquanto parte integrante dos direitos humanos. Tal fato, conforme acentuado acima, ocorreu com a emissão da Opinião Consultiva n. 23/2017[88], em resposta à solicitação elaborada pela Colômbia, em 14 de março de 2016, fundamentada no art. 26 da Convenção Americana de Direitos Humanos combinado com o art. 11 do Protocolo de São Salvador. A referida opinião elenca que as mudanças climáticas são amplamente responsáveis por interferir no gozo dos direitos humanos, e afirmou de forma específica: Para respeitar e garantir os direitos à vida e à integridade pessoal

---

[85] FERIA-TINTA, Monica. Climate Change as a Human Rights Issue: Litigating Climate Change in the Inter-American System of Human Rights and the United Nations Human Rights Committee. In: *Climate Change Litigation*: Global Perspectives. Brill Nijhoff, 2021, p. 318: "A alegação observou que os Estados Unidos continuaram a ser o maior emissor mundial de CO2 relacionado com a energia e que as alterações climáticas causadas pelas ações e inações regulamentadas pelo governo dos EUA (por exemplo, objetivos enganosos e ineficazes, ausência de controlos obrigatórios, ausência de redução das emissões de gases de efeito de estufa, indução enganosa e obscurecimento da ciência climática, incapacidade de cooperar com os esforços para reduzir as emissões de gases com efeito de estufa) estavam, por conseguinte, a provocar o desaparecimento do gelo do Ártico, a terra ancestral dos Inuit, ameaçando sua sobrevivência e violando seus direitos sob a Declaração Americana dos Direitos e Deveres do Homem (direito à cultura, direito de desfrutar das terras que tradicionalmente usaram e ocuparam, direito de usar e desfrutar de sua propriedade pessoal, direito à preservação da saúde, direito à vida, integridade física e segurança, direito aos seus próprios meios de subsistência, direito à residência e à circulação e inviolabilidade do domicílio."

[86] "Concluído o estudo previsto no artigo 26 do Regulamento da Comissão, gostaria de vos informar que a Comissão, em plenário, determinou que não será possível tratar a vossa petição no presente processo, uma vez que as informações nela contidas não satisfazem os requisitos estabelecidos no referido Regulamento e nos outros instrumentos aplicáveis. Especificamente, as informações fornecidas não nos permitem determinar se os fatos alegados tenderiam a caracterizar uma violação de direitos protegidos pela Declaração Americana." Inter-American Commission on Human Rights, Letter dated 16 November 2006. Disponível em: https://graphics8.nytimes.com/packages/pdf/science/16commissionletter.pdf. Acesso em: 25 nov. 2022, p. 1.

[87] FERIA-TINTA, Monica. Climate Change as a Human Rights Issue: Litigating Climate Change in the Inter-American System of Human Rights and the United Nations Human Rights Committee. In: *Climate Change Litigation*: Global Perspectives. Brill Nijhoff, 2021, p. 322.

[88] The Environment and Human Rights (State Obligations in Relation to The Environment in the Context of the Protection and Guarantee of the Rights to Life and to Personal Integrity: Interpretation and Scope Of Articles 4(1) and 5(1) in Relation to Articles 1(1) and 2 of the American Convention on Human Rights), Advisory Opinion OC-23/17, Inter-Am. Ct. H.R. (Nov. 15, 2017).

sujeitas à jurisdição da Convenção Americana sobre Direitos Humanos, os Estados têm a obrigação de evitar danos ambientais significativos dentro ou fora de seu território e, para este fim, deve regular, supervisionar e monitorar atividades dentro de sua jurisdição que possam produzir significativos danos ambientais[89].

O pleito da nação colombiana era relativo às obrigações dos Estados quanto à proteção do meio ambiente e a garantia dos direitos à vida, à segurança e à integridade pessoal. O cerne da problemática dizia respeito ao iminente risco de que a construção e uso de novas grandes obras de infraestrutura afetassem negativamente o ambiente marinho na região do Grande Caribe e, por consequência, o hábitat humano.

A Opinião Consultiva n. 23/2017 foi responsável por inferir a existência de uma relação intrínseca e indissociável entre direitos humanos, meio ambiente e desenvolvimento sustentável[90], representando um significativo avanço jurisprudencial internacional nesse sentido.

> 47. Esta Corte reconheceu a existência de uma relação inegável entre a proteção do meio ambiente e a realização de outros direitos humanos, em tanto a degradação ambiental e os efeitos adversos da mudança climática afetam o desfrute efetivo de os direitos humanos. Assim mesmo, o preâmbulo do Protocolo Adicional à Convenção Americana sobre Direitos Humanos em matéria de Direitos Econômicos, Sociais e Culturais (em adiante "Protocolo de San Salvador"), ressalta a estreita relação entre a vigência dos direitos econômicos, sociais e culturais – que inclui o direito a um meio ambiente são – e a dos direitos civis e políticos, e indica que as diferentes categorias de direitos constituem um todo indissolúvel que encontra sua base no reconhecimento da dignidade da pessoa humana, pelo qual exigem uma tutela e promoção permanente com o objeto de conseguir sua vigência plena, sem que jamais possa ser justificada a violação de uns em detrimento da realização de outros.
>
> 48. Particularmente, em casos sobre direitos territoriais de povos indígenas e tribais, este Tribunal se referiu à relação entre um meio ambiente saudável e a proteção de direitos humanos, considerando que o direito à propriedade coletiva destes está vinculado com a proteção e acesso aos recursos que se encontram nos territórios dos povos, pois estes recursos naturais são necessários para a própria sobrevivência, desenvolvimento e continuidade do estilo de vida de tais povos[91].

---

[89] BRASIL. DECRETO N. 3.321, DE 30 DE DEZEMBRO DE 1999. Promulga o Protocolo Adicional à Convenção Americana sobre Direitos Humanos em Matéria de Direitos Econômicos, Sociais e Culturais "Protocolo de São Salvador", concluído em 17 de novembro de 1988, em São Salvador, El Salvador. Disponível em: http://www.planalto.gov.br/ccivil_03/decreto/d3321.htm#:~:text=D3321&text=DECRETO%20No%203.321%2C%20DE,em%20S%C3%A3o%20Salvador%2C%20El%20Salvador. Acesso em: 20 nov. 2022.

[90] Cabe destacar que as Opiniões Consultivas (OC's) são consideradas ferramentas de interpretação da Corte Americana de Direitos Humanos e de outros tratados, tendo como objetivo principal que os Estados adequem suas leis, práticas e políticas públicas aos parâmetros do Sistema Interamericano de Direitos Humanos.

[91] OEA – ORGANIZAÇÃO DOS ESTADOS AMERICANOS. Corte Interamericana de Direitos Humanos. Opinión

Ainda no âmbito da Corte Interamericana de Direitos Humanos, o caso Lhaka Honhat (*Indigenous Communities of the Lhaka Honhat (Our Land) Association v. Argentina*) merece especial destaque, por ser o primeiro caso em que a Corte confirmou o direito a um meio ambiente saudável em um litígio contencioso[92].

Em 1998, a Associação das Comunidades Indígenas Lhaka Honhat apresentou uma petição perante a Comissão Interamericana de Direitos Humanos acerca da violação das obrigações da Argentina em seu dever de respeitar, proteger e adotar medidas para garantir efetivamente o gozo do direito da associação à delimitação, demarcação e título de terras ancestrais[93]. A petição foi baseada na construção de obras públicas e na exploração de hidrocarbonetos em territórios indígenas tradicionais, sem consentimento livre, prévio e informado da população diretamente afetada, o que viabilizou outras ações ilegais de particulares, como a criação de gado, a instalação de cercas e a extração ilegal de madeira.

Ao admitir a petição, em 21 de outubro de 2006, a Comissão observou que o Estado argentino teve várias oportunidades de promover a proteção adequada dos direitos de propriedade da Associação, mas não agiu nesse sentido. Já em 2012, a Comissão apresentou seu Relatório de Mérito, oportunidade na qual destacou as violações de vários direitos da CADH[94] e fez recomendações para que a Argentina assegurasse as terras ancestrais da Associação[95]. A Comissão notificou o Estado argentino acerca do Relatório de Mérito por meio de uma comunicação datada de 26 de março de 2012, concedendo

---

Consultiva OC-23/2017, de 15 de noviembre de 2017. Solicitada por la República de Colombia – Medio Ambiente y Derechos Humanos. Washington D.C., 2017b. Disponível em: https://www.corteidh.or.cr/docs/opiniones/seriea_23_esp.pdf. Acesso em: 25 nov. 2022, p. 59.

[92] FERIA-TINTA, Monica. Climate Change as a Human Rights Issue: Litigating Climate Change in the Inter--American System of Human Rights and the United Nations Human Rights Committee. In: *Climate Change Litigation*: Global Perspectives. Brill Nijhoff, 2021, p. 328.

[93] CORTE INTERAMERICANA DE DERECHOS HUMANOS. Caso Comunidades Indígenas Miembros De La Asociación Lhaka Honhat (Nuestra Tierra) Vs. Argentina, Sentencia de 6 De Febrero de 2020 (Fondo, Reparaciones y Costas). Disponível em: https://www.corteidh.or.cr/docs/casos/articulos/seriec_400_esp.pdf. _esp.pdf. Acesso em: 20 out. 2022.

[94] Nessa oportunidade, a Comissão concluiu que a Argentina violou o direito à propriedade, à liberdade de pensamento e expressão e direitos políticos das comunidades indígenas que fazem parte da Associação Lhaka Honhat.

[95] A Comissão recomendou ao Estado: "1. [...] Concluir prontamente a formalização do processo a respeito dos lotes territoriais [...], levando em conta, além das normas interamericanas indicadas no Relatório de Mérito, as seguintes diretrizes: Os peticionários têm o direito a um território indiviso que lhes permita desenvolver o seu modo de vida; os 400.000 hectares que o governo prometeu concedê-los para serem contínuos, sem obstáculos, subdivisões ou fragmentações, sem prejuízo dos direitos de outras comunidades; remoção das cercas que foram colocadas dentro do território indígena; controle do desmatamento. 2. Concessão de reparações por violações do direito à propriedade territorial e acesso à informação derivada do desenvolvimento de obras públicas sem a realização de consultas prévias ou estudos de impacto ambiental, e sem conceder às comunidades os benefícios decorrentes destes".

à Argentina o prazo de dois meses para apresentar um relatório sobre o cumprimento das recomendações[96].

Em 25 de maio de 2012, a Argentina respondeu ao Relatório de Mérito, apontando ter delegado as recomendações às autoridades provinciais competentes e solicitou um prazo suplementar para apresentar um relatório sobre as medidas tomadas[97]. Conforme os autos do processo perante a Comissão, foram concedidas vinte e duas prorrogações à Argentina, sendo a última concedida em 1º de novembro de 2017[98]. Nesse período, destaca-se a apresentação, por parte do Estado argentino, de relatórios sobre as ações e demais medidas disponibilizadas na região cerne do litígio pelo Estado Nacional e pela Província de Salta, bem como um plano de execução para cumprimento das recomendações[99].

Em 25 de outubro de 2017, as partes envolvidas e a Comissão realizaram uma reunião, onde foi acordado que caberia à Argentina apresentar um projeto detalhado sobre o cumprimento das recomendações. Ainda em 1º de novembro de 2017, a Comissão concedeu sua última prorrogação ao Estado, que apresentou o referido projeto datado de 24 de novembro de 2017, bem como um novo relatório e pedido de prorrogação. Contudo, tal pedido foi negado[100]. Fundamentando a negativa à prorrogação, a Comissão Interamericana considerou que, apesar de terem sido realizados progressos, o projeto apresentado pela Argentina "apenas ofereceu perspectivas de implementação durante um longo período de tempo" e que não havia "expectativas de implementação" das recomendações dentro de um prazo razoável[101].

---

[96] CORTE INTERAMERICANA DE DERECHOS HUMANOS. Caso Comunidades Indígenas Miembros De La Asociación Lhaka Honhat (Nuestra Tierra) Vs. Argentina, Sentencia de 6 De Febrero de 2020 (Fondo, Reparaciones y Costas). Disponível em: https://www.corteidh.or.cr/docs/casos/articulos/seriec_400_esp.pdf. _esp.pdf. Acesso em: 20 out. 2022.

[97] CORTE INTERAMERICANA DE DERECHOS HUMANOS. Caso Comunidades Indígenas Miembros De La Asociación Lhaka Honhat (Nuestra Tierra) Vs. Argentina, Sentencia de 6 De Febrero de 2020 (Fondo, Reparaciones y Costas). Disponível em: https://www.corteidh.or.cr/docs/casos/articulos/seriec_400_esp.pdf. _esp.pdf. Acesso em: 20 out. 2022, p. 6.

[98] 98 CORTE INTERAMERICANA DE DERECHOS HUMANOS. Caso Comunidades Indígenas Miembros De La Asociación Lhaka Honhat (Nuestra Tierra) Vs. Argentina, Sentencia de 6 De Febrero de 2020 (Fondo, Reparaciones y Costas). Disponível em: https://www.corteidh.or.cr/docs/casos/articulos/seriec_400_esp.pdf. _esp.pdf. Acesso em: 20 out. 2022, p. 6.

[99] CORTE INTERAMERICANA DE DERECHOS HUMANOS. Caso Comunidades Indígenas Miembros De La Asociación Lhaka Honhat (Nuestra Tierra) Vs. Argentina, Sentencia de 6 De Febrero de 2020 (Fondo, Reparaciones y Costas). Disponível em: https://www.corteidh.or.cr/docs/casos/articulos/seriec_400_esp.pdf. _esp.pdf. Acesso em: 20 out. 2022, p. 6.

[100] CORTE INTERAMERICANA DE DERECHOS HUMANOS. Caso Comunidades Indígenas Miembros De La Asociación Lhaka Honhat (Nuestra Tierra) Vs. Argentina, Sentencia de 6 De Febrero de 2020 (Fondo, Reparaciones y Costas). Disponível em: https://www.corteidh.or.cr/docs/casos/articulos/seriec_400_esp.pdf. _esp.pdf. Acesso em: 20 out. 2022, p. 6.

[101] CORTE INTERAMERICANA DE DERECHOS HUMANOS. Caso Comunidades Indígenas Miembros De La

Tal fato ensejou o encaminhamento do pleito à Corte Interamericana de Direitos Humanos. Nesse sentido, o caso em questão foi submetido à apreciação da Corte em 1º de fevereiro de 2018[102]. Em sua decisão, a Corte Interamericana de Direitos Humanos destacou que o Estado argentino não admitiu danos ambientais causados à população de Salta[103]. Asseverou que a Argentina possuía um entendimento restritivo ou limitado dos direitos em causa, de modo a desconsiderar a interdependência de tais direitos e as particularidades dos fatos em relação aos povos indígenas. Declarou, ainda, que existiu efetivamente um impacto significativo ao estilo de vida das comunidades indígenas no que diz respeito às suas terras, haja vista os danos causados ao meio ambiente, bem como ao acesso tradicional a alimentos e a água.

> 287. Evidencia-se, a partir dos fatos, que o Estado [Argentina] teve conhecimento de todas as atividades referidas. Também é claro que o Estado tomou distintas medidas. No entanto, estas não foram eficazes para mitigar as atividades nocivas. Emerge dos fatos que, após mais de 28 anos de início da reivindicação indígena em relação ao território, a presença de gado e arame farpado continua. No que diz respeito à exploração madeireira ilegal, a sua natureza clandestina torna impossível saber até que ponto continua a ocorrer. No entanto, o Estado não negou que eles tenham sido cometidos. Esses atos foram denunciados pelos representantes pelo menos até o ano 2017.
>
> 288. No caso em apreço, **é enquadrada a falta de eficácia das ações estatais, além disso, numa situação em que o Estado não garantiu às comunidades dos povos indígenas a possibilidade de determinar, livremente ou através de consultas adequadas, atividades no seu território.**
>
> 289. Tendo em conta o que precede, **a Corte considera que a Argentina violou, em detrimento das comunidades indígenas vítimas deste caso, seus direitos, interrelacionados, de participar da vida cultural, no que diz respeito à identidade cultural, a um meio ambiente sadio, a uma alimentação adequada e à água,** tal como previsto no artigo 26 da Convenção Americana, em relação à obrigação de garantir os direitos previstos no artigo 1.1 do mesmo instrumento[104]. (grifos)

Asociación Lhaka Honhat (Nuestra Tierra) Vs. Argentina, Sentencia de 6 De Febrero de 2020 (Fondo, Reparaciones y Costas). Disponível em: https://www.corteidh.or.cr/docs/casos/articulos/seriec_400_esp.pdf. _esp.pdf. Acesso em: 20 out. 2022, p. 6.

[102] CORTE INTERAMERICANA DE DERECHOS HUMANOS. Caso Comunidades Indígenas Miembros De La Asociación Lhaka Honhat (Nuestra Tierra) Vs. Argentina, Sentencia de 6 De Febrero de 2020 (Fondo, Reparaciones y Costas). Disponível em: https://www.corteidh.or.cr/docs/casos/articulos/seriec_400_esp.pdf. _esp.pdf. Acesso em: 20 out. 2022, p. 328.

[103] CORTE INTERAMERICANA DE DERECHOS HUMANOS. Caso Comunidades Indígenas Miembros De La Asociación Lhaka Honhat (Nuestra Tierra) Vs. Argentina, Sentencia de 6 De Febrero de 2020 (Fondo, Reparaciones y Costas). Disponível em: https://www.corteidh.or.cr/docs/casos/articulos/seriec_400_esp.pdf. _esp.pdf. Acesso em: 20 out. 2022, p. 328.

[104] CORTE INTERAMERICANA DE DERECHOS HUMANOS. Caso Comunidades Indígenas Miembros De La

Em que pese a tramitação dos referidos litígios, a atenção global voltada à problemática das mudanças climáticas, até mesmo as sentenças positivas à salvaguarda e preservação do meio ambiente e os regramentos jurídicos internacionais, têm se demonstrado insuficientes no que tange à efetiva garantia de preservação ao meio ambiente e à mitigação das mudanças climáticas. O próprio sistema interamericano, que avançou significativamente após a Opinião Consultiva n. 23/2017, mostrou-se lento na construção de uma jurisprudência internacional firme e por se tratar de um sistema regional, ainda se demonstra ineficiente no tratamento de um problema global, tal qual as mudanças climáticas, às quais requerem respostas urgentes em nível mundial.

A razão para tal dificuldade encontra fundamento no fato de que tais tratados internacionais não vinculam sanções aos principais países emissores de poluentes, ou àqueles responsáveis por uma grande degradação ambiental. Atrelado a isso, há a incerteza de um acesso a tribunais internacionais, o que requer das cortes internacionais uma interpretação acerca da admissibilidade da demanda, o que diminui a legitimidade e efetividade do possível órgão de julgamento.

8. LITIGÂNCIA CLIMÁTICA NA CORTE INTERNACIONAL DE JUSTIÇA?

A Corte Internacional de Justiça (CIJ) possui uma prioridade enquanto fórum de resolução de litígios em questões ambientais[105], contudo, contribui com a expansão da jurisprudência internacional quando decide sobre casos ambientais, tendo, portanto, especial desempenho perante o Direito Internacional e Direito Internacional Ambiental[106]. Dessa forma, a atuação da CIJ auxilia o desenvolvimento e a identificação de princípios gerais aplicáveis às questões ambientais internacionais, sobretudo quando da elaboração de opiniões consultivas.

Como o principal órgão judicial das Nações Unidas, a CIJ possui escala global e já decidiu sobre questões ambientais em várias ocasiões, contudo, ainda não possui ampla atuação perante litígios sobre mudanças climáticas[107]. Nesse sentido, Marte Jervan afirma que:

Asociación Lhaka Honhat (Nuestra Tierra) Vs. Argentina, Sentencia de 6 De Febrero de 2020 (Fondo, Reparaciones y Costas). Disponível em: https://www.corteidh.or.cr/docs/casos/articulos/seriec_400_esp.pdf. _esp.pdf. Acesso em: 20 out. 2022, p. 328.

[105] *Vide* GUERRA, Sidney; ARAÚJO, Brenda; SERPA, Lays. O direito internacional das catástrofes e a litigância climática na Corte Internacional de Justiça. In: GUERRA, Sidney; SPINIELI, André. *Direitos humanos e proteção ambiental*: pesquisas contemporâneas. Rio de Janeiro: Grande Editora, 2023.

[106] JERVAN, Marte. The prohibition of transboundary environmental harm. An Analysis of the Contribution of the International Court of Justice to the Development of the NoHarm Rule (August 25, 2014). PluriCourts Research Paper, n. 14-17, 2014.

[107] VERHEYEN, Roda; ZENGERLING, Cathrin. International Climate Change Cases. In: Climate change: international law and global governance. Nomos Verlagsgesellschaft mbH & Co. KG, 2013. p. 761.

Historicamente, houve relativamente poucos casos perante a CIJ em relação às questões ambientais. Isso se deve, em parte, ao novo caráter da disciplina do direito ambiental internacional, mas também a uma consequência das implicações jurisdicionais anexadas à Corte como fórum para resolução de litígios. Em primeiro lugar, apenas os Estados podem solicitar e comparecer perante a Corte e, em segundo lugar, tanto o estado de origem quanto o estado réu devem consentir com a jurisdição da Corte antes que o caso possa ser julgado. Em relação ao último, deve-se notar também que os tratados ambientais multilaterais geralmente não fornecem recurso à CIJ como uma forma padrão de resolução de controvérsias, mas dependem de uma série de outros mecanismos, tipicamente não vinculantes, de resoluções de controvérsias[108]. (em tradução livre)

Não obstante, a Agenda 21, documento assinado no Rio de Janeiro, em 1992, por ocasião da realização da Conferência das Nações Unidas sobre Meio Ambiente e Desenvolvimento, incentiva em seu capítulo 39.10 que Estados litiguem perante a CIJ a fim de alcançar o desenvolvimento sustentável:

Controvérsias no campo do desenvolvimento sustentável

39.10. Na área de se evitar e de solucionar controvérsias, os Estados devem estudar e apreciar com maior profundidade métodos para ampliar e tornar mais eficaz a gama de técnicas atualmente disponíveis, levando em consideração, *inter alia*, a experiência pertinente adquirida com os acordos, instrumentos ou instituições internacionais existentes e, quando apropriado, seus mecanismos de implementação, tais como modalidades para se evitar e solucionar controvérsias. Isto pode incluir mecanismos e procedimentos para o intercâmbio de dados e informações, a notificação e consulta a respeito de situações que possam conduzir as controvérsias com outros Estados no campo do desenvolvimento sustentável e meios pacíficos e eficazes de solução de controvérsias de acordo com a Carta das Nações Unidas, **inclusive, quando apropriado, recursos à Corte Internacional de Justiça e a inclusão desses mesmos mecanismos e procedimentos em tratados relativos ao desenvolvimento sustentável**[109]. (grifos)

Em 1929, a Corte Permanente de Justiça Internacional (CPJI), antecessora da CIJ, apoiou a inauguração do conceito de "comunidade de interesse", a fim de promover o acesso compartilhado a rios internacionais, regra esta que se demonstrou essencial para a sustentabilidade e gestão equitativa dos cursos d'água[110].

---

[108] JERVAN, Marte. The prohibition of transboundary environmental harm. An Analysis of the Contribution of the International Court of Justice to the Development of the NoHarm Rule (August 25, 2014). PluriCourts Research Paper, n. 10, 2014.

[109] CONFERÊNCIA DAS NAÇÕES UNIDAS SOBRE O MEIO AMBIENTE E DESENVOLVIMENTO. Agenda 21. 1992. Disponível em: https://www.conexaoambiental.pr.gov.br/sites/conexaoambiental/arquivos_restritos/files/documento/2019-05/agenda_21_global_integra.pdf. Acesso em: 11 out. 2022.

[110] VERHEYEN, Roda; ZENGERLING, Cathrin. International Climate Change Cases. In: Climate change: international law and global governance. Nomos Verlagsgesellschaft mbH & Co. KG, 2013. p. 779.

Já em 1997, os Estados da Hungria e Eslováquia litigaram perante a CIJ no caso *Gabcikovo-Nagymaros*. Naquela oportunidade, a construção e operação conjunta de uma hidrelétrica pelas referidas nações permitiu que a CIJ demonstrasse que o desenvolvimento econômico e a proteção ambiental devem caminhar lado a lado, traduzindo-se no desenvolvimento sustentável[111].

> [A] necessidade de conciliar o desenvolvimento econômico com a proteção do meio ambiente é adequadamente expressa no conceito de desenvolvimento sustentável. Para os propósitos do presente caso, isso significa que as partes juntas devem repensar sobre os efeitos sobre o meio ambiente ante a operação da usina de Gabcikovo. Em particular, eles devem encontrar uma solução satisfatória para o volume de água a ser liberado no Danúbio e para os braços laterais em ambos os lados do rio[112].

Por sua vez, no caso *Pulp Mills on the River Uruguay*, litígio deflagrado entre os Estados da Argentina e do Uruguai, a CIJ vislumbrou, pela primeira vez, a necessidade de avaliações de impacto ambiental nos casos que envolvessem atividades industriais transfronteiriças. Em que pese o fato de não ter definido critérios mínimos de avaliação de impacto ambiental, a CIJ destacou que atividades relacionadas às descargas elétricas em águas, bem como aquelas cujos efeitos poderiam produzir impactos negativos à biodiversidade, ao ar limpo e puro, dentre outros, necessitariam de especial atenção.

> [...], a obrigação de proteger e preservar, nos termos do artigo 41 (a) do Estatuto, deve ser interpretada de acordo com uma prática, que nos últimos anos ganhou tanta aceitação entre os Estados que pode agora ser considerada uma exigência sob o direito internacional geral para realizar uma avaliação de impacto ambiental onde há o risco de que a atividade industrial proposta possa ter um impacto adverso significativo em um contexto transfronteiriço, em particular, ou em um recurso compartilhado[113].

Foi no caso *Pulp Mills on the River Uruguay* que a CIJ se manifestou pela primeira vez acerca de diversas questões ambientais a partir de uma análise comparativa e detalhada, tal como a consideração dos requisitos para a invocação de estado de necessidade e inclusive compelindo as partes a se comprometerem a proteger e a preservar o ambiente aquático da poluição[114]. Contudo, a CIJ não se aprofundou em questões técnicas e científicas, sendo alvo de críticas.

---

[111] Gabcikovo-Nagymaros Project (Hungary v Slovakia), Judgment, ICJ Reports 1997, p. 7.

[112] Gabcikovo-Nagymaros Project (Hungary v Slovakia), Judgment, ICJ Reports 1997, p. 75.

[113] Pulp Mills on the River Uruguay (Argentina v Uruguay), Judgment of 20 April 2010, p. 204.

[114] Pulp Mills on the River Uruguay (Argentina v Uruguay), Judgment of 20 April 2010, p. 17.

Por sua vez, em 2011, a ilha do Pacífico de Palau solicitou, por meio de seu presidente, Johnson Toribiong, que a Assembleia Geral das Nações Unidas requeresse uma opinião consultiva à CIJ sobre mudanças climáticas e os deveres dos Estados na garantia de que a emissão de gases de efeito estufa de uma nação não danificaria outros Estados[115]. Essa proposta acabou não progredindo e não chegou a ser enviada à CIJ.

Contudo, como já mencionado, quando se trata de mudanças climáticas, a CIJ até o presente momento ainda não proferiu nenhuma decisão responsável por analisar essa temática. Em sua jurisdição contenciosa, o mais perto que foi alcançado ocorreu no ano de 2002, em situação que envolveu Tuvalu (o litígio em potencial relacionava-se aos impactos sofridos pelas mudanças climáticas)[116]. Diretamente afetada pelo aquecimento global, degelo das calotas polares e conseguinte aumento dos níveis do mar, Tuvalu é uma nação que não tem envidado esforços para mitigar o impacto das mudanças climáticas.

> O aumento do nível do mar cria não apenas estresse no litoral físico, mas também nos ecossistemas costeiros. As invasões de água salgada podem estar contaminando aquíferos de água doce, muitos dos quais sustentam o abastecimento de água municipal e agrícola e os ecossistemas naturais. À medida que as temperaturas globais continuam aquecendo, o nível do mar continuará subindo por muito tempo porque há uma defasagem substancial para alcançar um equilíbrio. A magnitude do aumento dependerá fortemente da taxa de emissões futuras de dióxido de carbono e do aquecimento global futuro, e a velocidade pode depender cada vez mais da taxa de derretimento das geleiras e do manto de gelo[117].

Por essas razões, o Primeiro-ministro de Tuvalu já solicitou à Austrália e à Nova Zelândia que concedessem aos cidadãos tuvaluanos *status* de refugiados ambientais[118]. Em sua demanda, Tuvalu objetivava levar à apreciação da CIJ as violações às obrigações gerais estipuladas pela Convenção-Quadro das Nações Unidas sobre Mudanças Climáticas, pautando-se no argumento de que os Estados Unidos da América e a Austrália não estariam promovendo medidas a fim de combater o aquecimento global, que à época se

---

[115] BODANSKY, Daniel. The Role of the International Court of Justice in Addressing Climate Change: Some Preliminary Reflections. *Arizona State Law Journal*, v. 49, p. 689-712, 2017, p. 689.

[116] STRAUSS, Andrew. Climate Change Litigation: Opening the Door to the International Court of Justice. In: BURNS, William; OSOFSKY, Hari (Ed.). *Adjudicating Climate Change*: State, National, and International Approaches. Reprint. ed. Cambridge and New York: Cambridge University Press, 2011. cap. 15, p. 334-356. ISBN 1107638666. p. 339.

[117] CLIMATE CHANGE KNOWLEDGE PORTAL. Sea Level Rise: Tuvalu. Disponível em: https://climateknowledgeportal.worldbank.org/country/tuvalu/impacts-sea-level-rise. Acesso em: 20 out. 2022.

[118] OXFAM COMMUNITY AID ABROAD, ADRIFT IN THE PACIFIC: THE IMPLICATIONS OF AUSTRALIA'S PACIFIC REFUGEE SOLUTION 9, Feb. 2002. Disponível em: http://www.lib.washington.edu/southeastasia/Adrift.html. Acesso em: 21 out. 2022.

recusavam a ratificar o Protocolo de Quioto[119]. Por mudanças de poder internas e por pressões internacionais, Tuvalu abandonou a tentativa de instauração de uma litigância contenciosa.

Tais fatos demonstram que, em que pese a questão de problemáticas ambientais serem levadas à jurisdição da CIJ, pleitos concernentes às mudanças climáticas permanecem pouco explorados. Para Verheyen e Zengerling, a principal razão para isso é a acessibilidade limitada dos casos climáticos perante a CIJ[120]. Isso ocorre por diversos motivos, como: (i) pressão política intrínseca aos Estados para que não iniciem processos contra outras nações; e (ii) busca de medidas de negociação política para a mitigação ao invés do procedimento contencioso[121].

Embora seja sabida a possibilidade não exaustiva de queixas de teor ambiental/climático, é possível inferir que as nações soberanas preferem soluções diplomáticas. Bem assevera Elborough acerca da dificuldade em determinar de forma precisa a causa de um dano ambiental, bem como a multiplicidade de atores envolvidos nos atos, o que dificulta a responsabilização de um Estado[122]. Elborough discorre sobre a insurreição do conceito de "causabilística probabilística", que se traduz na identificação de pelo menos 50% da contribuição ao risco de dano, de modo a determinar, como consequência, a responsabilidade pelos danos causados.

Ante o exposto, é possível observar que os litígios ambientais são levados de forma recorrente à jurisdição da Corte Internacional de Justiça, tal como se pode vislumbrar nos casos *Gabcikovo-Nagymaros*, *Pulp Mills on the River Uruguay*, dentre outros. Contudo, a CIJ até o presente momento ainda não proferiu nenhuma decisão responsável por analisar a temática concernente às mudanças climáticas. Apesar de existir a possibilidade de acesso a Estados vulneráveis em questões de mudanças climáticas tanto na jurisdição contenciosa como na jurisdição consultiva da CIJ, até o presente momento nenhum Estado agiu nesse sentido.

9. COMÉRCIO INTERNACIONAL E MEIO AMBIENTE

O tema da proteção internacional do meio ambiente, por seus aspectos intrusivos, a interdisciplinaridade que envolve a matéria e os múltiplos assuntos da vida societária

---

[119] OKAMATSU, Akiko. Problems and prospects of international legal disputes on climate change. Ocean Policy Research Foundation, Tokyo, disponible à http://userpage. fuberlin. 2013 Disponível em: de/ffu/akumwelt/bc2005/papers/okamatsu_ bc2005.pdf. Acesso em: 21 out. 2022, p. 4.

[120] VERHEYEN, Roda; ZENGERLING, Cathrin. International Climate Change Cases. In: Climate change: international law and global governance. Nomos Verlagsgesellschaft mbH & Co. KG, 2013. p. 782.

[121] Ibid., p. 782.

[122] ELBOROUGH, L. International Climate Change Litigation: Limitations and Possibilities for International Adjudication and Arbitration in Addressing the Challenge of Climate Change. *New Zealand Journal of Environmental Law*, 21, 2017, p. 100-101.

dos Estados, e, em especial, nas suas relações internacionais, acabaria por implicar um confronto com normas que, na atualidade, regulam o comércio internacional de mercadorias e bens imateriais[123].

Indubitavelmente, diante dos reflexos da relação homem x natureza – o modo de produção, o crescimento, a economia desenfreada ante a ausência de estudos sobre impactos ao meio ambiente –, tem-se a necessidade de estabelecer regras para as intervenções nas relações de comércio internacional com vistas a um crescimento assegurando a sustentabilidade.

Essas regras, contudo, sofrem processo de amadurecimento lento, tendo em vista os inúmeros conflitos de interesses em relação aos campos explorados, sendo necessário um órgão a desenvolver o papel de mediador de conflitos, visando a pacificação e a efetiva implantação de mecanismos eficazes no combate à exploração desordenada.

A Organização Mundial do Comércio, estruturada a partir do Acordo Geral de Tarifas e Comércio, com o inicial objetivo de promover a diminuição progressiva de tarifas para os mais diversos produtos, em especial os manufaturados, possui uma gama de matérias elencadas em seus acordos maiores que seu antecessor, GATT, incluindo temas de grandes conflitos para o comércio internacional, os quais foram incluídos ao longo da Rodada Uruguai de negociações multilaterais.

Entre os membros do GATT havia uma intensa discussão ao tratar da compatibilidade do desenvolvimento econômico e da sustentabilidade ecológica, conforme dispõe Guido Soares: "Desde a Conferência da ONU sobre Meio Ambiente Humano, as Partes Contratantes, no foro especial do então GATT, foram despertadas para as necessidades de harmonizar as normas sobre proteção internacional do meio ambiente (cada vez mais numerosas e invasoras de outros campos) com aquelas reguladoras da higidez das relações comerciais internacionais. Havia no universo hermético e técnico do GATT uma intrusão da temática do meio ambiente, cuja relevância exigia um posicionamento dos Estados e seus parceiros comerciais: tratava-se de um fenômeno irreversível, o assim denominado *greening the GATT* que pedia uma solução pelo próprio GATT"[124].

Dentre os assuntos incluídos relacionados aos conflitos comerciais internacionais, pode-se inferir o mais interessante a ser discutido: a relação entre a Organização Mundial

---

[123] GUERRA, Sidney. *Direito internacional ambiental*. Rio de Janeiro: Freitas Bastos, 2006, p. 23.

[124] SOARES, Guido. *A proteção internacional do meio ambiente*. São Paulo: Manole, 2003, p. 178: "No antigo GATT e na atual OMC, a regra mais importante na regulamentação das relações comerciais internacionais é o princípio da mais total liberdade do comércio internacional e a consequente proibição de discriminação de Estados. No sistema do GATT, tal desiderato se perfazia, dentre outras medidas, com a proibição de os Estados criarem barreiras artificiais ao livre trânsito de mercadorias corpóreas, e, no sistema da OMC, não só de mercadorias, mas igualmente de investimentos, de serviços, e dos direitos de propriedade intelectual (como patentes, marcas, apelações de origem, direitos autorais). Além das proibições mencionadas, há mecanismos de negociações periódicas, para se diminuir, em todos os países, os níveis das tarifas (impostos de importação e exportação e taxas associadas ao movimento internacional de bens corpóreos e incorpóreos), com vistas a promover-se maiores volumes de transações no comércio internacional".

do Comércio e o Meio Ambiente e sua proteção. Busca-se a concretização do ideal de desenvolvimento sustentável; todavia, não há um acordo específico sobre o tema.

Sem embargo, a Organização Mundial do Comércio possui importante papel no cenário internacional comercial, bem como nas questões que envolvem o meio ambiente, uma vez que há uma tendência progressiva no tratamento desses assuntos no âmbito das negociações comerciais. Esse fenômeno causa repercussão crescente na formulação de políticas e regulamentações públicas, no comportamento das sociedades, nos padrões de consumo e produção, e na competitividade dos países[125].

Assim, observando-se a recente tendência, é emblemática a produção de acordos e entendimentos pela OMC no campo da proteção ambiental, tais como a Convenção sobre Comércio Internacional de Espécies em Extinção da Fauna e da Flora Silvestre (CITES), a Convenção sobre Biodiversidade (CDB), o Protocolo de Cartagena, o Protocolo de Montreal sobre Substâncias que Afetam a Camada de Ozônio e a Convenção da Basileia sobre o Controle do Movimento Transfronteiriço de Dejetos Perigosos, configurando-se como exemplos concretos dessa recente tendência de agregar o meio ambiente nas discussões comerciais[126].

Em contrapartida, não se pode olvidar que à época do GATT, que deu lugar à OMC, em 1994, a simbiose entre o comércio internacional e a proteção do meio ambiente não recebia importância. A transição ocorreu ainda na década de 1990, quando se iniciou uma discussão acerca da criação de um órgão ambiental especializado no âmbito da nova organização internacional.

Criado em 1971, o Grupo sobre Medidas Ambientais e Comércio Internacional (EMIT) tratava dos assuntos de forma restrita e despretensiosa. Durante a Rodada de Tóquio (1973-1979), houve preocupação dos participantes em questionar em que nível as medidas ambientais poderiam apresentar obstáculos ao comércio, no que concerne às normas e às regulamentações técnicas.

Na Rodada do Uruguai (1986-1994), a questão ambiental foi trazida à tona novamente e, como consequência, modificações foram feitas no Acordo sobre Barreiras Técnicas ao Comércio e certas questões ambientais foram tratadas no Acordo Geral sobre Comércio de Serviços, no Acordo sobre Medidas Sanitárias e Fitossanitárias, no Acordo sobre Subsídios e Medidas Compensatórias e no Acordo sobre os Aspectos dos Direitos de Propriedade Intelectual. A evolução, contudo, ainda não era significativa.

Em 1991, houve uma disputa que evidenciou a importância da questão ambiental no comércio. O caso *tuna-dolphin*, disputado pelos Estados Unidos e pelo México, tratou

---

[125] QUEIROZ, Fábio Albergaria de. *Meio ambiente e comércio na agenda internacional*: a questão ambiental nas negociações da OMC e dos blocos econômicos regionais. Ambient. soc., Campinas, v. 8, n. 2, Dec. 2005. Disponível em: <http://www.scielo.br/scielo.php?script=sci_arttext&pid=S1414-753X2005000200007&lng=en&nrm=iso>. Acesso em: 4 nov. 2011.

[126] Idem, ibidem.

de um embargo que os EUA impuseram ao atum importado do México por este ser capturado com redes de cerco, causando fortuitamente a morte de golfinhos. O México recorreu ao GATT com o argumento de que o embargo seria inconsistente com as regras do comércio internacional. O painel decidiu a favor do México, porém foi duramente criticado por grupos ambientalistas que defendiam que as regras comerciais ofereciam obstáculos à proteção ambiental.

Ao mesmo tempo que corria o caso supracitado, avanços ocorreram no âmbito da proteção ambiental, como a discussão da relação entre crescimento econômico, desenvolvimento social e meio ambiente, que teve início na Conferência de Estocolmo, com desdobramentos e repercussões nas décadas de 1970 e 1980.

Em 1987, o Relatório Brundtland, que cunhou o termo "desenvolvimento sustentável", identificou a pobreza como uma das causas mais influentes da degradação ambiental e argumentou que um maior crescimento econômico, fomentado, até certo ponto, pelo comércio internacional, poderia gerar os recursos necessários para combater a pobreza.

Neste contexto, o EMIT passou a ter maior relevo em suas ações. Além disso, no ano de 1992, quando da realização da Conferência das Nações Unidas sobre Meio Ambiente e Desenvolvimento, houve o alerta para a importância do comércio internacional em promover o combate da degradação ambiental, que ficou registrado em seu programa de ação (Agenda 21). Todos esses fatores integrados trouxeram maior visibilidade para a proteção ambiental no cerne da organização, que culminou na inclusão da ideia do desenvolvimento sustentável no preâmbulo do Acordo Constitutivo da OMC.

Ainda nos Acordos de Marraquexe de 1994, a Decisão Ministerial sobre Comércio e Meio Ambiente criou o Comitê de Comércio e Meio Ambiente (*Committee on Trade and Environment* – CTE). O documento apregoa que se busque a harmonia das competências da própria OMC e do Comitê e que sejam evitadas contradições das medidas comerciais e dos princípios básicos da organização[127]. Novas frentes foram abertas para a proteção ambiental no comércio internacional com a criação do referido Comitê, sendo concebido um programa de trabalho seccionado em itens, quais sejam: *trade rules, environment agreements and disputes; environmental protection and the trading system; how taxes and other environmental requirements fit in; transparency of environmental trade measures; environment*

---

[127] WORLD TRADE ORGANIZATION. *Ministerial Decision on Trade and Environment*. Disponível em: <http://www.wto.org/english/tratop_e/envir_e/issu5_e.htm>. Acesso em: 4 nov. 2011: "There should not be, nor need be, any policy contradiction between upholding and safeguarding an open, non-discriminatory and equitable multilateral trading system on the one hand, and acting for the protection of the environment, and the promotion of sustainable development on the other, desiring to coordinate the policies in the field of trade and environment, and this without exceeding the competence of the multilateral trading system, which is limited to trade policies and those trade-related aspects of environmental policies which may result in significant trade effects for its members".

and trade liberalization; domestically prohibited goods; intellectual property; services; the WTO and other organizations.

Tais itens recebem tratamento diferente, como se pode perceber pela Declaração Ministerial de Doha, de 2001, que solicitou que o Comitê focasse nos itens referentes à forma pela qual as taxas e outras exigências ambientais se encaixam ao meio ambiente, à liberalização comercial e à propriedade intelectual. Tais itens em foco abarcam as exigências ambientais e o acesso ao mercado, prevenindo o denominado "protecionismo verde".

Frise-se, por oportuno, que o interesse nas discussões ambientais aconteceu de maneira paulatina até que se tornou assunto relevante em discussões e disputas na OMC, que acabou por culminar na criação do CTE. As negociações que envolvem todas as áreas de comércio (bens, serviços e propriedade intelectual) e meio ambiente ocorrem nas Sessões Especiais do CTE e tratam da relação entre os acordos da OMC e outros acordos que cubram questões ambientais e o acesso a bens ambientais.

Além da importância do CTE, registra-se que, de acordo com as regras da OMC, já confirmadas em decisões da própria organização, os Membros podem adotar medidas comerciais, discutidas no CTE, visando proteger o meio ambiente ao se sujeitarem a certas condições específicas. Tais medidas podem restringir o comércio, causando impacto nos direitos de outros Membros, visto que podem violar princípios básicos de comércio, como o da não discriminação e a proibição de restrições quantitativas. Para solucionar esse tipo de controvérsia, há a possibilidade de abrir exceções às regras da OMC para evitar impasses. Como exemplo, tem-se a disputa que envolve a importação de pneus recauchutados pelo Brasil, que reconheceu essa tensão e confirmou a importância das exceções às regras no contexto do comércio e meio ambiente.

A possibilidade do não cumprimento das regras da OMC é regulada pelo Artigo XX do Acordo Geral sobre Tarifas e Comércio, que versa sobre as exceções gerais. Questões como a necessidade de proteção à vida à saúde humana, animal ou vegetal, e a conservação de recursos naturais não renováveis (no caso em que as medidas sejam aplicadas conjuntamente com restrições à produção ou ao consumo nacional) recebem prioridade pela OMC, sendo, portanto, possível a dispensa da obrigação de cumprir as normas da organização, quando houver conflito entre regras comerciais e o resguardo de tais questões. O Artigo XX também garante que medidas ambientais que sejam inconsistentes com as regras comerciais não devem tentar mascarar protecionismo.

As exceções, cujo objetivo é gerar um equilíbrio entre os direitos dos Membros de criar medidas regulatórias para proteger o meio ambiente e o direito de outros Membros respaldados pelas regras básicas de comércio, já foram adotadas em casos importantes que serão demonstrados a seguir (caso Estados Unidos – gasolina; caso Estados Unidos – camarão; caso União Europeia – asbestos; e caso Brasil – pneus recauchutados).

Não se pode olvidar que as normas que regulam o Comércio Internacional são dotadas de flexibilidade, permitindo a instauração de medidas unilaterais aos países participantes, fundamentadas em relações de políticas públicas, relacionadas tanto aos produtos internos quanto aos externos.

A dicotomia comércio *versus* meio ambiente apresenta-se de forma latente, uma vez que o sistema multilateral de comércio, ao contrário do sistema multilateral ambiental, conta com um vasto conjunto normativo vinculante para os seus membros e com um sistema de solução de controvérsias cujas decisões são de cumprimento obrigatório e execução praticamente imediata[128].

De fato, os principais conflitos existentes entre o comércio internacional e o meio ambiente referem-se a tratados ambientais específicos contra a própria lógica do direito econômico. A aplicação de medidas unilaterais, a extraterritorialidade da aplicação das medidas ou o fato de atingir Estados não membros de um tratado, a designação de certos produtos como não comercializáveis, a proibição ou discriminação de certos métodos de produção, a diferenciação de certos produtos quimicamente equivalentes, a obrigação de cooperar e a determinação de qual o foro competente para a solução de controvérsias estão entre os pontos em que os conflitos são mais marcantes.

De acordo com as normas reguladoras do comércio internacional, evidencia-se que existe um peculiar sistema de aplicação de sanções internacionais contra os integrantes da Organização Mundial do Comércio (OMC) inadimplentes das obrigações que lhes incumbem na área do comércio internacional, sistema que não encontra paralelo em outros sistemas, inclusive aqueles concebidos para dar eficácia às normas do Direito Internacional do Meio Ambiente.

Com isso, as implicações das normas votadas na OMC constituem um tema de interesse direto para o tema da proteção internacional do meio ambiente, seja no que diz respeito a compatibilidades entre normas internacionais, votadas em foros distintos e com objetivos diversos, seja no que se refere às sanções que poderão ser aplicadas contra membros inadimplentes de suas obrigações na esfera da OMC e que, em princípio, estarão em pleno regime de legalidade e adimplência, no campo das obrigações de proteção internacional do meio ambiente.

Alguns tratados e convenções internacionais multilaterais sobre o meio ambiente, por diversos motivos, encontram-se diretamente ligados à temática do comércio internacional e às proibições da OMC, dados os efeitos diretos de sua aplicação nas relações comerciais internacionais. Exemplo disso é o fato de determinados tratados serem opostos à regra de livre circulação de mercadorias, já que não permitem que algumas sejam importadas/exportadas.

Por fim, para encerrar este tópico, interessante apresentar ao menos um caso que tenha pertinência com a questão. Trata-se de disputa que envolveu a União Europeia e o Canadá em face do banimento, pela França, da importação de produtos contendo asbesto. Este material, também conhecido como amianto, é uma fibra mineral natural

---

[128] OLIVEIRA, Barbara. Competência ambiental e regras ambientais da OMC. In: BARRAL, Welber; PIMENTEL, Luiz Otávio. *Direito ambiental e desenvolvimento*. Florianópolis: Fundação Boiteux, 2006, p. 78.

sedosa que, por suas propriedades físico-químicas, sua abundância na natureza e baixo custo, tem sido largamente utilizada na indústria, principalmente na construção civil. Contudo, apesar de sua utilidade industrial, pesquisas comprovam seu caráter cancerígeno, sendo extremamente prejudicial à saúde humana.

Mesmo tendo sido um grande importador de amianto, a França publicou, em 1996, um decreto proibindo sua importação e de qualquer produto que contivesse o amianto, por conta dos seus malefícios, e passou a utilizar em sua indústria um produto substituto menos prejudicial. Em 1998, o Canadá iniciou os procedimentos no DSB contra a União Europeia, em face do decreto francês, recebendo apoio dos Estados Unidos, Brasil e Zimbábue, que entraram como terceiros na disputa.

O Canadá alegou que o decreto seria uma violação dos Artigos XI e III.4 do Acordo Geral sobre Tarifas Aduaneiras e Comércio. O primeiro refere-se à eliminação geral das restrições quantitativas, ou seja, nenhum Membro pode proibir ou restringir a importação de um produto originário de outro Membro ou a exportação de produto destinado a outro Membro, a não ser que sejam restrições em consequência de direitos alfandegários, impostos ou taxas. O segundo artigo faz referência ao tratamento nacional no tocante à tributação e regulamentação internas, o que significa que produtos importados não usufruem de tratamento menos favorável que o concedido a produtos similares de origem nacional, no que diz respeito às leis, ao regulamento e às exigências relacionadas com o comércio e a utilização no mercado interno.

Além das violações supracitadas, o Canadá também alegou que a União Europeia não poderia se defender com o argumento das exceções gerais (Artigo XX, b), que admite exceções na defesa da saúde humana. O país norte-americano também acusou que o decreto não seria compatível com o Artigo 2.2 do Acordo sobre Barreiras Técnicas ao Comércio, visto que imporia desnecessário obstáculo ao comércio internacional; com o Artigo 2.4, pois não se basearia nos padrões internacionais; e com o Artigo 2.1, uma vez que violaria a cláusula da nação mais favorecida, que estabelece que qualquer vantagem ou privilégio que afete direitos aduaneiros ou outras taxas concedidos a um Membro deve ser acordado também imediata e incondicionalmente a produtos similares comercializados com qualquer outro Membro.

Apesar da violação do Artigo III, que requer aos Membros garantia de tratamento equivalente de produtos importados e produtos nacionais semelhantes – destaca-se que o produto substituto utilizado pela França foi considerado um produto nacional semelhante –, o painel decidiu a favor da União Europeia.

Nesse campo, evidenciou-se que os riscos à saúde associados aos asbestos não foram relevantes, tendo em vista a semelhança dos produtos. Apesar da referida violação, o painel afirmou que o banimento francês poderia ser justificado sob a luz do Artigo XX, *b*, defendendo que a medida francesa poderia ser vista como "necessária à proteção da saúde e da vida das pessoas e dos animais e à preservação dos vegetais"[129].

Não satisfeito com o parecer do painel, o Canadá recorreu ao Órgão de Apelação que apenas confirmou o parecer anterior sustentando argumentos diferentes daqueles do painel. Primeiro, o órgão reverteu a opinião no tocante à não diferenciação entre os asbestos e o produto substituto, afirmando haver, de fato, distinção entre ambos, tendo em vista a nocividade daquele. Afirmou-se também que o caso deveria ter sido analisado conforme o Acordo sobre Barreiras Técnicas ao Comércio, porém tal fato não pode ser alterado, uma vez que o Órgão de Apelação não possui mandato para examinar questões técnicas em uma disputa.

O caso foi encerrado em 2001, com o DSB aderindo à decisão do painel e da subsequente modificação elaborada pelo Órgão de Apelação, favoráveis à União Europeia. Portanto, pode-se inferir que a proteção da saúde humana, animal e vegetal figurou como uma questão relevante nas discussões travadas na disputa.

10. O "REFUGIADO" AMBIENTAL

O refúgio é um instituto que persiste ao longo dos anos, pelo fato de termos vários problemas que afligem o indivíduo que acaba por promover a troca de ambientes para que possa ter a esperança de continuar vivo.

Refugiado é todo indivíduo que, em decorrência de fundados temores de perseguição, seja relacionada à sua raça, religião, nacionalidade, associação a determinado grupo social ou opinião política, encontra-se fora de seu país de origem e que, por causa dos ditos temores, não pode ou não quer a ele regressar.

O Alto Comissariado das Nações Unidas para os Refugiados está, de certo modo, incumbido de assegurar que os refugiados sejam protegidos pelo seu país de acolhimento e, tanto quanto possível, apoia o Governo em causa.

Deve-se enfatizar que o Alto Comissariado não é uma organização de natureza supranacional e não substitui as competências e responsabilidades do Estado no que se refere à proteção da pessoa humana.

Portanto, os Estados não devem repatriar ou forçar o regresso de refugiados para territórios onde possam enfrentar situações de perigo; não devem fazer discriminação entre grupos de refugiados; devem assegurar que os refugiados se beneficiem, pelo menos, de direitos econômicos e sociais semelhantes aos dos outros estrangeiros residentes no país de acolhimento e devem cooperar com o ACNUR[130].

---

[129] WORLD TRADE ORGANIZATION. *European Communities – Measures Affecting Asbestos and Products Containing Asbestos.* Disponível em: <http://www.wto.org/english/tratop_e/ dispu_e/cases_e/ds135_e.htm>. Acesso em: 29 jan. 2012.

[130] Disponível em: <http://www.cidadevirtual.pt/acnur>.

Como apresentado nesta obra, a Convenção relativa ao estatuto dos refugiados, de 1951, define refugiado como qualquer pessoa que: a) foi considerada refugiada nos termos dos ajustes de 12 de maio de 1926 e de 30 de junho de 1928, ou das Convenções de 28 de outubro de 1933 e de 10 de fevereiro de 1938 e do Protocolo de 14 de setembro de 1939, ou ainda da *Constituição da Organização Internacional dos Refugiados*; b) as decisões de ina-bilitação tomadas pela *Organização Internacional dos Refugiados* durante o período do seu mandato não constituem obstáculo a que a qualidade de refugiados seja reconhecida a pessoas que preencham as condições previstas no "§ *2 da presente seção*"; c) em consequ-ência dos acontecimentos ocorridos antes de 1º de janeiro de 1951 e temendo ser persegui-da por motivos de raça, religião, nacionalidade, grupo social ou opiniões políticas, encon-tra-se fora do país de sua nacionalidade e que não pode ou, em virtude desse temor, não quer valer-se da proteção desse país, ou que, se não tem nacionalidade e se encontra fora do país no qual tinha sua residência habitual em consequência de tais acontecimentos, não pode ou, devido ao referido temor, não quer voltar a ele; d) no caso de uma pessoa que tem mais de uma nacionalidade, a expressão "do país de sua nacionalidade" se refere a cada um dos países dos quais ela é nacional. Uma pessoa que, sem razão válida fundada sobre um temor justificado, não se houver valido da proteção de um dos países de que é nacional, não será considerada privada da proteção do país de sua nacionalidade.

A referida Convenção não previu situações que possam fazer com que pessoas sejam deslocadas em decorrência de calamidades naturais e, portanto, que envolvam o meio ambiente.

Ainda assim, a ocorrência cada vez mais comum de catástrofes ambientais, seja por interferência antrópica ou causas naturais, tem feito com que grupos de pessoas tenham que se deslocar para estabelecer habitação em outros locais, ou seja, além dos casos que estão arrolados no documento internacional que regula a matéria, não se pode olvidar de que hoje existe uma nova categoria de refugiados que se manifestam em razão dos mais diversos problemas pertinentes aos fenômenos da natureza: o refugiado ambiental.

É bem verdade que o fenômeno do deslocamento por motivos ambientais não é novo, visto que sempre ocorreu no decorrer da história; todavia, hodiernamente tem-se observado uma intensificação desse tipo de fluxo migratório, o que tem ensejado a dis-cussão jurídica a respeito de sua inclusão enquanto categoria.

O termo "refúgio ambiental" foi popularizado em 1985 pelo autor egípcio Essam El-Hinnawi, professor do Egyptian National Research Centre em Cairo. Englobaria, assim, "aquelas pessoas que foram forçadas a abandonar seu habitat tradicional, tempo-rária ou permanentemente, devido a uma grave interrupção ambiental natural ou desen-cadeada por pessoas, que comprometeram sua existência e afetaram seriamente a quali-dade de sua vida. 'Interrupção ambiental' significa qualquer mudança física, química ou biológica no ecossistema (ou a base de recursos) que o representam, temporariamente ou permanentemente, impróprios para suportar a vida humana"[131].

No caso do refugiado ambiental, verifica-se que as motivações que levam uma pessoa a se retirar de sua casa, de seu país, são parecidas com os casos já consagrados na Convenção de 1951, sendo certo afirmar que essas pessoas que saíram de seus respectivos lugares de origem o fizeram em decorrência das mudanças ambientais que tornaram suas vidas ameaçadas ou insustentáveis.

Diante desse quadro, também é possível que as pessoas façam um deslocamento interno (no âmbito doméstico do Estado) ou deslocamentos externos, onde se evidencia a mudança de um país e, por consequência, a busca de um refúgio.

Nessa lógica, Astri Suhrke destaca que existem duas perspectivas quanto à temática do refugiado ambiental, a minimalista e a maximalista. A primeira, segundo a autora, entende que a degradação ambiental por si só não é um fator determinante para as migrações, estando atrelada a outros fatores, como, por exemplo, econômicos e sociais. A segunda, por sua vez, considera a degradação ambiental como causa imediata da migração[132].

A matéria ganhou vulto (especialmente) no cenário internacional a partir das trágicas consequências que foram produzidas com a "grande tsunami". No dia 20 de dezembro de 2005, em caderno especial, o Jornal *O Globo* publicou a matéria "A fúria da Terra": "Numa manhã de sol de fim de dezembro, a Humanidade aprendeu que os paraísos não estão livres do apocalipse. A Terra rugiu, se contorceu e refez sua face. Quase 300 mil pessoas morreram e milhões tiveram a vida transformada. Um terremoto no fundo do mar de 9,3 graus na escala Richter gerou as mais devastadoras tsunamis ocorridos desde que a espécie humana moderna surgiu, há cerca de 200 mil anos. Muito mais do que um evento que só se vê uma vez a cada geração, a Grande Tsunami do Índico foi uma catástrofe épica, do tipo que não se conta em anos, mas em eras. (...) A Grande Tsunami marcou o início de 12 meses que entraram para a História como o ano da fúria da Terra. Furacões de violência extrema varreram outros paraísos; terremotos despedaçaram ilhas e tiraram muitos milhares de vidas. O ano das catástrofes provou que, como nossos ancestrais, o homem do século XXI permanece incapaz de fazer frente à natureza".

---

[131] Essam El-Hinnawi *apud* CARDY, 1994, p. 2: "'Environmental Refugees' are those people who have been forced to leave their traditional habitat, temporarily or permanently, because of a marked environmental disruption (natural and/or triggered by people) that jeopardized their existence and/or seriously affected the quality of their life. By 'environmental disruptions' in this definition is meant any physical, chemical and/or biological changes in the ecosystem (or the resource base) that render it, temporarily or permanently, unsuitable to support human life". Tradução livre. Disponível em: TERMINSKI, Bogumil. *Development: Induced Displacement and Resettlement*. Stuttgart: Verlag, 2015. (e-book).

[132] SUHRKE, Astri. *Pressure Points*: Environmental Degradation, Migration and Conflict, 1993. p. 4-6. Disponível em: <https://www.cmi.no/publications/file/1374%20pressure-points-environmental-degradation.pdf>. Acesso em: 29 set. 2017.

De fato, o ano de 2005 fica marcado para a história como sendo o ano da fúria do planeta Terra, em que centenas de milhares de pessoas foram deslocadas em razão do furacão Katrina, nos Estados Unidos da América e mais de um milhão de pessoas foram "expulsas" de suas casas em áreas que foram atingidas pela Grande Tsunami.

A situação de destruição, miséria, sofrimento e dor de milhões de pessoas pôde ser acompanhada em todo o planeta, em tempo real, em decorrência do avanço da tecnologia e da própria realidade que se apresenta no mundo globalizado.

Como assinalado neste estudo, o conceito de refugiado está associado a problemas de natureza social, política e econômica e não contempla a saída do país em razão de problemas ambientais irreversíveis.

Do mesmo modo, não é dado o tratamento necessário quando esses deslocamentos ocorrem no âmbito interno do Estado, isto é, a formulação de um conceito de refugiado para ser aplicado no trânsito de pessoas dentro do mesmo país, como, por exemplo, em países continentais como o Brasil.

José Antônio Tietzmann e Silva, por sua vez, em defesa da existência de uma categoria de migrantes por razões ambientais, argumenta que "mesmo que os motivos que tenham ensejado o processo migratório decorram de interesses pessoais, familiares, sociais, condições econômicas etc. das pessoas, desde que haja um motivo preponderante que se vincule à degradação substancial das condições do ambiente em que viviam, estar-se-á diante de migrantes ambientais"[133].

Assim, ainda que existam outros fatores, prevalecendo razões ambientais, a existência dessa categoria não deve ser desconsiderada.

Alguns autores[134] defendem essa categorização, tendo em conta que a Convenção preceitua o conceito de refugiados para os fins daquela Convenção. Logo, não deve haver óbice ao uso do termo refugiado em outro contexto. Esses indivíduos seriam, então, refugiados não convencionais, dado que são refugiados, mas não se encontram entre os preceituados pela Convenção da ONU.

A respeito dessa controvérsia existente quanto à melhor denominação, Álvaro Mirra[135] explica que duas estratégias são pensadas sob o enfoque do direito internacional. A primeira delas é a modificação de instrumentos convencionais já existentes, como a já mencionada convenção da ONU. A segunda estratégia é elaborar uma nova convenção internacional específica sobre o assunto. Nesse sentido, aponta que existe um Projeto de

---

[133] SILVA, José Antônio Tietzmann. Os refugiados ambientais à luz da proteção internacional dos direitos humanos. *Revista dos Tribunais*, v. 86, 2017.

[134] CLARO, Carolina. *A proteção dos "refugiados ambientais" no Direito Internacional*, 2015, p. 71. Disponível em: <http://www.teses.usp.br/teses/disponiveis/2/2135/tde-08042016-155605/pt-br.php>. Acesso em: 25 set. 2017.

[135] MIRRA, Álvaro Luiz Valery. *A questão dos "refugiados" climáticos e ambientais no Direito Ambiental*. Disponível em: <https://www.conjur.com.br/2017-abr-22/ambiente-juridico-questao-refugiados-climaticos-ambientais-direito--ambiental>. Acesso em: 30 out. 2017.

Convenção Internacional sobre o Estatuto Internacional dos Deslocados Ambientais[136], elaborado por um grupo de juristas do direito ambiental e direitos humanos ligados à Universidade de Limoges, na França.

Assim, seria consagrado um estatuto jurídico específico para os deslocados ambientais, não se restringindo em âmbito regional, mas disponível para a adoção de todos os países.

Quanto ao uso da expressão refúgio, Carolina Claro esclarece que o termo é oriundo de *refugiare*, que tem o sentido de buscar abrigo ou proteção, não sendo razoável, deste modo, ter emprego exclusivo de um tratado internacional que, ainda que essencial a temática à qual se refere, restringe a proteção a situações específicas de outra conjuntura, que envolve aspectos históricos, políticos e sociais diferentes.

De acordo com a autora, é importante o reconhecimento e categorização dessas pessoas, tendo em vista que são migrantes em condições de vulnerabilidade, o que gera a necessidade de garantia de direitos e obrigações, principalmente por parte dos Estados. Contudo, há de se destacar que, enquanto não há essa categorização, outros meios gerais de garantias de direitos não devem ser desconsiderados. Nesse sentido, destaca que, apesar de não haver proteção específica em âmbito internacional, no intento de garantir o gozo e o exercício dos direitos da pessoa humana, é preciso considerar a complementariedade da proteção existente no direito internacional geral através de outros mecanismos como o Direito Internacional dos Direitos Humanos, o Direito Internacional dos Refugiados, o Direito internacional Humanitário, o Direito Internacional das Migrações, o Direito Internacional do Meio Ambiente, o Direito internacional das Mudanças Climáticas e o Direito dos Desastres Ambientais, como uma forma alternativa de proteção diante do hiato existente[137].

Nessa perspectiva, Erika Ramos pontua que os migrantes por motivos ambientais precisam de um regime internacional de proteção, pois apenas lhes é oferecida uma proteção jurídica reflexa[138].

A despeito da existência de outros meios distintos de proteção, ainda assim se faz necessário pensar em uma tutela específica para esse grupo de pessoas, levando-se em conta suas peculiaridades e garantindo, assim, maior amparo jurídico. Ramos[139] ressalta que essa categoria continua em situação de indefinição jurídica, pois não se beneficiam

---

[136] *Projet de Convention Relative au Statut International des Déplacés Environnementaux*. Disponível em: <http://www.observatorioeco.com.br/wp-content/uploads/up/2010/09/projet-de-convention-relative-au-statut-international--des-daplacas-environnementaux2.pdf>. Acesso em: 30 out. 2017.

[137] CLARO, Carolina. *A proteção dos "refugiados ambientais" no Direito Internacional*, 2015, p. 71. Disponível em: <http://www.teses.usp.br/teses/disponiveis/2/2135/tde-08042016-155605/pt-br.php>. Acesso em: 25 set. 2017, p. 87.

[138] RAMOS, Erika Pires. *Refugiados ambientais*: em busca de reconhecimento pelo Direito Internacional. 2011, p. 70. Disponível em: <http://www.teses.usp.br/teses/disponiveis/2/2135/tde-10082012-162021/pt-br.php>. Acesso em: 29 set. 2017.

[139] RAMOS, Erika Pires. *Refugiados ambientais*: em busca de reconhecimento pelo Direito Internacional. 2011, p. 70. Disponível em: <http://www.teses.usp.br/teses/disponiveis/2/2135/tde-10082012-162021/pt-br.php>. Acesso em: 29 set. 2017.

da proteção definida pelo regime convencional existente e também não há um regime internacional de proteção específico para pessoas nessa condição.

Norman Myers, por sua vez, chama a atenção para o fato de que o reconhecimento dessa categoria pode voltar a atenção para o número de pessoas que sofrem com essa questão e, consequentemente, para uma análise e preocupação maior com os danos causados ao meio ambiente[140].

O referido autor analisa o refúgio ambiental como uma questão de segurança, pois, embora derive principalmente de problemas ambientais, gera inúmeros problemas de caráter político, econômico e social nos países que recebem essas pessoas. Com isso, poderia facilmente se tornar uma causa de turbulência e confronto, levando a conflitos e violência.

Nessa lógica, o Painel Intergovernamental sobre Mudanças Climáticas, o Conselho Consultivo de Ciências da ONU, projeta um aumento no número de deslocados ao longo deste século. De acordo com o IPCC, as mudanças climáticas irão forçar as pessoas ao deslocamento, aumentar a pobreza e majorar os fatores que levam ao conflito, tornando ainda mais complexas as necessidades humanitárias e as respostas nessas circunstâncias[141].

Diante de situações semelhantes às narradas acima, Myers defende a necessidade de políticas preventivas à necessidade de migrar e, para isso, a questão do meio ambiente não deve ser ignorada. De igual modo, não devem ser negligenciados os refugiados ambientais pelo fato de não existir uma forma institucionalizada de lidar com eles.

O surgimento deste meio formal, principalmente pelo reconhecimento como categoria de refugiados, ocasionará algumas consequências. A primeira, conforme acentua Claro, os deslocados ambientais, por não estarem incluídos no rol da ONU de refugiados, não contam com a proteção que este instituto pode conferir, como, por exemplo, a garantia de não devolução por parte do Estado que o recebeu, o já mencionado princípio do *non refoulement*[142].

Nessa lógica, os Estados não podem impedir a entrada de refugiados, mas de estrangeiros comuns, o que torna os deslocados ambientais ainda mais frágeis, dada essa discricionariedade existente por parte do Estado. Isto posto, é possível inferir que o reconhecimento dessa categoria proporcionará meios mais efetivos de assistência, pois haverá uma vinculação do Estado em prestá-la.

---

[140] MYERS, Norman. *Environmental Refugees*: An Emergent Security Issue. 2005, p. 3. Disponível em: <http://www.osce.org/eea/14851?download=true>. Acesso em: 2 maio 2017.

[141] UNHCR. *Environment, Disasters and Climate Change*. Disponível em: <http://www.unhcr.org/environment-disasters-and-climate-change.html>. Acesso em: 25 set. 2017.

[142] CLARO, Carolina. *A proteção dos "refugiados ambientais" no Direito Internacional*, 2015, p. 71. Disponível em: <http://www.teses.usp.br/teses/disponiveis/2/2135/tde-08042016-155605/pt-br.php>. Acesso em: 25 set. 2017, p. 123.

Em contrapartida, Myers[143] chama a atenção para o fato de que países desenvolvidos não têm demonstrado satisfação com o grande fluxo de migrantes e muitos desses já têm tomado medidas de restrição. Neste sentido, o alargamento do conceito tradicional de refugiado proporcionaria aumento significativo das responsabilidades internacionais de várias nações, o que não é visto de forma positiva por muitas dessas.

Com isso, se por um lado existe a demanda de um grupo que carece de amparo jurídico específico, por outro existem Estados e populações que precisam se adequar a essa realidade. Em outras palavras, o reconhecimento do refúgio ambiental trará diversas consequências, tanto para aqueles que precisam dessa proteção, como para os Estados que precisarão se adaptar para receber mais esse contingente de pessoas. Tal circunstância pode causar resistência em alguns países em aderir à formalização da categoria aqui tratada.

Ademais, imperioso mencionar que, por meio da formalização desse grupo, será possível realizar melhor controle de quantas pessoas são forçadas a mudar por essa causa. Esses números ajudarão a compreender as proporções que essa modalidade de refúgio vem tomando. A partir disso, será possível demonstrar à comunidade global a necessidade de aplicação dos tratados de proteção ambiental.

O fato é que esse grande movimento de pessoas vem aumentando com o passar dos anos em decorrência da problemática ambiental (o "refugiado ambiental"), tendo como causas fundamentais a degradação da terra agriculturável e o processo de desertificação; a eclosão de desastres ambientais; destruição do meio ambiente, produzida por atos de guerra; a realização de deslocamentos involuntários processados pela forma de assentamentos; e o grave problema que vem ocorrendo no planeta: o aquecimento global e as mudanças climáticas.

No que se refere às consequências para os países, outro ponto importante que se revela dessa formalização é a questão da responsabilidade dos Estados. De acordo com Andrade e Angelucc[144], o direito internacional tem revisto a questão da responsabilidade civil dos Estados. Não se pode olvidar que este instituto versa sobre a obrigação de reparação de danos imputada a alguém em virtude de uma ação ou omissão.

Como mencionam os referidos autores, este instituto foi descuidado pela doutrina por não haver um poder central global, fato este que ocasiona dificuldades na imposição de eventuais obrigações de reparação ao Estado que sofreu o dano. Somado a isso está o fato de que essa imposição afrontaria a soberania nacional do Estado.

Ocorre que, nos dias atuais, percebe-se que determinadas situações, ainda que tenham acontecido dentro dos limites territoriais nacionais, ocasionam repercussões em nível

---

[143] MYERS, Norman. *Environmental Refugees*: An Emergent Security Issue. 2005, p. 3. Disponível em: <http://www.osce.org/eea/14851?download=true>. Acesso em: 2 maio 2017, p. 3.

[144] ANDRADE & ANGELUCC. *Refugiados ambientais*: Mudanças climáticas e responsabilidade internacional. 2016, p. 190-194. Disponível em: <http://www2.ifrn.edu.br/ojs/index.php/HOLOS/article/view/4165>. Acesso em: 6 out. 2017.

global, não sendo razoável, portanto, permanecerem sob a absoluta discricionariedade estatal, tornando-se, por isso, passíveis de interferência pela comunidade internacional. Atendo-se a discussão no que se refere à responsabilidade objetiva, aquela na qual para sua configuração é necessário ato, dano e nexo causal, pode-se afirmar que eventos lícitos, mas causadores de risco iminente e excepcional, como testes nucleares e poluição marítima por hidrocarbonetos, podem acarretar a responsabilização internacional do Estado.

Contudo, faz-se necessária expressa previsão em tratado, quanto à responsabilidade objetiva, sendo indispensável norma que impute a alguém a responsabilidade pelo dano, não obstante a licitude da conduta. Reside aí a importância da admissão da categoria de refugiado ambiental, pois, se não há o reconhecimento, por meio de uma normativa, de um grupo que sofreu com as ações dos Estados no meio ambiente, difícil se torna imputar ao Estado e aplicar aos casos concretos a responsabilidade objetiva.

A crise ambiental tem produzido um volume extremamente significativo de refugiados ambientais. Em mensagem para o Dia Mundial de Luta contra a Desertificação e a Seca, lembrado em 17 de junho, a diretora-geral da Organização das Nações Unidas para a Educação, a Ciência e a Cultura (UNESCO), Irina Bokova, lembrou que é cada vez mais claro o papel da mudança climática na migração e no deslocamento de populações em todo o mundo e enfatizou: "Na atualidade, quantidades enormes de 'refugiados ambientais' são normalmente apresentadas como uma das mais dramáticas consequências possíveis da mudança climática e da desertificação. E isso só deve aumentar"[145].

Com efeito, essas pessoas que se encontram nesta difícil situação não estão amparadas pelas normas internacionais que regulam a matéria e urge que haja uma grande mobilização dos vários atores internacionais para que sejam criados os mecanismos necessários para que recebam proteção adequada.

Circunstâncias como essas devem despertar posições diferenciadas por parte dos vários atores internacionais: Estados, OIs, ONGs, da sociedade civil, com grandes reflexos para a comunidade jurídica.

Nesse sentido, não se pode olvidar da imperiosa necessidade de reconhecer formalmente a situação jurídica do refugiado ambiental, por não ter a previsão nos documentos internacionais, tampouco nas legislações dos Estados que regulam a matéria.

Além dos casos já mencionados, importante assinalar que com o aquecimento global, e o consequente aumento do volume das águas, estão sendo criadas grandes e reais expectativas de que alguns países sejam "condenados à morte", tais como: Ilhas Maldivas, Kiribati, Tuvalu etc.[146].

---

[145] O Secretariado da Convenção das Nações Unidas de Luta contra a Desertificação adverte que até 2030, 135 milhões de pessoas estarão em risco de deslocamento por causa da desertificação, com a perspectiva de que 60 milhões migrem da África Subsaariana para o Norte da África e para a Europa. Disponível em: <https://nacoesunidas.org/unesco-adverte-para-risco-de-aumento-dos-refugiados-ambientais-devido-a-desertificacao/>. Acesso em: 20 jul. 2018.

[146] Sobre esse caso emblemático, *vide* o artigo O direito internacional e a figura do refugiado ambiental: reflexões a partir da ilha de Tuvalu: "A ilha de Tuvalu está localizada na região da Oceania e a uma altitude consideravelmente

E os milhões de refugiados ambientais que serão produzidos a partir desses fatos? Diante desse quadro calamitoso que se desenha neste século, a sociedade internacional deve assistir inerte a tudo isso? Obviamente que não.

Deve haver o reconhecimento, por parte da sociedade internacional, do termo e da condição jurídica do "refugiado ambiental", bem como a devida formalização de seu conceito em tratados internacionais e a consequente proteção àqueles que foram, são ou serão retirados de seus lares por fenômenos impressionantes que estão sendo produzidos pela mãe natureza.

Indubitavelmente, o reconhecimento internacional dos refugiados ambientais trará consequências para os Estados, que vão desde políticas públicas para recepcionar essas pessoas, até maior controle sobre a responsabilização pela intervenção no meio ambiente. Para a sociedade civil, que passará a saber como lidar e recepcionar esse novo contingente e, principalmente, para esse grupo de vulneráveis que se encontra no limbo jurídico e que a partir da formalização poderá contar com maior amparo legal.

---

baixa. Segundo o relatório da ONG Amigos da Terra, o ponto mais alto do pequeno arquipélago está a cerca de quatro metros e meio acima do nível do mar e mais da metade dos cerca de 12.000 cidadãos vivem a cerca de três metros do nível do mar. Por estar situada pouco acima do nível do mar, possui um território extremamente vulnerável ao aumento do nível dos oceanos, que, segundo conceituados relatórios científicos, já ocorre em função do aquecimento global. Essa vulnerabilidade foi inclusive reconhecida internacionalmente quando da edição da Convenção Quadro das Nações Unidas de Nova York sobre Mudanças Climáticas (CQMC). O tratado reconhece em seu preâmbulo: *que países de baixa altitude e outros pequenos países insulares, os países com zonas costeiras de baixa altitude, regiões áridas e semiáridas ou regiões sujeitas a inundações, seca e desertificação, bem como os países em desenvolvimento com ecossistemas montanhosos frágeis são particularmente vulneráveis aos efeitos negativos da mudança do clima.*
A CQMC estabelece no seu artigo 4º, item n. 4, que os países desenvolvidos devem ajudar os países particularmente vulneráveis no custeio de sua adaptação aos efeitos negativos das mudanças climáticas. O Protocolo de Quioto prevê, por sua vez, em seu artigo 12, item 8, que parte dos recursos adquiridos com projetos de mecanismo de desenvolvimento limpo (MDL) seja destinada para essa finalidade. Aliás, foi durante a Reunião em Quioto, na qual se editou o Protocolo, em 1997, que o então primeiro ministro da Ilha da Tuvalu, Bikenibeu Paeniu, fez um apelo às Nações Unidas e aos países ali reunidos, em especial à Austrália e à Nova Zelândia, para que ações fossem tomadas no sentido de receber as pessoas deslocadas pelos extremos climáticos e pela elevação do nível dos oceanos. Um recente artigo publicado na Revista do Comissariado das Nações Unidas para Refugiados, ao abordar a questão dos refugiados ambientais, considerou Tuvalu entre as pequenas ilhas mais vulneráveis aos efeitos das mudanças climáticas e que podem submergir com a elevação do mar, deixando muitos refugiados. As marés já estão destruindo casas, jardins e fontes de água potável nas ilhas Carteret de Papa Nova, podendo a última submergir já em 2015. A evacuação dos dois mil moradores já começou. No que se refere especificamente à Ilha de Tuvalu, cerca de 4 mil moradores já se mudaram para a Nova Zelândia, chamando a atenção das Nações Unidas.
O Relatório *Citizen's Guide for Climate Change Refugees*, produzido pela ONG *Amigos da Terra Australia* explica mais detalhadamente o caso de Tuvalu. No ano de 2000, o aludido arquipélago pediu que os Estados da Austrália e da Nova Zelândia acolhessem os desabrigados pelo aumento do nível das marés. Um acordo entre os três países – *Pacific Access Category* – foi firmado em 2007. Esse acordo estabelece o número de pessoas que podem passar a residir na Nova Zelândia por ano, que é atualmente de 75 pessoas. Essas pessoas devem cumprir com uma série de requisitos exigidos pelo acordo, como ter fluência básica na língua inglesa. O relatório conclui que pessoas com idade avançada e/ou poucos recursos deverão ter dificuldades para conseguir se enquadrar nos parâmetros do acordo. Já a Austrália negou o 'asilo' aos refugiados climáticos. Fica clara a necessidade de uma ação coordenada pelas Nações Unidas e que envolva os países signatários da CQMC e do Protocolo de Quioto".

Definitivamente é chegado o momento em que o refugiado ambiental seja reconhecido e protegido à luz do direito internacional, em que deve receber tratamento diferenciado em razão dos múltiplos problemas ambientais que acometem a humanidade neste século XXI.

11. O TRIBUNAL INTERNACIONAL DO MEIO AMBIENTE: UMA NECESSIDADE

Os problemas ambientais crescem e colocam em risco a existência das espécies (inclusive a humana). Muitos deles se manifestam na sociedade hodierna e decorrem de comportamentos inadequados que foram desenvolvidos pelo ser humano (ação antrópica) ao longo dos anos, em nome de um crescimento desenfreado.

O "progresso" não levava em consideração as limitações do ambiente, e para atender aos interesses e anseios de pessoas cada vez mais ávidas pelo consumo é que se desenvolveu uma sociedade global de risco em termos ambientais. O desabrochar do movimento ambiental no plano global, como visto, decorre das grandes Conferências Internacionais de Meio Ambiente que foram realizadas sob os auspícios da Organização das Nações Unidas.

Certamente que o grande desafio da humanidade é o de encontrar respostas para que o desenvolvimento dos Estados não aconteça de maneira predatória, comprometendo os recursos para as futuras gerações.

Os Estados devem promover políticas de desenvolvimento para que os indivíduos possam ter seus postos de trabalho, casa, alimentação, enfim, a observância de uma vida digna, mas devem ser observados os limites que são definidos pelo próprio ambiente.

As atividades econômicas não podem ultrapassar as possibilidades do ambiente sob o risco de comprometer a existência dos recursos naturais. Existem vários casos em que a utilização dos recursos ocorre de forma predatória, culminando com a eliminação do bem a ser explorado. Isso se dá, por exemplo, na utilização do solo, na exploração da água, na extração de determinados minérios etc.

Os problemas ambientais trazem prejuízos enormes para o desenvolvimento da pessoa humana, e subjacente às perspectivas da evolução da matéria encontra-se o recurso último à humanidade, na luta por condições de vida digna e pela própria sobrevivência do gênero humano na sociedade de risco global.

Há de se envidar esforços em prol da criação de uma verdadeira cultura da preservação do meio ambiente com participação mais efetiva dos múltiplos atores internacionais.

A proteção internacional do meio ambiente se apresenta hoje como um dos grandes temas da globalidade, ensejando uma grande transformação no âmbito das relações internacionais e a consequente emergência de uma nova ordem internacional ambiental calcada num desenvolvimento que leve em consideração seu principal elemento: o indivíduo.

Com efeito, na busca incessante do reconhecimento, desenvolvimento e realização dos maiores objetivos por parte da pessoa humana e contra as violações que são perpetradas pelos Estados e pelos particulares, o Direito Internacional tem-se mostrado uma importante ferramenta para o fortalecimento e implementação dos direitos humanos e vem ganhando terreno nesta seara, pois a proteção desses direitos passou a constituir lídimo interesse da sociedade internacional.

Como descrito na presente obra, a multiplicidade de instrumentos internacionais no pós-Segunda Guerra levou a uma nova evolução da proteção internacional dos direitos humanos e por isso hodiernamente busca-se uma "justiça globalizada" ou "cosmopolita".

O Direito Internacional precisa se adequar às novas realidades sociais e desenvolver normas adaptadas a todas as situações. Em se tratando desta matéria foi demonstrado que por várias vezes os Estados não podem isoladamente resolver os problemas ambientais. Em muitos casos, as lesões ao meio ambiente são transnacionais, impossibilitando as ações dos Estados numa possível intervenção, como por exemplo, na emissão de gases poluentes que produzem efeitos nefastos na atmosfera, nos rios, lagos, mares; na produção de energia nuclear e produção do lixo atômico; na devastação das florestas e preservação da biodiversidade.

Sendo o meio ambiente – um direito humano – e levando-se em consideração a necessidade de preservar as espécies, e fundamentalmente a humana, há de se criar mecanismos para a proteção ambiental no plano internacional.

Castro[147] assinala que a consolidação do Direito Internacional Ambiental e o precedente das Cortes Internacionais de Direitos Humanos geraram a aspiração de se instituir um Tribunal Internacional do Meio Ambiente, ao qual se reservaria a competência de fiscalizar a aplicação das normas de proteção ecológica, especialmente o julgamento das questões resultantes da transgressão dessas normas e as que envolvessem responsabilidades por danos ambientais que extrapolassem as fronteiras nacionais. A ideia de criação de uma instância supranacional com autoridade judicante em face dos litígios de fundo ambientalista tem em mira diversas situações que já não comportam solução satisfatória perante a jurisdição interna dos Estados.

A existência de um sistema jurídico supranacional com órgãos jurisdicionais supranacionais dotados de competência ambiental exibe propriedades que os sistemas jurídicos não possuem.

À luz das dificuldades pelas quais atravessam os sistemas jurídicos internos para resolverem os problemas derivados da degradação ambiental, o sistema jurídico supranacional se apresenta como uma opção válida e oportuna, tendo em vista a nova ordem mundial emergente.

Dessa forma, a Assembleia Geral das Nações Unidas, em 22 de dezembro de 1989, bem como as reuniões celebradas em Haia, Paris, Roma, Washington, Limoges e Florença, foi unânime em ressaltar a necessidade de se rever os instrumentos internacionais em

---

[147] CASTRO, Carlos Roberto Siqueira. *A Constituição aberta e os direitos fundamentais*: ensaios sobre o constitucionalismo pós-moderno e comunitário. Rio de Janeiro: Forense, 2003, p. 710.

matéria ambiental, como também de se criar um organismo internacional com a Organização das Nações Unidas, de caráter permanente, acessível a Estados, pessoas físicas e jurídicas, organizações, com competência para dirimir conflitos de natureza ambiental.

Somando-se a esse desiderato, em defesa da efetiva proteção internacional dos direitos humanos e, em especial, na matéria ambiental, Tavares[148] enfatiza que se afigura oportuno o momento para acentuar os poderes de um tribunal mundial que, contudo, não poderá estar restrito, dentro de suas competências, à solução de questões entre partes necessariamente determinadas. Será preciso conceder a essa entidade a missão de enfrentar, em suas origens, as causas de violações a direitos, quando não haja outra possível solução prevista. Trata-se, em última análise, do problema, já indicado por Cançado Trindade, da jurisdicionalização da proteção internacional da pessoa humana. A comunidade internacional estaria vinculada à decisão tomada pelo tribunal, na medida em que reconhecesse a necessidade de proteção dos direitos humanos e desde que aderisse e se submetesse a esse tribunal. A adesão, contudo, ao que parece, não poderia ser recusada por nenhum país, visto que praticamente todas as Cartilhas Constitucionais do mundo contêm, em seu bojo, no momento atual, a consagração e a busca de proteção dos direitos fundamentais do homem. E, por um princípio de hermenêutica constitucional, é sabido que quando a Constituição dá os fins, oferece, concomitantemente, os meios hábeis para alcançá-los, legitimando-os.

Partindo das felizes experiências que já se manifestam no plano das relações internacionais no que tange aos direitos humanos é que temos defendido a necessidade de se constituir um Tribunal Internacional do Meio Ambiente[149].

O referido Tribunal poderia apreciar as demandas que envolvessem, por exemplo, derramamento de óleo em alto-mar, devastação de florestas para a extração de madeira de forma predatória, a matança desenfreada dos animais ameaçados de extinção, o transporte internacional de substâncias químicas nocivas à pessoa humana etc.

Embora os estudos para a implantação do Tribunal Internacional do Meio Ambiente tenham sido realizados, infelizmente ainda não foram efetivados.

Esse estudo foi proposto por uma Organização Não Governamental chamada Comitê Promotor do Tribunal Internacional do Meio Ambiente, que, além de estabelecer os princípios relativos à proteção ao meio ambiente, preconiza a criação e atuação com a ONU, em caráter permanente, de dois organismos internacionais de garantia: a Agência Internacional do Meio Ambiente e um Tribunal Internacional do Meio Ambiente.

À Agência Internacional do Meio Ambiente compete o controle e monitoramento da situação do meio ambiente em todo o planeta, bem como a promoção de toda e qualquer iniciativa (investigações, estudos, pesquisas, congressos, publicações etc.) destinada à

---

[148] TAVARES, André Ramos. Proteção real dos direitos humanos só por um Tribunal Mundial com amplos poderes. In: *As tendências do direito público no limiar de um novo milênio*. São Paulo: Saraiva, 2000, p. 392-396.

[149] Nesse sentido, *vide* GUERRA, Sidney. *Direito internacional ambiental*. Rio de Janeiro: Freitas Bastos, 2006.

preservação ambiental. Segundo o projeto, a Agência é composta por quinze membros, nomeados pela Assembleia Geral das Nações Unidas e escolhidos dentre cem pessoas indicadas pelo Secretário-Geral da ONU em razão de notório nível técnico e independência.

Ao Tribunal Internacional do Meio Ambiente é conferida atribuição de dirimir conflitos envolvendo danos ambientais imputáveis à ação ou omissão dos Estados, como também à apuração de responsabilidades e aplicação de sanções por danos ambientais causados por pessoas físicas ou jurídicas privadas, cujas características e proporções atinjam os interesses fundamentais da preservação do meio ambiente humano sobre a Terra, competindo-lhe, ainda, em caráter consultivo, emitir opiniões jurídicas relacionadas com questões ecológicas que se revistam de importância em escala mundial. Integram o Tribunal quinze juízes independentes, também escolhidos pela Assembleia Geral das Nações Unidas dentre um grupo de cem pessoas indicadas pelo Secretário-Geral da ONU, todos com mandato de sete anos e reelegíveis uma única vez[150].

Partindo-se da proposta apresentada para a criação do Tribunal Internacional do Meio Ambiente, verifica-se a grande semelhança entre os Tribunais Internacionais em funcionamento, seja a Corte Internacional de Justiça, que funciona para dirimir controvérsias entre Estados, seja o Tribunal Penal Internacional, que tem a competência de julgar os crimes tipificados no ato institutivo do referido tribunal.

Embora a criação do Tribunal Internacional do Meio Ambiente seja extremamente importante para toda a humanidade, depara-se com o problema antigo no processo de elaboração das normas internacionais, *in casu* na criação de um tribunal que pudesse atribuir responsabilidades aos Estados que produzissem lesões ao ambiente – a falta de vontade, por motivos óbvios, na consecução deste projeto.

De toda sorte, as manifestações da sociedade civil, as organizações não governamentais e, em especial, dos estudiosos do Direito Internacional Ambiental são valiosas para que, ao final (mas não no final) seja constituído o Tribunal Internacional do Meio Ambiente.

12. JURISPRUDÊNCIA INTERNACIONAL AMBIENTAL E MARÍTIMA

A litigância internacional em torno das questões ambientais é antiga e tem exercido um papel de destaque inclusive na definição das agendas locais. A adesão aos Tribunais às regulamentações internacionais é prioritariamente voluntária, o país é plenamente livre para se comprometer na esfera internacional, assumindo deveres e contraindo direitos. Embora a adesão do país seja livre, a pauta internacional exerce uma influência positiva na ordem nacional, conectando global e localmente.

Mesmo quando o país tem uma posição restritiva e limita à aplicação do Direito Internacional, as pautas ambientais e internacionais vão penetrar indiretamente seu território e definir prioridades do administrador público. Assim, há duas formas do

---

[150] Conforme CASTRO, Carlos Roberto Siqueira. *A Constituição aberta e os direitos fundamentais*: ensaios sobre o constitucionalismo pós-moderno e comunitário. Rio de Janeiro: Forense, 2003, p. 711.

Direito Internacional exercer influência na ordem global: diretamente, com a adesão dos países da comunidade global a Tratados, Convenções e Declarações; ou indiretamente, quando o Direito Internacional, um ordenamento tradicionalmente entendido como "*soft law*", é integralizado pelos governos locais como norma *stricto sensu*. Nessa segunda hipótese, o Direito Internacional ganha espectro de lei local com força vinculante, e exerce uma influência determinante na legislação e administração local[151].

Dessa forma, não há outro caminho a seguir. O reconhecimento e a valorização da legislação e da institucionalidade internacional é uma realidade do mundo globalizado cada vez mais interconectado no âmbito tecnológico, científico, cultural e jurídico.

No mundo atual, as Cortes Internacionais exercem um poder expressivo com ressaltada importância na solução de controvérsias internacionais. Conhecer sua jurisprudência torna-se impositivo, assim como recorrentemente estuda-se a produção dos Tribunais Superiores nacionais.

Com efeito, a produção jurisprudencial internacional tem um papel de destaque na definição da agenda ambiental global e na construção do Direito Internacional Ambiental. Nesse cenário, o Direito do Mar e as Cortes Internacionais ocupam posição de destaque e vanguarda[152].

Dentre as cortes internacionais, cumpre ressaltar a expressiva produção jurisprudencial ambiental da CIJ, cabendo abordar cinco decisões emblemáticas que ensejaram o alvorecer da proteção ambiental global.

O primeiro *case* de destaque da CIJ corresponde à disputa entre a Austrália e o Japão, com interferência da Nova Zelândia, relativa à pesca de baleias na Antártica, reforçando a multilateralidade da proteção ambiental e a interconexão entre o Direito Ambiental e o Direito do Mar, dois campos de destaque no moderno Direito Internacional.

Nesse *case,* a Austrália apresentou pedido de interferência frente ao Japão, que continuava a realizar caça de baleias, mesmo com a proibição dessa prática por diversos países. Para justificar a caça de baleias, o Japão fundamentava-se no artigo VIII da Comissão Internacional da Baleia a cargo do manejo global de cetáceos decorrente da Convenção Internacional para Regulamentação da Caça à Baleia. Em decisão histórica, datada de 31 de março de 2014, a CIJ desconsiderou a função científica da caça da baleia,

---

[151] O diálogo global x local é cada vez mais frequente, o reconhecimento da capacidade internacional dos entes subnacionais é um movimento progressivo. Hipótese ocorrida na internalização de diversas leis ambientais, incluindo a PNRS. Outro clássico exemplo ocorre com a criação da Secretaria Especial de Meio Ambiente – SEMA, após adesão e influência da Convenção de Estocolmo.

[152] GUERRA, Sidney; NEVES, Marcelo José; SOUZA, Milton. Proteção internacional do meio ambiente marinho: a contribuição do tribunal internacional sobre o direito do mar. *Cadernos de Dereito Actual*, n. 14, 2020. Disponível em: <http://www.cadernosdedereitoactual.es/ojs/index.php/cadernos/issue/view/14/showToc>.

um das justificativas apresentadas pelo Japão. Dessa decisão não há a previsão de recurso e seu cumprimento é compulsório[153].

Ampliando seu lastro na matéria ambiental, a CIJ decidiu outras controvérsias internacionais: Equador v. Colômbia – Pulverização Aérea de Herbicida; Argentina v. Uruguai – Fábrica de Celulose às Margens do Rio Uruguai; Hungria v. Eslováquia – Projeto Gabcíkovo--Nagymaros; Nicarágua v. Costa Rica – Construção de Estrada ao Longo do Rio San Juan.

Sem embargo, a CIJ tem uma vasta produção jurisprudencial na matéria ambiental. Embora sua abordagem seja mais genérica e não tão restrita ao Direito do Mar, suas decisões, sem dúvidas, têm impacto significativo na proteção ambiental internacional e nas outras cortes internacionais. Contudo, há uma dificuldade dos acordos multilaterais voltados para proteção do meio ambiente lograrem êxito na esfera prática e normativa[154].

Também não se pode olvidar da importante contribuição do Tribunal do Mar neste campo temático. Assim, serão contempladas algumas decisões emblemáticas emitidas pelo ITLOS, ressaltando sua centralidade na construção do moderno Direito do Mar, e na sua contribuição junto da CIJ para promover a proteção ambiental dos oceanos.

A primeira decisão do ITLOS selecionada versa sobre disputa entre Austrália, Nova Zelândia e Japão sobre a Pesca de Atum Azul do Sul[155]. Mais uma vez a pesca internacional chegou aos Tribunais Internacionais como um conflito jurídico. Essa controvérsia internacional teve início em 1999, quando a Austrália e a Nova Zelândia solicitaram ao ITLOS medidas provisórias em face do Japão, objetivando conter a pesca experimental do Atum Azul do Sul, alegando que a espécie demandava uma proteção internacional.

O Japão apresentou sua defesa alegando que a espécie não demandava salvaguarda especial, afirmando que a pesca realizada não ensejava risco de dano irreparável à espécie. Assim, o ITLOS emitiu uma espécie de decisão programática, orientando as partes a negociar uma medida de conservação e gestão da pesca, e estabeleceu como medida provisória que as partes devessem evitar a pesca experimental sem consentimento mútuo, estipulando uma quantidade máxima.

Como visto, a pesca internacional demanda atenção especial do ITLOS e da proteção ambiental internacional, pois é uma atividade que gera conflitos e disputas internacionais constantes, além de integrar, com destaque, a tríade ambiental no seu bojo (ecológica, econômica e social).

Nessa toada, o ITLOS foi invocado mais uma vez, nos anos 2000, para resolução de conflito internacional sobre a pesca, na disputa entre a conservação e a exploração

---

[153] Disponível em: <https://www.oeco.org.br/blogs/ambiente-austral/28160-corte-internacional-proibe-a-caca--cientifica-de-baleias/>. Acesso em: 20 maio 2020.

[154] ANTUNES, P. B. Direito internacional do meio ambiente: particularidades. *Veredas do Direito: Direito Ambiental e Desenvolvimento Sustentável*, Belo Horizonte, v. 17, n. 37, 2020.

[155] Disponível em: <https://www.itlos.org/cases/list-of-cases/case-no-3-4/>. Acesso em: 20 maio 2020.

do peixe-espada no Pacífico (Chile v. Comunidade Europeia). Nesse segundo *case*, o Chile solicitou junto ao ITLOS a formação de uma câmara especial para tratar a conservação e a exploração sustentável de peixes-espada no Pacífico[156].

A câmara solicitada pelo governo do Chile teve quatro atribuições: 1 – avaliar se a Comunidade Europeia cumpriu suas obrigações junto à Convenção das Nações Unidas sobre o Direito do Mar; 2 – analisar se as embarcações europeias estavam adotando as medidas necessárias para conservação do peixe-espada em alto mar adjacente à Zona Econômica Exclusiva (ZEE) do Chile; 3 – se o Decreto chileno que aplicou medidas restritivas e de conservação do peixe-espada violou algum dispositivo da Convenção do Direito do Mar; e 4 – a validade do Acordo de Galápagos frente às disposições da Convenção do Direito do Mar.

Em 2008 as partes entraram em consenso a partir de um acordo bilateral e o processo foi removido do Tribunal. Contudo, impende assinalar a importância do ITLOS como mediador do acordo. Sua função de Tribunal não exclui sua atuação como intermediário de eventuais conflitos, promovendo a solução pacífica de controvérsias, princípio basilar da relação internacional.

Em 2001, surgiu mais um *case* emblemático onde o ITLOS exerceu sua jurisdição dissolvendo um conflito entre a Irlanda e o Reino Unido. Nessa oportunidade, o governo irlandês interveio junto ao ITLOS para conter e anular autorização emitida pelo Reino Unido para a instalação de uma fábrica de MOX em *Sellafield*. A fábrica tinha como atividade econômica reprocessar combustível nuclear utilizado, manipulando dióxido de plutônio e dióxido de urânio. Esse novo combustível reprocessado é um óxido misto, conhecido como MOX[157].

O governo irlandês suscitou a possível poluição do Mar da Irlanda. Assim, a Irlanda requisitou a imposição de medidas provisórias contra o Reino Unido. A disputa internacional foi motivada pelo trânsito internacional de material radioativo e a proteção do ambiente marinho da Irlanda.

O ITLOS mais uma vez adotou posição autocontida e informativa, respeitando a soberania das nações. Decidiu em não aplicar medidas provisórias restritivas, mas indicou e reforçou a necessidade das partes realizarem o monitoramento do risco das atividades, trocar informações e garantir a prevenção da poluição do meio ambiente marinho.

Esse *case* é emblemático, pois é possível identificar que esta característica se estende a jurisdição internacional. Contudo, a tradicional função *soft* da regulação internacional, não afasta sua importância global, sendo certo que o Direito Internacional e a sua jurisdição têm função central na constituição de princípios e diretrizes (*guidelines*), assim como normas vinculantes e não vinculantes. Dessa forma, fomenta a criação de um corpo jurídico embrionário internacional que exerce influência *top-down* na formatação do direito e das políticas públicas nacionais.

---

[156] Disponível em: <https://www.itlos.org/cases/list-of-cases/case-no-7/>. Acesso em: 20 maio 2020.

[157] Disponível em: <https://www.itlos.org/cases/list-of-cases/case-no-7/>. Acesso em: 20 maio 2020.

As experiências nacionais de sucesso dessa relação *top-down* são compartilhadas globalmente e retornam formando uma influência *down-top*, a partir dos *standards* internacionais que o direito nacional muitas vezes inicia a definição de estratégias, instrumentos e políticas públicas[158].

A jurisdição internacional do ITLOS foi invocada novamente em 2003, em disputa sobre a recuperação de terras ao redor do Estreito de Johor entre Malásia e Singapura. A Malásia solicitou a prescrição de medidas provisórias em face de Singapura. A controvérsia foi motivada por ações de Singapura para recuperar terra em torno de Pulau Tekong e Tuas, duas ilhas que separam os dois países[159]. Assim, a Malásia justificou que tais ações poderiam causar danos irreversíveis ao meio ambiente marinho local, alterando o fluxo da sedimentação e erosão costeira local, além de prejuízos econômicos e sociais.

Em síntese, a medida provisória solicitava: 1 – a suspensão de todas as atividades atuais de recuperação de terras nas proximidades da fronteira marítima entre os dois Estados ou de área denominada como água territorial da Malásia; 2 – a imposição da Malásia fornecer informações sobre as obras atuais e futuras na região, detalhando a extensão, método de construção, a origem e os materiais utilizados, sem dispensa do plano de contenção para eventual desastre local; 3 – a manifestação da Malásia sobre os projetos na região, esclarecendo os potenciais riscos à região.

O ITLOS determinou a realização de um Estudo de Impacto Ambiental (EIA) pelos dois países. Além disso, dispôs que Singapura não tem direito de reclamar tais terras.

Em outro *case* importante, conhecido como Caso Nauru, o de número 17 na jurisprudência do ITLOS, a Câmara de Disputas do Fundo do Mar foi invocada pela primeira vez para emitir parecer consultivo sobre as responsabilidades e as obrigações dos Estados patrocinadores sobre atividades exercidas na Área Internacional dos Fundos Marinhos[160].

A Convenção das Nações Unidas sobre o Direito do Mar declara o fundo dos oceanos, subsolo marinho e seus recursos como patrimônio comum da humanidade, em síntese, foram suscitadas as seguintes questões: 1 – Quais são as responsabilidades legais e as obrigações dos Estados Partes da Convenção no que diz respeito ao patrocínio de atividades na Área de acordo com a Convenção, em particular a Parte XI, e o Acordo de 1994 relativo à Implementação da Parte XI da Convenção das Nações Unidas sobre o Direito do Mar de 10 de Dezembro de 1982?; 2 – Qual é a extensão da responsabilidade de um Estado-Parte por qualquer falha em cumprir as disposições da Convenção, em particular a Parte XI, e o Acordo de 1994, por uma entidade que patrocinou nos termos do artigo 153º, parágrafo 2º (b), da Convenção?; 3 – Quais são as medidas necessárias e apropriadas

---

[158] CARVALHO, D.W. *Desastres ambientais e sua regulação jurídica*: deveres de prevenção, resposta e compensação. São Paulo: Revista dos Tribunais, 2019.

[159] Disponível em: <https://www.itlos.org/cases/list-of-cases/case-no-12/>. Acesso em: 20 maio 2020.

[160] Disponível em: <https://www.itlos.org/cases/list-of-cases/case-no-17/>. Acesso em: 20 maio 2020.

que um Estado patrocinador deve tomar para cumprir a sua responsabilidade nos termos da Convenção, em particular o artigo 139 e o anexo III, e o Acordo de 1994?

Nessa oportunidade, a CDFM dispôs que: 1 – Obrigação do Estado patrocinador de prestar assistência à autoridade estabelecida no artigo 153, parágrafo 4, da Convenção; obrigação de aplicar uma abordagem preventiva, conforme previsto pelo Princípio 15 da Declaração do Rio e estabelecida nos Regulamentos de Nódulos e Sulfetos Polimetálicos; imposição do Estado patrocinador aplicar "melhores práticas ambientais" e adotar medidas para garantir a prestação de garantias em caso de ordem de emergência pela Autoridade para proteção do meio marinho; e determinou a obrigação de recorrer à compensação, além de solicitar a realização de avaliação de impacto ambiental. 2 – A responsabilização do *Sponsor State* é delimitada pela ocorrência do dano e pelas medidas adotadas pelo Estado para contornar eventual dano. Assim, o cumprimento das responsabilidades previstas pela Convenção é critério central para quantificar a responsabilidade dos Estados. 3 – Exigência que o Estado patrocinador adote leis, regulamentos e medidas para garantir o cumprimento pelo contratado de suas obrigações, ensejando a isenção do Estado patrocinador. Nesses termos, o sistema legal do Estado patrocinador deve proporcionar a integralização dessas obrigações.

O último *case* elencado envolve disputa central no âmbito do ITLOS e versa sobre a responsabilidade dos Estados em atividade de pesca ilegal realizada por navios sob seu registro na ZEE de terceiros[161]. Nessa oportunidade, a Comissão Sub-Regional de Pesca (SRFC) submeteu ao ITLOS um parecer consultivo com os seguintes questionamentos: 1 – Quais obrigações do Estado de bandeira na hipótese de pesca ilegal não relatada ou regulamentada dentro de ZEE de terceiros?; 2 – O Estado de bandeira deve ser responsabilizado pelas atividades de pesca não regulamentadas, por embarcações ilegais; 3 – Quando uma licença de pesca for emitida a um navio no âmbito de um acordo internacional com o Estado de bandeira ou com uma agência internacional, o Estado ou a agência serão responsabilizados pela violação da legislação pesqueira do Estado costeiro pelo navio em questão?; 4 – Quais os direitos e as obrigações do Estado costeiro para garantir o manejo sustentável de estoque compartilhado e de interesse comum, com ênfase das pequenas espécies pelágicas e o atum?

Os questionamentos foram respondidos da seguinte forma pelo ITLOS: 1 – Os estados têm o dever de cumprir medidas administrativas e leis para a gestão e a conservação de recursos vivos marinhos, proteger e preservar o ambiente marinho e investigar caso alguma dessas medidas não forem cumpridas. 2 – A responsabilidade do Estado de bandeira pode ser afastada, se o Estado tomar todas as medidas necessárias para cumprir as obrigações de *due diligence* para garantir que os navios não realizem pesca nas ZEE de Estados membros. 3 – A organização internacional, como a única parte contratante no contrato de acesso à pesca com o Estado Membro da SRFC, deve garantir que os navios que arvoram pavilhão de um Estado membro cumpram as leis e regulamentos de pesca do Estado Membro da

---

[161] Disponível em: <https://www.itlos.org/cases/list-of-cases/case-no-21/>. Acesso em: 20 maio 2020.

SRFC e não realizem pesca ilegal. Consequentemente, somente a organização internacional pode ser responsabilizada por qualquer violação de suas obrigações decorrentes do acordo de acesso à pesca, e não de seus Estados membros. Portanto, se a organização internacional não cumprir suas obrigações de *due diligence*, os Estados Membros da SFRC poderão responsabilizar a organização internacional pela violação de suas leis e regulamentos de pesca por um navio que arvore pavilhão de um Estado membro dessa organização e pesque nas ZEE dos Estados-Membros da SRFC no âmbito de um acordo de acesso à pesca entre essa organização e esses Estados-Membros. 4 – Os Estados Membros da SRFC têm a obrigação de garantir a gestão sustentável de ações compartilhadas enquanto essas ações ocorrem em suas zonas econômicas exclusivas, o que inclui: a) a cooperação com organizações internacionais para garantir a conservação do ambiente marinho; b) a manutenção dos estoques e o não risco de extinção das espécies; c) que as medidas de conservação e manejo sejam baseadas em evidências científicas e, na sua ausência, no princípio de precaução; d) levar em consideração efeitos sobre espécies associadas ou dependentes.

13. MEIO AMBIENTE E CONFLITOS ARMADOS

Indubitavelmente que há várias ameaças para o meio ambiente nos dias atuais; uma delas está relacionada às destruições que são produzidas a partir da eclosão de guerras e também de conflitos armados. O tema comumente é tratado no campo do Direito Internacional Humanitário, porém deve-se enfatizar a relação estreita com o Direito Internacional Ambiental e com o novel Direito Internacional das Catástrofes[162].

Os conflitos armados são capazes de provocar grande degradação ambiental, sendo seus efeitos percebidos no campo social, econômico e cultural. Para corroborar a afirmação, a título ilustrativo, cita-se, desde logo, o emprego de compostos químicos tóxicos, conhecido como agente laranja, amplamente utilizado pelos Estados Unidos da América como arma química na Guerra do Vietnã (ocorrida entre novembro de 1955 até 30 de abril de 1975); o derramamento e queima de petróleo, ocorridos durante a Guerra do Golfo em 1990 a 1991, no Kuwait pelos combatentes iraquianos; e ações perpetradas por ocasião dos bombardeios nas cidades japonesas de Hiroshima e Nagasaki, durante a Segunda Guerra Mundial, em 1945. Em todos os casos indicados, são evidenciados problemas e desdobramentos que perduram até os dias atuais e produzem efeitos nefastos para o meio ambiente, tais como os relativos à extinção de espécies e/ou destruição do *habitat* natural; perdas de solos férteis etc. Ademais, não se pode olvidar dos problemas gerados para as pessoas, ao estarem inseridas em ambientes contaminados, que podem provocar a gestação de crianças com algum tipo de problema na formação, tais como a paralisia cerebral, desfiguração facial e câncer.

O Protocolo Adicional I à Convenção de Genebra de 1949, datado de 1977, ao contemplar a matéria, preconiza, nos artigos 35 e 55, respectivamente, a proibição do uso

---

[162] No âmbito do Direito Internacional das Catástrofes, o meio ambiente e os conflitos armados se apresentam como possíveis cenários de catástrofes, conforme estabelecido no capítulo seguinte da presente obra.

de qualquer método ou meio de guerra cujo objetivo seja causar danos sérios, duradouros e generalizados ao meio ambiente e que haja cuidado para proteger o meio ambiente natural de danos sérios, duradouros e generalizados em virtude dos atos de beligerância, bem como que sejam proibidos ataques ao meio ambiente como retaliação.

Frise-se que os termos extensos, graves e duradouros não encontram definição legal e, para que a suposta violação seja consubstanciada à norma, é necessária a presença dos referidos requisitos de maneira simultânea.

Ademais, o artigo 56 do Protocolo Adicional I estabelece a proteção indireta ao meio ambiente, ao prever que obras e instalação de forças perigosas, aí entendidas as represas, centrais nucleares de energia elétrica e diques, não poderão ser objeto de ataques e, mesmo quando constituírem objetivo militar, os ataques só poderão ser realizados se forem adotadas todas as precauções possíveis com intuito de evitar a liberação dessas forças.

A Convenção sobre a Proibição do Uso Militar ou Hostil de Técnicas de Modificação Ambiental, de 1977, no artigo 1º, § 1º[163], também estabelece que o emprego militar ou qualquer outro uso hostil de técnicas de modificação ambiental sejam disseminados. Entretanto, diferentemente do que prescreve o Protocolo Adicional I à Convenção de Genebra de 1949, não há exigência da simultaneidade dos referidos efeitos. O § 2º do mesmo artigo impõe o compromisso para os Estados de não encorajar ou dar assistência a qualquer Estado a empreender as atividades contrárias ao meio ambiente, conforme estabelecido no parágrafo antecedente. O artigo 2º da norma citada faz menção a expressão "técnicas de modificação ambiental", que se refere a toda técnica que tenha por finalidade modificar – mediante a manipulação deliberada de processos naturais – a dinâmica, composição ou estrutura da Terra, incluindo a sua biosfera, litosfera, hidrosfera e atmosfera, ou do espaço exterior.

Quanto ao ambiente artificial, apresenta-se como destaque a Convenção sobre a Proibição ou restrição ao uso de certas armas convencionais que podem ser consideradas excessivamente lesivas e geradoras de efeitos indiscriminados, datada de 1980, e em especial, a previsão do artigo 3.º do Protocolo II[164], que proíbe o emprego indiscriminado de minas, armadilhas e outros artefatos que possuam como objetivo o ataque a um alvo não militar, que possa causar danos imensuráveis a objetos e perda de vida dos civis, bem como utilize algum meio que não possa ser direcionado contra um objetivo militar específico.

Com efeito, é possível afirmar que o dispositivo em comento se propõe também a proteger, ainda que de maneira indireta, o meio ambiente artificial, no que tange a salvaguarda dos bens culturais.

---

[163] Artigo I. 1. Cada Estado-Parte nesta convenção compromete-se a não promover o uso militar ou qualquer outro uso hostil de técnicas de modificação ambiental que tenham efeitos disseminados, duradouros ou graves, como meio de infligir destruição, dano ou prejuízo a qualquer outro Estado-Parte.

[164] Protocolo sobre proibições ou restrições ao emprego de minas, armadilhas e outros artefatos, emendado em 3 de maio de 1996 (Protocolo II revisado em 3 de maio de 1996), anexado à Convenção sobre proibições ou restrições ao emprego de certas armas convencionais que podem ser consideradas excessivamente lesivas ou geradoras de efeitos indiscriminados.

No caso do artigo 6º evidencia-se a proibição do emprego de certas armadilhas, que possam destruir os monumentos históricos, obras de arte e locais de culto que constituam herança cultural ou espiritual dos povos. Isto é, protege-se tanto os bens culturais móveis quanto os imóveis.

Somado a este ponto, há a Convenção e Protocolo para a Proteção de Bens Culturais em caso de conflito armado, de 1954, em que seu primeiro artigo contempla disposições gerais sobre a proteção dos referidos bens, define como bens culturais tanto os móveis quanto os imóveis que possuam significativa importância para o patrimônio cultural dos povos, aí compreendidos os monumentos de arquitetura, de arte ou de história, religiosos ou seculares, os lugares que oferecem interesse arqueológico, os grupos de edificações que, em vista de seu conjunto, apresentem um elevado interesse histórico ou artístico, as obras de arte, manuscritos, livros e outros objetos de interesse histórico, artístico ou arqueológico, as coleções científicas e as coleções importantes de livros, de arquivos, ou de reproduções, bem como os museus e grandes bibliotecas. A referida Convenção estabelece que a proteção compreende tanto a salvaguarda quanto o respeito dos referidos bens, bem como impõe o comprometimento dos Estados signatários, mesmo em tempo de paz, a protegerem os bens culturais localizados em sua área de soberania contra as possíveis consequências de um conflito armado, devendo adotar as medidas que julgarem necessárias para a efetividade do que foi estabelecido (artigos 2º e 3º).

Também é digno de nota a Convenção sobre as Medidas a serem Adotadas para Proibir e impedir a Importação, Exportação e Transportação e Transferência de Propriedade Ilícitas dos Bens Culturais, de 1970. O artigo 1 dispõe que a expressão "bens culturais" significa quaisquer bens que, por motivos religiosos ou profanos, tenham sido expressamente designados por cada Estado como de importância para a arqueologia, a pré-história, a história, a literatura, a arte ou a ciência, e que pertençam às seguintes categorias: a) as coleções e exemplares raros de zoologia, botânica, mineralogia e anatomia, e objeto de interesse paleontológico; b) os bens relacionados com a história, inclusive a história da ciência e da tecnologia, com a história militar e social, com a vida dos grandes estadistas, pensadores, cientistas e artistas nacionais e com os acontecimentos de importância nacional; c) o produto de escavações arqueológicas (tanto as autorizadas quanto as clandestinas) ou de descobertas arqueológicas; d) elementos procedentes do desmembramento de monumentos artísticos ou históricos e de lugares de interesse arqueológico; e) antiguidade de mais de cem anos, tais como inscrições, moedas e selos gravados; f) objetos de interesse etnológico; g) os bens de interesse artístico, tais como: quadros, pinturas e desenhos feitos inteiramente a mão sobre qualquer suporte e em qualquer material (com exclusão dos desenhos industriais e dos artigos manufaturados decorados a mão); produções originais de arte estatuária e de escultura em qualquer material; gravuras, estampas e litografias originais; conjuntos e montagens artísticas em qualquer material; manuscritos raros, livros, documentos e publicações antigos de interesse especial (histórico, artístico, científico, literário etc.), isolados ou em coleções; selos postais, fiscais ou análogos, isolados ou em coleções; arquivos, inclusive os fonográficos, fotográficos e cinematográficos; peças de mobília de mais de cem anos e instrumentos musicais antigos. A norma agasalha rol extenso de bens culturais.

Dispõe no artigo terceiro que são ilícitas a importação, exportação ou transferência de propriedade de bens culturais realizadas em infração das disposições adotadas pelos Estados-partes nos termos da presente Convenção, devendo os Estados assegurar a proteção dos referidos bens e adotar certas medidas em seu território para salvaguardá-los, tais como: contribuir para a preparação de projetos de leis e regulamentos destinados a assegurar a proteção ao patrimônio cultural e particularmente a prevenção da importação, exportação e transferência de propriedade ilícitas de bens culturais importantes; promover o desenvolvimento ou a criação das instituições científicas e técnicas (museus, bibliotecas, arquivos, laboratórios, oficinas etc.) necessárias para assegurar a preservação e a boa apresentação dos bens culturais e tomar medidas de caráter educacional para estimular e desenvolver o respeito ao patrimônio cultural de todos e o conhecimento das disposições da presente Convenção etc.

Capítulo XXIV

Cenários de Catástrofes na Sociedade Global de Risco e sua Tutela Jurídica: fundamentos para o Direito Internacional das Catástrofes

1. CONSIDERAÇÕES GERAIS

Ao se pensar nas catástrofes, a ideia que se apresenta em um primeiro momento relaciona-se aos cenários de erupções vulcânicas, sismos e maremotos, grandes inundações à escala regional ou devastações provocadas por furacões, isto é, imagens de destruição de ambientes humanos por fenômenos geológicos ou atmosféricos súbitos e extremos. Entretanto, há vários cenários de catástrofes que são produzidas por ações desenvolvidas pela espécie humana, muitas delas, inclusive, decorrentes de crises econômicas e conflitos armados. Mas além dos cenários acima indicados, existem outros que poderão surgir numa sociedade global de risco. Neste sentido, o caso recente do coronavírus que teve origem na cidade de Wuhan, província de Hubei na China[1].

Situações como estas (cenários de catástrofes) tocam diretamente aspectos que atualmente são regulados pelo direito internacional, como por exemplo, direitos humanos, meio ambiente, conflitos armados, direito sanitário, desenvolvimento econômico e outros. Não por acaso é que existem diversas normas jurídicas internacionais que tratam destas matérias. Porém, em muitas circunstâncias, estes cenários de catástrofes acabam por ser negligenciados, não havendo uma tutela efetiva no sistema internacional que trate especificamente do tema.

---

[1] LI, Qun; GUAN, Xuhua; WU, Peng. *Early Transmission Dynamics in Wuhan, China, of Novel Coronavirus–Infected Pneumonia*. Disponível em: <https://www.nejm.org/doi/full/10.1056/NEJMoa2001316>. "Since December 2019, an increasing number of cases of novel coronavirus (2019-nCoV) – infected pneumonia (NCIP) have been identified in Wuhan, a large city of 11 million people in central China.On December 29, 2019, the first 4 cases reported, all linked to the Huanan (Southern China) Seafood Wholesale Market, were identified by local hospitals using a surveillance mechanism for "pneumonia of unknown etiology" that was established in the wake of the 2003 severe acute respiratory syndrome (SARS) outbreak with the aim of allowing timely identification of novel pathogens such as 2019-nCoV. In recent days, infections have been identified in other Chinese cities and in more than a dozen countries around the world.5 Here, we provide an analysis of data on the first 425 laboratory-confirmed cases in Wuhan to describe the epidemiologic characteristics and transmission dynamics of NCIP."

Evidencia-se, pois, que as normas existentes se apresentam de maneira fragmenta-da, isto é, não estão consagradas como um todo harmônico que seja capaz de impedir/minimizar catástrofes (garantia de mecanismos/instrumentos preventivos); de proteger direitos inerentes à pessoa humana e a correspondente assistência das vítimas por ocasião de sua ocorrência; e ainda, no auxílio para a recomposição do Estado afetado quando da sua eclosão. Neste sentido é que se propõe "lançar luzes" sobre alguns cenários de catástrofes no sistema jurídico internacional.

A proposta, partindo-se da ideia de que existe uma sociedade global de risco, de-vidamente contemplada neste estudo, e a proliferação de vários episódios que em face de seus desdobramentos e dimensões, acaba por criar cenários de catástrofes. Estes ce-nários, que decorrem de ações da natureza e também da intervenção humana, produzem diversos efeitos negativos para a sociedade global. Nos cenários de catástrofes (meio ambiente, crises econômicas, conflitos armados[2] e pandemias, por exemplo) a sociedade global não pode permanecer inerte e devem ser utilizados mecanismos para que se promova o auxílio necessário daqueles que são diretamente afetados.

2. O DIREITO DAS CATÁSTROFES

Inicialmente, para que se apresente a ideia sobre a existência de um segmento es-pecífico no sistema jurídico internacional que trate das catástrofes, torna-se imperioso analisar o sentido da expressão. Para tanto, mostra-se igualmente importante apresentar o conceito de desastres, posto que, em muitas vezes, as expressões indicadas ("catástro-fes" e "desastres") assumem o mesmo significado.

Frise-se, por oportuno, que possíveis dúvidas, e até confusões, são devidas, pois os termos, quando são utilizados na linguagem corrente (vernáculo) e não jurídica, apre-sentam-se, em muitas circunstâncias, como sinônimas.

Não por acaso é que os estudos formulados no campo doutrinário jurídico, que se propõem a formular uma teoria sobre os desastres, acabam por utilizar de maneira in-discriminada as expressões *desastres* e *catástrofes*. Neste sentido, Carvalho, ao promover estudo sobre os desastres no campo jurídico ambiental, adota a linha acima esposada e utiliza as duas expressões como se retratassem a mesma coisa:

"Um assim chamado direito dos desastres apresenta-se como um reflexo contemporâ-neo desta constante busca da humanidade em controlar o incontrolável. Este processo de observação de desastres pela humanidade tem três momentos claros de racionalização. Primeiramente, o desastre era visto como um fenômeno divino, com manifestação da fúria dos Deuses. Num segundo momento, as catástrofes, sobretudo, naturais, passam a ser

---

[2] Em estudo específico sobre o tema, os conflitos armados foram inseridos como um dos possíveis cenários de catástrofes. *Vide* GUERRA, Sidney. *Cenários de catástrofes na sociedade global de risco e sua tutela jurídica internacio-nal*. Relatório de pesquisa final (Programa de Pós-Doutorado em Direito) apresentado à Universidade Presbiteria-na Mackenzie-SP. Disponível em: <https://www.mackenzie.br/pos-graduacao/mestrado-doutorado/sao-paulo-hi-gienopolis/direito-politico-e-economico/>.

percebidas como uma demonstração da grandiosidade do poder devastador da natureza, contra o qual o homem muito pouco podia fazer. Finalmente, na era contemporânea, os desastres, mesmo aqueles denominados naturais, são descritos como fenômenos que, mesmo que de alguma forma desencadeados por eventos naturais, apenas atingem a condição de desastres quando alimentados por vulnerabilidades socialmente (re)produzidas"[3]. (grifos)

Sem embargo, embora as expressões guardem algumas similitudes, entende-se, para efeito deste estudo e na linha proposta de uma especialidade própria a ser discutida no âmbito do direito internacional, que possuem sentidos diversos no plano jurídico. "Desastres" e "catástrofes", em muitas vezes, são utilizadas como sinônimas, sendo, por isso mesmo, empregadas de maneira indiscriminada como anteriormente acentuado.

Tal fato ocorre pelo sentido etimológico atribuído às expressões. Para demonstrar o afirmado, foram coletadas algumas destas percepções em conformidade com dicionários[4] que usualmente são utilizados para pesquisas, tais como, os *Dicionários Aurélio*; *Cambridge*; *Michaelis*; e *Larousse*.

A começar pelo termo *desastre*, contido no *Dicionário Aurélio*[5], evidencia-se que a ideia está relacionada a um "acidente grave ou funesto; o que causa um sofrimento excessivo; desgraça, fatalidade, catástrofe. [Figurado] Falta sucesso; insucesso, fracasso. Etimologia (origem da palavra *desastre*). Do italiano *disastro*.

O *Dicionário de Cambridge* trata o desastre como:

"An event that results in great harm, damage, or death, or serious difficulty: An inquiry was ordered into the recent rail disaster (=a serious train accident). It would be a disaster for me if I lost my job. This is one of the worst natural disasters ever to befall the area. Heavy and prolonged rain can spell disaster for many plants. Everything was going smoothly until suddenly disaster struck. Inviting James and Ivan to dinner on the same evening was a recipe for disaster (=caused a very difficult situation) – they always argue with each other"[6].

No caso do *Dicionário Michaelis*, a expressão consagra:

"1. Acontecimento funesto, geralmente inesperado, que provoca danos graves de qualquer ordem; soçobro. 2. Acidente que envolve meios de transporte. 3. Fracasso,

---

[3] CARVALHO, Délton Winter de. *Desastres ambientais e sua regulação jurídica*: deveres de prevenção, resposta e compensação ambiental. São Paulo: Revista dos Tribunais, 2015, p. 21.

[4] A eleição destes Dicionários deu-se por preferências do autor.

[5] Disponível em: <https://www.dicio.com.br/desastre/>. Acesso em: 17 maio 2019.

[6] Disponível em: <https://dictionary.cambridge.org/pt/dicionario/ingles/disaster>. Acesso em: 17 maio 2019. Em tradução livre: "Um evento que resulta em grande dano, dano ou morte, ou dificuldade séria: Um inquérito foi ordenado para o recente desastre ferroviário (= um grave acidente de trem). Seria um desastre para mim se eu perdesse meu emprego. Este é um dos piores naturais desastres sempre a acontecer a área. Chuva pesada e prolongada pode significar um desastre para muitas plantas. Tudo estava indo bem até que de repente o desastre o atingiu. Convidar James e Ivan para jantar na mesma noite foi uma receita para o desastre (= causou uma situação muito difícil) – eles sempre discutem uns com os outros".

geralmente profissional ou afetivo, que traz consequências desagradáveis, fiasco: "Nunca mais a vi; não soube nada da vida dela, nem se a mãe era morta, nem que desastre a trouxera a tamanha miséria". 4. Qualquer acontecimento lamentável que ocorre com alguém ou que é praticado por alguém de maneira involuntária"[7].

Por fim, o *Dicionário Larousse*, apresenta desastre como:

"Catastrophe, événement funeste; grand malheur, dégâts qui en résultent: Le désastre leur apparut, une fois les eaux retirées. Défaite, écrasement à la guerre: Désastre militaire. Ruine, échec total sur le plan économique, social, littéraire, professionnel, personnel, etc.; faillite: Un désastre monétaire. Chose déplorable: Cette mode est un vrai desastre"[8].

Quanto ao termo *catástrofe*, utilizando-se a mesma sequência dos dicionários apresentados, o *Aurélio*[9] contempla a expressão como "grande desgraça, acontecimento funesto, calamidade. Fim lastimoso. Literatura Acontecimento decisivo que leva ao final de uma tragédia. Etimologia (origem da palavra *catástrofe*). Do grego *katastrophe*".

No *Cambridge Dictionary* (*Dicionário de Cambridge*), "a sudden event that causes very great trouble or destruction: They were warned of the ecological catastrophe to come. A bad situation: The emigration of scientists is a catastrophe for the country"[10].

No que tange ao *Dicionário Michaelis*, trata-se de:

"1. Acontecimento deplorável e funesto, em geral de grandes proporções e ocasionado por convulsões da natureza, que resulta em perda de vidas humanas e animais, destruições e prejuízos materiais. 2. Desastre ou acidente de grandes proporções. 3. Qualquer acontecimento que se constitua em grande desgraça, com consequências graves e lastimáveis: "Primeiro assunto que o interessava: a catástrofe da última paixão! Nunca mais gostaria de outra mulher" (DT). 4. GEOLOGIA: cataclismo. 5. ECOLOGIA: Evento desastroso, em geral de ordem inesperada e pouco comum, que envolve destruição de um ecossistema; tragédia ou desastre ecológico; ecocatástrofe. 6. TEATRO: Desfecho trágico, comum no último ato da tragédia grega clássica, por meio do qual termina o enredo".

E ainda o *Dicionário Larousse* trata como "Événement qui cause de graves bouleversements, des morts: Le sang-froid du pilote a évité la catastrophe. Accident jugé grave

---

[7] Disponível em: <http://michaelis.uol.com.br/busca?r=0&f=0&t=0&palavra=desastre>. Acesso em: 17 maio 2019.

[8] Disponível em: <https://www.larousse.fr/dictionnaires/francais/d%C3%A9sastre/24249?q=+d%C3%A9sastre#24121>. Acesso em: 17 maio 2019. Em tradução livre: "Catástrofe, evento fatal; Grande infelicidade, dano resultante: O desastre apareceu para eles, uma vez que as águas foram removidas. Derrota, esmague em guerra: Desastre militar. Ruína, fracasso total em econômico, social, literário, profissional, pessoal etc.; falência: um desastre monetário. Coisa infeliz: Essa moda é um verdadeiro desastre.

[9] Disponível em: <https://www.dicio.com.br/catastrofe/>. Acesso em: 17 maio 2019.

[10] Disponível em https://dictionary.cambridge.org/pt/dicionario/ingles/disaster. Acesso em: 17/05/2019: Em tradução livre: um evento súbito que causa um grande problema ou destruição: Eles foram avisados da catástrofe ecológica que estava por vir; uma situação má: A emigração de cientistas é uma catástrofe para o país.

par la personne qui en subit les conséquences: Le départ de Pierre est une catastrophe pour elle. Événement décisif qui amène le dénouement de la tragédie classique"[11].

De fato, ao partir dos conceitos estabelecidos nos dicionários acima indicados, evidencia-se que as expressões "desastre" e "catástrofe", em muitos casos, são usadas como sinônimas; porém, os verbetes fornecem pistas interessantes para que se formule uma compreensão diferenciada, a ser utilizada no plano jurídico, sobre os efeitos que decorrem de um e de outro. Antes, porém, de se chegar ao entendimento que pretende servir de alicerce para este estudo, serão trazidos alguns outros pontos.

Em interessante abordagem produzida no Centro de Investigação de Desastres[12] da Universidade de Delaware, Quarantelli[13] se propõe a desvendar o que, para ele, significa desastre e procura "fatiar" o termo em alguns pontos: agentes físicos; o impacto físico destes agentes; uma avaliação de impactos físicos; a ruptura social causada por desastres físicos; a construção social de realidade em situações de crise; a definição política de certas situações de crise; o desequilíbrio entre demanda-capacidade em uma crise.

O autor inicia sua abordagem ao tratar dos agentes físicos, onde "algo" pode potencialmente gerar um efeito no ambiente, sendo tal causa produzida por um agente natural ou por ação humana.

No que tange ao impacto físico, este ocorre quando há um impacto perceptível no ambiente e cita como exemplo o caso de um tsunami que produzirá prejuízos para áreas costeiras alcançadas e não nas áreas localizadas no interior do continente.

Quanto à avaliação dos impactos físicos, afirma que nem todos os impactos serão considerados desastres. Todavia, se a magnitude for considerada alta o suficiente para gerar uma ruptura na vida social, o impacto físico será considerado como desastre, com a incidência de perdas materiais e mortes, inclusive.

O envolvimento do grupo social atingido se dará não apenas a partir do conhecimento dos fatos, mas também do reconhecimento de um estado de crise que se instala a partir da eclosão de um desastre, sendo certo que esta situação depende de decisões tomadas por agentes políticos para que a partir de uma designação formal que se reconheça o desastre possam ser tomadas medidas de prevenção e formas de recuperação.

---

[11] Disponível em: <https://www.larousse.fr/dictionnaires/francais/catastrophe/13747>. Acesso em: 17 maio 2019. Em tradução livre: evento que provoca graves convulsões, mortes: a frieza do piloto evitou o desastre. Acidente considerado grave pela pessoa que sofre as consequências: A partida de Pierre é um desastre para ela. Evento decisivo que traz o resultado da tragédia clássica.

[12] Disponível em: <http://udspace.udel.edu/handle/19716/35>.

[13] QUARANTELLI, E. L. *What is disaster? The need for clarification in definition and conceptualization in research.* Reprinted from Disasters and Mental Health Selected Contemporary Perspectives, ed. by Barbara Sowder. (Washington, D.C.: U.S. Government Printing Office, 1985): 41-73. Disponível em: <http://udspace.udel.edu/bitstream/handle/19716/1119/ART177.pdf?sequence=6&isAllowed=y>. Acesso em: 18 maio 2019.

Numa situação de crise a partir de um desastre, o grupo afetado acaba por adotar um esforço coletivo para que os efeitos negativos sejam logo dissipados fazendo com que seja minimizado o desequilíbrio entre demanda-capacidade.

De maneira sintética, pode-se afirmar que a eclosão de um desastre pode se dar a partir de fenômenos naturais ou por ações antrópicas e que numa circunstância ou noutra, apresentar-se-á como um episódio que produzirá danos severos, bem como prejuízos para uma pessoa ou determinado grupo. A depender da magnitude do desastre, importante que haja mobilização da coletividade para que os efeitos nocivos sejam mais rapidamente estancados.

De outro lado, Antônio Portela, ao escrever sobre catástrofe[14], a define como uma desgraça pública, uma calamidade, advinda de razões naturais ou por influência do comportamento humano. O autor[15] se vale de episódios que ocorreram no passado, mas que continuam a gerar impactos nocivos nos dias atuais. Procura, com isto, apresentar algumas soluções para que o ser humano possa lidar melhor com as catástrofes, tais como: atenuar/aliviar efeitos negativos das catástrofes; potencializar efeitos positivos; assegurar novas formas de funcionamento da sociedade, onde deve-se prevenir danos, a partir de episódios produzidos no passado. Divide as catástrofes em dois grupos[16]:

a) naturais: cuja origem advém de fenômenos naturais de curta duração, como tsunamis, terremotos, tempestades; e fenômenos naturais de longa duração, como o aquecimento global. Tais catástrofes independem da ação e vontade humana. Apesar disso, com conhecimento prévio da possibilidade de ocorrência, é possível que a força humana atenue os efeitos negativos e até mesmo potencialize efeitos positivos, como por exemplo, ao realizar o controle em épocas de cheia para realizar posteriormente irrigação;

b) de origem humana: catástrofes advindas de ação humana podem gerar efeitos negativos e/ou positivos na sociedade e economia local. Uma vez que não são tomadas as medidas adequadas para que se obtenha o domínio do ambiente, os efeitos econômicos podem ser o agravamento das desigualdades sociais, a cartelização política e econômica de um país.

Richard Posner, também ao se debruçar sobre o tema[17], afirma que a expressão *catástrofe* pode ser usada para designar um evento que se acredita ter baixa probabilidade

---

[14] PORTELA, Antônio João Santiago. As catástrofes: capacidade e vontade de encontrar soluções. *Revista economia e empresa*. Lusíada, n. 11, 2010, p. 27. Disponível em: <http://revistas.lis.ulusiada.pt/index.php/lee/article/view/879/956>.

[15] PORTELA, Antônio João Santiago. As Catástrofes: capacidade e vontade de encontrar soluções. *Revista economia e empresa*. Lusíada, n. 11, 2010, p. 27. Disponível em: <http://revistas.lis.ulusiada.pt/index.php/lee/article/view/879/956>, p. 28.

[16] PORTELA, Antônio João Santiago. As Catástrofes: capacidade e vontade de encontrar soluções. *Revista economia e empresa*. Lusíada, n. 11, 2010, p. 27. Disponível em: <http://revistas.lis.ulusiada.pt/index.php/lee/article/view/879/956>, p. 29.

[17] POSNER, Richard. *Catastrophe:* risk and response. Oxford University Press, USA, 2004.

de se materializar, mas que caso se materialize, irá provocar um dano enorme e repentino, além de ser desconexo com o fluxo de eventos que o sucedem. Segundo o autor, a influenza espanhola e a AIDS são consideradas catástrofes, dado o alto número de mortes. Ao passo que apesar dos efeitos nocivos produzidos por uma erupção vulcânica, evidencia-se que ela terá efeito cataclísmico menor do que uma pandemia ou uma colisão de asteroides na órbita solar.

A catástrofe apresenta-se como um evento trágico e repentino caracterizado por efeitos que vão desde o extremo infortúnio até a completa derrubada ou ruína (de algo).

Segundo Portela[18], uma catástrofe pode ser identificada a partir dos grupos indicados e devem ser observadas algumas características, a saber:

a) intensidade: a intensidade de uma catástrofe é medida por meio de parâmetros intrínsecos à própria catástrofe ou relativos aos impactos externos por ela gerados. São exemplos, nas catástrofes naturais: escala de grandeza dos sismos; dimensão e velocidade de um tsunami; extensão de uma área afetada. Já os exemplos de catástrofes advindas de ação humana são: indicadores da atual crise econômica; indicadores associados ao crescimento e impacto na internet. A avaliação de qualquer catástrofe é subjetiva, uma vez que depende de quem a avalia e do efetivo impacto que sofreu o avaliador;

b) complexidade: pode estar associada às características intrínsecas ou aos agentes envolvidos ou afetados por ela. Nas catástrofes naturais, tem-se o esforço para evoluir nas técnicas de previsão, o cálculo de probabilidade de ocorrência, e ainda o desenvolvimento de soluções de antecipação e reação. Já nas catástrofes advindas de ações humanas podem ter sentido positivo, como por exemplo, a descoberta de energias alternativas, descobertas médicas, o avanço da estabilidade militar, econômica e política. Mas podem ainda ter sentido negativo, como os inúmeros conflitos militares existentes, ou na sustentabilidade do planeta. Nesse tipo de catástrofes há a dificuldade em encontrar soluções devido a três fatores: a complexidade social, econômica, política e tecnológica das catástrofes; soluções que embora eficazes na prevenção e resolução, contrariam interesses políticos e econômicos; falta de eficácia nos mecanismos de monitoramento das sociedades;

c) duração: a duração é considerada variável de sua dimensão e complexidade;

d) frequência: o número de vezes que ela ocorre, o que é, simultaneamente, o indicador de necessidade de encontrar soluções;

e) previsibilidade: o conhecimento prévio de uma catástrofe pode levar a mecanismos que superem ou atenuem seus efeitos. Este critério aplica-se às catástrofes naturais e advindas de ação humana;

f) natureza das soluções: cabe a humanidade evoluir no domínio da complexidade das catástrofes, possuindo vontade de encontrar soluções.

---

[18] PORTELA, Antônio João Santiago. As Catástrofes: capacidade e vontade de encontrar soluções. *Revista economia e empresa*. Lusíada, n. 11, 2010, p. 27. Disponível em: <http://revistas.lis.ulusiada.pt/index.php/lee/article/view/879/956>, p. 30-32.

Com efeito, a partir das ideias acima apresentadas, verifica-se que tanto os desastres como também as catástrofes poderão ocorrer a partir de fenômenos naturais e também por práticas desenvolvidas por iniciativa da pessoa humana. Em ambas as circunstâncias são evidenciados problemas, prejuízos, necessidade de prestação adequada do amparo para os afetados etc. Neste sentido, procurar estabelecer a distinção para desastre e catástrofe torna-se relevante.

Assim, antes de entrar na questão propriamente dita, valendo-se de estudos desenvolvidos no direito ambiental, serão expendidas considerações acerca do princípio da prevenção e da precaução. O possível questionamento, nesta altura, corresponde ao motivo pelo qual são trazidas algumas reflexões sobre os referidos princípios.

O que se pretende demonstrar é que na linguagem corrente, as expressões "prevenção" e "precaução", por vezes, se apresentam como sinônimas, como no caso dos "desastres" e das "catástrofes". A exemplo da confrontação realizada por meio de dicionários, para identificar o sentido das expressões que permeiam este estudo, será utilizado o mesmo procedimento quanto às que estão agora sendo analisadas.

No *Dicionário Aurélio*, a expressão *prevenção* significa:

"Ação ou efeito de prevenir, agir por antecipação. Conjunto de atividades e medidas que, feitas com antecipação, busca evitar um dano ou mal: prevenção de incêndios, prevenção de doenças. [Jurídico] Ação judicial por meio da qual um juiz determina competência para analisar e fazer o julgamento de um processo, em detrimento dos demais juízes, por ter sido o primeiro juiz a ter acesso a ele. Sentimento de asco, nojo ou repulsa dirigido a alguém, sem razão aparente; preconceito. Característica do que é precavido; em que há prudência; precaução. Opinião formada sem exame; parcialidade"[19].

Quanto à palavra *precaução*, no mesmo dicionário, verifica-se: "Prevenção; ação antecipada feita para evitar ou para prevenir um mal ou algo ruim: jogador foi levado ao hospital por precaução. Prudência; característica da pessoa precavida, de quem age com cautela e cuidado: comportou-se com precaução"[20].

No dicionário de sinônimos[21], ao digitar a expressão *prevenção*, a primeira incidência é o termo *precaução*, que significa "Precaução: advertência; aviso; cautela; cuidado; diligência; precaução; previdência; previsão; providência; prudência; resguardo; sobreaviso". Na sequência, ao realizar a operação com o termo *precaução*, o resultado é "Prevenção: prevenção; providência; previdência; preparo; previsão; medida; aviso; presciência; provimento.

Como se vê, as expressões *prevenção* e *precaução*, na linguagem cotidiana, são usadas com o mesmo sentido, como também ocorre com os "desastres" e as "catástrofes". Todavia, no plano jurídico, as expressões, embora possuam um núcleo que se aproxima,

---

[19] Disponível em: <https://www.dicio.com.br/prevencao/>. Acesso em: 19 maio 2019.

[20] Disponível em: <https://www.dicio.com.br/precaucao/>. Acesso em: 19 maio 2019.

[21] Disponível em: <https://www.sinonimos.com.br>. Acesso em: 19 maio 2019.

traduzem ideias e efeitos diferentes, como também ocorre no caso dos termos (desastre e catástrofe) que permeiam este estudo.

Na mesma direção, Granziera, ao discorrer sobre o tema, afirma que "os vocábulos *prevenção* e *precaução*, na língua portuguesa, são sinônimos. Todavia, a doutrina jurídica do meio ambiente optou por distinguir o sentido desses termos, consistindo o princípio da precaução em um conceito mais restrito que o da prevenção"[22].

Assim, ainda que não seja a pretensão de alargar por demais as nuances da *prevenção* e da *precaução*, evidencia-se que o entendimento consagrado pela doutrina, pela jurisprudência e pela prática ambiental atribui percepções diferenciadas. Os princípios da prevenção e da precaução, embora tenham como finalidade a proteção e a preservação do meio ambiente e, por isso mesmo, todas as medidas de salvaguarda para alcançar esse desiderato devam ser observadas, têm sido apresentados de maneira distinta.

O princípio da precaução é aquele que determina que não se produzam intervenções no meio ambiente antes de ter a certeza de que não serão adversas para ele, ao passo que o da prevenção aplica-se a impactos ambientais já conhecidos e que tenham uma história de informações sobre eles[23]. Isto é, enquanto o primeiro se aplica a impactos que são desconhecidos, o segundo corresponde à aplicabilidade de impactos que já são conhecidos. A distinção básica, portanto, entre os princípios é a que corresponde a um perigo concreto (no caso da prevenção) e de um perigo abstrato (no caso da precaução). Neste sentido, Leite e Ayala afirmam:

"O conteúdo cautelar do princípio da prevenção é dirigido pela ciência e pela detenção de informações certas e precisas sobre a periculosidade e o risco fornecido pela atividade ou comportamento, que, assim, revela situação de maior verossimilhança do potencial lesivo que aquela controlada pelo princípio da precaução. O objetivo fundamental, perseguido na atividade de aplicação do princípio da prevenção é, fundamentalmente, a proibição da repetição da atividade que já se sabe perigosa. No caso da precaução, adstringe-se à hipótese de risco potencial, ainda que esse risco não tenha sido integralmente demonstrado, não possa ser quantificado em sua amplitude ou em seus efeitos, devido à insuficiência ou ao caráter inconclusivo dos dados científicos disponíveis na avaliação dos riscos"[24].

---

[22] GRANZIERA, Maria Luiza Machado. *Direito ambiental*. São Paulo: Atlas, 2009, p. 55: "A precaução tende à não autorização de determinado empreendimento, se não houver certeza de que ele causará no futuro um dano irreversível. A prevenção versa sobre a busca da compatibilização entre a atividade a ser licenciada e a proteção ambiental, mediante a imposição de condicionantes do projet".

[23] ANTUNES, Paulo de Bessa. *Direito ambiental*. 14. ed. São Paulo: Atlas, 2012, p. 46.

[24] LEITE, José Rubens Morato; AYALA, Patrick de Araújo. *Direito ambiental na sociedade de risco*. 2. ed. Rio de Janeiro: Forense Universitária, 2004, p. 72-76.

Há o entendimento de que o princípio da precaução não obsta a realização de determinada atividade, mas que ela seja realizada com a cautela devida até mesmo para que o conhecimento científico possa avançar e a dúvida ser esclarecida[25].

Álvaro Mirra afirma que o princípio da precaução é aplicado num contexto de incerteza científica e por existir a eventualidade de ocorrência de danos graves e irreversíveis, adotando-se um direito de prudência, de vigilância – e não mais da tolerância – impondo-se na prática que sempre que houver perigo da ocorrência de dano grave ou irreversível, a falta de certeza científica absoluta não deverá ser utilizada como motivo para adiar-se a adoção de medidas eficazes para impedir a degradação do meio ambiente[26].

Feitas estas breves considerações das expressões *prevenção* e *precaução*, a título ilustrativo, verifica-se que seu entendimento na linguagem corrente traduz o mesmo sentido, todavia, no plano jurídico, apresenta-se de maneira diferenciada.

Sem embargo, ao retomar o ponto central deste estudo, o das catástrofes, verifica-se, como já acentuado, que a percepção inicial está voltada para aqueles cenários de erupções vulcânicas, sismos e maremotos, inundações à escala regional ou devastações provocadas por furacões, isto é, imagens de destruição de ambientes humanos por fenômenos geológicos ou atmosféricos súbitos e extremos.

De fato, apesar de as situações acima discriminadas estarem diretamente associadas às catástrofes, existem outras que podem ocorrer por episódios econômicos, pandemias e conflitos[27] armados, por exemplo.

Por isso é que se entende que o estudo das catástrofes, numa perspectiva jurídica, incide e opera em vários *cenários* que passam por temas que envolvem as catástrofes naturais, pandemias, conflitos armados e crises econômicas.

Em todos os cenários possíveis são evidenciados diversos desdobramentos e efeitos *na arena internacional* destacando-se, desde logo, a amplitude de episódios, naturais ou não, que são observados a partir de grandes eventos que abalam de maneira significativa

---

[25] Nessa mesma direção ANTUNES, Paulo de Bessa. *Direito ambiental*. 14. ed. São Paulo: Atlas, 2012, p. 46.

[26] MIRRA, Álvaro Luiz Valery. Direito ambiental: o princípio da precaução e sua aplicação judicial. *Revista de Direito Ambiental*, n. 21. São Paulo: Revista dos Tribunais, 2001, p. 95.

[27] Interessante o projeto desenvolvido por organismos não governamentais e pela Cruz Vermelha em relação as catástrofes e aos conflitos, conforme estudo de BIRCH, Marion; MILLER, Simon. Humanitarian assistance: standards, skills, training, and experience. *ABC of conflict and disaster*. Disponível em: <http://smhis.kmu.ac.ir/Images/UserUpload/Document/SMHIS/modiriat%20colg/%D8%B3%D9%84%D8%A7%D9%85%D8%AA%20%D8%AF%D8%B1%20%D8%A8%D9%84%D8%A7%DB%8C%D8%A7/ABC%20of%20Conflict%20and%20Disaster.pdf>. Acesso em: 23 jul. 2017, p. 1: "Those affected by catastrophe and conflicts often lose basic human rights. Recognising this, a group of humanitarian non-governmental organisations and the Red Cross movement launched the Sphere Project in 1997. The aim of this project was to improve the quality of assistance and enhance the accountability of the humanitarian system in disaster response by developing a set of universal minimum standards in core areas and a humanitarian charter. The charter, based on international treaties and conventions, emphasises the right of people affected by disaster to life with dignity. It identifies the protection of this right as a quality measure of humanitarian work and one for which humanitarian actors bear responsibilities".

o funcionamento das instituições públicas ou privadas, no plano interno e também no internacional, que acabam por gerar severos problemas.

É bem verdade que um desastre também pode ter grandes proporções, mas nunca terá a mesma dimensão que uma catástrofe, cujo alcance e amplitude será muito maior. Ao discorrer especificamente sobre os desastres ambientais, Carvalho acentua que:

"Os desastres, cada vez mais frequentes e intensos em nossa sociedade, apresentam comumente em sua origem um déficit regulatório nas normas ambientais. Paradoxalmente, são as catástrofes que servem de alavanca propulsora do direito ambiental, sensibilizando autoridades e opinião pública para a necessidade de elevação de níveis de regulação"[28].

Com efeito, embora sejam as catástrofes que, de alguma forma, sirvam como elementos propulsores para possíveis tomadas de decisão, de maneira específica no campo do direito ambiental, o direito tem procurado estabelecer regras, por óbvio importantes, na seara dos desastres, seja para se estabelecer deveres de prevenção e compensação, frise-se novamente, em matéria ambiental[29], mas ainda se ressente de abordagem consentânea as questões atinentes as catástrofes.

Afinal, trata-se de uma discussão não apenas oportuna, mas necessária em razão dos eventos catastróficos, com desdobramentos significativos, mas que ainda tem sido, de alguma forma, negligenciado pelo direito. Feitas estas considerações, importante, neste passo, identificar alguns possíveis cenários de catástrofes na arena internacional.

3. POSSÍVEIS CENÁRIOS DE CATÁSTROFES NA ARENA INTERNACIONAL

3.1. Meio ambiente

Na sociedade global a noção de risco[30] faz com que novos questionamentos sejam produzidos nas mais diversas relações envolvendo as pessoas e o ambiente.

Os riscos ambientais são resultados da associação dos riscos naturais, decorrentes de processos naturais agravados pelas atividades humanas e pela ocupação do território,

---

[28] CARVALHO, Délton Winter de. *Desastres ambientais e sua regulação jurídica*: deveres de prevenção, resposta e compensação ambiental. São Paulo: Revista dos Tribunais, 2015, p. 22.

[29] Ao discorrer sobre o direito dos desastres, CARVALHO, Délton Winter de. *Desastres ambientais e sua regulação jurídica*: deveres de prevenção, resposta e compensação ambiental. São Paulo: Revista dos Tribunais, 2015, p. 27 afirma: "Por tudo isto, a presente obra tem a apresentar ao seu leitor uma análise crítica do surgente direito dos desastres, em sua função estrutural de prevenir, mitigar, responder, compensar e reconstruir comunidades afetadas por desastres. Esta função não pode ser exercida sem que sejam, ao fundo de tais conflituosidades, desveladas as desigualdades socioambientais e incertezas científicas que lastreiam a genética dos eventos extremos contemporâneos.

[30] Na atual fase da modernidade, os riscos, que em outras épocas existiram como indicadores de ousadias e aventuras individuais, assumem uma dimensão globalizada. E ao atingirem tal dimensão, atingem-na não pela falta de recursos tecnológicos, mas, pelo contrário, como resultado da sua própria aplicação.

como por exemplo, a desertificação. Eles são pressentidos, percebidos e suportados por um grupo social ou um indivíduo sujeito à ação possível de um processo físico.

Somado a isso, a denominada individualização[31] pela qual se atinge a política globalizada, também está presente nos problemas ecológicos. Suas consequências não são assuntos apenas do interesse daqueles que detém um saber especializado ou das altas cúpulas governamentais, mas reclamam a participação da parte de todo indivíduo, exigindo posturas que interfiram até mesmo no seu próprio estilo de vida[32].

O que provocará resistências não só dos setores menos modernizados, talvez habituados a seculares práticas degradantes do meio ambiente, porém com muito mais intensidade, o que nos deixa céticos, dos setores mais beneficiados pelos avanços da modernidade, que terão que abrir mão do exagerado consumo, conforto e lucro que são o sentido das suas vidas.

Isso pode ser demonstrado pelo atual uso dos recursos naturais do planeta que já excedem em quase 50% a capacidade da biosfera, considerando-se o consumo de alimentos, materiais e energia. Anthony Giddens, ao tratar do assunto, enfatizou:

"Enfrentar as ameaças advindas do dano aos ecossistemas da Terra provavelmente demandará respostas globais coordenadas em níveis muito distantes da ação individual. Por outro lado, essas ameaças não serão eficazmente combatidas a menos que haja uma reação e uma adaptação da parte de todo indivíduo. Mudanças generalizadas de estilo de vida, junto com uma diminuição da importância atribuída à contínua acumulação econômica, serão quase certamente necessárias se quisermos minimizar os riscos ecológicos hoje à nossa frente"[33].

Para Beck, o risco é uma expressão que tem sua origem na modernidade e que apresenta como grande característica a organização da sociedade baseada na mudança e na ousadia, tentando tornar previsível o que é imprevisível, controlável o que é incontrolável e principalmente a criação de mecanismos que permitam a diminuição da incerteza que qualifica os efeitos da decisão, submetendo o controle do próprio futuro.

---

[31] BECK, Ulrick. *A reinvenção da política. Modernização reflexiva*. São Paulo: Unesp, 1995, p. 60. "Todas as coisas consideradas perda, perigo, desperdício e decadência na estrutura esquerda-direita da política burguesa, coisas como preocupação com o eu e as perguntas: Quem sou eu? O que eu quero? Para onde estou indo? Em suma, todos os pecados originais do individualismo conduzem a um tipo diferente de identidade do político: a política de vida-e-morte".

[32] No mesmo diapasão BECK, Ulrick. *A reinvenção da política. Modernização reflexiva*. São Paulo: Unesp, 1995, p. 61: "As questões de um longínquo mundo de fórmulas químicas explodem com uma seriedade mortal nos recônditos mais internos da conduta da vida pessoal como as questões do eu, da identidade e da existência, e não podem ser ignoradas". E mais adiante, "Agora, o microcosmo da conduta da vida pessoal está inter-relacionado com o macrocosmo dos problemas globais, terrivelmente insolúveis".

[33] GIDDENS, Anthony. *Para além da esquerda e da direita*. São Paulo: Editora da Universidade Estadual Paulista, 1997, p. 204.

Afirma ainda que o que causa a catástrofe não é um erro, mas os sistemas que transformam a humanidade do erro em forças destrutivas incompreensíveis[34].

O fato é que em razão desse traço marcante da mudança e da ousadia, o mundo tem experimentado transformações significativas no ambiente. Além de tufões, tornados, furacões, avanço do volume das águas dos oceanos, podem ser sentidos outros efeitos extremamente negativos, tanto como os já indicados: o contínuo desaparecimento de espécies da fauna e da flora; a perda de solos férteis pela erosão e pela desertificação; o aquecimento da atmosfera e as mudanças climáticas; a diminuição da camada de ozônio; a chuva ácida; o acúmulo crescente de lixo e resíduos industriais; o colapso na quantidade e na qualidade da água etc.

De fato, os riscos ambientais não estão limitados a um determinado tempo e espaço, isto é, seus efeitos podem ser sentidos com maior incidência ao longo dos anos e alcançar vários Estados-nação, fazendo com ocorra uma catástrofe no plano global.

Em relação ao primeiro ponto, a espacialidade, impende assinalar que o risco ambiental não está adstrito a um determinado espaço. Ao contrário, os efeitos que são produzidos são de natureza transnacional. Existem vários casos que podem demonstrar bem essa realidade, qual seja a da não observância das fronteiras quando da ocorrência de uma lesão ao ambiente. Evidencia-se, por exemplo, o problema da emissão dos gases poluentes, responsáveis também pelo aquecimento global.

Outro ponto que tem sido discutido em vários foros internacionais relaciona-se à poluição transfronteiriça e à produção do lixo tóxico, ou seja, quando ocorre o lançamento do efluente no mar ou no ar, seus efeitos não ficarão adstritos a um único Estado-nação. Muito pelo contrário, seus desdobramentos são sentidos em Estados vizinhos e dependendo da lesão produzida, também no plano global. Do mesmo modo, o risco da eclosão de uma guerra nuclear que pode destruir a Terra em fração de poucos segundos.

No que tange à temporalidade, tal assertiva pode ser evidenciada partindo-se do caso emblemático de Chernobil, considerado o pior acidente nuclear da história. O acidente nuclear de Chernobil, ocorrido no dia 26 de abril de 1986, na Usina Nuclear de Chernobil na Ucrânia – extinta União Soviética, produziu uma nuvem de radioatividade que atingiu a União Soviética, Europa Oriental, Escandinávia e Reino Unido. Grandes áreas da Ucrânia, Bielorrússia (Belarus) e Rússia foram contaminadas, resultando na evacuação e reassentamento de aproximadamente 200 mil pessoas. Ainda hoje existem desdobramentos pelo episódio ocorrido na Ucrânia. Os principais países afetados (Rússia, Ucrânia e Bielorrússia) têm suportado um contínuo e substancial custo de descontaminação e cuidados de saúde devidos ao acidente de Chernobil, sendo difícil apresentar com certeza o número de mortos causados pelo acidente nuclear.

---

[34] BECK, Ulrick. *A reinvenção da política*. Modernização reflexiva. São Paulo: Unesp, 1995, p. 216.

Em relatório apresentado pela Organização das Nações Unidas, ficou evidenciado que ocorreram, até o ano de 2005[35], 56 mortes (47 trabalhadores acidentados e 9 crianças com câncer da tireoide), e estimou-se que o número de 4.000 pessoas morrerão de doenças relacionadas com o acidente. Somado a isso, existem os casos de aborto, deformidades, doenças crônicas em razão da contaminação ambiental etc.

Leite e Ayala[36] sustentam ainda que se Chernobil pode ser considerado o marco representativo da qualidade dos riscos da segunda modernidade, invisíveis, globais e transnacionais, as sociedades contemporâneas enfrentam hoje novos desafios localizados no interior de uma segunda revolução na dinâmica social e política, que tem como marco a data de 11 de setembro de 2001. As sociedades contemporâneas protagonizam o cenário de uma segunda revolução na dinâmica social e política, que se desenvolve no interior de um complexo processo de globalização de conteúdo plural, que marca o desenvolvimento de uma sociedade mundial do risco.

A matéria não pode fazer parte de uma agenda despretensiosa e que esteja presente apenas em discursos políticos vazios de muitos. Ao contrário, a questão que se põe hodiernamente corresponde a algo muito maior, da própria existência humana.

Não por acaso é que a doutrina[37] tem apresentado rol alargado em relação às catástrofes naturais, posto que os elementos da natureza não esgotam o referido elenco na medida em que "uma seca prolongada constitui uma catástrofe natural; uma epidemia como a SIDA também integra o conceito; a eventual extinção das abelhas poderá identicamente ser aí reconduzida".

Nesta esteira, como identificar uma catástrofe natural e como caracterizá-la? Perante esta multiplicação de hipóteses, a questão que emerge é a da eleição dos critérios de qualificação de uma manifestação da natureza como uma "catástrofe natural"[38]. Feito isso, deve ocorrer a gestão do risco da catástrofe.

---

[35] GUERRA, Sidney; GUERRA, Sérgio. *Curso de direito ambiental*. 2. ed. São Paulo: Atlas, 2014.

[36] LEITE, José Rubens Morato; AYALA, Patrick de Araújo. *Direito ambiental na sociedade de risco*. 2. ed. Rio de Janeiro: Forense Universitária, 2004, p. 26-27.

[37] GOMES, Carla Amado. A gestão do risco de catástrofe natural: uma introdução na perspectiva do direito internacional. *Direito das catástrofes naturais*. Coimbra: Almedina, 2012, p. 4: "Uma catástrofe natural raramente o é, exclusivamente. Isto porque a causa natural pode ser potenciada por uma causa humana, normalmente traduzida ou na inibição de atitudes preventivas (sismo que destrói uma cidade cujos edifícios não revestiam a mínima qualidade construtiva), ou na inépcia de resposta no plano da mitigação de efeitos (vírus que dizima milhares de pessoas por atraso na administração de vacina). Numa outra variante, uma causa natural pode gerar uma catástrofe natural a qual, induzida através de meios técnicos, se transforma numa calamidade de proporções imensas: (o exemplo da globalização da SIDA através de transfusões sanguíneas, caracterizando um fenómeno epidemiológico que se agigantou a catástrofe tecnológica). Um outro exemplo, meramente hipotético, seria o de ingestão maciça de um vegetal transgénico que viesse a provocar mutações genéticas prejudiciais ao ser humano. Acrescem as situações em que a causa natural desencadeia um acidente industrial (fugas radioativas na central nuclear de Fukushima, na sequência do maremoto) e/ou agrava as suas consequências (correntes marítimas especialmente fortes que espalham maré negra)".

[38] GOMES, Carla Amado. A gestão do risco de catástrofe natural: uma introdução na perspectiva do Direito Interna-

Sem embargo, a crise que hoje se faz sentir de maneira cada vez mais intensa no mundo demonstra que se chegou no limite da suportabilidade natural do planeta.

Indubitavelmente, as ações antrópicas, bem como as mudanças perpetradas na sociedade desde a Revolução Industrial, têm produzido severos prejuízos para o ambiente e, consequentemente para a humanidade, principalmente quando se apresentam como elemento impulsionador dos desastres, sendo necessário incrementar o gerenciamento dos riscos das catástrofes naturais com o intuito de minimizar os efeitos nocivos de sua ocorrência.

A necessidade de se gerir o risco de catástrofe natural afigura-se, num primeiro relance, como afirma Carla Gomes, "como um objetivo paradoxal, pois a catástrofe é sinônimo de fatalidade, de destino inexorável; no entanto, a gestão do risco envolve a não incidência, bem como que os efeitos sejam minimizados"[39]. Ocorre que as atividades humanas possuem um significante impacto global sobre o clima e os ecossistemas da Terra, conforme atestado no relatório do IPCC de 2013-2014, de modo que cabe fazer a relação do agravamento dos desastres naturais por ações antrópicas. Nesse sentido, Derani robustece a ideia:

"Assim, perigos que fazem parte da natureza convertem-se em desastres devido a este tipo de atividade ou inatividade, por exemplo: inundações graves, por diversas vezes, são agravadas pelo desmatamento, urbanização, assoreamento e construções nas planícies aluviais, ou a destruição das defesas naturais do meio ambiente como pântanos costeiros pode se tornar responsável pelos severos danos causados por ciclones tropicais, além de perda da biodiversidade e graves danos ecológicos"[40].

De fato, são muitos os problemas advindos de catástrofes naturais: cidades inteiras destruídas; Estados em situação de calamidade pública; grande número de refugiados; proliferação de doenças; falta de abastecimento de água e alimentos; diversos transtornos de natureza econômica, política e social, com os correspondentes desdobramentos no sistema internacional.

Assim, sensível aos problemas dos riscos e das catástrofes ambientais, a Organização das Nações Unidas tratou da matéria por meio das Resoluções da Assembleia Geral da ONU n. 43/202, de 20 de dezembro de 1988, n. 44/236, de 22 de dezembro de 1989, e estabeleceu que a década de 1990 seria a "Década Internacional para a redução das catástrofes naturais".

---

cional. *Direito das catástrofes naturais*. Coimbra: Almedina, 2012, p. 4: "Perante estas catástrofes 'sinergéticas' bem assim como em algumas situações de catástrofes complexas em virtude do entrecruzamento de fatores naturais e humanos (normalmente, omissões) a questão da imputação ganha relevo, pois extravasa-se o patamar da inevitabilidade. A complexidade (no sentido de concausalidade) dos fenómenos catastróficos parece, assim, ser uma nota dominante, agudizando tanto o problema da caracterização como o da imputação de responsabilidades".

[39] GOMES, Carla Amado. A gestão do risco de catástrofe natural: uma introdução na perspectiva do Direito Internacional. *Direito das catástrofes naturais*. Coimbra: Almedina, 2012.

[40] DERANI, Cristiane; VIEIRA, Ligia Ribeiro. Os direitos humanos e a emergência das catástrofes ambientais: uma relação necessária. *Veredas do direito*, Belo Horizonte, v. 11, n. 22, p. 143-174, jul./dez. 2014, p. 147.

A partir daí, a gestão dos riscos de catástrofes naturais começou por revestir uma dimensão puramente emergencial e humanitária para progressivamente evoluir para contextualização socioeconômica, cuja metodologia alicerçou-se nos princípios do direito internacional ambiental, na gestão do risco de catástrofe, tanto natural como industrial, cujo objetivo maior está centrado na proteção da pessoa humana.

Com efeito, a atribuição do caráter jurídico às catástrofes foi um trabalho realizado inicialmente pela Comissão de Direito Internacional, com o claro intuito de promover esforços em favor da proteção humana em casos de eventos extremos[41]. Todavia, a falta de efetiva regulamentação do direito internacional ambiental, somada a comportamentos nocivos adotados por diversos atores internacionais, tem possibilitado a eclosão de grandes catástrofes naturais.

É bem verdade que estas discussões no cenário internacional são complexas. Ademais, além dos problemas indicados anteriormente, há muitos entraves para que os resultados se apresentem de maneira exitosa, principalmente quando Estados poderosos, como por exemplo os Estados Unidos e a China, adotam posturas refratárias nesta matéria.

Além das normas internacionais de proteção do meio ambiente, dos direitos humanos, do direito ao desenvolvimento e outras, necessária a emergência do *direito internacional das catástrofes*, não apenas por se tratar de um ramo novo, mas para que sejam criados ou articulados os correspondentes instrumentos, órgãos, definidos os contornos de atuação não apenas na gestão do risco, mas na proteção dos direitos da pessoa humana e no fomento e reconstrução de áreas afetadas.

Não por acaso é que na década de 90, conhecida como a Década Internacional para a redução de catástrofes naturais, algumas medidas foram propostas pelas Nações Unidas para minimizar os problemas relativos a elas. Por meio da Resolução 44/236, a ONU elaborou quadro propositivo com cinco domínios, a saber:

a) o apelo à cooperação internacional para reduzir os efeitos das catástrofes naturais nos planos da perda de vidas, destruição de bens e prejuízos econômico-sociais, através do incremento da capacidade de resposta nacional, do investimento na investigação científica e no progresso tecnológico, do intercâmbio de informação e do desenvolvimento de medidas de avaliação, detecção, prevenção e mitigação de desastres naturais por meio do apoio a programas de assistência técnica, de transferência de tecnologia e de formação de pessoal, sobretudo nos Estados menos desenvolvidos;

b) a exortação dos Estados à elaboração de programas de mitigação dos efeitos de desastres naturais, à criação de comitês de coordenação entre a Administração e a comunidade científica com vista ao tratamento de informação, à divulgação de informação

---

[41] DERANI, Cristiane; VIEIRA, Ligia Ribeiro. Os direitos humanos e a emergência das catástrofes ambientais: uma relação necessária. *Veredas do direito*, Belo Horizonte, v. 11, n. 22, p. 143-174, jul./dez. 2014, p. 146: A definição surgida foi a seguinte: Se entende por catástrofe uma calamidade ou uma série de eventos que provocam perdas massivas de vidas humanas, grave sofrimento humano, danos materiais, ou ambientais de grande amplitude, perturbando assim, gravemente, o funcionamento da sociedade.

preventiva e formativa pela população, ao reforço e criação de estruturas essenciais à gestão da assistência sanitária e alimentar à população, bem como a sensibilização de organizações internacionais, organizações não governamentais, empresas e outras entidades para a questão da prevenção de catástrofes naturais;

c) a acomodação dos objetivos da Década Internacional no sistema da ONU, através do Secretário-Geral da ONU e de vários comitês regionais, com destaque para um Comitê Técnico-Científico para a Década Internacional, a constituir por 20/25 reputados especialistas internacionais escolhidos com observância de um princípio de equitativa representatividade geográfica com vista à identificação de problemas e lacunas de conhecimento na matéria da prevenção de catástrofes e avaliação das atividades levadas a cabo durante os anos 1990;

d) a criação de um Fundo de apoio à Década Internacional; e

e) a previsão da revisão da Estratégia, em meados da Década, pelo Conselho Econômico e Social, com a apresentação de conclusões à Assembleia Geral da ONU.

A Resolução n. 46/182 corrobora a ideia acima esposada e apresenta outros aspectos interessantes, tais como: a) a assistência humanitária em situação de catástrofe natural deve subordinar-se aos princípios da humanidade, neutralidade e imparcialidade; b) a assistência humanitária deve ser prestada no respeito pelo princípio da integridade territorial do(s) Estado(s) afetado(s) e, em regra, com base num pedido deste(s); c) os Estados vizinhos do Estado afetado são instados a participar mais ativamente possível no auxílio, facilitando o acesso dos meios de ajuda através do seu território; d) o esforço de incremento de resposta rápida e efetiva deve ser realizado junto dos Estados em desenvolvimento, reforçando as suas estruturas locais e regionais de resposta a emergências; e) a criação de sistemas de detecção precoce através da cooperação entre Estados, Organizações não governamentais e a estrutura da ONU, com vista à disseminação rápida e irrestrita por todos os Estados, sobretudo pelos mais susceptíveis de sofrer os maiores impactos; f) a constituição do Fundo de apoio imediato a catástrofes naturais, sob direta tutela do Secretário Geral da ONU, com uma base de 50 milhões de dólares, a financiar por contribuições voluntárias; g) a criação de um registo central de valências, relativo à identificação de especialistas em catástrofes, de material de apoio e de equipamentos disponíveis, junto do sistema da ONU, em coordenação com Estados, Organizações internacionais e organizações não governamentais; h) o estabelecimento de um período máximo de uma semana para a organização de auxílio coordenado a um Estado afetado por uma catástrofe natural, em articulação com este; i) a criação do escritório de auxílio humanitário, presidido por um funcionário superior sob direção do Secretário-Geral da ONU, com competências ao nível do processamento e retransmissão da informação, de coordenação da prestação da ajuda, nomeadamente porfiando pela obtenção do consentimento de todas as partes envolvidas, de monitorização da transição da fase da assistência para a fase da reabilitação, de realização de um relatório anual para o Secretário--Geral sobre assistência humanitária e verbas do Fundo utilizadas, a submeter à Assembleia Geral através do Conselho Econômico e Social; j) a criação de um Comitê Permanente de Coordenação articulando constantemente o Emergency Relief Coordinator, a Cruz

Vermelha e a Organização Internacional das Migrações, bem assim como outras organizações não governamentais com atuação relevante nas áreas de incidência das catástrofes, num sistema de colaboração *ad hoc*; l) a afirmação de uma lógica de continuidade na prestação da ajuda e não apenas de socorro imediato às populações afetadas.

Sem embargo, embora as Nações Unidas tenham nominado a década de 90 como sendo aquela dedicada à redução de catástrofes, Cristiane Derani, valendo-se dos ensinamentos de Madan Kumar Jah, afirma que o período deveria ser apropriadamente classificado como "a década dos desastres naturais", pois a ocorrência de terremotos, enchentes, deslizamentos de terra e secas batia o seu recorde e enfatiza:

"As perdas provenientes das calamidades ambientais neste período excederam os danos contabilizados nas últimas quatro décadas. O padrão do alto risco de ocorrência de catástrofes continuou a assolar o século XXI. O aumento da população, a rápida urbanização, o desenvolvimento técnico-econômico, resultaram em uma insustentabilidade generalizada, grande parte responsável pelo acontecimento das calamidades ambientais. Soma-se a isso, a emergência das mudanças climáticas, a cada ano mais sentidas, que contribuem para aumentar o domínio e o custo das catástrofes, em termos de frequência, escala e severidade. Diante disso, no ano de 2001 a ONU cria um Escritório responsável pela redução do risco de desastres (UNISDR), a partir da adoção da "Estratégia para a redução de desastres" no ano de 1999, construída com base na experiência advinda da anteriormente mencionada diminuição de calamidades"[42].

O Escritório das Nações Unidas para a Redução do Risco de Desastres (UNISDR) tem como finalidade precípua, conforme estabelece a resolução da Assembleia Geral das Nações Unidas 56/195, "servir como o ponto focal do Sistema das Nações Unidas para coordenar atividades de redução do risco de desastres e assegurar sinergias entre as atividades de redução do risco de desastres de organizações do Sistema das Nações Unidas e organizações regionais nos campos socioeconômico e humanitário"[43].

De fato, o mundo teve a oportunidade de assistir diversas catástrofes no período acima indicado, com todos os desdobramentos advindos delas. Mesmo com o avanço da tecnologia, a sociedade internacional não tem conseguido impedir a eclosão de eventos de tamanha magnitude. Ao contrário, o desenvolvimento econômico e tecnológico tem muitas vezes acentuado os problemas ambientais e, em larga medida, as catástrofes naturais.

Neste cenário de eclosão das catástrofes naturais, a Organização das Nações Unidas, a partir dos trabalhos do UNISDR, e tendo como pano de fundo o terremoto e tsunami que assolaram a região da Indonésia, Sri Lanka e Tailândia em dezembro de 2004, realizou no ano de 2005, encontro na cidade de Kobe, Hyogo, no Japão, intitulado "Conferência para a Redução de Desastres, cuja estratégia era de refletir uma mudança no

---

[42] DERANI, Cristiane; VIEIRA, Ligia Ribeiro. Os direitos humanos e a emergência das catástrofes ambientais: uma relação necessária. *Veredas do direito*, Belo Horizonte, v. 11, n. 22, p. 143-174, jul./dez. 2014, p. 153.

[43] Disponível em: <https://nacoesunidas.org/agencia/unisdr/>.

alcance de respostas e tentativas de redução dos desastres, visando a promover uma "cultura de prevenção" ao invés de uma cultura somente baseada na reação pós-desastre[44].

A Conferência para a Redução de Desastres, de Hyogo[45], elegeu cinco áreas de intervenção para o decênio 2005/2015, a saber:

a) enquadramento jurídico da prevenção de catástrofes no plano organizacional, legal e político: aponta para a necessidade de criação de plataformas nacionais de redução dos riscos naturais, associando e articulando todos os níveis de administração com a sociedade civil, bem assim como alertando para o imperativo de integração da prevenção do risco em políticas de desenvolvimento local e regional e no planejamento territorial;

b) avaliação, gestão, monitorização e alerta precoce de riscos naturais: reitera os princípios desenvolvidos em Yokohama e na sequência: mapear o risco, comunicar o risco a populações e Governos, sistematizar a informação sobre riscos e manter sistemas de alerta precoce com base na melhor tecnologia disponível observação *in situ* e através de satélite, tecnologia espacial, controlo remoto, sistemas de informação geográfica, modelos e previsões de eventos extremos e efeitos climatéricos, ferramentas comunicacionais e estudos de custo-benefício de avaliações de risco e de sistemas de alerta precoce;

c) investigação científica e educação: em que se apela ao envolvimento da população nas iniciativas de comunicação do risco de catástrofe, quer no sentido da criação de resiliência, quer no sentido de partilha de experiências com os técnicos com vista ao aproveitamento de saberes tradicionais. Sublinha ainda a necessidade de integração de disciplinas de formação para a prevenção nos currículos escolares, aproveitando a sinergia com a Década Internacional da ONU da Educação para o Desenvolvimento sustentável (2005-2015);

d) redução de fatores de potenciação do risco natural: cujas bases estão assentadas numa lógica de articulação da prevenção de catástrofes naturais com três eixos fundamentais: a proteção do ambiente, sobretudo no plano da gestão adequada da biodiversidade e da antecipação de alterações climáticas; políticas setoriais como a saúde, a

---

[44] DERANI, Cristiane; VIEIRA, Ligia Ribeiro. Os direitos humanos e a emergência das catástrofes ambientais: uma relação necessária. *Veredas do direito*, Belo Horizonte, v. 11, n. 22, p. 143-174, jul./dez. 2014, p. 153.

[45] Como resultado desse encontro, adotou-se a "Declaração de Hyogo" e a "Convenção-quadro de Ação de Hyogo 2005-2015: construindo a resiliência das nações e comunidades às catástrofes". Documento, esse, que tem como objetivo reduzir as perdas humanas, sociais e econômicas provocadas pelos desastres, por meio da cooperação, solidariedade e parceria internacional, e reafirmar o papel vital do sistema ONU na prevenção e redução de catástrofes. Ressalta-se que esses são os documentos internacionais que representam a base da gestão das catástrofes, contudo não são considerados juridicamente vinculantes. A opção, no plano internacional, foi a de tratar o problema sob a forma de diretrizes, e de uma política comum a ser adotada pelos países em suas legislações internas, de acordo com a realidade de cada um, ao invés de impor obrigações por meio de normas constringentes. Diante disso, apesar de a preocupação com a redução do risco de desastres ter sido incluída na agenda da comunidade internacional, o que se pode inferir é que o número reduzido de acordos e convenções concernentes às catástrofes ambientais demonstra um interesse ainda não fortificado pelos Estados para tratar dessa temática. Problema agravado pelo fato da difícil entrada de acordo entre uma totalidade de países para adotar obrigações vinculantes a nível universal. Disponível em: <https://www.unric.org/pt/novedades-desenvolvimento-economico-e-social/11337>. Acesso em: 15 jun. 2017.

educação, o apoio aos desfavorecidos, setores e categorias onde as catástrofes podem provocar efeitos multiplicadores; política de ordenamento do território, quer do ponto de vista da localização de infraestruturas vitais longe de zonas identificadas como de risco, quer do ponto de vista da contenção de megalópoles e da desruralização, e com a política de urbanismo, introduzindo códigos de boas práticas de construção e reconstrução que tornem as edificações mais resistentes a eventos naturais extremos;

e) prontidão para a resposta emergencial e reforço da capacidade de recuperação que se propõe a reduzir a vulnerabilidade e cultivar a resiliência: estes são, sinteticamente, os dois eixos da gestão das catástrofes naturais que precisam ser desenvolvidos por vários atores, mas principalmente com a mobilização por parte do Estado de pessoas que estejam aptas e preparadas para agir.

Após o período acima indicado, de 2005 a 2015, agasalhado por Hyogo, as Nações Unidas realizam no ano de 2015 a Conferência Mundial das Nações Unidas para Redução de Riscos de Desastres, em Sendai, no Japão, ocasião em que foi aprovado o Marco de Ação de Sendai para o período de 2015 a 2030[46].

Os países participantes da Conferência acreditam que com a adoção do novo Marco para redução de riscos, as mortes, destruição e deslocamentos causados por desastres naturais podem ser significativamente reduzidos até o ano de 2030 devendo ter a participação efetiva de vários atores sociais, como por exemplo o Estado e a iniciativa privada.

O Marco de Sendai compartilha a responsabilidade de reduzir substancialmente, em 15 anos, o risco de desastres e perdas de vidas, meios de subsistência e saúde, ativos econômicos, físicos, sociais, culturais e ambientais, entre pessoas, empresas, comunidades e países. Também reafirmaram a necessidade de antecipar, planejar e reduzir o risco de proteger pessoas, comunidades e países de forma mais efetiva.

Para que o novo Marco seja adotado de forma bem-sucedida, é necessário forte comprometimento, envolvimento político e foco em quatro prioridades: a) entender os riscos de desastres; b) fortalecer o gerenciamento dos riscos; c) investir na redução dos riscos e na resiliência; d) reforçar a prevenção de desastres e dar respostas efetivas.

---

[46] LOPES, Isadora T. P. *Gestão de riscos de desastres*: integrando os riscos de acidentes industriais à gestão territorial. Dissertação de Mestrado apresentada ao Programa de Pós-Graduação em Planejamento Energético, COPPE, da Universidade Federal do Rio de Janeiro. Março de 2017: "As inovações do Marco de Sendai em relação ao Marco de Hyogo podem ser resumidas pelos seguintes objetivos: orientar a gestão do risco de desastres para vários perigos do desenvolvimento em todos os níveis, nos âmbitos intra e intersetorial; considerar, além do risco de desastres, enfatizado no Marco de Ação de Hyogo, as perdas relacionadas aos desastres (no referente aos meios de subsistência, à saúde, aos bens físicos e culturais, à proteção da vida e dos bens sociais, econômicos e ambientais), tornando resilientes os sistemas de saúde, o patrimônio cultural e os locais de trabalho; compreender e abordar os fatores geradores de risco; focar na prevenção de novos riscos e, ao mesmo tempo, reduzir os riscos atuais, fortalecendo a resiliência; promover medidas no sentido de prevenir e reduzir a exposição a ameaças e vulnerabilidades; aumentar a preparação e a recuperação. Para monitorar e incentivar a aplicação do Marco de Sendai, serão utilizadas as mesmas estratégias complementares empregadas na implementação do Marco de Ação de Hyogo (plataformas globais e nacionais) e os informes de avaliação global".

Para as Nações Unidas existem sete metas globais, a serem alcançadas até o ano de 2030, que foram consagradas a partir do Marco de Sendai: a) reduzir substancialmente a mortalidade global por desastres, com o objetivo de reduzir a média de mortalidade global por 100.000 habitantes entre 2020-2030, em comparação com 2005-2015; b) reduzir substancialmente o número de pessoas afetadas em todo o mundo, com o objetivo de reduzir a média global por 100.000 habitantes entre 2020-2030, em comparação com 2005-2015; c) reduzir as perdas econômicas diretas, devido a desastres, em relação ao produto interno bruto (PIB) global; d) reduzir substancialmente os danos causados por desastres em infraestrutura básica e a interrupção de serviços básicos, como unidades de saúde e educação, inclusive por meio do aumento de sua resiliência; e) aumentar substancialmente o número de países com estratégias nacionais e locais de redução do risco de desastres até 2020; f) intensificar substancialmente a cooperação internacional com os países em desenvolvimento por meio de apoio adequado e sustentável para complementar as ações nacionais voltadas à implementação do Marco de Sendai; g) aumentar substancialmente a disponibilidade e o acesso da população a sistemas de alerta antecipado, e às informações e avaliações sobre o risco de desastres.

De maneira geral, o principal objetivo nas diversas agendas em relação à gestão do risco de desastres é a diminuição da vulnerabilidade das pessoas, atividades e ecossistemas, principalmente nas áreas menos desenvolvidas e entre as populações mais suscetíveis, por meio de: a) incentivo a estudos, pesquisas e desenvolvimento de tecnologias e de instrumentos, mesmo ciente das incertezas existentes; b) ações de sensibilização e capacitação da população, técnicos e tomadores de decisão; c) comunicação do risco, recebimento e divulgação da informação; d) incentivo a processos participativos populares no planejamento e tomada de decisão, com uma perspectiva particular de gênero; e) criação e fortalecimento de sistemas de alerta precoce; f) integração da gestão de riscos de desastres nos planos e políticas em todos os níveis e temáticas, especialmente relacionados ao planejamento do desenvolvimento; g) aumento da cooperação internacional.

Embora os marcos acima indicados sejam importantes para a melhoria e alcance de resultados nas questões que envolvem a gestão dos riscos em relação às catástrofes naturais, evidencia-se que a proposta de obter melhores resultados nesse campo no sistema internacional já ocorre há alguns anos.

Isso porque a tentativa de se promover uma espécie de codificação deste direito no âmbito da Comissão de Direito Internacional das Nações Unidas, cujos trabalhos iniciaram no ano de 2006, teve como objetivo a proposição de uma norma vinculante aos Estados por meio de uma abordagem inspirada no direito humanitário e nos direitos humanos. Todavia, até o presente momento, não seguiu à frente e não foi estabelecido quais direitos humanos deverão ser garantidos em caso de catástrofes.

Existe também no plano internacional, a preocupação fundamental de serem coordenados esforços de natureza preventiva e reativa, posto que se reveste de imediatismo emergencial e aposta no longo prazo, com criação de estruturas de prevenção, mas também de reação e recuperação eficazes, por meio de ações articuladas, interna e externamente e em permanente articulação com as populações, na divulgação de informação e implementação de estratégias de resposta pronta.

A despeito disso, as ações a serem contempladas para o êxito desta matéria precisam ser desenvolvidas também no âmbito dos Estados nacionais, até mesmo em razão da natureza jurídica dos documentos que são consagrados no sistema internacional, carecendo, por isso mesmo, do desenvolvimento de leis, políticas públicas, preparação e mobilização dos atores a serem envolvidos para que haja o alcance de resultados satisfatórios.

3.2. Crises econômicas

A globalização do mundo, conforme acentuado nesta obra, expressa um novo ciclo de expansão do capitalismo como modo de produção e processo civilizatório de alcance mundial, sendo certo que no plano econômico ocorre a consolidação de uma nova forma de relacionamento entre a sociedade, o Estado e os agentes econômicos, donde o fluxo internacional de capitais torna-se transnacional.

Neste sentido, a partir de uma realidade que se apresenta em um mundo cada vez mais globalizado, operações econômicas desenvolvidas em um determinado Estado nacional e/ou região poderão gerar efeitos positivos, mas também negativos, para outras partes do planeta.

De fato, a pós-modernidade, a era do capitalismo financeiro e da especulação monetária, na qual os mecanismos de investimentos são transfigurados, principalmente em razão das novas tecnologias, passaram a existir novas formas de aplicação e circulação de capitais cada vez mais impessoais e desprovidas de barreiras espaço-temporais. Também são evidenciadas muitas outras facilidades, além da velocidade e comodidade de investir que igualmente podem se converter em verdadeiros riscos para o bem-estar econômico, dada a esfera de incerteza e insegurança que permeia o sistema vigente.

Na sociedade global as crises econômicas[47] já não podem ser consideradas "locais", "nacionais" ou "regionais", vez que toda a economia se move como uma rede ou sistema que em seu todo abarca múltiplos Estados Nacionais, corporações, organizações e toda sorte de agentes internacionais[48].

---

[47] Para leitura integral deste estudo *vide* GUERRA, Sidney. Cenários de catástrofes na sociedade global de risco e sua tutela jurídica internacional. *Relatório de pesquisa final (Programa de Pós-Doutorado em Direito) apresentado à Universidade Presbiteriana Mackenzie-SP*. Disponível em: <https://www.mackenzie.br/pos-graduacao/mestrado--doutorado/sao-paulo-higienopolis/direito-politico-e-economico/>.

[48] TRICHES, Divanildo. *Nova ordem internacional e a crise asiática*. (Disponível em: <https://econpapers.repec.org/paper/abphe1999/038.htm>, p. 5.) afirma que: "A globalização financeira está associada à livre mobilidade dos fluxos de capitais internacionais. É entendida ainda como uma crescente interdependência econômica dos países em todo o mundo, gerada pela expansão e integração de capitais, pela flexibilização do mercado financeiro internacional. A globalização financeira aumenta a oportunidade de investimentos com a diversificação de instrumentos financeiros e com maior alavancagem de recursos".

Numa estrutura como esta, a possibilidade de ocorrer um episódio que possa ser caracterizado como uma "catástrofe" decorrente de uma crise econômica é bastante plausível. Esta situação pode ser considerada, por exemplo, a partir da ocorrência de determinada instabilidade econômica que se apresente inicialmente no plano interno de um Estado nacional, mas que provoque a fuga em massa de recursos que afeta diversos países ou como neste caso atual a pandemia global produzida pelo Covid 19, a ser indicada na sequência deste estudo.

Em tempos de globalização econômica, evidencia-se que situações originadas em determinado local, mas com repercussões em outros sistemas econômicos, culminam na maior volatilidade e facilidade de deslocamento de capitais entre nações, com impactos negativos a partir deste cenário.

Com a globalização financeira, em que a interdependência econômica alcança patamares maiores e volatilidade do mercado, vultosas quantias podem ser remanejadas de um lado para outro com apenas o click de um mouse; a emergência de situações adversas estão suscetíveis de acontecer em graus que podem gerar a denominada "catástrofe econômica", com vários desdobramentos, a saber: dificuldade financeira, decorrente de investimentos de curtas durações; efeito contágio, em que os investidores internacionais passam um para o outro seus medos; retirada de investimentos, que resultam na fuga de capitais em um único momento e queda nas principais bolsas de valores mundiais[49].

Por fim, pode-se afirmar que ao longo da história houve crises que originariamente apresentavam-se como locais, mas que produziram efeitos negativos para vários atores no plano internacional. Tais crises impactaram de maneira profunda no sistema internacional, especialmente a de 1929, com o aparecimento de atores importantes para também atuarem em situações como as descritas, como por exemplo, o Banco Mundial e o Fundo Monetário Internacional, já contemplados em capítulo próprio.

3.3. A pandemia do coronavírus

O episódio ficou conhecido a partir de informações que foram publicizadas por Li Wenliang, um médico oftalmologista que prestava seu ofício no Hospital Central de Wuhan, falecido em 7 de fevereiro de 2020 por ter contraído a doença.

No dia 30 de dezembro de 2019 Wenliang, ao se deparar com 07 (sete) casos da Síndrome Aguda Respiratória Grave (em inglês SARS – *Severe Acuete Respiratory Sydrome*), a partir de casos de pessoas oriundas do Mercado Atacadista de Frutos do Mar de Huanan, mencionou o fato para colegas médicos, em um grupo fechado eletrônico de conversa, tendo recebido reprimendas do governo chinês por produzir alarmes e boatos.

A postura inicial adotada pelo governo chinês ao desprezar tais fatos poderia ter minimizado os efeitos nocivos da difusão do vírus, cujos desdobramentos se observam

---

[49] GONÇALVES, V. H. P. *A gestão da crise e do desastre*: uma análise no sector do Turismo da R.A Madeira. Dissertação do Mestrado em Ciências Empresariais da Universidade de Madeira.

em termos planetários, tendo inclusive sido reconhecida como uma pandemia mundial, no dia 11 de março de 2020.

O SARS-CoV-2 (agente etiológico da Covid-19) tornou-se uma catástrofe global na medida em que produziu perdas significativas de vidas humanas, a paralisia de diversas atividades econômicas no mundo, o fechamento das fronteiras dos Estados nacionais, além da produção de cenas dantescas e mórbidas, como por exemplo a exibição de um cadáver[50] que não poderia ser retirado da casa em razão de restrições sanitárias.

A despeito de a matéria exigir especial atenção por parte dos cientistas da área da saúde para que se promovesse a cura e/ou controle desta enfermidade, que assumiu contornos de pandemia, cientistas de outras áreas, notadamente neste particular, das ciências jurídicas e sociais, também não podem se furtar em examinar alguns aspectos desta catástrofe instalada no plano global.

Os coronavírus (CoV) formam uma grande família viral, conhecida desde meados dos anos 1960, que causa infecções respiratórias em seres humanos e em animais. Geralmente, infecções por coronavírus causam doenças respiratórias leves a moderada, semelhantes a um resfriado comum[51].

Para a Organização Mundial de Saúde, eles são:

"Una extensa familia de virus que pueden causar enfermedades tanto en animales como en humanos. En los humanos, se sabe que varios coronavirus causan infecciones respiratorias que pueden ir desde el resfriado común hasta enfermedades más graves como el síndrome respiratorio de Oriente Medio (MERS) y el síndrome respiratorio agudo severo (SRAS). El coronavirus que se ha descubierto más recientemente causa la enfermedad por coronavirus Covid-19"[52].

Segundo a literatura médica especializada, o coronavírus:

"Are enveloped non-segmented positive-sense RNA viruses belonging to the family Coronaviridae and the order Nidovirales and broadly distributed in humans and other

---

[50] Luca Franzese, ator conhecido na Itália por atuar na série de TV "Gomorra", compartilhou um relato chocante em suas redes sociais no último domingo, dia 8-3-2020 que mostra em vídeo seu isolamento dentro de sua própria casa com o corpo da sua irmã que foi morta pelo coronavírus. "Luca Franzese, que atuou na série "Gomorra", usou as redes sociais para realizar um desabafo. De acordo com a coluna de Hugo Gloss, no portal UOL, o ator fez um apelo às autoridades italianas. Luca afirmou que estaria isolado em sua casa ao lado do corpo da irmã que teria morrido em decorrência do coronavírus. Nas imagens de vídeo, o ator afirma que a família se encontra desolada e sem respostas. Ao fundo, Luca exibe a imagem da irmã falecida. O ator afirmou, ainda, que as autoridades italianas se recusaram a prestar socorro à sua irmã, Tereza Franzese, enquanto ainda estava viva, e que não recolheram seu corpo após o óbito. Disponível em: <https://br.blastingnews.com/tv-famosos/2020/03/ator-de-gomorra-faz-apelo-apos-ficar-isolado-com-corpo-da-irma-morta-por-pandemia-003087607.html>. Acesso em: 15 mar. 2020.

[51] Disponível em: <http://www.saude.sp.gov.br/resources/cve-centro-de-vigilancia-epidemiologica/areas-de-vigilancia/doencas-de-transmissao-respiratoria/coronavirus.html>. Acesso em: 15 mar. 2020.

[52] Disponível em: <https://www.who.int/es/emergencies/diseases/novel-coronavirus-2019/advice-for-public/q-a-coronaviruses>. Acesso em: 15 mar. 2020.

mammals. Although most human coronavirus infections are mild, the epidemics of the two betacoronaviruses, severe acute respiratory syndrome coronavirus (SARS-CoV) and Middle East respiratory syndrome coronavirus (MERS-CoV) have caused more than 10 000 cumulative cases in the past two decades, with mortality rates of 10% for SARS-CoV and 37% for MERS-CoV. The coronaviruses already identified might only be the tip of the iceberg, with potentially more novel and severe zoonotic events to be revealed"[53].

Portanto, como explicitado acima, CoVs são vírus envelopados (envelope é uma bicamada lipídica derivada da membrana da célula hospedeira) com a estrutura viral formada principalmente por proteínas estruturais como proteínas "spike" (S), membrana (M), envelope (E) e nucleocapsídeo (N). As proteínas S, M e E estão todas incorporadas no envelope viral; no entanto, a proteína N interage diretamente com o RNA viral e está localizada no centro da partícula viral, formando o nucleocapsídeo[54]. É um vírus RNA (ou seja, um retrovírus).

O termo *coronavírus* vem da estrutura peculiar que a proteína S forma na superfície do envelope; medeia a entrada do vírus nas células do hospedeiro, utilizando principalmente, o receptor ACE2 (Enzima Conversora de Angiotensina 2). O SARS-CoV-2 usa o hACE2 como um dos principais receptores de entrada e o reconhece com uma afinidade semelhante aos isolados de SARS-CoV de 2002 a 2003, o que sugere que pode se espalhar eficientemente em humanos e apresentar severidade semelhante[55].

Com efeito, no início do século XXI um tipo desconhecido de Coronavírus, que foi denominado SARS-CoV se disseminou rapidamente para mais de doze países na América do Norte, América do Sul, Europa e Ásia, infectando mais de 8.000 pessoas e causando em torno de 800 mortes, antes de a epidemia global de SARS ser controlada em 2003. Desde 2004, nenhum caso de SARS tem sido relatado mundialmente. Em 2012, foi isolado outro coronavírus, distinto daquele que causou a SARS no começo da década passada.

Esse novo coronavírus era desconhecido como agente de doença humana até sua identificação, inicialmente na Arábia Saudita e, posteriormente, em outros países do

---

[53] Em tradução livre: "Os coronavírus são vírus de RNA de sentido positivo, não segmentados, envelopados, pertencentes à família Coronaviridae e à ordem Nidovirales e amplamente distribuídos em humanos e outros mamíferos. Embora a maioria das infecções por coronavírus humano seja leve, as epidemias dos dois betacoronavírus, coronavírus da síndrome respiratória aguda grave (SARS-CoV) 2, 3, 4 e coronavírus da síndrome respiratória do Oriente Médio (MERS-CoV), 5, 6 causaram mais de 10.000 casos cumulativos nas últimas duas décadas, com taxas de mortalidade de 10% para SARS-CoV e 37% para MERS-CoV.7, 8. Os coronavírus já identificados podem ser apenas a ponta do iceberg, com eventos zoonóticos potencialmente mais novos e graves a serem revelados". Disponível em: <https://www.sciencedirect.com/science/article/pii/S0140673620301835>. Acesso em: 15 mar. 2020.

[54] HOSSAM, M. Ashour, Walid F. Elkhatib, Md. Masudur Rahman and Hatem A. Elshabrawy. *Insights into the Recent 2019 Novel Coronavirus (SARS-CoV-2) in Light of Past Human Coronavirus Outbreaks.* Pathogens 2020 p. 9.

[55] WALLS, Alexandra C. Young-Jun Park, M. Alejandra Tortorici, Abigail Wall, Andrew T. McGuire, and David Veesler. *Structure, Function, and Antigenicity of the SARS-CoV-2 Spike Glycoprotein.* Walls et al., 2020, p. 1-12.

Oriente Médio, na Europa e na África. Todos os casos identificados fora da Península Arábica tinham histórico de viagem ou contato recente com viajantes procedentes de países do Oriente Médio – Arábia Saudita, Catar, Emirados Árabes e Jordânia. Pela localização dos casos, a doença passou a ser designada como síndrome respiratória do Oriente Médio, cuja sigla é MERS, do inglês "Middle East Respiratory Syndrome"[56].

A manifestação deste vírus – o Covid-19, que segundo a própria Organização Mundial de Saúde era uma enfermidade infecciosa desconhecida até ter se manifestado em Wuhan, na China, em dezembro de 2019, gerou severos prejuízos e problemas em diversos campos. Não por acaso, a referida Organização Internacional a reconheceu como pandemia global.

Sem embargo, os primeiros casos de infecção por SARS-CoV-2 foram relatados como pneumonia de causa desconhecida na província de Hubei, na China. Em 31 de janeiro de 2020 o número de casos relatados na China era de 9.720, com 213 mortes e já havia se disseminado por outros 19 países do mundo. Em 17 de março de 2020 a China já registrava 81.116 casos com 3.231 óbitos, o que significa uma taxa de letalidade de 3,98%. O crescimento do número de casos registrou um incremento de 834,52% em 46 dias[57].

Da mesma maneira, a Itália registrou, no dia 17 de março de 2020, 27.980 casos com 2.503 óbitos, o que significa uma taxa de letalidade de 8,95%. Em apenas 24 horas (do dia 16 para 17 de março de 2020) a Itália registrou um aumento de 11,55%[58].

No Brasil, o primeiro caso registrado foi em 26 de fevereiro de 2020 e em 7 de março de 2020 já havia 20 casos. Em 17 de março de 2020, os dados oficiais do Ministério da Saúde registravam 291 casos às 18h10, que foram posteriormente atualizados para 356[59].

Em todo o mundo, apresentou-se relatos de indivíduos infectados em 164 países com 194.029 casos e 7.873 óbitos, ou seja, 4,05% de letalidade. A OMS estabeleceu uma grande força-tarefa com especialistas do mundo todo que está monitorando e tomando medidas protetivas para reduzir o impacto da doença no mundo[60].

A transmissão de gotículas respiratórias é a principal via de transmissão e também pode ser transmitida através de gotículas aéreas e contato. No entanto, há relevância aos aspectos assintomáticos, casos que podem desempenhar um papel crítico no processo de transmissão[61]. Além disso, um estudo de Doremalen publicado em 19 de março de 2020,

---

[56] WALLS, Alexandra C. Young-Jun Park, M. Alejandra Tortorici, Abigail Wall, Andrew T. McGuire, and David Veesler. Structure, Function, and Antigenicity of the SARS-CoV-2 Spike Glycoprotein. Walls et al., 2020, p. 1-12.

[57] Disponível em: <http://plataforma.saude.gov.br/novocoronavirus/#COVID-19-world>.

[58] Disponível em: <http://plataforma.saude.gov.br/novocoronavirus/#COVID-19-world>.

[59] Disponível em: <http://plataforma.saude.gov.br/novocoronavirus/#COVID-19-brazil>.

[60] Disponível em: <www.who.int>.

[61] WU, Di; WU, Tiantian; LIU,Qun; YANG, Zhicong. The SARS-CoV-2 outbreak: what we know. *International Journal of Infectious Diseases*. S1201-9712(20)30123-5.

indica que a transmissão de aerossol de SARS-CoV-2 é plausível, uma vez que o vírus pode permanecer viável e infeccioso em aerossóis por horas e em superfícies por dias (dependendo do inoculo liberado). Esses achados ecoam aqueles com SARS-CoV-1, nos quais essas formas de transmissão foram associadas a eventos de disseminação nosocomial e de superpropagação e fornecem informações para os esforços de mitigação de pandemia[62].

O coronavírus, ao alcançar a incrível marca de 100.000 (cem mil) infectados no planeta, fez com que a Organização Mundial de Saúde (OMS), no dia 07 de março de 2020, preparasse uma Declaração[63] que conclamava a participação de todos os atores sociais para fazer frente à enfermidade.

Logo após, em 11 de março de 2020, o Diretor Geral da OMS, Dr. Tedros Adhanom Ghebreyesus, reconheceu e decretou a infecção por SARS-CoV-2 (COVID-19) como pandemia global, depois que mais de 4.300 pessoas haviam morrido com a doença instalada em mais de 120 mil pacientes ao redor do mundo.

Segundo Ghebreyesu, "nunca se viu uma pandemia provocada por um coronavírus mas, ao mesmo tempo, nunca vimos uma pandemia que pode ser controlada e, portanto, é um momento que deve envolver a ação de todos os setores e indivíduos"[64]. Também indicou um pequeno guia de como os países deveriam se comportar: preparar-se e estar prontos, detectar, proteger, tratar e reduzir a transmissão, inovar e aprender.

Michael Ryan, chefe do departamento de emergência da OMS em Genebra, afirma que não há uma regra clara sobre fechar ou não estabelecimentos, escolas, aeroportos e fazer grandes quarentenas, pois isso se trata de uma decisão a ser observada em

---

[62] Neeltje van Doremalen, Trenton Bushmaker, Dylan H. Morris et al. *Aerosol and Surface Stability of SARS-CoV-2 as Compared with SARS-CoV-1* DOI: 10.1056/NEJMc2004973.

[63] "La OMS hace un llamamiento a todos los países para que persistan en unos esfuerzos que han sido eficaces para limitar el número de casos y frenar la propagación del virus. Todos los esfuerzos que se hacen para contener el virus y frenar la propagación sirven para salvar vidas. Estos esfuerzos dan a los sistemas de salud y a la sociedad en su conjunto un tiempo muy necesario para avanzar en su preparación, y a los investigadores más tiempo para encontrar tratamientos eficaces y desarrollar vacunas. Ningún gobierno debería considerar la posibilidad de permitir una propagación incontrolada, ya que ello no solo perjudicará a los ciudadanos de ese país, sino que también afectará a otros países. Debemos detener, contener, controlar, retrasar y reducir el impacto de este virus a cada oportunidad que tengamos. Todas las personas están en condiciones de contribuir a este esfuerzo, de protegerse a sí mismas, de proteger a los demás, ya sea en el hogar, en la comunidad, en el sistema de atención de salud, en el lugar de trabajo o en el sistema de transporte. Los líderes de todos los niveles y en todos los ámbitos de la vida deben dar un paso adelante para hacer efectivo este compromiso en el conjunto de la sociedad. La OMS seguirá colaborando con todos los países, con sus asociados y con las redes de expertos para coordinar la respuesta internacional, elaborar orientaciones, distribuir suministros, compartir conocimientos y proporcionar a las personas la información que necesitan para protegerse a sí mismas y a los demás." Disponível em: <https://www.who.int/es/news-room/detail/07-03-2020-who-statement-on-cases-of--covid-19-surpassing-100-000>. Acesso em: 15 mar. 2020.

[64] Disponível em: <https://cidadeverde.com/noticias/319558/organizacao-mundial-da-saude-declara-pandemia--do-coronavirus>. Acesso em: 15 mar. 2020.

consonância com a avaliação de risco de cada país. Ele recorda que na China, por exemplo, escolas foram fechadas ao passo que em Singapura isso não aconteceu[65].

No dia 13 de março de 2020, em novo pronunciamento, Tedros Adhanom Ghebreyesus afirmou que a Europa se tornou o novo epicentro da pandemia de coronavírus, com números maiores que os casos confirmados na China. Naquela altura, o número de mortes no mundo em decorrência do coronavírus já havia ultrapassado a marca de 5 mil pessoas, não sendo possível precisar até onde os números poderiam chegar.

Diante do cenário apresentado, o Diretor Geral da OMS pediu aos doentes que ficassem em casa, que os saudáveis cancelassem viagens desnecessárias e grandes eventos sociais e ainda que todos deveriam seguir as recomendações da sua autoridade sanitária local ou nacional. Também alertou que cada pessoa passava a ser responsável por frear as transmissões. Ghebreyesus ressaltou ainda que cada país é livre para decidir suas próprias medidas de contenção da pandemia diante das necessidades específicas de sua população[66].

Neste sentido, as decisões e providências adotadas à época pelos Estados nacionais eram variadas, como, por exemplo, a aplicação de multas por frequentar lugares públicos, como no caso de Portugal[67]; o bloqueio das fronteiras envolvendo países europeus[68]; proibição de livre circulação de pessoas, como no caso da Itália[69]; não admissão de estrangeiros provenientes de algumas localidades, a exemplo dos EUA[70] que vedaram o acesso de cidadãos da União Europeia.

No Brasil, foi editada a Lei n. 13.979, de 6 de fevereiro de 2020, que dispõe sobre as medidas para enfrentamento da emergência de saúde pública de importância internacional decorrente do coronavírus, podendo ser adotadas, entre outras, as seguintes medidas: I – isolamento; II – quarentena; III – determinação de realização compulsória de: a) exames médicos; b) testes laboratoriais; c) coleta de amostras clínicas; d) vacinação e outras medidas profiláticas; ou e) tratamentos médicos específicos; IV – estudo ou investigação epidemiológica; V – exumação, necropsia, cremação e manejo de cadáver; VI – restrição excepcional e temporária de entrada e saída do País, conforme

---

[65] Idem.

[66] Disponível em: <https://saude.estadao.com.br/noticias/geral,oms-declara-pandemia-de-novo-coronavirus-mais--de-118-mil-casos-foram-registrados,70003228725>.

[67] Disponível em: <https://oglobo.globo.com/sociedade/portugal-decreta-estado-de-alerta-por-coronavirus-interdita-praias-24303363>.

[68] Disponível em: <https://veja.abril.com.br/mundo/foco-de-coronavirus-europa-fecha-fronteiras-veja-situacao--em-cada-pais/>.

[69] Disponível em: <https://www.agazeta.com.br/es/gv/parece-uma-guerra-em-silencio-diz-capixaba-que-vive-na--italia-0320>.

[70] Disponível em: <https://exame.abril.com.br/mundo/restricao-de-viagens-da-europa-para-os-estados-unidos--entra-em-vigor/>.

recomendação técnica e fundamentada da Agência Nacional de Vigilância Sanitária (Anvisa), por rodovias, portos ou aeroportos; VII – requisição de bens e serviços de pessoas naturais e jurídicas, hipótese em que será garantido o pagamento posterior de indenização justa; e VIII – autorização excepcional e temporária para a importação de produtos sujeitos à vigilância sanitária sem registro na Anvisa, desde que: a) registrados por autoridade sanitária estrangeira; e b) previstos em ato do Ministério da Saúde. [...]

Frise-se, por oportuno, que as medidas de salvaguarda adotadas mundo afora restringem o exercício de direitos inerentes à pessoa humana, decorrem dos efeitos nocivos gerados pelo coronavírus que culminaram com o reconhecimento por parte da Organização Mundial de Saúde de uma pandemia global.

Relembre-se, por oportuno, que o SARS-CoV-2 foi reconhecido como uma pandemia pela Organização Mundial de Saúde. Embora a referida Organização não utilize com frequência a expressão, seja em razão dos contornos assumidos por uma determinada enfermidade, seja para não gerar uma sensação de pânico e inquietude generalizada junto à sociedade civil, o fato é que o vírus ganhou este *status*. Mais ainda, esse coronavírus apresenta-se como uma verdadeira **catástrofe global.**

O SARS-CoV-2 alcançou a dimensão de catástrofe em termos planetários que foram repercutidos em vários aspectos. A começar pelo número excessivo de mortes de pessoas em todas as partes do mundo; pela limitação e cerceamento de direitos humanos; pelo crescimento da xenofobia; o fechamento de fronteiras dos Estados e não recepção daqueles que não possuem a nacionalidade correspondente; o aumento das incertezas, estagnação e interrupção da prestação de serviços, desabastecimento e, por consequência, o crescimento dos prejuízos econômicos que servirão ainda mais como combustível para o agravamento da crise.

Mas a partir de um cenário de grandes incertezas e pavor sobre a Covid-19, a "construção de muros", como adotado por diversos Estados nacionais, não foi suficientemente adequada para conter a expansão do vírus. Ao ser erigido à categoria de pandemia por parte da Organização Mundial da Saúde, com efeitos e desdobramentos catastróficos no sistema internacional, o problema que envolveu e, de certo modo, ainda envolve, a Covid-19 deve ser enfrentada por todos, de maneira coletiva e não por ações isoladas.

Pensar, como em determinados momentos se cogitou, que um vírus desta letalidade pudesse permanecer adstrito a um determinado território não poderia indicar resultados satisfatórios. O mundo de hoje apresenta-se de forma bastante diversa daquele em que surgiram os Estados-nacionais. A comunicação é instantânea, o fluxo de pessoas é intenso, as barreiras passaram a existir muito mais em cartas geográficas e os problemas e doenças tornaram-se globais.

Diante de catástrofes anunciadas, seria possível observar efeitos colaterais positivos? E a partir do crescimento na propagação do coronavírus? Seria possível tirar lições importantes para a comunidade global a partir de uma pandemia tão devastadora como esta?

Uma das lições a serem aprendidas é que uma gestão em saúde eficiente pode levar a redução do número de casos e do número de óbitos e o impacto da epidemia. Nesse sentido, tem-se a antecipação do impacto da epidemia, a adoção de estratégias de contingenciamento, a correta avaliação do número de casos e estabelecimento de previsibilidade do crescimento e distribuição dos casos pode garantir que a sociedade seja atingida de forma menos intensa do que nos locais em que tais cuidados não foram adotados.

Mas talvez a lição mais importante desse quadro pandêmico seja a compreensão de o quanto os indivíduos dependem uns dos outros. Nesse sentido, talvez seja possível reescrever a história e modificar a percepção do que, de fato, é ser humano. Na medida em que as ações de uns impactarão diretamente um grupo crescente de outros indivíduos traz um novo sentido ao termo "solidariedade", mais ainda, de não ser indiferente.

3.4. As mudanças climáticas

As mudanças climáticas se apresentam como um dos maiores problemas de cunho ambiental no cenário global. Os países insulares localizados no Oceano Pacífico, por exemplo, enfrentam diversas situações que decorrem do aquecimento global, como a elevação do nível do mar[71], a salinização de água potável e as fortes tempestades.

Segundo McAdam[72], a região Ásia-Pacífico é uma das mais atingidas pelo desequilíbrio ambiental e mudanças climáticas, o que enseja deslocamento de grande contingente populacional. Não por acaso, esta região foi responsável por concentrar mais de 80% dos deslocamentos no período entre 2008 e 2018, alcançando o relevante número de aproximadamente 187 milhões de pessoas[73].

Ademais, há que se enfatizar o risco de desaparecimento ou de evacuação total da população dos Estados-insulares, em razão da elevação do nível dos oceanos proveniente do aquecimento global. Tal movimentação já se mostra presente nas Ilhas Maldivas, Ilhas

---

[71] NOBRE, Carlos A.; REID, Julia; VEIGA, Ana Paula Soares. *Fundamentos científicos das mudanças climáticas*. São José dos Campos, SP: Rede Clima/INPE, 2012, p. 9-11: "A temperatura média global à superfície subiu quase 0,8°C nos últimos 120 anos, o nível do mar subiu quase 20 centímetros na média global durante o Século XX, a área coberta com neve está diminuindo e as geleiras estão derretendo. É fundamental observar que o oceano está aquecendo. Se o planeta está mais quente, temos que imaginar que o Sistema Terrestre – atmosfera – superfície continental – criosfera – oceano – está num estado mais alto de energia (...). E essa energia está indo para o oceano. Oitenta por cento desse acréscimo de energia – pelo fato de a temperatura média do planeta estar 0,8°C mais quente – vai para o oceano. Os dados oceânicos mostram esse aquecimento".

[72] MCADAM, Jane; PRYKE, Jonathan. *Mudança climática, desastres e mobilidade*: um roteiro para a ação australiana. 2020, p. 8. Disponível em: <https://www.kaldorcentre.unsw.edu.au/publication/podcast-climate-change-disasters-and-mobility-roadmap-australian-action>. Acesso em: 10 mar. 2021.

[73] MCADAM, Jane; PRYKE, Jonathan. *Mudança climática, desastres e mobilidade*: um roteiro para a ação australiana. 2020, p. 8. Disponível em: <https://www.kaldorcentre.unsw.edu.au/publication/podcast-climate-change-disasters-and-mobility-roadmap-australian-action>. Acesso em: 10 mar. 2021.

Marshall, Tuvalu e Kiribati, casos em que os Estados estudam a possibilidade de transferir a sede do governo e reassentar a população local em outra base territorial[74].

Em interessante estudo realizado pelo Pew Research Center, em 2019, foram apresentados possíveis impactos nocivos decorrentes das mudanças climáticas a curto e longo prazo[75] e enfatiza-se que elas se apresentam como o principal risco para as mais diferentes nações.

Na metodologia adotada, foram entrevistados 27.612 (vinte e sete mil seiscentos e doze) pessoas que apontaram quais as maiores ameaças que se apresentam no plano global. São elas: mudanças climáticas, ataques terroristas por grupos radicais islâmicos; ataques cibernéticos e a influência da Rússia, conforme imagem a seguir[76]:

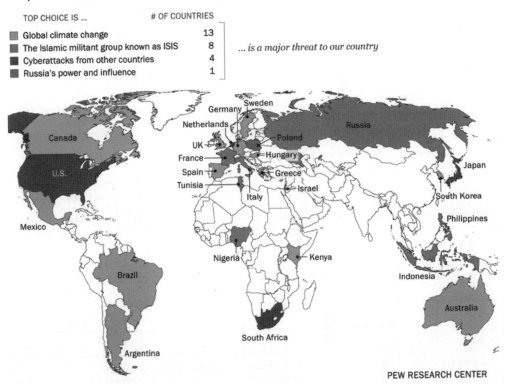

Os dados coletados são bastante sugestivos, em termos percentuais, conforme mostrado a seguir:

---

[74] RAMOS, Érika Pires. *Refugiados ambientais*: em busca de reconhecimento pelo direito internacional. São Paulo: EP Ramos, 2011, p. 61.

[75] POUSHTER, Jacob; HUANG, Christine. Climate change still seen as the top global threat, but cyberattacks a rising concern. *Pew Research Center*, v. 10, 2019, p. 2.

[76] POUSHTER, Jacob; HUANG, Christine. Climate change still seen as the top global threat, but cyberattacks a rising concern. *Pew Research Center*, v. 10, 2019, p. 4.

País	Mudanças climáticas globais	O grupo militante islâmico conhecido como ISIS	Ataques cibernéticos de outros países
Argentina	73%	53%	58%
Austrália	60%	59%	58%
Brasil	72%	53%	61%
Canadá	66%	54%	57%
França	83%	87%	67%
Alemanha	71%	68%	66%
Grécia	90%	69%	63%
Hungria	66%	59%	35%
Indonésia	56%	81%	56%
Israel	38%	47%	42%
Itália	71%	80%	45%
Japão	75%	52%	81%
Quênia	71%	64%	65%
México	80%	34%	60%
Holanda	70%	67%	72%
Nigéria	41%	61%	47%
Filipinas	67%	79%	69%
Polônia	55%	59%	53%
Rússia	43%	62%	36%
África do Sul	59%	43%	61%
Coreia do Sul	86%	63%	81%
Espanha	81%	75%	59%
Suécia	69%	61%	55%
Tunísia	61%	81%	65%
Estados Unidos	59%	62%	74%
Reino Unido	66%	64%	64%

Programa nuclear da Coreia do Norte	A condição da economia global	Poder e influência dos EUA	Poder e influência da Rússia	Poder e influência da China
50%	67%	57%	33%	39%
47%	44%	36%	34%	51%
59%	66%	53%	43%	43%
47%	41%	46%	32%	31%
55%	46%	49%	40%	40%
47%	29%	49%	30%	33%
63%	88%	48%	33%	38%
51%	28%	17%	26%	22%
57%	60%	52%	31%	43%
36%	35%	15%	28%	18%
56%	50%	22%	20%	33%
73%	52%	66%	49%	69%
56%	58%	41%	37%	34%
57%	63%	64%	31%	31%
39%	28%	37%	42%	25%
41%	49%	39%	33%	30%
61%	48%	29%	38%	56%
53%	23%	18%	65%	26%
30%	40%	43%	*	20%
46%	54%	42%	38%	40%
67%	74%	67%	44%	82%
59%	57%	42%	41%	35%
41%	27%	34%	40%	22%
41%	66%	61%	30%	27%
58%	44%	*	50%	48%
40%	41%	37%	45%	29%

A pesquisa demonstra uma percepção coletiva dos riscos e das ameaças decorrentes das mudanças climáticas que têm aumentado com o passar dos anos:

Em 2013, antes do Acordo de Paris ser assinado, em média, 56% dos indivíduos de 23 países pesquisados disseram que a mudança climática global era a maior ameaça ao seu país. Este índice subiu para 63% em 2017, e em 2018 está em 67%. Desde 2013, preocupações com a ameaça climática aumentaram significativamente em 13 dos países onde os dados são acessíveis. Os maiores aumentos foram na França (até 29 pontos percentuais) e México (até 28 pontos), mas também houve aumentos nos Estados Unidos da América, Reino Unido, Alemanha, Espanha, Quênia, Canadá, África do Sul e Polônia[77].

De fato, a expressiva preocupação das diferentes nações com as mudanças climáticas apresenta fundamentos sólidos, sendo certo que o problema relacionado ao tema pode ser tratado em várias perspectivas, como acentua Bodansky[78], no plano científico, tecnológico e religioso. Porém, três elementos têm relevo na discussão: o ambiental, o ético-social e o econômico[79]. Seguindo esta linha de raciocínio, serão expendidos alguns comentários relativos aos pontos acima indicados.

a) O elemento ambiental

Como exposto, a insustentabilidade dos padrões comportamentais e de consumo humano consolidam-se enquanto ameaças notáveis ao meio ambiente, e por essa razão têm se tornado importante foco de discussão da sociedade internacional. Ailton Krenak[80] enfatiza que "a sociedade lida hoje com (...) a iminência de a Terra não suportar a nossa demanda. (...) É como se tivéssemos várias crianças brincando e, por imaginar essa fantasia da infância, continuassem a brincar por tempo indeterminado. Só que viramos adultos, estamos devastando o planeta, cavando um fosso gigantesco de desigualdade entre povos e sociedades. (...) respondendo a esse pensamento doentio dos humanos com um ataque à forma de vida insustentável que adotamos por livre escolha, essa fantástica liberdade que todos adoram reivindicar, mas ninguém se pergunta qual o seu preço".

Evidencia-se que a ação humana gera como produto um dano imensurável ao meio ambiente, de modo a evidenciar a crise ambiental em voga na atualidade. Graças ao

---

[77] POUSHTER, Jacob; HUANG, Christine. Climate change still seen as the top global threat, but cyberattacks a rising concern. *Pew Research Center*, v. 10, 2019, p. 5.

[78] BODANSKY, Daniel; BRUNNÉE, Jutta; RAJAMANI, Lavanya. *International climatte change law*. Oxford: Oxford University Press, 2017, p. 4.

[79] A propósito, *vide* o Relatório Global sobre Riscos de 2020, p. 11: "Climate change is striking harder and more rapidly than many expected. The last five years are on track to be the warmest on record, natural disasters are becoming more intense and more frequent, and last year witnessed unprecedented extreme weather throughout the world. Alarmingly, global temperatures are on track to increase by at least 3ºC towards the end of the century – twice what climate experts have warned is the limit to avoid the most severe economic, social and Executive SummaryThe Global Risks Report 2020 7 environmental consequences. The near term impacts of climate change add up to a planetary emergency that will include loss of life, social and geopolitical tensions and negative economic impacts". Disponível em: <https://www.weforum.org/reports/the-global-risks-report-2020>. Acesso em: 21 maio 2021.

[80] KRENAK, Ailton. *O amanhã não está à venda*. São Paulo: Companhia das Letras, 2020, p. 3-5.

"exaurimento dos recursos naturais e incapacidade dos ecossistemas de absorverem as agressões impostas"[81] a sociedade global lida hoje com fenômenos como o aquecimento global, efeito estufa, chuva ácida, mudanças climáticas, perdas de biodiversidade, escassez de recursos hídricos, dentre outros.

Nesse afã, as mudanças climáticas[82] são inequívocas, tendo o Painel Intergovernamental sobre Mudanças Climáticas (IPCC) apontado este evento como um dos problemas emergentes mais comuns na atual sociedade[83]:

"Os relatórios historicamente destacam que a concentração de gás carbônico – o mais importante gás do efeito estufa na atmosfera – aumentou de 280 ppm para 379 ppm (ppm = partes por milhão) desde a Revolução Industrial. As razões apontadas para o crescimento dessa concentração são a queima de combustíveis fósseis e as mudanças no uso do solo, como o avanço da agricultura e do desmatamento. Entre 1970 e 2004, houve um aumento de 80% das emissões de gases de efeito estufa, especialmente do gás carbônico. (...) Os relatórios trazem previsões alarmantes, como, por exemplo, o aumento da temperatura média global entre 1,8°C e 4°C até 2100, o derretimento das geleiras e das calotas polares, a elevação do nível dos oceanos acompanhada de tempestades tropicais e de furacões. Para o Brasil, as previsões apontam que, na pior das hipóteses, o aumento de temperatura deve ser de até 4°C no interior do país e de até 3°C na costa. Para o extremo norte do planeta, as previsões são de que a temperatura deve aumentar 7,5°C, no cenário mais dramático. Quanto às chuvas, os relatórios indicam que o hemisfério norte deve ter um aumento de 10% a 20% no volume, ao passo que no hemisfério sul deve ocorrer a diminuição do seu volume, na mesma proporção"[84].

Nesse sentido, se não houver alteração no quadro acima indicado, evidencia-se um caminhar perigoso da humanidade para um cenário de catástrofe cujos efeitos reverberarão por muitos anos. É bem verdade que alguns destes efeitos já são sentidos em termos planetários, como por exemplo, os fenômenos la niña e el ninõ, que se tratam de anomalias

---

[81] GUERRA, Sidney. A crise ambiental na sociedade de risco. *Lex Humana*, v. 1, n. 2, 2009. Disponível em: <http://seer.ucp.br/seer/index.php/LexHumana/article/view/27>.

[82] BODANSKY, Daniel; BRUNNÉE, Jutta; RAJAMANI, Lavanya. *International climatte change law*. Oxford: Oxford University Press, 2017, p. 5: "Perhaps the most obvious perspective on climate change is to see it as na environmental problem. Viewed in this way, the goal of international climate policy is to prevent dangerous anthropogenic climate chaGHC emissions."

[83] INTERGOVERNMENTAL PANEL ON CLIMATE CHANGE (Itália) (org.). *Food and Agriculture Organization of the United Nations*. Roma: Fao, 2017. 25 p. (12).

[84] Atentem para esta informação que consta no Relatório Global sobre Riscos de 2020, p. 12: "For the first time in the history of the Global Risks Perception Survey, environmental concerns dominate the top long-term risks by likelihood among members of the World Economic Forum's multistakeholder community; three of the top five risks by impact are also environmental (see Figure I, The Evolving Risks Landscape 2007–2020). "Failure of climate change mitigation and adaption" is the number one risk by impact and number two by likelihood over the next 10 years, according to our survey. Members of the Global Shapers Community – the Forum's younger constituents – show even more concern, ranking environmental issues as the top risks in both the short and long terms." Disponível em: <https://www.weforum.org/reports/the-global-risks-report-2020>. Acesso em: 21 maio 2021.

das temperaturas da superfície terrestre e do oceano, cada vez mais frequentes, cuja incidência pode dobrar em razão das mudanças climáticas[85].

No Brasil, as cheias enfrentadas pelo estado amazonense são um claro exemplo disso. A região norte do Brasil enfrenta desde o início de 2021 chuvas acima da média, o que influencia diretamente nas graves inundações ao longo das bacias dos rios Negro e Solimões. Neste sentido, Augusto afirma que os "dados do Sistema de Proteção da Amazônia indicam que o final de 2020 teve um déficit de precipitação em grande parte da Bacia Amazônica Ocidental. No princípio de 2021 esse padrão se inverteu e já em fevereiro de 2021, as chuvas foram muito acima do esperado na bacia como um todo, causando inclusive transbordamentos no Acre.

'Como está em curso o fenômeno La Niña, de resfriamento das águas, ele altera a formação de nuvens sobre o oceano e elas passam a se concentrar na Oceania. O resultado têm sido chuvas mais concentradas e em maior quantidade do que o normal na Amazônia, o que tende a se agravar'"[86].

Outro exemplo são as recorrentes ondas de calor que atingem a Índia. Desde 2010, as elevadas temperaturas da região já causaram a morte de mais de 6 mil habitantes. Em consonância, o crescimento desses episódios se mostra regular: em 2018 o país foi atingido por 19 ondas de calor, em 2019 foram 23[87]. Tal situação é alarmante, ao passo em que "o número de mortes associadas ao calor em 2018 sozinho representa 20% das mortes causadas pelo COVID-19 até início de dezembro de 2020. Isto indica quão complexo é para a sociedade entrar em contato com os perigos relacionados à crise climática"[88].

Além disso, "128 países do mundo sofreram um aumento na exposição de sua população a incêndios florestais desde o início dos anos 2000. Ao mesmo tempo, entre 145 e 565 milhões de pessoas estão ameaçadas pelo aumento do nível do mar, o que pode aumentar o deslocamento e a migração"[89].

---

[85] GLOBO RURAL (org.). *Aquecimento global torna la Niña frequente*. São Paulo, 2015.

[86] AUGUSTO, Lukas. Amazonas deve registrar cheias severas em 2021, diz serviço geológico: alerta vale para Manaus, Manacapuru e Itacoatiara. *Agência Brasil*, Brasília, p. 1-1. 5 abr. 2021. Disponível em: <https://agencia-brasil.ebc.com.br/geral/noticia/2021-04/amazonas-deve-registrar-cheias-severas-em-2021-diz-servico-geologico>. Acesso em: 16 abr. 2021.

[87] ORLANDO, Giovanna. Índia: onda de calor de até 50°C mata pelo menos 36 pessoas: Desde 2010, temperaturas elevadas no país já causaram a morte de 6 mil habitantes. Alertas do governo falharam para avisar e conscientizar cidadãos. *R7*, Rio de Janeiro, 13/06/2019, p. 1.

[88] CAMPETELLA; ROBLES. Mortes por ondas de calor aumentaram 50% em apenas 20 anos: as ondas de calor cada vez mais intensas são uma das faces mais mortais da crise climática. Neste relatório, contamos como nosso modo de vida corre perigo se não agirmos com responsabilidade. *Meteored*, Brasília, p. 1-3. 16 dez. 2020. Disponível em: <https://www.tempo.com/noticias/actualidade/mortes-por-ondas-de-calor-aumentaram-50-mudanca-climatica.html>. Acesso em: 16 abr. 2021.

[89] CAMPETELLA; ROBLES. Mortes por ondas de calor aumentaram 50% em apenas 20 anos: as ondas de calor cada vez mais intensas são uma das faces mais mortais da crise climática. Neste relatório, contamos como nosso modo de vida corre perigo se não agirmos com responsabilidade. *Meteored*, Brasília, p. 1-3. 16 dez. 2020. Dispo-

Não obstante as mortes, os reflexos das mudanças climáticas também atingem ramos agroindustriais, ao passo em que o aumento da temperatura global influencia em rápido amadurecimento de safras de plantações, que resultam rendimentos mais baixos[90]. Tais dados comprovam que todos os países são vulneráveis às mudanças climáticas e seus desdobramentos. Neste sentido, oportuno o estudo desenvolvido pelo WRI[91] que destaca no relatório do IPCC o quão maior são os riscos em um mundo que aqueça 2°C. Segundo o relatório, com um aquecimento de 1,5°C, é possível que o planeta tenha um verão completamente sem gelo na superfície do mar uma vez a cada cem anos. Com 2°C, essa frequência aumenta a uma vez por década, conforme ilustração a seguir:

---

nível em: <https://www.tempo.com/noticias/actualidade/mortes-por-ondas-de-calor-aumentaram-50-mudanca--climatica.html>. Acesso em: 16 abr. 2021.

[90] CAMPETELLA; ROBLES. Mortes por ondas de calor aumentaram 50% em apenas 20 anos: as ondas de calor cada vez mais intensas são uma das faces mais mortais da crise climática. Neste relatório, contamos como nosso modo de vida corre perigo se não agirmos com responsabilidade. *Meteored*, Brasília, p. 1-3. 16 dez. 2020. Disponível em: <https://www.tempo.com/noticias/actualidade/mortes-por-ondas-de-calor-aumentaram-50-mudanca--climatica.html>. Acesso em: 16 abr. 2021.

[91] Disponível em: <https://wribrasil.org.br/pt/blog/2018/10/oito-coisas-que-voce-precisa-saber-sobre-o-relatorio--de-mudancas-climaticas-do-ipcc?utm_source=google&utm_medium=cpc&utm_campaign=clima&gclid=EAIaI QobChMIvZCM4O_Y8AIV08fICh1DJATgEAAYASAAEgLFTvD_BwE>.

b) O elemento ético

A relação que se estabelece entre a pessoa humana e o ambiente não tem se apresentado de maneira satisfatória, posto que os recursos naturais são utilizados de maneira predatória para atender os anseios de uma sociedade cada vez mais ávida para o consumo[92].

Em que pese os riscos fabricados e potencializados pelos séculos de ações danosas contra o meio ambiente, deve-se atentar para seus efeitos catastróficos globais e atemporais. Diante desse contexto, de "universalismo das ameaças"[93] compreende-se que as ações praticadas pelas gerações passadas, geraram riscos que hoje se desdobram nos eventos catastróficos presenciados pelas gerações atuais e também pelas futuras, com reflexos sentidos na globalidade como um todo. Nesse sentido, identifica-se a questão social enquanto fator fundamental da crise climática.

Cabe ressaltar que esse modelo de desenvolvimento pautado na exploração desregrada da natureza marca o individualismo característico da sociedade industrial. No entanto, diante da potencialização das catástrofes devido ao modelo de consumo adstrito ao padrão de produção industrial e a emergência das catástrofes vivenciada pela geração atual, deve-se superar essa concepção individualista de progresso em nome da coletividade. Dessa maneira, deve-se atentar à necessidade do afastamento da ética individual preceituada pelo capitalismo a fim de criar formas coletivas de mitigar e conter o cenário catastrófico de mudanças climáticas, sendo estas sempre conexas à questão social.

Nessa perspectiva, as catástrofes alcançam a todos de maneira indiscriminada, inclusive os atores sociais que desencadeiam e lucram com as atividades outrora produtoras de riscos[94]. Há de convir, portanto, que existe a necessidade de repensar urgentemente, o padrão de produção industrial mantido pela sociedade durante anos em busca de uma resposta eficaz para solucionar essa problemática coletiva, ética e social.

Isto posto, é de se considerar a importância de um enfrentamento coletivo a esta problemática social apresentada, prenunciada como uma das principais crises humanitárias do século XXI, considerada sua proporção e seu reflexo em situações como, por exemplo, a questão dos refugiados ambientais. Nesse afã, torna-se imprescindível a consolidação de uma mentalidade solidária e cooperativa, a fim de proteger o meio ambiente dos riscos evitáveis, bem como mitigar aqueles que já se manifestam.

Com efeito, alguns segmentos acabam por serem mais diretamente e imediatamente afetados seja por situações de vulnerabilidades ou até mesmo por não existir condições

---

[92] BODANSKY, Daniel; BRUNNÉE, Jutta; RAJAMANI, Lavanya. *International climatte change law.* Oxford: Oxford University Press, 2017, p. 7: "Cost benefit analysis simply seeks to maximize aggregate economic value and does not adrress the etical issues raised by climate change. (...) The ethical perspective, in contrast, focuses on issues of distributive and corrective justice, including: how do we equitably distribute the burdens of mitigating and adapting to climate change, and who, if anyone, is ethically responsible for the damages caused by climate change."

[93] BECK, Ulrich. *Sociedade de risco:* rumo a uma outra modernidade. São Paulo: Editora 34, 2010, p. 43.

[94] BECK, Ulrich. *Sociedade de risco:* rumo a uma outra modernidade. São Paulo: Editora 34, 2010, p. 44.

satisfatórias para a prevenção de catástrofes. Nesta esteira, evidencia-se que pessoas que estão inseridas em territórios de Estados menos desenvolvidos estarão mais suscetíveis aos maiores problemas. Como exemplo, muitos países asiáticos, africanos, latino-americanos e caribenhos que passaram a ter maiores vulnerabilidades relacionadas às mudanças climáticas (desertificação, aumento do nível do mar, escassez de água e de alimentos etc.).

Não há dúvidas de que a crise climática e do meio ambiente como um todo apresenta-se como um importante cenário de incidência de catástrofes, o que implica em atuação mais efetiva dos atores que integram a sociedade internacional.

c) O elemento econômico

O desenvolvimento da atividade econômica[95] está intimamente ligado aos problemas produzidos em relação às mudanças climáticas. Conforme anteriormente acentuado, as atividades que passaram a ser desenvolvidas no mundo, bem como práticas adotadas voltadas ao consumo exacerbado, desde a revolução industrial, culminaram na construção de um modelo desbalanceado quanto a utilização racional dos recursos naturais.

Beck[96], sobre este ponto, acentua da seguinte forma: Em verdade, não se pode voltar para uma economia planificada. Porém de igual importância é a percepção que, se em algum momento a "soberania do mercado" representou um risco mortal, é agora, com o iminente colapso ecológico e os custos inimagináveis associados a este[97].

Diante dessa realidade, observa-se que o crescimento econômico e progresso tecnológico ocorreram, porém de maneira concentrada do capital e da tecnológica para número reduzido de Estados e indivíduos.

Daí, espera-se e propõe-se que aqueles que possam ter uma participação (contribuição), em termos econômicos, mais efetiva, para fazer frente às adversidades decorrentes das mudanças climáticas, deverão fazê-lo posto que, como assinalado neste estudo, o prenúncio de catástrofes são cada vez maiores. Nesta esteira, são dignas de registro as palavras de Beck:

"O efeito estufa, por exemplo, irá aumentar as temperaturas e o nível do mar em escala global como um resultado do derretimento das calotas polares. O período interglacial irá submergir completamente regiões costeiras, transformará terras agrícolas em desertos, modificará as zonas térmicas de maneiras inesperadas e irá acelerar

---

[95] BODANSKY, Daniel; BRUNNÉE, Jutta; RAJAMANI, Lavanya. *International climatte change law*. Oxford: Oxford University Press, 2017, p. 6: "Climate change can also be seen as an economic problem. From this perspective, the goal of climate policy is to achieve the eficiente outcome – that is, the outcome with the highest net benefits. Accordingly, we should reduce emissions Only sol ong as the benefits of further reductions outweigh the costs. And, to extent adaptation is cheaper than mitigation, then that should be preferred policy."

[96] BECK, Ulrich. *World at risk*. Cambridge: Polity Press, 2009, p. 62-63.

[97] No original: It is true that there is no way back to a planned state economy. But equally important is the realization that, if ever the 'sovereignty of the market' represented a deadly threat, then it is now, with the impending environmental collapse and the unimaginable costs associated with this.

drasticamente a extinção de diferentes espécies. As populações marginalizadas economicamente serão as mais afetadas"[98].

Essa parcela populacional será a menos habilitada para adaptar-se às mudanças ecológicas. Porém, aqueles que são privados da base econômica para sua existência migrarão da zona de miséria. Um êxodo de refugiados ambientais e climáticos[99] irá procurar asilo

---

[98] BECK, Ulrich. *World at risk*. Cambridge: Polity Press, 2009, p. 37.

[99] *Vide* a propósito o Relatório Global sobre Riscos de 2020, p. 34-38: "Climate realities The near-term consequences of climate change add up to a "planetary emergency". Implications are catastrophic, wide-ranging and intersecting. Worse still, the complexity of the climate system means that some impacts are still unknown. Established risks include: 1) Loss of life – More and more species are becoming extinct. Humans, too, will experience loss of life – but potentially unequally. Women and children are 14 times more likely than men to die during natural disasters, which are likely to intensify or become more frequent because of climate change. The elderly and infirm are also at higher risk. Climate change will also lead to increased health spillovers, burdening already stretched health systems, particularly for the poorest and most vulnerable, including in many low- and middle-income countries. 2) Stress on ecosystems – Oceans are getting warmer, stormier and more acidic, impacting the health of sensitive marine ecosystems such as coral reefs. As glaciers and ice sheets melt, low-lying geographies will flood;14 indeed, by 2050, three times more people will be impacted than previously thought. This risk was explored in detail in the 2019 Global Risks Report chapter Fight or Flight, which examined the intersection of rapid urbanization and rising sea levels. Additionally, a scenario in which ice-cap melt creates disruption to the Gulf Stream could cause further ecosystem disorder, as well as major change in the pattern of severe weather perils. Another significant unknown risk relates to the potential thawing of permafrost – frozen soil around the poles that stores nearly twice as much carbon as the atmosphere currently holds. If the soil thaws, this carbon could be released with unprecedented consequences. 3) Food and water crises – Crop yields will likely drop in many regions, undermining the ability to double food production by 2050 to meet rising demand. Because agriculture, livestock and deforestation produce nearly a quarter of global emissions, more efficient use of land is critical; it's also one of the best potential carbon sequestration options. Water scarcity will increase as well – it already affects a quarter of the world's population. 4) Increased migration – From 2008 to 2016, over 20 million people a year have been forced from their homes by extreme weather such as floods, storms, wildfires and hotter temperatures. Tropical Cyclone Idai, for example, displaced nearly 150,000 people in March 2019. Rising sea levels will increasingly create refugees as people flee low-lying areas. Indeed, defence and intelligence agencies are now regularly warning that climate change could trigger conflicts severe enough to uproot entire populations. Exacerbation of geopolitical tensions. Countries will face more potential points of contention as climate change reshapes the security of and access to historic common property resources, such as fishing waters. Melting sea ice could enable new shipping routes through the Arctic, as well as opportunities for natura resource extraction, all of which could cause tension between countries already at odds over unresolved maritime and land boundaries (see Chapter 1, Global Risks 2020). According to the UN, water was a major factor in conflict in 45 countries in 2017; disputes between upstream and downstream areas will likely intensify. And as transition to a more decentralized, renewable energy economy changes geopolitical equations and creates new vulnerabilities for certain states and regions, states' relative position in the international system will shift as well. 5) Economic impacts – Worldwide economic stress and damage from natural disasters in 2018 totalled US$165 billion, and 50% of that total was uninsured.26 A report by federal agencies suggests that, in the United States alone, climate-related economic damage could reach 10% of gross domestic product (GDP) by the end of the century. Over 200 of the world's largest firms estimated that climate change would cost them a combined total of nearly US$1 trillion in the case of nonaction. At the same time, there is broad recognition among these same firms that there are significant economic opportunities, provided the right strategies are put in place.28 Countries will also experience losses unequally, with the highest economic costs being felt by large economies, while risk of exposure, death and non-economic costs is higher in smaller, poorer economies. 6) Capital market risks – Central banks increasingly see climate change as a systemic

nos países mais desenvolvidos; as crises nos países então chamados de Terceiro e Quarto mundo poderá culminar em uma guerra[100].

Muitos efeitos colaterais podem ser percebidos pela busca incessante do lucro e do progresso tecnológico, devendo ocorrer uma grande redefinição coletiva dos padrões de comportamento em razão das questões ambientais.

Torna-se necessário repensar coletivamente o modelo de crescimento econômico mundial, a fim de implementar um ideal de desenvolvimento sustentável ao adotar tecnologias e padrões de consumo condizentes com o momento atual, bem como promover adequada gestão do risco em matéria ambiental.

3.5. Conflitos armados

O conceito de "humanitarismo" ou a definição do que é "humanitário" deriva de uma dedicação intrínseca ao alívio do sofrimento humano e à proteção do bem-estar, da dignidade e da vida de outros seres humanos, particularmente em relação àqueles que se encontram em um estado de vulnerabilidade. Qualquer outro princípio alinhado à ideia de humanitarismo é proveniente deste. Nesse sentido, o princípio da humanidade possui, para o Direito Internacional Humanitário, conteúdo de valor equivalente ao que o princípio da dignidade da pessoa humana representa para o Direito Internacional dos Direitos Humanos.

Por sua vez, a vulnerabilidade pode ser compreendida tanto como um elemento temporário da condição humana, quanto como um elemento permanente. Quando temporária, a vulnerabilidade passa a ser situacional e diretamente dependente do perigo, da crise ou do conflito que a causou, pois não faz parte do indivíduo; visto que a sua existência não está atrelada a características determinantes de identidade. Exemplo desta

---

risk to the global capital market and recognize that non-action is not an option.30 More common extreme weather events could make insurance unaffordable or simply unavailable for individuals and businesses: globally, the "catastrophe protection gap" – what should be insured but is not – reached US$280 billion in 2018. The transition to a low-carbon economy also creates potential challenges that will need to be managed. For example, action to reduce emissions could turn approximately 30% of current oil reserves, 50% of gas reserves and 80% of coal reserves into stranded assets for extractive companies and their investors. Pension funds may face catastrophic shortfalls as industries consolidate and transition. Climate risk may also cause disruption to the mortgage market, particularly in vulnerable regions such as Florida where 30-year mortgages could default en masse if homes become uninsurable over time. Disponível em: <https://www.weforum.org/reports/the-global-risks-report-2020>. Acesso em: 21 maio 2021.

[100] No original: The greenhouse effect, for example, will raise temperatures and sea levels around the world as a result of the melting of the polar ice caps. The interGlacial period will submerge entire coastal regions, turn farmland into deserts, shift climate zones in unpredictable ways and dramatically accelerate the extinction of species. The poorest people in the world will be the hardest hit. They will be the least able to adapt themselves to the changes in the environment. But those who are deprived of the basis of their economic existence will flee the zone of misery. An exodus of eco-refugees and climatic asylum seekers will flood across the wealthy North; crises in the so-called Third and Fourth Worlds could escalate into war.

primeira variante é a vulnerabilidade causada por dificuldades de acesso à proteção ou aos bens e serviços destinados à proteção da vida e da dignidade.

Por outro lado, enquanto elemento permanente, apresenta-se a vulnerabilidade originada de características de uma identidade que é discriminada, marginalizada, condenada por sua simples existência. Crises humanitárias em sua essência não são produzidas somente por conflitos armados, pois estas decorrem obrigatoriamente da interconexão com os fatores transversais que proporcionarão condições favoráveis ao desenvolvimento da catástrofe. Catástrofes humanitárias originadas por conflitos armados possuirão, portanto, ambas as tipologias de vulnerabilidade, acentuadas pelos fatores transversais envolvidos.

Nesta esteira, reafirma-se que a existência de "catástrofes humanitárias originadas por conflitos armados" obrigatoriamente possuirá elementos transversais envolvidos, os quais agravarão as sequelas típicas das guerras para extensões inimagináveis e, por vezes, permanentes. Do contrário, estar-se-ia diante das consequências típicas de conflitos armados, o que se denomina, neste estudo, de natureza "simples", no sentido de que os seus resultados atentatórios ao Direito Internacional Humanitário e às demais vertentes da Proteção Internacional da Pessoa Humana serão produzidos somente ou majoritariamente pelo conflito em si. Tal premissa significa que são esperadas as referidas violações apenas durante a ocorrência do conflito, até que o Estado territorial possa retomar o ambiente pacífico típico à sua normalidade.

A catástrofe humanitária originada por conflito armado causará efeitos nefastos considerados permanentes, não na literalidade da palavra, mas que determinarão o colapso da nação em um nível em que a reconstrução das instituições e estruturas, assim como a própria recuperação da população, restará deveras improvável.

Alguns dos efeitos permanentes de uma catástrofe da referida modalidade serão, por exemplo: o deslocamento forçado para além das fronteiras territoriais, ou seja, o estabelecimento de fluxos de refugiados, o genocídio de etnias, a aniquilação de vertentes religiosas e de culturas minoritárias e a destruição de patrimônio cultural.

Os fatores transversais podem ser de natureza histórica, geográfica, política, econômica, socioeconômica, étnica, religiosa, cultural ou ideológica e a sua ocorrência concomitante ao conflito gerará as consequências catastróficas e a resultante crise humanitária inerente. Isto porque, a existência de tais elementos instalarão as vulnerabilidades consideradas temporárias e derivadas e agravarão aquelas já existentes e permanentes.

O mais comum é que esses fatores estejam já presentes desde o início do conflito ou sejam anteriores a ele, conectados, inclusive, à causa do mesmo. Impende salientar que a ausência do Estado e/ou inexistência de instituições confiáveis e estruturadas é um elemento particularmente insuflador de vulnerabilidades temporárias e permanentes.

Além disso, pode-se observar nas crises humanitárias da atualidade o que pode ser descrito como ambiente humanitário complexo contemporâneo, ou no original em inglês, *contemporary complex humanitarian environment*, caracterizado por uma variedade de riscos causados por efeitos encadeados ou combinados descritos pelo Comitê Internacional da

Cruz Vermelha como "um Estado fraco, uma economia debilitada, infraestrutura em colapso e hostilidades armadas realizadas por uma variedade de atores políticos e grupos criminosos, bem como degradação ambiental, seca, inundações ou pandemias" (tradução livre)[101].

O referido estado de complexidade do contexto humanitário ocasionado pelas catástrofes humanitárias originadas por conflitos armados pode ser exemplificado pelos seguintes casos concretos: Afeganistão, Sudão, Somália, República Democrática do Congo, Paquistão, Mianmar, Iraque e Síria (estes dois últimos serão apresentados à parte). Sobre a Somália, destaca-se a manifestação do CICV, conforme abaixo:

"In the 2011 food crisis in Somalia, humanitarian actors trying to respond to people's needs and access the affected populations faced a range of cross-cutting problems. The ICRC cooperated with the Somali Red Crescent to distribute food to 1.1 million people in drought--affected southern and central Somalia, with the aim to relieve immediate suffering and create conditions for more sustainable livelihoods. This food insecurity crisis was caused by a severe drought that began in October 2010, and must be understood in the context of an already difficult humanitarian situation that resulted from more than 20 years of armed conflict, and a long-standing lack of functional government. Food delivery during the 2011 drought required operation in a highly volatile and insecure environment and cooperation with the political and military actors in power"[102].

Conforme se depreende da leitura acima, é possível indicar alguns fatores transversais descritos como *cross-cutting problems*, como por exemplo, crise de segurança alimentar (fome), seca, falta de estrutura para a produção de meios de vida, 20 anos de conflito armado que produziu violência, ambiente inseguro, Estado e estruturas institucionais ausentes e a atuação de atores militares e políticos diversos – os quais desenvolvem os seus próprios confrontos e disputas.

---

[101] International Committee of the Red Cross (Icrc). *Strengthening of the Coordination of EmergencyHumanitarian Assistance of the United Nations.* United Nations, General Assembly, 64th session. Statementby the ICRC. New York: ICRC, 2009). Disponível em: <http://www.icrc.org/eng/resources/documents/statement/united-nations--statement-071209.htm>. Acesso em: 25 maio 2021. "A weak State, a debilitated economy, collapsing infrastructure and armed hostilities carried out by a variety of politically driven actors and criminal groups, as well as environmental degradation, drought, floods or pandemics".

[102] International Committee of the Red Cross (ICRC) News Release 11/204. *Somalia: ICRC LaunchesNew Food Distributions.* Geneva: ICRC, 2011. Disponível em: <http://www.icrc.org/eng/resources/documents/news-release/2011/somalia-news-2011-10-05.htm>. Acesso em: 25 maio 2021. Na crise alimentar de 2011 na Somália, os atores humanitários que tentaram responder às necessidades das pessoas e acessar as populações afetadas enfrentaram uma série de problemas transversais. O CICV cooperou com o Crescente Vermelho Somali para distribuir alimentos para 1,1 milhão de pessoas no Sul e centro da Somália afetados pela seca, com o objetivo de aliviar o sofrimento imediato e criar condições para meios de vida mais sustentáveis. Esta crise de insegurança alimentar foi causada por uma grave seca que começou em outubro de 2010 e deve ser entendida no contexto de uma situação humanitária já difícil que resultou de mais de 20 anos de conflito armado e uma longa falta de governo funcional. A entrega de alimentos durante a seca de 2011 exigiu operação em um ambiente altamente volátil e inseguro e cooperação com os atores políticos e militares no poder (tradução livre).

Com efeito, os denominados *complex humanitarian environments* se apresentam como cenários sobre os quais se desenvolvem as catástrofes humanitárias originadas por conflitos armados, de modo que, com o prolongamento da beligerância, o próprio conflito se torna um *cross-cutting problem*, ao transformar a crise humanitária em uma conjuntura generalizada. Digno de registro o fato de que ocorre o agravamento das crises humanitárias após o fim da Guerra Fria devido à multiplicação de conflitos não internacionais.

Outrossim, somente nas últimas décadas, aumentou a atenção internacional para as catástrofes ambientais, particularmente pelo seu caráter transfronteiriço e os efeitos globalizados da degradação ambiental e das mudanças climáticas. Apesar de tardia, esta reação deve vir compreendida por uma abordagem multifatorial, considerando a inter-relação dessa modalidade de catástrofe com as catástrofes originadas por conflitos armados.

A intervenção humanitária tornou-se um tópico especialmente proeminente na década de 1990 em situações complexas em que as crises combinavam vários problemas inter-relacionados, muitas vezes incluindo o contexto de Estados falidos. A discussão na agenda internacional passou dos princípios de soberania e direito de intervenção para a necessidade de criar e aprimorar mecanismos internacionais capazes de lidar com emergências humanitárias complexas que exigem um posicionamento diligente dos Estados.

3.5.1. *Estados nacionais em cenários de catástrofes por conflitos armados: breve notícia*

Ao longo da história da humanidade, incontáveis conflitos se abateram entre diferentes grupos humanos. Especialmente na era moderna e na contemporaneidade, estes conflitos adquiriram um caráter ainda mais mortífero, com o acelerado desenvolvimento tecnológico e a crescente interdependência dos diversos setores sociais e também entre as nações na esfera internacional, como decorrência direta do fenômeno da globalização.

Apesar da mudança estabelecida no âmbito do direito internacional, a partir da criação da ONU, de um direito da guerra para um direito da paz, podem ser observadas ocorrências de diversos conflitos armados nas últimas décadas. Para os fins deste estudo, cujo objetivo é de identificar alguns efeitos nocivos que decorrem de conflitos armados, serão tomados como base a situação do Iraque e da Síria em razão das dimensões dos contornos assumidos em ambos os casos. No caso da Síria, o país se apresenta na atualidade como grande termômetro geopolítico no qual se rivalizam os principais polos da balança global do poder e quanto ao Iraque, apresenta-se como o maior exemplo das drásticas dimensões assumidas pelas intervenções ocidentais no Oriente Médio desde os anos 1990.

A começar pelo Iraque, evidencia-se que a história do país se apresenta com grande interesse dentre as nações do Oriente Próximo, sendo peça-chave para a compreensão de fenômenos políticos e geopolíticos que se desenvolveram naquela região ao longo das últimas décadas. Em 1979, o ex-presidente e ditador do país, Saddam Hussein, assumiu o poder, quando da República Baathista. Saddam liderou o país em um momento de grande prosperidade econômica, ao passo que, em paralelo, protagonizou alguns dos episódios mais sangrentos de sua história, com a eclosão da guerra contra o Irã e os expurgos promovidos contra minorias étnicas no Iraque.

Para compreender e delinear o histórico do processo que levou o Iraque à ruína em que se encontra, enquanto Estado soberano, serão apresentadas inicialmente questões pertinentes à Guerra contra o Irã e outros relacionados ao país até os dias atuais.

A Guerra Irã-Iraque se abateu sobre ambos os países entre 1980 e 1988. O Irã revolucionário passava por um período de agitações políticas internas em razão da queda do Xá e da ascensão da República Islâmica, que buscava então consolidar-se.

A razão do conflito se remete a disputas territoriais entre ambos os países pela região de Xatalárabe, que constitui zona fronteiriça entre os Estados. A reivindicação de soberania sobre o território deu-se à época por parte do Aiatolá Khomeini e do Presidente Saddam Hussein que acabou por desequilibrar as relações, até então estáveis, entre os países.

Pequenos conflitos armados se tornaram frequentes nos territórios em disputa, até que em setembro de 1980 as forças armadas iraquianas invadiram definitivamente o Irã, dando início à guerra. O Iraque recebeu apoio dos Estados Unidos da América, das potências ocidentais e até mesmo da União Soviética, ao passo que o Irã se mantivera com base na cooperação internacional das nações ditas "não alinhadas", que buscavam independência diplomática em relação às potências envolvidas na Guerra Fria.

O conflito alcançou dimensões que nem mesmo os Estados envolvidos cogitavam quando do início das hostilidades, arrastando-se por longos oito anos. O desfecho do confronto, contudo, foi um retorno ao *status quo ante bellum*, provocando perdas e desgastes mútuos, sem que houvesse alterações na configuração territorial dos países.

Posteriormente o Iraque acabou por se envolver em mais uma hostilidade. Agora com o Kuwait, que se apresentava como antigo aliado quando do episódio da guerra contra o Irã. Porém, as relações se tornaram cada vez mais tensas após o fim da Guerra, havendo uma desconfiança por parte do governo iraquiano de roubo de quantias de petróleo do Iraque e usurpação econômica por parte do pequeno emirado.

Em 2 de agosto de 1990, o Iraque invadiu o Kuwait e anexou quase a totalidade de seu território. Como resposta, a sociedade internacional se mobilizou para aplacar a agressão iraquiana e uma coalizão liderada pelos Estados Unidos da América e autorizada pelo Conselho de Segurança das Nações Unidas protagonizou uma intervenção no país, culminando com a eclosão da chamada Guerra do Golfo, que se arrastou até o ano seguinte, ceifando milhares de vidas, em sua maioria, iraquianas.

Na década seguinte, o país protagonizou mais um grande conflito, a partir dos atentados às Torres Gêmeas, em 11 de setembro de 2001. A ação terrorista praticada nos EUA sob a liderança de Osama Bin Laden, que de certo modo abalou as estruturas vigentes na sociedade internacional, levou o governo norte americano a uma verdadeira cruzada contra o terror.

No plano doméstico, os EUA promoveram o controverso *Patriot Act*, que recrudesceu a altíssimas escalas a política nacional de segurança americana. Internacionalmente, uma série de medidas foram tomadas, dentre as quais a Invasão do Iraque, no ano de 2003.

825

A ação militar ocorreu após uma articulação internacional iniciada e protagonizada pelos Estados Unidas da América sob a liderança do então Presidente George W. Bush, que ganhou posteriormente apoio militar do Reino Unido, da Austrália e da Polônia. O motivo central da campanha era a suposta posse de armas de destruição em massa por parte do governo de Saddam Hussein, que também estaria financiando atividades de grupos terroristas.

A invasão durou 21 dias e dominou completamente a capital do país, Bagdá, desestabilizando o governo e culminando na queda de Saddam Hussein, que já há anos havia se constituído como uma das principais metas da política externa estadunidense. As supostas armas de destruição jamais foram encontradas.

Tais fatos, porém, foram apenas o estopim do que viria a ser chamado de Guerra do Iraque, que se arrastou até o ano de 2011, quando por fim as tropas americanas se retiraram do país. A queda de Saddam Hussein desestabilizou o Estado Nacional iraquiano, ao aniquilar estruturalmente a soberania do país que culminou em uma série de insurreições de grupos extremistas e sectários religiosos, que até hoje disputam o poder.

Com efeito, ainda que durante toda a era Saddam Hussein estivera o Iraque envolvido em conflitos armados, o país, ainda sob o seu governo, preservava o elemento central da soberania, que impedia a liquidação do Estado ante o progresso de uma série de grupos sectários e extremistas, como os que hoje concorrem no país, dentre os quais destaca-se o Estado Islâmico. Neste diapasão pode-se afirmar que há um verdadeiro cenário de "catástrofe política".

É ainda interessante demonstrar os efeitos econômicos da guerra. Durante boa parte do governo Hussein o país desfrutara de um razoável progresso econômico, usufruindo dos benefícios da exploração petrolífera, da qual o país segue dependente até os dias atuais.

Todavia, como resultado direto das hostilidades e das ruínas deixadas por elas, endossada pela instabilidade política e por disputas de grupos diversos que se abateram sobre o país desde a liquidação da soberania iraquiana, quando da ocupação de Bagdá, em 2003, e ainda mais violentamente após a retirada das tropas americanas em 2011, que lançou definitivamente o país nas mãos dos grupos sectários em constante disputa, vislumbra-se um agravamento da situação econômica do país árabe, que se torna incapaz de superar sua crise pelo fracasso de suas instituições. Segundo relatório de 2015 da *Global Risk Insights:*

"Iraq's latest economic problems are linked to the increasingly costly battle with IS, now in control of much of Anbar province and Mosul, the nation's second-largest city. To stop the insurgency, many analysts have called on Iraq's Shia-dominated government to reach a reconciliation with the Sunni minority. But Sunnis have a long list of grievances, stemming from the atrocities committed during the civil war under US occupation and the intense political conflict after the US withdrawal. (...) Rather than being the cause of Iraq's poverty, persistent violence has become part of a cycle that feeds off the country's weak institutions, in what Stanford economist, Barry Weingast, calls the "violence trap". The key problem is that reducing violence in the long term requires alternative opportunities, and those opportunities tend to require reforms that respect the rule of law, protect property rights, and promote trade. Yet, those reforms rarely

arise absent the kinds of opportunities that reduce violence in the first place, and so poorly governed states like Iraq are trapped in a cycle of violence"[103].

Ademais, não se pode olvidar dos severos danos ambientais marcado diretamente pelos bombardeios em zonas petrolíferas que ocasionaram vazamentos de petróleo ao longo de todos os conflitos armados nos quais estivera o país envolvido. Neste aspecto, Boyle afirma:

"Before the war started, the Pentagon had developed computer models that accurately predicted the environmental catastrophe that would occur should the United States go to war against Iraq. These Defendants went to war anyway knowing full well what the consequences of such an environmental disaster would be. Attacks by U.S. aircraft caused much if not all of the worst oil spills in the Gulf. Aircraft and helicopters dropped napalm and fuel-air explosives on oil wells throughout Iraq and many, if not most, of the oil well fires in Iraq and Kuwait"[104].

O que se observa no Iraque contemporâneo é o que verdadeiramente pode-se identificar de um Estado de "soberania relativa", formado por instituições meramente formais e desprovidas de quaisquer efeitos práticos. Uma nação dividida entre grupos sectários irredutíveis entre si e em constante e violenta disputa pelo poder, eternizando um ciclo de mazelas sociais e econômicas. Tudo isto em decorrência de um histórico recente de conflitos armados.

Indubitavelmente que o Iraque, a partir dos pontos acima indicados, apresenta-se como um exemplo interessante para este estudo posto que são evidenciados vários aspectos correspondentes a efeitos catastróficos decorrentes de conflitos armados.

No que tange à Síria, antes de adentrar nos problemas que afligem o referido Estado, onde facilmente são identificados cenários de catástrofes a partir dos conflitos

---

[103] DAVID, Wille. *The roots of Iraq's coming financial crisis.* Global Risk Insights. 2015: "Os últimos problemas econômicos do Iraque estão ligados à batalha cada vez mais custosa com o EI, agora no controle de grande parte da província de Anbar e Mosul, a segunda maior cidade do país. Para deter a insurgência, muitos analistas pediram ao governo do Iraque, dominado pelos xiitas, que se reconciliasse com a minoria sunita. Mas os sunitas têm uma longa lista de queixas, decorrentes das atrocidades cometidas durante a guerra civil sob a ocupação dos EUA e do intenso conflito político após a retirada dos EUA. (...) Em vez de ser a causa da pobreza do Iraque, a violência persistente se tornou parte de um ciclo que alimenta as instituições fracas do país, no que o economista de Stanford, Barry Weingast, chama de "armadilha da violência". O problema principal é que a redução da violência no longo prazo requer oportunidades alternativas, e essas oportunidades tendem a exigir reformas que respeitem o Estado de Direito, protejam os direitos de propriedade e promovam o comércio. No entanto, essas reformas raramente surgem sem os tipos de oportunidades que reduzem a violência em primeiro lugar, e assim estados mal governados como o Iraque estão presos em um ciclo de violência" (em tradução livre).

[104] FRANCIAS, Boyle. A. *United States war crimes during the Persian Gulf War.* Nord-Sud XXI, n. 1, p. 97-111. Geneva, 1992: "Antes do início da guerra, o Pentágono havia desenvolvido modelos de computador que previam com precisão a catástrofe ambiental que ocorreria se os Estados Unidos entrassem em guerra contra o Iraque. Esses réus foram para a guerra sabendo muito bem quais seriam as consequências de tal desastre ambiental. Ataques de aeronaves dos EUA causaram muitos, senão todos os piores derramamentos de óleo no Golfo. Aviões e helicópteros lançaram napalm e explosivos de ar combustível em poços de petróleo em todo o Iraque e em muitos, senão na maioria, dos incêndios em poços de petróleo no Iraque e Kuwait" (em tradução livre).

armados que lá se instalaram por quase uma década, importante que se faça breve comentário de como se apresentava o país antes da eclosão do mesmo.

A República Árabe da Síria tornou-se um Estado soberano após uma série de tensões políticas ocorridas em seu território, desde a independência do mandato francês, com o fim da Segunda Guerra Mundial. O território Sírio registrou episódios marcantes para a história da humanidade enquanto civilização, tendo inclusive abarcado a antiga Mesopotâmia, com contribuições para a agricultura, escrita, além de possuir um vasto acervo cultural.

Nos tempos atuais, verifica-se que neste território coexistem diversos grupos étnicos e religiosos constituídos por libaneses, palestinos, malteses, curdos, jordanianos, gregos, armênios, iraquianos, turcos, judeus, dentre outros.

O governo Sírio encontra-se nas mãos da família Assad por aproximadamente 50 anos (Bashar Al-Assad, desde o ano de 2000 e seu pai Hafez Al Assad, que ficou no poder por 30 anos até sua morte) e, de certo modo, procurou harmonizar a boa convivência entre esses diversos grupos étnicos e religiosos.

Com o crescimento do fundamentalismo islâmico, desenvolvido por algumas facções terroristas que ganharam espaço com o surgimento de conflitos que culminaram com o movimento que ficou conhecido como Primavera Árabe, o cenário começa a se modificar.

Isso porque a Síria antes dos conflitos armados estabelecidos em seu território apresentava quadro econômico com certa estabilidade. A economia era em grande parte dependente da agricultura e do setor petrolífero e ocupava metade do PIB nacional.

Atualmente, em sentido contrário, a Síria se converteu em um importador de petróleo, ademais de ter suas produções agrícola e energética arrasadas, passando a depender de linhas de crédito fornecidas por seus aliados internacionais, em especial a Rússia, a China e o Irã.

A taxa de crescimento anual do PIB na Síria revela com exatidão as dimensões negativas do conflito. Um ano antes do início dos combates, em 2010, a taxa de crescimento se apresentava em 3,4% em relação ao ano anterior, sendo sucedida por uma decadência exponencial de -6,3% em 2011, -22,4% em 2012 e -24,8% em 2013. Ao todo, segundo dados do Banco Mundial, entre 2011 e 2016 a Síria perdeu acumulados 226 bilhões de dólares em PIB[105].

Segundo estimativas também do Banco Mundial, a recuperação das perdas no PIB sírio será complexa e demandará tempo, conforme se vê:

"The longer the conflict lasts, the more difficult recovery will be, as effects of economic deterioration become more persistent over time. Should conflict end in its 6th year, GDP is estimated to recoup about 41% of the gap with its pre-conflict level within 4 years, with cumulated GDP losses 7.6 times 2010 GDP by the 20th year. In comparison, GDP recoups only 28% of the gap in 4 years if it ends in its 10th year, with cumulated GDP losses 13.2 times 2010 GDP by the 20th year"[106].

---

[105] Dados disponíveis em: https://pt.tradingeconomics.com/syria/gdp-growth-annual e https://www.scimagojr.com/countryrank.php?year=2010.

[106] Ver: *The World Bank in Syrian Arab Republic*. Disponível em: <https://www.worldbank.org/en/country/syria/overview>: "Quanto mais tempo durar o conflito, mais difícil será a recuperação, pois os efeitos da deterioração econômica se tornam mais persistentes com o tempo. Se o conflito terminar em seu 6º ano, estima-se que o PIB

A produção mineral síria, que constitui considerável parcela das riquezas nacionais, também sofreu fortes quedas, conforme estabelece o relatório anual da *Science for a Changing World*, de 2015[107].

Não se pode olvidar que a despeito dos efeitos nocivos produzidos pelos conflitos instalados no país, especialmente para a sociedade civil, ocorreu também uma verdadeira catástrofe econômica.

Somado a isso, evidencia-se considerável redução do efetivo populacional sírio, não apenas em razão das baixas fatais provenientes dos combates, mas também em razão do fluxo migratório que passou a ocorrer de maneira mais efetiva.

Com mais de 6 milhões de refugiados registrados, além do grande número de deslocados internos, todo e qualquer esforço no sentido de recuperar os prejuízos econômicos do conflito, por meio de atração de investimentos estrangeiros e da geração de empregos se torna ainda mais complexo. As condições ideais para o retorno dos sírios a seus lares, contudo, não parecem próximas, à medida que por mais de oito anos se arrastam os combates que ainda não cessaram.

O cenário de catástrofe econômica, que diz respeito ao aumento da miséria e de outras mazelas sociais, seria suficiente para, por si só, indicar o quadro de crise humanitária que se abate sobre a Síria nos dias atuais. Porém, observam-se outros elementos preocupantes, principalmente quando são tomados alguns dados numéricos.

O Observatório Sírio de Direitos Humanos (OSDH) registra mais de 500 mil baixas no conflito que se arrasta por oito anos[108]. Ademais, existem 6 milhões de refugiados e mais de 6 milhões de deslocados internos que foram forçados a deixar suas casas em busca de segurança.

Tal cenário levou Antônio Guterres, atual Secretário-Geral das Nações Unidas, à época integrante do Alto Comissário para os Refugiados das Nações Unidas, a classificar a crise Síria, quando do auge dos conflitos, no ano de 2014, como a "maior emergência humanitária de nossa era"[109].

---

recupere cerca de 41% da lacuna com o nível anterior ao conflito em 4 anos, com perdas acumuladas do PIB 7,6 vezes o PIB de 2010 no 20º ano. Em comparação, o PIB recupera apenas 28% do hiato em 4 anos se terminar em seu 10º ano, com perdas acumuladas do PIB de 13,2 vezes o PIB de 2010 até o 20º ano" (em tradução livre).

[107] In: *2015 Minerals Yearbook – Syria [Advance release]*. Science for a Changing World, p. 4. Disponível em: <https://prd-wret.s3-us-west-2.amazonaws.com/assets/palladium/production/atoms/files/myb3-2015-sy.pdf>: "Syria's gross domestic product was estimated to have contracted at a rate of 19% in 2015 and is projected to continue to contract at a rate of 8% in 2016. As the armed conflict continues to expand, more damage to the country's infrastructure and displacement of people is expected to take place. Production of phosphate rock is expected to be near zero in 2016, even though the Government regained control from ISIL of the phosphate rock mines in the Palmyra region in early 2016".

[108] Ver: *About 500000 persons were killed in Syria during 81 months after the Syrian Revolution started*. Disponível em: <http://www.syriahr.com/en/?p=80436>.

[109] POLITI, Daniel. *U.N.: Syrian crisis is "biggest humanitarian emergency of our era"*. Disponível em: <https://slate.com/news-and-politics/2014/08/u-n-syria-crisis-is-biggest-humanitarian-emergency-of-our-era.html>.

Com efeito, embora o Governo Sírio tenha assumido o controle da maior parte das zonas estratégicas e o conflito tenha adquirido algum grau de estabilidade, os combates ainda estão longe de cessar por completo, com o consequente aumento do número de vítimas fatais todos os dias, somados com o deslocamento forçado de pessoas que são levadas a abandonar seus lares. Não menos importante, o prejuízo estabelecido nas questões culturais e imateriais.

Frise-se, por oportuno, que o país abriga em seu território um dos mais antigos berços civilizacionais da humanidade. Nada menos do que seis dos Patrimônios Mundiais da UNESCO se encontram na Síria. O arqueólogo Miquel Molist, em entrevista à revista *Opera Mundi*, destacou que "o país tem três elementos que o diferencia. Por um lado, é um enclave no Oriente Médio que é uma zona geográfica entre Europa, Ásia e África, o que ajudou a uma evolução histórica muito particular. Em segundo lugar, é onde aconteceram fenômenos como o surgimento da agricultura e a domesticação de animais, o nascimento das cidades, o surgimento do Estado e a criação do alfabeto. E a terceira é a boa conservação do registro arqueológico, talvez por não ter tido uma revolução industrial ou porque o desenvolvimento urbano chegou tarde"[110].

A Síria se destaca pela importância de seu patrimônio histórico-cultural não apenas em nível interno, mas em escala civilizacional, sendo o palco de alguns dos maiores acontecimentos da humanidade e que, em razão da forma como se deu o desenvolvimento de toda aquela região, manteve-se preservado até a contemporaneidade em considerável razoabilidade.

Porém, tamanho o teor catastrófico do conflito armado que ocorre na Síria que nem mesmo o patrimônio histórico e cultural do país fora preservado, conforme ficou documentado com o episódio da destruição dos sítios arqueológicos de Palmira, pelo Estado Islâmico (EI), no ano de 2015.

O fundamentalismo religioso dos militantes do EI é utilizado pelos mesmos como justificativa para as atrocidades cometidas contra o patrimônio cultural sírio, a partir de um discurso iconoclasta contra monumentos erguidos por povos considerados pagãos e idólatras. Porém, em termos práticos, observa-se a clara utilização da vulnerabilidade de toda a grandeza civilizacional da Síria como escudo contra possíveis investidas de combatentes adversários, bem como força de propaganda da capacidade de terror no cenário internacional.

Cidades históricas e sítios arqueológicos inteiros que sobreviveram à força do tempo no decorrer de milênios caem diante da barbárie do terrorismo e do cenário de devastação e catástrofe provocado pela eclosão de um conflito armado.

Também pode ser considerada a questão da produção científica do país. Em um contexto de conflito armado e catástrofe social, econômica e humanitária, a ciência em

---

[110] Disponível em: <https://operamundi.uol.com.br/politica-e-economia/42658/guerra-na-siria-ameaca-patrimonio-historico-e-cultural-milenar-e-afasta-pesquisadores-do-pais>.

solo sírio, como era de se esperar, também sofreu fortes intervenções. É o que se vê quando da queda de 17 posições da Síria no ranking mundial de produções científicas por país, entre 2010, um ano antes do início do conflito, e 2017, já decorridos seis anos de combates incessantes, segundo dados da Scimago Journal[111]. Com a produção acadêmico-científica dilacerada, o processo de recuperação dos danos do conflito por parte da Síria será ainda mais complexo.

Com efeito, quando o termo "catástrofe" é tomado sob o significado de um evento de grandes proporções, para muito além do que se convém chamar de "desastre", implica em um nível de desgraça pública generalizada, na qual identifica-se a interrupção de todas as atividades de ordem de normalidade, sem sequer a possibilidade de socorro imediato, pode-se vislumbrar um amplo horizonte de possibilidades no estudo de temas como os episódios de conflitos armados.

Quando do cenário de transformação de um país com razoável estabilidade social e econômica, ainda que longe dos padrões ideais globais de desenvolvimento humano, que abriga enorme variedade de culturas, grupos étnicos e religiosos, de um amplo rol de povos distintos, em um cenário de destruição generalizada, com centenas de milhares de mortos, milhões de refugiados e deslocados, economia arrasada e patrimônio histórico-cultural dilapidado, acrescido do fato de que o conflito ainda não conheceu um fim, permanecendo tal quadro, não há dúvidas em classificar o caso sírio como um fenômeno de catástrofe.

No sistema jurídico internacional não há, sob este prisma, previsão normativa para o socorro das nações em situação de catástrofe. Ao contrário, pois a Síria segue a sofrer sanções perpetradas por nações interessadas no desmantelamento do governo do Presidente Bashar al-Assad, ou seja, as mesmas potências ocidentais interessadas na queda do governo parecem alheias ao sofrimento do povo sírio e à devastação que se abate sobre o país com a eternização programada do conflito.

4. À GUISA DE CONCLUSÃO INACABADA

Pensar um direito das catástrofes a partir de crises ambientais, econômicas, pandêmicas, em decorrência de mudanças climáticas ou conflitos armados requer um esforço profundo com o fulcro de investigar as possibilidades de se criar normas efetivas no sistema internacional para a prevenção das catástrofes futuras, a gestão das presentes e a reparação das pretéritas. Tais reflexões nos remete níveis de abstração teórico-formal como aqueles experimentados pelos pensamentos jusinternacionalistas que antecederam a ideia aqui proposta.

Toda teoria em sua fase embrionária, ainda não acabada, apresenta dificuldades práticas capazes de questionar sua viabilidade no campo material, porém enfrentá-las, corresponde a etapa gestacional de qualquer pensamento cuja ambição seja a de

---

[111] Disponível em: <https://www.scimagojr.com/countryrank.php?year=2010>.

perpetuar-se nas relações humanas. É neste afã que se propõe o "direito internacional das catástrofes". Este talvez seja o grande desafio inicial, que após superado, passar-se-á para a implementação fática e concretização material.

Evidencia-se que apesar da relevância da eclosão de sucessivas catástrofes, que produzem resultados nocivos para os Estados, para o meio ambiente, para os indivíduos e todos os demais atores internacionais, tem faltado vontade política de transformar em *hard law* as estratégias *soft*[112], e de erigir uma estrutura supranacional, de nível mundial, para fazer face à gestão do risco de eventos extremos, assegurando resposta pronta, material e financeira em situações como estas. Mais uma vez ao utilizar os cenários de catástrofes ambientais, verifica-se a título exemplificativo, alguns episódios: o terremoto no Haiti[113], no ano de 2010; o Tsunami no Japão[114], no ano de 2011, cujo terremoto de magnitude 9 desencadeou ondas na costa e transformou cidades em pilhas de destroços e desencadeou o pior acidente nuclear desde Chernobyl, em 1986. Em situações como estas, o Estado nacional apresenta limitações para sanar as dificuldades existentes e carece de auxílios advindos da sociedade internacional, onde muitas vezes, são colocados entraves para que a assistência seja efetivada.

Além das questões ambientais, crises econômicas e questões que repercutem na saúde das pessoas, a exemplo da pandemia do coronavírus, que alcançam ambas as questões e estão nesta ótica de "cenários de catástrofes".

Neste campo de ideias, necessário que as normas existentes no sistema internacional sejam expandidas e trabalhadas de maneira articulada para a formulação do novo

---

[112] Na mesma direção DERANI, Cristiane; VIEIRA, Ligia Ribeiro, op. cit., p. 155: "Ressalta-se que esses são os documentos internacionais que representam a base da gestão das catástrofes, contudo não são considerados juridicamente vinculantes. A opção, no plano internacional, foi a de tratar o problema sob a forma de diretrizes, e de uma política comum a ser adotada pelos países em suas legislações internas, de acordo com a realidade de cada um, ao invés de impor obrigações por meio de normas constringentes. Diante disso, apesar da preocupação com a redução do risco de desastres ter sido incluída na agenda da comunidade internacional, o que se pode inferir é que o número reduzido de acordos e convenções concernentes às catástrofes ambientais demonstra um interesse ainda não fortificado pelos Estados para tratar dessa temática. Problema agravado pelo fato da difícil entrada de acordo entre uma totalidade de países para adotar obrigações vinculantes a nível universal".

[113] O Haiti é um país localizado na América Central, sua extensão territorial é de 27.750 quilômetros quadrados, totaliza em seu território mais de 10 milhões de habitantes. Marcada por uma série de governos ditatoriais e golpes de estado, a população haitiana presencia uma guerra civil e muitos problemas socioeconômicos. O Haiti é o país economicamente mais pobre da América, seu Índice de Desenvolvimento Humano é de 0,404 (baixo); aproximadamente 60% da população é subnutrida e mais da metade vive abaixo da linha de pobreza, ou seja, com menos de 1,25 dólar por dia. Além de todos esses fatores, o país passou por outra tragédia, dessa vez de ordem natural. No dia 12 de janeiro de 2010, um terremoto de magnitude 7,0 na escala Richter atingiu o país, provocando uma série de feridos, desabrigados e mortes. Diversos edifícios desabaram, inclusive o palácio presidencial da capital Porto Príncipe. Disponível em: <http://brasilescola.uol.com.br/geografia/o-terremoto-no-haiti.htm>. Acesso em: 10 jun. 2017.

[114] O tsunami que devastou a costa nordeste do Japão, gerado pelo violento sismo de 11 de março atingiu uma altura de 23 metros, indica um estudo divulgado pelo diário japonês "Yomiuri Shimbun". Disponível em: <http://www.jn.pt/mundo/dossiers/terramoto-no-japao/interior/tsunami-no-japao-atingiu-23-metros-18095 76. html>. Acesso em: 10 jun. 2017.

direito internacional das catástrofes, cujo objetivo principal está pautado na gestão dos riscos de forma a minimizar a incidência de catástrofes, com o claro intuito de reduzir as vulnerabilidades ambientais e sociais.

O desenvolvimento de mecanismos de prevenção, gestão e recomposição é importante na consecução dos objetivos a serem alcançados. Para tanto, a utilização e aprimoramento do ferramental disponível no sistema internacional que passa pela celebração de tratados; criação de organizações internacionais, que tratem especificamente da matéria; aprimoramento de programas das Nações Unidas etc. não pode ser desprezado.

Somado a isto, não se pode olvidar a observância do princípio da não indiferença, verdadeira bússola a orientar as práticas na arena internacional, que preconiza a defesa de uma nova postura por parte dos atores diante das mais diversas e adversas situações que se manifestam no campo das relações internacionais.

Os problemas acima indicados afetam a humanidade e ensejam a tomada de providências a serem coordenadas no plano internacional, com repercussões no direito interno dos Estados nacionais. A necessidade de reverter o quadro negativo, que afeta sistematicamente a pessoa humana no mundo global, faz com que ganhe eco e força, entre os mais diversos atores sociais, a observância da não indiferença.

A não indiferença deve estar presente principalmente em momentos de crise e de grande convulsão social. A sociedade internacional reconfigurada deve propiciar o alargamento e melhor compreensão do direito que a regula, ou seja, mais consentâneo aos problemas complexos que circundam a humanidade. Imperiosa, portanto, a necessidade de pensar e construir um novo olhar do direito internacional.

Capítulo XXV
Os Tratados de Direitos Humanos na Ordem Jurídica Brasileira

1. CONSIDERAÇÕES GERAIS

O estudo dos tratados internacionais se apresenta como um dos principais assuntos da disciplina *Direito Internacional Público,* haja vista que as normas jurídicas internacionais são produzidas, em larga medida, em observância com o processo que envolve a elaboração dos mesmos. Não é por acaso que aqui no Brasil foi realizado alentado estudo sobre a Convenção de Viena sobre Direitos dos Tratados que contou com a participação de grandes internacionalistas[1].

Neste *Curso* o estudo sobre os tratados internacionais foi apresentado no Capítulo III, que traz as fontes do direito internacional. Aqui, sem ter a preocupação de retornar ao tema, a proposta é a de apresentar considerações sobre a incorporação dos tratados internacionais de direitos humanos na ordem jurídica brasileira[2].

Preliminarmente, é importante destacar que o Estado, ao celebrar um tratado internacional de direitos humanos, assume uma série de deveres, posto que os dispositivos que estão concebidos no referido documento internacional alcançam pessoas e/ou grupos de pessoas.

Muitos céticos, que não acreditam nos direitos humanos, comumente perguntam quais seriam as razões para que o Estado viesse a assumir obrigações, às vezes tão complexas, no plano das relações internacionais. Quais são os "lucros"?

A doutrina[3] tem apresentado alguns aspectos interessantes para "justificar" a assunção de compromissos no plano internacional e no plano doméstico em matéria de direitos humanos.

---

[1] SALIBA, Aziz Tuffi. *Direito dos tratados*: comentários à Convenção de Viena sobre o direito dos tratados (1969). Belo Horizonte: Arraes, 2011.

[2] Para a leitura completa, *vide* GUERRA, Sidney. *Direitos humanos na ordem jurídica internacional e reflexos na ordem constitucional brasileira*. 2. ed. São Paulo: Atlas, 2014.

[3] RAMOS, André de Carvalho. *Teoria geral dos direitos humanos na ordem internacional*. Rio de Janeiro: Renovar, 2005, p. 60-68.

A começar pelo denominado "processo de internacionalização dos direitos humanos", que decorre principalmente das barbáries praticadas por ocasião da Segunda Grande Guerra Mundial. Como já apresentado nesta obra, a sociedade internacional assistiu inerte ao aviltamento da dignidade de milhares de pessoas, sem que houvesse sido coordenada uma ação no plano internacional. A questão era praticamente tratada como um problema de natureza doméstica, não sendo utilizados os instrumentos que hodiernamente estão consagrados no direito internacional.

Outro fator que tem sido apontado corresponde à vontade de muitos governos na aquisição de legitimidade política no campo internacional e, por consequência, o distanciamento de práticas atentatórias aos direitos humanos aplicadas no passado.

Não se pode olvidar também que os movimentos sociais, as universidades, pesquisadores e outros segmentos têm desenvolvido trabalho profícuo na conquista de direitos humanos, em razão do quadro de penúria social que grande número de pessoas se encontra.

A questão do desenvolvimento sustentável é igualmente importante porque fomenta o desenvolvimento econômico do Estado e a necessidade de preservar o meio ambiente.

Não há dúvidas que a proteção do meio ambiente está intimamente ligada com a proteção da pessoa humana[4], haja vista que não se pode imaginar o exercício dos direitos humanos sem que exista um ambiente sadio que propicie o bem-estar para o desenvolvimento pleno e digno para todos.

Levando-se em consideração os aspectos acima indicados e seguindo a tendência internacional é que o legislador constituinte brasileiro, ao elaborar a Constituição da República Federativa do Brasil de 1988, atribuiu um valor maior ao estudo dos Direitos Fundamentais, estabelecendo aplicação imediata aos mesmos. Nesse diapasão, o art. 5º assevera:

"Art. 5º Todos são iguais perante a lei, sem distinção de qualquer natureza, garantindo-se aos brasileiros e aos estrangeiros residentes no País a inviolabilidade do direito à vida, à liberdade, à igualdade, à segurança e à propriedade, nos termos seguintes:

(...)

§ 1º As normas definidoras dos direitos e garantias fundamentais têm aplicação imediata.

§ 2º Os direitos e garantias expressos nesta Constituição não excluem outros decorrentes do regime e dos princípios por ela adotados, ou dos tratados internacionais em que a República Federativa do Brasil seja parte".

A partir daí, em especial com a dicção do § 2º do art. 5º, é que tem início no Brasil um grande debate sobre a incorporação dos tratados de direitos humanos. A matéria passou a comportar várias interpretações, transformando-se em assunto extremamente controverso e que dá margem para vários entendimentos.

---

[4] Nesse propósito, *vide* nossa contribuição em GUERRA, Sidney. *Direitos humanos*: uma abordagem interdisciplinar. Rio de Janeiro: Freitas Bastos, 2007, v. III.

Todavia, embora a matéria suscitasse grandes enfrentamentos e calorosos posicionamentos em sede doutrinária e jurisprudencial, havia a tendência natural para a aceitação de uma das teses, a ser apresentada a seguir, mas, com a reforma constitucional ocorrida em dezembro de 2004, o tema ficou ainda mais complicado no Brasil.

A Emenda Constitucional n. 45, de 30 de dezembro de 2004, propiciou algumas mudanças significativas na ordem constitucional brasileira e, particularmente para efeito deste estudo, tratou de inserir os §§ 3º e 4º no art. 5º.

Assim sendo, o art. 5º da Constituição Federal passou a contar com mais dois parágrafos, com a seguinte redação:

"(...)

§ 3º Os tratados e convenções internacionais sobre direitos humanos que forem aprovados, em cada Casa do Congresso Nacional, em dois turnos, por três quintos dos votos dos respectivos membros, serão equivalentes às emendas constitucionais.

§ 4º O Brasil se submete à jurisdição de Tribunal Penal Internacional a cuja criação tenha manifestado adesão".

A partir dessa nova previsão constitucional, foram formulados vários questionamentos, como por exemplo: Os tratados internacionais de direitos humanos que já foram ratificados pelo Brasil têm *status* de norma de direitos fundamentais ou de lei ordinária? Os tratados de direitos humanos já ratificados no Brasil precisam ser novamente votados pelas duas casas legislativas? É necessário que sejam observadas as formalidades dos três quintos dos votos em duas votações para terem o *status* de norma fundamental?

Essas foram algumas dúvidas suscitadas e o problema parece que ainda permanecerá por algum tempo. Isto porque existem algumas correntes que ainda hoje se digladiam na doutrina e na jurisprudência em relação à matéria, isto é, sobre qual *status* se apresentam os tratados de direitos humanos ao serem incorporados no ordenamento jurídico brasileiro. Nesse sentido, podem ser apresentadas quatro grandes correntes, que serão apresentadas a seguir:

a) a corrente que reconhece natureza supranacional dos tratados internacionais de direitos humanos;

b) a corrente que reconhece natureza constitucional dos documentos internacionais de direitos humanos;

c) a corrente que afirma que as convenções internacionais têm natureza de lei ordinária; e

d) a corrente que estabelece que os tratados de direitos humanos têm caráter supralegal.

2. AS CORRENTES DOUTRINÁRIAS SOBRE OS TRATADOS INTERNACIONAIS DE DIREITOS HUMANOS

2.1. Natureza supraconstitucional

A primeira corrente doutrinária que se apresenta tem como expoente no ordenamento jurídico brasileiro o professor Celso de Albuquerque Mello, que faz a defesa das normas internacionais em relação às normas de direito interno. Segundo ele, os tratados internacionais de direitos humanos seriam preponderantes mesmo se confrontados com o texto constitucional. Isso significa que nem mesmo a emenda constitucional teria o condão de suprimir a normativa internacional subscrita pelo Estado quando a matéria versar sobre direitos humanos.

Celso Mello apresenta suas considerações valendo-se especialmente do estudo do direito numa perspectiva de natureza política, enfatizando que, mesmo no exercício do Poder Constituinte, este estaria subordinado ao próprio direito internacional:

"O que desejo afirmar é que a posição que defenderei abaixo em poucas linhas é engajada e política. Não se pode separar o direito público da política, bem como todo jurista é um cidadão, logo ele possui mascarada ou não uma concepção do mundo, isto é, uma ideologia. É preciso repetir que vivemos, infelizmente, na era da globalização, o que acarreta uma relevância muito grande para o DIP. Inicialmente queremos lembrar que o Estado não existe sem um contexto internacional. Não há Estado isolado. A própria noção de Estado depende da existência de uma sociedade internacional. Ora, só há Constituição onde há Estado. Assim sendo, a Constituição depende também da sociedade internacional. Ao se falar da soberania do Poder Constituinte se está falando em uma soberania relativa e quer dizer que tal poder não se encontra subordinado a qualquer norma de Direito Interno, mas ele se encontra subordinado ao DIP, de onde advém a própria noção de soberania do Estado"[5].

Posteriormente, Celso Mello apresenta as teorias que procuram explicar as relações envolvendo o direito internacional e o direito interno (monismo e dualismo), para depois tecer severas críticas ao Brasil por ignorar o tema no plano constitucional, deixando para que a jurisprudência resolva os casos em que haja o conflito da norma interna e da norma internacional:

"A ordem internacional é quem define as competências que o Estado possui. O próprio Estado só existe em função de tal ordem. (...) No Brasil este tema é praticamente ignorado. As nossas constituições praticamente não o versaram. A omissão mostra o pequeno papel das relações internacionais na vida brasileira, bem como a 'existência' do Brasil mesmo como potência de segunda classe na ordem internacional. O conflito entre norma interna e internacional foi sempre resolvido pela jurisprudência. Na década de 50 o Supremo Tribunal Federal dava o primado ao DI. No governo Geisel, em pleno autoritarismo militar, o mesmo tribunal afirma que a norma mais recente revoga a anterior, seja ela interna ou internacional. Foi assim adotado de modo simplista a tese do dualismo"[6].

---

[5] MELLO, Celso A. de. O § 2º do art. 5º da Constituição Federal. In: *Teoria dos direitos fundamentais*. Rio de Janeiro: Renovar, 1999, p. 20.

[6] MELLO, Celso A. de. O § 2º do art. 5º da Constituição Federal. In: *Teoria dos direitos fundamentais*. Rio de Janeiro: Renovar, 1999, p. 24

Partindo da ideia trilhada pelo professor Celso Mello, podem ser estabelecidos alguns comentários que se manifestam no âmbito do direito internacional, que devem ser observados em relação à tese acima proposta. A começar pela discussão sobre monismo e dualismo, pelo que se remete a leitura da matéria no Capítulo II da presente obra.

Dando continuidade a seu entendimento, Mello assevera que o conflito entre o direito interno e o direito internacional não quebra a unidade do sistema jurídico, como um conflito entre a lei e a Constituição não quebra a unidade do direito estatal. Adverte ele que o importante é a predominância do direito internacional e na prática internacional ocorrem duas hipóteses interessantes: uma lei contrária ao direito internacional dá ao Estado prejudicado o direito de iniciar um processo de responsabilidade internacional; uma norma internacional contrária à lei interna não dá ao Estado direito análogo ao da hipótese anterior[7].

Comparato, procurando também dar sua contribuição sobre o tema, apresenta alguns questionamentos para em seguida enfrentar o ponto:

"No terreno dos chamados direitos fundamentais, isto é, os direitos humanos reconhecidos expressamente pela autoridade política, existe uma hierarquia normativa? O direito internacional prevalece sobre o direito interno, ou trata-se de duas ordens jurídicas paralelas? Nesta última hipótese, como resolver os eventuais conflitos normativos entre o direito internacional e o direito interno?

Sem entrar na tradicional querela doutrinária entre monistas e dualistas a esse respeito, convém deixar aqui assentado que a tendência predominante, hoje, é no sentido de se considerar que as normas internacionais de direitos humanos, pelo fato de exprimirem de certa forma a consciência ética universal, estão acima do ordenamento jurídico de cada Estado.

Em várias Constituições posteriores à Segunda Guerra Mundial, aliás, já se inseriram normas que declaram de nível constitucional os direitos humanos reconhecidos na esfera internacional"[8].

Sem embargo, quando o critério nacional consagra a supremacia do direito internacional sobre a ordem interna, não importando se um mandamento constitucional ou lei ordinária, claro está a sua compatibilidade como direito internacional público, eis que, conforme a Convenção de Viena sobre Direito dos Tratados de 1969, as disposições internas de um Estado não podem ser usadas por ele como justificativa para o inadimplemento de uma obrigação fundada em tratado.

Quando o critério consagra a supremacia do direito interno, este é incompatível com a principiologia do direito internacional público.

---

[7] MELLO, Celso A. de. O § 2º do art. 5º da Constituição Federal. In: *Teoria dos direitos fundamentais*. Rio de Janeiro: Renovar, 1999, p. 106.

[8] COMPARATO, Fabio Konder. *A afirmação histórica dos direitos humanos*. São Paulo: Saraiva, 1999, p. 49.

Outro ponto de destaque é a previsão da Convenção de Havana sobre Tratados, celebrada no ano de 1928, devidamente promulgada no Brasil pelo Decreto n. 5.647/29, que estabelece em seu art. 11:

"Os tratados continuarão a produzir os seus efeitos, ainda que se modifique a Constituição interna dos Estados contratantes. Se a organização do Estado mudar, de maneira que a execução seja impossível, por divisão do território ou por outros motivos análogos, os tratados serão adaptados às novas condições"[9].

Já a Convenção de Viena sobre Direito dos Tratados, de 1969, consagra em seus artigos 26 e 27, respectivamente:

"*Pacta Sunt Servanda*

Todo tratado que entra em vigor obriga as partes e deve ser cumprido por elas de boa-fé.

Direito Interno e observância de tratados

Uma parte não pode invocar as disposições de seu direito interno para justificar o inadimplemento de um tratado. Esta regra não prejudica o artigo 46"[10].

Daí que, a partir do momento em que o Estado se submete às normas internacionais e venha a descumpri-las, estará praticando um ato ilícito e, portanto, sujeito a uma reparação internacional.

Impende assinalar, desde logo, que não comungamos com o saudoso professor Celso Mello, que dispôs sobre a matéria:

"A Constituição de 1988, no § 2º do art. 5º, constitucionalizou as normas de direitos humanos consagradas nos tratados. Significando isto que as referidas normas são normas constitucionais, como diz Flávia Piovesan. Considero esta posição como um grande avanço. Contudo, sou ainda mais radical no sentido de que a norma internacional prevalece sobre a norma constitucional, mesmo naquele caso em que uma norma constitucional posterior tente revogar uma norma internacional constitucionalizada. A nossa posição é a que está consagrada na jurisprudência e tratado internacional europeu de que se deve aplicar a norma mais benéfica ao ser humano, seja ela interna ou internacional"[11].

Embora a teoria apresentada por Celso Mello seja interessante, parece não se coadunar com aspectos que se manifestam na ordem constitucional brasileira. A começar pela observância dos princípios da supremacia formal e material da Constituição brasileira sobre todo o ordenamento jurídico.

Assim sendo, caso houvesse a aplicação preponderante da tese defendida por Celso Mello ocorreria uma limitação, inclusive, de verificar o controle de constitucionalidade dos tratados internacionais.

---

[9] *Vide* GUERRA, Sidney. *Tratados e convenções internacionais.* Rio de Janeiro: Freitas Bastos, 2006, p. 468.

[10] GUERRA, Sidney. *Tratados e convenções internacionais.* Rio de Janeiro: Freitas Bastos, 2006, p. 478.

[11] MELLO, Celso A. de. O § 2º do art. 5º da Constituição Federal. In: *Teoria dos direitos fundamentais.* Rio de Janeiro: Renovar, 1999, p. 27.

A matéria está amparada no art. 102, III, *b*, da Constituição da República, que estabelece que "compete ao Supremo Tribunal Federal, precipuamente, a guarda da Constituição, cabendo-lhe: (...) III – julgar, mediante recurso extraordinário, as causas decididas em única ou última instância, quando a decisão recorrida: (...) b) declarar a inconstitucionalidade de tratado ou lei federal (...)".

Com efeito, se o Supremo Tribunal Federal declarasse inconstitucional um tratado internacional, sob a égide da teoria apresentada, quais seriam as repercussões de natureza prática no campo das relações internacionais?

Mesmo na vigência de um ordenamento que consagra o direito comunitário, aplicado no continente europeu, onde devem ser confrontados os sistemas relativos a uma ordem jurídica interna, a ordem jurídica comunitária e a ordem jurídica internacional, os Tribunais constitucionais se mostram zelosos quando a matéria corresponde aos direitos humanos.

Isso porque os efeitos seriam extremamente negativos e haveria situações complicadas pela declaração de inconstitucionalidade de um tratado internacional.

Para evitar essas situações, deve ser realizado um controle preliminar para a verificação do tratado de direitos humanos que estará sendo concebido. O denominado "controle preliminar" pode ser realizado no Brasil sem maiores complicadores porque o Decreto Legislativo que aprova o tratado internacional (os tratados internacionais no Brasil, como demonstrado em tópico precedente, devem ser submetidos à apreciação das Casas Legislativas) está sujeito à impugnação através da Ação Direta de Inconstitucionalidade e também pela Ação Declaratória de Constitucionalidade.

Vale ressaltar que a ação declaratória de constitucionalidade de lei ou ato normativo foi acrescentada ao art. 103, § 4º, da Constituição Federal em 17 de março de 1993, com a Emenda Constitucional de n. 3.

Assim, as decisões prolatadas pelo Supremo Tribunal Federal produzirão efeitos sobre todos, bem como a observância do efeito vinculante aos demais órgãos do Poder Judiciário.

A finalidade precípua da ação declaratória de constitucionalidade é de "transformar a presunção relativa de constitucionalidade em presunção absoluta, em virtude de seus efeitos vinculantes", ou seja, transferir ao Supremo Tribunal Federal a decisão sobre a constitucionalidade de um dispositivo legal que esteja sendo atacado por juízes e tribunais inferiores, afastando-se o controle difuso da constitucionalidade, uma vez que, declarada a constitucionalidade da norma, o Judiciário e o Executivo ficam vinculados à decisão proferida.

A Ação Declaratória de Constitucionalidade pode ser proposta pelos mesmos legitimados ativos da Ação Direito de Inconstitucionalidade (art. 103 da CF com redação dada pela EC n. 45) e tem por finalidade resolver controvérsia judicial relevante sobre a constitucionalidade ou não de ato normativo ou lei federal.

Corresponde, portanto, a uma das espécies de controle abstrato da constitucionalidade e seu julgamento é da competência exclusiva do Supremo Tribunal Federal, conforme preceituam os arts. 102, I, *a*, e 103, § 4º, da Constituição.

No caso da Ação Direta de Inconstitucionalidade, evidencia-se que se trata de ação típica do controle abstrato no Brasil e tem por finalidade a defesa da ordem jurídica pela verificação da constitucionalidade de lei ou ato normativo, federal ou estadual, com base nas regras e princípios vigentes.

Na Ação Direta de Inconstitucionalidade, a inconstitucionalidade da lei é declarada em tese, posto que seu objeto é o exame da validade da lei em si, onde o autor da Ação atua na condição de defensor do interesse coletivo, e não em interesse próprio, traduzido na preservação do ordenamento jurídico brasileiro.

A competência para julgar e processar, conforme estabelece o art. 102, I, *a* é do Supremo Tribunal Federal, podendo propor a Ação os legitimados que estão previstos no art. 103, I a IX: Presidente da República; Mesa do Senado Federal; Mesa da Câmara dos Deputados; Mesa de Assembleia Legislativa ou da Câmara Legislativa do Distrito Federal; Governador de Estado ou Distrito Federal; Procurador Geral da República; Conselho Federal da Ordem dos Advogados do Brasil; Partido Político com representação no Congresso Nacional; Confederação Sindical ou Entidade de classe de âmbito nacional.

2.2. Natureza constitucional

Essa teoria tem um grande número de seguidores no Brasil, sendo que o magistério de Antônio Augusto Cançado Trindade foi fundamental para a aceitação dessa ideia pela doutrina e também pela jurisprudência:

"A novidade do artigo 5º, § 2º, da Constituição de 1988 consiste no acréscimo ao elenco dos direitos constitucionalmente consagrados, dos direitos e garantias expressos em tratados internacionais sobre proteção internacional dos direitos humanos em que o Brasil é parte. Observe-se que os direitos se fazem acompanhar necessariamente das garantias. É alentador que as conquistas do direito internacional em favor da proteção do ser humano venham a projetar-se no direito constitucional, enriquecendo-o, e demonstrando que a busca de proteção cada vez mais eficaz da pessoa humana encontra guarida nas raízes do pensamento tanto internacionalista quanto constitucionalista"[12].

A Constituição brasileira de 1988 dispensa tratamento privilegiado aos tratados de direitos humanos onde a pessoa humana passa a ocupar posição central, sendo certo que a incorporação das normas internacionais de direitos humanos no direito interno constitui-se fundamental e de alta prioridade:

"Da adoção e aperfeiçoamento de medidas nacionais de implementação depende em grande parte o futuro da própria proteção internacional dos direitos humanos. Na verdade, como se pode depreender de um exame cuidadoso da matéria, no presente domínio de proteção o direito internacional e o direito interno conformam um todo harmônico: apontam na mesma direção, desvendando o propósito comum de proteção da pessoa humana.

---

[12] TRINDADE, Antônio Augusto Cançado. *A proteção internacional dos direitos humanos*: fundamentos jurídicos e instrumentos básicos. São Paulo: Saraiva, 1991, p. 631.

As normas jurídicas, de origem tanto internacional como interna, vêm socorrer os seres humanos que têm seus direitos violados ou ameaçados, formando um ordenamento jurídico de proteção. O direito internacional e o direito interno aqui se mostram, desse modo, em constante interação, em benefício dos seres humanos protegidos"[13].

A Constituição brasileira de 1988 estabelece, no § 2º do art. 5º, que os direitos e garantias expressos na Constituição não excluem outros decorrentes do regime e dos princípios por ela adotados ou dos tratados internacionais em que a República Federativa do Brasil seja parte, e o § 1º estabelece que os direitos fundamentais têm aplicação imediata.

Ao fazer a interpretação da Constituição entende-se, nesta corrente, que poderão ser incorporados novos direitos fundamentais a partir do momento em que o Brasil tenha ratificado os citados documentos internacionais sobre direitos humanos, ou seja, a ideia é a de que os tratados de direitos humanos do qual o Brasil seja parte são incorporados ao ordenamento jurídico brasileiro pela dicção dos §§ 1º e 2º do art. 5º da Constituição Federal. Nesse diapasão o magistério de Cançado Trindade:

"O disposto no art. 5º, § 2º, da Constituição brasileira de 1988 se insere na nova tendência de Constituições latino-americanas recentes de conceder um tratamento especial ou diferenciado também no plano do direito interno aos direitos e garantias individuais internacionalmente consagrados. A especificidade e o caráter especial dos tratados de proteção internacional dos direitos humanos encontram-se, com efeito, reconhecidos e sancionados pela Constituição brasileira de 1988: se para os tratados internacionais em geral, se tem exigido a intermediação pelo Poder Legislativo de ato com força de lei de modo a outorgar a suas disposições vigência ou obrigatoriedade no plano do ordenamento jurídico interno, distintamente no caso dos tratados de proteção internacional dos direitos humanos em que o Brasil é Parte os direitos fundamentais neles garantidos passam, consoante os artigos 5(2) e 5(1) da Constituição brasileira de 1988, a integrar o elenco dos direitos constitucionalmente consagrados e direta e imediatamente exigíveis no plano do ordenamento jurídico interno"[14].

Na mesma linha de raciocínio, a manifestação de Flávia Piovesan:

"A Constituição de 1988 recepciona os direitos enunciados em tratados internacionais de que o Brasil é parte, conferindo-lhes natureza de norma constitucional. Isto é, os direitos constantes nos tratados internacionais integram e complementam o catálogo de direitos constitucionalmente previsto, o que justifica estender a esses direitos o regime constitucional conferido aos demais direitos e garantias fundamentais. Tal interpretação é consonante com o princípio da máxima efetividade das normas constitucionais, pelo qual, no dizer

---

[13] TRINDADE, Antônio Augusto Cançado. *Tratado de direito internacional dos direitos humanos*. Porto Alegre: Sérgio Antônio Fabris, 1997.

[14] TRINDADE, Antônio Augusto Cançado. *Tratado de direito internacional dos direitos humanos*. Porto Alegre: Sérgio Antônio Fabris, 1997, p. 498.

de Jorge Miranda, a uma norma fundamental tem de ser atribuído o sentido que mais eficácia lhe dê"[15].

A teoria aqui exposta parecia estar "caminhando a pleno vapor" principalmente porque havia entendimento significativo (tanto na doutrina quanto na jurisprudência) de que, enquanto os tratados internacionais "gerais" teriam força hierárquica infraconstitucional, os tratados internacionais de proteção aos direitos humanos deveriam apresentar valor de norma constitucional.

Mais uma vez Antônio Augusto Cançado Trindade, em sua defesa obstinada, lembra que vários Estados assumem essa postura ao incorporar os tratados de direitos humanos como normas de direitos fundamentais e que "já não mais se justifica que o direito internacional e o direito constitucional continuem sendo abordados de forma estanque ou compartimentalizada, como o foram no passado. Já não pode haver dúvidas de que as grandes transformações internas dos Estados repercutem no plano internacional e a nova realidade assim formada provoca mudanças na evolução interna e no ordenamento constitucional dos Estados afetados. (...). As soluções de direito constitucional, quanto à hierarquia entre normas e tratados e de direito interno, resultam de critérios valorativos e da discricionariedade dos constituintes nacionais, variando, pois, de país a país. Não surpreende, assim, que algumas Constituições se mostrem mais abertas ao direito internacional do que outras. O que deve resultar claro é que isso ocorre não em razão da natureza intrínseca da norma jurídica; se assim fosse, não haveria a diversidade de soluções (constitucionais) à questão. A tendência constitucional contemporânea de dispensar um tratamento especial aos tratados de direitos humanos é, pois, sintomática de uma escala de valores na qual o ser humano passa a ocupar posição central. Um papel importante está aqui reservado aos advogados de supostas vítimas de violações de direitos humanos, particularmente nos países em que aquela tendência ainda não se tem acentuado com vigor: no intuito de buscar a redução da considerável distância entre o reconhecimento formal, e a vigência real, dos direitos humanos, consagrados não só na Constituição e na lei interna como também nos tratados de proteção, cabe aos advogados invocar estes últimos, referindo-se às obrigações internacionais que vinculam o Estado no presente domínio de proteção, de modo a exigir dos juízes e tribunais nacionais, no exercício permanente de suas funções, que considerem, estudem e apliquem as normas dos tratados de direitos humanos, e fundamentem devidamente suas decisões"[16].

A matéria foi retomada "em grande estilo" em dezembro de 2004, com a Emenda Constitucional de n. 45, onde foram acrescentados os §§ 3º e 4º no artigo 5º da Constituição brasileira, passando o referido dispositivo constitucional a contar com quatro parágrafos, com a seguinte redação:

---

[15] PIOVESAN, Flávia. A Constituição brasileira de 1988 e os tratados internacionais de proteção dos direitos humanos. In: *Temas de direitos humanos*. 2. ed. São Paulo: Max Limonad, 2003, p. 58.

[16] TRINDADE, Antônio Augusto Cançado. *A proteção internacional dos direitos humanos*: fundamentos jurídicos e instrumentos básicos. São Paulo: Saraiva, 1991, p. 403-410.

844

"§ 1º As normas definidoras dos direitos e garantias fundamentais têm aplicação imediata.

§ 2º Os direitos e garantias expressos nesta Constituição não excluem outros decorrentes do regime e dos princípios por ela adotados, ou dos tratados internacionais em que a República Federativa do Brasil seja parte.

§ 3º Os tratados e convenções internacionais sobre direitos humanos que forem aprovados, em cada Casa do Congresso Nacional, em dois turnos, por três quintos dos votos dos respectivos membros, serão equivalentes às emendas constitucionais.

§ 4º O Brasil se submete à jurisdição de Tribunal Penal Internacional a cuja criação tenha manifestado adesão".

A inserção do § 3º deveria sanar e encerrar todas as controvérsias sobre a matéria, como alguns autores chegaram a afirmar, a exemplo de Celso Lafer:

"O novo § 3º do art. 5º pode ser considerado como uma lei interpretativa destinada a encerrar as controvérsias jurisprudenciais e doutrinárias suscitadas pelo § 2º do art. 5º. De acordo com a opinião doutrinária tradicional, uma lei interpretativa nada mais faz do que declarar o que preexiste, ao clarificar a lei existente"[17].

Entretanto, atente-se para as manifestações do Superior Tribunal de Justiça sobre a matéria. Primeiro para o RHC 19.975/RS – Recurso Ordinário em *Habeas Corpus* –, 2006/0166260-3, tendo como relator o Ministro Teori Albino Zavascki, cujo julgamento ocorreu em 21 de setembro de 2006, em que se colhe a seguinte ementa:

"Recurso Ordinário em *Habeas Corpus*. Prisão civil de depositário infiel. Alienação das cotas da sociedade pelo depositário. Transferência do encargo atrelada à autorização judicial. Possibilidade de decretação da prisão mesmo após o advento da EC 45/2004, que introduziu o § 3º no art. 5º da Constituição Federal. Penhora em execução fiscal. Falência superveniente. Súmula 305/STJ. Não incidente na hipótese dos autos.

1. É dever do depositário restituir, quando assim solicitado, os bens penhorados, objeto de depósito necessário em execução fiscal.

2. A jurisprudência do STJ é no sentido de que 'a transferência das cotas sociais da empresa não desobriga o depositário, uma vez que o encargo não é transferível por ato de disposição da parte' (HC 31.505/MG, 3ª T., Min. Antônio de Pádua Ribeiro, *DJ* de 07.06.2004), sendo necessária a autorização judicial.

3. A aplicação da Súmula 305/STJ supõe demonstração não apenas do decreto de falência, mas também da efetiva arrecadação dos bens pelo síndico. Precedentes.

4. *Quanto aos tratados sobre direitos humanos preexistentes à EC 45/2004, a transformação da sua força normativa – de ordinária para constitucional – também supõe a observância do requisito formal de ratificação pelas Casas do Congresso, por quorum qualificado de três quintos. Tal requisito não foi atendido, até a presente data, em relação ao Pacto de São José da Costa Rica*

---

[17] LAFER, Celso. *A internacionalização dos direitos humanos*: Constituição, racismo e relações internacionais. São Paulo: Manole, 2005, p. 16.

(Convenção Americana de Direitos Humanos). Continua prevalecendo, por isso, o art. 5º, LXVII, da Constituição Federal, que autoriza a prisão civil do depositário infiel.

5. Nos termos do § 3º do art. 5º da CF (introduzido pela EC 45/2004), 'os tratados e convenções internacionais sobre direitos humanos que forem aprovados, em cada Casa do Congresso Nacional, em dois turnos, por três quintos dos votos dos respectivos membros, serão equivalentes às emendas constitucionais'. *Trata-se de exceção à regra geral segundo a qual os tratados internacionais ratificados pelo Brasil incorporam-se ao direito interno como lei ordinária.*

6. É cabível a prisão civil de depositário infiel de bens penhorados em execução fiscal.

7. Recurso ordinário a que se nega provimento" (grifei).

Por outro lado, observa-se o RHC 18.799/RS – Recurso Ordinário em *Habeas Corpus* –, 2005/0211458-7, cujo relator foi o Ministro José Delgado, publicado em 9 de maio de 2006:

"Constitucional. Processual penal. Recurso ordinário em *habeas corpus*. Execução fiscal. Depositário infiel. Penhora sobre o faturamento da empresa. Constrangimento ilegal. Emenda Constitucional n. 45/2004. Pacto de São José da Costa Rica. Aplicação imediata. Ordem concedida. Precedentes.

1. A infidelidade do depósito de coisas fungíveis não autoriza a prisão civil.

2. Receita penhorada. Paciente com 78 anos de idade. Dívida garantida, também, por bem imóvel.

3. Aplicação do Pacto de São José da Costa Rica, em face da Emenda Constitucional n. 45/2004, que introduziu modificações substanciais na novel Carta Magna.

4. § 1º do art. 5º da CF/88: 'As normas definidoras dos direitos e garantias fundamentais têm aplicação imediata'.

5. No atual estágio do nosso ordenamento jurídico, há de se considerar que:

a) a prisão civil de depositário infiel está regulamentada pelo Pacto de São José da Costa Rica, do qual o Brasil faz parte;

b) a Constituição da República, no Título II (Dos Direitos e Garantias Fundamentais), Capítulo I (Dos Direitos e Deveres Individuais e Coletivos), registra no § 2º do art. 5º que 'os direitos e garantias expressos nesta Constituição não excluem outros decorrentes do regime e dos princípios por ela adotados, ou dos tratados internacionais em que a República Federativa do Brasil seja parte'. No caso específico, inclui-se no rol dos direitos e garantias constitucionais o texto aprovado pelo Congresso Nacional inserido no Pacto de São José da Costa Rica;

c) o § 3º do art. 5º da CF/88, acrescido pela EC n. 45, é taxativo ao enunciar que 'os tratados e convenções internacionais sobre direitos humanos que forem aprovados, em cada Casa do Congresso Nacional, em dois turnos, por três quintos dos votos dos respectivos membros, serão equivalentes às emendas constitucionais'. Ora, apesar de à época o referido Pacto ter sido aprovado com *quorum* de lei ordinária, é de se ressaltar que ele nunca foi revogado ou retirado do mundo jurídico, não obstante a sua rejeição decantada por decisões judiciais. *De acordo com o citado § 3º, a Convenção continua em vigor, desta feita com força de emenda constitucional. A regra emanada pelo dispositivo em apreço é clara no sentido de que os tratados internacionais concernentes a direitos humanos nos quais o Brasil seja parte devem ser assimilados pela ordem jurídica do país como normas de hierarquia constitucional;*

d) não se pode escantear que o § 1º *supra* determina, peremptoriamente, que 'as normas definidoras dos direitos e garantias fundamentais têm aplicação imediata'. Na espécie, devem ser aplicados, imediatamente, os tratados internacionais em que o Brasil seja parte;

e) *o Pacto de São José da Costa Rica foi resgatado pela nova disposição constitucional (art. 5º, § 3º), a qual possui eficácia retroativa;*

f) a tramitação de lei ordinária conferida à aprovação da mencionada Convenção, por meio do Decreto n. 678/92, não constituirá óbice formal de relevância superior ao conteúdo material do novo direito aclamado, não impedindo a sua retroatividade, por se tratar de acordo internacional pertinente a direitos humanos. *Afasta-se, portanto, a obrigatoriedade de quatro votações, duas na Câmara dos Deputados, duas no Senado Federal, com exigência da maioria de dois terços para a sua aprovação* (art. 60, § 2º).

6. Em caso de penhora sobre o faturamento de empresa, hipótese só admitida excepcionalmente, hão de ser observados alguns critérios, tais como a ausência de outros bens, a nomeação de um depositário-administrador (com a sua anuência expressa em aceitar o encargo) e a apresentação de um plano de pagamento, nos termos dos arts. 677 e 678 do CPC. *In casu*, o exame dos autos não convence de que tais pressupostos foram seguidos, decorrendo disso que a ordem de prisão decretada manifesta-se como constrangimento ilegal e abusivo.

7. Precedentes.

8. Recurso em *habeas corpus* provido para conceder a ordem" (grifei).

Assim, os direitos provenientes de tratados de direitos humanos ao serem incorporados ao ordenamento jurídico interno brasileiro devem continuar com a natureza de direitos materialmente constitucionais salvo, e a partir da previsão estampada no § 3º do art. 5º, se forem observados os requisitos previstos no referido inciso que deverão adotar a classificação de direitos formalmente constitucionais[18].

2.3. Natureza de lei ordinária

Essa teoria foi adotada no Brasil especialmente a partir da manifestação do Supremo Tribunal Federal, no REsp 80.004 /SE, que teve como relator o Ministro Xavier de Albuquerque.

---

[18] Na mesma direção o magistério de LAFER, Celso. *A internacionalização dos direitos humanos*: Constituição, racismo e relações internacionais. São Paulo: Manole, 2005, p. 17: "Com a vigência da Emenda Constitucional n. 45, de 8 de dezembro de 2004, os tratados internacionais a que o Brasil venha a aderir, para serem recepcionados formalmente como normas constitucionais, devem obedecer ao *iter* previsto no novo § 3º do art. 5º".

Trata-se de uma grande referência nos estudos dos Tratados Internacionais no Brasil por terem os Ministros apresentado opiniões e votos divergentes, em que se verificou, em determinado momento, o primado do direito internacional em relação ao direito interno, como também a possibilidade de serem os tratados internacionais modificados por normas internas que fossem posteriores ao mesmo.

O caso versava sobre a Lei Uniforme de Genebra sobre as letras de câmbio e notas promissórias, que colidia em seu conteúdo com o Decreto n. 427/69. No julgamento entendeu-se que poderia haver colisões entre as normas de direito internacional com as normas de direito interno, devendo ser aplicada a máxima *lex posteriori derogat priori*, na medida em que inexistia um critério expresso na Constituição, prevalecendo, assim, a última vontade do legislador.

A matéria foi retomada pelo Supremo Tribunal Federal, apresentando inclusive grande inquietude, sob a égide da Constituição vigente em razão do impulso da teoria desenvolvida por Cançado Trindade.

O Plenário do Supremo Tribunal Federal apreciou a matéria no HC 72.131/RJ, tendo como relator para o acórdão o então Ministro Moreira Alves. O assunto versava sobre a prisão civil do devedor como depositário infiel na alienação fiduciária em garantia, na qual se colhe a ementa:

"*Habeas corpus.* Alienação fiduciária em garantia. Prisão civil do devedor como depositário infiel. Sendo o devedor, na alienação fiduciária em garantia, depositário necessário por força de disposição legal que não desfigura essa caracterização, sua prisão civil, em caso de infidelidade, se enquadra na ressalva contida na parte final do art. 5º, LXVII, da Constituição de 1988. Nada interfere na questão do depositário infiel em matéria de alienação fiduciária o disposto no § 7º do art. 7º da Convenção de San José da Costa Rica. *Habeas corpus* indeferido, cassada a liminar concedida".

Vale ressaltar a previsão que vem expressa na Constituição brasileira em seu art. 5º, LXVII, que não haverá prisão civil por dívida, salvo a do responsável pelo inadimplemento voluntário e inescusável de obrigação alimentícia e depositário infiel; o Pacto de São José da Costa Rica estatui no art. 7º, § 7º, que ninguém deve ser detido por dívidas.

Este princípio não limita os mandamentos de autoridade judiciária competente expedidos em virtude de inadimplemento de obrigação alimentar.

Impende ainda assinalar que o Brasil promulgou a Convenção Americana sobre Direitos Humanos – Pacto de São José da Costa Rica através do Decreto n. 678, de 6 de novembro de 1992, e o Decreto n. 4.463, de 8 de novembro de 1992, que promulga a Declaração de Reconhecimento da Competência Obrigatória da Corte Interamericana em todos os casos relativos à interpretação ou aplicação da Convenção Americana sobre Direitos Humanos.

Assim é que o caso acima mencionado, que foi apresentado no Plenário do Supremo Tribunal Federal, revestiu-se de grande interesse, criando-se igualmente grande expectativa em relação à matéria.

Entretanto, o Supremo Tribunal Federal, com sua decisão, frustrou aqueles que esperavam um posicionamento diverso, haja vista que reafirmou a ideia de que os diplomas normativos de natureza internacional ingressam no ordenamento jurídico brasileiro com o mesmo *status* de legislação ordinária e os possíveis conflitos envolvendo a norma interna e internacional deveriam ser resolvidos de acordo com a tese, já esposada no Supremo Tribunal Federal, de que a lei posterior revoga a lei anterior.

Ademais, foi apresentado nesse caso que o art. 7º, § 7, do Pacto de São José da Costa Rica, por ser norma geral, não poderia também revogar uma legislação ordinária de caráter especial.

Posteriormente, o Supremo Tribunal Federal teve a oportunidade de apresentar a mesma linha de entendimento em outros casos.

Na Ação Direta de Inconstitucionalidade n. 1.480-3-DF, a matéria suscitada envolve a Convenção n. 158 da OIT:

"Ação Direta de Inconstitucionalidade. Convenção n. 158/OIT. Proteção do trabalhador contra a despedida arbitrária ou sem justa causa. Arguição de ilegitimidade constitucional dos atos que incorporaram essa Convenção Internacional ao direito positivo interno do Brasil (Decreto Legislativo n. 68/92 e Decreto n. 1.855/96). Possibilidade de controle abstrato de constitucionalidade de tratados ou convenções internacionais em face da Constituição da República. Alegada transgressão ao art. 7º, i, da Constituição da República e ao art. 10, i, do ADCT/88. Regulamentação normativa da proteção contra a despedida arbitrária ou sem justa causa, posta sob reserva constitucional de lei complementar. Consequente impossibilidade jurídica de tratado ou convenção internacional atuar como sucedâneo da lei complementar exigida pela Constituição (CF, art. 7º, i). Consagração constitucional da garantia de indenização compensatória como expressão da reação estatal à demissão arbitrária do trabalhador (CF, art. 7º, i, c/c o art. 10, i, do ADCT/88). Conteúdo programático da Convenção n. 158/OIT, cuja aplicabilidade depende da ação normativa do legislador interno de cada país. Possibilidade de adequação das diretrizes constantes da Convenção n. 158/OIT às exigências formais e materiais do estatuto constitucional brasileiro. Pedido de medida cautelar deferido, em parte, mediante interpretação conforme à Constituição. Procedimento constitucional de incorporação dos tratados ou convenções internacionais.

É na Constituição da República – e não na controvérsia doutrinária que antagoniza monistas e dualistas – que se deve buscar a solução normativa para a questão da incorporação dos atos internacionais ao sistema de direito positivo interno brasileiro. O exame da vigente Constituição Federal permite constatar que a execução dos tratados internacionais e a sua incorporação à ordem jurídica interna decorrem, no sistema adotado pelo Brasil, de um ato subjetivamente complexo, resultante da conjugação de duas vontades homogêneas: a do Congresso Nacional, que resolve, definitivamente, mediante decreto legislativo, sobre tratados, acordos ou atos internacionais (CF, art. 49, I) e a do Presidente da República, que, além de poder celebrar esses atos de direito internacional (CF, art. 84, VIII), também dispõe – enquanto Chefe de Estado que é – da competência para promulgá-los mediante decreto. O *iter* procedimental de incorporação dos tratados internacionais – superadas as fases prévias da celebração da convenção internacional, de sua aprovação congressional e da ratificação pelo Chefe de Estado – conclui-se com a expedição, pelo Presidente da República, de decreto, de cuja edição derivam três efeitos básicos que lhe são inerentes: (a) a promulgação do tratado internacional; (b) a publicação oficial de seu texto; e (c) a executoriedade do ato internacional, que passa, então, e somente então, a vincular e a obrigar no plano do direito positivo interno. Precedentes.

Subordinação normativa dos tratados internacionais à Constituição da República. No sistema jurídico brasileiro, os tratados ou convenções internacionais estão hierarquicamente subordinados à autoridade normativa da Constituição da República. Em consequência, nenhum valor jurídico terão os tratados internacionais que, incorporados ao sistema de direito positivo interno, transgredirem, formal ou materialmente, o texto da Carta Política. O exercício do *treaty-making power*, pelo Estado brasileiro – não obstante o polêmico art. 46 da Convenção de Viena sobre o Direito dos Tratados (ainda em curso de tramitação perante o Congresso Nacional) –, está sujeito à necessária observância das limitações jurídicas impostas pelo texto constitucional.

Controle de constitucionalidade de tratados internacionais no sistema jurídico brasileiro. O Poder Judiciário – fundado na supremacia da Constituição da República – dispõe de competência para, quer em sede de fiscalização abstrata, quer no âmbito do controle difuso, efetuar o exame de constitucionalidade dos tratados ou convenções internacionais já incorporados ao sistema de direito positivo interno. Doutrina e Jurisprudência.

Paridade normativa entre atos internacionais e normas infraconstitucionais de direito interno. Os tratados ou convenções internacionais, uma vez regularmente incorporados ao direito interno, situam-se, no sistema jurídico brasileiro, nos mesmos planos de validade, de eficácia e de autoridade em que se posicionam as leis ordinárias, havendo, em consequência, entre estas e os atos de direito internacional público, mera relação de paridade normativa. Precedentes. No sistema jurídico brasileiro, os atos internacionais não dispõem de primazia hierárquica sobre as normas de direito interno. A eventual precedência dos tratados ou convenções internacionais sobre as regras infraconstitucionais de direito interno somente se justificará quando a situação de antinomia com o ordenamento doméstico impuser, para a solução do conflito, a aplicação alternativa do critério cronológico (*lex posterior derogat priori*) ou, quando cabível, do critério da especialidade. Precedentes.

Tratado internacional e reserva constitucional de lei complementar. O primado da Constituição, no sistema jurídico brasileiro, é oponível ao princípio *pacta sunt servanda*, inexistindo, por isso mesmo, no direito positivo nacional, o problema da concorrência entre tratados internacionais e a Lei Fundamental da República, cuja suprema autoridade normativa deverá sempre prevalecer sobre os atos de direito internacional público. Os tratados internacionais celebrados pelo Brasil – ou aos quais o Brasil venha a aderir – não podem, em consequência, versar matéria posta sob reserva constitucional de lei complementar. É que, em tal situação, a própria Carta Política subordina o tratamento legislativo de determinado tema ao exclusivo domínio normativo da lei complementar, que não pode ser substituída por qualquer outra espécie normativa infraconstitucional, inclusive pelos atos internacionais já incorporados ao direito positivo interno.

Legitimidade constitucional da Convenção n. 158/OIT, desde que observada a interpretação conforme fixada pelo Supremo Tribunal Federal. A Convenção n. 158/OIT, além de depender de necessária e ulterior intermediação legislativa para efeito de sua integral aplicabilidade no plano doméstico, configurando, sob tal aspecto, mera proposta de legislação dirigida ao legislador interno, não consagrou, como única consequência derivada da ruptura abusiva ou arbitrária do contrato de trabalho, o dever de os Estados-Partes, como o Brasil, instituírem, em sua legislação nacional, apenas a garantia da reintegração no emprego. Pelo contrário, a Convenção n. 158/OIT expressamente permite a cada Estado-Parte (Art. 10) que, em função de seu próprio ordenamento positivo interno, opte pela solução normativa que se revelar mais consentânea e compatível com a legislação e a prática nacionais, adotando, em consequência, sempre com estrita observância do estatuto fundamental de cada País (a Constituição brasileira, no caso), a fórmula da reintegração no emprego e/ou da indenização compensatória. Análise de cada um dos artigos impugnados da Convenção n. 158/OIT (Arts. 4º a 10)"[19].

---

[19] O caso foi apresentado no capítulo 3, item 3.9 do presente *Curso*. De toda sorte, são trazidas algumas informações gerais relativas à matéria para que também seja consignado nesta parte do livro.

"Por maioria de votos, o Supremo Tribunal Federal declarou válido o Decreto presidencial 2.100/1996, que comunicava a retirada do Brasil do cumprimento da Convenção 158 da Organização Internacional do Trabalho (OIT), que proíbe a demissão sem causa. Na mesma decisão, tomada no julgamento da Ação Declaratória de Constitucionalidade (ADC) 39, contudo, a Corte decidiu que a denúncia de tratados internacionais pelo presidente da República exige a anuência do Congresso Nacional. Esse entendimento vigorará a partir de agora, preservando os atos anteriores. Além de vedar a dispensa imotivada, a Convenção 158 da OIT prevê uma série de procedimentos para o encerramento do vínculo de emprego. A norma foi aprovada pelo Congresso Nacional e posteriormente promulgada pelo então presidente Fernando Henrique Cardoso. Meses após a promulgação, contudo, o presidente comunicou formalmente à OIT a retirada do Brasil dos países que a haviam assinado. Na ação, a Confederação Nacional do Comércio de Bens, Serviços e Turismo (CNC) e a Confederação Nacional do Transporte (CNT) defendiam a validade do documento. A inconstitucionalidade do decreto é objeto, também, da ADI 1625, cujo julgamento está suspenso para ser concluído em sessão presencial do Plenário. No voto que prevaleceu no julgamento, o relator, ministro Dias Toffoli, afirmou que a exclusão de normas internacionais do ordenamento jurídico brasileiro não pode ser mera opção do chefe de Estado. Como os tratados passam a ter força de lei quando são incorporados às leis brasileiras, sua revogação exige, também, a aprovação do Congresso. Segundo Toffoli, apesar dessa exigência, na prática tem havido uma aceitação tácita da medida unilateral. Mas, a seu ver, essa possibilidade traz risco de retrocesso em políticas essenciais de proteção da população, porque a prerrogativa pode vir a recair sobre mandatário de perfil autoritário e sem zelo em relação a direitos conquistados. No caso concreto da Convenção 158, o Tribunal decidiu manter válido o decreto que a denunciou, em nome da segurança jurídica. A maioria do colegiado acompanhou a proposta do relator para aplicar a tese da inconstitucionalidade da denúncia unilateral de tratados internacionais apenas a partir da publicação da ata do julgamento da ação, mantendo, assim, a eficácia de atos praticados até agora." *STF valida decreto que re-*

A discussão relacionada ao depositário infiel foi retomada no RE 206.482-3/SP:

"Recurso extraordinário. Decreto-Lei 911/69. Depositário infiel. Prisão civil. Incompatibilidade com a nova ordem constitucional. Inexistência. Ministério Público. Legitimidade para recorrer da decisão que concede *habeas corpus*.

1. *Habeas corpus*. Concessão. Ministério Público. Legitimidade para recorrer da decisão. Precedente.

2. O Decreto-Lei 911/69 foi recebido pela nova ordem constitucional e a equiparação do devedor fiduciante ao depositário infiel não afronta a Carta da República, sendo legítima a prisão civil daquele que descumpre, sem justificativa, ordem judicial para entregar a coisa ou seu equivalente em dinheiro, nas hipóteses autorizadas por lei. Recurso extraordinário conhecido e provido".

E finalmente, ainda a título de ilustração, o *HC* 81.319-4/GO, que retoma a discussão da prisão civil por devedor fiduciante:

"*Habeas corpus*. Impetração contra decisão, que, proferida por ministro-relator, não foi submetida à apreciação de órgão colegiado do Supremo Tribunal Federal. Admissibilidade. Alienação fiduciária em garantia. Prisão civil do devedor fiduciante. Legitimidade constitucional. Inocorrência de transgressão ao pacto de São José da Costa Rica (Convenção Americana sobre Direitos Humanos). Concessão de *habeas corpus* de ofício, para determinar que o Tribunal de Justiça local, afastada a prejudicial de inconstitucionalidade do art. 4º do Decreto-Lei n. 911/69, analise as demais alegações de defesa suscitadas pelo paciente. Legitimidade constitucional da prisão civil do devedor fiduciante. A prisão civil do devedor fiduciante, nas condições em que prevista pelo Decreto-Lei n. 911/69, reveste-se de plena legitimidade constitucional e não transgride o sistema de proteção instituído pela Convenção Americana sobre Direitos Humanos (Pacto de São José da Costa Rica). Precedentes.

Os tratados internacionais, necessariamente subordinados à autoridade da Constituição da República, não podem legitimar interpretações que restrinjam a eficácia jurídica das normas constitucionais. A possibilidade jurídica de o Congresso Nacional instituir a prisão civil no caso de infidelidade depositária encontra fundamento na própria Constituição da República (art. 5º, LXVII). A autoridade hierárquico-normativa da Lei Fundamental do Estado, considerada a supremacia absoluta de que se reveste o estatuto político brasileiro, não se expõe, no plano de sua eficácia e aplicabilidade, a restrições ou a mecanismos de limitação fixados em sede de tratados internacionais, como o Pacto de São José da Costa Rica (Convenção Americana sobre Direitos Humanos). A ordem constitucional vigente no Brasil – que confere ao Poder Legislativo explícita autorização para disciplinar e instituir a prisão civil relativamente ao depositário infiel (art. 5º, LXVII) – não pode sofrer interpretação que conduza ao reconhecimento de que

---

vogou norma internacional sobre dispensa sem justa causa. Disponível em https://portal.stf.jus.br/noticias/verNoticiaDetalhe.asp?idConteudo=509163&ori=1:. Acesso em: 22 jun. 2023.

o Estado brasileiro, mediante tratado ou convenção internacional, ter-se-ia interditado a prerrogativa de exercer, no plano interno, a competência institucional que lhe foi outorgada, expressamente, pela própria Constituição da República. A estatura constitucional dos tratados internacionais sobre direitos humanos: uma desejável qualificação jurídica a ser atribuída, *de jure constituendo*, a tais convenções celebradas pelo Brasil. É irrecusável que os tratados e convenções internacionais não podem transgredir a normatividade subordinante da Constituição da República nem dispõem de força normativa para restringir a eficácia jurídica das cláusulas constitucionais e dos preceitos inscritos no texto da Lei Fundamental (ADI 1.480/DF, rel. Min. Celso de Mello, Pleno). Revela-se altamente desejável, no entanto, *de jure constituendo*, que, à semelhança do que se registra no direito constitucional comparado (Constituições da Argentina, do Paraguai, da Federação Russa, do Reino dos Países Baixos e do Peru, *v. g.*), o Congresso Nacional venha a outorgar hierarquia constitucional aos tratados sobre direitos humanos celebrados pelo Estado brasileiro. Considerações em torno desse tema. Concessão *ex officio* da ordem de *habeas corpus*. Afastada a questão prejudicial concernente à inconstitucionalidade do art. 4º do Decreto-lei n. 911/69, cuja validade jurídico-constitucional foi reafirmada pelo Supremo Tribunal Federal, é concedida, *ex officio*, ordem de *habeas corpus*, para determinar, ao Tribunal de Justiça local, que prossiga no julgamento do *writ* constitucional que perante ele foi impetrado, examinando, em consequência, os demais fundamentos de defesa suscitados pelo réu, ora paciente.

Posteriormente, ao analisar novamente a matéria, o Ministro Celso de Mello, no Habeas Corpus n. 96772/SP, cujo julgamento ocorreu na Segunda Turma, em 9-6-2019[20],

---

[20] EMENTA: "Habeas Corpus" – Prisão Civil – Depositário Judicial – Revogação Da Súmula 619/STF – A Questão Da Infidelidade Depositária – Convenção Americana De Direitos Humanos (Artigo 7º, n. 7) – Natureza Constitucional Ou Caráter De Supralegalidade Dos Tratados Internacionais De Direitos Humanos? – Pedido Deferido. Ilegitimidade Jurídica Da Decretação Da Prisão Civil Do Depositário Infiel, Ainda Que Se Cuide De Depositário Judicial. – Não mais subsiste, no sistema normativo brasileiro, a prisão civil por infidelidade depositária, independentemente da modalidade de depósito, trate-se de depósito voluntário (convencional) ou cuide-se de depósito necessário, como o é o depósito judicial. Precedentes. Revogação da Súmula 619/STF. Tratados Internacionais De Direitos Humanos: As Suas Relações Com O Direito Interno Brasileiro E A Questão De Sua Posição Hierárquica. – A Convenção Americana sobre Direitos Humanos (Art. 7º, n. 7). Caráter subordinante dos tratados internacionais em matéria de direitos humanos e o sistema de proteção dos direitos básicos da pessoa humana. – Relações entre o direito interno brasileiro e as convenções internacionais de direitos humanos (CF, art. 5º e §§ 2º e 3º). Precedentes. – Posição hierárquica dos tratados internacionais de direitos humanos no ordenamento positivo interno do Brasil: natureza constitucional ou caráter de supralegalidade? – Entendimento do Relator, Min. Celso de Mello, que atribui hierarquia constitucional às convenções internacionais em matéria de direitos humanos. A Interpretação Judicial Como Instrumento De Mutação Informal Da Constituição. – A questão dos processos informais de mutação constitucional e o papel do Poder Judiciário: a interpretação judicial como instrumento juridicamente idôneo de mudança informal da Constituição. A legitimidade da adequação, mediante interpretação do Poder Judiciário, da própria Constituição da República, se e quando imperioso compatibilizá-la, mediante exegese atualizadora, com as novas exigências, necessidades e transformações resultantes dos processos sociais, econômicos e políticos que caracterizam, em seus múltiplos e complexos aspectos, a sociedade contemporânea. Hermenêutica e Direitos Humanos: a norma mais favorável como critério que deve reger a interpretação do Poder

ratificou o entendimento acima esposado, porém enfatizou, ao seguir entendimento da boa doutrina que trata da matéria, a exemplo dos estudos de Cançado Trindade, que em matéria de direitos humanos, a interpretação constitucional deve levar em conta a aplicação da norma mais favorável em favor da pessoa.

Em que pese o entendimento do Supremo Tribunal Federal em relação à matéria, não nos parece adequada e que deva prosperar, principalmente a partir da previsão constitucional, conforme demonstrado em tópico precedente.

2.4. Natureza supralegal

Essa teoria foi concebida no Brasil, também no Supremo Tribunal Federal, em sessão realizada no dia 29 de março de 2000, com o voto do Ministro Sepúlveda Pertence, que teorizou sobre a possibilidade dos tratados de direitos humanos, ao serem incorporados ao ordenamento jurídico brasileiro, terem uma natureza supralegal, ou seja, como os tratados internacionais não podem afrontar a supremacia da Constituição, os que versam sobre direitos humanos deveriam ocupar um local especial no ordenamento jurídico brasileiro, significando dizer que estariam abaixo da Constituição, mas acima das leis ordinárias. Essa ideia foi concebida no RHC 79.785-RJ, como se vê:

"I – Duplo grau de jurisdição no direito brasileiro, à luz da Constituição e da Convenção Americana de Direitos Humanos.

1. Para corresponder à eficácia instrumental que lhe costuma ser atribuída, o duplo grau de jurisdição há de ser concebido, à moda clássica, com seus dois caracteres específicos: a possibilidade de um reexame integral da sentença de primeiro grau, e que esse reexame seja confiado a órgão diverso do que a proferiu e de hierarquia superior na ordem judiciária.

2. Com esse sentido próprio – sem concessões que o desnaturem – não é possível, sob as sucessivas Constituições da República, erigir o duplo grau em princípio e garantia constitucional, tantas são as previsões, na própria Lei Fundamental, do julgamento de única instância ordinária, já na área cível, já, particularmente, na área penal.

Judiciário. Os magistrados e Tribunais, no exercício de sua atividade interpretativa, especialmente no âmbito dos tratados internacionais de direitos humanos, devem observar um princípio hermenêutico básico (tal como aquele proclamado no Artigo 29 da Convenção Americana de Direitos Humanos), consistente em atribuir primazia à norma que se revele mais favorável à pessoa humana, em ordem a dispensar-lhe a mais ampla proteção jurídica. – O Poder Judiciário, nesse processo hermenêutico que prestigia o critério da norma mais favorável (que tanto pode ser aquela prevista no tratado internacional como a que se acha positivada no próprio direito interno do Estado), deverá extrair a máxima eficácia das declarações internacionais e das proclamações constitucionais de direitos, como forma de viabilizar o acesso dos indivíduos e dos grupos sociais, notadamente os mais vulneráveis, a sistemas institucionalizados de proteção aos direitos fundamentais da pessoa humana, sob pena de a liberdade, a tolerância e o respeito à alteridade humana tornarem-se palavras vãs. – Aplicação, ao caso, do Artigo 7º, n. 7, c/c o Artigo 29, ambos da Convenção Americana de Direitos Humanos (Pacto de São José da Costa Rica): um caso típico de primazia da regra mais favorável à proteção efetiva do ser humano.

3. A situação não se alterou, com a incorporação ao direito brasileiro da Convenção Americana de Direitos Humanos (Pacto de São José), na qual, efetivamente, o art. 8º, 2, *h*, consagrou, como garantia, ao menos na esfera processual penal, o duplo grau de jurisdição, em sua acepção mais própria: o direito de 'toda pessoa acusada de delito', durante o processo, 'de recorrer da sentença para juiz ou tribunal superior'.

4. Prevalência da Constituição, no direito brasileiro, sobre quaisquer convenções internacionais, incluídas as de proteção aos direitos humanos, que impede, no caso, a pretendida aplicação da norma do Pacto de São José: motivação.

II – A Constituição do Brasil e as convenções internacionais de proteção aos direitos humanos: prevalência da Constituição que afasta a aplicabilidade das cláusulas convencionais antinômicas.

1. Quando a questão – no estágio ainda primitivo de centralização e efetividade da ordem jurídica internacional – é de ser resolvida sob a perspectiva do juiz nacional – que, órgão do Estado, deriva da Constituição sua própria autoridade jurisdicional – não pode ele buscar, senão nessa Constituição mesma, o critério da solução de eventuais antinomias entre normas internas e normas internacionais; o que é bastante a firmar a supremacia sobre as últimas da Constituição, ainda quando esta eventualmente atribua aos tratados a prevalência no conflito: mesmo nessa hipótese, a primazia derivará da Constituição e não de uma apriorística força intrínseca da convenção internacional.

2. Assim como não o afirma em relação às leis, a Constituição não precisou dizer-se sobreposta aos tratados: a hierarquia está ínsita em preceitos inequívocos seus, como os que submetem a aprovação e a promulgação das convenções ao processo legislativo ditado pela Constituição e menos exigente que o das emendas a ela e aquele que, em consequência, explicitamente admite o controle da constitucionalidade dos tratados (CF, art. 102, III, *b*).

3. Alinhar-se ao consenso em torno da estatura infraconstitucional, na ordem positiva brasileira, dos tratados a ela incorporados, não implica assumir compromisso de logo com o entendimento – majoritário em recente decisão do STF (ADI-MC 1.480) – que, mesmo em relação às convenções internacionais de proteção de direitos fundamentais, preserva a jurisprudência que a todos equipara hierarquicamente às leis ordinárias.

4. Em relação ao ordenamento pátrio, de qualquer sorte, para dar a eficácia pretendida à cláusula do Pacto de São José, de garantia do duplo grau de jurisdição, não bastaria sequer lhe conceder o poder de aditar a Constituição, acrescentando-lhe limitação oponível à lei como é a tendência do relator: mais que isso, seria necessário emprestar à norma convencional força ab-rogante da Constituição mesma, quando não dinamitadoras do seu sistema, o que não é de admitir.

III – Competência originária dos Tribunais e duplo grau de jurisdição.

1. Toda vez que a Constituição prescreveu para determinada causa a competência originária de um Tribunal, de duas uma: ou também previu recurso ordinário de sua decisão (CF, arts. 102, II, *a*; 105, II, *a* e *b*; 121, § 4º, III, IV e V) ou, não o tendo estabelecido, é que o proibiu.

2. Em tais hipóteses, o recurso ordinário contra decisões de Tribunal, que ela mesma não criou, a Constituição não admite que o institua o direito infraconstitucional, seja lei ordinária, seja convenção internacional: é que, afora os casos da Justiça do Trabalho – que não estão em causa – e da Justiça Militar – na qual o STM não se superpõe a outros Tribunais –, assim como as do Supremo Tribunal, com relação a todos os demais Tribunais e Juízos do País, também as competências recursais dos outros Tribunais Superiores – o STJ e o TSE – estão enumeradas taxativamente na Constituição, e só a emenda constitucional poderia ampliar.

3. À falta de órgãos jurisdicionais *ad quo* no sistema constitucional, indispensáveis a viabilizar a aplicação do princípio do duplo grau de jurisdição aos processos de competência originária dos Tribunais, segue-se a incompatibilidade com a Constituição da aplicação no caso da norma internacional de outorga da garantia invocada".

Foi a partir daí que houve a manifestação do Ministro Sepúlveda Pertence:

"Certo, com o alinhar-me ao consenso em torno da estatura infraconstitucional, na ordem positiva brasileira, dos tratados a ela incorporados, não assumo compromisso de logo – como creio ter deixado expresso no voto proferido na ADI 1.480 – com o entendimento, então majoritário, que – também em relação às convenções internacionais de proteção aos direitos fundamentais – preserva a jurisprudência que a todos equipara hierarquicamente as leis.

Na ordem interna, direitos e garantias fundamentais o são, com grande frequência, precisamente porque – alçados ao texto constitucional – se erigem em limitações positivas ou negativas ao conteúdo das leis futuras, assim como a recepção das anteriores à Constituição.

Se assim é, à primeira vista, parificar as leis ordinárias e os tratados a que alude o art. 5º, § 2º, da Constituição, seria esvaziar de muito do seu sentido útil à inovação, que, malgrado, os termos equívocos do seu enunciado, traduziu uma abertura significativa ao movimento de internacionalização dos direitos humanos".

A tese levantada pelo Ministro Pertence, em verdade se aplica em outros países, como por exemplo, na Alemanha e na França, onde os tratados de direitos humanos gozam de uma situação diferenciada. Na Alemanha, as regras gerais de direito internacional público fazem parte do direito federal e, portanto, se sobrepõem ao direito interno e na França os direitos humanos têm primazia em relação ao direito interno. No Brasil, a Constituição da República não estabeleceu esta prevalência.

3. A VALORIZAÇÃO DOS DIREITOS HUMANOS NO BRASIL[21]

A prevalência dos direitos humanos nas relações internacionais, a inserção da dignidade da pessoa humana como fundamento da República e o grande catálogo de direitos fundamentais na Constituição brasileira de 1988 constituem marcos importantes no processo de redemocratização do país e traduzem o reconhecimento da existência de limites e condicionamentos à noção de soberania estatal.

Rompe-se definitivamente com a ideia de soberania absoluta para uma concepção flexibilizada em prol da pessoa humana e da proteção de seus direitos.

A ratificação de inúmeros tratados de direitos humanos pelo Brasil confirma o compromisso com essa visão humanizante consagrada na Constituição de 1988. Não é por acaso que o art. 4º, II, da Carta Magna confere tal relevância aos direitos humanos aos estabelecer que "a República Federativa do Brasil rege-se nas suas relações internacionais pelos seguintes princípios: prevalência dos direitos humanos".

Piovesan assevera que "a prevalência dos direitos humanos, como princípio a reger o Brasil no âmbito internacional, não implica apenas no engajamento do país no processo de elaboração de normas vinculadas ao Direito Internacional dos Direitos Humanos, mas implica na busca da plena interação de tais regras à ordem jurídica interna brasileira"[22].

De toda sorte, o tema da incorporação dos tratados de direitos humanos no ordenamento jurídico brasileiro sempre foi alvo de grandes controvérsias. Relembre-se, por oportuno, que o art. 5º, § 2º, da Constituição de 1988 dispõe:

"§ 2º Os direitos e garantias expressos nesta Constituição não excluem outros decorrentes do regime e dos princípios por ela adotados, ou dos tratados internacionais em que a República Federativa do Brasil seja parte".

Não é por acaso que surgiram várias correntes interpretativas sobre a incorporação dos tratados de direitos humanos no Brasil, como explanado em tópico precedente.

Sem embargo, talvez houvesse consenso na necessidade de se estabelecer alterações no texto constitucional com o intuito de esclarecer a matéria e eliminar as controvérsias existentes. Contudo, mesmo com as alterações propostas pela Emenda Constitucional n. 45/2004, que trouxe inovação na matéria, os questionamentos estão muito longe de ter fim. Isso porque o § 3º do art. 5º da Constituição acabou por suscitar ainda mais incongruências.

Com efeito, o art. 5º, § 2º, da Constituição de 1988 estabelece que "os direitos e garantias expressos nesta Constituição não excluem outros decorrentes do regime e dos princípios por ela adotados, ou dos tratados internacionais em que a República Federativa

---

[21] Vale destacar o estudo formulado por GUERRA, Sidney; EMERIQUE, Lilian. *A Emenda Constitucional n.45/2004 e a constitucionalização dos Tratados Internacionais de Direitos Humanos no Brasil*. Relatório final apresentado ao Ministério da Justiça – Secretaria de Assuntos Legislativos/Pnud Projeto Bra/07/004, 2007.

[22] PIOVESAN, Flávia. *Direitos humanos e o direito constitucional internacional*. São Paulo: Max Limonad, 2002, p. 63.

do Brasil seja parte", ou seja, consagra a denominada cláusula de abertura ou da não tipicidade dos direitos fundamentais. Impende assinalar que disposições semelhantes podem ser encontradas em algumas constituições estrangeiras.

A primeira referência encontra-se na IX Emenda à Constituição dos Estados Unidos da América[23], que é o modelo que mais se aproximou de uma Constituição liberal[24]. A cláusula de abertura também está presente na Constituição peruana em seu art. 4º[25], na Constituição de Guiné-Bissau em seu art. 28[26], na Constituição portuguesa em seu art. 16º, 1º[27], na Constituição venezuelana em seu art. 22[28], na Constituição colombiana em seu art. 94[29], dentre outras.

A cláusula de abertura ou da não tipicidade dos direitos fundamentais nas Constituições brasileiras está presente há tempos, aparecendo desde a Constituição de 1891, em seu art. 78, onde previa que "a especificação das garantias e direitos expressos na Constituição não exclui outras garantias e direitos não enumerados, mas resultantes da forma de governo que ela estabelece e dos princípios que consigna". Este enunciado é o que se pode apreciar como o embrião da cláusula de abertura dos direitos fundamentais no direito pátrio, mas era uma consideração dos direitos civis da Constituição Política do Império do Brasil de 1824, como garantia mínima[30].

A Constituição de 1934 apresentava em seu art. 113 rol de direitos fundamentais e no art. 114 estabelecia a cláusula de abertura ampliando o referido rol dos direitos fundamentais ao consagrar que "a especificação dos direitos e garantias expressos nesta Constituição não excluem outros resultantes do regime e dos princípios que ela adota"[31].

---

[23] IX Emenda à Constituição dos Estados Unidos da América: "A enumeração de certos direitos na Constituição não poderá ser interpretada como negando ou coibindo outros direitos inerentes ao povo".

[24] MIRANDA, Jorge. *Manual de direito constitucional*. 3. ed. rev. e atual. Coimbra: Coimbra Ed., 2000, t. IV, p. 163.

[25] Constituição peruana, art. 4º: "La enumeración de los derechos reconocidos en este capítulo no excluye los demás que la Constitución garantiza, ni otros de naturaleza análoga o que deriva de la dignidad del hombre, del principio de soberanía del pueblo, del Estado social y democrático de derecho y de la forma republicana de gobierno".

[26] Constituição da Guiné-Bissau, art. 28: "Os direitos, liberdades, garantias e deveres consagrados nesta Constituição não excluem quaisquer outros que sejam previstos nas demais leis da República".

[27] Constituição portuguesa, art. 16, 1: "Os direitos fundamentais consagrados na Constituição não excluem quaisquer outros constantes das leis e regras aplicáveis de direito internacional".

[28] Constituição venezuelana, art. 22: "La enunciación de los derechos y garantías contenidos en esta Constitución y en los instrumentos internacionales sobre derechos humanos no debe entenderse como negación de otros que, siendo inherentes a la persona, no figuren expresamente en ellos".

[29] Constituição colombiana, art. 94: "La enunciación de los derechos y garantías contenidos en la Constitución y en los convenios internacionales vigentes, no debe entenderse como negación de otros que, siendo inherentes a la persona humana, no figuren expresamente en ellos".

[30] ALMEIDA, Fernando Mendes de. *Constituições do Brasil*. 3. ed. rev. e atual. São Paulo: Saraiva, 1961, p. 135.

[31] ALMEIDA, Fernando Mendes de. *Constituições do Brasil*. 3. ed. rev. e atual. São Paulo: Saraiva, 1961, p. 298.

A Constituição de 1937 possuía uma cláusula de abertura diferente porque, ao mesmo tempo em que ampliava os direitos fundamentais, paradoxalmente limitava a ampliação estabelecendo critérios para que ela ocorresse. A previsão estava estampada em seu art. 123, que estabelecia: "A especificação das garantias e direitos acima enumerados não exclui outras garantias e direitos, resultantes da forma de governo e dos princípios consignados na Constituição. O uso desses direitos e garantias terá por limite o bem público, as necessidades da defesa, do bem-estar, da paz e da ordem coletiva, bem como as exigências da segurança da nação e do Estado em nome dela constituído e organizado nesta Constituição"[32].

As Constituições de 1946 e de 1967 apresentavam cláusula de abertura idênticas que determinavam que "a especificação dos direitos e garantias expressos nesta Constituição não exclui outros direitos e garantias decorrentes do regime e dos princípios que ela adota"[33]. A Constituição de 1946 apresentava essa cláusula em seu art. 144 e a Constituição de 1967, em seu art. 150, § 35, antes da Emenda Constitucional n. 1, de 1969. Depois da referida emenda a cláusula passou a constar no art. 153, § 36, da Constituição[34].

No caso da disposição constitucional da Carta brasileira de 1988, a cláusula de abertura consagra, de maneira inovadora, a inserção de direitos decorrentes de tratados internacionais, ou seja, previu a abertura a direitos decorrentes de normas de direito internacional, fato que ainda não havia ocorrido em nenhuma outra Constituição nacional.

Evidencia-se, pois, que a cláusula de abertura se fez presente nas Constituições do Brasil anteriores à de 1988, ainda que sua existência não correspondesse à sua eficácia em determinados momentos históricos, em que o País assistiu ao desrespeito aos direitos fundamentais que já eram resguardados pela Carta Magna.

Ao localizar a referida cláusula nas Constituições brasileiras anteriores pretendeu-se demonstrar que o legislador sempre enumerou os direitos fundamentais de forma exemplificativa, possibilitando uma ampliação maior do catálogo dos direitos fundamentais[35].

Pela cláusula de abertura permite-se a inserção de direitos fundamentais não tipificados e decorrentes do regime e dos princípios adotados pela Constituição ou dos tratados internacionais em que a República Federativa do Brasil seja parte, estendendo o rol de direitos fundamentais (Título II – Dos direitos e garantias fundamentais). Essa ampliação garante que os direitos fundamentais, que são um elemento básico para a realização do princípio democrático, exerçam uma função democratizadora.

---

[32] ALMEIDA, Fernando Mendes de. *Constituições do Brasil*. 3. ed. rev. e atual. São Paulo: Saraiva, 1961, p. 461.

[33] ALMEIDA, Fernando Mendes de. *Constituições do Brasil*. 3. ed. rev. e atual. São Paulo: Saraiva, 1961, p. 658.

[34] BRASIL. *Constituição da República Federativa*. Promulgada em 24 de janeiro de 1967, na redação dada pela EC n. 1, de 17 de outubro de 1969, e demais emendas ulteriores. Coleção Lex. 3. ed. São Paulo: Aurora, 1974, p. 149.

[35] EMERIQUE, Lilian M. B.; GOMES, Alice Maria M.; SÁ, Catharine F. de. A abertura constitucional a novos direitos fundamentais. *Revista da Faculdade de Direito de Campos*, Ano VII, n. 8, jun. 2006, p. 123-170.

A doutrina pátria[36], de forma geral, assinala que o rol dos direitos fundamentais contidos na Constituição de 1988, apesar de extenso, não possui caráter taxativo, mas apenas exemplificativo. A existência do art. 5º, § 2º, no texto constitucional consagra a abertura a outros direitos não expressamente nele referidos.

Para melhor entender a ideia de abertura a outros direitos fundamentais torna-se importante proceder estudo que classifica os direitos fundamentais em duas espécies: os direitos formais e materialmente fundamentais (ancorados na Constituição formal) e os direitos apenas materialmente fundamentais (sem assento expresso no texto constitucional). Partir-se-á desta análise para aprofundar o debate.

4. DIREITOS FORMAIS E MATERIALMENTE FUNDAMENTAIS E A ABERTURA MATERIAL DOS DIREITOS FUNDAMENTAIS NA ORDEM CONSTITUCIONAL BRASILEIRA

Antonio-Enrique Pérez Luño conceitua direitos fundamentais como os direitos humanos garantidos pelo ordenamento jurídico positivo que, na maior parte dos casos, estão na norma constitucional e que almejam gozar uma tutela reforçada, posto que possuem um sentido mais preciso e estrito, pois descrevem apenas o conjunto de direitos e liberdades jurídicas institucionalmente reconhecidas e garantidas pelo direito positivo. São direitos delimitados espacial e temporalmente, cuja denominação responde a seu caráter básico ou fundamentador do sistema jurídico político do Estado de Direito[37].

Ferrajoli propõe uma definição teórica e puramente formal para os direitos fundamentais: "... son todos aquellos derechos subjetivos que corresponden universalmente a todos los seres humanos en cuanto dotados del status de personas, de ciudadanos o personas con capacidad de obrar; entendiendo por derecho subjetivo cualquier expectativa positiva (de prestaciones) o negativa (de no sufrir lesiones) adscrita a un sujeto por una norma jurídica. Esta definición es teórica en cuanto, aun estando estipulada con referencia a los derechos fundamentales positivamente sancionados por leys y constituciones en las actuales democracias, prescinde de la circunstancia de hecho de que en este o en aquel ordenamiento tales derechos se encuentren o no formulados en cartas constitucionales o leys fundamentales, e incluso del hecho de que aparezcan o no enunciados en normas de derecho positivo"[38].

Com efeito, esteio do constitucionalismo em sua concepção inicialmente liberal, os direitos humanos encontram-se referidos primeiramente em forma de declarações de

---

[36] GUERRA, Sidney; EMERIQUE, Lilian. *A Emenda Constitucional n. 45/2004 e a constitucionalização dos tratados internacionais de direitos humanos no brasil*. Relatório final apresentado ao Ministério da Justiça – Secretaria de Assuntos Legislativos/Pnud Projeto Bra/07/004, 2007.

[37] PÉREZ LUÑO, Antonio-Enrique. *Manual de informática y derecho*. Barcelona: Ariel, 1996, p. 46-47.

[38] FERRAJOLI, Luigi. *Los fundamentos de los derechos fundamentales*. 2. ed. Madrid: Trotta, 2005, p. 20.

direitos e, posteriormente, tornando-se parte expressiva de inúmeros documentos constitucionais numa tendência mantida, aprimorada e ampliada com o passar do tempo.

Como já manifestado em outra oportunidade[39], existe uma correlação entre as noções de Constituição e Estado de Direito e os direitos fundamentais, pois estes são essenciais na estruturação do Estado constitucional. Tão intrincada é esta interação que a possibilidade de dissociá-los inviabiliza a manutenção da ideia de um Estado constitucional democrático. O que, aliás, já foi mencionado por Hans Peter Schneider, ao dizer que os direitos fundamentais são condições sem as quais não há Estado constitucional democrático[40].

Os direitos fundamentais podem ser diretamente conectados com a ideia de democracia. Percebe-se esta ligação, por exemplo, quando a liberdade de participação política do cidadão, como possibilidade de intervenção no processo decisório, e de exercício de efetivas atribuições inerentes à soberania (direito de voto, igual acesso aos cargos públicos etc.) complementa de modo indispensável as demais liberdades. A função decisiva exercida por tais direitos num regime democrático como garantia das minorias contra desvios do poder praticados pela maioria no poder, junto com a liberdade de participação, salienta a efetiva garantia da liberdade-autonomia.

A função limitativa do poder exercida pelos direitos fundamentais tem ênfase histórica, especialmente quando observados na dimensão negativa, ou seja, quanto ao dever de abstenção do Estado, geralmente exercido sob a forma das liberdades fundamentais. Por outro lado, o Estado Democrático de Direito tem nos direitos fundamentais um dos critérios de legitimação do poder estatal, de modo que o poder não se faz mediante o uso indiscriminado, arbitrário da força, nem pode manifestar-se alheio aos condicionamentos introduzidos pela ótica dos direitos fundamentais.

Para José Joaquim Gomes Canotilho, os direitos fundamentais são reserva de Constituição, isto é, tomam parte entre os elementos que identificam a posição do homem no mundo estruturante/estruturado da ordem constitucional, e são reserva de justiça, o que significa dizer que há necessidade de uma ordem que aspire ser justa. A mera legalidade formal não é suficiente, sendo preciso, à validade intrínseca, o que demanda ser um parâmetro da legitimidade formal e material da ordem jurídica estatal: "O fundamento de validade da Constituição (legitimidade) é a dignidade do seu reconhecimento como ordem justa (Habermas) e a convicção, por parte da coletividade, da sua 'bondade intrínseca'"[41]. Deste modo, os direitos fundamentais constituem-se de elementos de ordem jurídica objetiva, integrando um sistema valorativo que atua como fundamento material de todo o ordenamento jurídico.

---

[39] GUERRA, Sidney. *Curso de Direitos humanos*. São Paulo: Saraiva, 2020, cap. V, 2.

[40] SCHNEIDER, Hans Peter. *Democracia y Constitución*. Madrid: Centro de Estudios Constitucionales, 1991, p. 136.

[41] CANOTILHO, J. J. Gomes. *Direito constitucional*. Coimbra: Almedina, 1996, p. 111.

Os direitos fundamentais apresentam um dúplice caráter, como bem acentua Konrad Hesse: são direitos subjetivos e são elementos fundamentais da ordem objetiva da coletividade[42]. Como direitos subjetivos, os direitos fundamentais determinam e asseguram a situação jurídica do particular como homem e cidadão, garantindo um instituto jurídico ou liberdade de um âmbito de vida – dimensão individual. Trata-se de um *status* jurídico material de conteúdo determinado concretamente e limitado para o particular e para os poderes do Estado. São elementos fundamentais da consciência jurídica e legitimadores da ordem. Possuem um lado negativo (defesa contra poderes estatais) e um lado positivo (atualização das liberdades neles garantidas – liberdades positivas)[43].

Como dados fundamentais da ordem objetiva (dimensão coletiva), são determinantes, limitadores e asseguradores de *status* que integram o particular na coletividade. Convivem tanto na dimensão subjetiva quanto na objetiva, numa relação de complementaridade e fortalecimento recíprocos. Os direitos fundamentais como direitos de defesa subjetivos do particular têm como correspondência com o elemento de ordem jurídica objetiva as determinações de competência negativa para os poderes do Estado. Este caráter dos direitos fundamentais admite a determinação dos conteúdos fundamentais da ordem jurídica e ganha configuração nas ordens da democracia e do Estado de Direito, através do processo de formação da unidade política e da atividade estatal. Enfim, normatizam os traços fundamentais da ordem da coletividade[44]. Emerique apresenta interessantes considerações acerca do regime jurídico dos direitos fundamentais na Constituição brasileira de 1988: "Merece atenção a doutrina da aplicabilidade imediata de todos os direitos fundamentais constantes do catálogo (Título II), como também dos direitos dispersos pelo texto e os direitos decorrentes do regime e dos princípios constitucionalmente adotados e dos direitos oriundos dos tratados internacionais dos quais o país seja signatário, visto que não há nenhuma vedação constitucional expressa neste sentido. Na perspectiva de Sarlet, para dar seriedade aos direitos fundamentais é preciso levar em conta a disposição do art. 5º, § 1º, da Constituição vigente. O comando impõe aos órgãos estatais a maximização da eficácia dos direitos fundamentais. Contudo, não detém condições para transformar uma norma incompleta e carente de concretização em direito de aplicação imediata e plenamente eficaz. A proposta do autor situa-se naquilo que opina ser uma solução intermediária para assegurar melhores meios de afirmação e realização prática do enunciado sob exame. Resulta em uma exegese da norma observando seu caráter principiológico, considerando-a como um mandado de otimização ou maximização, isto é, deixando a cargo dos órgãos estatais o reconhecimento da maior

---

[42] HESSE, Konrad. *Elementos de direito constitucional da República Federal da Alemanha.* Porto Alegre: Sérgio Antonio Fabris, 1998, p. 228-229.

[43] HESSE, Konrad. *Elementos de direito constitucional da República Federal da Alemanha.* Porto Alegre: Sérgio Antonio Fabris, 1998, p. 230-235.

[44] HESSE, Konrad. *Elementos de direito constitucional da República Federal da Alemanha.* Porto Alegre: Sérgio Antonio Fabris, 1998, p. 239-240.

eficácia possível aos direitos fundamentais. O comando da aplicabilidade imediata não tem por desígnio traduzir-se em uma lógica de 'tudo ou nada', por isso o seu alcance depende do exame concreto da hipótese contida na norma de direito fundamental. O preceito produz uma presunção em favor da aplicabilidade imediata das normas definidoras de direitos e garantias fundamentais, de modo que uma negativa de sua aplicação, por falta de ato concretizador, deverá ser muito bem fundamentada. Os direitos fundamentais, de acordo com o princípio da aplicabilidade imediata, requerem dos poderes públicos os meios necessários para que alcancem a maior eficácia possível, concedendo-lhes efeitos reforçados em relação às demais normas constitucionais, pois tal comando é um dos pilares da fundamentalidade formal dos ditos direitos no âmbito da Constituição. Assim, os direitos fundamentais são dotados, em relação às demais normas constitucionais, de maior aplicabilidade e eficácia, embora isso não signifique que não existam distinções quanto à graduação dessa aplicabilidade e eficácia, conforme a forma de positivação, do objeto e da função desempenhada por cada comando. Caso essa condição privilegiada fosse negada aos direitos fundamentais, acabar-se-ia, em última instância, negando-lhes a própria fundamentalidade. Compendiando, a norma do art. 5º, § 1º, da Constituição de 1988, contém um postulado otimizador da máxima eficácia possível, como também a presunção favorável a aplicabilidade imediata e a eficácia plena dos direitos fundamentais"[45].

Sintetizando, os direitos fundamentais são alicerces de uma comunidade organizada política e juridicamente através de uma Constituição. Portanto, fazem parte da Constituição formal e material, demonstrando importância subjetiva e objetiva para a estruturação da ordenança coletiva.

De um modo geral, a doutrina nacional e estrangeira situa os direitos fundamentais como direitos jurídico-positivamente constitucionalizados[46]. Contudo, esta apreciação não deve ser tomada apenas no seu caráter formal[47], pois pode não retratar corretamente o sentido e o alcance conferido pela Constituição aos direitos fundamentais e estaria

---

[45] EMERIQUE, Lilian. Apontamentos sobre o regime jurídico dos direitos humanos fundamentais em Portugal, na Espanha e no Brasil. In: GUERRA, Sidney (coord.). *Direitos humanos*: uma abordagem interdisciplinar. Rio de Janeiro: Freitas Bastos, 2007, v. III, p. 167-186.

[46] A título de exemplificação na doutrina estrangeira: CANOTILHO, José Joaquim Gomes. *Direito constitucional e teoria da Constituição*. 2. ed. Coimbra: Almedina, 1998, p. 347. MIRANDA, Jorge. *Manual de direito constitucional*. 3. ed. rev. e atual. Coimbra: Coimbra Ed., 2000, p. 7, afirma: "Por direitos fundamentais entendemos os direitos ou as posições jurídicas activas das pessoas enquanto tais, individual ou institucionalmente consideradas, assentes na Constituição, seja na Constituição formal, seja na Constituição material – donde, direitos fundamentais em sentido formal e direitos fundamentais em sentido material". SILVA, José Afonso da, op. cit., afirma que "direitos fundamentais do homem são situações jurídicas, objetivas e subjetivas, definidas no direito positivo, em prol da dignidade, igualdade e liberdade da pessoa humana".

[47] A Constituição brasileira de 1988 consagra, em seu Título II, os Direitos e Garantias Fundamentais, cujo início se dá no art. 5º e se estende até o art. 17.

em desarmonia com a sua feição sistêmica aberta. Atentem para o magistério de Emerique:

"Os direitos fundamentais surgem no Estado constitucional como reação às ameaças fundamentais que circundam o homem. As funções específicas do perigo mudam historicamente, tornando-se necessários novos instrumentos de combate, que devem ser desenvolvidos, *sempre de novo,* em nome do homem. Isso significa uma *abertura de conteúdos, funções e de formas de proteção,* de modo a que todos esses direitos possam ser defendidos contra os 'novos' perigos que possam surgir no decurso do tempo. Este caráter *aberto* do catálogo e da garantia dos direitos fundamentais, seja no seu aspecto pessoal, seja ainda no seu aspecto institucional ou coletivo, vem expresso numa 'multiplicidade de formas de proteção jurídica'. Essas diferentes formas de proteção jurídica vêm exercidas pelos tribunais comuns, pelos tribunais de justiça constitucional e pelos tribunais internacionais. Os direitos fundamentais variam tanto no espaço (segundo o Estado constitucional) como no tempo (segundo o período histórico) no que concerne à distribuição de papéis no seu desenvolvimento jurídico. À dependência dos direitos fundamentais do texto constitucional contrapõe-se a sua dependência do contexto histórico social em que se movem. Não existem *numerus clausus* dos perigos. Daí a origem da expressão 'proteção dinâmica dos direitos fundamentais', utilizada pelo Tribunal Constitucional Federal Alemão, a que corresponde uma tutela 'flexível, móvel e aberta' desses direitos no seu conjunto"[48].

Também obstaria imensamente a compreensão do conteúdo e do significado de certas disposições referentes a esses direitos. Isso é o que se verifica em relação à norma contida no art. 5º, § 2º, na qual estão previstos como direitos fundamentais não só os direitos referidos no corpo da atual Constituição, mas inclusive os direitos decorrentes do regime e dos princípios por ela adotados ou dos tratados internacionais em que o Brasil seja signatário, isto é, situações onde não há uma positivação direta e expressa de determinados direitos fundamentais.

Sem embargo, por fundamental entende-se aquilo que é essencial, relevante, necessário, basilar, que serve de alicerce. A noção de direitos fundamentais está diretamente vinculada à característica da fundamentalidade. Conforme o tratamento doutrinário[49], um direito pode ser formal e materialmente fundamental[50]. Identificar esta dupla

---

[48] EMERIQUE, Lilian. *Direito fundamental como oposição política.* Curitiba: Juruá, 2006, p. 48.

[49] Tivemos a oportunidade de enfrentar esta questão quando este ponto serviu para fundamentar a pesquisa desenvolvida para o Ministério da Justiça. GUERRA, Sidney; EMERIQUE, Lilian. *A Emenda Constitucional n. 45/2004 e a constitucionalização dos Tratados Internacionais de Direitos Humanos no Brasil.* Relatório final apresentado ao Ministério da Justiça – Secretaria de Assuntos Legislativos/Pnud Projeto Bra/07/004, 2007.

[50] MIRANDA, Jorge. *Manual de direito constitucional.* 3. ed. Coimbra: Coimbra Ed., 2000, t. IV, p. 162, apresenta a experiência consagrada no constitucionalismo português: "(...) a Constituição aponta para um sentido material de direitos fundamentais: estes não são apenas os que as normas formalmente constitucionais enunciam; são ou podem ser também direitos provenientes de outras fontes, na perspectiva mais ampla da Constituição material. Não se depara, pois, no texto constitucional um elenco taxativo de direitos fundamentais. Pelo contrário, a enumeração

noção de um direito é um proeminente instrumento para auxiliar na interpretação do art. 5º, § 2º, da Constituição de 1988, que dispõe sobre a abertura do rol a direitos não positivados expressamente no seu texto.

Considera-se direito formalmente fundamental aquele que se encontra positivado na Constituição e, por consequência: a) consiste em norma que toma assento na Constituição escrita e ocupa o topo de toda a ordem jurídica; b) é norma constitucional sujeita às limitações formais (procedimento agravado) e materiais (cláusulas pétreas) de reforma constitucional (emenda e revisão); c) é norma de aplicação imediata e vincula as entidades públicas (constituem parâmetros materiais de escolhas, decisões, ações e controle dos órgãos legislativos, administrativos e jurisdicionais) e privadas[51].

São normas, portanto, que como todas as demais normas constitucionais contam com a supremacia no ordenamento jurídico e que devido sua importância para o indivíduo e para a coletividade receberam um tratamento diferenciado pelo poder constituinte, destacando-se a aplicação imediata de seus comandos e a maior proteção no que concerne à possibilidade de mudanças do seu conteúdo pelos poderes constituídos[52].

Por sua vez, considera-se direito materialmente fundamental aquele que é parte integrante da Constituição material, contendo decisões essenciais sobre a estrutura basilar do Estado e da sociedade e que podem ou não encontrarem-se dispostas no texto constitucional sob a designação de direito fundamental. Assim sendo, a ideia de fundamentalidade material permite: a) a abertura da Constituição a outros direitos fundamentais não constantes do seu texto (apenas materialmente fundamentais) ou fora do catálogo, isto é, dispersos, mas com assento na Constituição formal; b) a aplicabilidade de aspectos do regime jurídico próprio dos direitos fundamentais em sentido formal a estes direitos apenas materialmente fundamentais[53].

A indicação do sentido formal e material de um direito fundamental vem consignada por Jorge Miranda quando apresenta o seu entendimento de direitos fundamentais. Na ocasião adverte que todos os direitos fundamentais em sentido formal também o são em sentido material, contudo existem direitos em sentido material para além dos direitos em sentido formal. Portanto, os dois sentidos podem não coincidir[54].

Miranda também se preocupa em expor certas dúvidas e objeções levantadas sobre a concepção de direito fundamental em sentido material, sendo a primeira delas

---

(embora sem ser, em rigor, exemplificativa) é uma enumeração aberta, sempre pronta a ser preenchida ou completada através de novas faculdades para lá daquelas que se encontram definidas ou especificadas em cada momento. Daí poder apelidar-se o art. 16, I, de *cláusula aberta ou de não tipicidade* de direitos fundamentais".

[51] CANOTILHO, José Joaquim Gomes. *Direito constitucional e teoria da Constituição*. 2. ed. Coimbra: Almedina, 1998, p. 349.

[52] EMERIQUE, Lilian M. Balmant. *Direito fundamental como oposição política*. Curitiba: Juruá, 2006, p. 152.

[53] CANOTILHO, José Joaquim Gomes. *Direito constitucional e teoria da Constituição*. 2. ed. Coimbra: Almedina, 1998, p. 349.

[54] MIRANDA, Jorge. *Manual de direito constitucional*. 3. ed. Coimbra: Coimbra Ed., 2000, t. IV, p. 7-9.

a neutralidade que poderia supor-se equivalente a um radicalismo aos valores permanentes da pessoa humana; a segunda sugere que por abarcar uma diversidade de concepções poderia levar a um relativismo inseguro; a terceira pontua que conceber os direitos fundamentais a mera expressão escrita numa Constituição de um determinado regime político seria o mesmo que admitir que a não consagração ou a consagração insatisfatória, ou mesmo a violação sistemática de certos direitos, seria, no mínimo, natural, só porque foram considerados de menor relevância para um regime político. Nesta ótica não faria qualquer diferença acrescentar a um direito a designação de fundamental, pois estes direitos só seriam fundamentais quando dispostos como tais por um determinado regime político[55].

Contudo, o autor[56] rebate estas críticas ao afirmar que por serem os direitos fundamentais direitos básicos da pessoa que numa determinada época e lugar constituem o nível da sua dignidade, eles dependem das filosofias políticas, sociais e econômicas e das circunstâncias históricas. Deste modo, não predominaria uma visão imutável dos valores da pessoa humana que se manteriam indeléveis ante as mudanças históricas operadas no homem e na sociedade.

O conceito de direitos fundamentais materiais não se reduz apenas aos direitos estabelecidos pelo poder constituinte, mas são direitos procedentes da ideia de Constituição e de Direito dominante, do sentimento jurídico coletivo, o que dificilmente tornariam totalmente distanciados de um respeito pela dignidade do homem concreto. Mesmo que a este sentimento correspondesse uma Constituição material desfavorável aos direitos das pessoas, o problema não seria tanto dos direitos fundamentais em si mesmos, mas sim um problema relativo ao caráter do regime político correspondente que tem assento na questão de sua legitimidade[57].

Qualificar como direitos fundamentais apenas os direitos em sentido formal seria o mesmo que abandonar a sua historicidade, pois de pronto se negaria a possibilidade de consagração de outros direitos que, ao longo do tempo, adquiriram relevância para a sociedade ao ponto de serem considerados sob o caráter de sua fundamentalidade. Nota-se, a partir das considerações trazidas até o momento, que o caráter fundamental dos direitos não está diretamente correlacionado à sua previsão na Constituição.

José Joaquim Gomes Canotilho apresenta uma noção daquilo que, no seu entendimento, é o critério constitucional (português) dos direitos fundamentais, segundo o qual é possível delimitar em extensão e profundidade o campo delas. Ele se baseia nos valores essenciais consubstanciados no objeto dos direitos fundamentais reconhecidos: a liberdade, a democracia política e a democracia econômica e social. Estes valores constituem o pressuposto e o critério substancial dos direitos fundamentais, sendo impróprias e

---

[55] MIRANDA, Jorge. *Manual de direito constitucional*. 3. ed. Coimbra: Coimbra Ed., 2000, t. IV, p. 9.

[56] MIRANDA, Jorge. *Manual de direito constitucional*. 3. ed. Coimbra: Coimbra Ed., 2000, t. IV, p. 10.

[57] MIRANDA, Jorge. *Manual de direito constitucional*. 3. ed. Coimbra: Coimbra Ed., 2000, t. IV, p. 11.

insuficientes as concepções reducionistas que apelem a apenas um deles. Quanto à classificação de um direito como fundamental ou não, isso dependerá de seu grau de relevância à luz desses valores constitucionais. Incluindo entre eles todos aqueles que a Constituição considera como tais, não existindo razões objetivas satisfatórias para sustentar qualquer exclusão[58].

Apenas a análise detida do conteúdo dos direitos fundamentais possibilita a conferência de sua fundamentalidade material, isto é, da condição de conterem, ou não, decisões fundamentais sobre a estrutura do Estado e da sociedade, de modo especial, em relação à posição nestes ocupada pela pessoa humana. Para chegar-se a um conceito adequado constitucionalmente dos direitos fundamentais é preciso mensurar que qualquer conceito genérico e universal somente parece cabível, à medida que aberto, de modo a permitir a sua constante adaptação à luz do direito constitucional positivo[59].

Daí que a noção de direitos fundamentais deve contemplar uma visão inclusiva de todas as posições jurídicas relacionadas às pessoas que do ponto de vista do direito constitucional positivo foram por seu conteúdo e relevância (fundamentalidade em sentido material) integradas expressamente ao texto da Constituição e tornadas indisponíveis aos poderes constituídos (fundamentalidade formal), bem como as que, por sua substância e importância, possam alcançar-lhes equiparação, tornando-se parte da Constituição material, possuindo, ou não, assento na Constituição formal (aqui considerada a abertura material do catálogo)[60].

Embora existam normas que não se enquadram nos parâmetros (reconhecidamente empíricos e elásticos) traçados para a identificação dos direitos materialmente fundamentais e não esteja em discussão a importância da matéria e a pertinência de sua previsão na Constituição formal com o objetivo de evitar sua disponibilidade ampla por parte do legislador ordinário. Não se poderá deixar de considerar que incumbe ao constituinte a opção de estender à condição de certas situações (ou posições) que devem ser objeto de proteção especial, compartilhando o regime da fundamentalidade formal e material peculiar dos direitos fundamentais[61].

Konrad Hesse adverte sobre a precariedade de considerar apenas o sentido formal como identificador dos direitos fundamentais, ou seja, somente considerar como direitos fundamentais as posições jurídicas da pessoa – na sua dimensão individual, coletiva ou social – que por decisão expressa do legislador constituinte foram consagrados no

---

[58] CANOTILHO, José Joaquim Gomes; MOREIRA, Vital. *Fundamentos da Constituição*. Coimbra: Coimbra Ed., 1991, p. 106-107.

[59] SARLET, Ingo Wolfgang. *A eficácia dos direitos fundamentais*. 2. ed. rev. e atual. Porto Alegre: Livr. do Advogado, 2001, p. 82.

[60] SARLET, Ingo Wolfgang. *A eficácia dos direitos fundamentais*. 2. ed. rev. e atual. Porto Alegre: Livr. do Advogado, 2001, p. 82.

[61] SARLET, Ingo Wolfgang. *A eficácia dos direitos fundamentais*. 2. ed. rev. e atual. Porto Alegre: Livr. do Advogado, 2001, p. 136.

catálogo dos direitos fundamentais (aqui considerados em sentido amplo). Isto porque também existe o significado material de direitos fundamentais segundo o qual são fundamentais aqueles direitos que, apesar de se encontrarem fora do catálogo, por seu conteúdo e sua importância podem ser equiparados aos direitos formalmente (e materialmente) fundamentais[62].

Diante das considerações feitas até o momento, torna-se forçoso proceder a uma análise mais pormenorizada sobre uma noção materialmente aberta de direitos fundamentais, conforme o perfil traçado na Constituição.

A doutrina nacional sublinha que o elenco das disposições contidas no art. 5º da Constituição de 1988, apesar de extenso, não possui caráter taxativo, antes consagra a abertura a outros direitos não expressamente referidos no texto constitucional, alguns também mencionam a função hermenêutica do dispositivo (art. 5º, § 2º)[63].

Na jurisprudência também se admite o princípio da abertura material do catálogo dos direitos fundamentais da Constituição de 1988. O Supremo Tribunal Federal reconheceu como fundamentais o direito ao meio ambiente (art. 225), o direito à observância do princípio da anterioridade tributária na criação de novos tributos (art. 150, III, *b*) e o direito à saúde (art. 196). Portanto, já há uma posição reconhecida pelo "guardião da Constituição" sustentando a existência de direitos fundamentais fora do catálogo amparados pelo mesmo regime jurídico dos direitos nele previstos.

Os direitos e garantias amparados na norma ampla do art. 5º, § 2º, têm existência assegurada no universo constitucional, caracterizados pelo regime ou sistema dos direitos fundamentais ou princípios adotados pela Constituição ou pelos tratados internacionais firmados. Cumpre ao intérprete descobri-los em cada caso e descrevê-los na sua essência, na sua densidade, na sua dinâmica e abrangência no sistema constitucional, concretizando a sua integração no ordenamento jurídico[64].

Quando se toma por base a distinção entre direito fundamental formal e material no direito constitucional brasileiro, tal como no português, desde então se tem a necessidade de considerar uma adesão a determinados valores e princípios que não são precisamente dependentes do constituinte, mas também respaldados na ideia dominante de Constituição e no senso jurídico coletivo[65].

A admissão da presença de direitos materiais decorrentes do regime constitucional, estatuída no art. 5º, § 2º, da Lei Magna, traz consigo complexidades relacionadas à forma de considerar como realidades normativas os direitos fundamentais não escritos no

---

[62] HESSE, Konrad. *Elementos de direito constitucional da República Federal da Alemanha.* Porto Alegre: Sérgio Antônio Fabris, 1998, p. 225.

[63] A título de exemplificação: FERREIRA FILHO, Manoel Gonçalves. *Curso de direito constitucional.* 24. ed. revista. São Paulo: Saraiva, 1997, p. 288-289; ARAUJO, Luiz Alberto David; NUNES JÚNIOR, Vidal Serrano. *Curso de direito constitucional.* 3. ed. São Paulo: Saraiva, 1999, p. 75-76.

[64] GARCIA, Maria. *Desobediência civil, direito fundamental.* São Paulo: Revista dos Tribunais, 1994, p. 212.

[65] MIRANDA, Jorge. *Manual de direito constitucional.* 3. ed. Coimbra: Coimbra Ed., 2000, t. IV, p. 10.

texto constitucional e por quais caminhos é possível anexá-los aos dispositivos da Constituição para que contem com validade jurídica. De certa forma, a própria existência do dispositivo mencionado pode ser vista como fundamento normativo-constitucional que permite levantar argumentos em favor do direito não expressamente escrito[66].

Uma vez que os direitos fundamentais expressamente garantidos são justificáveis pela só referência ao texto constitucional que os estipulam, os direitos materiais, não formalizados, têm no art. 5º, § 2º, sua justificação. A propósito Emerique afirma:

"Na impossibilidade de diluir o significado da abertura material do catálogo dos direitos fundamentais esposada no art. 5º, § 2º, da Constituição de 1988, enfraquecer o comando normativo, eliminando para os direitos fundamentais em sentido material a condição de tratamento equivalente quanto ao regime jurídico dos demais direitos fundamentais, bem como favorecer a criação de uma suposta hierarquia de regimes jurídicos entre os dois direitos, o que de todo é incompatível com a Constituição. Deste modo, melhor se coaduna com a Lei Maior a ideia de que os direitos fundamentais de qualquer tipo, independentemente de sua condição formal ou material, são amparados pelo mesmo regime jurídico previsto na Constituição e, portanto, são de aplicabilidade imediata e contam com a proteção contra ações predatórias do legislador reformador"[67]. Ocorre a adscrição dos direitos materiais como normas de direito fundamental a partir de uma fundamentação correta que demonstra que eles atendem às exigências de dignidade, liberdade e igualdade; além de levarem em conta as condições disciplinadas no dispositivo mencionado, é básico, para o reconhecimento desses direitos como fundamentais, que não contrariem o regime e os princípios adotados pela Constituição[68].

Em relação aos direitos decorrentes dos tratados internacionais em que a República Federativa do Brasil seja parte, a solução está no fato de nos próprios tratados já se acharem escritas as disposições que contêm as normas de direito fundamental. Dessa forma, adquirem o *status* de normas constitucionais de direito fundamental, por força do art. 5º, § 2º, da Constituição de 1988[69].

Com base no dispositivo do Texto Maior referido, parece ser cabível cogitar-se de espécies de direitos fundamentais: a) direitos formal e materialmente fundamentais (ancorados na Constituição formal); b) direitos apenas materialmente fundamentais (sem assento no texto constitucional); c) a título de menção, embora descartada a

---

[66] PARDO, David Wilson de Abreu. *Os direitos fundamentais e a aplicação judicial do direito*. Rio de Janeiro: Lumen Juris, 2003, p. 86.

[67] EMERIQUE, Lilian. *Direito fundamental como oposição política*. Curitiba: Juruá, 2006, p. 215.

[68] PARDO, David Wilson de Abreu. *Os direitos fundamentais e a aplicação judicial do direito*. Rio de Janeiro: Lumen Juris, 2003, p. 86-87.

[69] Conforme acentuado em outra oportunidade: GUERRA, Sidney. *Os direitos humanos na ordem jurídica internacional e reflexos para ordem constitucional brasileira*. 2. ed. São Paulo: Atlas, 2014.

possibilidade no ordenamento constitucional brasileiro, tem-se a categoria dos direitos apenas formalmente constitucionais[70].

Por fim, não se pode olvidar que a cláusula de abertura[71] ou da não tipicidade (art. 5º, § 2º) possui um amplo alcance, podendo incluir as diferentes modalidades de direitos fundamentais, independentemente da condição de serem direitos de caráter defensivo ou prestacional[72].

5. DIMENSÕES PROCEDIMENTAIS RELATIVAS À INTERNALIZAÇÃO NO ORDENAMENTO JURÍDICO BRASILEIRO DOS TRATADOS INTERNACIONAIS SOBRE DIREITOS HUMANOS

Como visto neste estudo, o procedimento para internalização dos tratados internacionais sobre direitos humanos no Brasil, em data anterior à aprovação da Emenda Constitucional n. 45/2004, ensejou acalorado debate que resultou na afirmação de quatro correntes diferenciadas sobre a hierarquia dos tratados internalizados na ordem jurídica brasileira: a) a corrente que reconhece natureza supranacional dos tratados internacionais de direitos humanos; b) a corrente que reconhece natureza constitucional dos documentos internacionais de direitos humanos; c) a corrente que estabelece que os tratados de direitos humanos têm caráter supralegal; e d) a corrente que afirma que as convenções internacionais têm natureza de lei ordinária. Como a matéria já foi vista anteriormente, neste ponto serão assinalados comentários circunscritos à corrente que se pretende afirmar.

A posição aqui defendida inspira-se na constatação de que existem inúmeros inconvenientes resultantes da adoção da linha que prega a eventual supremacia dos tratados internacionais na ordem constitucional e também ressalta a inadequação, principalmente após a reforma constitucional que instituiu o § 3º do art. 5º da Constituição, de

---

[70] SARLET, Ingo Wolfgang. *A eficácia dos direitos fundamentais*. 2. ed. rev. e atual. Porto Alegre: Livr. do Advogado, 2001, p. 86.

[71] ALEXANDRINO, José de Melo. *Direitos fundamentais*: introdução geral. Estoril: Princípia, 2007, p. 48, apresenta comentários acerca da cláusula de abertura na Constituição portuguesa: "A cláusula de abertura dos direitos fundamentais, nos termos da qual a Constituição admite considerar ainda como direitos fundamentais certas situações jurídicas não previstas na Constituição (direitos não enumerados), mas tão só consagradas em lei ou em regras (de costumes ou tratados internacionais)".

[72] ALEXANDRINO, José de Melo. *Direitos fundamentais*: introdução geral. Estoril: Princípia, 2007, p. 50, ainda informa outras modalidades de abertura: "Se entendermos 'abertura' como todo o conjunto de fenômenos por intermédio dos quais possam ser criados, revelados, alargados ou ampliados outros direitos fundamentais, a realidade ensina que a abertura do sistema de direitos fundamentais pode funcionar por outras vias que não a da cláusula aberta. Para além dessa via de abertura a velhos ou novos direitos materialmente constitucionais, mas não formalmente constitucionais, constituem modalidade de abertura: a) a admissão de direitos fundamentais dispersos; b) a compreensão aberta do âmbito normativo das normas de direitos fundamentais formalmente constitucionais; c) a possibilidade de descoberta jurisprudencial de direitos fundamentais junto a outras normas constitucionais, no texto, na história e na estrutura da Constituição; d) e, naturalmente, o próprio aditamento expresso de direitos fundamentais por revisão constitucional".

870

sustentar a corrente da hierarquia de lei ordinária para os tratados sobre direitos humanos internalizados no país.

Por isso, filia-se ao entendimento segundo o qual os tratados de direitos humanos possuem estatura constitucional. Ainda mais agora quando submetidos ao procedimento estabelecido pela Emenda Constitucional n. 45/2004 e consolidados na compreensão de que os tratados ratificados em data anterior à promulgação da referida emenda constitucional foram recepcionados com hierarquia equivalente às normas constitucionais.

Por este raciocínio evidencia-se que o § 2º do art. 5º da Constituição de 1988 se apresenta como *cláusula de abertura* para recepção de outros direitos proclamados em tratados internacionais sobre direitos humanos subscritos pelo Brasil. Tal possibilidade de incorporação de novos direitos indica que a Constituição atribui a esses diplomas internacionais a hierarquia de norma constitucional. Sendo certo que o § 1º do art. 5º assegura a estas normas a *aplicabilidade imediata* em nível nacional e internacional, desde o ato de ratificação, escusando intermediações legislativas.

A hierarquia constitucional encontra-se assegurada somente aos tratados de proteção dos direitos humanos em face do seu caráter especial em relação aos tratados internacionais sobre as demais matérias, os quais possuem apenas dimensão infraconstitucional.

Na perspectiva adotada, os conflitos ocasionais entre o tratado e a Constituição devem ser solucionados pela *aplicação da norma mais favorável à vítima* da violação do direito humano, titular do direito, tarefa hermenêutica de incumbência dos tribunais nacionais e dos órgãos de aplicação do direito[73]. Dessa forma, o direito interno e o direito internacional interagem para a proteção dos direitos e interesses do ser humano[74].

Esse entendimento ganha fôlego no Brasil a partir de estudos apresentados há anos[75], bem como por Trindade[76] e Piovesan[77] que também defendem que os §§ 1º e 2º do art. 5º da Constituição de 1988 caracterizam-se como garantias da aplicabilidade direta e do caráter constitucional dos tratados de direitos humanos dos quais o Brasil é signatário. Segundo Cançado Trindade:

"O propósito do disposto nos §§ 2º e 1º do art. 5º da Constituição não é outro que o de assegurar a aplicabilidade direta pelo Poder Judiciário nacional da normativa internacional de proteção, alçada ao nível constitucional (...). Desde a promulgação da atual

---

[73] PIOVESAN, Flávia. A Constituição Brasileira de 1988 e os Tratados Internacionais de Proteção dos Direitos Humanos. In: *Temas de direitos humanos*. 2. ed. São Paulo: Max Limonad, 2003, p. 44-56.

[74] CANÇADO TRINDADE, Antonio Augusto. A interação entre o direito internacional e o direito interno na proteção dos direitos humanos. In: *Arquivos do Ministério da Justiça*, Ano 46, n. 12, jul./dez. 1993.

[75] GUERRA, Sidney. *Direitos humanos*: uma abordagem interdisciplinar. Rio de Janeiro: América Jurídica, 2003; GUERRA, Sidney. *Direito internacional público*. Rio de Janeiro: Freitas Bastos, 2004; mais recentemente, dentre outros, GUERRA, Sidney. *Curso de Direitos humanos*. São Paulo: Saraiva, 2020.

[76] CANÇADO TRINDADE, Antonio Augusto. *Tratado de direito internacional dos direitos humanos*. Porto Alegre: Sérgio Antônio Fabris Editor, 2003.

[77] PIOVESAN, Flávia. A Constituição brasileira de 1988 e os tratados internacionais de proteção dos direitos humanos. In: *Temas de direitos humanos*. 2. ed. São Paulo: Max Limonad, 2003, p. 44-56.

Constituição, a normativa dos tratados de direitos humanos em que o Brasil é parte tem efetivamente nível constitucional e entendimento em contrário requer demonstração. A tese da equiparação dos tratados de direitos humanos à legislação infraconstitucional – tal como ainda seguida por alguns setores em nossa prática judiciária – não só representa um apego sem reflexão a uma tese anacrônica, já abandonada em alguns países, mas também contraria o disposto no art. (5) 2 da Constituição Federal Brasileira"[78].

A título de exemplificação da corrente que afirma a hierarquia constitucional dos tratados de proteção dos direitos humanos traz-se à colação o modelo previsto na Constituição da Argentina, que demarca o rol de diplomas internacionais que contam com *status* normativo diferenciado em relação aos demais tratados de matérias não concernentes aos direitos humanos[79]. Também é ilustrativo o caso da Constituição da Venezuela, a qual atribui hierarquia constitucional e institui a aplicabilidade imediata e direta dos tratados na ordenação interna e estipula a regra hermenêutica da norma mais favorável ao indivíduo[80].

Outra não poderia ser a linha de entendimento propugnada senão aquela que atribui estatura constitucional aos tratados internacionais sobre direitos humanos internalizados antes do advento da Emenda Constitucional n. 45/2004, que, a partir da promulgação da mencionada emenda e por uma adequada interpretação do dispositivo constitucional do art. 5º, § 3º, considerar-se-iam recepcionados com hierarquia equivalente às emendas constitucionais, tendo em vista que esta abordagem melhor se afina com as concepções contemporâneas na ordem internacional e de diversos países que prestigiam os tratados sobre direitos humanos.

Caso contrário, a atuação do poder reformador significaria a criação de um procedimento que trouxe complexidade (*quorum* qualificado) para internalização dos tratados internacionais sobre direitos humanos, diluindo os dispositivos contidos no §§ 1º e 2º

---

[78] CANÇADO TRINDADE, Antônio Augusto. Memorial em prol de uma nova mentalidade quanto à proteção dos direitos humanos nos planos internacional e nacional. *Boletim da Sociedade Brasileira de Direito Internacional*, Brasília (p. 113-118), 1998, p. 88-89.

[79] Art. 75 (22) da Constituição da Argentina: "La Declaración Americana de los Derechos y Deberes del Hombre; la Declaración Universal de Derechos Humanos; la Convención Americana sobre Derechos Humanos; el Pacto Internacional de Derechos Económicos, Sociales y Culturales; el Pacto Internacional de Derechos Civiles y Políticos y su Protocolo Facultativo; la Convención sobre la Prevención y la Sanción del Delito de Genocidio; la Convención Internacional sobre la Eliminación de todas las Formas de Discriminación Racial; la Convención sobre la Eliminación de todas las Formas de Discriminación contra la Mujer; la Convención contra la Tortura y otros Tratos o Penas Crueles, Inhumanos o Degradantes; la Convención sobre los Derechos del Niño: en las condiciones de su vigencia, tienen jerarquía constitucional, no derogan artículo alguno de la primera parte de esta Constitución y deben entenderse complementarios de los derechos y garantías por ella reconocidos".

[80] Constituição da Venezuela de 2000, art. 23: "Los tratados, pactos y convenciones relativos a derechos humanos, suscritos y ratificados por Venezuela, tienen jerarquía constitucional y prevalecen en el orden interno, en la medida en que contengan normas sobre su goce y ejercicio más favorables a las establecidas por esta Constitución y en las leyes de la República, y son de aplicación inmediata y directa por los tribunales y demás órganos del Poder Público".

do art. 5º da Constituição de 1988 e indo na contramarcha do pensamento hodierno sobre o caráter especial dos tratados internacionais sobre direitos humanos, posto que cada vez mais se observa a abertura maior do Estado Constitucional a ordens jurídicas supranacionais de proteção de direitos humanos.

Nas lições de Peter Häberle, vislumbra-se a atual identidade do Estado Constitucional como um "Estado Constitucional Cooperativo", que já não se revela voltado para si mesmo, mas que se coloca à disposição como referência para os outros Estados Constitucionais pertencentes a uma comunidade, na qual o papel dos direitos humanos e fundamentais tem relevância. No âmbito do direito constitucional nacional, esse fenômeno de integração e cooperação pode, ao menos, apontar para uma tendência de enfraquecimento das fronteiras entre o interno e o externo, produzindo uma concepção voltada para a prevalência do direito comunitário sobre o direito nacional[81].

Em face do modelo de cooperativismo constitucional, são perspicazes as palavras do Ministro Gilmar Ferreira Mendes em voto prolatado no RE 466.343-1 (São Paulo), em que foi relator o Ministro Cezar Peluso, julgado em 26 de novembro de 2006, onde sublinha a importância dos direitos humanos: "Nesse contexto, mesmo conscientes de que os motivos que conduzem à concepção de um Estado Constitucional Cooperativo são complexos, é preciso reconhecer os aspectos sociológico-econômico e ideal-moral como os mais evidentes. E no que se refere ao aspecto ideal-moral, não se pode deixar de considerar a proteção aos direitos humanos como a fórmula mais concreta de que dispõe o sistema constitucional, a exigir dos atores da vida sociopolítica do Estado uma contribuição positiva para a máxima eficácia das normas das Constituições modernas que protegem a cooperação internacional amistosa como princípio vetor das relações entre os Estados Nacionais e a proteção dos direitos humanos como corolário da própria garantia da dignidade da pessoa humana".

Na América Latina, alguns países caminharam na direção de sua inserção em contextos supranacionais, como se verá adiante, atribuindo aos tratados internacionais de direitos humanos lugar de destaque no ordenamento jurídico e, em alguns casos, concedendo-lhes estatura constitucional.

No Paraguai (art. 9º)[82] e na Argentina (art. 75, n. 24)[83], existem referências de *supranacionalidade* em suas Constituições. A Constituição uruguaia de 1967 inseriu, em

---

[81] HÄBERLE, Peter. *El Estado Constitucional*. Trad. Hector Fix-Fierro. México: Universidad Nacional Autónoma de México, 2003, p. 75-77.

[82] Constituição do Paraguai, de 20-6-1992, art. 9º: "A República do Paraguai, em condições de igualdade com outros Estados, admite uma ordem jurídica supranacional que garanta a vigência dos direitos humanos, da paz, da justiça, da cooperação e do desenvolvimento político, econômico, social e cultural".

[83] A Constituição da Argentina, no n. 24 do art. 75, estabelece que: "Corresponde ao Congresso: aprovar tratados de integração que deleguem competências e jurisdição a organizações supraestatais em condições de reciprocidade e igualdade, e que respeitem a ordem democrática e os direitos humanos. As normas ditadas em sua consequência têm hierarquia superior às leis".

1994, novo inciso em seu art. 6º, que prevê que "a República procurará a integração social e econômica dos Estados latino-americanos, especialmente no que se refere à defesa comum de seus produtos e matérias-primas. Assim mesmo, propenderá à efetiva complementação de seus serviços públicos".

O diagnóstico retrata uma convergência contemporânea do constitucionalismo mundial de atribuir maior cotação às normas internacionais de direitos humanos. Assim, as Constituições tanto apresentam maiores elementos de concretização de sua eficácia normativa, quanto partem de uma dimensão aproximativa entre o direito internacional e o direito constitucional.

No Brasil, a mudança do modo como os direitos humanos são tratados pelo Estado ainda transcorre de forma lenta e gradual. As idiossincrasias na fórmula como se tem concebido o processo de incorporação de tratados internacionais de direitos humanos na ordem jurídica interna são, em certa medida, responsáveis pelo arrastar de concepções envelhecidas.

Existe hoje a demanda clara da necessidade de revisão da jurisprudência do Supremo Tribunal Federal. Cançado Trindade já advertia sobre a impertinência da defesa do entendimento em torno da legalidade ordinária dos tratados de direitos humanos, mesmo antes da promulgação da Emenda Constitucional n. 45/2004, e suas palavras mantêm-se atuais, conforme se verifica nessa passagem:

"A disposição do art. 5º (2) da Constituição Brasileira vigente, de 1988, segundo a qual os direitos e garantias expressos nesta não excluem outros decorrentes dos tratados internacionais em que o Brasil é parte, representa, a meu ver, um grande avanço para a proteção dos direitos humanos em nosso país. Por meio deste dispositivo constitucional, os direitos consagrados em tratados de direitos humanos em que o Brasil seja parte incorporam-se *ipso jure* ao elenco dos direitos constitucionalmente consagrados. Ademais, por força do art. 5º (1) da Constituição, têm aplicação imediata. A intangibilidade dos direitos e garantias individuais é determinada pela própria Constituição Federal, que inclusive proíbe expressamente até mesmo qualquer emenda tendente a aboli-los [art. 60(4)(IV)]. A especificidade e o caráter especial dos tratados de direitos humanos encontram-se, assim, devidamente reconhecidos pela Constituição Brasileira vigente. Se, para os tratados internacionais em geral, tem-se exigido a intermediação pelo Poder Legislativo de ato com força de lei de modo a outorgar a suas disposições vigência ou obrigatoriedade no plano do ordenamento jurídico interno, distintamente, no tocante aos tratados de direitos humanos em que o Brasil é parte, os direitos fundamentais neles garantidos passam, consoante os §§ 2 e 1 do art. 5º da Constituição Brasileira de 1988, pela primeira vez entre nós a integrar o elenco dos direitos constitucionalmente consagrados e direta e imediatamente exigíveis no plano de nosso ordenamento jurídico interno. Por conseguinte, mostra-se inteiramente infundada, no tocante em particular aos tratados de direitos humanos, a tese clássica – ainda seguida em nossa prática constitucional – da paridade entre os tratados internacionais e a legislação infraconstitucional. (...) É esta a interpretação correta do art. 5º(2) da Constituição Brasileira vigente, que abre um campo amplo e fértil para avanços nesta área, ainda lamentavelmente e em grande parte desperdiçado. Com efeito, não é razoável dar aos tratados de proteção de direitos do ser humano (a começar pelo direito fundamental à vida) o mesmo tratamento dispensado, por exemplo, a um acordo comercial de exportação de laranjas ou sapatos, ou a um acordo de isenção de vistos para turistas estrangeiros. À hierarquia de valores deve corresponder uma hierarquia de normas, nos planos nacional e internacional, a ser interpretadas e aplicadas mediante critérios apropriados. Os tratados de direitos humanos têm um caráter especial, e devem ser tidos como tais. Se maiores avanços não se têm logrado até o presente neste domínio de proteção, não tem sido em razão de obstáculos jurídicos – que na verdade não existem –, mas antes da falta de compreensão da matéria e da vontade de dar real efetividade àqueles tratados no plano do direito interno"[84].

De fato, apesar de os tratados de direitos humanos possuírem caráter especial, evidencia-se que, desde que foram estatuídas as mudanças na Constituição brasileira de 1988, por força da Emenda Constitucional n. 45/2004, muitas indagações surgiram sobre o procedimento para internalização dos tratados sobre direitos humanos.

6. OS TRATADOS INTERNACIONAIS SOBRE MEIO AMBIENTE NO BRASIL A PARTIR DA ARGUIÇÃO DE DESCUMPRIMENTO DE PRECEITO FUNDAMENTAL (ADPF) N. 708

Antes de enfrentar a questão que envolve a compreensão sobre o *status* constitucional sobre os tratados internacionais sobre meio ambiente dos quais a República Federativa do Brasil é parte, importante apresentar, ainda que de maneira resumida, o entendimento sobre os direitos fundamentais no plano formal e material, em que se encontra o meio ambiente na ordem constitucional brasileira. Na sequência, será apresentada, a partir da paradigmática Arguição de Descumprimento de Preceito Fundamental n. 708, a nova compreensão sobre o tema.

6.1. O meio ambiente como direito fundamental

Conforme assentado em outro momento[85], os direitos fundamentais podem ser apresentados no plano formal e material. Considera-se direito formalmente fundamental aquele que se encontra positivado na Constituição e, por consequência: a) consiste em norma que toma assento na constituição escrita e ocupa o topo de toda a ordem jurídica; b) é norma constitucional sujeita às limitações formais (procedimento agravado) e materiais (cláusulas pétreas) de reforma constitucional (emenda e revisão); c) é norma de

---

[84] CANÇADO TRINDADE, Antonio Augusto. Memorial em prol de uma nova mentalidade quanto à proteção dos direitos humanos nos planos internacional e nacional. In: *Arquivos de Direitos Humanos 1*. Rio de Janeiro: Renovar, 1999, p. 46-47.

[85] GUERRA, Sidney. *Curso de direito ambiental*. 6. ed. Rio de Janeiro: Grande Editora, 2024.

aplicação imediata e vincula as entidades públicas (constituem parâmetros materiais de escolhas, decisões, ações e controle, dos órgãos legislativos, administrativos e jurisdicionais) e privadas[86].

São normas que, como todas as demais normas constitucionais, contam com a supremacia no ordenamento jurídico e que, devido à sua importância para o indivíduo e para a coletividade, receberam um tratamento diferenciado pelo poder constituinte, destacando-se a aplicação imediata de seus comandos e a maior proteção no que concerne à possibilidade de mudanças do seu conteúdo pelos poderes constituídos[87].

Por sua vez, considera-se direito materialmente fundamental aquele que é parte integrante da Constituição material, contendo decisões essenciais sobre a estrutura basilar do Estado e da sociedade e que podem ou não estar dispostas no texto constitucional sob a designação de direito fundamental. Assim sendo, a ideia de fundamentalidade material permite: a) a abertura da Constituição a outros direitos fundamentais não constantes do seu texto (apenas materialmente fundamentais) ou fora do catálogo, isto é, dispersos, mas com assento na Constituição formal; b) a aplicabilidade de aspectos do regime jurídico próprio dos direitos fundamentais em sentido formal a estes direitos apenas materialmente fundamentais[88].

A indicação do sentido formal e material de um direito fundamental vem consignada por Jorge Miranda, quando apresenta o seu entendimento de direitos fundamentais. Na ocasião, adverte que todos os direitos fundamentais em sentido formal também o são em sentido material, contudo existem direitos em sentido material para além dos direitos em sentido formal. Portanto, os dois sentidos podem não coincidir[89].

Jorge Miranda também se preocupa em expor certas dúvidas e objeções levantadas sobre a concepção de direito fundamental em sentido material, sendo a primeira delas a neutralidade que poderia supor-se equivalente a um radicalismo aos valores permanentes da pessoa humana. A segunda sugere que, por abarcar uma diversidade de concepções, poderia levar a um relativismo inseguro. A terceira pontua que conceber os direitos fundamentais a mera expressão escrita numa Constituição de um determinado regime político seria o mesmo que admitir que a não consagração ou a consagração insatisfatória, ou mesmo a violação sistemática de certos direitos seria, no mínimo, natural, só porque foram considerados de menor relevância para um regime político. Nesta ótica, não faria qualquer diferença acrescentar a um direito a designação de fundamental, pois

---

[86] CANOTILHO, José Joaquim Gomes. *Direito constitucional e teoria da Constituição*. 2. ed. Coimbra: Almedina, 1998, p. 349.

[87] EMERIQUE, Lilian M. Balmant. *Direito fundamental como oposição política*. Curitiba: Juruá, 2006, p. 152.

[88] CANOTILHO, José Joaquim Gomes, op. cit., p. 349.

[89] MIRANDA, Jorge. *Manual de direito constitucional*. t. IV. 3. ed. Coimbra: Coimbra Ed., 2000, p. 7-9.

estes direitos só seriam fundamentais quando dispostos como tais por um determinado regime político[90].

Contudo, o autor rebate estas críticas ao afirmar que, por serem os direitos fundamentais direitos básicos da pessoa que numa determinada época e lugar constituem o nível da sua dignidade, eles dependem das filosofias políticas, sociais e econômicas e das circunstâncias históricas[91].

Deste modo, não predominaria uma visão imutável dos valores da pessoa humana, que se manteriam indeléveis às mudanças históricas operadas no homem e na sociedade.

O conceito de direitos fundamentais materiais não se reduz apenas aos direitos estabelecidos pelo poder constituinte, mas são direitos procedentes da ideia de Constituição e de Direito dominante, do sentimento jurídico coletivo, o que dificilmente tornariam totalmente distanciados de um respeito pela dignidade do homem concreto. Mesmo que esta ideia ou sentimento correspondesse a uma Constituição material desfavorável aos direitos das pessoas, o problema não seria tanto dos direitos fundamentais em si mesmos, mas sim um problema relativo ao caráter do regime político correspondente, que tem assento na questão de sua legitimidade[92].

Qualificar como direitos fundamentais apenas os direitos em sentido formal seria o mesmo que abandonar a sua historicidade, pois de pronto se negaria a possibilidade de consagração de outros direitos que, ao longo do tempo, adquiriram relevância para a sociedade a ponto de serem considerados sob o caráter de sua fundamentalidade.

Nota-se, a partir das considerações trazidas até o momento, que o caráter fundamental dos direitos não está diretamente correlacionado à sua previsão na Constituição.

Canotilho apresenta uma noção daquilo que é o critério constitucional (português) dos direitos fundamentais, segundo o qual é possível delimitar em extensão e profundidade o campo deles. Baseia-se nos valores essenciais consubstanciados no objeto dos direitos fundamentais reconhecidos: a liberdade, a democracia política e a democracia econômica e social. Estes valores constituem o pressuposto e o critério substancial dos direitos fundamentais, sendo impróprias e insuficientes as concepções reducionistas que apelem a apenas um deles. Quanto à classificação de um direito como fundamental ou não, isso dependerá de seu grau de relevância à luz destes valores constitucionais. Incluindo entre eles todos aqueles que a Constituição considera como tais, não existindo razões objetivas satisfatórias para sustentar qualquer exclusão[93].

---

[90] MIRANDA, Jorge. *Manual de direito constitucional*. t. IV. 3. ed. Coimbra: Coimbra Ed., 2000, p. 9.

[91] MIRANDA, Jorge. *Manual de direito constitucional*. t. IV. 3. ed. Coimbra: Coimbra Ed., 2000, p. 10.

[92] MIRANDA, Jorge. *Manual de direito constitucional*. t. IV. 3. ed. Coimbra: Coimbra Ed., 2000, p. 11.

[93] CANOTILHO, José Joaquim Gomes; MOREIRA, Vital. *Fundamentos da Constituição*. Coimbra: Coimbra Ed., 1991, p. 106-107.

Apenas a análise detida do conteúdo dos direitos fundamentais possibilita a conferência de sua fundamentalidade material, isto é, da condição de conterem, ou não, decisões fundamentais sobre a estrutura do Estado e da sociedade, de modo especial, em relação à posição nestes ocupada pela pessoa humana. Para chegar-se a um conceito adequado constitucionalmente dos direitos fundamentais, é preciso mensurar que qualquer conceito genérico e universal somente parece cabível à medida que aberto, de modo a permitir a sua constante adaptação à luz do direito constitucional positivo[94].

A noção de direitos fundamentais deve contemplar uma visão inclusiva de todas as posições jurídicas relacionadas às pessoas, que, do ponto de vista do direito constitucional positivo, foram, por seu conteúdo e relevância (fundamentalidade em sentido material), integradas expressamente ao texto da Constituição e tornadas indisponíveis aos poderes constituídos (fundamentalidade formal), bem como as que, por sua substância e importância, possam alcançar-lhes equiparação, tornando-se parte da Constituição material, possuindo, ou não, assento na Constituição formal (aqui considerada a abertura material do catálogo)[95].

Embora existam normas que não se enquadram nos parâmetros (reconhecidamente empíricos e elásticos) traçados para a identificação dos direitos materialmente fundamentais e não estejam em discussão a importância da matéria e a pertinência de sua previsão na Constituição formal com o objetivo de evitar sua disponibilidade ampla por parte do legislador ordinário, não se poderá deixar de considerar que incumbe ao constituinte a opção de estender à condição de certas situações (ou posições) que, em sua opinião, devem ser objeto de proteção especial, compartilhando o regime da fundamentalidade formal e material peculiar dos direitos fundamentais[96].

Konrad Hesse[97] adverte sobre a precariedade de considerar apenas o sentido formal como identificador dos direitos fundamentais, ou seja, somente considerar direitos fundamentais as posições jurídicas da pessoa – na sua dimensão individual, coletiva ou social –, que, por decisão expressa do legislador constituinte, foram consagrados no catálogo dos direitos fundamentais (aqui considerados em sentido amplo).

Isto porque também existe o significado material de direitos fundamentais, segundo o qual são fundamentais aqueles direitos que, apesar de se encontrarem fora do catálogo, por seu conteúdo e sua importância, podem ser equiparados aos direitos formalmente (e materialmente) fundamentais.

---

[94] SARLET, Ingo Wolfgang. *A eficácia dos direitos fundamentais*. 2. ed. rev. e atual. Porto Alegre: Livraria do Advogado, 2001, p. 82.

[95] SARLET, Ingo Wolfgang. *A eficácia dos direitos fundamentais*. 2. ed. rev. e atual. Porto Alegre: Livraria do Advogado, 2001, p. 82.

[96] SARLET, Ingo Wolfgang. *A eficácia dos direitos fundamentais*. 2. ed. rev. e atual. Porto Alegre: Livraria do Advogado, 2001, p. 136.

[97] HESSE, Konrad. *Elementos de direito constitucional da República Federal da Alemanha*. Porto Alegre: Sergio Antonio Fabris, 1998, p. 225.

Frente às considerações feitas até o momento, torna-se forçoso proceder a uma análise mais pormenorizada sobre uma noção materialmente aberta de direitos fundamentais, conforme o perfil traçado na Constituição brasileira.

A doutrina nacional sublinha que o elenco das disposições contidas no art. 5º da Constituição de 1988, apesar de extenso, não possui caráter taxativo, antes consagra a abertura a outros direitos não expressamente referidos no texto constitucional, alguns também mencionam a função hermenêutica do dispositivo (art. 5º, § 2º)[98].

Na jurisprudência, também se admite o princípio da abertura material do catálogo dos direitos fundamentais da Constituição de 1988. O Supremo Tribunal Federal reconheceu como fundamentais o direito à observância do princípio da anterioridade tributária na criação de novos tributos (art. 150, III, b), o direito à saúde (art. 196) e o direito ao meio ambiente (art. 225). Portanto, já há uma posição reconhecida pelo "guardião da Constituição" sustentando a existência de direitos fundamentais fora do catálogo amparados pelo mesmo regime jurídico dos direitos nele previstos. Veja, nesse sentido, aresto do Eg. Supremo Tribunal Federal em relação ao meio ambiente como direito fundamental: "O direito a integridade do meio ambiente – típico direito de terceira geração – constitui prerrogativa jurídica de titularidade coletiva, refletindo, dentro do processo de afirmação dos direitos humanos, a expressão significativa de um poder atribuído, não ao indivíduo identificado em sua singularidade, mas, num sentido verdadeiramente mais abrangente, a própria coletividade social. Enquanto os direitos de primeira geração (direitos civis e políticos) – que compreendem as liberdades clássicas, negativas ou formais – realçam o princípio da liberdade e os direitos de segunda geração (direitos econômicos, sociais e culturais) – que se identificam com as liberdades positivas, reais ou concretas – acentuam o princípio da igualdade, os direitos de terceira geração, que materializam poderes de titularidade coletiva atribuídos genericamente a todas as formações sociais, consagram o princípio da solidariedade e constituem um momento importante no processo de desenvolvimento, expansão e reconhecimento dos direitos humanos, caracterizados, enquanto valores fundamentais indisponíveis, pela nota de uma essencial inexauribilidade"[99].

Os direitos e garantias amparados na norma ampla do art. 5º, § 2º, têm existência assegurada no universo constitucional, caracterizados pelo regime ou sistema dos direitos fundamentais, pelo regime ou princípios adotados pela Constituição ou pelos tratados internacionais firmados. Cumpre ao intérprete descobri-los em cada caso, e descrevê-los

---

[98] A título de exemplificação: FERREIRA FILHO, Manoel Gonçalves. *Curso de direito constitucional*. 24. ed. rev. São Paulo: Saraiva, 1997, p. 288-289; SILVA, José Afonso da. *Curso de direito constitucional positivo*. 21. ed. rev. e atual. São Paulo: Malheiros, 2002, p. 193; ARAUJO, Luiz Alberto David; NUNES JÚNIOR, Vidal Serrano. *Curso de direito constitucional*. 3. ed. rev. e atual. São Paulo: Saraiva, 1999, p. 75-76; GUERRA, Sidney. *Hermenêutica, ponderação e colisão de direitos fundamentais*. Rio de Janeiro: Lumen Juris, 2007.

[99] MS 22.164, rel. Min. Celso de Mello, *DJ* 17-11-1995.

na sua essência, na sua densidade, na sua dinâmica e abrangência no sistema constitucional, concretizando a sua integração no ordenamento jurídico.

Quando se toma por base a distinção entre direito fundamental formal e material no direito constitucional brasileiro, tal como no português, desde então se tem a necessidade de considerar uma adesão a determinados valores e princípios que não são precisamente dependentes do constituinte, mas também respaldados na ideia dominante de Constituição e no senso jurídico coletivo[100].

A admissão da presença de direitos materiais decorrentes do regime constitucional, estatuída no art. 5º, § 2º, da Lei Magna, traz consigo complexidades relacionadas à forma de considerar realidades normativas os direitos fundamentais não escritos no texto constitucional e por quais caminhos é possível anexá-los aos dispositivos da Constituição para que contem com validade jurídica.

De certa forma, a própria existência do dispositivo mencionado pode ser vista como fundamento normativo-constitucional que permite levantar argumentos em favor do direito não expressamente escrito[101].

Uma vez que os direitos fundamentais expressamente garantidos são justificáveis pela só referência ao texto constitucional que os estipula, os direitos materiais, não formalizados, têm no art. 5º, § 2º, sua justificação. Ocorre a adscrição dos direitos materiais como normas de direito fundamental a partir de uma fundamentação correta que demonstra que eles atendem às exigências de dignidade, liberdade e igualdade, além de levarem em conta as condições disciplinadas no dispositivo mencionado é básico para o reconhecimento desses direitos como fundamentais, que não contrariem o regime e os princípios adotados pela Constituição[102].

Em relação aos direitos decorrentes dos tratados internacionais em que a República Federativa do Brasil seja parte, a solução está no fato de, nos próprios tratados, já se acharem escritas as disposições que contêm as normas de direito fundamental[103].

Com base no dispositivo do Texto Maior referido, parece ser cabível cogitar-se de duas espécies de direitos fundamentais: a) direitos formal e materialmente fundamentais (ancorados na Constituição formal); b) direitos apenas materialmente fundamentais (sem assento no texto constitucional); c) a título de menção, embora descartada a

---

[100] MIRANDA, Jorge. *Manual de direito constitucional*. 3. ed. Coimbra: Coimbra Ed., 2000, t. IV, p. 10.

[101] PARDO, David Wilson de Abreu. *Os direitos fundamentais e a aplicação judicial do Direito*. Rio de Janeiro: Lumen Juris, 2003, p. 86.

[102] PARDO, David Wilson de Abreu. *Os direitos fundamentais e a aplicação judicial do Direito*. Rio de Janeiro: Lumen Juris, 2003, p. 86-87.

[103] Sobre essa matéria, *vide* GUERRA, Sidney. *Os direitos humanos na ordem jurídica internacional e reflexos na ordem constitucional brasileira*. Rio de Janeiro: Lumen Juris, 2008.

possibilidade no ordenamento constitucional brasileiro, tem-se a categoria dos direitos apenas formalmente constitucionais[104].

De fato, a cláusula de abertura, ou da não tipicidade (art. 5º, § 2º), possui um amplo alcance, podendo incluir as diferentes modalidades de direitos fundamentais (como o meio ambiente), independentemente da condição de serem direitos de caráter defensivo ou prestacional.

6.2. A natureza jurídica dos tratados de meio ambiente no Brasil, a partir da ADPF n. 708

No dia 1º de julho de 2022, o Supremo Tribunal Federal concluiu o julgamento da Arguição de Descumprimento de Preceito Fundamental n. 708. O Tribunal, por maioria, julgou procedente a ação para: (i) reconhecer a omissão da União, em razão da não alocação integral dos recursos do Fundo Clima referentes a 2019; (ii) determinar à União que se abstenha de se omitir em fazer funcionar o Fundo Clima ou em destinar seus recursos; e (iii) vedar o contingenciamento das receitas que integram o Fundo, fixando a seguinte tese de julgamento: "O Poder Executivo tem o dever constitucional de fazer funcionar e alocar anualmente os recursos do Fundo Clima, para fins de mitigação das mudanças climáticas, estando vedado seu contingenciamento, em razão do dever constitucional de tutela ao meio ambiente (CF, art. 225), de direitos e compromissos internacionais assumidos pelo Brasil (CF, art. 5º, par. 2º), bem como do princípio constitucional da separação dos poderes (CF, art. 2º c/c art. 9º, par. 2º, LRF)".

A compreensão esposada pela Suprema Corte brasileira é considerada emblemática por ter atribuído uma série de responsabilidades ao Estado, bem como o entendimento relacionado aos tratados internacionais sobre a matéria que são incorporados à ordem jurídica interna. No seu voto, o Relator – Ministro Luís Roberto Barroso[105] – assentou que:

---

[104] SARLET, Ingo Wolfgang. *A eficácia dos direitos fundamentais*. 4. ed. Porto Alegre: Livraria do Advogado, 2004, p. 86.

[105] "Ementa: DIREITO CONSTITUCIONAL AMBIENTAL. ARGUIÇÃO DE DESCUMPRIMENTO DE PRECEITO FUNDAMENTAL. FUNDO CLIMA. NÃO DESTINAÇÃO DOS RECURSOS VOLTADOS À MITIGAÇÃO DAS MUDANÇAS CLIMÁTICAS. INCONSTITUCIONALIDADE. VIOLAÇÃO A COMPROMISSOS INTERNACIONAIS. 1. Trata-se de arguição de descumprimento de preceito fundamental por meio da qual se alega que a União manteve o Fundo Nacional sobre Mudança do Clima (Fundo Clima) inoperante durante os anos de 2019 e 2020, deixando de destinar vultosos recursos para o enfrentamento das mudanças climáticas. Pede-se: (i) a retomada do funcionamento do Fundo; (ii) a decretação do dever da União de alocação de tais recursos e a determinação de que se abstenha de novas omissões; e (iii) a vedação ao contingenciamento de tais valores, com base no direito constitucional ao meio ambiente saudável. 2. Os documentos juntados aos autos comprovam a efetiva omissão da União, durante os anos de 2019 e 2020. Demonstram que a não alocação dos recursos constituiu uma decisão deliberada do Executivo, até que fosse possível alterar a constituição do Comitê Gestor do Fundo, de modo a controlar as informações e decisões pertinentes à alocação de seus recursos. A medida se insere em quadro mais amplo de sistêmica supressão ou enfraquecimento de colegiados da Administração Pública e/ou de redução da participação da sociedade civil em seu âmbito, com vistas à sua captura. Tais providências já foram consideradas inconstitucionais pelo Supremo Tribunal Federal em reiteradas decisões. Nesse sentido: ADI 6121, Rel. Min. Marco Aurélio (referente à extinção de múltiplos órgãos colegiados); ADPF 622, Rel. Min. Luís Roberto Barroso

"Na mesma linha, a Constituição reconhece o caráter supralegal dos tratados internacionais sobre direitos humanos de que o Brasil faz parte, nos termos do seu art. 5º, § 2º. E não há dúvida de que a matéria ambiental se enquadra na hipótese. Como bem lembrado pela representante do PNUMA no Brasil, durante a audiência pública: 'Não existem direitos humanos em um planeta morto ou doente' (p. 171). Tratados sobre direito ambiental constituem espécie do gênero tratados de direitos humanos e desfrutam, por essa razão, de *status* supranacional. Assim, não há uma opção juridicamente válida no sentido de simplesmente omitir-se no combate às mudanças climáticas".

A decisão demonstra uma clara sintonia com os entendimentos firmados no âmbito da Corte Interamericana de Direitos Humanos, desde a manifestação da Opinião Consultiva n. 23/2017, cujo estudo também se encontra disponível na presente obra. Na mesma linha de raciocínio, Sarlet e Fensterseifer destacam que a fundamentação da decisão, tanto no voto-relator do Ministro Barroso quanto no voto-vogal do Ministro Luiz Edson Fachin, consolida e fortalece orientação jurisprudencial já vislumbrada em outros julgados do STF ao se valer de um diálogo com a jurisprudência recente da Corte Interamericana de Direitos Humanos (Corte IDH) em matéria ambiental e atribuir aos tratados internacionais em matéria ambiental o mesmo *status* e hierarquia normativa

---

(sobre alteração do funcionamento do Conselho Nacional da Criança e do Adolescente – CONANDA); ADPF 623-MC, Relª. Minª. Rosa Weber (sobre a mesma problemática no Conselho Nacional de Meio Ambiente – CONAMA); ADPF 651, Relª. Minª. Cármen Lúcia (pertinente ao Conselho Deliberativo do Fundo Nacional do Meio Ambiente – FMNA). 3. O funcionamento do Fundo Clima foi retomado às pressas pelo Executivo, após a propositura da presente ação, liberando-se: (i) a integralidade dos recursos reembolsáveis para o BNDES; e (ii) parte dos recursos não reembolsáveis, para o Projeto Lixão Zero, do governo de Rondônia. Parcela remanescente dos recursos não reembolsáveis foi mantida retida, por contingenciamento alegadamente determinado pelo Ministério da Economia. 4. Dever constitucional, supralegal e legal da União e dos representantes eleitos, de proteger o meio ambiente e de combater as mudanças climáticas. A questão, portanto, tem natureza jurídica vinculante, não se tratando de livre escolha política. Determinação de que se abstenham de omissões na operacionalização do Fundo Clima e na destinação dos seus recursos. Inteligência dos arts. 225 e 5º, § 2º, da Constituição Federal (CF). 5. Vedação ao contingenciamento dos valores do Fundo Clima, em razão: (i) do grave contexto em que se encontra a situação ambiental brasileira, que guarda estrita relação de dependência com o núcleo essencial de múltiplos direitos fundamentais; (ii) de tais valores se vincularem a despesa objeto de deliberação do Legislativo, voltada ao cumprimento de obrigação constitucional e legal, com destinação específica. Inteligência do art. 2º, da CF e do art. 9º, § 2º, da Lei de Responsabilidade Fiscal – LC n. 101/2000 (LRF). Precedente: ADPF 347 MC, Rel. Min. Marco Aurélio. 6. Pedido julgado procedente para: (i) reconhecer a omissão da União, em razão da não alocação integral dos recursos do Fundo Clima referentes a 2019; (ii) determinar à União que se abstenha de se omitir em fazer funcionar o Fundo Clima ou em destinar seus recursos e (iii) vedar o contingenciamento das receitas que integram o Fundo. 7. Tese: O Poder Executivo tem o dever constitucional de fazer funcionar e alocar anualmente os recursos do Fundo Clima, para fins de mitigação das mudanças climáticas, estando vedado seu contingenciamento, em razão do dever constitucional de tutela ao meio ambiente (CF, art. 225), de direitos e compromissos internacionais assumidos pelo Brasil (CF, art. 5º, § 2º), bem como do princípio constitucional da separação dos poderes (CF, art. 2º, c/c o art. 9º, § 2º, LRF)". Disponível em: https://portal.stf.jus.br/processos/detalhe.asp?incidente=5951856. Acesso em: 11 jul. 2024.

especial já reconhecida pelo STF para os tratados internacionais de direitos humanos em geral, ou seja, uma hierarquia supralegal[106].

Os autores[107] sustentam ainda que, do ponto de vista da hierarquia normativa, o reconhecimento do *"status* supralegal" dos tratados internacionais em matéria ambiental ratificados pelo Brasil, como, por exemplo, a Convenção-Quadro sobre Mudança Climática (1992), a Convenção-Quadro sobre Biodiversidade (1992) e o Acordo de Paris (2015), situa tais tratados internacionais acima de toda a legislação infraconstitucional brasileira – como, por exemplo, o Código Civil. Apenas a norma constitucional estaria hierarquicamente acima deles e que na prática, tal entendimento permite a Juízes e Cortes de Justiça nacionais exercerem – inclusive de modo *ex officio*, conforme entendimento jurisprudencial da Corte IDH vinculativo para o Brasil – o denominado "controle de convencionalidade" de leis e atos administrativos infraconstitucionais que estiverem em desacordo com tratados internacionais em matéria ambiental.

Assim, pode-se afirmar que os tratados internacionais de meio ambiente que fazem parte da ordem jurídica brasileira, a partir da decisão acima apresentada, passaram a ocupar a mesma hierarquia dos tratados internacionais de direitos humanos.

7. CONSIDERAÇÕES FINAIS

Parece não haver dúvidas de que os direitos fundamentais não se exaurem no texto constitucional, sendo possível invocar um direito que está previsto em um tratado de direitos humanos que tenha sido ratificado pelo Brasil. Apesar disso, como foi demonstrado ao longo do estudo, atualmente existem quatro teorias sobre a incorporação dos tratados de direitos humanos na ordem jurídica brasileira suscitando grandes debates pela doutrina e pela jurisprudência.

---

[106] SARLET, Ingo; FENSTERSEIFER, Tiago. O Caso Fundo Clima (ADPF 708) e a equiparação dos tratados ambientais aos tratados de direitos humanos. Disponível em: https://blog.grupogen.com.br/juridico/areas-de-interesse/ambiental/caso-fundo-clima-adpf-708/. Acesso em: 11 jul. 2024: "A respeito do tema, é importante esclarecer que o STF, ao interpretar o art. 5º, § 2º, da Constituição Federal, no julgamento do Recurso Extraordinário 466.343, em 2008, consolidou o entendimento de que os tratados internacionais de direitos humanos ratificados pelo Brasil – como, por exemplo, a Convenção Americana de Direitos Humanos (1969), o Protocolo de San Salvador (1988) e os tratados do sistema global da ONU – são dotados do *status* normativo supralegal. De acordo com o Ministro Barroso, inclusive pela perspectiva da interdependência dos direitos humanos, os 'tratados sobre direito ambiental constituem espécie do gênero tratados de direitos humanos e desfrutam, por essa razão, de *status* supranacional'. O STF, é importante assinalar, já possuía precedente nesse sentido desde 2017. A Ministra Rosa Weber, no julgamento da Ação Direta de Inconstitucionalidade n. 4066, em decisão sobre a constitucionalidade de legislação que proibiu o uso de amianto, atribuiu o *status* de supralegalidade à Convenção da Basiléia sobre o Controle de Movimentos Transfronteiriços de Resíduos Perigosos e seu Depósito (1989), equiparando-a aos tratados internacionais de direitos humanos".

[107] SARLET, Ingo; FENSTERSEIFER, Tiago. O Caso Fundo Clima (ADPF 708) e a equiparação dos tratados ambientais aos tratados de direitos humanos. Disponível em: https://blog.grupogen.com.br/juridico/areas-de-interesse/ambiental/caso-fundo-clima-adpf-708/. Acesso em: 11 jul. 2024.

O legislador constituinte elevou a dignidade da pessoa humana (um dos pilares estruturais fundamentais da organização do Estado brasileiro) à categoria de princípio fundamental da República (art. 1º, III, da CF). Ela (dignidade da pessoa humana) se apresenta com elevado valor e se agrega aos direitos fundamentais. Nesse sentido, Bulos deixa claro o alto valor atribuído à dignidade humana em nossa Carta Magna:

"A dignidade da pessoa humana é o valor supremo que agrega em torno de si a unanimidade dos demais direitos e garantias fundamentais do homem, (...) corroborando para um imperativo de justiça social. Sua observância é, pois, obrigatória para a interpretação de qualquer norma constitucional, devido à força centrípeta que possui, atraindo em torno de si o conteúdo de todos os direitos básicos e inalienáveis do homem"[108].

Assim, a constitucionalização da dignidade da pessoa humana no ordenamento jurídico brasileiro denota a importância que o princípio assume no âmbito nacional. Dentre suas diversas funções, destacam-se as seguintes: a) reconhecer a pessoa como fundamento e fim do Estado; b) contribuir para a garantia da unidade da Constituição; c) impor limites à atuação do Poder Público e à atuação dos cidadãos; d) promover os direitos fundamentais; e) condicionar a atividade do intérprete; f) contribuir para a caracterização do mínimo existencial.

O reconhecimento da dignidade da pessoa como fundamento do Estado brasileiro aponta para a grande valorização que o nosso sistema atribui aos direitos humanos.

De fato, após duros períodos de repressão e autoritarismo é possível constatar, através do texto da atual Constituição brasileira, a conquista normativa de preservação e promoção de um dos mais importantes atributos de todo ser humano: a dignidade.

Desse modo, o Estado nunca poderá utilizar-se da pessoa como um simples mecanismo do poder ou mero objeto necessário à realização de determinados objetivos, mas deverá sempre procurar proporcionar o máximo de bem-estar possível aos indivíduos e promover condições para que toda pessoa possa desenvolver-se com dignidade na sociedade.

Sendo assim, o princípio da dignidade humana[109], mais do que qualquer outro, reconhece a máxima kantiana segundo a qual o homem é um fim em si mesmo.

A partir dessa análise pode-se concluir que o Estado existe em função do homem e este nunca poderá ser simples meio para a atuação do Estado. E é justamente partindo desse pressuposto que se justificam as demais funções que o princípio em questão abrange. Também deve ser registrado que o princípio da dignidade humana agrega em torno de si um outro: o princípio da igualdade entre os homens.

---

[108] BULOS, Uadi Lammêgo. *Constituição Federal anotada.* São Paulo: Saraiva, 2002, p. 49-50.

[109] Segundo ATTAL-GALY, Yael. *Droits de l'homme et catégories d'individus.* Paris: LGDJ, 2004, p. 482, a dignidade da pessoa humana "devient ainsi le concept juridique qui désigne ce qu'il y a d'humain dans l'homme, et c'est pourquoi elle est inhérente à tous les membres de la famille humaine et tout ce qui tend à déshumaniser l'homme – c'est-à-dire à l'exclure de la communauté des humains – sera considéré comme une atteinte à cette dignité. La dignité va donc évoluer, mais en conservant son sens premier, qui est de représenter juridiquement le refus de l'exclusion et de la dégredation de l'humain dans l'homme".

A dignidade é atributo que deve ser preservado e garantido a toda e qualquer pessoa humana, sem qualquer tipo de discriminação, possuindo conotação universal. Logo, reconhecer o princípio da dignidade da pessoa humana significa dotar o indivíduo de um valor supremo, que o torna sujeito de direitos que, inerentes à sua condição humana, devem sempre ser observados pelo Estado.

Vale ressaltar, nas palavras de Celso Antônio Bandeira de Mello, que "a lei não deve ser fonte de privilégios ou perseguições, mas instrumento regulador da vida social que necessita tratar equitativamente todos os cidadãos"[110].

Como já dissera Aristóteles, é importante perceber que a igualdade consiste em tratar igualmente os iguais e desigualmente os desiguais[111].

Outra função do princípio da dignidade humana é justamente a de contribuir para a garantia da unidade da Constituição que, como norma fundamental, é capaz de coordenar o sistema jurídico e, através da utilização de outros princípios e regras de interpretação, contribuir para a devida harmonização entre as normas. Sob este aspecto, verifica-se a importância do conceito de sistema para a ciência do direito. Segundo Claus-Wilhelm Canaris:

"(...) a função do sistema na Ciência do Direito reside, por consequência, em traduzir e desenvolver a adequação valorativa e a unidade interior da ordem jurídica. (...) As características do conceito geral do sistema são a ordem e a unidade"[112].

Desse modo, a finalidade do princípio da unidade é justamente a de proporcionar o perfeito entrosamento entre as normas constitucionais, evitando-se interpretações contraditórias.

Assim sendo, a dignidade da pessoa humana deve funcionar como núcleo orientador de todo o ordenamento jurídico brasileiro, servindo de base do princípio da unidade, uma vez que os direitos fundamentais, orientando a interpretação constitucional, estão inseridos na concepção de dignidade humana. Nas palavras de Luís Roberto Barroso:

"(...) a Constituição não é um conjunto de normas justapostas, mas um sistema normativo fundado em determinadas ideias que configuram um núcleo irredutível (...). O princípio da unidade é uma especificação da interpretação sistemática, e impõe ao intérprete o dever de harmonizar as tensões e contradições entre normas. Deverá fazê-lo

---

[110] MELLO, Celso Antônio Bandeira de. *O conteúdo jurídico do princípio da igualdade*. São Paulo: Malheiros, 2000, p. 10.

[111] Apesar de o princípio da isonomia (ou igualdade substantiva) poder ser encontrado no pensamento de Aristóteles, devemos lembrar que ele era utilizado para justificar tratamento diferenciado para os "setores" da sociedade ateniense: os cidadãos, os escravos, os estrangeiros, as mulheres etc. Cada um desses grupos tinha um tratamento desigual, cuja manutenção era justificada por uma concepção "segregadora" desses setores.

[112] CANARIS, Claus-Wilhelm. *Pensamento sistemático e conceito de sistema na ciência do direito*. 2. ed. Lisboa: Fundação Calouste Gulbenkian, p. 23.

guiado pela grande bússola da interpretação constitucional: os princípios fundamentais, gerais e setoriais inscritos ou decorrentes da Lei Maior"[113].

O princípio em questão também possui uma função desconstitutiva, na medida em que nega a validade de qualquer ato normativo capaz de afrontar a dignidade humana. Por esta análise, o Estado deve se abster de praticar qualquer conduta que seja atentatória a tal princípio, ainda que não colida frontalmente com a Constituição Federal.

A legitimidade do poder estatal tem como um de seus pressupostos a garantia da dignidade humana. Assim, harmonizar ideais de soberania popular e limitação do poder torna-se o papel fundamental do constitucionalismo, que, tendo por base a dignidade humana, propõe-se a evitar que atos atentatórios aos direitos fundamentais sejam permitidos.

Cumpre ressaltar que a incidência deste princípio também impõe limites e orienta as relações privadas, que devem ser estabelecidas de acordo com os princípios constitucionais, levando em consideração a constitucionalização do direito privado.

A clássica dicotomia entre público e privado se ofusca, visto que muitos conteúdos, antes exclusivamente regulados pelo Código Civil, agora também devem ser observados à luz da Constituição, que contém princípios que abrangem as relações interindividuais privadas, como, por exemplo, a função social da propriedade e o reconhecimento constitucional da igualdade entre os filhos.

Torna-se imprescindível buscar no princípio da dignidade da pessoa humana o alicerce para a interpretação do direito. Nas palavras de Aronne:

"Podemos afirmar que a fragilização da dicotomia entre o público e o privado se dá com o surgimento dos direitos e garantias fundamentais de segunda geração, ou seja, quando o Estado compromete-se com a garantia de um 'mínimo social', abandonando o papel absenteísta, passando a intervir socialmente. Desta forma, o direito civil sofre os contornos dados pelos direitos e garantias fundamentais, a Constituição deixa de ser mera organização formal do Estado, guardando também um conteúdo axiológico que deve irradiar-se a todo o ordenamento"[114].

Percebe-se que a dignidade da pessoa humana como fundamento do Estado brasileiro também se traduz pela luta para a maior efetividade possível dos direitos fundamentais, pela concretização de uma convivência digna, livre e que proporcione igualdade de oportunidades a todas as pessoas, reconhecendo as individualidades.

Assim, o Estado possui um papel fundamental na efetivação dos direitos fundamentais, constituindo um desrespeito à dignidade humana um governo que ignore as desigualdades sociais, que se omita nas questões referentes à miséria, à fome e à exclusão social, enfim, que careça de políticas comprometidas com a efetividade dos direitos fundamentais.

---

[113] BARROSO, Luís Roberto. *Interpretação e aplicação da Constituição*. São Paulo: Saraiva, 2000.

[114] ARONNE, Ricardo. *Por uma nova hermenêutica dos direitos reais limitados*. Rio de Janeiro: Renovar, 2001.

Promover a dignidade humana é, portanto, dar efetiva proteção aos direitos fundamentais do homem, consoante José Afonso da Silva:

"No qualitativo fundamentais acha-se a indicação de que se trata de situações jurídicas sem as quais a pessoa humana não se realiza, não convive e, às vezes, nem mesmo sobrevive; fundamentais do homem no sentido de que a todos, por igual, devem ser, não apenas formalmente reconhecidos, mas concretamente e materialmente efetivados"[115].

Outra importante função do princípio da dignidade da pessoa humana diz respeito ao seu papel hermenêutico, condicionando a atividade do intérprete na aplicação do direito positivo, servindo de critério para a ponderação de interesses. No caso de colisão concreta entre princípios, caberá ao intérprete, observando a proporcionalidade, optar pela solução que dê maior amplitude possível ao princípio da dignidade da pessoa humana.

Além dos pontos até aqui abordados, a consagração constitucional da dignidade da pessoa humana também resulta na obrigação do Estado em garantir à pessoa humana um patamar mínimo de recursos, abaixo do qual nenhum ser humano pode estar, sob pena de ter violada a sua dignidade.

Isto posto, dentro da inevitável abstração que envolve tal princípio, deve-se buscar um núcleo composto de direitos essenciais à existência da pessoa, que, constituindo-se como regra, minimize o problema da abstração e também dos custos.

Sob este aspecto configura-se o mínimo existencial, núcleo irredutível da dignidade da pessoa humana, composto, basicamente, por direitos sociais:

"A conclusão, portanto, é que há um núcleo de condições materiais que compõe tanto a noção de dignidade de maneira tão fundamental que sua existência impõe-se como uma regra, um comando biunívoco, e não como um princípio. Ou seja: se tais condições não existirem, não há o que ponderar ou otimizar, ao modo dos princípios; a dignidade terá sido violada, da mesma forma como as regras o são. (...) Note-se que em um Estado democrático e pluralista é conveniente que seja assim, já que há diversas concepções da dignidade que poderão ser implementadas de acordo com a vontade popular manifestada a cada eleição. Nenhuma delas, todavia, poderá deixar de estar comprometida com essas condições elementares necessárias à existência humana (mínimo existencial), sob pena de violação de sua dignidade que, além de fundamento e fim da ordem jurídica, é pressuposto da igualdade real de todos os homens e da própria democracia"[116].

Evidencia-se, pois, que o reconhecimento da dignidade da pessoa humana como um dos fundamentos da República Federativa do Brasil (art. 1º, III, da CF) constitui-se em marco importante, uma vez que tal valor impõe-se como critério de orientação e interpretação de todo o ordenamento.

---

[115] SILVA, José Afonso da. *Curso de direito constitucional positivo*. 41. ed. São Paulo: Malheiros, 2018, p. 163-164.
[116] BARCELLOS, Ana Paula de. *A eficácia jurídica dos princípios constitucionais*: o princípio da dignidade da pessoa humana. Rio de Janeiro: Renovar, 2002, p. 193-194.

A dignidade da pessoa humana representa significativo vetor interpretativo, verdadeiro valor – fonte que conforma e inspira o ordenamento jurídico dos Estados de Direito.

Desse modo, constata-se que o princípio da dignidade da pessoa humana impõe um dever de abstenção e de condutas positivas tendentes a efetivar e proteger a pessoa humana. É imposição que recai sobre o Estado de respeitar, proteger e promover as condições que viabilizem a vida com dignidade. Ingo Sarlet amplia-lhe a abrangência:

"Para além desta vinculação (na dimensão positiva e negativa) do Estado, também a ordem comunitária e, portanto, todas as entidades privadas e os particulares encontram-se diretamente vinculados pelo princípio da dignidade da pessoa humana. (...) Que tal dimensão assume particular relevância em tempos de globalização econômica (...). Com efeito, quando já se está até mesmo a falar da existência de um *homo globalizatus*, considerando a cada vez maior facilidade de acesso às comunicações e informações, bem como a capacidade de consumo de parte da população mundial, urge que, na mesma medida, se possa também vir a falar, numa correspondente globalização da dignidade e dos direitos fundamentais, sem a qual, em verdade, o que teremos cada vez mais é a existência de alguns 'homens globalizantes' e uma multidão de 'homens globalizados', sinalizadora de uma lamentável, mas cada vez menos confortável, transformação de muitos Estados democráticos de Direito em verdadeiros 'Estados neocoloniais'"[117].

Sem embargo, o princípio da dignidade da pessoa humana adquiriu contornos universalistas, desde que a Declaração Universal de Direitos do Homem o concebeu em seu preâmbulo:

"Considerando que o reconhecimento da dignidade inerente a todos os membros da família humana e de seus direitos iguais e inalienáveis é o fundamento da liberdade, da justiça e da paz no mundo.

(...)

Considerando que os povos das Nações Unidas reafirmaram, na Carta, sua fé nos direitos fundamentais do homem, na dignidade e no valor da pessoa humana e na igualdade de direitos do homem e da mulher, e que decidiram promover o progresso social e melhores condições de vida em uma liberdade mais ampla".

Em sequência, o seu art. 1º proclamou que todos os seres humanos nascem livres e iguais em dignidade e direitos. Dotados de razão e consciência, devem agir uns para com os outros em espírito e fraternidade.

Partindo dessa proclamação, Jorge Miranda[118] sistematizou características da dignidade da pessoa humana: a) a dignidade da pessoa humana reporta-se a todas e cada uma das pessoas e é a dignidade da pessoa individual e concreta; b) cada pessoa vive em

---

[117] SARLET, Ingo Wolfgang. *A eficácia dos direitos fundamentais*. 2. ed. rev. e atual. Porto Alegre: Livr. do Advogado, 2001, p. 109-140.

[118] MIRANDA, Jorge. *Manual de direito constitucional*: estrutura constitucional do Estado. 4. ed. rev. e atual. Coimbra: Coimbra Ed., 1998. t. III, p. 169.

relação comunitária, mas a dignidade que possui é dela mesma, e não da situação em si; c) o primado da pessoa é o do ser, não o do ter; a liberdade prevalece sobre a propriedade; d) a proteção da dignidade das pessoas está para além da cidadania portuguesa e postula uma visão universalista da atribuição de direitos; e) a dignidade da pessoa pressupõe a autonomia vital da pessoa, a sua autodeterminação relativamente ao Estado, às demais entidades públicas e às outras pessoas.

Evidencia-se, pois, que a inserção da dignidade da pessoa humana, que inspira e permeia o estudo do direito interno brasileiro, sofreu grande influência do direito internacional dos direitos humanos.

Os valores da dignidade da pessoa humana se apresentam como parâmetros axiológicos a orientar o texto constitucional brasileiro, devendo-se acrescentar a ideia que vem estampada no princípio da máxima efetividade das normas constitucionais relativas aos direitos e garantias fundamentais.

Ademais, como já fora abordado, as normas de proteção dos direitos da pessoa humana não se exaurem no direito interno do Estado. Ao contrário, existem direitos que são incorporados na ordem jurídica interna em razão dos tratados internacionais, fazendo inclusive com que ocorra uma transmutação hermenêutica dos direitos fundamentais.

Com efeito, das teorias apresentadas em tópico precedente, verifica-se que a que apresentava os tratados de direitos humanos no mesmo nível que as normas de direitos fundamentais ganhava força, embora houvesse algumas restrições por parte da doutrina e da jurisprudência acerca desse entendimento e a não adoção desta em sua plenitude por entender-se que os tratados deveriam ser equiparados às leis ordinárias.

De toda sorte, o fato é que a tese era admitida por vários doutrinadores e magistrados de forma crescente, de modo que parecia se consolidar esse entendimento na ordem jurídica brasileira, apesar de um certo zelo por parte da Suprema Corte[119].

Isto porque, como visto, desde a manifestação do Supremo Tribunal Federal, no caso clássico da Lei Uniforme de Genebra sobre as letras de câmbio e notas promissórias que colidia, em seu conteúdo, com o Decreto n. 427/69, julgado no ano de 1977 (RE 80.004/SE); inexistindo critério expresso na Constituição, prevaleceu a última vontade do legislador, exarada através da lei interna (princípio *lex posteriori derogat priori*).

Sem embargo, com a inserção do § 3º no art. 5º, a tese indicada acabou sendo esvaziada em alguns segmentos pelas dúvidas que foram apresentadas a partir dessa nova previsão constitucional. Mesmo que o entendimento fosse no sentido de que os tratados de direitos humanos apresentassem o *status* de norma fundamental, a partir da nova redação constitucional, os tratados de direitos humanos teriam de passar necessariamente pelo procedimento elencado no art. 3º, surgindo uma grande dúvida acerca dos

---

[119] Como no caso da decisão proferida pela 2ª Turma do Supremo Tribunal Federal que por unanimidade deferiu pedido de *habeas corpus* (HC 90.172-7) em favor do depositário infiel: "Trata-se de *habeas corpus* preventivo, com pedido de medida liminar, impetrado por B. D. R. C., em favor de M. D. A., em que se impugna decisão monocrática proferida pelo Ministro Carlos Alberto Menezes Direito, do Superior Tribunal de Justiça, no HC 68.584/SP" (*DJ* 24-10-2006).

tratados já ratificados pelo Brasil, suscitando a interpretação de que esses tratados teriam o *status* de lei ordinária.

Com efeito, não se aceita a ideia de que os tratados de direitos humanos que já foram ratificados pelo Brasil se apresentam com o *status* de lei ordinária, mesmo com a inserção do § 3º, que aumentou o debate em relação à matéria.

Pelo contrário, defende-se que a Constituição Federal não exclui os direitos humanos que são provenientes de tratados internacionais; isso porque o próprio texto constitucional inclui os referidos direitos em seu catálogo, atribuindo, portanto, o *status* de norma constitucional.

Assim sendo, a tese levantada de que os tratados de direitos humanos em vigência no Brasil se apresentam com o *status* de lei ordinária deve ser rechaçada, mesmo com a previsão constitucional concebida no § 3º do art. 5º, fruto da Emenda Constitucional n. 45/2004, ou seja, a Emenda Constitucional n. 45/2004 não pode e não deve alcançar situações que já foram apreciadas no passado, podendo, é verdade, estabelecer mudanças a partir dos novos tratados internacionais de direitos humanos que eventualmente sejam celebrados pela República Federativa do Brasil.

Significa dizer que a partir da inserção do § 3º no art. 5º da Constituição Federal, concebido pela Emenda Constitucional n. 45/2004, os tratados de direitos humanos em que o Brasil seja parte deverão necessariamente passar pelo crivo das duas Casas Legislativas, observando-se o *quorum* necessário de três quintos, em duas votações para que assumam a condição de norma fundamental.

Em relação aos tratados que já foram objeto de incorporação ao ordenamento jurídico brasileiro, não devem sofrer nenhuma limitação, apresentando, portanto, *status* de normas fundamentais.

Frise-se que não há nenhuma restrição para que os referidos tratados se submetam ao procedimento estampado no § 3º do art. 5º, isto é, caso venham a ser votados pelas duas Casas Legislativas com a observância do *quorum* de três quintos em duas votações, esses tratados que se apresentam como direitos materialmente fundamentais passariam a ser direitos formalmente fundamentais.

Reafirma-se que os direitos fundamentais não podem ser tomados apenas no seu caráter formal, ou seja, devem ser encarados de maneira ampla e em consonância com a noção de Constituição como um sistema aberto composto por regras e princípios, a fim de não excluí-los do seu campo normativo, em face do seu conteúdo e relevância, e que devem compor a categoria dos direitos fundamentais.

A cláusula de abertura permite a inserção de direitos fundamentais não tipificados e decorrentes do regime e dos princípios adotados pela Constituição ou dos tratados internacionais de que o Brasil seja parte.

Como já assentado em outra oportunidade[120], verifica-se que na sociedade aberta dos intérpretes da Constituição serão produzidas repercussões diretas sobre os direitos

---

[120] GUERRA, Sidney. *Hermenêutica, ponderação e colisão de direitos fundamentais*. Rio de Janeiro: Lumen Juris, 2007.

fundamentais e, em função disto, é preciso indagar sobre como os direitos fundamentais hão de ser interpretados de modo específico.

Häberle defende que se poderia introduzir uma interpretação orientada pela realidade da moderna democracia partidária, pela doutrina da formação profissional, pela adoção de um conceito ampliado de liberdade de imprensa ou de atividade pública ou pela interpretação da liberdade de coalizão, desde que considerada a concepção de coalizão. A relevância dessa concepção e da atuação de indivíduos ou grupos, bem como dos órgãos estatais, configura uma forma produtiva de vinculação da interpretação constitucional em sentido lato ou estrito, servindo, inclusive, como um elemento objetivo dos direitos fundamentais[121].

Numa sociedade aberta, tal legitimação se desenvolve também por meio de formas refinadas de mediação do processo público e pluralista da política e da práxis cotidiana, especialmente através da realização dos direitos fundamentais. Os direitos fundamentais fazem parte da base de legitimação democrática para a interpretação aberta, tanto no que se refere ao resultado quanto no que diz respeito ao círculo de participantes.

A consequência de um modelo hermenêutico baseado numa sociedade aberta dos intérpretes da Constituição incide sobre os direitos fundamentais, quer pela ampliação democrática que proporciona à medida que todos são admitidos como intérpretes prováveis, quer pelos possíveis resultados advindos dessa interpretação promovida para além das esferas judiciais.

Desse modo, os direitos fundamentais são tratados dentro de uma ótica interpretativa que permeia a leitura de toda a Constituição. Há uma relação de reflexos e influxos entre direitos fundamentais e a Constituição. Vista pelo ângulo institucional, a liberdade, sob essa teoria, comunica a tais direitos concretude existencial, conteúdo, efetividade, segurança, proteção, limitação e fim; os espaços de liberdade ficam mais amplos.

Além das considerações ligadas aos direitos fundamentais, baseadas no pensamento de Peter Häberle, que postula a ampliação, com base nos direitos do cidadão, do círculo de intérpretes da Constituição, faz-se menção ao impacto do método concretizante sobre as questões dos direitos fundamentais, principalmente quando se ressalta o papel exercido pela pré-compreensão e pelo âmbito normativo dentro desse método.

Cumpre lembrar que os direitos fundamentais, normalmente, não se esgotam numa mera interpretação, mas, sim, numa concretização. Daí a impossibilidade de a hermenêutica tradicional, isoladamente, contribuir para uma efetivação desses direitos.

Dessa maneira, importa utilizar os métodos tradicionais e os novos, sem esquecer que interpretar a Constituição é concretizá-la, e essa atividade funda-se em princípios interpretativos, dentre os quais se destaca o princípio da unidade da Constituição, pois preserva o espírito constitucional, especialmente quando relacionados aos direitos fundamentais, colocando-os numa condição de prestígio e autoridade, visto que tem por

---

[121] HÄBERLE, Peter. *Hermenêutica constitucional. A sociedade aberta dos intérpretes da Constituição*: contribuição para a interpretação pluralista e "procedimental" da Constituição. Porto Alegre: Sérgio Antônio Fabris, 1997.

objetivo atribuir um significado à norma capaz de eliminar contradições e afiançar a unidade do sistema.

A nova hermenêutica visa concretizar o preceito constitucional, de tal maneira que concretizar é algo mais do que interpretar, é aperfeiçoar e conferir sentido à norma, ou seja, é interpretar com criatividade, seguindo princípios que direcionam a atividade e preconizam a ponderação nas situações conflituosas, inclusive aquelas que envolvem problemas relativos aos direitos fundamentais.

Os princípios que pela ponderação não são utilizados em plena força na solução do caso não são expurgados do sistema normativo, pelo contrário, nele permanecem, podendo ser utilizados em situações futuras de conflito[122].

A interpretação mobiliza com frequência certos componentes fundamentais: a) as pré-compreensões que conformam e projetam o "mundo"; b) a tradição ou configuração histórico-cultural objeto da interpretação, que participa do diálogo resistindo às projeções do sujeito; c) instrumentos metodológicos; d) a imaginação produtiva, sem a qual a projeção de pré-compreensões resultaria em simples reiteração[123].

Assim, estabelecer contato com as pré-compreensões, identificando-as e reconhecendo sua influência, retira a imagem da interpretação como uma atividade mecânica, despersonalizada, e abre espaço para a criatividade dentro das possibilidades oferecidas pelo texto normativo, indo além da reiteração dos julgados existentes.

Esta abertura é ainda mais significativa quando o objeto da interpretação recai sobre direitos fundamentais, que em função da dinâmica social constituem uma textura aberta e inacabada, construída historicamente e em constante processo de mudança e expansão.

De um modo geral, a doutrina[124] situa os direitos fundamentais como direitos jurídica e positivamente constitucionalizados. Contudo, esta apreciação não deve ser tomada apenas no seu caráter formal, pois pode não retratar corretamente o sentido e o alcance conferido pela Constituição aos direitos fundamentais e estaria em desarmonia com a sua feição sistêmica aberta.

Se assim fosse, também obstaria imensamente a compreensão do conteúdo e do significado de certas disposições referentes a esses direitos, como no Brasil.

Isso é o que se verifica em relação à norma contida no art. 5º, § 2º, da Constituição brasileira, na qual estão previstos como direitos fundamentais não só os direitos referidos no corpo da atual Constituição, mas inclusive os direitos decorrentes do regime e dos princípios por ela adotados, ou dos tratados internacionais em que o Brasil seja

---

[122] BONAVIDES, Paulo. *Curso de direito constitucional.* 14. ed. São Paulo: Malheiros, 2004, p. 585.

[123] SOARES, Luiz Eduardo. *O rigor da indisciplina.* Rio de Janeiro: Relume-Dumará, 1994, p. 13.

[124] CANOTILHO, J. J. Gomes. *Direito constitucional.* Coimbra: Almedina, 1996, assevera que "os direitos fundamentais são-no, enquanto tais, na medida em que encontram reconhecimento nas constituições e deste reconhecimento se derivem consequências jurídicas".

892

signatário, ou seja, situações em que não há uma positivação direta e expressa de determinados direitos fundamentais.

Sem dúvida que uma das características da abertura do sistema, como diz José de Melo Alexandrino, é a *generosidade*. Para lá da extensão do catálogo de direitos fundamentais e da admissão de outros direitos fundamentais fora do catálogo, assevera o autor[125], a Constituição mostrou ainda uma notável abertura ao direito internacional e, sobretudo, uma assumida abertura aos direitos fundamentais.

Logo, o entendimento de direitos fundamentais como direitos positivados constitucionalmente deve ser encarado de maneira ampla e em consonância com a noção de Constituição como um sistema aberto[126] composto por normas e princípios, a fim de não excluir do seu campo direto que, em face do seu conteúdo e relevância, devem compor a categoria dos direitos fundamentais.

Os direitos fundamentais devem ser apresentados no sentido formal e material, como nas palavras de Miranda:

"Por direitos fundamentais entendemos os direitos ou as posições jurídicas activas das pessoas enquanto tais, individual ou institucionalmente consideradas, assentes na Constituição, seja na Constituição formal, seja na Constituição material – donde, direitos fundamentais em sentido formal e direitos fundamentais em sentido material"[127].

Canotilho assevera que o direito formalmente fundamental é aquele que se encontra positivado na Constituição e consiste em norma que toma assento na Constituição escrita e ocupa o topo de toda a ordem jurídica; é norma constitucional sujeita às limitações formais e materiais; é norma de aplicação imediata e vincula-se a entidades públicas e privadas[128].

O direito materialmente fundamental apresenta-se como parte integrante da Constituição material, contendo decisões essenciais sobre a estrutura basilar do Estado e da sociedade e que podem, ou não, estar dispostos no texto constitucional sob a designação de direito fundamental. É com essa ideia que se permite a abertura da Constituição de outros direitos fundamentais não constantes em seu texto ou fora do catálogo, bem como na aplicabilidade de aspectos de regime jurídico próprio dos direitos fundamentais em sentido formal a estes direitos apenas materialmente fundamentais[129].

---

[125] ALEXANDRINO, José de Melo. *Direitos fundamentais*: introdução geral. Estoril: Princípia, 2007, p. 48-49: "Para a doutrina, está aí consagrada uma 'cláusula aberta' dos direitos fundamentais, nos termos da qual a Constituição admite considerar ainda como direitos fundamentais certas situações jurídicas não previstas na Constituição, mas tão só consagradas em lei ou em regras (de costume ou de tratados internacionais)".

[126] ALEXANDRINO, José de Melo. *Direitos fundamentais*: introdução geral. Estoril: Princípia, 2007, p. 50: "Se entendermos 'abertura' como todo o conjunto de fenômenos por intermédio dos quais possam ser criados, revelados, alargados, ou ampliados outros direitos fundamentais".

[127] MIRANDA, Jorge. *Manual de direito constitucional*: estrutura constitucional do Estado. 4. ed. rev. e atual. Coimbra: Coimbra Ed., 1998. t. III, p. 7.

[128] CANOTILHO, J. J. Gomes. *Direito constitucional*. Coimbra: Almedina, 1996, p. 349.

[129] CANOTILHO, J. J. Gomes. *Direito constitucional*. Coimbra: Almedina, 1996, p. 349.

De fato, partindo da formulação acima apresentada é que se entende que a classificação constitucionalmente mais adequada para apresentação dos direitos fundamentais deve contemplar os direitos fundamentais em sentido formal e direitos fundamentais em sentido material[130].

Na primeira categoria encontram-se todas as posições jurídicas subjetivas das pessoas enquanto consagradas na Constituição. As normas que dispõem sobre direitos fundamentais (sentido formal) ocupam um lugar de proeminência na ordem jurídica e constituem limites materiais de reforma, bem como possuem aplicabilidade imediata (art. 5º, § 1º, da Constituição de 1988), que institui parâmetros de escolhas, decisões, ações e controle, dos órgãos legislativos, administrativos e jurisdicionais e forma um núcleo de proteção especial em situações de exceção (arts. 136 e s. da Constituição de 1988).

A noção material dos direitos fundamentais inclui os direitos declarados, fundados pelo constituinte e os direitos originados da concepção de Constituição dominante, da ideia de direito e do sentimento jurídico coletivo[131].

A fundamentalidade material pode dar a impressão de ser menos importante, entretanto esta ideia fornece subsídios para a abertura da Constituição a outros direitos fundamentais não constitucionalizados expressamente (ou seja, direitos materialmente, mas não formalmente constitucionais) e para a aplicação do regime jurídico condizente com a sua fundamentalidade.

Os direitos fundamentais são reserva de Constituição e tomam parte entre os elementos que identificam a posição do homem no mundo estruturante/estruturado da ordem constitucional como verdadeiras reservas de justiça.

Indubitavelmente o assunto suscitará ainda grandes debates, mas não se pode olvidar que o Estado e o Direito deve estar a serviço da pessoa humana. Eis, portanto, a melhor dicção sobre a matéria que deve nortear e pautar a atuação dos intérpretes e aplicadores do Direito que nunca devem se afastar dessa realidade: a observância da dignidade de pessoas humanas que vieram ao mundo sobretudo para serem felizes.

---

[130] Na mesma linha de raciocínio, EMERIQUE, Lílian Balmant. *Direito fundamental como oposição política*. Curitiba: Juruá, 2006, p. 153: "Qualificar como direitos fundamentais apenas os direitos em sentido formal seria o mesmo que abandonar a sua historicidade, pois de pronto se negaria a possibilidade de consagração de outros direitos que, ao longo do tempo, adquiriram relevância para a sociedade ao ponto de serem considerados sob o caráter de sua fundamentalidade".

[131] CANOTILHO, J. J. Gomes. *Direito constitucional*. Coimbra: Almedina, 1996, p. 349, afirma que "direitos fundamentais materiais seriam os direitos subjectivamente conformadores de um espaço de liberdade de decisão e de autorrealização, servindo simultaneamente para assegurar ou garantir a defesa desta subjectividade pessoal".

Referências

ABAD, Rodolfo R. *El Estado en el desarrollo de la comunidad*. Buenos Aires: Club de Lectores, 1968.

ACCIOLY, Elizabeth. Um olhar crítico sobre o Protocolo de Olivos para Solução de Controvérsias do Mercosul. In: *Temas de integração*. 1º Semestre de 2005, n. 19, Coimbra: Almedina.

_____; GUERRA, Sidney. O direito internacional privado em uma perspectiva comparada: cooperação judicial no Mercosul e União Europeia. In: *Curso de direito internacional privado*. 3.ed. Rio de Janeiro: Freitas Bastos, 2012.

ACCIOLY, Hildebrando. *Tratado de direito internacional público*. São Paulo: Quartier Latin, 2009. v. I.

_____. *Tratado de direito internacional público*. São Paulo: Quartier Latin, 2009. v. II.

_____. *Tratado de direito internacional público*. São Paulo: Quartier Latin, 2009. v. III.

_____. *Tratado de direito internacional público*. 2. ed. Rio de Janeiro: IBGE, 1956.

_____; SILVA, Nascimento. *Manual de direito internacional público*. 13. ed. São Paulo: Saraiva, 1998.

ACSELRAD, Henri; MELLO, Cecília Campello; BEZERRA, Gustavo das Neves. *O que é justiça ambiental*. Rio de Janeiro: Garamond, 2009.

ALEXANDRINO, José de Melo. *Direitos fundamentais*: introdução geral. Estoril: Princípia, 2007.

ALEXY, Robert. *Teoría de los derechos fundamentales*. Trad. Ernesto Garzón Valdés. Madrid: Centro de Estudios Constitucionales, 1993.

_____. *Teoria da argumentação jurídica*. Trad. Zilda Hutchinson Schild Silva. São Paulo: Landy, 2001.

ALMEIDA, Elizabeth Accioly Pinto de. *Mercosur e Unión Europea*: estructura jurí-dico-institucional. 2. ed. Curitiba: Juruá, 1998.

ALMEIDA, Fernando Mendes de. *Constituições do Brasil*. 3. ed. revista e atualiza-da. São Paulo: Saraiva, 1961.

ALMEIDA, Paulo Roberto. *A Liga das Nações*: constituição, estrutura e funcionamento. Rio de Janeiro: Editora S.A.A. Noite, 1937.

_____. Dilemas da soberania do Mercosul. In: *A soberania*. Rio de Janeiro: Renovar, 1999.

_____. *O Mercosul no contexto regional e internacional*. São Paulo: Aduaneiras, 1993.

ALVES, Cleber Francisco. *O princípio constitucional da dignidade da pessoa humana*: o enfoque da doutrina social da igreja. Rio de Janeiro: Renovar, 2001.

ALVES, José Augusto Lindgren. Cidadania, direitos humanos e globalização. Cidadania e justiça. *Revista da Associação dos Magistrados Brasileiros*, Rio de Janeiro, ano 3, n. 7, p. 92-110, 2º sem./1999.

_____. *Os direitos humanos na pós-modernidade*. São Paulo: Perspectiva, 2005.

AMADEO, Stefano; SPITALERI, Fabio. *Il diritto dell' immigrazione e dell' asilo dell' Unione europea*. 2. ed. Torino: Giappichelli Editore, 2022.

AMBOS, Kai. *Estudios del derecho penal internacional*. Lima: IDEMSA, 2007.

ANDRADE & ANGELUCC. *Refugiados ambientais*: mudanças climáticas e responsabilidade internacional. 2016, p. 190-194. Disponível em: <http://www2.ifrn.edu.br/ojs/index.php/HOLOS/article/view/4165>. Acesso em: 6 out. de 2017.

ANDRÉS, Gabriel; PISCITELLO, Daniel Pavón. *Responsabilidad internacional de los Estados*: desarrollo actual, perspectivas y desafíos. Córdoba: EDUCC, 2012.

ANTUNES, Paulo Bessa. *Direito ambiental*. 3. ed. Rio de Janeiro: Lumen Juris, Forense, 1997.

_____. Direito internacional do meio ambiente: particularidades. *Veredas do Direito: Direito Ambiental e Desenvolvimento Sustentável*, Belo Horizonte, v. 17, n. 37, 2020.

AQUINO, Rubim; JESUS, Nivaldo; LOPES, Oscar. *História das sociedades americanas*. São Paulo: Record, 2000.

ARAÚJO, Luís Ivani Amorim. *Curso de direito internacional público*. 9. ed. Rio de Janeiro: Forense, 1997.

ARÉCHAGA, Eduardo Jiménez. *Derecho internacional público*. Montevideo: Fundación Cultura Universitaria, 1994. t. I.

_____. *Derecho internacional público*. Montevideo: Fundación Cultura Universitaria, 1994. t. II.

_____. *Derecho internacional público*. Montevideo: Fundación Cultura Universitaria, 1994. t. III.

_____. *Derecho internacional público*. Montevideo: Fundación Cultura Universitaria, 1994. t. IV.

_____. *Derecho internacional público*. Montevideo: Fundación Cultura Universitaria, 1994. t. V.

ARISTÓTELES. *A política*. Rio de Janeiro: Edições de Ouro, 1978.

ARNAUD, André-Jean. *O direito entre modernidade e globalização*: lições de filosofia do direito e do Estado. Rio de Janeiro: Renovar, 1999.

ARONNE, Ricardo. *Por uma nova hermenêutica dos direitos reais limitados*. Rio de Janeiro: Renovar, 2001.

ARRUDA, José Jobson de A. *História moderna e contemporânea*. 9. ed. São Paulo: Ática, 1978.

ASANO, Camila Lissa; TIMO, Pétalla Brandão.*A nova Lei de Migração no Brasil e os direitos humanos*. Disponível em: <https://br.boell.org/pt-br/2017/04/17/nova-lei-de--migracao-no-brasil-e-os-direitos-humanos>.

ATTAL-GALY, Yael. *Droits de l'homme et catégories d'individus*. Paris: LGDJ, 2004.

AUGUSTO, Lukas. Amazonas deve registrar cheias severas em 2021, diz serviço geológico: alerta vale para Manaus, Manacapuru e Itacoatiara. *Agência Brasil*. Brasília, p. 1-1. 5 abr. 2021. Disponível em: <https://agenciabrasil.ebc.com.br/geral/noticia/2021-04/amazonas-deve-registrar-cheias-severas-em-2021-diz-servico-geologico>. Acesso em: 16 abr. 2021.

AVILA, Carlos Federico Domínguez. A crise do Beagle revisitada, 1978: um estudo com fontes (diplomáticas) brasileiras. *Diálogos*, Maringá-PR, Brasil, v. 26, n. 2, p. 23-46, maio/ago. 2022. Disponível em: https://periodicos.uem.br/ojs/index.php/Dialogos/article/view/57763/751375155102. Acesso em: 22 jun. 2023.

ÁVILA, Humberto Bergmann. A distinção entre princípios e regras e a redefinição do dever de proporcionalidade. *Revista de Direito Administrativo*, Rio de Janeiro, v. 215, p. 151-179, jan./mar. 1999.

AZEVEDO, Plauto Faraco. *Direito, justiça social e neoliberalismo*. São Paulo: Revista dos Tribunais, 1999.

BADARÓ, Rui Aurélio de Lacerda. *Direito internacional do turismo*: o papel das organizações internacionais no turismo. São Paulo: Editora SENAC, 2008.

BADENI, Gregório. La Corte Interamericana de Derechos Humanos como instancia judicial superior a la Corte Suprema de Justicia de la Nación. In: *Se ha convertido la Corte Interamericana de Derechos Humanos en una cuarta instancia?* Buenos Aires: La Ley, 2009.

BANDEIRA, L. A. M. *The world disorder*: US Hegemony, proxy wars, terrorism and humanitarian catastrophes. Brasília: Civilização Brasileira, 2017.

BARBÉ, Esther. *Relaciones internacionales*. 2. ed. Madrid: Tecnos, 2006.

BARBERIS, Julio. *Fuentes del derecho internacional*. La Plata: Platense, 1973.

BARBOSA, Manuel Pinto. *Globalização, desenvolvimento e equidade*. Lisboa: Publicações Dom Quixote, 2001.

BARBOZA, Julio. *Curso de organismos internacionais*. Buenos Aires: Zavalia, 2017.

_____. *Derecho internacional público*. 2. ed. Buenos Aires: Zavalia, 2008.

BARCELLOS, Ana Paula de. *A eficácia jurídica dos princípios constitucionais*: o princípio da dignidade da pessoa humana. Rio de Janeiro: Renovar, 2002.

BARRAL, Welber. *Direito internacional*: normas e práticas. Florianópolis: Fundação Boiteux, 2006.

_____; PIMENTEL, Luiz Otávio. *Direito ambiental e desenvolvimento*. Florianópolis: Fundação Boiteux, 2006.

BARROSO, Luís Roberto. *Interpretação e aplicação da Constituição*. 3. ed. São Paulo: Saraiva, 2001.

_____. *Interpretação e aplicação da Constituição*. São Paulo: Saraiva, 2000.

BASDEVANT, Jules. *Dictionanaire de la terminologie du droit international*. Paris: Sirey, 1960.

BASTOS, Celso Ribeiro. *Curso de teoria do Estado e ciência política*. 3. ed. São Paulo: Saraiva, 1995.

_____. *Curso de direito constitucional*. 19. ed. São Paulo: Saraiva, 1998.

BECK, Ulrick. *A reinvenção da política*. Modernização reflexiva. São Paulo: UNESP, 1995.

_____. *Sociedade de risco*: rumo a uma outra modernidade. São Paulo: Editora 34, 2010.

_____. *World at risk*. Cambridge: Polity Press, 2009.

BEDIN, Gilmar Antônio. Direito internacional e sua trajetória histórica. In: GUERRA, Sidney. *Tratado de direito internacional*. Rio de Janeiro: Freitas Bastos, 2008.

_____. *A sociedade internacional clássica*: aspectos históricos e teóricos. Ijuí: Unijuí, 2011.

BEIRÃO, André. Segurança no mar, que segurança? In: BEIRÃO André Panno; PEREIRA, Antonio Celso Alves (Org.). *Reflexões sobre a Convenção do Direito do Mar*. Brasília: Funag, 2014.

_____. Duelo entre Netuno e Leviatã: a evolução da soberania sobre os mares. *Revista da Escola de Guerra Naval*, Rio de Janeiro, v. 21, n. 2, jul./dez. 2015.

BERGER, Peter. *Perspectiva sociológica*. 10. ed. Petrópolis: Vozes, 1991.

BETTATI, Mario. *Le droit d'ingérence*: mutation de l'ordre international. Paris: Odile Jacob, 1996.

BINENBOJM, Gustavo. Monismo e dualismo no Brasil: uma dicotomia afinal irrelevante. *Revista da EMERJ*, v. 3, n. 9, 2000. Disponível em: <https://www.emerj.tjrj.jus.br/revistaemerj_online/edicoes/revista09/Revista09_180.pdf>.

BIRCH, Marion; MILLER, Simon. Humanitarian Assistance: Standards, Skills, Training, and Experience. *ABC of Conflict and Disaster*. Disponível em: <http://smhis.kmu.ac.ir/Images/UserUpload/Document/SMHIS/modiriat%20colg/%D8%B3

%D9%84%D8%A7%D9%85%D8%AA%20%D8%AF%D8%B1%20%D8%A8%D9%84%D8%A7%DB%8C%D8%A7/ABC%20of%20Conflict%20and%20Disaster.pdf>. Acesso em: 23 jul. 2017.

BITTAR, Carlos Alberto. *Reparação civil por danos morais*. 3. ed. São Paulo: Revista dos Tribunais, 1998.

_____. *Os direitos da personalidade*. Rio de Janeiro: Forense Universitária, 1995.

BOBBIO, Noberto. *A era dos direitos*. 12. tir. Trad. Carlos Nélson Coutinho. Rio de Janeiro: Campus, 1992.

_____. *Teoria do ordenamento jurídico*. 10. ed. Brasília: UnB, 1997.

_____. *Teoria geral da política*: a filosofia política e as lições dos clássicos. Rio de Janeiro: Elsevier, 2000.

_____; MATTEUCCI, Nicola; PASQUINO, Gianfranco. *Dicionário de política*. 5. ed. Brasília: UnB, 2000. v. 2.

BLIN, A.; CHALIAND, G. *The history of terrorism*: from antiquity to Al Qaeda. Berkeley. Los Angeles, London: University of California Press, 2007.

BODANSKY, Daniel. The Role of the International Court of Justice in Addressing Climate Change: Some Preliminary Reflections. *Arizona State Law Journal*, v. 49, p. 689-712, 2017.

BODANSKY, Daniel; BRUNNÉE, Jutta; RAJAMANI, Lavanya. *International climate change law*. Oxford: Oxford University Press, 2017.

BÖLKE, Marcelo. A regulamentação internacional do uso da força armada. In: GUERRA, Sidney. *Tratado de direito internacional*. Rio de Janeiro: Freitas Bastos, 2008.

BONAVIDES, Paulo. *Curso de direito constitucional*. 14. ed. São Paulo: Malheiros, 2004.

BORGES, Leonardo Estrela. *O direito internacional humanitário*. Belo Horizonte: Del Rey, 2006.

BOSON, Gérson de Britto Mello. *Direito internacional público*. 3. ed. Belo Horizonte: Del Rey, 2000.

BRANDÃO, Marco Antonio Diniz; BELLI, Benoni. O sistema interamericano de proteção dos direitos humanos e seu aperfeiçoamento no limiar do século XXI. In: GUIMARÃES, Samuel Pinheiro; PINHEIRO, Paulo Sérgio. *Direitos humanos no século XXI*. Rio de Janeiro: Renovar, 1999.

BRANT, Leonardo Nemer Caldeira. *Teoria geral do direito internacional público*. Belo Horizonte: CEDIN, 2020.

BROWNLIE, Ian. *Princípios de direito internacional público*. Lisboa: Fundação Calouste Gulbenkian, 1997.

BUENO, Francisco da Silveira. *Dicionário da língua portuguesa*. 7. ed. Rio de Janeiro: FENAME, 1956.

BULLARD, R. D. *Dumping in dixie*: race, class and environmental quality. San Francisco/Oxford: Westview Press, 1994.

BULOS, Uadi Lammêgo. *Constituição Federal anotada*. São Paulo: Saraiva, 2002.

CAMPOS, Germán Bidart. *Teoría general de los derechos humanos*. Buenos Aires: Depalma, 2006.

CAMPOS, João Mota de. *Manual de direito comunitário*. 4. ed. Lisboa: Fundação Calouste Gulbenkian, 2004.

_____ et al. *Organizações internacionais*. 2. ed. Lisboa: Fundação Calouste Gulbenkian, 2006.

CAMPOS, Julio González. *Curso de derecho internacional público*. Madrid: Civitas, 1998.

CAMPOS, Roberto. A quarta globalização. Jornal *O Globo*, 11-5-1997.

CANARIS, Claus-Wilhelm. *Pensamento sistemático e conceito de sistema na ciência do direito*. 2. ed. Lisboa: Fundação Calouste Gulbenkian, 1996.

CANOTILHO, J. J. Gomes. *Direito constitucional*. Coimbra: Almedina, 1996.

_____; MOREIRA, Vital. *Fundamentos da Constituição*. Coimbra: Coimbra Ed., 1991.

CANTOR, Ernesto Rey. *Control de convencionalidad de las leyes y derechos humanos*. México, DF: Porrúa, 2008.

CARNEIRO, Márcio Luis da Silva. Os impactos econômicos da regulação do transporte marítimo para fins ambientais previstas na IMO 2020. GUERRA, Sidney; SPINELI, André. *Direitos humanos e proteção ambiental*: pesquisas contemporâneas. Rio de Janeiro: Grande Editora, 2023.

CARNEIRO, Ricardo. *Direito ambiental*: uma abordagem econômica. Rio de Janeiro: Forense, 2003.

_____; MARRELLA, Fabrizio. *Droit international*. 11eme edition. Paris: Pedone, 2012.

CARREAU, Dominique. *Droi international*. 9. ed. Paris: Pedone, 2007.

CARRIÓN, Alejandro J. Rodriguez. *Lecciones de derecho internacional público*. 6. ed. Madrid: Tecnos, 2006.

CARVALHO, Bernardo de Andrade. *A globalização em xeque*. São Paulo: Atual, 2000.

CARVALHO, Delton Winter de. *Desastres ambientais e sua regulação jurídica*: deveres de prevenção, resposta e compensação ambiental. São Paulo: Revista dos Tribunais, 2015.

_____; BARBOSA, Kelly de Souza. Litigância climática como estratégia jurisdicional ao aquecimento global antropogênico e mudanças climáticas. *Revista de Direito Internacional*, v. 16, n. 2, 2019.

CASANOVAS, Oriol; RODRIGO, Ángel. *Compendio de Derecho internacional público*. 6. ed. Madrid: Tecnos, 2017.

CASELLA, Paulo Borba. *Direito internacional dos espaços*. São Paulo: Atlas, 2009.

_____. *Bric: Brasil, Rússia, Índia, China e África do Sul*: uma perspectiva de cooperação internacional. São Paulo: Atlas, 2011.

CASSESE, Antonio. *Le droit international dans un monde divisé*. Paris: Berger-Levraut, 1986.

_____. *Liniamenti di diritto internazionale penale*. Bologna: Mulino, 2005.

_____; DELMAS-MARTY, Mireille. *Crimes internacionais e jurisdicionais internacionais*. São Paulo: Manole, 2004.

CASTELLS, Manuel. *O poder da identidade*. 3. ed. São Paulo: Paz e Terra, 1999.

CASTLES, Stephen. *Environmental Change and Forced Migration: Making Sense of the Debate*. 2002, p. 5. Disponível em: <http://www.unhcr.org/research/working/3de344fd9/environmental-change-forced-migration-making-sense-debate--stephen-castles.html>. Acesso em: 29 set. 2017.

CASTRO, Carlos Roberto Siqueira. *A Constituição aberta e os direitos fundamentais*: ensaios sobre o constitucionalismo pós-moderno e comunitário. Rio de Janeiro: Forense, 2003.

CASTRO, Celso Antônio Pinheiro de. *Sociologia do direito*. 5. ed. São Paulo: Atlas, 1998.

CAVALCANTI, V.M.M. *Plataforma continental*: a última fronteira da mineração brasileira. Brasília: DNPM, 2011.

CAVARZERE, Thelma Thais. *Direito internacional da pessoa humana*. Rio de Janeiro: Renovar, 2001.

CHACÓN, Mario Peña. Derechos humanos ambientales. *Revista Iberoamericana de Derecho Ambiental y Recursos Naturales*, n. 25, set. 2017.

CLARO, Carolina. *A proteção dos "refugiados ambientais" no Direito Internacional*. 2015, p. 71. Disponível em: <http://www.teses.usp.br/teses/disponiveis/2/2135/tde-08042016-155605/pt-br.php>. Acesso em: 25 set. 2017.

CLÉMENT, Zlata Drnas de. Corte Interamericana de Derechos Humanos. Cuarta Instancia? In: *Se ha convertido la Corte Interamericana de Derechos Humanos en una cuarta instancia?* Buenos Aires: La Ley, 2009.

COMESAÑA, Antón Costas; CÉSPEDES, Gemma Cairó. *Cooperación y desarrollo*: hacya una agenda comprehensiva para el desarrollo. Madrid: Pirámides, 2003.

COMPARATO, Fábio Konder. *A afirmação histórica dos direitos humanos*. São Paulo: Saraiva, 1999.

CONCEIÇÃO, Selma Regina de Souza Aragão. *Direitos humanos*: do mundo antigo ao Brasil. Rio de Janeiro: Forense, 1990.

CONFORTI, Benedetto. *Diritto internazionale*. 5. ed. Napoli: Editoriale Scientifica, 1999.

CORREIA, Theresa Rachel Couto. *Corte interamericana de direitos humanos*. Curitiba: Juruá, 2008.

CORTE INTERAMERICANA DE DERECHOS HUMANOS. Caso Comunidades Indígenas Miembros De La Asociación Lhaka Honhat (Nuestra Tierra) Vs. Argentina, Sentencia de 6 de Febrero de 2020 (Fondo, Reparaciones y Costas). Disponível em: https://www.corteidh.or.cr/docs/casos/articulos/seriec_400_esp.pdf. _esp.pdf. Acesso em: 20 out. 2022.

COUPLAND, R. *Humanity*: What is it and how it influences international law? Geneve: RICR, n. 844, p. 969-990, 2001.

COSTA, Olivier. *A União Europeia e sua política exterior* (história, instituições e processo de tomada de decisão). Brasília: FUNAG, 2017.

CUÉLLAR, Javier Pérez. *Manual de derecho diplomático*. México, DF: Fondo de Cultura Económica, 1997.

DALLARI, Dalmo de Abreu. *Elementos de teoria geral do Estado*. 19. ed. São Paulo: Saraiva, 1995.

DALLARI, Pedro. *Constituição e relações exteriores*. São Paulo: Saraiva, 1994.

D'ARCY, François. *União Europeia*: instituições políticas e desafios. Rio de Janeiro: Konrad Adenauer Stiftung, 2002.

DANILENKO, Gennady M. *Law-making in the international community*. Dordrecht/Boston/London: Martinus Nijhoff, 1993.

DAVID, Wille. *The roots of Iraq's coming financial crisis*. Global Risk Insights, 2015.

DELGADO, Lucrecio Rebollo. *El derecho fundamental a la intimidad*. Madrid: Dynkinson, 2000.

DELMAS-MARTY, Mireille; CASSESE, Antonio (Orgs.). *Crimes internacionais e Jurisdições Internacionais*. Trad. Silvio Antunha. Barueri: Manole, 2004.

DEL'OLMO, Florisbal de Souza. A nacionalidade e a situação jurídica do estrangeiro. In: GUERRA, Sidney. *Tratado de direito internacional*. Rio de Janeiro: Freitas Bastos, 2008.

DE LUCAS, Javier. *El desafío de las fronteras*. Derechos humanos y xenofobia frente a una sociedad plural. Madrid: Temas de Hoy, 1994.

DERANI, Cristiane; VIEIRA, Ligia Ribeiro. Os direitos humanos e a emergência das catástrofes ambientais: uma relação necessária. *Veredas do Direito*, Belo Horizonte, v. 11, n. 22, p. 143-174, jul./dez. 2014.

DEW, A. J.; SCHULTZ, R. H. *Insurgents, terrorists and militias:* the warriors of contemporary combat. New York: Columbia University Press, 2006.

DIACONU, Ion. *Contribuition à une étude sur les normes impératives en droit international (jus cogens)*. Bucarest: Impr. Institut international de Technologie et d'economie Apicole d'Apimondia, 1971.

DIEZ DE VELASCO, Manuel. *Instituciones de derecho internacional público*. Madrid: Tecnos, 1996.

DINH, Nguyen Quoc; DAILLIER, Patrick; PELLET, Alain. *Droit International Public*. 7. ed. Paris: LGDJ, 2009.

_____. *Direito Internacional Público*. 2. ed. Lisboa: Fundação Calouste Gulbenkian, 2003.

DINIZ, Maria Helena. *Compêndio de introdução à ciência do direito*. 9. ed. São Paulo: Saraiva, 1997.

_____. *Conflito de normas*. 3. ed. São Paulo: Saraiva, 1998.

DOLINGER, Jacob. *Direito internacional privado*: parte geral. 4. ed. Rio de Janeiro: Renovar, 1996.

DOREMALEN, Neeltje Van; BUSHMAKER, Trenton; MORRIS, Dylan. Aerosol and Surface Stability of SARS-CoV-2 as Compared with SARS-CoV-1. Disponível em: <https://www.nejm.org/doi/full/10.1056/NEJMc2004973>.

DROMI, Roberto; EKMEKDJAN, Miguel; RIVERA, Julio. *Derecho comunitario*. Buenos Aires: Ediciones Ciudad Argentina, 1996.

DUARTE, Maria Luísa. *União Europeia e direitos fundamentais*. Lisboa: AAFDL, 2006.

DWORKIN, Ronald. *Levando os direitos a sério*. Trad. Nelson Boeira. São Paulo: Martins Fontes, 2002.

ELORRIO, Magdalena García; SOMMER, Cristian. El rol del Estado en la responsabilidad internacional por daño transfronterizo ambiental. In: MOREIRA, Alberto. *La responsabilidad internacional del Estado y el medio ambiente*. Medellín: Diké, 2016.

EMERIQUE, Lilian M. B. Apontamentos sobre o regime jurídico dos direitos humanos fundamentais em Portugal, na Espanha e no Brasil. In: GUERRA, Sidney (Coord.). *Direitos humanos*: uma abordagem interdisciplinar. Rio de Janeiro: Freitas Bastos, 2007. v. III.

_____. *Direito fundamental como oposição política*. Curitiba: Juruá, 2006.

_____; GOMES, Alice Maria M.; SÁ, Catharine F. de. A abertura constitucional a novos direitos fundamentais. *Revista da Faculdade de Direito de Campos*. Ano VII, n. 8, jun. 2006, p. 123-170.

ELBOROUGH, L. International Climate Change Litigation: Limitations and Possibilities for International Adjudication and Arbitration in Addressing the Challenge of Climate Change. *New Zealand Journal of Environmental Law*, 21, 2017.

EVANS, Richard J. *A chegada do Terceiro Reich*. São Paulo: Planeta, 2016.

FABRÍCIO, Ádria Saviano. *Como nascem as guerras*: o engajamento de grupos armados não estatais com o direito internacional humanitário. Rio de Janeiro: Grande Editora, 2023, p. 86

FARIA, José Eduardo. *Direito e globalização econômica*: implicações e perspectivas. São Paulo: Malheiros, 1998.

_____. *O direito na economia globalizada*. São Paulo: Malheiros, 1999.

FAVOREU, Louis et al. *Droit des libertés fondamentales*. 4. ed. Paris: Dalloz, 2007.

FERIA-TINTA, Monica. Climate Change as a Human Rights Issue: Litigating Climate Change in the Inter-American System of Human Rights and the United Nations Human Rights Committee. In: *Climate Change Litigation*: Global Perspectives. Brill Nijhoff, 2021, p. 310-342.

FERNANDES, Carlos. *Do asilo diplomático*. Coimbra: Coimbra Ed., 1961.

FERNANDES, Jean Marcel. *A promoção da paz pelo direito internacional humanitário*. Porto Alegre: Sérgio Antonio Fabris, 2006.

FERNÁNDEZ-SÁNCHEZ, P. A. *International legal dimension of terrorism*. International Humanitarian Law Series. Leiden, Boston: Martinus Nijhoff Publishers, 2009.

FERRAJOLI, Luigi. *Los fundamentos de los derechos fundamentales*. 2. ed. Madrid: Trotta, 2005.

FERRAZ JÚNIOR, Tercio Sampaio. *A ciência do direito*. 2. ed. São Paulo: Atlas, 1980.

FIGUEIRA, Rickson Rios. Refugiados do mar: a extraterritorialidade do princípio do *non refoulement* e o direito do mar. In: MENEZES, Wagner. *Direito do mar*. Belo Horizonte: Arraes, 2015.

FIORATI, J. J. *A disciplina jurídica dos espaços marítimos na Convenção das Nações Unidas sobre o Direito do Mar de 1982 na jurisprudência internacional*. Rio de Janeiro: Renovar, 1999.

FIX-ZAMUDIO, Hector. *Protección jurídica de los derechos humanos*. México: Comisión Nacional de Derechos Humanos, 1991.

FLAMINO, Leandro Gabriel. *Amazônia azul*: conheça a importância dessa riqueza nacional. Disponível em: <https://www.politize.com.br/amazonia-azul-conheca-a--importancia-dessa-riqueza-nacional/>. Acesso em: 4 set. 2022.

FLORES, Joaquín Herrera. *Los derechos humanos como productos culturales*: crítica del humanismo abstracto. Madrid: Catarata, 2005.

FLORY, M.; HIGGINS, R. *Terrorism and international law*. London, New York: Routledge, 1997.

FORRESTER, Viviane. *O horror econômico*. São Paulo: UNESP, 1997.

FORTES, Heráclito; PELÁEZ, Carlos Manuel. *A política econômica e a globalização do Brasil*. Madrid: Agualarga, 1997.

FRANCIAS, Boyle. A. *United States war crimes during the Persian Gulf War*. Nord-Sud XXI, n. 1, p. 97-111, Geneva, 1992.

FREUND, Julien. *Sociologia de Max Weber*. Rio de Janeiro: Forense Universitária, 1987.

FRIEDRICH, Tatyana Scheila. *As normas imperativas de direito internacional público jus gogens*. Belo Horizonte: Fórum, 2004.

FROUVILLE, Olivier de. *Droit international pénal. Sources, Incriminations, Responsabilité*. Paris: Pedone, 2012.

_____. *L'intangibilité des droits de l'homme en droit international*. Paris: Pédone, 2004.

GAMA, Marina Faraco Lacerda. Responsabilidade internacional. *Enciclopédia Jurídica da PUC/SP*. Disponível em: https://enciclopediajuridica.pucsp.br/verbete/493/edicao-1/responsabilidade-internacional. Acesso em: 10 jul. 2024.

GARCÍA, Carlos Tejo. *Organizaciones internacionales no gubernamentales y Derecho internacional*. Madrid: Dilex, 2015.

GARCIA, Eugênio. *Conselho de Segurança das Nações Unidas*. Brasília: FUNAG, 2013.

GARCIA, Maria. *Desobediência civil, direito fundamental*. São Paulo: Revista dos Tribunais, 1994.

GARCIA-MECKLED, Saladin. The human rights ideal and international human rights law. In: *The legalization of Human Rights*. London: MPG, 2006.

GEBHARD, J. Militias. *Max Planck Encyclopedia of Public International Law*, 2010. Disponível em: https://opil.ouplaw.com/view/10.1093/law:epil/9780199231690/law-9780199231690-e338. Acesso em: 6 fev. 2023, p. 1.

GÉNÉREUX, Jacques. *O horror político*. 2. ed. Rio de Janeiro: Bertrand Brasil, 1999.

GENTILI, Alberico. *O direito de guerra*. Ijuí: Unijuí, 2004.

GIDDENS, Anthony. *Para além da esquerda e da direita*. São Paulo: Editora da Universidade Estadual Paulista, 1997.

_____. *Global Europe, social Europe*. Cambridge: Polity Press, 2006.

_____. *Mundo em descontrole*: o que a globalização está fazendo de nós. 4. ed. Rio de Janeiro: Record, 2005.

GILISSEN, Jonh. *Introdução histórica ao direito*. Lisboa: Fundação Calouste Gulbenkian, 1995.

GIOIA, Andrea. *Diritto Internazionale*. 7. ed. Milano: Giuffrè, 2022.

GOMES, Carla Amado. A gestão do risco de catástrofe natural: uma introdução na perspectiva do Direito Internacional. *Direito das Catástrofes Naturais*. Coimbra: Almedina, 2012.

GOMES, M. J. C. *Direito marítimo*: acontecimentos de mar. 2. ed. Coimbra: Almedina, 2008. v. 4.

GONÇALVES, Carlos Roberto. *Responsabilidade civil*. 6. ed. São Paulo: Saraiva, 1995.

GONÇALVES, V. H. P. *A Gestão da Crise e do Desastre*: uma análise no sector do Turismo da R.A Madeira. Dissertação do Mestrado em Ciências Empresariais da Universidade de Madeira.

GOUVEIA, Jorge Bacelar. *Manual de direito internacional público*. Rio de Janeiro: Renovar, 2005.

GRANZIERA, Maria Luiza Machado. *Direito ambiental*. São Paulo: Atlas, 2009.

GRECO FILHO, Vicente. *Tutela constitucional das liberdades*. São Paulo: Saraiva, 1989.

GROTIUS, Hugo. *O direito de guerra e da paz*. Ijuí: Unijuí, 2004.

GUERRA, Caio Grande. *A candidatura avulsa no Brasil*: controvérsias sobre a representação política no Brasil na era da desconfiança. Curitiba: Instituto Memória, 2021.

GUERRA, Sidney. *A liberdade de imprensa e o direito à imagem*. 2. ed. Rio de Janeiro: Renovar, 2004.

_____. A crise ambiental na sociedade de risco. *Lex Humana*, v. 1, n. 2, 2009. Disponível em: <http://seer.ucp.br/seer/index.php/LexHumana/article/view/27>.

_____. Cenários de catástrofes na sociedade global de risco e sua tutela jurídica internacional. Relatório de pesquisa final (Programa de Pós-Doutorado em Direito) apresentado à Universidade Presbiteriana Mackenzie-SP. Disponível em: <https://www.mackenzie.br/pos-graduacao/mestrado-doutorado/sao-paulo-higienopolis/direito-politico-e-economico/>.

_____. Comentários à Convenção de Viena de 1969. In: SALIBA, Aziz Tuffi (Org.). *Direito dos tratados*: comentários à Convenção de Direito de Tratados de 1969. Belo Horizonte: Arraes, 2011.

_____. *Curso de direitos humanos*. 8. ed. São Paulo: Saraiva, 2023.

_____. *Direito ambiental*: legislação. 4. ed. Rio de Janeiro: Lumen Juris, 2010.

_____. *Direito constitucional aplicado à função legislativa*. Rio de Janeiro: América Jurídica, 2002.

_____. *Direito das organizações internacionais*. 2. ed. Curitiba: Instituto Memória, 2020.

_____. *Direito internacional ambiental*. Rio de Janeiro: Freitas Bastos, 2006.

_____. *Direito internacional das catástrofes.* 2. ed. Rio de Janeiro: Grande Editora, 2024.

_____. *Direito internacional dos direitos humanos.* 3. ed. Rio de Janeiro: Lumen Juris, 2020.

_____. *Direitos humanos na ordem jurídica internacional e reflexos na ordem constitucional brasileira.* 2. ed. São Paulo: Atlas, 2014.

_____ (Org.). *Direitos humanos:* uma abordagem interdisciplinar. Rio de Janeiro: América Jurídica, 2003.

_____. *Direitos humanos:* uma abordagem interdisciplinar Rio de Janeiro: Freitas Bastos, 2007. v. III.

_____. *Hermenêutica, ponderação e colisão de direitos fundamentais.* Rio de Janeiro: Lumen Juris, 2007.

_____. O direito internacional e a figura do refugiado ambiental: reflexões a partir da ilha de Tuvalu. *Anais do XVII Congresso Nacional do CONPEDI*, Brasília, 2008.

_____. O refugiado à luz do direito internacional ambiental. Revista *Ius Gentium* (Facinter), v. 6, 2009.

_____. O Superior Tribunal de Justiça e o controle de convencionalidade: avanços ou retrocessos? *Revista Electrónica Cordobesa de Derecho Internacional Público*, v. 1, 2017.

_____. *Poder de polícia ambiental:* fiscalização e sanção nas esferas administrativa e judicial. Belo Horizonte: Arraes, 2015.

_____. *Cenários de catástrofes na sociedade global e o direito internacional das catástrofes.* Curitiba: Instituto Memória, 2021.

_____. Para uma nova governança global em matéria ambiental: a Organização Internacional do Meio Ambiente. *Revista Acadêmica de Direito da UNIGRANRIO*, v. 3, 2010. Disponível em: <http://publicacoes.unigranrio.edu.br/index.php/rdugr/article/view/1108>.

_____. *Resíduos sólidos.* Rio de Janeiro: Forense, 2012.

_____. Sociedade de risco e o refugiado ambiental. In: *Direito no século XXI*. Curitiba: Juruá, 2008.

_____. *Temas emergentes de direitos humanos.* Campos dos Goitacazes: Editora da FDC, 2006

_____. *Tratado de direito internacional.* Rio de Janeiro: Freitas Bastos, 2008.

_____. *Tratados e convenções internacionais.* Rio de Janeiro: Freitas Bastos, 2006.

_____. *O sistema interamericano de proteção dos direitos humanos e o controle de convencionalidade.* 4. ed. Rio de Janeiro: Grande Editora, 2023.

_____. *Curso de direito ambiental.* 6. ed. Rio de Janeiro: Grande Editora, 2024.

_____; SPINELI, André. *Direitos humanos e proteção ambiental*: pesquisas contemporâneas. Rio de Janeiro: Grande Editora, 2023.

_____; VAL, Eduardo; VASCONCELOS, Rafael. *Comentários à Convenção Americana de Direitos Humanos*. Curitiba: Instituto Memória, 2019.

_____. A inter-relação do meio ambiente com os direitos humanos e seu reconhecimento pela Corte IDH: do nada para o tudo. *Curso de Derecho Internacional XLVI*. Washington: OEA, 2020.

_____; GUERRA, Caio Grande. Reflexões sobre a Amazônia azul: o "novo território" brasileiro. In: MENEZES, Wagner. *Direito do mar*. Belo Horizonte: Arraes, 2015.

_____; EMERIQUE, Lilian. A Emenda Constitucional n. 45/2004 e a constitucionalização dos Tratados Internacionais de Direitos Humanos no Brasil. Relatório final apresentado ao Ministério da Justiça – Secretaria de Assuntos Legislativos/Pnud, Projeto Bra/07/004, 2007.

_____; *Direito das minorias e grupos vulneráveis*. Ijuí: Unijuí, 2008.

_____; GUERRA, Sérgio. *Curso de direito ambiental*. 2. ed. São Paulo: Atlas, 2014.

_____; *Intervenção estatal ambiental*: o licenciamento e a compensação ambiental à luz da lei complementar n. 140 de 2011. São Paulo: Atlas, 2012.

_____; SILVA, Roberto (Orgs.). *Soberania*: antigos e novos paradigmas. Rio de Janeiro: Freitas Bastos, 2004.

_____; TONETTO, Fernanda Figueira. Do direito internacional clássico para um direito internacional cosmopolita: uma possibilidade a partir da proteção dos direitos humanos. *Direito internacional* [Recurso eletrônico on-line] organização CONPEDI/ UMinho Coordenadores: Lucas Gonçalves da Silva – Florianópolis: CONPEDI, 2017.

_____; Os impactos da declaração universal dos direitos humanos sobre o desenvolvimento do novo direito internacional. *Revista Direitos Humanos e Democracia*, v. 7, n. 14, 2019.

_____; MOREIRA, Thiago Oliveira. Contornos atuais do controle de convencionalidade doméstico. *Los desafíos jurídicos a la gobernanza global*: una perspectiva para los próximos siglos. Brasília: Advocacia-Geral da União, 2017.

GUERRA, Sidney; FABRÍCIO, Ádria. Direito internacional das catástrofes: o terrorismo enquanto catástrofe social e política. In: GUERRA, Sidney; PANTOJA, Othon; ARAÚJO, Brenda (Org.). *Desafios impostos à humanidade em face das catástrofes*: um contributo a partir dos estudos do Direito Internacional das Catástrofes. Rio de Janeiro: Grande Editora, 2024.

_____; COSTA, Letícia. Os refugiados ambientais a partir da situação dos haitianos na República Federativa do Brasil. *Cadernos de Dereito Actual*, 2018.

_____; NEVES, Marcelo José; SOUZA, Milton. Proteção internacional do meio ambiente marinho: a contribuição do tribunal internacional sobre o direito do mar.

Cadernos de Dereito Actual, n. 14, 2020. Disponível em: <http://www.cadernosdederei-toactual.es/ojs/index.php/cadernos/issue/view/14/showToc>.

_____; ARAÚJO, Brenda; SANTOS, Celso. Para a construção da Organização internacional para catástrofes. *Revista Opinão Jurídica*. Fortaleza, ano 21, n. 37, p. 50-82, maio/ago. 2023.

_____: PIMENTA, Lucas. Clandestinos e situação de refúgio. *Revista Direito Mackenzie*, v. 17, n. 1, 2023.

GUSMÃO, Paulo Dourado de. *Introdução ao estudo do direito*. Rio de Janeiro: Forense, 1998.

HÄBERLE, Peter. *Hermenêutica constitucional. A sociedade aberta dos intérpretes da Constituição*: contribuição para a interpretação pluralista e "procedimental" da Constituição. Porto Alegre: Sérgio Antônio Fabris, 1997.

_____. *El Estado Constitucional*. Trad. Hector Fix-Fierro. México: Universidad Nacional Autónoma de México, 2003.

HART, Hebert L. A. *O conceito de direito*. 2. ed. Lisboa: Fundação Calouste Gulbenkian, 1994.

HENCKAERTS, Jean Marie; BECK, Louise Doswald. *El derecho internacional humanitario consuetudinario*. Ginebra: CICR, 2008.

HERDEGEN, Mathias. *Derecho internacional público*. México: Fundación Konrad Adenauer, 2005.

HESSE, Konrad. *Elementos de direito constitucional da República Federal da Alemanha*. Porto Alegre: Sérgio Antonio Fabris, 1998.

HIGGINS, R. Respecting Sovereign States and Running a Tight Courtroom. *International & Comparative Law Quarterly*, Cambridge University Press, 2001.

HITTERS, Juan Carlos; FAPPIANO, Oscar L. *Derecho internacional de los derechos humanos*. 2. ed. Buenos Aires: Ediar, 2007. t. I.

HOBSBAWM, Eric. *Era dos extremos*: o breve século XX. São Paulo: Companhia das Letras, 1995.

HOEKMAN, Bernard; MAVROIDIS, Petros. *The World Trade Organization*: law, economics, and politics. New York: Routledge, 2007.

HORNA, Á. *Apuntes acerca del Tribunal Internacional del Derecho del Mar: ¿Hamburgo v. La Haya?* Pontificia Universidad Católica del Perú: Lima, 2007.

HOSSAM, M. Ashour, Walid F. Elkhatib, Md. Masudur Rahman and Hatem A. Elshabrawy. Insights into the Recent 2019 Novel Coronavirus (SARS-CoV-2) in Light of Past Human Coronavirus Outbreaks. Pathogens 2020. Disponível em: https://www.mdpi.com/2076-0817/9/3/186.

IANNI, Octavio. *A era do globalismo*. 3. ed. Rio de Janeiro: Civilização Brasileira, 1997.

_____. *Teorias da globalização*. Rio de Janeiro: Civilização Brasileira, 1995.

IGLESIAS, María Teresa Ponte. La prospección y *explotación* de la zona internacional de los fondos marinos y oceánicos de una manera ambientalmente responsable. Aportes de la primera opinión consultiva de la Sala de Controversias de Fondos Marinos. In: URBINA, Julio Jorge; IGLESIAS, María Teresa Ponte. *Protección de intereses colectivos en el derecho del mar y cooperación internacional*. Madrid: Iustel, 2012.

INTERNATIONAL COMMITTEE OF THE RED CROSS (ICRC). *Interpretative guidance on the notion of direct participation in hostilities under international humanitarian law*. Geneva: ICRC, 2009, p. 27.

JAPIASSÚ, Carlos Eduardo. *O Tribunal Penal Internacional*. Rio de Janeiro: Lumen Juris, 2004.

JHENCKAERTS, Jean Marie; BECK, Louise Doswald Beck. *Customary International Humanitarian Law*. Cambridge: ICRC, 2006.

JORDAN, Bill. *Irregular migration*: the dilemmas of transnational mobility. Cheltenham: Edward Elgar Publishing Limited, 2002.

JUNOD, Sylvie Stoyanka. *Comentario del protocolo del 8 de junio de 1977 adicional a los Convenios de Ginebra del 12 de agosto de 1949*. Bogotá: CICR, 1998.

KELSEN, Hans. *Teoria geral das normas*. Trad. José Florentino Duarte. Porto Alegre: Sérgio Antonio Fabris, 1986.

KENNEDY, Paul. *Ascensão e queda das grandes potências*: transformação econômica e conflito militar de 1500 a 2000. Rio de Janeiro: Campus, 1989.

KISS, Alexandre. *Direito internacional do ambiente*. Lisboa: Centro de Estudos Jurídicos, 1996.

KLABBERS, Jan. *An introduction to international institutional law*. 2. ed. Cambridge: Cambridge University Press, 2009.

KLINGEN, Germán Doig. *Direitos humanos e ensinamento social*. São Paulo: Loyola, 1994.

KRENAK, Ailton. *O amanhã não está à venda*. São Paulo: Companhia das Letras, 2020.

KRUGMAN, Paul. *Globalização e globobagens*: verdades e mentiras do pensamento econômico. 3. ed. Rio de Janeiro: Campus, 1999.

LAFER, Celso. *La reconstrucción de los derechos humanos*: un diálogo con el pensamiento de Hannah Arendt. México: Fondo de Cultura Económica, 1994.

_____. *A internacionalização dos direitos humanos*: Constituição, racismo e relações internacionais. São Paulo: Manole, 2005.

LAGO, André Aranha Corrêa do. *Estocolmo, Rio, Joanesburgo. O Brasil e as três conferências ambientais das Nações Unidas*. Brasília: Fundação Alexandre de Gusmão, 2007.

LAKATOS, Eva Maria. *Sociologia geral*. 5. ed. São Paulo: Atlas, 1986.

LARENZ, Karl. *Metodologia na ciência do direito*. Trad. José Lamego. 3. ed. Lisboa: Fundação Calouste Gulbenkian, 1989.

LE BRIS, Catherine. *L'humanité saisie par le droit international public*. Paris: LGDJ, 2012.

LEITE, José Rubens Morato; AYALA, Patrick de Araújo. *Direito ambiental na sociedade de risco*. 2. ed. Rio de Janeiro: Forense Universitária, 2004.

LI, Qun; GUAN, Xuhua; WU, Peng. *Early Transmission Dynamics in Wuhan, China, of Novel Coronavirus–Infected Pneumonia*. Disponível em: <https://www.nejm.org/doi/full/10.1056/NEJMoa2001316>.

LIMA, Hermes. *Introdução à ciência do direito*. 26. ed. Rio de Janeiro: Freitas Bastos, 1980.

LISZT, Franz von. *Derecho internacional público*. Barcelona: Gráfica Moderna, 1929.

LITRENTO, Oliveiros. *Curso de direito internacional público*. 3. ed. Rio de Janeiro: Forense, 1997.

LOPES, Isadora T. P. *Gestão de riscos de desastres*: integrando os riscos de acidentes industriais à gestão territorial. Dissertação de Mestrado apresentada ao Programa de Pós-Graduação em Planejamento Energético, COPPE, da Universidade Federal do Rio de Janeiro, mar. 2017.

LÓPEZ, Mikel Berraondo. *Los derechos humanos en la globalización*. Bilbao: Departamento para los Derechos Humanos, el Empleo y la Inserción Social, 2004.

LORENTZ, Adriane. *O tratado de Lisboa*. Ijuí: Unijuí, 2008.

LUHMANN, Niklas. *Sociologia del rischio*. Milano: Bruno Mondadori, 1996.

LUPI, André Lipp Pinto Basto. *Os métodos no direito internacional*. São Paulo: Lex Editora, 2007.

MACEDO, Sylvio. *Curso de sociologia econômica*. Rio de Janeiro: Dois Pontos, 1987.

MACHADO, Jónatas E. M. *Direito internacional*. *Do paradigma clássico ao Pós-11 de Setembro*. 3. ed. Coimbra: Coimbra Ed., 2006.

MACHIAVELLI, N. *O príncipe*. Trad. Lívio Xavier. Rio de Janeiro: Edições de Ouro, 1975.

MACRONY, Patrick; APPLETON, Arthur; PLUMMER, Michael (Ed.). *The World Trade Organization*: legal, economic and political analysis. New York: Springer, 2005.

MAIA, Rui Leandro Alves. *O sentido das diferenças*: migrantes e naturais. Lisboa: Fundação Calouste Gulbenkian, 2003.

MALUF, Sahid. *Teoria geral do Estado*. 8. ed. São Paulo: Sugestões Literárias, 1974.

MARTINS, Ana Maria Guerra. *Direito internacional dos direitos humanos*. Coimbra: Almedina, 2006.

MARTINS, Margarida Salema d' Oliveira. *Direito das organizações internacionais*. 2. ed. Lisboa: Associação Acadêmica da Faculdade de Direito de Lisboa, 1996.

MATTOS, Adherbal Meira. *Direito internacional público*. Rio de Janeiro: Renovar, 2002.

_____. O território no direito internacional. In: GUERRA, Sidney. *Tratado de direito internacional*. Rio de Janeiro: Freitas Bastos, 2008.

MCADAM, Jane; PRYKE, Jonathan. *Mudança climática, desastres e mobilidade*: um roteiro para a ação australiana. 2020, p. 8. Disponível em: <https://www.kaldorcentre. unsw.edu.au/publication/podcast-climate-change-disasters-and-mobility-roadmap- -australian-action>. Acesso em: 10 mar. 2021.

MELLO, Celso de Albuquerque. *Direito internacional da integração*. Rio de Janeiro: Renovar, 1996.

_____. A soberania através da história. In: *Anuário*: direito e globalização. Rio de Janeiro: Renovar, 1999.

_____. *Curso de direito internacional público*. 11. ed. Rio de Janeiro: Renovar, 1997.

_____. *Curso de direito internacional público*. 15. ed. Rio de Janeiro: Renovar, 2004.

_____. *Direito internacional americano*. Rio de Janeiro: Renovar, 1995.

_____. *Direitos humanos e conflitos armados*. Rio de Janeiro: Renovar, 1997.

_____. *Direito constitucional internacional*. Rio de Janeiro: Renovar, 1994.

_____. O § 2º do art. 5º da Constituição Federal. In: *Teoria dos direitos fundamentais*. Rio de Janeiro: Renovar, 1999.

MELLO, Celso Antônio Bandeira de. *Elementos de direito administrativo*. São Paulo: Revista dos Tribunais, 1986.

_____. *O conteúdo jurídico do princípio da igualdade*. São Paulo: Malheiros, 2000.

MÉNDEZ, Isel Rivero. Las Naciones Unidas y los derechos humanos. In: *50º aniversario de la Declaración Universal de Derechos Humanos*. Sevilla: Fundación El Monte, 1998.

MENEZES, Wagner. *Ordem global e transnormatividade*. Ijuí: Unijuí, 2005.

_____. *Direito internacional na América Latina*. Curitiba: Juruá, 2007.

_____. *O direito do mar*. Brasília: Fungab, 2015.

MIRANDA, Jorge. *Manual de direito constitucional*: estrutura constitucional do Estado. 4. ed. rev. e atual. Coimbra: Coimbra Ed., 1998. t. III.

_____. *Manual de direito constitucional*. Coimbra: Coimbra Ed., 1991. t. IV.

MIRRA, Álvaro Luiz Valery. A *questão dos "refugiados" climáticos e ambientais no Direito Ambiental*. Disponível em: <https://www.conjur.com.br/2017-abr-22/ambiente- -juridico-questao-refugiados-climaticos-ambientais-direito-ambiental>. Acesso em: 30 out. 2017.

_____. Direito ambiental: o princípio da precaução e sua aplicação judicial. *Revista de direito ambiental*, n. 21. São Paulo: Revista dos Tribunais, 2001.

MITTELMAN, James. *The globalization syndrome*. New Jersey: Princeton, 2000.

MOLL, Leandro de Oliveira. *Tribunais nacionais ante a realidade das Organizações Internacionais*. Brasília: FUNAG, 2010.

MORAES, Alexandre de. *Direitos humanos fundamentais*. São Paulo: Atlas, 1997.

_____. *Direito constitucional*. 6. ed. São Paulo: Atlas, 1999.

MORO, Lucia Millán. *La opinio iuris en el Derecho internacional contemporáneo*. Madrid: Editorial Centro de Estudios Ramon Areces, 1990.

MUKAI, Toshio. *Direito ambiental sistematizado*. 3. ed. Rio de Janeiro: Forense Universitária, 1998.

MUNIVE, J.; SOMER, J. *Armed non-state actors:* counter-terrorism and the protection of civilians. Copenhagen: Defence and Security Studies, 2015.

MURRAY, D. *Practitioners' guide to Human Rights Law in Armed Conflict*. Oxford: Oxford University Press, The Royal Institute of International Affairs, 2016.

MYERS, Norman. *Environmental Refugees*: An Emergent Security Issue. 2005, p. 3. Disponível em: <http://www.osce.org/eea/14851?download=true>. Acesso em: 2 maio 2017.

NADER, Paulo. *Introdução ao estudo do direito*. 16. ed. Rio de Janeiro: Forense, 1998.

NA'IM, Abdullahi Ahmed. *Cultural transformation and human rights in Africa*. London: Zed Books, 2002.

NARLIKAR, Amrita. *The World Trade Organization*: a very short introduction. New York: Oxford University Press, 2005.

NEVES. M. J. *A exploração de recursos minerais na Área Marítima do Atlântico Sul e a responsabilidade dos Estados Patrocinadores*. Dissertação de Mestrado. Universidade Católica de Santos – Unisantos, 2018.

NOBRE, Carlos A.; REID, Julia; VEIGA, Ana Paula Soares. *Fundamentos científicos das mudanças climáticas*. São José dos Campos, SP: Rede Clima/INPE, 2012.

NOGUEIRA, Alberto. *Globalização, regionalizações e tributação*. Rio de Janeiro: Renovar, 2000.

_____. *A reconstrução dos direitos humanos da tributação*. Rio de Janeiro: Renovar, 1997.

NUNES, João Arriscado; MATIAS, Marisa. Controvérsia científica e conflitos ambientais em Portugal: o caso da coincineração de resíduos industriais perigosos. *Revista Crítica de Ciências Sociais*, Coimbra: Coimbra, n. 65, p. 129-150, maio 2003.

OBSERVATÓRIO Regionalismo. Afinal, o NAFTA acabou? – Reflexões sobre o USMCA. Disponível em: https://observatorio.repri.org/2018/11/28/afinal-o-nafta--acabou-reflexoes-sobre-o-usmca/. Acesso em: 7 jul. 2024.

OCTAVIANO MARTINS, E. M. *Curso de direito marítimo.* 4. ed. Barueri: Manole, 2013. v. I: Teoria geral.

_____. Direito marítimo internacional: da responsabilidade internacional pelos danos causados ao meio ambiente marinho. *Verba Juris,* ano 7, n. 7, p. 257-287, jan./dez. 2008.

OKAMATSU, Akiko. Problems and prospects of international legal disputes on climate change. Ocean Policy Research Foundation, Tokyo, disponible à http://user-page. fuberlin. 2013. Disponível em: de/ffu/akumwelt/bc2005/papers/okamatsu_bc2005.pdf. Acesso em: 21 out. 2022.

OLIVEIRA, Odete Maria. *Velhos e novos regionalismos.* Ijuí: Unijuí, 2009.

OLSSON, Giovanni. *Poder político e sociedade internacional contemporânea.* Ijuí: Unijuí, 2007.

OPAS *auxilia países do Caribe a enfrentar devastação dos furacões Maria e Irma.* Disponível em: <https://nacoesunidas.org/opas-auxilia-paises-do-caribe-a-enfrentar--devastacao-dos-furacoes-maria-e-irma/>. Acesso em: 22 set. 2017.

ORLANDO, Giovanna. *Índia:* onda de calor de até 50°C mata pelo menos 36 pessoas: Desde 2010, temperaturas elevadas no país já causaram a morte de 6 mil habitantes. Alertas do governo falharam para avisar e conscientizar cidadãos. *R7,* Rio de Janeiro, 13-6-2019.

OTAVIANO, Eliane. A elevação do Rio Grande e a Importância estratégica do Brasil no Atlântico Sul in MARTINS, Eliane O.; OLIVEIRA, Paulo Henrique. *Direito marítimo, portuário e aduaneiro.* Belo Horizonte: Arraes, 2019.

PAOLI, Juan Bautista Rivarola. *Derecho internacional público.* 6. ed. Asunción: Arce, 2012.

PARDO, David Wilson de Abreu. *Os direitos fundamentais e a aplicação judicial do direito.* Rio de Janeiro: Lumen Juris, 2003.

PAUPÉRIO, Artur Machado. *Teoria democrática da soberania.* Rio de Janeiro: Forense Universitária, 1997.

PECES-BARBA, Gregório. *Curso de derechos fundamentales.* Madrid: Eudema, 1991.

PEYTRIGNET, Gérard. *Sistemas internacionais de proteção da pessoa humana:* o Direito Internacional Humanitário. Disponível em: <http://www.dhnet.org.br/direitos/sip/dih/sip_ih.htm>. Acesso em: 24 jul. 2018.

PEREIRA, André Gonçalves; QUADROS, Fausto. *Manual de direito internacional público.* 3. ed. Lisboa: Almedina, 2002.

PEREIRA, Antônio Celso Alves. Apontamentos sobre a Corte Interamericana de Direitos Humanos. In: GUERRA, Sidney. *Temas emergentes de direitos humanos*. Rio de Janeiro: FDC, 2006.

PEREIRA, Maria de Assunção do Vale. *A intervenção humanitária no direito internacional contemporâneo*. Coimbra: Coimbra Ed., 2009.

PÉREZ, José Luiz Rey. *El discurso de los derechos*: una introducción a los derechos humanos. Madrid: Universidad Comillas, 2011.

PÉREZ LUÑO, António Enrique. *Manual de informática y derecho*. Barcelona: Ariel, 1996.

PIERRE, Renouvin; DUROSELLE, Jean Baptiste. *Introducción a la historia de las relaciones internacionales*. México, DF: Fondo de Cultura Económica, 2000.

PILETTI, Nélson. *O Mercosul e a sociedade global*. São Paulo: Ática, 1995.

PIOVESAN, Flávia. *Direitos humanos e o direito constitucional internacional*. São Paulo: Max Limonad, 1996.

_____. *Introdução ao sistema interamericano de proteção dos direitos humanos*: a Convenção Americana de Direitos Humanos. O sistema interamericano de proteção dos direitos humanos e o direito brasileiro. São Paulo: Revista dos Tribunais, 2000.

_____. A Constituição Brasileira de 1988 e os Tratados Internacionais de Proteção dos Direitos Humanos. In: *Temas de direitos humanos*. 2. ed. São Paulo: Max Limonad, 2003.

POLITI, Daniel. *U.N.: Syrian crisis is biggest humanitarian emergency of our era*. Disponível em: <https://slate.com/news-and-politics/2014/08/u-n-syria-crisis-is-biggest-humanitarian-emergency-of-our-era.html>.

PORTELA, Antônio João Santiago. As Catástrofes: capacidade e vontade de encontrar soluções. *Revista economia e empresa*, Lusíada, n. 11, 2010.

PORTO, Marcelo Firpo de Souza. *Uma ecologia política dos riscos*. Rio de Janeiro: Editora Fiocruz, 2007.

POSENATO, Naiara. Diálogo judicial e direitos humanos – o novo Protocolo 16 à Convenção Europeia dos Direitos do Homem. *Espaço Jurídico Journal of Law* [EJJL]. Disponível em: <https://portalperiodicos.unoesc.edu.br/espacojuridico/article/view/4961>. Acesso em: 21 jul. 2022.

POSNER, Richard. *Catastrophe*: Risk and Response. Oxford University Press, USA, 2004.

POUSHTER, Jacob; HUANG, Christine. *Climate change still seen as the top global threat, but cyberattacks a rising concern*. Pew Research Center, v. 10, 2019.

PROJET DE CONVENTION RELATIVE AU STATUT INTERNATIONAL DES DÉPLACÉS ENVIRONNEMENTAUX. Disponível em: <http://www.observatorioeco.com.br/wp-content/uploads/up/2010/09/projet-de-convention-relative-au-statut-international-des-daplacas-environnementaux2.pdf>. Acesso em: 30 out. 2017.

PRONER, Carol; GUERRA, Sidney. *Direito internacional humanitário e a proteção internacional do indivíduo.* Porto Alegre: Sérgio Antonio Fabris Editor, 2008.

PROVOST, R. *International Human Rights and Humanitarian Law.* Cambridge: Cambridge University Press, 2004.

QUADROS, Fausto de. *Direito da União Europeia.* Coimbra: Almedina, 2004.

QUARANTELLI, E.L. What is disaster? The need for clarification in definition and conceptualization in research. Reprinted from Disasters and Mental Health Selected Contemporary Perspectives, ed. by Barbara Sowder. (Washington, D.C.: U.S. Government Printing Office, 1985.

QUEIROZ, Fábio Albergaria de. *Meio ambiente e comércio na agenda internacional*: a questão ambiental nas negociações da OMC e dos blocos econômicos regionais. Ambient. soc., Campinas, v. 8, n. 2, Dec. 2005.

QUINTANA, Fernando. *La ONU y la exégesis de los derechos humanos.* Porto Alegre: Sérgio Antonio Fabris, 1999.

RAMINA, Larissa. *Direito internacional convencional.* Ijuí: Unijuí, 2006.

RAMÍREZ, Manuel Becerra. *La recepción del derecho internacional en el derecho interno.* 2. ed. México, DF: UNAM, 2012.

RAMOS, André de Carvalho. *Teoria geral dos direitos humanos na ordem internacional.* Rio de Janeiro: Renovar, 2005.

_____. *Processo internacional de direitos humanos.* Rio de Janeiro: Renovar, 2002.

_____. *Responsabilidade internacional do Estado por violações aos direitos humanos.* R. CEJ, Brasília, n. 29, p. 53-63, abr./jun. 2005. Disponível em: <http://www2.cjf.jus.br/ojs2/index.php/cej/article/viewFile/663/843>. Acesso em: 12 mar. 2011.

RAMOS, Erika Pires. *Refugiados Ambientais: em Busca de Reconhecimento pelo Direito Internacional.* 2011, p. 70. Disponível em: <http://www.teses.usp.br/teses/disponiveis/2/2135/tde-10082012-162021/pt-br.php>. Acesso em: 29 set. 2017.

RÁO, Vicente. *O direito e a vida dos direitos.* 5. ed. São Paulo: Revista dos Tribunais, 1999.

REALE, Miguel. *Lições preliminares de direito.* 23. ed. São Paulo: Saraiva, 1996.

REBUT, Didier. *Droit pénal international.* Paris: Dalloz, 2012.

REDMOND, Anthony D. *Natural disasters. ABC of conflict and disaster.* Disponível em: <http://smhis.kmu.ac.ir/Images/UserUpload/Document/SMHIS/modiriat%20colg/%D8%B3%D9%84%D8%A7%D9%85%D8%AA%20%D8%AF%D8%B1%20%D8%A8%D9%84%D8%A7%DB%8C%D8%A7/ABC%20of%20Conflict%20and%20Disaster.pdf>. Acesso em: 23 jul. 2017.

REINALDA, Bob. *Routledge History of International Organizations*: from 1815 to the present day. New York: Routledge, 2009.

RÉMOND-GOUILLOUD, M. *Du droit de détruire* – essai sur le droit de l'environnemnt. Paris: Presses Universitaires de France, 1989.

RÉMOND, René. *O século XX*: de 1914 aos nossos dias. São Paulo: Cultrix, 1993.

REZEK, José Francisco. *Direito internacional público*: curso elementar. 6. ed. São Paulo: Saraiva, 1996.

_____. *Direito dos tratados*. Rio de Janeiro: Forense, 1984.

RIBEIRO, Manuel de Almeida; FERRO, Monica. *A Organização das Nações Unidas*. 2. ed. Coimbra: Almedina, 2004.

RIDRUEJO, José A. Pastor. *Curso de derecho internacional público y organizaciones internacionales*. 10. ed. Madrid: Tecnos, 2006.

_____. El Derecho internacional del mar y su evolución incesante. *La cooperación internacional en la ordenación de los mares y océanos*. In: LOSA, Jorge Puyeo; URBINA, Julio Jorge (Coord.). Madrid: Iustel, 2009.

RODRIGUES, José Noronha. Asilo, refúgio e outras formas de proteção internacional: relacionamento e diferenças conceituais. *INTER – Revista de Direito Internacional e Direitos Humanos da UFRJ*, v. 4, n. 1, jan./jun. 2021. Disponível em: https://revistas.ufrj.br/index.php/inter/article/view/41667. Acesso em: 22 jun. 2023.

ROTH, André-Noel. O direito em crise: fim do Estado moderno? In: FARIA, José Eduardo (Org.). *Direito e globalização econômica*. São Paulo: Malheiros, 1996.

ROUSSEAU, Charles. *Derecho internacional público*. Barcelona: Ariel, 1966.

SAGUES, Nestor Pedro. La interpretación de los derechos humanos en las jurisdicciones nacional y internacional. *Derechos humanos y Constitución en Iberoamérica*. Lima: Grijley, 2002.

SALCEDO, Juan Antonio Carrillo. *Curso de derecho internacional*. Madrid: Tecnos, 1991.

_____. *La asistencia humanitaria en derecho internacional contemporaneo*. Sevilla: Universidad de Sevilla, 1997.

SALIBA, Aziz Tuffi (Org.). *Direito dos tratados*: comentários à Convenção de Direito de Tratados de 1969. Belo Horizonte: Arraes, 2011.

SALVADOR, Ana Manero. *El deshielo del Ártico*: retos para el derecho internacional. Madrid: Arazandi, 2011.

SAMPAIO, José Adércio Leite. *Direitos fundamentais*. Belo Horizonte: Del Rey, 2004.

SAMPSON, Gary (Ed.). *The Role of the World Trade Organization in Global Governance*. New York: United Nations University Press, 2001.

SANDOZ, Yves. *Comentario del Protocolo del 8 de junio de 1977 adicional a los Convenios de Ginebra del 12 de agosto de 1949 relativo a la protección de las víctimas de los conflictos armados internacionales* (Protocolo I). Bogotá: CICR, 2000.

SANTOS, Boaventura de Sousa. *Pela mão de Alice*. 5. ed. Porto: Afrontamento, 1996.

_____. *Globalização*: fatalidade ou utopia. 3. ed. Porto: Afrontamento, 2005.

_____. (Org.). *A globalização e as ciências sociais*. 3. ed. São Paulo: Cortez, 2005.

SANTOS JUNIOR, Raimundo Batista. *A globalização ou o mito do fim do Estado*. Ijuí: Unijuí, 2007.

SARLET, Ingo W. *A eficácia dos direitos fundamentais*. 4. ed. Porto Alegre: Livraria do Advogado, 2004.

SARLET, Ingo; FENSTERSEIFER, Tiago. O Caso Fundo Clima (ADPF 708) e a equiparação dos tratados ambientais aos tratados de direitos humanos. Disponível em: https://blog.grupogen.com.br/juridico/areas-de-interesse/ambiental/caso-fundo-clima- -adpf-708/. Acesso em: 11 jul. 2024.

SASSÓLI, Marco; BOUVIER, Antoine. *How does law protect in war?* Geneva: ICRC, 2006.

SASSÓLI, M. *International humanitarian law*: rules, controversies, and solutions to problems arising in warfare. Cheltenham: Edward Elgar Publishing Limited, 2019.

SAVICH, Carl. *Independência cozinhada. O Kosovo e o Panamá*. Disponível em: <http://www.resistir.info/europa>.

SCHMID, A. P. *The routledge handbook of terrorism research*. London, New York: Routledge, 2011.

SCHNEIDER, Hans Peter. *Democracia y Constitución*. Madrid: Centro de Estudios Constitucionales, 1991.

SCOVAZZI, Tullio. *Elementos de derecho internacional del mar*. Madrid: Tecnos, 1995.

SEITENFUS, Ricardo. *Manual das organizações internacionais*. 3. ed. Porto Alegre: Livraria do Advogado, 2003.

_____. As organizações internacionais frente ao direito e ao poder. In: *O direito internacional e o direito brasileiro*. Ijuí: Unijuí, 2004.

_____; VENTURA, Deisy de Freitas Lima. *Introdução ao direito internacional público*. Porto Alegre: Livraria do Advogado, 1999.

SHAW, Malcolm N. *International law*. 6. ed. Cambridge: Cambridge University Press, 2008.

SILVA, G. E. do Nascimento. *Direito ambiental internacional*. Rio de Janeiro: Thex, 1995.

_____; ACCIOLY, Hildebrando. *Manual de direito internacional*. 13. ed. São Paulo: Saraiva, 1998.

_____; CASELLA, Paulo Borba; BITTENCOURT NETO, Olavo. *Direito internacional diplomático*. São Paulo: Saraiva, 2012.

SILVA, José Afonso da. *Direito ambiental constitucional*. São Paulo: Malheiros, 1997.

_____. *Curso de direito constitucional positivo*. 41. ed. São Paulo: Malheiros, 2018.

SILVA, José Antônio Tietzmann. Os refugiados ambientais à luz da proteção internacional dos direitos humanos. *Revista dos Tribunais*, v. 86, 2017.

SILVA, Roberto Luís. *Direito internacional público*. 2. ed. Belo Horizonte: Del Rey, 2002.

SOARES, Guido Fernando Silva. *Órgãos dos Estados nas relações internacionais*: formas da diplomacia e as imunidades. Rio de Janeiro: Forense, 2001.

_____. *Curso de direito internacional público*. São Paulo: Atlas, 2002.

_____. *Direito internacional do meio ambiente*: emergência, obrigações e responsabilidades. 2. ed. São Paulo: Atlas, 2003.

_____. *A proteção internacional do meio ambiente*. São Paulo: Manole, 2003.

SOARES, Luiz Eduardo. *O rigor da indisciplina*. Rio de Janeiro: Relume-Dumará, 1994.

SOMMER, Christian. *La responsabilidad internacional del Estado en la lucha contra la trata de personas*. Córdoba: Universidad Nacional de Córdoba, 2012.

SORENSEN, Max. *Manual de derecho internacional público*. México: Fondo de Cultura Económica, 1992.

SOUSA, Osvaldo Rodrigues de. *História geral*. 15. ed. São Paulo: Ática, 1977.

SOUZA, Saulo Caetano. A Santa Sé e o Estado da Cidade do Vaticano: distinção e complementaridade. *Revista da Faculdade de Direito da Universidade de São Paulo*, v. 100, jan./dez. 2005, p. 287-314. Disponível em: https://www.revistas.usp.br/rfdusp/article/view/67675/70283. Acesso em: 22 jun. 2023.

SQUEFF, Tatiana Cardoso; GOMES, Tatiana Bruhn Parmeggiani. Reflexos da EC 131/2023 para o direito à nacionalidade. Disponível em: https://www.conjur.com.br/2023-out-14/squeff-gomes-reflexos-ec-131-direito-nacionalidade/. Acesso em: 29 jun. 2024.

STRAUSS, Andrew. Climate Change Litigation: Opening the Door to the International Court of Justice. In: BURNS, William; OSOFSKY, Hari (Ed.). *Adjudicating Climate Change*: State, National, and International Approaches. Reprint. ed. Cambridge and New York: Cambridge University Press, 2011.

SUDRE, Frederic. *Droit européen et international des droits de l'homme*. 8. ed. Paris: PUF, 2006.

SUHRKE, Astri. *Pressure points*: environmental degradation, migration and conflict. 1993. p 4-6. Disponível em: <https://www.cmi.no/publications/file/1374%20pressure-points-environmental-degradation.pdf>. Acesso em: 29 set. 2017.

SWINARSKI, Christophe. *Direito internacional humanitário*. São Paulo: Revista dos Tribunais, 1990.

_____. *Introdução ao Direito Internacional Humanitário.* Brasília: Comitê Internacional da Cruz Vermelha/Instituto Interamericano de Direitos Humanos, 1996.

TALAVERA, Fabián Novak; MOYANO, Luis García Corrochano. *Derecho internacional público.* Peru: Fondo Editorial de la PUC, 2003. t. I.

_____. *Derecho internacional público.* Lima: Fondo Editorial, 2005. t. III.

TAVARES, André Ramos. Proteção real dos direitos humanos só por um Tribunal Mundial com amplos poderes. In: *As tendências do direito público no limiar de um novo milênio.* São Paulo: Saraiva, 2000.

TERMINSKI, Bogumil. *Development:* Induced Displacement and Resettlement. Stuttgart: Verlag, 2015. (e-book)

THIERRY, Hubert. *Droit international public.* 3. ed. Paris: Editions Mont Chrestien, 1981.

TIBURCIO, Carmen. A EC n. 45 e Temas de Direito Internacional. In: WAMBIER, Teresa Arruda Alvim et al. (Coords.). *Reforma do Judiciário:* primeiros ensaios críticos sobre a EC n. 45/2004. São Paulo: Revista dos Tribunais, 2005.

TONETTO, Fernanda Figueira. *O direito internacional e a proteção da humanidade.* Rio de Janeiro: Lumen Juris, 2019.

TOURME-JOUNNET, Emmanuelle. *Le droit international.* Paris: Presses Universitaires de France, 2013.

TRICHES, Divanildo. Nova ordem internacional e a crise asiática. Disponível em: <https://econpapers.repec.org/paper/abphe1999/038.htm>.

TRINDADE, Antônio Augusto Cançado. *A humanização do direito internacional.* Belo Horizonte: Del Rey, 2006.

_____. *A proteção internacional dos direitos humanos:* fundamentos jurídicos e instrumentos básicos. São Paulo: Saraiva, 1991.

_____. *Direitos humanos e meio ambiente.* Porto Alegre: Sérgio Antonio Fabris Editor, 1993.

_____. *La protección de la persona humana frente a los crímenes internacionales y la invocación indebida de inmunidades estatales.* Fortaleza: IBDH, 2013.

_____. La protección internacional de los derechos económicos, sociales y culturales en el final del siglo. In: *El derecho internacional en un mundo en transformación.* Montevideo: Fundación de Cultura Universitaria, 1994.

_____. *Tratado de direito internacional dos direitos humanos.* Porto Alegre: Sérgio Antonio Fabris Editor, 1997. v. I.

_____. Desafios e conquistas do direito internacional dos direitos humanos no início do século XXI. *XXXIII Curso de Direito Internacional Organizado pela Comissão Jurídica Interamericana da OEA.* Rio de Janeiro: OEA, 2006.

_____. *Las cláusulas pétreas de la protección internacional del ser humano.* Disponível em: <https://archivos.juridicas.unam.mx/www/bjv/libros/5/2454/4.pdf>.

RIANI, R. S. R.; GRANZIERA, M. L. M.; OCTAVIANO MARTINS, E. M. A inserção de novos atores na construção de regimes internacionais: a Convenção de Montego Bay e a proteção do meio ambiente marinho. In: REI, F. C. F.; GRANZIERA, M. L. M. (Org.). *Anais do IV Congresso Internacional de Direito Ambiental Internacional.* São Paulo: Editora Universitária Leopoldianum, 2016.

TRUCCO, Marcelo. El procedimiento de arreglo judicial ante la Corte Internacional de Justicia. *Estudios sobre derecho procesal.* Buenos Aires: El Derecho, 2008.

TRUYOL Y SERRA, Antonio. *Fundamentos de derecho internacional público.* Madrid: Tecnos, 1997.

UNHCR. *Environment, Disasters and Climate Change.* Disponível em: <http://www.unhcr.org/environment-disasters-and-climate-change.html>. Acesso em: 25 set. 2017.

UNITED NATIONS. *UN Doc. E/CN.4/Sub.2/1991/55.* 1990. Disponível em: http://www.un.org. Acesso em: 20 abr. 2021 (arts. 1 e 2 – Document No. 55, UN, Minimum Humanitarian Standards).

URBINA, Julio Jorge. *Controversias marítimas, intereses estatales y Derecho internacional.* Madrid: Editorial Dilex, 2016.

URBINA, Julio Jorge; IGLESIAS, Maria Teresa Ponte. *Protección de intereses colectivos en el derecho del mar y cooperación internacional.* Madrid: Iustel, 2012.

VALLADÃO, Haroldo. *Direito internacional privado.* Rio de Janeiro: Freitas Bastos, 1978.

VALLADARES, Gabriel Pablo. A contribuição do Comitê Internacional da Cruz Vermelha aos últimos avanços convencionais do direito internacional humanitário. In: PRONER, Carol; GUERRA, Sidney. *Direito internacional humanitário e a proteção internacional do indivíduo.* Porto Alegre: Sérgio Antonio Fabris Editor, 2008.

VANGRASSTEK, Craig. *The History and Future of the World Trade Organization.* Geneva: World Trade Organization, 2013.

VARELLA, Marcelo Dias. *Direito internacional econômico ambiental.* Belo Horizonte: Del Rey, 2004.

VASCONCELOS, Arnaldo. *Teoria geral do direito:* teoria da norma jurídica. 4. ed. São Paulo: Malheiros, 1996.

VELASCO, Manuel Diez de. *Las organizaciones internacionales.* 14. ed. Madrid: Tecnos, 2007.

VELLOSO, Flávio Marcondes. *Tribunal Internacional de Justiça:* caminho para uma nova comunidade. São Paulo: Stiliano, 1999.

VERDROSS, Alfred. *Derecho internacional público.* Madrid: Aguilar, 1982.

VERHEYEN, Roda; ZENGERLING, Cathrin. International Climate Change Cases. In: *Climate change:* international law and global governance. Nomos Ver-lagsgesellschaft mbH & Co. KG, 2013.

VIEIRA, Liszt. *Cidadania e globalização.* 2. ed. Rio de Janeiro: Record, 1998.

VIJAPUR, Abdulrahim. The Universal Declaration of Human Rights – A Cornerstone of modern human rights regime. In: *Perspectives on human rights.* New Delhi: Manak Publications, 1999.

VIRALLY, Michel. *El devenir del derecho internacional.* México: Fondo de Cultura Económica, 1998.

VITORIA, Francisco. *Os índios e o direito da guerra.* Ijuí: Unijuí, 2006.

WALDELY, Aryadne Bittencourt; VIRGENS, Bárbara Gonçalves; ALMEIDA, Carla Miranda Jordão. *Refúgio e realidade*: desafios da definição ampliada de refúgio à luz das solicitações no Brasil. Disponível em: <http://www.scielo.br/pdf/remhu/v22n43/v22n43a08.pdf>.

WALLS, Alexandra C. *Structure, function, and antigenicity of the SARS-CoV-2 Spike Glycoprotein.* 2020. Disponível em: <https://www.cell.com/cell/pdf/S0092-8674(20)30262-2.pdf>.

WORLD Migration Report. Disponível em: https://worldmigrationreport.iom.int/what-we-do/world-migration-report-2024-chapter-2/international-migrants-numbers-and-trends. Acesso em: 30 jun. 2024.

WU, Di; WU, Tiantian; LIU, Qun; YANG, Zhicong. The SARS-CoV-2 outbreak: what we know. *International Journal of Infectious Diseases.* Disponível em: <https://www.ijidonline.com/article/S1201-9712(20)30123-5/fulltext>.

ZANELLA, Tiago V. *Manual de direito do mar.* Belo Horizonte: De Plácido, 2017.